D1573602

DIE KIRCHLICHE DOGMATIK

VON

KARL BARTH

DRITTER BAND
DIE LEHRE VON DER SCHÖPFUNG

ZWEITER TEIL

TVZ

THEOLOGISCHER VERLAG ZÜRICH

DIE LEHRE
VON DER SCHÖPFUNG

VON
KARL BARTH
DR. THEOL., D. D., LL. D.
O. PROFESSOR AN DER UNIVERSITÄT BASEL

ZWEITER TEIL

TVZ

THEOLOGISCHER VERLAG ZÜRICH

Barth, Karl:
Die kirchliche Dogmatik / von Karl Barth. –
Zürich: Theologischer Verlag.
Bd. 3. – Barth, Karl: Die Lehre von der Schöpfung

Barth, Karl:
Die Lehre von der Schöpfung / von Karl Barth. –
Zürich: Theologischer Verlag.
Teil 2. – 4. Aufl. – 1979.
(Die kirchliche Dogmatik / von Karl Barth; Bd. 3)
ISBN 3-290-11011-7

© 1948
Theologischer Verlag Zürich
Alle Rechte vorbehalten
Printed in Switzerland by Meier+Cie AG Schaffhausen

Dein Alter sei wie deine Jugend!

Eduard Thurneysen

zum

10. Juli 1948

VORWORT

Auch diese Fortsetzung der «Kirchlichen Dogmatik» und der «Lehre von der Schöpfung» im Besonderen konnte nicht fahrplanmäßig erscheinen. Der äußere Grund der Verspätung besteht darin, daß ich die Sommersemester 1946 und 1947 — zwei mich in anderer Hinsicht sehr bewegende Zeiten — in Bonn zugebracht habe, wo ich diese Arbeit nicht fortsetzen konnte. Der innere Grund besteht darin, daß es für mich bei dem hier behandelten Gegenstand besonders viel wiederholten Sammelns, Durchdenkens und Gestaltens bedurfte, bevor ich es wagen durfte, mit meinen Ergebnissen an die Öffentlichkeit zu treten.

Der Leser wird gleich gewahr werden, daß die Darstellung sich hier noch weiter von der dogmatischen Tradition entfernt als etwa in Band II, 2 in der Prädestinationslehre. Den Weg zur theologischen Erkenntnis des Menschen, den ich für den allein möglichen halte, hat von den älteren und neueren Kirchenvätern, bei denen ich mich umgesehen habe, nun eben keiner wählen wollen. Umgekehrt habe ich mich nicht davon überzeugen können, daß die Frage nach der sogen. «Seele» diesen Bereich der Dogmatik so völlig beherrschen und daß sie an ihrem Ort so behandelt werden dürfe, wie es bei den älteren Theologen geschieht. So kommt es, daß man die Bezugnahme auf ihre Werke diesmal etwas spärlich finden wird.

Wogegen ich zum Nachweis meiner Grundlagen auch diesmal viel, sehr viel biblische Überlegungen sichtbar machen mußte. Man kann wohl sagen, daß ich dabei besonders im ersten Abschnitt von § 47 arg weit ausgeholt habe. Aber es ging nicht gut anders. Es gibt heute aufs Ganze gesehen auch im Protestantismus eine größere Einmütigkeit wenigstens hinsichtlich gewisser Grundabsichten der theologischen Arbeit, als dies noch vor 30 Jahren der Fall war. Aber die Zeit scheint noch nicht da zu sein, wo der Dogmatiker sich darum mit gutem Gewissen und Vertrauen auf die Ergebnisse seiner alt- und neutestamentlichen Kollegen beziehen können wird, weil es dann vielleicht auf beiden Seiten wieder klar sein wird: der Dogmatiker hat auch exegetische, aber der Exeget hat auch dogmatische Verantwortung! Solange so viele Exegeten ihren Teil an dieser gemeinsamen Lektion noch nicht besser gelernt oder jedenfalls noch nicht besser in Übung gesetzt haben, solange es Manche von ihnen noch für einen Ruhm zu halten scheinen, hinsichtlich der dogmatischen Voraussetzungen und Konsequenzen ihrer Aufstellungen möglichst unbefangen, weil ahnungslos in die Landschaft hineinzureden, bleibt dem Dogmatiker nichts übrig, als sich seinen «Schriftbeweis» — seinerseits in der ganzen Gefährdung des Nichtfachmanns — selber zu erarbeiten. Auf einem anderen Blatt steht dann freilich, daß mir gerade dieser eigentlich nur stellvertretend übernommene Teil der Arbeit persönlich bei aller Sorge auch ganz besondere Freude macht.

Die Stellungnahme zu diesem Buch wird sich, von allen Einzelheiten abgesehen, daran entscheiden müssen, ob der Leser den hier eingeschlagenen Weg einer theologischen Lehre vom Menschen schließlich mit mir nicht nur für möglich, sondern für den allein möglichen halten wird. In der Ausführung und im Einzelnen wäre gewiß Vieles anders und dann besser zu machen, als ich es hier gemacht habe. Man bedenke aber auch bei dem, was man vielleicht mit Recht als weniger gut erfinden wird, daß ich, nachdem über die Wahl des neuen Weges entschieden war, allzu Vieles gewissermaßen als Pionier zum ersten Mal so anfassen mußte. Ob ich z. B. in den Paragraphen 44—47 rein stofflich Alles erfaßt habe, was in einer ordentlichen theologischen Lehre vom Menschen zur Sprache kommen müßte, kann sicher gefragt werden. Einen in einer ersten Fassung vorhandenen Paragraphen «Der Mensch und die Menschheit», der vom Einzelnen, von den Gemeinschaften und von der Gemeinschaft der Menschen handelte, habe ich fallen lassen, weil ich des theologischen Zugangs zu dieser Frage und darum dann auch ihrer richtigen Behandlung nicht sicher genug war. Ich könnte mir auch vorstellen, daß der Rahmen des «Geschöpf»-Begriffs trotz den von mir in § 43 angeführten Gegengründen mit der dann freilich nötigen Kühnheit und Nüchternheit weiter gespannt werden könnte, als ich es hier gewagt habe. Da, und im Blick auf Anderes, was man vielleicht ebenfalls vermissen und tadeln könnte, mögen nun eben Andere — so sie es können — die Fäden aufnehmen und weiter spinnen. «Dick» genug ist das Buch auch diesmal ohnehin geworden. Der Dnjepr werde ja auch immer breiter, je mehr er sich dem Schwarzen Meer nähere, hat mir Jemand gesagt.

Unter den Besprechern der vorangehenden Bände und unter denen, die sie nicht lesen und dennoch allerlei über und gegen mich sagen wollten, sind etliche, die Dinge vorgebracht haben, auf die ich ihnen in diesem Vorwort eigentlich einige ausgesprochen unfreundliche Gegenäußerungen zu widmen gedachte. Sie sollen froh sein, daß sie mir nicht in einer früheren Lebenszeit begegnet sind, in der ich zu Streitreden noch mehr Lust hatte als heute. Ich habe dieser geringer gewordenen Lust ihnen gegenüber darum nicht nachgegeben, weil es gerade in diesem Band um die von Gott gut geschaffene Natur des Menschen geht, während solche Entgegnungen (samt ihren Objekten) sicher mehr auf die Seite des Chaos gehören und darum gerade dem Vorwort zu diesem Band schlecht angestanden hätten. Die es angeht, mögen also das Ihrige von mir aus unbeschwert geschrieben haben und vorläufig weiterschreiben. Doch mache ich sie darauf aufmerksam, daß im nächsten Band (unter viel Anderem und Besserem) auch ein wenig von den Dämonen die Rede sein wird, sodaß es nicht sicher ist, ob ich nicht bei diesem Anlaß doch noch auf sie zurückkommen werde.

Einen großen, freundlich gemeinten und hoffentlich freundlich aufgenommenen Wunsch kann ich nicht unterdrücken: es möchten mich wenigstens diejenigen, die an der in allen diesen Bänden unternommenen Arbeit innerlich Anteil nehmen, verstehen und entschuldigen, wenn es mir nur selten möglich ist, den vielen an mich gelangenden Einladungen zu Vorträgen, zur Übernahme von allerlei Sonderaufträgen, zur Beteiligung an Tagungen usw. Folge zu leisten. Ich würde es in vielen Fällen an sich gerne, in bestimmten Fällen sogar sehr gerne tun. Aber ich war im letzten Jahrzehnt in einiger Gefahr, mich vor lauter Beteiligung hier und dort zu sehr zu zerstreuen, und wenn ich mit der «Kirchlichen Dogmatik» noch weiter oder gar zum Ziele kommen soll, dann muß ich meine immerhin nicht zunehmende Leistungsfähigkeit jetzt noch etwas auf diese Sache konzentrieren dürfen. Und das gleiche Verständnis und die gleiche Entschuldigung erbitte ich für die Tatsache, daß ich auch im schriftlichen Verkehr, in der Lieferung von Beiträgen an Zeitschriften, in der Stellungnahme zu allerhand mir freundlich vorgelegten Manuskripten und Druckwerken, vor allem aber auch in der Beantwortung von Briefen den an mich gestellten Anforderungen von ferne nicht gerecht zu werden vermag. Jeder tut, was er kann. Ich weiß wirklich, was es heißt, sich selbst den Anderen fortwährend schuldig zu bleiben. Und nun wäre ich überaus froh, wenn man mir in dieser Hinsicht eine Art Generalpardon für vergangene und gleich auch für künftige Unterlassungen im Blick darauf bewilligen würde, daß ich mich den Brüdern, Freunden und Zeitgenossen schließlich eben in dem, was in dieser meiner eigentlichen Arbeit geschieht, auf nicht ganz schmaler Front zugewendet habe und *Deo bene volente* noch fernerhin zuwenden möchte. Daß ich mich unweigerlich gerade auf diese Arbeit beschränken wolle, habe ich damit nicht geschworen, denn es ist mir bekannt, daß es keine Linie gibt, von der der Mensch sich nicht, wenn höhere Notwendigkeit nun einmal vorliegt, auch muß abrufen lassen können. Auch die «Kirchliche Dogmatik» ist keine solche Linie. Ich bitte nur um Geduld angesichts dessen, daß ich es nun allerdings für richtig halte, in der Hauptsache bis auf dringendsten Abruf möglichst solid bei diesem meinem Leisten zu bleiben.

Für die Erstellung der Register und für Mitarbeit an den Korrekturen dieses Bandes danke ich Herrn stud. theol. Friedrich Herzog.

Basel, 10. Mai 1948.

INHALT

DIE LEHRE VON DER SCHÖPFUNG

ZEHNTES KAPITEL: DAS GESCHÖPF

§ 43. Der Mensch als Problem der Dogmatik 1
    1. Der Mensch im Kosmos 1
    2. Der Mensch als Gegenstand theologischer Erkenntnis 20

§ 44. Der Mensch als Gottes Geschöpf 64
    1. Jesus, der Mensch für Gott 64
    2. Phänomene des Menschlichen 82
    3. Der wirkliche Mensch 158

§ 45. Der Mensch in seiner Bestimmung zu Gottes Bundesgenossen 242
    1. Jesus, der Mensch für den anderen Menschen 242
    2. Die Grundform der Menschlichkeit 264
    3. Menschlichkeit als Gleichnis und Hoffnung 344

§ 46. Der Mensch als Seele und Leib 391
    1. Jesus, der ganze Mensch 391
    2. Der Geist als Grund der Seele und des Leibes 414
    3. Seele und Leib in ihrer Zusammengehörigkeit 440
    4. Seele und Leib in ihrer Besonderheit 473
    5. Seele und Leib in ihrer Ordnung 502

§ 47. Der Mensch in seiner Zeit 524
    1. Jesus, der Herr der Zeit 524
    2. Die gegebene Zeit 616
    3. Die befristete Zeit 671
    4. Die anfangende Zeit 695
    5. Die endende Zeit 714

Register
    I. Bibelstellen 781
    II. Namen 793
    III. Begriffe 794

ZEHNTES KAPITEL
DAS GESCHÖPF

§ 43

DER MENSCH ALS PROBLEM DER DOGMATIK

Weil der Mensch — unter dem Himmel, auf der Erde — das Geschöpf ist, dessen Verhältnis zu Gott uns in Gottes Wort offenbar ist, darum ist er der Gegenstand der theologischen Lehre vom Geschöpf überhaupt. Indem der Mensch Jesus das offenbarende Wort Gottes ist, ist er die Quelle unserer Erkenntnis des von Gott geschaffenen menschlichen Wesens.

1. DER MENSCH IM KOSMOS

Der eine Begriff «Schöpfung» ($\kappa\tau\iota\sigma\iota\varsigma$, *creatura*) umfaßt schon sprachlich nicht nur das Tun des Schöpfers, sondern auch dessen Ergebnis: das Geschöpf. Ganz ähnlich wie ja auch der Begriff «Werk» sowohl das Tun eines Wirkenden als auch dessen Ergebnis bezeichnet. Schöpfer und Geschöpf gehören zusammen. Wir konnten den Schöpfer schon im ersten Teil unserer Lehre von der Schöpfung nur in seinem Tun an seinem Geschöpf verstehen. Und so wenden wir uns umgekehrt vom Tun des Schöpfers nicht ab, wenn wir uns nun im Besonderen dem Geschöpf als dessen Ergebnis zuwenden. Eben zu dieser besonderen Zuwendung muß es nun aber in weiterer Entwicklung der Lehre von der Schöpfung kommen. Denn eben dem Geschöpf ist ja der Schöpfer selbst nicht nur im Allgemeinen sondern im Besonderen zugewendet: ihm gilt ja der Sinn und die Absicht seines Tuns; in ihm, das ohne ihn nicht wäre, manifestiert sich ja sein Wille und also sein eigenes innerstes Wesen; in seiner Existenz verantwortet und offenbart er sich selbst. Ihm hat er, schon indem er es schuf, sich selbst verbunden. Gefiel es ihm, sich das Geschöpf zur Seite zu stellen und zuzuordnen, so gefiel es ihm eben damit, sich seinerseits ihm zur Seite zu stellen und zuzuordnen. Schöpfung ist göttliche Auszeichnung des Geschöpfs. Die theologische Lehre vom Geschöpf ist die Lehre von dem, was durch Gott selber, indem er es erschuf, ausgezeichnet wurde.

Die theologische Lehre vom Geschöpf ist aber praktisch **Anthropologie: die Lehre vom Menschen**. Es ist diese Näherbestimmung, die wir zunächst zu begründen haben.

Der Gott der heiligen Schrift und des kirchlichen Bekenntnisses ist freilich «der Schöpfer des Himmels und der Erde». So hat er gewiß nicht nur den Menschen geschaffen. So ist der Mensch nur **ein** und nicht **das** Geschöpf. So ist Gottes Geschöpf das All, der ganze Kosmos der durch ihn gesetzten und von ihm verschiedenen Wirklichkeit, in deren Fülle der Mensch nur ein in wichtigen Beziehungen höchst geringfügiges, von vielen ihm höchst überlegenen geschöpflichen Elementen und Faktoren aufs tiefste abhängiges' Teilgebilde ist. Auch das Wort Gottes sieht den Menschen nicht anders als in dieser Geringfügigkeit. Es gibt außer dem Menschen in eigener Würde, mit eigenem Recht, umgeben von dem Geheimnis eines eigenen Verhältnisses zu ihrem Schöpfer auch andere von Gott gesetzte und von Gott verschiedene Wirklichkeit. Der Mensch ist **ein** Geschöpf inmitten **anderer,** von Gott **direkt** geschaffener und **unabhängig** vom Menschen existierender Mitgeschöpfe. Auch das Wort Gottes sieht ihn in dieser **Umgebung** und in den ihm damit gewiesenen **Grenzen**. Die beiden Schöpfungssagen am Anfang der Genesis haben das unmißverständlich sichtbar gemacht. Der Mensch ist Gottes Geschöpf, indem er in dem von Gott geschaffenen Kosmos ist.

Es fragt sich unter diesen Umständen ernstlich, ob sich die theologische Lehre vom Geschöpf nun nicht doch zu einer Lehre vom All, von der ganzen Geschöpfwelt entfalten sollte. Blindheit, Gleichgültigkeit oder Geringschätzung der außermenschlichen Kreatur gegenüber wird die Gesinnung nicht sein dürfen, in der wir uns zu dieser Beschränkung entschließen. Mit dem Menschen im Kosmos haben wir es zu tun und also gewiß nicht mit dem Menschen, der vor Gott allein, dem Gott allein zugewendet wäre: nicht mit einem Kosmos, der nur im Menschen, der vielleicht nach der Lehre des radikalen Idealismus als Außenwelt gar nicht wirklich, sondern nur die Erscheinungswelt des menschlichen Geistes wäre. Wir haben es mit dem Menschen zu tun, der im Kosmos ein Gegenüber hat, dem die echte und eigene Wirklichkeit des Kosmos um so bewußter und gewisser wird, je mehr er in der Erkenntnis des Gegenüber von Mensch zu Mensch und im Gegenüber von Gott und Mensch seiner Menschlichkeit und also seiner eigenen Wirklichkeit bewußt und gewiß wird. Wir sehen den Menschen nicht im leeren Raum, sondern unter dem Himmel auf der Erde, deren Wirklichkeit von der seinigen **verschieden** und der seinigen in ihrer ganzen Andersartigkeit **ebenbürtig** ist. Wir sehen ihn dem Himmel und der Erde zugehörig, beiden verbunden und verpflichtet. Wir sehen ihn in der Nachbarschaft des Engels und des Tieres. Ohne im Auge zu behalten, daß er der **Erde** treu bleiben muß, werden wir ihn unmöglich verstehen und noch weniger ohne zu bedenken, daß der **Him-**

mel über ihm ist. Man hat oft verkannt und hat dann ebenso oft aufs neue entdecken müssen, daß das Wort Gottes gerade in seiner letzten und entscheidenden, der neutestamentlichen Gestalt, insofern «kosmischen» Charakter hat, als seine Erlösungsbotschaft sich auf den Menschen bezieht, der im Kosmos existiert und mit dem Kosmos zusammen verloren und verdorben, mit ihm zusammen von seinem Schöpfer wiedergefunden und erneuert ist. Jener Verkennung des Kosmos, einer Isolierung des Menschen gegenüber der nicht-menschlichen Kreatur, dürfen und wollen wir uns hier nicht schuldig machen. — Aus dem Allem folgt aber nicht, daß die Dogmatik an dieser Stelle zum Entwurf einer Kosmologie, einer sog. «Weltanschauung» zu schreiben hätte. Die Tatsache ist bemerkenswert, daß dies auch in der Vergangenheit immer nur in gewissen Ansätzen versucht worden ist.

Der wichtigste Ansatz in dieser Richtung bestand darin, daß man der Anthropologie bis ins 18. und teilweise noch bis ins 19. Jahrhundert hinein eine Lehre von den Engeln voranzuschicken pflegte: der Lehre von der irdischen Kreatur, die man im Menschen vollendet sah, die Lehre von der himmlischen, deren konkrete Gestalt man in den Engeln zu erkennen meinte. Man bemerkt doch auch in diesem traditionellen Aufriß die Auswahl und die Beschränkung. Hätte man es auf Kosmologie (und also auf Anthropologie nur im Rahmen der Kosmologie) abgesehen gehabt, warum schritt man dann nicht über die Angelologie hinaus zu viel umfassenderen Feststellungen über die Existenz und das Wesen des Himmels? Und warum ließ man sich dann durch den eigenartigen Aufriß des sechsten Tagewerkes (Gen. 1, 24—31) oder durch eine Stelle wie Mc. 1, 13 nicht anregen, der Lehre vom Menschen mindestens auch eine Lehre von den Tieren zur Seite zu stellen? Über Himmel und Erde, ihre Gestalt und ihre Bewohner gab es ja, von den biblischen Angaben abgesehen, schon im Mittelalter und erst recht seit der Renaissance der verläßlichen Kunde genug, auf Grund derer die Theologen es wohl hätten wagen dürfen, in ihrer Darstellung der dem Menschen benachbarten geschöpflichen Bereiche gleich noch etwas höher und tiefer zu steigen. Hier scheint aber eine sachliche Hemmung wirksam gewesen zu sein. Man begnügte sich im Ganzen damit, am Leitfaden des Sechstagewerks von Gen. 1 jene oberen und unteren Bereiche gerade zu berühren. Man tat es mit mehr oder weniger Rücksicht auf den Stand der jeweils geltenden Philosophie und Naturwissenschaft. Man schritt aber, wenn es zur Lehre vom Geschöpf kam, keineswegs zum Entwurf einer Weltanschauung, d. h. einer auch nur annähernd vollständigen Darstellung des geschöpflichen Seins. Man begnügte sich, an dieser Stelle von den Engeln und dann in der Hauptsache eben doch vom Menschen zu reden. Ich kenne nur eine Ausnahme von dieser Regel, nämlich den systematischen Entwurf, den Polanus im 5. Band seines *Syntagma Theol. chr.* 1609 gewagt hat. Was man hier findet, ist in der Tat der Versuch einer Darstellung des Weltganzen: beginnend mit dem oberen und dem unteren Himmel, absteigend zu den guten und bösen Engeln, von da zur *natura visibilis,* zu Raum und Zeit, Feuer und Licht, Tag und Nacht, zur Luft und zu den meteorologischen Erscheinungen, zur Erde und den Mineralien, zu den Pflanzen, zu den Erdbeben, von da wieder aufsteigend zu Sonne, Mond und Sternen, dann wieder zurück zu den Wassertieren, den Vögeln, den Landtieren, bis endlich und zuletzt an seinem Ort auch der Mensch, die Anatomie und Physiologie seines Leibes, die Art seiner Seele, seine himmlische und seine irdische Bestimmung, seine Gottebenbildlichkeit und seine paradiesische Vollkommenheit in die beherrschende Mitte des Bildes treten kann. Nichts scheint vergessen, oder nur wenig, und die Kunst, mit der hier zeitgenössische Bibelkunde, Philosophie und Naturwissenschaft zu einem Ganzen verbunden werden, ist beachtenswert. Aber warum findet sich nun etwa bei Polans lutherischem Zeitgenossen Johann Gerhard keine Spur eines derartigen Versuches? Warum hat er unter den Dogmatikern des 17. Jahrhunderts, unter denen es doch an mindestens ebenso universal unterrichteten und interessierten Männern nicht fehlte, keine Nachfolger gefunden? Und warum nicht in dem an der Fülle der Geschöpfwelt so interessierten 18. Jahrhundert? Erst bei den holländischen Neocalvinisten des 19. Jahrhunderts scheint man sich dann für jene Möglichkeit wieder interessiert zu haben. Man findet nämlich in Abraham Kuypers *Dictaten Dogmatiek*, herausgeg. 1910, den Aufriß: *De angelis, De creaturis materialibus, De homine,* und in H. Bavincks *Gereformeerde Dogmatik* (3. Aufl., 2. Bd. 1910) der Anthropologie vorangehend einen Paragraphen über die «geistige» und einen über die «stoffliche» Welt. Und denselben Ansatz wagte offenbar der Erlanger Fr. H. R. Frank, wenn er in seinem «System der chr. Wahrheit» (2. Aufl. 1885, 1. Bd., S. 342 f.) der Lehre vom Menschen einen Paragraphen über «die untermenschliche materielle und die übermenschliche Geisterwelt» voranschickte, wobei er es doch nicht unterließ, diesen Begriff durch den Zusatz zu erläutern: «als für den Menschen, und zwar für den Menschen Gottes seiende». Im übrigen wird man sich auch in der Dogmatik des 19. Jahrhunderts vergeblich nach etwas umschauen, was auch nur von ferne als der Versuch einer material entwickelten Weltanschauung bezeichnet werden könnte. Auch das Werk von Arthur Titius, «Natur und Gott» 1926 kann nicht als Versuch einer nun wirklich umfassenden theologischen Kreaturlehre angesprochen werden. Um das Weltbild in seiner Totalität geht es in diesem Buch allerdings, aber genau genommen nun doch nur um die Verständigung zwischen Theologie und moderner Naturwissenschaft über das Weltbild dieser letzteren, während es zu dem Unternehmen eines auf Grund dieser Verständigung selbständig zu wagenden Entwurfs eines positiven theologischen Weltbildes auch bei Titius durchaus nicht gekommen ist. Das gilt auch von Horst Stephans «Glaubenslehre» (2. Aufl. 1928), in deren drittem Teil «die Weltanschauung des christlichen Glaubens» zwar in Aussicht gestellt wird, während das, was unter diesem Titel geboten wird, nun doch nur als eine formale Beschreibung der christlichen Einstellung zu der nach Maßgabe eines von anderswoher entworfenen Weltbildes verstandenen «Welt» verstanden werden kann. Die Anschauung, an der die alten und die neuen Dogmatiker faktisch — entweder ausschließlich oder doch (das gilt auch von Polan und seinen wenigen Nachfolgern) zentral und in der Hauptsache — interessiert waren, war und ist nicht die Anschauung der Welt, sondern die Anschauung des Menschen. Unter «dogmatischer Kosmologie» hat auch Alexander von Oettingen, in dessen «Lutherischer Dogmatik» (2. Bd. 1900, S. 290 f.) dieser Titel auftaucht, gerade nicht eine Darstellung des Weltganzen, sondern die Lehre vom Akt der göttlichen Weltschöpfung, Welterhaltung und Weltregierung verstanden. Er hat ontologisch wie die Dogmatik in der älteren Zeit nur von der Menschheit und von der mit der Menschheit in Beziehung stehenden Geisterwelt (d. h. von den Engeln) gehandelt, und er war es, der im Blick darauf das Wort von der «gewissen Borniertheit» (gemeint ist die notwendige anthropologische Beschränkung) der christlichen Lehre vom Geschöpf geprägt hat. Wir können in dieser Hinsicht ruhig von einem überwältigenden Konsensus der dogmatischen Überlieferung reden.

Das innere Recht dieser Überlieferung und die innere Notwendigkeit, uns ihr anzuschließen, besteht darin, daß die Dogmatik von ihrem Gegenstand her weder Anlaß noch Auftrag hat, sich zu einer eigentlich so zu nennenden Kosmologie, zu einer christlichen Weltanschauung zu entfalten.

1. Der Mensch im Kosmos

Sie würde sich in einen ihr fremden Bereich verirren, wenn sie das täte. Ihr Gegenstand ist das geoffenbarte, geschriebene und verkündigte Wort Gottes. Weltanschauung haben die, die eine solche zu haben behaupteten — wir haben hier nicht zu unterscheiden, mit welchem Recht oder Unrecht — immer aus anderen Quellen als aus dem Worte Gottes gewonnen. Wir trennen uns hier von den Vertretern aller Weltanschauungen schon im Ausgangspunkt. Dieser ist für uns negativ schon damit gegeben, daß das Wort Gottes bestimmt keine Weltanschauung enthält: keine Ontologie des geschaffenen Alls. Das Wort Gottes handelt von Gott und vom Menschen. Es enthält darum zweifellos eine Ontologie des Menschen und eben mit ihr werden wir es in der theologischen Lehre vom Geschöpf zu tun bekommen: mit der Ontologie des Menschen unter dem Himmel auf der Erde. Das Wort Gottes enthält aber keine Ontologie des Himmels und der Erde.

Es ist wohl wahr, daß sich der menschliche Glaube immer in einer bestimmten Auffassung, das menschliche Zeugnis immer in einer bestimmten Wiedergabe des Wortes Gottes vollzogen und sich dabei mit bestimmten Kosmologien verbunden, sie sich zu eigen gemacht, sie in seinem Sinn verstanden und ausgelegt, sich mindestens ein Stück weit auf sie berufen, sich ihnen angeschlossen hat.

Der menschliche Glaube hat schon in den biblischen Zeugnissen von Gottes Offenbarung mit großer Selbstverständlichkeit und Kraft zuerst die Sprache von mehr als einem der orientalischen Weltmythen und der entsprechenden Naturwissenschaften und dann weiter die der spätjüdischen Spekulation und der hellenistischen Popularkosmologie gesprochen. Er hat in den folgenden Jahrhunderten der Kirche gerade in einigen seiner ausgezeichnetsten Vertreter die große Erneuerung des Platonismus und später auf besonders breiter Front auch die des Aristotelismus mitgemacht und noch später — in einer für seine eigene Gestalt besonders entscheidenden Stunde — die sog. Renaissance der antiken Stoa. Er hat ungefähr die ganze Folge der seither aufgetretenen Philosophien mit ihren Weltbildern (oder vielmehr: den ganzen Wechsel der modernen Weltbilder mit den ihn begleitenden Philosophien) durch die Aufstellung entsprechend geformter Theologien begleitet und ergänzt. Er konnte sich einst ganz auf den Boden erst des ursprünglichen, dann auf den des im Mittelalter verbesserten ptolemäischen und nachher nach mäßigem Zögern doch auch wieder ganz auf den Boden des kopernikanischen, durch Kant und Laplace vollendeten Systems stellen und auch dessen physikalischer, chemischer und biologischer Deutung bezw. Umdeutung in der neuesten Neuzeit zu folgen versuchen. Man könnte auf diesem Feld die Art, wie Karl Heim den Wandlungen der weltanschaulichen Methoden und Ergebnisse im Raum der letzten 50 Jahre nie ermüdet und nie erschrocken — leider auch vor der Wendung von 1933 zu wenig erschrocken — nachgegangen ist, als exemplarisch dafür anführen, wie sich der Glaube offenbar jeder Kosmologie polemisch-irenisch gewachsen weiß, sich jede zum Besten dienen zu lassen, das «Alles ist euer», gerade auf den Wandel der Weltbilder anzuwenden vermag.

Es folgt aber daraus, daß dies faktisch immer wieder geschehen ist, durchaus nicht, daß das Wort Gottes selbst, das der Gegenstand des christlichen Glaubens und also auch der kirchlichen Dogmatik ist, eine bestimmte

Kosmologie enthalte, deren Entfaltung wir uns hier zur Aufgabe machen müßten. — Wir begründen das mit folgenden Feststellungen:

1. Es muß auffallen, daß der das Wort Gottes auffassende und in seinem Zeugnis wiedergebende Glaube sich zwar von jeher mit gewissen Kosmologien verbunden, daß er aber noch nie eine ihm eigentümliche Weltanschauung hervorgebracht, sondern in dieser Hinsicht stets von fremdem Gut mehr oder weniger kritischen Gebrauch gemacht hat.

Es gibt schon im Alten Testament kein originales, kein der Offenbarung des Gottes Israels und nur dieser entsprechendes Weltbild, sondern was im Alten Testament als solches — nicht einmal einheitlich übrigens — wahrnehmbar ist, ist eine besondere Abwandlung des Allgemeingutes des damaligen vorderen Orients. Dasselbe gilt erst recht vom Neuen Testament in seinem Verhältnis zu den mythischen und wissenschaftlichen Weltansichten seiner Zeit. Die biblischen Schriftsteller haben die besonderen Weltansichten ihrer Umgebung im Großen und Ganzen geteilt und keinen Versuch gemacht, ihnen als Zeugen von Gottes Offenbarung eine eigene, d. h. so etwas wie eine offenbarte Weltansicht gegenüber zu stellen. Genau so sind die Dinge aber auch in der alten, mittleren und neueren Theologiegeschichte weitergelaufen. Die Kirche und die kirchlichen Richtungen haben gewisse Weltbilder jeweils vorgefunden. Sie haben dem Untergang alter und dem Aufstieg neuer derartiger Konzeptionen teilnehmend beigewohnt. Sie haben ihren Wechsel teils freudig, teils widerstrebend (in der Regel übrigens ohne großes Aufheben davon zu machen) mitgemacht. Sie waren in dieser Sache im allgemeinen immer zeitgemäß. Sie waren aber in dieser Sache nie und nirgends produktiv. Sie haben sich mit den wechselnden Kosmologien bloß «verständigt» und «auseinandergesetzt», was auf die Länge immer darauf hinauslief, daß sie sich mit der jeweils herrschenden Konzeption unter bestimmten Vorbehalten abgefunden haben, daß sie es versuchten, die christliche Botschaft in deren Sprache zu übersetzen oder ihr doch anzupassen. Sie haben aber nie ein Bewußtsein davon verraten, daß sie an einer bestimmten Ontologie des Alls als an der «wahren», als an der biblischen oder orthodoxen Weltanschauung unter allen Umständen festhalten oder eine andere unter allen Umständen als «falsch», ungläubig oder gottlos ablehnen müßten. Der Konflikt zwischen «kirchlicher» und «wissenschaftlicher» Weltbetrachtung war auch in der besonders kritischen Periode des Übergangs vom 17. zum 18. Jahrhundert so tief und schrecklich nicht, wie er etwa in Ed. Fueters «Geschichte der exakten Wissenschaften in der schweizerischen Aufklärung» (1941) dargestellt worden ist. Gewisse konservative Hartnäckigkeiten auf seiten der Kirchenmänner und Theologen haben sich nie als notwendig und dauernd erwiesen. Es hat ein paar, es hat aber nicht viele von der Kirche zu verantwortende philosophische und naturwissenschaftliche Martyrien gegeben. Die Regel war gerade in jener kritischen Periode die, daß es — nicht nur infolge des öfters mangelnden Bekennermutes der betroffenen Profangelehrten, sondern vor allem auch infolge des mangelnden Nachdrucks der kirchlichen «Verfolgung» — lange nicht so weit kam. Sogar die römische Kirche hat sich wohl gehütet, ihren lange festgehaltenen Widerspruch gegen Kopernikus und gegen Descartes durch Proklamierung eines an Ptolemäus und Aristoteles festhaltenden Dogmas zu fixieren. Wie wäre das zu erklären, wenn vom christlichen Glauben aus mit so etwas wie einer offenbarten Kosmologie ernstlich zu rechnen gewesen wäre?

2. Der Grund, weshalb es keine offenbarte, keine biblische, keine dem christlichen Kerygma eigentümliche und notwendige Weltanschauung gibt, besteht darin, daß der Glaube an Gottes Wort niemals in der Lage sein

kann, in der Totalität der Geschöpfwelt sein Thema zu erblicken. Er glaubt an Gott in dessen Verhältnis zu dem unter dem Himmel auf der Erde existierenden Menschen; er glaubt nicht an diese und jene Beschaffenheit des Himmels und der Erde. Konnte er sich, indem er immer jenes andere Thema hatte, irgendwelchen theoretischen Feststellungen über Himmel und Erde von jeher nie ganz enthalten, so konnte er diese doch immer nur beiläufig vollziehen. Und wenn er sich dabei des Anschauungs- und Begriffsmaterials gewisser Weltanschauungen bediente, so konnte er sich doch mit diesen unmöglich eigentlich und wesentlich identifizieren. Er konnte sie nicht zum Inhalt seines Zeugnisses und Bekenntnisses machen.

Gerade auf Gen. 1—2 sollte man sich für die Behauptung des Gegenteils zuletzt berufen. Denn wenn diese Sagentexte in gewisser Selbstverständlichkeit von der Sprache und von den Bildern der kosmologischen Mythen ihrer zeitlichen Umgebung Gebrauch machen, so heißt das nicht, daß ihre Absicht die ist, diese Mythen und ihre Kosmologie vorzutragen. Daß und wie Jahve-Elohim der Gott und Bundesherr Israels, schon der Schöpfer des Himmels, der Erde und des Menschen ist, das ist ihr Thema. Dasselbe gilt vom Neuen Testament im Verhältnis zur Kosmologie seiner Zeit. Die biblischen Texte nehmen an der Geschöpfwelt das auswählende und beschränkende Interesse, das dem von ihnen bezeugten Wort Gottes entspricht. Sie zielen auf das in der Geschöpfwelt stattfindende Handeln Gottes und darum auf den im Kosmos existierenden Menschen, in dessen Geschichte dieses Handeln offenbar geworden ist. Mit diesem Geschehen — und eigentlich und wesentlich mit ihm allein — beschäftigt, machen sie bestimmte kosmologische Voraussetzungen, ziehen sie bestimmte kosmologische Konsequenzen: beides unter Zuhilfenahme der ersten besten, d. h. der in ihrer Zeit herrschenden kosmologischen Vorstellungen. Es sind aber nie und nirgends diese kosmologischen Vorstellungen, die den Inhalt ihres Zeugnisses bilden. Und wo immer der Glaube später der Glaube der biblischen Zeugen war und blieb, da stand er auch den Weltbildern der späteren Zeiten formal ebenso unbesorgt, aber auch sachlich ebenso distanziert gegenüber. Er war und ist eigentlich und wesentlich immer anders als weltanschaulich in Anspruch genommen und beschäftigt: wohl mit dem Schöpfer und darum auch mit der Geschöpfwelt, aber gerade nicht mit der ganzen Geschöpfwelt als solcher, sondern entsprechend dem in dem offenbarten göttlichen Handeln selbst sichtbaren Auswahl und Beschränkung mit einer bestimmten Gestalt dieses Handelns in der Geschöpfwelt: mit dem Menschen im Kosmos.

3. Es entspricht der Beiläufigkeit, in der sich der Glaube, seinem besonderen Thema verpflichtet, dem geschöpflichen All allein zuwenden kann, daß sein Verhältnis zu den kosmologischen Voraussetzungen und Konsequenzen seines Zeugnisses und Bekenntnisses immer nur ein höchst unverbindliches sein konnte und sein kann. Er hat das Anschauungs- und Begriffsmaterial der wechselnden Weltanschauungen nie um ihrer selbst willen aufgenommen. Er macht von ihm hier Gebrauch, um es dort zu unterlassen. Er kann von einer Weltanschauung zur anderen übergehen, ohne sich selber, d. h. ohne seinem Gegenstand damit untreu zu werden. Er ist und bleibt frei gegenüber allen Weltanschauungen.

Man könnte in dieser Hinsicht geradezu von einer grundsätzlichen Treulosigkeit des Glaubens ihnen gegenüber reden. Er hat sie, auch wenn er sich noch so gewaltig mit ihnen auseinandersetzte, auch wenn er sich noch so intim mit ihnen verband, nie letztlich ernst genommen. Er lebt nur vorübergehend in ihren Räumen, er denkt und redet nur zeitweilig in ihrer Sprache. Er wird ihrer leicht müde. Er betritt ihren Boden nur wie im Sprung, um ihn gegebenenfalls ebenso flüchtig wieder verlassen zu können. Er übernimmt für ihre Begründung, für ihren Aufbau, für ihre Gültigkeit, für ihre Verbreitung keine Haftbarkeit. Er bewegt sich in ihren Bezirken, aber er läßt sich durch ihre Grenzen nicht aufhalten. Er behandelt sie eklektisch und läßt sich für die äußere und innere Erhaltung ihrer Substanz nicht verantwortlich machen. So kommt es, daß es den Redaktoren der Genesis nichts ausgemacht hat, die so ganz verschiedenen Weltbilder der beiden Quellen von Gen. 1 und 2 unmittelbar nach- und nebeneinander zu Worte kommen zu lassen. So kommt es, daß es keine Weltansicht gibt, die man als die biblische oder auch nur als die alttestamentliche, die neutestamentliche oder auch nur als die prophetische oder als die paulinische bezeichnen könnte. So kommt es, daß die kosmologischen Elemente in der Bibel eine in sich sehr vielfältige Menge von Teilbeständen dieser und jener Kosmologien bilden, von denen keine in ihrer Ganzheit sichtbar, keine als Lehre vorgetragen, geschweige denn verpflichtend geltend gemacht wird. Gewiß könnten jene Elemente nicht fehlen, gewiß kann die weltanschauliche Form und der glaubensmäßige Gehalt des biblischen Zeugnisses exegetisch an keiner Stelle einfach auseinandergehalten werden. Man muß aber sehen, daß es sich bei jener Form doch nur um Partikeln gewisser Weltanschauungen und nicht um diese selbst handelt, und daß auch diese Partikeln nicht aus den Weltanschauungen, denen sie eigentlich zugehören, sondern nur aus dem neuen Zusammenhang, in welchen sie in den biblischen Texten versetzt sind, verstanden werden können. In der Artikulation, in der Freiheit und Beschränktheit der Sprache bestimmter Weltanschauungen sagt die Bibel gerade nicht das, was deren menschliche Erfinder und Vertreter sagen wollten, sondern das, was in (letztlich ausschließlicher) Verantwortung gegenüber Gottes Wort gerade sie und nur sie zu sagen hat. Dieser für das Verständnis des Alten und Neuen Testamentes sicher gültige Kanon muß aber auch zur Würdigung mindestens der Intentionen auch der späteren in der Kirche laut gewordenen Glaubenszeugnisse beachtet werden. Es fragt sich sehr, ob es dem vielfach schwachen, angefochtenen und versuchlichen Glauben der Kirche je gelungen ist, eine hundertprozentige Fehlbildung dadurch hervorzubringen, daß er dieser oder jener Weltanschauung nun wirklich total und restlos verfallen wäre. Auch in der Gnosis des zweiten Jahrhunderts, auch in dem seit dem Mittelalter fast hoffnungslos im Aristotelismus ertrunkenen römischen Katholizismus, auch in den «rationalistischen» Hervorbringungen des 18. Jahrhunderts, auch bei Schleiermacher und in den von ihm ausgehenden Schulen bis hin zu der Häresie der «Deutschen Christen» ist das, wenn man nüchtern urteilen will, nicht geschehen. War man oft genug im Begriff, die Sätze der christlichen Botschaft durch die einer gerade geltenden Weltanschauung zu ersetzen, so geschah es doch immer, daß man diese faktisch zurechtmachte und umdeutete, sie durch Additionen reicher, durch Subtraktionen erträglicher, durch Potenzierungen bedeutsamer machen wollte. Stellte man sich oft über Gebühr in ihren Dienst, so stellte man doch faktisch auch sie selbst in einen Dienst, der ihrem eigenen Genius fremd war. Haben die kommenden und gehenden Weltbilder den Vertretern des Glaubens oft tieferen Eindruck gemacht, als es sich mit dessen innerer Gewißheit und mit der Kraft ihrer Sendung an die Welt vertrug, so haben es doch die beteiligten Theologen den Philosophen und den sonstigen Priestern und Gläubigen der jeweils herrschenden Weltanschauung bei aller Beflissenheit von ihrer Seite notorisch nie recht machen können. Der Weg des Glaubens selbst brach doch inmitten aller Irrungen und Wirrungen der Weltanschauungen nie ganz ab. Er pflegte doch jenseits der jeweilig vorgekommenen voreiligen Ineinssetzungen seiner eigenen mit gewissen fremden, kosmologischen Aufstellungen regelmäßig aufs neue ihnen gegenüber Distanz zu nehmen. Die eingegangenen Bindungen erwiesen sich nie als gründlich, nie als notwendig, nie als definitiv. Es zeigte sich immer wieder, daß das Bekenntnis des Glaubens der Kosmologie gegenüber seinen eigenen Sinn, seine eigene Funktion und inmitten der Geschichte der Kosmologie ihr gegenüber seine eigene Kontinuität hatte.

4. Wo man aber den Glauben (in bestimmten Aufstellungen und Gedankengängen bestimmter christlicher Personen und Richtungen in gewisser Hinsicht) nun doch mit dieser oder jener Weltanschauung absolut verbündet und vereinigt zu sehen meint, da handelt es sich in Wirklichkeit immer schon nicht mehr um den Glauben, sondern um den partiellen Abfall vom Glauben, wie er im Leben der Kirche und des Einzelnen allerdings Ereignis werden kann. Es geht also nicht an, aus diesem Geschehen den Satz abzuleiten, daß solche absolute Verbindung und Vereinigung des Glaubens mit einer Weltanschauung dem Glauben eigentümlich und notwendig sei.

Es geschieht dauernd, daß sich Einzelne und ganze, die Majorität anstrebende und oft genug erreichende Gruppen in der Kirche dadurch in Widerspruch mit ihrem eigenen Glauben verwickeln, daß sie die Freiheit des Glaubens in einer Hinsicht haben, in der anderen nicht haben, teils betätigen, teils nicht betätigen. In diesem Selbstwiderspruch hat im alten Israel der immer wieder drohende und auch vollzogene Abfall zu den Göttern der Kananäer, Babylonier und Ägypter, in ihm hatten und haben alle kirchlichen Häresien ihren Ursprung. Der Glaube selbst und als solcher kann für solchen Selbstwiderspruch der Gläubigen nicht haftbar gemacht werden. Sofern sein Bekenntnis rein ist, wird er sich den Weltanschauungen gegenüber jene Freiheit eines unverbindlichen Gebrauchs ihrer Elemente zu wahren wissen. Läßt er sich wirklich durch sie binden, dann hat sein Bekenntnis insofern schon aufgehört, sein Bekenntnis zu sein. Er ist dann begrenzt, bedingt, bestimmt und in Frage gestellt durch die Autonomie und Autarkie des Fremdkörpers, an den er mutwillig gefesselt wurde. Wir reden von einer Gefährdung des Bekenntnisses und der Theologie, die zu allen Zeiten stattgefunden hat. Daß man sich mindestens partiell axiomatisch auf gewisse Weltbilder meinte verpflichten zu müssen, das ist nämlich in der alten nicht weniger als in der neuen Kirche vorgekommen. Es kann aber ein in jenen Selbstwiderspruch verwickelter Glaube und seine partielle Bindung an ein bestimmtes Weltbild die Norm gerade nicht sein, an die wir uns in dieser Sache zu halten haben.

5. Sofern der Glaube sich selber, d. h. seinem Gegenstande treu, sofern also sein Bekenntnis rein bleibt, wird seine Symbiose mit diesem oder jenem Weltbild immer auch den Charakter des Widerspruchs seines Bekenntnisses gegen die Sätze des ihm assoziierten Weltbildes haben. Gibt es kein Bekenntnis des Glaubens ohne diese und jene — vielleicht nur schweigend anerkannte — kosmologische Voraussetzung oder Konsequenz, so wird er sich doch jeder Autonomie und Autarkie dieses fremden Partners zu erwehren wissen. Gerade in den Verbindungen des Glaubens mit den Weltanschauungen wird sich also notwendig auch immer ihr Gegensatz darstellen.

In der heiligen Schrift ist das zum Greifen deutlich. Indem die Schöpfungssage Gen. 1 am babylonischen Schöpfungsmythus scheinbar unbefangen Anteil nimmt, kritisiert sie ihn faktisch auf Schritt und Tritt. Und was ist aus der spätjüdischen und später aus der hellenistischen Vorstellungswelt geworden, indem die apostolische Verkündigung sich ihr scheinbar so völlig einfügte. Es würden sich Plato und Plotin über die ihrer Philosophie bei Augustin widerfahrene Vertiefung und Durchleuchtung, und es würde sich Aristoteles über das, was bei Thomas aus ihm geworden ist, vermutlich mit wenig Zustimmung gewundert haben. Und es war, von der Philosophie her gesehen, eine sehr zweifelhafte Sache, wenn es später theologische Cartesianer, Spinozisten, Leibnizianer, Kantianer und Hegelianer gegeben hat. Auffallend selten geschah es, daß die Urheber der großen weltanschaulichen Systeme die Lust und den Mut gehabt hätten, die Möglichkeit von deren Kombination mit dem christlichen Glauben selber und von sich aus sichtbar zu machen. Und wo das, wie etwa von Kant und von dem älteren Schelling, versucht worden ist, da geschah es, daß neben dem Glauben auch das System Schaden leiden mußte. Es kann nicht übersehen werden, daß der mit so viel Liebe und Kunst unternommene Versuch Schleiermachers, die biblische und kirchliche Christologie seinem System der Harmonie der Gegensätze des Endlichen und des Unendlichen, des Geistes und der Natur an bestimmter Stelle einzugliedern, gerade auch von dieser weltanschaulichen Voraussetzung her kaum als gelungen bezeichnet werden kann. Der christliche Glaube ist nun einmal ein Element, das sich, wenn es mit den Weltanschauungen vermischt wird, auch in den größten Verdünnungen bemerkbar, und zwar störend, zersetzend, als Bedrohung ihrer Fundamente, bemerkbar macht. Sofern er Glaube an Gottes Wort ist und sofern er sich als solcher auch nur in einem Bruchteil treu bleibt, kann er ja nicht Glaube an die Bilder, die Weltbilder werden, wird er diesen immer nur widerstehen können.

Wir sahen: der letzte Grund dieses eigentümlichen Verhältnisses besteht darin, daß das Wort Gottes von Gott selbst und vom Menschen redet, direkte oder auch nur indirekte Eröffnungen über ein selbständiges Sein und Wesen des Kosmos aber nicht in sich schließt.

Kosmologie entsteht immer nur dort — in dem toten Winkel — wo das Wort Gottes mit der ihm eigentümlichen Eröffnung das Gehör und den Gehorsam des Menschen noch nicht gefunden oder wieder verloren hat. Da und nur da kann der Kosmos als ein Drittes zwischen Gott und dem Menschen zum Gegenstand selbständiger Aufmerksamkeit und Betrachtung werden. Indem sich die Erkenntnis der Schöpfung von der des Bundes löst, wird Gott der Schöpfer zu einem unbestimmten, praktisch bedeutungslosen und also entbehrlichen Faktor, erscheint das Geschöpf als ein in sich geschlossenes Ganzes, in welchem der Mensch nur noch ein Teil unter vielen anderen ist. Die Geschöpfwelt verliert dann mit dem ihr gegenüberstehenden Schöpfer ihre eigene natürliche Mitte. Das Bedürfnis wird dann unvermeidlich, sie künstlich aus sich selbst zu erklären, willkürlich nach ihrem eigenen Prinzip, Bestand und Sinn zu fragen, um sie von daher ebenso willkürlich, d. h. entsprechend der Wahl dieses Prinzips abzubilden, d. h. neu aufzubauen, ihr die Gestalt des dem gewählten Prinzip entsprechenden Systems zu geben. So entsteht Kosmologie: in dem geistlosen Bereich, wo man in Ermangelung eines Besseren dem Kosmos ein besonderes Wort über sich selbst zu entlocken oder vielmehr — als könnte und müßte er von sich selbst reden, sich selbst offenbaren, als läge es in des Menschen Macht, ihn dazu zu zwingen — ihm auf die Lippen zu legen versucht. Wenn der Glaube sich mit den Weltanschauungen verbindet, dann bewegt er sich in diesem geistlosen Bereich. Sein Bekenntnis hat dort keinen Grund, und eben von daher kommt es, daß es zu einem anderen als jenem äußerlichen, beiläufigen, unverbindlichen und widerspruchsvollen Verhältnis zwischen ihm und den Weltanschauungen nicht kommen kann.

Die vom Wort Gottes eröffnete Erkenntnis ist die Erkenntnis der Schöpfung in ihrer unauflöslichen Verbindung mit dem Bunde und also die Erkenntnis des Himmels und der Erde als des Kosmos des mit Gott verbündeten Menschen. Das Wort Gottes kann, indem es sich an den Menschen richtet und indem es eben damit den Menschen sich selber offenbar und bekannt macht, an der den Menschen umgebenden Welt nur vorbeikommen. Ohne an ihr vorbeizukommen, könnte es sich freilich auch nicht an den von ihr umgebenen Menschen richten, könnte es ihn auch nicht sich selbst offenbar und bekannt machen. Das Wort Gottes hat eine kosmologische Grenze. Es beleuchtet die Welt. Es macht sie — den Himmel und die Erde — offenbar und bekannt als den Raum, in welchem Gottes Herrlichkeit wohnt, in welchem Gott sich des Menschen annimmt. Es versteht und erklärt sie als ein einziges großes Gleichnis dieses Geschehens. Es weist hin auf den Himmel als auf den Inbegriff der dem Menschen unsichtbaren, unbekannten, unverfügbaren Geschöpfwirklichkeit, als auf den «oberen» Kosmos, der als solcher an den göttlichen Horizont des menschlichen Bereiches erinnert. Und es weist hin auf die Erde als auf den Inbegriff der dem Menschen sichtbaren, bekannten, verfügbaren Geschöpfwirklichkeit, als auf den «unteren» Kosmos, der als solcher der Bereich des Menschen ist. Dieser doppelte Hinweis ist unverkennbar. Und es ist nicht wenig, sondern sehr viel, es ist das Entscheidende, was damit über die Welt gesagt wird. Die Welt ist in dieser ihrer Struktur jedenfalls nicht ungleichartig, sondern gleichartig jenem Geschehen im Bunde zwischen Gott und Mensch, der das Ziel und der Sinn der Schöpfung ist. Es entspricht offenbar der Himmel dem Sein und Tun Gottes. Es entspricht die Erde dem Sein und Tun des Menschen. Es entspricht das Zusammensein des Himmels und der Erde dem Bunde, in welchem das göttliche und das menschliche Sein und Tun zusammentreffen. So ist die den Menschen umgebende Geschöpfwelt als solche, so ist die Totalität dessen, was als sein Mitgeschöpf über ihm und unter ihm ist, das Vorbild und Abbild der Sache, um deren willen er durch Gottes Wort angeredet wird: seiner Lebensgemeinschaft mit seinem Schöpfer. Daß sich der Kosmos in dieser Übereinstimmung mit der in ihm sich abspielenden Geschichte befindet, das sagt das Wort Gottes auch vom Kosmos, indem es den Menschen in seiner Existenz unter dem Himmel auf der Erde anredet. Das — und nicht mehr als das! Die dogmatische Lehre vom Geschöpf hat sich an diese Beschränktheit («Borniertheit») ihres Aspektes zu halten. Sie macht sich damit keiner Willkür schuldig. Sie hält sich eben damit an ihren Gegenstand, der auch ihre Erkenntnisquelle ist. Ihr Wissen um Gottes Geschöpf ist insofern «anthropozentrisch», als es der Zentrierung folgt, die ihr durch das Wort Gottes vorgeschrieben ist: der Zentrierung auf den Menschen. Indem es das tut- kann auch es nur eine kosmologische G r e n z e haben, kann es an der Kosmologie immer nur vorbeikommen, wird es sich mit dem angeblichen Wissen der Kosmologien immer in dem geschilderten Spannungsverhältnis befinden.

Indem wir uns an dieser Stelle von den Weltanschauungen schon im Ansatz trennen, befinden wir uns um so mehr in einer gewissen methodischen Nähe zu der in der reinen Verknüpfung von Wahrnehmung und Denken sich konstituierenden exakten Wissenschaft. Sie wird sich von der theologischen Wissenschaft freilich darin unterscheiden, daß ihr Gegenstand und ihre Erkenntnisquelle weder unter sich, noch mit dem Worte Gottes identisch sind. Ihre Erkenntnisquelle ist der kombinierte Akt der Wahrnehmung und des Denkens und also nicht der des Glaubens an Gottes Wort. Und so ist ihr Gegenstand die Fülle der dem Wahrnehmen und dem Denken sich darbietenden Phänomene der Außenwelt und also nicht Gottes Geschöpf als solches, wie es im Worte Gottes als das Sein der von Gott verschiedenen Wirklichkeit erkennbar ist.

Eine recht belehrte exakte Wissenschaft hat aber mit der recht belehrten theologischen Wissenschaft (1) dies gemeinsam, daß sie als solche keine Weltanschauung in sich schließt. Sie begnügt sich damit, Phänomene festzustellen, zu ordnen, zu verknüpfen, zu erforschen, zu verstehen und darzustellen. Sie entfaltet keine Ontologie des Kosmos. Wo sie das doch tut, da wird sie zur Dichtung, da hört sie auf, exakte Wissenschaft zu sein. Es liegt also gerade nicht in ihrem Wesen, dies tun zu müssen. Es gibt kein Weltbild der exakten Wissenschaft. Es liegt vielmehr in ihrem Wesen, auf solche Dichtung zu verzichten. Es handelt sich also immer um ein Mißverständnis, wenn ihre Vertreter die Summe ihrer ihr Wissen jeweils begrenzenden Hypothesen nun doch als ein Weltbild — als «d a s Weltbild d e r exakten Wissenschaft» ausgeben zu können, und wenn dann die Theologen diesem Gebilde in ängstlicher Verblüffung den Charakter einer unter allen Umständen zu respektierenden Wirklichkeitsoffenbarung zusprechen zu sollen meinen. Ihre Vertreter konnten und können auch nüchtern bleiben und also von aller Mythenbildung und Philosophie Abstand nehmen. Die auf Grund ihrer Erkenntnisquelle ihrem Gegenstand zugewendete, die schlicht arbeitende (und nicht träumende und dichtende) exakte Wissenschaft als solche ist faktisch r e i n e Wissenschaft: rein in ihrer Unterscheidung von der Theologie, aber rein auch in ihrer Unterscheidung von aller Pseudotheologie, rein darin, daß sie sich an den Phänomenen genügen läßt, zum Bau von Weltanschauungen aber sich gerade nicht versteigt.

Eben eine solche reine Wissenschaft trifft dann aber mit der dogmatischen Lehre vom Geschöpf jedenfalls (2) auch darin zusammen, daß auch sie den Kosmos nur als den Kosmos des Menschen erforschen und beschreiben wird, daß er auch für sie nur in «anthropozentrischer» Sicht existieren wird: nicht in der Sicht des christlichen Glaubens an Gottes Wort freilich und darum gewiß nicht «theanthropozentrisch», aber in der Sicht des menschlichen Wahrnehmungs- und Denkvermögens, über dessen Grenzen sie sich im Klaren sein und bleiben wird.

Eben darum trifft sie mit der Theologie nun doch (3) auch materiell darin zusammen, daß auch sie mit zwei grundsätzlich zu unterscheidenden Bereichen rechnet. Sie wird sie zwar nicht «Himmel» und «Erde» nennen, sie wird sie aber nicht weniger respektieren als die Theologie den Unterschied von Himmel und Erde zu respektieren hat. Auch sie wird nämlich rechnen mit dem Bereich des menschlich Wahrnehmbaren und Denkbaren, dem sie sich zuwendet, den sie erforscht und darstellt, und mit dem Bereich des menschlich Nicht-Wahrnehmbaren und Nicht-Denkbaren, den sie zwar als reine Wissenschaft nicht leugnen kann, den sie, so gewiß er des ersten Bereiches Grenzen bildet, mindestens gelten lassen wird, vor dem sie aber auch Halt machen, den zu betreten sie nicht versuchen wird, von dem sie als reine Wissenschaft nur ehrerbietig schweigen kann. Auch sie rechnet fortwährend mit dem Zusammensein dieser beiden Bereiche.

Gerade zu einer Ontologie des Alls gibt es auch von der exakten Wissenschaft her keinen Weg. Unsere Aufgabe ist eine andere als die ihrige. Aber sie ist es nicht, zu der wir hier in Widerspruch treten müssen. In ihrem Beginnen werden wir vielmehr eine bedeutsame Parallele zu dem unsrigen erkennen dürfen.

Die Dogmatik hat keinen Auftrag, sich zur Kosmologie, sie hat aber den Auftrag, sich zu einer bestimmten Lehre vom Menschen zu entfalten. Hier würde sie ihrer Aufgabe der Auslegung des Wortes Gottes gegenüber ebenso versagen, wie wenn sie es versäumte, an ihrem Ort auch zur expliziten Lehre von Gott zu werden. Denn eben der Mensch ist ja das Geschöpf, welchem sich der Schöpfer laut seines eigenen Wortes im Werk der Schöpfung, nämlich in dessen Absicht auf den Bund seiner Gnade zugewendet hat. Mehr noch: eben Mensch ist ja Gott selber in der vollkommenen und endgültigen Offenbarung dieses seines Wortes geworden. Wer und was der Mensch ist, das wird uns im Worte Gottes nicht weniger bestimmt und dringlich gesagt wie dieses, wer und was Gott ist. Das Wort Gottes schließt wesentlich auch eine bestimmte Anschauung vom Menschen in sich, eine Anthropologie, eine Ontologie dieses besonderen Geschöpfs. Und wenn dem so ist, dann muß diese auch im Glauben aufgenommen, im Bekenntnis des Glaubens wiedergegeben, als Erkenntnis des Glaubens entfaltet werden. Eben darum ist die Lehre vom Menschen denn auch tatsächlich von jeher das beherrschende Stück der dogmatischen Lehre vom Geschöpf gewesen. Sie ist hier kein Fremdkörper. Sie hat hier notwendiges Heimatrecht. Und nach dem Vorangehenden haben wir nun schon das Recht zu sagen: Sie allein hat hier Heimatrecht.

Die für den Kenner der älteren Dogmatik naheliegende Frage: warum nicht wenigstens auch die Lehre von den Engeln? mag hier vorläufig beantwortet sein. Wir werden von dem Sein und der Art der Engel da nicht schweigen, wo in Auslegung des Wortes Gottes in der weiteren Entwicklung der Lehre von der Schöpfung, nämlich in der Lehre vom Verhältnis von Schöpfer und Geschöpf unter der göttlichen Vorsehung und Weltregierung nach Anleitung der Schrift auch von ihnen die Rede sein muß. Daß sie nicht zu den Kreaturen gehören, wollen wir also damit, daß hier von ihnen geschwiegen wird, nicht behaupten. Man hielt sich aber nicht an die biblische Anleitung, als man die Anschauung ihrer Existenz und Art von der Anschauung des göttlichen Handelns mit der Welt und besonders mit den Menschen löste, sie selbsttätig betrachtend und — wie es im großen Maßstab zuerst bei Dionysius Areopagita und dann vor allem bei Thomas von Aquino geschehen ist — zum Gegenstand einer besonderen Ontologie neben der des Menschen machen wollte. Die Engel gehören zu den unzähligen Kreaturen, deren Existenz und Art wir nach dem Vorgang der Schrift als gegeben vorauszusetzen haben, die selbständig zu betrachten wir aber durch das Wort Gottes nicht aufgefordert sind. Daß die Engel in dem vom Alten und Neuen Testament bezeugten Geschehen eine so bemerkbare Rolle spielen, will und muß dogmatisch gewürdigt werden. Dasselbe gilt aber auch von der Tatsache, die den alten Dogmatikern so viel Kopfzerbrechen verursacht hat: daß von der Erschaffung der Engel in der Bibel nirgends und so auch nicht in den beiden Haupttexten Gen. 1 und 2 die Rede ist. Nicht die Engel sind, sondern der Mensch ist der Genosse des Gnadenbundes, der der Grund und das Ziel der Schöpfung ist. Nicht an sie, sondern an den Menschen ist das Wort Gottes gerichtet. Und nicht Engel, sondern Mensch wurde Gott selbst in dem von der Bibel bezeugten Geschehen (Hebr. 1, 4 f.). Sie gehören, indem sie zweifellos zur Geschöpfwelt gehören, auch nicht zu der Gen. 1 und 2 beschriebenen Sicherstellung und Ausstattung des dem Menschen zugewiesenen unteren Kosmos, sondern vielmehr in den ebenso von Gott geschaffenen, ebenso wirklichen, aber uns verborgenen, in seiner Existenz und Art uns nicht offenbaren Raum der himmlischen Welt, des oberen Kosmos. Sie sind Wesen, deren Werk wir im Glauben nicht zu leugnen, sondern zu anerkennen haben, von deren Natur wir aber, weil sie nicht irdischer sondern himmlischer Art ist, auch aus dem Worte Gottes, auch im Glauben nichts wissen können. Das ist es, was die älteren Dogmatiker übersehen haben. Von der Natur des Menschen müssen und können wir, indem wir dem Worte Gottes im Glauben Gehör schenken, Kenntnis nehmen. Weil das von den Engeln nicht zu sagen ist, darum gehört auch eine Lehre von den Engeln nicht neben die Lehre vom Menschen.

Der Mensch, mit dem wir uns in der Dogmatik zu beschäftigen haben, ist der **Mensch im Kosmos**. Er ist der Mensch **unter dem Himmel**, d. h. der Mensch in den Grenzen eines wie er selbst von Gott geschaffenen und also wirklichen Seinsbereichs, der aber ihm, dem Menschen, prinzipiell verborgen, nicht verfügbar, sondern schlechterdings überlegen und insofern ein «höherer», d. h. ein ihm, dem Menschen, zu hoher, ein der Höhe Gottes dem Menschen gegenüber zwar nicht gleicher aber entsprechender Seinsbereich ist. Und er ist der Mensch **auf der Erde**, d. h. der Mensch in einem wie er selbst von Gott geschaffenen und also wirklichen, anderen Seinsbereich, der ihm prinzipiell erschlossen, erkennbar und verfügbar ist: im Bereich des körperlichen und geistigen Seins, in einem «niederen», d. h. einem der Niedrigkeit des Menschen vor Gott, aber auch der Erniedrigung Gottes zum Menschen zwar nicht gleichen, aber entsprechenden Seinsbereich. Was auch der Mensch ist, er ist es in dieser doppelten Bestimmtheit: unter dem Himmel, auf der Erde. Auch das Umgekehrte gilt: was auch der Kosmos sei, er ist es als Himmel und Erde, als das Jenseitige und als das Diesseitige, als das Begrenzende und als das Begrenzte des Menschen. Die Frage nach der Möglichkeit eines Kosmos ohne den Menschen ist so gegenstandslos wie die Frage nach der Möglichkeit, daß er gar nicht sein, von Gott gar nicht geschaffen sein könnte. Indem er von Gott geschaffen ist, ist er der Himmel und die Erde des Menschen, ist er dessen Jenseits und Diesseits, ist er die doppelte Bestimmung gerade dieses Geschöpfs. Auf Grund von Gottes Gnadenratschluß ist er ja geschaffen. So zielt er auf den Menschen, so steht und fällt diese Wirklichkeit damit, daß es in ihm auch menschliche Wirklichkeit gibt. Aber auch das

1. Der Mensch im Kosmos

ist wahr, daß der Mensch seinerseits nur als der Mensch im Kosmos möglich und wirklich ist: unter dem Himmel, auf der Erde, in jenem ihm eigenen niederen, diesseitigen Bereich und konfrontiert mit dem anderen, höheren, jenseitigen, der dessen Grenze bildet. Er ist unter dem Himmel und auf der Erde, sagen wir. Er ist im Kosmos.

Wir sagen nicht mehr als das. Wir können uns, wenn wir auf Gottes Wort hören und die uns in ihm eröffnete Erkenntnis entfalten wollen, nicht wohl an der Spekulation beteiligen, laut derer der Mensch durch den Kosmos und also durch den Himmel und durch die Erde konstituiert, ein aus einem himmlischen und einem irdischen Teil (Seele und Leib!) zusammengesetztes Wesen und also ein kleiner im großen Kosmos wäre.

Im Sinn dieser (aristotelischen) Lehre vom μικρόκοσμος ist zwar auch in der christlichen Kirche von jeher viel Schönes und auf den ersten Blick Einleuchtendes gesagt worden. *Cum corpus e terra et spiritum possideamus e caelo, ipsi terra et caelum sumus et in utroque, id est in corpore et spiritu, ut Dei voluntas fiat, oramus* (Cyprian, *De dom. orat.* 16). Es bestehe im Menschen nach Gottes Weisheit eine Mischung und Verschmelzung des Sinnlichen (νοητόν) und des Geistigen (αἰσθητόν), der irdischen und der überirdischen Natur, damit von diesem einen Gnadenwerk (dem Menschen) dieselbe Ehre auf die ganze Schöpfung überströme (Gregor von Nyssa, *Or. cat.* 6). Gemeinsam mit den Mineralien habe Gott dem Menschen Substanz, darüber hinaus gemeinsam mit den Pflanzen Leben, darüber hinaus gemeinsam mit den Tieren sinnliche Empfindung, darüber hinaus gemeinsam mit den Engeln Intellekt gegeben (Augustin, *De civ. Dei* V, 11). Er sei gewissermaßen eine zweite Welt, im großen Kosmos ein kleiner, ein «gemischter Anbeter», d. h. ein Augenzeuge der sichtbaren Schöpfung und ein Kenner der unsichtbar-geistigen, ein Herrscher über das Irdische und beherrscht von oben, selber irdisch und himmlisch, in der Mitte zwischen Größe und Niedrigkeit, Geist und Fleisch zugleich (Gregor v. Nazianz, *Or.* 38, 11), eine Landkarte, auf der die *summa totius mundi* zu überblicken sei (Bucanus *Instit. theol.* 1605 VIII, 1), eine *epitome* aller übrigen Geschöpfe (J. Gerhard, *Loci theol.* 1609 VIII, 9), *inferioris naturae consummatio et finis et superioris congener* und also *totius compendium et vinculum, quo coelestia terrenis conjunguntur (Syn. pur. Theol.* Leiden 1624 Disp. 13, 2). Auf derselben Linie hat noch J. A. Dorner (Syst. d. chr. Glaubenslehre 1. Bd. 1886 S. 507) im Anschluß an Schellings Naturphilosophie behaupten zu können gemeint, der leibliche Organismus des Menschen sei eine Art Sammelpunkt der sämtlichen Vollkommenheiten aller natürlichen Organismen, und es sei der menschliche Geist das Bewußtsein der Natur, in welchem diese sich selbst begreife.

Das Mißliche dieser Spekulation besteht zunächst darin, daß dabei offenbar der Versuch gemacht wird, der Anthropologie selbst und als solcher die Funktion und die Würde einer Kosmologie zuzusprechen. Dieser Versuch greift zu weit, um durchführbar zu sein. Der Kosmos ist nicht ohne den Menschen, sagten wir eben: er ist, indem er jene doppelte Bestimmung des Menschen ist. Es geht aber nicht an, auf Grund dessen zu behaupten, daß der Mensch der Kosmos *in nuce* sei, daß das Wesen des Kosmos im Wesen des Menschen enthalten und beschlossen sei, als ob er über die ihm allerdings eigentümliche Beziehung zum Menschen hinaus nicht auch noch unabhängig vom Menschen in ganz anderen Dimensionen, in ganz anderem

Sinn existieren könnte. Wir wissen nichts von solchen anderen Dimensionen, von einem solchen anderen Sinn des Kosmos. Wir kennen ihn nur in dieser Beziehung. Wir haben aber kein Recht und keine Möglichkeit zu der Annahme, daß sich sein Wesen in dieser Beziehung erschöpfen müsse. Anthropologie ist die Lehre vom Menschen im Kosmos. Kosmologie kann sie darum nicht sein wollen. Jene Spekulation ist aber auch darum bedenklich, weil dabei über die nicht zu leugnende Zugehörigkeit des Menschen zur Erde hinaus unter Berufung auf seine geistig-seelische Natur seine Zugehörigkeit auch zum Himmel behauptet wird. Der Himmel ist aber in der biblischen Sprache der mit der ganzen irdischen Kreatur auch den Menschen begrenzende Horizont, von dem her Gott mit dem Menschen redet und handelt. Er ist also kein solcher Seinsbereich, dem der Mensch von Haus aus zugehörig wäre: auch nicht auf Grund seiner geistig-seelischen Natur. Denn wiederum ist die Seele in der biblischen Sprache ganz einfach das irdische Leben des Menschen und keineswegs ein göttlicher oder auch nur ein himmlischer Bestandteil seines Wesens. Was man im Blick auf das Sein des Menschen als Seele seines Leibes mit Recht sagen kann, ist nur dies, daß es in der Einheit und Verschiedenheit dieser beiden (gleich irdischen!) Momente ein Analogon zum Sein des Kosmos bildet. Aber das kann vom Sein der Tiere mit demselben Recht gesagt werden. Und unannehmbar ist jene Spekulation schließlich auch darum, weil die Konstituierung des menschlichen Wesens dabei vom Kosmos (und zwar von einer bestimmten, sehr problematischen Interpretation des Kosmos) statt von dessen Schöpfer her verstanden wird. Die Bestimmtheit des Menschen durch den ihn umgebenden Kosmos steht außer Frage. Theologische Anthropologie kann aber nicht sein wollen: die Lehre vom Menschen als einem kosmischen, von jener Bestimmtheit her zu erklärenden Wesen. Theologische Anthropologie ist die Lehre von dem in jener Bestimmtheit ebenso wie der Kosmos selbst von Gott geschaffenen und von Gott her zu erklärenden Wesen. Daß und wie er durch den Kosmos, vom Himmel und von der Erde her bestimmt ist, kann sie nur von seiner Erschaffung durch Gott und also aus Gottes Wort und nicht aus dem Kosmos bezw. aus einer bestimmten Konzeption des Kosmos erklären wollen.

Also: der Mensch ist nicht die Welt, auch nicht die Welt im Kleinen. Er ist zugleich weniger und mehr als das. Weniger als das, weil er in seiner leiblichen und in seiner geistig-seelischen Natur ganz und gar ein irdisches und nicht ein himmlisches Wesen ist: auf der Erde, unter dem Himmel — und auch auf der Erde viel zu geringfügig, als daß er auch nur hier als das Maß und der Inbegriff aller Dinge verstanden werden könnte. Er ist aber auch mehr als die Welt, weil er — ein bloß irdisches Wesen, eine kleine Partikel des unteren Kosmos unter vielen anderen und andersartigen — nun doch etwas ist, was der Himmel mit allen seinen Geheimnissen und die Erde mit allen ihren Enthüllungen nicht sind: der

Gegenstand von Gottes Absicht mit dem Kosmos, in welchem diese Absicht offenbar ist. Gegenstände dieser göttlichen Absicht sind alle Dinge im Himmel und auf Erden. Sie ist uns aber nicht in allen Dingen und sie ist uns direkt nur im Menschen offenbar. Auch der den Menschen umgebende Kosmos ist Gott nicht fremd, ihm gegenüber nicht unabhängig, nicht souverän. Er folgt keiner Eigengesetzlichkeit, sondern dem Willen und Werk seines Schöpfers. Auch er steht ganz zu Gottes Verfügung und in seinem Dienst. Auch er spiegelt Gottes Herrlichkeit. Auch er lobt ihn als seinen Meister. Was immer kosmische Wirklichkeit ist, das ist — ob es zum Jenseits oder zum Diesseits des Menschen gehöre — durch Gott bedingt, ihm gehörig, ihm verpflichtet. Es ist aber nicht an dem, daß uns die Meinung, der Sinn, die Absicht der Herrschaft des Schöpfers und des ihm dargebrachten Lobes des Geschöpfs in dem uns umgebenden Kosmos offenbar wären. Wir wissen wohl, daß diese Herrschaft und daß dieses Lob auch dort Raum haben und stattfinden. Wir wissen das durch Gottes Wort, so gewiß dieses an den Menschen gerichtet ist, der auf der Erde, unter dem Himmel existiert. Als Wort des allmächtigen Gottes an den Menschen sagt es diesem unmittelbar, daß der da spricht, der Herr über Alles, der Schöpfer und Herr auch des Himmels und der Erde ist, daß Himmel und Erde sich dem nicht entziehen können, ihm die Ehre zu geben. Wir wissen aber nicht, wie die Herrschaft Gottes und wie sein Lob auch in dem uns umgebenden Kosmos Raum haben und stattfinden. Wir wissen das auch nicht durch Gottes Wort. Denn eben darüber schweigt auch Gottes Wort. Es sagt uns wohl, wie es zwischen Gott und dem Menschen steht. Es gibt uns aber keine Eröffnungen über das Innere der Verhältnisse zwischen Gott und den anderen Kreaturen. Es sagt uns gerade das nicht, wie Gott auch in dem uns umgebenden Kosmos herrscht und gelobt wird. Wo es auf dieses Innere der Verhältnisse zwischen Gott und den anderen Kreaturen hinzuzeigen scheint, da handelt es sich um den Widerschein der Herrschaft Gottes über die menschliche Kreatur und das Echo ihres Lobes.

Der Versuch, in das Innere und Eigene der Verhältnisse zwischen Gott und den anderen Kreaturen einzudringen, und der daran anschließende Versuch, diese anderen Kreaturen von diesem Verhältnis her zu erklären und darzustellen, wird immer nur der Versuch frommer Ahnung und Dichtung sein können. Daß solcher Versuch uns durchaus verboten sei, ist damit nicht gesagt. Man muß aber bemerken, daß die heilige Schrift uns dazu kaum eine Anleitung gibt. Und man sehe wohl zu, daß man sich dabei nicht in die Willkür und in die Irrtümer irgend einer Weltanschauung verwickle. Daß es solche inneren Verhältnisse gibt, wird auch die exakte Wissenschaft nicht leugnen können und, wenn sie besonnen bleibt, nicht leugnen wollen. Welcher Art sie sind, wird aber auch sie uns nicht sagen können. Gerade hier handelt es sich ja um die Geheimnisse, vor denen die exakte Wissenschaft als solche schweigend Halt machen wird. Ob es höhere, himmlische Wesen gibt, die sie zu durchschauen vermögend sind? Es kann sein. Aber was wissen wir von dem, was die himmlischen Wesen wissen und nicht wissen? Und was hülfe es uns, die wir irdische Wesen sind, wenn es himmlische Wesen gäbe, die hier tatsächlich wüßten, was wir nicht wissen? Ob wir selbst dereinst in der Vollendung wissen werden, was wir jetzt nicht wissen? Es kann sein. Aber was wissen wir auch von dem, was wir selbst dann wissen und nicht wissen werden: Und auch wenn wir dann wissen sollten, so wissen wir doch jetzt nicht. Wir werden wohl tun, damit zu rechnen, daß vielleicht wirklich und definitiv Gott ganz allein weiß und wissen wird, wie seine Herrschaft über die außermenschliche Kreatur sich vollzieht und in was das Lob besteht, das sie ihm darbringt. Uns und allen anderen Wesen außer ihm bleibt es vielleicht in alle Ewigkeit übrig, angesichts der Tatsache anzubeten, daß er auch dort herrscht, daß er auch dort gelobt wird. Ein ernster Grund dafür, daß wir um das Wie? jener inneren Verhältnisse wissen, daß wir durchaus in sie hineinschauen müßten, läßt sich ja auch nicht anführen.

Wir haben tatsächlich genug an dem Wissen darum, wie es zwischen Gott und dem Menschen steht. Durch Gottes Wort wissen wir darum. Wir wissen nämlich vom Menschen — nur vom Menschen, aber vom Menschen durch Gottes Wort — daß er in seiner ganzen Bestimmtheit als Wesen auf der Erde unter dem Himmel dazu geschaffen ist, daß Gott mit ihm rede und daß er Gott höre und antworte. Wir wissen vom Menschen — nur von ihm, aber von ihm durch Gottes Wort — was es auf sich hat mit der Tiefe des Erbarmens und der Güte Gottes, um den Ernst der Teilnahme, in welcher Gott der Herr sich seinem Geschöpf zugewendet hat, und was das Lob der Dankbarkeit ist, das er von seinem Geschöpf erwartet und das er als seine höchste und einzige Ehrung entgegenzunehmen bereit ist. Wir wissen vom Menschen — nur von ihm, aber von ihm durch Gottes Wort — daß Gott selbst mit ihm verkehren, daß er ihm in einer zwischen sich und ihm sich abspielenden Geschichte zu seinem Partner haben will, mehr noch: daß Gott am Ziel dieser Geschichte selbst werden wollte und geworden ist, was er ist; der Schöpfer selbst Geschöpf, gerade dieses Geschöpf, nicht Engel, nicht Stein, Pflanze oder Tier, sondern Mensch. Hier, im Menschen, sehen wir also, was wir in dem ihn umgebenden Kosmos nicht sehen, sehen wir jetzt und hier schon, was wir dort in alle Ewigkeit vielleicht nie sehen werden. Wir sehen hier tatsächlich in das Innere des Verhältnisses zwischen Gott und seinem Geschöpf. Wir sehen hier tatsächlich nicht nur, daß, sondern wie Gott über sein Geschöpf herrscht und von ihm gelobt wird. Gottes Absicht ist uns hier nicht verborgen, sondern offenbar. Daß dem so ist, das ist des Menschen besondere Auszeichnung innerhalb des ganzen von Gott (dadurch, daß er ihn schaffen wollte) ausgezeichneten Kosmos. Was dort dunkel ist, ist hier hell. Was dort verborgen ist, ist hier aufgedeckt. Und das ist hier hell und aufgedeckt: daß die Welt von Gott geliebt ist, indem sie von ihm geschaffen ist, und daß sie ihn als sein Geschöpf wieder lieben darf. Das Wort Gottes ist in dieser Hinsicht unzweideutig: nur im Blick auf den Menschen, aber im Blick auf den Menschen wirklich unzweideutig. In dieser Auszeichnung existiert der Mensch auf der Erde unter dem Himmel.

Und nun kann es nicht anders sein, als daß diese seine Auszeichnung auch die Erde, auch den Himmel und also auch den ganzen den Menschen umgebenden Kosmos wenigstens beleuchtet. Der Mensch ist nicht die Welt, auch nicht die Welt im Kleinen, auch nicht ihre Summe oder ihr Kompendium. Er ist weniger als das, sagten wir, und sagen nun nochmals: er ist viel mehr als das. Er ist der Ort in der Welt, wo sie hinsichtlich ihres Verhältnisses zu Gott hell, von woher sie in ihrem ganzen übrigen Bestand hinsichtlich ihres Verhältnisses zu Gott beleuchtet wird. Daß die Absicht Gottes mit ihr an diesem einen Ort offenbar ist, das kann ja auch zum Verständnis ihres übrigen Bestandes nicht bedeutungslos sein. Durch den Ratschluß und die Tat desselben Gottes, der den Menschen erschuf, ist auch der Himmel und die Erde, ist des Menschen Jenseits und des Menschen Diesseits geschaffen. In derselben Absicht? Wir haben kein direktes Wissen um Himmel und Erde, das uns berechtigte, das zu sagen. Wir sagen es dennoch: in dem indirekten Wissen, das wir unserem in Gottes Wort begründeten Wissen um den Menschen zu verdanken haben. Der der Schöpfer des Menschen ist, ist auch der Schöpfer des Alls, und so ist seine Absicht mit dem All, obwohl sie uns an sich verborgen ist, keine andere als eben die, die seine uns offenbare Absicht mit dem Menschen ist. So wird darin, wie es zwischen Gott und dem Menschen steht, zugleich offenbar, wie es zwischen Gott und dem Kosmos steht. Es hat seinen guten Grund, wenn der Himmel und die Erde, ihre Elemente und ihre Bewohner insgesamt im Alten wie im Neuen Testament durchwegs als Zeugen nicht nur, sondern als Mitwirkende in Gottes Werk und im Werk des menschlichen Lobes des Herrn namhaft gemacht werden. Keine Weltanschauung steht dahinter, wenn es in der Bibel so gehalten wird, wohl aber eine bestimmte Anschauung vom Menschen: die Anschauung seiner Gestalt als der Stelle im Kosmos, wo die Gedanken seines Schöpfers zum Licht werden, das ihn in seiner Totalität beleuchtet, das offenbar macht, was auch den Kosmos im Tiefsten und Letzten bewegt; ihn, der jedenfalls für unsere Augen aus sich selber nicht leuchten, die Gedanken Gottes über ihn nicht sichtbar machen kann. Der Mensch im Bunde mit Gott macht sie sichtbar. Er tut es stellvertretend für den ganzen Kosmos. Er ist tatsächlich nicht allein, indem er im Kosmos ist: gerade indem er allein das Licht des Kosmos ist. Indem er hell ist, wird auch der Kosmos hell. Indem Gottes Bund mit ihm offenbar wird, wird auch der Kosmos sichtbar als umfaßt von demselben Bunde.

So verlieren wir nichts, so gewinnen wir Alles, wenn wir entschlossen darauf verzichten, die Lehre vom Geschöpf zu einer Lehre vom All, zu einer Weltanschauung zu entfalten. Sie bedarf keiner solchen Entfaltung. Sie ist gerade in ihrer konzentrierten Gestalt als Lehre vom Menschen — sie ist auch ohne die Spekulation vom Menschen als Mikrokosmos — die Lehre vom ganzen Geschöpf, die Lehre vom Himmel und von der Erde, die Gott geschaffen hat: der allmächtige Gott, dessen Erbarmen und Güte nun eben am Menschen und nicht anderswo offenbar geworden ist, *in parte pro toto*. — Was vor uns liegt, ist also nicht willkürlicher, sondern legitimer Weise die Anthropologie und nur die Anthropologie.

2. DER MENSCH ALS GEGENSTAND THEOLOGISCHER ERKENNTNIS

Der Mensch wird dadurch Gegenstand theologischer Erkenntnis, daß uns durch Gottes Wort sein Verhältnis zu Gott offenbar gemacht ist. Wir sahen: das ist es, was den Menschen inmitten des übrigen Kosmos auszeichnet. Von allen anderen Geschöpfen erfahren wir auch durch Gottes Wort im Grund nur eben dies: daß sie Gottes Geschöpfe sind, seiner Herrschaft unterworfen, zu seinem Lobe bestimmt, Verkündiger seiner Herrlichkeit. Wie, warum und wozu sie es sind, das bleibt uns verborgen. Uns bleibt aber nicht verborgen, wie, warum und wozu der Mensch Gottes Geschöpf ist, sondern durch Gottes Wort wird uns das offenbar. Indem Gott sein Wort spricht, kommt es nicht nur zur Begründung der Tatsache, sondern auch zur Offenbarung der Wahrheit des Verhältnisses zwischen Gott und diesem, dem menschlichen Geschöpf. Die Beschreibung dieses Verhältnisses, d. h. der Bericht über seine Geschichte bildet den Inhalt der heiligen Schrift. Sie gibt uns keine Beschreibung, sie erzählt uns keine Geschichte der Verhältnisse zwischen Gott und dem übrigen Kosmos. Allein Gott und allein der Mensch ist ihr Thema. Das ist die Auszeichnung des Menschen, die ihn zum Gegenstand der theologischen Anthropologie macht.

Die Aufgabe der Anthropologie ist aber eine besondere. Die Offenbarung der Wahrheit des Verhältnisses zwischen Gott und dem Menschen im Blick auf das biblische Zeugnis von dessen Geschichte in ihrer Ganzheit darzustellen, ist die Aufgabe der Dogmatik im Ganzen. Die Anthropologie fragt im Besonderen, sie fragt nur nach der in diesem Verhältnis vorausgesetzten, nach der uns durch dieses Verhältnis, d. h. durch dessen Offenbarung und biblische Bezeugung bekannt gemachten menschlichen Geschöpflichkeit. Sie fragt: was ist das für ein Wesen, mit dem Gott und das mit Gott in jenem Verhältnis steht? Sie blickt zwar ganz auf jenes Verhältnis. Sie versucht also nicht etwa darüber hinweg,

2. Der Mensch als Gegenstand theologischer Erkenntnis

daran vorbei oder dahinter zu blicken. Sie weiß, daß sie sofort ins Dunkle geraten, ins Leere fallen müßte, wenn sie anderswohin blicken, wenn sie von diesem Verhältnis abstrahieren wollte. In jenem durch Gottes Wort beleuchteten Verhältnis zwischen Gott und Mensch und in ihm allein gibt es Licht über des Menschen Geschöpflichkeit. So hält sich die theologische Anthropologie an Gottes Wort und an seine biblische Bezeugung. Aber eben in dem uns offenbarten Verhältnis zwischen Gott und dem Menschen gibt es tatsächlich Licht: über Gott nicht nur, sondern auch über den Menschen, Licht über das Wesen des Geschöpfes, dem Gott sich in diesem Verhältnis zugewendet hat.

Die Frage Ps. 8, 5: «Was ist doch der Mensch, daß du seiner gedenkst? und des Menschen Kind, daß du dich seiner annimmst?» ist freilich die Frage eines fassungslosen Staunens über des Menschen Auszeichnung unter und vor allen anderen Geschöpfen: «Du machtest ihn wenig geringer als die Engel, mit Ehre und Hoheit kröntest du ihn. Du setztest ihn zum Herrscher über das Werk deiner Hände, Alles hast du ihm unter die Füße gelegt» (v 6—7). Die Hebr. 2, 5 f. gegebene Auslegung dieser Stelle ist legitim. Der neutestamentliche Autor hat jenen «Menschen» mit Jesus identifiziert. Er hat das darum mit Recht getan, weil schon der Psalmsänger jene Erhöhung des Menschen über die Engel und seine Herrschaft über die übrige Kreatur bestimmt nicht nur in der Würde der menschlichen Geschöpflichkeit im Verhältnis zur Geschöpflichkeit des übrigen Kosmos gesehen, sondern diese Würde des Menschen darin erblickt und darum zur Sprache gebracht hat, daß sie Gottes Verhältnis zu ihm und sein Verhältnis zu Gott widerspiegelt. «Herr, unser Herrscher, wie herrlich ist dein Name in allen Landen!» (v 10). Der Name Gottes, der hier im Blick auf die Würde des Menschen herrlich genannt wird, ist im Alten Testament die in Israel geschehene Manifestation und Offenbarung der Person des diesem Volk verbündeten Gottes. Daß diese Verbündung Ereignis ist, daß Gott des Menschen so gedenkt, sich seiner so annimmt, wie es in dieser Verbündung, in der Manifestation und Offenbarung der Person Gottes in Israel geschehen ist, das ist der Sinn jener staunenden Frage: Was ist doch der Mensch? Ihr Staunen gilt der unbegreiflichen Barmherzigkeit in diesem Handeln Gottes mit dem Menschen. Eben darum ist sie keine rhetorische, keine unbeantwortete Frage. Was ist doch der Mensch? Er ist das Wesen, dessen Gott so gedenkt, dessen Gott sich darin annimmt, daß er sich selbst, wie in Israel geschehen, zu seinem Bundesgenossen macht. Es ist das Licht, das damit auf das menschliche Geschöpf fällt, daß Gott seiner so gedenkt, sich seiner so annimmt, an dessen Helligkeit wir uns hier zu halten haben.

Die theologische Anthropologie entfaltet die Erkenntnis des menschlichen Wesens, die dem Menschen dadurch möglich und notwendig gemacht ist, daß es im Lichte des Wortes Gottes steht. Das Wort Gottes ist also ihre Begründung. Wir beeilen uns hinzuzufügen: sie entfaltet eben darum die Wahrheit des menschlichen Wesens. Indem ihr der Mensch gerade so zum Erkenntnisgegenstand wird, sieht und erklärt sie nicht nur eine Erscheinung, sondern die Wirklichkeit, nicht ein Äußeres, sondern das Innerste, nicht einen Teil, sondern das Ganze des menschlichen Wesens. Ob und wie weit sie dem ihr gemachten Angebot, indem sie von ihm Gebrauch macht, *in concreto* gerecht wird, ist eine Frage für sich. Wir müssen nicht nur in der Lehre von Gott, wir müssen auch hier, in der Lehre vom Menschen, durchaus damit rechnen, daß die Theologie als ein menschliches Werk ihrem Gegenstand gegenüber *in concreto* versagen kann und bestimmt weithin versagen wird. Das Licht, das auf ihren Gegenstand fällt, und in dem er überhaupt erst zu ihrem Erkenntnisgegenstand wird, ist das göttliche Licht. Wie sollte sie ihm da je anders als annähernd und bestimmt unter schwersten Versäumnissen gerecht werden können? Das ändert aber nichts an der Einzigartigkeit, an der Höhe und Tiefe, an dem Reichtum des Angebots, von dem sie recht und schlecht Gebrauch zu machen versucht. Indem sie des Menschen Geschöpflichkeit aus dem Worte Gottes versteht, das als gerade an ihn gerichtet, gerade ihn verständlich macht wie kein anderes Geschöpf neben ihm, schöpft sie aus der Quelle aller Wahrheit, ist sie befähigt, dem menschlichen Wesen auf den Grund zu sehen, und berufen dazu, das Letzte und Eigentliche über den Menschen zu sagen. Mit jenem besonderen Ursprung und mit diesem besonderen Anspruch grenzt sie sich ab gegenüber den sie hier scheinbar konkurrenzierenden andersartigen Versuchen menschlicher Selbsterkenntnis.

Es gibt ja neben der theologischen auch allerlei ganz andere Anthropologie, und ein Seitenblick auf ihren ganz anderen Charakter und Weg ist hier unerläßlich. Es könnte zunächst wohl so scheinen, als ob das Feld, das wir, indem wir uns der Lehre vom Menschen zuwenden, betreten, schon längst besetzt sei, als ob das, was die Dogmatik der Kirche auf diesem Feld verrichten kann, nur noch in einer Auseinandersetzung mit den hier längst unternommenen Versuchen ganz anderer Art bestehen könne. Das Problem des Menschen ist tatsächlich — zunächst umfassend bezeichnet — auch ein Problem des allgemeinen Seinsverständnisses, auf das neben allerlei primitiv-intuitiv begründeten Überzeugungen längst auch allerlei ernst zu nehmende Hypothesen, aber auch allerlei angebliche Axiome alter und neuer allgemein menschlicher, nicht theologischer Wissenschaft so oder so geantwortet haben. — Man muß hier sogar noch mehr sagen: Das Problem des Seins des Menschen hat sich direkt oder indirekt, offen oder heimlich, explizit oder implizit immer wieder als das Problem des allgemeinen Seinsverständnisses, als das Schlüsselproblem aller menschlichen Besinnung herausgestellt.

Die Anthropologie konnte sich zeitweilig verhüllen in Kosmologie und Theologie, um dann doch immer wieder neuer dramatischer Auferstehungen und Wiederentdeckungen teilhaftig zu werden. Es fragt sich doch ernstlich, ob sie in irgend einer erheblichen Gestalt des Mythus, der Philosophie und der Wissenschaft faktisch weniger als das Problem des um seine Verständigung über Gott, die Welt und sich selbst bemühten Menschen gewesen ist, ob z. B. die großen, in der Geistesgeschichte des Abendlandes Epoche machenden Zurückwendungen zur Anthropologie — im Altertum die durch den Names Sokrates, in der mittleren Zeit die durch den Namen Augustin, in der Neuzeit die durch den Namen Descartes, im 19. Jahrhundert die durch den Namen L. Feuerbach, Max Stirner und S. Kierkegaard gekennzeichnete — etwas Anderes waren als eine Art Offenbarungen der Frage, die auch in den scheinbar weniger anthropologisch interessierten Zeiten immer die Frage aller Fragen gewesen ist: Wer bin ich für mich selbst, ich, der ich mich jetzt anschicke, mir darüber Rechenschaft abzulegen, was mir Gott und was mir die Welt sein möchte? Die Beantwortung dieser zweiten und dritten Frage hat sich doch, wo das Wort Gottes die menschliche Besinnung nicht auf eine ganz andere Bahn drängte, immer in und mit der Beantwortung jener ersten Frage entschieden, «Der eigentliche Gegenstand des Forschens der Menschheit ist der Mensch» (Alexander Pope). Auch die Theologie braucht hinsichtlich ihrer Begründung und ihrer Wahrheit nur unsicher zu werden, und diese Unsicherheit braucht sich dann bloß bis zu einer Krisis zu steigern wie der, in die sie im Zeitalter Schleiermachers hineingeraten ist, um die Entdeckung und Behauptung L. Feuerbachs mit Notwendigkeit auf den Plan zu rufen, daß auch sie und gerade sie im Grunde nichts Anderes als drapierte Anthropologie sein möchte.

Wir haben es also in der das Feld scheinbar beherrschenden nichttheologischen Anthropologie schon nicht mit einer beiläufigen, sondern mit einer sehr dringlichen, implizit oder explizit sehr umfassend gemeinten Konkurrenz zu tun. Anthropologie, die im Zusammenhang der Dogmatik gewiß nur ein Kapitel unter anderen ist, ist in den Überzeugungen, im Mythus, in der Philosophie, in der Wissenschaft außerhalb der Theologie so etwas wie die Grundwissenschaft, von der her alles sonstige Wissen mindestens sein Kriterium empfängt, die vielleicht sogar alles andere Wissen in sich zu schließen beansprucht. Die Frage, zu der wir hier Stellung nehmen müssen, ist die, ob wir uns an dieser außerhalb der Theologie entstehenden und vorgetragenen Anthropologie, d. h. an irgend einer ihrer konkreten Gestalten mindestens zu orientieren, ob wir uns über den Menschen mindestens zunächst nach Maßgabe ihrer Methoden und auf Grund ihrer Ergebnisse zu unterrichten haben. Und es würde die weitergehende Frage dahin lauten, ob wir die theologische Anthropologie vielleicht sogar ganz bewußt als Spezialfall auf dem Boden und im Rahmen einer solchen allgemeinen, nicht-theologischen Anthropologie zu stellen, sie von dorther zu begründen und zu befestigen haben? Um hier Antwort zu geben, vergegenwärtigen wir uns die beiden *in concreto* gewöhnlich ineinander übergehenden, aber grundsätzlich unter sich grundverschiedenen Typen, in deren Gestalt Anthropologie im Raum außerhalb der Theologie möglich wird. Auch unsere Stellungnahme zu ihnen muß und wird eine verschiedene sein.

Der erste dieser Typen ist der der spekulativen Theorie vom Menschen. Sie muß nicht, aber sie kann von bestimmten Hypothesen der exakten Wissenschaft vom Menschen ausgehen. Sie muß nicht, aber sie kann sich statt dessen auch auf eine reine, in einem axiomatischen Prinzip sich erklärende menschliche Selbstintuition begründen. Sie geht über die Hypothesen der exakten Wissenschaft auf alle Fälle hinaus: sei es, daß sie diese ihres hypothetischen Charakters entkleidet und als axiomatische Prinzipien behandelt, sei es, daß sie solche erfindet und jenen frei schwebend gegenübergestellt. Sie gehört auf jeden Fall in den Zusammenhang einer Weltanschauung. Sie bildet wahrscheinlich sogar sichtbar, aber sicher *de facto* deren Grundelement in der Weise, daß sie ihr den das Ganze stützenden und haltenden Rahmen liefert. Es ist das weite Feld zwischen dem Mythus auf der einen und der Philosophie auf der anderen Seite, auf dem es zu dieser spekulativen Theorie vom Menschen kommt. Von ihr gilt darum, was von den Weltanschauungen als solchen zu sagen ist: sie entsteht in dem toten — im biblischen Sinn des Begriffs «Geist» geistlosen — Winkel, wo der Mensch das Wort noch nicht oder nicht mehr hört. In diesem Winkel meint der Mensch mit sich selbst bezw. mit seinem Urteil so etwas wie einen absoluten Anfang setzen zu können, von dem aus fortschreitend er es für erlaubt und geboten hält, endlich und zuletzt zu einer absoluten Synthese, zu einem die Wirklichkeit erschöpfenden System der Wahrheit vorzudringen. Indem er das meint, meint er auch und meint er vor allem sich selbst durchschauen, sich selbst über sich selbst Bescheid geben zu können. In dieser Meinung spekuliert er: sei es mit, sei es ohne Berücksichtigung der Hypothesen der exakten Wissenschaft, sei es mit, sei es ohne die intuitive Erfindung eines frei schwebenden Anfangssatzes. Er meint sich selbst so oder so erkennen zu können. Anthropologie aus dieser Wurzel ist die Lehre vom Menschen, in der der Mensch selbst Lehrer und Schüler der Wahrheit vom Menschen sein zu können sich zutraut. Ob diese Lehre den Gottesgedanken einschließt oder ausschließt und in welcher Gestalt sie ihn vielleicht einschließt, ist unwesentlich. Sie kann ihn sehr wohl einschließen und vielleicht sogar in der Form einschließen, daß er in der Begründung und Entfaltung des Begriffs vom Menschen eine überlegene, eine entscheidende Stellung und Rolle bekommt. Sie kann freilich auch atheistisch oder doch hinsichtlich des Gottesgedankens skeptisch verlaufen. Nicht ihr Verhältnis zum Gottesgedanken ist wesentlich, sondern das, daß sie in jenem toten Winkel ihren Ursprung hat, daß hier am Anfang der menschlichen Selbsterkenntnis der Mensch selber, sein mit oder ohne, bei diesem oder jenem Gottesgedanken ungebrochenes Selbstvertrauen des Menschen steht. Sie könnte sogar sehr wohl in Form von lauter Fragen verlaufen, sie könnte die Gestalt einer reinen, auf alle positiven Thesen verzichtenden Problematik haben. Das für den spekulativanthropologischen Typus charakteristische Selbstvertrauen äußert sich dann eben in der Zuversicht, in der der Mensch bei seinem ihn selbst betreffenden Fragen stehen bleiben will, der Wahrheit in einem ewigen Suchen nach der Wahrheit die Ehre geben zu sollen meint.

Es ist hier nicht der Ort, diese Art von Anthropologie anzugreifen. Es ist klar, daß wir es hier mit dem Feind zu tun haben, dem man anders als mit der Entgegenstellung des christlichen Bekenntnisses nicht begegnen kann. Es genügt hier die Feststellung, daß wir das jetzt zu betretende Feld der Frage nach dem Menschen durch diese Art von Anthropologie nicht besetzt finden können. Was mit solch spekulativer Anthropologie vermeintlich oder wirklich geleistet wird, ist auf alle Fälle nicht das, was uns hier zu leisten obliegt. Wiederum können wir nicht leisten, was man dort leisten zu können meint und vorgibt. Wir können die menschliche Selbsterkenntnis nicht dort anfangen lassen, wo diese Anthropologie anfängt: nicht mit jenem ungebrochenen Selbstvertrauen. Nicht in erster Linie darum nicht, weil wir auf Grund einer anderen Sicht des wirklichen Menschen dieses Selbstvertrauen für unangebracht halten, sondern in erster Linie darum nicht, weil wir — und darauf beruht erst jene andere Sicht des Menschen — das menschliche Wesen nicht außerhalb des Wortes Gottes zu sehen vermögen. Wir können uns also nicht in jenen toten Winkel begeben. Wir können also auch nicht von dort aus argumentieren. Die christliche Kirche befindet sich nun einmal nicht dort; sie würde sich selbst aufheben, wenn sie sich dorthin begeben wollte. Das bedeutet für uns, daß wir uns die Voraussetzung aller spekulativen Theorien vom Menschen nicht aneignen können, während wir jenseits des von diesen Theorien eingenommenen Raumes ein weites freies Feld vor uns sehen, das durch die Vertreter jener Theorien darum nicht besetzt werden kann, weil sie ihrerseits von unserer Voraussetzung Gebrauch zu machen nicht in der Lage sind. Sie sind — mit welchem Recht stehe hier dahin — anders beschäftigt als wir. Sie fallen für die Erfüllung unserer Aufgabe ebenso aus wie wir für die der ihrigen. Wir können uns an ihren Versuchen nicht orientieren. Und es kommt erst recht nicht in Frage, daß sich die theologische Anthropologie auf den Boden und in den Rahmen einer so ganz anders begründeten Anthropologie stellen müßte oder auch nur könnte. Der andere Ursprung der theologischen Anthropologie bezeichnet ihre Grenze gegenüber aller spekulativen Anthropologie. Und es versteht sich von selbst, daß sie diese Grenze immer wieder zu wahren haben wird.

Der zweite Typ nicht-theologischer Anthropologie ist der der **exakten Wissenschaft** vom Menschen. Der Mensch ist auch ein Gegenstand — einer unter vielen, aber immerhin der nächstliegende Gegenstand der physiologischen und biologischen, der psychologischen und soziologischen Wissenschaft. Diese Wissenschaft verfügt jeweils zu jeder Zeit in größerer oder geringerer Einmütigkeit über gewisse, die Ergebnisse ihrer bisherigen Forschung zusammenfassende und formulierende Spitzensätze, die dann zugleich ihre Hypothesen, d. h. die Wegweiser für den künftigen Fortgang ihrer Forschung darzustellen pflegen. Und nun wird es zu keiner Zeit schwer fallen, diese jeweils in Kraft stehenden Spitzensätze und Hypothesen der exakten Wissenschaft unter sich in Beziehung zu setzen und auszugleichen, sie zu einem Bild oder System zu verbinden, das dann wohl jeweils in aller Relativität den Anschein erwecken und auch wohl den Anspruch erheben mag, **die Lehre der exakten Wissenschaft** der betreffenden Zeit zu sein. Jeweils in aller Relativität! Ist und bleibt die

Wissenschaft exakt, so wird sie es ja unterlassen, ihre Spitzensätze und Hypothesen zu Axiomen erstarren zu lassen und also als offenbarte Dogmen zu behandeln. Sie wird sich ja dann bewußt bleiben, daß sie es nicht mit dem Seienden, sondern mit dem Erscheinenden, nicht mit dem Inneren, sondern mit dem Äußeren, nicht mit dem Ganzen, sondern mit der Summe bestimmter Teilerscheinungen des menschlichen Wesens zu tun hat. Sie wird sich bewußt bleiben, daß ihr jeweils gültiges Bild oder System nur so etwas wie ein Momentbild für heute sein kann, das durch ein anderes zu ersetzen schon morgen — «der Erscheinungen Flucht» wiederholt sich ja auch in den wissenschaftlichen Ergebnissen — ihre Pflicht werden kann. Ihre Vertreter werden die Forderung, daß ihr Menschenbild als die Grundlage und das Kriterium alles anderen Forschens und Wissens zu gelten habe, im Unterschied zu den Vertretern der spekulativen Theorien entweder gar nicht oder nur in äußerster Zurückhaltung und unter Warnung vor allen Überschätzungen, vor allen Festlegungen geltend machen. Ist und bleibt die Wissenschaft exakt, dann wird die von ihr vorgetragene Anthropologie schon formal notwendig diesen ganz anderen Charakter haben. Und dem entspricht, was sie tatsächlich leisten kann und wird. Was Physiologie und Biologie, Psychologie und Soziologie bieten können, das werden ja genau genommen nie Sätze des Inhalts sein, daß der Mensch in seiner leiblichen, seelischen und geschichtlichen Existenz dies und das ist oder nicht ist, sondern vielmehr Sätze des Inhalts, daß das Phänomen Mensch vom Menschen selbst nach dessen vorläufiger Einsicht in die ihm erkennbaren Sachverhalte jedenfalls auch unter diesem und diesem Gesichtspunkt, in dieser und dieser Eigentümlichkeit des Bestandes und des Ablaufs seine Existenz gesehen und verstanden werden will. Exakt wissenschaftliche Anthropologie liefert bestimmte Präzisierungen und Anhaltspunkte als Beiträge zum weiteren Fragen nach dem menschlichen Wesen und zur weiteren Ausbildung der Technik seiner Behandlung. Daß er und was er ist, das setzt sie, indem sie ja selber eines der Werke des Menschen ist, voraus, um ihn darüber aufzuklären, wie er ist, in welchen Grenzen und unter welchen Bestimmungen er als der, der er ist, und als das, was er ist, existieren kann. Sie berührt nicht seine Wirklichkeit, geschweige denn, daß sie sie begründen, erklären und umschreiben kann. Sie enthüllt aber die ganze Fülle seiner Möglichkeiten.

Wir befinden uns hier offenbar in einer anderen Lage als vorhin. Die exakte Wissenschaft vom Menschen als solche kann nicht der Feind des christlichen Bekenntnisses sein. Sie würde es erst dann, wenn sie ihre Spitzensätze und Hypothesen verabsolutierte, wenn sie zum Exponenten und Bestandteil einer Philosophie und Weltanschauung würde, wenn sie also aufhörte, exakt und Wissenschaft zu sein. Ist und bleibt sie der Wirklichkeit des Menschen gegenüber zurückhaltend und aufgeschlossen, so

2. Der Mensch als Gegenstand theologischer Erkenntnis

gehört sie wie Essen, Trinken und Schlafen, wie alle sonstige menschliche Tätigkeit, Technik und Leistung zu den menschlichen Lebensakten, in denen hinsichtlich des Hörens oder Nichthörens des Wortes Gottes an sich nichts präjudiziert wird, die erst durch ihren Charakter als Lebensakte dieses und dieses Menschen mit seiner besonderen Lebensrichtung und Absicht zu Akten des Gehorsams oder des Ungehorsams werden, die aber auch als Akte eines ungehorsamen Menschen, auch im Zusammenhang seiner verkehrten Absicht und Lebensrichtung in sich gut sind und bleiben, sofern sie der Geschöpflichkeit des Menschen entsprechen, die als solche durch seinen Ungehorsam nicht verändert werden kann. Die Anthropologie der exakten Wissenschaft kommt also nicht notwendig aus dem toten Winkel, wo Gottes Wort noch nicht oder nicht mehr gehört wird. Sie braucht nicht notwendig ein geistloses Werk zu sein, wie das von den Werken der spekulativen Anthropologie, die als solche nur aus der verkehrten Lebensrichtung des Menschen zu erklären sind, leider notwendig zu sagen ist. Sie ist, indem sie sich an ihre Grenzen hält, indem sie nicht mehr und nicht weniger als eben exakte Wissenschaft ist und bleiben will, ein gutes Werk, so gut wie der Mensch selbst, wie Gott ihn geschaffen hat. So braucht auch unsere Abgrenzung ihr gegenüber keine gegensätzliche zu sein. Sie müßte es erst dann werden, wenn jene axiomatisch, dogmatisch, spekulativ würde.

Wo das nicht der Fall ist, besteht die Abgrenzung in der schlichten Feststellung, daß die theologische Anthropologie es nun allerdings nicht nur mit dem Phänomen Mensch, sondern mit dem Menschen selbst, mit seinen Möglichkeiten nicht nur, sondern mit seiner Wirklichkeit zu tun hat. So, im Lichte des Wortes Gottes und also im Lichte der Wahrheit wird er ihr zum Erkenntnisgegenstand. So kann sie ihre Sätze gerade nicht bloß als zeitweilig und relativ geltende Spitzensätze und Hypothesen verstehen, nicht bloß als Beiträge zum weiteren Fragen nach dem menschlichen Wesen und zur weiteren Ausbildung der Technik seiner Behandlung. So muß sie es verantworten, den Wahrheitsanspruch zu stellen. Wir wiederholen: das bedeutet nicht, daß nicht auch sie irren kann, daß nicht auch sie sich fortlaufend zu korrigieren und zu verbessern nötig hat. Sie blickt aber von ihrem Grund und Ursprung her auf den wirklichen Menschen. Sie kommentiert ihn nicht nur, sondern sie bezeichnet ihn. Sie nennt ihn beim Namen. Sie blickt ja, indem sie ihn interpretiert, auf das Verhältnis dieser Kreatur zu Gott und damit hinein in ihr Inneres, damit hin auf ihre Ganzheit. Das ist es, was die Anthropologie der exakten Wissenschaft nicht leisten kann. Von woher sollte sie auch nur dazu in der Lage sein, den Menschen als Gottes Geschöpf zu verstehen? Schon daß er das ist, gehört nicht zu dem, als was er der exakten Wissenschaft erscheint, nicht zu dem von ihr zu erforschenden und darzustellenden Äußeren des Menschen, nicht zu der Summe der Teilbilder, in denen er ihr gegenwärtig ist. Schon daß er Gottes Geschöpf ist, schon das, daß er sich als Gottes Geschöpf in einem besonderen Verhältnis zu Gott befindet, ist ja dem menschlichen Wahrnehmen und Denken nicht anders zugänglich als durch Gottes Wort. Und so erst recht das Innere, die Art, das Wie dieses Verhältnisses. Eben im Blick dorthin und von dorther hat die theologische Anthropologie den Menschen zu interpretieren. Eben indem sie das tut, interpretiert sie aber ihn selbst, seine Wirklichkeit. Denn das ist er selbst, das ist seine Wirklichkeit, was er als Gottes Geschöpf, was er in seinem Verhältnis zu Gott ist. Indem die theologische Anthropologie sich dieser seiner Wirklichkeit zuwendet, erhebt sie bei vollem Bewußtsein um ihre eigene Fehlbarkeit den Wahrheitsanspruch. Die Anthropologie der exakten Wissenschaft als solche kann das Alles nicht tun, auch dann nicht, wenn ihre Vertreter zufällig oder nicht zufällig als gehorsame Hörer des Wortes Gottes ernst zu nehmen sind — ernster vielleicht als die auf der anderen Seite beteiligten Theologen. Denn indem sie das leisten wollten, was die theologische Anthropologie zu leisten hat, müßten sie über den Menschen, wie er der Erkenntnisgegenstand der exakten Wissenschaft ist, über das Phänomen Mensch hinaus auf den wirklichen, auf den im Lichte des Wortes sichtbaren Menschen blicken, sie müßten also selber zu theologisch fragenden und antwortenden Forschern werden. Und wenn nun gewiß kein Hindernis besteht, wenn es sogar selbstverständlich ist, daß der dem Wort Gottes gehorsame Vertreter exakter Wissenschaft über das ihm als solchem aufgegebene Problem des Phänomens Mensch hinaus auf den wirklichen Menschen blickt und insofern zum mehr oder weniger gründlichen Theologen wird, so kann doch auch er mit dem, was er in Ausübung seiner exakten Wissenschaft, seiner Physiologie, Psychologie usw. zu leisten vermag, für das, was die Theologie hier zu leisten hat, keinen Ersatz bieten. Wo es nur um das Phänomen Mensch geht — und in der exakten Wissenschaft als solcher kann es nur darum gehen — da kann der Mensch als Gottes Geschöpf und Bundesgenosse, die menschliche Wirklichkeit, der Mensch selbst also, überhaupt nicht sichtbar sein, da bleibt die Aufgabe theologischer Anthropologie unangerührt. Wir könnten also auch der Anthropologie der exakten Wissenschaft gegenüber nicht zugeben, daß wir das vor uns liegende Feld durch sie schon besetzt finden müßten. Die Bahn ist auch nach dieser Seite frei für die Nachforschung, die wir nun eben von unserem eigenen Ausgangspunkt aus anzustellen haben.

Die Frage der Abgrenzung der theologischen Anthropologie gegenüber den andersartigen Versuchen menschlicher Selbsterkenntnis ist aber verhältnismäßig leicht gegenüber der Frage, an die wir nun herantreten müssen: welches ist unter der uns gegebenen Voraussetzung unser eigener, der theologische Ausgangspunkt zum Verständnis und zur Darstellung des von Gott geschaffenen menschlichen Wesens? Eben die uns gegebene Voraussetzung, eben dies, daß der Mensch uns erkennbar wird im Licht des Wortes Gottes, daß Gottes Offenbarung ihm nicht nur Gott, sondern eben damit auch sich selbst offenbar macht — eben das bereitet uns nun sofort eine Schwierigkeit, deren Bewältigung oder Nicht-Bewältigung für den ganzen Gang unserer Untersuchung entscheidend sein wird.

Gerade Gottes Offenbarung zeigt uns nämlich den Menschen zunächst durchaus nicht so, wie wir ihn hier sehen möchten: nicht in der Richtigkeit seines von Gott geschaffenen Wesens, sondern in dessen Verkehrung und Verderbnis. Mit der in Gottes Wort offenbarten Wahrheit des wirklichen Menschen steht es ja nach dem Zeugnis der ganzen heiligen Schrift so, daß sie ihn offenbar macht als Verräter an sich selbst, als Sünder gegen sein geschöpfliches Wesen. Als Widersprecher gegen Gott, seinen Schöpfer, klagt sie ihn an, aber eben damit auch als Widersprecher gegen sich selbst, gegen das, als was und wozu Gott ihn geschaffen hat, als Verkehrer und Verderber seines eigenen Wesens. Daß Gott deshalb nicht aufhört, auch für ihn Gott zu sein, und daß er selbst deshalb nicht aufhören kann, vor Gott zu sein, ist wohl wahr. Er ist aber so vor Gott, er ist so wirklich: als dieser Widersprecher Gottes und also in diesem Selbstwiderspruch, in dieser Verkehrung und Verderbnis seines Wesens. Nicht nur irgend etwas an ihm, nicht nur irgendwelche Eigenschaften, Vollbringungen oder Unterlassungen, sondern gerade des Menschen Wesen ist sündig, ist Streit gegen Gott, macht sich selbst unmöglich. Nicht auf Grund seiner Erschaffung durch Gott, wohl aber in seiner Auflehnung dagegen, auf Grund seiner eigenen entscheidenden Tat, in der er in die mit seiner Erschaffung anhebende Geschichte eintritt, sündigt er, steht er in jenem Streit gegen Gott, macht er sich selbst unmöglich. Jene Geschichte beginnt ja damit, daß gleichzeitig Gott in großer Treue für den Menschen, sein Geschöpf, der Mensch aber in großer Untreue gegen Gott seinen Schöpfer Partei ergreift. Was immer nachher in dieser Geschichte geschieht: es geschieht unter dieser Voraussetzung und also immer unter der Bestimmung, daß der Mensch zugleich gegen sich selbst Partei ergreift, sich selbst unmöglich macht. Eben darum, weil der Mensch vom Anfang dieser Geschichte an gegen sich selbst ist, kann ihm in deren Verlauf nur dadurch geholfen werden, daß Gott nach wie vor und ohne Rücksicht auf dieses Verhalten des Menschen für ihn ist. Eben darum kann Gottes Gnade allein des Menschen Heil sein.

«Das Trachten des menschlichen Herzens ist b ö s e von Jugend auf» (Gen. 8, 21). «Wir waren von Natur Kinder des Z o r n s » (Eph. 2, 3). «Dieser mein Sohn war t o t und ist lebendig geworden» (Luk. 15, 24). «Durch Adams Fall ist g a n z verderbt menschlich Natur und Wesen.» Der Dichter dieses Liedes, C y r i a k u s S p a n g e n b e r g, gehörte zu den theologischen Freunden des Lutheraners M a t t h i a s F l a c i u s, dessen Lehre von der Erbsünde: daß sie nach dem Fall zu des Menschen S u b s t a n z geworden sei, so unsinnig und unannehmbar nicht war, wie sie von seinen Gegnern und später auch in vielen Darstellungen der Theologiegeschichte wiedergegeben worden ist. Flacius hat die Erbsünde übrigens nur eine F o r m , und zwar die eine, nämlich die theologische Form der menschlichen Substanz genannt. Was er mit Recht ablehnte, war dies, daß sie von den Synergisten (nachher dann doch auch von der Konkordienformel!) als ein bloßes *Accidens* erklärt wurde. Wollte man sich dieser aristotelischen Terminologie schon bedienen, dann mußte die Sünde in der Tat die theologische F o r m der menschlichen S u b s t a n z genannt werden. Der Mensch selbst ist Sünder. Er selbst ist als solcher von Gott erkannt und verworfen. Sich selbst hat er als solchen zu bekennen. Er selbst als solcher bedarf der Versöhnung mit Gott. Ihm selbst als solchem ist sie in Jesus Christus in göttlicher Freiheit geschenkt worden Ein *liberum arbitrium* als neutrale Drehscheibe bezw. als *modiculum boni in homine adhuc reliquum* jenseits des sündigen Menschen, wie die Gegner des Flacius es vertreten wollten, ist durch seine These allerdings ausgeschlossen. Daß man den Mann dieser These wegen so hassen konnte, wie es ihm gerade von seinen lutherischen Zeitgenossen widerfahren ist, zeigt doch nur, wie wenig Luthers wichtigste Erkenntnisse auch in seiner eigenen Kirche verstanden, wie gründlich sie schon zwei Jahrzehnte nach seinem Tod vergessen waren.

Wenn der Mensch wirklich und ernstlich im Licht des Wortes Gottes gesehen wird, dann kann er zunächst nur so gesehen werden: als der Sünder, der sein eigenes geschöpfliches Wesen mit Schande bedeckt hat, der darum, obwohl und indem er Gottes Geschöpf ist und bleibt, vor Gott nicht bestehen kann. Und das ist die Frage und Schwierigkeit, vor der wir stehen: Wie es unter diesen Umständen zu einer Lehre vom Menschen im Sinn einer Lehre von seinem geschöpflichen Wesen, von der menschlichen Natur als solcher überhaupt kommen soll? Was wir, durch Gottes Wort belehrt, als menschliches Wesen erkennen, ist zunächst nichts Anderes als die es bedeckende Schande, die menschliche Unnatur, des Menschen Existenz in der Verkehrung und Verderbnis seines Wesens. Wer das leugnet, wer hier Abschwächungen vorzieht, der hat wohl noch nicht verstanden, was es bedeutet, daß es zur Versöhnung des Menschen mit Gott nicht mehr und nicht weniger als des Todes des Gottessohnes und zum Offenbarwerden seiner Versöhnung nicht mehr und nicht weniger als der Auferstehung des Menschensohnes Jesus Christus bedurfte. Erkennen wir den Menschen aber nur in der Verkehrung und Verderbnis seines Wesens, wie sollen wir dann zur Beantwortung der Frage nach seiner Geschöpflichkeit auch nur die ersten Schritte tun?

Wir werden gewiß nicht versäumen, zu bedenken, daß der Mensch auch als der Sünder, der er ist, Gottes Geschöpf ist und bleibt. Ist seine Natur ganz und gar dadurch bestimmt, daß er, von Gott abgefallen, sich selbst nur unmöglich machen kann, so ist sie doch darum nicht verschwunden, so kann ihm doch das nicht gelingen, sich selbst aufzuheben, sich selbst unwirklich zu machen. Verkehrung und Verderbnis heißt doch nicht Vernichtung seines Wesens. Auch Tod heißt nicht Vernichtung. Daß er als der, den Gott geschaffen hat, nicht mehr da ist, das dürfte also nicht gesagt werden. Daß er als solcher noch immer da ist, geht daraus hervor, daß Gott noch mit ihm redet. So ist er vor Gott noch da. So ist er auch als

2. Der Mensch als Gegenstand theologischer Erkenntnis 31

Sünder wirklich, Gottes Geschöpf. So bleibt jedenfalls die Frage nach seinem geschöpflichen Wesen, die Frage nach des Menschen **Art** in seiner Unart sinnvoll und notwendig.

Das ist es, was die **Konkordienformel** (*Sol. decl.* I) in der Auseinandersetzung mit Flacius an sich mit Recht hervorgehoben hat: Man müsse Gott auch darin seine Ehre geben, daß man Gottes Werk und Schöpfung am Menschen von des Teufels Werk, durch das seine Natur verderbt wurde, recht unterscheidet. Man dürfe also die Sache nicht so darstellen, als ob dem Satan mit des Menschen Sündenfall so etwas wie eine zweite Schöpfung, die Herstellung eines *malum substantiale* gelungen, oder als ob es dabei zur Vertilgung der menschlichen Substanz oder zu deren Verwandlung in eine ganz andere, die dann gar nicht mehr die unsrige, die menschliche wäre, gekommen sei. Die verderbte **Natur** des Menschen und die sie verderbende **Sünde** seien nach wie vor zweierlei. Daß der Mensch auch nach dem Sündenfall in so vielen Schriftstellen Gottes Kreatur und Werk genannt werde, das wolle beachtet sein. Daß er Leib und Seele sei, daß er denken, reden, handeln und wirken könne, das sei und bleibe eben Gottes Werk, und nur das sei des Satans Werk, daß seine Gedanken, Worte und Werke böse sind, seine Natur verderbt ist. Habe doch Gottes Sohn nicht die Erbsünde, sondern unsere erbsündige menschliche **Natur** angenommen, werde doch nicht die Erbsünde, sondern der erbsündige **Mensch** im Namen der Dreifaltigkeit getauft, geheiligt und selig gemacht und gebe es doch dereinst eine Auferstehung des Fleisches ohne die ihm jetzt anhaftende Erbsünde. Aber das Alles hat **Flacius** auch gewußt und gesagt. Hat doch auch er die Erbsünde nur eine Form der menschlichen Substanz, und zwar eben ihre **theologische** Form genannt, durch die deren ursprüngliche theologische Form, nämlich des Menschen Heiligkeit, vor Gott allerdings verdrängt und ersetzt ist, neben der es aber eine **physische** Form gibt: die Form alles dessen, was zum natürlichen Bestand des Menschen gehört, die durch den Sündenfall weder verloren gegangen noch auch nur verändert worden ist. Die alte Theologie hatte darum wohl recht, wenn sie auf die Erkenntnis und auf eine Lehre vom geschöpflichen Wesen des Menschen als solchen nicht etwa zum vornherein verzichten wollte, obwohl sie ihr die Lehre von der Sünde — und jedenfalls im Protestantismus eine in dieser Hinsicht sehr radikale Lehre — unmittelbar folgen lassen mußte. **Zwingli** bildet hier eine Ausnahme, wenn er jedenfalls im *Comm. de vera et falsa relig.* jeden Versuch menschlicher Selbsterkenntnis, der nicht sofort und zuerst auf des Menschen Abfall von Gott hinsteuert, mit den Vernebelungskünsten des Tintenfisches verglichen und verworfen hat. Daß der Mensch in der von der Bibel bezeugten Geschichte des Gnadenbundes von Anfang bis zu Ende der sündige Mensch ist, ist wohl wahr. Wir können aber auch nicht übersehen, daß dieses Zeugnis, wenn es vom Menschen redet, ein bestimmtes **Wesen** mit bestimmten **Eigenschaften** bezeichnet und meint — ein Wesen, das auch damit, daß es mit jener Schande bedeckt ist und also unter Gottes Zorn und Gericht steht, auch damit, daß es dem Tode verfallen ist, nicht aufhört, dieses bestimmte Wesen mit diesen bestimmten Eigenschaften zu sein.

Wir haben nun aber andererseits — und das ist es, was unsere Frage schwierig macht — zu bedenken, daß eine einigermaßen haltbare Unterscheidung zwischen dem von Gott geschaffenen menschlichen Wesen und seiner sündigen Bestimmtheit zunächst nur dann möglich wäre, wenn man an dieser Bestimmtheit und also an des menschlichen Wesens Verkehrtheit und Verderbtheit Abstriche machte, die man, wenn man den Menschen wirklich und ernstlich im Lichte des Wortes Gottes sieht, nicht machen darf. Jene Verkehrtheit und Verderbnis ist radikal und total. Gibt es keine Sünde, in der der Mensch nicht auch — obgleich im Widerstreit gegen Gott und gegen sich selbst — Gottes Geschöpf wäre, so gibt es doch auch kein geschöpfliches Wesen, in welchem der Mensch nicht im Widerstreit gegen Gott und also sündig wäre. Wir haben also jedenfalls keine unmittelbare Sicht auf ein nicht-sündiges, auf ein seiner ursprünglichen Bestimmung gerecht werdendes Wesen des Menschen. Es gibt keine Stelle, an der wir an jener Verkehrtheit und Verderbnis vorbeisehen könnten. Wir werden uns hüten müssen, die Finsternis, in der wir uns hinsichtlich des geschöpflichen Wesens des Menschen zunächst befinden, dadurch erhellen zu wollen, daß wir uns auf dies und das besinnen, was wir vom Menschen im Allgemeinen und als solchem anderswoher zu wissen meinen. Es muß schon dabei bleiben, daß ,wir uns daran halten, ihn im Lichte des Wortes Gottes sehen zu wollen, und also daran, ihn zunächst ganz und gar als den Sünder, als der er vor Gott steht, sehen zu müssen. Fragen wir nach seiner Art, so werden wir seine U n a r t auf alle Fälle keinen Augenblick aus den Augen verlieren dürfen.

Eben das ist es, was man auf dem Hintergrund der harten Formel des Flacius von der Erbsünde als der *forma substantiae hominis* viel deutlicher sieht als auf dem Hintergrund dessen, was ihm von der Konkordienformel an sich mit Recht entgegengehalten wurde. Die Parole von der Unterscheidung zwischen der verderbten Natur und der sie verderbenden Sünde ist wohl richtig. Aber ein letztes Wort kann sie nicht sein. Es wäre denn, man entschlösse sich dazu, zu sagen, daß sie zwar gemacht werden müsse, daß sie aber darum keine praktische Bedeutung habe, weil wir von der unverderbten Natur als solcher wegen der sie verderbenden, sie gewissermaßen völlig verdeckenden Sünde keine Kenntnis haben. So hat es offenbar Z w i n g l i angesehen. So hat es aber die Konkordienformel weder gesagt noch gemeint. Ihre Meinung war vielmehr die, den Raum zur Erkenntnis und Bestimmung der verderbten (bezw. noch unverderbten) menschlichen Natur als solchen offen zu lassen zu späterer Füllung aus anderweitiger Erkenntnisquelle. Nicht die Konkordienformel selbst, wohl aber die Dogmatik schon des ganzen älteren Protestantismus hat ihn dann schlecht und recht zu füllen gewußt. Man meinte nämlich, das menschliche Wesen nun doch von seiner Sündigkeit unterscheiden und in unmittelbarer Schau vor oder hinter seiner Sündigkeit für sich sichten zu können. Man tat es, da man auf das Licht des Wortes Gottes in diesem Fall verzichten mußte, genau so wie es die römisch-katholische Lehre immer gehalten hatte, auf Grund eines von anderswoher mitgebrachten Vorverständnisses dieser Sache. Man tat es, indem man hinsichtlich des von der Sünde zu unterscheidenden menschlichen Wesens nun doch wieder in die Schule der antiken Philosophie ging. Es konnte nicht ausbleiben, daß die Vorstellung von der neutralen Drehscheibe des *liberum arbitrium,* daß der Semipelagianismus und Pelagianismus, den noch die Konkordienformel gewaltig und streng genug abzuwehren entschlossen war, durch die so geöffnete Türe doch wieder in die protestantische Theologie einziehen konnte und schließlich mußte.

Wir haben an zweierlei festzuhalten. Einerseits: An der Erkenntnis der radikalen und totalen Verkehrung und Verderbnis des menschlichen Wesens ist kein Abstrich zu machen; in der Mauer der sie bedeckenden Schande ist keine Lücke zu entdecken; ein Blick an der Sünde vorbei auf ein von ihr unberührtes menschliches Wesen kann also nicht in Frage kommen. Andererseits: Die Frage nach dem von Gott geschaffenen menschlichen Wesen bleibt sinnvoll und notwendig; wir haben also kein Recht, uns durch die Schwierigkeit, von der die Beantwortung dieser Frage allerdings fast hoffnungslos bedroht erscheint, abschrecken zu lassen. Stehen die Dinge so, so bleibt uns offenbar nichts übrig, als zunächst gerade dorthin zu blicken, wo das Rätsel am dichtesten erscheint. Es ist das Wort Gottes, das uns dieses Rätsel aufgibt, in dessen Licht uns das menschliche Wesen in seiner ganzen Verkehrtheit und Verderbnis sichtbar wird. Wir haben Grund zu dem Vertrauen, daß dieses Licht uns auch noch mehr als das sichtbar machen wird. Wir haben also Grund, gerade die des Menschen geschöpfliches Wesen verdeckende Sünde, so wie sie uns in jenem Lichte sichtbar (und zunächst allein sichtbar) wird, ruhig ins Auge zu fassen mit der Frage: ob nicht eben das, was hier nur Finsternis und Verhüllung zu bedeuten scheint, im Lichte desselben Wortes Gottes zum Medium werden muß, durch das hindurch uns auch eben das, was es uns verbirgt, offenbar wird? Auch in der radikalen Unnatur verbirgt sich ja notwendig die Natur, auch in der totalen Unart irgendwo die Art des Menschen. Ist diese nicht unmittelbar zu erkennen, müßte jede vermeintlich unmittelbare als solche eine trügerische Erkenntnis sein, so könnte sich doch, da es das durchdringende Licht des Wortes Gottes ist, das wir hier für uns haben, gerade die mittelbare Erkenntnis, an die wir uns dann zu halten haben, als die wahre, die untrügerische Erkenntnis in dieser Sache erweisen. Wir würden dann faktisch gerade an der Stelle weiter geführt, wo wir uns jetzt scheinbar fast hoffnungslos aufgehalten sehen. Aber hier ist höchste Vorsicht am Platze: es muß schon das Wort Gottes und nichts Anderes sein, durch das wir uns hier weiterführen lassen. Was uns durch das Wort Gottes zunächst gezeigt ist, ist die Sünde und nur die Sünde des Menschen. Wie kommen wir dazu, hier zu unterscheiden zwischen der verbergenden Unnatur und der verborgenen Natur, zwischen Unwesen und Wesen, zwischen Unart und Art? So relativ ist die Verkehrung und Verderbnis der menschlichen Geschöpflichkeit, an der ja auch wir selbst mit unserer Sicht und mit unserem Urteil teilnehmen, nun eben nicht, daß wir sie gewissermaßen von einem dritten höheren Ort aus überblicken, sie mit dem verborgenen Eigentlichen des Menschen in Muße vergleichen, dieses als Erstes und jene als Zweites auseinanderhalten und Beide: den Menschen und seine Sünde, gemächlich für sich betrachten und erklären könnten. Wir sind nicht etwa in der Lage, das Wesen des wirklichen, von Gott geschaffenen Menschen aus irgendwelchen, der Sünde zum Trotz übrig gebliebenen Lineamenten des uns durch Gottes Wort gezeigten Bildes des sündigen Menschen abzulesen. Wir sind auch nicht in der Lage, es dialektisch, durch irgend eine begriffliche Umkehrung aus diesem zu erschließen. Ist der Mensch ein Sünder und nicht umsonst unter Gottes Zorn und Gericht, wo soll er dann die zu solchem Ablesen oder Erschließen nötige Erkenntniskraft hernehmen? Der Widerspruch zu uns selbst, in welchem wir uns wegen unseres Widerspruchs zu Gott befinden, ist ernstlich. Er verhindert wirklich auch das, daß wir uns selbst einsichtig werden können. Wir sind uns weder einsichtig, noch durchsichtig, noch übersichtlich. Wir befinden uns durchaus nicht — und das auch nicht teilweise — an jenem dritten höheren Ort, von dem aus wir uns selbst zu durchschauen und zu beurteilen vermöchten. Schon daß wir uns im Widerspruch zu Gott und zu uns selbst befinden, wissen wir nicht aus uns selbst, sondern allein aus der gegen uns erhobenen göttlichen Anklage, allein aus Gottes Wort also. Wer würde es denn anders als in Gottes offenbarem Gericht einsehen und zugeben, daß er Gottes und sein eigener Feind und Verräter ist? Und so werden wir aus uns selbst erst recht nicht erkennen, was trotz und in unserer Unnatur unsere Natur, trotz und in unserer Unart unsere menschliche Art ist. Es werden immer willkürliche und darum ziellose Wege sein, auf denen wir versuchen, unser eigentliches geschöpfliches Wesen aus der uns bedeckenden Schande unseres Abfalls nach Maßgabe unseres eigenen Urteils gewissermaßen herauszudestillieren. Daß uns dieses unser eigentliches geschöpfliches Wesen trotz unseres Abfalls auch in der uns deshalb bedeckenden Schande erhalten ist, daß der Mensch als Gottes Geschöpf wirklich ist und bleibt, das versteht sich nicht von selbst. Und so versteht sich auch dies nicht von selbst, daß es durch die Erkenntnis unseres Abfalls und unserer Schande hindurch eine Erkenntnis dessen gibt, daß und inwiefern wir Gottes Geschöpfe sind. Wir sind es **dennoch**, und daß wir es sind, das erkennen wir **dennoch**. Und dieses Dennoch unserer Erkenntnis verdanken wir nicht der Kraft und Kunst unserer Beobachtung und unseres Urteils, sondern allein dem Licht des Wortes Gottes, wie wir schon das Dennoch der hier zu erkennenden Tatsache nicht unserem Vermögen, uns unserem Selbstwiderspruch zu entrücken, verdanken, sondern allein der Gnade desselben Wortes Gottes, laut dessen es wahr ist, daß unser Selbstwiderspruch nicht das letzte Wort ist, das über uns gesprochen ist. Gibt es zwischen der Erkenntnis unserer Sünde und der Erkenntnis unseres geschöpflichen Wesens einen notwendigen Zusammenhang, so ist es doch nicht so, als ob es unsere Sache wäre, diesen Zusammenhang herzustellen, die zweite dieser Erkenntnisse aus der ersten abzuleiten. Weder der Vollzug der einen noch der der anderen liegt in unserer Macht und so auch nicht der Vollzug ihres Zusammenhangs.

Die Erkenntnis der **Sünde** und die Erkenntnis der **Natur** des Menschen werden aber jede für sich und beide in ihrem Zusammenhang möglich und vollziehbar in der übergreifenden Erkenntnis des Wortes Gottes, d. h. aber in der Erkenntnis des Menschen als des Genossen des von Gott mit ihm geschlossenen **Bundes**, des Menschen als des Gegenstandes der ewigen **Gnade** seines Schöpfers und Herrn. Es ist diese übergreifende Erkenntnis, die uns einerseits anweist, ihn als Sünder und so auch sein Wesen als sündig, und zwar als radikal und total sündig bestimmt zu verstehen. Es ist aber dieselbe übergreifende Erkenntnis, die uns nun doch auch verbietet, bei diesem Verständnis des Menschen und seines Wesens stehen zu bleiben, die uns einladet und gebietet, noch weiter und tiefer zu blicken. Ist der Mensch der Gegenstand der Gnade Gottes, dann ist sein Selbstwiderspruch so radikal und total er ist, in der Tat nicht das **letzte** Wort, das über ihn gesprochen ist. Er hat dann bei Gott und von Gott her eine Zukunft, über die durch seinen Selbstwiderspruch, über die auch durch Gottes Gericht, das ihn als den dieses Selbstwiderspruchs schuldigen Sünder treffen muß, noch nicht entschieden, über die vielmehr durch Gottes Treue und Güte endgültig ganz **anders** als er es verdiente, entschieden ist. Ist der Mensch der Gegenstand der Gnade Gottes, dann kann aber sein Selbstwiderspruch, so radikal und total er ist, auch nicht das **erste** Wort über ihn sein: er kann dann damit, daß er zum Sünder wurde, auch hinsichtlich seines eigentlichen Ausgangs und Anfangs kein ursprünglich gültiges Wort über sich selbst gesprochen, er kann dann sein geschöpfliches Wesen damit, daß er es mit Schande bedeckte, nicht aufgehoben, nicht ausgelöscht, er kann dann mit seinem Abfall an dem, was er vor Gott und von Gott seinem Schöpfer und Herrn her ist und bleibt, nichts verändert haben. Hätte er kraft seines Selbstwiderspruchs aufgehört, Gottes Geschöpf und als solches vor Gott wirklich zu sein, wie sollte ihm dann durch Gottes Treue und Güte jene andere Zukunft jenseits seines Selbstwiderspruchs eröffnet werden können?

Wohlverstanden: das ist eine Erkenntnis, die der Mensch sich nicht selbst nehmen kann, die zu vollziehen er von sich aus keinen Beruf und keinen Anspruch hat. Sie folgt allein daraus, daß er der Gegenstand von Gottes Gnade ist. Und daß dem so ist, das kann ihm allein durch Gottes Wort, in welchem es wahr ist, offenbar werden und vor Augen stehen. Er weiß allein durch Gottes Wort, daß er wohl Sünder und nun doch nicht nur Sünder, nun doch auch als Sünder Gottes Geschöpf und als solches vor Gott wirklich ist. Es kann allein Gottes Wort sein, in dessen Licht ihm sein radikaler und totaler Selbstwiderspruch offenbar ist, in dessen Licht er aber auch über seinen radikalen und totalen Selbstwiderspruch hinaus- und in sein ihm zum Trotz erhaltenes geschöpfliches Sein und Wesen hineinblicken darf. Wir fallen also nicht zurück in irgend eine willkürliche, irgend eine verharmlosende Interpretation der Sünde, als vermöchten etwa wir von uns aus durch sie hindurch uns selbst in unserer unsündigen Geschöpflichkeit auf den Grund zu blicken, als wäre sie so gefährlich nicht, daß wir nicht doch frei wären, uns wenigstens theoretisch von ihr frei zu sprechen. Wir haben den Freispruch der menschlichen Geschöpflichkeit, auf den wir nun allerdings gestoßen sind, nicht aus der Luft gegriffen.

Aber eben weil wir nun auf diesen Freispruch gestoßen sind, werden wir uns ihm auch nicht entziehen können. Es darf nicht mißachtet werden, wie er uns im Lichte des Wortes Gottes offenbar wird; wohl als der s ü n d i g e Mensch, aber nun doch als solcher und also sich selbst zum Trotz auch als der Gegenstand der göttlichen G n a d e, als der Genosse des von Gott zwischen sich und ihm aufgerichteten B u n d e s. Der sündige Mensch für sich, ohne Rücksicht darauf betrachtet, daß er auch dieser Bundesgenosse und als solcher nach wie vor Gottes Geschöpf ist — dieser sündige Mensch für sich wäre das Produkt einer Abstraktion, die wir uns nicht weniger verboten sein lassen müssen wie die, die uns zu einem ohne Berücksichtigung seiner Sünde gewonnenen Bild seiner reinen Geschöpflichkeit führen würde. Der sündige Mensch für sich ist nicht der wirkliche Mensch. Wir sind nicht eingeladen, uns nun etwa nach dieser Seite Scheuklappen anzulegen. Der wirkliche Mensch ist der Sünder, der Gottes Gnade teilhaftig ist. Und so hängt die Erkenntnis des wirklichen Menschen an dieser Erkenntnis: daß er Gottes Gnade teilhaftig ist. Auch dies, daß er Sünder ist, ist nur darin, nur in dem Zusammenhang wirklich, daß er Gottes Gnade teilhaftig ist. Denn an Gottes Gnade sündigt er: indem er gegen sie und so gegen Gott rebelliert, indem er nicht von Gottes Gnade, indem er in einer anderen, in seiner eigenen Freiheit und Gerechtigkeit leben will, verwickelt er sich in den Widerspruch mit sich selbst. Und so hängt auch die Erkenntnis, daß er Sünder ist, an der Erkenntnis, daß er Gottes Gnade teilhaftig ist. Denn nur in der Erkenntnis der uns zugewendeten Gnade Gottes kann uns die Tatsache und das Wesen unserer Sünde, kann uns der Selbstwiderspruch, in dem wir uns befinden, offenbar werden. Die Gnade Gottes, Gottes Bund mit dem Menschen, ist das Erste, des Menschen Sünde ein Zweites: nicht das Letzte und eben darum auch nicht das Erste! Das bedeutet das Verbot der Abstraktion eines nur sündigen Menschen. Das bedeutet den Freispruch des Menschen, der auch als Sünder nicht aufhört, Gottes Geschöpf zu sein.

Es gehört ja auch das in Gottes Wort sich vollziehende und sich offenbarende G e r i c h t Gottes über den Menschen zu seinem Handeln als der g n ä d i g e Gott. Gottes Gericht streitet nicht mit seiner Treue. Es ist vielmehr in seiner ganzen Strenge und unentrinnbaren Schärfe die Gestalt seines Erbarmens, in welchem er dem Menschen Treue hält. Es ist brennendes Feuer. Es ist aber kein sinnlos, kein um seiner selbst willen brennendes und verbrennendes Feuer. Der Schöpfer nimmt sich selbst nicht zurück, indem er dieses Feuer brennen läßt. Es ist das heilige, das die Sünde, des Menschen Widerspruch und Selbstwiderspruch verbrennende, vernichtende und zerstörende Feuer gerade seiner Schöpferliebe. Gottes Gericht bedeutet im biblischen Sinn dieses Begriffs: daß Gott sich selbst gegenüber dem M e n s c h e n, aber eben damit doch auch dem Menschen gegenüber dem, was auch d i e s e m fremd und feind ist, g e r e c h t wird.

Gottes Gericht bedeutet, daß Gott sich selbst, aber eben damit auch dem Menschen Recht verschafft. Es ist also kein Nein um des Nein, sondern ein Nein um des Ja willen. Es wiederholt und bestätigt, was laut Gen. 1 in der Schöpfung geschehen ist: die heilsame Scheidung des Lichtes von der Finsternis, der unteren von den oberen Wassern, der Erde vom Meere. Es stürzt die Fremdherrschaft, der das Geschöpf, indem es sündigte, zur Schmach seines Schöpfers und zu seinem eigenen Unheil Raum gegeben hat. Es ist also als Akt göttlicher Souveränität über den Menschen zugleich dessen Befreiung. Es schützt den Menschen, indem es so hart gegen ihn ist. Es bewahrt ihn, indem es so scharf ist. So ist also schon Gottes Reaktion auf des Menschen Sünde — sein gewaltiger und wirksamer Widerspruch, den der Mensch erleiden muß, indem er Gottes Widersprecher und damit an sich selbst zum Verräter wird — die Gestalt seiner Gnade, ein Zweites im Zusammenhang mit jenem Ersten. Sie ändert nichts an Gottes Schöpferwillen. Sie bestätigt ihn, sie gehört zu seiner Durchführung. Es könnte schon darum nicht wohlgetan sein, den unter Gottes Gericht stehenden Menschen auch nur einen Augenblick für sich, isoliert, zu betrachten. Es ist zweifellos nicht an dem, als ob Gott der Schöpfer durch des Menschen Sünde gewissermaßen irre gemacht wäre, als ob mit des Menschen Sünde so etwas wie eine zweite, andere Schöpfung stattgefunden, eine zweite Welt, eine Welt des Zornes von Gott her zu existieren begonnen habe.

Und so kann des Menschen Sünde, auf die sich Gottes Gericht bezieht, erst recht keine Schöpfertat sein, erst recht keine Tatsache erster Ordnung schaffen. Sie ist als Akt der Feindschaft gegen Gottes Gnade die unverzeihliche Beschimpfung Gottes und die tödliche Gefährdung des Menschen. Sie verdient nichts Anderes, als eben durch Gottes Gericht verbrannt zu werden. Sie ist deutlich von der Art dessen, was Gott nicht schaffen wollte und darum als Finsternis vom Lichte trennte, darum von seiner Schöpfung ausschloß. Sie steht von Anfang an und für immer und in jeder Hinsicht unter Gottes Nein. Das ist ihr Ernst. Und das gibt ihr den Charakter des vom sündigen Geschöpf her Irreparablen. Indem der Mensch sündigt, wählt er, was er, nachdem es von Gott verneint und verworfen ist, als Gottes Geschöpf nicht wählen kann. Wählt er es dennoch, so verrät er eben damit auch sich selbst. Er läßt sich dann fallen. Er tritt dann gewissermaßen neben sich selbst hinaus dahin, wo er nicht stehen kann. Er überliefert sich dann selbst der Schande und dem Verderben. Es ist das unheilvolle Werk des Satans, das dann an ihm und durch ihn zu geschehen beginnt. Ihm preisgegeben — in seiner eigenen Wahl und Entscheidung preisgegeben! — kann er sich selbst nicht wieder zurechthelfen. Er kann, verloren vermöge der Wahl dessen, was er als Gottes Geschöpf bestimmt nicht wählen konnte, sich selbst nicht wiederfinden und retten. Er kann nur wiedergefunden und gerettet werden durch den, dem er auch damit, daß er sich selbst verloren ging, nicht verloren ist. Denn was er auch getan und was ihm auch damit, daß er selbst es tat, geschehen sein mag — das ist nicht geschehen, daß er Gott verloren ging, daß durch seine Sünde eine neue Schöpfung vollzogen, ein der Herrschaft Gottes gleiches und mit ihr konkurrierendes Reich angebrochen wäre. Gegen Gottes Treue kann er wohl anstürmen, aber nichts ausrichten. Das ist also nicht geschehen, daß der Mensch vermöge seiner Sünde aufgehört hätte, Gottes Geschöpf, und zwar dieses bestimmte, das menschliche Geschöpf zu sein. Rebelliert er gegen ihn, so kann er ihm doch nicht entrinnen. Gibt er sich selbst preis, so ist und bleibt er doch von Gott gehalten. Wird er blind für Gott, so wird doch Gott nicht blind für ihn. Stellt er sich unter sein Zorngericht, so bleibt er doch auch so Gottes Bundesgenosse. Er hat den Bund gebrochen. Aber er hat ihn ja nicht begründet, so kann er ihn auch nicht aufheben. Er kann wohl sündigen und damit sich selbst unmöglich machen. Er kann aber auch das nicht außerhalb, sondern nur innerhalb des Bundes tun. Er kann nicht ohne, sondern nur gegen Gottes Gnade sündigen. Eben damit zieht er Gottes Gericht auf sich. Eben darum ist die Sünde furchtbar in ihrer Wirklichkeit und in ihren Folgen, weil sie innerhalb des Bundes geschieht, weil sie sich gegen den gnädigen Gott richtet, weil der Mensch nun doch gerade von diesem nicht entlassen, sondern mit der harten Hand des höchsten Richters gehalten wird. Gott bleibt der Herr und der Mensch bleibt der Genosse des Bundes. Gott entläßt den Menschen nicht. So kann er auch aus seiner Geschöpflichkeit und also aus seiner Menschlichkeit nicht entlassen werden. Er kann wohl fliehen, er kann aber nicht entfliehen: weder Gott noch sich selbst. Eben damit, daß er Gott und sich selbst entfliehen möchte und doch nicht kann, verwickelt er sich in Widerspruch mit sich selbst. Aber ein letztes Wort entgegen dem ersten, durch das er geschaffen und als Mensch wirklich ist, kann er auch damit nicht sprechen. Indem er von Gott nicht entlassen ist, ist er auch nicht verlassen, nicht fallen gelassen. Indem er mit seiner Sünde keine Schöpfertat vollziehen kann, bleibt er Gegenstand des guten Schöpferwillens Gottes, Gegenstand seiner Gnade, bleibt dies, daß er Gottes Gnade teilhaftig ist, die Grundbestimmung seines Wesens, das Erste, an dem kein Zweites etwas ändern kann. Gottes Gnade bekommt notwendig die Gestalt des Gerichts über den sündigen Menschen. Aber sie läßt ihn nicht allein. Sie hört auch in dieser Gestalt nicht auf, Gnade zu sein. Sie hält, trägt und umfaßt auch den in ihrem Gericht stehenden sündigen Menschen. Eben darum geht es nicht an, diesen für sich ins Auge zu fassen, als hätte er, indem er sündigte, ein Reich begründet, das für sich Sinn und Bestand hätte. Eben ein solches Reich des sündigen Menschen (das Reich des Satans also) wird im Zeugnis der heiligen Schrift immer nur sichtbar gemacht, um alsbald und immer aufs neue seines Unsinns und Unbestandes überführt und durch das kommende Reich Gottes in den

Schatten gestellt zu werden. Das Reich, das nach dem biblischen Zeugnis bleibt, Sinn und Bestand hat, ist dieses kommende Reich Gottes ganz allein. Der Mensch gehört Gott, nicht sich selbst, nicht dem Satan, niemand sonst. Auch die göttliche Verwerfung des sündigen Menschen ändert nichts daran, bestätigt das nur. Das ist der Zusammenhang, den auch die theologische Anthropologie von Anfang an im Auge haben muß. Will sie den Menschen wirklich theologisch, d. h. im Lichte des Wortes Gottes verstehen, dann muß sie von dieser übergreifenden Erkenntnis her kommen. Daß Gott der Schöpfer dem Menschen als seinem Geschöpf gnädig ist, das ist der Satz, zu dem sie von ihrer Voraussetzung aus immer wieder zurückkehren, von der sie immer wieder ausgehen muß.

Auf dem Boden und im Zusammenhang dieser Grunderkenntnis, als Zweites in der Ordnung dieses Ersten ist es dann auch wahr — nur zu wahr — daß der Mensch ein S ü n d e r ist. Wir können hier nur beiläufig und andeutend davon reden.

Die Lehre von der Sünde gehört in den Zusammenhang der Lehre von der V e r s ö h n u n g. Eben das ist es, was, wenn man von der Sünde redet, immer zuerst und immer neu bedacht werden sollte. Was wüßten wir von der Sünde, wenn wir nicht von der Versöhnung wüßten, wenn das Wort Gottes, durch das wir uns auch über des Menschen Sünde unterrichten lassen müssen, nicht entscheidend und umfassend das Wort von der Versöhnung wäre? Was das heißt, daß der Mensch ein Sünder ist, das kann nur von da aus ermessen und in seiner Wirklichkeit gesehen werden, daß Gott ihm gnädig ist. Gott unbeweglich treu, der Mensch gerade ihm immer wieder untreu. Gott barmherzig, der Mensch trotzig. Gott gütig, der Mensch undankbar. Gott in seiner ewigen Macht für den Menschen, der Mensch ohnmächtig gegen Gott. Gott sich selbst an den Menschen dahingebend, der Mensch in Eitelkeit sich selbst zurückbehaltend und behauptend. Gott ganz mit dem Menschen, der Mensch immer wieder anders beschäftigt. Gott ganz frei für ihn, der Mensch immer im Sprung, sich selber Gottheit zu verschaffen. Gott ganz offen, der Mensch immer wieder in sich selbst zusammengekrümmt. Gott immer, der Mensch im Grund nie bereit. Gottes Wort und Offenbarung eine einzige strahlende Frohbotschaft, des Menschen Antwort deren Umdeutung in ein finsteres Gesetz, dem er jetzt seufzend nachzukommen, jetzt heimlich zu entrinnen versucht. Und das Alles, indem es sich gegen Gott richtet, auch gegen ihn selbst, den Menschen gerichtet. Ist er doch, indem er von Gott aufgerufen ist, vergißt er doch seiner selbst, indem er Gottes vergißt. Wählt er doch eben, was er als Gottes Geschöpf gar nicht wählen kann. Macht er doch, indem er das Unmögliche wählt, sich selbst unmöglich. Denn er selbst ist das Wesen, dem Gott gnädig ist. Er selbst kann nicht bestehen, indem er die Dankbarkeit verleugnet, die er ihm dafür schuldig ist. Wo soll er hin, was soll aus ihm werden, wenn er sich eben an Gottes Gnade versündigt? Eben das ist die Sünde: des Menschen Sonderung von der Gnade Gottes, aus der und in der er sein Sein und Wesen hat. Darin besteht die Sünde, daß er Gottes Gnade und damit sich selbst versäumt. So beleidigt sie die göttliche Majestät und so ist sie die tödliche Gefährdung des sündigenden Menschen selber. Alles Furchtbare, worin sie gegenüber Gott, im eigenen Leben des Menschen und im Zusammensein von Mensch und Mitmensch zum Ausdruck kommt, ist darum furchtbar, weil dies ihr unbegreifliches Wesen ist. Darum ist der vom Menschen betätigte und der von ihm zu erleidende Widerspruch so verheerend. Darum zieht er ein solches Meer von großen und kleinen Untaten, Rätseln und Leiden nach sich. Darum ist schließlich der Tod der Sünde Sold. Ihre

Schändlichkeit besteht nicht nur darin, daß sie sich gegen den Herrn des Menschen, sondern darin, daß sie sich gegen diesen Herrn richtet: gegen den, der als solcher des Menschen Freund, Verbündeter und Helfer ist, daß sie gerade seine Freundlichkeit mit Feindschaft erwidert. Sie ist die durch nichts zu rechtfertigende und zu entschuldigende Rebellion. Sie ist Verrat in einem Zusammenhang, wo dessen Häßlichkeit durch nichts zu erklären, zu beschönigen oder auch nur zu mildern ist. Es bedarf also geradezu der Gnade Gottes dazu, daß der Mensch sündigt. Nicht daß sie es wäre, die ihn zur Sünde verführte oder gar nötigte. Die Sünde widersteht ihr ja, sie beleidigt und verrät sie ja. Sie hat in der Gnade gerade keinen Grund. Sie ist eben darum so verworfen und schrecklich, weil sie in der Gnade, in welcher Gott als Schöpfer handelt und in welcher der Mensch als Gottes Geschöpf sein Sein hat, keinen Grund haben kann. Aber nur als Widerstand gegen sie gewinnt sie ihre unbegreifliche Wirklichkeit. So ist die alttestamentliche Prophetie eine einzige Klage darüber, daß Israel gerade in der in seiner Erwählung begründeten Vorzugsstellung vor allen Völkern, gerade in dem von seinem Gott nur mit ihm aufgerichteten und von ihm in Treue gehaltenen Bunde über die Maßen, mit keinem anderen Volke vergleichbar sündigt, daß es gerade in seiner Ehe mit Jahve zur Ehebrecherin geworden sei. Sünde entsteht und geschieht nach dem ganzen biblischen Zeugnis nicht im leeren Raum, nicht gegen irgend ein allgemeines Gesetz, sondern im Kampf gegen die konkrete Wirklichkeit, in welcher alle Gebote Gottes inbegriffen sind: daß er dem Menschen gnädig und daß der Mensch das Wesen ist, dem er gnädig ist. Sünde entsteht und geschieht als Frevel an eben dem Gott, der sich selbst in seinem Sohn für den Menschen dahingegeben hat. Insofern muß man allerdings sagen, daß die Sünde nicht ohne die Gnade ist, daß sie gerade in Gottes Gnade ihren (perversen!) Ursprung hat. Diesem, dem gnädigen Gott, nimmt der sündige Mensch seine Ehre, um eben damit zuerst seine eigene, die des von diesem Gott geschaffenen Geschöpfs, in den Staub zu ziehen. Er würde nicht sündigen, wenn Gott nicht dieser, und wenn er selbst nicht dieses Geschöpf wäre.

Und so braucht es nun erst recht die Erkenntnis der Gnade Gottes, um zu erkennen, daß der Mensch ein Sünder ist, und was es heißt, daß er das ist. Auch diese Erkenntnis wird nicht im leeren Raum, nicht auf Grund allgemeiner Vorstellungen von göttlicher Majestät und menschlicher Würde und Verpflichtung gewonnen. Sündenerkenntnis auf Grund solcher Vorstellungen wird, auch wenn sie sich so nennt, nie zu der wirklichen Einsicht des schlechthin Unmöglichen führen, dessen der Mensch sich Gott gegenüber schuldig macht und nie zu der Einsicht, wie hoffnungslos er sich damit in seiner eigenen Entscheidung und Tat, selber preis- und verloren gibt. Sünde auf Grund solcher Vorstellungen wird immer nur als relatives, entschuldbares und heilbares Übel sichtbar werden, alle ernstlichen Gedanken und Worte über des Menschen Elend werden sich von da aus leicht genug als pessimistische Übertreibungen verdächtigen lassen. Daß die Sünde für den Sünder irreparabel, der sündige Mensch ein Gefangener seiner Sünde, daß er auf Gottes Gnade ganz allein angewiesen ist, das kann da, wo die Sünde selbst nicht am Maßstab der Gnade erkannt und verstanden ist, unmöglich erkannt werden. Schwermütige Resignation, Menschenverachtung und Menschenhaß und auch wohl Verzweiflung an sich selbst können von da aus möglich werden, nicht aber die Erkenntnis der Anklage, der sich der Mensch auch damit nicht entziehen könnte, daß er sich selbst in den Ätna stürzte. Die schmecken und fühlen wie freundlich der Herr ist, sie und sie allein sind es, die ihre Sünde erkennen. Alle Übrigen erkennen vielleicht mehr oder weniger deutlich das herrschende Böse in der Welt, die Fehler im Leben und Verhalten der Andern, vielleicht auch ebenso ihre eigenen Unvollkommenheiten, vielleicht ihre inneren und äußeren Lebenskonflikte — aber das Alles als Übelstände, über die man so oder so hinwegleben, die man so oder so zur Not reparieren kann. Ihre eigene Sünde und damit die wirkliche Sünde des wirklichen Menschen (als die Sache, über die man in keiner Weise hinwegleben und die man in keiner Weise reparieren kann) erkennen nur die, denen durch Gottes Gnade das Licht darüber, wer sie sind und was sie getan haben und noch tun, aufgegangen ist. Sie erkennen es damit, daß sie Gottes Gnade und in ihrem Spiegel sich selbst, den Charakter ihrer Tat und Entscheidung erkennen. Daß sie auf der Flucht sind, bemerken sie daran, daß sie nicht entfliehen können, weil sie nicht entlassen sind; und daß sie nicht entlassen sind, bemerken sie daran, daß sie nicht fallen gelassen, nicht endgültig, für Gott **nicht** verloren gegangen sind. **Erkannte Sünde** ist immer nur die **vergebene** und im Licht der Vergebung und also im Licht der triumphierenden Gnade Gottes erkannte Sünde. So wird sie in der Bibel Alten und Neuen Testamentes und nur so wird sie wirklich erkannt. **Unvergebene** oder als vergeben nicht erkannte Sünde heißt immer noch **unerkannte** Sünde. Buße tut der und nur der, der den gnädigen Gott schon gefunden, sich selbst als dieses Gottes Geschöpf schon entdeckt hat. Alle andere Buße bewegt sich hoffnungslos im Kreis herum. Denn Sündenerkenntnis ist selbst ein Element der Gnadenerkenntnis. Sonst verdient sie ihren Namen nicht. **Kommt** sie nicht aus ihr, dann **führt** sie auch nicht zu ihr und lebt sie nicht in ihr, so wird sie auch als Sündenerkenntnis nie herzlich, ernst und nachhaltig, sondern immer nur scheinbar sein. Sie beruht darum nach dem Zeugnis des Alten und des Neuen Testamentes nicht auf einer allgemeinen menschlichen Möglichkeit, sondern sie gehört zu den Privilegien Israels und der Kirche. Sie bildet einen integrierenden Teil der Botschaft, den die Gemeinde in der Welt auszurichten hat. Sie ist etwas Neues, das den Glaubenden zugleich mit der Erkenntnis der Liebe Gottes in Jesus Christus aufgegangen ist und das sie den Nichtglaubenden nur zusammen mit dieser Erkenntnis und wieder als etwas auch für diese ganz Neues weitergeben können. Sie ist nicht weniger als die Erkenntnis Jesu als des Herrn, sie ist als deren Annex und in deren Gefolge ein Werk des Heiligen Geistes, das durch keine diesem gegenüber selbständige Besinnung über das Sein und Wesen des Menschen ersetzt werden könnte.

So ist es also nicht an dem, daß die Sünde und ihre Erkenntnis die Grunderkenntnis vom Bunde sprengen oder von außen begrenzen, neben ihr einen besonderen Bereich bilden würde. So wird sie vielmehr von ihr begrenzt und umschlossen. So steht sie vielmehr auf deren Boden und in deren Zusammenhang: ein bedeutsames und schwerwiegendes Zweites, aber doch nur ein Zweites, das jenem Ersten zugeordnet und untergeordnet ist.

Das bedeutet nun aber für unsere Frage: Wir haben freilich zu bedenken, daß der Mensch, dessen Natur wir erkennen möchten, uns nur als Sünder und also nur in seiner Unnatur erkennbar ist. Wir haben es aber wiederum auch in seiner Sünde und Unnatur nicht mit einem selbständigen Prinzip zu tun und so auch in ihrer Erkenntnis nicht mit einer Erkenntnis ersten und höchsten Grades.

Wir können freilich nicht an ihr vorbeisehen; wir können auch nicht durch sie hindurchsehen. Die Tatsache und Erkenntnis der Sünde ist zu schwerwiegend, als daß es uns erlaubt wäre, in irgend einer Hinsicht von ihr zu abstrahieren und von einem durch sie nicht veränderten Menschenwesen auch nur träumen zu wollen. Wir müßten dieses ja dann ganz anders sehen wollen als so, wie es uns durch Gottes Offenbarung gezeigt wird. Wir müßten dann den Menschen gewissermaßen herausnehmen aus der

Geschichte des Gnadenbundes, in welcher er nach dem Zeugnis der Bibel seine wirkliche Existenz hat. Wir müßten uns dann einen Menschen frei erfinden, der von dem wirklichen Menschen, wie er in Gott steht, ganz verschieden wäre. Dieser wirkliche Mensch ist schon der sündige Mensch.

Aber das dürfen wir — wieder in Aufmerksamkeit und Treue gegen Gottes Wort — auch nicht meinen: gerade über diesen wirklichen Menschen damit, daß wir ihn einen Sünder nennen, das erste und letzte Wort gesagt zu haben. An dem ist es nun doch nicht, daß das geschöpfliche Wesen des Menschen, weil es uns nur in seiner sündigen Bestimmtheit erkennbar ist, anders als so gar nicht wirklich und erkennbar wäre, als hätte sich seine Natur wohl einfach in Unnatur als in eine andere Natur verwandelt, als hätte der Mensch, indem er sündigte, sich nun doch gewissermaßen umgeschaffen zu einem ganz anderen Geschöpf. An dem ist es eben darum nicht, weil die Sünde selbst nur als Sünde gegen Gottes Gnade entstehen und Gestalt annehmen und weil sie auch nur zusammen mit der Erkenntnis der Gnade erkannt werden kann. Und «die Gottesgnad alleine steht fest und bleibt in Ewigkeit»: sie allein und also nicht die Sünde, in der sich der Mensch ihr entgegensetzt.

Können w i r die Sünde nicht relativieren, überblicken und durchschauen als ein Zweites, von dem aus wir eine reine Menschennatur als Erstes zu unterscheiden, abzusondern und für sich zu betrachten vermöchten, so ist sie doch von Gottes G n a d e und also vom Willen des Schöpfers her zweifellos zum vornherein relativiert, überblickt und durchschaut, von ihr her gesehen kein Erstes, sondern wirklich ein Zweites, unterschieden und abgesondert von jenem Ersten. Daraus folgt aber für u n s, wenn wir uns der Erkenntnis der Gnade nicht verschließen wollen, ebenso zweifellos, daß wir die Sünde nicht verabsolutieren dürfen, sondern daß wir sie, obwohl wir sie von uns aus nicht relativieren können, für durch Gottes Gnade relativiert, für ein jedenfalls von Gottes Gnade her Zweites halten müssen. Es wäre wiederum freie Erfindung, wenn wir uns dieser Ordnung entziehen, wenn wir also vor der sündigen Bestimmtheit der menschlichen Natur als vor einer Wand stehen bleiben würden, die uns darum, weil sie uns allerdings undurchsichtig und unübersteigbar ist, eine letzte Gegebenheit sein müßte, wenn wir unsere Unnatur wirklich prinzipiell für unsere Natur halten würden. Der Übermut jedes Versuchs, die Sünde nicht so ernst zu nehmen, wie Gott sie nimmt, ist Eines, das rechte Andere ist aber nicht die falsche Demut einer Resignation, die sie in einer Weise ernst nehmen wollte, wie Gott selbst das offenbar nicht tut, sondern die echte Demut des Glaubens, die sich genau mit der Weise zufrieden gibt und der Weise sich anpaßt, in der sie von Gott ernst genommen wird.

Es ist wohl wahr, daß der sündige Mensch sich seine Sünde nicht selbst vergeben, sie nicht ungeschehen, nicht rückgängig machen, sich selber also nicht entschuldigen, nicht rechtfertigen, d. h. nicht zurecht bringen, und daß er sich auf das Alles auch nicht vorbereiten und zurüsten kann. Er müßte sich selbst nicht preisgegeben haben, indem er sich der Gnade seines Schöpfers widersetzte, wenn er zu solcher Selbstrechtfertigung die Freiheit hätte. In Erkenntnis des Zorns und des Gerichtes gerade des gnädigen Gottes wird er sich solche Freiheit nicht zuschreiben. Er weiß sicher noch nicht, daß es einen Gott gibt, noch daß er in ihm einen Heiland hat, noch was Sünde ist, solange er sich die Freiheit, sich selbst zu rechtfertigen oder seine Rechtfertigung wenigstens in Gang zu bringen, noch meint zuschreiben zu können. Es ist also wohl wahr: die Lehre von *liberum arbitrium* des sündigen Menschen ist ein Spottgebilde, das in alle Winde verwehen muß, wenn es von der Erkenntnis der Güte Gottes auch nur von ferne berührt wird. Es ist aber noch viel wahrer, daß eben der Gott, dem gegenüber er als Sünder ohne Entschuldigung und hoffnungslos kompromittiert ist, eben das kann, was er nicht kann, eben die Freiheit, ihn zu rechtfertigen, hat, die er, wenn er ihn erkennt, sich selber absprechen muß. Noch viel wahrer als unsere Unfreiheit, noch viel wahrer als die traurige Wahrheit unseres *servum arbitrium* ist die fröhliche Wahrheit, daß Gott frei ist, der zu sein, zu bleiben und immer neu zu sein, der den Menschen erschaffen hat, der gnädige Gott, d. h. der, der frei ist, auch den Menschen unverwandelt das sein zu lassen, als was er ihn geschaffen hat, das Geschöpf, dem er gnädig ist.

Und nun ist es wiederum wohl wahr, daß der Mensch keine Augen hat, um sich selber durch seine Unnatur hindurch in seiner Natur zu erkennen. Er müßte nicht verfinstert sein in seinem Anschauen und Begreifen des gnädigen Gottes, wenn ihm die Wahrheit seines von diesem Gott geschaffenen Wesens nun doch irgendwie erkennbar vor Augen stünde. Wiedei in Erkenntnis des Zorns und Gerichts des gnädigen Gottes wird er sich solche Wissenschaft um sich selbst so wenig zuschreiben, wie jene Freiheit, sich selber zu rechtfertigen, nachdem er sich selbst doch preisgegeben hat. Das ist wahr: es ist aber noch viel wahrer, daß eben der Gott, um den er als Sünder so wenig weiß wie um sich selber, seinerseits nicht aufgehört hat, um ihn zu wissen: nicht nur um seine Unnatur, sondern auch um seine Natur in seiner Unnatur. Es ist noch viel wahrer, daß Gott eben in diesem durch nichts getrübten Wissen um ihn Gott ist: Gott weiß um seine eigene Barmherzigkeit, in der er sich des Menschen, indem er ihn schuf, angenommen hat und deren er nicht vergessen kann. Und Gott weiß auch darum, daß der Mensch eben um dieser seiner Barmherzigkeit willen wohl fallen, aber darum nicht auch von ihm fallen gelassen sein, sondern auch in seinem eigenen Fallen nur fortfahren kann, das Geschöpf zu sein, dessen er sich ein für allemal und unwiderruflich angenommen hat.

Eben das, was Gott — über des Menschen Sünde hinaus, in der Freiheit seiner Gnade auch des Menschen Sünde relativierend, überblickend und durchschauend — vom Menschen weiß, ist des Menschen geschöpfliches Wesen, nach dem wir hier fragen. Und eben das ist der Boden, auf den wir uns hier stellen müssen: daß Gott weiß, was wir in unserer verschuldeten Blindheit nicht wissen und nie wissen werden — und daß dieses Wissen Gottes noch viel wahrer ist als unsere Unwissenheit. Vor ihm sind wir ein aufgeschlagenes Buch: unsere Unart nicht nur, sondern nun eben auch unsere Art in unserer Unart, das Menschliche unter der für unsere Augen restlos verschließenden Decke unseres sündigen Wesens. Und eben weil wir vor Gott auch in unserer Art offen sind, kann uns die Unart, in der wir uns für unsere Augen allein offen sind, keine letzte, unüberbietbare Gegebenheit sein, müssen wir uns nicht nur den Übermut, in welchem wir uns über unsere Blindheit Illusionen machen möchten, sondern auch eine Demut, in der wir die Freiheit und die durchdringenden Augen des gnädigen Gottes außer Betracht lassen würden, verboten sein lassen. Wo Gott frei ist und weiß, da dürfen wir nicht nur, da müssen wir fragen nach dem, wofür Gott frei ist und was er weiß. Und indem er nicht nur frei ist, uns zu zürnen und zu richten, indem er in seinem Zorn und Gericht frei bleibt, der uns gnädige Gott zu sein, indem er nicht nur um unsere Sünde, sondern auch um das weiß, wozu er uns als der, der uns gnädig ist, geschaffen hat, dürfen und müssen wir eben danach und also nach unserer menschlichen Natur in der Unnatur fragen.

Diese Frage ist darum sinnvoll und notwendig, weil uns die Freiheit und das Wissen, in welchem Gott uns gegenübersteht, ja nicht einfach verschlossen sind, so daß wir, die wir nicht Gott sind, die Sicht unserer Natur ihm überlassen müßten, um uns unserseits damit abzufinden, uns nur in unserer Unnatur zu sehen. Auch die Erkenntnis, daß wir uns selbst weder rechtfertigen noch auch nur um uns selbst wissen können, ist ja keine Erkenntnis, die wir uns selbst verschafft hätten und über die wir dann auch selbst verfügen könnten. In Erkenntnis des Zorns und Gerichts Gottes und nur so erkennt der Mensch und gibt er zu, daß er sich selbst nicht entsündigen und eben darum auch nicht in seiner sündenfreien Natur erkennen kann. Erkenntnis des Zorns und Gerichts Gottes setzt aber voraus die Erkenntnis seiner Gnade. Und Erkenntnis der Gnade setzt, da der Mensch ja gerade an ihr sündigt, gerade ihr gegenüber sich verblendet, voraus, daß Gott sich ihm offenbart, seinen verblendeten Augen zum Trotz, indem er dem Blinden das Gesicht gab, sich selbst ihm bekannt gemacht hat: sich selbst als den, der frei ist, Sünde zu vergeben und den Sünder zu rechtfertigen — sich selbst als den, der durch die Sünde nicht verhindert ist, um den Menschen zu wissen als um sein Geschöpf und seinen Bundesgenossen. Wie wäre da die Sünde erkannt und ernst genommen, wo es nicht Gott selbst wäre, der es dem Menschen gesagt, daß er gesündigt hat? Wie könnte ihm aber eben das gesagt sein, ohne daß er eben damit vernommen hätte, daß Gott sich nicht weigert, sondern bereit ist, fernerhin und aufs neue mit ihm umzugehen und Gemeinschaft zu haben? Wie könnte Gottes Gericht ernstlich erkannt werden, wo nicht eben in ihm die Ankündigung der neuen, die Bestätigung der bleibenden Gnade Gottes vernommen würde? Wie könnte aber die Gnade Gottes dem sündigen Menschen als Gnade auch nur von ferne anschaulich und begreiflich werden, wenn ihm nicht ihre Anschauung und ihr Begriff, deren er sich ja als Sünder mutwillig entschlagen hat, durch Gott selbst von sich aus neu eröffnet würde? Wir werden schon wegen dieses Zusammenhangs unmöglich sagen können, daß wir von jener Freiheit und jenem Wissen Gottes und also von der menschlichen Natur, für die Gott frei bleibt und um die er weiß trotz unserer Sünde, keine Kunde hätten und uns also dabei bescheiden müßten, uns nur in unserer Unnatur zu erkennen. So können wir uns hinsichtlich der Erkenntnis Gottes selbst und seines Wesens nicht herausreden, so auch nicht hinsichtlich der Erkenntnis des Menschen und des menschlichen Wesens. Daß uns Gott und der Mensch **verborgen** sind, das ist ja selbst eine Erkenntnis, die nur daraufhin stattfinden kann, daß Gott uns über sich selbst und über uns — indem er uns offenbar machte, was uns verborgen ist — **Bescheid** gesagt hat. Der nicht von Gott Belehrte wird nie zugeben, daß er sich selbst nicht belehren kann; er wird vielmehr der Meinung sein, dessen sehr wohl fähig zu sein, und wird sich gerade damit verraten als Einer, der von Gott nicht belehrt ist. Wer aber von Gott darüber belehrt ist, daß er sich selbst nicht belehren kann, der wird sich nicht weigern, die ihm darüber hinaus gegebene positive **göttliche Belehrung anzunehmen** und zu anerkennen. Daß er sich selbst nicht belehren kann, das wird ja nur das Ergebnis, gewissermaßen die negative Rückseite der positiven Belehrung sein, die er von Gott **empfangen** hat. Es wäre bestimmt auch diese negative Einsicht nicht echt, wo Einer sich der positiven Belehrung, die jene Einsicht mit sich bringt, entziehen könnte. Uns wird gegeben — so gewiß wir uns selbst nichts nehmen können. Wir sind gerechtfertigt — so gewiß wir uns selbst nicht vergeben können. Wir wissen — so gewiß wir von uns aus gar nichts wissen: weder von Gott noch von uns selbst. Das Alles aber durch Gottes offenbartes Wort, durch eben dasselbe, durch das wir unserer eigenen Unfreiheit und Unwissenheit überführt werden. Unsere Belehrung über dieses Zweite wäre mehr als zweifelhaft, wenn wir uns so stellen könnten, als ob wir nicht zuerst und vor allem über jenes Erste belehrt wären.

Ist uns ein eigenes Vermögen, unsere menschliche Natur als solche zu erkennen, durch das Wort Gottes allerdings abgesprochen, so ist es dasselbe Wort Gottes, das uns die Sicht auf unsere menschliche Natur — ohne und gegen unser Vermögen, in freiem Erweis der freien Gnade Gottes — zusagt. **Im Wort Gottes ist jenes Buch auch vor uns aufgeschlagen.** Das Wort Gottes sagt uns, wofür Gott uns gegenüber dennoch, nämlich trotz der Sünde, frei ist, weil er der gnädige Gott, weil also auch der Mensch das Geschöpf bleibt, dem Gott gnädig ist. Es sagt uns, was Gott dennoch, nämlich unserer Unwissenheit zum Trotz, weiß, indem er um seine Barmherzigkeit weiß, die nicht nur dieselbe bleibt, sondern jeden Morgen neu ist. So, in diesem scheinbar indirekten, in Wirklichkeit allerdirektesten Verfahren gibt es uns zugleich über Gott und sein Wesen und über uns selbst und das unsrige klarsten Bescheid.

Gottes Wort macht uns ein bestimmtes **Verhalten** Gottes gegen den Menschen sichtbar — es ist ja das Wort von den **Taten** Gottes — und im Spiegel dieses Verhaltens dann auch das menschliche Geschöpf, dem Gottes Taten gelten, seine Zuständlichkeit und Beschaffenheit. Denn dieses göttliche Verhalten ist nicht nur durch seinen Blick und seine Absicht auf des Menschen Sünde, sondern auch durch die Weisheit und den Willen bestimmt, in welchen Gott den Menschen zu seinem Bundesgenossen geschaffen hat. Wie sollte diese Weisheit und dieser Wille des Schöpfers durch das, was Gott in der Bewährung und Durchsetzung seiner Schöpfergnade und also im Vollzug der Versöhnung des sündigen Menschen tut, überholt sein? Sein Verhalten, wie es uns in seinem Wort offenbar wird, ist vielmehr, indem es sich auf den sündigen Menschen bezieht, indem es diesem als solchem nachgeht und insofern seiner Erschaffung gegenüber ein Neues bedeutet, auch eine Betätigung, Einschärfung und Verherrlichung seiner Schöpferweisheit und seines Schöpferwillens. Es bringt, indem es sich zum Sein und Tun des Menschen in den durch dessen Sünde notwendig gemachten ernsten und heilsamen Gegensatz stellt, zugleich ans Licht, was das für ein Wesen ist, dem Gott sich jetzt in seiner Gnade richtend und in seinem Gericht gnädig entgegenstellen muß. Es bringt ans Licht, daß Gott wohl weiß, was er getan hat, wenn er gerade diesem Geschöpf, mit dem er jetzt so handelt, dieses Wesen gegeben und es so zu seinem Bundesgenossen geschaffen und eingesetzt hat.

Gottes Verhalten gegenüber dem sündigen Menschen, wie es in seinem Wort offenbar wird, ist insofern bei aller Neuheit in Kontinuität mit dem, worin er ihn erschaffen hat, als es unter Voraussetzung und im Rahmen bestimmter **Verhältnisse** des menschlichen Seins stattfindet, die zwar alle durch die Sünde bestimmt, in ihrer Struktur aber durch diese **nicht verändert** sind. Gottes Verhalten offenbart und bestätigt auch diese Verhältnisse, und diese gerade in ihrer unveränderten und unveränderlichen Struktur. Und eben der Inbegriff dieser Verhältnisse ist das, was wir hier unter dem **geschöpflichen Wesen des Menschen** verstehen. Man hat darunter immer ganz mit Recht das sich gleich bleibende, d. h. das durch die Gegensätze von Sünde, Versöhnung und Erlösung nicht berührte Sein des Menschen verstanden: Es ist das, was zum Begriff und der Anschauung des Menschen unter allen Umständen und also sowohl im Blick auf seinen Stand in der Sünde, wie im Blick auf seinen Stand in der neu und weiter sich an ihm erweisenden Gnade Gottes, wie endlich im Stand seiner ewigen Vollendung gehört. Es ist das Sein, das nach dem biblischen Zeugnis den Israeliten und den Nichtisraeliten, den Gehorsamen und Ungehorsamen, den Aposteln und den Pharisäern, dem Petrus und dem Judas, den Juden und den Heiden gemeinsam ist. Das Wort Gottes gibt uns darüber insofern Auskunft, als Gottes Verhalten gegen den Menschen, wie es uns in ihm offenbar und erkennbar ist, sich auf der ganzen Linie auch auf dieses geschöpfliche Wesen des Menschen bezieht, auch mit ihm rechnet, so daß man es nicht hören kann, ohne, indem man über Gottes Taten und Gebote, Drohungen und Verheißungen, Gerichte und Wohltaten unterrichtet wird, auch über dieses geschöpfliche Wesen des Menschen Unterricht zu bekommen: Dieser Unterricht ist formal in - d i r e k t, weil er nur beiläufig geschieht, weil uns das Wort Gottes darüber nur im Zug und Zusammenhang eines ganz anderen Unterrichts Auskunft gibt. Er ist aber material doch auch sehr d i r e k t, weil wir den eigentlichen und entscheidenden Unterricht des Wortes Gottes gar nicht wirklich entgegennehmen könnten, wenn wir uns nicht auch das, was es uns beiläufig über unser menschliches Wesen als solches zu sagen hat, gesagt sein ließen.

Wir haben nun den Punkt erreicht, wo die wichtigste These dieses Paragraphen nicht mehr als unbegründet erscheinen kann: «Indem der Mensch Jesus das offenbarende Wort Gottes ist, ist er die Quelle unserer Erkenntnis des von Gott geschaffenen menschlichen Wesens.» Das Verhalten Gottes, in welchem uns die Treue des Schöpfers und darum auch die sich gleich bleibenden Verhältnisse des von ihm geschaffenen menschlichen Seins offenbar und erkennbar sind, ist nämlich sehr schlicht sein Verhalten zu dem M e n s c h e n J e s u s : seine Erwählung dieses Menschen, sein Einswerden und Einsbleiben mit ihm, seine Offenbarung, sein Handeln, seine Verherrlichung in ihm und durch ihn, seine Liebe, die ihm und die durch ihn denen, die an ihn glauben, die durch ihn der ganzen Schöpfung zugewendet ist, seine Freiheit und seine Herrschaft, die in diesem Menschen ihren geschöpflichen Ort, ihre geschöpfliche Gestalt, ihren geschöpflichen Träger und Repräsentanten hat. Er ist Gott, indem er in seiner ewigen Gottheit selber dieser Mensch in seiner menschlichen Geschöpflichkeit wurde. Eben das ist ja Gottes Verhalten zum sündigen Menschen. Damit antwortet oder reagiert er auf des Menschen Sünde, daß er sich zu dem Menschen Jesus so verhält. Alles, was uns das biblische Zeugnis von diesem göttlichen Antworten und Reagieren sonst sichtbar macht, hat hier seinen Anfang, seine Mitte und sein Ziel, empfängt von hier aus sein Licht und seine Erklärung. Und alles unser Vernehmen und Aufnehmen dieses Zeugnisses ist dann recht, klar und wirksam, wenn wir uns hier erleuchten und belehren lassen. Das Wort Gottes ist das Evangelium von Jesus Christus. Das will sagen: es ist die Offenbarung von Gottes Verhalten zu diesem Menschen. Indem es dieses offenbar macht, deckt es die Sünde auf in ihrer Furchtbarkeit und richtet es sie mit überlegener Gewalt, zeigt es dem Menschen, daß er sie nicht gut machen kann und wird, und rettet es den Menschen, indem es ihm versichert und ins Herz schreibt, daß und wie sie von Gott selbst gut gemacht wird. In Gottes Verhalten zu diesem Menschen fällt die Entscheidung, daß Gottes Gnade das Erste, des Menschen Sünde das Zweite, und daß jenes Erste mächtiger ist als dieses Zweite. Indem wir erkennen, daß sie hier fällt, können wir der damit aufgerichteten Ordnung nicht widersprechen, wird es uns verboten, die Sünde ernster zu nehmen als die Gnade, oder auch nur gleich ernst wie sie. Eben hier wird ja der barmherzige Wille Gottes offenbar, der wohl zürnt und richtet, der aber über der Sünde den Menschen nicht vergessen kann, der auch in seinem Zorn und Gericht über seine Sünde nicht aufgehört hat, des Menschen Schöpfer zu sein, frei zu bleiben für seine Rechtfertigung als sein Geschöpf, um ihn zu wissen als um das Wesen, das er nach seiner Weisheit aus dem Nichts geschaffen. Eben hier leuchtet ja auf, wie Gott den Menschen sieht trotz seiner Sünde und durch sie hindurch: so also, wie wir ihn zu sehen nun allerdings außerstande sind. Was bei den Menschen unmöglich, bei Gott aber möglich ist, das tut sich hier auf: die Aussicht auf unser Wesen, das durch die Sünde wohl verkehrt, aber darum nicht vernichtet und nicht in ein anderes verwandelt werden kann, weil es auch in seiner sündigen Verkehrung in Gottes Hand und trotz seiner sündigen Verkehrung von Gott nicht fallen gelassen ist.

Es wäre nicht weise, damit zu rechnen, daß sich uns diese Aussicht auch sonst auftue oder gar allgemein offen sei.

Das Verhalten Gottes zum sündigen Menschen, in welchem jene Ordnung von Gnade und Sünde stattfindet und offenbar ist, ist zuerst und ursprünglich sein Verhalten zu dem Menschen Jesus ganz allein. Hat er irgend einen Menschen trotz seiner Sünde für sich erwählt, dann tat er es, indem er zuerst und ursprünglich diesen Menschen und in und mit diesem, als Glied am Leibe dieses Hauptes, dann auch jenen von Ewigkeit her erwählte. Ruft er auch Andere, um auch mit ihnen Gemeinschaft zu halten, die doch als Sünder seine Feinde sind, dann darum, weil er ihre Sünde nicht als die ihre, sondern als die dieses Menschen ansieht und behandelt, der sein eigener lieber Sohn ist, dessen Gehorsam er wiederum als den jener anderen ansieht und behandelt. Offenbart er sich auch Anderen, die es doch endgültig verwirkt haben, ihn erkennen zu können, dann eben damit, daß er sich ihnen in diesem Menschen als das Licht entgegenstellt, dessen Gewalt ihre Blindheit nicht gewachsen ist. Handelt er auch an Anderen und für Andere, dann eben in dem Werk dieses Menschen, das schlechterdings an ihrer Stelle und zu ihren Gunsten geschieht. Verherrlicht er sich auch in Anderen, dann in der Weise, daß dieser Mensch sie an seiner Herrlichkeit teilnehmen läßt. Liebt er sie, dann damit, daß er ihn und durch ihn hindurch auch sie liebt. Ist die Freiheit und Herrschaft seiner Gnade — der Gnade, die sie als Sünder verschmäht und geschändet haben — das Reich, in dem auch sie leben dürfen, dann darum, weil dieser Mensch und in und mit diesem Menschen er selber und also dieses sein Reich überströmend in ihrer Mitte ist. Immer und in jeder Hinsicht zuerst und ursprünglich in ihm, in diesem Menschen, ist Gottes Verhalten zum sündigen Menschen so beschaffen, daß es jene Ordnung von Gnade und Sünde aufrecht erhält und sichtbar macht. Es wäre unweise, anderswohin zu blicken, um diese Ordnung zu entdecken und ihrer ursprünglich und gründlich gewiß zu werden. Und es wäre unweise, nicht immer wieder eben dorthin zurückzublicken, auch wenn wir ihrer nachträglich und abgeleitet auch anderswo gewahr und gewiß worden sind. Sie ist nirgends erstlich und eigentlich aufgerichtet und offenbar als in diesem Menschen. Sie kann überall sonst, sie kann auch als allgemeingültige Wahrheit nur wiedererkannt werden auf Grund der besonderen Erkenntnis des Verhaltens Gottes zu diesem Menschen. Er ist ihre Eröffnung. Alle ihre anderen Eröffnungen gehen auf die in ihm geschehene Eröffnung zurück. Es muß schon der Mensch Jesus sein, auf den wir blicken und an den wir uns halten, wenn wir zu wissen und behaupten zu können meinen, daß der Mensch auch in seiner sündigen Verkehrung in Gottes Hand und trotz seiner sündigen Verkehrung von Gott nicht fallen gelassen ist. Wir wissen sonst nicht, was wir damit sagen. Wir können es sonst nur mit letzter Ungewißheit sagen: bedroht von der Möglichkeit, daß es auch ganz anders sein, daß uns jedenfalls diese Erkenntnis auch wieder entfallen könnte. Im Glauben, und zwar im Glauben an das Wort Gottes, das das Evangelium von Jesus Christus ist, will das gesagt sein, daß Gott dem Menschen gnädig und daß der Mensch das Geschöpf ist, dem Gott gnädig ist. Sonst ist es eine religiöse Phrase, an deren Klang man sich vielleicht vorübergehend erquicken, von der man aber nicht leben kann.

Und ebenso steht es nun auch mit der uns mit dieser Erkenntnis eröffneten Aussicht auf die durch die Sünde wohl verkehrte, aber darum nicht vernichtete und nicht in eine andere verwandelte menschliche Natur. Wie es sich mit ihr verhält, das offenbart uns ursprünglich und gründlich die Natur dieses Menschen. D i e s e r Mensch ist d e r Mensch — erstlich und eigentlich er ganz allein: so gewiß Gottes Verhalten zum sündigen Menschen erstlich und eigentlich ganz allein sein Verhalten zu ihm und erst und nur in ihm und durch ihn dann auch sein Verhalten zu uns Anderen ist. Wären wir auf irgend ein sonst gewonnenes oder zu gewinnendes Menschenbild angewiesen, so stünden wir ja immer vor der Frage, ob nicht Alles, was wir in ihm zu sehen und zu wissen meinten, darum eine Täuschung sein möchte, weil wir mit unseren sündigen Augen nicht einmal die Verkehrung unserer Natur, geschweige denn diese selber zu erkennen vermögen und so dazu verurteilt sein müßten, in ewiger Konfusion Unnatur für Natur und Natur für Unnatur zu halten. Wir sind darum nicht auf ein solches Menschenbild angewiesen und darum nicht zu solcher Konfusion verurteilt, weil uns der Mensch, weil uns die Natur in unserer Unnatur in der Person des Menschen Jesus nicht verborgen, sondern offenbar ist, weil wir in seiner menschlichen Natur auch die unsrige, die Natur jedes Menschen, wiedererkennen können.

Wir werden uns aber eben an die menschliche Natur Jesu nun auch wirklich halten müssen. Wir werden also nicht schweifen, wir werden uns auf keinen Fall auf das verlassen, wir werden ja nicht als selbstverständlich voraussetzen dürfen, was wir vom Menschen von anderswoher zu wissen meinen. Wir werden das Vertrauen fassen und bewahren müssen, daß die Voraussetzung, die uns in und mit der menschlichen Natur Jesu gegeben ist, erschöpfend und allen anderen Voraussetzungen überlegen ist, daß alle anderen Voraussetzungen erst von hier aus möglich und brauchbar werden können.

Wir haben also die theologische Frage nach der menschlichen Natur folgendermaßen zu stellen: **Welches ist des Menschen geschöpfliches Wesen, sofern wir in diesem — im Blick auf Gottes offenbare Gnade und konkret im Blick auf den Menschen Jesus — ein auch der Sünde gegenüber durchhaltendes Kontinuum, ein auch durch die Sünde unverändertes und unveränderliches Wesen zu erkennen haben?** Nach diesem Wesen des Menschen fragt die theologische Anthropologie. Hier hat sie ihre besondere Aufgabe, mit der sie keiner anderen anthropologischen Betrachtung vorgreift, die sie sich aber auch durch keine andere verwehren und abnehmen lassen kann. Hier hat sie ihre Freiheit und ihre Sachlichkeit. Sie fragt, auch wenn sie nach der menschlichen Natur fragt, nicht auf der Linie der Erkenntnis des Geschöpfs durch das Geschöpf. Sie stellt die beobachtende und denkende Vernunft des Geschöpfs in den Dienst der durch Gottes Selbstwort offenbarten Erkenntnis des Geschöpfs durch seinen Schöpfer. Wir haben nun gesehen, was das bedeutet: sie fragt auch hier nach der offenbaren Gnade Gottes, auch hier nach Jesus Christus, nach den in ihm beschlossenen Schätzen der Weisheit und Erkenntnis.

Wir würden aber doch nicht gut tun, uns von diesem Ausgangspunkt aus ans Werk zu begeben, ohne uns zuvor genau darüber Rechenschaft abgelegt zu haben, was wir damit unternehmen und nicht unternehmen, in welchen Grenzen wir uns, indem wir von da ausgehen, zu bewegen haben. Ein anderer Ausgangspunkt als dieser kommt, wenn wir der besonderen Schwierigkeit gerade einer theologischen Anthropologie gerecht werden wollen, nicht in Frage. Die Wahl dieses Ausgangspunktes bedeutet aber nicht mehr und nicht weniger als: **die Begründung der Anthropologie auf die Christologie.**

2. Der Mensch als Gegenstand theologischer Erkenntnis   51

Wir verlassen damit den üblichen Weg, auf welchem man bisher zuerst in irgend einer Allgemeinheit festzustellen versuchte, was die menschliche Natur sein möchte, um von da aus im besonderen die menschliche Natur Jesu Christi zu verstehen. Unsere ganze Überlegung des Verhältnisses zwischen menschlicher Sünde und menschlicher Natur hat uns nun unwiderstehlich auf den entgegengesetzten Weg gedrängt. Die menschliche Sünde verwehrt uns doch den Ausblick auf die menschliche Natur: es wäre denn, daß er uns durch die Erkenntnis der dem Menschen zugewendeten göttlichen Gnade mit ihrer Aufdeckung und Bejahung der menschlichen Natur auch in der menschlichen Sünde neu — aber eben wirklich neu: mit dem Charakter des Glaubens an die göttliche Offenbarung — eröffnet würde. Fragen wir uns aber, wo es in dieser Hinsicht glaubwürdige Offenbarung gibt, dann sehen wir uns gerade nicht auf den Menschen im allgemeinen, sondern im besonderen, in höchster und ausschließlicher Besonderheit auf den einen Menschen Jesus hingewiesen. Wir haben also in der Tat gerade umgekehrt, als es üblich ist, zunächst nach ihm, nach diesem einen Menschen und dann erst und von da aus nach dem Menschen überhaupt und im allgemeinen zu fragen. Er ist in seiner Person Gottes Wort an die Menschen und so ist er göttlichen und menschlichen Wesens, so Mensch im unmittelbaren Gegenüber und Einssein mit Gott, so unmittelbar der wirkliche Mensch, so für uns die Offenbarung der Wahrheit über den Menschen.

Ecce homo! ἰδοὺ ὁ ἄνθρωπος (Joh. 19, 5). Es ist exegetisch nicht nur erlaubt, sondern geboten, hier dieses Pilatuswortes zu gedenken. Es geht nämlich nicht an, dieses Wort zu psychologisieren, als rede es von der «innersten Teilnahme des Römers an dem Geschick dessen, der ihn so tief ergriffen hat» (Olshausen), oder auch von seinem «abschätzigen Mitleiden» (W. Bauer), oder als wolle es Jesus hinstellen als Einen, der «den Einen lächerlich, den Anderen ungefährlich» sei (Th. Zahn). Es schildert freilich die Reaktion des Pilatus auf die Erscheinung Jesu in jenem Fastnachtsaufzug unmittelbar nach seiner Geißelung: «die Dornenkrone und den Purpurmantel tragend.» Aber nicht von seinen unwichtigen Empfindungen angesichts dieser Erscheinung, sondern von deren theologischem Geheimnis läßt ihn der Evangelist in diesem Wort reden. Nach Joh. 19, 14 wird derselbe Pilatus, endlich dazu entschlossen, Jesus zu «überliefern», in ganz ähnlicher Formulierung von ihm sagen: ἴδε ὁ βασιλεὺς ὑμῶν. Die beiden Worte gehören, wie Bengel richtig bemerkt hat, zusammen. Pilatus ist nicht nur nach der johanneischen, sondern auch nach der synoptischen Tradition der ungerechte menschliche Richter, der nun doch gerade als solcher das höchst gerechte Urteil Gottes über Jesus vollstrecken muß. Joh. 19, 11: «Du hättest keine Macht über mich, wenn es dir nicht von oben gegeben wäre (sie zu haben).» So ist er nach dem schönen Wort von Hamann der *executor Novi Testamenti*. In dieser ihm von oben gegebenen ἐξουσία, prophetisch wie Bileam, spricht er nun auch jene beiden Worte, die zusammengenommen eine förmliche Definition der Person des vor ihm Angeklagten und von ihm Verurteilten bilden: er ist der Mensch, er ist der König Israels. Die beiden Worte sind aber nicht etwa zwei verschiedene Teile dieser Definition, sondern sie sagen in verschiedener Weise und eines in Erklärung des anderen beide das Ganze. «Der Mensch» von v 5 ist ja eben der Fastnachtskönig, den die Soldaten — auch sie nicht wissend, was sie taten, auch sie gewissermaßen weissagend — aus Jesus gemacht haben. Und «euer König» von v 11 ist ja eben — dank des ungerecht gerechten Urteils des Pilatus — der Mensch, der jetzt der Überlieferung zum Tode verfallen ist. So interpretiert Schlatter das *Ecce homo* v 5 richtig: «Hier war wirklich der Mensch von Gott gekrönt worden mit der Herrschaft, deren Macht in der Wahrheit steht.»

Wie prägnant und solenn der Begriff ἄνθρωπος auch an anderen Stellen des neutestamentlichen Zeugnisses verwendet werden konnte, zeigt 1. Tim. 2, 5, wo der eine Mittler zwischen Gott und den Menschen nicht etwa als θεάνθρωπος, aber offenbar gleichwertig damit als der ἄνθρωπος Χριστὸς Ἰησοῦς bezeichnet wird. So ist schwer abzusehen, wie der Begriff Joh. 19, 5 etwas Anderes sagen sollte als der in den Synoptikern rund 70, bei Johannes 12mal und zerstreut auch im übrigen Neuen Testament vorkommende Begriff des υἱὸς τοῦ ἀνθρώπου in seinem Verhältnis zu υἱὸς τοῦ θεοῦ. Auch diese beiden Begriffe verhalten sich ja nicht gegensätzlich und ausschließend, sondern geben unter verschiedenen Gesichtspunkten eine und dieselbe Definition. Beide sind Messiastitel, beide bezeichnen Jesus als das kommende Reich Gottes in Person. «Menschensohn» ist in den Evangelien immer Selbstbezeichnung Jesu. Ob die unter Verwendung dieses Namens gemachten Aussagen auf seine Erniedrigung in seinem Leiden und Sterben oder auf seine Erhöhung in seiner Auferstehung und Wiederkunft zielen, macht für den Sinn dieses Namens keinen Unterschied aus. Der Name als solcher meint den Gottessohn: den Gottessohn nämlich, der als solcher Mensch geworden ist und eben als Mensch sich als Gottessohn betätigt und erwiesen hat. Er geht zweifellos auf das Alte Testament zurück. «Menschensohn» ist im Buch Hesekiel die ständige Anrede Gottes an den Propheten. Aber ist sie wirklich nur der «betonte Ausdruck des unendlichen Abstandes zwischen der Hoheit Gottes und der irdischen Niedrigkeit des Propheten» (so H. Schmidt)? Warum nicht folgerichtig eben darum — indem dieser Niedrige der Anrede und des Auftrags des Höchsten gewürdigt wird — auch der Ausdruck seiner überschwenglichen Auszeichnung? Ganz sicher in diese Richtung weist jedenfalls die berühmte Stelle Dan. 7, 13 f. «Sohn des Menschen» heißt: der als menschlicher Sohn seinem menschlichen Vater Entsprechende, der menschlicher Art Teilhaftige. Der Menschensohn steht Dan. 7 im Gegensatz zu den tierhaften Vertretern der seinem Reiche vorangehenden vier Weltreiche. Aber indem er der Menschensohn ist, steht er vor dem «Hochbetagten» als der Besieger und Richter dieser vier Tiere, mehr noch: ist «seine Macht eine ewige Macht, die nicht vergeht, und sein Reich ein ewiges Reich, das unzerstörbar ist», ist er selber König im Gottesreich, die Personifikation des Gottesreiches. Man wird hier sehr wohl an Phil. 2, 7 denken dürfen, wo Paulus vom Christus Jesus sagt, er sei, indem er sich selbst erniedrigte, in «Menschengleichheit» (ἐν ὁμοιώματι ἀνθρώπων) erschienen, in seiner Gestalt als Mensch erfunden und sichtbar geworden und gehorsam gewesen, um gerade deshalb und so von Gott erhöht und mit dem Namen, der über alle Namen ist, bekleidet zu werden. Ob es sich bei dem Dan. 7 dargestellten Sieg und Gericht des Menschensohns über die Weltreiche um einen original alttestamentlichen, etwa aus dem Komplex des eschatologisch interpretierten Thronbesteigungsfestes zu erklärenden Gedanken handelt? Oder ob man hier — es gibt Stellen im Buch Henoch, die darauf hinweisen — mit dem Einfluß der iranischen Idee des dereinst als Weltenkönig wiederkehrenden Urmenschen zu rechnen hat? Wir können das hier dahingestellt sein lassen. Und ob man unter dem triumphierenden Menschensohn individuell den Messias Israels oder kollektiv das erwählte Volk Israel als solches oder, was nach antikem Denken durchaus möglich ist, jenes Individuum und dieses Kollektiv zugleich zu verstehen hat? Wir brauchen auch darüber hier nicht zu entscheiden. Der danielische Menschensohn ist einerseits so oder so — vom iranischen Mythus wie vom Alten Testament her verstanden — eine mit allen Merkmalen des allmächtig handelnden Gottes ausgestattete Gestalt: die Gestalt des siegreich in die zerrüttete Welt kommenden Gottesreiches. «Siehe da, euer König!» Und er ist andererseits so oder so — individuell oder kollektiv verstanden — eine menschliche Gestalt, und zwar nicht die irgend eines Menschen, nicht die Gestalt der Menschheit und auch nicht die Gestalt eines Idealmenschen, sondern eine konkrete, israelitische, eine anderen konkreten, weltgeschichtlichen Gestalten gleichförmig, wenn auch höchst überlegen gegenübergestellte Menschengestalt. Ihnen gleichförmig, weil ja auch jene anderen weltgeschichtlichen Gestalten menschliche Reiche sind: die Reiche der Babylonier, der Meder, der Perser, der Griechen. Aber

2. Der Mensch als Gegenstand theologischer Erkenntnis 53

ihnen gegenüber in höchster Überlegenheit, weil sie im Verhältnis zum Reich des israelitischen Menschen doch nur als Tierreiche erscheinen können: ihre Repräsentanten: der Löwencherub, der Bär, der Panther, der Leviathan! Von jenem aber gilt prägnant: «Siehe da, der Mensch!»

Und nun ist es diese Gestalt — Gottes Gestalt und konkrete, israelitische Menschengestalt zugleich — der Jesus sich nach den Evangelien immer wieder gleichgesetzt hat: im Blick auf seine Erhöhung ebenso wie im Blick auf seine Erniedrigung. Der in Beidem Einer und Derselbe ist, der Mächtige in seiner Ohnmacht, der Ohnmächtige in seiner Macht, Gott für den Menschen dahingegeben in dessen Elend, der Mensch von Gott aufgenommen in seine Herrlichkeit — dieser ist der Menschensohn, der eben darum und als solcher auch Gottessohn ist, dieser ist der Mensch. Jesus ist der Mensch, weil Gott in ihm an des Menschen Stelle tritt, der Mensch an Gottes Stelle. Es kann darum gerade von den Evangelien her unmöglich als gesucht und erzwungen bezeichnet werden, wenn der «Mensch» und der «Menschensohn» von Ps. 8. 5 f. von Paulus (1. Kor. 15, 27) und vom Autor des Hebräerbriefes (2, 5 f.) ohne weiteres mit Jesus gleichgesetzt wird. Wie soll schließlich die Vermutung zu widerlegen sein, daß schon «der Mensch» und «Menschensohn» von Ps. 8 in irgend einer Analogie zu jener triumphierenden Menschengestalt von Dan. 7 zu verstehen sein könnte? Es würde dann jedenfalls genuin verständlich, warum und in welchem Sinn er im Psalm der übrigen irdischen Kreatur und im Hebräerbrief sogar den Engeln des Himmels so überlegen gegenübergestellt wird. Und der Autor des Hebräerbriefes hätte dann doch nur dieselbe Linie ausgezogen, die die Evangelien damit angedeutet haben, daß sie Jesus dauernd die Formel vom υἱὸς τοῦ ἀνθρώπου in den Mund gelegt haben. Er hat mit seiner Gleichung jedenfalls nichts Anderes gesagt als Paulus mit seiner Zusammenschau Jesu Christi mit Adam, als des zweiten mit dem ersten, als des himmlischen mit dem irdischen, als des pneumatischen mit dem leiblich-seelischen Menschen (1. Kor. 15, 21—22., 45—49, Röm. 5, 12—21). Das ist sicher, daß in der ganzen paulinischen Christus-Adam-Parallele Christus der ist, der eben das menschliche Wesen, das sich in Adams Sünde verwirkt hat, verwirklicht: Ist es in Adam dem Tod verfallen, so wird es in Christus lebendig gemacht (1. Kor. 15, 21—22). So ist Christus auch bei Paulus der Mensch, nicht im Gegensatz dazu, daß er ihn anderwärts den Sohn Gottes nennt, sondern darum der Mensch, weil er der Sohn Gottes ist, und als Gottes Sohn sich betätigend und erweisend, indem er der Mensch ist.

Man darf danach sagen, daß gerade der Begriff «Mensch», wenn er im Neuen Testament auf Jesus angewendet wird, den Begriff Gottes, nämlich des handelnden Gottes, des kommenden und hereinbrechenden Gottesreiches in sich schließt. Dieser Mensch, dieser Mensch aus dem Volk Israel, dieser Messias Israels, dieser Jesus von Nazareth, ist als solcher auch der Herr aller Herren, der König aller Könige, der sich seinem Geschöpf trotz dessen Sünde in Barmherzigkeit zugewendet hat, um es aus der Sünde und dem ihm folgenden Tode herauszureißen. Nur in seiner Anwendung auf Jesus hat der Begriff diesen Inhalt, diese Tragweite. Ich brauche nicht zu beweisen, wie er sonst dem Begriff Gottes gerade entgegengesetzt ist und also in ganz andere Richtung weist. In seiner Anwendung auf Jesus aber hat er diese Füllung und Richtung. Hat er sie aber hier, dann darf das bei der Frage nach dem Wesen des Menschen nicht so beharrlich übersehen werden, wie es in der theologischen Anthropologie immer wieder geschehen ist. Der zeigende Finger des Pilatus darf dann in der Lehre vom Menschen so wenig übersehen werden wie der zeigende Finger Johannes des Täufers in der Lehre von der Versöhnung. Sein *Ecce homo!* verlangt dann vielmehr unsere volle Aufmerksamkeit. Denn wenn der Begriff des Menschen in seiner Anwendung auf Jesus diese Füllung und Richtung hat, wenn er hier mit dem Begriff Gottes in dieser direkten Beziehung steht, dann bedeutet das, daß er in dieser Anwendung der Begriff der Wahrheit vom Menschen, der wahre Begriff des Menschen ist: der Begriff des Menschen, dem kein anderer selbständig oder gar überlegen gegenüberstehen kann, dem vielmehr alle anderen unterzuordnen, an dem alle anderen zu messen sind. Es ergibt sich dann zwangsläufig die Forderung, daß die Anthropologie auf die Christologie zu begründen ist und nicht etwa umgekehrt. Die Neuerung, zu der wir uns hier entschließen und bekennen müssen, besteht schlicht darin, daß wir dieser Forderung Raum geben, **daß wir also bei der Entfaltung der Lehre vom Menschen Punkt für Punkt zunächst auf das Wesen des Menschen blicken müssen, wie es uns in der Person des Menschen Jesus entgegentritt, um dann erst und von da aus — immer von jenem hellen Ort her fragend und antwortend — auf das Wesen des Menschen zu blicken, wie es das Wesen jedes Menschen, aller anderen Menschen ist.**

Die ganze Problematik dieser Begründung der Anthropologie auf die Christologie muß nun zum Schluß entfaltet, der Weg zu ihrer Überwindung zunächst grundsätzlich und allgemein aufgezeigt werden.

Es ist zunächst klar, daß es sich um eine direkte Gleichsetzung des menschlichen Wesens, wie es das unsrige, mit dem, wie es das menschliche Wesen Jesu ist und also um ein direktes Ablesen der Anthropologie aus der Christologie nicht handeln kann. Die Analyse des Menschen hier und dort führt uns auch und gerade, wenn sie vom Worte Gottes her unternommen wird, zweifellos zu ganz verschiedenen, ja entgegengesetzten Ergebnissen. Wir bezeichnen diese hier nur in ihren allgemeinsten Umrissen. Das menschliche Wesen, wie es in uns ist, ist und bleibt eine diskutable Größe, die menschliche Situation, so wie wir sie als die unsrige erleben und erkennen, eine dialektische. Wir existieren nämlich in Gegensätzen, über die wir nicht hinauszukommen und auch nicht hinauszuschauen vermögend sind. Wir tragen verschiedene Gesichter, von denen wir keines ganz verleugnen, ganz abstreifen können. Wir leben in keiner Einheit. Wir suchen sie wohl. Die verschiedenen Theorien vom Menschen sind des Zeuge. Aber wir suchen sie nur. Alle Theorien vom Menschen sind einseitig, müssen gewissen anderen Theorien widersprechen und sich ihrerseits von ihnen widersprechen lassen. Es gibt keine unangefochtene, keine letztlich gewisse Theorie vom Menschen. Es gibt im Grunde nur ein theoretisches Fragen nach dem wirklichen Menschen, wie es ja auch praktisch immer nur ein Streben nach wirklicher Menschlichkeit gibt. Das Letzte ist immer die Unruhe — und nun doch nicht die echte, reine, offene, sondern die durch irgend eine gewaltsam durchgeführte Interpretation, durch irgend eine zum Dogma erhobene Sicht des Menschen, durch irgend eine in solchem Dogma begründete Entschuldigung und Rechtfertigung seiner Existenz gedämpfte Unruhe, oder auch noch einfacher: eine Unruhe, die durch bewußte Resignation oder durch Gedankenlosigkeit unschädlich gemacht ist. Das Letzte, was das menschliche Wesen in uns ist, ist, wie wir im Einzelnen immer wieder sehen werden, des Menschen Selbstwiderspruch und die bewußte oder unbewußte Selbsttäuschung, in der er diesen Selbstwiderspruch nicht einmal wahr haben will. Wogegen vom Wesen des Menschen, wie es in Jesus ist, zunächst jedenfalls das zu sagen ist, daß in ihm gerade dagegen: gegen unseren Selbstwiderspruch und gegen unsere ihn verdeckende Selbsttäuschung wirksamer Protest eingelegt wird. Protest damit, daß die Gegensätze, in denen wir existieren, in ihm keine Gegensätze sind, eines Strebens nach ihrer Überwindung also nicht bedürfen, womit denn auch alle Illusionen über den Erfolg dieses Strebens in ihm gegenstandslos gemacht sind. Und wirksam darum, weil es uns die Dialektik unserer Situation und die Aussichtslosigkeit unserer Illusionen damit aufzeigt, daß es sie charakterisiert als die Sünde, die uns in ihm, in diesem Menschen, nicht angerechnet, sondern vergeben, die in ihm von uns weggenommen, durch ihn erledigt, beseitigt und abgeschafft ist, als der böse Kreislauf, der, in ihm abgeschlossen, hinter uns liegt, so daß wir uns von rechtswegen nicht mehr in ihm bewegen können. Das menschliche Wesen Jesu erspart und verbietet uns das unsrige. So ist es unsere Rechtfertigung. Und gerade, indem es das ist, ist es das Gericht über unser menschliches Wesen und eben damit auch die Offenbarung der völligen Unmöglichkeit, dieses unsererseits zu erklären, zu entschuldigen, zu rechtfertigen, die Offenbarung des Endes der Illusionen oder der Gedankenlosigkeit, in der wir uns darin behaupten möchten, und so der Anfang der echten, der reinen, der offenen Unruhe über unser menschliches Wesen. Es ist nach diesen Andeutungen klar, daß wir uns hier und dort, wenn wir auf Jesus und wenn wir auf uns selbst, auf den Menschen im Allgemeinen, blicken, zunächst in ganz verschiedenen Räumen befinden.

Aber daß sie verschieden sind, ist nicht das Letzte, was von diesen beiden Räumen zu sagen ist. Gerade auf Jesus kann man ja nicht wirklich blicken, ohne — gewissermaßen durch ihn hindurch — auch uns selbst zu erblicken. In Ihm ist der Friede und die Klarheit, die in uns nicht sind. In ihm ist die von Gott geschaffene menschliche Natur ohne den Selbstwiderspruch, an dem sie in uns leidet, und ohne die Selbsttäuschung, in der wir uns dieser unserer Schande zu entziehen suchen. In ihm ist das menschliche Wesen ohne die menschliche Sünde. Denn indem er, der Sohn Gottes, Mensch, indem also unsere Natur die seinige wird, wird sie, die zerrissene, geheilt, sie, die unreine, rein, sie, die gefangene, frei. Denn er wird wohl, was wir sind, aber er tut nicht, was wir tun, und so ist er nun doch nicht, was wir sind. Er ist Mensch wie wir, aber ohne Sünder zu sein, vielmehr der Mensch, der seiner Erschaffung und Erwählung durch Gott Ehre macht, der Mensch, der den Bund der Gnade nicht bricht, sondern hält. Auf ihm ruht Gottes Wohlgefallen. Und eben von daher hat er Macht, Sünde zu vergeben. Was Gott bei uns nicht findet, das findet er bei ihm in Fülle, reich genug, um für alles das, was uns Allen fehlt, aufzukommen.

So ist das menschliche Wesen in Jesus der Sinn, das Recht und der Grund der Barmherzigkeit, in der Gott unserem menschlichen Wesen zugewendet ist. Gott ist auch in seiner Barmherzigkeit nicht willkürlich. Seine Heiligkeit, seine Treue gegen sich selbst, gegen seinen Schöpferwillen, gegen die verpflichtende Ordnung des Gnadenbundes, leidet keinen Abbruch, indem er uns gnädig ist. Er ist auch vor sich selbst gerechtfertigt, wenn er uns, die sündigen Menschen, rechtfertigt. Denn er tut das um Jesu willen, d. h. im Blick auf das menschliche Wesen, wie es in Jesus ist. Er findet es hier ohne Klage. Darauf beruht unser Freispruch, darauf der Fortbestand des von uns gebrochenen Bundes. Gott sieht nicht darauf, wie wir ihn brechen, sondern darauf, wie Jesus ihn hält. Und eben danach richtet sich sein Urteil über uns. Eben indem es sich danach richtet, ist er uns ein gnädiger — aber eben: ein auch in seiner Gnade höchst gerechter — Richter. Unsere Sünde bleibt dabei nicht übersehen, nicht unerledigt, nicht ungesühnt. Eben darin besteht ja die Sündlosigkeit, die Reinheit und Freiheit des menschlichen Wesens in Jesus, daß gerade er sich, mit der ihm selbst fremden, mit unserer Sünde beladen, an unserer Seite verurteilen und verwerfen läßt. So wird die Sünde unseres menschlichen Wesens durch ihn nicht nur zugedeckt, sondern rechtmäßig ab- und beiseite getan. Aber eben so nun auch wirklich begraben und zugedeckt, so daß vor Gott und also in Wahrheit nur noch das reine, freie menschliche Wesen Jesu da ist als unser menschliches Wesen. Das ist die Beziehung und Verbindung zwischen jenen beiden so getrennten, so entfernten Räumen. Es bleibt die Reinheit und Freiheit, es bleibt der Friede und die Klarheit des menschlichen Wesens Jesu nicht sein Privileg, sondern dieses sein Privileg wird um seinetwillen auch das unsrige. Indem Gott um ihn weiß, weiß er in Wahrheit auch um uns. Er weiß, indem er um ihn weiß, um unser natürliches Wesen, gegen das keine Klage bestehen kann, weil er es geschaffen hat. Kraft unseres Freispruchs von unserer Sünde, der in Jesus erfolgt, und zwar als gültiger Rechtsspruch erfolgt ist, dürfen wir rechnen mit diesem unserem natürlichen Wesen, mit seiner Unschuld, mit der wir sonst wahrlich nicht rechnen dürfen. Dieser Freispruch und Rechtsspruch gibt uns den Mut und er zeigt uns den Weg, über den von Gott geschaffenen Menschen als solchen nachzudenken. Er ist der eigentliche Grund der theologischen Anthropologie.

Es gibt freilich ein wirkliches und bleibendes Privileg Jesu, das auch durch diesen Freispruch und Rechtsspruch nicht aufgehoben wird. Wir würden nicht gut tun, seiner hier zu vergessen. Es erinnert uns an die Reserve, die uns geboten ist, wenn wir es nun wirklich wagen wollten, auf Grund jenes Freispruchs und Rechtsspruchs über den von Gott geschaffenen Menschen als solchen nachzudenken. Denn wenn uns dieser Freispruch und Rechtsspruch erlaubt und gebietet, in dem menschlichen Wesen, wie es in Jesus ist, auch unser eigenes zu erkennen, so werden wir doch nicht verkennen können, wie ganz anders es das seinige und das unsrige ist. Es ist nämlich das seinige auf Grund eines Verhältnisses zwischen ihm und Gott, wie es zwischen uns und Gott nie bestanden hat und nie bestehen wird. Er allein ist der Menschensohn und der Gottessohn. Unsere Gemeinschaft mit Gott beruht darauf, daß er und er allein mit Gott Einer ist: selber der handelnde Gott, in seiner Person selber das Gottesreich. Er allein ist zuerst und eigentlich erwählt: erwählt als das Haupt und der Herr aller Erwählten. Wir sind, wenn auch wir erwählt sind, nur die Glieder an seinem Leibe. Er allein ist begnadet und gnädig zugleich. Wir können immer nur Begnadete sein. Er allein kann Sünden vergeben. Wir können um Vergebung nur bitten, wir können sie nur als in ihm begründet empfangen und als von ihm empfangen weitergeben. Er allein hat den Geist von Gott unmittelbar, ist die Quelle seines Heiligen Geistes. Wir können ihn nur haben aus seiner Fülle. Und so ist er allein im eigentlichen, ursprünglichen Sinn Gottes Stellvertreter, Werkzeug, Beauftragter, Bevollmächtigter inmitten der Geschöpfwelt; so ist er allein Offenbarer, Versöhner, Herrscher: Prophet, Priester und König. Wir können ihm in diesem unmittelbar nur ihm zukommenden Amt nur nachfolgend und dienend beistehen, in keiner Würde und Fähigkeit, die nicht die seinigen wären, deren Ehre nicht allein ihm zukäme. So ist er allein das Wort Gottes. Wir können es nur hören; was wir sagen, kann immer nur eine das Wort Gottes umschreibende Verheißung und Mahnung sein. So kann er allein für Gott vor den Menschen, für die Menschen vor Gott einstehen. Wir können nur daraufhin für Gott und für die Menschen sein, weil er es ist. Weil er der Grund ist, können wir bauen. Weil er gekommen, gestorben und auferstanden ist und wiederkommen wird, darum gibt es Israel, gibt es Kirche, gibt es eine Hoffnung für alle Menschen, für die ganze Kreatur. Das Alles sind unumkehrbare Verhältnisse. Er ist uns in dem Allem ein für allemal voraus: nicht in seinem Menschsein als solchem, denn eben darin macht er uns ja sich selbst gleich, aber darin, wie er — von seinem einzigartigen Gottesverhältnis her — Mensch ist: eben darin, daß wir seines Menschseins bedürfen, um ihm als Menschen gleich zu sein. Er hat es unmittelbar von Gott her, in jener Reinheit und Freiheit, in jenem Frieden und in jener Klarheit Mensch zu sein. Wir haben es mittelbar von ihm her: auf Grund des Freispruchs und Rechtspruchs, unter den wir um seinetwillen gestellt sind. Dürfen wir von diesem Gebrauch machen und also Gottes Knechte, Freunde und Kinder sein, dann um seinetwillen, als seine nachgeborenen Brüder, dann also gerade auf Grund jener Ungleichheit zwischen ihm und uns, dann gewissermaßen immer im Besitz und Genuß einer Leihgabe. Ohne ihn wären wir nicht, was wir sind. Wir werden, was wir sind, immer wieder in ihm suchen, von ihm empfangen müssen. Unsere menschliche Natur beruht auf seiner Gnade: auf der uns in seiner menschlichen Natur zugewendeten Gottesgnade. So ist sie wirklich, indem sie die seinige und die unsrige ist, ganz anders die seinige als sie die unsrige ist.

Wir werden vor allem hervorheben müssen: Sie ist auf Grund seines unvergleichlichen Verhältnisses zu Gott zuerst die seine und dann und daraufhin erst die unsere. Sie ist urbildlich in ihm, sie ist nur abbildlich auch in uns verwirklicht. Jesus ist der Mensch, wie Gott ihn wollte und schuf. Was das wirkliche menschliche Wesen in uns ist, das ist es unter Voraussetzung dessen, was es in ihm ist. Daß das von Gott geschaffene natürliche Wesen des Menschen nachträglich durch unsere eigene sündige Verkehrung verhüllt ist, ist ein geringeres Geheimnis verglichen mit dem größeren, daß es ursprünglich in Jesus verborgen, daß es gar nicht zuerst unser, sondern zuerst sein Wesen ist. Was der Mensch ist, das ist beschlossen in Gottes unmittelbarer Gegenwart und Aktion in diesem Menschen, in seiner ewigen Erwählung und in dem dieser seiner Erwählung entsprechenden Werk seines Lebens, Sterbens und Auferstehens. Dort und damals — nämlich in der Ewigkeit jenes göttlichen Ratschlusses, der der Sinn und Grund der ganzen Schöpfung ist, und noch einmal dort und damals — nämlich in jenem in der Mitte der Zeit geschehenen Werk seines Lebens fiel die Entscheidung darüber, wer und was der wirkliche Mensch ist. Dort und damals ist seine Konstitution entworfen und ein für allemal besiegelt worden. Eben darum kann sie in keinem Menschen eine andere sein. Denn ihrer Vorbildlichkeit kann sich keiner entziehen. Wir haben also nicht etwa nur unser virtuelles und aktuelles Verhältnis zu Gott, wir haben auch unsere menschliche Natur als solche ganz und gar von Jesus her. Denn er ist der, der als Grund und Ziel des dem Menschen zugedachten Gnadenbundes auch der Grund und das Ziel seiner Erschaffung ist: der Mensch, wie Gott ihn wollte, als er sein Schöpfer wurde, und wie er ihn will, indem er nicht aufhört, ihm auch als Schöpfer tätig zugewandt zu bleiben. Wir sind der menschlichen Natur teilhaftig, weil und indem Jesus ihrer zuerst teilhaftig ist. Eben darum ist sie unsere Natur, ist sie uns unverlierbar und unveränderlich zu eigen, kann sie durch des Menschen Sünde zwar verstört und verkehrt, aber in aller Zerstörung und Verkehrung nicht aufgehoben und vernichtet werden, kann und muß sie der Sünde zum Trotz und durch die Hülle der Sünde hindurch als unsere eigene Natur erkannt werden. In Jesus ist das erste und das letzte Wort über uns gesprochen: das letzte mit der ganzen Kraft des ersten. Es kann eben kein Mensch, indem er in seinem Verhältnis zu Gott zum Sünder, indem er damit zum Zerstörer und Verkehrer seines eigenen menschlichen Wesens wird, das rückgängig machen, was in Jesus ohne sein Zutun hinsichtlich seines menschlichen Wesens geregelt ist. Er kann mit seinem Abfall seinen Schöpfer und sein eigenes geschöpfliches Wesen verleugnen. Es zur Lüge zu machen, ist er unvermögend. Was er ist, darüber ist anderweitig so entschieden, daß er nicht daran rütteln kann. Und wenn ihm nun Jesus seine Sünde vergibt, sein verdorbenes Verhältnis zu Gott wieder herstellt, so heißt das, daß er sich als Herr zu dem bekennt, was ihm ursprünglich gehört, daß er sich wieder nimmt, was ihm nie verloren war. Er stellt damit auch im menschlichen Wesen nur wieder her, was ursprünglich ihm entspricht, ihm gleichförmig ist, was in ihm selbst konstituiert ist. Er hat die Freiheit und die Macht dazu. Er braucht sie nur anzuwenden. Und eben das tut er, indem er sich zu unserem Heiland macht. Es ist die Freiheit und die Macht des Schöpfers, in der er auch unser Heiland ist. Es ist sein Eigentum, sein eigenes Haus, in welchem er als solcher Ordnung schafft. Damit ist nun freilich auch dies gegeben und gesagt, daß wir des wirklichen Wesens des Menschen nur darum teilhaftig sind, weil er seiner zuerst teilhaftig ist, und daß unsere Anschauung dieses wirklichen Wesens des Menschen nur darin kräftig sein kann, daß wir es in ihm anschauen, daß wir als erstes Wort in dieser Sache nicht irgend einen anderen Logos vermeintlicher Menschlichkeit, sondern eben ihn hören und gelten lassen.

Daß die menschliche Natur anders die seinige, anders die unsrige ist, bedeutet zweitens, daß sie als die menschliche Natur Jesu nun eben nicht die durch die menschliche Sünde verkehrte und verdorbene und so in ihrer Wirklichkeit verborgene, sondern die in ihrer ursprünglichen Gestalt **erhaltene und bewahrte** menschliche Natur ist. Der zweite, hier zu beachtende Unterschied besteht also in Jesu Sündlosigkeit. Man kann auch sie nur von seinem ihm und ihm allein vorbehaltenen Verhältnis zu Gott her verstehen. Sie besteht also nicht in einer besonderen Beschaffenheit seines menschlichen Wesens, durch die er der Sünde gewissermaßen physisch entrückt wäre. Ist sein Verhältnis zu Gott dem unsrigen von Haus aus und endgültig ungleich, so ist doch sein Menschsein als solches dem unsrigen gleich und also auch der Verkehrung und Zerstörung, der es in uns verfallen ist, nicht einfach unzugänglich. Er wurde ja auch versucht gleich wie wir. Was ihn und damit sein menschliches Wesen vor der Versuchung schützt, das ist nicht eine Besonderheit seiner Kreatürlichkeit als solcher, sondern die Besonderheit, in der er Kreatur ist. Er ist es als Gottes Sohn, als ihr Schöpfer und Herr also. Es ist Gottes ewige Barmherzigkeit, die in ihm menschliche Person ist: die Barmherzigkeit, in der Gott die Kreatur so wenig sich selbst überlassen will, daß er ihr nicht weniger als seine eigene, persönliche, unmittelbare Gegenwart und Aktion in ihrer Mitte, nicht weniger als sich selbst zuwenden will. Wir stehen wieder vor dem Grund und Ziel des göttlichen Gnadenbundes, der auch der Grund und das Ziel der Schöpfung ist. Es ist Gottes ewige Barmherzigkeit, die nun gerade in der versuchlichen menschlichen Natur nicht endigen, nicht erlöschen, sondern sich behaupten will: daß Gott die Welt also liebte, daß er seinen eingeborenen Sohn gab, und daß Jesus dieser der Welt gegebene Sohn Gottes ist — es ist dies, was ihn vor der Sünde und was seine menschliche Natur vor der Verkehrung bewahrt. Sie wäre dessen auch in ihm aus sich selbst heraus nicht vermögend. Sie könnte auch in der Person Jesu der Verkehrung verfallen, der sie in uns verfallen ist. Sie ist ja auch in seiner Person geschöpfliche und nicht schöpferische, nicht göttliche Natur und also von der Sünde nicht so ausgeschlossen, wie man das von der schöpferischen, der göttlichen Natur sagen muß. Das Neue Testament redet darum an verschiedenen Stellen sehr nachdrücklich von der Versuchlichkeit Jesu und von der ihm tatsächlich widerfahrenen Versuchung. Er konnte aber in der Versuchung darum nicht fallen und also nicht sündigen, weil er als Träger der menschlichen Natur ihr Herr, der in ihr handelnde Schöpfergott selber war. Er behauptete sich gegen die Versuchung in eben jener Freiheit und Macht, in der Gott als Schöpfer dem Chaos entgegentrat, das Licht von der Finsternis geschieden, sein Ja zum Wirklichen und eben damit sein endgültiges Nein zum Nicht-Wirklichen gesprochen hat. Daß Gott sich selbst, auch indem er Mensch wurde und gerade indem er Mensch wurde, treu blieb — treu seiner Barmherzigkeit seiner Kreatur gegenüber — das ist das Geheimnis der Sündlosigkeit Jesu und also der in ihm geschehenen Erhaltung und Bewahrung der menschlichen Natur. Er hat sie gerettet: sie, die sich selbst nicht retten konnte. Solche Errettung, Bewahrung und Erhaltung der von Gott geschaffenen Menschennatur gibt es also! So werden wir ihre Verkehrung und Zerstörung auf keinen Fall als ein naturnotwendiges Verhängnis verstehen können. Der Treue, in der uns Gott der Schöpfer barmherzig ist, ist die Sünde nicht gewachsen. Wenn und indem er selbst ins Mittel tritt, wird dieses Unmögliche, wie es sich gehört, unmöglich gemacht. Die gleiche Menschennatur, die auch die unsrige ist, kann unter der Voraussetzung, daß Gott für sie ins Mittel tritt, auch sündlos sein. In der Menschennatur Jesu ist diese Voraussetzung erfüllt. Wir können ihn nicht anschauen, ohne das gelten zu lassen. Wir können diese Voraussetzung freilich auch nicht gelten lassen, ohne gerade ihn anzuschauen. In unserer eigenen Menschennatur an sich und als solcher würden wir sie nicht wirksam finden. Wir könnten von ihr weder dies sagen: daß sie in irgend einem verborgenen Grunde sündlos sei, noch auch nur dies: daß sie irgendwie die Macht hätte, sündlos zu sein. Sündlosigkeit und die Macht dazu sind göttliche Eigenschaften. Sie sind in der Kreaturwelt allein das Werk, das in Jesus geschehen ist, das nur in ihm geschehen konnte, weil jene Voraussetzung in ihm und nur in ihm erfüllt ist.

Das Dritte, worin Jesus auf Grund seines einzigartigen Gottesverhältnisses das Gleiche ganz anders ist als wir, ist schlicht dies: daß uns die menschliche Natur in ihrer urbildlichen und ursprünglichen Gestalt in ihm nicht verborgen, sondern offenbar ist. Es liegt nicht in ihrem Wesen, uns verborgen zu sein, wie es auch nicht im Wesen Gottes liegt, uns verborgen zu sein. Das Wirkliche bedarf keiner Heimlichkeit und ist seiner auch nicht fähig. Wesentlich und also schlechthin verborgen ist uns also weder der Schöpfer noch das Geschöpf, sondern eigentlich nur das Böse, die von Gott verworfene und vom Licht geschiedene Finsternis. Die von Gott geschaffene menschliche Natur als solche ist nicht böse, kann uns darum auch nicht wesentlich schlechthin verborgen sein. Sie ist Gottes gutes Geschöpf und kann uns als solches offenbar werden. Nur in seiner Verkehrung und Zerstörung durch die Sünde wird das Geschöpf unkenntlich, seine Erkenntnis unmöglich. In uns ist das wirkliche Geschöpf allerdings unkenntlich. In uns kann es sich selbst nicht aussprechen. So wissen wir aus uns selbst allerdings nicht, was wir eigentlich sind. So tappen wir hinsichtlich unserer Selbsterkenntnis allerdings nicht weniger im Dunkeln als hinsichtlich unserer Gotteserkenntnis. Es muß aber nicht so sein. Wo Gott selbst im Geschöpf die Initiative ergreift — und das ist es, was in Jesus geschehen ist — da beginnt auch das Geschöpf wieder zu sprechen, da wird es uns offenbar, da wird es selbst Wort. Da redet der mit dem Geschöpf eins gewordene Schöpfer nicht nur von sich selbst, sondern auch von ihm und nach beiden Seiten die Wahrheit. So ist das fleischgewordene Wort Gottes, Jesus Christus, wirklich das wahre Wort von Gott und vom Menschen, auch von der Natur des Menschen. Es braucht schon Jesus dazu, damit diese erkennbar und erkannt werde. Wie sie zuerst in ihm und erst dann und daraufhin auch in uns wirklich ist, so kann sie auch nur durch ihn für uns wahr, d. h. offenbar und sichtbar werden. Durch ihn: Es geht nicht darum, daß wir ihn deuten, es geht darum, daß er sich selbst uns eröffnet und erklärt, daß er uns seine Natur selbst, d. h. durch sich selbst in sich selbst, zeige und darstelle als die unsrige, als unsere wahre Natur. Das heißt Offenbarung auch in dieser Sache: die Offenbarung Gottes, die als solche auch die Offenbarung des wirklichen Menschen ist. Sie ist auch als solche Gottes eigenes, durch kein anderes zu ersetzendes Tun. In Jesus ist dieses Tun Ereignis. Wir können ihm auch darin nicht zur Seite treten, ihm nicht zuvorkommen und nicht mit ihr konkurrieren wollen. Wir wissen durch ihn, was wir als Menschen eigentlich sind, oder wir wissen es überhaupt nicht. Unsere Selbsterkenntnis kann nur ein Akt der Nachfolge sein. Aber eben als Akt der Nachfolge kann sie wirkliche, begründete, gewisse Erkenntnis werden.

Das sind die Grenzen, die die theologische Anthropologie nicht überschreiten kann. Sie muß, indem sie nach dem Menschen im allgemeinen frägt, vom Menschen im Allgemeinen zunächst weg und auf den einen Menschen Jesus blicken, um erst von da aus wieder zum Menschen im Allgemeinen zurückzublicken. Indem sie sich an diese Grenzen hält, indem sie aber auch Gebrauch macht von der ihr innerhalb dieser Grenzen gebotenen Möglichkeit, unterscheidet sie sich von allen anderen Formen menschlichen Selbstverständnisses. Es ist ja — und das muß nun auch noch und ebenso stark hervorgehoben sein — bei aller Andersheit die gleiche Natur, derer wie Jesus, so auch wir teilhaftig sind. Ist sein Verhältnis zu Gott anders als das unsrige, ist von daher auch die menschliche Natur anders die seinige, als sie die unsrige ist, so ist sie doch hier wie dort dieselbe. Daß sie zuerst in ihm, daß sie in ihm erhalten und bewahrt, daß sie in ihm offenbar ist, dieser dreifache Unterschied bedeutet wohl einen anderen Stand, aber nicht eine andere Beschaffenheit seiner gegenüber unserer Natur. Alle Andersheit, die hier wahrzunehmen ist, hat ihren Grund darin, daß er als Mensch zugleich Gott, als Geschöpf zugleich der Schöpfer ist. Eine innere Andersheit seiner Menschlichkeit und Geschöpflichkeit ist dadurch nicht bedingt. Jesus ist kein Engel. Er ist kein Mittelwesen, kein Drittes zwischen Gott und Mensch. Er ist wahrer Gott und ebenso wahrer Mensch, wobei unter «wahr» nicht nur dies zu verstehen ist, daß er so Mensch ist wie Gott den Menschen geschaffen hat, sondern auch dies, daß er es so ist, wie wir alle es sind, so also, daß er uns als Mensch zugänglich und erkennbar ist: ohne besondere Fähigkeiten und Möglichkeiten, ohne Beimischung einer uns fremden Eigenschaft, ohne übernatürliche Ausstattung, die ihn für uns zu einem andersartigen Wesen machen müßte. Er ist so Mensch, daß er jedes anderen Menschen natürlicher Bruder sein kann. Und diese Gleichheit zwischen ihm und uns ist die andere Voraussetzung, die in ihm ebenso erfüllt und die hier ebenso zu beachten ist wie die erste, die wir als jene dreifache Ungleichheit beschrieben haben. Daß Jesus uns als Gott ganz ungleich, als Mensch ganz gleich ist, das miteinander ist das ganze Geheimnis seiner Person. Wäre hier nicht auch volle, strenge Gleichheit, dann fiele noch einmal alles dahin, was auf der anderen Seite nur vermöge jener Ungleichheit bestehen kann. Wäre die Erwählung des Menschen Jesus nicht die Erwählung eines auch in diesem Sinn wahren Menschen, wie könnten dann Andere sich in ihm erwählt finden und erkennen? Wie könnte er dann das Ziel und die Erfüllung des Bundes Gottes mit den Menschen, der Messias eines menschlichen Israel, der Herr einer menschlichen Kirche sein? Wie könnte dann das Wohlgefallen Gottes um seinetwillen auch auf anderen Menschen ruhen? Wie könnte er dann für uns eintreten vor Gott und für Gott vor uns? Wie könnte dann in ihm die Vergebung der Sünden geschehen, in ihm die Verheißung und das Gesetz eines neuen Lebens aufgerichtet sein? Wie könnten dann Menschen dazu kommen, an ihn zu glauben und sich im Glauben an ihn als Gottes Kinder, als Mitempfänger der in ihm erschienenen Gnade Gottes zu erkennen? Wir könnten dann nicht der Leib sein, dessen Haupt er ist. Wir wären ja dann Wesen einer ganz andern Ordnung: Wesen, zwischen denen und ihm keine Gemeinschaft bestünde. Es wäre dann natürlich auch das unmöglich, in ihm die Wirklichkeit des menschlichen Wesens zu erkennen. Es gäbe dann keine theologische Erkenntnis in dieser Sache — auch keine Erkenntnis der Beziehung Gottes zum Menschen freilich — weil auch die Beziehung

2. Der Mensch als Gegenstand theologischer Erkenntnis

zwischen Gott und dem Menschen uns ja dann verborgen wäre — und so letztlich überhaupt keine theologische Erkenntnis. Aber dieses «Dann» ist irreal.

Wir würden in der Lehre von der Sünde manichäisch oder marcionitisch und wir müßten vor allem in der Christologie doketisch denken, wenn wir der menschlichen Natur in uns eine andere Beschaffenheit als der in Jesus, der in Jesus eine andere als der in uns zuschreiben wollten. Und es hängt vielleicht gerade mit einem Stück Doketismus zusammen, den die Kirche trotz der formellen Abweisung dieses alten Irrtums heimlich noch immer nicht ganz los geworden ist, wenn uns die ganze Tragweite der in Jesus Christus geschehenen göttlichen Erwählung, der in ihm erfüllten Bundesstiftung, der in ihm vollbrachten Versöhnung noch so wenig eingeleuchtet hat, daß es uns neu und befremdlich erscheint, daß wir es in Jesus Christus nicht nur mit der Ordnung und Offenbarung der erlösenden Gnade Gottes des Schöpfers, sonders auch mit der Ordnung und Offenbarung des Geschöpfs und also auch mit der Wahrheit des Menschen zu tun haben sollen.

Die eine Voraussetzung steht hier so fest wie die andere: der Mensch Jesus ist mit uns, wir sind mit ihm ohne allen Vorbehalt eines Wesens. Das bedeutet aber: wir sind eingeladen und aufgefordert, von seiner menschlichen Natur auf die unsere zu schließen, uns selbst in ihm — in ihm aber auch wirklich uns selbst zu erkennen. Das Neue Testament redet, wenn es von Gottes Sohn redet, ohne Abzug und Zutat von einem Menschen wie wir es sind. Alles Außerordentliche, was es von diesen Menschen sagt, ist gerade von diesem Hintergrund her so radikal gemeint wie es gesagt ist, so unzugänglich gegen jede Abschwächung und Umdeutung in harmlosere Aussagen. Es weiß um die Gleichheit dieses Menschen mit allen anderen nicht weniger genau, als es um seine Ungleichheit ihnen allen gegenüber weiß. Wir werden seine Ungleichheit ihnen allen gegenüber keinen Augenblick aus den Augen verlieren. Gerade sie ist ja der Grund, daß auch seine Gleichheit mit ihnen allen wirklich — und gerade sie ist ja das Licht, in welchem uns diese Gleichheit sichtbar wird. Eben mit der von dorther begründeten und sichtbaren Gleichheit zwischen Jesus und uns machen wir aber ernst, wenn wir es nun versuchen, in allen Punkten unter Voraussetzung der für unsere Themafrage maßgeblichen Gültigkeit des Menschenbildes Jesu zum Verständnis des menschlichen Wesens als solchen und im Allgemeinen vorzustoßen.

§ 44

DER MENSCH ALS GOTTES GESCHÖPF

Das Sein des Menschen ist die Geschichte, in welcher eines von Gottes Geschöpfen, von Gott erwählt und aufgerufen, in seiner Selbstverantwortung vor ihm begriffen ist und in welcher es sich dazu als befähigt erweist.

1. JESUS, DER MENSCH FÜR GOTT

Wir fragen in diesem Paragraphen nach dem Umriß, nach der Gestalt unseres Gegenstandes, nach seinem Charakter, nach seinen Grenzen, nach dem Besonderen also, durch das er sich von anderen Gegenständen unterscheidet. In diesem zunächst umfassenden Sinn: nach dem Sein, dem Wesen, der Natur des Menschen. Wen oder was meinen wir, wenn wir «Mensch» sagen und damit bestimmt nicht Gott, sondern ein Geschöpf Gottes, aber unter allen Geschöpfen Gottes nun gerade dieses eine und kein anderes bezeichnen? Auf welche der vielen von Gott verschiedenen Wirklichkeiten blicken wir dann? Wir stellen diese Frage zunächst von außen: unter der Voraussetzung, daß es neben dem Menschen noch viele andere von Gott verschiedene Wirklichkeiten, noch viele andere Geschöpfe gibt. Wir blicken insofern noch einmal zurück auf den Anfang unserer Untersuchung, auf den Menschen im Kosmos. Wer und was ist inmitten des Kosmos gerade der Mensch? In der Fortsetzung werden wir ihn, sein Sein, sein Wesen, seine Natur auf Grund der hier zu machenden Feststellungen gewissermaßen von innen zu betrachten und zu erklären haben: des Menschen inneres Verhältnis zu Gott als dessen Gottebenbildlichkeit und in diesem Verhältnis seine Menschlichkeit als solche, den Menschen als Seele seines Leibes, den Menschen in seiner Zeit endlich. Es ist klar, daß wir alle diese Probleme schon hier wenigstens als solche im Auge haben müssen. Sie sollen uns aber hier noch nicht explizit beschäftigen. Wir fragen hier nach dem Problem selbst, das sich dann in allen jenen Problemen im Einzelnen entfalten wird. Wir fragen hier also erst nach dem Umriß, nach der Gestalt des Menschen.

Der Verzicht auf eine direkte Beantwortung der anthropologischen Frage und also die christologische Begründung der Anthropologie muß schon hier in Kraft treten.

Blicken wir mit der Frage nach dem Wesen des Menschen auf den Menschen Jesus, so wie er in der heiligen Schrift direkt oder indirekt bezeugt ist, so springt uns jedenfalls eine Antwort ganz unmittelbar entgegen: daß das Wesen des Menschen hier in seiner, d. h. in der durch ihn bestimmten Geschichte zu sehen und festzustellen ist, in seinem von ihm beschlossenen und durchgeführten kontinuierlichen Hindurchgehen durch eine Reihe von Zuständen, Aktionen und Widerfahrnissen, in der Wiederholung und Bestätigung seiner Identität in einer Reihe von aktiven Modifikationen seines Seins. Wer ist Jesus? Was ist sein menschliches Wesen? Die Aussagen, die die Schrift über ihn macht, die Prädikate, die sie ihm beilegt, die ganze Bedeutung, die sie ihm zuschreibt — das Alles bezieht sich so oder so auf sein unter bestimmten wechselnden Voraussetzungen sich selbst wiederholendes und betätigendes Dasein. Er ist laut dieser Aussagen schlechterdings der, der er, und das, was er in der Kontinuität dieser Geschichte ist.

«Er wurde uns zur Weisheit von Gott, zur Gerechtigkeit und Heiligung und Erlösung» schreibt Paulus 1. Kor. 1, 30 von Christus. Keiner von diesen Begriffen bezeichnet in seinem biblischen Verständnis eine Idee, jeder von ihnen redet von Geschichte. Es ist für denselben Sachverhalt bezeichnend, daß Jesus sich nach Joh. 14, 6 an erster und beherrschender Stelle «den Weg» — nicht den Anfang oder das Ziel des Weges, sondern den Weg selbst genannt hat. Aber auch die darauf folgenden und jene erste erklärenden Selbstbezeichnungen: «die Wahrheit» und «das Leben» weisen in dieselbe Richtung. Ἀλήθεια ist im Johannesevangelium keine in sich selbst ruhende, sondern die nach außen sich kundgebende, sich eröffnende, sich offenbarende Wahrheit und ζωή kein sich selbst genügendes, sondern das sich mitteilende, das vom Tod erlösende Leben. So zeigen auch die anderen johanneischen Stellen, in denen Jesus sich selbst als das Licht, als die Türe, als das Brot, als den Hirten, als den Weinstock, als die Auferstehung bezeichnet, auf lauter Vorgänge, auf ein in lauter Hervorgängen aus sich selbst begriffenes Wesen und das so, daß man zwischen diesem Wesen als solchem und diesen Hervorgängen unmöglich unterscheiden, jenes Wesen also unmöglich für sich, unmöglich neben oder hinter, sondern nur in dem Geschehen dieses Hervorgangs suchen und finden kann. Eduard Schweizer (EGO EIMI... 1939) hat gezeigt, wie der johanneische Jesus in diesen sog. Bildreden sich nicht etwa nur mit all dem Genannten verglichen, sondern sich selbst als das Objektive, das Eigentliche aller dieser Worte, als den allein rechtmäßigen Träger aller dieser Titel und Namen, als das wirkliche Subjekt aller dieser Prädikate im Gegensatz zu den irrigen Meinungen des natürlich frommen Menschen bezeichnet hat: wie sie alle als reine Selbstbezeugungen Jesu zu verstehen sind. Mit dieser Erkenntnis ist ernst zu machen: Wenn Jesus selbst auf sich selbst zeigt, dann zeigt er auf den Weg, der als solcher die Wahrheit und das Leben ist, auf das wahrhaftige Licht, auf die alleinige Türe, auf das himmlische Brot, auf den rechten Hirten. «Ich bin» heißt also in allen diesen Sätzen: Mein Sein, mein Wesen, meine Natur besteht in dem, was durch alle diese Worte, Begriffe, Titel, Namen und Prädikate bezeichnet wird: ich bin, indem ich in der durch sie angegebenen Weise existiere. Daß Er, er allein und kein Anderer das Subjekt dieser Prädikate ist, ist das Eine — daß diese Prädikate in ihm (in ihm allein «wahrhaftig» und «recht»!) ihre Vollkommenheit, ihre Eigentlichkeit haben, ist das Andere, was man in diesen Aussagen zu beachten hat; das Dritte aber — und das ist es, was uns hier beschäftigt — ist dies, daß er, daß eben, was er ist, in diesen Prädikaten ist. Er ist also — weil es sich in allen diesen Prädikaten um Akte, um eine unter verschiedenen Gesichtspunkten gesehene Geschichte handelt, das, was er in diesen seinen Akten, in dieser seiner Geschichte ist. Er ist selbst das in diesen Prädikaten beschriebene Geschehen. Er ist der, der «kommen soll», der «gekommen ist», der «kommen wird». Er ist, von woher man ihn auch sehe, dieser Kommende. Er steht also als Subjekt nicht irgendwo neben oder hinter diesem Kommen, sondern er ist Subjekt, indem dieses Kommen stattfindet; daß er Subjekt und was er als solches ist, kann schlechterdings nur im Blick auf dieses sein Kommen erkennbar und also nur durch den Hinweis auf dieses sein Kommen bekannt gemacht werden.

Jesus ist schlechterdings Träger eines A m t e s. Er ist also nicht Mensch und dann auch noch Träger dieses Amtes, so daß er das vielleicht auch nicht, so daß er vielleicht auch Träger eines ganz anderen Amtes sein könnte. Er ist vielmehr Mensch, indem er Träger dieses Amtes ist. Er i s t, indem er in dessen Vollstreckung, in der Ausübung von dessen Funktionen, in der Inanspruchnahme von dessen Vorrechten in der Erfüllung von dessen Verpflichtungen begriffen ist. Es gibt keine neutrale Menschlichkeit Jesu, in der er die Wahl hätte, das zu lassen, was er tut, oder an dessen Stelle etwas Anderes zu tun. Er i s t, indem er in einer bestimmten, und zwar immer in derselben Richtung t ä t i g ist.

Er ist immer im Werk (ἐργαζόμενος), auch am Sabbat, bestätigt er Joh. 5, 17 den ihn verklagenden Juden. Er muß es sein, solange es Tag ist (Joh. 9, 4). Das Neue Testament kennt in dieser Hinsicht kein «Noch nicht», kein «Nicht ganz» und kein «Nicht mehr». Es schweigt bekanntlich von den Luk. 3, 23 erwähnten «ungefähr 30 Jahren» des Lebens Jesu vor seinem Auftreten in Galiläa fast ganz. Auch die einzige Ausnahme, die Perikope Luk. 2, 41 f. vom Zwölfjährigen, der im Tempel zurückbleibt, um die Schriftgelehrten «anzuhören und zu befragen» (v 46), will sicher nicht sagen, daß er damals noch nicht der Messias, Prophet, Priester und König gewesen, seinen Lauf noch nicht begonnen, daß er sein Amt erst mit der Taufe am Jordan empfangen und angetreten habe. Mit dem Wort, daß er sein müsse in dem, was seines Vaters ist (v 49), sagt er schon dort etwas, was von seinen Eltern nicht verstanden wird (v 50), redet er schon dort von seiner Sendung. So will denn auch die Bemerkung v 51, daß Jesus in Nazareth seinen Eltern «untertan» gewesen sei, die Leser gewiß nicht dafür interessieren, daß er vor seinem Auftreten «der Zimmermann von Nazareth» gewesen sei. Wie er in sein Amt hineinwächst, sein προκόπτειν (v 52) beschreibt diese ganze Perikope, ohne damit in Frage zu stellen, daß er nach dem Anfang desselben Kapitels (v 11) als Σωτήρ, als Χριστός und Κύριος schon geboren ist. So kann er es denn nicht erst in der Taufe des Johannes werden. Von einem sichtbaren und hörbaren Offenbarwerden seines Amtes reden denn auch alle drei Berichte von seiner Taufe und nicht von seiner Einsetzung in dieses Amt und auch nicht von seiner Ausrüstung dazu. Auch daß der Geist dort «wie eine Taube» auf ihn herniederschwebt, heißt nicht, daß er ihn damals erst empfangen habe, sondern jedenfalls nach dem Kommentar Joh. 1, 33: «Auf wen du den Geist herabschweben und auf ihm bleiben siehst, der ist's, der mit dem Heiligen Geist tauft.» Und wenigstens Matth. 3, 14 steht ausdrücklich zu lesen, daß der Täufer ihn schon vor der Taufe erkannt habe und ihm darum die Taufe lieber verweigert hätte, und v 15: daß eben dies, daß Jesus sich mit allem Volk der Bußtaufe des Johannes unterzog, die «Erfüllung aller Gerechtigkeit» war, eine Vorwegnahme der Taufe, mit der er (Matth. 20, 22 f.) in der Dahingabe seines Lebens zur Erlösung der Vielen getauft werden sollte. Und irgend so etwas wie eine «Bekehrung» Jesu ist natürlich erst recht nicht im Blickfeld der Evangelien. Alles, was Jesus außerhalb seines Amtes, was er abgesehen von dessen Ausübung gewesen sein konnte, liegt nicht in ihrem Blickfeld. Das merkwürdige Wort des Paulus 2. Kor. 5, 16: «Wenn wir auch Christus nach dem Fleische gekannt haben, so kennen wir ihn doch jetzt nicht mehr», könnte doch auch im Namen aller vier Evangelisten gesprochen sein. Es kann ja auch im Munde des Paulus sicher nicht besagen: wir bekümmern uns jetzt nicht mehr darum, daß Jesus bekanntlich Mensch gewesen ist. Wie hätte sich auch Paulus

1. Jesus, der Mensch für Gott

an dem doch auch nach ihm als Mensch gekreuzigten und auferstandenen Christus desinteressieren können? Es waren aber allerdings auch die vier Evangelisten gänzlich uninteressiert an allem, was dieser Mensch außerhalb seines Christusamtes und also abgesehen von dessen Vollstreckung gewesen sein und getan haben mochte. Hatten sie diesen Menschen in dieser Hinsicht («nach dem Fleische») gekannt, so kannten sie ihn doch jetzt nicht mehr. Sie kannten ihn nach dem, was sie laut ihres Zeugnisses von ihm wußten, nur in jener ganz anderen Hinsicht, nur in und nicht außer, nicht hinter und nicht neben seinem Werke. Auch wenn sie von ihm berichten, daß er gehungert und gedürstet, daß er gegessen und getrunken, daß er müde geworden sei und geruht und geschlafen habe, daß er geliebt, getrauert, gezürnt und sogar geweint habe, berühren sie Begleitumstände, in denen doch nirgends so etwas wie eine ihrem Werk gegenüber selbständige Persönlichkeit mit gewissen ihr eigentümlichen Anliegen, Neigungen und Affekten sichtbar wurde. Wir sehen uns nirgends aufgefordert, aus solchen Zügen ein leibliches oder auch ein Charakterbild Jesu zusammenzustellen. Diese Züge begleiten und schildern, wo es nötig ist, sein Werk, und eben in diesem und nicht in jenen — oder in jenen nur, weil sie Züge an seinem Werk sind — wird er selbst erkennbar, ist er für die Evangelisten wirklich dieser Mensch. Und so würde es erst recht lauter Eintragung bedeuten, wenn man etwa daraus, daß Jesus versucht wurde, daß er gebetet, daß er besonders im Gebet von Gethsemane seinen Gehorsam gegen den Willen des Vaters zwar nicht in Frage gestellt, sondern vorausgesetzt, aber doch auch neu bestätigt hat, darauf schließen wollte: hier hätten die Evangelisten auf eine Art Unterbrechungen seines Werkes hinweisen wollen, die dann erst wieder überwunden werden mußten. Auch der versuchte, auch der betende Jesus — gerade er und er erst recht — ist der in seinem Amt und in seinem Werk stehende Jesus. Dieses Werk steht nicht still. Diese Geschichte bricht nicht ab, wie sie auch nicht irgendwo außerhalb anfangen oder endigen kann. Auch die Zunamen Χριστός und Κύριος, die das Neue Testament diesem Menschen am meisten gibt, sagen, wer er ist, indem sie erzählen, was er tat. Was als einziges geschichtsloses Element übrig zu bleiben scheint, ist der Eigenname Ἰησοῦς. Der aber entspricht dem alttestamentlichen «Josua», d. h. «Jahve rettet». Er erzählt also erst recht: eine passende Überschrift über dieses Ganze.

Es wäre über die Maßen töricht, aus diesem Sachverhalt doketische Konsequenzen zu ziehen: als wäre dieser Jesus, dessen Wesen ganz in seinem Werk, ganz in seiner Geschichte besteht, kein wirklicher Mensch. Kein Zweifel, daß er wirklicher Mensch ist. Er wird ja von einer menschlichen Mutter geboren, er lebt, steht und geht ja als Mensch, er sieht und hört ja, wie ein Mensch das tut, er redet ja in menschlicher Sprache, er leidet und stirbt als Mensch. Und wenn die vier Evangelien schließen mit der Geschichte von seiner Auferstehung, wenn von da ab alle neutestamentlichen Zeugen zu ihm emporblicken als zu dem, der sich zur Rechten Gottes befindet, und ihm entgegenblicken als dem, der aus dem Himmel, durch den hindurch er dorthin gegangen ist, wiederkommen wird, so haben sie nicht aufgehört, bei dem allem gerade an den wirklichen Menschen Jesus zu denken. Aber das ist es ja eben: gerade an den wirklichen und also an den wirkenden Jesus! Gerade an ein geschichtsloses oder an ein seiner Geschichte vorangehendes, hinter ihr verborgenes und sie überdauerndes Menschenwesen scheinen sie, wenn sie an den wirklichen Menschen Jesus dachten, nie gedacht zu haben. Gerade den wirklichen Menschen Jesus haben sie immer in seinem Werk, in seiner Geschichte gefunden. Nicht daß er als Mensch geboren, nicht daß er redet und also reden und offenbar auch menschlich wahrnehmen und denken kann, nicht daß er menschlich leidet und stirbt, macht ihn für sie zum wirklichen Menschen, sondern dies: daß er als Heiland geboren wird, Heilandsworte spricht und also offenbar Heilandsgedanken hat und so auch als Heiland den Tod erleidet. Jawohl, als Gottes Sohn ist er ermächtigt, in dem Allem als Heiland zu handeln, aber eben mit seinem Heilandshandeln auch dazu, wirklicher Mensch zu sein. Er ist wirklicher Mensch, nicht obwohl, sondern gerade weil er Gottes Sohn ist und also gerade indem er als Heiland handelt. Eben darum bleibt er wirklicher Mensch auch in seiner Auferstehung und Himmelfahrt, auch zur Rechten des Vaters, wird er wirklicher Mensch sein auch in seiner Wiederkunft: kein Christ des apostolischen Zeitalters hat das anders gesehen. Eben darum ist er selbst immer wieder seine Geschichte, immer wieder in seinem Amt und Werk als Prophet, Priester und König, wie die Evangelien es beschrieben haben. Wo wäre er in irgend einer Wesenheit oder Eigenschaft, in der er noch nicht oder nicht mehr Heiland wäre? Was könnte mit solcher Wesenheit oder Eigenschaft bezeichnet sein als ein Punkt, von dem aus er der Heiland ebensowohl sein wie nicht sein könnte? Und nun sollte gerade mit einem solchen neutralen Punkt das wirkliche Menschsein des wahren Sohnes Gottes bezeichnet sein? Das Neue Testament kennt keinen solchen neutralen Punkt. Es kennt, ob es auf Jesus zurück oder ob es zu ihm empor oder ob es ihm entgegenblickt, immer nur den, der der Heiland war, ist und sein wird, und also diesen Menschen nur in seinem Werk, nur in seiner Geschichte. Und es kennt ihn gerade so als wirklichen Menschen.

Die Frage mag aufstehen: War er denn nicht eine Person wie andere menschliche Personen? War er nicht Seele und hat er nicht einen Leib wie sie? Hat er nicht als Mensch mit anderen Menschen und in der Menschheit gelebt so wie wir alle, und hat er nicht wie wir alle seine Zeit gehabt? Müssen wir nicht also doch auch im Blick auf ihn mit einem allgemeinen menschlichen Wesen rechnen? Wir antworten: Ja, aber nicht etwa mit einem Wesen vor oder nach und außerhalb seiner Geschichte, an dem er dann in seiner Geschichte, bedingt und begrenzt durch dessen verschiedene Bestimmungen und Merkmale, teilgenommen hätte, nicht etwa mit einem neutralen Wesen, in welchem er ebenso gut eine ganz andere Geschichte hätte haben können, nicht etwa mit einem solchen Wesen also, das wir unter Abstraktion von seinem Werk, das wir anderswo als eben in seinem Werk selber und als solchem visieren und analysieren könnten. Das sind die Vorstellungen vom Menschsein Jesu, zu denen wir durch das Neue Testament allerdings nicht eingeladen, die uns durch das Neue Testament vielmehr geradezu verboten sind. Denn wenn es wahr ist, daß das menschliche Wesen auch in Jesus gewisse

Bestimmungen und Merkmale hat, unter denen es auch unser Wesen ist, so müssen wir doch noch mehr und zuerst darauf achten, daß es s e i n Wesen — das menschliche Wesen des Sohnes Gottes — ist. E r ist menschliche Person. E r ist menschliche Seele eines menschlichen Leibes. E r ist Mensch unter Menschen und Mensch in der Menschheit. E r hat Zeit: seine Zeit. Nicht er muß teilnehmen am menschlichen Wesen, sondern das menschliche Wesen darf teilnehmen an ihm. Nicht er steht hier also unter den Bestimmungen und Merkmalen dieses Wesens, nicht er ist durch sie bedingt und begrenzt, sondern indem es sein Wesen ist, ist er es, der diese Bestimmungen und Merkmale bedingt und begrenzt als der, der über ihnen ist. Menschliches Wesen mit allen seinen Möglichkeiten ist als das menschliche Wesen Jesu gerade keine auch für ihn gültige, auch ihn beherrschende und also auch ihn erklärende Voraussetzung, sondern sein Sein als Mensch ist als solches die Setzung und darum auch die Offenbarung, die Erklärung des menschlichen Wesens in allen seinen Möglichkeiten. Sein Sein als Mensch ist aber das Ganze seines Tuns, Leidens und Vollbringens. Sein Sein als Mensch ist sein Werk. In diesem seinem Werk hat er menschliches Wesen, ist er Person, Seele seines Leibes, Mensch unter Menschen und in der Menschheit, hat er Zeit. Und was das Alles ist und bedeutet, das können wir auch nicht vorweg wissen, das offenbart sich in ihm selbst und also in seinem Werk. Relativ zu ihm ist es wirklich und relativ zu ihm ist es erkennbar. Es kann also das Alles weder ontisch noch noetisch als neutraler Punkt in Frage kommen. Er ist nicht von dorther, sondern was dort ist, ist von ihm und also von seinem Werk her. Er wird auch nicht von dorther sichtbar, sondern was dort sichtbar wird, das wird es von ihm her. Was seine menschlichen Möglichkeiten sind, das beruht darauf und das ergibt sich auch erkenntnismäßig daraus, daß sie in ihm verwirklicht sind. Wir rechnen also sehr wohl damit, daß das menschliche Wesen auch in ihm gewisse Bestimmungen und Merkmale hat, unter denen es auch das unsrige ist. Aber eben welches diese Bestimmungen und Merkmale und welcher Art sie sind, ist in ihm, d. h. aber in seinem Werk, begründet, das muß also im Blick auf ihn, d. h. aber auf sein Werk, erfragt werden.

Aber das Alles kann uns nun doch erst durchsichtig werden, wenn wir auf den C h a r a k t e r u n d I n h a l t der Geschichte achten, in der das Menschsein Jesu Ereignis ist. Die Formel, daß Jesus nicht nur eine Geschichte hat, sondern selber diese seine Geschichte i s t, daß er sein Werk nicht nur tut, sondern i s t, klingt hart und anstößig, solange nicht deutlich ist, um w e l c h e Geschichte, um w e l c h e s Werk es sich hier handelt. Wir haben die entscheidende Bezeichnung bereits vorweg nehmen müssen: es handelt sich um das schlechterdings einmalige, schlechterdings nur von ihm beschlossene und vollzogene H e i l a n d s w e r k. Was Jesus tut und also ist, das ist dieses Werk, das als solches mit keinem anderen zu verwechseln ist, als solches nur sein Werk sein kann. Nicht irgendein, sondern dieses Werk ist der Gegenstand, mit dem wir die neutestamentlichen Zeugen so exklusiv beschäftigt finden, mit dem sie offenbar auch ihre Leser und Hörer exklusiv beschäftigt sehen wollen.

Nicht daß irgend etwas Beliebiges geschieht, sondern daß «Jahve rettet» erzählt ja schon der Name Jesus. In dieselbe Richtung weisen auch die ihm beigelegten Namen des Israel errettenden Messias, des über die Tierreiche triumphierenden Menschensohnes. In dieselbe Richtung weisen auch die eingangs erwähnten johanneischen Selbstbezeichnungen Jesu. «Große Freude, die dem ganzen (heiligen) Volk widerfahren soll» wird Luk. 2, 10 den Hirten von Bethlehem damit verkündigt, daß ihnen Jesu Geburt verkündigt wird. «Er hat sich Israels, seines Sohnes, angenommen und darin seiner Barmherzigkeit gedacht, wie er gesprochen hat zu unseren Vätern, zu Abraham und seiner Nachkommenschaft in Ewigkeit» (Luk. 1, 54 f.). Nicht in irgend einer, sondern in dieser ganz bestimmten Absicht soll er kommen, ist er gekommen und wird er wiederkommen. Die Aussagen Jesu selbst über die Absicht, in der er «gekommen» sei, sind hier besonders erleuchtet: als Licht ist er in die Welt gekommen, damit keiner, der an ihn glaubt, in der Finsternis bleibe (Joh. 12, 46). Er ist dazu geboren und dazu in die Welt gekommen, um der Wahrheit Zeugnis zu geben (Joh. 18, 37). Er ist gekommen, um das nicht nur an einem, sondern an vielen Orten zu tun (Mark. 1, 38). Er ist nicht gekommen, um das Gesetz und die Propheten aufzuheben, sondern um ihr Erfüller zu sein (Matth. 5, 17). Er ist nämlich nicht gekommen, um sich dienen zu lassen, sondern um zu dienen, nämlich um sein Leben hinzugeben für Viele (Matth. 20, 28). Eben indem er das tun wird und also in weiterer Konsequenz seines Kommens wird er aber ein Feuer anzünden auf Erden (Luk. 12, 49). Mit diesem Feuer wird wohl dasselbe bezeichnet wie in dem Wort Matth. 10, 34 f., Luk. 12, 51 f., wo es heißt, er sei nicht gekommen, den Frieden auf die Erde zu bringen, sondern das Schwert, nämlich den διαμερισμός, eine gewisse notwendige Scheidung auch zwischen Menschen, die sich sonst am nächsten stehen. Zum Gericht, zum κρίμα bin ich in diese Welt gekommen, sagt Jesus Joh. 9, 39 auf dem Höhepunkt der Geschichte von der Heilung und vom Glaubensbekenntnis des Blindgeborenen. Wer steht da zur Rechten und wer zur Linken des Richters? Hier die Guten, dort die Bösen? Nein, sondern hier die Nichtsehenden, die sehen, dort die Sehenden, die blind werden! die Sünder als die Berufenen — die Gerechten als die Nichtberufenen (Matth. 9, 13), so scheiden sich an Jesus die Geister! Zu dieser Scheidung kommt es, dieses Feuer wird angezündet auf Erden, indem er kommt, um das Gesetz zu erfüllen, um sein Leben für Viele hinzugeben. Aber der eigentliche Sinn seines Kommens ist mit dieser Scheidung offenbar noch nicht bezeichnet, sondern es zeigen alle diese Sätze offenbar doch nur auf einen notwendigen Durchgang. Die menschlichen Rollen werden gründlich vertauscht, wenn er kommt. Erste werden da Letzte, Letzte werden da Erste sein. Aber das ist noch nicht das Eigentliche, noch nicht das Ziel seines Kommens. Darum Joh. 12, 47: «Ich bin nicht gekommen, um die Welt zu richten, sondern um die Welt zu retten». Daß Jesus zu Jemandes Verderben gekommen sei, ist ein dem Neuen Testament fremder Gedanke. Zum Verderben wird sein Kommen den Dämonen und nur den Dämonen (Mark. 1, 24). «Des Menschen Sohn ist gekommen, zu suchen und zu retten, was verloren ist» (Luk. 19, 10) mehr noch: «daß sie Leben und Fülle haben möchten» (Joh. 10, 10). Rettung und Leben, das ist's, was Jesus wirkt, indem er das Gesetz erfüllt und sein Leben dahingibt für Viele. Eben indem er das tut, wird er zum Richter; denn daß er für Alle einsteht, erhöht die Niedrigen und erniedrigt die Hohen. Eben indem er das tut, ist er der Verderber der Dämonen, wird er der Welt zur Verheißung. Und die Verheißung lautet, der Sinn seines ganzen Tuns ist also: Rettung und Leben. «Euch ist heute der Σωτήρ geboren»

(Luk. 2, 11). Die Anwendung dieses jener Zeit auch sonst bekannten Titels auf Jesus findet sich in den paulinischen Briefen nur Phil. 3, 20, Eph. 5, 23 und in den Pastoralbriefen. Sie scheint im Ganzen zu den späteren Elementen des neutestamentlichen Zeugnisses zu gehören. Man versteht aber, wie sie sich der Gemeinde des apostolischen Zeitalters gerade in zusammenfassendem Rückblick aufdrängen, wie sich ihr Alles, was sie in Jesus geschehen und vollbracht sah, in die Begriffe σώζειν, σωτηρία und schließlich in dem persönlichen Namen Σωτήρ zusammendrängen konnte.

Nur von diesem, dem Heilandswerk kann das gesagt werden, was von Jesus zu sagen ist: daß sein Werk selbst seine wirkende Person und also er der Täter und seine Tat, seine Tat und er der Täter, eines sind. Von Jesus muß das gesagt werden. Denn das Werk Jesu ist das Heilandswerk. Und das Rettung und Leben schaffende Heilandswerk besteht materiell darin, daß Jesus sich selbst dahingibt. Man kann und muß nicht etwa erst seinen Tod, in welchem er diese Dahingabe als die seines Lebens vollendet, sondern sein ganzes Existieren unter diesem Titel verstehen. Er ist darin der Heiland und als solcher schon geboren, daß er selbst für die Vielen, für die Welt ist. Wir werden darauf im späteren Zusammenhang zurückkommen, was es bedeutet, daß er selbst nur ist, indem er für die Vielen, für die Welt ist. Hier interessiert uns dies: man kann sein Werk schon darum nicht von seiner Person lösen, weil er eben in seiner Person, eben damit, daß er nicht mehr und nicht weniger als sich selbst dahingibt, sein Werk treibt. Er zahlt ja als Heiland nicht mit irgend etwas Fremdem, sondern mit seiner Person, mit sich selbst: nicht mit einem Teil seiner selbst, sondern mit seiner ganzen Person. Was immer er als Mensch ist, er ist es in diesem seinem Werk. Eben darum — wir verstehen nun schon besser — kann man seine Person auch nicht von seinem Werk lösen. Wie wäre er der Heiland, der dieses Werk tut — das Werk seiner Selbsthingabe, mit der er der Welt Rettung und Leben verschafft —, wenn er noch anderswie als in seinem Werk wäre, noch anderswo als in seinem Werk zu suchen und zu finden wäre?

Es ist — hier beiläufig gesagt — klar, daß ein wichtiges christologisches Einteilungsschema der orthodoxen Schuldogmatik von da aus höchst problematisch wird: Sie handelte in zwei getrennten Kapiteln *De persona Christi* θεανθρώπου und *De officio Christi mediatorio*. Die Unterscheidung von *persona* und *officium* (wer ist er? und: was tut er?) ist nun gewiß logisch korrekt und scheinbar unvermeidlich. Ihre Anwendung auf d i e s e *persona* und d i e s e s *officium* ist dennoch unmöglich, sofern sie eine eigentliche und nicht eine lehrhaft-dispositionsmäßige sein sollte. Die orthodoxe Dogmatik konnte doch auch nur so tun, als ob sie eine eigentliche Unterscheidung wäre. Sprach sie von der gottmenschlichen Person Christi, dann mußte sie diese doch förmlich postulieren als die Voraussetzung seines Werkes: Θεάνθρωπος *hoc est Deus et homo in una persona esse debuit, ut mediatorem inter Deum et nos agere possit* (J. W o l l e b, *Christ. Theol. Comp* I cap. 16, 13) Und sprach sie von dem Werk des Mittlers Christus, dann mußte sie anerkennen: *Subiectum eius non solum est totus Christus, sed et totum Christi estque mediator secundum utramque naturam,* und mußte feststellen, daß es schon mit seiner Salbung mit dem Heiligen Geist in seiner Empfängnis und also mit seiner Inkarnation als dem Anfang seiner gottmenschlichen Existenz begonnen habe (J. W o l l e b, *ib. cap.* 17, 4 u. 6). In der Tat — diese *per-*

sona steht eben zum vornherein und ganz in diesem *officium*, und dieses *officium* geschieht einfach damit, daß diese *persona* da ist. So — und darum nach beiden Seiten der Wirklichkeit angemessen — wird im Neuen Testament von Jesus Christus geredet, während eine schematische Verteilung die Folge haben mußte und gehabt hat, daß man das Geheimnis der Person Christi unterschätzte, weil man die Art und den Umfang seines Werkes nicht unmittelbar vor Augen hatte, und umgekehrt dieses nicht verstand, weil man sich nicht Rechenschaft darüber gab, daß man es als Werk dieser Person zu würdigen hatte.

Aber noch haben wir das entscheidende Element in dieser ganzen Sache nicht berührt, noch nicht in den Vordergrund gestellt, noch nicht für sich erwogen. Was dem Heilandswerk des Menschen Jesus in den Augen der neutestamentlichen Zeugen jenen Charakter eines schlechterdings einmaligen, schlechterdings nur von ihm beschlossenen und vollbrachten Tuns gab, das war dies, daß sie es, ohne an seiner wirklichen und echten Menschlichkeit zu zweifeln, unmittelbar für G o t t e s eigenes W e r k halten mußten. Man kann nicht sagen, daß Jesus nicht in eigener, sondern in fremder, nämlich in Gottes Sache handelte. So kann man die Propheten und die Apostel beschreiben. Der Sachverhalt bei Jesus ist komplizierter und zugleich einfacher. Er handelt in G o t t e s und eben damit und so in seiner e i g e n e n Sache. Das unterscheidet ihn von den Propheten und Aposteln, was den Sohn auch von den getreuesten Knechten unterscheidet: daß er gerade so, gerade in G o t t e s Sache in e i g e n e r Sache handelt. Das Heilandswerk der Rettung und des Lebens ist tatsächlich G o t t e s Sache. Wessen Sache könnte es sonst sein? Welches andere Wesen wäre von der Gesinnung, könnte sich anmaßen und hätte die Fähigkeit, dieses Werk zu tun? In welchem Geist als dem göttlichen könnte der Wille dazu geboren sein? In welcher außer der göttlichen Macht könnte es getan werden? Retten, was verloren ist, kann nur der, der es geschaffen hat. Wenn Jesus d i e s e s Werk tut, dann wird eben darin Gott in ihm offenbar: G o t t handelt dann, indem e r handelt. G o t t e s Werk geschieht dann, indem dieses M e n s c h e n Werk geschieht. Und es besteht dann dieses M e n s c h e n Werk gerade darin, in Unterlassung aller anderen Werke G o t t e s Werk zu tun.

Die notwendige Interpretation des Jesusnamens mag nun damit zu Ende gebracht werden, daß wir auch das Subjekt betonen. «Jesus» heißt: «J a h w e rettet». Kein Anderer leistet d i e Hilfe, die Jesus leistet: Jahwe selbst ganz allein! Denn diese Hilfe ist total. Sie bedeutet Errettung. Jene Schriftgelehrten in der Geschichte des Gichtbrüchigen hatten also ganz recht, wenn sie nach Mark. 2, 7 in ihren Herzen fragten: «Wer kann Sünden vergeben? als der Eine, Gott?» Und so argumentiert auch der von Jesus geheilte Blindgeborene Joh. 9, 33 richtig, wenn er feststellt: «Wäre dieser nicht von Gott, so könnte er (von dem, was er tut) nichts tun.» Und so sind auch die Zeugen der Auferweckung des Jünglings von Nain (Luk. 7, 16) auf der rechten Spur, wenn sie — ἔλαβεν δὲ φόβος πάντας — Gott die Ehre gaben unter dem Eindruck, daß ein großer Prophet unter ihnen aufgestanden sei, mehr noch: daß Gott sein Volk heimgesucht habe. So steht das Bekenntnis des Thomas: ὁ κύριος μου καὶ ὁ θεός μου (Joh. 20, 28) nun doch nicht so allein, wie es auf den ersten Blick scheinen möchte. Und wie das zu verstehen ist, darüber bekommen wir gerade im Johannesevangelium

1. Jesus, der Mensch für Gott

reiche Aufklärung. Was tut Jesus? Er kann nichts «von sich aus» tun (Joh. 5, 19. 30; 12, 49). Er kann auch nicht «aus seinem Eigenen» reden (7, 17; 12, 49; 14, 10). Darum sucht er, darum tut er auf alle Fälle nicht seinen eigenen Willen (5, 30; 6, 38). Warum nicht? Darum nicht, weil da Einer ist, der ihn, wie es immer wieder heißt, «gesendet» hat: der Vater. Er ist der Sohn dieses Vaters. Und so sagt er von ihm sehr ausdrücklich: «Er ist größer als ich» (14, 28). Weil er dieses Vaters, seines Vaters Gesendeter, weil er also kein «von sich aus» Gekommener ist (8, 42), darum kann er «von sich aus» nichts tun, darum nicht aus seinem Eigenen reden, darum sucht und tut er auf alle Fälle nicht seinen eigenen Willen. Es gibt da eben gar kein «Eigenes», kein «von sich aus», keinen neutralen Ort, von dem her als Setzung seines, von dem des Vaters verschiedenen Willens etwas gesucht, gesagt und getan werden könnte. Was aber sucht, sagt und tut er dann? Er tut seine Werke im Auftrag und in der Autorität, er tut sie im Namen dieses seines Vaters (10, 25). Und eben das legt sich nun folgendermaßen auseinander: Er sieht den Vater etwas tun — denn auch der Vater ist im Werk (5, 17) — und was jener tut, das tut in gleicher Art (ὁμοίως) auch er, der Sohn (5, 19). Und er redet, was er von jenem gehört hat (8, 26). Wie es ihm der Vater aufgetragen hat, so tut er es (14, 31). Er hält des Vaters Gebote, wie es 12, 49; 15, 10 ganz schlicht heißen kann. Oder: er tut, was jenem wohlgefällt (8, 29). Und in dem allem handelt er als der Offenbarer des Vaters, der ihn gesendet hat, tut er seines Vaters Namen — denselben Namen, in welchem er redet — kund (17, 6. 26). Aber eben indem er das tut, ist er nun nicht allein gelassen (8, 16. 29). Er tut — es werden nun direktere Beziehungen sichtbar — die Werke, die der Vater ihm zu vollbringen, zum Ziel zu führen gegeben hat (5, 36; 17, 4). Gegeben! So ist es also ernst mit der Gleichartigkeit seines Werkes mit dem des Vaters. Ist es ihm ernstlich gleichartig, tut er wirklich ὁμοίως, was er den Vater tun sieht, dann kann es hier keine Dualität geben. Dann sind es die Werke des Vaters selbst, die Werke dessen, der ihn gesandt hat, die er, der Sohn — indem der Vater sie ihm zur Ausführung übergeben hat, in dessen Namen und zur Offenbarung dieses Namens — tut (9, 4; 10, 37). Dann gilt auch das Umgekehrte: indem der Vater in ihm, dem Sohne bleibt, tut der Vater seine eigenen Werke (14, 10). So ist der Sohn wirklich nicht allein in seinem Tun, sondern der ihn gesandt hat, ist mit ihm (8, 29). So ist er immer zu zweit: ἐγώ καὶ ὁ πέμψας με (8, 16). Und was des Vaters ist, das ist auch sein, wie auch das Seinige nur das ist, was des Vaters ist (16, 15; 17, 10). Nicht allein, sondern zu zweit? Hier ist doch noch mehr zu sagen. Er ist im Vater, der Vater ist in ihm (10, 38; 14, 10; 20, 17; 21, 23). Das ist das vorletzte Wort, das letzte aber muß geradezu heißen: «Ich und der Vater sind Eins» (10, 30; 17, 11. 22). Die Erklärung des Thomasbekenntnisses ist damit vollendet: Ist Jesus der Sohn und als solcher Eins mit dem Vater, von dem er kommt und zu dem er geht, dann ist er nicht weniger als der Vater ὁ κύριος und ὁ θεός. Der Name ὁ κύριος ist dann durch den Begriff ὁ θεός zu interpretieren. Von da aus gilt: «Wer mich sieht, der sieht den Vater» (14, 9; 12, 45). «Wer mich ehrt, der ehrt den Vater» (5, 23). «Wer mich haßt, der haßt den Vater» (15, 23). Und «wer an mich glaubt, der glaubt nicht an mich, sondern an den, der mich gesandt hat» (12, 44). Und von da aus hat Jesus auch das absolute, ohne Prädikat ausgesprochene ἐγώ εἰμι des alttestamentlichen Gottes in den Mund zu nehmen sich nicht gescheut (8, 24. 58; 13, 19). Es bedeutet im Sinn von Deut. 32, 39 und im Sinn dieser johanneischen Stellen: Ich bin's, der allein hilft! Von da aus hat er die Gott allein vorbehaltene δόξα als die seinige genannt und also für sich in Anspruch genommen (2, 11; 9; 16; 11, 40): bestätigt durch den Prolog des Johannesevangeliums: «Wir schauten seine Herrlichkeit» (1, 14).

In Unterlassung aller anderen Werke Gottes Werk zu tun, das ist dieses Menschen Werk. Und im Tun dieses Werkes mit Gott Eins zu sein, das ist — unter Ausschluß alles anderen Seins — dieses Menschen Sein. So ist gerade das Tun des Werkes Gottes für Jesus kein fremdes, kein von außen ihm übertragenes, kein nachträglich zu seinem eigenen Werk hinzukommendes, dieses begrenzendes, verdrängendes und ersetzendes Tun. Und so wird und ist er sich selbst damit nicht fremd, daß er im Tun dieses Werkes mit Gott Eins ist und in diesem Einssein mit Gott — unter Ausschluß alles anderen Seins — sein eigenes Sein hat. Gerade so tut er vielmehr sein eigenes Werk. Gerade das ist vielmehr sein eigenes Sein. Er würde sein eigenes Werk nicht tun, er würde sich selbst fremd und untreu sein, sofern er ein anderes als Gottes Werk täte. Und das wäre nicht sein eigenes, sondern ein ihm fremdes Sein, das etwa nicht in seinem Einssein mit Gott bestünde. Er selbst ist darin er selbst, daß er Gottes Werk tut und in diesem Tun mit Gott Eins ist. Daß er Gottes Werk tut und in diesem Tun mit Gott Eins ist, bedeutet also nicht etwa, daß er selbst, er, dieser Mensch als solcher ausgelöscht, verschwunden, nicht mehr wäre. Gerade so: in seinem Tun des Werkes Gottes und also in seinem Einssein mit Gott ist er vielmehr er selbst, dieser Mensch. Gerade so existiert er als Geschöpf, das als solches nicht in seinem Schöpfer aufgehen, das nicht selbst der Schöpfer sein oder werden kann, das aber auch dem Schöpfer gegenüber seine eigene Wirklichkeit und Würde, das von seinem Schöpfer her seine eigene Gerechtigkeit hat. Gerade der Mensch Jesus ist — nicht obwohl, sondern weil er Gottes Sohn ist — Gottes Geschöpf, das seinem Schöpfer damit, daß es seinen Willen erfüllt, sein Werk tut, mit ihm eins ist, als Geschöpf nicht abhanden kommt, nicht verloren geht. Ganz im Gegenteil: was es bedeutet, daß Gott seinem Geschöpf Treue hält, das wird gerade damit sichtbar. Jesus als Geschöpf lebt und nährt sich gerade davon, daß er zu seinem Schöpfer in dieser Beziehung steht. Er ist gerade so wirkliches Geschöpf. Er hat gerade darin seine Ehre, d. h. er offenbart gerade darin seine ihm eigene, die ihm von seinem Schöpfer verliehende Gerechtigkeit, daß er so ganz in den Dienst Gottes gestellt ist. Wer und was der Mensch ist, ist in seiner Fülle darin wirklich und sichtbar, daß Gottes Sohn in Jesus Mensch geworden, der Mensch in ihm so völlig zur Verfügung Gottes gestellt ist. Gerade hier ist er der wirkliche und der in seiner Wirklichkeit erkennbare Mensch.

Die Christologie des Johannesevangeliums ist auch nach dieser Seite entscheidend lehrreich. Kein ἐγώ εἰμι ändert etwas daran, jedes ἐγώ εἰμι bestätigt vielmehr: hier spricht ein wirklicher Mensch, der als solcher Geschöpf und nicht der Schöpfer ist. Indem der lebendige Vater ihn gesandt hat, lebt durch den Vater auch Jesus selbst (Joh. 6, 57). Und «wie der Vater Leben in sich selbst hat, so hat er es auch dem Sohne gegeben, Leben in sich selber zu haben» (5, 26). Dieser Sohn ist durchaus kein willenloses Wesen. Es gibt gerade im Johannesevangelium einige Stellen, die von einem sehr energischen Willen Jesu reden: «Welche er will, die macht er lebendig» (5, 6). «Vater, ich will, daß, wo ich bin, auch die seien, die du mir gegeben hast» (17, 24). «Wenn ich will, daß dieser bleibe, bis ich komme, was geht das dich an?» (21, 22 f.). Und so kann auch das nicht in Frage kommen, daß Jesus bloß eine Art

Hohlraum wäre, bloß der Ort, wo ein Anderer, Fremder, Gott, sein Wesen hat und sein Werk treibt. Wenn es heißt, daß der Vater den Sohn liebt (10, 17; 15, 9; 17, 23. 24. 26), so ist er schon damit mindestens als ein von diesem liebenden Subjekt verschiedenes Objekt bezeichnet. Und daß dieses Objekt selber Subjekt ist und als solches selbständig existiert, geht daraus hervor, daß auch der Sohn den Vater liebt: darin nämlich, daß er tut, was ihm von jenem aufgetragen ist (14, 31) und daß er, indem er des Vaters Gebote hält, in seiner Liebe bleibt (15, 10). Ja: «Niemand hat größere Liebe als die, die darin besteht, daß Einer sein Leben einsetzt für seine Freunde» (15, 13). Dieses Werk, das Heilandswerk, tut Jesus. Aber er tut es wirklich. Es ist nicht nur verhängt über ihn, es auszuführen. Es geschieht nicht nur in ihm. «Niemand nimmt mein Leben von mir, sondern ich setze es von mir aus ein und habe die Macht, es wieder zu nehmen.» Und gerade dieser Einsatz seines Lebens ist die Erfüllung der Gebote, die er empfangen hat (10, 18). Gerade deswegen, weil er das und weil er das so tut, liebt ihn der Vater (10, 17). Und so steht es nun auch mit Jesu δόξα, der göttlichen Glorie, in deren Besitz er mit dem göttlichen Subjekt in Eines zusammen zu schmelzen und also als menschliches Subjekt zu verschwinden scheint. Es ist wahr: Er sucht keine eigene Ehre (7, 18). Er sucht seine Ehre überhaupt nicht (8, 50). Täte er es, so wäre, was er suchte und fände, eine nichtige Ehre (8, 54). Er nimmt auch keine Ehre von Menschen an (5, 41). Die Ehre voneinander annehmen, können nicht einmal glauben (5, 44). Wie könnte er zu ihnen gehören? Kurz: die Ehre, die ein Mensch sich zulegen und von Anderen zulegen lassen kann, ist allerdings nicht seine Ehre. Seine Ehre ist größer und sie kommt ihm ganz anders zu. Der ihn ehrt, der ihn verherrlicht, ist nämlich sein Vater (8, 54; 17, 22. 23). Besonders explizit ist hier die Stelle 17, 5: «Und nun verherrliche du mich, Vater, bei dir selbst, mit der Herrlichkeit, die ich, ehe die Welt war, bei dir hatte!» Schien der, der sich weder selbst verherrlichen noch sich von Anderen verherrlichen lassen wollte, als Subjekt gewissermaßen zu verschwinden, so wird er offenbar jedenfalls als Objekt des göttlichen δοξάζειν wieder sichtbar. Als willen- und tatenloses Objekt? Eine Reihe von Stellen (7, 39; 11, 4; 12, 16, 23) reden absolut von seinem δοξάζεσθαι, als wäre das nun doch so etwas wie eine Bestrahlung oder Bekleidung, die einfach über ihn käme. Aber so wären sie sicher mißverstanden. Zwischen diesem Vater und seinem Sohn gibt es kein Geschehen, in welchem der Sohn bloß Objekt wäre. Jenen Stellen von der Verherrlichung des Sohnes durch den Vater stehen andere deutlich gegenüber, in denen die Rollen gerade vertauscht sind: Die Ehre, die Jesus sucht, ist die Ehre dessen, der ihn gesandt hat (7, 18). Im Sohn soll also der Vater verherrlicht werden (14, 13). Zu dem Gebet 17, 5 gehört das Gebet 12, 28: «Vater, verherrliche deinen Namen!», zu dem freilich auch die Fortsetzung gehört: «Es kam eine Stimme vom Himmel: Ja, ich habe ihn verherrlicht und will ihn wieder verherrlichen!» Darin kündigt sich schon an, daß nach einigen wichtigsten Stellen beides direkt miteinander in Verbindung zu setzen ist: «Ist aber Gott verherrlicht in ihm, so wird Gott ihn verherrlichen in sich und wird ihn bald verherrlichen» (13, 32). Und in umgekehrter Ordnung: «Vater, verherrliche deinen Sohn, damit der Sohn dich verherrliche!» (17, 1). «Nun ist des Menschen Sohn verherrlicht und Gott ist verherrlicht in ihm» (13, 31). Man sieht, daß es sich um einen förmlichen Kreislauf handelt. Es ist der Kreislauf des inneren göttlichen Lebens. Wir müßten zu seiner vollständigen Erklärung auf die Erkenntnis der göttlichen Einheit und Dreieinigkeit zurückgreifen — auch dem Parakleten wird übrigens, 16, 14 ein eigenes δοξάζειν des Sohnes zugeschrieben! — und dort gerade auf die schwierigsten Elemente der späteren dogmatischen Lehre, vor allem auf das schöne Theologumen von der «Perichorese» des Vaters, des Sohnes und des Heiligen Geistes (vgl. K. D. I, § 9). Der hat sich nämlich noch nicht gefunden, der die johanneische Christologie ohne Zuhilfenahme des Kommentars des kirchlichen Trinitätsdogmas wirklich würdig und angenehm zu erklären wußte! Aber uns interessiert hier dies, daß es im Sinne des Johannesevangeliums nun doch zweifellos nicht etwa nur der ewige, sondern der fleischgewordene ewige Logos und also der Mensch Jesus ist, der hier offenbar in diesen Kreislauf eingeschaltet ist. Er hat ja seine ewige Gottheit nicht aufgegeben, indem er sie verbarg, um Mensch zu werden. Er ist ja im Schoß des Vaters (ὁ ὢν εἰς τὸν κόλπον τοῦ πατρός 1, 18), auch indem er zu uns kam. Nur unter dieser Voraussetzung ist die johanneische Christologie sinnvoll. Nur indem Jesus der ewige göttliche Sohn und Logos ist, der im Anfang war, bei Gott und selber Gott war (1, 1), kann er aller menschlichen δόξα so völlig entbehren, um des göttlichen δοξάζεσθαι um so völliger teilhaftig und um nun doch auch des aktiven göttlichen δοξάζειν ebenso völlig fähig zu sein. Nur indem er eine Seinsweise Gottes und also ein Moment im Kreislauf jenes inneren Lebens Gottes ist, kann er im Vater sein und der Vater in ihm, können er und der Vater Eins und das Werk des Vaters, ihm gegeben, zugleich sein Werk, sein Werk von ihm ausgeführt, zugleich das des Vaters sein, kann er wie der Vater «Leben in sich selber haben», kann er den Vater mit der gleichen Liebe lieben, mit der der Vater ihn liebt, kann er den Vater und der Vater ihn verherrlichen. Was mit dem Allem beschrieben wird, das sind ja ganz zweifellos die inneren Relationen des göttlichen Seins. Aber merkwürdig genug: Eben dieses Geheimnis der Teilnahme Jesu am göttlichen Sein ist nicht die Aufhebung, sondern die Begründung seines wirklichen menschlichen Seins. Auch der johanneische Jesus bekundet sich ja eindeutig als Mensch, auch seine Geschichte ist ja eindeutig eine menschliche Geschichte und das nicht nur beiläufig, nicht nur so, als ob der Evangelist gewissermaßen eine Konzession machte und erst recht nicht so, als wenn er einen Mythus erzählte, einer an sich übermenschlichen, übergeschichtlichen Wahrheit eine menschlich geschichtliche Einkleidung geben wollte. Könnte man es doch vielmehr gerade die besondere «Tendenz» des Johannesevangeliums nennen, daß es im Gegensatz zu allerlei zeitgenössischer Frömmigkeit und Religionsphilosophie mit ihren übermenschlichen und übergeschichtlichen Gottheiten und im Gegensatz zu einem im Zusammenhang damit schon früh aufgetauchten christlichen Doketismus zeigen wollte, daß der ewige göttliche Logos dieser Mensch Jesus, dieser Mensch Jesus der ist, der am Anfang bei Gott war (1, 2) — daß eben der ewige göttliche Logos nicht anderswo als in diesem Menschen Jesus gefunden und erkannt werden kann, daß für jeden Menschen, für die ganze Welt im Verhältnis zu ihm — nämlich im Glauben oder Unglauben, im Erkennen oder Nicht-Erkennen ihm gegenüber — die Türe der Gemeinschaft am Leben Gottes und so die Türe zu eines jeden Menschen eigenem ewigen Leben aufgeht oder verschlossen bleibt. Eben dieser Mensch Jesus ist der Sohn Gottes, und diese Identität bedeutet im Johannesevangelium kein Paradox, keinen Widerspruch, der nun als solcher zu bestaunen, mit einem *sacrificium intellectus* anzunehmen und wohl gar anzubeten wäre. Es werden ja auch Glauben und Erkennen im Johannesevangelium nicht auseinandergerissen, sondern immer wieder miteinander genannt als die Weise, in der es Jesus gegenüber zur positiven Entscheidung kommen muß. Das beruht darauf, daß auch Jesu Teilnahme am göttlichen und sein menschliches Sein hier nicht ein Auseinander und Gegeneinander bedeuten, sondern gerade daß er teilnimmt am göttlichen, begründet hier sein menschliches Sein. Es ist der johanneische Jesus gerade dadurch und darin Mensch, daß er Gottes Sohn, daß er in jenen Kreislauf des inneren göttlichen Lebens eingeschaltet ist. Indem er in seinen Worten und Taten und schließlich in seinem Hingang zum Vater, der zugleich seine Hingabe für die Menschen ist, sichtbar macht, daß er in diesem Sinn «von oben» ist, ist er doch «unten», ist er Mensch im Kosmos. Er ist es in seinem Heilandswerk, das als solches nur «von oben» sein und doch nur «unten» geschehen kann, zu dem als solchem nur der, der in des Vaters Schoß ist, aber auch nur der, der als solcher selbst Mensch ist, berufen und befähigt sein kann. Er muß ja der

Menschen, der Welt Heiland sein, er muß ja von anderen Menschen als Gottes Sohn geglaubt und erkannt werden, er muß sie ja die Seinigen nennen können und also der Ihrige, es muß also seine Geschichte eine menschliche Geschichte inmitten der Geschichte aller Menschen sein. Jesus ist beides, und zwar nicht neben, sondern miteinander, nicht in zwei getrennten Sphären, sondern Gottes Sohn, indem er Mensch, Mensch, indem er Gottes Sohn ist. Es würde zu weit führen, hier zu zeigen, wie Jesu Verhältnis zu seinen Jüngern im Johannesevangelium ganz in den gleichen Kategorien beschrieben wird wie das Verhältnis zwischen seinem Vater und ihm, wie es also nichts Anderes ist als die Offenbarung jenes inneren göttlichen Lebens, an dem der Mensch Jesus Anteil hat. Es ist das sog. «Hohepriesterliche Gebet» (Joh. 17), in welchem die Entsprechungen, die darauf hinweisen, besonders vollständig entwickelt werden. Begnügen wir uns mit dem entscheidenden Hinweis: Besteht Jesu Heilandswerk als Mensch in seinem Einsatz für seine Freunde, so ist das dasselbe, nur eben das sich offenbarende Werk, das anderwärts (3, 16) dahin beschrieben wird, Gott habe die Welt in der Weise geliebt, daß er seinen eingeborenen Sohn hingab. Ein Geheimnis wird mit dieser Dahingabe des Sohnes durch den Vater beschrieben, eine an sich verborgene Bewegung im Leben Gottes selber. Aber in dem Menschen Jesus, in seinem Einsatz für seine Freunde, ist diese innergöttliche Bewegung nicht verborgen, sondern offenbar. Denn was der Mensch Jesus damit tut, ist die Lüftung dieses Geheimnisses, die menschliche und also sichtbare, erkennbare, faßbare Seite dieses Stücks göttlicher Geschichte, dieses Urmoments göttlichen Wollens und Vollbringens. Was wäre der Mensch Jesus ohne dieses Geheimnis, abgesehen davon, daß er dieses Geheimnisses Offenbarer ist? Er lebt und webt, er existiert von diesem Geheimnis her als dessen Offenbarer, in dem da «drunten» notwendigen Beschließen und Vollstrecken dessen, was «droben» — dort, von woher er «gesendet» und «gekommen» ist — von Gott selbst beschlossen und vollstreckt ist. Er ist gerade von daher wirklicher Mensch: «Meine Speise ist, daß ich den Willen dessen tue, der mich gesendet hat und sein Werk zum Ziel führe» (4, 34). Dies ist es, was Jesus tut und in diesem seinem Tun haben wir ihn als Menschen, haben wir sein wirkliches Menschsein zu erkennen.

Der hier überaus wichtige Text Joh. 4, 34 ist übrigens sicher nur eine Umschreibung des Wortes, mit dem Jesus nach Matth. 4, 4 auf den Rat des Versuchers in der Wüste, aus Steinen Brot zu machen, geantwortet hat: «Der Mensch wird nicht vom Brot allein leben, sondern von jedem Wort, das aus dem Munde Gottes hervorgeht.» Und es ist nicht etwa nötig, jenes johanneische Wort als eine verschärfende Umschreibung dieses synoptischen zu verstehen. Denn es ist nur scheinbar so, daß das Wort bei Matthäus weniger sagte, zurückhaltender redete, daß Jesus mit dem «Nicht vom Brot allein» anerkannt hätte, daß der Mensch zwar auch vom Brot lebe, daß er aber zum Leben überdies auch der aus dem Munde Gottes kommenden Worte bedürfe, wobei die etwas schale *applicatio*, daß der Mensch nicht nur leibliche, sondern auch geistige Bedürfnisse habe, doch allzu nahe liegen dürfte, um nicht schon die *explicatio* von vornherein verdächtig zu machen. Faktisch hat Jesus in den vierzig Tagen in der Wüste überhaupt nicht vom Brot gelebt, sondern nach Matth. 4, 2 gehungert und nun eben hungernd dennoch gelebt. Und nun ist seine Antwort an den Versucher ein Zitat aus Deut. 8, 3. Dort ist aber das «Leben vom Brot» ebenfalls nicht die eine Notwendigkeit, zu der dann das Leben «von Allem, was das Wort des Herrn schafft» als eine zweite hinzukäme, sondern es geht auch dort um das durch das Wort des Herrn geschaffene Wunder, das darin besteht, daß Gott Israel vierzig Jahre lang durch die Wüste geführt und daselbst, wo es kein Brot gab, wo es also hungern mußte, dennoch (nämlich «durch das Manna, das du und deine Väter nicht gekannt hatten») am Leben erhalten hat. Genau so (nur daß hier nicht einmal das Manna in Frage kommt) hat er den hungernden Jesus in der

Wüste erhalten. Zur rechten Erklärung des Satzes: «Der Mensch lebt nicht von Brot allein» ist also erstens zu bemerken: Er redet nicht im Allgemeinen vom Menschen, sondern er sagt Matth. 4 von Jesus in der Wüste und Deut. 8 von Israel in der Wüste, er sagt also vom ἄνθρωπος in jenem qualifizierten Sinn des Begriffs, daß er nicht vom Brot allein lebe. Und zweitens: er sagt von diesem Menschen nicht, daß er zwar auch des Brotes, aber doch nicht nur des Brotes bedürfe, sondern er sagt, daß er, dieser Mensch — hier Jesus, dort Israel — um als Mensch zu leben, ganz und gar nicht darauf angewiesen sei, Brot zu haben und also, wie der Versucher es Jesus riet, sich selbst Brot zu verschaffen. Nein, als Mensch lebt dieser Mensch (hier Jesus, dort Israel) ganz allein von dem, was Gott mit ihm redet. Dieses Reden Gottes schafft es, daß er ist und erhalten bleibt, es nährt und belebt ihn. Auch das Brot, das er, wäre er nicht in der Wüste, säen, ernten, mahlen und backen oder allenfalls sich kaufen oder stehlen könnte, könnte ihm das Leben als Mensch nicht verschaffen. Das allmächtige Wort Gottes verschafft es ihm, ob er Brot habe oder ob er es in der Wüste nicht habe. Der Teufel war also zwar schlau, aber doch mehr dumm als schlau, wenn er dem hungernden Jesus mit dem Rat zu Hilfe kommen wollte, aus Steinen Brot zu machen. Jesus wäre nicht dieser Mensch gewesen, wenn er es getan hätte, wenn er dessen auch nur fähig gewesen wäre. Der Hinweis auf das mächtige Wunderwort des Herrn schließt Deut. 8, 5 mit der Mahnung: «So erkenne denn in deinem Herzen, daß dich der Herr, dein Gott, in Zucht nimmt, wie einer seinen Sohn in Zucht nimmt.» Die Zucht, in die Israel genommen war, bestand darin, daß es — dereinst in dem ihm verheißenen schönen Land, wo Milch und Honig floß, wie jetzt in der Wüste, wo es hungern mußte — auf Gedeihen und Verderben, total und ausschließlich auf die Fürsorge Jahwes seines Gottes angewiesen war, unter dieser Fürsorge leben durfte, aber auch nur unter dieser Fürsorge leben konnte. Dieser Sohn hat in der Zucht seines Vaters versagt. Israel ist dieser Fürsorge seines Herrn immer wieder entlaufen: Es hat in der Wüste wie später im Lande immer wieder gemeint, allein vom Brot leben zu können und allein vom Brot leben zu können. Auch Jesus war in dieselbe Zucht genommen. Aber er war der Sohn, der sich an jene Mahnung gehalten hat, der also der Fürsorge seines Herrn nicht entlaufen ist, nicht entlaufen konnte, so wahr er Jesus war; gerade dieser Fürsorge seines Vaters hat er sich vielmehr anbefohlen und anvertraut. Jesus hat bekanntlich nicht immer gehungert, er hat auch gegessen und getrunken, er lebte aber, ob hungernd nach Brot oder vom Brot satt werdend, als Mensch in der Kraft der ihm durch Gottes Wort zugewendeten Fürsorge. Und so konnte er wohl hungern und hat doch gelebt. Das ist es, was er in der Wüste getan hat. Die Dummheit des Teufels bestand darin, daß er von dem Allem nichts sehen und begreifen konnte. Er wäre nicht der Teufel gewesen, wenn er das auch nur von ferne gesehen und begriffen hätte. Und so hängt das Wort der Jünger Joh. 4, 31: «Rabbi, iß!» doch noch ein wenig mit der Dummheit des Teufels zusammen! Hier konnte es nur eine Antwort geben, und sie war identisch mit der, die dort dem Teufel gegeben wurde: «Meine Speise ist, daß ich den Willen dessen tue, der mich gesandt hat, und sein Werk zum Ziele führe.» So ist eben Jesus wirklicher Mensch.

Wir versuchen eine Übersicht. Wer und was ist inmitten des Kosmos gerade der Mensch? lautet unsere erste Frage. Wir haben sie hier zunächst im Blick auf den Menschen Jesus gestellt. Nehmen wir einen Augenblick an, wir könnten, wer und was der Mensch ist, überhaupt nur im Blick auf diesen Menschen feststellen. Was ergibt sich dann als das Besondere des Menschen unter den übrigen Geschöpfen?

1. Haben wir das Entscheidende richtig gesehen, dann muß die erste, grundlegende Antwort lauten: Es ist der Mensch unter allen Geschöpfen dasjenige, in dessen Identität mit sich selber wir sofort auch die Identität Gottes mit sich selber feststellen müssen. Ist uns die Gegenwart Gottes in allen anderen Geschöpfen mindestens problematisch, so steht sie hier außer aller Diskussion, so ist sie hier unübersehbar, denknotwendig. Wir müßten nicht den Menschen — den Menschen Jesus nämlich — sehen und denken, wenn wir nicht sofort auch Gott sehen und denken würden. In und mit dem Wesen des Menschen begegnet uns hier sofort auch das Gottes. In und mit dem Menschen finden wir hier sofort auch Gott existierend. Das kann man von keinem anderen Geschöpf sagen. Die Anschauung des Schöpfers im Geschöpf kann bei allen anderen Geschöpfen nur eine indirekte sein und so auch die Beziehung des Begriffs des Geschöpfs zum Begriff des Schöpfers nur in Form einer nachträglichen Reflexion vollzogen werden. Hier, beim Menschen — bei diesem Menschen nämlich — ist beides direkt und unmittelbar: die Anschauung und der Begriff des Schöpfers im Geschöpf. Keine Reflexion auf Gott ist nötig bei diesem Geschöpf. Gott ist gegenwärtig und offenbar, indem dieses Geschöpf gegenwärtig und offenbar ist.

2. Diese erste Antwort muß präzisiert werden. Die dieses Geschöpf auszeichnende Gegenwart und Offenbarung Gottes besteht nicht in einer ruhenden, indifferenten Beziehung, in der sich Gott und dieses Geschöpf befänden. Ein Wesen — welche höchsten Prädikate es im übrigen haben möchte — das in Ruhe und Indifferenz bei sich wäre, nur daß eben zwischen ihm und dem Geschöpf eine seiner Ruhe und Indifferenz entsprechende Relation bestünde — ein solches Wesen wäre gar nicht der Gott, der im Menschen — in diesem Menschen Jesus — gegenwärtig und offenbar ist. Der Gott des Menschen — dieses Menschen — ist als solcher (es liegt in seinem Wesen, daß er so beschaffen ist!) in ganz bestimmter Richtung entschlossen, tätig, handelnd. Er will und wirkt. Und er will und wirkt im Menschen — in diesem Menschen — für alle, für jeden Menschen. Er ist der Menschen Retter, ihr ewiger und allmächtiger, totaler und alleiniger Retter. Seine Gegenwart und Offenbarung im Menschen — in diesem Menschen — ist also nicht nur eine Tatsache, sondern eine Tat. Seine Beziehung zu ihm ist nicht nur ein Sachverhalt, sondern sie ereignet sich in einem Handeln, das einen Sinn hat. Und sein Sinn ist eben jene Rettung. Daß Gott in und mit diesem Geschöpf ist, heißt also direkt und unmittelbar — es kann auch hier um keine erst nachträglich anzustellende Reflexion gehen, es kann auch hier keine Diskussion, kein Problem geben — daß er in und mit diesem Geschöpf dieser Retter ist. Seine Gegenwart in ihm besteht darin, daß die Geschichte seines Errettens Ereignis, und seine Offenbarung in ihm besteht darin, daß diese Geschichte erkennbar wird.

3. Indem Gott dieses Geschöpf dadurch auszeichnet, daß er in ihm will und wirkt, d. h. daß er in ihm aller und jedes Menschen Retter ist, tritt er sich selbst, seiner Souveränität nicht zu nahe. Er verliert sich damit nicht an den Menschen, daß er in und mit dessen Existenz gegenwärtig und offenbar und also in ihm und durch ihn allen und jedem Menschen als Retter zugewendet ist. Sein Wollen und Wirken ist und bleibt ganz sein eigenes. Sein Retten ist und bleibt die Tat seiner Freiheit. Und so ist es Gottes Freiheit ebenso wie Gottes Liebe, die sein Sein im Menschen — in diesem Menschen — und die damit diesen als sein Geschöpf auszeichnet. Es ist also gerade seine Souveränität selbst, seine Hoheit und Größe, seine Gottheit, die er in seinem Retten betätigt und demonstriert. Er macht sich selbst nicht Unehre, sondern Ehre, indem er der Gott des Menschen — dieses Menschen — ist. Indem er sich in ihm betätigt und kundgibt als der, der will und wirkt, daß kein Mensch ihm verloren gehe, jeder für ihn gerettet werde, behauptet er sich, triumphiert er als Schöpfer. Es geht also nicht nur um das Geschöpf, es geht um des Schöpfers eigene Sache und Ehre in der Geschichte seines Helfens, wie sie in seiner Gegenwart im Menschen Ereignis und wie sie in seiner Offenbarung in ihm erkennbar wird. Und wenn es diese Geschichte ist, die hier das Geschöpf auszeichnet, so muß diese Geschichte — wieder diskussionslos, unproblematisch, *a priori* als gottmenschliche Geschichte verstanden werden.

4. Die Auszeichnung dieses Geschöpfs durch die in und mit seiner Existenz stattfindende Gegenwart Gottes bedeutet, weil Gott in ihr souverän ist und bleibt, für dieses Geschöpf, daß es in der Herrschaft Gottes existiert. Der Mensch — dieser Mensch — existiert als solcher, indem jene Geschichte geschieht, im Vollzug des in dieser Geschichte sich ereignenden göttlichen Herrschaftsaktes. Er existiert nicht außer, sondern in diesem Herrschaftsakt. Er ist da, indem Gott da ist, nämlich in ihm da ist, als der Retter aller und jedes Menschen in ihm da ist. Er ist genau nur insofern da. Daß er Person ist, Seele eines Leibes, daß er Zeit hat usw. — das Alles macht ihn noch nicht zum wirklichen Menschen, das Alles zeigt nur seine Möglichkeiten an. Er wird und ist wirklicher Mensch, er ist als Mensch da, indem Gott als der Helfer aller und jedes Menschen in ihm da ist. In und mit diesem souveränen Dasein Gottes, aus ihm geboren, von ihm genährt, erhalten und getragen ist dann auch dieser Mensch da. Nicht zwei Wirklichkeiten nebeneinander — eine göttliche und dann auch noch eine menschliche und noch weniger eine menschliche und dann auch noch eine göttliche sind also das Wesen des Menschen — dieses Menschen — sondern eine, die göttliche Wirklichkeit, macht sein Wesen aus, in der als solcher die menschliche gesetzt, enthalten und inbegriffen ist. Der Mensch — dieser Mensch — ist das kommende Reich Gottes, nichts daneben, nichts für sich, wie das Reich Gottes ganz und ohne Vorbehalt der Mensch — dieser Mensch — ist. Er ist, indem er im Worte Gottes ist. Und eben

daß er so ist — eben das erhebt ihn über alle anderen Geschöpfe. Eben das ist die ihm und nur ihm zukommende Auszeichnung.

Wir wiederholen damit in anderen Worten die Lehre der alten Kirche von der Anhypostasie bezw. Enhypostasie der menschlichen Natur Christi, in der Joh. 1, 14 («Das Wort ward Fleisch») mit Recht dahin erklärt wurde: *ut caro illa nullam propriam subsistentiam extra Dei Filium habeat sed ab illo et in eo vere sustentetur et gestetur* (Syn. pur Theol. Leiden 1624 *Disp.* 25, 4). Man sieht, daß dieses Theologumenon in Ordnung ist, wenn man darauf achtet, daß sein negativer Satz nur die Abgrenzung des positiven ist: Weil der Mensch Jesus durch das Wort Gottes wurde und ist, darum wurde und ist er nur durch das Wort Gottes. Weil er der Sohn Gottes ist, darum ist er nur als solcher wirklicher Mensch (vgl. K. D. I, 2 S. 178 f.).

5. Eben weil hier aber das Geschöpf dadurch ausgezeichnet ist, daß es in der Herrschaft Gottes, in der Identität mit dem göttlichen Subjekt existiert, ist es dem göttlichen Tun gegenüber und also in seinem Verhältnis zu der in ihm sich ereignenden Geschichte der göttlichen Errettung kein neutrales Wesen. Seine Selbständigkeit ist ja eben die des ewig und allmächtig, total und allein errettenden Gottes. Wie könnte sie da Neutralität bedeuten? So ist das Geschöpf hier nicht Gegenstand der göttlichen Rettung: von einer ihm zuteil werdenden Gnade Gottes kann jedenfalls nicht in dem Sinn die Rede sein, daß es ihrer bedürftig wäre, sondern nur in dem Sinn, daß es selber die tätige Gnade Gottes sein darf. So ist es auch nicht bloß der Ort, die Wohnung, der Raum dieser Rettung: denn damit, daß Gott in ihm wohnt, ist Gottes Werk schon in vollem Gang; die göttliche Rettung kommt, indem sie in ihm Wohnung nimmt; das Reich Gottes bricht an, indem der Mensch — dieser Mensch — auf dem Plane ist. So ist dieses Geschöpf auch nicht bloßes Werkzeug der göttlichen Hilfe: daß Gott durch dieses Geschöpf allen und jedem Menschen hilft, heißt ja nicht, daß er sich dieses Geschöpfs bloß bedient, daß er es bloß benützt, daß er bloß darüber verfügt zu diesem Zwecke. Was dieses Geschöpf **ist** und was es **tut**, was Gott **durch** dieses Geschöpf und was er **in ihm** tut, das kann eben darum, weil es im Worte Gottes ist, nicht auseinandergehalten werden. Ein Rekurs von ihm weg auf das, was es ausrichtet, ist unmöglich. «Es ist kein Helfer außer dir.» Und so gibt es — und das interessiert uns hier — auch keinen Rekurs von dem, was es ausrichtet, zurück auf ihn selbst, keinen Rückgriff auf sein Wesen und seine Existenz unter Abstraktion von seinem Amt und Werk, unter Absehen von dem, was Gott in ihm beschließt und vollendet. Wie die **Geschichte** der göttlichen Rettung für alle und jeden Menschen ganz und gar und ausschließlich **Er** ist, so ist **Er** ganz und gar und ausschließlich die **Geschichte** der göttlichen Rettung für alle und jeden Menschen. Der Mensch — dieser Mensch — existiert also, indem diese Geschichte geschieht. **Er ist selbst diese Geschichte.**

6. Wir fassen zusammen: Die Auszeichnung dieses Geschöpfs besteht darin, daß es **für Gott** ist. «Für Gott» heißt: für das göttliche Erret-

tungswerk und eben damit für Gottes eigene Ehre, für Gottes Freiheit und eben damit für Gottes Liebe. Das ist der Mensch: das Wesen, das für Gott ist. Damit überragt es alle anderen Geschöpfe. Als solches kennen wir jedenfalls kein anderes Geschöpf. Das macht den Menschen — diesen Menschen — zur einzigartigen Gestalt im ganzen Kosmos. Denn wie kommt das Geschöpf dazu, «für Gott» zu sein? In seiner allgemeinen, in seinen sonstigen Gestalten erkennbaren Wirklichkeit gehört es zwar zu seinem Wesen, daß Gott für das Geschöpf ist, daß es ihm alles zu verdanken hat. Es gehört aber sonst nicht zum Wesen des Geschöpfs, daß es seinerseits für Gott ist, daß es für ihn etwas zu bedeuten hat, daß er etwas von ihm erwartet, daß es zu seinem Tun und Sein irgend etwas beizutragen hat. Diese Reziprozität ist des Menschen — wir müssen freilich auch hier sagen: dieses Menschen — Vorrecht. Und es gehört nicht nur zum Wesen, sondern es macht dieses Menschen Wesen aus, es besteht dieses Menschen Wesen ganz und gar darin, für Gott zu sein. Er ist ja nicht für nichts und er ist auch nicht für sich selbst Mensch. Er ist Mensch, damit in ihm Gottes Werk geschehe, Gottes Reich komme, Gottes Wort laut werde. Der Sinn der in seiner Existenz stattfindenden Gegenwart und Offenbarung Gottes wird also auch zu seinem eigenen Sinn. Und umgekehrt: der Sinn seiner eigenen Existenz besteht darin, dem Sinn der in ihm stattfindenden Gegenwart und Offenbarung Gottes gerecht zu werden. So ist der Grund des menschlichen Seins zugleich sein Telos, so ist der Mensch von Gott her in Gott — und eben darum für Gott. Wir reden nicht von einem Prädikat, das er haben kann, das ihm aber vielleicht auch fehlen könnte. Der Mensch ist wesenhaft für Gott, weil er wesenhaft von Gott her und in Gott ist. Wir reden vom Menschen Jesus, wenn wir das sagen. Wir werden vom Menschen überhaupt und als solchem nicht einfach dasselbe sagen können. Wir würden aber auch vom Menschen überhaupt und als solchem nicht angemessen reden können, wenn wir uns nicht zunächst darüber vergewissert hätten, daß das Wesen des Menschen, wenn wir es in dem Menschen Jesus anschauen, darin besteht, daß er für Gott ist.

2. PHÄNOMENE DES MENSCHLICHEN

Wir nähern uns nun von dieser ersten christologischen Grundlegung her einer ersten Bestimmung des Wesens des Menschen überhaupt und im Allgemeinen. Mehr als eine Grundlegung konnte unsere Beantwortung der Frage nach dem Wesen des Menschen Jesus nicht sein. Anthropologie kann nicht Christologie, Christologie kann nicht Anthropologie sein. Wir erinnern uns ja: zwischen dem Menschen Jesus und uns anderen Menschen steht nicht nur das Geheimnis unserer Sünde, sondern vor allem und entscheidend das Geheimnis seiner Identität mit Gott. Anders als in dieser

Identität ist er auch als Mensch unmöglich zu verstehen. Und wiederum können wir uns selbst unmöglich in dieser Identität verstehen. Wir stehen hier vor dem unaufhebbaren Unterschied zwischen ihm und uns. Von einer direkten Erkenntnis des Wesens des Menschen überhaupt und im Allgemeinen aus dem Wesen des Menschen Jesus kann darum keine Rede sein. Wohl aber könnte, wer und was wir sind, darin indirekt erkennbar werden, daß wir mit diesem Menschen in derselben Welt und Menschheit leben, und daß wir damit als Menschen diesem so ganz anderen Menschen gegenüber gestellt sind. Wir werden im dritten Abschnitt dieses Paragraphen auf diese entscheidende Untersuchung zurückkommen.

Uns hat aber unsere christologische Grundlegung doch schon jetzt gewisse Kriterien in die Hand gegeben. Wir bedürfen ihrer zur richtigen Stellung schon der Frage nach dem Wesen des Menschen. In welche Richtung wir dabei zu blicken haben, das versteht sich ja nicht von selbst. Wir könnten uns ja schon in der Fragestellung irren. Wir könnten ja den Menschen überhaupt und im Allgemeinen ganz anderswo suchen wollen als in seinem Gegenüber zu dem Menschen Jesu. Wir könnten uns ja verlocken lassen, ihn in gewissen Abstraktionen zu suchen. Was der Mensch von sich aus über sich selbst zu wissen und aussagen zu können meint, das läuft auf solche Abstraktionen hinaus. Wir stehen von daher einem ganzen, großen Angebot von solchen Abstraktionen gegenüber. Ihnen gegenüber werden wir uns abzugrenzen und zu sichern haben. Eben mit dieser Abgrenzung beschäftigen wir uns in diesem zweiten Abschnitt. Er wird also kritischen Charakter haben. Eben zum Vollzug der hier nötigen Abgrenzung haben wir aber Gesichtspunkte, Maßstäbe, Kriterien nötig. Wir müssen die Mindestforderungen kennen, die an einen theologisch brauchbaren Begriff des Menschen unter allen Umständen zu stellen sind. Wir müssen wissen, in welchen Punkten wir uns, wenn wir theologisch nach dem Wesen des Menschen fragen wollen, von seiten derer, die ihn anderswoher, als es uns erlaubt ist, zu kennen meinen, unter keinen Umständen zu einem billigeren Angebot veranlassen lassen dürfen. Eben diese Mindestforderungen oder Kriterien sind uns nun aber durch unsere christologische Grundlegung bereits an die Hand gegeben.

Wir stellen den unaufhebbaren Unterschied zwischen dem Menschen Jesus und uns Anderen nicht in Frage, wenn wir im Rückblick auf jene Grundlegung zunächst die allgemeinste Voraussetzung für die Frage nach dem Wesen des Menschen überhaupt dahin fixieren, daß es auf alle Fälle als ein von Haus aus in irgend einer Beziehung zu Gott stehendes Wesen verstanden werden muß. Sie wird eine andere Beziehung zu Gott sein als die, die wir im Wesen des Menschen Jesus gefunden haben. Sie wird aber in ihrer Weise nicht minder prinzipiell und radikal sein können. Wir werden den Menschen jedenfalls nicht als einen in sich geschlossenen Kreis von Wirklichkeit und auch nicht bloß in irgend einer Öffnung und

Beziehung nach außen, und auch nicht bloß in irgend einer Öffnung und Beziehung zu einem Teil oder zum Ganzen des von Gott verschiedenen Kosmos, sondern wir werden ihn als geöffnet und bezogen zu Gott hin zu sehen und zu verstehen haben. Und wir werden sein Verhältnis zu Gott nicht als eine zufällige, kontingente und vorübergehende, sondern als eine notwendige und konstante Bestimmung seines Wesens interpretieren müssen, so also, daß von einer Anschauung und von einem Begriff des Menschen, in welchen die Anschauung und der Begriff Gottes nicht mitgesetzt wäre, zum vornherein keine Rede sein können wird. Den real gottlosen Menschen werden wir nie und nimmer als den wirklichen Menschen anerkennen können. Zwischen dem Menschen Jesus und uns anderen müßte sonst nicht nur teilweise, sondern totale Ungleichheit bestehen. Gibt es hier bei aller Ungleichheit auch ein Gleiches, ist er nicht nur anders Mensch als wir, sondern nun doch desselben menschlichen Wesens teilhaftig, das auch das unsrige ist, und ist es für das menschliche Wesen in ihm konstitutiv, daß er der Sohn Gottes und als solcher Mensch ist, dann ist das eben der Inbegriff aller Minimalforderungen, die wir an die Anschauung und den Begriff des wirklichen Menschen zu stellen haben: daß ohne Gott auch er nicht zu sehen und zu begreifen ist. «Nicht ohne Gott» will sagen: daß Erkenntnis des Menschen als solche die Erkenntnis Gottes in sich schließt und nach sich zieht — und wiederum: daß Erkenntnis des Menschen nur von der Erkenntnis Gottes her möglich ist und zustande kommt.

Die doppelte Formulierung dieses letzten Satzes ist eine Wiederholung der beiden Thesen, in denen Calvin den Inhalt des Eingangskapitels seiner *Institutio* zusammengefaßt hat. Das Kapitel trägt die Überschrift: *Dei notitia et nostri res esse coniunctas, et quomodo inter se cohaereant*: Gotteserkenntnis und Erkenntnis des Menschen bedingen sich gegenseitig und sie hängen in der Weise unter sich zusammen, daß die Erkenntnis Gottes der Erkenntnis des Menschen vorangehen muß. Die erste These lautet: *Se nemo aspicere potest, quin ad Dei, in quo vivit et movetur, intuitum sensus suos protinus convertat: quia minime obscurum est, dotes quibus pollemus, nequaquam a nobis esse; immo ne id quidem ipsum, quod sumus, aliud esse quam in uno Deo subsistentiam* (I, 1 ,1). Die zweite These lautet: *hominem in puram sui notitiam nunquam pervenire constat, nisi prius Dei faciem sit contemplatus atque ex illius intuitu ad seipsum inspiciendum descendat* (I, 1, 2). Die Darlegung Calvins ist insofern nicht ohne weiteres zwingend und befriedigend, als man bei ihm nicht so recht erfährt, von woher das Alles nun eigentlich gesagt ist. Wer ist der Mensch, von dem zu sagen ist, daß sein menschliches Wesen nicht anderswoher als von Gott aus verständlich zu machen und dessen Existenz nur als ein Subsistieren in Gott zu erklären ist? Und wer ist andererseits der Gott, dessen Erkenntnis zur Erkenntnis des Menschen so unbedingt erforderlich ist? Wir können die Sätze Calvins nicht aufnehmen, ohne sie aus dem leeren, etwas spekulativ ausschauenden Raum, in welchem sie bei ihm stehen, herunter zu holen und auf den festen Boden der Erkenntnis Jesu Christi zurückzuverpflanzen, auf dem sie ja faktisch auch bei Calvin gewachsen sind. Aber sie sind an sich richtig, und so sollen sie hier in aller Form aufgenommen sein.

Wir sind nun aber von unserer Grundlegung aus in der Lage, über die Kriterien zur Bestimmung des Wesens des Menschen im Rahmen jener allgemeinsten Voraussetzung Präziseres zu sagen. Wir können nämlich in den sechs Punkten, in denen wir die Übersicht über unsere christologische Grundlegung sichtbar gemacht haben, ohne weiteres die sechs Punkte erkennen, die miteinander vollständig und sauber die Grenze ergeben, über die wir uns bei einer theologischen Bestimmung des Wesens des Menschen auf keinen Fall zurückdrängen lassen dürfen:

1. Ist es bei dem Menschen Jesus so, daß wir es in seinem menschlichen Sein unmittelbar und direkt auch mit dem Sein Gottes zu tun haben, dann muß — wenn zwischen diesem Menschen und uns Anderen bei aller Ungleichheit auch Gleichheit besteht — jeder Mensch als solcher jedenfalls mittelbar und indirekt, jedenfalls, sofern er bedingt ist durch die Priorität des Wesens jenes einen Menschen — in seiner Zugehörigkeit zu Gott verstanden, er muß dann von Gott her, und es muß vor allem Gott als zu ihm hin gesehen werden.

2. Ist es bei dem Menschen Jesus so, daß die in ihm stattfindende Gegenwart und Offenbarung Gottes die Geschichte der Errettung aller und jedes Menschen ist, dann muß — wenn zwischen ihm und uns eine Gleichheit besteht — jeder Mensch als solcher jedenfalls ein solches Wesen sein, das dadurch bestimmt ist, daß ihn diese Geschichte angeht, es muß dann jeder Mensch als solcher jedenfalls auch in einer Geschichte, und zwar in einer solchen Geschichte existieren und sein Wesen haben, die zu der in dem Menschen Jesus sich ereignenden göttlichen Errettung in irgend einer festen und erkennbaren Beziehung steht.

3. Ist es bei dem Menschen Jesus so, daß es bei dem in ihm stattfindenden göttlichen Handeln zugunsten aller und jedes Menschen zugleich um die Freiheit, Souveränität und Ehre Gottes geht, dann muß — wenn es hier bei aller Ungleichheit auch Gleichheit gibt — jedes Menschen Wesen, sofern ihn jene Geschichte ja wesenhaft angeht, ein solches sein, das sich nicht Selbstzweck ist, das vielmehr in der Ehre Gottes (eben darin, daß es an jener Geschichte teilnehmen darf) seine eigentliche Bestimmung hat.

4. Ist es bei dem Menschen Jesus so, daß er in der Herrschaft, nämlich im Vollzug der Herrschaft Gottes existiert, nicht anders (nicht irgendwo außerhalb dieses Geschehens!), dann muß — wenn es hier auch Gleichheit gibt — von jedem Menschen als solchem dies zu sagen sein: daß es ihm wesenhaft eigentümlich ist, daß, indem er existiert, Gott über ihm ist als sein Herr, er selbst unter der Herrschaft Gottes steht. Was immer seine Freiheit sei — in der Freiheit, der Herrschaft Gottes zu entlaufen, wird sie nicht bestehen können.

5. Ist es bei dem Menschen Jesus so, daß sein Wesen ganz und gar in der Geschichte besteht, in welcher Gott als des Menschen Retter tätig ist, dann muß — wenn hier Gleichheit ist — auch jedes Menschen Wesen in dieser Geschichte bestehen. Sein Tun nicht nur, sondern auch sein Sein in seiner

Teilnahme an dem, was Gott für ihn tut und ist, seine **Freiheit** besteht dann in seiner Freiheit, **sich für Gott zu entscheiden**: für das, was Gott in dieser Geschichte für ihn tun und sein will. Gerade die eigene Aktion des wirklichen Menschen kann dann nur von daher verstanden werden, daß sie der göttlichen Aktion zu seinen Gunsten entsprechen, daß sie der ihm zugewendeten Gnade gerecht werden darf.

6. Ist der Mensch Jesus für Gott, überragt er alle anderen Geschöpfe darin, daß er nur ist, damit in ihm Gottes Werk geschehe, Gottes Reich komme, Gottes Wort laut werde, dann kann — wenn es hier auch nur die geringste Gleichheit gibt — das Wesen keines anderen Menschen abgesehen davon verstanden werden, daß auch seine Existenz (gerade als aktive Teilnahme an dem, was Gott für ihn tut und ist!) ein Geschehen ist, in welchem er **Gottesdienst** darbringt, in welchem er seinerseits darum für Gott ist, weil Gott sich ihm zuerst verpflichten wollte, eben damit aber konsequent auch ihn sich verpflichtet hat.

Das auf alle Fälle wird die Grenze sein, innerhalb derer wir uns bei der Auffindung eines theologischen Begriffs vom Menschen zu bewegen haben werden.

Diesen Begriff selbst haben wir damit noch nicht erreicht. Ihn werden wir nicht so verhältnismäßig einfach aus dem Wesen dieses Menschen Jesu ablesen können. Ihn werden wir nur finden, indem wir den Menschen als solchen, indem wir uns selbst dem Menschen Jesus **gegenüberstellen**, indem wir uns fragen, was sich für den Menschen, für uns selbst, daraus ergibt, daß es außer allen anderen Menschen und in ihrer Mitte auch den Menschen Jesus gibt.

Aber was wir genannt haben, das sind die **Mindestforderungen**, an denen wir allen anderswoher begründeten Auffassungen vom Wesen des Menschen gegenüber unter allen Umständen festhalten müssen, die **Kriterien**, an denen wir sie zu messen haben, die Lichter, in deren Schein es allein möglich sein wird, jene vielleicht doch auch positiv zu würdigen. Es könnte ja sein, daß wir das, auf was diese anderen Auffassungen hinweisen, zwar als das wahre Wesen des wirklichen Menschen nicht gelten lassen können, daß wir aber **Phänomene des Menschlichen** (des auf unserem, dem theologischen, Weg zu erforschenden Menschlichen!) doch auch in dem wahrnehmen können und dann auch müssen, auf was wir durch jene anderen Auffassungen hingewiesen werden. Aber wie dem auch sei: die gewisse Übersicht über das Wesen des Menschen Jesus, die wir uns in unserer Grundlegung zu verschaffen versuchten, gibt uns nun auch die Übersicht, die wir nötig haben, um uns zwischen jenen anderen Auffassungen zurecht zu finden.

Wir beginnen mit einer allgemeinen Abgrenzung: Jede solche Bestimmung des menschlichen Wesens könnte uns für das, wonach wir hier fragen müssen, jedenfalls noch nicht genügen, in welcher es sich doch nur um eine Festlegung und Beschreibung der unserer Anschauung und unserem Denken von uns selbst aus zugänglichen und von uns selbst aus erkannten Eigentümlichkeiten des Wesens handeln würde, das der Mensch selbst für das Wesen von seinesgleichen und also für das Wesen des Menschen halten zu sollen meint. Menschliche Selbsterkenntnis auf dieser Basis muß von allen unseren Kriterien her als ein Zirkel bezeichnet werden, in welchem wir an den wirklichen Menschen niemals herankommen können. Das eben steht ja für uns in Frage: wer denn der Mensch ist, der sich selber erkennen will, sich selber erkennen zu können meint? Wie kommt er auf die Plattform, von der her er sich selber zu sehen glaubt? Was ist das für eine Plattform und was wird das für eine Erkenntnis sein, die er sich von daher von sich selbst verschaffen wird? Er, der dabei die Erkenntnis Gottes aus irgend einem Grund abblenden, sich selbst anders als von Gott her, der im Blick auf sich selbst aus irgend einem Grund nur sich selbst und nicht auch Gott sehen will? Wer ist der Mensch, der, um sich selbst zu erkennen, zunächst davon absehen will, daß er zu Gott gehört, daß er ist, indem er zu Gottes Werk in Beziehung steht, daß er zur Ehre Gottes ist, unter seiner Herrschaft und in seinem Dienst? Wer ist der Mensch, der von dem allem abstrahieren zu können meint? Der wirkliche Mensch kann davon nicht abstrahieren. Es ist nur der Schattenmensch, der sich das leistet, der sich selbst von sich aus erkennen zu können meint. Wir trauen es diesem Schattenmenschen von vornherein nicht zu, daß, was er erkennen wird, der wirkliche Mensch sein wird. Und so können wir in dem, was er zu erkennen vorgibt, tatsächlich nur wieder ihn selbst, den Schattenmenschen, den wirklichen Menschen aber gar nicht erkennen. Daß er etwas sieht und begreift, was möglicherweise das Wesen des wirklichen Menschen anzeigt, können und wollen wir ihm nicht abstreiten. Warum sollte es nicht bestimmte Phänomene im Bild des Kosmos geben, in denen der, der den wirklichen Menschen kennte, Symptome des wirklich Menschlichen wieder erkennen würde? Aber wenn er nun den wirklichen Menschen gar nicht kennt? Wenn er ihn gar nicht kennen kann, weil er sich der Erkenntnis Gottes als der Voraussetzung der Erkenntnis des Menschen zum vornherein entzogen, weil er sich zum vornherein darauf eingestellt hat, sich selber für das Maß des Wirklichen zu halten und also den Menschen in dem ihm zugänglichen und durchsichtigen Phänomen des Menschlichen zu sehen und verstehen zu wollen? Dann wird er eben diese Phänomene aneinanderreihen, sie vielleicht auch systematisch unter sich zu verbinden versuchen. Er wird dann der Meinung sein, in ihrer Summe oder in ihrem System den wirklichen Menschen vor Augen zu bekommen und darstellen zu können. Das wird ihm aber nicht gelingen. Und mit dem wirklichen Menschen werden ihm dann auch die Symptome des wirklich Menschlichen entgehen, die er in jenen Phänomenen zwar objektiv vor sich hat, die er aber, nachdem er sie dazu mißbraucht hat, sich den wirklichen Menschen zu verdecken, als dessen Symptome nicht mehr zu deuten weiß. Den wirklichen Menschen muß ja gesehen haben, wer seine Symptome als solche verstehen, wer sich nicht etwa dazu verurteilen will, sich durch die ihm zugänglichen und durchsichtigen Phänomene in die Irre führen zu lassen. Denn die Phänomene als solche sind neutral, relativ, zweideutig. Sie können in verschiedene Richtungen zeigen. Sie können Symptome des wirklichen Menschen sein oder auch nicht sein. Sie sind es nur dem, der diesen schon kennt und der sie von daher zu deuten weiß. Sie selbst als solche vermitteln keine Erkenntnis des wirklichen Menschen. So sind zunächst alle zur Beantwortung unserer Frage nicht genügenden Antworten dadurch charakterisiert, daß sie von irgendeiner uns zwar zugänglichen und durchsichtigen, aber leider dem wirklichen Wesen des Menschen gegenüber indifferenten menschlichen Eigentümlichkeit reden. Sie reden alle irgendwie über den Menschen, alle nicht vom Menschen. Sie reden tatsächlich alle vom Schattenmenschen, d. h. von gewissen menschlichen Merkmalen, in denen zwar jeder die Merkmale auch seines menschlichen Wesens, in denen aber niemand sich selbst, seine wirkliche menschliche Existenz, wiederfinden wird. Sie reden von lauter Messern ohne Schneide, von lauter Henkeln ohne Topf, von lauter Prädikaten ohne Subjekt. Die Eigenmächtigkeit lohnt sich nicht, die Gott bei der Erforschung des Menschen auch nur vorläufig beiseite schieben, die die Frage nach des Menschen Verhältnis zu Gott und vor allem die Frage nach dem Verhalten Gottes zum Menschen und also die Frage nach der in diesem göttlichen Verhalten begründeten menschlichen Geschichte als eine *cura posterior* behandeln und also offen lassen möchte. Diese Eigenmächtigkeit rächt sich vielmehr notwendig darin, daß der wirkliche Mensch sich ihrem Zugriff gegenüber gewissermaßen zurückzieht, sie mit jenen bloßen Phänomenen in der Hand stehen läßt und ihr nicht einmal erlaubt, auch nur jene Phänomene richtig, d. h. als seine Symptome zu würdigen. Wir würden darum schlecht beraten sein, wenn wir uns dieser Eigenmächtigkeit verschreiben und also das Wesen des Menschen in jenem Zirkel suchen würden, wo der Mensch im Blick auf die ihm zugängliche und durchsichtige menschliche Eigentümlichkeit sich selbst zu sehen und verstehen zu können meint.

Wir veranschaulichen uns die Schwierigkeit, in die man in diesem Zirkel gerät, an einem klassischen Beispiel.

Polan (*Synth. Theol. chr.* 1609 col. 1987) beginnt seine theologische Anthropologie (*Contemplatio theologica hominis*) mit der lapidaren aristotelischen Definition: *Homo est animal ratione praeditum*. Er erklärt sie wie folgt: Der Mensch gehört zum Genus *animal*, d. h. er ist eine *substantia corpore organico et anima vegetante atque sentiente et loco movente constans*. Die spezifische Differenz, in der er sich von anderen animalischen Wesen unterscheidet, besteht aber darin, daß er mit Vernunft begabt ist, wobei unter Vernunft zu verstehen ist: die *vis intellectus, qua is* λογίζεται, *ratiocinatur et discurrit, hoc est ex uno aliud vel aliud post aliud ordinat*. Das *opus seu officium* der Vernunft bestehe also im *discursus*, d. h. in der Schnelligkeit, in der sich seine Seele vom Einen zum Anderen bewege: von der Ursache zu den Wirkungen, von den Wirkungen zu den Ursachen und so zur Erkenntnis aller Dinge. Diese *vis intellectus* sei keinem anderen animalischen Wesen gegeben, und daraus sei die Auszeichnung und Besonderheit des Menschen allen anderen animalischen Wesen und also allen anderen Wesen überhaupt gegenüber zu ersehen.

Wer wollte bestreiten, daß etwas von den Phänomenen menschlicher Eigentümlichkeit in dieser Definition richtig gesehen und wiedergegeben ist? Daß der Mensch ein animalisches Wesen ist und daß er als solches in der Verbindung eines organischen Körpers mit einer lebendigen Seele besteht, die aber im Unterschied zu der Seele anderer animalischer Wesen mit Vernunft begabt ist, die jedenfalls auch als *vis intellectus*, als Denk- und Erkenntnisfähigkeit und deren Tätigkeit jedenfalls auch als jene *celeritas animae* in ihrem Lauf von den Ursachen zu den Wirkungen und umgekehrt beschrieben werden kann — das kann man sicher so sehen und sagen. Und in derselben Richtung wäre gewiß auch noch mehr zu sehen und zu sagen. Die einseitige Herausbildung gerade der *vis intellectus* bedarf ja sicher der Ergänzung. Und es ist sicher nicht selbstverständlich, daß der Subjektbegriff dieser Definition nun gerade der Begriff *animal* ist, die menschliche *ratio* also nur im Prädikat, nur als eine Art Beigabe zu dem in der Hauptsache animalischen Wesen des Menschen erscheinen kann. Der Naturalismus dieses Subjektbegriffs und dann doch auch der Intellektualismus jenes Vernunftbegriffs konnten und mußten später böse Früchte zeitigen. Aber Polans Definition könnte verbessert werden, ohne darum im entscheidenden Punkt annehmbarer zu werden. Was hat sie mit der versprochenen *contemplatio theologica hominis* zu tun? Das ist die Frage. Wo sind hier jene beiden calvinischen Grundregeln zur Erkenntnis des Menschen hingekommen? Es ist ja deutlich, daß der Mensch hier definiert wird, als ob es ein Verhalten Gottes zu ihm gar nicht gäbe, als ob er in einer von daher begründeten Geschichte gar nicht existierte, als ob alles, was in dieser Hinsicht von ihm zu sagen ist, wirklich Sache einer *cura posterior* wäre. Mit der Philosophie und Naturwissenschaft seiner Zeit hat sich Polan mit seiner Definition allerdings auf einen gemeinsamen Diskussionsboden, aber eben damit auch in denselben beschränkten Diskussionsraum gestellt. Er meint ihn allerdings nachher doch erweitern zu sollen und zu können. Er hat nachher selbstverständlich nicht versäumt, das *animal ratione praeditum* zum Gegenstand hochtheologischer Erörterungen zu machen, Gott als seinen Schöpfer und Herrn zu bezeichnen, die Beziehung zu ihm sogar in einer ausführlichen allegorischen Erklärung des menschlichen Körpers und natürlich auch in der Beschreibung seiner vernunftbegabten Seele zur Darstellung zu bringen. Er hat von der in Gott begründeten und auf Gott bezogenen Bestimmung des Menschen natürlich nicht geschwiegen und auch die ihr zugrunde liegende Lehre von des Menschen Gottebenbildlichkeit mit allem nötigen Ernst vorgetragen. Es ist aber klar, daß er — und er stand dabei von ferne nicht allein — das Alles in das *animal ratione praeditum* nachträglich hineininterpretieren mußte. Und daß er mit dieser Definiton des Menschen zu der Vermutung förmlich eingeladen hatte, daß diese Interpretation nachträglich sein und allenfalls auch unterlassen werden könnte! Andere haben sie in aller Stille schon damals, und viele andere haben sie später in aller Öffentlichkeit unterlassen. Vom Begriff des animalischen Wesens und vom Begriff der Vernunft führt nun einmal kein notwendiger Weg zu Gott und darum auch kein notwendiger Weg zurück zum Menschen als einem auf Gott bezogenen Wesen. Daß die Beziehung zu Gott zum Wesen des Menschen gehört, das mußte mit seiner Definition gesagt werden, wenn jene Interpretation glaubwürdig sein sollte. Und indem Polan dies unterließ, konnte seine Definition auch unmöglich vom wirklichen Menschen reden. Sie zeigt tatsächlich nur auf Möglichkeiten. Der wirkliche Mensch existiert, ob als animalisches oder ob als rationales Wesen in einer bestimmten, in Gottes Verhalten zu ihm begründeten Geschichte. Was er nicht im Geschehen dieser Geschichte ist, das ist nicht er, das ist eben nur der Schattenmensch. Daß er animalisches und rationales Wesen ist, das macht ihn noch nicht zum wirklichen Menschen. Das ist zwar, wenn es von jener Geschichte her gesehen wird, Symptom des Menschlichen, das ist aber, wenn es nicht von jener Geschichte her gesehen wird, ein indifferentes Phänomen, als solches gewiß feststellbar und beachtlich, als solches aber kein Licht, in welchem das wirkliche Wesen des Menschen auch nur im geringsten hell würde. Das Phänomen *animal ratione praeditum* kann wirklich auch ganz anders gedeutet werden, als es Polan und vor, neben und nach ihm so viele Andere in guten Treuen und bester Absicht gedeutet haben. Das *animal ratione praeditum* für sich ist ein Gespenst. Die Absicht solcher Definition war und ist ja klar. Man wollte und will damit vom wirklichen Menschen zunächst das Allgemeinste sagen, um von da aus in sicheren Schritten zum Besonderen zu kommen. Man übersah und übersieht aber dabei, daß gerade das Besonderste des Menschen, nämlich seine Existenz in der in Gottes Verhalten zu ihm begründeten Geschichte, das wahrhaft Allgemeinste, das Entscheidende ist, das von ihm zu sagen ist: das Allgemeinste, in welchem dann sofort auch der wirkliche Mensch sichtbar wird, während man mit einem Allgemeinsten, das man damit gewinnt, daß man des Menschen Beziehung zu Gott als eine Besonderheit unter anderen und also als *cura posterior* behandelt und also in der Definition zunächst unter den Tisch fallen läßt, nur ins Leere und niemals auf den wirklichen Menschen zeigen kann.

Die ganze Schwierigkeit eines eigenmächtigen, d. h. eines eigenmächtig vom Menschen her auf den Menschen blickenden Fragens nach dem Wesen des Menschen zeigt sich dann, wenn man sich klar macht, daß es sich bei dieser Frage notwendig sofort um das Spezifische des Menschen, d. h. aber um seine Besonderheit unter den übrigen Geschöpfen des Kosmos handelt. Der wirkliche Mensch, nach dem gefragt ist, muß ja offenbar das Wesen sein, das sich als Mensch von den anderen Wesen unterscheidet, das bei aller vielleicht vorliegenden Beziehung und Verwandtschaft zu jenen, bei aller vielleicht aufzuweisenden Gemeinsamkeit mit ihrem Wesen der Mensch und nur der Mensch und also mit jenen nicht zu verwechseln ist. Der wirkliche Mensch kann nicht in seiner Umwelt verschwimmen, er kann sich nicht zu ihren Gunsten auflösen und ihresgleichen werden. Täte er es, könnte er es auch nur, so würde er eben damit aufhören, der wirkliche Mensch zu sein. Er ist dieses Geschöpf und als solches kein anderes, als solches auch nicht bloß Bestandteil einer geschöpflichen Gesamtwirklichkeit. Er ist, indem er dieser angehört, seinem Mitgeschöpf gegenüber auf bestimmten Linien abgegrenzt.

Daß er das ist, wird sofort klar, wenn man ihn zum vornherein in der in Gottes Verhalten zu ihm begründeten Geschichte sieht. Es bedarf dazu durchaus keines uns nicht zustehenden abschätzigen Urteils über irgend eine unserer Mitkreaturen: wir wissen nicht, welches Verhalten sich Gott ihnen gegenüber vorbehalten hat, welches also auch ihre entscheidende Besonderheit innerhalb des gesamten Kosmos sein mag; wir sind also nicht in der Lage, ihr eine solche zuzusprechen oder abzusprechen. Wir können und müssen sie als unsere Mitkreaturen im Blick auf das Geheimnis, mit dem Gott sie uns gegenüber umgeben hat, in Ehrfurcht gelten lassen. Wir sind aber durch die in Gottes Verhalten zu uns, zum Menschen begründete Geschichte aller anderen Kreatur gegenüber klar beiseite genommen: es ist das menschliche Wesen, indem es in dieser Geschichte ist, allen anderen Wesen gegenüber klar ausgesondert und ausgezeichnet.

Wie aber, wenn man darauf bei der Frage nach dem Wesen des Menschen aus irgendwelchen Gründen vorläufig oder endgültig keine Rücksicht nehmen will? Wie aber, wenn man der Besonderheit des Menschen im Kosmos damit ansichtig zu werden hofft, daß man sich wieder auf jene zweifelhafte Plattform begibt, von wo aus der Mensch sich selber von sich aus sehen und also definieren — definieren heißt ja abgrenzen! — zu können meint? Was er von da aus sehen wird, das wird ja wieder seine gewisse Eigentümlichkeit unter anderen Wesen sein, gewisse Phänomene des Menschlichen, durch deren größere oder geringere Verschiedenheit von anderen Phänomenen er sich davon überzeugen lassen muß und vielleicht auch wird, daß sie ihn selbst, den wirklichen Menschen, und also die Verschiedenheit seines Wesens von anderen Wesen sichtbar machen. Warum sollte diese Überzeugung nicht richtig sein? Warum sollten jene Phänomene nicht Symptome des Menschlichen sein und also jene Verschiedenheit in der Tat sichtbar machen? Aber daß sie uns solche Symptome s i n d, das hängt offenbar davon ab, daß wir den wirklichen Menschen schon s e h e n und k e n n e n. Nur die uns schon bekannte Hervorhebung des Menschen unter anderen Wesen kann uns durch seine Phänomene angezeigt — bestätigend angezeigt — werden. Die Phänomene als solche aber sind stumm. Sie sind als solche noch keine Symptome. Noch einmal: sie sind neutral, relativ, vieldeutig. Sie sind als Phänomene indifferent. Sie können an sich ebensowohl auf eine wesentliche E i n h e i t des Menschen mit der ihn umgebenden sonstigen Wirklichkeit wie auf seine B e s o n d e r h e i t ihr gegenüber hinzeigen, sie können also vom wirklichen Menschen ebensowohl weg- wie auf ihn hinweisen. Wir leugnen damit nicht, daß das Studium dieser Phänomene naheliegend, interessant, wichtig und berechtigt ist. Was dem Einen nur Phänomen ist, könnte dem Anderen ja zum Symptom werden. Wie sollen wir, indem wir die Besonderheit des menschlichen Wesens zu erkennen meinen, dem Versuch wehren wollen, diese auch auf der Ebene der menschlichen Phänomene aufzuweisen? Es kann nicht anders sein, als daß dieser Versuch immer wieder gemacht werden wird. Und es kann durchaus so sein, daß seine Ergebnisse auch für uns bedeutsam und lehrreich sind. Aber die Belehrung, von der wir hier ausgehen könnten, die wirkliche D e f i n i t i o n des Menschen nämlich, können wir von diesem Versuch n i c h t erwarten. Und die wirkliche Definition des Menschen, der unzweideutige, endgültig haltbare Aufweis seiner Verschiedenheit gegenüber seiner Mitkreatur ist denn auch noch nie das Ergebnis dieses Versuchs gewesen. Was auf den verschiedenen Wegen dieses Versuchs mehr oder weniger richtig gesehen und mit mehr oder weniger Genauigkeit dargestellt werden kann, das ist doch nur die relative Eigenart des menschlichen Wesens. Man kann diese wohl abgrenzen gegenüber der Eigenart anderer Wesen. Man kann sie wohl verteidigen gegen den Versuch, sie zu nivellieren. Man wird das doch nicht tun können, ohne sie mit der Eigenart anderer Wesen nun doch auch zu vergleichen und damit nicht ohne leichtere oder auch schwerere Unsicherheit: ob es denn mit der Besonderheit des Menschen wirklich seine Richtigkeit haben möchte? Das Fürsichsein des Menschen, das auf den Wegen dieses Versuchs sichtbar werden kann, wird nie sein schlechthiniges Fürsichsein in der Mitte aller anderen Kreaturen sein, das ihn, wenn es sich um die Besonderheit des wirklichen Menschen handeln sollte, auszeichnen müßte. Kann auf den Wegen dieses Versuches über die menschliche Besonderheit sehr viel, so wird von ihr selbst auf diesen Wegen nichts gesagt werden können. Man kann ihrer nachträglich, in ihren Symptomen, nur dann gewahr werden, wenn man ihrer schon in der Art, in der man nach ihr fragte, Rechnung getragen hat. Was ist der Mensch, daß du sein gedenkst? Meint man an dieser Frage auch nur vorläufig vorbeisehen zu können, dann wird man sich nach zuverlässigen Unterschieden des menschlichen von anderen Wesen vergeblich umsehen.

Die Frage nach dem Wesen des Menschen in diesem Sinn: als Frage nach dem spezifisch menschlichen Wesen inmitten der übrigen Wesen des Kosmos ist in der Theologie der Neuzeit eine Grundfrage der sog. Apologetik geworden. Merkwürdig und interessant genug: Auf den Beweis und auf die Beweise der besonderen Existenz eines von der Welt verschiedenen Gottes hatte man längst verzichten gelernt. Hätte dieser Verzicht nur gute Gründe gehabt! Wäre er doch deshalb erfolgt, weil man auf Grund von Gottes Selbstbeweis in seinem Wort und Werk keiner von uns aus zu führenden Gottesbeweise bedurfte! Wäre er doch nicht deshalb erfolgt, weil man jenen göttlichen Selbstbeweis nicht mehr so recht kannte und darum an Gott als Gott, an seine von der Existenz der Welt verschiedene Existenz nicht mehr so recht glauben wollte, darum dann auch nicht mehr so recht wußte, was hier eigentlich zu beweisen sein sollte! Man hatte aber unterdessen unter der entscheidenden Führung Schleiermachers auf der ganzen Linie die Entdeckung gemacht, daß das eigentliche Thema der Theologie in der menschlichen Religion und Frömmigkeit, in ihren Aussagen über sich selber bestehe. Man hatte sich unterdessen daran gewöhnt, bei der Vokabel «Gott» an einen bloßen «Objektgehalt» des frommen menschlichen Bewußtseins zu denken. Weil man diesem «Gott» eine von der Existenz der Welt verschiedene Existenz im Ernst nicht zuschreiben konnte, darum — und im Grunde nur darum — hatte man es so leicht, die von Kant vollzogene Auflösung der alten Gottesbeweise sich gefallen zu lassen. Man hatte das doch kaum getan, man hatte also die apologetische Bemühung nach dieser Seite noch kaum fallen gelassen, als sie in der zweiten Hälfte des 19. Jahrhunderts nach der gerade entgegengesetzten Seite notwendig wurde. Es war die besondere Existenz eines von seiner Umwelt geschiedenen Menschen, die nun von einer überhand nehmenden Richtung der neueren Naturwissenschaft, bezw. von einer auf die neuere Naturwissenschaft sich begründenden Weltanschauung in Zweifel gestellt, ja bestritten

2. Phänomene des Menschlichen

wurde. Es ging offenbar nicht an, die Apologetik nun auch nach dieser Seite fallen zu lassen. Eben dahin, eben in das fromme Selbstbewußtsein des Menschen, hatte man sich ja hinsichtlich der Gottesfrage zurückgezogen und war seiner Sache sicher, sie wenigstens hier — in Form jener Unterscheidung zwischen der subjektiven Form und dem objektiven Gehalt dieses Bewußtseins — positiv beantworten zu können. Eben in dieser scheinbar festen Burg selbst sah man sich nun auf einmal auch angegriffen. Wie, wenn es, wie keine Besonderheit Gottes im Verhältnis zur Welt, so auch keine Besonderheit des Menschen im Verhältnis zu seiner Umwelt geben sollte? Eine Theologie, die zuvor guten Grund gehabt hätte, auf die Beweise Gottes zu verzichten, hätte nun gewiß ebenso guten Grund gehabt, auch auf alle Beweise des Menschen zu verzichten. Sie hätte ja erkannt, daß mit Gottes Selbstbeweis in seinem Wort auch der Beweis für des Menschen Besonderheit schon geführt ist und darum nicht noch einmal von uns aus geführt zu werden braucht. Aber die neuere Theologie, die dort mit schlechtem Grund verzichtete, konnte hier keinen auch nur ihr selbst plausiblen Grund haben, zu verzichten. Ihre positive Beantwortung der Gottesfrage hatte vielmehr so gelautet, daß sie in der Frage nach dem besonderen Wesen des Menschen eines weiteren Rückzugs nicht fähig war, sondern sich dem Gegner mit dem Rücken gegen die Wand stellen, den von der sog. «naturwissenschaftlichen Weltanschauung» geforderten Beweis also, wollte sie sich nicht selbst aufgeben, unter allen Umständen antreten mußte. Es versteht sich nach dem ganzen Ansatz und Charakter dieser Theologie von selbst, daß sie das Verhalten Gottes gegen den Menschen und also des Menschen Verhältnis zu ihm so wenig wie einst Polan in die Definition des Menschen aufgenommen hatte, daß auch sie zunächst vom Menschen her auf den Menschen hin blickend, daß auch sie, was der Mensch ist, unter Vorbehalt späterer theologischer Interpretation aus den menschlichen Phänomen ablesen wollte und ablesen zu können meinte. — Wir veranschaulichen uns das, was sie unter dieser Voraussetzung apologetisch, d. h. in der Führung der Beweise für die Besonderheit des menschlichen Wesens leisten konnte und geleistet hat, an drei Beispielen, in welchem zugleich drei geschichtliche Stufen der modernen theologischen Apologetik erkennbar sind.

Zuerst einige Mitteilungen aus der handlichen Übersicht des konservativen Greifswalder Theologen Otto Zöckler in seinem Artikel «Mensch» in der PRE[3]. Wir befinden uns in der Zeit der Hochflut der von Jean-Baptiste Lamarck, Lorenz Oken und bes. Charles Darwin begründeten, damals vor allem von Ernst Haeckel vertretenen Deszendenztheorie, genauer gesagt: Transmutationstheorie. Dem Theologen stand erschreckend, weil mit Enthusiasmus vorgetragen und mit einer Fülle von Anschauungsmaterial belegt, die Ansicht gegenüber, daß der Mensch zwar nicht Sprößling dieser oder jener heutigen Affenart sei, daß aber ein den jetzigen schmalnasigen Affengeschlechtern Afrikas und Ostindiens nahestehendes, untergegangenes Simiadengeschlecht der Vorwelt den Stamm bilde, aus dem das Menschengeschlecht unter dem Einfluß begünstigender äußerer Umstände vor Jahrtausenden sich entwickelt habe. Was hat der Theologe darauf zu antworten? Nach Zöckler das Folgende:

Es gibt doch auch ganz anders orientierte Vertreter der Naturwissenschaft. Man lasse sich durch diese darüber belehren, daß zwischen dem Schädelraum und dem Gehirngewicht der «niedersten» Menschenrassen einerseits und der «höchststehenden» Affen andererseits immerhin so bemerkenswerte Unterschiede bestehen, daß die Annahme ihres gemeinsamen Ursprungs den größten Schwierigkeiten unterliegt. Es ergibt sich auch im Fall von gewissen pathologischen Erscheinungen, wie Microcephalie, Idiotismus und dergl., keine merkliche Annäherung des Menschen an den Affentypus oder an sonstige Tierformen. Es reduziert sich auch die Wahrheit des vielberufenen «biogenetischen Grundgesetzes» darauf, daß das menschliche Embryonalleben in seinen einzelnen Phasen ein dem gewisser höherer Tiere ähnliches Aussehen und Verhalten aufweist, während von einer genauen Wiederholung niederer tierischer Daseinsformen keine Rede sein kann. Der von den Vertretern der Deszendenztheorie postulierte «Pithekanthropos» ist bis jetzt so wenig lebend als in fossilem Zustand aufgefunden, jene Kluft zwischen dem Schädelraum-Minimum beim Menschen und dem entsprechenden Maximum beim anthropoiden Affen ist noch durch keine der bisherigen Entdeckungen ausgefüllt worden. Wie denn überhaupt bis jetzt noch kein Fall von definitiver Umwandlung einer organischen Art in eine andere mit Sicherheit beobachtet worden ist. Man kann aber vor allem den psychischen Abstand, wie er zwischen dem Menschen und jedem Tier besteht, nicht genug berücksichtigen. Als Geistwesen, durch die Tatsache seiner Freiheit und seines Selbstbewußtseins repräsentiert der Mensch eine Daseinsstufe, die von allen vorausgegangenen Organismen absolut geschieden ist. Es ist vor allem des Menschen Sprachvermögen der unüberschreitbare Rubikon zwischen ihm und dem Tier. Und nur eine phantastische Naturphilosophie vermag die geistigen Vorzüge intellektueller, moralischer und religiöser Art zu nivellieren, die uns über die Tierwelt erheben. Kurz, die Menschheit läßt sich dieser nicht subsumieren, sondern bildet ein Naturreich für sich wie das Mineral-, das Pflanzen-, das Tierreich einerseits und wie die Geister- oder Engelwelt andererseits: ein Naturreich, das zugleich immer ein Reich des Geistes, das Reich der eigentlich so zu nennenden Humanität gewesen ist und sein wird, deren zivilisatorische und ethische Aufgaben ihrer Erfüllung — nicht ohne «erlösende Hilfe von oben» — von Jahrhundert zu Jahrhundert näher gebracht worden ist und dies «in einer Progression, welche neuestens geradezu einen reißenden Charakter anzunehmen begonnen hat», so daß kein Anlaß besteht, den «Glauben an einen endlichen Sieg des Guten in der Menschheit über die es hemmenden Mächte des Bösen» aufzugeben, kein Anlaß, «das Streben nach dem ihr bestimmten Ziele der Aufrichtung eines die Gesamtheit der Erdenbewohner umfassenden Reiches der höchsten Kulturentwicklung» aufhören zu lassen.

Mit zunächst viel größerer Zurückhaltung hat die Apologetik der auch in anderer Hinsicht etwas kritischer gewordenen Theologie des anhebenden 20. Jahrhunderts dasselbe Ziel zu erreichen versucht. Für Rud. Otto («Naturalistische und religiöse Weltansicht»[2] 1909, zuerst 1904 erschienen) war es mindestens eine sichere Vermutung, daß wir nicht nur mit dem von Aristoteles, Leibniz und Kant von Goethe, Schelling und Hegel vertretenen Entwicklungsgedanken, sondern über kurz oder lang auch mit der Deszendenzlehre in deren allgemeinster Form ebenso selbstverständlich rechnen werden wie mit den Kant-La Placeschen astronomischen Theorien (S. 97). Dennoch ist es auch ihm «eine gar nicht aufzugebende Grundforderung frommer Ansicht, daß der Menschengeist mehr sei denn alle Kreatur und in einer ganz anderen Ordnung als Steine, Pflanzen und Tiere» (S. 254) Otto räumt also zunächst die noch von Zöckler gehaltene Position insofern, als er erklärt, daß die Deszendenztheorie, auch wo sie den Abstammungszusammenhang als gleitend und allmählich, einheitlich und lückenlos verstehe, der frommen Weltansicht «nichts tun» könne. Diese könne vielmehr an Dubois' Affenmenschen und an Friedenthals (ohne störende Folgen mit Menschenblut geimpften!) Schimpansen, wenn auch nicht gerade mit Freude, so doch ohne Trauer Anteil nehmen (S. 105). Nichts hindere, sondern Vieles spreche ja auch im allgemeinen Rahmen der Deszendentheorie dafür, anzunehmen, daß der letzte Sprung aus der Tierheit in die Menschheit ein so weiter war, daß mit ihm ein im Verhältnis zu allem Früheren unvergleichliches Freiwerden und Reichwerden des Seelischen stattfand, durch welches dieses erst in Wahrheit zu sich selber kam und alles Vorangehende nur zu seinem Vorspiel machte (S. 102). Problematisch sei ja die Kontinuität zwischen Lebendigem und Geistigem nicht nur beim Übergang von der Tierwelt zum Menschengeschlecht im Gan-

2. Phänomene des Menschlichen

zen, sondern auch bei dem fortwährend zu beobachtenden Aufsteigen aus dem animalischen zum menschlichen Zustand in der Entwicklung jedes einzelnen Menschen auf all den Grenzen zwischen geistiger Gesundheit und Krankheit, in all den Fällen von Mißbildung und Zurückhaltung auf gehemmten Stufen der geistigen Entwicklung usw. und das auch in Beziehung auf ganze Stämme, Völker und Zeiten (S. 103). Und man habe zu bedenken, daß die spezifische Eigentümlichkeit, das Eigene und Neue der letzten und höchsten Stufe einer Abstammungsreihe durch ihren Zusammenhang mit den unteren Stufen schließlich nicht verneint, der absolute und im Verhältnis zum Vorangehenden unvergleichliche Wert einer solchen höchsten Gestalt durch deren Hervorgehen aus dem Unvollendeten nicht herabgedrückt, sondern vielmehr festgestellt werde (S. 104). Immerhin will Otto andererseits nicht verschweigen, daß «die fromme Weltansicht» durch eine «stille Sympathie» mit denjenigen Vertretern der Deszendenztheorie verbunden sei, welche innerhalb der Kontinuität des Ganzen mindestens mit dem Vorkommen gewisser Sprünge und Originalitäten rechnen und mit ihren Fragezeichen, mit ihren Hinweisen auf die Schranken unserer Erkenntnis die Tiefe der Dinge, den Reichtum und das Geheimnis des Naturgeschehens sichtbar machen (S. 105). Und «wenn irgendwo, so gilt die Schranke des Erkennens, die Unerreichbarkeit des wahren Wesens und der Tiefe der Dinge vom erkennenden Geiste und seinem verborgenen Wesen selber» (S. 226). Es ist das Seelische auf keiner Stufe eine bloße Funktion der Prozesse körperlichen Werdens, sondern, je mehr es sich selbst verwirklicht, um so mehr wächst seine Selbständigkeit und Unabhängigkeit (S. 228 f.). Nicht ableitbar aus jenem, nicht aus ihm entstehend und nicht mit ihm verwandt, ihm zugeordnet auf eine nicht anzugebende Weise, ihm gegenüber nicht sekundär, sondern im Vorrang, nicht leidend, sondern schöpferisch steht es dem Physischen gegenüber» (S. 234). Und in jedem Akt des Selbstbewußtseins wissen wir ja nicht nur, sondern wissen wir auch, daß wir wissen — denken wir nicht nur, sondern denken wir ja auch, daß wir denken (S. 241). Wir vereinigen unsere Vorstellungen in einem einzigen Bewußtsein (S. 242). Und dieses Bewußtsein ist unser Bewußtsein, das Bewußtsein unseres Ich (S. 243). Und eben in diesem unserem Ichbewußtsein sind wir nicht bloße Durchgangspunkte fremden, sondern Ausgangspunkte eigenen Geschehens, sind wir handelnde und also freie Wesen (S. 244). Wir denken und wollen unter der Voraussetzung des Vorhandenseins einer Norm «richtigen» Denkens und Wollens (S. 247 f.), und wir erleben uns selbst nicht nur in unserer Vernunft als Ich, sondern in unserem Gemüt als Individuum, bei aller Bedingtheit unableitbar aus allem vorher Vorhandenen (S. 251). Und in der schöpferischen Kraft des künstlerischen, wissenschaftlichen und religiösen Genies scheint uns etwas «aufzublicken» vom Wesen des Geistes an sich selber und ohne die Schranken zeitlich-räumlichen Daseins (S. 253). Ob das Tier an dem Allem auch Anteil hat? Otto ist sich klar darüber, daß uns, was in der Tierseele vorgeht oder nicht vorgeht, tatsächlich völlig dunkel ist. Doch hält er es für unwahrscheinlich daß Elephanten, Hunde und Schimpansen fähig sein sollten, Allgemeinbegriffe, Regeln und Gesetze zu bilden, Urteile zu fällen und Schlüsse zu ziehen, a priori zu erkennen, kurz: zu denken. Und er sieht den entscheidenden Unterschied zwischen Mensch und Tier darin, daß das Psychische im Menschen und nur im Menschen fähig ist, zum Geiste gebildet zu werden. «Einen jungen Affen und Elephanten kann ich dressieren, kann ihn lehren, daß er Weinflaschen aufzieht und Kunststücke macht. Das Kind des Wilden aber kann ich erziehen, kann geistiges Leben in ihm entwickeln von gleicher Feinheit und Tiefe und Energie, häufig von sehr viel größerer als in einem Durchschnittseuropäer» (S. 256). «In Wissenschaft und Kunst, in Sittlichkeit und Frömmigkeit besitzt der Geist sich selber, und als solcher ist er ein einzigartiger und fremder Gast in dieser Welt, schlechthin unvergleichlich mit allem unter ihm und um ihn» (S. 258). Eine Tierspezies hat keine Geschichte. Sie ist und bleibt das gleiche, geschichtslose Naturprodukt. Dem Tier kann nur dies gelingen, den natürlichen Typus seiner Gattung vollkommen auszuprägen. Der Mensch aber vermag auf seine Naturbasis als Glied der zoologischen Gattung *homo sapiens* in Menschheitsgeschichte und Einzelgeschichte wie ein oberes Stockwerk eine völlig eigene und neue Schöpfung aufzusetzen: die Welt und das Leben des Geistes (S. 259). «Indem aber der Mensch zu geistigem Leben und geistigem Besitz veranlagt ist, ist er es auch zur Persönlichkeit.» Und mit diesem Wort wird Alles umschlossen und bezeichnet, was die eigentümliche Würde des Menschwesens ausdrückt. «Persönlichkeit ist das Wort, bei dem wir innerlich zusammenzucken. Es spricht unser Eigenstes aus, das uns vorgesetzt ist, unsere höchste Aufgabe und unsere innerste Wesensanlage» (S. 260). Persönlichkeit ist die deutliche und sichere Abgrenzung des Menschen gegen die ganze Welt und alles Sein, die Absetzung des Mikrokosmos gegen den Makrokosmos als eine eigene, abgeschlossene Welt für sich, als die Welt. die allem sonst Werdenden und Vergehenden gegenüber frei und überlegen ist (S. 260 f.).

Eher noch entschlossener als R. Otto hat sich Arthur Titius («Natur und Gott» 1926) auf den Boden der Überzeugung gestellt. daß der Mensch unter biologischem Gesichtspunkt der Reihe der Tiere, und zwar der Primaten, d. h. der höchst organisierten Gruppen der Säugetiere als ihr unzweifelhaft höchst entwickeltes Glied einzureihen ist und daß der seit Jahrtausenden anscheinend unveränderliche, der «rezente» Typus des Menschen aus einem mehr tierähnlichen der Diluvialzeit hervorgewachsen ist. Der Mensch ist den «rezenten» Affen insofern verwandt, als die Vermutung Einiges für sich hat, es möchten die Vorfahrenreihe dieser Affen und die des Menschengeschlechts unter sich früher zusammentreffen als mit irgend einer anderen Gattung (S. 636). Freilich ergibt sich schon eine körperliche Vorzugsstellung des Menschen aus seiner besonderen Gehirnentwicklung, aus seinem geraden Gang und aus der damit gegebenen Verwendung und Ausbildung seiner Hände. Eben damit befindet er sich aber auch offenkundig in der Nähe der «höheren», der sog. Menschenaffen. Und aus dem allgemeinen Entwicklungsgang ist nach Titius auch die menschliche Psyche nicht einfach auszuschalten. Denn wichtige seelische Funktionen, die die Grundlage höheren Geisteslebens bilden (Wahrnehmung, Gedächtnis und Erinnerung, Fähigkeit zur Assoziationsbildung, bewußte Kontrolle des Triebes durch Furcht und Hoffnung, kurz, die Merkmale einer wirklichen, wenn auch andersartigen Intelligenz) sind auch dem Tiere nicht abzusprechen (S. 638 f.). Doch ergibt sich aus der Vergleichbarkeit der tierischen und der menschlichen Psyche nicht, daß diese sich aus jener entwickelt habe. Ein tierartiger Vorfahr des Menschen ist zwar vorstellbar; «aber er muß entweder im Innersten anders gewesen sein als die Tiere, die wir kennen, oder die Menschwerdung dieses Wesens ist nur durch einen großen Sprung möglich geworden» (S. 640). Auch der primitive Mensch zeigt, verglichen mit dem Tier, auch dem Menschenaffen gegenüber eine unvergleichlich größere Anpassungsfähigkeit. Er bekleidet sich. Er verwendet das Feuer. Er verfertigt sich Werkzeuge und Waffen. Er verziert sie, seine Kleider, seinen Körper mit Ornamenten. Er spielt mit den Dingen und bildet sie ab. Sein Trieb geht über die Natur hinaus auf Kultur und damit ins Unbegrenzte. von keinem natürlichen Instinkt Begrenzbare. (O daß keiner dieser Apologeten es für der Erwähnung würdig hielt, daß unter allen Wesen scheinbar nur der Mensch zu lachen und zu rauchen pflegt!!) Das Alles weist auf die Besonderheit des menschlichen Seelenlebens. Es ist ausgezeichnet durch einen Luxus von geistiger Energie, durch eine «Hypertrophie des Gehirns». Von da aus muß sich beim Menschen alles anders gestalten als beim Tier (S. 640 f.). Er gibt den Dingen Namen; er kennt Sitten, nicht nur soziale Instinkte (S. 641 f.). Mag der intellektuelle Unterschied abstrakt betrachtet nur ein solcher des Grades sein, so hat sich doch der Schwer-

2. Phänomene des Menschlichen

punkt des Innenlebens zwischen Tier und Mensch in *concreto* so verschoben, daß ein neuer Lebensinhalt das Ergebnis ist (S. 643). Der Deszendenzgedanke als solcher schließt diese Feststellung nicht aus. Die organische Natur hat in ihrer Tendenz zur Individualisierung und zur Steigerung der Organisationsstufen auch für eine so eigenartige Erscheinung wie die des Menschen Raum genug (S. 644).

In diesem naturwissenschaftlichen Bild vom Menschen hat Titius nun auch «die religiöse Idee», ja den christlichen Begriff vom Menschen wenigstens indirekt wiederzuerkennen versucht. Für ihn besteht, wie für so viele Andere, kein Zweifel darüber, daß unter der Gen. 1 bezeugten Gottebenbildlichkeit des Menschen seine geistige oder Vernunftanlage einschließlich der Fähigkeit zu freier Willensbestimmung, «wie sie noch heute jedem Menschen beigelegt wird», zu verstehen sei (S. 783). Und nun bekommen wir es mit einer interessanten liberalen Vorwegnahme und Parallele zu unserer christologischen Begründung der Anthropologie zu tun. Titius fährt nämlich fort: Welches die religiösen Ziele des Menschen sind, das ergibt sich nur aus dem höchsten religiösen Ideal und also von der Person Jesu Christi und von seinen Idealen aus. Die ursprüngliche Anlage zur Erreichung dieser Ziele muß «irgendwie in der allgemeinen oder vernünftigen Anlage der Menschheit gefunden werden» (S. 784). Über dieses «irgendwie» gibt er folgende nähere Auskunft:

Das erste Ideal Jesu ist die Gotteskindschaft, wie sie in ihm selbst musterhaft verwirklicht war. Mit der Anlage zu solcher muß nach christlicher Anschauung jeder normale Mensch begabt sein. Und eben das ist er auch. Dem Tiere ist der Gott wie der Dämon völlig unfaßbar. Die Menschheit aber — das ist der «ungeheure», aber berechtigte Optimismus des Christentums — trägt als ihre Bestimmung und also auch als ihre Anlage Gottmenschheit in sich. Nicht nur von der Religion aus, sondern als allgemeine Wahrheit wird man behaupten dürfen, daß dieses Ziel nicht zu hoch gesteckt, daß also gerade das Christentum die dem Wesen des Menschen entquellende und natürliche Religion ist. Das «Idyll der Familie», dieses Jungbrunnens menschlichen Daseins, ist in seiner Natürlichkeit und Unmittelbarkeit zum Sinnbild höchster religiöser Lebensführung geworden. Der Übergang vom Ideal des Vaters zur Gottheit ist ja besonders naheliegend. Und schließlich erweitert sich das Gefühl der Heimat und des Eigenrechtes im Vaterhaus zu einem Weltheimatgefühl und Weltbürgerrecht. Das Alles ist dem heutigen Naturgefühl ganz kongenial.

Das zweite Ideal Jesu ist die allgemeine Menschenliebe, das Ideal des im religiösen Verkehr mit dem Vatergott begründeten religiösen Bruderbundes, mit dem sich dann auch eine innere Teilnahme der Menschen an der gesamten Schöpfung, ein Sympathiegefühl mit allem Lebendigen, ja mit der gesamten Natur verbinden kann. Der Realisierung dieses Ideals stellen sich freilich gewisse Hemmungen entgegen, insbesondere der intensive Wettbewerb um die Mittel zum Dasein, in der der Mensch mit allen Lebewesen und vor allem mit seinesgleichen verwickelt ist. «Gleichwohl kann nicht gezweifelt werden, daß in der Stellung des Menschen im Haushalt der Natur wie in seinem eigenen Wesen starke Hinweise auf die Naturgemäßheit und innere Notwendigkeit jener Ideale gegeben sind, so daß sie mit steigender Kulturgemeinschaft allgemeine Anerkennung zu finden pflegen.» Die mit der hochentwickelten geistigen Fähigkeit des Menschen unmittelbar gegebene Anlage, auch über sein eigenes Ergehen und Interesse hinaus sich Gedanken zu machen und an allem Lebendigen Anteil zu nehmen, nachzuspüren «wie ihm zumute ist» und dadurch sich selbst innerlich zu bereichern, kann und muß ja seinem Streben nach jenem Ideal — in der «warmen Atmosphäre der Religion» sogar ganz sicher — zugute kommen (S. 786 f.). Der Gottesglaube enthält zugleich die Triebkraft zur Arbeit an seiner Verwirklichung und die Garantie ihres Gelingens. Man tue in jedem Fall seine Pflicht, d. h. man stelle allen Hemmungen zum Trotz sein gesamtes Handeln in den Dienst des allumfassenden Ideals einer gottgewollten Weltharmonie! Man befindet sich dann in bester Übereinstimmung mit dem biologischen Entwicklungsgedanken. Arbeit im Dienste dieses Ideals, in Angriff genommen vom Menschen her und also vom Gipfelpunkt der Entwicklung aus, Naturbeherrschung als Kulturprozeß ist ja nur die Fortführung der Entwicklung über die Bildung der Arten hinaus auf ihre harmonische Zusammenfassung zum Ganzen (S. 788 f.).

Das dritte Ideal Jesu ist das Reich Gottes, d. h. der Idealzustand, in welchem die Hemmungen in der Brust des Einzelnen, zwischen den Gliedern der Menschheit und selbst in der Natur überwunden sein werden, so daß Gottesgemeinschaft und Bruderliebe völlig herrschen werden. Von irgendwelcher Beziehung zum Naturerkennen der Gegenwart scheint hier freilich keine Rede sein zu können. Trotzdem muß auch für diese Metamorphose eine gewisse Anlage der menschlichen wie der allgemeinen Natur bereits vorausgesetzt werden, und siehe da: die umwälzenden Entdeckungen der letzten Jahrzehnte belegen es, daß auch in der Natur, wie sie heute gestaltet ist, noch ungeahnte Geheimnisse und Gestaltungsmöglichkeiten verborgen sein mögen. «Wer hätte es je gedacht, daß das Atom eine leuchtende, schwingende Welt im Kleinen sei? Wer wollte es nach solcher Überraschung wagen, jede Übergangsmöglichkeit vom Erdenleib zum Sternenleib, wie ihn Paulus 1. Kor. 15 in Aussicht nimmt, zu bestreiten?» (S. 789 f.). — Dies also wäre nach Titius der Nachweis der im naturwissenschaftlichen Menschenbild vorhandenen Anlage für des Menschen religiöse und christliche Ideal- und Zielbestimmung.

So hat man in der neueren Theologie, als man Gott nicht mehr beweisen konnte und wollte, nun wenigstens den Menschen, sein besonderes Wesen unter den übrigen Wesen des Kosmos zu beweisen versucht. Wir sahen: hier mußte man sich verteidigen. Und es ist gewiß am Platz, vor allem die Tatsache zu anerkennen, daß die neuere Theologie sich wenigstens hier verteidigt hat und also sich selbst wenigstens an dieser Stelle nicht auch noch geradezu aufgeben wollte. Daran kann ja kein Zweifel sein: es mußte wie jeder, so auch dieser, der angeblich «naturwissenschaftlichen» Weltanschauung das Nein und das Ja des christlichen Glaubens, Erkennens und Bekennens deutlich gegenübergestellt werden. Es mußte der von dieser Weltanschauung her drohenden Nivellierung des Menschen, es mußte dem Vergessen und Verleugnen des spezifisch Menschlichen, zu dem sich hier merkwürdigerweise gerade der Mensch selbst als fähig und geneigt erwiesen hatte, widersprochen werden. Wir ernten heute die bösen Früchte, die das 19. Jahrhundert nicht nur mit der Hervorbringung dieser Weltanschauung, aber gewiß auch damit gesät hat. Dem Menschen seine Menschheit abzusprechen, ihn als einen Exponenten einer allgemeinen vitalen Dynamik verstehen zu wollen, ist ein Unternehmen, das sich rächen mußte, gerächt hat und wahrscheinlich noch weiterhin rächen wird. Etwas von diesem kommenden Unheil mögen jene christlichen Apologeten des Menschen vielleicht vorausgeahnt haben, als sie jener Theorie entgegentraten, ihr eine bessere entgegenzustellen suchten. Der merkwürdig optimistische Ton, der für alle ihre Ausführungen so bezeichnend ist, könnte freilich darauf hinweisen, daß sie der Größe des hier drohenden Unheils gegenüber im Grunde doch ebenso ahnungslos waren wie ihre Gegner. Aber wie dem auch sei: hier stutzten sie damals; hier wollten sie nicht einfach mit den Wölfen heulen; hier wollten sie damals immerhin auf die rechte Seite treten und hier haben sie den jener Weltanschauung gegenüber nötigen Widerspruch damals immerhin eingelegt. Die Theologie hat sich, indem sie das tat, wenigstens an dieser Stelle nicht aufgegeben. Das muß registriert sein, wie kritisch man sich dann immer zu der Art, in der sie sich zu behaupten versuchte, stellen mag.

Man kann und muß zugunsten dieser Apologeten aber auch gleich noch mehr sagen. Sie sind doch dem Problem der menschlichen Phänomene zweifellos in ihrer Art ernst und gründlich nachgegangen. Sie taten es freilich mit einem auffallend beschränkten Gesichtskreis: im Rahmen der biologisch-psychologischen Fragestellung, die sie sich von ihren damaligen Gegnern vorschreiben ließen, als ob sich das von selbst verstünde. Sie haben sich aber — das gilt besonders von Titius — auf diesem Feld durch die Naturwissenschaft ihrer Zeit bewundernswert umfassend und genau unterrichten lassen. Und so konnte es nicht fehlen, daß sie von den Phänomenen des Menschlichen viel Unanfechtbares und Wichtiges gesehen und gesagt haben. Gewiß auch viel Anfechtbares. Man wird ja gewiß bezweifeln können, ob die in so reißender Progression begriffene höhere Humanität, um die Zöckler zu wissen behauptete, zu den echt gesehenen Phänomenen des Menschlichen zu rechnen ist. Dieselbe Frage erhebt sich bei der Agalliase, in welcher Otto bei der Nennung des Wortes «Persönlichkeit» innerlich zusammenzuckte und nun just eben darin sein Eigenstes und darum dann auch das Eigenste, das Freie und Überlegene des Menschenwesens als solchen im Verhältnis zu allen anderen erkennen zu sollen meinte. Und dieselbe Frage erhebt sich vor allem bei der Behauptung von Titius, im naturwissenschaftlich (!) gesehenen Bild des Menschen nun doch auch eine «Anlage» zur Verwirklichung der religiösen, der christlichen Ideale, ja geradezu der Ideale Jesu Christi, der Gotteskindschaft, der Menschenliebe und des Gottesreiches wahrzunehmen. Es handelt sich merkwürdigerweise genau um die gleichen drei Begriffe, die A. v. Harnack (Wesen d. Chr. 1900, 3. Vorlesung) als die drei Kreise der Predigt Jesu bezeichnete, wobei Harnack wahrscheinlich seinerseits auf ein Schema zurückgegriffen hat, in welchem man «die charakteristischen Überzeugungen jeder religiösen Auffassung» bei Hermann Lotze («Grundzüge der Religionsphilosophie» 3. Aufl. 1894 § 84) bezeichnet findet. Wunderbar genug, daß hier Lotze, Harnack und Titius so sehr zusammentreffen! Und schwer glaublich, daß eben darin auch Jesus und die modernste Naturwissenschaft zusammentreffen, daß wir es also in jenen drei «Anlagen» mit wirklich gesehenen menschlichen Phänomenen zu tun haben sollen! Aber das sind Einzeleinwände, die gegen das Gewicht der in dieser Apologetik vorliegenden Leistung gewiß nicht aufkommen würden, wenn das Unternehmen als Ganzes durchführbar und glücklich wäre. Was einst Polan als die *differentia specifica* des Menschen unter seinen Mitkreaturen vorzubringen wußte, erscheint recht primitiv und summarisch neben der Vielseitigkeit der Gesichtspunkte, unter denen wir hier darüber belehrt werden, daß die menschlichen Phänomene innerhalb des übrigen geschöpflichen Seins in der Tat spezifisch sind. Was der Mensch — im Rahmen seiner eigenen Wissenschaft von sich selbst gesehen — ist und hat, das ist hier sicher (mit jenen Vorbehalten gesagt) in dankenswerter Weise hervorgehoben und geltend gemacht worden.

Ich möchte den positiven Eindruck, den man doch auch von dieser Art, den Menschen zu sehen, haben kann, zunächst noch verstärken, indem ich den Aufstellungen jener Apologeten einige Wiedergaben aus Adolf Portmann, «Biologische Fragmente zu einer Lehre vom Menschen» (1944) zur Seite stelle.

Das Buch ist den genannten apologetischen Hervorbringungen darin unähnlich, daß es zwar kein erkennbares theologisches Interesse, dafür merkwürdigerweise der Entwicklungslehre gegenüber zum vornherein eine sehr viel größere Freiheit verrät. Sie ist für Portmann ein Erklärungsversuch, ein Arbeitsprinzip, ein Denkinstrument unter anderen, kein Dogma, auf dessen Boden man sich unter allen Umständen zu stellen hätte, keine in die Sphäre des Glaubens führende Weltdeutung (S. 15 f.). Die Gewinnung eines «Menschenbildes», zu der freilich auch die Gestaltungskräfte des künstlerischen und vor allem des religiösen Erlebens erforderlich wären, scheint freilich als Fernziel auch ihm vorzuschweben (S. 24 f., 129 f.). Aber was er bietet, ist exakte Wissenschaft vom Menschen: von des Menschen Eigenart inmitten seiner nicht-menschlichen Umgebung. Er will «die menschliche Sonderart durch die Mittel der biologischen Arbeit hervorheben» (S. 121): nicht weniger, aber auch nicht mehr als das. Und es ist das Problem des Wachstums des Menschen, das ihn besonders beschäftigt. Wir notieren einige seiner wichtigsten Ergebnisse: Wir erfahren, daß der Mensch die Regel der ihm seiner und ihrer Art nach am nächsten stehenden Säugetiere darin auffallend durchbricht, daß er erst am Ende seines ersten Lebensjahres das Stadium erreicht, in welchem er seiner Organisation entsprechend geboren werden dürfte, so daß man es im Grunde bei jeder menschlichen Geburt mit einer «physiologischen Frühgeburt» zu tun hat (S. 44 f.). Dementsprechend sind seine Körperproportionen bei seiner Geburt noch sehr viel verschiedener von denen des ausgewachsenen Menschen, als dies bei den Verwandten aus dem Tierreich der Fall ist (S. 33 f.). Wiederum wird er aber mit einem im Verhältnis zu jenem dreimal so hohen Gehirngewicht und — offenbar im Zusammenhang damit — mit einem doppelt so hohen Gesamtgewicht geboren (S. 37 f.). Und in der Konstruktion seines Gehirns fällt im Gegensatz zu jenen auf: die Verarmung des Machtbereichs der Instinkte, die Verlagerung der Zentren wichtiger Funktionen in den Bereich der Großhirnrinde, das quantitative Mehr des anatomisch faßbaren Substrates wesentlich psychischer Vorgänge (S. 59 f.). Und nun ist es dieses dem Menschen außer der Ordnung zukommende «extra-uterine Frühjahr», sein erstes Lebensjahr, in welchem es bei ihm verhältnismäßig rasch — in einem Prozeß des Nachholens, den die viel reifer geborenen Säugetiere nicht nötig haben, und unter intensiver Pflege und Wartung seitens der Eltern — zur Entstehung seiner artgemäßen Haltung, Bewegung und Sprache kommt (S. 47 f.). Es sind besondere, nur diesem Organismus eigene Akte des Strebens, Lernens und Nachahmens — nicht einfaches Einüben von in der Anlage bereits gegebenen Dispositionen! — unter deren Mitwirkung der menschliche Körperbau erst jetzt seine artgemäße Ausprägung empfängt. Er kommt über die Beherrschung der Kopfhaltung, das Erstreben und Erreichen des Aufsitzens, das zunächst von außen zu unterstützende Aufrichten des ganzen Körpers am Ende dieses bedeutungsvollen «Frühjahrs» zum Stehen (S. 68 f.)! Und gleichzeitig damit ereignen sich die anderen typisch menschlichen Bildungsvorgänge. Vom sechsten Monat dieses Frühjahrs an beginnt ein intensives Wachsen der Beine (S. 73), und schon vom dritten bis vierten Monat ab die Übung der — von der bloßen Lauterzeugung wohl zu unterscheidenden — Sprache. Etwas Anderes ist nämlich der spontane Ausdruck, über den auch das höhere Tier verfügt, etwas Anderes die menschliche Stufe des beherrschten Ausdrucks (S. 127). Sprache ist die Funktion, «durch welche wir mit Hilfe von gegliederten und in verschiedenen Sinnverbindungen auftretenden Laut- oder Zeichengebilden unsere Wahrnehmungen, Urteile, Wünsche usw. darzustellen und in der Absicht gegenseitiger Verständigung Anderen mitzuteilen imstande sind» Das kleine Menschenwesen schreitet nun zum Lallen, «zu eigentlichen Lallmonologen, mit denen es ein wahres Arsenal von Lautgebilden produziert, darunter viele, die es in seiner späteren Muttersprache nie mehr verwenden und dazu manche, die es dann beim Erlernen von fremden Sprachen mühsam sich wieder aneignen muß», bis es zur Nachahmung von einzelnen Worten, in denen es seinen Feststellungen, Wünschen und Strebungen Ausdruck gibt, kommt, wobei doch der psychische Inhalt schon viel reicher ist als das in diese Worte Gefaßte: «die Grenze unseres jeweiligen Ausdrucksvermögens deutet sich schon hier als eine der wichtigsten Schranken unseres ganzen Soziallebens, unseres ganzen menschlichen Daseins an». Für den kleinen Schimpansen kann dieses Problem darum nicht bestehen, weil er nie auf die geringste Nachahmung irgend eines in seiner Umgebung regelmäßig wiederkehrenden Lautes verfällt, weil er jener Möglichkeit, sich selbst beherrscht auszudrücken, also offenbar nicht bedürftig, jedenfalls faktisch nicht teilhaftig ist. Und während des jungen Schimpansen Grenzleistung im «Aha-Erlebnis» besteht, erreicht das Menschenkind im 9. bis 10. Monat die Stufe, wo es Sinnzusammenhänge und Werkzeug-

2. Phänomene des Menschlichen

zusammenhänge einzusehen und zu verstehen. Einfälle von Problemlösungen auf analoge, aber abweichende Situationen zu übertragen, wo es vom subjektiven zum objektiven Erfassen vorzuschreiten beginnt (S. 74 f.). Und gleichzeitig beginnt es seinen Körper zu erkennen, und zwar als seinen eigenen zu erkennen und darüber zu verfügen, mit jeder Bewegung ihn zu üben und zugleich eine neue Ausgangssituation für eine weitere Bewegung zu schaffen. In einer Zeit, wo es als echtes Säugetier noch unter den reinsten naturgesetzlichen Verhältnissen im Dunkel des Mutterschoßes sich ausformen und reifen müßte, geschehen in seinem Leben neben «Vorgängen» genereller Artung auch ungezählte einmalige, oft schicksalbestimmende «Ereignisse», tritt es unter die Gesetze des Geschichtlichen (S. 77 f.). Und wie ihm seine Sozialwelt nicht erblich gegeben ist, sondern aus ererbter Anlage und Kontakt mit der äußeren Wirklichkeit sich seiner Individualität entsprechend neu gestalten muß, so reifen seine psychischen Anlagen nicht durch Selbstdifferenzierung zu der fertigen, nur geringen Nuancierungen fähigen Verhaltungsweise heran, wie wir sie bei den Tieren kennen, sondern wiederum erst im Kontakt mit den reichen Inhalten der Umgebung entfalten sie sich zu der für gerade dieses Individuum charakteristischen Form. Das Alles drängt zu der dem sog. «biogenetischen Grundgesetz» nun allerdings widersprechenden Annahme, daß der Mensch schon im Mutterleib als hingeordnet auf die Eigenart seiner frühen Geburt, auf das Besondere seines späteren, nicht ohne sein eigenes aktives Zutun verlaufenden Erwerbes seiner artgemäßen Haltung und Sprache verstanden werden muß und also schon dort nicht einfach auf die Stufe der Säuger, der Primaten, der Schimpansen verwiesen werden darf (S. 81 f.). Von diesem menschlichen «Frühjahr» aus vorwärts blickend, ist dann weiter zu konstatieren: Der Mensch wächst im Verhältnis zu seinen tierischen Verwandten langsam, und im Alter von 14 bis 17, in dem auch das langsamste Wachstum, das bei jenen (etwa beim Orang, beim Schimpansen, beim Elephanten) wahrzunehmen ist, sich seinem Abschluß nähert, in der Zeit, wo jene die Pubertät schon hinter sich haben, dann eben beginnt mit jetzt erst einsetzender Pubertät das größere Wachstum des Menschen (S. 87 f.). Diese Langsamkeit seiner Entwicklung steht offenbar in einem Verhältnis zu seiner im Gegensatz zu der des Tieres weltoffenen Existenzweise des Menschen. Eine lange dauernde und dementsprechend reicher Bildung fähige Jugendlichkeit der ganzen Organisation erscheint sinnvoll bei der bestimmten Art des Welterlebens, bei der Fülle der aufzunehmenden sozialen Beziehungen und Kommunikationsmittel, bei dem Umfang der zu erfahrenden Bestände der Umgebung dieses Wesens: sie ist die der menschlichen Daseinsform entsprechende Entwicklungsweise (S. 102). Dafür ist des Menschen Dasein durch eine etwa doppelte Lebensdauer vor der des Menschenaffen ausgezeichnet. Mit 10 Jahren hört der Schimpanse auf zu spielen und wird «ernsthaft». Mit 30 Jahren sind alle Säuger alt, wenn nicht gar greisenhaft. Keiner von ihnen hat Altersmöglichkeiten von 80 bis 100 Jahren und darüber. Der Mensch aber ist offenbar dringlicher beschäftigt, als daß er so früh altern und sterben dürfte. Und es muß auch sein Altwerden nicht nur Abstieg, es kann zugleich das Gegenteil bedeuten. Es bedeutet auf alle Fälle Steigerung der Individualität, erhöhte Ausprägung der Sonderart des Einzelnen (S. 115 f.). Kurzum: Gestalt und Psyche, Entwicklung und Daseinsart, ontogenetische Eigenheit und Bildung des Sozialverhaltens, Natur und Kultur erscheinen beim Menschen als ein Ganzes. Und eben dieses Phänomen bedeutet die notwendig zu beachtende Grenze einer bloß auf des Menschen organische Erbanlage und organische Entwicklung und damit bloß auf seinen Zusammenhang mit dem Tierreich gerichteten Betrachtung. Seine biologische Eigenart besteht nun einmal in dem unlösbaren, für jedes Individuum besonderen, ja einzigartigen Zusammensein seiner organischen Erbanlage und Entwicklung auf der einen, seiner Geschichtlichkeit auf der anderen Seite (S. 123 f.). — Ich wiederhole zum Schluß dieses Berichts: Portmann hat nicht als Apologet geredet, d. h. er hat mit seinen Aufstellungen nicht die Absicht gehabt, den Menschen zu beweisen. Wir beachten den Titel seines Buches. und er sagt es zum Schluß noch einmal ausdrücklich: «Das Leben fordert vom Menschen mehr als die bescheidene Sicherheit, welche uns Bruchstücke der Tatsachenforschung bieten können» (S. 129). Wäre doch die Schranke dieses ganzen Aufweisverfahrens von den theologischen Apologeten ebenso deutlich bemerkt und bezeichnet worden!

Wir haben uns von ihnen aus dem Schatz ihrer beiläufig erworbenen naturwissenschaftlichen Kenntnisse, und wir haben uns nun also auch noch direkt von einem naturwissenschaftlichen Fachmann belehren lassen, daß es das, was wir die besonderen Phänomene des Menschlichen genannt haben, im Blickfeld des sich selbst betrachtenden, sich selbst mit anderen Wesen vergleichenden Menschen tatsächlich gibt. Man muß den Menschen freilich zusammen sehen mit seiner Umwelt. Jene Theologen haben darauf fast größeres Gewicht gelegt als der von uns angerufene Naturwissenschaftler. Sie sind in der prinzipiellen Anerkennung des Entwicklungsgedankens wahrscheinlich zu weit gegangen. Aber daran kann niemand zweifeln, daß der Mensch, sofern er sich selbst erkennen will, sich auch mit seiner Umwelt und also wohl oder übel zunächst mit seiner tierischen Umwelt zusammen sehen muß. Wiederum erweist es sich aber nicht als ratsam, dabei stehen zu bleiben, ihn nur von dieser seiner Umwelt her sehen zu wollen. Man sieht ihn sonst nicht ganz. Man sieht sonst sogar das nicht richtig, was ihn mit seiner Umwelt verbindet. Man muß also auch sein Besonderes, und man muß ihn, wenn es einem wirklich um ihn zu tun ist, von diesem Besonderen her in seiner Ganzheit sehen. Was ist dieses Besondere? Wir haben von seinem Geist gehört. Der zurückhaltendere Naturwissenschaftler hat sich begnügt, von seiner Weltoffenheit, von seiner Kultur, von seinem Sozialverhalten, von seiner Geschichtlichkeit zu reden. Es dürften doch hier wie dort ungefähr dieselben Phänomene gemeint sein. Es wäre Verstocktheit, sie nicht sehen, und es wäre Undankbarkeit, sie nicht zur Kenntnis nehmen zu wollen. Wir konstatieren, daß wir mit diesen Phänomenen zu rechnen haben.

Wir konstatieren nun aber vor allem auch dies, daß wir doch nur mit «bescheidener Sicherheit» mit ihnen rechnen können. Ihre Sicherheit ist offenbar die, mit der sie von jemandem, der dazu fähig ist, gesehen werden. Das heißt aber: sie ist die Sicherheit des jeweiligen Standes der biologischen Forschung. Wie sollte der, der an solcher Forschung nicht selber (mit allem, was dazu gehört!) aktiv teilzunehmen in der Lage ist, der naturwissenschaftliche Laie also, dazu kommen, diese Phänomene aufzuweisen oder ihren Aufweis zu kontrollieren? Er ist wohl oder übel darauf angewiesen, daß es Fachleute gibt, die ihn darauf aufmerksam zu machen kompetent sind. Und mehr noch: es steht und fällt die Sicherheit dieser Phänomene offenbar sogar mit der Sicherheit bestimmter Richtungen innerhalb der naturwissenschaftlichen Forschung. Das 19. Jahrhundert wäre seinen Darwinisten gegenüber übel dran gewesen, wenn es nicht zum Glück schon damals auch unter der Zunft mehr oder weniger einsichtige und entschlossene Antidarwinisten gegeben hätte, auf die sich die theologischen Apologeten dann beziehen konnten. Und weil der naturwissenschaftliche Widerspruch gegen den Darwinismus damals doch — aus welchen Gründen immer — nicht recht durchschlug, hatte man noch am Anfang dieses Jahrhunderts der hochmütigen Majorität der naturwissenschaftlichen Zunft gegenüber einen bösen Stand. Heute könnten Otto und Titius vielleicht schon wieder sicherer reden als damals, aber doch auch nur darum, weil offenbar Anzeichen dafür vorhanden sind, daß es heute wieder mehr solche Fachleute gibt, die auf Grund ihrer Arbeit wieder ganz anders auf das Besondere des Menschen hinzuweisen in der Lage sind. Wir Anderen werden hinsichtlich der in Frage kommenden Phänomene immer auf das Vorhandensein von Fachleuten nicht nur, sondern von so gerichteten Fachleuten angewiesen sein. Gerade diese scheinen sich aber auch dadurch auszuzeichnen, daß sie uns versichern, die Bruchstücke ihrer Tatsachenforschung könnten uns nur «bescheidene Sicherheit» geben! Gerade sie — der Stil der Portmannschen Arbeit ist hier sehr instruktiv — stellen dem darwinistischen Dogma kein anderes Dogma entgegen. Gerade die so gerichteten Forscher bekämpfen es nicht direkt, sondern indirekt. Sie sagen uns, daß sie die Tatsachen, auf die sich jenes Dogma begründet, auch sehen, daß wir aber auch über sie hinaus sehen müßten auf gewisse andere Tatsachen: nicht um dadurch zu einem neuen entgegengesetzten Dogma, sondern offenbar um aus der Dogmenbildung auf Grund naturwissenschaftlich festgestellter Tatsachen überhaupt herauszukommen. Die Ergebnisse, die sie uns bieten, sind gerade nur Indizien, und uns wird nicht verschwiegen, daß auch diese Indizien als solche nur annäherungsweise gesehen, daß sie weiterer Ergänzung, Kontrolle und Diskussion bedürftig sind. Die Darwinisten meinten einst, den wirklichen Menschen damit entdeckt zu haben, daß sie ihn in jener großen Nähe des Vetters Schimpanse entdeckten. Ein heutiger Antidarwinist mit seiner Beobachtung, daß es in jener Nähe nun doch auch merkwürdige Fernen gibt, wird dabei gerade nicht der Meinung sein, den wirklichen Menschen entdeckt zu haben! Er wird die Darwinisten vor allem durch Bescheidenheit übertreffen. Die theologischen Apologeten waren leider in doppelter Weise unbescheiden: zuerst darin, daß sie die Unbescheidenheit der Darwinisten wenigstens insofern mitmachten, als sie deren Dogma als sichere Grundlage für alles Weitere in steigendem Maße gelten ließen — und dann darin, daß sie es durch Entgegenstellung eines anderen Dogmas — des Dogmas vom Menschen als Geist- und Kulturwesen — ergänzen und überbieten zu sollen meinten. Wenn aber in Sachen der Phänomene des menschlich Besonderen Bescheidenheit nach allen Seiten — und gerade auch nach der «guten», der positiven Seite — das beste Teil der Weisheit ist, dann kann uns die Wissenschaft des Menschen um sich selbst in dieser Sache tatsächlich nur bescheidene, d. h. aber beschränkte, bedingte, relative Sicherheit bieten: die Sicherheit gerade nicht, die das Leben vom Menschen fordert. Gibt es ein sicheres, seiner Menschlichkeit und damit dann auch seines Unterschiedes vom Dasein der Schimpansen unerschütterlich bewußtes und gewisses menschliches Leben, dann ist es auf alle Fälle nicht das, das in den durch die Naturwissenschaft im besten Fall nur mit so bescheidener Sicherheit aufzuweisenden Phänomenen besteht.

Man erwäge nun, abgesehen von der Frage der Sicherheit, sachlich, was es mit diesen Phänomenen auf sich hat. Wer hörte, wenn es ihm glaubwürdig vorgetragen wird, nicht gerne den Bericht über jenes so außerordentliche «extra-uterine Frühjahr» des Menschen mit all seinen besonderen Inhalten, über seine so lange und offenbar gerade deshalb so verheißungsvolle Jugend, sein noch längeres Altern mit all den besonderen Möglichkeiten, auf die das Alles hinzuweisen scheint? Wer ließe sich nicht auch ohne solche Detailerkenntnisse gerne darauf hinweisen, daß die Möglichkeiten des Menschen im Vergleich zu denen des Schimpansen fraglos andere, und zwar weitere sind: übergreifend auf ein Gebiet, auf das ihm der Schimpanse, soweit man sehen kann, nicht zu folgen vermag, an dem dieser vielmehr seine Grenze hat? Nenne man es Psyche, Geist, Kultur oder Geschichtlichkeit — daran ist kein Zweifel, daß in dieser Richtung bei ihm Anderes und mehr zu sehen ist als bei jenem Vetter, und daß sogar das, worin er mit jenem verwandt ist, nur dann genau zu sehen ist, wenn man in der Richtung dieser Begriffe über das Gemeinsame hinaus und dann von daher wieder auf dieses Gemeinsame zurückblickt. Aber was haben wir gesehen, wenn wir diese Phänomene gesehen haben? Den wirklichen Menschen? Doch wohl nicht, sondern im besten Fall — dann nämlich, wenn wir den wirklichen Menschen schon anderswoher kennen — etwas von dessen Anlagen, Fähigkeiten und Möglichkeiten. Vielleicht auch diese nicht einmal in ihrer Totalität: woher wüßten wir, daß uns auch nur die menschlichen Möglichkeiten vollständig sichtbar und also in der Welt der Phänomene anzutreffen sind? Aber auf alle Fälle doch nur Möglichkeiten, nur ein mannigfaches K ö n n e n, nur eine im Verhältnis zum Affen reiche V e r s p r e c h u n g, deren der wirkliche Mensch teilhaftig ist. Und so geartet ist diese Versprechung nun doch nicht, daß man schon in ihr den Menschen nun wirklich für sich, nun wirklich in seiner Sonderung gegenüber allen anderen Wesen erblicken könnte. Ist die Erweiterung der menschlichen Möglichkeit gegenüber den ihm zunächststehenden Tieren unverkennbar, so ist doch auch das zu erwägen, daß nicht nur diese höheren Tiere, sondern auch andere, nach der üblichen Wertskala tiefer, vielleicht sehr viel tiefer stehende Lebewesen Möglichkeiten haben, die die entsprechenden Möglichkeiten des Menschen weit in den Schatten stellen. Und was wissen wir, ob es nicht tierische Möglichkeiten gibt, die uns nur darum nicht zu denken geben, weil wir auch sie nicht wahrnehmen, weil auch sie nicht zu der Welt der Phänomene gehören, innerhalb derer wir uns so sicher von ihnen zu unterscheiden meinen? Und wenn es so sein sollte, daß Psyche, Geist, Kultur, Geschichtlichkeit, menschliche und nur menschliche Phänomene sind, so ist noch immer nicht darüber entschieden, ob wir das Recht haben, den Menschen im Blick darauf als anderes nicht nur, sondern als im Vergleich zu jenen h ö h e r e s und b e s s e r e s Wesen und auf Grund dieser Wertung dann in seiner wirklichen Verschiedenheit von jenen zu verstehen. Das ist sicher, daß gerade der W e r t der verschiedenen Phänomene nicht selbst ein Phänomen, sondern die Sache eines Urteils ist, das mit Beobachtung der Tatsachen nicht das Geringste zu tun hat. Wie wäre es denn, wenn gerade das typisch menschliche Streben mit S c h o p e n h a u e r als die Ursache alles seines Leidens, wenn der viel gerühmte Geist des Menschen mit L. K l a g e s als des Menschen Krankheit zu verstehen und also jene übliche Wertskala vielleicht gänzlich umzukehren wäre? Von woher will man da eigentlich widersprechen? Das ist sicher, daß der Zirkelschluß der angeblichen Selbsterkenntnis des Menschen auf Grund der ihm zugänglichen und einleuchtenden Phänomene nirgends so sichtbar wird wie darin, daß wir uns im Blick auf das, was wir vor dem Tier tatsächlich voraus haben, für wirklich von diesem verschieden halten. Es gilt also zu bemerken, daß unsere auf dieser Basis vollzogene Selbsterkenntnis als die eines besonderen Wesens auch unter diesem Gesichtspunkt eine beschränkte, eine bedingte, eine relative Erkenntnis ist.

Wir müßten schon vorweg erkannt haben, daß wir Menschen und als Menschen dem Tier und allen anderen Wesen gegenüber etwas ganz Eigenes und ganz Anderes sind, um uns dann in diesen Phänomenen des Menschlichen wiederzuerkennen. Symptome einer Sache nimmt nur der wahr, der mit dieser Sache vertraut ist. Wer das nicht ist, liest sie wie die Buchstaben eines ihm fremden Alphabets, indem er sich einredet, er kenne, was er doch nicht kennt, indem er darum bestimmt falsche Worte und Sätze lesen wird. Das 19. Jahrhundert war darum ein düsteres Jahrhundert ohnegleichen, weil es die Zeit war, in der der Mensch gleichzeitig mit einem ruckartigen Fortschritt in der Entfaltung seiner Möglichkeiten sich selbst ein Unbekannter wurde. Wann hätte er, wenn es auf diese seine Möglichkeiten ankam, an sich deutlicher sehen können und müssen, was ihn vom Tier unterscheidet? Diese Möglichkeiten, sein Können als Geist- und Kulturwesen, standen ihm damals wahrhaftig greifbar vor Augen, greifbarer als zu jeder früheren Zeit, auf deren Finsternis er denn damals auch mitleidig genug zurückzublicken pflegte! Und gerade jetzt wurde es ihm undeutlich, was ihn vom Tier unterscheidet! Gerade dieses Jahrhundert mußte das Jahrhundert des Menschenaffen und des Affenmenschen werden. Nicht Darwin macht es dazu, sondern weil es den wirklichen Menschen nicht mehr sah vor allen seinen Möglichkeiten, darum mußte es seinen Darwin haben und mußten die naturwissenschaftlichen und die theologischen Antidarwinisten ihm gegenüber so ohnmächtig sein. Darwin und die Seinen hatten vor ihnen voraus, daß aus ihnen nun

2. Phänomene des Menschlichen

wirklich der Geist dieses Jahrhunderts sprach, dem keine antidarwinistische Theorie gewachsen sein konnte. Wir sahen, wie sich diesem Geist sogar die Theologen beugen mußten, wie sie auch ihren Widerspruch nur im Rahmen prinzipieller Zustimmung zum darwinistischen Dogma vorbringen konnten. Kennt der Mensch sich nicht schon zuvor — lange bevor er sich mit jenen Phänomenen beschäftigt — dann wird er mit sehenden Augen blind sein, er wird dann angesichts und trotz dieser Phänomene immer wieder auf die verkehrte Seite fallen, d. h. immer wieder meinen, sich überzeugen zu müssen, seine eigene Wirklichkeit bestehe in dem, was er mit dem Tier, mit dem übrigen Kosmos überhaupt gemeinsam hat. So ist die Erkenntnis der Phänomene des Menschlichen, ihre Deutung als Symptome, auch nach dieser Seite eine beschränkte, eine bedingte, eine relative Erkenntnis. Die Erkenntnis des Menschen selbst muß ihr vorangehen, und diese wächst auf einem ganz anderen Boden.

Aber nun könnte unsere ganze bisherige Kritik zu einfach gewesen sein. Wie, wenn wir die Frage nach den Phänomenen des Menschlichen bisher nur noch nicht ernst, nicht gründlich, nicht wesentlich genug gestellt hätten und bloß deshalb in der Richtung auf das Wesen des Menschen nicht weitergekommen wären, bloß deshalb keinen freien Blick auf den wirklichen Menschen bekommen hätten? Unser Begriff von der Wissenschaft des Menschen von sich selbst war vielleicht nur zu eng, um uns eine zuversichtlichere Antwort auf jene Frage zu erlauben. Wir müßten diesen Begriff vielleicht nur vertiefen, um dann noch zu positiveren Ergebnissen zu gelangen. Haben wir bisher nicht stillschweigend angenommen, daß die Besonderheit des Menschen in einer Besonderheit der Erscheinungen des organischen Lebens innerhalb der Fülle anderer, ähnlicher Erscheinungen zu suchen sei? Haben wir unter dem Sehen und Feststellen dieser Besonderheit nicht allzu einseitig das auf die sinnliche Wahrnehmung begründete erfahrungsmäßige Sehen und Feststellen verstanden und also unter der Wissenschaft des Menschen von sich selbst nicht allzu einseitig gerade die Naturwissenschaft? Als ob der Mensch sich selbst nur so zum Phänomen zu werden vermöchte? Als ob er nicht auch noch ganz anders wäre als in der Gestalt, in der er sich selbst zum Gegenstand sinnlicher Wahrnehmung und also zum Gegenstand seiner Naturwissenschaft wird? Als ob es erlaubt wäre, die ganz andere Gestalt seines Seins nur eben als Randproblem der naturwissenschaftlichen Anthropologie zu behandeln, diese andere Gestalt nur eben dort sichtbar zu machen, wo die erfahrungsmäßige Erkenntnis über sich selbst hinausweist auf bestimmte Phänomene, die der sinnlichen Wahrnehmung eben noch als solche zugänglich, der sinnlichen Erfassung, der Einordnung in das Gesamtbild organischen Lebens aber unzugänglich sind?

Wir haben die klassische Definition des Menschen als *animal ratione praeditum* beiläufig auch deshalb beanstandet, weil sie naturalistisch sei, weil sie den Begriff *animal* allzu selbstverständlich zum Subjektbegriff erhebe, die *ratio* allzu selbstverständlich als eine bloße Näherbestimmung dieses *animal* behandle. Derselbe Naturalismus belastet und verdunkelt auch die neuere theologische Apologetik. Sie antwortete auf die Frage, ob und inwiefern der Mensch im Unterschied zu den anderen Säugetieren mehr als nur ein *animal* sein möchte. Sie ließ sich also — was man bekanntlich nie tun soll — ihre Frage vom Gegner stellen. Sie ging mit dem Gegner davon aus, daß der Mensch auch und vor allem ein *animal*, ein höheres Säugetier sei. Sie übertraf ihn nur nachträglich darin, daß sie dieses Säugetier als ein höchst besonderes sah und beschrieb, daß sie von der gemeinsamen, als Ausgangspunkt und *prima veritas* anerkannten naturwissenschaftlichen Grundlage aus in eine Höhe wies, in der zum Verständnis des Menschen entsprechend höhere, nicht-naturwissenschaftliche Maßstäbe und Methoden zur Anwendung kommen müßten. Ob wir uns nicht bereits derselben Einseitigkeit, desselben allzu selbstverständlich als Voraussetzung anerkannten Naturalismus schuldig gemacht haben? Daß eine naturwissenschaftliche Anthropologie wie die, deren Stimme wir gehört haben, zunächst vom Menschen als Säugetier ausgehen muß, um im besseren Fall von da aus über das, was da zu sehen ist, hinaus, d. h. um eben darin ihre eigene Grenze zu sehen, liegt im Wesen der Sache. Wir werden uns doch auch durch sie nicht verführen lassen dürfen, dieses Verfahren gewissermaßen zu kanonisieren.

Wir sehen uns tatsächlich beständig auch noch ganz anders als in naturwissenschaftlicher Sicht. Wir sind uns nämlich beständig noch etwas ganz Anderes als das, als was wir uns sinnlich wahrnehmen. Und an dem ist es tatsächlich nicht — es wäre tatsächlich nur ein Vorurteil, wenn wir uns darauf festlegen würden — daß wir uns zuerst und vorzüglich das wären, und daß wir uns zuerst und vorzüglich als das sichtbar wären, als was wir uns sinnlich wahrnehmen. An dem ist es tatsächlich nicht, daß unser natürliches Sein das Hauptproblem, jenes unser ganz anderes Sein aber bloß das Randproblem unserer Selbsterkenntnis wäre. Dieses Verhältnis ist vielmehr umkehrbar, und es ist tatsächlich oft genug umgekehrt worden. Man kann sich selbst auch zuerst von einer ganz anderen Seite und dann erst und von da aus in seinem natürlichen Sein zu sehen und zu verstehen suchen. Wir brauchen hier nicht darüber zu entscheiden, ob diese Umkehrung berechtigt und notwendig ist. Wir brauchen sie auch faktisch nicht mitzumachen. Wir müssen aber mit ihr rechnen, wir müssen, um die Phänomene des Menschlichen richtig und vollständig zu sehen, um ihrer allfälligen Bedeutung als Symptome des Menschlichen gerecht zu werden, auch dieser anderen, einer entschlossen n i c h t-naturwissenschaftlichen Betrachtungsweise Raum und das Wort geben.

Inwiefern sind wir uns beständig auch noch etwas ganz Anderes als das, als was wir uns sinnlich wahrnehmen? Inwiefern sehen wir uns also beständig auch noch ganz anders als in sinnlicher Wahrnehmung? Gibt es hier wirklich eine ganz andere Betrachtungsweise — und es gibt sie, wir sind tatsächlich fortwährend auch in einer ganz anderen Betrachtung unserer selbst begriffen — dann kann diese sich entscheidend nur auf unser W o l l e n, V e r h a l t e n und H a n d e l n beziehen, es kann dann die andere Betrachtungsweise, die wir hier zu berücksichtigen haben, nur die unserer p r a k t i s c h e n Vernunft, nur die der E t h i k sein. Zu einer wirklich anderen Selbstbetrachtung kämen wir nämlich noch nicht, solange wir uns dabei bloß auf unser auf unser Denken begründetes Wissen beziehen würden. Unser Denken bezieht sich, wenn es nicht leer ist, auf unser sinnliches Wahrnehmen; es besteht in der Verknüpfung und Ordnung des von uns sinnlich Wahrgenommenen. Wir lassen ja hier das theologische Denken bewußt außer acht: wir reden ja jetzt von des Menschen nicht auf Gottes Offenbarung begründeter, nicht auf sie bezogener Wissenschaft. Von ihr, sofern sie auf das menschliche Denken begründet ist, ist zu sagen, daß ihre Gegenstände notwendig auch solche sinnlicher Wahrnehmung sein müssen. Sofern sie Wissenschaft ist, ist sie jedenfalls immer auch Naturwissenschaft. Das Wissen um unser Wissen als solches kann uns über eine solche Betrachtung unserer selbst nicht hinausführen, in der wir uns selbst nun doch wieder natürliche Phänomene sind und nicht mehr als das. Wir können wohl denken, daß wir denken. Wir denken dann, daß wir denkend sind. Aber eben denkend sind wir, wenn wir nicht leer denken, bezogen auf unser sinnliches Wahrnehmen. Eben denkend sind wir uns selbst nur das, als was wir uns sinnlich wahrnehmen. Eben daß wir denkend sind, ist somit auch ein natürliches Phänomen. Eben indem wir denken, daß wir denken, haben wir uns somit nur noch einmal als natürliches Phänomen gesehen und verstanden. Wir blicken damit noch nicht ins Freie, wir werden uns damit noch nicht zu einem wirklich anderen Phänomen. Dazu werden wir uns aber damit, daß wir darauf achten: wir sind ja gar nicht bloß denkend. Wir sind also gar nicht darauf angewiesen, bloß zu denken, daß wir denkend sind. Indem wir denkend sind, **wollen** wir ja auch, **verhalten** wir uns ja auch, **handeln** wir ja auch. Gewiß immer auch denkend, gewiß immer auch wissend und also auch naturwissenschaftlich wissend um uns selbst, gewiß also immer auch als das, als was wir uns wahrnehmen. Aber nun eben das Alles, indem wir es wollen und tun, eben das Alles im übergreifenden Akt unserer **Existenz**. Daß dieser Akt geschieht und wie er geschieht in allen seinen einzelnen Momenten und Bestimmtheiten, das ist freilich auch ein natürliches Phänomen, das geschieht ja auch im Bereich unserer Wahrnehmung. Aber daß er **unser** Akt ist und wir sein **Subjekt**, daß wir nicht Subjekt eines ganz anderen Aktes sind, daß also an dessen Stelle nicht ein ganz anderer Akt geschieht und daß dieser Akt ohne uns selbst nicht geschehen würde, das ist kein natürliches Phänomen, darin sind wir uns nicht Gegenstand irgend einer Disziplin der Naturwissenschaft. Blicken wir darauf, dann blicken wir tatsächlich ins Freie, auf ein eigenes, von dem der anderen Wesen nicht nur graduell, sondern prinzipiell verschiedenes Sein. Und nun blicken wir tatsächlich zweifellos fortwährend auch darauf. Wir sind, auch indem wir denken, auch indem wir denken, daß wir denken, im Gebrauch unserer praktischen Vernunft begriffen. Und wir denken uns **selbst** nur, indem wir uns als solche denken, die in diesem Gebrauch **praktischer** Vernunft begriffen sind. Keine Rede davon, daß wir nur beiläufig und nachträglich gerade so, gerade in unserem Wollen, Verhalten und Handeln existieren. Wo finge das Alles erst an, wo hörte es auf, solange und sofern wir Menschen sind? Wann wäre unsere Existenz bloß sinnlich wahrnehmbarer Vorgang und nicht auch freies Ereignis: unsere Lebenstat, in der wir uns naturwissenschaftlich ganz unanschaulich, ethisch aber ganz anschaulich sind? Und keine Rede auch davon, daß wir uns in dieser unserer Lebenstat nur beiläufig und nachträglich anschaulich, daß wir also genötigt wären, gerade der naturwissenschaftlichen Selbsterkenntnis so selbstverständlich den Primat zuzuschreiben, wie man es oft getan hat. Daß wir selbst wollen, uns verhalten und handeln und also ethisch existieren, das braucht uns wirklich nicht nur in irgend einem Hintergrund unseres Bewußtseins gegenwärtig zu sein. Man wird vielmehr schon fragen können: ob es nicht das natürliche Phänomen unseres Menschseins ist, das wir, indem wir als Menschen existieren, ohne es auslöschen zu können, doch fortwährend in den Hintergrund unseres Bewußtseins drängen? «Existieren» heißt ja: «heraustreten» und als Existieren des Menschen faktisch fortwährend: heraustreten aus dem Bereich, in welchem er sich nur Naturphänomen, ein Naturphänomen unter anderen ist — hinübertreten in den anderen Bereich, wo dasselbe Phänomen er selbst ist: er in dem, was er nicht nur ist, sondern ist als Täter seines Seins, als Subjekt des Aktes, den wir das menschliche Leben nennen. Indem wir uns selbst wissen, wollen wir, verhalten wir uns, handeln wir selbst. Indem wir denken, daß wir denken, tun wir uns selbst, und was wäre unser Denken und das Denken unseres Denkens, wenn dieses Tun unserer selbst etwa ausfiele, wenn wir nicht, indem wir denken, uns selbst tun würden? Wir sind doch auch denkend nicht neutral, sondern indem wir uns selbst entscheiden, denken wir, und die Frage bleibt offen, ob unsere Entscheidung ein Element und Exponent unseres Denkens oder ob unser Denken doch nur ein Element und Exponent unserer Entscheidung ist. Selbsterkenntnis muß jedenfalls auch heißen: Erkenntnis unserer selbst als der in der Entscheidung unserer selbst Begriffenen, Erkenntnis unserer selbst in unserem Sein als Wollende, sich Verhaltende und Handelnde, Erkenntnis unserer selbst in der darin offenbaren Freiheit unseres Seins gegenüber seiner natürlichen Bestimmtheit — Das also ist die Erweiterung und Vertiefung unseres Blickfeldes, die wir dem uns beschäftigenden Problem des Wesens des wirklichen Menschen zweifellos schuldig sind. In der naturalistischen Enge, in der wir dieses Problem zunächst ins Auge gefaßt haben, könnten und würden wir seinem Ernst in der Tat nicht Genüge tun.

Aber haben wir ihm damit Genüge getan, daß wir unser Blickfeld dadurch erweitert haben, daß wir von der naturalistischen zur idealistischen — genauer gesagt: zur ethischen Betrachtung des Menschen vorgestoßen sind? Sollten wir es etwa jetzt, im Phänomen des menschlichen Wollens, Sichverhaltens und Handelns, der menschlichen Freiheit und Entscheidung

2. Phänomene des Menschlichen

mit dem wirklichen Menschen oder doch mit dessen Symptomen zu tun haben?

Wir werden den Vorstoß, der in dieser Richtung möglich ist, nicht geringschätzen dürfen. Er ist notwendig. Schon das Phänomen des Menschen, wie es sich uns in naturwissenschaftlicher Sicht darbietet, weist genau in dieser Richtung über sich selbst hinaus. Man kann ebenso gut sagen, es weist uns zurück auf den Standort, von dem her allein auch die naturwissenschaftliche Sicht des Menschen zustande kommen kann. Versetzen wir uns aber dort hinaus oder dorthin zurück, dann befinden wir uns in einem anderen Bereich, dann wird uns derselbe Mensch, den wir vorher bei aller Verschiedenheit in großer Nähe und Gemeinschaft mit der übrigen Kreatur, mit ihr zusammen gewissermaßen als ein Phänomen zu sehen meinten, zu einem anderen, zu einem neuen, zu einem eigenen Phänomen. Wie es auch stehe mit seinem Zusammenhang mit dem übrigen Kosmos, wie es auch stehe mit der Zugehörigkeit seiner Art zu den Arten anderer kosmischer Wesen: wir sehen ihn dann sich behaupten als ein Wesen für sich; wir sehen ihn dann eine Bewegung vollziehen, die freilich auch im Zusammenhang der Bewegungen des übrigen Kosmos erklärt und beschrieben, die aber nicht aus diesem abgeleitet werden kann; wir sehen ihn dann in die ihn umgebende Welt frei hinein- und wieder frei aus ihr herauskommen: ihr verhaftet und verbunden und nun doch nicht zuerst und nicht zuletzt ihr, sondern zuerst und zuletzt doch nur sich selbst zugehörig.

Müßten wir einem neueren Sprachgebrauch durchaus Rechnung tragen, so könnten wir jetzt fortfahren: wir sehen ihn dann als «Person», oder noch feierlicher: als «Persönlichkeit», oder noch dunkler: in seiner «Personhaftigkeit». Es geschah doch wahrscheinlich ohne viel Sinn, daß gerade dieser Begriff oder diese Begriffe eine Zeitlang so wichtig, oft geradezu zentral wichtig genommen worden sind. Das Wort *persona* (von *personare* bezw. *perzonare,* verkleiden) paßt schon etymologisch wenig zu dem, was es hier bezeichnen sollte. Und auch sein Gebrauch im klassischen Latein (die Maske, die Larve des Schauspielers — der Charakter, die Rolle, die er wiedergibt — die Stellung, der Rang, die Bedeutung, die Jemandem in seinem Amt oder in seiner Funktion zukommen) weist eigentlich in andere Richtung. Man hat sich aber auch bei dem so häufigen modernen Gebrauch des Wortes nie darüber geeinigt, was es und was seine Derivate nun eigentlich bezeichnen sollten. Der Verfasser des Art. «Persönlichkeit» in RGG[2] zeigt sich z. B. durchaus geneigt, nicht nur in der menschlichen, sondern in jeder organischen Lebenseinheit so etwas wie «Persönlichkeit» zu erblicken. Es ist aber auch nie geklärt worden, mit welchem Recht und Sinn man mit dem Wort «Person» etwas Geringeres und Schwächeres, mit dem Wort «Persönlichkeit» aber offenbar etwas Höheres und Besseres bezeichnen wollte, ob es ein solches mehr und minder hier überhaupt geben kann, ob «Persönlichkeit» auf etwas zeigt, was Jemand ist oder auf etwas, was Jemand hat, ob Alle oder ob nur bestimmte Leute «Persönlichkeit» sind oder haben. Und es ist völlig schleierhaft, wie es dann neuerdings auch noch zu der Bildung des Adjektivs «personhaft» und des Substantivs «Personhaftigkeit» hat kommen können. Ich sehe angesichts dieser Sachlage keinen Grund, weshalb man sich hier gerade auf diese

Begriffsgruppe festlegen müßte. Gegen ihre beiläufige Verwendung in unverfänglichen Zusammenhängen ist gewiß nichts einzuwenden. Das, worauf sie im modernen Sprachgebrauch ungefähr zu zeigen scheinen, ist eben das Phänomen des mit seiner Umwelt zusammengehörigen und nun doch nicht nur zusammengehörigen, sondern ihr gegenüber auch freien Menschen. Es besteht aber keine Notwendigkeit, diese seine Bestimmung gerade mit einem jener Worte zu bezeichnen.

Man möchte fast sagen: es ist ein Phänomen für sich, daß der Vorstoß in dieser Richtung möglich und notwendig ist: daß derselbe Mensch sich selbst fortwährend in seiner Identität in zwei Bereichen, von dem einen in den anderen schreitend oder vom einen in den anderen zurückkehrend, sehen und verstehen kann und muß. Nein, wir haben bestimmt nicht Anlaß, diese Entdeckung gering zu schätzen. Was hier zu sehen ist, könnte in höchstem Maß symptomatisch sein. Es könnte im ganzen weiteren Verlauf auch unserer theologischen Anthropologie bedeutsam werden, daß der Mensch auch laut seiner eigenen Wissenschaft von sich selbst in diesen zwei Bereichen existiert, im Bereich des Seins, in welchem er sich denkt, und im Bereich der Entscheidung, in welchem er sich tut, im Bereich seiner Zugehörigkeit zu allem anderen Sein, und im Bereich seiner Freiheit — und eben in beiden existiert: aus dem einen heraus oder zurück in den anderen, und das ohne aufzuhören, auch in dem einen zu sein, den er damit zu verlassen scheint und also in beiden zugleich existiert. Es könnte sein, daß wir uns später, nämlich angesichts des wirklichen Menschen, an dieses eigentümliche Ergebnis der menschlichen Wissenschaft vom Menschen erinnert fühlen werden. Es könnte sein, daß es uns nachträglich wichtig werden wird, hier festgestellt zu haben, daß der Mensch sich selbst nicht sehen kann, ohne seine naturwissenschaftliche, durch seine ethische Sicht seiner selbst vielleicht zu ergänzen, vielleicht — aber der Prioritätsstreit soll uns hier nichts angehen — geradezu zu begründen.

Es könnte sein. Mehr können wir doch auch hier nicht sagen. Wir haben ja doch auch hier nur von der menschlichen Möglichkeit gesprochen. Wir haben nun bestätigt gefunden, was sich uns schon in unserer ersten, naturwissenschaftlich beschränkten Sicht angekündigt hatte: diese Möglichkeit ist reicher und weiter, als es dem allein auf die sinnliche Wahrnehmung bezogenen Denken zunächst erscheinen mag. Was uns dort nur als bemerkenswerter Sonderfall und Grenzfall im Bereich des organischen Lebens erscheint, das erscheint uns hier als ein Bereich von eigener Geltung und Würde. Der Mensch existiert auch in der Entscheidung, auch frei. So groß, so umfassend ist seine Möglichkeit. Aber haben wir damit seine wirkliche Besonderheit, die Besonderheit des wirklichen Menschen zu Gesicht bekommen? Sind dieser zweite Bereich, und allenfalls dieser dritte, des Menschen Schreiten vom einen zum andern, mehr als Phänomene? haben wir in ihnen — zusammen mit dem ersten natürlich — den wirklichen Menschen erblickt? Oder sind sie wenigstens als solche zugleich Symptome des wirklichen Menschen? Man hat das Letztere, man hat aber mit Nachdruck auch das Erstere behauptet.

Wir können nicht zustimmen. Daß unsere Sicht des Menschen aus der naturalistischen Enge in die ethische Weite vorzustoßen vermag, ist eine gute Sache. Aber so gut ist sie nun wieder nicht, daß wir uns einreden dürften, damit zum wirklichen Menschen, damit zu des Menschen Besonderheit in der Schöpfung vorgestoßen zu sein. Alle unsere sechs Kriterien zur Auffindung des wirklichen Menschen verbieten uns das. Es ist ratsam, daß wir uns an dieser wichtigen Stelle erinnern: sie sind keine bloße formalen, sie sind materiale Kriterien, es geht, wenn sie zu Recht bestehen, beim wirklichen Menschen um Gott und den Menschen, um Gottes Handeln an ihm, um Gottes Ehre in seiner Existenz, um Gottes Herrschaft über ihn, um des Menschen Aktion im Verhältnis zu Gott, um den Dienst Gottes, den der Mensch in diesem Verhältnis wahrzunehmen hat. Auch das neue menschliche Phänomen, von dessen Betrachtung wir nun herkommen, genügt keinem einzigen dieser materialen Kriterien. Ob Gott auch nur ist, davon sagt uns auch jenes andere, neue Phänomen nicht das Geringste. Es zeigt uns den Menschen und allein den Menschen. Der Mensch allein ist aber bestimmt nicht der wirkliche Mensch, bestimmt nicht das als Mensch von anderen Wesen endgültig unterschiedene Wesen. Es zeigt uns des Menschen Existenz, in der Entscheidung, in der Freiheit, aber eben damit doch nur eine Form, in der er, wenn er wirklich und wenn er von den anderen Wesen wirklich verschieden ist, existiert. Seine Wirklichkeit, seine wirkliche Unterschiedenheit von anderen Wesen besteht aber nicht nur in einer solchen Form seiner Existenz. Sie besteht in einer bestimmten Entscheidung, in einer bestimmten, in der rechten, der alleinigen Freiheit, in der durch sie inhaltlich gefüllten Existenz. Der Mensch, der sich auch anders entscheiden könnte, der auch anderswie freie Mensch ist nicht der wirkliche, nicht der als solcher von anderen Wesen unterschiedene Mensch. Jenes Schreiten aus dem Denken heraus oder aus dem Denken zurück ins Tun ist eine hohe Sache, verglichen mit den Lebensphänomenen anderer Wesen. Aber so hoch nun doch nicht, daß wir uns damit begnügen, daß wir nun eben darin, daß der Mensch so oder so dieses Schreitens fähig, in diesem Schreiten begriffen ist, den wirklichen Menschen und dessen Eigensein und Eigenart im Kosmos erkennen müßten. Die Frage bleibt ja auch in dem noch so klar sich darbietenden, noch so klar erkannten Phänomen dieses Schreitens: ob er dahin oder dorthin schreitet, ob sein Schreiten mit Gott, seinem Handeln, seiner Ehre, seiner Herrschaft, seinem Dienst etwas zu tun oder nichts zu tun haben wird. Das Phänomen seines Schreitens als solches läßt diese Frage offen, es umfaßt beide Möglichkeiten. Es ist als Phänomen neutral, indifferent, es verweigert uns hier gerade die entscheidende Aussage. Es redet wohl deutlich von einer Möglichkeit. Es ist aber die Möglichkeit, von der es redet, in vollem Umfang auch die Möglichkeit des Menschen, der die ihm wesentliche Entscheidung verfehlt und damit seine Wirklichkeit verwirkt hat. Sie ist auch die Möglichkeit des sündigenden, des von Gott sich sondernden Menschen. Sie ist nicht notwendig, nicht ausschließlich die Freiheit des in seinem Verhältnis zu Gott freien Menschen, sondern sie ist auch die Freiheit des kraft seines Ungehorsams Gefangenen. Darum kann und darf auch das in ethischer Sicht gesehene Phänomen des Menschen mit dem wirklichen Menschen nicht verwechselt werden. Eben darum müssen wir uns auch nach der nun geschehenen Erweiterung unseres Blickfeldes, was unsere entscheidende Frage anbelangt, für unbefriedigt erklären. Der wirkliche Mensch muß noch anders sein und aussehen als jener Schreitende. Schreiten wird gewiß auch er. Genau von der menschlichen Möglichkeit, deren wir nun gewahr geworden sind, genau von der praktischen Vernunft, derer wir uns nun mit Fug erinnert haben, wird auch er Gebrauch machen. Wir haben aber doch nur seinen Schatten gesehen, indem wir diese seine Form, seine Möglichkeit, indem wir ihn als diesen Schreitenden gesehen haben. Er selber wird kraft dessen, woher er kommt und wohin er geht, indem auch er schreitet, ganz anders aussehen. Wir hätten uns gründlich getäuscht, wenn wir, seinen Schatten erblickend, ihn selbst erblickt zu haben meinten. Und nicht einmal seine Symptome haben wir erblickt, indem wir diesen seinen Schatten erblickt, indem wir die ethische Eigentümlichkeit des Menschen entdeckt haben. Denn nicht einmal das gibt das ethische Phänomen als solches her, nicht einmal ein unzweideutiges Indiz des wirklichen Menschen haben wir in der Hand, wenn wir uns der ethischen Eigentümlichkeit des Menschen vergewissert haben. Der Schatten ist es ja nicht, der den wirklichen Menschen unterscheidet von dem, der die menschliche Wirklichkeit verwirkt hat. Der Schatten, den dieser, und der Schatten, den jener wirft, ist genau derselbe. Es vermögen die Phänomene des Menschlichen als solche, wie zugänglich und einleuchtend sie der Wissenschaft des Menschen von sich selbst werden mögen, diesen Unterschied nicht sichtbar zu machen. Wären sie uns anderswoher, wären sie uns nämlich vom wirklichen Menschen her sichtbar, dann, nachträglich, müßte uns freilich auch die ethische Eigentümlichkeit des Menschen bedeutsam werden. Auch in der bloßen Form würden wir dann den spezifischen Inhalt, auch in der bloßen Möglichkeit würden wir dann die Wirklichkeit, auch in dem bloßen Schatten würden wir dann die Gestalt, auch in dem bloßen Phänomen des menschlichen Schreitens würden wir dann das Symptom von dessen Ursprung und Ziel wiederfinden und insofern in diesen Symptomen den wirklichen, den von jedem anderen Wesen unterschiedenen Menschen auch in dem wiedererkennen, der seine menschliche Wirklichkeit verwirkt hat, auch im sündigen Menschen also. Wir müssen aber eben zuerst mehr gesehen haben als das menschliche — auch als das nun in angemessener

Erweiterung gesehene menschliche Phänomen, um dann, nachträglich, auch ihm gerecht werden zu können, um dann, nachträglich, im natürlichen wie im ethischen Aspekt des menschlichen Daseins, wie es sich uns selbst darbietet, den Menschen in der Besonderheit, in der er sich vor allen Wesen auszeichnet, wieder zu erkennen. Das Phänomen allein und als solches schafft es nicht. Sind wir nicht in der Lage, uns im Phänomen wieder zu erkennen, weil wir uns schon zuvor erkannt haben, dann gibt es überhaupt keine Erkenntnis unserer menschlichen Wirklichkeit. Keine Beschwörung ihres ethischen Charakters kann daran auch nur das Geringste ändern.

Wir prüfen den Stand der Frage auch hier an einem Beispiel: Johann Gottlieb Fichte, «Die Bestimmung des Menschen» 1800.

Zweifel - Wissen - Glaube, so sind die drei Bücher dieses Werks überschrieben. Es handelt sich um den Zweifel des menschlichen Ich an seiner Realität gegenüber der von ihm gewußten Außenwelt, um das Wissen darum, daß vielmehr das Ich selbst, indem es weiß, die Realität auch dieser Außenwelt ist, und um den Glauben als die Tathandlung, in der das Ich sich als diese alleinige Realität durchsetzt und behauptet.

Es ist das, was wir die naturwissenschaftliche Sicht nannten, was den Menschen nach Fichte in jenen «Zweifel» stürzt. Hat er sich einmal zu dem seiner würdigen Entschluß durchgerungen, unter allen Umständen selber wissen zu wollen, dann weiß er um die durchgehende Bestimmtheit alles dessen, was da ist, um die Notwendigkeit, die auch in allen Veränderungen des Daseienden waltet. Er weiß um eine Kraft, die die Entstehung und den Wechsel aller Bestimmungen eines Gegenstandes ausmacht: um die vielen Kräfte, die die vielen Gegenstände bestimmen, um die eine Kraft, durch die sie, als von der Kraft aller Kräfte, alle bestimmt sind. Und so weiß er als einen Teil des Daseienden, der Natur, auch sich selbst durch die allgemeine Naturkraft bestimmt. Daß seine Zustände von Bewußtsein begleitet sind, kann daran nichts ändern. «Es ist die Naturbestimmung der Pflanze, sich regelmäßig auszubilden, die des Tieres, sich zweckmäßig zu bewegen, die des Menschen, zu denken.» Die allgemeine Naturkraft, die Kraft des Universums, ist eben auch Denkkraft. So ist auch der Mensch nur eine von den besonderen Bestimmungen oder Äußerungen dieser allgemeinen Naturkraft. So ist auch der einzelne Mensch und so ist auch jedes einzelnen Menschen einzelner Zustand nur die Darstellung des ihm schlechterdings überlegenen Könnens und Müssens der einen Naturkraft zu der und der Zeit, unter den und den Umständen. «Alles, was ich je bin und werde, bin und werde ich schlechterdings notwendig, und es ist unmöglich, daß ich etwas Anderes sei.» Auch daß der Mensch seiner selbst bewußt ist, heißt nur: er weiß um eine der Äußerungen dieser allgemeinen Naturkraft. So ist auch der einzelne Mensch und so ist auch jedes einzelnen Menschen einzelner Zustand nur die Darstellung des ihm schlechterdings überlegenen Könnens und Müssens der einen Naturkraft zu der und der Zeit, unter den und den Umständen. «Alles, was ich je bin und werde, bin und werde ich schlechterdings notwendig, und es ist unmöglich, daß ich etwas Anderes sei.» Auch daß der Mensch seiner selbst bewußt ist, heißt nur: er weiß um eine der Äußerungen der einen, der auch Menschen, der auch ihn bildenden Naturkraft. Er erscheint sich wohl frei, er denkt, er weiß sich aber unter Notwendigkeit. Daß er um äußere Dinge weiß, bedeutet, daß sich das Universum in ihm seiner selbst bewußt wird, sich selbst unter einem besonderen Gesichtspunkte erblickt. «Das Bewußtsein aller Individuen zusammengenommen, macht das vollendete Bewußtsein des Universums aus.» Und so ist auch dies, daß der Mensch bewußt will, dies oder das, so oder so will, nur das unmittelbare Bewußtsein der Wirksamkeit der einen Naturkraft in irgend einer ihrer Bestimmungen: welche seiner Neigungen in seiner Entscheidung siegt, die siegt notwendig. Durch den Zusammenhang des Universums ist Tugend, Untugend und Laster jedes Individuums unwiderruflich bestimmt. Ich handle nicht, sondern in mir handelt die Natur. So kann ich mich zu nichts Anderem machen, als wozu sie mich bestimmt hat. Des Menschen Herz möchte gegen diese in sich vollständige Konzeption, gegen dieses «Lehrgebäude» protestieren. Er möchte ja nicht nur Äußerung eines Höheren, ihm Fremden, er möchte selbständig sein, er möchte, ja er will der Natur, der ihn umgebenden Welt gegenüber frei sein. Solche Freiheit ist nun als die Freiheit eines bewußten Wesens jedenfalls denkbar, so gewiß ein solches den Zweck seines Handelns v o r h e r — bevor es diese ins Werk setzt, denken, zwischen verschiedenen Zwecken wählen, den einen dem anderen vorziehen kann, so gewiß es also im Denken seiner Zwecke v o r seiner eigenen Wirklichkeit ist. Gilt dasselbe nun nicht doch auch von seiner Wirklichkeit, von dem seinem Zweckdenken entsprechenden Handeln? Hier beginnt der Widerstreit. «Bin ich frei und selbständig, oder bin ich nicht in mir selbst lediglich Erscheinung einer fremden Kraft?» Zu beweisen ist keine der beiden Meinungen. Die eine befriedigt, die andere tötet und vernichtet das menschliche Herz. Entscheide ich mich für meine Freiheit, dann tue ich es ohne Grund, dann nur darum, weil ich meine Liebe liebe, weil ich an meinem Interesse Interesse habe, die mich in diese Richtung treiben. Ich muß mir dann aber von der anderen Seite sagen lassen, daß, was ich meine Liebe nenne, gar nicht meine, sondern eine fremde Liebe ist: das Interesse der ursprünglichen Naturkraft in mir, sich selbst als eine solche zu erhalten. Was soll ich dagegen einwenden? Und wenn ich nichts dagegen einwende, wie sollte ich dann nicht elend sein? Unentschieden kann der Mensch hier nicht bleiben. Er kann sich aber hier auch nicht entscheiden, er hat ja keinen Grund, sich für das Eine oder für das Andere zu entscheiden. — Das ist der Z w e i f e l. Und es ist gerade der beste und mutigste Entschluß, den der Mensch fassen kann — der Entschluß, durchaus selber wissen zu wollen, der ihn in diesen Zweifel stürzt.

Das zweite Buch, das Buch vom «W i s s e n», bringt zunächst die sehr alexandermäßige Lösung des gordischen Knotens. Fichte hat diesem mittleren Teil seiner Schrift dialogische Form gegeben. «Eine wunderbare Gestalt», nämlich «der Geist» schien um die Mitternachtsstunde an dem «armen Sterblichen» vorüberzugehen und ihn anzureden. Er solle sich ermannen, er soll ihn hören, er soll auf seine Fragen antworten. Diese erzählerische Einkleidung ist paradox genug im Verhältnis zu dem, was in diesem Zwiegespräch herausgearbeitet wird: es ist ja gar keine reale Außenwelt — vielmehr: sie ist ja nur als das Wissen des Menschen, nur indem er, der wissende Mensch, real ist. Wie kann es da einen um Mitternacht am Menschen vorübergehenden, ihn anredenden Geist, wie kann es da zwischen ihm und dem Menschen einen Dialog geben? Aber eben: es «schien» ja nur, als ob er an ihm vorübergegangen sei und zu ihm geredet habe. Monolog ist also auch der Dialog, in welchem uns nun Folgendes erkennbar wird: Was ich in aller meiner Wahrnehmung wahrnehme, das sind keineswegs die Gegenstände, sondern unmittelbar und also wirklich nur meine Empfindungen, meine eigenen Zustände, nichts außerhalb dieser meiner Zustände. «Ich empfinde in mir selbst, nicht im Gegenstande, denn ich bin ich selbst und nicht der Gegenstand; ich empfinde sonach nur mich selbst und meinen Zustand, nicht aber den Zustand des Gegenstandes.» Was ich als meine Empfindungen nur zeitlich nacheinandersetzen könnte, das setze ich räumlich nebeneinander, und was ich nur als Oberfläche setzen könnte, das setze ich als Körper: ich verbreite meine Wahrnehmung im Raume, den ich doch als solchen nicht wahrnehme. So verwandle ich meine Empfindung in ein Empfindbares, in einen Gegenstand. Daß ich affiziert bin, das weiß ich. Und da ich den Grund meines Affiziertseins in mir nicht finde, suche ich ihn außer mir, finde ich ihn außer mir: ich setze also den Gegenstand und ich bestimme ihn je nach der Art meiner Affektion, ihn, von dem ich doch nichts weiß! Das, dessen ich mir wirklich bewußt bin, ist also nicht der Gegenstand, wohl aber mein Bewußtsein des Gegenstandes. Und eben dieses mein Bewußtsein der Gegenstände ist der freie, von der bloßen Spontaneität des Empfindens ganz verschiedene Akt des menschlichen Geistes, den wir das Denken nennen. Ich denke zu meiner Empfindung hinzu einen Grund. Dieser von mir hinzugedachte Grund meiner Empfindung ist der Gegenstand, der mir dann als Wahrnehmung erscheint, obwohl doch zu beweisen ist, daß er keine Wahrnehmung ist. So ist das Bewußtsein, dessen ich mir bewußt bin, das Bewußtsein des Gegenstandes, vielmehr das Bewußtsein meines eigenen Seins, sofern dieses ein wissendes ist, mein Selbstbewußtsein, mein Ichbewußtsein. Wer und was bin Ich? Ich bin Subjekt und Objekt, Identität beider, nur daß mir diese Identität nicht faßbar wird, nur daß sie mir immer in der Getrenntheit von Subjekt und Objekt erscheinen wird. Aber Subjekt und Objekt sind doch beide Ich. Ich schaue mich selbst an, das ist das Subjekt. Ich schaue mich selbst hin, ich trage mich selbst schauend aus mir selbst heraus, das ist das Objekt. Aber ich bin beides, mein Schauen und das von mir geschaute Ding. Als Gegenstand, als Kraft außer mir, ist dieses geschaute Ding nur ein Produkt meines Denkens. Ich erdenke es mir. Und mein Bewußtsein von ihm ist letzlich immer das Bewußtsein von diesem meinem Erdenken. So erkennen und betrachten wir bei dem, was wir Erkenntnis und Betrachtung der Dinge nennen, immer und ewig nur uns selbst. So wissen wir in allem unserem Bewußtsein schlechterdings um nichts als um uns selbst und um unsere eigenen Bestimmungen. So entsteht Alles, was außer uns ist, so auch das Besondere und Mannigfaltige dieser Außenwelt, so auch deren Zusammenhang in sich nur durch unser Bewußtsein. So sind die Gesetze, durch die die Gegenstände einander mit eiserner Notwendigkeit gegenseitig bestimmen und so das Weltsystem bilden, nichts anderes als die Gesetze unseres eigenen Denkens. Und eben darum haben wir vor dieser eisernen Notwendigkeit nicht zu zittern, so haben wir uns nicht zu fürchten, von einer uns fremden Dingwelt versklavt und unterdrückt zu werden. Die Notwendigkeit dieser Dingwelt ist ja nur in unserem Denken. Die Dinge dieser Welt und sie selber sind ja unsere eigenen Produkte. Wie sollte der Mensch sich fürchten vor dem, was sein eigenes Geschöpf, was nur noch einmal er selber ist? — Das ist die Freiheitsbotschaft, als die sich der transzendentale Idealismus als Interpretation des menschlichen Wissens zunächst jenem Determinismus entgegensetzt, zunächst also jene in dem Buche «Zweifel» entwickelte Antinomie auflöst. So hoffnungslos kann es in jenem Widerstreit zwischen Wissen und Willen, zwischen Notwendigkeit und Freiheit auf alle Fälle nicht stehen, wenn das Wissen und das Gewußte doch Eines, wenn die Notwendigkeit doch nur die unseres eigenen Denkens ist. Aber noch ist ja nicht positiv gezeigt, inwiefern es denn Willen und Freiheit gibt. Noch scheint vielmehr gerade die idealistische Interpretation des Wissens die Voraussetzung alles Wissens und aller Freiheit, die Realität des menschlichen Ich nämlich, aufs höchste in Frage gestellt zu haben. Noch kann also das Buch «Wissen» nicht geschlossen werden. Der Dialog mit dem «Geist» wird an dieser Stelle dramatisch. Ist es nicht so, daß mit der Körperwelt außer mir auch ich selbst zur bloßen Vorstellung werde? Das Denkende selbst ein lediglich und bloß Erdachtes? Wessen ich mir bewußt werde, das kann ja, wenn ich auf jener idealistischen Linie weiter denke, immer nur mein faktisches Vorstellen, Denken und Wollen sein, nicht aber dessen Subjekt, nicht aber das Vermögen zu all dem, und noch weniger ein Wesen, in welchem dieses Vermögen ruhen, das dieses Vermögen zu eigen haben würde. Daß ich empfinde, anschaue, denke, dessen bin ich mir bewußt, nicht aber dessen, daß ich empfinde, ich anschaue, ich denke, daß ich als Realgrund das Denken, Anschauen, Empfinden hervorbringe. Was ich

Ich heiße, ist schlechterdings nichts Anderes als eine gewisse Motivation des Bewußtseins, welche Ich heißt, weil sie ein unmittelbares, nicht nach außen gehendes Bewußtsein ist, das alle meine Vorstellungen begleitet, in jeder neuen Vorstellung entsteht, um alsbald mit ihr wieder zu vergehen, das positiv überhaupt nicht zu erkennen ist. Daß ich kontinuierlich und identisch bin, ist offenbar nicht weniger eine Erdichtung meines Denkens als das Sein einer von mir verschiedenen Außenwelt. Was ist, das sind nur Bilder, vorüberschwebende — aber an nichts vorüberschwebende! — bedeutungs- und zwecklose (weil nichts abbildende, auf nichts bezogene!) Bilder, und ich selbst bin auch nur eines von diesen Bildern, vielmehr: ein verworrenes Bild von jenen anderen vorüberschwebenden Bildern. «Alle Realität verwandelt sich in einen wunderbaren Traum, ohne ein Leben, von welchem geträumt wird, und ohne einen Geist, der da träumt.» Mein Anschauen ist der Traum und mein Denken — das ich für die Quelle alles Seins und aller Realität halte — ist doch nur der Traum vom jenem Traum! Ja, so und nicht anders ist es, versichert uns der mitternächtliche Geist. Die Konsequenz, die hier zu ziehen ist, ist gefährlich, aber sie muß gezogen werden. Wir hätten, was hier einzusehen ist, nur dann nicht richtig verstanden, wenn wir die zu dieser Konsequenz führende Belehrung über das Wissen für die ganze Wahrheit vom Menschen gehalten hätten. Von seinem Wissen und nur von seinem Wissen wollten wir hören und haben wir gehört. Der Irrtum über das Wissen: als gäbe es eine unabhängig von uns selbst vorhandene, uns versklavende Sinnenwelt, sollte durch diese Belehrung zerstört und vernichtet werden. Mehr konnte und wollte sie nicht leisten. Alles Wissen und alles Wissen um das Wissen ist eben in der Tat Nur-Wissen! «Ein System des Wissens ist notwendig ein System bloßer Bilder, ohne alle Realität, Bedeutung und Zweck. Hast du etwas Anderes erwartet? Willst du das innere Wesen deines Geistes ändern und deinem Wissen anmuten, mehr zu sein als Wissen? Wissen ist nicht Realität.» Wir haben recht, wenn wir jene Ruchlosigkeit nicht glauben wollen. Wir fragen mit Recht nach Realität. Wir würden uns aber vergebens bemühen, sie aus unserem Wissen zu erschaffen. Hätten wir kein anderes Organ, sie zu ergreifen, so würden wir sie in der Tat gar nicht finden. Wir haben aber ein anderes Organ. «Belebe es nur und erwärme es, und du wirst zu vollkommenster Ruhe gelangen. Ich lasse dich mit dir allein.»

Und nun kann und muß das dritte, das Buch «Glaube», aufgeschlagen werden. Es bringt den Vorstoß und Durchbruch in die Ethik. «Nicht bloßes Wissen, sondern nach deinem Wissen tun ist deine Bestimmung: so ertönt es laut im Innersten meiner Seele, sobald ich nur einen Augenblick mich sammle und auf mich selbst merke. Nicht zum müßigen Beschauen und Betrachten deiner selbst oder zum Brüten über andächtigen Empfindungen — nein zum Handeln bist du da; dein Handeln und allein dein Handeln bestimmt deinen Wert.» Daß dem so ist, weiß ich unmittelbar: so wie und indem ich um mich selbst weiß. Denn indem ich um mich selbst weiß, weiß ich um einen Trieb zu absoluter, unabhängiger Selbsttätigkeit. In diesem Trieb, d. h. indem ich denke, was mich hier treibt, schreibe ich mir das Vermögen zu, aus absoluter Machtvollkommenheit einen, diesen bestimmten Begriff, einen Zweckbegriff, einen durch mein reelles Handeln darzustellenden Zweckbegriff zu entwerfen: kein Nachbild eines Gegebenen, sondern ein Vorbild eines Hervorzubringenden. Eben das ist der Punkt, an welchen alles Realitätsbewußtsein sich anknüpft. Man lasse sich dadurch nicht irre machen, daß man um diese Realität allerdings nicht wissen kann, daß alles Wissenwollen uns hier allerdings zu einem *regressus in infinitum* führen müßte. Ich kann aber — und das eben ist das Organ, mit dem ich diese Realität ergreife — glauben, d. h. ich kann mich willentlich dazu entschließen, es bei jener in meinem Trieb zur Selbsttätigkeit sich mir natürlich darbietenden Ansicht, in der ich mich selbst frei sehe, sein Bewenden haben zu lassen. Nicht aus dem Wissen, aber aus dem Gewissen, aus der Gesinnung stammt die Wahrheit: aus der Denkart, in der ich jenem Trieb zur Selbsttätigkeit seiner ganzen theoretischen Problematik zum Trotz recht gebe, aus meiner freien Wahl, in der ich unter allen möglichen Denkarten gerade diese auswähle, weil ich sie für die einzige, meiner Würde und meiner Bestimmung angemessene erkannt habe, aus dem innersten Geist meines Geistes, in welchem ich diese Wahl treffe und der seinerseits im eigentlichsten Sinn durch mich selbst hervorgebracht ist, in welchem ich nun wirklich — die Antinomie des Buches «Zweifel» liegt jetzt tief zu meinen Füßen! — keinem Fremden untertan, sondern nur mein eigenes Geschöpf und Werk bin. Indem ich in diesem Geist mir selbst gebiete und gehorsam werde, glaube ich. Und ich glaube, indem ich das tue, indem ich auch mein Denken und Wissen auf mein Handeln beziehe. Ich glaube, indem ich mich ganz jener Stimme meines Innern anvertraue, sie ohne weitere Prüfung und Begründung wahr sein und gelten lasse. Ich glaube also, indem ich die mich umgebende Welt als Objekt und Sphäre meines pflichtmäßigen Handelns betrachte und behandle. Und indem mir die Gesetze meines Handelns unmittelbar gewiß sind, wird mir diese meine Welt — die Welt als Objekt und Sphäre meines pflichtmäßigen Handelns — mittelbar gewiß. Wir stehen also hier vor dem Grund und Sinn jenes «Setzens» der Gegenstände außer uns. Ich setze sie, indem ich sie als Objekt und Sphäre meines ethischen Verhaltens betrachte und behandle. Eben so also erkenne ich sie. Wir handeln nicht, weil wir erkennen, sondern wir erkennen, weil wir zu handeln bestimmt sind; die praktische Vernunft ist die Wurzel aller Vernunft. Würden wir ihr absagen, dann müßte und würde uns die Welt und mit ihr wir selbst in das absolute Nichts versinken. Wir würden ja dann weder die Welt noch uns selbst setzen und also erkennen. Wir erheben uns aus diesem Nichts und erhalten uns über diesem Nichts lediglich durch unsere Moralität und insofern allein durch den Glauben. Und nun ist es ja so, daß wir, indem wir uns dem Gesetz und Gebot des Handelns anvertrauen, je ein in der Zukunft liegendes Sein ergreifen, eine durch unser Handeln zu bewirkende andere und bessere Welt erblicken und bejahen. Für deren Realität ist uns allerdings nur das Gesetz und Gebot unseres Handelns Bürge, dieses aber ein sicherer Bürge. Leben wir nämlich im Gehorsam gegen dieses Gesetz und Gebot, so leben wir schon in der Gegenwart in dieser in ihm vorweggenommenen besseren Welt. Wir können es dann einfach nicht haben, daß Alles um uns her, die ganze Gestalt dieser Welt, so sein und bleiben sollte, wie es ist. Universelle Humanität wird uns dann zur Hoffnung und zur Aufgabe, die Errichtung eines einzigen, wahren, rechtmäßig verfaßten Staates zum Ziel, in welchem die Versuchung zum Bösen und die Möglichkeit, vernünftiger Weise zu einer bösen Handlung zu schreiten, abgeschnitten sein wird, in welchem es keine Privatzwecke und darum auch keinen anderen Streit mehr geben kann als den gemeinsamen Streit für die Vernunft gegen die noch widerstrebende ungebildete Natur. Dieser Staat ist der Zweck unseres irdischen Lebens: die Vernunft entwirft diesen Zweck, und sie bürgt auch dafür, daß er unfehlbar erreicht werden wird. Denn er ist erreichbar, so gewiß eine Sinnenwelt und in ihr eine Menschheit ist, die ohne diesen Zweck keinen Sinn hätte. Er ist erreichbar, so gewiß ich selber bin. Die Vernunft, die diesen Zweck entwirft und seine Erreichbarkeit verbürgt, ist also nicht um des Daseins, sondern das Dasein ist um dieser Vernunft willen. Indem es dieser Vernunft Genüge tut, ist es das wahre Sein. Und dies allein macht meinen eigenen Wert aus, daß ich mich in Freiheit dem Gebot der Vernunft und also dem mir durch ihr Gebot angegebenen Zweck entsprechend bestimmen lasse. Der Wille dazu ist mein — er ist das Einzige, das ganz mein ist, das vollkommen von mir abhängt — und indem ich ihn habe, indem ich diesem Gebot entsprechen will, habe ich das ewige Leben schon jetzt in Besitz genommen, lebe ich es schon jetzt. Es liegt der Himmel nicht erst jenseits des Grabes, sondern er ist schon hier um unsere Natur verbreitet, und sein

Licht geht in jedem reinen Herzen auf. Was ist dieses Licht des Himmels? Eben mein durch das Gebot der Vernunft bestimmter Wille als die eigentliche und ursprüngliche Tathandlung. Für sie allein bin ich im strengen Sinn verantwortlich. Hinsichtlich meiner einzelnen Taten und hinsichtlich der sich aus ihnen ergebenden Folgen in der sinnlichen Welt lebe ich immer im Glauben und nicht im Schauen. Es kann aber die gegenwärtige und es kann jede zukünftige, jede mögliche Welt, in der es vernünftige Wesen gibt, nur durch das Pflichtgebot der Vernunft bestehen, die mich zu jener eigentlichen und ursprünglichen Tathandlung des guten Willens verpflichtet. So ist der Mensch wohl Glied zweier Ordnungen: einer geistigen, in der er durch den bloßen reinen Willen herrscht, und einer sinnlichen, in der er durch seine einzelnen Taten wirkt; aber indem er in der geistigen ist, ist er der Unvollkommenheit seines Seins in der sinnlichen zum Trotz doch schon unsterblich, ergreift er, indem er sich entschließt, die Ewigkeit, streift er das Leben des Staubes und alle anderen sinnlichen Leben, die ihm noch bevorstehen könnten, ab und setzt er sich hoch über sie. Das Alles unter der Bedingung, daß sein Wille rein, daß er sich selber ein Erstes und Letztes sei, ein Wille, der um seiner selbst willen ist, der sich selber unter Ausschluß aller anderen Zwecke Zweck ist. Indem des Menschen Wille diese Bedingung erfüllt, steht er in Verbindung mit dem Einen, das da ist, nimmt er teil an seinem Sein. Er tut das zunächst in der wunderbaren Tatsache, daß er als freier Geist in anderen freien Geistern seinesgleichen erkennt und sich selbst in ihnen wiedererkennt. Aber nur von einer ihm und jenen gemeinsamen Quelle her ist das ja möglich, wird das ja wirklich. Es ist also die Übereinstimmung unserer Gefühle, Anschauungen und Denkgesetze, ob sie uns sichtbar oder unsichtbar ist, das Resultat eines einzigen ewigen Willens. Er ist das Eine, das da ist. Er ist der Weltschöpfer, aber gerade er ist es — wie könnte er es anders sein? — in der endlichen Vernunft — in unseren Gemütern, in uns selbst also, in denen er die Welt fortbildet, in denen er in sie eingreift durch den Ruf der Pflicht, in denen er sie erhält. Fichte hat den Namen Gottes auch an dieser Stelle nicht ausgesprochen. Er hat sich aber an dieser Stelle — man könnte das den zweiten paradoxen Zwischenfall in seiner Schrift nennen — zu einer Art Gebetshymnus hinreißen lassen, in welchem er jenen einzigen ewigen Willen mit Du, mit Herzenskündiger und Vater anredet, um nun sachlich doch nur das von ihm auszusagen, daß er sich von ihm nicht getrennt, sondern mit ihm eins weiß, daß er sein eigenes Wirken, Wissen, Wollen, Tun und Leben als das dieses Du ansieht, und daß er ihm eben in dieser Verschiedenheit und Einheit mit ihm selbst gänzlich unbegreiflich, d. h. ein Sein von ganz anderer Art ist als von der, in der er alle Ewigkeiten hindurch ein Sein allein zu denken vermag. Es ist aber zweifellos die Anschauung dieses einen, einzigen, ewigen Willens, der im Menschen zugleich Ich und Du, zugleich Subjekt und Objekt ist, in der Fichtes Philosophie zu ihrem Abschluß und zur Ruhe kommt. «Ich bin ruhig bei allen Ereignissen in der Welt — denn sie sind in deiner Welt.» Indem der Mensch — in der Erkenntnis dieses ewigen Willens — weiß und liebt, wird ihm auch jener höchste Zweck der irdischen Welt, jener allgemeine Friedensstaat, nicht bloß um seiner Erreichung, sondern um deswillen wichtig sein, daß er durch den Menschen (durch seinen freien Willen) und als «eine große freie moralische Gemeine» (als eine Gestalt des freien menschlichen Willens) hervorzubringen ist, und wird er umgekehrt auch das Böse in der Welt nur als Mißbrauch des freien Willens und insofern als durch ihn, und als eine Veranlassung zu neuen Pflichten und insofern als für den freien Willen wirksam verstehen. Von da aus wird nun aber auch sonnenklar, daß die im Buch «Wissen» entwickelte Identitätsphilosophie die «Ruchlosigkeit» nicht ist, als sie die dort vorübergehend erscheinen mochte. Wo des Menschen Sein einheimisch ist — in jenem einen einzigen ewigen Willen als dem Einen, was da ist — da ist es notwendig auch sein Gedanke. «Und die wahrhaft menschliche, die allein anständige Absicht, die, wodurch seine ganze Denkkraft dargestellt wird, ist diejenige, wodurch... alles Sinnliche sich ihm rein in Nichts verwandelt, in einen bloßen Widerschein des allein bestehenden Unsinnlichen in sterblichen Augen.» Alle die, die ein großes Herz und einen sittlichen Instinkt hatten, die ihr Bürgerrecht im Himmel wußten, hier aber keine bleibende Stätte hatten, sondern die zukünftige suchten, alle die, deren Hauptgrundsatz darin bestand, der Welt abzusterben, um von neuem geboren zu werden, die alle haben tatsächlich auf die Sinnlichkeit nicht im Mindesten Wert gelegt und «waren, um des Ausdruckes der Schule mich zu bedienen, praktisch transzendentale Idealisten». Für alle anderen aber möge diese Philosophie die Kraft sein, «welche Psychen die Raupenhülle abstreife und ihre Flügel entfalte, auf denen sie zunächst über sich selbst schwebt und noch einen Blick auf die verlassene Hülle wirft, um sodann in höheren Sphären zu leben und zu wollen.» Eben von da aus ergibt sich nun auch des Menschen praktische Haltung in der Welt: «Mein Geist ist auf ewig verschlossen für die Verlegenheit und Verwirrung, für die Ungewißheit, den Zweifel und die Ängstlichkeit, mein Herz für die Trauer, für die Reue, für die Begier. Nur Eines ist, das ich wissen mag: was ich tun soll, und dies weiß ich stets unfehlbar.» Das, woran dem Menschen gelegen sein kann, ist allein der Fortgang der Vernunft und Sittlichkeit im Reich der vernünftigen Wesen: und das lediglich um seiner selbst, um des Fortgangs willen. Ob durch mich selbst oder durch Andere: gleichgültig, wenn er nur stattfindet. Denn auch «meine gesamte Persönlichkeit ist mir schon längst in der Anschauung des Zieles verschwunden und untergegangen». Vielleicht daß schmerzliche Erscheinungen diesem Fortgang in Wahrheit dienen, vielleicht daß umgekehrt erfreuliche Erscheinungen ihn in Wahrheit hindern: wer weiß? «Das aber weiß ich, daß ich in der Welt der höchsten Weisheit und Güte mich befinde, die ihren Plan ganz durchschaut und ihn unfehlbar ausführt; und in dieser Überzeugung ruhe ich und bin selig.» Sollte es mich unwillig machen, andere vernünftige Wesen gegen die Vernunft streiten zu sehen? Wie sollte es? Mein Unwillen träfe ein offenbares Nichts, denn wenn sie nicht frei sind, dann sind sie es eben nicht, sondern Sklaven der blinden, willenlosen Natur. Ich werde sie zwar behandeln als wären sie, was sie doch sind, ich werde zwar «als handelnder Mensch der Gesellschaft» ab und zu auch einer «edlen Entrüstung» ihnen gegenüber fähig sein. Aber der auf sich selbst ruhende und in sich selbst vollendete, betrachtende Mensch in mir wird auch dann nicht mitzürnen. So werde ich auch körperliche Leiden, Schmerzen und Krankheiten zwar als Ereignisse der Natur fühlen, sie werden aber doch immer nur die Natur treffen, mit der ich auf eine wunderbare Weise zusammenhänge, nicht mich selbst, das über alle Natur erhabene Wesen, sie können und sollen mich also nicht betrüben. Und so kann und werde ich auch nicht für mich selbst, sondern nur für andere, für die Zurückbleibenden, sterben. Für mich selbst kann die Todesstunde doch nur die Stunde der Geburt zu einem neueren herrlicheren Leben sein. «Mein Tod könnte etwas Anderes sein — meiner, der ich überhaupt nicht eine bloße Darstellung und Abbildung des Lebens bin, sondern der ich das ursprüngliche, allein wahre und wesentliche Leben in mir selber trage?» Was ist das, was man den Tod nennt, als die sichtbare Erscheinung einer weiteren Belebung? Die einzig mögliche Absicht der Natur, Vernunft darzustellen und zu erhalten, ist eben hier nicht erfüllt, sondern indem sie ein freies, selbständiges Wesen tötet, schreitet sie feierlich und aller Vernunft kundbar über diesen Akt und über die ganze dadurch abgeschlossene Sphäre hinaus. So kann mir die Erscheinung des Todes nur sein «der Leiter, an welchem mein geistiges Auge zu dem neuen Leben meiner selbst und einer neuen Natur für mich hinübergleitet». Kurzum: ich lebe, indem ich das Universum in einer verklärten Gestalt sehe: «die tote lastende Masse, die nur den Raum ausstopfte, ist verschwunden und an ihrer Stelle fließt und woget und rauscht der ewige Strom von Leben, Kraft und Tat — von ursprünglichem Leben, von deinem Leben, Unendlicher... Ich bin dir verwandt, und was ich rund um mich herum erblicke, ist mir verwandt; es ist alles belebt und beseelt und blickt aus hellen Geisteraugen mich an und redet mit Geistertönen an mein Herz. Auf das mannigfaltigste zerteilt und getrennt, schaue ich in allen Gestalten außer mir ich selbst mich wieder und strahle mir aus ihnen entgegen wie die Morgensonne in tausend Tautropfen mannigfach gebrochen sich selbst entgegenglänzt.» Und umgekehrt gesehen: Dasselbe Leben, das außer mir im Baum, in der Pflanze, im Gras seine Fülle absetzt, die die freie, hüpfende, tanzende Bewegung im Tier ist, strömt als sich selbst schaffende und bildende Materie auch durch meine Adern und Muskeln, ist die Kraft, die sich mir unmittelbar auch in meinen eigenen Gliedmassen regt und bewegt: im Tier ohne, in mir mit Freiheit. Und nicht mehr ein in sich selbst zurücklaufender Zirkel ist mir jetzt dieses Universum, nicht mehr jenes Ungeheuer, das sich selbst verschlingt, um sich wieder zu gebären, wie es schon war, sondern: «Es ist vor meinem Blick vergeistigt und trägt das eigene Gepräge des Geistes: stetes Fortschreiten zum Vollkommen in einer geraden Linie, die in die Unendlichkeit geht.» Wobei doch in dem allem der Aufstieg von einem alten zu einem neuen lebendigeren Leben erst beginnt, so daß die eben noch so bewunderte Welt vor meinem Blick auch wieder verschwinden und vergehen mag. «Ist sie doch nur der Vorhang, durch den eine unendlich vollkommenere mir verdeckt wird, und der Keim, aus dem diese sich entwickeln soll. Mein Glaube tritt hinter diesen Vorhang und erwärmt und belebt diesen Keim... So lebe und so bin ich, und so bin ich unveränderlich, fest und vollendet für alle Ewigkeit; denn dieses Sein ist kein von außen angenommenes, es ist mein eigenes, einiges, wahres Sein und Wesen.»

Was haben wir gehört und was haben wir dazu zu sagen? — Kein Zweifel, daß hier irgendwie von dem die Rede ist, was wir das Phänomen des Menschen in ethischer Sicht genannt haben. Die Umrisse gerade dieses Problems sind in Fichtes Darlegung nicht zu verkennen. Daß der Mensch in der Tat seines Willens aus dem Bereich seiner natürlichen Bedingtheit hinüberschreitet in den Bereich seiner eigenen Freiheit, das scheint der Vorgang zu sein, in dem man die Quintessenz dieser Anthropologie zu erkennen hat. Aber so einfach scheint die Sache nun doch wiederum nicht zu sein. Von Fichte selbst haben wir offenbar mehr gehört als das. Daß es bloß das Phänomen des Menschen sei, was ihm vor Augen steht, das ist unser einschränkendes und reduzierendes Urteil. Fichte selbst wehrt sich gegen diese Einschränkung und Reduktion. Ein souveräner Zweifler hat zu uns gesprochen, ein souveräner Wissender, ein souveräner Glaubender. Ein Zweifler, der doch daran zu zweifeln keinen Augenblick gesonnen ist, daß er selber um sich selber zu wissen berufen und befähigt sei. Ein Wissender, der seines Wissens so sicher ist, daß er es sich leisten kann, dessen ganzen Inhalt: die objektive Welt in ihrer Totalität mit Inbegriff des um sie wissenden Subjektes selbst als bloßen Schein zu erklären. Ein Glaubender, der ein so starker Mann ist, daß er gerade diese auf Grund seines Wissens streng genug vollzogene Erklärung nun doch noch einmal zu überbieten und sich selbst in seiner Tat, in seinem kühnen Schritt in die Freiheit, nicht nur als eine, sondern als die Wirklichkeit, als den Grund und die Wahrheit der ganzen ihn umgebenden Scheinwelt zu setzen und durchzusetzen. Was Fichte gesehen zu haben behauptet und was er darstellen will, ist ohne Frage mehr als das Phänomen, mehr auch als das, was wir die nachträglich zu erkennenden Symptome des Menschlichen nennen. Es ist das Fichtesche Ich nach Fichtes Meinung nicht der bloß vorläufig, sicher nicht der bloß nachträglich gesehene Mensch, sondern sicher der von sich selbst wirklich erkannte wirkliche Mensch. Fichtes Anspruch ist nicht geringer als so. Er meint mit seinem Zweifeln, Wissen und Glauben, mit seiner Entdeckung der menschlichen Freiheit, in der wir — in seinem Sinn allzu zurückhaltend — die Quintessenz seines Gedankenganges sehen, genau an dem Ziele zu stehen, an dem wir mit dieser Entdeckung gerade noch nicht meinen stehen zu können. Er meint, indem er an dieser Stelle zu sehen meint, was wir hier auch sehen, und in seiner Weise zu sagen scheint, was wir in der unsrigen auch sagen, viel **mehr** gesehen zu haben und sagen zu können, als es uns auf das hin, was wir hier sehen, sagen zu dürfen erlaubt scheint. Er meint hier die Antwort gefunden zu haben und geben zu können, von der wir hier noch keine Spur wahrzunehmen überzeugt sind. Und das eben ist das Faszinierende des Beispiels Fichte: es hat die ganze eindrückliche Kraft eines **Gegenbeispiels**. So geht es zu — das lernen wir hier — wenn einer mit der Entdeckung der ethischen Möglichkeit des Menschen auch dessen Wirklichkeit entdeckt zu haben sich selbst und Anderen einreden will. Das Gegenbeispiel warnt uns. Man sollte die erste mit der zweiten Entdeckung nicht verwechseln. Es schließt nämlich die erste die zweite keineswegs in sich. Man sieht und sagt sonst, wenn man sich jener Verwechslung schuldig macht, indem man meint, es sei **mehr**, in Wahrheit **weniger**, als man hier sehen und sagen könnte. Es geht dann schon bei der ersten Entdeckung nicht mit rechten Dingen zu. Es wird dann schon das **Phänomen** des Menschen in ethischer Sicht mehr **verdunkelt** als erhellt. Und das ist es, was bei Fichte geschehen ist. Was wir die Quintessenz seiner Anthropologie genannt haben, hat dadurch an Deutlichkeit und Überzeugungskraft nicht gewonnen, daß er selber tatsächlich von so viel mehr als von jenem Vorgang des Herausschreitens des Menschen in den Bereich seiner eigenen Freiheit reden wollte.

Fichte konnte in dem, was er zu sehen scheint, so viel mehr als wir, nämlich den wirklichen Menschen zu sehen meinen, weil er aus irgend einem Grund zum vornherein entschlossen war, den Menschen für sich zu sehen: als ein Wesen, für das es kein wirkliches, kein solches Außen gibt, von dem her es in Frage gestellt sein, von dem her es Belehrung zu empfangen nötig haben, von dem her über es verfügt sein und dem es sich selber zur Verfügung zu stellen hätte. Der Fichtesche Mensch ist zwar von Haus aus ausdehnungsfähig nach allen Seiten. Er hat sogar von Haus aus die Tendenz, das Eine und Alles zu sein. Etwas Anderes als eben diese Tendenz scheint seinen Autor von Anfang an nicht im Geringsten interessiert oder auch nur beschäftigt zu haben. Und eben im Triumph dieser Tendenz endigt und kulminiert denn auch seine Darstellung des Menschen. Seinem Menschen fehlt nur Eines: das, was ihm gerade auf Grund dieser seiner unendlichen Fülle fehlen muß. Er ist arm — und nun allerdings trostlos arm — gerade nur an dem, was seinen merkwürdigen Reichtum ausmacht: er hat keine Grenze. So **fehlt** ihm nur gerade das, was doch im Titel von Fichtes Werk angekündigt ist: seine **Bestimmung**. Woher sollte er sie haben, da es für ihn kein Außen und also keine Grenze gibt? Daß er sich selbst bestimme, das hören wir wohl, aber wie soll es auch nur eine Selbstbestimmung eines Wesens geben, für das ein Bestimmendes außer ihm zum vornherein nicht-existent ist? Wie auch nur das Gesetz, das Gebot, die Pflicht, das Sollen, von denen Fichte in seinem Buch vom Glauben so viel redet, an die der Mensch sich nach ihm halten und in deren Erfüllung er nach ihm zur Tat schreiten und damit sich selbst (und mit sich selbst gleich auch noch das ganze Universum) als wirklich setzen soll? Und wie erst recht die Notwendigkeit und die Kraft des Entschlusses und der Tat, in denen es zu dieser Erfüllung mit allen ihren Konsequenzen kommen könnte? Und wie erst recht jene anderen Welten, in denen dieses Wesen nach Fichtes Angabe auch nach seinem Tode fortfahren soll, sich selber zu bestimmen und damit immer wieder als wirklich zu setzen? Der Fichtesche Mensch hat Alles, nur eben das hat ihm sein Schöpfer versagt: die bestimmende Grenze, das Gesetz, das Woher der Notwendigkeit und Kraft seiner Tat, das echte Jenseits seiner selbst, das dann auch das Jenseits seines Todes sein könnte. Ihm fehlt von Haus aus und gänzlich das Gegenüber, im Verhältnis zu dem er selbst sein könnte. Er kann für das Alles immer nur auf — sich selbst verwiesen werden. Ihm kann immer nur Eines zugerufen werden, nämlich dies, daß er selber sich das Alles zu sein habe. Und auch das kann ihm in Wahrheit von niemand Anderem als von sich selbst zugerufen werden. Es «schien» nur der mitternächtliche Geist an ihm vorüberzugehen, ihm zuzureden. Denn wie konnte er das in Wirklichkeit tun? Und was er ihm zuredet: die theoretische Grundweisheit des transzendentalen Idealismus von der Nichtwirklichkeit einer selbständigen Außenwelt verrät ja deutlich genug: auch er ist kein anderer als dieses Wesens eigener Geist, noch einmal er selber in seinem Reichtum und eben damit in seiner ganzen schaurigen Armut. Indem Fichte den Menschen so, in dieser höchst prinzipiellen Verschlossenheit, zu sehen zum vornherein beschlossen hat, meint er in dem, was er zu sehen scheint, den wirklichen Menschen zu sehen. Eben dieses bei aller Ausdehnungsfähigkeit, bei aller Tendenz, selber das Eine und Alles zu sein, in sich verschlossene, sich selbst genügende, auf sich selbst angewiesene und also aus sich selbst durch sich selbst für sich selbst existierende — eben dieses schlechthin autarke Wesen scheint Fichte der Inbegriff des Wirklichen und des Besonderen zu sein. Eben dieses autarke Wesen scheint er aus irgend einem Grund für des Menschen besonders würdig zu halten und also dem Menschen zuschreiben zu müssen. Eben auf Grund der Ausstattung des Menschen mit dieser Autarkie scheint er die Möglichkeit zu haben, ihn für wirklich, ja für das Allerwirklichste, das allein Wirkliche, zu halten und auszugeben. Und eben darum und infolgedessen hat Fichte nun doch nur scheinbar gesehen, was auch er hier — in der ethischen Sicht des menschlichen Phänomens — sehen konnte und eigentlich sehen mußte und wohl auch irgendwie gesehen hat. Eben darum und infolgedessen hat er dieses Phänomen in seiner Anthropologie nun doch mehr verdunkelt als erhellt.

Man hat Fichtes Lehre mit Betonung die «Philosophie der Freiheit» genannt. Offenbar darum, weil es ja wirklich so scheint, als sei es das menschliche Phänomen in der ethischen Sicht und also im Lichte der menschlichen Freiheit, das den eigentlichen Gegenstand dieser Lehre bildet. Man kann aber **darum nur** sagen, es **scheine** so, weil die Umrisse dieses unseres Problems in Fichtes Lehre zwar erkennbar und nun doch, einem Spiegelbild in einer bewegten Wasserfläche vergleichbar, nur mannigfach verflossen und verwirrt erkennbar sind, so daß man sich, indem man Fichte von dieser Sache reden zu hören meint, immer wieder fragen muß, ob es nun wirklich diese und nicht eine ganz andere Sache sei, von der da geredet wird. Die Frage drängt sich nämlich auf, ob man sich am Ende des Fichteschen Gedankengangs nun wirklich anderswo und nicht genau an demselben Ort befindet wie an dessen düsterem Anfang.

Daß der Schritt des Menschen in die Freiheit, dort, im Buch vom «Zweifel» noch unsichtbar, weil noch gar nicht getan ist, mag auf den ersten Blick als selbstverständlich, als im Wesen der Sache liegend, erscheinen. Vom Standpunkt des naiven, sich selber gegenüber noch unkritischen Wissens aus wird ja der Mensch betrachtet, wird da von ihm geredet und eben darum hemmungslos und umfassend — auch die warnende Gegenstimme zunächst umfassend — deterministisch geredet. Man wird aber fragen müssen, ob der Mensch — wenn es wirklich das menschliche Phänomen in ethischer Sicht war, das dem Philosophen vor Augen stand, auch nur einen Augenblick, auch nur in diesem Ausgangspunkt so, nämlich ohne Berücksichtigung seiner Freiheit, gesehen werden durfte. Ist der Mensch in irgend einem Sinn legitimerweise in der Lage, sich seine Freiheit in der Konsequenz und Vollständigkeit abzusprechen, wie es in diesem Ausgangspunkt geschieht, wie soll er dann nachher legitimerweise in die Lage kommen, sie sich dennoch zuzusprechen? Er selbst, seine Legitimation, sich selbst als unfrei zu betrachten und auszugeben, müßte doch hier zum vornherein in Frage gestellt, er selbst, der sich hier eines allzu ungeprüften Wissens schuldig macht, müßte doch hier bezweifelt werden. Ihm müßte seine Freiheit schon hier dadurch mindestens in Aussicht gestellt werden, daß er selbst (mitsamt seiner voreiligen Leugnung seiner Freiheit, mitsamt seiner voreiligen Deutung seiner selbst als eines bloßen Exponenten der allgemeinen Naturkraft) als ein von ganz anderswoher durchschautes, kontrolliertes, überwachtes, als ein auf einen überlegenen Widerspruch und Widerstand stoßendes Wesen und also als Leugner seiner Freiheit zum vornherein widerlegt dargestellt würde. Davon kann aber in Fichtes Beschreibung des «Zweifels» — wir wissen warum — gar keine Rede sein. Es ist der Zweifel, von dem hier die Rede ist, doch nur eine Antinomie innerhalb der von einem an sich völlig unangefochtenen Menschen angestellten Selbstbetrachtung. Daß da auch die Gegenstimme des Herzens, der Liebe usf., eine Gegenstimme indeterministischen Charakters laut wird, das wird zwar festgestellt, und Fichte wird nachher auf sie zurückkommen: er wird uns ja nachher den Rat geben, uns mit aller Macht unseres Willens dieser Gegenstimme zu anvertrauen, um eben in diesem Willensentschluß unsere Freiheit zu bestätigen und ihrer ansichtig und gewiß zu werden. Es ist aber schon zuvor, gleich auf den ersten Seiten des Buches, auch dem durchaus von sich aus um sich selbst wissen wollenden Menschen, dem Verkündiger des Determinismus also, so gewaltig der Rücken gestärkt, so gewaltiges Lob gespendet, und es ist dann im weiteren Verlauf des Buches vom «Zweifel» so deutlich gezeigt worden, wie notwendig das Wissenwollen dieses Menschen tatsächlich zum Determinismus führen muß und wie vollständig dieses Wissenwollen auch jene Gegenstimme deterministisch zu erklären und also zum Schweigen zu bringen vermag, daß die Frage schon hier dringlich wird, *quo iure* sich eigentlich jene Gegenstimme erhebt, der wir uns nach dem Folgenden so gänzlich zu anvertrauen hätten — die Gegenstimme desselben Menschen, dessen Stimme doch hier seine eigene Unfreiheit zu proklamieren *de iure* in der Lage ist. Ist der Mensch frei und war es wirklich das Phänomen des freien Menschen, das Fichte vor Augen stand, wie konnte es dann sein, daß nicht schon jenes Schwanken seines Urteils zwischen Freiheit und Unfreiheit als solches zum Gegenstand des Zweifels, daß nicht die Relativität des so schwankend urteilenden Menschen erkannt, und daß dann das gute Recht und die Wirklichkeit seiner Freiheit nicht zum vornherein anderswoher als aus diesem Menschen selbst erklärt wurde. Was dieser Mensch aus sich selbst zu erklären vermag, das ist nach diesem Ansatz von Fichtes Gedankengang gerade nicht des Menschen Freiheit. Und die Frage legt sich peinlich nahe, ob eine wiederum von diesem Menschen selbst angestellte und durchgeführte kritische Besinnung über die Tragweite seines Wissens nun wirklich dazu führen wird, des Menschen Freiheit dennoch sichtbar zu machen, oder ob dieser Ansatz nicht geeignet ist, die Fortsetzung verdächtig, d. h. jene Gegenstimme, auf die dann so viel Gewicht gelegt werden wird, zum vornherein, weil sie aus demselben Munde kommt, unglaubwürdig zu machen.

Auch der zweite große Schritt in Fichtes Gedankengang: der Aufweis des Weges, auf dem das menschliche Wissen kritisch, zum Wissen um sich selbst wird, soll nach Fichtes eigener Erklärung noch nicht dies bedeuten, daß der Schritt in die Freiheit damit getan und sichtbar gemacht würde. Nur das soll ja hier geleistet werden, daß die Psyche von ihrer Raupenhülle, d. h. von ihrem Irrtum hinsichtlich ihrer vermeintlichen Bestimmtheit durch eine sie determinierende Außenwelt befreit wird, um, theoretisch gesichert, dann erst eigentlich zu werden, dann erst ihre praktische Freiheit zu betätigen und zu beweisen. Es fragt sich aber ernstlich, ob hier auch nur das wirklich geleistet ist. Was weiß nämlich der Mensch laut dessen, was nach Fichtes zweitem Buch sein wirkliches, sein nun kritisch gewordenes Wissen ist? Sich selbst? Hätte Fichte das Phänomen des freien Menschen klar vor Augen gehabt, dann hätte hier die Antwort lauten müssen: Ja, nämlich sich selbst als Subjekt seines in die Freiheit führenden Tuns weiß der Mensch. Was heißt Wissen, das Wissen des Menschen als eines freien Wesens, wenn es nicht mindestens diesen Inhalt hat? Was wir hören, ist aber etwas ganz Anderes. Wir hören nämlich, daß alles vermeintlich Gewußte nur eine Setzung des menschlichen Wissens ist, dessen Realität mit der Realität des menschlichen Wissens nicht nur steht und fällt, sondern mit dieser geradezu identisch ist. Was der Mensch als Seiendes zu kennen meint, ist in Wahrheit nur in ihm, nur in seinem Wissen. Indem er selbst ist? Auch dieses sein eigenes Sein ist nur in seinem Wissen. Er weiß auch darum, auch um seine eigene Realität nicht anders als um alle andere Realität, nur in der Klammer der Vorstellung des Ereignisses seines Wissens. Daß er selbst Subjekt dieses Ereignisses ist, daß er selbst ist, darüber ist, indem er die Vorstellung dieses Ereignisses hat, keineswegs entschieden. Wissen ist nicht Realität. Das gilt auch von des Menschen Wissen um sein Wissen. Was folgt daraus? Vor allem doch offenbar dies, daß der Mensch sich selber aufs neue, auch auf der nun gewonnenen höheren Ebene der Betrachtung, in der gleichen Ordnung mit allem sonst Seienden befindet und sichtbar ist: er ist ein Bild von vielen und unter vielen anderen Bildern, er ist also von derselben Problematik umgeben wie alles andere Sein, er ist ein Gewußtes, das doch als bloß Gewußtes so wenig real ist wie alles sonst Gewußte. Dem Reich der allgemeinen Naturkraft dem Kreislauf von Ursache und Wirkung mag es nach dieser Lehre entnommen sein. Um so sicherer umfaßt der Kreislauf von Realität und Vorstellung, Vorstellung und Realität ihn selbst genau so wie alles sonstige Sein, alles sonstige Gewußte. Eine menschliche Freiheit diesem Kreislauf gegenüber ist nirgends sichtbar geworden. Zu dem, was der Mensch von sich aus, von sich selbst weiß, gehört gerade das nicht, daß er ist! Eine andere Frage als die nach dem, was er von sich aus von sich selbst wissen kann, ist aber nach Fichte nun einmal nicht zu stellen. Und auf die so gestellte Frage kann er in der Tat keine andere Antwort geben als die, daß der Mensch wie alles, was sonst ist, so auch sich selber nur in diesem Kreislauf zu sehen und zu interpretieren vermag. Uns bleibt nur übrig, die Frage an Fichte selbst zu richten: wie war es möglich, daß er das Phänomen des Menschen in ethischer Sicht gesehen haben soll und nun doch in der Lage war, dem Menschen ein solches, gerade hinsichtlich seiner eigenen Realität so völlig inhalts- und bedeutungsleeres Wissen zuzuschreiben? Ist der Mensch frei und ist er ernstlich als frei gesehen und verstanden, wie ist es dann möglich, daß er nicht mindestens um sich selbst auch weiß? Wie kann gerade er selbst sich dann ein Unbekannter, ein bloßes Bild, von vielen und unter vielen anderen Bildern sein? Ist es aber Faktum, daß der freie Mensch um sich selber weiß — was folgt dann daraus, was müßte dann daraus geschlossen werden? Nicht doch wohl das, daß er zwar aus sich selber allerdings auch um sich selber nicht wissen kann, daß er aber faktisch darum um sich selber weiß, weil es ihm von anderswoher zu wissen gegeben ist? Aber die Frage ist unnütz. Für den Fichteschen Menschen gibt es kein «anderswoher», kein dem Menschen gegebenes Wissen, wie es ja für ihn von Haus aus überhaupt kein Außen gibt. Der Prozeß darüber ist ja bei Fichte aus irgend einem Grund geschlossen, bevor er begonnen hat. So bleibt uns nur übrig, festzustellen, daß er es nun einmal vorgezogen hat, von einem angeblich freien Menschen zu reden, von dem er doch berichten mußte, daß er gerade von sich selbst nichts wisse und auch nichts wissen könne. Hat er ihn dann, hat er das hier zu sehende Phänomen überhaupt gesehen? Man wird ihm angesichts des dritten Teils seiner Ausführungen nicht gut absprechen können, daß er es irgendwie gesehen hat. Es ist aber auch die Art, in der er es nachher gesehen zu haben behaupten wird, dadurch im voraus belastet, daß er vom Standpunkt des angeblich kritischen Wissens her so von ihm zu reden in der Lage ist, als ob er es hier jedenfalls noch nicht gesehen hätte. Das kann man jedenfalls nicht behaupten, daß die identitätsphilosophische Lehre vom Sein und von dessen Erkenntnis das geeignete Instrument sei, uns auf die Anschauung des Schrittes in die menschliche Freiheit wenigstens vorzubereiten. Wie soll das Wesen je frei werden und als frei verstanden werden, über das wir nun dahin belehrt sind, daß es nicht einmal dazu in der Lage sei, sich seiner selbst wirklich bewußt zu werden?

Doch wir müssen gerecht sein: Das eben ist ja die in Fichtes drittem Buch geschilderte Herrlichkeit des «Glaubens», daß mit des Menschen Willensentschluß sowohl seinem naiven wie seinem kritischen Wissen, sowohl dem Kreislauf von Ursache und Wirkung wie dem Kreislauf von Realität und Vorstellung gegenüber noch einmal und ganz neu ein Anfang und nun erst der eigentliche Anfang des wirklichen Menschen — oder dessen, was Fichte dafür hält — gesetzt wird. Wollen wir Fichte verstehen, dann sollen wir des Menschen Freiheit ja gerade nicht für dadurch kompromittiert halten, daß sie uns durch die empfangene Belehrung über sein naives wie über sein kritisches Wissen um sich selbst zunächst nicht sichtbar gemacht werden konnte. Wir gestehen: uns ist nicht gerade wohl bei dieser *metabasis eis allo genos*. Wir gestehen, daß wir schon durch die empfangene Belehrung über das naive und über das kritische Wissen des Menschen um sich selbst lieber darauf vorbereitet als von der Erwartung abgeschreckt wären, daß es mit dem, was wir nun zu glauben aufgefordert werden, seine Richtigkeit haben wird. Ist der Zweifler, der Wissende, der Glaubende nicht ein und dasselbe Wesen: der eine souveräne Mensch, der in allen seinen Möglichkeiten, sich selber zu betrachten, gleich ernst zu nehmen ist? Ist uns nun der Zweifler und der Wissende von Fichte so dargestellt worden, daß es ihm erlaubt sein kann, denselben Menschen als Glaubenden auf einmal mit einer solchen Selbstbetrachtung auf den Plan zu führen, in der, was dort unsichtbar war, nun auf einmal sichtbar wird, in der, was dort unwirklich erschien, nun auf einmal als wirklich herausgearbeitet, in der also jene frühere Selbstbetrachtung plötzlich so völlig durchbrochen und überholt wird? Wie kommt der Fichtesche Mensch, für den es ja nichts gibt, was außer ihm ist, für den es also von irgend einem Außerhalb her keinen solchen radikalen Übergang der Betrachtungsweise geben kann, dazu, diesen Sprung zu tun? Kann er ihm gelingen? Hat er nicht durch seine vorangehende Selbstbetrachtung bewiesen, daß er zu schwer belastet ist, als daß er ihm gelingen könnte? Aber wir stellen diese Fragen zurück und nehmen mit Fichte an, es sei nun eben so, daß es dem Menschen eigentümlich ist, sich im Blick auf seine praktische Vernunft nun auf einmal gewissermaßen selbst zu überspringen, um sich selbst nun doch in einer Weise wissen zu können, wie es im Blick auf seine theoretische Vernunft zuvor als völlig ausgeschlossen erschien. Wir nehmen also zur Kenntnis: der Mensch will jener Gegenstimme in seinem Innern nun dennoch ein Vertrauen schenken, das ihr nach seinem naiven Wissen um sich selbst nicht zukommen kann. Und er will sich selbst, indem er sich selbst dazu entschließt, nun doch ernst nehmen, als ob er nicht nur scheinbar, als ob er nicht nur ein Bild von vielen und unter vielen Bildern, sondern wirklich wäre, was ihm doch auch nach seinem kritischen Wissen um sich selbst gerade nicht zukommen kann. Er will nicht in dem absoluten Nichts versinken, so erklärt er — und diese Erklärung ist sein Glaube — er will vielmehr seine praktische Vernunft als die Wurzel seiner ganzen Vernunft betrachten. Er handelt, wie er dem Gebot seiner praktischen Vernunft gemäß handeln muß. Und indem er sich in diesem seinem Handeln betrachtet, sieht und versteht er sich selbst als ein freies Wesen. Wir sind hier an dem Punkt, wo es unwiderlegbar scheint, daß Fichte das Phänomen des Menschen in ethischer Sicht vor Augen gehabt hat. Wir mögen fragen: warum nicht schon früher? Warum nicht von Anfang an? Wie konnte schon der Zweifler, schon der Wissende so reden, wie Fichte sie reden ließ, wenn sein Glaubender so reden muß? Gilt, was vom Menschen hier zu sagen ist, eigentlich von Grund und von Haus aus, wie ist es möglich, daß es dann erst hier zur Sprache kommt? Wie kann es dann erst und nur als Satz seines

Glaubens hingestellt werden? Aber stellen wir auch diese Fragen zurück! Hier kommt es zweifellos zur Sprache, und gerechterweise kann unser Bedenken, wenn wir ein solches haben, nur dagegen erhoben werden, wie es hier zur Sprache gebracht wird. Und nun haben wir allerdings auch hier und gerade hier ein entscheidendes Bedenken anzumelden. Es richtet sich dagegen, daß es bei der Anschauung des in seiner Tat freien, aus dem allgemeinen natürlichen in seinen eigenen Bereich hinüberschreitenden Menschen bei Fichte ja kaum einen Augenblick lang sein Bewenden hat. Kaum hat sein Mensch, indem er will und handelt, sich selbst gesetzt, so meint er ja eben mit sich selbst auch alle diese Dinge, auch das ganze Universum gesetzt zu haben. Kaum sieht er sich handelnd, so sieht er sich eben als Handelnder in jener merkwürdigen «Ruhe», die darauf begründet sein soll, daß Alles, was außer ihm scheint, in Wahrheit in ihm selber ist, daß, was in ihm ist, auch den Inbegriff alles dessen bildet, was außer ihm ist. Kaum hat er in seinem Wollen und Handeln sich selbst als frei und insofern als gut erkannt, so ist seine Freiheit und Güte auch schon die Freiheit und Güte der ihn umgebenden Welt, in der er darum nichts zu finden behauptet, was ihn stören, aufhalten, betrüben, schmerzen oder gar vernichten könnte. Schon liegt — einfach damit, daß er sich selbst und Alles, was ist, im Licht seiner praktischen Vernunft betrachtet — auch der Tod zu seinen Füßen, ist diese Welt und sind alle möglichen künftigen Welten ihm durchsichtig, heiter, sein eigenster Besitz und verfügbarer Bereich geworden. Schon ist, indem er in die Freiheit schreitet, die ganze tote, lastende Masse seiner eigenen und aller räumlichen Natur verwandelt in einen ewigen Strom von Leben, Kraft und Tat, schon ist er mit allem, was ist, verwandt, schon findet er alles belebt und beseelt und vergeistigt, seinen eigenen Leib nicht weniger und nicht mehr als Baum, Pflanze und Tier, das Ganze in einem stetigen geradlinigen Fortschritt zum Vollkommenen begriffen. Schon ist er ewig, unveränderlich, fest und vollendet, schon lüftet er den Vorhang zum ewigen Leben, indem er noch vor ihm steht. Schon ist alles Draußen auch drinnen, alles Drinnen auch draußen. Es ist eben dieser triumphale Inhalt des Fichteschen Freiheitsbegriffs, der ihn uns schwer bedenklich, der ihn uns gerade als Begriff der menschlichen Freiheit unannehmbar macht. Daß er das hier zu sehende Phänomen einen Augenblick, gewissermaßen blitzartig vorübergehend, gesehen hat, unterliegt keinem Zweifel: die Beschreibung des Vorgangs, wie der Mensch er selber ist und sich selber entdeckt, indem er will und handelt, ist mustergültig. Aber Fichte will mehr sehen als dieses Phänomen, und schon entgeht es ihm wieder, schon verfließen ihm seine Umrisse aufs neue, schon verliert sich der Mensch aufs neue in der Fülle alles dessen, was außer ihm ist, schon wird der das Bild beherrschende Vorgang aufs neue an Stelle jener Freiheitsbewegung des Menschen die eine einzige ewige Lebenskraft, die wie in Allem, so auch im Menschen ist. Sind wir nun nicht tatsächlich doch wieder dort, von wo die ganze Untersuchung ausgegangen ist: bei der dem naiven Wissen sich darbietenden Anschauung des Einen im All, des Alls in dem Einen, des großen Lebensstromes, in welchem der Mensch nur ein Tröpflein ist? Wir übersehen nicht: nun hat sich das Ganze freilich — und das ist eben der Triumph des Fichteschen Glaubens — umgekehrt. Nun ist ja vielmehr der im Licht seiner praktischen Vernunft gesehene und also als frei verstandene Mensch der Strom, in dessen rauschenden Wogen alle anderen Dinge nur Tröpflein sind. Nun ist der Mensch also nicht unfrei, sondern frei, und frei nicht nur, sondern souverän, der freie Herr, weil der wahre Schöpfer, Erhalter und Regierer aller Dinge. Aber ist diese Umkehrung, dieser Übergang von der Unfreiheit zur Freiheit so belangvoll wie es scheint? Kommt es nicht letztlich auf dasselbe hinaus, ob man das Eine, das das All, das All, das das Eine ist, von seiner Ganzheit, oder, wenn das möglich wäre, von irgend einem anderen seiner Teile, oder ob man es gerade vom Menschen her ansieht. Ist des Menschen besondere Wirklichkeit nun gerade dadurch gesichert, daß er gerade sich selbst als frei, als das Zentrum aller Dinge, als die Morgensonne versteht, die in allen Tautropfen sich selbst entgegenglänzt? Kann und wird die Umkehrung, die da vorgenommen ist, endgültig, neuer, entgegengesetzter Umkehrung wirklich nicht zugänglich sein? Wird dasselbe Rad, das sich jetzt nach rechts gedreht hat, sich nicht auch wieder nach links drehen lassen? Wie, wenn die wirkliche Morgensonne sich nun als solche nicht absetzen ließe, sondern dabei beharrte, daß es des Menschen Teil sei, ein Tautröpflein und also ihr Reflektor zu sein? Sind wir, wenn wir vom Buch des Glaubens auf das Buch des Zweifels zurückblicken, nun damit wirklich weiter gekommen, daß jetzt Alles statt unter dem deterministischen unter dem indeterministischen, statt unter dem pessimistischen unter dem optimistischen Vorzeichen betrachtet ist — Alles, d. h. das Ganze, mit dem der Mensch doch hier wie dort, so oder so, Eines ist? Nein, daß das Phänomen des in seiner Entscheidung und Tat seine Freiheit bewährenden Menschen richtig gesehen sei, das müssen wir auch hier und gerade hier, gerade im Blick auf die unerhörte Füllung, die dem Begriff der menschlichen Freiheit hier widerfahren ist, in Abrede stellen. Was in diesem Phänomen zu sehen wäre, das wäre gerade nicht der Mensch in seiner souveränen Einheit mit Allem, was sonst ist. Was dort zu sehen wäre, ist bescheidener und gerade darum wichtiger, weniger und gerade darum mehr als das: der Mensch in seiner Besonderheit, der Mensch, der weder ein Tropfen im Strom alles Lebens noch auch selber dieser Strom, der Mensch, der einfach er selber und damit etwas ist, was außer ihm kein anderes Wesen ist. Denn wenn der Mensch will und handelt, dann geschieht etwas, was weder als Folge noch als Ursache in jener Einheit mit dem geschieht, was außer ihm ist. Was dann geschieht, ist ein nach rückwärts und vorwärts freies u n d s o das menschliche Geschehen. Und das ist es, was Fichte einen Augenblick lang g e s e h e n und dann sofort wieder ü b e r s e h e n hat. Seine Anthropologie ist eine n a t u r a l i s t i s c h e Anthropologie, obwohl sie indem sie in dieser Freiheitslehre kulminiert. Denn das Bild des sich in der Natur über die Natur erhebenden Menschen ist gerade in dieser Freiheitslehre nur sichtbar gemacht, um alsbald wieder ausgewischt zu werden. Und es rächt sich offenbar gerade hier der Mangel, den Fichte seinem Menschen aus irgend einem Grund von Anfang an mit auf den Weg gegeben hat: der Mangel an einer Grenze, der grundsätzliche Mangel an einem Gegenüber, die absolute Innerlichkeit, zu der er seinen Menschen von Anfang an verdammt hat. Indem dieser Unselige absolut innerlich sein muß und also kein Außen haben darf, k a n n er, ob deterministisch oder indeterministisch, ob pessimistisch oder optimistisch betrachtet, ob als Sklave oder ob als Herr des Alls nur mit diesem zusammengesehen, kann sein Sein ihm gegenüber nicht als ein freies gesehen und verstanden werden. Auch nicht im Blick auf seine praktische Vernunft! Vielmehr gerade da, wo er in seiner Freiheit zu sehen wäre, gerade in seiner praktischen Vernunft, kann er dann nur erst recht und aufs neue in seiner E i n h e i t mit Allem, was sonst ist, kann die B e s o n d e r h e i t des menschlichen Phänomens also n i c h t gesehen werden. Der Sprung, den Fichtes Glaubender machen wollte, konnte von der Fichteschen Voraussetzung her unmöglich gelingen. Und es kann uns, wenn wir von hier aus wieder zurückblicken, nicht verwundern, daß schon die Fichtesche Belehrung über das naive und über das kritische Wissen im Blick auf dieses Phänomen so negativ verlaufen mußte, wie es tatsächlich geschehen ist.

Wir haben nun einige Male gesagt, daß Fichte «irgend einen Grund» hatte, durchaus mit jener vorausgesetzten Vorstellung von der Autarkie, von der absoluten Innerlichkeit des Menschen arbeiten zu wollen. Der Grund ist einfach: Fichte war entschlossen, den Menschen o h n e G o t t zu sehen. Man darf sich darüber dadurch nicht täuschen lassen, daß Fichte sein drittes Buch mit dem Wort «Glaube» überschrieben hat. Vom Glauben an Gott ist auch in diesem Buch tatsächlich mit keinem

Wort die Rede. Der, an den der Fichtesche Mensch glaubt, ist er selber, sein eigener Geist, der Geist jener Gegenstimme, dem er jenes Vertrauen schenkt, in welchem er sich dann als frei erkennt. Man darf sich auch durch jene Stellen in diesem dritten Buch nicht täuschen lassen, wo — und das sogar auf einmal in der zweiten Person und sogar in der Form einer Art von Gebet — von jenem einen einzigen ewigen Willen die Rede ist. Dieses Du ist in keiner Weise anders ernst zu nehmen als der «mitternächtliche Geist» am Anfang des zweiten Buches. Ein Fichtescher Dialog kann nichts Anderes sein als die Form eines Monologes, eine Form, die gelegentlich interessant und wünschenswert werden kann, weil ja der Fichtesche Mensch Subjekt und Objekt und also auch Ich und Du zugleich ist, und weil es Zusammenhänge gibt, in denen das sichtbar werden muß. Ein Gott, zu dem der Mensch gehört, als zu einem Anderen, ein Gott, der im Verhältnis zum Menschen handelte und sein Retter wäre, ein Gott, der seine eigene Ehre hätte, in der dann die eigentliche Sache des Menschen zu erblicken wäre, ein Gott, im Verhältnis zu dem der Mensch frei würde und wäre und dem der Mensch in seiner Freiheit zu dienen hätte — ein solcher Gott, der des Menschen Gegenüber und Grenze und so seine wirkliche Bestimmung wäre, ist für Fichte nicht-existent. Fichtes Gott ist Fichtes Mensch und Fichtes Mensch ist Fichtes Gott. Und eben darum, weil Gott für ihn nicht-existent ist, hat Fichte jenen Begriff des schlechthin autarken, absolut innerlichen Wesens denken und dieses Wesen dem Menschen zuschreiben und die so ausgestattete Figur für den wirklichen Menschen halten müssen. Eben darum war er denn auch nicht einmal dazu in der Lage, wenigstens das Phänomen des Menschlichen ordentlich zu sehen. Eben darum mußten sich ihm auch hier alle Konturen verwischen. Eben darum ist diese Philosophie gerade als Philosophie der Freiheit keine gelungene Philosophie. Man täte, wenn man es nur auf eine Philosophie der Freiheit abgesehen hat, schon besser, Gott nicht für nicht-existent zu halten und damit sogar für das bloße Phänomen des Menschen blind zu werden. Das ist schließlich die Warnung, zu der uns dieses aufregende Gegenbeispiel dienen konnte.

Der Aspekt der menschlichen Phänomene ist doch noch weiterer Vertiefung fähig und bedürftig. Die naturalistische und die ethische Ansicht vom menschlichen Wesen haben das unter sich gemeinsam, daß der Mensch hier wie dort als eine in sich geschlossene Wirklichkeit gesehen wird: dort mehr von außen, hier mehr von innen, dort im Lichte seiner Bedingtheit, hier im Lichte seiner Freiheit, aber dort wie hier in der Rundung seines in, durch und für sich selbst bestehenden Wesens, dort wie hier als ein Subjekt, das sich selbst Objekt und als solches einsichtig, übersichtlich, durchsichtig, sich selbst als Objekt prinzipiell verfügbar ist. Diese ganze Voraussetzung als solche, in der die naturalistische und die ethische, die biologische und die idealistische Ansicht vom menschlichen Wesen bei aller Verschiedenheit unter sich zusammentreffen, kann und muß nun zweifellos noch einmal überboten werden. Sie hat an ihrem Ort ihr unbestreitbares Recht und in ihrer Weise ihre unentbehrliche Funktion. Zum Selbstverständnis des Menschen gehört auch (und genetisch psychologisch gesehen sogar grundlegend) sein Verständnis als die in sich relativ geschlossene, natürlich-ethische Wirklichkeit, als die er sich selbst darstellt, als die er sich sich selbst vorstellt. Aber diese Voraussetzung hat ihre Grenze.

Sie wird sichtbar, sobald man die Frage nach des Menschen Wesen vertieft zu der Frage nach seiner E x i s t e n z, nach seinem eigentlichen konkreten Dasein, die mit allen Beschreibungen seiner natürlich-ethischen Wirklichkeit doch erst aufgeworfen, aber noch keineswegs beantwortet ist. Die Antwort bahnt sich freilich an — aber sie bahnt sich doch erst an — wenn man jenen Übergang von der naturalistischen zur ethischen Ansicht vollzieht. Hier weitet sich ja der Blick von der Art, in der der Mensch i s t, auf die Art, in der er in seiner Weise zu sein w i l l und damit sich selber s e t z t, von seiner bloßen Bestimmtheit zu seiner von ihm selbst vollzogenen Bestimmung. Hier, im Anblick seines Schrittes in die Freiheit, scheint sich die große Feststellung, daß er selbst existiert, schon anzukündigen. Hier erkennt er sich ja nicht nur, hier t u t er sich selbst. Aber ist es seine Existenz, sein eigentliches konkretes Dasein, dessen er damit, daß er sich seines Tuns erinnert, ansichtig geworden ist? Ist der, den er da im Schritt in die Freiheit begriffen sieht, denn wirklich er selbst? Ist er selbst denn der, den er da wollen und also aus der Natur in die Freiheit schreiten sieht? Ist diese Sicht nun nicht doch durch die andere begrenzt, in der er sich immer noch und immer wieder als bloßes Naturwesen und in seiner Bestimmtheit als solches sehen und verstehen muß? Und ist die Gleichsetzung zwischen seiner Willensfreiheit und seiner Existenz nicht schon dadurch bedroht, daß er sich auch in seiner Willensfreiheit immerhin noch zu sehen, zu verstehen, meistern zu können meint, sich selber als Objekt einsichtig, übersichtlich, durchsichtig, sich selbst als Objekt prinzipiell verfügbar ist? Die Frage nach des Menschen Existenz ist die Frage nach dem von diesem gesehenen und verstandenen Objekt verschiedenen S u b j e k t. Als dieses S u b j e k t existiere ich, wenn ich existiere, als natürliches sowohl wie als ethisches Wesen, bestimmt sowohl wie mich selber bestimmend, so gewiß ich mich in meinem natürlichen u n d in meinem ethischen Wesen, sofern ich mich als beides zu verstehen und zu meistern meine, noch immer bloß als Objekt dieses S u b j e k t s betrachte und behandle. Ich selbst, der eigentlich und konkret daseiende, ich, der existierende Mensch, bin das S u b j e k t dieses Objekts. Wir haben damit schon gesagt, daß mit dem Aufwerfen der Existenzfrage jene Geschlossenheit, jene Rundung der menschlichen Wirklichkeit, wie sie sich der naturalistischen wie der ethischen Ansicht darbietet, grundsätzlich durchbrochen ist. Wer nach des Menschen Existenz und also nach jenem Subjekt fragt, der fragt nach einem Punkt, der grundsätzlich, der voraussetzungsmäßig a u ß e r h a l b jedes B i l d e s vom Menschen und also außerhalb aller Einsichtigkeit, Übersichtlichkeit, Durchsichtigkeit, aller Verfügbarkeit liegt. Er fragt ja eben nicht mehr nach dem Objekt, sondern nach dem S u b j e k t Mensch. Er fragt nach dem Punkt, v o n d e m h e r jedes Bild vom Menschen — das Bild von seiner Freiheit ebenso wie das von seiner Natur — entworfen ist. Er fragt, wenn man den Ausdruck hier wagen darf, nach dem menschlichen Urphänomen. Er fragt nach dem, der hier Bilder entwirft. Dieser Entwerfende als solcher erst bin ich selbst. Denn als solcher bin ich eigentlich und konkret da, nicht als der, als der ich mich in diesem oder jenem Bild und also als Objekt sehe und verstehe. Und nach ihm als solchem fragt der Mensch, wenn er — über alles Fragen nach seinem Wesen hinausgreifend — nach seiner Existenz fragt.

Gibt es eine Antwort auf diese Frage? Es gibt wohl eine Antwort. Wir werden sie aber nur dann nicht verfehlen, wenn wir uns nicht etwa verlocken lassen, sie in irgend etwas Gegebenem zu suchen, das als solches nun doch wieder zu sehen und zu verstehen wäre, das als solches nun doch wieder den Charakter eines Bildes und also eines Objektes hätte. Wir würden ja dann noch einmal nicht uns selbst, den Entwerfenden, den eigentlich und konkret daseienden, den existierenden Menschen suchen und finden. Fragen wir nach ihm, dann dürfen wir gerade dieses Fragen als solches keinen Augenblick und in keiner Hinsicht unterbrechen, dann kann also die Antwort nur lauten: der Mensch existiert, indem und sofern er — über alles Fragen nach seinem Wesen hinausgreifend, alle Antworten auf dieses Fragen hinter sich lassend — fragt nach seiner Existenz. Des Menschen Existenz ist er selbst, der gerade in seiner Nicht-Objektivierbarkeit, gerade in seiner Nicht-Definierbarkeit auf der Suche nach sich selbst ist, der wohl auf seine Frage nach seinem Wesen, nach dem Wie seiner Natur und seiner Freiheit Antwort zu geben, der aber in keiner dieser Antworten sich selbst zu treffen und zu finden weiß, der aber wiederum über alle diese Fragen und über alle auf diese Fragen zu gebenden Antworten — ist er wirklich auf der Suche nach sich selbst — hinausgreifen muß. Sich selbst suchend, muß er über sich selbst — nämlich über sich selbst so wie er sich selbst zu finden vermag — hinausgreifen. Immer in diesem Über-sich-selbst-hinausgreifen ist er eigentlich und konkret da, existiert er. Immer in diesem Suchen seiner selbst erkennt er sich selbst und tut er sich selbst. Als über sich selbst Hinausgreifender und so sich selbst Suchender ist er also auch der Entwerfer jener Bilder, das Subjekt seiner selbst als Objekt, sieht und versteht er sich selbst zunächst als Naturwesen, vollzieht er den Schritt von der Natur in die Freiheit, sieht und versteht er sich von da aus als ethisches Wesen. Er befindet sich, indem er sich auf diesem Wege befindet, auf dem Weg, der ihn jener Grenze entgegenführt, wo kein Bild, kein Objekt mehr sein, wo er nur mehr er selber sein wird. Er bereitet sich auf diesem ganzen Weg schon vor, er übt sich auf diesem ganzen Weg gewissermaßen in symbolischen Vollzügen darin, an jener Grenze über sich selbst hinauszugreifen, um sich selbst zu finden: das Subjekt alles dessen, was ihm auf diesem Weg noch Objekt ist. Und eben darin, daß er auf diesem Weg ist, der ihn an diese Grenze führt, existiert er. Er existiert also in der Spannung, und diese Spannung ist einerseits (untergeordnet) die zwischen seinem natürlichen und seinem ethischen Wesen, andererseits (übergeordnet) die zwischen allem, was bloß sein Wesen und dem, was als Träger dieses Wesens er selber ist: er selber, der Existierende, der sich doch im Verhältnis zu Allem, was sein natürliches und ethisches Wesen ausmacht, im Verhältnis zu Allem, was Gegenstand seiner Selbsterkenntnis und Selbstbeherrschung ist, immer nur als Möglichkeit, nie als Wirklichkeit sehen und verstehen kann. Er existiert in seiner auf diesen Spannungen beruhenden Geschichtlichkeit.

Wonach aber fragt der fragende, wohin und nach was greift der über sich selbst hinausgreifende und eben darin existierende Mensch? Ist die Frage legitim? Sie ist zweifellos legitim. Wäre sie es nicht, dürfte nach diesem Was überhaupt nicht gefragt werden, dann hätten wir ja doch — nun eben den fragenden, den sich selbst suchenden und auf der Suche nach sich selbst über sich selbst hinausgreifenden Menschen aufs neue als absolute, als eine in sich geschlossene und gerundete Wirklichkeit verstanden. Er könnte und würde sich dann nun eben so Objekt sein. Die Frage nach dem Subjekt Mensch müßte sich dann auch angesichts dieses Objekts erheben. Die geschlossene und gerundete Wirklichkeit des Menschen zerbricht aber in Wirklichkeit auch in dieser Gestalt, sofern sie in das Licht der echten Existenzfrage gestellt wird. Es muß dann wirklich dabei bleiben, daß die Frage nach dem existerenden Menschen als solche keinen Augenblick und in keiner Hinsicht fallengelassen wird. Es muß dann also seine Existenz als echtes Fragen verstanden sein und bleiben. Ist und bleibt sie aber als echtes Fragen verstanden, dann ist klar, daß sie sich selber nicht genügen kann, daß sie in ihrem Ungenügen als bloßes Fragen der Ruf nach einer Antwort, ja mehr noch: die Anzeige und Proklamation einer Antwort, möge sie lauten wie sie wolle, ist: der Hinweis auf ein Das, das auf jenes Was? antwortet. Der echt existierende, der eigentliche und konkret daseiende Mensch fragt und greift wohl nach etwas. Er ist also gerade nicht etwa allein, er fragt und greift also gerade nicht ins Leere, indem er auf dem Weg nach jener Grenze ist. Er ist also gerade nicht etwa umsonst auf der Suche nach sich selbst. Er kann auch mit seinem Fragen weder mit der Welt noch mit Gott identisch sein. Er ist gespannt auf etwas und von etwas her. Er ist geschichtlich in einer Geschichte, die ein Ziel hat. Seine Existenz ist in Beziehung und also in Beziehung zu einem Anderen, zu einem ihm selbst, seinem natürlichen und ethischen Wesen Transzendenten. In ihm sucht er sich selbst; sonst sucht er sich gar nicht, sonst steckt er noch in dem Irrtum, sich selbst schon gefunden zu haben und zu besitzen. Nur daß nun die legitime Frage nach diesem Anderen auch legitim beantwortet werden muß. Das geschähe offenbar dann nicht — die Warnung, von der die ganze Überlegung ausgeht, muß nun noch einmal Platz greifen — wenn wir das Etwas, nach dem der existierende Mensch zweifellos fragt und greift, jenes seinem Wesen Transzendente seinerseits als Objekt betrachten und behandeln würden. Das muß unterlassen werden, so gewiß es ja das Subjekt Mensch ist, das wir auch in diesem Anderen allein zu finden erwarten können. So gewiß es dieses Andere ist, so gewiß verweigert auch es sich jeder Objektivierung, jeder Materialisierung oder auch Spiritualisierung, jeder Definition. Schon daß es ist, ist genau genommen zu viel oder auch zu wenig gesagt. Nur als Ursprung des Seins mag es bezeichnet werden, aber eben damit haben wir es auch als unausdenkbar und unaussprechbar bezeichnet: als das, was wir mit allem Denken und Reden nur immer wieder verfehlen werden.

So ist es uns unbekannt und also praktisch bedeutungslos? Von ferne nicht. Gerade in dieser Fremdheit und Unnahbarkeit ist es vielmehr der Gehalt unserer Existenz, die uns, abgesehen von ihm, nur eine Möglichkeit sein könnte. Denn gerade in dieser Fremdheit und Unnahbarkeit kündigt es sich uns fortwährend an, kommt es zu uns, um unsere Existenz mit Sinn zu erfüllen. Das geschieht in den «Grenzsituationen», d. h. in den in allen Ansichten des natürlich-ethischen Wesens des Menschen nicht vorgesehenen paradoxen Situationen des Leidens und des Todes, des Kampfes und des Schuldigwerdens. Sie sind die Wand, an die wir auf unserem Weg fortwährend stoßen und die wir nicht vermeiden oder auch nur erklären können. Existenz wird in den Augenblicken aus bloßer Möglichkeit zur Wirklichkeit — zur von uns selbst verwirklichten Wirklichkeit — wo wir, in diese unvermeidlichen und unerklärlichen Situationen versetzt, uns mit ihnen oder vielmehr mit der uns in ihnen begegnenden Transzendenz auseinanderzusetzen haben, wo wir uns der Angst, die sie uns einflößt, unter keinem Vorwand und mit keinem Mittel entziehen, wo wir auf die eigentliche und konkrete Begrenzung und Bedrängnis, die sie uns in diesen Situationen auferlegt, nur entweder mit unserem Trotz, d. h. mit unserer bloß bedingten Hingabe oder aber (in Überwindung unseres Trotzes) mit unserer unbedingten Hingabe antworten, in welchen es dann im Fall der Erfüllung dieser letzten Bedingung, zur Überwindung auch unserer Angst und zur Sinnerfüllung unserer Resistenz kommen wird. Also, wo das menschliche Dasein fragwürdig, und zwar unvermeidlich und unerklärbar und total fragwürdig wird, da eben wird es als menschliches Dasein würdig, würdige Frage: Frage, die ohne aufzuhören Frage zu sein, im Fall der Erfüllung jener letzten Bedingung des unbedingten Vertrauens voll heimlicher Antwort sein wird. Da kommt das Andere, das Transzendente zum Menschen: gewiß nur, um wieder zu gehen, gewiß nie, um nun doch objektivierbar und definierbar zu werden, aber auch nicht ohne ihn gegrüßt, nicht ohne ihn gewissermaßen gezeichnet, nicht ohne sein Selbstbewußtsein, das ja an sich nur sein Fragen nach sich selbst sein kann, zu einem Symbol, zu einer Chiffre seiner selbst, des Anderen und damit auch zum Symbol und zur Chiffre des gesuchten

2. Phänomene des Menschlichen

Menschen selbst gemacht zu haben. Indem uns jene Grenzsituationen zu unserem Heil nicht erspart bleiben, kann uns das Andere, ohne das wir, weil unser Existieren echtes Fragen ist, nicht existieren würden, nicht unbekannt, nicht bedeutungslos sein, tritt an die Stelle der Vorstellung vom Menschen als einer in sich geschlossenen und abgerundeten Wirklichkeit die Erfahrung von seiner Zerrissenheit, aber eben damit auch von seiner Offenheit, von seiner faktischen Bezogenheit zu diesem Anderen hin und damit die Erfahrung seiner wirklichen Existenz.

Es ist die anthropologische Lehre von Karl Jaspers (Philosophie I—III, 1932), der wir hier in freier Auswahl und Darstellung gefolgt sind. Sie ist für uns im Zusammenhang unserer Frage nach den menschlichen Phänomenen schon darum wichtig, weil sie in Übereinstimmung mit den übrigen Hervorbringungen der modernen Existenzphilosophie mit ihrem Hinweis auf die Geschichtlichkeit des menschlichen Daseins dem Naturalismus wie dem Idealismus gegenüber den Durchbruch in die Dimensionen bedeutet, auf die einst Sören Kierkegaard zunächst einsam und vergeblich hingewiesen hatte. Ohne deren Entdeckung müßte alles menschliche Selbstverständnis, in der Frage nach des Menschen Wesen befangen, beim größten Reichtum, der ihm auch so eigen sein möchte, einen merkwürdig abstrakten und lebensfremden Charakter und letztlich eine merkwürdige Leerheit behalten. Die besondere Existenzphilosophie von Jaspers hat aber doch mit Recht auch darum auf verschiedensten Seiten Aufmerksamkeit erregt, weil ihr Fragen und Antworten sich in einer eigentümlichen Parallelität zu dem der Theologie abzuspielen scheinen. Es scheint insbesondere seine Lehre von den Grenzsituationen der genuin christlichen Erfassung und Beurteilung des Menschen — man denkt dann etwa an Luthers Darstellung des Verhältnisses von Erwählung, Berufung und Anfechtung — mindestens nahe zu kommen. Und es erscheint nicht als unmöglich, in seiner Deutung der menschlichen Existenz und ihrer Sinnverwirklichung durch die Beziehung auf den Begriff der Transzendenz so etwas wie des Menschen ursprüngliche Gottbezogenheit und also in diesem Begriff der Transzendenz Gott selbst wieder zu erkennen. Mindestens an K. F. Meyer darf hier zweifellos erinnert werden:

> Die Rechte streck ich schmerzlich oft
> in Harmesnächten
> und fühlt' gedrückt sie unverhofft
> von einer Rechten.
> Was Gott ist, wird in Ewigkeit
> kein Mensch ergründen,
> Doch will er treu sich allezeit
> mit uns verbünden.

Mindestens das wird man im Blick auf Jaspers schon sagen dürfen: «daß in der heutigen Existenzphilosophie eine neue, ernsthafte philosophische Beschäftigung mit der religiösen Frage am Werke ist» (Martin Werner, «Der religiöse Gehalt der Existenzphilosophie» 1943 S. 21 f.). Es wäre aber doch wohl besser gewesen, wenn man es dieser Philosophie nicht geradezu zugeschrieben hätte, daß sie, «ohne dies planmäßig zu wollen», bedeutsame Gehalte der christlichen Tradition neu zur Geltung gebracht habe, und wenn man es in exegetischer Gewissenhaftigkeit nun doch unterlassen hätte, hier über Gottfr. Keller und K. F. Meyer hinaus geradezu an die Worte des ersten Johannesbriefs von der die Furcht austreibenden vollkommenen Liebe zu erinnern. Diesem Maßstab kann nun doch auch die Jaspersche Anthropologie nicht Genüge tun. Man wird der Existentialphilosophie in der ihr von Jaspers gegebenen Gestalt sicher zubilligen, daß sie erkennbare Spuren der Nähe der christlichen Kirche und insofern des christlichen Raumes trägt, in welchem sie gedacht und entworfen ist — dasselbe, was man ja auch G. Keller und K. F. Meyer besonnener Weise gewiß nicht ganz absprechen wird. Man wird ihr sogar zubilligen, daß diese Spuren bei ihr interessanter, dem Wichtigen näherkommen sind als die, die man bei gutem Willen auch in der Philosophie Fichtes oder Hegels entdecken wird. Daß sie bedeutsame Gehalte der christlichen Tradition geradezu zur Geltung gebracht und in ihrer Weise dasselbe gesagt habe wie der erste Johannesbrief, das wird man darum nicht gut sagen können, weil ihr eben der Gehalt, der ihre Sätze zu christlichen machen würde, nun doch abgeht. Ein neues und verglichen mit dem früher Erwähnten entscheidend wichtiges menschliches Phänomen ist in dieser Philosophie sicher gesehen: ein Phänomen, das rückwärts blickend — vom Anblick des wirklichen Menschen aus rückwärts blickend! — gewiß als echtestes Symptom des Menschlichen in Anspruch zu nehmen ist: des Menschen Geschichtlichkeit und des Menschen Bezogenheit auf ein Anderes. Wir werden aber auch von der Anthropologie dieser Philosophie nicht mehr als das sagen können, daß sie ein menschliches Phänomen gesehen hat. Wir werden von ihr nicht sagen können, daß sie mehr als das, nämlich den wirklichen Menschen auf den Plan geführt habe.

Die Grenze dieser Anthropologie der Grenze liegt dort, wo sie ihrem Programm, dem Aufweis der nur in ihrer Beziehung zur Transzendenz sich verwirklichenden menschlichen Existenz seine konkrete Begründung, seinen bestimmten Halt geben müßte. Sie hat vor der naturalistischen und vor der idealistischen Anthropologie das voraus, daß sie das Sein des Menschen als seine Bewegung und in seiner grundsätzlichen Offenheit, als seinen Akt im Verhältnis zu einem Anderen als er selbst und in seiner Begegnung mit diesem Anderen, statt als in sich selbst begründet, ruhend und bewegt sichtbar machen möchte.

Existenzphilosophie ist nach Jaspers eigener Definition «die Philosophie des Menschseins, welche wieder über den Menschen hinauskommt» («Die geistige Situation der Zeit» 1931 S. 134). Alle bloße Erkenntnis des Menschen ist «partikulare Perspektive», durch die ihm bloß der Raum seiner Situation, nicht aber er selbst sichtbar wird. Und alle bloße Erkenntnis ist in der Hand des erkennenden Menschen. Er selbst aber ist nicht in seiner Hand. «Er selbst ist sich das schlechthin Unvollendete und Unvollendbare, ausgeliefert an ein Anderes.» Indem er sich selbst in allem Erkennen noch nicht erkannt findet, «bricht er noch einmal hindurch, jetzt durch sich selbst» und so zu sich selbst, wird ihm, was mehr ist als er selbst, zuteil, ergreift er in der Transzendenz das Sein, das er in seiner ihm als Daseinserscheinung eigenen Freiheit mit sich selbst verwechselte (a. a. O. S. 133 f.).

Dieser Beschreibung des Menschen fehlt aber jede konkrete Vergewisserung im Blick auf das diese Bewegung begründende, sie nach ihrem Woher und Wohin bestimmende Gegenüber des Menschen, im Blick auf jenes Andere, dem dieser nach ihren Angaben so ausgeliefert ist, daß er ohne es nicht existieren würde. Wir hören die in ihrer Art ergreifende Lehre von den «Grenzsituationen». Es ist gewiß so, daß das Verständnis für deren Widersprüche, für die der menschlichen Existenz in ihnen entgegengesetzten Negationen die existentialphilosophische Anthropologie von der naturalistischen wie von der idealistischen so unterscheidet, daß man wohl versucht sein könnte, jene als «wahr», diese ganz einfach als

2. Phänomene des Menschlichen 135

«unwahr» zu bezeichnen. Aber wie steht es schon mit der Versicherung, daß uns gerade hier als Erreger jener tiefsten Angst, aber bei Erfüllung einer bestimmten Bedingung dann doch auch beruhigend und unsere Existenz mit Sinn erfüllend das ganz Andere entgegenträte: gerade hier die Transzendenz und also der unsere Existenz aufs Radikalste verändernde und bestimmende, der sie mit Sinn erfüllende Faktor? Warum gerade hier? Woher nimmt diese Versicherung ihre Glaubwürdigkeit? Aus der inneren Beschaffenheit dieser Grenzsituationen doch sicher nicht! Wo und wann ist der Mensch, jeder Mensch nicht irgendwie in Leiden und Tod, in Kampf und Schuldigwerden verwickelt? Man bemerkt aber doch nicht, es besteht kein zwingender Grund zu der Annahme, daß es gerade das wäre, was den Menschen nun wirklich auch mit dem ganz Anderen in Beziehung setzte und ihn zu einer ihren Sinn verwirklichenden Existenz führte.

Man darf es doch wohl als eine der erschütterndsten und eben darum notwendigsten Erfahrungen gerade unserer Zeit bezeichnen, daß man davon wirklich nichts bemerkt. Es hat daran nun wirklich nicht gefehlt, daß sich Millionen und Millionen unserer Zeitgenossen durch viele Jahre hindurch aus einer «Grenzsituation» (im intensivsten Sinn dieses Begriffs!) in die andere gestürzt sahen. Was hat das praktisch für sie bedeutet? Wo ist irgend Jemand darin dem ganz Anderen begegnet und in dieser Begegnung mit dem ganz Anderen selber auch nur ein wenig anders geworden, daß er in Rußland oder Afrika oder in der Normandie mitgekämpft, daß er den Hitlerterror erlitten, Bombenangriffe durchgemacht, Hunger und Gefangenschaft ausgestanden, teuerste Angehörige verloren hat, Dutzende von Malen selbst in äußerster Lebensgefahr gewesen und in dem Allem dann gewiß so oder so auch selber schuldig geworden ist? Die Menschheit hat ein zähes Leben. Sie scheint der angeblich in solchen Negationen ihrer Existenz zu ihr kommenden Transzendenz ziemlich weitgehend gewachsen zu sein. Hätte Jaspers nicht bemerken müssen, in welch tiefer Unversehrtheit sie doch schon den ersten Weltkrieg, im Rückblick auf den er seine «Philosophie» geschrieben hat, in Wahrheit durchgestanden hat? Wenn nicht Alles täuscht, sind wir im besten Begriff, auch diesen zweiten im Grunde ganz unversehrt durchzustehen. Wenn Jemand anders geworden ist in diesen Jahren, dann bestimmt nicht kraft der außerordentlichen Situationen, in die sie ihn geführt haben. Es ist nach dem, was wir heute wahrnehmen, mit großer Gewißheit anzunehmen, daß auch am Morgen nach dem Weltgericht — wäre es dann noch möglich — jede Tanzbar, jeder Fastnachtsklub, jeder inseraten- und abonnentenhungrige Zeitungsverlag, jeder Winkel voll politischer Fanatiker, jeder heidnische Schwatzklub, aber auch jedes christliche Teekränzchen und jede kirchliche Synode ihren Betrieb nach bestem Können neu aufbauen und erst recht fortsetzen würde: völlig unberührt, gänzlich unbelehrt, in keinem ernsthaften Sinn anders heute als ehegestern. Feuersbrunst, Wassersnot und Erdbeben, Krieg und Pest und Sonnenfinsterung und was es auf dieser Linie immer geben mag, sind es nun einmal nicht, die uns als solche in die wirkliche Angst und dann vielleicht auch in die wirkliche Ruhe versetzen könnten. Der Herr war nicht im Sturm, nicht im Erdbeben, nicht im Feuer (1. Kön. 19, 11 f.). Nein, wirklich nicht.

Es ist gerade nicht an dem, daß bestimmte, negativ besonders geladene Situationen als solche es an sich haben, Träger des Geheimnisses der Transzendenz und also des Geheimnisses der menschlichen Existenz zu sein. Und darum kann jene Versicherung des Existenzphilosophen, daß uns in diesen Situationen als solchen, vermöge ihrer inneren Beschaffenheit, ein besonderes Angebot hinsichtlich der Sinnverwirklichung unseres Daseins gemacht werde, die Glaubwürdigkeit, die sie in Anspruch nimmt, nicht gut zuerkannt werden.

Wie steht es aber weiter mit der Behauptung, daß, was uns in solchen Grenzsituationen als jene «Wand» unvermeidlich und unerklärbar entgegensteht, nun wirklich gerade die Transzendenz, gerade das ganz Andere sei, in Beziehung zu dem wir existieren, und zwar allein existieren, der Faktor also, der dann wohl nach der Meinung der christlichen Interpreten dieser Anthropologie mit Gott in einem Atemzug zu nennen wäre? Nehmen wir an — wir haben gewiß Anlaß anzunehmen, es sei so: daß es schon etwas Anderes sei, in einer solchen Grenzsituation zu stehen oder aber im ruhigen Gleichmaß eines zunächst unbeschwerten oder wenig beschwerten Daseins, in glücklicher Unbewußtheit der irgendwie immer und überall gegebenen Grenzsituation seine Tage gute Tage sein zu lassen. Es ist sicher etwas Anderes, gewisse Dinge selber mitgemacht oder nicht mitgemacht zu haben, etwas Anderes, zu leiden oder nicht zu leiden, etwas Anderes, heute zu sterben oder eben heute noch nicht zu sterben, etwas Anderes, in dem großen Streit des menschlichen Daseins an der Front oder in der Etappe zu stehen, etwas Anderes, in dem großen Geflecht der menschlichen Schuld mehr oder weniger schuldig (z. B. ein notorischer «Kriegsverbrecher» oder ein törichter Mitläufer oder das ehrenwerte Mitglied einer Widerstandsbewegung) gewesen zu sein. Es gibt schon so etwas wie besondere Erfahrungen, besondere Begegnungen mit besonderen Ereignissen, besondere Sünde und besonderes Elend, es gibt auch dem Tod gegenüber zweifellos besondere Verhältnisse. Wer aber verbürgt uns die Behauptung, daß es gerade die Transzendenz — die echte Transzendenz, die ihrerseits unsere Existenz verbürgen müßte — sei, die uns in solchen besonderen Widerfahrnissen richtend und dann vielleicht, bei Erfüllung jener letzten Bedingung, gnädig entgegentritt? Man bedenke, daß das Problem dieser Transzendenz ja so gestellt ist, daß wir gerade in ihr erstlich und letztlich uns selbst suchen, die Antwort, in deren Erfragung wir unsere Existenz haben. Könnte es unter diesen Umständen nicht ebensowohl ein Dämon sein, der uns da drüben, an jener Grenze, als bloß angebliches, als höchst trügerisches Ziel unserer Geschichte zum Narren hält? Für uns fremd und unnahbar, für uns nicht objektivierbar und definierbar zu sein, ist nicht nur Gottes, sondern in seiner Weise auch des Teufels Privileg. Wir könnten ja auch nur von ihm in jene Lebensangst versetzt sein, und was hätte sie dann für eine Verheißung? Und was uns dann bei guter Bewährung winkt, könnte ja auch nur seine Huld sein, und was wäre das für eine Ruhe, der wir uns nach glücklich bestandenem Sturm hingeben, wenn sie nun doch nur die Ruhe des Teufels wäre?

Und wenn es nicht der Teufel selber ist, wieviel kleinere und weniger gefährliche, aber darum nicht eben heilvollere Gottheiten, Mächte und Gewalten können sich in bösen ebenso wie in guten Tagen, im Streit ebenso wie im Frieden, in unserem schwereren ebenso wie in unserem leichteren Schuldigwerden, in unserer Sterbestunde ebenso wie vorher in das Gewand der Fremdheit und Unnahbarkeit hüllen, ohne darum mit dem, was echte Transzendenz zu nennen, was mit Gott in einem Atemzug zu erwähnen wäre, auch nur das Geringste zu tun zu haben. Zu viel Bedeutung hat der Existenzphilosoph selbst diesem Punkt außerhalb aller Objekte und Bilder, zu viel Bedeutung hat er dem Hinausgreifen des Menschen über sich selbst zugeschrieben, als daß wir uns hinsichtlich dieses Punktes, hinsichtlich dessen, wonach da zu greifen ist, mit der noch so feierlichen Behauptung, daß es das ganz Andere sei, abspeisen lassen könnten. Mehr als diese feierliche Behauptung hat er uns aber an dieser Stelle nicht zu bieten. Wir können gerne anerkennen, daß er sich eben damit als religiöser Philosoph ausweist. Wir können aber nicht anerkennen, daß er uns damit die Begründung gibt, die er uns sicher geben würde, wenn es wirklich Gehalte der christlichen Tradition wären, die er zur Geltung zu bringen hat.

Und wie steht es endlich mit der Anweisung, in der der von dieser Philosophie vollzogene Hinweis auf die uns in den Grenzsituationen begegnende Transzendenz seine eigentliche Kraft zu haben scheint? Die Anweisung klingt an sich nicht schlecht: Wer dem ihn in die Angst stürzenden Anderen in unbedingter Hingabe, in unbedingtem Vertrauen seinerseits zu begegnen weiß, den befreit es von der Angst, dem schenkt es sich als vollkommene Ruhe. Aber nun gibt es da doch jene Alternative: es könnte auch sein, daß wir ihm nur in bedingter, nur in einer durch unseren Trotz beschränkten Hingabe begegnen. Wir würden ihm freilich faktisch auch dann und so unsere Anerkennung darbringen. Wir würden uns — so sagen die christlichen Interpreten dieser Sache — widerwillig-willig auch als trotzige Gottesleugner faktisch zu Gott, auf den wir in der Grenzsituation gestoßen sind, bekennen. Nur daß wir dann von der Lebensangst nicht recht frei werden und auch jenes im Negativen sich offenbarenden Positiven, der Ruhe, die uns da mitten in der Unruhe geschenkt werden könnte, uns nicht recht werden erfreuen dürfen.

Dazu ist zunächst zu fragen: Wie kommt es, daß der Mensch an Stelle jener ersten vielleicht doch auch diese zweite Möglichkeit wählen kann? Imponiert sich ihm die Transzendenz in jenen Grenzsituationen nun doch nicht ernstlicher und gründlicher als so, daß ihm diese zweite Möglichkeit immerhin auch offen steht, jene erste zur Sache einer besonderen Anweisung werden muß? Weist das nicht deutlich darauf hin, bestätigt das nicht, daß die Grenzsituationen als solche nun eben tatsächlich so transzendenzgeladen nicht sind oder daß die Transzendenz, mit der sie geladen sein mögen, tatsächlich so echt nicht ist, wie von Seiten dieser Philosophie behauptet wird? Wären beide Behauptungen begründet: die Behauptung von der gerade in den Grenzsituationen dem Menschen begegnenden Transzendenz und die Behauptung, daß es sich dabei um die echte Transzendenz, um das ganz Andere, handle, dann könnte von einer Wahl zwischen jenen beiden Möglichkeiten keine Rede sein, dann müßte die besondere Anweisung, die erste zu ergreifen, darum überflüssig sein, weil eben diese erste Möglichkeit unter Ausschluß jeder anderen sich dann dem Menschen unwiderstehlich aufdrängen würde. Da sie das auch in den Grenzsituationen zugestandenerweise nicht tut, muß der Hauptsatz dieser Anthropologie, der Satz von der Transzendenzbezogenheit der menschlichen Existenz, schon von da aus als ein höchst problematischer Satz bezeichnet werden.

Wir müssen aber weiter fragen: Sollte denn neben jenen beiden ersten gerade in den Grenzsituationen nicht immer auch noch eine dritte Alternative in Betracht kommen? Ob es nicht zwischen der unbedingten Hingabe und dem Trotz, zwischen dem Atheismus und dem Glauben gerade in den Grenzsituationen einen bestimmten, sehr fatalen Mittelweg gibt, den zu beschreiten uns, wenn uns das Wasser wirklich an den Hals geht, eigentlich viel näher liegt als jene beiden Extreme: der Weg der Resignation, die vielleicht sehr unwürdige, aber in ihrer Weise vielleicht sehr realistische Möglichkeit, gleichgültig zu werden?

Wir fügen hier dem vorhin über unsere gegenwärtige Zeit Gesagten noch hinzu, daß die Signatur des Menschen der Gegenwart nach vielen und deutlichen Anzeichen weder in seinem glücklichen Durchbruch zum Frieden mit seinem Schicksal, noch auch in seinem Verharren in einer titanischen Rebellion dagegen, sondern schlicht, böse und traurig in seiner gänzlichen Müdigkeit, Uninteressiertheit und Abstumpfung zu bestehen scheint. Man kann offenbar gerade in den Grenzsituationen — vielen Menschen unserer Zeit scheint es so ergangen zu sein — so viel erleben, daß es einem einfach zu viel, daß einem die Anweisung zur unbedingten Hingabe und die Warnung vor dem Trotz gleich bedeutungslos wird. Warum? Weil der Mensch seiner selbst überdrüssig geworden ist, weil er an sich selbst gar keinen Anteil mehr nehmen, sich die Aufregungen und Enttäuschungen jenes Fragens, Suchens und Über-sich-selbst-hinaus-greifens gar nicht mehr zumuten und also auf sein noch so intensives Erleben weder positiv noch negativ weiter reagieren mag, weil er weder die Freudigkeit zum Glauben, noch den Ingrimm, der zum atheistischen Trotz nötig ist, weiter aufzubringen fähig, weil ihm alles leid geworden ist, weil er sich dazu durchgerungen hat, alles auf sich beruhen oder seinen Lauf nehmen zu lassen. Diese Alternative scheint heute dem russischen und dem amerikanischen Menschen sehr ferne zu liegen. Dem europäischen, vor allem dem deutschen Menschen, liegt sie heute mehr als nahe: die Möglichkeit der Lethargie. Und es ist vielleicht die endgültige Schicksalsfrage für Europa, ob es gelingt, eben der Lethargie noch einmal Herr zu werden.

Warum schweigt die existential-philosophische Lehre von den Grenzsituationen von dieser dritten Möglichkeit? Vielleicht darum, weil die religiöse Interpretation des menschlichen Daseins hier offenbar ihre

Grenze hat. Der Satz von der Transzendenzbezogenheit der menschlichen Existenz setzt einen Menschen voraus, der an sich selber interessiert, der also seiner selbst gerade nicht müde, nach sich selbst vielmehr noch auf der Suche ist. «Existenz ist nur in Bezug auf Transzendenz oder gar nicht», so lautet die Beschwörungsformel dieser Philosophie. Und es sind Grenzsituationen, in denen dieser Bezug sichtbar werden müßte. Darum die Anweisung zum unbedingten Vertrauen, darum die Warnung vor dem Trotz, wobei doch auch der Trotz, vor dem da gewarnt wird, den vorhandenen Bezug irgendwie sichtbar machen würde. Er würde aber offenbar unsichtbar, wenn man hier neben dem vertrauenden und dem trotzigen auch des müden und gleichgültigen Menschen zu gedenken hätte — gerade des Menschen, der nun vielleicht doch nicht nur heute und in Europa, sondern zu allen Zeiten und an allen Orten — nicht im Vordergrund, aber im dunklen Hintergrund und Untergrund der Weltgeschichte — die ungeheure Mehrzahl aller Menschen gebildet hat! Dieses Menschen oder auch nur der Annäherungen an diesen Menschen darf die Philosophie der transzendenzbezogenen Existenz nicht gedenken, weil von ihm aus diese Transzendenzbezogenheit der menschlichen Existenz allerdings nicht zu sehen ist. Sie muß die Grenzsituationen vielmehr so beschreiben, als ob da nur die Wahl zwischen dem religiösen und dem antireligiösen Verhalten bestünde, als ob da die Wahl eines pur und simpel areligiösen Verhaltens gar nicht in Frage käme. Ist es, wenn man einmal jene in den Grenzsituationen dem Menschen begegnende «Wand» und das dahinter stehende Geheimnis der Transzendenz zum Maß aller Dinge machen will, billig, zwar mit dem Enthusiasmus zu rechnen, der angesichts dieser Wand das Geheimnis, sei es zu bejahen, sei es zu verneinen in der Lage ist, gerade mit der Lethargie aber, die angesichts dieser Wand wahrhaftig auch Platz greifen kann, gerade mit dem müden und gleichgültigen Menschen also gar nicht zu rechnen, als ob in einer ordentlichen Anthropologie nicht auch für ihn — und nun vielleicht gerade für ihn — Raum sein müßte? Ist diese Unbilligkeit, die gerade ihm keinen Raum läßt, nicht ein weiteres Indiz dafür, daß es entweder mit der angeblichen Transzendenzgeladenheit der Grenzsituationen oder mit der Echtheit der Transzendenz, mit der sie angeblich geladen sein sollen, nicht zum Besten bestellt ist — ein weiteres Indiz also für die tiefe Problematik gerade des Hauptsatzes dieser Philosophie?

Aber nun kommen wir erst — und nun von einer ganz anderen Seite — zu der entscheidenden Frage, die wir angesichts jener für sie so wichtigen Anweisung an sie zu richten haben. Nehmen wir nun an, es sei alles das in bester Ordnung, von dem wir bisher finden mußten, daß es nicht eben in bester Ordnung sei. Nehmen wir also an, es sei so: es gebe solche durch ihre Negativität ausgezeichnete Situationen, in denen als solchen das Geheimnis der Transzendenz auf uns warte oder auf uns zukomme. Und nehmen wir an: es sei die echte Transzendenz, es sei wirklich das ganz Andere, ein mit Gott in einem Atemzug zu Nennendes, um das es sich dabei handelt. Und nun hören wir die Anweisung, es möchte, es solle und es könne der in jedem Menschen tobende Kampf zwischen Glauben und Unglauben dahin entschieden werden, daß der Mensch dem ihm im Dunkel seiner negativen Erfahrungen begegnenden Anderen seine unbedingte Hingabe zuwende, sein unbedingtes Vertrauen schenke. Man bemerke, daß es sich dabei um die vom Menschen ernstlich erwartete und geforderte Erfüllung der ihm, dem Menschen, gestellten Bedingung handelt. Und man bemerke die Voraussetzung, daß er, der Mensch, diese Bedingung tatsächlich erfüllen kann. Er kann zwar auch trotzen: das ist dann der Akt bloß bedingter Hingabe, eines gehemmten und unterdrückten Vertrauens, vor dem an dieser Stelle zu warnen ist. Uns interessiert jetzt aber das Andere: er kann sich auch unbedingt hingeben, er kann auch unbedingt vertrauen. Unbedingt! Wir glauben gerne, was ihm als Lohn der Erfüllung dieser Bedingung verheißen wird: daß sie ihm die Teilnahme an der großen Ruhe der Transzendenz eintragen werde. Ja, wir brauchen das nicht einmal zu glauben, denn selbstverständlich ist es so, daß sie ihm das nicht nur einträgt, sondern daß er das schon hat, indem er sich zur Erfüllung jener Bedingung in Bewegung setzt, ja offenbar schon, indem er ein der Erfüllung dieser Bedingung überhaupt fähiges Wesen ist: fähig zu unbedingter Hingabe, zu unbedingtem Vertrauen. Man bedenke, was das heißt: das heißt doch: daß er das Unbedingte und also die Transzendenz, von der wir bisher meinten, daß er ihrer entbehre, daß er sie, über sich selbst hinausgreifend, erst zu suchen im Begriff stehe oder daß sie erst zu ihm kommen müsse, schon mitbringt. Wie sollte es da nicht das Einfachste von der Welt sein, daß er sie auch findet und erlangt? Die Transzendenz war nur scheinbar dort, sie war immer schon hier, sie war als des Menschen Möglichkeit zu unbedingter Hingabe, zu unbedingtem Vertrauen immer schon ein Element seiner eigenen Existenz gewesen. Und des Menschen eigene Existenz, die sich in der Erfüllung jener Bedingung auf einmal im Besitz dieser Möglichkeit zeigt, war nur scheinbar hier, sie war immer schon dort, sie war offenbar immer schon voller Transzendenz gewesen. Was gerade *in extremis,* in den Grenzsituationen, im religiösen, aber in bedingter und gehemmter Form doch auch im antireligiösen Menschen sichtbar wird, das ist also schlicht dies, daß der Begriff des Bezugs zwischen Existenz und Transzendenz viel zu schwach ist, viel zu ungenau das bezeichnet, was hier in Wahrheit stattfindet. Des Menschen eigene Art, wie sie in der Erfüllung jener Bedingung zum Vorschein kommt, ist offenbar gar keine andere als eben die Art der Transzendenz. Und die Art der Transzendenz, die in der Erfüllung jener Bedingung durch den Menschen zum Vorschein kommt, ist offenbar ihrerseits keine andere als dieses Menschen höchst eigene Art. Der Mensch hat es also in Wahrheit nicht nötig, nach der Transzendenz erst zu fragen, und genau genommen kann er das nicht einmal; was er nötig hat und was er kann, ist eigentlich nur dies, sich darüber klar zu werden, daß er selbst die Antwort auf diese Frage ist. Wiederum hat die Transzendenz es nicht nötig, erst zum Menschen zu kommen, und genau genommen kann sie das auch nicht; was von ihrer Seite geschehen muß und kann, ist eigentlich nur dies, daß sie sich selbst auch als die Transzendenz des Menschen entdecke. Das ist das überaus Merkwürdige an der diese ganze Philosophie begründenden und krönenden Anweisung: deren Voraussetzung, nämlich das dem Menschen zugeschriebene Vermögen zu einem unbedingten Verhalten, bringt es mit sich, daß alle übrigen Elemente dieser Lehre nun doch nur als ein feierliches exoterisches Spiel erscheinen, in welchem Alles uneigentlich ist: uneigentlich die Behauptung, daß des Menschen Existenz in einem Fragen nach ihr bestehe, uneigentlich die Behauptung, daß er dauernd im Hinausgreifen über sich selbst existiere, uneigentlich die Spannungen, in denen sich sein Existieren infolgedessen vollziehen soll, uneigentlich der Begriff des Anderen, das erst zu ihm oder zu dem er erst kommen müßte, uneigentlich leider auch die schönen Begriffe der Offenheit und der Geschichtlichkeit seiner Existenz, uneigentlich der Begriff der Fragwürdigkeit, den wir dahin zu interpretieren versuchten, daß des Menschen Existieren eine würdige, eine echte, eine ernsthafte, eine nach einer ebenso würdigen, echten und ernsthaften Antwort fragende Frage sei. Gerade von echter und ernsthafter Frage und Antwort kann in diesem Spiel keine Rede sein. Denn Hüben und Drüben, Drinnen und Draußen, Jetzt und Einst, Existenz und Transzendenz ist hier im Grunde — und das ist es, was gerade der Bericht über das Geheimnis der Grenzsituation sichtbar macht — Eines. Nicht das wird sichtbar, wie der durch das menschliche Dasein gehende Riß kraft seiner geschichtlichen Beziehung zur echten Transzendenz überwunden und geschlossen wird, sondern das wird sichtbar, daß dieser Riß im Grunde gar nicht besteht, ein Gegensatz zwischen Existenz und Transzendenz gar nicht vorhanden ist, eine geschichtliche Beziehung zwischen beiden also gar nicht zustande kommen kann: auch nicht in den so nachdrücklich und so eindrücklich in Erinnerung gerufenen Grenzsituationen, ja gerade in ihnen nicht. Wir stehen faktisch auch hier — dem Ausgangspunkt und Programm dieser Anthropologie sehr zuwider, aber es ist einfach nicht zu verkennen — vor dem Bild der einen in sich geschlossenen und gerundeten menschlichen Wirklichkeit, außerhalb derer nichts ist, die kein Gegenüber hat, der gegenüber es, weil sie selbst das Eine und das Ganze ist, etwas, was mit dem vom Menschen und von der Welt verschiedenen und beiden überlegenen Gott in einem Atemzug zu nennen wäre, unmöglich geben kann.

Es führt die in dieser Anthropologie vollzogene «Existenzerhellung» nach Jaspers ausdrücklicher Erklärung insofern zu keinem Ergebnis, als sie gegenstandslos, «in ihrer Gegenständlichkeit bodenlos» bleibt (a. a. O. S. 146). Sie schreitet wohl in eine neue Dimension. Aber sie denkt gar nicht daran, über jenes Eine, das auch für sie das Ganze ist, hinaus zu schreiten. Sie schreitet nur innerhalb jenes Einen. Sie «versucht» wohl Metaphysik. Sie ist wohl Ansatz dazu. Sie bringt es aber doch nur zum «Beschwören» der Transzendenz (S. 133, 145). Aber diese Beschwörung kann voraussetzungsmäßig zu keinem Ziel führen. Denn «die Schöpfung der metaphysischen Gegenstandswelt oder die Offenbarkeit (sic) des Seinsursprungs ist nichts, wenn sie von der Existenz abgelöst ist. Sie ist, psychologisch betrachtet, nur hervorgebracht, besteht in Gestalten der Phantasie und eigentümlich bewegenden Gedanken, in Erzählungsinhalten und Seinskonstruktionen, welche für jedes zugreifende Wissen sogleich verschwinden. In ihnen gewinnt der Mensch Ruhe oder die Klarheit seiner Unruhe und Gefahr, wenn sich ihm das eigentlich Wirkliche zu enthüllen scheint» (S. 147). Es dürfte wirklich keinen Sinn haben, den Philosophen in dieser Richtung mehr sagen zu lassen, als was er nach diesen sehr deutlichen Erklärungen sagen will und von seiner Voraussetzung aus sagen kann. Die Türe zu einem Seienden, das, mit dem Menschen nicht identisch, dem Menschen gegenüberstehend, für den Menschen und als solches die Lösung seines Existenzkonfliktes wäre, wird in dieser Anthropologie zwar visiert — und es ist und bleibt ihr Verdienst, daß das in ihr tatsächlich Ereignis wird — wir treten aber dem hohen religiös-sittlichen, manchmal beinahe prophetischen Ernst der Jasperschen Philosophie nicht zu nahe, wenn wir feststellen, daß diese Türe auch in ihr keinen Augenblick als geöffnete Türe sichtbar wird.

Dementsprechend fehlt hier nun aber auch jede Sichtbarkeit des in jener Bewegung nach der Transzendenz hin begriffenen Menschen selber. Es ist ja schon voraussetzungsmäßig so, daß wir von ihm am Ende aller Erwägungen über seine Existenz so wenig wissen können, wie an deren Anfang. Was sollte von ihm, dem reinen Subjekt aller Objekte, unter irgendwelchen denkbaren Umständen zu wissen und zu sagen sein?

«Existenzphilosophie würde sogleich verloren sein, wenn sie wieder zu wissen glaubte, was der Mensch ist» (S. 146). Sie kann und will eigentlich gar keine Anthropologie sein, Anthropologie so wenig wie Psychologie oder Soziologie! «Für den Menschen, der auf dem Wege ist, ist sie der Ausdruck, durch den er sich selbst in seiner Richtung hält, das Mittel, ihm seine hohen Augenblicke zu bewahren zur Verwirklichung durch sein Leben» (S. 146). «Die Klarheit des Bewußtseins enthält den Anspruch, aber bringt nicht Erfüllung. Als Erkennende haben wir uns damit zu bescheiden. Denn ich bin nicht, was ich erkenne, und erkenne nicht, was ich bin. Statt meine Existenz zu erkennen, kann ich nur den Prozeß des Klarwerdens einleiten» (S. 147), ohne doch erwarten zu dürfen, mich selbst erkennend anderswohin zu bringen als in «die Schwebe absoluter Möglichkeit» (S. 133).

Und da es mit der Transzendenz und ihrer Beschwörung so steht, wie wir eben gehört haben, so ist auch von dort her eine Überwindung dieser Aporie, eine Erhellung, in der des Menschen Selbsterkenntnis zu einem Ziele und insofern zur Erfüllung käme, nicht zu erwarten. Mit der Frage nach der Transzendenz muß vielmehr auch die Frage nach der Existenz, die Frage nach dem Menschen selbst, unbeantwortet bleiben, weil sie grundsätzlich unbeantwortet ist. Es ist mit der unter Appell an die menschliche Freiheit zu vollziehenden Beschwörung der Transzendenz oder mit dem unter Beschwörung der Transzendenz zu vollziehenden Appell an die menschliche Freiheit im Ereignis der Grenzsituationen das Letzte und im Grund das Einzige gesagt, was nach dieser Konzeption zur Bezeichnung des eigentlichen Seins des Menschen gesagt werden kann. Wobei es dunkel bleibt, was hier von wem beschworen und an was hier von wem appelliert wird — dunkel auch das, ob die ganze Rede von einem «Beschwören» und «Appellieren» — da ja alles in dem Raum der einen menschlichen Wirklichkeit sich abspielt — überhaupt sinnvoll sein kann.

Damit dürfte nun aber darüber entschieden sein, daß man es bei der Feststellung einer gewissen Ähnlichkeit zwischen dieser Konzeption und der der christlichen Anthropologie sein Bewenden haben lassen muß, daß man also nicht meinen dürfte, diese an jene anknüpfen zu können oder etwa gar diese in jener zu begründen, diese aus jener erklären zu sollen. Die unbestreitbare Ähnlichkeit liegt in dem für die existentialphilosophische Anthropologie so wichtigen Begriffe der Offenheit und der Geschichtlichkeit der menschlichen Existenz. Es ist und bleibt aber etwas Anderes, ob man mit diesen Begriffen ernst zu machen in der Lage ist, oder ob sie Programm bleiben, zu dessen Durchführung man voraussetzungsmäßig nicht entschlossen sein darf. Sie bezeichnen in diesem letzteren Fall nicht den wirklichen Menschen, sondern immer noch bloß das Phänomen des Menschen. Und wenn man in diesem das echte Symptom des wirklichen Menschen wieder erkennen würde, dann müßte man von dessen Erkenntnis schon herzukommen in der Lage sein.

Von den Versuchen des Selbstverständnisses eines vermeintlich auf sich selbst gestellten und also auch zum Verstehen seiner selbst auf sich selbst angewiesenen und aus sich selbst befähigten Menschen haben wir in diesem Abschnitt gesprochen. Die natürliche, die ethische, die existentiale Sicht des Menschen sind die wichtigsten Stufen auf dem Wege dieses, des «autonomen» Selbstverständnisses. Der wirkliche Mensch ist uns auf diesem ganzen Weg nicht zu Gesicht gekommen. Wir haben uns ja nicht ohne bestimmte Kriterien auf diesen merkwürdigen Weg begeben. Wir konnten uns zum vornherein nicht bereit erklären, den wirklichen Menschen in einem Wesen zu erkennen, das hinsichtlich des Verhaltens Gottes zu ihm und seines Verhaltens zu Gott ein Wesen neutralen, unbestimmten, dunklen Charakters sein würde. Wir postulieren aus einem sehr bestimmten Grund, nämlich auf Grund der für die christliche Theologie maßgebenden Grundanschauung des Menschen Jesus, daß der wirkliche Mensch auf alle Fälle ein solches Wesen sein müsse, das als solches zu Gott gehört, dem Gott als sein Retter zugewendet, dessen Bestimmung Gottes Ehre, das unter Gottes Herrschaft ist, das sich in seinem Dienst befindet. Wir waren zum vornherein gewarnt davor, das Wesen des wirklichen Menschen nur ja nicht anderswo als in dieser Geschichte zwischen Gott und ihm zu suchen, als das Wesen des wirklichen Menschen nur ja kein anderes als sein Sein in dieser Geschichte zu erkennen. Auf Grund dieser Warnung mußte unser Weg durch die verschiedenen Stufen des autonomen menschlichen Selbstverständnisses ein kritischer Weg sein, haben wir uns auf keiner dieser Stufen aufhalten lassen und für befriedigt erklären können. Wir konnten und mußten wohl feststellen, daß da bestimmte menschliche Phänomene als solche mehr oder weniger genau und vollständig gesehen seien: Phänomene, die dann wohl — unter Voraussetzung einer anderweitig zu gewinnenden Erkenntnis des wirklichen Menschen — als echte Symptome des Menschlichen gewertet und gedeutet werden könnten. Wir haben also nirgends zu den auf diesen verschiedenen Stufen möglichen Feststellungen grundsätzlich Nein gesagt: Weder zur naturalistischen, noch zur idealistischen, noch zur existentialistischen Interpretation des Menschen. Wir haben vor allem zu dem ganzen Weg menschlicher Selbsterforschung als solchem, zu dem ganzen Versuch tiefer und tiefer dringender Analyse des Bildes, in welchem der Mensch sich selbst anschaulich und begreiflich ist, nicht Nein, sondern auf der Ebene, auf der dieser Weg begangen werden kann, Ja gesagt. Wir konnten nur dazu nicht Ja sagen, daß uns auf irgend einer dieser Stufen oder in ihrer Folge, in ihrem Zusammenhang, in dem System, in das man ihre Einzelergebnisse nun vielleicht noch zusammenfassen könnte, mehr als eben gewisse bedeutsame menschliche Phänomene sichtbar geworden seien. Wir bekennen uns offen dazu, daß uns mehr als das von unserer Voraussetzung aus gar nicht sichtbar werden konnte. Wir müssen es ja zum vornherein bestreiten, daß es auf dem ganzen Weg des autonomen menschlichen Selbstverständnisses oder auf irgend einer seiner Stufen zu einem Verständnis des wirklichen Menschen überhaupt kommen kann. Wir haben aber diese unsere Voraussetzung nun immerhin auch bestätigt gefunden: bestätigt durch die innere Unvollständigkeit und Dunkelheit, durch den Widerspruch des Menschenbildes, wie es sich uns auf allen Stufen des nun durchlaufenen Weges und doch auch in dessen Zusammenhang darstellte. Es mußte uns besonders auf der nun zuletzt in Erwägung gezogenen Stufe, angesichts der existentialistischen Interpretation des Menschen zum Greifen deutlich werden, wie Alles, was vom Menschen gedacht und gesagt werden kann, als interessanter Kommentar über sich selbst hinaus oder hinter sich zurück auf einen Text hinweist, der zunächst für sich bekannt sein und gelesen werden müßte, damit dann vielleicht nachträglich auch der Kommentar dazu verständlich und nützlich werden könnte. Das gilt aber auch von der idealistischen und von der naturalistischen Interpretation des Menschen. Das gilt auch von der naiv klassischen Definition des Menschen als *animal ratione praeditum*, mit deren Erwähnung wir ja begonnen haben. Wir haben also doch nicht nur postuliert und eine Kritik *a priori* durchgeführt, sondern wir haben das dem Postulat unserer theologischen Voraussetzung Entsprechende nun auch erkannt: die Bedeutsamkeit der auf dem Wege des autonomen menschlichen Selbstverständnisses möglichen Feststellungen über das menschliche Wesen hängt davon ab, daß sie sich auf eine Wirklichkeit beziehen, die auf diesem ganzen Weg als solche nun gerade nicht festzustellen ist. Mit anderen Worten: ihre Bedeutsamkeit besteht darin, daß sie sich an sich, als Vollbringungen des autonomen menschlichen Selbstverständnisses nur auf die Phänomene des Menschlichen beziehen, in denen wir nachträglich, wenn uns das Menschliche selbst sichtbar geworden ist, dessen Symptome wieder erkennen werden, während sie uns an sich und als solche von diesem Menschen selbst noch keine Kunde geben.

Es ist aber, bevor wir auf dieser hier zu betretenden anderen Ebene an die Beantwortung der Frage nach dem Menschen selbst, nach dem wirklichen Menschen herantreten, angebracht, uns noch einmal genau darüber Rechenschaft abzulegen, um was es sich handeln muß, wenn wir nun eine im Verhältnis zu dem ganzen Weg des autonomen menschlichen Selbstverständnisses wirklich andere Ebene betreten wollen.

Ihre Andersheit wird, ganz allgemein gesagt, darin bestehen müssen, daß auf die Souveränität, in der der Mensch sich selbst aus sich selbst verstehen zu können meint, verzichtet, bezw. daß diese Souveränität nicht als absolute, sondern als relative verstanden wird. Es ist also einzusehen, daß die Feststellungen unseres autonomen Selbstverständnisses zwar nicht notwendig falsch sein müssen, sondern an ihrem Ort und in ihrem Rahmen richtig und wichtig sein können, daß sie aber allesamt in einer Klammer stehen und daß die entscheidende Belehrung über den Menschen selbst nicht innerhalb dieser Klammer erfolgen, sondern auf alle Fälle nur von einem Ort und Faktor außerhalb dieser Klammer her erwartet werden kann. Dieser Ort und Faktor außerhalb der Klammer des menschlichen Selbstverständnisses ist Gott. Er, des Menschen Schöpfer, weiß, wer und was der Mensch ist. Denn der Mensch ist sein Geschöpf und also ihm und letztlich allein ihm bekannt. Er muß dem Menschen sagen, wer und was er in Wirklichkeit, wer und was er selber ist, wenn das nun auch dem Menschen bekannt werden soll. Die andere Ebene der Überlegung, die wir nach dem Durchlaufen des Weges des autonomen menschlichen Selbstverständnisses zu betreten haben werden, wird sich also zunächst noetisch dadurch von der Ebene jenes Weges unterscheiden, daß hier, um zu erfahren, wer und was der Mensch ist, Gott geredet haben und auf Gott gehört werden muß. Es wird sich hier darum handeln, daß der Mensch, der sich hinsichtlich der Phänomene des Menschlichen schlecht und recht selbst zu belehren in der Lage ist, hinsichtlich seiner Wirklichkeit die Belehrung Gottes zu empfangen und entgegenzunehmen sich in der Lage findet, daß die Autonomie jenes Selbstverständnisses gerade an dem entscheidenden Punkt, wo Phänomen und Wirklichkeit sich unterscheiden, in der von Gott zu empfangenden und entgegenzunehmenden Belehrung ihre Grenze hat. Und hinter diesem noetischen Sachverhalt steht, zunächst wieder ganz allgemein gesagt, der ontische: der Mensch ist nun einmal nicht ohne Gott. Er ist als Gottes Geschöpf, d. h. als von Gott gesetzte nicht-göttliche Wirklichkeit nicht anders als mit diesem seinem Schöpfer zusammen; er ist nicht anders als gegenüber diesem im Verhältnis zu ihm so schlechthin überlegenen Ort, nicht anders als in Beziehung zu diesem ihm so schlechthin überlegenen Faktor. Daß Gott sein Schöpfer, er sein Geschöpf ist, das kann, indem der Gedanke des wirklichen Menschen gedacht wird, keinen Augenblick weggedacht, das muß in diesem Gedanken immer mitgedacht werden. Würde es weggedacht, würde ein Gott gegenüber isolierter, Gott gegenüber selbständiger Mensch gedacht, so würde das alsbald nicht mehr der Gedanke des wirklichen Menschen sein. Der Mensch ist nur mit Gott, nicht anders. Und er ist nicht nur peripherisch, sondern zentral, nicht nur beiläufig, sondern gerade hinsichtlich dessen, was ihn zum wirklichen Menschen macht, gerade hinsichtlich seiner selbst mit Gott und nicht anders. Er ist, indem nicht er selbst, sondern Gott sein Souverän, indem seine eigene Souveränität eine von Gott geliehene ist.

Aber diese allgemeine Feststellung würde nun keineswegs scharf genug sein, um hier zu befriedigen. Noch könnte ja jene von Gott zu empfangende und entgegenzunehmende Belehrung des Menschen über sich selbst als ein dem Menschen als solchem innewohnendes Wissen um seine Gottbezogenheit, und noch könnte ja dieses Sein des Menschen mit Gott und unter seiner Souveränität als eine in und mit seinem Dasein gegebene und vorhandene Gottbezogenheit verstanden werden. Die Beziehung zu Gott wäre dann also doch so etwas wie ein Attribut des Menschen. Sie würde ihm gewissermaßen gehören. Es müßte dann doch wohl möglich sein, immer noch im Rahmen des autonomen menschlichen Selbstverständnisses über die Feststellungen auch der Existentialphilosophie hinaus, zu dem Punkt vorzudringen, wo der Mensch selbst sich nun auch darüber belehrt, daß seine Begrenzung zugleich seine reale Beziehung bedeutet, daß er vielmehr mit einem realen Gegenüber zusammen existiert. Dieses mit ihm zusammen existierende Gegenüber wäre ihm, indem es ihm transzendent ist, doch noetisch und ontisch zugleich immanent und in dieser seiner Immanenz so gegenwärtig, wie er sich selbst gegenwärtig ist. Eine theistische Philosophie ist denkbar und ist auch schon versucht, sie ist mehr oder weniger deutlich auch der Theologie oft genug zugrunde gelegt worden, in der dem autonomen menschlichen Selbstverständnis nun eben eine Ausdehnung gegeben worden ist, in der es auch des Menschen Theonomie umfaßt und in sich schließt. Der Gedanke eines nach außen nun wirklich nicht abgeschlossenen und also nur relativ souveränen Menschen ist schließlich auch im Rahmen des autonomen Selbstverständnisses kein

2. Phänomene des Menschlichen

unvollziehbarer Gedanke und so auch nicht der Gedanke eines den Menschen von außen begrenzenden und schlechthin bestimmenden ganz Anderen. Eine kühnere Philosophie als die etwas ängstlich auf die Grenzen der reinen Vernunft bedachte des neuzeitlichen Abendlandes hat diese Gedanken von jeher zu denken gewagt, ohne daß man darum sagen könnte, es seien der christliche Begriff Gottes und der christliche Begriff des wirklichen Menschen, zu welchen man da vorgestoßen sei. Wir werden uns also über jene von Gott zu empfangende und entgegenzunehmende Belehrung des Menschen durch Gott und über des Menschen Sein mit Gott und unter seiner Souveränität noch genauer besinnen und aussprechen müssen, als wir es vorhin getan haben. Wir würden uns sonst vielleicht doch noch immer auf der Ebene bewegen, die nun zu verlassen ist, und unsere Feststellungen würden sonst vielleicht doch noch immer von denselben Vorbehalten umgeben sein, mit denen man dort Feststellungen allein vollziehen kann. Es würde sonst vielleicht doch wieder alles auf die Feststellung eines weiteren Phänomens, statt auf die Feststellung des wirklichen Menschen hinauslaufen.

Wir kommen zu neuer Einsicht auf alle Fälle nur dann, wenn wir uns nun in Erinnerung rufen, daß der noetische und der ontische Sachverhalt der Beziehung von Gott und Mensch auf alle Fälle nicht in der gegenseitigen Zugeordnetheit zweier Sachen, Orte und Faktoren, sondern in einem bestimmten Verhalten, in einem Verhalten Gottes zuerst und übergeordnet, dann aber und untergeordnet, doch auch in einem Verhalten des Menschen besteht. Wer von Gott und Mensch christlich denkt und redet, der meint nach unseren Kriterien, die wir uns gerade bei diesem wichtigen Übergang nicht streng genug vor Augen halten können, eine zwischen Gott und dem Menschen unter der überlegten Führung Gottes. sich ereignende Geschichte, in der zuerst von Gott, aber dann auch vom Menschen her Entscheidungen fallen, in der zuerst von Gott, aber dann auch vom Menschen nach bestimmten Entschlüssen und in bestimmter Absicht gehandelt und auch gelitten, geredet, gehört und geantwortet, gegeben und empfangen wird — und das im eigentlichen Sinn aller dieser Tätigkeitswörter: zeitausfüllend also und gerade nicht so, daß diese Tätigkeitswörter in irgend welche ruhende. zeitlose Verhältnisse zurückübersetzt und umgedeutet werden könnten. Was zwischen Gott und dem Menschen stattfindet, das ist noetisch wie ontisch, hinsichtlich jener Belehrung wie hinsichtlich des dahinter stehenden Seins und Wirkens, gerade kein bloßes Verhältnis, sondern eben ein Verhalten, und zwar ein bestimmtes Verhalten, das in der Initiative Gottes seinen Ursprung, seinen Sinn und seine Kraft hat und das auch als Verhalten des Menschen nur aus der freien besonderen Initiative Gottes erklärt werden kann. Damit und erst damit werden wir über die Grenze des autonomen menschlichen Selbstverständnisses hinaus und also auf eine wirklich andere Ebene der Betrachtung des Menschen hinübertreten, wenn wir das realisieren, daß die Zusammenstellung: «Gott und Mensch» oder «Gott mit dem Menschen» oder «der Mensch mit Gott» noetisch und ontisch bedeutet: Gott handelt mit dem Menschen, wenn wir dabei streng und ausschließlich auf die zwischen Gott und dem Menschen sich ereignende Geschichte blicken. Hier und erst hier pflegt ja auch von den Weltanschauungen des autonomen Selbstverständnisses her der Protest gegen die christliche Interpretation des Menschen einzusetzen. Hier und erst hier pflegt der Mensch des Ärgernisses dieser Sache ansichtig zu werden. Nochmals: der theistische Gottesgedanke als solcher ist auch in jenem Weltanschauungsbereich nicht unvollziehbar. Eine etwas kühnere oder auch demütigere Konzeption von den Aufgaben und Möglichkeiten menschlichen Selbstverständnisses, vom Wesen der menschlichen Vernunft, kann sehr wohl bereit sein, sich auch auf den Begriff eines überlegenen, eines von der Welt und vom Menschen verschiedenen Gottes mehr oder weniger ernsthaft einzulassen. Es kann darum auch nicht ausgeschlossen sein, dem Begriff des Menschen eine dieser Voraussetzung entsprechende Gestalt zu geben. Es gibt aber keinen Weg vom autonomen menschlichen Selbstverständnis zur Erkenntnis des freien Verhaltens dieses überlegenen Gottes und also keinen zu der Wirklichkeit des Menschen, die allein durch dieses Gottes freies Verhalten, allein durch sein zeitlich geschichtliches Handeln begründet ist. Es könnte solche Erkenntnis nur auf Grund der Belehrung stattfinden, die dieser frei sich verhaltende Gott selbst dem Menschen zuteil werden ließe. Der in sich geschlossene Kreis des menschlichen Selbstverständnisses müßte, sollte es zu solcher Erkenntnis kommen, nun wirklich von außen her und dann auch nach außen hin geöffnet werden. Das Verstehen, um das es sich handelt, müßte dann in der Anerkennung der Öffnung dieses Kreises, in der Annahme der dem Menschen von außen, von Gott selbst her widerfahrenden Belehrung bestehen. Und es wäre dann das so verstandene menschliche Selbst diejenige Wirklichkeit, von der sich der Mensch von außen, von Gott her, sagen läßt, daß sie seine eigene Wirklichkeit ist. Es müßte, dementsprechend, daß die Wirklichkeit des Menschen in einem von Gott her bestimmten Geschehen zwischen Gott und Mensch besteht, auch ihre Erkenntnis in einem konkreten, von Gott her bestimmten Geschehen, in einer Geschichte von Offenbarung und Glauben bestehen. Will sagen: diese Erkenntnis müßte auf Offenbarung beruhen und im Glauben an diese Offenbarung vollzogen werden. Das menschliche Selbstverständnis müßte, um Erkenntnis des wirklichen Menschen zu werden, umgekehrt und neu begründet, es müßte aus einem autonomen in ein theonomes Selbstverständnis gewandelt werden.

Aber wir müssen uns hier noch genauer erklären. Noch ist ja eine Form autonomen menschlichen Selbstverständnisses denkbar und faktisch schon versucht worden, in welchem nicht nur dem Unterschied und dem Gegenüber zwischen dem Menschen und einem ganz Anderen, das dann auch Gott heißen mag, sondern auch dem Aktualitätscharakter der Beziehung zwischen beiden Rechnung getragen, in welchem aber der Kreis der Autonomie dieses Selbstverständnisses dennoch nicht durchbrochen, auf die dem Menschen hinsichtlich seines Selbstverständnisses von außen, von Gott her zu erteilende Belehrung faktisch doch verzichtet und also — im Ergebnis — die Anschauung und der Begriff des wirklichen Menschen dennoch nicht erreicht wird. Es ist ja auch dies keine dem autonomen menschlichen Selbstverständnis unerreichbare Einsicht, daß sowohl das menschliche als auch das von ihm verschiedene andere Wesen, das vielleicht das göttliche sein könnte — als auch die Beziehung zwischen beiden nicht als ruhend, sondern als bewegt, nicht als statisch, sondern als dynamisch, daß dieser ganze Wirklichkeitszusammenhang und in ihm im besonderen die Wirklichkeit des Menschen als Aktualität verstanden werden muß.

Daß das Phänomen Mensch auch einfach als ein in der Zeit ablaufender organisch-chemisch-physikalischer Prozeß verstanden werden kann und muß, das läßt sich ja schon in naturwissenschaftlicher Sicht ohne weiteres einleuchtend machen. In idealistischer Sicht wird dann der Nachdruck darauf zu legen sein, daß dasselbe Phänomen geistig-ethisch, aber doch auch so als eine zusammenhängende Reihe von in der Zeit verlaufenden Akten gewürdigt werden müsse. Und es hat ja die existentialphilosophische Analyse desselben Phänomens gerade darin ihren besonderen Sinn, daß sie als das Eigentliche des Menschen kein natürlich und kein geistig Gegebenes, kein in irgend einer Hinsicht in sich ruhendes Sein, sondern eben nur sein als Frage, als Hinausgreifen über sich selbst oder als Sorge zu beschreibendes Streben nach seinem Sein verstehen will. Merkwürdiges Paradox: sogar die strenge Gefangenschaft der Transzendenz in der menschlichen Existenz, die für diese letzte Stufe der Betrachtung womöglich noch bezeichnender ist als für die ihr vorangehenden, hindert nicht, daß diese Existenz gerade hier als reine Bewegung interpretiert wird. Und nun ist eine Philosophie durchaus denkbar, die den so oder so auf allen jenen Stufen der Betrachtung herrschenden Monismus sprengen, den Gedanken eines dem Menschen gegenüberstehenden, von ihm verschiedenen und ihm überlegenen ganz Anderen und insofern so etwas wie einen Gottesgedanken zu Ende denken und die dann darüber hinaus diesen Gott und dementsprechend den Menschen und das Verhältnis zwischen beiden als aktuell, d. h. unter Voraussetzung eines zwischen beiden stattfindenden Aktes beschreiben und erklären würde. Man würde also eine dementsprechend geformte Anthropologie gewiß nicht zum vornherein als eine im Rahmen des autonomen menschlichen Selbstverständnisses unmögliche Unternehmung bezeichnen können. Anders gesagt: es bedarf zur Formung einer aktualistischen Anthropologie nicht notwendig göttlicher Belehrung, nicht notwendig der Wandlung des autonomen in ein theonomes Selbstverständnis. Sondern es gehört auch die Form der Aktualität seiner Existenz zu den Dingen, über die der Mensch sich selber zu belehren durchaus in der Lage ist.

Er kann sich über die Aktualität seiner Existenz etwa auf folgenden Linien belehren: Er kann sich zunächst ohne weiteres das Allgemeine klar machen, daß sein Dasein, solange er es hat, ein Sein-können ist, eine Reihe von Akten, in denen er in seinem bewußten und unbewußten Denken und Wollen im Verhältnis zu einem Anderen, das er dann wohl auch als das ganz Andere, als Gott, sich denken mag, sich selber je aufs neue setzt. Er kann sich selbst in seiner Freiheit entdecken, und wir haben besonders bei unserer Erwägung der zweiten, der ethischen Stufe des menschlichen Selbstverständnisses gesehen, wie diese Erkenntnis sich im Einzelnen entfalten und vertiefen kann. Sein ist als menschliches Sein ein sich selber tuendes Sein. Er kann sich über die Art dieser seiner Freiheit dann weiter im Blick auf seine Vernunft dahin belehren, daß seine Freiheit nach ihrer rezeptiven Seite offenbar darin besteht, daß er vernehmen, d. h. daß er sich in seinem Verhältnis zu einem Anderen, das dann wohl auch das ganz Andere, Gott, sein mag, etwas sagen lassen, daß dieses Andere oder auch Gott ein Wörtlein oder auch ein Wort mit ihm reden, und daß er dieses Wort empfangen, hören und insofern es in sich selbst aufnehmen, es sich zu eigen machen kann. Er kann nicht sein, er kann sich selber nicht tun, ohne eben damit auch Erfahrungen zu machen. Er ist, indem er lernt. Das ist die Art seiner Freiheit, daß er in diesem Sinn «vernünftig» ist. Von da aus läßt sich dann aber weiter einsehen und sagen, daß zwischen Draußen und Drinnen, zwischen dem Menschen und jenem Anderen, das auch Gott sein kann, eine Wechselwirkung stattfindet, daß also das menschliche Sein von seiner aktiven Seite gesehen, immer auch als eine Reaktion auf jene Erfahrungen, immer auch als eine Antwort auf jenes zu ihm kommende Wort verstanden werden kann und muß. Mensch sein heißt verantwortlich sein. Mensch sein heißt «respondieren» gegenüber dem, was dem Menschen gesagt ist. Des Menschen Spontaneität besteht also darin, daß er solcher Verantwortung fähig ist. Der Mensch ist in jedem jener Akte, in denen er sich selbst je aufs neue setzt, eine Betätigung dieser seiner Fähigkeit. Seine Freiheit ist die Freiheit zur Teilnahme an jenem Wechselverkehr. Und nun läßt sich dieser Begriff seiner Freiheit nach mindestens drei verschiedenen Seiten variieren, wobei dann jedesmal ein neuer Aspekt des menschlichen Seins sichtbar wird.

Versteht man seine Vernünftigkeit und seine Verantwortlichkeit im Blick darauf, daß sie die Freiheit je eines menschlichen Subjektes sind, seine Fähigkeit, je seine Erfahrungen zu machen, je das ihm gesagte Wort zu hören und in Reaktion darauf je seine Verantwortung wahrzunehmen, dann mag man unter dieser Freiheit nun also so etwas wie — das dunkle Wort pflegt hier zu fallen — die «Personhaftigkeit» des menschlichen Seins verstehen.

Versteht man seine Vernünftigkeit und Verantwortlichkeit als die Freiheit dieses menschlichen Subjekts, in jenem Wechselverkehr zwischen Draußen und Drinnen und also vielleicht in jenem Wechselverkehr zwischen Mensch und Gott zu stehen, dann mag man die Freiheit des menschlichen Seins unter den Begriff der «Geschichtlichkeit» bringen.

2. Phänomene des Menschlichen

Versteht man seine Vernünftigkeit und Verantwortlichkeit endlich unter dem Gesichtspunkt, daß seine Teilnahme an diesem Wechselverkehr nach ihrer rezeptiven wie nach ihrer spontanen Seite nun doch auch ganz seine eigene konkrete Wahl und Tat ist, dann muß seine Freiheit als «Entscheidungsfähigkeit», menschliches Dasein als Seinkönnen muß dann als das vom Menschen selbst zu vollziehende Ergreifen je seiner eigenen Möglichkeit interpretiert werden.

Der Begriff der Aktualität der menschlichen Existenz auf solchen oder ähnlichen Linien ist zweifellos möglich; er ist denn auch in historischem und sachlichem Zusammenhang mit der modernen Existenzphilosophie gerade von theologischer Seite tatsächlich auf den Plan geführt worden. Man muß hier aber Folgendes bedenken: Dieser Begriff ist nun doch möglich ohne die göttliche Belehrung, ohne daß Offenbarung und Glaube, ohne daß die Wandlung des autonomen in ein theonomes Selbstverständnis zu seiner Bildung im Geringsten nötig ist. Es genügt dazu die Voraussetzung des allgemeinen Begriffs eines vom Menschen real verschiedenen Anderen. Unter diesem Anderen kann so etwas wie Gott verstanden werden. Es ist aber nicht durchaus notwendig, daß es gerade Gott oder auch nur so etwas wie Gott ist, im Verhältnis zu dem das menschliche Sein als aktuell und also als vernünftig und verantwortlich und also personhaft, geschichtlich und entscheidungsfähig ist. Es könnte für «Gott» auch ein unbestimmter Inbegriff alles dessen eingesetzt werden, was, vom Menschen aus gesehen, überlegen da draußen ist, überlegen dem Menschen gegenüber steht. Es könnte bei einer speziellen Interpretation statt Gott auch die unpersönliche Wirklichkeit des das menschliche Dasein begrenzenden Todes oder bei anderer spezieller Interpretation z. B. die persönliche Wirklichkeit des dem Menschen zur Grenze gesetzten Mitmenschen das Gegenüber sein, im Verhältnis zu dem ihm jene Aktualität seines Seins zuzuschreiben wäre. Daß es z. B. gerade das Wort Gottes sei, im Verhältnis zu dem das menschliche Sein als verantwortlich zu bezeichnen ist, ist bei der Bildung jenes Begriffs zwar eine mögliche, aber doch nur eine fakultative Annahme. Der Begriff eines vom Menschen real verschiedenen Anderen ist eben ein allgemeiner, ein nicht notwendig gerade an den Begriff Gottes gebundener Begriff. Und er wird sogar dann, wenn unter diesem Anderen nun wirklich Gott oder so etwas wie Gott verstanden werden sollte, durchaus nicht an einen bestimmten, durchaus nicht etwa an den christlichen Begriff von Gott gebunden sein. Dementsprechend ist der so zu gewinnende Begriff von der Aktualität des menschlichen Seins nun doch auch nach seinem eigentlichen Inhalt ein allgemeiner, ein neutraler Begriff. Läßt er offen, im Verhältnis zu wem oder zu was der Mensch vernünftig und verantwortlich ist, so läßt er eben damit auch offen, in welchem Vernehmen und Antworten, in welcher Erfahrung und Reaktion das eigentümlich menschliche Sein nun eigentlich bestehe und zu finden sei. So muß er die ganze Vorstellung der Freiheit offen lassen, so muß er die Freiheit, mit der er doch das wirkliche menschliche Sein zu bezeichnen vorgibt, rein formal als ein Können, als die Fähigkeit zum Ergreifen irgend einer Möglichkeit verstehen. So muß er offen lassen, in Beziehung zu welcher anderen Person des Menschen Sein «personhaft», im Zusammenhang welcher Geschichte es «geschichtlich», in welcher Bestimmtheit es «entscheidungsfähig» ist. Die Antwort auf alle diese Fragen müßte ja im Blick auf das Andere gegeben werden, das da vorausgesetzt ist, wo man von Aktualität redet. Bleibt es unbestimmt, ob dieses Andere gerade Gott, und unbestimmt, was gegebenen Falles unter Gott zu verstehen ist, dann muß auch der Begriff der Aktualität als solcher unbestimmt bleiben. Man erfährt dann durch ihn doch nur das Allgemeine, daß der Mensch so oder so ein vernünftiges und verantwortliches, ein personhaftes, geschichtliches und entscheidungsfähiges Wesen sei.

Ist dem aber so, dann muß schließlich der Finger auch darauf gelegt werden, daß dieser Begriff, der von Aktualität reden will, faktisch doch nur von einer Potentialität redet. Er setzt allgemein voraus, daß es ein Anderes gibt, im Verhältnis zu dem der Mensch Akt ist, von dem her er etwas vernimmt, dem er antwortet, dem gegenüber er Person ist, zwischen dem und ihm eine Geschichte stattfindet, durch das bestimmt er sich entscheidet. Und er setzt allgemein voraus, daß der Mensch im Verhältnis zu diesem Anderen Akt ist, daß er in dieser Beziehung wirklich etwas vernimmt, wirklich etwas antwortet, wirklich Person ist, wirklich eine Geschichte hat, sich wirklich entscheidet. Indem er aber keine Bestimmung jenes Anderen enthält, im Verhältnis zu dem der Mensch Akt ist, indem er also auch keine Bestimmung dieses wirklichen Aktes enthalten kann, indem er nach diesen beiden Seiten allgemein und formal bleibt und also mit unbestimmten Voraussetzungen arbeiten muß, kommt er gerade an das Wirkliche nicht heran, an das er herankommen möchte und das er zu bezeichnen scheint. Er müßte ja vom wirklichen menschlichen Akt reden, um von der wirklichen menschlichen Aktualität reden zu können. Das tut er aber nicht, sondern er redet von einer bloßen Möglichkeit, redet abstrakt von einer Fähigkeit oder Disposition und also doch nur von einer Potentialität und gerade nicht von der Aktualität des menschlichen Seins. Von ihm als einem konkreten Vernehmen und nicht bloß von seiner Vernünftigkeit, von ihm als einer konkret stattfindenden Verantwortung, nicht bloß von seiner Verantwortlichkeit, von seiner konkreten Person und nicht bloß von seiner Personhaftigkeit, von der Geschichte, in der er lebt, und nicht bloß von einer Geschichtlichkeit, von seiner Entscheidung selbst und nicht bloß von seiner Entscheidungsfähigkeit müßte ein solcher Begriff vom Menschen reden, der dann, indem er alle diese Möglichkeiten aus der Wirklichkeit erklärte, die Disposition, die Potentialität des menschlichen Seins sachgemäß umschreiben

2. Phänomene des Menschlichen

würde. Als bloßer, als abstrakter Begriff einer Potentialität ist er nicht der Begriff des wirklichen Menschen, kann doch auch er nur dessen Phänomene beschreiben.

Wir sind also auch mit dem Begriff der Aktualität des menschlichen Seins in der Richtung auf unser Ziel nicht weiter gekommen. Es dürfte sich also nicht empfehlen, zu meinen, daß man mit der Bildung dieses Begriffs zum theologischen Begriff des Menschen vorgestoßen sei. Daß dem nicht so ist, ergibt sich schon daraus, daß dieser Begriff durchaus auch im Rahmen des autonomen menschlichen Selbstverständnisses vollzogen werden kann. Und wie wenig auf diesem Boden in der von uns intendierten Richtung auf den Begriff des wirklichen Menschen zu gewinnen ist, das hat sich uns nun darin bestätigt, daß wir auf diesem Boden mehr als jene allgemeinen formalen Feststellungen nun einmal nicht machen, etwas Besseres als einen leeren Begriff menschlicher Möglichkeit zu bilden uns nicht in der Lage fanden.

Es sind einige wichtige Partien von Emil Brunners Buch «Der Mensch im Widerspruch» 1937 (S. 45—104, 259—281, 424—479, 554—557), im Blick auf die ich diese letzten Erwägungen angestellt habe. Freiheit als Vernünftigkeit und Verantwortlichkeit und also als Personhaftigkeit, Geschichtlichkeit und Entscheidungsfähigkeit, das ist, wenn ich recht verstehe, sein Begriff vom menschlichen Sein und Wesen. Er erhebt den Anspruch, dies sei der theologische Begriff von dieser Sache und also der Begriff des wirklichen Menschen. Ob ich mich mit dem nun Gesagten in Übereinstimmung oder im Gegensatz zu Brunner befinde? Ich wünschte das Erste und befürchte das Zweite. Aber die Situation ist kompliziert und vieldeutig. So soll es nun doch nur eine an Brunner zu richtende Frage sein, mit der wir diese letzten Erwägungen und damit unsere ganze Untersuchung der «Phänomene des Menschlichen» zum Abschluß bringen.

Daß Brunner den geschlossenen Kreis der existentialphilosophischen «Schwebe absoluter Möglichkeit» in der Richtung auf eine dem christlichen Glauben eigene Ontologie und also in der Richtung auf eine theologische Anthropologie durchbrechen will, das hat er nicht nur ausgesprochen, sondern im Rückblick auf die um 1930 gepflogenen Diskussionen auch unzweideutig sichtbar gemacht. Der erste Satz seiner Anthropologie lautet dahin, «daß der Mensch nicht aus sich selbst, sondern nur aus Gott zu erkennen sei» (S. 53), «aus Gott» und das heißt: aus Gottes offenbartem Wort. «Nur ein Erkenntnisakt... in dem Gott der Gebende und wir die Nehmenden sind, eröffnet uns die Wahrheit vom Menschsein» (S. 54). Im Geschehnis der göttlichen Selbstbezeugung, d. h. aber in dem uns durch die Schrift bezeugten Jesus Christus und nur in ihm ereignet sich das wahre Selbstverständnis des Menschen (S. 55 f.). Eben dieses Wort Gottes ist aber nicht nur der Erkenntnisgrund, sondern auch der Seinsgrund des Menschseins. Der Mensch ist, lebt und besteht im Worte Gottes (S. 59 f.). Er hat in dem ihn erwählenden dreieinigen Gott und seiner Liebe ein ihn zur Gegenliebe und also zur Verantwortung aufrufendes und so sich ihm mitteilendes Urbild und Gegenüber, und dieses ist der Grund seines Seins und Wesens (S. 63 f.). Menschliches Sein und Wesen ist also ein solches, das sich von Gott bestimmt und bedingt weiß, anerkennt und sich als solches betätigt. Es ist «im Worte Gottes», indem es Gott verantwortlich ist, sich selbst dem Wort Gottes entsprechend erkennt und bestimmt, es ist «die von Gott gesetzte kreatürliche Entsprechung seines göttlichen Selbstseins, das von Gott gesetzte Gegenüber Gottes, das Gott antworten kann.» Der Mensch ist das Wesen, das das göttliche Urwort «wiederholen» es selbsttätig zurückgeben, auf das göttliche «Du bist mein!» mit «Ja, ich bin dein!» antworten kann. Dieses Können, diese in seiner Vernünftigkeit begründete und sich manifestierende Verantwortlichkeit ist die das menschliche Sein und Wesen bestimmende Gottesbeziehung (S. 86 f.). Sie macht ihn im Unterschied zu anderen geschaffenen Wesen zur Person (S. 426) und also ihn und nur ihn zum geeigneten Mittel, Gottes Personsein zu offenbaren und eben damit zur Mitte des Kosmos (S. 432). Sie gibt seinem Leben Entscheidungscharakter (S. 442). Sie begründet seine Geschichtlichkeit (S. 451 f.). Wobei das Alles: seine Personhaftigkeit, sein Entscheidungscharakter, seine Geschichtlichkeit, insofern als «messianisch» (S. 458) zu verstehen ist, als es seinen Ursprung und seinen eigentlichen Ort nicht in diesem und jenem Menschen selbst und als solchem, sondern in der Person Jesu Christi, in der in ihm gefallenen Entscheidung, in der in ihm geschehenen Geschichte hat (S. 456 f.).

Wir sehen und anerkennen ohne weiteres: Hier ist zur Durchbrechung des geschlossenen Kreises der existentialphilosophischen Betrachtung noch mehr als das geschehen, was wir in unserer eigenen Erwägung solcher Durchbrechung allgemein ins Auge gefaßt hatten: hier wird nicht nur mit einer Grenzsituation, hier wird mit einer echten Grenze und mit einem echten Diesseits und Jenseits dieser Grenze, hier wird mit einem realen Andern, mit einer realen Transzendenz, mit einem realen Gegenüber des Menschen gerechnet. Noch mehr: hier wird von Anfang an ausdrücklich damit gerechnet, hier wird ausführlich das gezeigt, daß dieses Gegenüber mit dem Gott der biblischen Offenbarung, mit dessen Wort, mit dessen Liebe und Erwählung, mit Jesus Christus als Inbegriff seines Wortes identisch ist. Hier wird des Menschen Wesen insofern als Aktualität verstanden, als es als das Vernehmenkönnen dieses Wortes und als Verantwortlichkeit diesem Wort gegenüber definiert und beschrieben wird. Hier wird seine Personhaftigkeit, seine Geschichtlichkeit, seine Entscheidungsfähigkeit streng genug aus diesem Wort abgeleitet und auf dieses Wort bezogen. Hier kann zuletzt und zuhöchst geradezu von einer messianischen Qualität des menschlichen Lebens die Rede sein. Kann der theologische Charakter einer Anthropologie noch offenkundiger sein, als es hier der Fall ist? Kann man in Frage stellen, daß hier nicht nur irgendwelche Phänomene des Menschlichen, sondern bereits das gesehen und beschrieben wird, was wir nach christlicher Einsicht als den wirklichen Menschen bezeichnen müssen? — Daß wir hier in die höchste Nähe dieses Ziels herangeführt werden, kann in der Tat keine Frage sein. Brunner meint aber mehr als das: er meint, es erreicht, er meint, von jenem wirklichen Menschen damit geredet zu haben, daß er ihn in der angegebenen Weise als das «im Wort Gottes seiende» Wesen beschrieben hat. Und hier sehe ich nicht hindurch. Hier muß eine ernstliche Rückfrage mindestens angemeldet werden.

Nehmen wir an, es sei so: es sei der Mensch als Gottes Geschöpf das Wesen, das nach Brunnners Beschreibung «im Worte Gottes ist». Es ist ja besonders die christologische Füllung, die Brunner dem Begriff des Wortes in eindrucksvoller Weise gegeben hat, die uns zu dieser Annahme wohl einladen und ermutigen kann. Es sieht ja wirklich so aus, als ob sein Begriff der menschlichen Freiheit, entfaltet in den Begriffen der Vernünftigkeit und der Verantwortlichkeit, der Personhaftigkeit, der Geschichtlichkeit ein durch die Anschauung eines bestimmten Freiheitsgebrauchs, eines bestimmt gearteten Vernehmens, einer bestimmt gearteten Verantwortung, eines bestimmten Personseins, einer bestimmten Geschichte, einer bestimmten Entscheidung gefüllter Begriff sei. Von solcher Erfüllung des Begriffs ist denn auch bei Brunner tatsächlich gelegentlich die Rede. Er scheint auf den zwischen Gott — dem dreieinigen Gott, Gott in Christus, dem Gott der Schrift — und dem Menschen sich ereignenden Akt des gnädigen Handelns Gottes zu blicken, auf seine Offenbarung und auf den Glauben an ihn, wenn er von des Menschen Aktualität redet. Darf man ihn — das ist meine Frage — dabei behaften, daß die Aktualität, in

2. Phänomene des Menschlichen 155

der wir den wirklichen Menschen als Gottes Geschöpf zu erkennen hätten, **die** und **nur** die Aktualität ist, die ihm zukommt, indem er in jenem Akt des gnädigen Handelns Gottes Partner wird und ist? Ist sie also **die** Möglichkeit, **die** Potentialität, die in der Wirklichkeit dieses Aktes verwirklicht, ist sie **die** Disposition und Befähigung, die dem Menschen im Geschehen dieses Aktes verliehen wird? Ist er frei für das, was Gott in seiner Freiheit in diesem Akt mit ihm und für ihn tut? Ist sein Vernehmen das **wirkliche** Vernehmen dessen, was Gott ihm sagt? Ist seine Verantwortlichkeit **wahrgenommen**, indem er Gott die seinem Wort entsprechende Antwort gibt? Ist er die Person, die als solche ihrem Gegenüber, der göttlichen Person, die ihr Ursprung ist, **Genüge** tut? Kommt die von Gott zwischen sich und ihm eröffnete Geschichte in seiner Geschichtlichkeit zu ihrem **Ziel**? Ist seine Entscheidungsfähigkeit seine Fähigkeit, der ihr vorangehenden göttlichen Entscheidung **gerecht** zu werden? Ist bei dem Allem also von einem, von diesem bestimmten **Inhalt** seines Seins und Wesens nicht bloß von einer **Form**, nicht von einer **bloßen** Möglichkeit und Potentialität, Disposition und Befähigung, die Rede, sondern von derjenigen, die in jenem Akt des gnädigen Handelns Gottes tatsächlich **verwirklicht** ist? Ist seine Freiheit also **keine** Neutralität, aus der heraus er die Entsprechung zu Gottes Spruch, die er auch nach Brunner sein müßte, vielleicht auch nicht sein könnte, in der es ihm nun doch auch offen stünde, sich diesem Spruch Gottes zu verweigern? Dann und nur dann kann man doch von ihm sagen, daß er «im Worte Gottes ist». Wie käme er, wenn er «im Worte Gottes ist», dazu, sich — sich, der dieses Wortes Entsprechung ist! — diesem Worte Gottes zu verweigern? Gibt es im Worte Gottes, in Jesus Christus ein Ja und ein Nein und also irgend einen Grund und Anlaß zu solcher Widersetzlichkeit? Gibt es im Worte Gottes, in Jesus Christus, eine Unentschiedenheit, aus der heraus der Mensch eines anderen Gebrauchs seiner Freiheit als dessen in der Dankbarkeit des Gehorsams gegen Gottes gnädiges Handeln ebenso fähig wäre? Ist die Bestimmung des Menschen als Gottes Geschöpf eindeutig und ausschließlich seine Bestimmung zur positiven Teilnahme an der mit seiner Erschaffung anhebenden Geschichte des Gnadenbundes zwischen Gott und ihm, oder kann sie daneben nun doch auch seine Bestimmung sein, sich diesem Bunde zu entziehen? Ist die Sünde eine in des Menschen Geschöpflichkeit nun doch **auch** vorgesehene, in seinem menschlichen Sein und Wesen nun doch **auch** enthaltene Möglichkeit? Die eindeutige Brunnersche Formulierung, daß der Mensch «im Worte Gottes ist», und also nicht außerhalb, nicht anderswo und anderswie, Brunners so energische christologische Interpretation des Begriffs «Wort Gottes» scheint es notwendig zu machen, daß er das Sein und Wesen des Menschen als ein im Verhältnis zu Gott positiv bestimmtes und gefülltes verstehen, daß er den Begriff der menschlichen Freiheit, Vernünftigkeit, Verantwortlichkeit, Personhaftigkeit, Geschichtlichkeit und Entscheidungsfähigkeit von aller Verwirrung durch die Vorstellung einer damit gegebenen Neutralität frei halten, daß er den Menschen als Gottes Geschöpf eindeutig als den Menschen im Bunde mit Gott beschreiben müßte, daß er also die Möglichkeit der Sünde auf keinen Fall zu den dem Menschen in und mit seiner Geschöpflichkeit gegebenen Möglichkeiten rechnen könnte. Wäre dem so — und ich wiederhole, daß dem nach Brunners Ansatz und nach vielen einzelnen Stellen (z. B. S. 266 f., 468, 474) seiner Darlegung so sein müßte — dann wüßte ich nicht, warum ich ihm nicht einfach zustimmen, warum ich nicht anerkennen sollte, daß der Begriff des wirklichen Menschen als Gottes Geschöpf in seiner Anthropologie erreicht und getroffen sei.

Eben das bleibt aber dunkel und widersprochen in dieser Anthropologie. Eben darin scheint sie sogar deutlich und bewußt genug in eine andere Richtung zu streben. Es bedeutet das Sein des Menschen im Worte Gottes und also in Jesus Christus nach Brunner nun doch nicht das, daß er als geschöpfliche Entsprechung Gottes, als «messianisch» qualifiziertes Wesen eine und nur eine Möglichkeit und Richtung, und neben ihr keine andere hat. Daß er vernünftig ist, ist ihm nach Brunner nicht damit und nur damit gegeben, daß er wirklich vernimmt, was Gott ihm zu sagen hat, so daß er eben damit, daß er dies unterließe, ein unvernünftiges Wesen würde. Daß er verantwortlich ist, hängt nach Brunner nicht daran, daß er Gott die seinem Wort entsprechende Antwort gibt, so daß er, wenn er das nicht täte, unverantwortlich handeln würde. Daß es auch Unfreiheit, Unvernunft und Unverantwortlichkeit und also einen Abfall von Gott nicht nur, sondern auch vom menschlichen Sein und Wesen und eben so und damit — als Möglichkeit nicht, sondern als Unmöglichkeit — Sünde gibt, das scheint bei Brunner in der dem Menschen mit seiner Erschaffung gegebenen Vernünftigkeit und Verantwortlichkeit vorgesehen, eine Möglichkeit zu sein und also irgendwie doch im Worte Gottes, in welchem er ja ist, seinen Grund zu haben. Personhaftigkeit besteht bei ihm nicht nur darin, daß der Mensch mit Gott als der eigentlichen und ursprünglichen Person in einer positiven Beziehung steht, als Person vor jener Person bestehen kann, sondern Personhaftigkeit schließt in sich, daß diese Beziehung auch eine ganz andere, eine negative sein könnte. Geschichtlichkeit heißt nicht nur, daß er sich in der von Gott eröffneten Geschichte des Gnadenbundes zwischen sich und ihm als Gottes Partner erkennt und betätigt, sondern auch das, daß er sich dieser Partnerschaft entziehen kann. Und daß er Entscheidungsfähigkeit hat, heißt nicht nur, daß er frei ist, sich selbst als den zu wählen, der von Gott erwählt ist, Gott zu lieben, wie er von Gott geliebt ist, sondern heißt auch, daß er sich in derselben Freiheit auch als ein von Gott Verworfener erwählen, daß er Gott auch verachten und hassen kann. Kurz: daß der Mensch sündigen kann, scheint bei Brunner keine dem wahren, von Gott geschaffenen menschlichen Sein fremde, sondern eine ihm eigene, eine in ihm vorgesehene und vorbereitete Möglichkeit, der die andere, die positive Möglichkeit, zwar immer gegenübersteht, von der diese andere, die positive Möglichkeit, aber doch immer begrenzt und konkurrenziert wird. Der Mensch scheint bei Brunner frei, sein Sein und Wesen entweder in der Treue oder in der Untreue gegen Gott zu realisieren, entweder Gott oder auch sich selbst oder den Teufel zu seinem Herrn zu erwählen, seine Geschöpflichkeit und also sein Sein im Worte Gottes entweder zu bestätigen oder auch zu verleugnen. Dies ist die merkwürdige Dunkelheit in Brunners Lehre: darum so merkwürdig, weil er es nun doch nicht etwa nur beiläufig und gelegentlich so sagt, weil es ihm vielmehr wesentlich und wichtig ist, es durchgehend gerade so zu sagen, seinen ganzen Freiheitsbegriff, der nach seinem Ausgangspunkt und Ansatz die Vorstellung der Neutralität ausschließen müßte, nun doch gerade als Neutralität zu interpretieren. Wir werden den Ausgangspunkt und Ansatz dieser Anthropologie, daß der Mensch nur aus Gott, nur im Worte Gottes zu erkennen sei, weil er allein in Gott, d. h. in seinem Wort, in Jesus Christus, sein Sein und Wesen habe, gewiß nicht aus den Augen verlieren. Aber gerade indem wir ihn im Auge behalten, gerade indem wir uns an den Nachdruck erinnern, mit dem Brunner davon redet, müssen wir fragen: wie kommt es, daß er den ihm so wichtigen Begriff der menschlichen Vernünftigkeit und Verantwortlichkeit, der menschlichen Personhaftigkeit, Geschichtlichkeit und Entscheidungsfähigkeit nun doch mit demselben — oder mit vielleicht doch noch stärkerem — Nachdruck im Sinn jener Neutralität auffassen und erklären kann? Soll man sich dort an seine Lehre halten, wie dann hier? und will man ihm hier folgen, wie soll man ihn dann dort ernst nehmen?

Beides zugleich und nebeneinander scheint mir nicht durchführbar und haltbar zu sein: der Begriff des durch das Wort Gottes konstituierten Menschen und der Begriff eines bloßen neutralen Könnens dieses Menschen. Ist der Mensch im Worte Gottes, dann kann er das und nur das, was dem Worte Gottes entspricht; es ist dann die Aktualität, in der er sein Sein und Wesen hat, von Haus aus in dieser und

2. Phänomene des Menschlichen

nur in dieser Richtung bestimmt: als die Aktualität des im Akte der Offenbarung Gottes und des menschlichen Gehorsams begriffenen Menschen. Das ist der Sinn, in welchem ich Brunner verstehen zu dürfen wünschen möchte und in dem ihn verstehen zu können, ich mich durch eine Reihe seiner Sätze ermutigt sehe. Dann müßte ich aber über eine andere, noch größere Reihe von Brunnerschen Sätzen hinweglesen dürfen, die ich mit jener Voraussetzung nicht zu vereinigen weiß. Denn wenn es mit jener bestimmten Richtung der menschlichen Aktualität nun doch nichts ist, wenn es nun doch so sein soll, daß wir das menschliche Sein und Wesen als ein Können zur Rechten und zur Linken zu verstehen haben, dann wird es undurchsichtig, inwiefern dieses Menschen Sein und Wesen gerade im Worte Gottes sein, leben und bestehen soll, weil solche Neutralität, wenn dies sein Seinsgrund ist, nun doch wohl unmöglich sein müßte. Und nun ist das der Sinn, in dem ich Brunner verstehen zu müssen fürchte. Sein eigentümliches Interesse an einer noch nicht durch ihre direkte, konkrete und gefüllte Beziehung zu Gottes Offenbarung bestimmten Humanität und insbesondere sein Eifer um den Begriff einer solchen Verantwortlichkeit und Entscheidungsfähigkeit, in der dem Menschen die Wahl zur Rechten und zur Linken gleich offen stünde, seine systematische Absicht, die Wirklichkeit der Sünde sowohl wie die des Glaubens von diesem Scheideweg aus einsichtig zu machen — das Alles weist wohl darauf hin, daß man den Ernst seiner Aussagen auf dieser und nicht auf jener anderen Seite suchen muß. Es ist dann unvermeidlich, daß man seine Aussagen über das Sein des Menschen im Worte Gottes etwas weniger ernst nehmen muß, als sie zunächst klingen. Es bezieht sich dann offenbar das, was über die Identität dieses Wortes mit Gottes geschichtlicher Offenbarung, mit dem uns durch die Schrift bezeugten Jesus Christus bei ihm zu lesen steht, doch nur auf den Erkenntnisgrund und nicht auf den Seinsgrund des Menschseins. Das Wort Gottes als des Menschen Seinsgrund ist dann offenbar doch nur der allgemeine Logos, der zwar in Jesus Christus seinen Offenbarer hat, während er an sich mit der in diesem Namen zusammengefaßten und bezeichneten Geschichte nichts zu tun hätte. Das Wort Gottes, in welchem der Mensch ist, ist dann doch nur das göttliche Urbild seiner Anlage, Befähigung und Disposition für Gott — einer Disposition, welche doch bloß formal ist, in welcher doch eine Entscheidung über sein Sein noch keineswegs gefallen, eine Charakterisierung, eine inhaltliche Füllung und Bestimmung seines Seins noch keineswegs vollzogen ist. Auch die Liebe und die Erwählung Gottes sind dann für den Menschen insofern noch ein leeres Gegenüber, als sie wohl seine allgemeine Zugehörigkeit zu Gott, aber gerade noch nicht seine positive, der ewigen göttlichen Absicht entsprechende, Beteiligung an Gottes geschichtlichem Handeln zu seinen Gunsten in sich schließen. Auch mitten in der Dreieinigkeit Gottes scheint es ja dann für den Menschen noch so etwas wie einen blinden Fleck zu geben, sofern dann das ewige Wort und der im Fleisch sich offenbarende Sohn Gottes doch noch zweierlei zu sein scheinen, das göttliche Dekret unserer Erwählung, Berufung, Heiligung und Bewahrung jedenfalls noch nicht in Kraft zu stehen scheint. Das Wort Gottes ist dann doch nur das Wort eines vom Herrn des Bundes wohl zu unterscheidenden Schöpfers und nur von ihm als solchem ist es dann auch seinsmäßig gültig, daß der Mensch in ihm seine Wirklichkeit hat. Der Ernst, mit dem Brunner für den Satz vom Sein des Menschen im Worte Gottes eintritt, kann unter diesen Umständen doch nur ein Ernst zweiten Grades sein. Mit der These von der bloßen Potentialität des menschlichen Seins und Wesens ist er jedenfalls nur dann zu vereinigen. Wäre er in erstgradigem Ernst gemeint, dann müßte diese These überschritten werden. Da sie faktisch nicht überschritten wird, muß mindestens die Frage offen bleiben, ob wir uns nicht auch noch in der Brunnerschen Anthropologie innerhalb der Grenzen befinden, in denen wir schließlich doch nur der Phänomene des Menschlichen, nicht aber des wirklichen Menschen selbst ansichtig werden können.

3. DER WIRKLICHE MENSCH

Wir wenden uns nun vom kritischen zum konstruktiven Teil unserer Aufgabe: zur positiven Beantwortung der Frage nach dem Sein, das inmitten des Kosmos das menschliche Sein ist, der Frage nach dem wirklichen Menschen.

Die ontologische Bestimmung des Menschen ist darin begründet, daß in der Mitte aller übrigen Menschen Einer der Mensch Jesus ist. Man wird immer nur bis zu den Phänomenen des Menschlichen vorstoßen, solange man in der Frage nach dem Menschen einen anderen Ausgangspunkt wählt. Man wird sich immer in Abstraktionen bewegen, solange man dabei wie gebannt auf alle übrigen Menschen, oder vielmehr: auf einen Menschen überhaupt und im Allgemeinen blickt, als ob dessen Anblick — nachdem man davon abstrahiert hat, daß Einer in ihrer Mitte der Mensch Jesus ist — uns über den wirklichen Menschen belehren könnte. Man verfehlt dann den einzigen uns wirklich gegebenen archimedischen Punkt oberhalb des Menschen und damit die einzige Möglichkeit zu dessen ontologischer Bestimmung. Theologische Anthropologie hat in dieser Sache keine Wahl. Sie wäre noch nicht oder nicht mehr theologische Anthropologie, wenn sie die Frage nach des Menschen Sein und Wesen von anderswo als von diesem einen Punkt her stellen und beantworten wollte.

Wir rufen uns in Erinnerung, wer und was das ist: der Mensch Jesus. Wir fanden: Er ist das geschöpfliche Wesen, in dessen Existenz wir es direkt und unmittelbar auch mit der Existenz Gottes des Schöpfers zu tun haben. Wir fanden: Er ist das geschöpfliche Wesen, in dessen Existenz Gottes Rettertat für alle anderen Menschen Ereignis ist. Wir fanden: Er ist das geschöpfliche Wesen, in welchem Gott als aller Menschen Retter zugleich seine eigene Ehre als Schöpfer offenbart und behauptet. Wir fanden: Er ist das geschöpfliche Wesen, das als solches die Herrschaft Gottes — oder umgekehrt: die Herrschaft Gottes, die als solche dieses geschöpfliche Wesen verwirklicht. Wir fanden: Er ist das geschöpfliche Wesen, dessen Sein in seinem Vollbringen des Willens Gottes besteht. Und wir fanden endlich: Er ist das geschöpfliche Wesen, das als solches nicht nur von Gott und in Gott, sondern statt für sich selbst, schlechterdings für Gott existiert.

Wir haben aus dieser Erkenntnis des Menschen Jesus zunächst die Kriterien gewonnen, aus denen sich uns die Grenzen ergaben, innerhalb deren sich die Erkenntnis des menschlichen Seins und Wesens auf alle Fälle bewegen muß. Wir haben uns von daher warnen lassen vor der Verwechslung des wirklichen Menschen mit den bloßen Phänomenen des Menschlichen. Wir konnten uns von daher mit allen denjenigen Bestimmungen des Wesens des Menschen nicht zufrieden geben, in welchen seine Zugehörigkeit zu Gott, nämlich seine Teilnahme an der zwischen Gott und ihm eröffneten Geschichte, in welchem die Ehre, die Herrschaft, die Absicht, der Dienst Gottes als der Sinn der menschlichen Existenz nicht sichtbar wurden. Wir mußten von daher auch da kritisch bleiben, wo der Begriff Gottes für die Bestimmung des Begriffs des Menschen eine gewisse, nicht unwichtige Rolle zu spielen schien, wo er aber insofern leer blieb, als von seinem rettenden Handeln und von der darauf bezogenen Aktualität des menschlichen Seins nichts sichtbar wurde. — Wir haben nun zu zeigen, daß und inwiefern sich die ontologische Bestimmung des Menschen daraus ergibt, daß in der Mitte aller übrigen Menschen Einer eben jenes geschöpfliche Wesen, der Mensch Jesus, ist.

Stellen wir zunächst fest: die Botschaft der Bibel von diesem einen Menschen hat neben allem Anderen jedenfalls auch eine solche ontologische Bedeutung. Indem sie von diesem einen Menschen redet, sagt sie von allen anderen Menschen — von denen, die vor ihm, wie von denen, die nach ihm waren, von denen, die ihn kannten, wie von denen, die ihn nicht kannten oder nur indirekt kennen lernten, von denen, die ihn bejahten und von denen, die ihn verneinten — jedenfalls dies: sie waren und sind geschöpfliche Wesen, denen dieser Eine bei aller Ungleichheit auch gleich war, in deren Raum, in deren Gemeinschaft und Geschichte in Gleichheit mit ihnen auch dieser Eine existierte. Über jedes Menschen Sein und Wesen ist eine Entscheidung damit gefallen, daß neben ihm und in der Mitte aller seiner sonstigen Mitmenschen auch Dieser ein Mensch gewesen ist. Mag ein Jeder sein, wer, wo und wie er will; er kann daran nichts ändern, daß dieser Eine auch Mensch ist. Vielmehr: indem dieser Eine auch Mensch ist, ist auch er, ist jeder Mensch an seinem Ort und zu seiner Zeit verändert: ein Anderer als der er wäre, wenn dieser Eine nicht auch Mensch wäre. Zu seinem menschlichen Wesen gehört dies, daß auch Jesus Mensch ist, daß er in diesem Einen seinen menschlichen Nachbarn, Genossen und Bruder hat. Er hat also in dieser Hinsicht keine Wahl. Es ist die Frage: ob und wie er diesen Nachbar kennt und wie er sich zu ihm stellt, so wichtig sie ist, eine sekundäre Frage gegenüber der schon entschiedenen Frage: ob er ohne diesen Nachbarn selber Mensch sein könnte? Diese Frage ist für jeden Menschen ein für allemal negativ entschieden. Wir können diesen Nachbarn nicht los werden. Er ist nun einmal unser Nachbar. Wir sind nun einmal als Menschen die, in deren Mitte, bei aller Ungleichheit uns selbst gleich, auch Jesus Mensch ist.

Die theologische Anthropologie darf nur nicht zu schüchtern sein, um zunächst einmal diesen einfachsten Sachverhalt in aller Ruhe geltend zu machen. Und sie darf nur nicht so zerstreut sein, um alle möglichen und unmöglichen Begründungen ihrer These statt zunächst einmal eben diesen einfachsten Grundverhalt geltend zu machen: daß **jeder Mensch als solcher der Mitmensch Jesu ist**. Die biblische Botschaft, an die wir uns zu halten haben, ist in dieser Sache weder schüchtern noch zerstreut. Sie wagt es, Botschaft von diesem einen Menschen zu sein und macht damit neben Allem, was sie sachlich von ihm sagt — und offenbar gerade im Blick auf das, was sie sachlich von ihm zu sagen hat — in grandioser Selbstverständlichkeit die ontologische Voraussetzung geltend, daß die Existenz dieses einen Menschen jeden anderen Menschen als solchen angeht, daß jeder andere Mensch als solcher darauf anzusprechen, ja dabei zu behaften sei, daß auch dieser Eine Mensch ist. Und man bemerke: auf etwas Anderes als darauf wird der Mensch durch die biblische Botschaft im Grunde nicht angesprochen. An seine Vernunft oder Verantwortlichkeit oder Menschenwürde, an seine Humanität an sich und als solche wird da nicht appelliert. Eine andere entscheidende Voraussetzung wird da nicht gemacht als die, daß ein Jeder, der Mensch ist, als solcher auch in dem Namen Jesu anzusprechen sei und also als Mensch mit diesem einen Menschen in einem undiskutierbaren, als Anknüpfungspunkt völlig zureichenden Zusammenhang stehe. Die biblische Botschaft rechnet mit einem Menschsein, das als solches in diesem Zusammenhang, in dieser Beziehung steht und also mit einem Menschen, dem es ohne weiteres zuzumuten ist, sich im Namen Jesu zur Ordnung, zu seiner eigenen Ordnung rufen zu lassen. Sie rechnet nur mit einer solchen Geschöpflichkeit des Menschen, für deren Bestand es konstitutiv ist, daß ein Mensch unter all den anderen auch dieser Eine ist. Das ist der ontologische Unterton, den man nicht überhören darf, wenn man verstehen will, warum sie als Botschaft von dem, was dieser Eine ist und tut, und als Botschaft vom Glauben an ihn, so unverzagt und unbedingt und nun doch so gar nicht «enthusiastisch», sondern so nüchtern ist. Sie redet tatsächlich von dem, der nicht erst *a posteriori*, sondern *a priori*, von Haus aus, eines jeden Menschen Nachbar, Genosse und Bruder ist.

Daß unter den vielen Anderen auch dieser Eine ein Mensch ist, das bedeutet aber als ontologische Bestimmung des Menschen überhaupt und im Allgemeinen dies, daß er Mensch ist, indem er in der Person dieses Einen vor sein göttliches Gegenüber gestellt ist. Auch wir nehmen jetzt diesen Begriff auf. Man bemerke aber wohl: sofort und von Anfang an als den so gefüllten Begriff! Jawohl, es ist ein überlegenes, ein transzendentes, ein göttliches Gegenüber, das den Menschen konstituiert, von dem her er sein Sein und Wesen hat, von dem her er dann als wirklicher Mensch auch allein zu erkennen ist. Aber dieses göttliche Gegenüber wohnt weder in ihm selbst, noch ist es die Transzendenz einer abstrakt existierenden und in abstrakten Begriffen zu beschreibenden Gottheit. Sondern dieses göttliche Gegenüber jedes Menschen, des Menschen als solchen, ist konkret eben jener eine Mensch, in dessen geschöpflichem Wesen wir es mit der Existenz, mit der Rettertat, mit der Ehre und Herrschaft, mit der Erfüllung des Willens Gottes — mit dem für Gott existierenden geschöpflichen Wesen zu tun haben. Daß dieses Wesen, Jesus, eines jeden Menschen göttliches Gegenüber sein kann, das ist damit gegeben, daß er mitten unter allen anderen Menschen ist, daß er als einer der ihrigen und ihnen gleich in ihrem Raum ist, zu ihrer Gemeinschaft und Geschichte gehört. Aber das könnte nun offenbar von jedem anderen Menschen auch gesagt werden. Jeder andere Mensch existiert ja als meinesgleichen und insofern in derselben Gemeinschaft und Geschichte mit mir. Es ist aber in solcher Mitexistenz irgend eines anderen Menschen darüber keineswegs entschieden, daß mir in diesem anderen Menschen ein göttliches Gegenüber gesetzt

3. Der wirkliche Mensch

wäre. Eben darüber ist aber entschieden, wo es sich um die Mitexistenz dieses einen Menschen, des Menschen Jesus, handelt. Er kann nicht nur mein göttliches Gegenüber sein. Er ist es. Er ist es nämlich in all dem, worin er den anderen Menschen, indem er ihnen gleich ist, ungleich ist. Er ist es als das geschöpfliche Wesen, in welchem als solchem Gott gegenwärtig ist, Gott als Retter handelt, Gott sich selbst zu Ehren bringt, Gott der Herr ist, Gott seinen Willen erfüllt: als das geschöpfliche Wesen, das als solches nicht für sich, sondern für Gott existiert. Darin tritt Jesus heraus aus der Reihe der anderen geschöpflichen Wesen und insbesondere aus der Reihe der anderen ihm gleichen, der menschlich geschöpflichen Wesen. Darin tritt er diesen allen und so auch mir gegenüber, und zwar in göttlicher Weise gegenüber: göttlich existierend, göttlich handelnd, göttlich herrschend und dienend, Gott zugewandt er ganz allein, unter allen anderen. Und nun ist das jedes Menschen ontologische Bestimmung, daß Jesus so, als dieses göttliche Gegenüber, sein Nachbar, Genosse und Bruder ist, so in ihrer aller Mitte ist. Er steht vermöge dieser seiner Beziehung zu Gott anders in ihrer Mitte, als man dies allenfalls von jedem Menschen auch sagen könnte. Denn wenn jeder Mensch als Einzelner und in seiner Eigenart für jeden anderen ein relatives Gegenüber bedeutet, so wird doch jeder Mensch gerade in seiner Beziehung zu Gott jedem Anderen vergleichbar sein und bleiben, gerade in seiner Beziehung zu Gott nicht so aus der Reihe aller anderen heraustreten, nicht so in ihrer aller Mitte sein, daß er ihnen ein reales, ein absolutes Gegenüber sein und bedeuten könnte. Der eine Mensch Jesus aber steht allen Anderen eben so, gerade real, gerade absolut gegenüber, weil er, dieser Einzelne, in seiner Eigenart, in seiner Beziehung zu Gott einzig ist: so einzig wie Gott selber im Verhältnis zu allen Kreaturen einzig ist. Es ist in der Tat die Einzigkeit und damit die Transzendenz Gottes, die in ihm, die in diesem Menschen und also in der Mitte aller anderen Menschen ihre kreatürliche Entsprechung, Wiederholung und Darstellung findet. Es ist in der Tat der in der vollen Majestät Gottes allen Menschen Ungleiche, der als dieser eine Mensch ihnen allen gleich ist. Und so heißt Menschsein, indem es mit Jesus zusammen ist: Zusammensein mit dieser Entsprechung, Wiederholung und Darstellung der Einzigkeit und Transzendenz Gottes, Zusammensein mit diesem Ungleichen. So heißt Menschsein: Sein in diesem, dem realen, dem absoluten Gegenüber.

Menschsein heißt infolgedessen grundlegend und umfassend: mit Gott zusammen sein. Was der Mensch in diesem Gegenüber ist, das ist ja offenbar die grundlegende und umfassende Bestimmung seines eigenen Seins. Was er immer sonst ist und auch ist: er ist es auf Grund dessen, daß er mit Jesus zusammen und also mit Gott zusammen ist. Wir werden auch diese Grundbestimmung: daß er mit Gott zusammen ist, als solche noch zu erklären und zu entfalten haben. Wir haben aber eben mit dieser

Grundbestimmung den Punkt bereits erreicht, in welchem des Menschen Wirklichkeit ihren Ursprung hat, in welchem das ganze geschöpfliche Wesen des Menschen zusammengefaßt ist, hinter den wir also niemals werden zurückgehen können, von dem wir bei der Betrachtung keiner besonderen Bestimmung dieses Wesens werden abstrahieren dürfen. Ist es nicht gleichgültig, nicht zufällig, nicht nebensächlich, ist es ontologisch entscheidend, daß ein Mensch in der Mitte aller anderen nun eben der Mensch Jesus ist, ist Menschsein das Sein als Zusammensein mit diesem Menschen als dem ihm gesetzten realen und absoluten Gegenüber, ist Menschsein das konkrete Konfrontiertsein mit diesem in der vollen Majestät Gottes Ungleichen als unseresgleichen, dann ist dies nicht eine seiner Bestimmungen unter anderen, sondern seine Grundbestimmung, nicht eine nachträgliche und veränderliche, sondern seine unveränderliche Ursprungsbestimmung: daß es mit Gott zusammen ist.

Gottlosigkeit ist infolgedessen keine Möglichkeit, sondern die ontologische Unmöglichkeit des Menschseins. Der Mensch ist nicht ohne, sondern mit Gott. Wir sagen damit selbstverständlich nicht, daß es kein gottloses Menschsein gibt. Es geschieht, es gibt ja zweifellos die Sünde. Aber eben die Sünde ist keine Möglichkeit, sondern die ontologische Unmöglichkeit des Menschseins. Wir sind mit Jesus, wir sind also mit Gott zusammen. Das bedeutet, daß unser Sein die Sünde nicht ein-, sondern ausschließt. Sein in der Sünde, Sein in der Gottlosigkeit ist ein Sein wider unser Menschsein. Denn der Mensch, der mit Jesus zusammen ist — und eben dies ist des Menschen ontologische Bestimmung — ist mit Gott zusammen. Leugnet er Gott, so leugnet er sich selbst. Er ist dann, was er in dem Gegenüber, in dem er ist, nicht sein kann. Er wählt dann seine eigene Unmöglichkeit. Und es ist jeder Fehler, in welchem die Gottlosigkeit Gestalt annehmen kann, es ist also z. B. der Unglaube und die Abgötterei, es ist der Zweifel und die Gleichgültigkeit Gott gegenüber — und das Alles in seiner theoretischen ebenso wie in seiner praktischen Gestalt — sofort und als solcher auch ein Fehler, mit dem der Mensch sich selbst belastet, verfinstert und verdirbt, eine Attacke auf den Bestand seiner eigenen Geschöpflichkeit: keine oberflächliche, keine beiläufige, keine tragbare, sondern die radikale, die zentrale, die tödliche Attacke gegen deren Grundbestimmung und also gegen deren ganzen Bestand. Es ist sein Sein als Mensch, das durch jedes Geschehen der Sünde in Frage gestellt wird. Wie denn auch umgekehrt jede Bewährung und Wiederherstellung seines Verhältnisses zu Gott sofort und als solche auch eine Bewährung und Wiederherstellung seines Seins als Mensch in sich schließt. Denn eben er selbst als Mensch ist mit Jesus und also mit Gott zusammen. Eben er selbst steht von Haus aus und unentrinnbar in der ihm damit gesetzten Ordnung. Eben er selbst ist also gehalten, indem er sich an diese Ordnung hält, und eben er selbst fällt ins Bodenlose, indem er aus dieser Ordnung fällt.

3. Der wirkliche Mensch

Der Gedanke der Vergeltung und des Lohnes kann in der biblischen Botschaft nur schon darum nicht fehlen, weil die Notwendigkeit und das Recht der Vergeltung und des Lohnes aufs tiefste in dieser ontologischen Grundbestimmung des Menschen: daß er mit Gott zusammen ist, verwurzelt sind. Indem der Mensch von Haus aus und unentrinnbar mit Gott zusammen ist, geht es in seinem Sein und in jeder Modifikation seines Seins unmittelbar um die Bewährung oder Nichtbewährung, um die Zerstörung oder Wiederherstellung seines Verhältnisses zu Gott und eben damit um die Verwirklichung seiner eigenen Möglichkeit oder Unmöglichkeit, um sein eigenes Stehen oder Fallen, um sein eigenes Sein oder Nichtsein. Gott kann gar nicht anders als reagieren auf jede Modifikation des menschlichen Seins, und der Mensch kann gar nicht anders, als in allen Modifikationen seines Seins empfangen, was sie, was seine Taten wert sind, nämlich vor Gott — vor dem Gott, mit dem er von Haus aus und unentrinnbar zusammen ist — wert sind. Indem er Mensch ist, ist Gott notwendig und mit Recht sein Vergelter, sein Lohn oder seine Strafe. Indem er Mensch ist, bleibt ihm nichts anderes übrig, als — ob gehorsam oder ungehorsam, ob belohnt oder bestraft — die Ordnung zu bestätigen, die als Ordnung seines Seins über seine eigene Möglichkeit oder Unmöglichkeit entscheidet.

Der Mensch ist darum mit Gott zusammen, weil er mit Jesus zusammen ist. Und Alles, was zur Erklärung und Entfaltung seines Zusammenseins mit Gott zu sagen ist, wird sich uns nachher eben daraus ergeben, daß er mit Jesus zusammen ist. Wir heben aber zunächst die Tatsache hervor, daß eben in dieser ihrer Begründung auch die Besonderheit des menschlichen Seins in seinem Verhältnis zu dem aller anderen Kreaturen enthalten ist. In einem allgemeinen Sinn kann und muß man ja auch von allen anderen Kreaturen als solchen sagen, daß sie ihr Sein darin haben, daß sie mit Gott zusammen sind. Gott ist ja nicht nur des Menschen Schöpfer, sondern auch der des Himmels und der Erde. Und was immer ist, das ist in der Wurzel seines Seins darum, weil Gott ist, und dadurch, daß Gott ist: daß er jeder großen und jeder kleinen, jeder sichtbaren und jeder unsichtbaren Kreatur Schöpfer ist und bleibt, daß er ihr Dasein und Sosein gewollt und gesetzt hat und zu wollen und zu setzen nicht aufhört, sondern fortfährt. Alle Kreatur ist, indem Gott mit ihr und indem sie daraufhin ihrerseits mit Gott ist. Es ist aber nicht alle Kreatur so mit Gott, wie der Mensch mit Gott ist. Es wäre freilich voreilig und verkehrt, wenn man leugnen wollte, daß in ihrer Weise von aller Kreatur gerade auch das Besondere gilt, was von der menschlichen Kreatur so grundlegend zu sagen ist: daß sie nämlich mit Jesus, und zwar ursprünglich und entscheidend mit Jesus und so mit Gott ihrem Schöpfer zusammen ist, so des Seins teilhaftig ist.

Wir werden ja hier die klaren und einhelligen Aussagen von Joh. 1, Kol. 1 und Hebr. 1 unmöglich übersehen können, laut welchen τὰ πάντα, alle Dinge im Himmel und auf Erden von Gott, aber δι' αὐτοῦ «durch ihn», durch Jesus Christus, d. h. so geschaffen wurden, daß Gott bei ihrer Erschaffung Jesu Christi, seines eigenen Sohnes, und zwar seines Sohnes in seiner menschlichen Wirklichkeit und Gestalt, gedachte, so also, daß dieser eine Mensch der Sinn und Beweggrund der ganzen Schöpfung war, ist und bleibt.

Wir dürfen und müssen also von aller Kreatur sagen, daß sie mit dem Menschen zusammen dasselbe konkrete göttliche Gegenüber hat und insofern mit dem Menschen zusammen unter derselben ontologischen Bestimmung steht. Wir dürfen und müssen uns also im Blick auf alle andere Kreatur an demselben Seinsgrund orientieren, desselben Seinsgrundes uns getrösten, der auch der des Menschen ist. Wir wissen aber nicht, was es für die außermenschliche Kreatur bedeutet, von diesem Seinsgrund herzukommen. Wir sprechen ihr für uns undurchdringliches Geheimnis aus, wenn wir — in dieselbe Richtung blickend, in die wir hinsichtlich unserer selbst blicken dürfen und müssen — auch von ihr sagen, daß sie mit Gott zusammen ist. Wir wissen nur, daß — wir wissen aber nicht, wie sie es ist. Denn gerade indem wir auch von ihr sagen, daß sie mit Jesus und so mit Gott zusammen ist, sagen wir das Entscheidende und Unterscheidende, daß Gott, der auch ihr Gott ist, nun doch nicht ihresgleichen, nicht Tier, Pflanze, Stein oder Gestirn oder auch irgend ein Element der unsichtbaren Himmelswelt, sondern Mensch und so Geschöpf geworden ist, so sich in seiner ganzen Majestät und Ungleichheit der Kreatur gleichgemacht, daß er also in diesem Menschen und in keinem anderen Geschöpf den Sinn und Beweggrund seines ganzen Schöpfungswerks gesehen und im Auge gehabt hat. Wir wissen nun doch nur vom menschlichen und von keinem anderen geschöpflichen Bereich, in welchem jene geschöpfliche Entsprechung, Wiederholung und Darstellung der Einzigkeit und Transzendenz Gottes Ereignis geworden wäre. Wir wissen von allen anderen geschöpflichen Bereichen doch nur dies, daß eben der Gott, der um jenes einen Menschen willen alle anderen Menschen und alle anderen Geschöpfe überhaupt geschaffen hat, auch ihnen in seiner majestätischen Ungleichheit gegenübersteht. Wir sehen aber in jenen anderen Bereichen als solchen kein Gleiches, das dort der Träger und Offenbarer dieser majestätischen Ungleichheit Gottes wäre, kein Geschöpf, das dort den anderen Geschöpfen desselben Bereichs gegenüber die Einzigkeit und Transzendenz Gottes wiederholen und darstellen würde.

Das geschieht im menschlichen und nur im menschlichen Bereich, und indem es hier geschieht, geschieht es gültig und wirksam für alle anderen Bereiche, für die ganze Schöpfung. Indem sich der Schöpfer als menschliches Geschöpf zum realen, absoluten Gegenüber aller anderen menschlichen Geschöpfe macht, ist er das reale, absolute Gegenüber auch aller anderen Geschöpfe. Indem der Mensch mit Jesus und so mit Gott zusammen ist, gilt dasselbe auch von allen anderen Kreaturen. Wir wissen nicht wie, wir wissen aber, daß auch sie mit Jesus und so mit Gott zusammen sind. Und eben die alle Bereiche umfassende Bedeutung dessen, was im menschlichen Bereich geschieht, bedeutet sicher das Verbot, damit zu rechnen, daß es auch in anderen Bereichen etwas Entsprechendes, daß es auch dort so etwas wie Identitäten zwischen Schöpfer und Geschöpf geben möchte. Gott brauchte nicht Tier, nicht Pflanze, nicht Stein zu werden, weil damit, daß er Mensch wurde, auch für das konkrete Zusammensein von Tier, Pflanze und Stein mit ihm als ihrem Schöpfer alles Nötige geschehen ist. Wie und inwiefern? Darauf können wir im Blick auf Tier, Pflanze und Stein allerdings keine Antwort geben. Und daß wir das nicht können, daß das für uns ihr Geheimnis ist, das unterscheidet sie von uns aus gesehen von uns selber. Wie immer auch sie mit Jesus und so mit Gott zusammen sein mögen, sie sind es für sich, ganz uneingesehen von außen, nämlich von uns her. Und nun unterscheiden wir unsererseits uns von ihnen dadurch, daß das für sie wie für uns so entscheidende Geschehen der Entsprechung, Wiederholung und Darstellung der Einzigkeit und Transzendenz Gottes sich nicht in ihrem, sondern in unserem, dem **menschlichen Bereich** abspielt, daß wir als Menschen in jenem einen Menschen das göttliche Gegenüber vor uns haben, daß uns also unser damit gegebenes Zusammensein mit Gott das Geheimnis nicht sein kann, das es uns bleiben muß, wenn wir auf die anderen Geschöpfe blicken. Wir sind als Menschen und also als direkte Nachbarn, Genossen und Brüder des Menschen Jesus nicht nur im indirekten, sondern im direkten, nicht nur im mittelbaren, sondern im unmittelbaren Lichte dieses Gegenübers. **Was verborgen das Sein aller Kreaturen ausmacht, das ist als menschliches Sein, darum, weil Jesus Mensch ist, offenbar.** Und eben dieses Offenbarsein des menschlichen Seins als Zusammensein mit Gott macht seine Besonderheit aus. Daß wir sie feststellen und hervorheben, ist darum kein Akt des Hochmuts gegenüber der sonstigen Kreatur, weil es ja vielmehr der Akt der Demut ist gegen Gottes Geheimnis dort: in den anderen Geschöpfbereichen, und gegen Gottes Offenbarung hier: im menschlichen Bereich. Man vergesse nicht, daß ja eben damit auch die Besonderheit der sonstigen Kreatur uns Menschen gegenüber zu Ehren kommt. Ihre Ehre ist die Verborgenheit ihres Seins mit Gott nicht weniger, als unsere Ehre dessen Offenbarsein ist. Denn was wissen wir schließlich, welches die größere Ehre ist? Was wissen wir, ob es sich wirklich so verhält, daß der äußere Kreis der anderen Geschöpfe nur um des inneren, nur um des Menschen willen da ist? Was wissen wir, ob es sich nicht gerade umgekehrt verhält? Was wissen wir, ob nicht beide Kreise, der äußere und der innere, je ihre eigene Selbständigkeit und Würde, je ihre besondere Art des Seins mit Gott haben? Was besagt ihre Verschiedenheit gegenüber der Tatsache, daß der Mensch Jesus als geschöpfliches Wesen beider Kreise Mittelpunkt ist? Wir werden aber, wenn zur Zurückweisung alles menschlichen Hochmuts Alles bedacht und gesagt ist, nicht unterlassen dürfen, die besondere Gnade, die nun eben dem **Menschen** zugewandt ist, als solche zu erkennen. Indem Jesus als Träger der göttlichen Einzigkeit und Transzendenz dem Menschen gleich ist, ist dem Menschen Gott und ist, mit Gott konfrontiert, der Mensch **sich selbst** offenbar. Erkennt er sich selbst und erkennt er, worauf es beruht, daß er sich selbst erkennen kann, erkennt er also sein Sein als Zusammensein mit Gott, und erkennt er den Grund, weshalb gerade sein Sein als Zusammensein mit Gott erkennbar ist, dann erkennt er eben damit seine Besonderheit unter allen Kreaturen. Denn daß er sein eigenes Sein als Zusammensein mit Gott erkennen kann, das verdankt er dem, daß eben das Zusammensein des Geschöpfs mit Gott im Bereich des menschlichen Geschöpfs nicht verborgen, sondern offenbar ist. Er verdankt es dem, daß der Schöpfer gerade in diesem Bereich Geschöpf geworden, in seiner ganzen Ungleichheit dem anderen Geschöpf sich gleich gemacht hat. Er verdankt es also der in der Erwählung des Menschen Jesus begründeten Besonderheit dieses Bereichs gegenüber allen anderen.

Es wird mit der Besonderheit des menschlichen Seins zusammenhängen, daß sich das Problem der **Gottlosigkeit** und also das Problem der Sünde nur im **menschlichen** Bereich zu stellen scheint. Gottlosigkeit, so haben wir festgestellt, ist die ontologische Unmöglichkeit des Menschen; denn der Mensch ist, indem er mit Gott zusammen und also nicht ohne Gott ist. Dasselbe müssen wir, wenn es so etwas wie Gottlosigkeit faktisch auch in außermenschlichen Geschöpfbereichen geben sollte, auch im Blick auf sie sagen. Wir sahen: mit Jesus und also mit Gott ist alle Kreatur zusammen. Gäbe es so etwas wie eine Gottlosigkeit der außermenschlichen Kreatur, so müßte sie auch als deren ontologische Unmöglichkeit verstanden werden. Es fragt sich aber, ob es so etwas wie Gottlosigkeit im außermenschlichen Geschöpfbereich überhaupt geben kann. Es scheint nicht so. Ich brauche absichtlich diesen zurückhaltenden Ausdruck. Denn da uns das Wie des Zusammenseins der außermenschlichen Kreatur mit Gott verborgen ist, wird ein kategorisches Nein hier nicht am Platze sein. Nur daß man sich der Verborgenheit dieser Beziehungen auch da bewußt sein sollte, wo man hier Ja sagen und also von der «gefallenen Schöpfung» und dergl. wie von einer bekannten und anerkannten Sache reden zu können meint. Wenn ich zur gegenteiligen Meinung neige und also sage, es scheine nicht an dem zu sein, daß mit einer anderen Gottlosigkeit als der des Menschen zu rechnen ist, so tue ich das auf Grund der Überlegung, daß doch auch die ontologische Unmöglichkeit der Sünde nur da denkbar ist, wo das Geschöpf seinem Schöpfer in der direkten, der unmittelbaren Weise konfrontiert ist, wie es im menschlichen Bereich der Fall ist. Es wird doch kein Zufall sein, daß die heilige Schrift uns zwar von der Sünde des Menschen sehr viel, von einer Sünde im außermenschlichen Bereich aber genau genommen gar nichts sagt. Würde sie es uns nicht sagen, wenn sie uns auf Grund der von ihr bezeugten Offenbarung Gottes von einem irgendwie gleichzeitig und in Verbindung mit dem des Menschen stattfindenden «kosmischen Sündenfall» etwas zu sagen hätte? Tut sie es aber darum nicht, weil sie sich dabei auf keine Offenbarung Gottes beziehen könnte, weil sie uns also tatsächlich in dieser Sache nichts zu bezeugen hat, so darf man doch fragen, ob an dieser Sache überhaupt etwas ist. Es könnte doch offenbar so sein, daß auch die ontologische Unmöglichkeit der Sünde nur da sich verwirklichen kann, wo Gott dem Wesen, das mit ihm zusammen ist, offenbar und also bekannt, und wo infolgedessen dieses Wesen auch sich selbst offenbar und bekannt sein, wo dieses Wesen sich selber in seinem Gegenüber zu Gott erkennen kann. Das ist da der Fall, wo Jesus als Träger der göttlichen Einzigkeit und Transzendenz dem Menschen gleich ist. Dieser Fall ist die Besonderheit des menschlichen Bereichs, nicht aber — weil Jesus nicht Tier, Pflanze oder Stein, sondern nur Mensch geworden und weil mit einer entsprechenden Identität von Schöpfer und

3. Der wirkliche Mensch

Geschöpf anderswo nicht zu rechnen ist — auch die dieser außermenschlichen Bereiche, wo das Licht des göttlichen Gegenübers auf alle Fälle nur indirekt, nur mittelbar leuchtet, wo das konkrete Drama, das der Sinn der menschlichen Existenz ist, sich in Ermangelung der direkten und unmittelbaren Gegenwart des göttlichen Gegenspielers weder in seiner normalen noch in seiner abnormalen, weder in seiner möglichen noch in seiner unmöglichen Gestalt entfalten kann. Wie soll hier die ontologische Unmöglichkeit auch nur als solche wirklich werden? Ein letztes Wort läßt sich auch mit Hilfe dieser Erwägung nicht aussprechen. Ich halte aber dafür, daß sie mit einigem Gewicht darauf hinweise, daß eine negative Antwort in dieser Sache einer positiven mindestens vorzuziehen ist.

Menschsein heißt: mit Gott zusammen sein. Wir haben festgestellt, daß mit dieser Definition, sobald sie so konkret verstanden wird, wie sie von ihrer christologischen Voraussetzung aus verstanden werden muß, sofort auch die Besonderheit des Menschen unter allen übrigen Kreaturen bezeichnet ist. Wir schreiten nun zur eigentlichen Erklärung und Entfaltung dessen, was mit dieser Definition gesagt ist.

Ist das menschliche Sein ein Zusammensein mit Gott, so ist zunächst Alles umfassend zu sagen: Es ist ein Sein von Gott her. Es ist ein von Gott abhängiges Sein. Es ist mit dem Sein Gottes nicht identisch: das wäre zu viel und auch zu wenig von ihm gesagt; und daß es mit Gott zusammen ist, wäre dann offenbar sinnlos gesagt. Es ist ein vom Sein Gottes verschiedenes und insofern selbständiges, es ist aber ein in dieser Verschiedenheit und Selbständigkeit nicht ohne, sondern allein durch jenes seiendes, es ist ein in jenem schlechthin begründetes und also ein durch jenes schlechthin bestimmtes und bedingtes Sein. «Schlechthin» will sagen: es kommt ganz und ausschließlich von jenem her; es ist nur insofern Sein, als es von jenem herkommt; es wäre Nicht-Sein, wenn es nicht von jenem herkäme. Wir werden auf diese Exklusive, die geeignet ist, das Alles unzweideutig zu machen, noch besonders zurückkommen. Wir betrachten zunächst diesen positiven Satz als solchen: daß des Menschen Sein als Zusammensein mit Gott ein «Sein von Gott» her ist.

Man könnte einwenden, daß wir mit dem soeben Gesagten nicht den Begriff des Menschen im besonderen, sondern den Begriff des Geschöpfs im Allgemeinen umschrieben haben. Aber eben dieser Einwand sei nun zurückgegeben: Wie kann man den Begriff des Geschöpfs im Allgemeinen sinnvoll und gehaltvoll umschreiben, wenn man es nicht im besonderen Blick gerade auf den Menschen tut? Wir greifen nun zurück auf unsere vorangehende Überlegung: Hier, im menschlichen Bereich, ist offenbar und bekannt, was im außermenschlichen Bereich verborgen und undurchsichtig bleibt, nämlich was es mit einem Sein im Zusammenhang mit Gott für eine Bewandtnis hat. Und so haben wir diese erste Erklärung des Zusammenseins mit Gott als «Sein von Gott her» keineswegs spekulativ, keineswegs aus einer allgemeinen Erwägung über das Verhältnis zwischen einem relativen und einem absoluten, zwischen einem abhängigen und einem unabhängigen, zwischen einem bedingten und einem unbedingten Sein gewonnen. Sie würde, so gemeint und verstanden, auch als Erklärung des Begriffs des Geschöpfs im Allgemeinen darum nicht tauglich sein, weil der Begriff des absoluten, des unabhängigen, des unbedingten Seins den Begriff des Schöpfers noch gar nicht erreichen kann, weil mit allen diesen negativen Kategorien nicht Gott, sondern doch nur die Grenze unseres Sehens und Begreifens der Welt bezeichnet ist. Wir haben in unserer Erklärung des Zusammenseins mit Gott als «Sein von Gott her» nicht spekulativ, sondern konkret vom Menschen (und damit implizit dann allerdings auch vom Geschöpf im Allgemeinen) geredet: vom Menschen, der als solcher so und nicht anders mit Gott zusammen ist, daß er «von ihm her», in der beschriebenen Weise von Gott schlechthin abhängig ist. Er ist mit Jesus zusammen, das ist die konkrete Gestalt seines Zusammenseins mit Gott. Er gehört zu dem Geschöpfbereich, zu dem auch der Mensch Jesus gehört. Und nun ist der Mensch Jesus mitten in diesem Bereich der Träger der Einzigkeit und Transzendenz Gottes. Nun ist also in ihm, in der Mitte dieses Bereichs, die Herrschaft Gottes aufgerichtet, nicht bloß als Idee gedacht, nicht bloß als Wahrheit erkannt und verkündigt, nicht bloß bezeugt von einem, der um sie weiß, sondern in diesem einen Menschen gelebt und verkörpert. So ist der Mensch mit Gott zusammen: er ist mit Gottes in Jesus gelebter und in Jesus verkörperter Herrschaft zusammen. Er ist mit ihm zusammen, indem sein Reich im Kommen ist. Er ist als Mensch da, wo Gott handelt, und zwar als sein Erretter handelt, um gerade darin seine eigene Ehre groß zu machen. Er ist da, wo Gott Geschichte macht. Der ganze Raum des Menschen, die ganze menschliche Gemeinschaft und Geschichte ist durch die Existenz des einen Menschen Jesus grundlegend dadurch ausgezeichnet und bestimmt, daß Gott hier Geschichte macht, daß Gottes Reich hier im Kommen ist. Was bedeutet es für des Menschen Sein, daß er in diesem Raume ist? Es bedeutet das sicher nicht, daß er mit dem Sein Gottes identisch ist. Ihm steht ja der daselbst gegenwärtige und handelnde Gott in dem einen, mit ihm selbst gar nicht identischen Menschen Jesus frei und souverän gegenüber, ein Anderer in unaufhebbarer Andersheit, in diesem Wesen seinesgleichen der ihm ganz Ungleiche. Zu ihm kommt ja hier Gottes Reich. So ist es schon kein Einssein, sondern ein echtes Zusammensein des Menschen mit Gott, was sein Sein in diesem Raume ausmacht. So ist hier auch des Menschen Sein dem Sein Gottes gegenüber ein eigenes Sein. Aber nun handelt und herrscht ja Gott, nun macht er ja eben Geschichte: so wie er das tut, in der Souveränität seiner Allmacht also, in der Kraft des Schöpfers, der es mit seinem Geschöpf zu tun hat, als der Herr aller Herren, als der König aller Könige. Nun ist also das menschliche Sein in seiner ganzen Eigenheit und Selbständigkeit, in seiner ganzen Verschiedenheit von Gottes Sein das in diesem Handeln Gottes

3. Der wirkliche Mensch

behandelte, das in seinem Herrschen beherrschte, das in die von ihm begründete und regierte Geschichte einbezogene Sein. Nun betrifft es also den Menschen — alle Menschen, jeden Menschen — daß in dem Menschen Jesus Gott selbst Mensch ist und also handelt, herrscht und Geschichte macht. Man bemerke: es betrifft das den Menschen gerade in seiner Eigenheit und Selbständigkeit, gerade in dem von Gott verschiedenen Sein, das das seinige ist. Es betrifft gerade ihn selbst. Denn vor Gott kann er nicht fliehen zu sich selbst, um selbst unbetroffen zu bleiben. Gerade er selbst ist vielmehr schon erreicht und betroffen, indem Gott selbst in des Menschen Bereich auf dem Plane ist. Und vor Gott kann er auch nicht fliehen, um sich hinter irgend einem anderen Sein außer ihm selbst und im Zusammenhang mit ihm selbst zu verbergen: in seine Natürlichkeit nicht und auch nicht in seine Geistigkeit, in die Erde nicht und auch nicht in den Himmel, auch wenn er das schon möchte. Der Mensch in dem Bereich, in welchem auch Jesus Mensch ist, ist als solcher von Gott erreicht, wie er sich auch drehen und wenden mag. Er ist von Gott auch dann erreicht und betroffen, wenn er sich der ontologischen Unmöglichkeit, der Gottlosigkeit, schuldig macht.

Die bekannten Worte Psalm 139, 5—12 mögen hier in Erinnerung gerufen sein (man bedenke, daß sie nicht von dem negativ-theologischen Phantom indischer oder griechischer Philosophie, sondern von dem geschichtemachenden Gott Israels reden, und man bemerke, daß sie nicht die Form einer objektiven Aussage, sondern die Form einer anbetenden Anrede haben!): «Du hältst mich hinten und vorn umschlossen, hast deine Hand auf mich gelegt. Zu wunderbar ist es für mich und unbegreiflich, zu hoch, als daß ich es faßte. Wohin soll ich gehen vor deinem Geiste? Wohin soll ich fliehen vor deinem Angesicht? Stiege ich hinauf in den Himmel, so bist du dort; schlüge ich mein Lager in der Unterwelt auf, auch da bist du. Nähme ich Flügel der Morgenröte und ließe mich nieder zu äußerst am Meer, so würde auch dort deine Hand mich greifen und deine Rechte mich fassen. Und spräche ich: Lauter Finsternis soll mich bedecken, und Nacht sei das Licht um mich her, so wäre auch die Finsternis nicht finster für dich, die Nacht würde leuchten wie der Tag.»

Was ist der Mensch unter diesem Aspekt? Wir antworten: es ist klar, daß er von eben dem her ist, der hier so ohne alles Aufhalten so bis in alles, bis ins Letzte hinein, zu ihm hin ist. Der so zu ihm hin ist, kann nur der sein, von dem er her ist. So von Gott betroffen und erreicht sein, wie es da geschieht, wo Gott handelt, herrscht und Geschichte macht, wo Gottes Reich kommt, kann nur ein solches Wesen sein, das von ihm von Hause aus schlechthin abhängig ist. Indem Gott so mit diesem Wesen, mit dem Menschen umgeht, macht er Gebrauch von einem Herrenrecht ihm gegenüber, das er sich nicht erst zu erwerben braucht, das ihm in und mit der Existenz des Menschen, das ihm von dessen Erschaffung her zusteht. Es ist also das menschliche (und im Menschen angeschaut jedes) Geschöpf das Wesen, das von Gott darum so gänzlich und unausweichbar erreicht und betroffen wird, weil gerade sein Eigenes nur durch Gott, weil es gerade in seinem Eigenen, gerade indem es selbst ist, von Gott her ist, weil es sich gerade seines Eigenen nur rühmen kann, indem es sich Gottes rühmt. Das, dieses Wesen, ist der Mensch unter dem Aspekt der Tatsache, daß der menschliche Bereich der Bereich ist, in welchem Gott in der Existenz des Menschen Jesus direkt und unmittelbar gegenwärtig ist, handelt und herrscht und Geschichte macht, in welchem in diesem einen Menschen Gottes Reich im Kommen ist. Der Mensch ist, indem er in diesem Bereich ist, mit Gott so zusammen, daß er a l l e i n und g ä n z l i c h von Gott her ist. Noch einmal: das bedeutet keine Aufhebung seiner Selbständigkeit, seiner Eigenheit, seiner Freiheit. Es bedeutet aber, daß er gerade in seiner Selbständigkeit, Eigenheit und Freiheit dem gehört, der ihm hier als Herr entgegenkommt. Es bedeutet, daß er nur mit ihm und nicht ohne, nicht gegen ihn existieren, denken und reden, wirken und ruhen, sich freuen und sich betrüben, leben und sterben kann. Es bedeutet, daß das Geschehen des Willens Gottes die einzige Verwirklichung seiner ontologischen Möglichkeit ist. Es bedeutet, daß er in jeder Modifikation seines Seins — auch in der der Sünde, in der er dessen Unmöglichkeit verwirklichen möchte — der Herrschaft und dem Gerichte Gottes unterworfen ist. Es bedeutet, daß sein Recht nur das seines Gottes sein kann. Es bedeutet, daß er seine Zuversicht weder auf sich selbst noch auf ein Anderes im Himmel oder auf Erden, sondern nur auf Gott setzen kann. Das ist das menschliche Sein: das Sein, das in dieser Notwendigkeit auf das Sein Gottes bezogen ist.

Wir kommen nun zu den beiden i n h a l t l i c h e n und damit zu den eigentlichen H a u p t s ä t z e n unserer Erklärung: Es ist das menschliche Sein als Zusammensein mit Jesus ein Sein, das auf Gottes E r w ä h l u n g beruht und wiederum als Zusammensein mit Jesus ein Sein, das im Hören von Gottes W o r t besteht.

Es beruht auf G o t t e s E r w ä h l u n g. Das ist unser erster Hauptsatz. — Der Mensch Jesus, von dem wir auch hier ausgehen, ist der von Gott erwählte Mensch. Wahl heißt: besonderer Beschluß mit besonderer Absicht im Blick auf einen besonderen Gegenstand. Daß der Mensch Jesus und als was er existiert, das beruht, indem auch er ein Geschöpf ist, nicht auf seiner eigenen Wahl. Gewiß ist es immer auch sein eigenes Wählen, in welchem er sich hergibt und einsetzt, in der Gemeinschaft Gottes zu bleiben und also Gottes Retterwerk zu tun, also Gott die Ehre zu geben, also seiner Herrschaft Raum zu schaffen, also ihm zu dienen. Aber eben dazu, solches zu wählen, hat er sich nicht selbst erwählt. Eben zu diesem Wählen ist er vielmehr von Gott erwählt. Eben in dem allem bricht in der Zeit hervor ein e w i g e r R a t s c h l u ß, in der Geschöpfwelt der Wille des Schöpfers, in der S e l b s t b e s t i m m u n g dieses M e n s c h e n seine göttliche V o r h e r b e s t i m m u n g. P r ä d e s t i n a t i o n, Gottes Gnadenwahl, ist der Grund dessen, daß Schöpfer und Geschöpf, Gott und Mensch, hier Einer, das Reich Gottes hier im Kommen ist. Warum ist der Mensch Jesus das Alles? Er ist es als das Geschöpf, an welchem Gottes Gnadenwahl schon vollzogen ist. Er ist nämlich inmitten aller anderen Menschen und inmitten der ganzen Kreatur gewissermaßen die in diese eingedrungene Spitze des Willens Gottes, ihres Schöpfers: in sie eingedrungen, sofern der Wille Gottes in ihm schon verwirklicht und schon offenbart, sofern die Absicht Gottes mit allen Menschen, mit der ganzen Kreatur in ihm schon an ihrem Ziele ist — seine Spitze, sofern ein weiteres Geschehen des Willens Gottes und schließlich dessen völlige Vollendung noch aussteht und sofern es offenbar dem nur folgen kann, was in diesem einen Menschen schon geschehen ist.

Was ist dieser Wille Gottes? Wir dürfen es aufs Einfachste so ausdrücken: Es ist Gottes Wille, daß es bei dem Ja, das er als Schöpfer zu seinem Geschöpf gesprochen hat, sein Bewenden habe, daß alle Menschen und alle Kreaturen vor dem Argen, nämlich vor dem, wozu Gott als Schöpfer Nein gesagt hat, bewahrt bleiben, vor seiner Bedrohung und aus seiner Gewalt errettet werden. Es gibt ja ein ganzes übergroßes Reich, eine wahre Untiefe der Nichtigkeit, d. h. dessen, was Gott der Schöpfer vom Sein ausgeschlossen und ausgeschieden, was er nicht gewollt und darum auch nicht geschaffen, dem er kein Sein gegeben hat, das nur als Nicht-Seiendes ist und nun doch als solches die Grenze des nach Gottes Willen Seienden und so seine Bedrohung bildet. Kein Mensch und keine Kreatur hat in sich selbst die Macht, sich dieser Bedrohung zu erwehren. Wohl ist die von Gott geschaffene Welt im Lichte. Wohl ist des Menschen ontologische Möglichkeit allein das Sein, das ihm von seinem Schöpfer gegeben ist. Es kann aber die Scheidung aufrecht zu erhalten, die Gott damit vollzogen hat, daß er das Licht von der Finsternis, das Sein vom Nichtsein trennte, nicht in der Macht des Geschöpfs liegen. Denn es ist auch die Aufrechterhaltung der in der Schöpfung vollzogenen Scheidung ein schöpferisches und also ein göttliches Tun. Und nun ist eben das der Wille Gottes mit seinem Geschöpf: dessen B e w a h r u n g vor der Nichtigkeit, der es an sich, der es ohne das göttliche Hinzutun verfallen sein müßte, die E r r e t t u n g des Geschöpfs von der Bedrohung, der es aus sich selbst nicht gewachsen wäre. Daß es ihr tatsächlich nicht gewachsen ist, beweist des Menschen Sündenfall in seiner ganzen Unbegründetheit und Unerklärbarkeit. Aber die Sünde selbst ist ja nur des Menschen unbegründete und unerklärliche Bejahung des Nichtigen, dessen, wozu Gott der Schöpfer Nein gesagt hat. Der bewahrende und errettende Wille Gottes aber richtet sich nicht erst gegen die Sünde; er greift höher und tiefer, indem er sich gegen das Nichtige selbst richtet, das in der Sünde bejaht wird; er eilt dem Seienden als solchem zu Hilfe gegen das Nichtseiende, mit dem Ziel, dessen Macht zu brechen, mit dem Ziel, sein Geschöpf frei zu machen durch die Vernichtung des Nichtigen, durch die Beseitigung seiner Bedrohung, mit dem Ziel der Herstellung einer Menschheit und Welt, die von jener Grenze her nichts mehr zu fürchten haben, weil jene Untiefe sie nicht mehr anziehen kann, in der er, dem das allein gebührt, allein König ist als in seinem Reich. Daß das geschehe, das kann allein Gottes Wille und Werk sein. Denn wie sollte geschöpfliches Sein aus seiner eigenen Macht sich dessen erwehren können, daß sein eigenes Nichtsein ihm als Inbegriff seiner ontologischen Unmöglichkeit zur Seite steht und von daher seine Gefährdung bildet? Der Schöpfer aber kann ihm über das hinaus, daß er ihm das Sein gab, auch das geben, daß es ein vor dem Nichtsein geborgenes Sein werde. Und eben das ihm zu geben, ist der Wille Gottes mit seinem Geschöpf. Eben mit diesem Ziel, ein geborgenes Sein zu werden, hat er es schon geschaffen. Er wollte ja schon als Schöpfer keine bedrohte und verlorene, sondern eine gerettete und erhaltene Kreatur. Und eben um dieses Zieles willen hat er selbst sich ihr zum vornherein verbündet, indem er sie erschaffen hat. Er wußte ja schon als ihr Schöpfer um ihre Ohnmacht, sich selber zu erretten und zu erhalten. Es lag insofern auch des Menschen Sündenfall zwar nicht in seiner Absicht, aber auch nicht außerhalb seiner Voraussicht und seines Planes. Er hatte sich selbst zum vornherein auch zum Erhalter dessen bestimmt, was er geschaffen, was er als Seiendes vom Nichtseienden geschieden hatte. Es war also jenes Ziel seines Willens und sein eigener Einsatz zu dessen Verwirklichung, es war sein Erbarmen gegenüber seiner Kreatur schon im Anfang, schon vor dem Anfang aller geschaffenen Dinge beschlossene Sache.

Und wenn nun der Mensch Jesus die gleichsam hindurchbrechende Spitze dieses Willens Gottes, seine Verwirklichung und Offenbarung in der Geschöpfwelt ist, dann ist eben seine Existenz schon im Anfang, schon vor dem Anfang aller Dinge von Gott beschlossen: er allein, denn er allein ist der Mensch, ist das Geschöpf, in welchem der Wille Gottes schon geschehen, der Feind alles Seienden schon geschlagen, die Freiheit des Seienden schon gewonnen ist — aber er allein als der Erste, der alle die noch bedrohten, noch tatsächlich gebundenen Menschen, dem die ganze Kreatur folgen soll, er allein als die Verheißung für diese Vielen, er allein als Haupt eines ganzen Leibes. Und weil es Gnade ist — Gnade als freie Güte und also keine Selbstverständlichkeit, kein Zwang, keine Notwendigkeit, der Gott gehorchte, indem er seinem Geschöpf gegenüber jenen Retterwillen hat, weil es wiederum seine freie Wahl ist, diesem seinem Retterwillen nun gerade diese Spitze zu geben, ihn nun gerade in diesem Einen zu verwirklichen und zu offenbaren, darum sind wir berechtigt und aufgefordert, in diesem einen Menschen Jesus den eigentlichen und primären Gegenstand der göttlichen Gnadenwahl zu erkennen. Daß wir es inmitten des großen Raumes der menschlichen Gemeinschaft und Geschichte auch mit Diesem, dem Menschen Jesus, zu tun haben, das ist darin begründet, daß in Gottes souveränem Retterwillen zu unseren Gunsten und zu Gunsten der ganzen Kreatur gerade die Existenz dieses Menschen von Anfang an, von Ewigkeit her, beschlossene Sache war. Voraus beschlossene, zuerst beschlossene Sache: beschlossen, bevor das Sein irgend eines anderen Wesens beschlossen, geschweige denn verwirklicht war, bechlossen, bevor der Sündenfall geschehen und sogar bevor Licht und Finsternis, Sein und Nichtsein von ihm geschieden und also bevor jene Gefährdung des Seienden auch nur potentiell, geschweige denn aktuell sein konnte! Beschlossen als das Erste, was Gott hinsichtlich der von ihm verschiedenen Wirklichkeit beschlossen hat! Beschlossen als der alles Andere umfassende Inhalt seiner Prädestination alles geschöpflichen Seins! Darum ist er, der Mensch Jesus, die realisierende und offenbarende Spitze des zu Gunsten der Kreatur sich vollziehenden Willens Gottes. Darum ist er das Reich Gottes in Person. Darum ist er allen anderen Menschen, ja der ganzen Geschöpfwelt gegenüber der Repräsentant der Einzigkeit und Transzendenz Gottes. Darum heißt Menschsein real und von Haus aus mit Gott zusammen sein: weil seine, des Menschen Jesus, Existenz schlechterdings nichts Zufälliges an sich hat, nichts Sekundäres, nichts Nachträgliches, weil sie vielmehr der eigentliche und primäre Gegenstand der göttlichen Gnadenwahl, weil außer Gott selbst nichts ist, was vor ihr wäre, weil sie in Gottes Dekret das Erste ist, auf das alles andere bezogen ist, dem alles Andere nur folgen kann.

Wir wenden uns von da aus zu dem uns beschäftigenden Begriff des Menschen überhaupt und im Allgemeinen. Die formelle Bestimmung, daß das menschliche Sein von Gott her ist, bekommt im Lichte dessen, was wir uns nun als Gottes Gnadenwahl des Menschen Jesus in Erinnerung gerufen haben, eine erste inhaltliche Füllung. Menschsein heißt mit diesem Jesus zusammen, seinesgleichen sein. Menschsein heißt also artmäßig mit dem zusammen sein, der Gottes eigentlicher und primärer Erwählter ist. Menschsein heißt in dem Raume sein, in welchem der barmherzige Urwille Gottes mit seinem Geschöpf, sein Wille zu dessen Bewahrung und Errettung aus der Gewalt der Nichtigkeit zum Durchbruch und zur Erscheinung kommt. Menschsein heißt direkter Zeuge dieses Ereignisses und eben damit direkter Zeuge der Wahrheit des ersten Beschlusses, des ursprünglichsten aller Dekrete Gottes sein. Die allgemeine Bestimmung, daß der Mensch, indem er mit Jesus zusammen ist, mit Gott zusammen ist, bekommt damit einen konkreten Inhalt von fast unheimlicher Größe und Tragweite. Der Mensch ist im unmittelbaren Gegenüber zu Gottes Gnadenwahl, die als solche der Anfang, ja vor dem Anfang aller Dinge ist. Er ist angesichts der Verwirklichung und Offenbarung des Retterwillens, in welchem der Schöpfer sein Geschöpf, bevor und indem er es erschuf, zu Hilfe zu eilen, in welchem er dessen Befreiung vom Übel und damit dessen Vollendung zum vornherein beschlossen, in welchem er seinen Bund mit ihm von Ewigkeit her geschlossen hat. Er ist als Geschöpf dem Geschöpf gleich, in dessen Existenz diese Verwirklichung und Offenbarung geschieht, in welchem die Spitze des göttlichen Erbarmungswillens hineingeht und hineinleuchtet in die ganze Geschöpfwelt, nachdem er in ihm seinen ersten und eigentlichen Gegenstand gefunden hatte. Der Mensch als solcher ist, insofern als er mit Jesus und so mit Gott zusammen ist, selber ein in Gottes Gnadenwahl erwähltes — wir müssen genauer sagen: miterwähltes oder hinzuerwähltes — Geschöpf. Er ist insofern erwählt, als er von Gott herkommt und als eben dies konkret bedeutet: daß sein Sein auf Gottes Erwählung, nämlich auf der Erwählung des einen Menschen Jesus beruht. In Ihm, in Diesem, begegnet ihm ja die Majestät Gottes als der Anspruch des Herrn, dem er schon gehört, indem er und bevor er vor seinen Anspruch gestellt wird. Er ist insofern erwählt, als er als Mensch ein Geschöpf ist, das die Erwählung des Menschen Jesus (vermöge dessen, daß dieser seinesgleichen ist) unmittelbar angeht. Ist doch er, der Mensch, das von jener Spitze des in die Geschöpfwelt eindringenden Gnadenwillens zuerst betroffene, das von dem von ihr ausgehenden Licht zuerst beleuchtete Geschöpf. Was das ist und bedeutet, daß Gott sein Geschöpf erhalten und also vor dem Argen bewahren, daß Gott sich selbst für die Bewahrung und Errettung seines Geschöpfs einsetzen will, das geht zuerst ihn, den Menschen, an. Es ist die Kampfes- und Siegesgeschichte, die auf Grund des ewigen göttlichen Dekretes in dem einen Menschen Jesus inmitten der Geschöpfwelt Ereignis wird, zuerst und für das Ganze entscheidend in seinem, dem menschlichen Raum, Ereignis. Von daher darf und muß man den Menschen als solchen einen Miterwählten des Menschen Jesus nennen. Es ist der Raum der menschlichen Gemeinschaft und Geschichte dadurch zum vornherein geheiligt, daß das ewige Dekret des Schöpfers gerade hier zur Ausführung kommt, daß gerade das, was hier geschieht, die Ausführung dieses ewigen Dekretes ist. Es ist der Mensch als solcher, indem er der Mitmensch des Menschen Jesus ist, zum vornherein dazu bestimmt, an der in diesem einen Menschen schon geschehenen Bewahrung vor dem Argen teil zu haben, zum vornherein dazu bestimmt, in der Gemeinschaft des Kampfes gegen den Feind alles geschöpflichen Seins, in der Geschichte des Sieges über diesen Feind zu stehen, zum vornherein dazu bestimmt, zum Leibe des Hauptes zu gehören, in welchem sich der Triumph des Schöpfers zugunsten seines Geschöpfs schon vollzogen hat.

Man bemerke: Hier, in dieser Begründung des menschlichen Seins in Gottes Erwählung liegt der Grund und Sinn unseres Satzes von der gerade dem Menschen zuzuschreibenden ontologischen Unmöglichkeit der Sünde. Vom Menschen *in abstracto* gesagt, wäre dieser Satz natürlich unvollziehbar und durch das Faktum der Sünde zum vornherein widerlegt. Vom Menschen *in abstracto* müßten wir vielmehr ohne weiteres sagen, daß ihm der Sündenfall geradezu ontologisch notwendig sei. Der Mensch *in abstracto*, d. h. abgesehen von dem ihm von Haus aus zugewandten barmherzigen Willen seines Schöpfers, wäre ja ein Sein, das der Bedrohung durch das es begrenzende Nichtsein zum vornherein in hoffnungsloser Ohnmacht preisgegeben und verfallen wäre. In seinem Sündenfall vollzöge sich nur, wozu es als schon preisgegebenes, schon verfallenes, schon verlorenes Wesen zum vornherein bestimmt wäre. Wir haben nun nicht vom Menschen *in abstracto* geredet, als wir ihm jene ontologische Unmöglichkeit zuschrieben. Wir redeten vielmehr von dem Menschen, dessen Sein ein Zusammensein mit Gott ist. Es ist aber erst die konkrete Füllung dieses Begriffs durch den der göttlichen Gnadenwahl, mit der wir in dieser Hinsicht auf festen Boden zu stehen kommen. An dem ist es eben nicht, daß der Mensch sich auf seine Ohnmacht, auf das natürliche Verfallensein alles Seienden gegenüber der Übermacht des Nichtigen berufen, an dem ist es nicht, daß er sich als Sünder darüber beklagen und damit rechtfertigen könnte, dem Argen ohnehin überliefert zu sein. An dem ist es darum nicht, weil er als Mensch ein Miterwählter des Menschen Jesus ist, weil angesichts seiner Ohnmacht auch der göttliche Erbarmungs-, Helfer- und Retterwille zum vornherein auf dem Plane, auf seinem eigenen Plane ist. Er ist damit, daß er Mensch ist — weil er als solcher in dem Menschen Jesus sein Haupt hat, weil er als solcher in der von ihm begründeten Kampfgemeinschaft, in der von ihm eröffneten Siegesgeschichte steht — zum vornherein so bewahrt, so gesichert, so geborgen, wie er es, ohne selber dieser Mensch Jesus zu sein, nur sein kann. Es ist also die Verheißung, unter der er von daher steht, so gewichtig und stark, daß ihm alles Beklagen, aber auch alles Rechtfertigen seiner Sünde zum vornherein abgeschnitten ist, so daß man seine Sünde tatsächlich nur als seine ontologische Unmöglichkeit bezeichnen und verstehen kann. Seine Erwählung zum Sein in der Nähe des schon verwirklichten, schon offenbaren göttlichen Retterwillens, in welchem wir Gottes Ur- und Grundwillen zu erkennen haben, schließt es aus, ihm so etwas wie eine Möglichkeit in der Richtung des Nichtigen zuzuschreiben. Zwischen ihn und das Nichtige ist Gott zum vornherein scheidend ins Mittel getreten. Ihm ist, indem er als Mensch geschaffen und sofort auch zum Verbündeten und Schutzbefohlenen seines Schöpfers gemacht wird, das Recht nicht nur, sondern auch die Fähigkeit, sich nach jener Seite zu entscheiden, abgesprochen. Seiner Ohnmacht ist, indem Gott ihm von vornherein zur Seite tritt, schon geholfen durch den, der in dieser Sache allein helfen kann, aber auch wirklich hilft. Es dürfte deutlich sein, daß des Menschen Sündenfall damit in ein Licht tritt, in welchem sein Ernst, seine Furchtbarkeit nur um so sichtbarer wird. Es ist nicht nur von dem von Gott geschaffenen Sein des Menschen an sich und als solchem her unerklärlich, wie der Mensch dazu kommen soll, sich von sich aus gegen seinen Schöpfer zu entscheiden. Es ist dieses Geschehen auch von daher nicht zu begründen, daß der Mensch an sich und als solcher ohnmächtig wäre, sich mit seiner Entscheidung für seinen Schöpfer gegen die Übermacht des Argen selbst zu bewahren. Entscheidet sich der Mensch tatsächlich gegen Gott, so tut er das also weder auf Grund einer in seinem Sein an sich und als solchen begründeten Möglichkeit, noch auch auf Grund dessen, daß er an der Wahl seiner legitimen Möglichkeit durch höhere, durch die von außen auf ihn eindringende Gewalt des Argen verhindert wäre. Sondern er ergreift damit tatsächlich das, was ihm unmöglich gemacht und vor dem er auch bewahrt ist. Er greift und fällt damit im doppelten Sinn ins Leere. Er tut damit tatsächlich das, wofür es keine Entschuldigung gibt und wofür als Rechtfertigung nur die allein von Gott zu erwartende Herstellung des Rechtszustandes, d. h. aber nur die göttliche Vergebung eintreten kann. Wir können diesem Problem hier noch nicht im Einzelnen nachgehen. Vom Menschen als Gottes Geschöpf war hier zu sagen, daß er als Miterwählter des Menschen Jesus in der Verteidigung des Seienden gegen das Nichtsein zum Sieger und nicht zum Unterliegenden bestimmt ist.

Unser zweiter Hauptsatz lautet: daß des Menschen Sein als Zusammensein mit Jesus im Hören von Gottes Wort besteht. — Der Mensch Jesus — mit ihm haben wir auch hier einzusetzen — ist der Inbegriff des göttlichen Redens, er ist das Wort Gottes an den von ihm geschaffenen Kosmos. So ist er der primäre Gegenstand seines ewigen Ratschlusses, der göttlichen Prädestination und Gnadenwahl, so die Verkörperung von Gottes Retterwillen. So bildet er des Menschen Gegenüber, so ist es in ihm wirklich und wahr, daß der Mensch mit Gott zusammen, von Gott her, von Gott erwählt ist. Es hat das Alles seine konkrete Gestalt darin, daß der Mensch Jesus Gottes Wort ist: dasselbe zur geschaffenen Welt und also nach außen hin, was der mit ihm identische Sohn Gottes als der ewige Logos im inneren dreieinigen Wesen Gottes ist. Ist der ewige Logos das Wort, in welchem Gott mit sich selber redet, sich selber denkt, sich seiner selbst bewußt ist, so ist er in seiner Identität mit dem Menschen Jesus das Wort, in welchem er den Kosmos denkt, mit dem Kosmos redet, dem Kosmos das Bewußtsein seines Gottes verschafft. Es ist dieser zweite Sinn des Begriffs des Wortes Gottes, in welchem dieser uns hier angeht. Gottes Wille mit seinem Geschöpf ist zugleich — man kann beides nicht trennen, man kann auch das eine nicht höher, das andere nicht niedriger stellen — handelnder und offenbarender, belebender und erleuchtender Wille. Und so ist der Gegenstand seiner Gnadenwahl zugleich ein konkret wirkendes und ein konkret redendes, ein in seinem Reden wirkendes und ein in seinem Wirken redendes Geschöpf, Ursprung des Lebens und Ursprung des Lichtes inmitten der übrigen Geschöpfwelt. Der Schöpfer läßt sich hören, sich vernehmen, sich erkennen, indem er Geschöpf, dieses Geschöpf, der Mensch Jesus wird, indem er sich in diesem Menschen als der Erretter seines Geschöpfs betätigt. Er betätigt sich, indem er sich selbst und die Absicht seines Tuns bekannt macht. Er handelt also gerade nicht in der Weise einer mechanischen Verrichtung, in welcher das Geschöpf nur die Materie wäre, über welche verfügt wird, ohne daß ihr gesagt wird, ohne daß sie zu wissen bekommt, was mit ihr geschieht. Er verfügt vielmehr in der Weise über das Geschöpf, daß er zugleich mit ihm redet. Es ist die Allmacht seines Tuns die Allmacht der Wahrheit, die als solche nicht äußerlich überwältigen, sondern für sich selber sprechen, die belehren, die überzeugen, die Anerkennung suchen und finden und gerade in dieser ihr eigenen Weise mächtig sein und das Feld behaupten will. Was wir über Gottes souveräne Gegenwart inmitten der Geschöpfwelt gesagt haben, muß in dieser konkreten Interpretation verstanden werden. Sie ist nicht die Gegenwart eines zwingenden Schicksals und nicht die einer überlegenen Naturmacht. Sie ist auch nicht die eines seine Umgebung brutalisierenden Diktators und Tyrannen. Sie ist die Gegenwart des allmächtigen Wortes Gottes. Sie wirkt allmächtig, aber sie wirkt, indem sie spricht und gehört wird. Sie ist allmächtiger Anruf und Aufruf. Und eben dieser Anruf und Aufruf Gottes ist inmitten der übrigen Kreaturwelt die Person des Menschen Jesus. Daß der Mensch darin, daß er mit Jesus zusammen ist, mit Gott zusammen ist, das bedeutet konkret: er ist, weil mit Jesus zusammen, weil mit ihm im gleichen Bereich, im Bereich des Wortes, das Gott in und mit der Existenz dieses Menschen gesprochen hat und zu sprechen nicht aufhört. Daß er kraft der Existenz des Menschen Jesus von Gott her ist, das bedeutet konkret: er kommt davon her, daß Gott dieses Wort ein für allemal, gültig für alle Vergangenheit und Zukunft, gesprochen hat, spricht und sprechen wird. Und daß er wieder kraft der Existenz des Menschen Jesus von Gott erwählt ist, das bedeutet konkret: er ist von Haus aus zu einem solchen Sein bestimmt, das in diesem Sprechen Gottes seinen Grund hat. Der Mensch Jesus redet nicht nur, er ist selbst die Rede Gottes. Er ist nicht nur der Träger, nicht nur das Instrument jenes göttlichen Anrufs und Aufrufs, sondern er selbst ist dieser Anruf und Aufruf. Und was immer es für den Menschen überhaupt und im Allgemeinen bedeuten mag, daß inmitten aller Menschen auch dieser Eine existiert: es bedeutet konkret auf alle Fälle das, daß in diesem Einen dieser göttliche Anruf und Aufruf für alle Menschen und für jeden Einzelnen von ihnen Ereignis ist.

Geben wir uns um der Klarheit willen kurz Rechenschaft über den Inhalt dieses Wortes, dieser Rede, dieses Anrufs und Aufrufs. Was sagt der Mensch Jesus inmitten des Kosmos, inmitten der anderen Menschen? Wollen wir es aufs einfachste ausdrücken, so müssen wir zweifellos antworten: er sagt sich selber. Er redet ja, indem er existiert. Er ist, indem er ist, das Wort Gottes. Und so lautet das Wort Gottes aufs schlichteste zusammengefaßt dahin, daß er, dieser Mensch Jesus, ist. So ist seine eigene Existenz der Inhalt der Rede dieses Menschen. Er redet also von der in ihm sich ereignenden geschöpflichen Gegenwart, Aktion und Offenbarung Gottes, von Gottes Rettertat und damit von seinem Reich, vom Geschehen seines Willens, von seinem eigenen geschöpflichen Sein als Dienst an diesem Geschehen, von Gottes Herrschaft über ihn und darum von seiner eigenen Freiheit für diesen Dienst. Der Mensch Jesus selbst ist ja diese Rettertat, dieses Geschehen, dieser Dienst, er ist diese Herrschaft des Schöpfers und diese Freiheit des Geschöpfs. Und eben davon spricht er auch. Er spricht es aus, er zeigt es an, er macht es bekannt, daß der geschaffene Kosmos, daß alle Menschen und jeder Einzelne von ihnen nicht ohne ihn sind. Er spricht es also aus, daß für die Bewahrung und Errettung des Geschöpfs vor dem Argen das Nötige zu geschehen im Begriff steht. Er spricht es aus, daß das Geschöpf von seinem Schöpfer nicht etwa allein gelassen, sich selbst überlassen und also seiner Ohnmacht preisgegeben ist. Er spricht es aus, daß es nicht an dem ist, daß der weit aufgerissene Rachen des Nichtseins das Seiende verschlingen dürfe. Der Urheber alles Seins steht ihm in Person zur Seite: er, der das Nichtsein als solches erkannt, verneint und verworfen hat, um dem Seienden nach seiner Weisheit, Güte und Macht das Sein zu geben, und der damit zwischen Licht und Finsternis geschieden und gerichtet hat. Er selbst macht sich für den Bestand des Seienden haftbar und verteidigt damit eben auch seine eigene Ehre als dessen Schöpfer. Ist das Geschöpf als solches in seiner Ohnmacht bedroht, so kommt doch sein, des Schöpfers Reich, zu ihm, so geschieht doch an ihm sein, des Schöpfers, Wille. Das sagt mit seiner Existenz der Mensch Jesus. Und so ist er das Licht der göttlichen Erwählung, des göttlichen Erbarmens gegenüber seinem Geschöpf. Er ist der Ausspruch der Verheißung, der dem Geschöpf von Anfang an mitgegeben ist, unter dem es von Anfang an stehen darf. Er ist der Ausspruch der Freundlichkeit, in welcher Gott sich seiner, indem er es erschuf, angenommen hat. Er ist auch der Ausspruch der Gerechtigkeit, in der Gott sich, indem er es erschuf, zur Aufrechterhaltung seines Bestandes und seiner Ordnung entschlossen hat. Die Schöpfung soll nicht verwirkt werden, sie soll nicht verloren gehen. Sie gehört ihrem Schöpfer und keinem sonst. Das ist es, was in ihrer Mitte durch den Menschen Jesus ausgesprochen ist: durch den Menschen Jesus als Gottes Wort und also als unanfechtbar wahres, als unaufhebbar gültiges Wort. Und so ist die Welt, so ist insbesondere der Bereich des Menschen nicht ohne dieses Wort. So muß, wer «Mensch» sagt, vor allem daran denken, daß ein Mensch unter den vielen eben dieses Wort ist — und im Blick auf alle Anderen vor allem daran, daß sie Wesen sind, in deren Bereich dieses Wort existiert: das Wort für sie, nämlich das Wort ihrer Hoffnung, das

Wort, das ihnen aller Bedrohung zum Trotz, Freiheit, Geborgenheit, Leben verkündigt.

Wir wenden uns von da aus wieder zum Begriff des Menschen. Die formelle Bestimmung, daß das menschliche Sein von Gott her ist, bekommt nun eine weitere inhaltliche Füllung: Menschsein heißt in dem Bereich der Geschöpfwelt sein, in welchem das Wort Gottes gesprochen und laut wird. Im weiteren Sinn bildet freilich die Geschöpfwelt als Ganzes diesen Bereich. Denn gesprochen ist das Wort Gottes sicher für alle Geschöpfe als die für sie wahre und gültige Verheißung. Aber im menschlichen Bereich, durch den Menschen Jesus in der Mitte aller anderen Menschen wird sie ausgesprochen. Die Erwählung und Berufung des Volkes Israel, die Menschwerdung des Sohnes Gottes, die Begründung und das Leben der christlichen Gemeinde, diese ganze Kundgebung des Wortes Gottes ist ja ein Ereignis der menschlichen Geschichte, die Bestätigung der Erwählung des Menschen, der Vollzug seiner besonderen Berufung und also charakteristisch für seine geschöpfliche Bestimmung. Der Mensch ist das von Gott angeredete, angerufene und aufgerufene geschöpfliche Wesen. Er ist unter allen anderen das Wesen, von dem wir wissen, daß Gott sich ihm direkt bekannt macht: sich selbst und seinen Willen mit ihm und eben damit auch den Sinn und die Bestimmung seines eigenen Daseins. Der Mensch ist dieses von Gott angeredete Wesen. Er wird es also nicht erst nachträglich. Er hat also nicht zuerst irgend eine Beschaffenheit, um dann erst in dieser Beschaffenheit von Gott angeredet zu werden. Es gibt nichts Anderes, Früheres, Eigentliches, keine tiefere Schicht, keine ursprüngliche Substanz seines Seins, in welcher er ohne das Wort Gottes und vor ihm wäre. Er ist — auch wir können diese Formulierung nun aufnehmen — zum vornherein «im Worte Gottes». Er ist durch Gottes Wort aufgerufenes und insofern geschichtliches — durch die in Gottes Wort eröffnete Geschichte begründetes — Sein. Und was immer seine sonstige Beschaffenheit sei, sie ist hingeordnet auf diese seine Geschichtlichkeit und nur von da aus zu erklären.

Es darf hier — unverbindlich! — an Michelangelos Darstellung der Erschaffung Adams erinnert werden. Sie zeigt bekanntlich auf der einen Seite den umgeben von der Fülle seiner Engel wie ein Sturmwind sich heranbewegenden und so der Erde sich nahenden Gott. Und dieser Gott redet. Daß er eben damit handelt, ist aus seinem ausgestreckten Arm und Finger nur eben als Andeutung ersichtlich. Aber er handelt zweifellos. Er schafft, indem er redet. Denn da ist auf der anderen Seite, gelagert an einem steil abfallenden Hang, der eben in seiner Erschaffung vollendete Adam, der, indem er wird und geworden ist, seinerseits — in unvergleichlich unansehnlicherer Weise freilich — in Bewegung versetzt ist. Er hat eben die Augen aufgeschlagen und kann nun nicht mehr liegen und ruhen, will sich aufrichten und streckt — matt im Verhältnis zu Gottes machtvoller Gebärde — aber doch unverkennbar — dem Arm und Finger des Schöpfers den seinigen entgegen. Auch er ist also schon von Haus aus im Begriff zu handeln: spontan, aber nicht willkürlich, sondern in Entsprechung zum Handeln Gottes. Er hat gehört und er ist als Hörender im Verhältnis zu Gott in Bewegung gesetzt. — Man kann zum theologischen Sinngehalt dieser Darstellung mehr als ein Fragezeichen setzen. In dem einen ist sie deutlich und unanfechtbar: das Sein dieses Adam ist schon in und mit seiner Erschaffung ein aktuell geschichtliches, ein auf das Handeln Gottes in seinem Wort begründetes und bezogenes Sein. Es ist schon im Akt und Moment des göttlichen Schaffens und seines eigenen Geschaffenwerdens und also so, daß ein vorangehendes anderes Sein nicht in Frage kommt, unverkennbar ein Aufgerufensein.

Aufgerufensein auf Grund von Erwähltsein — bei dieser Bestimmung möchten wir in der Definition des wirklichen Menschen zunächst Halt machen. «Wirklich» ist, wenn es um die Wirklichkeit des Menschen geht, zunächst einfach identisch mit: aufgerufen. Sieht man das Menschliche darin, dann sieht man sein Wesen, dann sieht man es ganz. Sieht man daran vorbei, dann sieht man sein Wesen bestimmt nicht, sondern immer nur Teile, die von seiner Ganzheit nichts verraten. Frage ich: wer bin ich? — frage ich also nicht: was gehört zu mir?, nicht: was möchte ich sein?, nicht: was gebe ich vor zu sein?, und auch nicht: was habe ich aus mir gemacht? — frage ich: wer bin ich selbst?, wer bin ich wirklich?, so muß ich, indem ich mich von Gott oder konkret: von Gottes Wort her zu verstehen habe, antworten: ich bin durch dieses Wort aufgerufen, ich bin insofern in diesem Wort. Und es gilt dieselbe Antwort im Blick auf jeden anderen Menschen: er ist als Mensch darin wirklich, darauf anzusprechen, darin ernst zu nehmen, daß auch er vor allem und grundlegend durch dieses Wort aufgerufen ist. Es gilt dasselbe im Blick auf alle Menschen. Sie sind durch dieses Wort Aufgerufene.

Aufgerufensein schließt in sich: gehört haben, geweckt sein, sich aufrichten müssen, in Anspruch genommen sein. Die Anschauung des wirklichen, des ursprünglichen menschlichen Seins umfaßt die ganze Reihe und Folge dieser Bewegungen. Was die Durchführung dieser Anschauung unmöglich macht, liegt freilich auf der Hand. Man fragt sich ja unwillkürlich und unvermeidlich nach irgend etwas, was dieses Aufgerufenseins Voraussetzung sein möchte: Wer ist aufgerufen? Wer und was war er, bevor er in diese Bewegung versetzt wurde? Wie steht es mit dem Ohr, das da hört, mit der Vernunft, die da vernimmt, mit dem Willen, der da tätig ist, mit den Kräften, die da wirksam sind? Wie um den Schlaf, auf den da ein Aufwachen, und wie um die Ruhe, auf die da ein Sichaufrichten zu folgen scheint? Wer und was ist der da in Anspruch Genommene? Es ist aber eben diese scheinbar so wohlberechtigte Frage, von der hier schlicht einzusehen ist: sie ist fallen zu lassen, sie ist gar nicht erst aufzuwerfen. Sie ist darum nicht aufzuwerfen, weil das, was dem menschlichen Sein als einem Aufgerufensein durch Gottes Wort vorangeht, allein Gott und sein Wort ist: Gott in der Existenz des Menschen Jesus. Auf der Ebene unseres eigenen Seins, des menschlichen Seins als solchen und im Allgemeinen befinden wir uns, indem wir es als Aufgerufensein sehen und verstehen, an einem äußersten Rand, über den wir nicht hinausblicken können, an einem Anfang, der auf der geschöpflichen Ebene keinen Grund hat, als eben nur den vom Schöpfer auf der geschöpflichen Ebene befestigten Grund in der Existenz jenes einen Menschen. Wir sind Menschen, indem Gott unser Schöpfer ist, indem er als solcher redet, indem jener eine Mensch sein Wort ist. Die Frage nach einem anderen Vorher unseres Seins als Aufgerufensein würde nur dann in Betracht kommen, wenn wir zu dem Versuch zurückkehren wollten, uns aus uns selbst, statt aus unserer konkreten Konfrontation mit Gott verstehen zu wollen.

Die scheinbare Schwierigkeit, jenen äußersten Rand unseres Blickfeldes als solchen zu anerkennen, weil er der Rand des uns gegebenen Seins ist, die scheinbare Verlegenheit, mit unserem Denken über uns selbst hier anfangen zu müssen und also jede Rückfrage nach einem geschöpflichen Anfang dieses Anfangs zu unterlassen, ist nicht kleiner (freilich auch nicht größer) — die Notwendigkeit, den Schein dieser Schwierigkeit und Verlegenheit auf uns zu nehmen, ist formell dieselbe wie beim Denken des Wesens und der Existenz Gottes, wo ja nach einem Vorher, nach einem Grund auch gefragt werden möchte und nun doch nicht gefragt werden kann, weil schon die Frage nach einer außer Gott selbst liegenden Voraussetzung seines Wesens und seiner Existenz die Leugnung Gottes bedeuten müßte, weil Gott nur sich selber zur Voraussetzung haben und uns nur in diesem Mangel an jeder anderweitigen Voraussetzung seiner selbst bekannt sein kann — oder eben unbekannt bleiben muß. Der Mensch hat nun freilich nicht nur sich selbst zur Voraussetzung. Das wäre vielmehr der Grundirrtum alles irrigen Denkens des Menschen über sich selbst, wollte er sich mit Gott verwechseln und also davon ausgehen, daß er sich selbst als die Voraussetzung seiner selbst zu betrachten habe. Des Menschen Voraussetzung ist Gott in seinem Wort. Aber eben Gott in seinem Wort ist seine einzige Voraussetzung, und eben darum ist das menschliche Sein ursprünglich und unableitbar von anderswoher ein Aufgerufensein. Eben darum könnte nur unter einer der Leugnung Gottes entsprechenden Leugnung des Menschen hinter dieses Aufgerufensein auf ein anderes Sein zurückgegriffen nach einem noch nicht aufgerufenen Menschen, nach jenem menschlichen Ohr, jener menschlichen Vernunft, jenem menschlichen Willen, jenen menschlichen Kräften an sich, nach jenem vorangehenden Schlaf- und Ruhezustand, nach dem durch Gottes Spruch beanspruchten Etwas gefragt werden. Alles, wonach hier gefragt werden könnte, könnte uns ja nur auf gewisse Beschaffenheiten des menschlichen Seins, auf jene Phänomene des Menschlichen zurückführen, die für die Erkenntnis des wirklichen Menschen nur insofern erhellend sein können, als es von anderswoher feststeht, daß und inwiefern er Mensch ist. Sein Menschsein ist eben sein Aufgerufensein, und auf dieses folgt erst, zu ihm gehört, seine Ausstattung, und Befähigung bildet dann alles, was seine Beschaffenheit ausmacht. Grundlegend auch für sie ist Gott in seinem Wort, und in dem von daher gelegten Grunde ist das menschliche Sein ein Aufgerufensein.

Gerade die Erkenntnis der Unmöglichkeit, hier zu einer durchgeführten Anschauung vorzustoßen und gerade die Erkenntnis der inneren Notwendigkeit, sich dieses Vorstoßes mit Bewußtsein zu enthalten, nötigt uns also zu der vorläufigen Definition: Das menschliche Sein ist ein Aufgerufensein, das außer Gott in seinem Wort **nichts vor sich**, das seinen Charakter als Sein allein Gott in seinem Wort zu verdanken hat. Es hat außer Gott in seinem Wort nichts vor sich: keine Potentialität, kraft deren es für sein Sein als Aufgerufensein disponiert wäre, auf welcher seine Aktualität, seine Geschichtlichkeit, beruhen würde, keine Materie, aus der es in dieser Bestimmtheit erst gebildet werden müßte. Es ist nichts vor ihm, was zu dem, was es ist, beitragen, was das, was es ist, begründen, bedingen, vorbereiten würde, dem es zu Dank verpflichtet, dessen Gesetz es unterworfen wäre. Denn es beruht auch seine Ausstattung und Befähigung auf seinem Sein, nicht umgekehrt. Es kommt als Aufgerufensein nicht von anderswo als von Gott, von seiner Erwählung und also von dem seine Erwählung offenbarenden Wort her. Ihm allein hat es sich selbst zu verdanken. Wo nichts als Gott war — und dieser in seiner Barmherzigkeit — der ihn aufrufen wollte und aufgerufen hat, da ist jetzt, **auf Grund** dieses Wollens und Tuns Gottes und Gott **gegenüber** er selber, Gottes Aufgerufener, das Wesen, das damit geschaffen ist, das darin sein Sein hat, daß ihm von Gott gesagt ist, daß er sich seiner annimmt, daß er seine Hoffnung und sein Trost ist. Er existiert darin, daß dieses ihm von Gott Gesagte die Wahrheit ist. Er existiert in dieser Wahrheit, nicht abseits von ihr.

Wir sind damit in die Nähe eines wichtigen Elementes der Schöpfungslehre der Theologie der alten Kirche gekommen, das aufzunehmen **hier** der rechte Ort ist. Sie bezeichnete nämlich die Schöpfung aller Dinge durch Gott mit dem merkwürdigen Begriff der *creatio ex nihilo*.

Ob die Aussagen der beiden Schöpfungssagen am Anfang der Genesis letztlich ohne Heranziehung dieses oder eines ähnlichen Begriffs sachlich verstanden werden können, ist eine Frage für sich; etwas ausdrücklich in diese Richtung Weisendes wird man dort vergeblich suchen. Dagegen könnte Hiob 26, 7 bereits etwas Entsprechendes gesagt sein: «Er spannt den Norden aus über der Leere und hängt die Erde über das Nichts.» Und zuerst 2. Makk. 7, 28 wird dann auch schon die Formel sichtbar: οὐκ ἐξ ὄντων ἐποίησεν αὐτὰ ὁ θεός. Die hellenistische Religionsphilosophie und später die haeretisch-christliche Gnosis haben nicht so gedacht: hier wurde ja der Schöpfer nur als Demiurg, sein Werk nur als Überführung der in diesem Werk schon vorausgesetzten Welt aus der ἀταξία in den κόσμος verstanden. Es klingt geradezu wie Polemik gegen jenen offenbar aus dem israelitischen Zusammenhang stammenden Begriff, wenn Plutarch (*De animae procr.* 5, 3) schreibt: οὐ γὰρ ἐκ τοῦ μὴ ὄντος ἡ γένεσις ἀλλ' ἐκ τοῦ μὴ καλῶς μηδ' ἱκανῶς ἔχοντος. Dem gegenüber Philo (*Som.* I 76) ganz eindeutig: die Schöpfung sei nicht bloß wie der Sonnenaufgang eine Erleuchtung und Klärung schon vorhandener Wirklichkeit, ἀλλὰ καὶ ἃ πρότερον οὐκ ἦν ἐποίησεν, οὐ δημιουργὸς μόνον, ἀλλὰ καὶ κτίστης αὐτὸς ὤν. Diese Anschauung scheint aber auch für die neutestamentlichen Zeugen selbstverständlich gewesen zu sein. Man vermißt hier nicht nur jede allenfalls in andere Richtung weisende Äußerung, sondern man liest an der freilich schwierigen Stelle Hebr. 11, 3: im Glauben erkennen wir, daß die Äonen durch das ῥῆμα θεοῦ geschaffen wurden und also nicht so, daß τὸ βλεπόμενον aus irgendwelchen φαινόμενα hervorgegangen wäre, ganz deutlich aber Röm. 4, 17: der Gott Abrahams ist der, der die Toten lebendig macht, und er ist καλῶν τὰ μὴ ὄντα ὡς ὄντα. Die nachapostolische Theologie ist dann dieser Spur (offenbar schon um des Kampfes gegen die Gnosis willen) mit größter Einmütigkeit und Entschiedenheit nachgegangen. Die *creatio ex nihilo* erscheint z. B. gleich am Anfang des Glaubensbekenntnisses des Pastor Hermae (*Mand.* I, 1), bei Tatian (*Adv. Graec.* 5), bei Aristides (*Apol.* 4) und bei Justin (*Apol.* 10), bei Theophilus von Antiochien (*Ad Autol.* I, 4), bei Irenäus (*fecit ex eo, quod non erat ad hoc ut sint omnia, Adv. o. h.* I, 22, 1 vgl. II, 10, 4), bei Tertullian (*Adv. Hermog.* 8 u. 16, 20—21, *Apol.* 17, *De praescr. haer.* 13, *De carnis resurr.* 11), aber auch bei Origenes (*In Joann.* I, 17, 103) usw., und ist dann zu einem festesten Bestandteil der allgemeinen kirchlichen Lehre von der Schöpfung geworden. Man hat sie rein begrifflich etwa in folgender Erwägung als notwendig erwiesen: Steht es fest, daß Gott alle Dinge geschaffen, so fragt es sich, ob er sie aus Nichts oder aus etwas Anderem erschaffen hat? Aus etwas Anderem? Dann fragt es sich wiederum, ob dieses Andere ein schon Geschaffenes oder ein Ungeschaffenes ist? Wäre es ein schon Geschaffenes, so müßte sich die erste Frage, wahrscheinlich unter Drohung eines *regressus in infinitum* noch einmal stellen. Wäre es ein Ungeschaffenes, so müßte dieses entweder Gott selbst oder eine Gott von Ewigkeit her selbständig koexistierende Größe sein. Da das Alles untragbar ist, bleibt nur die *creatio ex nihilo* (so Quenstedt, *Theol. did. pol.* 1685 I *cap.* 10 *sect.* 2 *qu.* 5 *beb.* 5). Was man mit diesem Begriff sagen und nicht sagen wollte, ist freilich erst im Lauf der Jahrhunderte nach allen Seiten deutlich herausgearbeitet worden.

Man konnte natürlich mit dem *ex nihilo* (1) nicht sagen wollen, daß die Welt *a nullo* geschaffen und also durch Zufall oder aus sich selbst entstanden sei und Bestand habe. Was man sagen wollte, war dies, daß die Schöpfung *ex nullo alio praeexistente* geschehen sei und Bestand habe: als der von Gott gewollte und gefügte Schritt vom *non ens* zum *ens* und insofern als *creatio ex nihilo* (Quenstedt, a. a. O. *sect.* 2 *qu.* 5 *font. sol.* 1).

Man hatte in diesem Sinn (2.) den Begriff des *nihil* selbst ausdrücklich abzugrenzen gegen den eines vorausgesetzen Stoffes. *Particula «ex» non designat materiam ex quo, sed excludit. Nihilum... non materiae sed termini a quo duntaxat rationem habet* (Quenstedt, a. a. O. *sect.* 1 *th.* 13). Vor der Schöpfung gibt es keine von Gott verschiedene Wirklichkeit, weder eine ewige, die als solche mit Gott konkurrieren würde, noch eine von Gott selbst geschaffene. Die Schöpfung ist als schlechthin erstes Werk Gottes der Anfang aller Dinge. Vor ihr oder hinter ihr ist nichts, keine ὕλη. Sofern sie nicht von Gott her kommt, kommt sie von nichts her. Darum und insofern ist sie *creatio ex nihilo*.

Man hat dem aber (3.) schon seit früher Zeit des öfteren die Erklärung hinzugefügt, daß alle geschaffenen Dinge im Ratschluß und insofern im Wesen Gottes zwar noch nicht waren, bevor sie wurden, wohl aber ihre Urbilder hatten. *Ante omnia enim Deus erat solus, ipse sibi et mundus et locus et omnia. Solus autem, quia nihil aliud extrinsecus praeter illum* (Tertullian, *Adv. Prax.* 5). αὐτὸς (ὁ θεός) δὲ, μόνος ὤν, πολύς ἦν... πάντα δὲ ἦν ἐν αὐτῷ, αὐτὸς δὲ ἦν τὸ πᾶν (Hippolytus, *C. haer. Noeti* 10). ἐποίησεν... ὡς ἔμπειρος ὢν τῶν ἐσομένων, πάρεστι γὰρ αὐτῷ καὶ πρόγνωσις (*Philos.* X 32). Es war dann besonders Augustin, der (nicht ohne ausdrücklichen Hinweis auf Platos Ideenlehre!) auf diese Anschauung Gewicht legte. Er verband die letzten Worte von Joh. 1, 3 mit den ersten von Joh. 1, 4 zu dem Satz: *Quod factum est, in eo vita erat* (*In Joann.* 1, 17), und folgerte: *Singula propriis sunt creata rationibus. Has autem rationes ubi arbitrandum est esse, nisi in ipsa mente creatoris? ... neque in divina mente quidquam nisi aeterum atque incommutabile potest esse* (*De div. quaest.* 46, 2). Da wir nicht annehmen können, daß Gott um die Dinge nicht wußte, bevor er sie werden ließ, müssen wir annehmen und sagen, daß die *rationes omnium faciendarum rerum* schon zuvor in seiner Weisheit und also in seinem eigenen Wesen waren (*Ad Oros.* 8, 9). Die Dinge waren also, bevor sie waren, *non nihil quantum ad rationem facientis, per quam et secundum quam fierent* (Anselm von Canterbury, *Monol.* 9). Und Polan (*Synt. Theol. chr.* 1609, col. 1718—26) hat die Sache folgendermaßen zu präzisieren versucht: Vor den geschaffenen Dingen als solchen und von ihnen gänzlich zu unterscheiden sind als ihre objektiven Begründungen im Wesen Gottes selber ihre *formae praeexistentes et causae effectrices*. Oder umgekehrt ausgedrückt: vor den geschaffenen Dingen ist das Wesen Gottes selber, sofern dieses sich in den geschaffenen Dingen abbilden, eine *imitatio* seiner selbst vollziehen will, sofern es also zum vornherein deren Darstellung (*repraesentatio*) in sich schließt — das Wesen Gottes als Fülle der göttlichen Ideen, der *exemplaria, archetypa, prototypa, paradigmata, rationes primaevae* Gottes, im Hinblick auf die von ihm zu schaffenden von ihm verschiedenen Dinge. Diese Fülle ist ewig in Gott, sofern er der Brunnen alles Seins ist, wie ja die Einzahl auch alle Zahlen schon in sich enthält. Der Akt der Schöpfung geschieht also insofern nicht ohne Rückblick und Rückgriff auf ein ihm Vorangehendes, als Gott dabei von sich selber bezw. von der Fülle seiner Ideen ausgeht, sofern er der Akt jener *imitatio* ist. Es bleibt aber, gerade nach dieser Präzisierung, eben darum bei der *creatio ex nihilo*, weil jene Ideen in Gott, ja in dem beschriebenen Sinn Gott selbst sind, mit dem Wesen und der Existenz der geschaffenen Dinge als solchen also nichts zu tun haben, so daß diese außer Gott zweifellos nichts vor sich haben.

Man hatte andererseits (4.) zu berücksichtigen, daß doch in der biblischen Schöpfungsgeschichte an verschiedenen Stellen, vor allem bei dem zweiten Bericht von der Erschaffung des Menschen (Gen. 2, 7) unmißverständlich von einer in Gottes Schöpfungsakt benützten Materie die Rede ist. Und es gab zu allen Zeiten nicht wenig Theologen — unter ihnen vor allem Augustin — die Gen. 1, 1 dahin verstanden, Gott habe zuerst das Chaos als die *rudis indigestaque moles* und dann aus dieser Materie den Himmel und die Erde und alles Weitere werden lassen. Man begegnete dieser Schwierigkeit durch die Unterscheidung zwischen der *significatio propria* und der *significatio propriae vicina* des Begriffs *creare*. Oder zwischen einer *creatio prima et immediata* und einer *creatio secunda et mediata* — und dementsprechend zwischen einem *nihil pure negativum* und einem bloßen *nihil privativum*. Göttliches Schaffen könne sich wohl auch unter Voraussetzung einer vorausgegebenen Materie vollziehen, wobei aber wohl zu beachten sei, daß es sich dabei (z. B. bei dem Chaos Gen. 1, 1 oder bei der Erde vom Ackerboden, Gen. 2, 7) um eine *materia inhabilis et indisposita* handle, so daß das *creare ex aliquo* dem *creare ex nihilo* mindestens nahekomme. Wird ein Armer ein Reicher, ein Kranker ein Gesunder, so ist es ja auch wahr, daß er wird, was er zuvor nicht war (Anselm von Canterbury, *Monol.* 8). Zur Bezeichnung der vorausgesetzten Materie selbst aber könne ein anderer Begriff als der der *creatio ex nihilo*, wenn man die Materie nicht als göttliche Emanation oder als Gott von Ewigkeit her koexistierend verstehen wolle, nicht in Frage kommen (Quenstedt, a. a. O. sect. 2 qu. 5 ekth. 2—5). *Fecisti mundum de materia informi, quam fecisti de nulla re paene nullam rem* (Augustin, *Conf.* XII 8, 8).

Man hat das Problem endlich (5.) auch unter dem Gesichtspunkt der **Möglichkeit** durchgedacht. Gibt es eine ihrem Geschaffensein vorangehende Möglichkeit der Dinge? Worauf geantwortet wurde: Da die Dinge nicht wirklich waren, bevor

3. Der wirkliche Mensch

sie geschaffen wurden, offenbar nicht: jedenfalls keine ihnen eigene Möglichkeit. *Sed Deo, in cuius potestate erat, ut fieret (mundus), possibile erat.* Auf Grund dieser Möglichkeit Gottes sind die Dinge — aber ganz allein auf Grund dieser Möglichkeit. Wirklich sind sie also auch in dieser Hinsicht nur durch *creatio ex nihilo* (Anselm von Canterbury, *De casu Diaboli* 12).

Die Tragweite dieses Theologumens für die ganze Lehre von der Schöpfung ist nicht zu verkennen. Wenn man die christliche Lehre von der Schöpfung gegenüber den beiden ihr entgegenstehenden Anschauungen: der Lehre von der Welt als einem Teil oder Ausfluß des göttlichen Wesens und also dem Monismus — und der Lehre von der Welt als einem Gott von Ewigkeit her koexistierenden selbständigen Sein und also dem Dualismus genau abgrenzen wollte, dann mußte man dem Begriff des göttlichen Schaffens diese Zuspitzung geben. Und wo immer man nach diesen beiden Seiten klar gesehen hat, da hat man (mit oder ohne diese begriffliche Zuspitzung) tatsächlich in diese Richtung geblickt. Wir werden es auch nicht unterlassen können, das zu tun. Es wäre aber gerade um der Wichtigkeit der Sache willen gut, wenn man sich bewußt sein könnte, sich daher nicht etwa seinerseits mit einer Spekulation gegen Spekulationen abzugrenzen, sondern sich auf dem sicheren Boden des biblischen Zeugnisses und also des offenbarten Wortes Gottes zu bewegen. Wir haben nun zwar gesehen, daß das Neue Testament uns jedenfalls an zwei Stellen deutlich in diese Richtung weist und darüber hinaus, daß die Lehre von der *creatio ex nihilo* ihre Wurzel jedenfalls im israelitischen und nicht im griechischen Denken hat. Die innere Notwendigkeit, so zu denken und zu lehren, wie es die Kirche in dieser Sache getan hat, ergibt sich aber doch eigentlich erst aus dem anthropologischen Zusammenhang, in welchem wir sie nun zur Sprache gebracht haben.

Gegen unsere Definition des Menschen könnte noch einmal eingewendet werden, sie sei zu weit, indem sie nicht nur den Menschen, sondern das Geschöpf überhaupt bezeichnet. «Herausgerufensein» — ist das nicht das Wesen alles geschöpflichen Seins? Wir antworten: diese Definition hat, indem sie das Geschöpf überhaupt in der Tat in sich schließt, den Vorzug, beiläufig die innere Notwendigkeit jener für den ganzen Schöpfungsbegriff so wichtigen, ja unentbehrlichen Erkenntnis von der *creatio ex nihilo* sichtbar zu machen. Gerade hier jedenfalls steht dieser Begriff nicht in der Luft, kann er nicht als müßige Spekulation verdächtigt werden. Hier spricht er ja geradezu das Wesentliche aus, was von Gottes Geschöpf als solchem zu sagen ist: daß es von Gott und sonst nirgends herkommt, daß es durch Gott und nicht sonst ist. Es ist also nicht selbst Gott oder eine Emanation Gottes. Es ist aber auch nicht aus sich selbst und so selbständig Gott gegenüber, was es ist. Es ist das durch ihn Aufgerufene: nichts sonst, nichts vorher, in keinem anderen Grunde als in seinem Aufruf begründet. Denn als Gottes Aufgerufener existiert der mit dem Menschen Jesus zusammen seiende Mensch, in welchem wir den wirklichen Menschen, wie ihn Gott geschaffen hat, zu erkennen haben. Dieses Menschen Erkenntnis und Bekenntnis von sich selbst bezeugt jedenfalls negativ schön und klar die Formel *creatus ex nihilo*. Indem er von Gott aufgerufen ist, ist er nicht Gott, ist er von Gott verschieden und also auch kein Teil oder Ausfluß des göttlichen Wesens. Und indem er von Gott aufgerufen ist, ist er durch und also nicht ohne ihn, nicht selbständig ihm gegenüber. Dem Monismus und dem Dualismus ist hier die (gemeinsame!) Wurzel abgeschnitten. Hier jedenfalls hat jene Verschärfung des Schöpfungsbegriffs ihren guten Sinn. Man kann, wenn man alles zunächst auf den Menschen bezieht, sogar einsehen, daß auch alle jene einzelnen Präzisierungen kein müßiges Gedankenspiel waren, sondern an ihrem Ort ihre besondere Notwendigkeit hatten.

Das Aufgerufensein des Menschen, der außer Gott und seinem Wort nichts hinter sich hat, ist eben darum (1.) — das kann als Abgrenzung gegenüber der Existenzphilosophie gerade heute seine Wichtigkeit haben — kein zufälliges, in sich geschlossenes oder nur nach einer gähnenden Leere hin geöffnetes Dasein. Indem es Gott und sein Wort hinter sich hat, ist es nicht *ex nihilo*, sondern gar sehr *ex aliquo*.

Das Aufgerufensein des Menschen hat also (2.), indem es außer Gott und seinem Wort nichts hinter sich hat, keinen nichtigen Grund, kein Unwesen hinter sich. Sein Ursprung ist jenseits aller Nichtigkeit und alles Unwesens. Er hat an ihm gerade keinen Teil. Er existiert gerade, indem er ihm den Rücken kehrt. Das Nichts ist nicht seine Herkunft, sondern, indem Gott ihn erwählte, gerade nur das Verworfene, von dem er nicht herkommt und dem er auch nicht entgegengehen kann.

Es gibt aber (3.) — wir werden gerade diesen Punkt der alten Lehrentwicklung mit besonderem Nachdruck aufnehmen, weil es hier um die positive Bestimmung geht — eine wirkliche Präexistenz des Menschen als des von Gott Aufgerufenen: in Gottes Ratschluß nämlich und insofern in Gott selber, d. h. in Gottes Sohn, sofern dieser zugleich das ungeschaffene Urbild der mit Gott zu verbündenden Menschheit, der Mensch in seiner Einheit mit Gott und so nach Kol. 1, 15 der «Erstling der ganzen Schöpfung» ist. Indem Gott sich selbst in diesem Bild vor Augen steht, erschafft er den Menschen zu seinem Aufgerufenen. Er erschafft ihn, indem sein ewiges Wort diesen bestimmten Inhalt hat, an den er sich bei seinem Tun hält. Dieses ewige Wort Gottes mit diesem bestimmten Inhalt ist die göttliche Wirklichkeit, außer der der Mensch als Gottes Aufgerufener nichts hinter sich hat.

Gerade die Erschaffung des Menschen ist (4.) gewiß auch als *creatio mediata*, das hinter ihr liegende Nichts gewiß auch als bloßes *nihil privativum* zu verstehen, sofern nämlich sein Aufgerufensein ja auch seine Beschaffenheit, sein Sein als Natur- und Geisteswesen in sich schließt und insofern zur Voraussetzung hat. Es ist aber diese seine Voraussetzung im Verhältnis zu seinem Menschsein selbst, nämlich zu seinem Aufgerufensein, doch nur eine *materia inhabilis et indisposita*. Es ist sein Menschsein nicht in ihr begründet und nicht aus ihr zu erklären, sondern allein aus dem, was Gott, indem er sie ihm zuordnete, aus ihm machen wollte. Gerade in seinem Menschsein als solchem ist er *immediate creatus; ex nihilo pure negativo*.

Und wenn man schließlich (5.) gerade nach des Menschen Möglichkeit vor Gott fragt, so wird man gerade von ihm mit unmittelbarer Klarheit sagen können, daß ihm eine solche jedenfalls von innen, von ihm selbst her, nicht zuzuschreiben ist. Der Gerechte lebt seines Glaubens; das heißt aber, daß auch die Potentialität seines Daseins nicht in, sondern außer ihm ist. Sein Aufgerufensein hat seine Möglichkeit in dem ihn Anrufenden und in seinem Aufruf. Wie er von ihm her ist, so kann er auch nur von ihm her sein. Gerade das menschliche Sein bestätigt also auch von dieser Seite die *creatio ex nihilo*.

So darf man sagen, daß dieses Theologumenon jedenfalls im anthropologischen Zusammenhang bis in alle seine begrifflichen Nuancierungen hinein seinen guten konkreten Sinn hat. Und man darf sich wohl fragen, ob nicht eben hier sein «Sitz im Leben», sein sachlicher und vielleicht dann doch auch sein geschichtlicher Ursprung zu suchen ist und wo er etwa sonst zu suchen sein sollte. So wie die Lehre von der *creatio ex nihilo* es von allen Kreaturen sagt, so erkennt und bekennt eben der biblische Mensch seine eigene Kreatürlichkeit. Man beachte die auffallende Verwendung des Verbums καλεῖν in der Stelle Röm. 4, 17, und man beachte ebendaselbst die Zusammenstellung des καλεῖν τὰ μὴ ὄντα mit dem ζωοποιεῖν τοὺς νεκρούς. Das Letztere steht übrigens an erster, jenes an zweiter Stelle: mit der Vorstellung der Totenerweckung also hat sich dem Paulus die von der *creatio ex nihilo* verbunden. Und den Gott, an den Abraham glaubte, und zwar παρ' ἐλπίδα ἐπ' ἐλπίδι (Röm. 4, 18) glaubte, den Gott, der allein mit seiner Verheißung ein schlechthin Neues schafft und der vom Menschen als dieser Neuschaffende erkannt, geehrt und geliebt sein will, hat Paulus mit diesem καλεῖν und ζωοποιεῖν bezeichnen wollen. Man beachte aber

3. Der wirkliche Mensch

auch den Zusammenhang, in welchem die Sache Hebr. 11, 3 zur Sprache kommt. Wieder ist die S c h ö p f u n g nichts Anderes als die Eröffnung, der Titel und der Inbegriff all der göttlichen Offenbarungen, Verheißungen, Weisungen, Fügungen und Anordnungen, an deren vom Menschen her gesehen so unbegreiflichen Charakter nachher das ganze Kapitel den ebenfalls schlechthin wunderbaren Charakter des G l a u b e n s deutlich macht. Was der Glaube ist, das zeigt sich ja wie nach Röm. 4 bei Abraham in der Art jener göttlichen O f f e n b a r u n g e n, weil es in diesen begründet ist. Er ist nach Hebr. 11, 1 «Überzeugung von Dingen, die man nicht sieht», von Dingen, die ihre Wahrheit allein in Gott haben. Es hat also der glaubende, d. h. der sich auf sie verlassende Mensch Gott a l l e i n und n i c h t s sonst ihn Haltendes und Begründendes vor sich. So ist der Mensch, so existiert er als solcher: ein Neuling gegenüber allem, von dem er herzukommen scheint. Er kommt in Wirklichkeit v o n d e m h e r, dem er e n t g e g e n g e h t. Man denke dabei etwa an die (übrigens auch unmittelbar an eine Schilderung des Glaubens des Abraham und der Sarah anschließende) Stelle Hebr. 11, 13 f.: «Im Glauben starben diese Alle, ohne die Verheißungen erlangt zu haben, sondern sie schauten sie von ferne und begrüßten sie und erkannten, daß sie Gäste und Fremdlinge seien auf Erden. Denn die solches sagen, geben zu erkennen, daß sie ein Vaterland suchen. Und hätten sie an jenes gedacht, aus dem sie ausgezogen waren, so hätten sie ja Zeit gehabt, wieder zurückzukehren; nun aber suchen sie nach einem besseren, das heißt nach einem himmlischen. Darum schämt sich Gott nicht, ihr Gott genannt zu werden; denn er hat ihnen eine Stadt bereitet.» So sind die Glaubenden dran. Warum? Weil dieser ihr Gott nach v 3 grundlegend der ist, der die Äonen durch sein Wort erschaffen hat, so daß das, was man sieht (τὰ βλεπόμενα) nicht etwa seinerseits in etwas Wahrnehmbarem (in irgendwelchen φαινόμενα), sondern eben nur in Gottes Wort seinen Grund hat. Dieser objektiven Ordnung des Seienden entsprechend verstehen die Glaubenden offenbar vor allem ihre eigene Existenz, haben sie ihr Vaterland nicht hinter sich, sondern vor sich. Sie leben nach der Regel Phil. 3, 13: «Ich vergesse, was dahinten ist, strecke mich aber aus nach dem, was vorne ist, jage aufs Ziel nach dem Kampfpreis der göttlichen Berufung in Jesus Christus, der droben ist.» Auch an Kol. 3, 2 f. wird man hier denken müssen: «Suchet, was droben ist und nicht, was auf Erden ist; denn ihr seid gestorben und euer Leben ist verborgen mit Christus in Gott.» Wenn es erlaubt und geboten ist, auch auf den o n t o l o g i s c h e n Gehalt dieser Stellen zu achten, dann belehren sie uns darüber, daß die *creatio ex nihilo* keine spekulative Konstruktion, sondern der natürlichste Ausdruck eines auf Gottes Offenbarung in dem Menschen Jesus begründeten menschlichen Selbstverständnisses ist. Was die Menschen als Menschen sind, das sind sie durch Gott und nicht anders.

Hat jenes Theologumen hier, in der Anthropologie darum seinen guten konkreten Sinn, weil eben der mit dem Menschen Jesus zusammengesehene Mensch der wirkliche Mensch ist, wie Gott ihn geschaffen hat, dann war und ist es recht und sinnvoll, jenen Satz nicht nur auf den Menschen, sondern — indem er für den Menschen gültig ist — auf die ganze Schöpfung, auf die Kreatur überhaupt zu beziehen; entsprechend der eigenen Existenz der Glaubenden ist dann die objektive Ordnung des Seienden überhaupt zu verstehen. Die Theologie der alten Kirche war ja einig darin, daß die Lehre von der Schöpfung ein G l a u b e n s artikel sei. Und Hebr. 11, 3 fängt ja ausdrücklich mit den Worten an: «Im G l a u b e n erkennen wir, daß die Äonen durch Gottes Wort geschaffen wurden.» Das muß aber bedeuten: eben das, was der Mensch im Glauben als den Grund seiner eigenen Kreatürlichkeit erkennt, eben das erkennt er im Glauben als den Grund der Äonen, des Himmels und der Erde, der ganzen Kreatur. Es braucht die nach Joh. 1, 12 f. nicht aus dem Blut, noch nach dem Willen des Fleisches, noch aus dem Willen eines Mannes, sondern aus Gott gezeugten Kinder Gottes dazu, um mit Joh. 1, 3 zu erkennen und zu bekennen:

«Alles ist durch ihn geworden, und ohne ihn ist nichts geworden von dem, was geworden ist.» Eben diese Kinder Gottes aber werden das unweigerlich erkennen und bekennen. Die Theologie der alten Kirche hat es unterlassen, die Lehre von der *creatio ex nihilo* von daher zu begründen. Vielleicht darum hat diese den Geschmack scholastischer Konstruktion, der ihr unstreitig anhaftet. Versteht man sie von daher, dann verliert sie jenen Geschmack. Von daher begründet, ist sie kein bloßes Theologumen, sondern das, was sie Hebr. 11, 3 sein will und im Zusammenhang von Hebr. 11 und von Röm. 4 sicher ist: ein an seiner Stelle notwendiger Glaubensartikel.

Wir blicken auf unsere bisherige Erkenntnis vom wirklichen Menschen zurück. Unsere vorbereitenden Sätze lauteten: das menschliche Sein ist ein **Zusammensein mit Gott**, und: es ist **von Gott her**. Unsere beiden Hauptsätze lauteten: es beruht auf **Gottes Erwählung**, und: es besteht im Hören von **Gottes Wort**. Von dieser letzten Erkenntnis aus werden wir nachher weitergehen. Wir fassen zunächst das Bisherige zusammen in den Satz: das Sein des Menschen ist eine **Geschichte**.

Es geschieht, daß der Schöpfer sich seines Geschöpfs damit annimmt, daß er selber Geschöpf wird. Das ist die Existenz des Menschen Jesus, an der wir uns bei unserer Frage nach dem wirklichen Menschen orientiert haben, an der sich die ganze theologische Anthropologie zu orientieren haben wird. Alle unsere bisherigen Sätze zeigen in diese Richtung: das Sein des Menschen ist eine Geschichte. Wir möchten aber auch diesen Satz nicht einfach deduzieren aus jenen Vordersätzen, sondern gehen auf den Anfang zurück: es ist die Existenz des Menschen Jesus, die uns darüber unterrichtet, daß das Sein des Menschen eine Geschichte ist. Was in ihr geschieht — daß der Schöpfer sich seines Geschöpfs damit annimmt, daß er selber Geschöpf wird — das ist die Fülle und der Inbegriff dessen, was wir sagen, wenn wir von Geschichte reden. Wenn irgendwo, so könnte hier die Anwendung des Begriffs der «Urgeschichte» am Platze sein. Von hier und nur von hier aus ist zu sehen und einzusehen, daß vom Sein des Menschen überhaupt und als solchem zu sagen ist, daß es eine Geschichte ist.

Dem Begriff der **Geschichte** steht gegenüber der des **Zustands**. Es gibt in sich sehr bewegte, in einer Fülle von Veränderungen und Verhaltungsweisen sich entfaltende Zustände. Mit dem Begriff des Zustands braucht sich also durchaus nicht die Vorstellung starrer Einheit, Gleichförmigkeit und Unbeweglichkeit zu verbinden. Wohl aber gehört zum Begriff des Zustands die Vorstellung der grundsätzlichen Geschlossenheit dessen, was sich in dem betreffenden Zustand befindet, die Vorstellung der Begrenztheit seiner Möglichkeiten und also auch seiner Veränderungen und Verhaltungsweisen. Er ist je dieser und nur dieser Bewegungen fähig. Auch der Begriff des in sich bewegtesten Zustandes erreicht darum noch nicht den Begriff der Geschichte.

Wir wissen also z. B. nicht, was wir sagen, wenn wir von der Geschichte einer Pflanze oder eines Tieres reden, weil das, was wir als Pflanzen oder Tiere kennen, sich uns auf alle Fälle nur als je bestimmt umschriebene Kreise von Veränderungen

3. Der wirkliche Mensch

und Verhaltungsweisen darstellen kann. Wir haben aber auch des Menschen Geschichte dann noch nicht vor Augen, wenn wir bloß die Fülle — die immerhin begrenzte Fülle — der ihm eigentümlichen Bewegungen in ihrem Nebeneinander und in ihrer Folge, in ihrer Kontinuität und in ihrem kausalen Zusammenhang, wenn wir in diesem Sinn nur des Menschen Natur (seine Natur als den Inbegriff der ihm möglichen und von ihm verwirklichten Veränderungen und Verhaltungsweisen) vor Augen haben.

Der Begriff der Geschichte in seinem eigentlichen von dem des Zustandes verschiedenen Sinn setzt da ein, wird da realisiert, wo dem in einem bestimmten Zustand befindlichen Wesen etwas geschieht, d. h. etwas über seine Natur hinaus Anderes, ein Neues widerfährt. Geschichte eines Wesens geschieht also damit noch nicht, daß es in irgendwelchen Veränderungen, in verschiedenen Verhaltungsweisen ist, was es ist, sondern Geschichte eines Wesens geschieht damit, daß ihm als dem, was es ist — daß mit ihm etwas geschieht. Geschichte eines Wesens hebt darin an, geht darin weiter und vollendet sich darin, daß etwas, was es nicht ist, ein seiner Natur Transzendentes ihm begegnet, zu ihm hinzukommt, sein Sein in der ihm eigenen Natur bestimmt, so daß es seinerseits genötigt und befähigt wird, sich selbst in der Richtung auf dieses Andere und Neue und im Verhältnis zu diesem zu transzendieren. Geschichte eines Wesens findet dann statt, wenn es in dieser Bewegung, in dieser Veränderung, in diesem Verhalten begriffen, wenn die Geschlossenheit seiner Bewegung in sich von außen durchbrochen wird durch eine Bewegung zu ihm und die entsprechende Bewegung aus ihm, wenn es von außen überschritten wird, um dann auch sich selber nach außen überschreiten zu müssen und zu können. Und nun dürfte Folgendes deutlich sein. Nehmen wir an, daß Geschichte — in diesem prägnanten, eigentlichen Sinn des Begriffs verstandene Geschichte eines Wesens wirklich stattfinde, so wäre die Beschreibung: dieses Wesen habe eine Geschichte (als ob es ihm bloß zufalle, neben dem, was es ist, auch noch diese Geschichte zu haben) dem Sachverhalt offenbar nicht entsprechend. Dürfen und müssen wir voraussetzen, daß eine Geschichte dieses Wesens wirklich stattfinde, dann ist vielmehr darüber entschieden, daß es selbst sein Wesen nicht außerhalb, sondern in dieser Geschichte hat, daß sein Wesen ein Element dieser Geschichte, daß es selbst insofern diese Geschichte ist. Es ist dann, indem und sofern es mit ihm geschieht, daß jenes Andere, Neue seiner eigenen Natur, dem geschlossenen Kreis seines Zustandes Fremde ihm begegnet, zu ihm kommt, indem und sofern es sich in der Richtung auf dieses Andere und im Verhältnis zu ihm bewegt, verändert und verhält. Gewiß ist es auch dann in einem Zustand. Aber es selbst ist dann keineswegs der Inbegriff dieses seines Zustandes, sondern eben nur in diesem seinem Zustand. Dieser sein Zustand ist dann doch nur der Inbegriff der Attribute und Modalitäten seiner Geschichte. Und in dieser Geschichte selbst und als solcher ist es, während alle Möglichkeiten und Verwirklichungen des Zustandes, indem es sich dabei befindet, doch nur das Wie dieses seines eigentlichen, seines geschichtlichen Seins ausmachen können.

Die Anschauung, die wir bei diesem Begriff des Seins als Geschichte vor Augen haben, ist aber die Existenz des Menschen Jesus. Man kann die Geschichte nicht nur aller anderen Wesen, sondern auch die aller anderen Menschen auch als in sich bewegten Zustand interpretieren. Und fügen wir nur gleich hinzu: wir hätten im Blick auf alle anderen Wesen und Menschen gar keine andere Wahl, wir müßten zugeben, daß wir den Begriff der Geschichte im Blick auf sie wie im Blick auf Pflanzen und Tiere nur uneigentlich zu verstehen und anzuwenden in der Lage sind, daß das, was wir damit meinen, schließlich doch nur den Begriff eines in sich bewegten Zustandes erfüllen kann. Wir haben eine andere Wahl, wir haben die Möglichkeit der Bildung und Anwendung des Begriffs der Geschichte in jenem eigentlichen und prägnanten Sinn nur darum, weil wir inmitten aller anderen Geschöpfe und Menschen auch mit diesem Faktum, mit der Existenz des Menschen Jesus zu rechnen haben. Von daher stehen wir nun allerdings geradezu unter der Notwendigkeit, diesen Begriff zu bilden und anzuwenden. Denn was hier geschieht, das läßt sich nicht als Zustand interpretieren. Sein ist hier nicht nur Bewegung in sich. Sein ist hier nicht Verschlossensein in den Umkreis bestimmter, einem bestimmten Wesen eigentümlicher Möglichkeiten. Sein ist hier Überschrittensein und Überschreiten dieses Umkreises: Überschrittensein von einem Anderen und Neuen her und Überschreiten in der Richtung nach diesem Anderen hin und im Verhältnis zu ihm. Sein ist ja hier die Identität des Schöpfers mit dem Geschöpf. Und der Schöpfer ist dem Geschöpf das schlechthin Neue und Andere. Ist dem so, daß der Mensch Jesus der selber zum Geschöpf gewordene Schöpfer ist, dann ist er in einer Weise, die wir mit keiner Beschreibung eines Zustandes erschöpfend bezeichnen können, dann haben wir es in ihm mit der Erfüllung jenes strengen Begriffs der Geschichte zu tun. Denn das ist nun wirklich kein Zustand: daß Schöpfer und Geschöpf Einer sind. Das ist in Anbetracht der Andersheit und Neuheit des Schöpfers gegenüber dem Geschöpf wirklich nur als Geschichte zu verstehen. Dieses Geschöpf ist, was es als Geschöpf ist, indem der Schöpfer zu ihm, indem es zum Schöpfer hin ist. Es ist, indem es sich in dieser Bewegung befindet; in diesem «zu ihm hin» von außen, in diesem «von ihm her» nach außen, das sich, weil Gott, der Schöpfer, das Außen ist, in keine bloß in ihm selbst stattfindende Bewegung zurückinterpretieren läßt. Und eben indem es sich als dieses Wesen darstellt, verbietet es uns offenbar auch das, es selbst, es als dieses Wesen irgendwo hinter und abseits von dieser Bewegung zu suchen. Es «hat» wirklich keine Geschichte, von der es selbst als deren Substrat noch einmal zu unterscheiden wäre. Sondern es ist in dieser Geschichte, d. h. es ist, indem das geschieht, daß der Schöpfer Geschöpf, das Geschöpf der Schöpfer ist. Daß es als Geschöpf in bestimmten Zuständen ist, das ist nicht sein Sein, das ist nur dessen Attribut und Modalität. Sein Sein als solches, das Sein des Menschen Jesus, besteht darin, daß Gott für ihn und daß er für Gott ist. Und wir erinnern uns nun des Inhaltlichen, das damit bezeichnet ist: Es geschieht in der Existenz dieses Menschen, daß Gott sich seines bedrohten Geschöpfs annimmt. Es widerfährt dem Geschöpf das Neue, daß Gott ihm über sein bloßes Dasein und Sosein hinaus sich selber zum Erretter schenkt, damit es selbst zum Erretter werde. Ihm widerfährt es, von Gott erwählt zu werden und Gott wiederum erwählen zu dürfen. Ihm widerfährt es, angesichts der ihm drohenden Gefahr des Verlorengehens, daß Gottes ewige Barmherzigkeit ihm zu Diensten steht und daß es seinerseits der ewigen Gerechtigkeit Gottes zu Diensten stehen darf. Ihm widerfährt es, die göttliche Bewahrung zu erfahren und seinerseits vollstrecken zu dürfen. Ihm widerfährt es, daß Gott sich ihm bezeugt und offenbart und daß es selber zu Gottes Zeugnis und Offenbarung wird. Diese Geschichte ist die Existenz des Menschen Jesus. Sie geht auf in dieser Geschichte. Sie hat außer dem ewigen Willen und Ratschluß Gottes nichts hinter sich. Sie hat neben diesem keinen anderen Grund. Jesus existiert also, von Gottes ewigem Willen und Beschluß abgesehen, nur in dieser Geschichte: dieser von Gott in und mit dem Schöpfungsakt selbst inaugurierten Bundes- und Heils- und Offenbarungsgeschichte. Jesus ist, indem diese Geschichte geschieht.

Und nun blicken wir von da aus auf den Menschen überhaupt und im allgemeinen. Wir fragen noch einmal: Was ist der Mensch? und antworten: er ist das Wesen, dessen Artgenosse, Nachbar und Bruder dieser Mensch Jesus ist, in dessen eigenstem Raum also diese Geschichte geschieht. Er ist darin mit Gott zusammen, er hat darin sein göttliches Gegenüber und Vorher, er ist darin Gottes Erwählter und Gottes Aufgerufener, daß in seinem eigensten Raum diese Geschichte geschieht. Sie ist das unübersehbare, das unvergeßliche Faktum, mit dem wir bei der Interpretation des menschlichen Seins auf alle Fälle zu rechnen haben, von dem wir dabei unter gar keinen Umständen abstrahieren können.

A. Harnack hat seine Vorlesungen über «Das Wesen des Christentums» (1900) mit der Erinnerung an ein Wort von John Stuart Mill eröffnet: die Menschheit könne nicht oft genug daran erinnert werden, daß es einst einen Mann namens Sokrates gegeben hat, und schloß daran den denkwürdigen Satz an: Mill habe recht, aber noch wichtiger sei es, die Menschheit immer wieder daran zu erinnern, daß einst ein Mann namens Jesus Christus in ihrer Mitte gestanden hat. Wir können über die Art, in der man sich dieses Mannes zu erinnern hat, anderer Meinung sein als Harnack. Wir können nun aber auch von ihm einfach sagen: er hatte recht, man kann sich an das Faktum dieses Mannes inmitten der Menschheit nicht genug erinnern. Es handelt sich in ihm um das menschliche Zentralfaktum.

Das Faktum der Existenz des Menschen Jesus ist es nämlich, in dessen Licht die Bildung und der Begriff der Geschichte im Unterschied zu dem eines bloßen Zustandes zur Bezeichnung des menschlichen Seins unvermeidlich wird. Man stoße sich nicht daran, daß Jesus der Einzige ist, von dem das zu sagen ist: daß in ihm der Schöpfer Geschöpf, das Geschöpf der Schöpfer ist, daß also im ursprünglichen und unmittelbaren Sinn er allein der Mensch ist, dem Gott sich selber geschenkt, den Gott erwählt und der Gott wieder erwählt hat, dem Gottes Barmherzigkeit ganz zu Diensten stand, damit er selbst seiner Gerechtigkeit ganz zur Verfügung stehe — er allein das göttlich bewahrte und zugleich göttlich bewahrende Geschöpf, er allein der Mensch, dem Gott offenbar war, damit er ihn wiederum offenbar mache, ursprünglich und unmittelbar seine Geschichte allein die von Gott inaugurierte Bundes-, Heils- und Offenbarungsgeschichte. Jawohl: e r a l l e i n ist das Alles, aber nun eben er allein das Alles f ü r A l l e die, denen er als Mensch gleich ist, die als Menschen ihm gleich sind. Die Gleichheit zwischen ihm und ihnen, ihnen und ihm, schließt in sich: was er allein ist, das gilt auch ihnen, das ist das Licht, in dem auch sie nicht nur äußerlich stehen, sondern innerlich, wesentlich s i n d. Ihr Sein besteht ja eben darin, daß sie mit ihm zusammen sind; ihr Wesen ist ganz und gar dadurch bestimmt, daß der ihnen gleich ist und daß sie dem gleich sind, der in ihrer Mitte, der ihnen ganz ungleich, in seiner Existenz diese Gottesgeschichte ist. In einem bloßen Zustand, und wäre er auch in sich noch so bewegt, kann offenbar auch ihr Sein sich nicht erschöpfen. Als bloßer Zustand kann auch ihr Sein nicht richtig gesehen und beschrieben werden. Ist es vor unseren Augen verhüllt, ob und inwiefern der Begriff des Zustandes im Blick auf die außermenschliche Kreatur ein letztes oder vielleicht auch nur ein vorletztes Wort sein mag, so bedarf es doch zur Bezeichnung der menschlichen Kreatur — darum, weil hier auch das Faktum der Existenz des Menschen Jesus in Rechnung zu setzen ist — des Begriffs der Geschichte. Denn in diesem Faktum ist der Umkreis der dem Menschen sonst eigentümlichen Möglichkeiten zwar auch sichtbar — die Gleichheit zwischen Jesus und uns bestünde ja nicht, wenn der menschliche Zustand als solcher in ihm einfach beseitigt wäre — aber sichtbar als gesprengt, als geöffnet von außen und nach außen hin. In diesem Faktum begegnet uns ja der Mensch selbst in seinem Zustand als das von außen überschrittene und nach außen sich selbst überschreitende Wesen. Dieses Faktum charakterisiert also das menschliche Sein auch da, wo es nicht das Sein dieses einen Menschen ist — auch das menschliche Sein aller anderen Menschen. Konfrontiert mit diesem Faktum, bezogen auf diesen einen Menschen in der Mitte aller anderen, haben offenbar auch diese Anteil an dem, was er ist und also Anteil an der in ihm sich ereignenden Geschichte. Sie ist Gottes Wahrheit, die auch sie umfaßt. Sie ist Gottes Wort, das auch für sie gesprochen ist und also auch sie angeht. Sie ist die Verwirklichung des Willens Gottes, von der zum vornherein auch sie betroffen sind: sie, die nicht Jesus sind,

3. Der wirkliche Mensch

die seine Existenz auch nicht nachbilden, nicht wiederholen können — sie, die aber doch seinesgleichen sind. Das hebt auch ihr Sein hervor aus dem Aspekt eines bloßen Zustandes. Das bedeutet, daß auch ihnen etwas geschieht, daß also auch ihr Sein den Charakter von Geschichte hat. Es handelt sich bei ihnen offenbar um Geschichte in einem **sekundären, abgeleiteten, mittelbaren** Sinn des Begriffs. Es gibt ja nur eine primäre, direkte und unmittelbare Erfüllung des Begriffs der Geschichte, nur eine «Urgeschichte». Es sind ja die anderen Menschen, was sie sind, nur in Konfrontation und Beziehung zu dem Faktum jenes einen Menschen. Mehr als ein Zustand zu heißen, würde ihr Sein also ohne diese seine Beziehung offenbar nicht verdienen. Aber eben das Faktum dieses einen Menschen **ist** ja dem Sein aller anderen vorgegeben. Eben in der Beziehung zu ihm **sind** sie also, was sie sind. **Nur in dieser Beziehung, aber in dieser Beziehung real** Geschichte ist also auch ihr Sein. Ihr Sein ist Geschichte **an** oder **mit** der Geschichte, die in der Existenz des Menschen Jesus Ereignis ist. Eben das Neue und Andere, das Gott für den Menschen Jesus unmittelbar ist, ist er selbst für alle Anderen und so der Grund, der auch ihr Sein zur Geschichte macht: zu einem in seiner Begrenztheit von außen überschrittenen und seine Begrenztheit nach außen überschreitenden Sein. Der Mensch ist, was er als Geschöpf ist, indem der Mensch Jesus und in ihm Gott selbst zu ihm hin, indem er zu diesem Menschen Jesus und so zu Gott selbst hin ist. Der Mensch ist, indem er sich in dieser Bewegung befindet: in diesem «zu ihm hin» **von außen**, in diesem «von ihm her» **nach außen**, das sich, weil jenes Faktum sein Woher und sein Wohin ist, in keine bloß in ihm selbst stattfindende Bewegung und also in keinen Zustand zurückinterpretieren läßt.

Und nun gilt offenbar auch vom Menschen überhaupt und im Allgemeinen, daß man sein Wesen nicht irgendwo hinter und abseits von dieser Bewegung suchen darf, als ob er zuerst und an sich irgend ein Etwas wäre, um sich dann erst als solches in dieser Bewegung zu befinden, als «hätte» er bloß jene Geschichte an und mit der Geschichte, die in der Existenz des Menschen Jesus Ereignis ist. Nun müssen wir also auch von ihm sagen: er **ist**, indem ihm das **geschieht**, dem Menschen Jesus gleich zu sein und also der in ihm sich ereignenden Geschichte teilhaftig zu sein. Er ist in dieser seiner sekundären, abgeleiteten, mittelbaren, aber gerade in der Beziehung zu jenem Faktum *realissime* stattfindenden Geschichte. Was immer sein Zustand sei: er ist doch nur in diesem Zustand; es ist doch dieser Zustand nicht sein Sein, sondern eben auch nur dessen Attribut und Modalität. **Sein Sein aber ist sein Sein in der von Jesus begründeten Geschichte,** in welcher Gott auch für ihn sein will, in welcher auch er für Gott sein darf. Und nun erinnern wir uns auch hier an das, was damit inhaltlich gesagt ist: Es hat die Existenz jedes Menschen als solchen, vermittelt durch den einen Jesus, Anteil daran, daß Gott sich seines bedrohten Geschöpfs von Haus aus, von dessen Erschaffung her, annehmen wollte und angenommen hat. Mensch sein heißt: von Jesus her ein Sein im Zeichen der dem Geschöpf von Jesus her widerfahrenden Errettung. Mensch sein heißt: um Jesu willen sein Haupt erheben dürfen, sich um Jesu willen vor dem Verlorengehen im Nichts nicht fürchten müssen. Mensch sein heißt: um Jesu willen gehalten sein von Gottes Barmherzigkeit und um Jesu willen sich halten an seine Gerechtigkeit. Ein Mensch ist von Jesus her ein Bewahrter und nun doch selbst ein Bewahrer: denn indem er behütet ist, ist es ihm aufgegeben, selber ein Hüter zu sein. Indem ihm geholfen wird, wird auch er selber zum Helfer eingesetzt; und indem er im Lichte der Offenbarung ist, kann es nicht anders sein, als daß er so oder so selber Licht wird. Das ist die Geschichte der menschlichen Existenz als solcher und im Allgemeinen. Sie ist keine selbständige Geschichte. Sie **folgt** auf die Geschichte des Menschen Jesus. Sie **hängt** gewissermaßen an dieser. Aber in ihrem Zusammenhang mit ihr ist auch sie ein Stück Bundes-, Heils- und Offenbarungsgeschichte. Und eben in diesem Zusammenhang und also in dieser seiner Geschichtlichkeit ist der Mensch, was er ist.

Von hier aus gefüllt sind, wenn sie recht verstanden sind, alle unseren früheren Sätze. Wir haben bei ihrer Formulierung Sorge getragen, sie zum vornherein in diesem rechten Verständnis sichtbar zu machen. Wir nehmen sie kurz noch einmal auf, um die Unterstreichungen zu vollziehen, die von dem zuletzt Gesagten aus jedes Mißverständnis ausschließen sollen.

Wir definierten das menschliche Sein als ein **Zusammensein mit dem ihm real gegenüberstehenden transzendenten Gott**. Man wird sich zu hüten haben, dieses Zusammensein nach Analogie und in der Weise des Verhältnisses zweier durch ihre Zustände bestimmter Dinge zu verstehen: hier ein endliches, dort ein unendliches, hier ein relatives, dort ein absolutes Ding zu sehen und das Ganze als das zwischen diesen beiden Dingen stattfindende Spiel und Gegenspiel darzustellen. Hier wird weder gespielt noch gegengespielt. Hier geht es nicht um Dinge, die, abgesehen von dem, was sie in sich sind, auch noch in einer variablen Beziehung zueinander stünden. Hier geschieht Geschichte, d. h. aber: hier ist auf beiden Seiten kein Sein, das nicht als solches Akt wäre: Akt zum Menschen hin von Gottes Seite, Akt von Gott her und gerade darum auch wieder zurück zu Gott hin auf des Menschen Seite. Wir müssen diesen Akt von Gott her zu Gott hin sehen, wenn wir den Menschen als das Wesen sehen wollen, das mit Gott zusammen ist.

Wir definierten das menschliche Sein genauer als ein **Sein von Gott her**. Es muß aber der damit gegebene Begriff der Abhängigkeit des menschlichen vom göttlichen Sein von der Vorstellung gereinigt werden, als sei es damit Gottes notwendige Wirkung, daß Gott seine Ursache ist.

3. Der wirkliche Mensch

Wohl ist Gott Ursache, wohl ist der Mensch Wirkung. Es ist aber beides nur wahr in der Wirklichkeit der Begegnung und also in der Wirklichkeit der Geschichte, in der diese Begegnung Ereignis wird. Daß der Mensch von Gott abhängig, und zwar schlechthin abhängig, ganz und gar seine Wirkung ist, das hat er mit allen Geschöpfen gemein. Er ist aber — und das ist sein Besonderes — in der Weise von ihm abhängig, daß Gott zwischen sich selbst und ihm jene Geschichte inauguriert, daß Gott sich gerade in ihm seines bedrohten Geschöpfs annimmt, daß er inmitten der Geschöpfwelt gerade ihn behütet und zum Hüter einsetzt. Menschliches Sein ist also gerade in dieser genaueren Bestimmung als Sein von Gott her identisch mit dem Akt, mit dem Geschehen dieser seiner Geschichte.

Wir definierten das menschliche Sein in unserem ersten Hauptsatz als ein Sein, das auf Gottes Erwählung beruht. Man hat den Begriff der Erwählung nur frei zu halten von der Vorstellung der Kontingenz, so erkennt man auch von hier aus die Geschichte als das Wesen des menschlichen Seins. Als Erwählung wäre das natürlich nicht zu verstehen, daß von Gott und vom Menschen her zufällig, auf Grund irgend einer vorhandenen Affinität, eine besondere Beziehung zwischen beiden bestünde. Von einem besonderen Beschluß mit besonderer Absicht im Blick auf einen besonderen Gegenstand haben wir ja bei der Erklärung dieses Begriffs zum vornherein geredet. Der besondere Beschluß und die besondere Absicht im Blick auf den Menschen sind die inneren Werke des freien, des in eigener und bewußter Initiative wirkenden Gottes. Sagen wir, daß des Menschen Sein auf Gottes Erwählung beruht, so sagen wir eben damit: es beruht auf einer Geschichte, die in Gott selbst ihr Vorbild und ihren Ursprung hat. Und so ist auch von hier aus nicht abzusehen, wie er selber anderswo als eben in dem Geschehen dieser Geschichte zu suchen sein sollte.

Und nun definierten wir das menschliche Sein in unserem zweiten Hauptsatz als ein Sein, das im Hören des Wortes Gottes besteht. Hier ist nun noch einmal besondere Vorsicht am Platz. Nicht eine bloße Potentialität, sondern Aktualität haben wir ihm gerade an dieser entscheidenden Stelle zugeschrieben: nicht ein bloßes Hörenkönnen also, sondern ein wirkliches Hören, nicht bloße Vernünftigkeit, sondern ein faktisches Vernehmen, nicht einen formalen Logoscharakter, sondern material den Charakter eines durch den göttlichen Logos erreichten, bestimmten und in Bewegung gesetzten Seins. Gerade mit der Formel, daß der Mensch «im Worte Gottes ist», kann also kein bloßer Zustand, gerade mit ihm muß vielmehr sein Sein als Geschichte bezeichnet sein. Indem er das Wort Gottes hört, begegnet ihm das allen seinen inneren Veränderungen und Verhaltungsweisen gegenüber Neue und Andere, wird er von außen überschritten und überschreitet er sich selbst nach außen. Indem er das Wort Gottes hört, wird und ist er unter allen Geschöpfen das besondere, das menschliche Geschöpf. Daß er Ohr und Vernunft und Logoscharakter hat, das macht ihn noch nicht zu diesem Geschöpf, das gehört nur dazu, daß er nun eben dieses Geschöpf ist. Daß er es ist, das geschieht, indem er Gottes Wort hört, in diesem Akt also, in der Geschichte, die so nur die seinige ist. Er ist Mensch, indem er von Gott aufgerufen ist.

Eben von diesem unserem zweiten Hauptsatz aus gehen wir nun weiter. Das ist ja zweifellos die der Sache am nächsten kommende Beschreibung der Geschichte, in der wir das menschliche Sein zu erkennen haben, wenn wir sagen: es ist dadurch bestimmt, daß es von Gott **aufgerufen** ist. Das Wort, der Aufruf Gottes an alle, an jeden Menschen, ist die Existenz des Menschen Jesus. Ein jeder Mensch ist darin Mensch, daß Jesus auch für ihn da ist, daß der in ihm ergehende Aufruf Gottes auch ihn angeht. Als in Jesus aufgerufenes ist sein Sein ein menschliches Sein.

Was aber einen jeden Menschen als Inhalt dieses Aufrufs Gottes angeht, das ist, in einem Wort zusammengefaßt, Gottes **Gnade**, in der er sich seines Geschöpfs annimmt. Gottes **Gnade** ist der Sinn der Existenz des Menschen Jesus, Gottes **Gnade** also auch das, was in ihm der Existenz jedes anderen Menschen zugewendet ist. Gottes Gnade ist die **Güte**, in der er seines Geschöpfs gedenkt, und sein durch diese Güte bestimmter **Wille**, es dadurch vor dem Argen zu bewahren, daß er selbst sich zu seinem Erretter macht. Gottes Gnade ist die **Freiheit**, in der er sich so und nicht anders entscheidet, und sie ist die **Allmacht**, in der er diese Entscheidung vollstreckt. Gottes Gnade ist die **Barmherzigkeit**, und sie ist die **Gerechtigkeit** Gottes, die sich in dieser Entscheidung auswirkt und sichtbar macht: denn aus einer Quelle fließt das Mitleid, in dem sich Gott seinem Geschöpf nicht entziehen und der Eifer, in dem er sein Recht auf sein Geschöpf nicht preisgeben will; und eben als seine Gnade sind diese beiden eines. Gnade ist der Inbegriff der Gesinnung, des Verhaltens und des Werkes gegenüber dem ihm in seiner eigenen Natur gegenüberstehenden Geschöpf. Es hat darum schon Sinn, hier gerade nach diesem uns vom Neuen Testament in zentralen Zusammenhängen dargebotenen und besonders von der abendländischen Theologie von jeher als Hauptbegriff aufgenommenen Wort zu greifen und also das Wort Gottes, das in der Existenz des Menschen Jesus gesprochen wird und durch das der Mensch aufgerufen ist, abkürzend und zusammenfassend das Wort der **Gnade** zu nennen.

Das also konstituiert zunächst die Geschichte, die das menschliche Sein ausmacht: daß da unter Gottes vielen Geschöpfen eines, gerade dieses ist, dem Gott in der Existenz eines anderen Geschöpfs von seiner eigenen Art, in dem Menschen Jesus, dieses Wort sagt. **Gott sagt ihm, daß er ihm gnädig ist.** Das ist das Neue und Andere, was dieses Geschöpf nicht in sich hat, was mit irgend einer seiner inneren Veränderungen und

Verhaltungsweisen nichts zu tun hat, was also nicht sein Zustand und nicht als sein Zustand zu interpretieren ist. Das kommt ihm vielmehr von außen entgegen. Das überschreitet den begrenzten Bereich seiner eigenen Möglichkeiten, das begründet dieses Geschöpf als ein solches, das nun eben nicht nur für sich, das weder seiner eigenen Willkür noch seinem eigenen Schicksal überlassen ist, das vielmehr zu der ihm überlegenen Realität da draußen, das eben zu Gott seinem Schöpfer in Beziehung steht, das nun ist, was es ist, indem es in dieser Beziehung ist. Das Wort der Gnade ist der Durchbruch, der von Gott seinem Schöpfer her zu ihm hin geschieht, durch das es also von außen geöffnet, durch das diese Beziehung geschaffen wird. Im Wort der Gnade kommt Gott sein Schöpfer zu ihm, schenkt er sich ihm, nimmt er Wohnung in ihm. Und eben in dem zu ihm kommenden Wort der Gnade bekommt es sein eigenes, das menschliche Sein. Es ist das Sein, dem von Gott gesagt ist, daß er ihm gnädig ist: daß Gott sein gedenkt in seiner Güte, daß er es vor dem Argen bewahren will, daß dies seine freie und allmächtige Entscheidung ist, die Entscheidung seiner Barmherzigkeit und Gerechtigkeit. So ist es das Sein des wirklichen Menschen. Man sieht: es ist wirklich in seiner Wurzel ein geschichtliches Sein. Es bedarf ja dieses Geschehens, es bedarf dessen, daß Gott ihm sagt, daß er ihm gnädig ist, damit der Mensch sei, was er ist, damit er unter allen Geschöpfen gerade dieses sei: der wirkliche Mensch. Er ist es, indem das geschieht. Er ist er selbst, der Mensch, indem das von Gott gesagt wird, er ist es tatsächlich in diesem Wort: im Wort der Gnade Gottes.

Wir versuchen es, von hier aus weiterzudenken. Die Geschichte des menschlichen Seins kommt damit in Gang, daß Gott ihm sagt, daß er ihm gnädig ist. Wir verstehen nun erst ganz, mit welchem Grund wir es ein Aufgerufensein genannt haben. Das Wort Gottes ist offenbar darum nicht nur eine Mitteilung, sondern eben ein Aufruf, ein Indikativ nicht nur, sondern als solcher auch ein Imperativ, weil es das Wort seiner Gnade ist. Indem es diesem Geschöpf sagt, daß es von Gott nicht verlassen, sondern aufgenommen ist, indem es ihm verheißt, daß es Gottes Wille ist, sein Helfer und Erretter zu sein, kann es diesem Geschöpf nicht erlaubt sein, für sich zu bleiben. Indem diesem Geschöpf das gesagt ist, indem es ein durch das Wort von außen, von Gott her geöffnetes Geschöpf ist, kann es kein durch die Grenzen seiner eigenen Möglichkeit verschlossenes Geschöpf, kann es nicht bei sich sein, ohne daß es auch wahr ist und ohne daß es dessen gewahr wird, daß diese Grenze ja von Gott her überschritten ist, daß Gott ja schon bei ihm ist. Es kann dieses Geschöpf nicht sein, ohne in eben der Richtung in Bewegung zu sein, von der her es ist. Und nun ist es ein Wort, durch das es von Gott her ist. Nun ist es also das Hören dieses Wortes, in welchem es ist. Nun muß es also ein Hinhören auf dieses Wort sein, in welchem sein Sein, seine Geschichte sich fortsetzt. Hinhören heißt: dieses Wort **nimmt es in Anspruch**. Sein Sein nimmt darin seinen Verlauf, daß es sich den **Anspruch dieses Wortes gefallen läßt**. Es ist, indem es gerufen ist, und es fährt fort zu sein, indem es sich gerufen sein läßt. So ist es geschichtlich und nicht bloß zuständlich, aufgerufen und also nicht verschlossen durch den Bereich seiner eigenen Möglichkeiten, also aufgeschlossen in der Richtung auf die andere, neue Realität Gottes seines Schöpfers, die ja in seinem Wort zu ihm durchgebrochen ist, in seinem Wort als dessen Verheißung in ihm selbst Wohnung genommen hat. Der Mensch ist, indem er dieses Wort hört. Er ist, indem er durch dieses Wort erweckt wird. Er ist, indem er sich auf dieses Wort hin aufrichtet. Er ist, indem er sich auf dieses Wort hin zusammennimmt. Er ist, indem er, gerufen durch dieses Wort, bereit und gewissermaßen im Sprung ist, aus sich selbst herauszugehen. Das Alles, weil er eben im Worte Gottes, im Wort seiner Gnade ist. Aufgerufen heißt: hinausgerufen, nämlich über sich selbst hinausgerufen. Weil es **Gott** ist, der da redet, hat, was da gesagt wird, das Recht und die Macht, das Geschöpf über sich selbst **hinaus** zu rufen. Weil es ein Reden, ein **Wort** Gottes ist, in welchem er von seinem Recht und seiner Macht dazu Gebrauch macht, darum ist es nicht bloß ein Hinausbewegt- oder Hinausgezogenwerden, sondern wirklich ein **Hinausgerufensein**, was dem Geschöpf da widerfährt. Und daß es das Wort der **Gnade** Gottes ist, das geredet wird, das bestimmt die **Richtung**, in der das menschliche Sein da über sich selbst hinausgerufen ist: ihm ist aufgegeben, weder auf sich selbst zu vertrauen, noch an sich selbst zu verzweifeln, sondern seine Zuversicht wie einen über Bord geworfenen Anker eines Schiffes auf Gott zu setzen, in welchem es begründet ist, der ihm laut seines Wortes auch sein Erhalter und Bewahrer sein will, der sich in seiner ewigen Barmherzigkeit und Gerechtigkeit zu ihm bekennt und stellt. Darin ist es Aufgerufensein: **daß ihm dieser Wurf der Zuversicht auf seinen Schöpfer aufgegeben ist**. Darin und so ist es in Gottes Wort. Darin und so, daß es diesen Wurf wagt und tut, ist es geschichtliches Sein. Und eben in diesem Sinn **ist** es überhaupt, indem es **aufgerufen** ist.

Wir können und müssen hier aber sofort eine genauere und sachlichere Bestimmung vornehmen. Ist das Wort Gottes, in welchem der Mensch ist und also geschichtlich ist, das Wort seiner Gnade, ist er also dazu aufgerufen, auf dieses Wort zu hören, hinzuhören, d. h. im Hören dieses Wortes zu sein und wieder zu sein, dann kann und muß das menschliche Sein nun näher dahin bestimmt werden: es ist ein Sein im **Danken**. Der Wurf der Zuversicht auf Gott, als den wir die menschliche Geschichte, das menschliche Sein eben bezeichnet haben, ist so kühn, so befremdlich, so abenteuerlich nicht, wie es auf den ersten Anblick den Anschein haben mag. Er ist recht verstanden das im schlichtesten Sinn natürliche menschliche Tun. Gerade in ihm ist und bleibt das menschliche Geschöpf bei sich selber, betätigt es so direkt als möglich das Sein, neben dem es kein anderes hat. Es ist ja darin, daß Gott ihm sagt, daß er ihm gnädig ist. Es entspricht ja darin, daß es diesen Wurf wagt, nur dem Wort, ohne das es nicht dieses, das menschliche Geschöpf wäre. Indem wir das menschliche Sein als Entsprechung zu diesem Wort verstehen, verstehen wir es als ein Sein im Danken. Danken ist das genaue geschöpfliche Komplement zu Gottes Gnade. Was durch das Wort der Gnade Gottes ist, das muß selber sein, indem es dankbar ist: Und jener Wurf der Zuversicht auf Gott ist nichts Anderes, nicht weniger, aber auch nicht mehr als eben: des Menschen Sein als des Menschen Akt in der Dankbarkeit.

Der Begriff des εὐχαριστεῖν oder der εὐχαριστία gehört wie der objektive Begriff der χάρις, dessen Spiegel er ist, zu den im Neuen Testament nur soteriologisch verwendeten Begriffen. Aber die Existenz des Menschen Jesus ist ja im Neuen Testament zwar auch eine soteriologische, die soteriologische Wirklichkeit und darum Joh. 1, Kol. 1 und Hebr. 1 dennoch und wohl gerade darum auch in ihrer ontologischen Bedeutung sichtbar gemacht. Ist der Mensch als solcher nicht abgesehen von der Existenz des Menschen Jesus zu verstehen, so werden wir auch dem Begriff der Gnade und also auch dem komplementären Begriff der Dankbarkeit schon bei der Beschreibung des menschlichen Seins als solchen nicht ausweichen können. Eben als der, der ihm in Jesus als sein Erretter begegnet, eben als der, der ihm in Jesus sagt, daß er ihm gnädig ist, ist Gott schon des Menschen Schöpfer. Eben als beansprucht durch dieses Wort und also eben als Entsprechung zu Gottes Gnade haben wir schon das geschöpfliche Sein des Menschen als solches zu verstehen und eben darum als ein Sein in der Dankbarkeit.

Danken heißt erkenntlich sein für eine Wohltat. Dank heißt im Unterschied zu Undank: eine Wohltat nicht nur empfangen, annehmen und genießen, sondern sie als solche, als ein Wohl, das man sich nicht nehmen konnte, das man aber faktisch empfangen hat, als eine Tat, die man nicht selber vollbringen konnte, die aber an einem geschehen ist, gelten lassen. Danken heißt: den, der einem wohl getan, als seinen Wohltäter anerkennen und in Ehren halten. Dank ist Verpflichtung gegenüber dem Wohltäter: Verpflichtung, die sich in irgend einem Verhalten ihm gegenüber erweisen und bewähren wird, und die sich doch in keinem Verhalten ihm gegenüber erschöpfen kann. Ein Dank, der sich in irgend einem Verhalten gegenüber dem Wohltäter erledigen ließe, wäre kein Dank, wie denn auch eine Wohltat, die in irgend einem Verhalten des Empfängers zu erledigen wäre, sicher keine Wohltat gewesen wäre. Beide, die Wohltat und der Dank, wären dann nur die beiden Stadien eines Geschäftes auf Gegenseitigkeit gewesen. Wo echte Wohltat nach Dank ruft und wo echter Dank auf Wohltat antwortet, da besteht eine Beziehung, die, von der einen Seite geschaffen, von der anderen nur hinzunehmen und nicht wieder aufzuheben, sondern nur immer wieder zu erneuern ist.

Und nun ist der Wohltäter Gott der Schöpfer und der Inbegriff aller Wohltat eben seine dem Menschen zugesagte Gnade: vermittelt, indem er sie ihm zusagt, vermittelt durch sein Wort, vermittelt durch den Aufruf, mit dem er den Menschen in sein Sein ruft. Nun geschieht es durch das Wort der Gnade Gottes, in welchem er die Grenze des menschlichen Zustandes als solchen zum vornherein von außen her überschreitet, mit welchem er das menschliche Sein zum vornherein zur Geschichte macht, daß dieses wird, was es ist: ein zu ihm hin aufgeschlossenes Sein. Nun macht er sich durch dieses sein Wort Wohnung in ihm: er, sein Schöpfer und Erretter, er in seiner Freiheit und Allmacht, er in seiner Barmherzigkeit und Gerechtigkeit, er in seinem Mitleid und in seinem Eifer, er als des menschlichen und alles geschöpflichen Seins Garant und Verteidiger gegenüber dem Argen, er sein getreuer Herr. Und so ist es auf Grund dieser seiner Wohltat: nicht daß es sie erst empfinge, sondern so, daß es, indem es ist, ihr Empfänger ist.

Eben von da aus sagen wir: es ist ein Sein im Danken. Seine durch das Wort der Gnade Gottes konstituierte Geschichte, sein Sein also geht darin weiter, muß darin weiter gehen, daß es seinerseits ein Danken ist. Als die Zusage der Gnade Gottes könnte sie ja nicht weitergehen, könnte sie nicht seine Geschichte, sein eigenes Sein sein und bleiben. Diese Zusage ist wie ihr Inhalt Gottes und nicht seine Sache. Wie es sich nicht selber gnädig sein kann, so kann es sich auch nicht selbst sagen, daß Gott ihm gnädig ist. Das kann es nur hören. Das Wort der Gnade und in ihm die Gnade selbst kann es nur entgegennehmen. Aber eben indem es das tut, indem es sich das gefallen läßt, durch dieses Wort zu sein, was es ist, indem es also ist in seinem Aufgeschlossensein zu Gott hin, ist darüber entschieden: es ist ein Sein im Danken. Es hat sich die Gnade Gottes nicht genommen, sondern sie ist zu ihm gekommen, es hat sich nicht selbst aufgeschlossen, sondern es ist ihm geschehen, daß Gott es aufgeschlossen, zu diesem aufgeschlossenen Sein gemacht hat. Und eben das, wozu es so gemacht ist, ist es nun auch. Es kann nicht sein, ohne eben damit dieses Geschehen selbst zu verwirklichen. Es ist, indem es Gott als dem, der zu dieser Geschichte die Initiative ergriffen hat, verpflichtet, hinsichtlich seines ganzens Verhaltens auf ihn gewiesen ist. Es ist in der Kraft der ihm von Gott gegebenen Zusage und Verheißung, daß er sein Helfer und Erretter ist. Es ist, indem Gott in seinem Wort zu ihm kommt, ein zu Gott hin offenes, sich selbst öffnendes, in der Richtung zu ihm hin sich selbst aufschließendes und überschreitendes Sein. Es ist, durch Gottes Gnadenwort begründet, das seiner Gnade entsprechende, komplementäre Sein. Es ist also dankendes Sein. Das will sagen: der Mensch ist, indem er die ihm von Gott gegebene Zusage und Verheißung nicht nur empfängt und annimmt und als Wohltat an sich geschehen läßt, sondern indem er sie als Gabe, die er sich nicht nahm, als Tat, die er nicht vollbrachte, als Geschehnis, zu dem er nichts beitrug und das er nicht verdiente, gelten läßt. Fassen wir dieses Geltenlassen als solches ins Auge, dann wird uns eben darin der wirkliche Mensch, er selbst nun auch in seiner **Aktion** sichtbar: als Objekt nicht nur, sondern nun auch als das **Subjekt** der Geschichte, in welcher sein Sein besteht. Denn indem wir ihn als das der Gnade Gottes entsprechende komplementäre, als dankendes Sein sehen, sehen wir ihn — und das ist die große Wendung, die wir nun auch in unserer Bildung des Begriffs des Menschen nehmen müssen — zum ersten Mal nun auch in seiner eigenen **Tat**. Sie ist in dieser ihrer Wurzel gesehen, als Dank für Gottes Gnade verstanden, die Tat, in der er die nicht von ihm, sondern von Gott vollbrachte Tat gelten läßt. Sie ist aber eben so seine **eigene Tat**. Er ist Subjekt seiner Geschichte, gerade indem er deren von Gott gesetztes Objekt ist. Gerade die Gnade Gottes ruft ja danach, als solche gelten gelassen zu werden. Sie ruft nach Dank. Daß sie Dank **findet**, daß ihr gedankt **wird**, daß der seinem Geschöpf gnädige Gott als solcher in der Geschöpfwelt geehrt **wird**, das ist das menschliche Sein, und nun eben: das menschliche Sein als des Menschen Aktion, Werk und Tat. Verborgen im Dank und also verborgen in der Tat des Menschen kehrt die Gnade selbst, die in seinem Wort von Gott ausgegangen war, zu ihrem Ursprung, zu Gott, zurück. Es kann ja der Dank, das Geltenlassen der Gnade, sich selbst nur wiederum als Gnade verstehen. Der Mensch leistet nichts Besonderes, er tut nichts Eigenwilliges und Willkürliches, indem er Gott dankt. Er **darf** Gott danken. Er hat die **Freiheit** dazu. Und doch ist es wahr, daß die Gestalt der Gnade in dieser ihrer Rückkehr zu ihrem Ursprung, nun eben des Menschen Aktion, Werk und Tat ist, das menschliche Sein als Subjekt, dem Gott, indem es ihm dankt, in demselben strengen Sinn Objekt ist, wie es, indem es seine Zusage und Verheißung empfängt, Objekt des Subjektes Gott ist. In diesem neuen Licht werden wir die Geschichte, die des Menschen Sein ist, nachher zu Ende verfolgen.

Bevor wir uns dieser Aufgabe zuwenden, ist es angebracht, uns an der Tragweite, die dem Begriffe des **Dankes** in diesem Zusammenhang zukommt, den Sinn der Wendung klar zu machen, die wir nun zu nehmen im Begriff stehen. Wir formulieren die Einsicht, die hier zu gewinnen ist, in vier Sätzen: zwei über Gott und zwei über den Menschen. Alle vier haben formal das Gemeinsame, daß sie eine Exklusion enthalten, und sachlich das, daß sie alle darauf hinweisen, daß es der geschlossene Kreis des Verhältnisses zwischen Gottes Gnade und des Menschen Dank ist, in welchem wir das menschliche Sein zu suchen haben.

1. **Nur Gott** verdient des Menschen Dank. Wir reden vom eigentlichen wesentlichen Dank: von dem Dank, in welchem der Mensch die ihm widerfahrene Wohltat restlos und dauernd als solche gelten lassen muß als die Wohltat, deren er schlechterdings nicht entbehren kann, als vollkommene, alle seine Bedürfnisse erfüllende, ja überbietende Wohltat, als Wohltat, die ihm in der souveränen Freiheit des Wohltäters erwiesen ist. Wir reden

also von dem Dank, in welchem das Geltenlassen der Wohltat die diesem ihrem Charakter entsprechende Tiefe, Unbedingtheit und Beständigkeit hat, in welchem die Verpflichtung dem Wohltäter gegenüber bindend ist ein für allemal, so daß sie durch kein aus ihr sich ergebendes dankbares Verhalten zu erledigen ist. Es gibt auch andere, bescheidenere Wohltat; alle die Wohltat, die ein Geschöpf dem anderen erweisen und sein kann, gehört hieher. Wir werden es nicht gering schätzen, daß es das gibt, daß auch andere, bescheidenere, geschöpfliche Wohltat darum echte Wohltat sein kann, weil erstlich und letztlich Gott der Schöpfer auch ihr Geber ist. Und so gibt es auch anderen, bescheideneren Dank: den Dank, den die Geschöpfe sich gegenseitig erweisen dürfen, indem sie sich gegenseitig wohl tun, und der darum echt sein kann, weil es erstlich und letztlich doch Gott ist, dem sie, wo immer sie echte Wohltat empfangen, dankbar sein dürfen. Aber eben damit sagen wir ja, daß alles andere Danken gewissermaßen auf der Waage liegt und unter der Frage steht: ob es echte Wohltat Gottes ist, der es gilt, und ob es darum der eigentliche und wesentliche Dank ist, der dieser zukommt. Wir reden von diesem eigentlichen und wesentlichen Dank. Gottes Wohltat ruft nach ihr. Aber sie allein kann und tut das. Sie allein ist dem Menschen unentbehrliche, vollkommene. freie Wohltat. Sie allein ist ja die Zusage und Verheißung der ihn bewahrenden und rettenden Gnade. Sie allein ist das Heil, das dem am Rande des Abgrunds des Unheils existierenden Geschöpf helfen kann, wirklich hilft und hilft ohne alle Selbsthilfe. Sie allein verdient also Dank in jenem strengen Sinn des Begriffs. Weil Gott allein Wohltäter in diesem Sinn sein kann und ist und Gott allein der, in Richtung auf den der Mensch — und das geschieht ja, indem er ihm dankt — sich selbst, die Grenze seiner eigenen Möglichkeiten überschreiten kann und wird, darum ist Gott allein der, der Dank verdient. Dank wäre da verschwendet, er beruhte da auf Irrtum und könnte da nur zu neuem Irrtum führen, wo er nicht der einen Wohltat dieses einen Wohltäters zugewendet wäre, wo er nicht auch im Empfang aller Wohltat geschöpflicher Wohltäter in Wahrheit ihm zugewendet wäre. Er kann als unbedingt verpflichtender, als dauernd bindender Dank nur dieser einen Wohltat und also nur diesem einen Wohltäter, Gott, zugewendet sein.

2. Gott kann vom Menschen nur gedankt werden. Wir reden vom Eigentlichen und Wesentlichen, was dem Menschen Gott gegenüber möglich und am Platze ist, von dem, was Gottes im strengen Sinn würdig ist: von dem Umfassenden also, in welchem des Menschen Tun im Verhältnis zu Gott unter allen Umständen bestehen muß, von dem Charakter seines Tuns, in welchem es Gott genau und völlig entspricht und gerecht wird. Wir reden von dem Tun, in welchem der Mensch dem Gott gegenübersteht, der ihm seine Gnade zusagt und verheißt, der also darin und so sein Wohltäter ist. Man kann dieses Tun des Menschen unter mancherlei Be-

stimmungen sehen und verstehen: als Gehorsam, als Glaube, als Liebe, als Vertrauen, und diese wieder in allen möglichen Anwendungen und Konkretionen. Es wird sich auch tatsächlich immer wieder je unter einer dieser Bestimmungen, immer wieder je in einer dieser Anwendungen und Konkretionen verwirklichen. Es wird aber auch in jeder denkbaren Gestalt auf die Waage gelegt und gefragt sein: ob es dieses, das Gott in seinem Gnadenwort genau und völlig entsprechende und genügende Tun ist? Es ist nämlich so, daß Gott vom Menschen eigentlich und wesentlich nur gedankt werden, daß ein Tun, das nicht Dank wäre, Gott gegenüber überhaupt nicht in Frage kommen kann. Der etwas Anderes als Dank, der irgendwelche anders begründete und bestimmte Verhaltungsweisen und Werke von seiten des Menschen forderte und entgegennähme, der wäre bestimmt nicht Gott. Denn der Art, wie Gott dem Menschen begegnet, in der so unentbehrlichen, so vollkommenen, so freien Wohltat seines Gnadenwortes, kann auf Seiten des Menschen gerade nur das Eine entsprechen und Genüge tun: daß er diese Wohltat als solche gelten lasse, daß er den Wohltäter als solchen anerkenne und ehre, daß er sich ihm auf Grund dieser Wohltat verpflichtet und verbunden wisse. Mit allem, was mehr oder weniger wäre als das, mit allem, was davon wirklich verschieden wäre, könnte der Mensch Gott gegenüber nur daneben greifen, könnte und würde er nur Zorn und Unheil auf sich ziehen. Gehorsam ohne Dankbarkeit wäre nichts. Liebe ohne Dankbarkeit wäre nichts. Die frömmsten und besten Werke für Gott, in was sie auch bestehen möchten, wären nichts, wenn sie nicht in ihrer Wurzel und in ihrem ganzen Sinn Werke der Dankbarkeit wären. Es ist, was auch der Mensch in seinem Verhältnis zu Gott tun wolle und tun könne, alles daran gemessen, ob sein Sinn darin besteht, Gottes gnädiges Wort an ihn gelten zu lassen: Gott Gott sein zu lassen, so wie er sich ihm in diesem seinem Wort offenbart und darbietet. Es gibt neben der Dankbarkeit keinen anderen Weg, auf dem der Mensch über sich selbst hinauskäme. Gott kann vom Menschen wirklich nur gedankt werden.

3. Nur indem er Gott dankt, ist der Mensch, was er ist. Unsere beiden ersten Sätze sprachen in der Hauptsache von der Stellung und Bedeutung Gottes in dieser Sache: er allein ist des Dankes des Menschen würdig, und Dank allein ist das, was er vom Menschen fordert und entgegennimmt. Wir kommen nun zu den beiden im engeren Sinn anthropologischen Sätzen vom Danken. Wir konkretisieren in diesem ersten Satz unsere frühere, allgemeine Einsicht: nur in seiner Geschichte ist der Mensch, was er ist. Seine Geschichte und also sein Sein hebt von Gott aus damit an, daß Gott ihm sagt, daß er ihm gnädig ist. Indem wir jetzt darauf achten, wie diese Geschichte weitergeht und sichtbar wird als eine Geschichte, in der er nicht nur Objekt, sondern Subjekt ist, sind wir beim Dank gegen Gott. Daß Gott dem Menschen sagt, daß er ihm gnädig ist,

diese unentbehrliche, vollkommene, reine Wohltat Gottes ist das objektive, das rezeptive — daß der Mensch Gott dankt, das ist das subjektive, das spontane Element des menschlichen Seins. Wir setzen jenes erste jetzt voraus, wir reden jetzt von diesem zweiten, wenn wir sagen: Nur indem er Gott dankt, ist der Mensch, was er ist. Will sagen: unter allem, was der Mensch tun kann, ist nur dieses Tun sein wesentliches, sein eigentliches Tun, das Tun, das sein Sein ausmacht. In diesem und nur in diesem Tun unterscheidet er sich selbst als Sein vom Nichtsein. In diesem, und nur in diesem Tun bestätigt er die göttliche Scheidung von Licht und Finsternis, ergreift er die ihm zugesagte und verheißene Errettung und Bewahrung. In diesem, und nur in diesem Tun ist er Mensch. Der Mensch kann Vieles tun und tut sehr Vieles. Aber daß er Mensch ist, das kann er nur in Einem bestätigen. Er hat nur eine, die große Möglichkeit, Mensch zu sein. Ihr steht grundsätzlich nur die große Unmöglichkeit gegenüber, deren Realisierung für ihn nur bedeuten kann: nicht Mensch und also gar nichts zu sein (denn wäre er nicht Mensch, was wäre er dann sonst?). Die Verwirklichung seiner einen Möglichkeit und also die Verwirklichung seines Seins besteht aber darin, daß er Gott dankt. Darin gibt er dem die Ehre, dem sie allein gebührt, und zwar die Ehre, die seiner allein würdig ist und eben darin allein, daß er das tut, entspricht er subjektiv und spontan der objektiven, der rezeptiven Begründung seines Seins in Gottes Wort. Wir mögen uns auch hier erinnern, daß dieses eine Tun viele Gestalten haben kann. Wir müssen aber auch hier feststellen, daß alle Gestalten menschlichen Tuns daran gemessen sind: ob sie zuerst und zuletzt Gestalten dieses einen Tuns sind? Wie und worin immer der Mensch Gott dankt: darin allein, daß er dankt, ist er Mensch, weil er darin und darin allein dem gerecht wird und Genüge tut, was sein Sein von Gott her begründet, dem Worte Gottes, welches lautet, daß er ihm gnädig ist. In welchem Tun aber gerade dieses Danken nicht stattfindet, in dem stockt, in dem bricht ab die Geschichte, in der das menschliche Sein besteht und außerhalb derer es keinen Bestand haben kann, weil es dann dem Worte Gottes widerspricht, durch das es begründet ist. Die Waage ist streng und genau, auf der da alles menschliche Tun und damit das menschliche Sein als solches gewogen ist. «Sein oder Nichtsein? das ist hier die Frage», und sie entscheidet sich in der Beantwortung der Frage: Dank oder Undank? Der wirkliche Mensch ist der Gott dankbare Mensch, er und nur er. Denn seine von Gott inaugurierte Geschichte, in der er ist, was er ist, kann auf seiner Seite nur diese Fortsetzung haben: in der Danksagung, die er Gott, und in der er sich selbst Gott schuldig ist.

4. Gott zu danken ist so nur dem Menschen auferlegt. Wir wissen aus früheren Zusammenhängen, daß wir diesen Satz, diese letzte Exklusion nur zögernd, nur unter Vorbehalt aussprechen können. Wir sehen ja nicht in das Innere des Verhältnisses zwischen Gott und den anderen

Kreaturen. Wir kennen den Charakter dieser Verhältnisse nicht. Wir wissen nicht, was Gnade und Dank auch dort bedeuten mögen. Wir reden von dem, was wir als Dank gegen Gott kennen, weil wir dazu aufgerufen sind, weil er von uns gefordert ist, weil wir unser Sein darin haben, daß wir ihn darbringen. Wir reden von dem Dank, der sich auf die Wohltat des zum Menschen gesprochenen Wortes der Gnade bezieht und der darin besteht, daß der Mensch sich an den gebunden, dem verpflichtet findet, der ihm in seinem Wort diese Wohltat erweist. Wir reden von dem Dank, in welchem der Mensch nicht nur Objekt, sondern Subjekt seiner Geschichte und also seines Seins ist. Wir reden von dem Dank, der sich vollzieht in des Menschen eigener Verantwortung vor dem zu ihm gesprochenen Wort Gottes. Eben an diesen Begriff der Verantwortung werden wir nachher anknüpfen, wenn wir das Problem der Subjektivität und Spontaneität des menschlichen Seins zu entfalten versuchen werden. Wir unterstreichen also das Wörtlein «so» unseres Satzes: «Gott zu danken ist s o nur dem Menschen auferlegt.» Der Mensch ist nicht Gottes einziges Geschöpf. Er ist auf der Erde unter dem Himmel. Und indem Gottes Gnadenwort zu ihm, in seinem besonderen Raum gesprochen ist, ist es auch in diesem größeren Raum des Himmels und der Erde, ist es auch zu allen ihren Geschöpfen gesprochen. Indem Dank das vom Menschen geforderte Komplement zu Gottes Gnade ist, kann sie auch in allen Tiefen der Erde und in allen Höhen des Himmels kein anderes Komplement als eben dieses haben. Indem wir vom Menschen sagen müssen, daß er nur in der Danksagung gegen Gott ist, was er ist, werden wir dasselbe auch von allen anderen Kreaturen sagen müssen. Auch sie sind, indem sie bewahrt sind durch Gottes in ihrer Mitte gesprochenes Gnadenwort, in der Geltung von dessen auch ihnen gegebener Zusage und Verheißung. Bedroht sind auch sie, gehalten durch Gottes Wort sind auch sie. Indem das Sein gewissermaßen das Niveau ist, auf dem sie sich zwar nicht selbst behaupten, unter das sie aber, weil Gottes Gnadenwort auch ihnen gilt, auch nicht herunterfallen können, sind sie mit uns, indem in ihrer Weise auch sie Gott dankbar sind.

Wir erinnern uns hier an Luthers Erklärung des ersten Artikels: «Ich glaube, daß m i c h Gott geschaffen hat s a m t allen Kreaturen... aus lauter väterlicher göttlicher Güte und Barmherzigkeit, ohn all unser Verdienst und Würdigkeit.» Luther fährt dann fort: «...des alles ich ihm zu d a n k e n und zu loben, dafür zu dienen und gehorsam zu sein schuldig bin.» Er hat hier wohl an Ps. 139, 14 gedacht: «Ich danke dir, daß ich so herrlich bereitet bin, so wunderbar.» Und an Ps. 103, 1 f.: «Lobe den Herrn, meine Seele und Alles, was in mir ist, seinen heiligen Namen!» Aber wenn das «samt allen Kreaturen» gilt, dann wird die Linie auch in der Richtung auszuziehen sein, wie es im 148. Psalm geschehen ist, wo zum Lobe Gottes nun doch auch die Engel und alle himmlischen Heerscharen, der höchste Himmel und die Wasser über der Feste, die Ungetüme und Fluten da drunten, Feuer und Hagel, Schnee, Rauch und Sturmwind, Berge und Hügel, Fruchtbäume und Zedern, wilde und zahme Tiere, Gewürm und Vögel, und dann erst, in der Reihe dieses großen

Chors, die Menschen, die Könige und die Völker, die Fürsten und Richter, die Alten, Jungen und Jüngsten aufgerufen werden: «Sie sollen loben den Namen des Herrn; denn sein Name allein ist erhaben, seine Hoheit geht über Erde und Himmel» (v 13).

Das Sein auch aller anderen Kreaturen als Dank gegen Gott zu verstehen, ist nicht nur notwendig, sondern darum auch heilsam, weil es uns nötigt, unser menschliches Sein mit dem aller anderen Kreaturen als **geschöpfliches Sein zusammen zu sehen**. Indem der Mensch Gott dankt und darin Mensch ist, daß er das tut, vollbringt er nicht mehr und nicht weniger als das, was alle anderen Kreaturen mit ihrem Sein auch vollbringen: er **nicht weniger** als die Sonne und als der Jupiter, er aber auch **nicht mehr** als der Sperling auf der Straße oder als die bescheidenste Eintagsfliege. Auch er darf als Geschöpf danken und damit sein. Auch er kann als Geschöpf nur danken. Aber nun müssen wir fortfahren: Wie immer das Danken und also das Sein der anderen Kreaturen geschehe — wir wissen es nicht, weil ihr Verhältnis zu Gott, weil die Art, in der sein Gnadenwort auch für sie Geltung hat, uns verborgen ist — so wie dem Menschen ist der Dank gegen Gott nun doch ihm allein auferlegt. Es gehört schon die Demut, in der er sich, gerade indem er Gott dankt, mit allen anderen Kreaturen zusammenrechnet, zu dem Charakter **seines Dankens und Seins**, zu dem Charakter, der seinem Denken und Tun **eigentümlich** ist, der in dem Dank der übrigen Kreatur keine Analogie hat. Lobt auch sie den Herrn, so ist es doch im 148. Psalm nicht sie, die den Menschen, sondern der Mensch, der sie darauf anredet, nicht sie, die sich mit dem Menschen, sondern der Mensch, der sich mit ihr in eine Reihe stellt. Es hat des Menschen Dank gegen Gott auch als Tat solcher Demut den Charakter der durch Gottes Gnadenwort von ihm geforderten und von ihm selbst vollstreckten **Tat**. Es hat des Menschen im Dank gegen Gott betätigtes Sein den Charakter eines subjektiven, eines spontanen Seins. Kann auch er nur vollziehen, was jedes Geschöpf vollzieht, so kann er dasselbe doch nur in seiner eigenen Tat vollziehen. Daß Gottes Gnadenwort **wahr ist** und gilt, das ist vom Himmel und von der Erde und von allen ihren Geschöpfen zu sagen. Daß das Geschöpf selbst dieses Gnadenwort **wahr zu machen**, und zwar darin wahr zu machen hat, daß es es gelten läßt, das ist nur vom Menschen zu sagen. Wir wissen jedenfalls nicht, was wir sagen, wenn wir das sinnend und dichtend wohl auch von anderen Geschöpfen sagen, und wir würden auch nicht behaupten können, daß wir uns durch Gottes Wort zu einem Sinnen und Dichten in dieser Richtung aufgefordert sehen. Wir kennen außer dem Menschen kein anderes Geschöpf, dem es auferlegt wäre, den Dank gegen Gott und also sein Sein so zu vollziehen, daß es selbst für dessen Vollzug verantwortlich gemacht ist, daß es sich selbst in dessen Vollzug verantworten muß. Eben dieses Selbstsein in der Verantwortlichkeit für den Dank gegen Gott ist das menschliche Sein in großer Einsamkeit unter allem sonstigen Sein, so gewiß auch alles sonstige Sein nur als Komplement zu Gottes Gnade und also nur als Dank gegen Gott Bestand haben kann. Indem Gottes Wort gerade an den Menschen ergeht, will es für ihn nicht nur wahr sein, sondern will, daß er selbst es für wahr halte. Es will nicht nur gelten für ihn, sondern eben: daß er selbst es gelten lasse. Es will zu ihm nicht nur gesprochen sein als Wort der Macht, sondern gehört und vernommen als Wort der Weisheit. Es will ihn selbst für sich gewinnen und haben. Indem es das tut, begründet es des Menschen Besonderheit und stellt es ihn in jene Einsamkeit. Wir sagten früher, daß es den Menschen aufruft, d. h. aber über alles, was bloß sein Zustand ist, hinausruft. Wir müssen das nun auch in dem Sinn verstehen, daß es ihn aus der Reihe, dem Chor der anderen Geschöpfe herausruft. Auch diese sind. Auch sie sind in bestimmten Zuständen. Es kann auch ihr Sein nur in einem Danken bestehen. Das haben sie mit uns, das haben wir mit ihnen gemeinsam. Daß das Danken und also das Sein die Tat, die Aktion, das Werk des Geschöpfs selber ist, dafür haben wir außer dem Menschen keinen Zeugen. Es besteht sein und nur sein Danken darin, daß er dem göttlichen Wohltäter nicht nur verpflichtet und verbunden ist, sondern sich selber ihm verpflichtet und verbindet und eben darin sein Sein hat. Es besteht sein und nur sein Danken darin, daß er in solcher Selbstverpflichtung seinem göttlichen Wohltäter gegenüber sich selbst als bloßen Zustand überschreitet. Geschichtliches Sein ist das menschliche und nur das menschliche Sein. Wir wissen nichts von der Art, in der die übrige Kreatur dankt und also ist. Es ist dem Menschen und nur dem Menschen auferlegt, Gott so zu danken und also so zu sein.

Wir schreiten von hier aus zur Untersuchung und Darstellung des rückläufigen Sinns der Geschichte, in der wir das Sein des wirklichen Menschen zu erkennen haben. Es wird im Begriff des Dankes als des Komplements der Gnade Gottes deutlich, daß das menschliche Sein wie von Gott her so auch zu Gott hin ist. Indem es Dank ist, kehrt es zurück zu Gottes Gnade, in der es seinen Ursprung hat. Als von Gott her ist es Objekt in reiner Rezeptivität. Und da sein Ort der Kreis ist, in welchem es nur, indem es von Gott ausgeht, zu Gott wieder zurückkehren kann, wird es nie aufhören könen, auch dieses Objekt auch in reiner Rezeptivität zu sein. Es kann aber gerade als Objekt der Gnade Gottes gerade in seiner reinen Rezeptivität nicht anders sein, als daß es wirklich zu Gott zurückkehrt. Begründet durch Gottes Gnadenwort, wird es zum Akt des Denkens, erschließt es sich zu Gott hin, wie Gott es zuvor von sich her erschlossen hat. Es ist — wir sehen es jetzt erst in seiner Ganzheit, in der es das menschliche ist — ein doppelt erschlossenes Sein. Und als zu Gott hin erschlossen ist es Subjekt in reiner Spontaneität. Es ist dieser zweite Sinn, in dem wir es jetzt noch zu sehen und zu verstehen haben.

Wir fassen das menschliche Sein, in diesem zweiten Sinn gesehen und verstanden, zusammen unter dem im Vorangehenden bereits unvermeidlich aufgetauchten Begriff der Verantwortung. Wir befinden uns jetzt genau gegenüber dem Punkt, den wir im Vorangehenden als das des Menschen Zusammensein mit Gott, sein Sein von Gott her, sein Sein auf Grund seiner Erwählung realisierende und offenbarende Wort der Gnade Gottes genannt haben. Indem der Mensch der Hörer dieses Wortes ist, wird das Danken zur einzigen Verwirklichung der Möglichkeit, die im Blick auf Gott wie im Blick auf den Menschen selbst dessen einzige Möglichkeit ist: zu der Verwirklichung, in der er sich als Mensch von den anderen Geschöpfen unterscheidet. Sein, das menschliche Danken, hat aber eben den Charakter der Verantwortung.

Wir beachten zunächst: es handelt sich um den Akt und das Geschehen einer Antwort auf das Wort Gottes. Wir dürfen auch hier nicht aus den Augen verlieren, daß das Sein des Menschen seine Geschichte ist. Gott macht den Menschen durch sein Wort nicht nur «verantwortlich», sondern er zieht ihn, indem er ihm sein Wort sagt, zur Verantwortung ihm selbst gegenüber. «Verantwortung» und «Verantwortlichkeit» unterscheiden sich wie Akt und Potenz. Und eben darum wäre der Begriff der «Verantwortlichkeit» hier ungenügend, weil er doch nur einen durch eine bestimmte Potenz ausgezeichneten Zustand des menschlichen Seins, nicht aber dieses Sein selber, weil er dieses nicht als Akt und Geschehen bezeichnet.

«Verantwortlich» ist dasjenige Sein, dem es eigentümlich, möglich und notwendig ist, sich zu verantworten. Wir bestreiten nicht, daß des Menschen Sein in diesem Sinn verantwortlich ist. Wir bestreiten aber, daß mit dem Hinweis auf diese ihm in der Tat zuzuschreibende Eigentümlichkeit, Möglichkeit und Notwendigkeit der wirkliche Mensch, das menschliche Sein selbst und als solches bezeichnet ist. Der Aufruf des Wortes Gottes, dem der Mensch es dankt und immer wieder zu danken hat, daß er ist und daß er Mensch ist, zielt auf die wirklich sich ereignende Verantwortung. Ist das menschliche Sein als Dank das Komplement zu Gottes Gnade, ist es also das dem Aufruf des Wortes Gottes entsprechende Aufgerufensein, ist es gemäß der Grundbestimmung, die ihm in und mit seiner Begründung durch Gottes Wort gegeben ist, dann ist es dieses Ereignis selbst und nicht bloß dessen Möglichkeit und Notwendigkeit. Nur «verantwortlich» und noch nicht in der Verantwortung begriffen, ist der Mensch als Inhalt des noch nicht ausgesprochenen, sondern noch als geheimer Ratschluß in Gott verborgenen, des seiner Aussprache und also der Tat der Schöpfung erst entgegengehenden Wortes Gottes. Hier, ehe der Mensch war, kennt und will ihn Gott als potentielles, als dasjenige Sein, dem es eigentümlich, möglich und notwendig ist, sich selbst zu verantworten. Es entspricht aber der Aktualität des ausgesprochenen Schöpferwortes Gottes des Menschen aktuelles Sein und also das Ereignis seiner Selbstverantwortung. Der wirkliche Mensch ist also wohl auch, aber nicht nur «verantwortlich», sondern — und das erst macht ihn zum wirklichen Menschen — in der faktischen Verantwortung vor Gott begriffen. Er wäre nicht und er wäre nicht der Mensch, wenn seine Verantwortung nicht geschehende Geschichte wäre. Wir blicken im Grund immer schon zurück auf dieses

3. Der wirkliche Mensch

Ereignis, wenn wir ihn als «verantwortlich» bezeichnen. Wir bezeichnen dann eine der Fähigkeiten, die ihn als das Subjekt dieser Geschichte auszeichnen. Wir setzen dann sein Menschsein als solches schon voraus. Dieses selbst kann mit Adjektiven gar nicht und mit Substantiven nur dann bezeichnet werden, wenn diese nicht bloß einen Zustand, sondern den in seiner Geschichte seienden Menschen beschreiben. Das tut eben der Begriff «Verantwortung» im Unterschied zu dem der «Verantwortlichkeit».

Ist das menschliche Danken und also das menschliche Sein aber Verantwortung, so ist es an seinem Ort und in seiner Weise selbst Wort: vom Worte Gottes verschiedenes, im Unterschied zu ihm das geschöpfliche, das menschliche Wort, das Wort des Dankes und nicht das Wort der Gnade und also mit ihm — obwohl ganz und gar in ihm begründet — nicht identisch und nun doch von Hause aus als Wort ihm zugewendet und zu ihm zurückkehrend, als Wort ihm entsprechend. So ist das menschliche Sein also Antwort, genauer gesagt: das Sein im Akt des Antwortens auf Gottes Wort, ein Sein, das in der Geschöpfsphäre und selber als geschöpfliches Sein jene Zuwendung und Rückkehr zu Gott hin vollzieht: zu eben dem Gott hin, von dem es, durch dessen Wort begründet, her ist. Es ist als Aufgerufensein durch Gottes Wort wie die Aufnahme dieser Gabe so auch die Durchführung dieser Aufgabe: Antwort zu sein, Vollzug dieser Zuwendung und Rückkehr zu Gott. Insofern ist es eben Verantwortung. Der Mensch i s t und er ist M e n s c h, indem er diese Verantwortung ablegt, indem er sich selbst zur Antwort auf das Wort Gottes hergibt, sich selbst als dessen Beantwortung verhält, gestaltet, darstellt. E r i s t und er ist M e n s c h, indem er diese T a t tut.

Und nun entwickeln wir den Begriff des wirklichen Menschen in diesem zweiten, subjektiven, auf seine Spontaneität bezogenen Sinn des Begriffs, indem wir die inneren M e r k m a l e dieser T a t, seines Seins in der Verantwortung vor Gott namhaft machen und kurz zu erläutern versuchen. Es soll streng um diese Tat als solche gehen. Nicht um den besonderen Zustand also, in welchem der Mensch sich dabei befindet, wie ja jedes Geschöpf auch immer in seinem besonderen Zustand ist. In seiner Tat, indem er ja dem Gott dankt, der ihm sagt, daß er ihm gnädig ist, indem er ja dem Gott entgegengeht, von dem er herkommt, ü b e r s c h r e i t e t der Mensch die Grenze seines Zustandes. Wir werden zum Schluß auch auf das Problem des menschlichen Zustandes noch einmal zurückkommen. Hier geht es uns um sein Sein und also um seine Tat als solche. Diese seine Tat unterscheidet sich in einer Reihe von inneren Merkmalen von allem, was in der Geschöpfwelt sonst geschieht. Sie kennzeichnen das menschliche Sein als Geschichte im eigentlichen Sinn dieses Begriffs. Ihnen wenden wir jetzt unsere Aufmerksamkeit zu.

1. Indem das menschliche Sein ein Sein in der Verantwortung vor Gott ist, hat es den C h a r a k t e r d e r E r k e n n t n i s G o t t e s.

Menschliches Sein als Verantwortung ist Antwort, Sein im Akte der Antwort auf Gottes Wort, sagten wir. Ist es aber, indem es antwortet, dann ist es erkennendes, Gottes Wort — und in Gottes Wort Gott selbst als Gott gelten lassendes und bejahendes Sein. Es gibt Antwort, indem es das Wort Gottes als Wort hört, indem es sich das in ihm Gesagte gesagt sein läßt. Ein Wort als Wort hören, das in ihm Gesagte sich gesagt sein lassen, das heißt aber eben: erkennen. Gottes Wort hören, sich Gottes Wort gesagt sein lassen, heißt also Gott erkennen. Menschsein in der Verantwortung vor Gott heißt: Gott erkennen. Der Mensch erkennt Gott daraufhin, daß Gott ihm sein Wort sagt, und also daraufhin, daß Gott ihn zuvor «erkennt». Aber eben daraufhin geschieht es als spontaner Akt der Dankbarkeit, in dem die von Gott inaugurierte Geschichte weitergeht und des Subjektes Mensch eigene Geschichte wird, geschieht es, jenem göttlichen «Erkennen» durch sein Wort folgend wie der Donner dem Blitz: daß der Mensch Gott erkennt. Dank kann ja auch als «Erkenntlichkeit» bezeichnet werden. Es geht um das Erkennen des Gottes, der dem Menschen in seinem Wort sagt, daß er ihm gnädig ist, um das Erkennen dieser seiner Wohltat also. Aber eben der Wohltäter selbst, sein eigener rettender und bewahrender Einsatz für den Menschen, ist ja diese Wohltat, wie ja auch sein Wort in geschöpflicher Existenzweise noch einmal er selbst, Gott der Schöpfer ist. Die Gnade als sein Werk erkennen heißt also doch: ihn selbst als den gnädigen Gott erkennen. Indem das geschieht, indem der Mensch das tut, vollzieht er seine Verantwortung vor Gott, tut er also sein eigenes Sein.

Erkenntnis Gottes darf also vor allem nicht als ein müßiges Kennen, Sehen, Betrachten, Verstehen Gottes interpretiert werden. Da stehen nicht zwei Dinge in einem Verhältnis, von denen das eine das erkennende Subjekt, das andere das erkannte Objekt wäre. Da ist ja das erkannte Objekt vielmehr das erste und eigentliche Subjekt, auf Grund von dessen ursprünglicher Tat das zweite, das erkennende Subjekt, seinerseits zur Tat aufgerufen und durch diesen Aufruf vom Objekt her zum Subjekt gemacht wird. Ein in sich ruhendes Sein wäre nicht das Gott erkennende und also nicht das sich vor Gott verantwortende, und also nicht das menschliche Sein, wie ein in sich ruhendes Sein ja unter allen Umständen auch nicht das göttliche Sein wäre. Erkenntnis Gottes besteht darin, daß der Mensch, für den Gott sich entschlossen, den Gott für sich selbst aufgeschlossen hat, sich seinerseits für Gott entschließt und aufschließt: sich aufschließt, um wie durch ein geöffnetes Tor über sich selbst hinauszuschreiten, um zu Gott zu gehen, wie Gott zu ihm kommt. In dieser Bewegung ist er Gott erkennendes Subjekt, wird Gott das von ihm erkannte Objekt. Eben in dieser Bewegung geschieht es nämlich, daß er sich dem gnädigen Gott und den gnädigen Gott sich selbst gegenüber findet.

Und eben indem das menschliche Sein diese Bewegung vollzieht, ist es Verantwortung vor Gott, antwortet es auf Gottes Wort. Denn indem es sich Gott gegenüber entschließt, aufschließt und auf den Weg macht, entspricht es dem, was Gott an ihm tut. Der ihm gegenüber so ganz Andere, Fremde, Hohe, Überlegene, sein Schöpfer, sagt ihm, daß er ihm gnädig ist. Darin ist es begründet als Sein und als menschliches Sein, daß Gott ihm das sagt. Eben dementsprechend kann es nun nicht bei sich selbst bleiben, muß es sich selbst dazu entschließen und aufschließen, diesen Anderen, Fremden, Hohen, Überlegenen, der sein Schöpfer ist, als solchen zu sehen, ihn sich gegenüber, sich selbst ihm gegenüber zu sehen: dazu zu sehen, um ihm entgegen, um zu ihm zu gehen, ohne den es nicht wäre, ohne den es nicht sein kann und der ihm ja eben das zusagt und verheißt, daß er sein Erretter und Bewahrer ist. Indem es Gott erkennt, indem es Gott erkennendes Subjekt, indem Gott das von ihm erkannte Objekt ist, hält es das für wahr und macht es das wahr: daß der in seiner Majestät gnädige, in seiner Gnade majestätische Gott sein Gott ist. Es dankt ihm. Es läßt ihn als solchen gelten. Es anerkennt ihn als solchen. Es verhält sich zu ihm, wie er sich zu ihm verhält. Es gibt ihm die Ehre, die ihm laut seiner eigenen Tat und Offenbarung gebührt und zukommt. Es macht sich auf und geht zu seinem Vater. Die Frage, ob es das kann, ist gegenstandslos. Es tut es. Es wäre nicht das menschliche Sein, es hätte sich selbst verloren, wenn es das nicht täte. Es tut es, indem es von dem, zu dem es geht, schon herkommt. Es ist ja mit Gott zusammen, von Gott her, auf Grund seiner Erwählung. Es besteht ja im Hören seines Wortes. Es ist ja in der von Gott inaugurierten Geschichte. Kraft dieser seiner Herkunft kann es nur das tun. Und kraft dieser seiner Herkunft tut es gerade das. Und so verantwortet es sich vor Gott, indem es Gott erkennt, indem ihm Gott Gott ist.

Es verantwortet wirklich sich selbst, indem es Gott erkennt. Sich verantworten heißt offenbar: sich selbst zur Antwort machen. Indem der Mensch sich vor Gott verantwortet, macht er sich selbst zur Antwort auf sein Wort, gibt er sich selbst dazu her, diese Antwort zu sein, wie Gott selbst sich dazu hergibt, das ihn begründende Wort zu sein. Der Mensch ist also ganz und gar in dieser Beziehung zu Gottes Wort. Er ist, indem er sich vor Gott verantwortet und indem er darin am Worte Gottes und so an Gott selbst Anteil nimmt: geschöpflichen Anteil und in geschöpflicher Weise, aber realen Anteil nimmt. Der Mensch ist im Zusammenhang des von Gott ausgehenden und zu Gott zurückführenden Erkenntnisvorgangs: als von Gott erkanntes, aufgerufenes und als solches gesetztes Objekt, und infolgedessen zugleich als Gott erkennendes, ihn anrufendes und darin sich selbst als solches setzendes Subjekt Er ist er selbst in diesem Zusammenhang: nämlich darin, daß er von Gott gefunden, erkannt, aufgerufen ist. Er setzt sich selbst in diesem Zusammenhang: nämlich darin, daß er seinerseits Gott sucht, erkennt und anruft. Der Mensch selbst, der wirkliche Mensch, ist also das Wesen, das im Zusammenhang dieses Erkenntnisvorgangs zugleich (von Gott her) **er selbst ist** und (zu Gott hin) **sich selbst setzt**.

Und nun ist über den Erkenntnischarakter der menschlichen Verantwortung vor Gott als Letztes noch dies zu sagen: Man muß jenen von Gott ausgehenden und zu Gott zurückkehrenden Erkenntnisvorgang sehen, um in seinem Zusammenhang den Menschen selbst, den wirklichen Menschen, zu sehen. Man sieht diesen sonst, man sieht ihn in einem leeren Raum außerhalb dieses Erkenntnisvorgangs überhaupt nicht. Man sieht ihn nur, wenn man ihn mit Gott als dem Ursprung und Ziel jenes Erkenntnisvorgangs und also im Lichte des Wortes Gottes als Sein in der Verantwortung vor Gott sieht. Wie wird der Mensch sich selbst Objekt, seiner selbst bewußt? Das ist doch das große Problem dessen, was man Selbsterkenntnis nennt. Wir können und müssen nun antworten: Er wird es dadurch, daß er sich selbst im Zusammenhang jenes Erkenntnisvorgangs sichtbar wird. Ist es wahr, daß der Mensch in diesem Zusammenhang **selbst ist und sich selbst setzt** — und ist es wahr, daß sich dies darin ereignet, daß er sich Gott gegenüber **entschließt, aufschließt und auf den Weg macht**, dann wird es eben darin wahr, daß er sich auch selbst gegenständlich, zum Objekt wird. In dem Maß, als er diesen Schritt tut, tritt er ja in der Richtung auf Gott hin aus sich selbst heraus, distanziert er sich sich selbst gegenüber, wird mit dem gnädigen Gott, von dem er herkommt und dem er entgegengeht, auch er selbst sich zu einem Anderen. Wir werden nicht fortfahren: zu einem Fremden, Hohen, Überlegenen, wie wir es von Gott gesagt haben, den der Mensch sich und dem er sich selbst in diesem Tun gegenüberfindet. Er wird sich selbst in diesem Tun immer nur als einen relativ Anderen finden. Den strengen Erkenntnischarakter des Verhältnisses von Subjekt und Objekt, wie er der Erkenntnis Gottes eigentümlich ist, werden wir also der menschlichen Selbsterkenntnis nicht zuschreiben können. Sie kann die Erkenntnis Gottes nur eben begleiten als deren Schatten. Immerhin: sie begleitet sie notwendig. Im Zusammenhang des von Gott ausgehenden und zu Gott zurückkehrenden Erkenntnisvorgangs, in welchem der Mensch sich von Gott und Gott als den Anderen, Fremden, Hohen, Überlegenen von sich selbst unterscheidet, in welchem der gnädige Gott dem Menschen zum Objekt wird — in diesem Zusammenhang tritt auch er selbst sich selbst gegenüber, wird auch er selbst sich selbst objektiv, sichtbar, erkennbar, seiner selbst bewußt: seiner selbst wie er von Gott her ist und wie er sich zu Gott hin selber setzt. Der so einfache und so inhaltreiche Satz: «**Ich bin**» wird möglich und notwendig. Er ist kein selbständiger Satz. Er ist nicht absolut wahr. Nur in Begleitung und in der Nachfolge des Satzes: «**Gott ist**» kann er gewagt werden. Nur so hat er Gehalt und Sinn.

3. Der wirkliche Mensch

Aber in Begleitung und in der Nachfolge jenes ersten Satzes muß er gewagt werden und hat er Gehalt und Sinn. Im Zusammenhang mit ihm besagt er nämlich: ich finde mich selbst, ich finde das Wesen, das ich durch Gottes Wort bin, im Vollzug jener Tat der Verantwortung und also in jenem Schritt inbegriffen. Ich finde mich — von dort her kommend, wo ich außer Gottes Wort nur das Nichts hinter mir haben könnte — auf dem Wege dorthin zu Gott, meinem Erretter und Bewahrer, dorthin, wo ich außer ihm wiederum nur das Nichts vor mir haben könnte. Dort allein habe ich die Zukunft meines Seins. Dort allein finde ich mich selbst vor, d. h. vor mir. Aber eben dort, in der Richtung, wohin ich schreite, indem ich Gott suche, erkenne, anrufe: eben dort finde ich nun wirklich die Zukunft meines von Gott zu errettenden und bewahrenden Seins. Ohne Gott und ohne ihn zu suchen, zu erkennen, anzurufen, könnte ich dort nur eben mein Verfallensein an das Nichts, mein eigenes Verlorengehen finden. Ich könnte dann, in die Zukunft schreitend, nur Nichts sein. Ich bin aber nicht ohne Gott. Sondern ihn suche, ihn erkenne ich, ihn rufe ich an, wie ich von ihm aufgerufen bin. Ihm danke ich, wie er mir gnädig ist. Vor ihm verantworte ich mich, wie ich bin, indem er sein Wort spricht. Ich bin also, indem ich mich selbst vor mir finde, indem ich Gott erkennend auch mich selbst erkenne, d. h. indem, da er mein Objekt ist, auch ich selber mir Objekt — in meiner Hoffnung auf Gott mitgesetztes Objekt — werde. «Ich bin» heißt also: ich bin dabei — nämlich dabei bei Gottes Wort und seinem Werk, oder anders: ich bin darin — nämlich darin im Vollzug jenes Erkenntnisvorganges, der von Gott herkommt und zu Gott hingeht. Sekundär, in der Geschöpfsphäre bin auch ich Subjekt dieses Vorgangs, in welchem ja gerade meiner gedacht ist, welchen ja gerade ich mitzudenken und in welchem ich gerade mich selbst mitzudenken autorisiert und aufgefordert bin. Daß der Satz: «Ich bin» dem Satz «Gott ist» nicht etwa vorauseilen kann — geschweige denn, daß er ihm, wie die Toren in ihrem Herzen sprechen, überflüssig machen könnte, das dürfte jetzt unmißverständlich klar sein. Uns erfreut nun aber an dieser Stelle das Positive, daß dem Satz: «Gott ist» in der ihm angemessenen Unterordnung und Relativität auch der Satz «Ich bin» zweifellos folgen muß. Menschliches Sein als Sein in der Verantwortung vor Gott schließt unter dem Gesichtspunkt der Erkenntnis wirklich Beides in sich (ein Jedes an seinem Ort und in seiner Weise): die Erkenntnis des göttlichen und die des menschlichen Seins.

2. Indem das menschliche Sein ein Sein in der Verantwortung vor Gott ist, hat es den Charakter des Gehorsams gegen Gott.

Wir sind von unserer Grundlegung her auf diesen Begriff vorbereitet: Menschliches Sein ist Sein im Hören des Wortes Gottes. Verantwortung ist die spontane, die aktive Gestalt des Hörens. Indem das Hören zur Tat des Subjekts wird, wird es zum Gehorsam. Und wir sind durch unsere Analyse der menschlichen Verantwortung als Erkenntnis darauf vorbereitet: Erkenntnis selbst ist mehr als Wissen und Betrachtung. Erkenntnis selbst ist Tat, ist aktive Beteiligung an der von Gott herkommenden und zu Gott zurückkehrenden Erkenntnisbewegung. Sie ist Erkenntnis im Gehorsam gegen das Gesetz dieses Vorgangs.

Ist menschliches Sein ein Sein in der Verantwortung vor Gott, so ist es dadurch bestimmt, daß Gottes Wort Gottes Handeln ist, als Wort seiner Gnade das Wort des allmächtig wirkenden Schöpfers. Daß Gott dem Menschen laut dieses seines Wortes gnädig ist, das ist nun gerade keine bloße «Verlautbarung», die auf irgend einer Tafel verzeichnet, vom Menschen bloß zur Kenntnis genommen werden könnte. Ist menschliches Sein ein Sein in der Verantwortung vor Gott, dann kann es sich nicht darin erschöpfen, Bekanntschaft mit Gott zu sein, nicht in der Einsicht in sein von ihm selbst ihm offenbartes Wesen und Werk, nicht im Verstehen seines Willens und auch nicht in einer dieser Bekanntschaft mit ihm entsprechenden Gesinnung. Menschliches Sein ist das Alles auch. Aber eben indem es das Alles ist, ist es auch mehr als das Alles. Das Alles bedeutet ja, daß es sich selbst für Gott entschließt, sich ihm gegenüber aufschließt, sich zu ihm auf den Weg macht. Das Alles bedeutet ja, daß es nicht — wie es bei einer bloßen Bekanntschaft, Einsicht und Gesinnung der Fall wäre — bei sich selbst bleiben kann, sondern, durch Gottes Wort aufgerufen, über sich selbst hinausschreiten muß, wie Gott als sein Schöpfer aus sich selbst herausgeschritten, zu ihm gekommen und so sein Seinsgrund geworden ist. Dieses Gottes allmächtig wirkendes Wort erlaubt auch ihm, seinem Geschöpf, nicht, bei sich selbst zu bleiben, es selbst zu sein, ohne sich selbst zu setzen. Das menschliche Sein ist, indem es durch dieses Wort in Anspruch genommen und verpflichtet ist. Indem ihm gesagt ist, daß Gott ihm gnädig, daß er sein Retter und Erhalter ist, wird ihm zugerufen: Mache dich auf! Komm her zu mir! Komm, um im Zusammensein mit mir zu sein und Mensch zu sein, um durch mich gerettet und vor dem Nichts bewahrt zu sein! Komm, um mit mir und durch mich zu leben! Der Mensch kann nicht sein, indem er diesen Ruf bloß hört. Er kann nur sein, er kann gerade sein Sein als Erkenntnis nicht anders vollziehen, als indem er diesem Ruf gehorsam ist.

Daß er ist und also gehorsam ist, das bedeutet, daß der Satz: «Ich bin» interpretiert werden muß durch den anderen: «Ich will». Wir erklärten ihn vorher mit dem Satz: «Ich bin dabei», nämlich dabei in jenem Erkenntnisvorgang, der in Gott seinen Ursprung und sein Ziel hat. Erklären wir ihn jetzt weiter durch den Satz: «Ich will», so heben wir hervor: es geht beim menschlichen Sein und also bei diesem Dabeisein nicht um ein passives, sondern um ein aktives Dabeisein. Der Mensch ist wohl rein rezeptiv von Gott her, er ist aber auch rein spontan zu Gott hin.

3. *Der wirkliche Mensch*

Er ist nicht bloß Teilfunktion in einem bewegten Ganzen. Er ist überhaupt nicht nur Funktion. Hier ist Gott, hier ist aber Gott gegenüber und im Verhältnis zu Gott auch der Mensch selbst S u b j e k t. Daß ich Subjekt bin, das sage ich, indem ich sage: «Ich will». Und indem ich das nicht nur sage, sondern wirklich will, s e t z e ich mich selbst als Subjekt. Indem ich will, anerkenne ich nämlich, daß mein Sein nicht nur mir geschenkte Gabe, sondern mir aufgetragene A u f g a b e ist, mehr noch: bejahe und ergreife ich mein Sein als meine Aufgabe und behandle ich es als solche. Mein Sein als meine Geschichte geschieht nun nicht schlechthin, wie es einem Wassertropfen im Strom geschieht, daß er von hier nach dort bewegt und getragen ist. Sondern so geschieht nun mein Sein als Geschichte, daß ich selbst mich v o r m i r sehe als den, der ich sein werde, als den, der zu sein mir a u f g e g e b e n ist.

Um mich selbst zu betrachten, wie Einer sich selbst im Spiegel betrachtet? Das könnte ich ja nur, wenn ich jener unnütze Hörer des Wortes wäre, der nicht als solcher auch dessen Täter ist, wenn ich der wäre, von dem es dann Jak. 1, 24 heißt, daß er, nachdem er sich selbst betrachtet, davongeht und von Stund an vergißt, wie er gestaltet war, dessen Selbsterkenntnis also keinen Bestand hat, Erkenntnis seines wirklichen Selbst gar nie gewesen ist. Echte Selbsterkenntnis ist nach Jak. 1, 25 vielmehr das Hineinschauen in das «zum Ziel führende Gesetz der Freiheit» — das Gesetz, laut dessen ich nur in der Wirklichkeit meines eigenen freien Wollens ich selber bin. Echte Selbsterkenntnis ist das Verharren unter diesem Gesetz, das mir verwehrt, ein vergeßlicher Hörer zu werden, und mir eben damit erlaubt, mich selbst v o r m i r zu sehen, vor mir, indem ich mir das, was ich sein werde, was zu sein mir aufgegeben ist, zum Ziel meines Begehrens setze.

Ich bin (und ich weiß, daß ich bin), indem ich diese meine mir in meiner Erkenntnis Gottes vorgeschriebene und gebotene Möglichkeit wähle. Wollen heißt G e h o r c h e n. Ich habe ja nur eine Möglichkeit, und die erfinde ich nicht, die ist mir in meiner Erkenntnis Gottes tatsächlich vorgeschrieben und geboten. In ihr bejahe und begreife ich mein Sein in der Bestimmung, die es sich nicht selbst gegeben, sondern mit der es geschaffen ist. Was vor mir liegt, ist mein Weg zu Gott, von dem ich auch herkomme und über dessen Richtung — er wird den Kreisbogen nicht verlassen können, in welchem er angehoben hat — von seinem Ursprung her entschieden ist. Was vor mir ist — ich selber, so wie ich mir selber Aufgabe bin — ist mein durch Gottes Wort beanspruchtes Sein, weil jedes andere nur mein Nichtsein sein könnte. So heißt Wollen Gehorchen. Aber eben Gehorchen heißt auch W o l l e n. Der Tropfen im Strom bewegt sich, aber er gehorcht nicht; er bewegt sich nur, indem er getrieben ist. Ich gehorche nicht, sofern ich nur Tropfen im Strom, sofern ich nur getrieben bin. Es ist vielmehr gerade das Gesetz, unter dem ich stehe, das Gesetz meiner F r e i h e i t und also d a s Gesetz, laut dessen ich selbst mich als den, der ich sein werde, zu s e t z e n, laut dessen ich meine einzige, die mir in meiner Erkenntnis Gottes vorgeschriebene und gebotene Möglichkeit zu wählen, sie als diese mir einzig wirklich gegebene jeder anderen vorzuziehen, mich selbst für sie und nur für sie zu entschließen und aufzuschließen, mich für sie zu entscheiden habe. Menschliches Sein als Gehorsam ist Sein in dieser Wahl, in diesem Entschluß, in dieser Entscheidung. Gehorchen heißt Wollen.

Doch muß das ganz wörtlich und präzis verstanden sein. Es geht schon um das Sein in dieser Entscheidung. Es wäre ja das noch nicht Gehorsam, was etwa bloß ein der Inspruchnahme unseres Seins durch Gottes Wort entsprechendes Wollen wäre, hinter welchem unser Sein gewissermaßen im Rückstand bliebe, das wir nur als Wahl, Entschluß und Entscheidung vollziehen würden, um uns dann doch, abgesehen von dieser Aktion und also ohne an ihr beteiligt zu sein, noch einmal anderswie zu kennen und zu besitzen, um uns dann doch in unserem Wollen noch einmal in Frage stellen zu können. Der will nicht wirklich, der Raum und Zeit hat für ein anderwärtiges Sein, der nicht in seiner Wahl ist, was er ist, der also nicht, indem er will, zu tun anhebt, was er will. Will ich mich selbst als den, der ich sein werde, dann habe ich neben diesem Wollen keinen Raum und keine Zeit für ein anderwärtiges Sein. Es bedarf also der Satz: «Ich bin» weiterer Erklärung. Er bedeutet: «Ich tue». Wir sind jetzt vor Mißdeutung geschützt. Das Tun als Tun tut es gewiß nicht; es würde das menschliche Sein vom Wachstum der Pflanze, von der Bewegung des Tiers noch nicht unterscheiden. Daß es gewähltes, beschlossenes, gewolltes Tun ist und daß es als solches auf Gotteserkenntnis und Selbsterkenntnis beruht, das macht es zum menschlichen Sein. Es ist aber auch das Wählen, Beschließen und Wollen des Menschen, es ist auch seine Gotteserkenntnis und Selbsterkenntnis nur da wirklich, wo sie eben sein Wirken, sein Werk, seine Tat ist. Daß ich wollend mich selbst setze als den, der ich sein werde, das darf kein bloßes Begehren und Planen, keine bloße Kontemplation sein, das muß geschehen. Wie entschlossen ich auch wählte, wie stark ich auch wollte, ich steckte doch faktisch immer noch in einer bloßen Bekanntschaft, Einsicht und Gesinnung Gott gegenüber, ich wäre doch immer noch bei mir selbst — wo ich doch über mich selbst hinauszuschreiten aufgerufen bin — wenn das Gewählte und Gewollte nicht eben damit, daß ich es wähle und wolle, auch schon zu geschehen, auch schon mein Handeln zu sein begönne. Und wie sehr ich durch das, was ich als Gottes Wort gehört habe, bewegt sein möchte, ich wäre dann doch immer noch nicht gehorsam geworden. Indem ich im Gehorsam wähle und will, wage ich mich — mein Denken und Begehren nicht nur, sondern ich selbst und ich ganz, in der Selbstheit und Ganzheit, in der ich in Anspruch genommen bin — hinaus in den neuen Raum meiner Zukunft, verlasse ich, was ich war, schreite ich aus nach dem, was ich sein werde, auf der Bahn, die mir von meinem Ursprung her vorgezeichnet ist und auf der ich nun doch nur als tätiges, als handelndes Subjekt weitergehen kann

Man bedenke: Gott weiß nicht nur, Gott will nicht nur, Gott kontempliert nicht nur, Gott handelt, indem er der Geschichte, von der wir hier reden, Ursprung ist. Er handelt, indem er sein Wort redet. So ist er das erste Subjekt dieser Geschichte und so, mit Wissen und Wollen handelnd, ist das menschliche Sein als Verantwortung vor Gott ihr zweites Subjekt. Und wie Gott selbst darin handelt, daß er sich für den Menschen einsetzt und hingibt, so bleibt dem Menschen als dem zweiten Subjekt dieser Geschichte nichts übrig. als darin zu handeln, daß er sich selbst für Gott einsetzt und hingibt, daß er für Gott zu haben ist, wie Gott für ihn, daß er sich mit Gott kompromittiert. Wirkliches Wollen und also wirkliches menschliches Sein ist dieses Handeln: ein Tun, in welchem man, nachdem man die Schiffe hinter sich verbrannt hat, außer der Eroberung Trojas nur noch den Untergang vor sich hat, weil man sich selbst diesem Tun verschrieben hat. Wirkliches Wollen unterscheidet sich also von allem bloßen Begehren, Planen und Kontemplieren dadurch, daß es eine Entscheidung so vollstreckt, daß der Weg zurück nicht mehr in Frage kommt, daß der Wollende schon ist in seiner Entscheidung und also sich selber schon nicht mehr kennt und besitzt in irgend einer Neutralität, die noch vor der Entscheidung wäre, daß er also sich selbst von einem anderweitigen Sein her in Frage zu stellen, tatsächlich keinen Raum und keine Zeit mehr hat.

Der wirkliche Mensch ist der in diesem umfassenden Sinn entschlossene, der schon im Sprung begriffene Mensch. Sein in der Verantwortung vor Gott wäre ja das menschliche Sein nicht, wenn es nicht den Charakter des Gehorsams, wenn es nicht diese aktive Gestalt des Hörens des Wortes Gottes hätte. Das menschliche Geschehen, die menschliche Geschichte inmitten des übrigen Kosmos hat, was auch immer in den anderen Räumen des Kosmos geschehen möge, diese Gestalt. Was als Sein des Menschen geschieht, das ist darin Verantwortung vor Gott, daß der Mensch mit sich selbst dafür einsteht, sich selbst dafür zum Preis bezahlt, der zu sein, der er laut des Wortes Gottes ist: das Wesen, dem Gott gesagt hat, daß er ihm gnädig ist. Das menschliche Sein ist also darin Verantwortung vor Gott, daß der Mensch, dankbar für dieses Wort und in Anerkennung dessen, daß es wahr ist und gilt, will, was er tut, und tut, was er will. Es ist darin Verantwortung vor Gott, daß es das Gesetz, das jenen ganz in Gott anhebenden und ganz zu Gott zurückführenden Vorgang regiert, an seinem Ort, nämlich in der Geschöpfsphäre, in seiner ganzen Verschiedenheit von Gott verwirklicht und erfüllt. Eben damit verwirklicht und erfüllt es auch sich selber. Der gehorsame Mensch — und eigentlich und in Wahrheit nur er — weiß, was er sagt, wenn er sagt: «Ich bin.» Er hat recht, wenn er das sagt: er ist, weil ein Sein ohne den Charakter des Gehorsams kein Sein in der Verantwortung wäre und also Sein, menschliches Sein überhaupt nicht sein könnte.

§ 44. Der Mensch als Gottes Geschöpf

Ich verdanke jedenfalls die Anregung zu dieser Darlegung über des Menschen Verantwortung als Akt der **Erkenntnis** und des **Gehorsams** dem Nachdenken über den merkwürdigen Eingang von **Calvins** Katechismus (1542). Ein kurz kommentierender Bericht über diesen Text kann der Erhellung der Sache dienen.

Es hat oft Stutzen erregt, daß Calvin seinen Katechismus mit einer schlicht anthropologischen Frage und Antwort eröffnet hat. Die Frage lautet: *Quelle est la principale fin de la vie humaine? Fin* heißt Sinn, Zweck, Ziel. Das menschliche Leben verläuft im Ganzen und in seinen einzelnen Momenten und Elementen in einer bestimmten, durch sein Ziel angegebenen Richtung. Es hat freilich auch sekundäre, untergeordnete, relative Ziele, aber über, hinter und in ihnen eine *fin principale,* ein umfassendes, ein absolutes Ziel. Ohne dieses zu haben, wäre es nicht das menschliche Leben. Auf die Frage nach dieser *fin principale* gibt Calvin die Antwort: *C'est de congnoistre Dieu.*

Man möchte staunen: ist es wirklich das Ziel des menschlichen Lebens, ist es nicht viel mehr das menschliche Leben als Weg dazu, was damit bezeichnet wird? Aber Calvin scheint seiner Sache schon sicher, es scheinen Weg und Ziel in seinem Denken in diesem Fall keine sich ausschließenden Begriffe zu sein. Er fährt nämlich fort: *Pourquoy dis-tu cela?* Und antwortet: *Pour-ce qu'il nous a creé et nous a mis au monde pour estre glorifié en nous. Et c'est bien raison, que nous rapportions nostre vie à sa gloire: puisqu'il en est le commencement.* Der entscheidende Begriff in dieser Antwort ist offenbar der der göttlichen *gloire* und *glorification.* Gott will sich selbst verherrlichen. Das bedeutet: Gott will sich nicht damit begnügen, in sich selbst zu sein, was er ist; er will sich als solcher erweisen. Er will als der, der er ist, auch außerhalb seiner selbst sichtbar, erkannt und anerkannt werden. Und eben dazu hat er uns, hat er den Menschen geschaffen und in die Welt gesetzt. Im Menschen nämlich soll es geschehen, daß Gott verherrlicht wird. So verdankt der Mensch sein Leben Gott, und zwar im besonderen dieser Absicht Gottes. Er kommt davon her, er **ist** und er ist **Mensch** unter der Grundbestimmung dieser göttlichen Absicht, sich selbst zu verherrlichen. Mit ihr ist dem menschlichen Leben offenbar auch jene *fin principale* der ersten Frage gegeben und gesetzt. Daraus folgt: es ist nichts weiter als gehörig, vernünftig, billig und recht, versteht sich von selbst (*c'est bien raison, aequum est*), daß wir «unser Leben auf seine Verherrlichung beziehen». Wir haben als das, wozu wir von Gott geschaffen sind, keine andere Wahl. Man bemerke, wie damit das Ziel des menschlichen Lebens vom Ende und vom Anfang her in das menschliche Leben selbst hineingerückt wird: es wird offenbar jeder Schritt auf diesem Weg auch unmittelbar ein Schritt in dieses Ziel hinein, ein Vollzug der göttlichen *glorification* sein, und das so, daß es uns, dem Menschen, aufgetragen ist, diese Beziehung zu vollziehen. Der Mensch lebt in diesem Beziehen seines Lebens auf die Ehre Gottes.

Und eben das Leben in dieser Beziehung ist nun nach Calvins dritter Frage und Antwort *le souverain bien des hommes:* das Höchste, was dem Menschen gut sein und was er als für ihn gut auch von sich aus suchen und anstreben kann. Es ist ein Hauptbegriff der ganzen abendländischen Theologie seit Augustin, den Calvin hier aufnimmt. Man bemerke freilich, wie er ihn einführt und verwendet: Nicht daß der Mensch durch Gott selig werde, sondern umgekehrt: daß Gott durch den Menschen verherrlicht werde — d a s ist des Menschen höchstes Gut. Man muß die Sache aber auch von der anderen Seite sehen: Gott ist kein Egoist, indem er seine eigene Verherrlichung im Menschen durch die Tat und die Taten des menschlichen Lebens will, wenn er den Menschen dazu geschaffen hat, daß in ihm und durch ihn diese seine Verherrlichung stattfinde. Calvin ist darin oft greulich mißverstanden worden. Gott hat nach ihm vielmehr eben damit dem menschlichen Leben auch dessen eigenstes Ziel gesetzt; er hat es eben damit auch in sich selbst zweckvoll und sinnvoll ge-

3. Der wirkliche Mensch

macht. Er will nicht ohne den Menschen groß und herrlich sein. Indem er es in seiner Weise wird, wird es in seiner Weise auch der Mensch. Gerade erfülltes Menschsein heißt also Dabeisein: dabei, wenn Gott sich selbst verherrlicht. So gilt also jenes *c'est bien raison* der zweiten Frage auch und gerade vom Menschen aus gesehen. Daß er sein Leben auf die Verherrlichung Gottes beziehe, das ist nicht nur das äußere, sondern auch das innere Gesetz seines Daseins.

Die vierte Frage und Antwort Calvins ist wieder merkwürdig, aber auch lehrreich genug: *Pourquoy l'appelles-tu le souverain bien? Pource que sans cela nostre condition est plus mal-heureuse que celle des bêstes brutes.* Und die fünfte wiederholt und unterstreicht: *par cela donc nous voyons qu'il n'y a nul si grand mal-heur, que de ne vivre pas selon Dieu.* Calvin verweilt also in diesen beiden Fragen und Antworten bei dem in der dritten eröffneten Aspekt: der Mensch selbst hat von sich aus allen Anlaß, sein Leben in jener Beziehung zu leben: *de vivre selon Dieu* heißt es jetzt, und es ist dies die Wiedergabe der Schwurformel, auf die schon 1537 die Bürger von Genf beim Reformationseid verpflichtet wurden. Aber damit wird ja geantwortet auf die Frage: warum die Beteiligung an der göttlichen *glorification* zugleich *le souverain bien,* das dem Menschen zuhöchst Gute zu nennen sei? Die Antwort ist nicht zum Verständnis Calvins, sondern auch sachlich erleuchtend. Die Wahl, die dem Menschen gestellt ist, könnte überhaupt nur die zwischen diesem «höchsten Gut» und dem «größten Unglück» sein. Es gibt keine Zwischenstufen zwischen einem erfüllten und einem nichtigen menschlichen Leben. Es gibt also keine geringeren Güter, in deren Erlangung der Mensch, auch wenn er jenes höchste Gut verfehlen sollte, immerhin auch noch Mensch sein könnte. Das höchste Gut ist also darum das «höchste» zu nennen, weil es in Wahrheit das einzige ist, weil alles, was allenfalls auch ein «Gut» zu nennen wäre, nur unter der Voraussetzung gleichzeitigen Anstrebens und Erlangens jenes einen Gutes gut sein und gut genannt werden kann. Der Mensch kann als Mensch nur hier stehen und gehen: in der Beteiligung an Gottes Selbstverherrlichung. Jeder Tritt daneben wäre ein Tritt in den Abgrund. Das aber wäre das «größte Unglück», das ihm bei jedem Tritt daneben widerfahren müßte: seine Lage wäre dann sofort «unglücklicher als die jedes Tieres». Die Tiere tun nämlich das, wozu Gott sie geschaffen hat. Sie sind und sie sind das, wozu Gott sie geschaffen hat, indem sie in ihrer Weise ihre besondere Bestimmung erfüllen. Wenn nun der Mensch seine besondere, ganz andere Bestimmung verfehlt, dann fällt er damit nicht nur auf die Stufe der Tiere herunter, sondern unter sie. Er kann ja nicht zum Tier werden. Er hat also in dieser Richtung keine Rückzugslinie und keinen Trost. Er kann nur Mensch sein oder eben nichts sein. Während die Tiere und alle anderen Geschöpfe um ihn her in ihrer Weise ihren Schöpfer loben, indem sie sind, wozu Gott sie gemacht hat, während sie dem Gesetz treu bleiben, nach dem sie angetreten sind, würde der Mensch, der sich seiner besonderen Bestimmung: daß in ihm, durch seine Tat, Gott verherrlicht werde, entzöge, ganz einfach ein Loch in Gottes Schöpfung darstellen, an seinem Ort schlechthin ein Versager sein. Das ist das «größte Unglück», zwischen dem und dem «höchsten Gut» er allein zu wählen hat. Die Antwort auf die erste Frage: daß das Ziel des menschlichen Lebens darin besteht, Gott zu erkennen, ist bei dem Allem doch nur scheinbar aus den Augen verloren. Eben was Gotteserkenntnis heißt, hat sich nun aufgehellt: es geht dabei auf alle Fälle um das Sein des Menschen in seinem Verhältnis zum Willen Gottes, dessen Erfüllung durch den Menschen zugleich das Höchste nicht nur, sondern das Einzige ist, was dem Menschen zu seinem eigenen Heil gereichen kann.

Das wird nun in der sechsten Frage und Antwort ausgesprochen: *Mais quelle est la vraye et droicte congnoissance de Dieu? Quand on le congnoist, afin de l'honnorer.* Es gibt offenbar etwas, was sich Gotteserkenntnis nennt und was das doch nicht ist:

was weder «wahre», d. h. auf Gott begründete, von Gott herkommende und auf ihn bezogene, noch «richtige«, d. h. Gott entsprechende, zu Gott hingehende, Gotteserkenntnis zu nennen ist. Darum nicht, weil sie nicht stattfindet, *afin de l'honnorer: ut suus illi ac debitus exhibeatur honor.* Calvins Meinung ist nicht die: die wahre und richtige Gotteserkenntnis **führt** oder **dient** als **Mittel** dazu, Gott die ihm zukommende Ehre zu erweisen. (Ich muß hier korrigieren, was ich in dieser Sache in *«La confession de foi de l'église»* 1943 S. 9 als Calvins Meinung hingestellt habe.) Er hätte sie sonst doch wohl nicht, wie in der ersten Frage geschehen, das Hauptziel des menschlichen Lebens nennen können. Sondern der Satz mit *afin* oder *ut* will sagen: die wahre und richtige Gotteserkenntnis ist die, in der Gott geehrt wird, in der also eben das Ereignis wird, was in Frage 2—5 als das dem Menschen als Gottes Geschöpf verordnete und als das auch von ihm selbst aus allein mögliche Tun bezeichnet wurde. Wahre und richtige Gotteserkenntnis selbst und als solche ist dieses ihm gebotene und allein heilsame Tun. Wo solche Erkenntnis stattfindet, da wird Gott eben damit die ihm gehörige und also geschuldete Ehre erwiesen. Einem Anderen Ehre erweisen heißt, ihm das geben, was ihm zukommt, ihn schätzen und nicht unterschätzen, ihn gelten lassen als das, was er ist, und dementsprechend mit ihm umgehen. Einem Jeden gebührt also **seine** Ehre. Man kann niemand und man kann zuallerletzt Gott ehren, indem man, ohne nach ihm selbst und also nach dem, was **ihm** gebührt, zu fragen, irgend etwas tut, was man für seine Ehrung hält. Gott ehren heißt: ihm standhalten, wie er uns begegnet, sich vor ihm verantworten als vor dem, der er ist. Wogegen Gott dichten die Quelle alles Irrtums und Heidentums ist.

Und so kann es uns nicht wundern, daß Calvin in der siebenten, diese Einleitung abschließenden Frage den ganzen Inhalt des christlichen Katechismus unter den Titel bringt: Es handle sich in ihm um *la maniere de bien honnorer Dieu,* um die *ratio rite honorandi Dei.* Wir erfahren, sie bestehe 1. darin, daß wir unser Vertrauen auf ihn setzen, 2. darin, daß wir ihm dienen im Gehorsam gegen seinen Willen, 3. darin, daß wir uns mit jedem unserer Bedürfnisse an ihn wenden und also unser Heil ebenso wie Alles, was uns sonst gut ist, bei ihm suchen, und 4. darin, daß wir ihn mit Herz und Mund als den anerkennen, der der Urheber alles Guten ist. Es sind sehr schlicht die vier Hauptstücke des Katechismus: das Glaubensbekenntnis, die Zehn Gebote, das Unser Vater, die Sakramente, auf die damit hingewiesen wird. Noch einmal ist Vieles bemerkenswert in dieser Aufstellung. Indem zur Bestimmung der *ratio rite honorandi Dei* auf den Inhalt des Katechismus hingewiesen wird, wird es klar, warum Calvin in Frage 1 gerade den Begriff der **Erkenntnis** Gottes an die Spitze des Ganzen gesetzt hatte. Es ist das Lernen des Katechismus und also sehr konkret die in Form einer bestimmten Erkenntnis sich vollziehende Verantwortung des Menschen vor Gottes Wort, was ihm von Anfang an als die rechte, vom Menschen geforderte Ehrung Gottes und also als des Menschen Beteiligung an der göttlichen *glorification* und also als des Menschen eigenes höchstes Gut vor Augen gestanden hatte. Die *ratio rite honorandi Dei* hat die Form, den Charakter einer bestimmten, dieser bestimmten Erkenntnis Gottes. Warum gerade dieser? möchte man fragen. Die Fragen 1—6, die dahin führten, waren ja samt und sonders rein anthropologischer Natur gewesen. Warum wird nun nicht auch auf die Frage nach der *maniere de bien honnorer Dieu* eine allgemein anthropologische Antwort gegeben? Wie kommt hier der **Katechismus** herein mit seinen vier Hauptstücken? Hat hier Calvin nicht einen unerlaubten oder mindestens paradoxen Sprung, eine *metabasis eis allo genos* sich geleistet? Von Calvin aus wäre dazu zunächst gerade allgemein zu sagen: gerade an dieser Stelle mußte zweifellos **konkreter** Bescheid gegeben werden. Das ist es, was in der Antwort auf die siebente Frage zunächst andeutend geschehen ist. Es war eine von Gott gegebene Vorschrift und Regel, was

3. Der wirkliche Mensch

hier zur Sprache kommen mußte. Denn gefragt ist hier nach der Weise, in der Gott «gut», *rite* zu ehren sei. Nicht in irgend einer, sondern in der ihm gebührenden Weise, «gut«, *rite*, will und muß Gott geehrt werden. Wann aber wird er in der ihm gebührenden Weise geehrt? Sicher nicht dann, wenn die Ehrung auf des Menschen eigener Erfindung und Willkür beruhen sollte, sicher nur dann, wenn sie nach Gottes Weisung und Vorschrift geschieht. Sicher nur dann also, wenn sie gerade in ihrer konkreten Gestaltung solcher göttlichen Weisung und Vorschrift entspricht. Daß solche göttliche Weisung und Vorschrift in Gestalt des Katechismus gerade an dieser Stelle sichtbar wird, kann also nicht verwundern. Wollte Calvin dem von ihm bis zu dieser Stelle entwickelten anthropologischen Problem treu bleiben, dann mußte es gerade jetzt nicht nur im Allgemeinen zum Hinweis auf den konkreten Willen, sondern im Besonderen zum Hinweis auf dessen konkrete Gestalt und als auf Gottes eigene Weisung und Vorschrift kommen. Und wenn die *ratio rite honorandi Dei* den Charakter einer bestimmten Erkenntnis hat, dann mußte gerade hier gesagt werden, was mit dieser gemeint sei. Frage 1—6 wären sonst eine Wolkenbrücke gewesen, die ins Leere führte. Calvin hat aber offenbar von Anfang an damit gerechnet, daß er an dieser Stelle etwas zu sagen, und zwar das Einzige, was hier zu sagen ist und Antwort sein kann, zu sagen habe. Was zu erkennen ist, wenn Gott erkannt und in Erkenntnis Gottes Gott die Ehre gegeben wird, das steht darum fest, weil die göttliche *glorification,* an der sich zu beteiligen das Ziel des menschlichen Lebens und der Inbegriff alles Guten ist, nicht darauf warten muß, daß der Mensch dabei sei: als ob sie erst damit, erst durch ihn in Gang zu setzen wäre. Gott hat sich schon verherrlicht und tut es, schon bevor der Mensch sich aufmacht, sich seinerseits an diesem Werk zu beteiligen. Gott hat sich schon offenbart. Und von der konkreten Gestalt, in der er das getan, in der er dem Menschen Weisung und Vorschrift zu seiner Ehrung und damit zur Beteiligung an seiner Verherrlichung und damit zum Erlangen seines eigenen höchsten Gutes gegeben hat, von der Gestalt des Wortes Gottes, von der der Mensch immer schon herkommt, indem er fragt, wie er ihn «gut» ehren soll: von diesem Konkreten redet konkret nun eben der christliche Katechismus, seine Lehre vom rechten Glauben, vom rechten Gehorsam, vom rechten Gebet, vom rechten Gottesdienst. Merkwürdig und auch wieder gar nicht merkwürdig, wie er hier in die rein anthropologische Fragestellung dieser Einleitung hereinbricht! Merkwürdig darum, weil man ihn hier auf den ersten Blick tatsächlich nicht erwarten zu sollen meint. Nicht merkwürdig darum, weil gerade die ganze anthropologische Fragestellung Calvins eine Fahrt ins Blaue gewesen wäre, wenn sie nicht gerade hierher führen würde, von wo sie offenbar heimlich schon ausgegangen ist. Es ist die Gegenwart, die Herrschaft, die Offenbarung Gottes in Jesus Christus, auf welche der Katechismus aufgebaut ist. Hat sie eine ontologisch-anthropologische Bedeutung, mit der irgendwie schon Calvin gerechnet hat? Die bei jeder neuen Lektüre aufs neue so seltsam berührenden Ausführungen, die er *Instit.* I, 2—3 über das Wesen einer dem Menschen von Natur eigentümlichen Erkenntnis Gottes gemacht hat, würden dann — und genau genommen doch nur dann — erklärlich sein, wenn er tatsächlich mindestens in dieser Richtung gedacht hätte. Das ist sicher, daß er in der Einleitung seines Katechismus die rein anthropologische Fragestellung, mit der einzusetzen er für richtig gehalten hat, nicht anders durchführen und also offenbar auch nicht anders anheben lassen konnte als unter der Voraussetzung, daß über die rechte Erkenntnis und also über die rechte Ehrung Gottes und also über des Menschen Beteiligung an seiner Verherrlichung und also über des Menschen eigenes absolutes und relatives Heil, über das, was sein Sein als Mensch und damit sein Sein überhaupt ausmacht und also darüber, wozu Gott ihn geschaffen hat, nicht anderswoher als eben von der Gegenwart, Herrschaft und Offenbarung Gottes in Jesus Christus her entschieden ist, so daß hier wirklich auf den christlichen Katechismus verwiesen werden muß und nur auf ihn verwiesen werden kann. Wir beachten aber zum Letzten die Art, wie das in der Übergangsfrage 7 geschehen ist. (Frage 8 wird schon die besondere Einleitung zum Glaubensbekenntnis eröffnen und soll uns hier nicht mehr beschäftigen.) Es geschieht nämlich der Hinweis auf den Katechismus und also auf Gottes Offenbarung in lauter Verbalformen: *avoir nostre fiance en luy, le servir en obeissant à sa volunté, le requérir, chercher en luy salut et tous biens, reconnaître que tout bien procede de luy seul.* Es ist also die Erkenntnis, in der der Mensch der Belehrung durch Gottes Offenbarung teilhaftig wird — Calvin ist wirklich auch von dem vielfach gehörten Vorwurf des «Intellektualismus» in aller Form frei zu sprechen — kein müßiges Wissen und Betrachten, sondern eine Bewegung und Tat des ganzen Menschen. Auch jene seltsame «natürliche» Gotteserkenntnis am Anfang der *Institutio* wird übrigens nicht anders beschrieben. Also der Mensch glaubt nicht einfach, daß hinsichtlich Gottes dies und das wahr ist, weil es so in der Bibel steht und durch das Dogma und durch die Dogmatik erläutert ist, sondern er setzt sein Vertrauen auf Gott in der Weise, wie es ihm durch Gottes Offenbarung, wie es im Credo bekannt wird, möglich gemacht, erlaubt und geboten ist. Er unterwirft sich auch den Zehn Geboten nicht darum, weil sie nun einmal die Zehn Gebote sind, sondern er dient Gott im Gehorsam gegen seinen Willen und also gemäß den Zehn Geboten, weil ihm Gottes Offenbarung zu solchem Dienst in den Zehn Geboten den Weg gezeigt und eröffnet hat. Er betet das Unservater nicht darum, weil es ihm nun einmal vorgeschrieben ist, gerade das Unservater zu beten. Sondern er sucht Gott auf in allen seinen Bedürfnissen und tut das im Unservater darum, weil der Herr uns so beten gelehrt hat, weil es dem Menschen also durch Gott offenbar gemacht ist, daß er gerade so gesucht sein will. Und so ist sein Gottesdienst, wie er in der Lehre von den Sakramenten zu beschreiben ist, nicht darum dieser und kein anderer, weil ihm zufällig gerade dieser vorgeschrieben ist, sondern darum, weil er, indem er Gott als dem Urheber alles Guten zu danken nicht umhin kann und nun doch nicht anders als gemäß seinem offenbarten Willen danken kann, dieser seiner Vorschrift zu gehorchen hat. Er macht sich in dem Allem auf und sucht seinen Vater, den er nicht anderswo als eben in seines Vaters Hause zu suchen hat. Das ist calvinische, auf Gottes Wort begründete und bezogene Gotteserkenntnis. Das heißt den Katechismus lernen und also Gott recht ehren und also zu seiner Verherrlichung beitragen und also das wirkliche, das gefüllte Menschenleben leben. Es geschieht das Alles auch nach Calvin in der Bewegung und Tat, in der Geschichte der Verantwortung vor Gott, in der Realisierung des menschlichen Seins als eines Seins in der Beziehung zu dem Wort, das Gott gesprochen hat, spricht und wieder sprechen wird.

3. Indem das menschliche Sein ein Sein in der Verantwortung vor Gott ist, hat es den Charakter einer **Anrufung** Gottes.

Es ist das besondere Problem der Geschöpflichkeit und also der höchsten Ungleichheit des menschlichen Seins im Verhältnis zum göttlichen, auf das wir nun unsere Aufmerksamkeit zu richten haben. Das Bild des Kreislaufs der Bewegung von Gott her zu Gott hin, das wir nun öfters gebraucht haben, darf uns nicht verführen, zu übersehen, daß es sich dabei von Gott her wie zu Gott hin um die Durchbrechung und Überschreitung der **Kreaturgrenze** handelt. Gott kommt zum Menschen: das ist die objektive — der Mensch geht zu Gott: das ist die subjektive Begründung des menschlichen Seins. Aber Gott ist der Schöpfer und der Mensch ist sein Geschöpf. Es besteht also höchste **Ungleichheit** zwischen jenem Kommen Gottes und diesem Gehen des Menschen, zwischen jener objektiven und dieser subjektiven Begründung des menschlichen Seins. Es geschehen die Gnade Gottes und des Menschen Dank, es geschehen das Wort Gottes und des Menschen Verantwortung, es geschehen Gottes und des Menschen Erkenntnis und Tat auf zwei ganz **verschiedenen** Ebenen und je in ihrer eigenen Art, die auch im Zusammenhang dieser Geschichte hier und dort nicht dieselbe und also nicht vertauschbar sind. Anders überschreitet Gott und anders überschreitet der Mensch die Kreaturgrenze.

Kommt Gott zum Menschen in seinem Worte, so tut er das nicht, als ob er des Menschen bedürfte. Gott flieht nicht zum Menschen. Er muß nicht sein Schöpfer, er muß ihm nicht gnädig sein. Er ist herrlich in sich selber. Er könnte sich daran genügen lassen. Daß er des Menschen Schöpfer und daß er ihm gnädig ist, das ist ein freies Überströmen seiner Herrlichkeit. Und so ist die objektive Begründung des menschlichen Seins ein **Majestätsakt**. Eben darum ist sie aber auch treu und gewiß, klar und beständig. Ihr fehlt jeder Charakter einer an den Menschen gerichteten Frage. Gott fragt ja den Menschen nicht, indem er ihn ins Sein ruft. Er tut es. Und er fragt ihn nicht, indem er ihm gnädig ist. Er ist es. Was Gott sagt und tut in seinem Verhältnis zum Menschen, das ist ein einziges, nur in ihm selbst begründetes und eben darum lauteres, unangreifbares und unerschütterliches Ja zum Menschen. So ist es die Kraft, in der der Mensch **sein** und **Mensch** sein darf, so das Gesetz der Freiheit, unter das gestellt, er nicht umhin kann, sich selbst aufzumachen und zu seinem Vater zu gehen. Eben indem Gott ihn gar nicht fragt, sondern eindeutig zu ihm spricht und unaufhaltsam für ihr handelt, ist er des Menschen Schöpfer. So überschreitet er die Kreaturgrenze.

Aber uns beschäftigt sie nun von unten gesehen, so wie sie vom Subjekt Mensch her überschritten wird. Geht der Mensch zu Gott, indem er sich vor ihm verantwortet, dann tut er das, weil er Gottes bedarf. Der Mensch flieht zu Gott. Denn Gott hat ihn geschaffen aus dem Nichts; Gott allein ist sein Retter und Bewahrer vor dem Nichts. Er muß Gottes Geschöpf sein. Er lebt von seiner Gnade. Er hat keine eigene Herrlichkeit. Er kann sich also an sich selbst nicht genügen lassen, er zehrt davon, daß Gott ihn teilnehmen läßt an seiner Herrlichkeit. So kann die **subjektive** Begründung des menschlichen Seins der objektiven nicht gleich sein. Sie ist auf alle Fälle kein Majestätsakt. Wir können zum vornherein sagen: sie kann im Gegenteil nur ein **Demutsakt** sein. Sie ist wohl auch die Tat eines Subjekts, aber nun doch nur die des **menschlichen, des geschöpflichen** Subjekts und nur in der **ihm** gewährten Freiheit und Vollmacht. Es kann das Ja, in welchem der Mensch auf das göttliche Ja antwortet, es kann seine Erkenntnis Gottes und sein Gehorsam gegen ihn auf alle Fälle nur die Kraft und Tragweite eines Echos haben. Und wenn es wahr ist, daß nun auch der Mensch von seiner Seite, indem er in seiner Verantwortung, in seiner Erkenntnis und in seiner Tat zu Gott geht, von dem er herkommt, die Kreaturgrenze überschreitet, so kann das in jener Eindeutigkeit und Unaufhaltsamkeit, in jener Fraglosigkeit, in der Gott von seiner Seite dasselbe tut, auf keinen Fall geschehen. Geschieht es auch von des Menschen Seite — und nun vielleicht doch auch als seine Tat nicht ohne Bestimmtheit, Gewißheit und Freudigkeit, dann auf alle Fälle in der ganzen Verschiedenheit zwischen dem, was ihm als Geschöpf zu tun geboten und nötig, und dem, wozu Gott als sein Schöpfer frei und mächtig ist

Kommt der Mensch wirklich zu Gott, schreitet er also hinaus über sich selbst und damit hinaus über jene Grenze, dann tut er, wozu er von Gott aufgerufen ist. Er dankt ihm, er verantwortet sich vor ihm. Indem er von Gott erkannt ist, darf er ihn wiedererkennen. Indem Gott sein Herr ist, darf er ihm gehorsam werden. Und wir erinnern uns: er hat außer dieser keine andere Möglichkeit. Er hat neben dem Nichtsein keine andere Wahl als die Verwirklichung dieses Seins: des Seins in der Entsprechung zu Gottes Gnadenwort, des Seins in der Entscheidung in der ihm durch dieses Wort gewiesenen Richtung. Er ist also, indem er von Gott herkommt, nicht gefragt, und er hat auch nicht Raum und Zeit dazu, sich selber zu fragen, ob er etwa auch anders als in dieser Verwirklichung sein könnte. Er ist in dieser Entscheidung oder er ist gar nicht.

Er ist aber in dieser seiner Entscheidung Mensch und nicht Gott, das zweite und nicht das erste Subjekt, in der von Gott inaugurierten Geschichte. Er kommt darum von Gott her und er geht darum zu Gott hin, weil Gott zuerst zu ihm gekommen ist, und nicht etwa, weil er zuerst zu Gott gekommen wäre. Er kann also nicht so zu Gott kommen, wie Gott zu ihm gekommen ist. Er kann Gott nicht wieder geben, was Gott ihm gibt. Er kann für Gott nicht das sein, was Gott für ihn ist. Sein Dank kann nicht darin bestehen, daß er Gnade mit Gnade erwidert, seine Verantwortung nicht darin, daß er mit seinem Sein das Wort wiederholt, das ihm gesagt ist. Er kann Gott nicht erkennen, wie er von Gott erkannt ist. Er kann auch mit seinem Gehorsam nicht an die Stelle seines Herrn und seines Gesetzes treten. Er kann sich wohl aufmachen und zu seinem Vater gehen, er kann aber seine Aufnahme in das Haus seines Vaters mit seinem Sein und Tun nicht vollziehen. Daß der Kreis sich schließt, der im Willen Gottes seinen Anfang nimmt, daß er als Mensch dahin kommt, wohin zu gehen er sich aufmacht, das liegt nicht in seiner Hand. Er kann wohl dahin gehen. Er wäre nicht und er wäre nicht Mensch, wenn er nicht dahin ginge. Er ist dazu geschaffen, und er ist nur, indem er sich der göttlichen Weisung und Vorschrift unterzieht in seiner eigenen Entschließung und Tat dorthin zu gehen. Aber daß er dahin kommt, daß er dort ankommt, das kann er mit seiner Entscheidung und also kraft seines eigenen, des menschlichen Seins, nicht bewirken und nicht vollenden. Ge-

3. *Der wirkliche Mensch*

schieht es doch, daß er zu Gott nicht nur geht, sondern **kommt**, dann kann seine Entscheidung und also das menschliche Sein in dieser seiner Spitze auf alle Fälle nur eine solche Gestalt haben, in der es sich selbst ganz und gar an den preisgibt, sich dem ganz und gar anbefiehlt, der in dieser Geschichte als erstes Subjekt auch das letzte ist. Der Mensch müßte schon ursprünglich von sich aus Gott entgegengegangen und zu Gott gekommen sein, es müßte jener Kreislauf, in welchem er zweites Subjekt ist, der Kreislauf des göttlichen Lebens selber, es müßte also der Mensch selber hier in Wahrheit erstes und einziges Subjekt sein, wenn er in der Lage sein sollte, sich hier selber zum Ziel zu führen. Es gäbe dann keine Kreaturgrenze. Verstehen wir den Menschen als Geschöpf und also im Verhältnis zu Gott als zweites Subjekt jener Geschichte, dann ist es unmöglich, ihn im Blick auf das, was er mit seiner Entscheidung **bewirkt** und **vollendet**, einen Charakter zuzuschreiben, in welchem sein Werk dem göttlichen gleich käme, in welchem auch seine Entscheidung ein Majestätsakt wäre.

Was in des Menschen Entscheidung als solcher geschehen kann und geschieht, ist dies, daß der Mensch sich selbst Gott **darbringt** und **anbietet**. Er dankt Gott. Er verantwortet sich vor ihm, d. h. er macht sich selbst zur Antwort auf Gottes Wort: nicht weniger, aber auch nicht mehr als das. Er gibt, was er hat, nämlich was er ist, und also sich selber. Weniger als das ist nicht von ihm verlangt. Weniger als das genügt nicht zum wirklichen Menschsein. Sich selbst herzugeben und zur Verfügung zu stellen, dazu ist er aufgerufen, dazu ist er auch ermächtigt und befähigt. Indem er das tut, wird er als menschliches Subjekt begründet und setzt er sich selbst als solches. Täte er das nicht, so würde er seine Verwirklichung als Mensch versäumen. Denn das zu tun, ist seine einzige Möglichkeit. Indem er sich selbst dazu hergibt und zur Verfügung stellt, zu Gott zu gehen und also dem göttlichen Ruf: Komm! gehorsam zu sein, stößt er das Tor auf, tut er den Schritt hinaus ins Freie. Er ist, indem er das tut, Kreatur, die die Kreaturgrenze überschreitet. Er ist gerade so die menschliche Kreatur. Weniger als das ist nicht von ihm verlangt. Würde er das nicht tun, würde er sich anders als so entscheiden, so würde er nicht Mensch sein. Von ihm ist aber auch nicht mehr als das verlangt. Daß er sich selbst zu einer **solchen** Gabe an Gott mache, an der Gott sein **Genügen** finden, die Gott **wohlgefallen** mußte, das ist **nicht** von ihm verlangt. Von ihm ist verlangt, daß er sich selbst erkenne, sich selbst wolle auf Grund dessen, daß er von Gott gerufen ist: sich selbst setze als das Wesen, das aufbricht zu Gott und also in jenem Schritt ins Freie begriffen ist. Es ist aber nicht von ihm verlangt, daß er sich damit an die Seite Gottes setze. Es ist nicht von ihm verlangt, daß sein Tun als solches darüber entscheide, daß es das vorwegnehme: daß es vor Gott recht sei. Er kann wohl jenen Schritt tun, er kann ihm aber den

Erfolg nicht verschaffen und geben, daß er ihn dahin führt, wohin er allerdings gezielt und gerichtet ist. Er kann ja nicht mehr geben, als er hat. Daß er Gott seinem Schöpfer recht, angenehm und wohlgefällig ist und also würdig dessen, bei ihm zu sein, das hat er nicht, darüber kann er nicht verfügen, das kann er sich nicht verleihen, das kann er sich nicht zusprechen. Daß er zu Gott kommt, indem er zu ihm geht, das kann er nicht schaffen. Es muß also sein Gehen zu Gott, seine Verantwortung vor ihm, einen solchen Charakter haben, in welchem er selbst diese seine Begrenzung vollzieht und sichtbar macht. Sie muß reine Darbringung sein. Sie muß frei sein von jedem Übergriff. Sie muß den Verzicht darauf in sich schließen, als ob der Mensch damit, daß er sich entscheidet, der Entscheidung, die nur Gott vollziehen kann, vorgreifen könnte. Verantwortung des Menschen vor Gott muß in einer solchen Darbringung des Menschen an Gott bestehen, die eben auf Gottes eigene Entscheidung bezogen und ausgerichtet ist. Wenn sie diesen Charakter hat, dann und nur dann geschieht es, daß der Mensch, indem er zu Gott geht, auch zu Gott kommt, daß er also auch von sich aus die Kreaturgrenze überschreitet, und eben indem er das tut, menschliche Kreatur, wirklicher Mensch ist.

Soll der Mensch zu Gott nicht nur aufbrechen und gehen, sondern kommen, dann ist er darauf angewiesen, von Gott angenommen und aufgenommen zu werden. Es versteht sich nicht von selbst, daß das geschieht. Gott ruft ihm, daß er komme. Und er ist Mensch, indem er diesen Ruf hört und ihm gehorsam ist. Aber Gott ruft ihn zu sich selber, und er ruft ihn, indem er ihm sagt, wer und was er selber ist, nämlich daß er ihm gnädig ist. Man darf das nicht vergessen: ihm gnädig! «Ihm gnädig» heißt: ihm zugewandt als sein Erretter und Bewahrer. «Ihm gnädig» heißt aber auch: ihm in Freiheit, ihm nach seinem eigenen Wohlgefallen zugewendet. «Ihm gnädig», das bedeutet Verheißung, aber Verheißung seiner Barmherzigkeit. Ist Gott ihm gnädig, so schließt gerade das aus, daß der Mensch je in der Lage sein könnte, Gott zu einem ihm Verpflichteten zu machen, sich selber das zu verschaffen, daß er Gott wohlgefällig ist und darum zu Gott kommen und bei Gott sein darf und so sich an die Seite Gottes zu setzen. Ist der Mensch dem göttlichen Rufe: Komm! wirklich gehorsam, dann ist er unterwegs zu dem Gott, der ihm nichts schuldig ist, dann hält er sich an dieses Komm! als an die Verheißung, daß er ihn in seiner Barmherzigkeit an- und aufnehmen wolle. Er wird aus dieser Verheißung kein Recht und keinen Anspruch ableiten. Er weiß dann vielmehr und er verhält sich dann dementsprechend, daß Gott frei ist und bleibt, indem er seine Verheißung wahr macht, daß es bei ihm und nur bei ihm steht, das zu tun. Und so wird es wohl das Subjekt Mensch selber sein, das mit seinem Erkennen, Wollen und Tun jenem Rufe folgt, und indem es ihm folgt, die Kreaturgrenze überschreitet. Es wird aber nicht ein Majestätsakt sein, in dem es das tut, sondern ein Demutsakt, in welchem es weiß und dementsprechend sich verhält, daß es Gottes Annehmen und Aufnehmen ist, durch welches das, was es tut, seine Verantwortung vor ihm, seine Erkenntnis Gottes, seinen Gehorsam gegen ihn, ihm recht und wohlgefällig und genügend ist, so daß es ihn zum Ziele führt, so daß es zu einem vollendeten Tun wird: Gottes Annahme und Aufnahme aus reiner Barmherzigkeit wird das sein, was ihn, den Menschen, würdig macht, nun wirklich zu ihm zu kommen und bei ihm zu sein.

Wir bezeichnen das menschliche Sein als diesen Demutsakt, wenn wir sagen: es hat als des Menschen Verantwortung vor Gott den Charakter einer Anrufung Gottes. Gott braucht nicht zu fragen, nicht zu bitten. indem er die Kreaturgrenze von seiner Seite aus überschreitet, um zum Menschen zu kommen. Der Mensch aber kann nur fragen, nur bitten, indem er das tut. Es ist nicht in seiner Hand, und es ist nicht Sache seines Urteils, ob, was er tut, als Dank und Verantwortung, als Erkenntnis und Gehorsam, von Gott an- und aufgenommen, von Gott gerechtfertigt und ihm wohlgefällig ist. Was er als Mensch tun kann, das ist ja eben nicht weniger, aber auch nicht mehr als die Darbringung und das Angebot seiner selbst. Und daß er sich selbst Gott darbringt und anbietet, das kann nur bedeuten, daß er sich seiner Barmherzigkeit anbefiehlt. Er tut, was er tut, und er ist, was er ist, indem er eben damit nach dem Befinden und nach dem Urteil Gottes fragt, indem er um sein Gutfinden bittet und um ein gnädiges Urteil. Er unterbreitet sich selbst diesem göttlichen Befinden und Urteil. Und er tut das ohne allen Vorbehalt. Er fragt, er bittet wirklich. Er kann also die Antwort und Entscheidung Gottes nicht vorweg nehmen. Er hat Gott ja nicht mehr zu unterbreiten als das, was er ist und hat. Und nun ruft er zu Gott als zu dem, der hier allein entscheiden kann. Er weiß wohl, daß Gott ihm gnädig ist. Wüßte er das nicht, dann wäre er ja gar nicht aufgebrochen, um mit allem, was er ist und hat, zu Gott zu gehen. Wüßte er das nicht, so würde er ja nicht der Mensch sein, der von Gott aufgerufen und zu diesem Aufbruch aufgefordert ist. Er ist Mensch, indem er aufgerufen ist, indem er also weiß, daß Gott ihm gnädig ist, indem er in diesem Wissen aufbricht und zu Gott geht. Er wäre nun aber wiederum nicht der Mensch, wenn er nicht mit allem, was er ist und hat, ganz und gar als dieser Fragende und Bittende zu Gott ginge, wenn er anders vor Gott hinträte, als um sich selbst dem göttlichen Befinden und Urteil zu unterbreiten. Das wäre ja nicht der wirkliche, der gnädige Gott. dem gegenüber der Mensch seine eigene Entscheidung nicht diesem Vorbehalt unterwerfen müßte. Gott muß sie rechtfertigen, damit sie recht sei und zum Ziel führe. Von Gott her kommen und also zu Gott hin gehen und darin wirklich Mensch sein, das heißt: sich ganz und gar dem Gerichte Gottes unterziehen. Es gibt keinen Weg zu Gott, der an diesem Engpaß vorüberführt. Es kann der Mensch nicht anders zu Gott kommen, als indem er sich selbst auf diese Waage legt. Alles Danken und alle Verantwortung, alle Erkenntnis und aller Gehorsam in der Verwirklichung des menschlichen Seins besteht darin, spitzt sich schließlich, wenn es echt, wenn es wirklich auf Gott, den gnädigen Gott, bezogen ist, darin zu, daß der Mensch mit dem Allem an des gnädigen Gottes Gericht appelliert, um eben im Wort und Spruch Gottes wie die Begründung, so nun auch die Bestätigung und Vollendung seines Menschseins zu empfangen. Es müßte also der ganze Gang des Menschen zu Gott vergeblich, weil ziellos, sein, wenn das menschliche Sein auf diesem Weg nicht den Charakter dieser Anrufung hätte. Und es wird Alles, was der Mensch als Dank und Verantwortung Gott gegenüber, als Erkenntnis Gottes und als Gehorsam gegen ihn zu verwirklichen und zu kennen meint, immer wieder darauf hin zu prüfen und zu revidieren sein: ob es etwa mit dem Anspruch eines Majestätsaktes geschehe, oder aber als dieser Akt vorbehaltloser Demut, in welchem sich der Mensch bereit macht und bereit erklärt, seine Rechtfertigung von dem zu empfangen, der ihn zu rechtfertigen ganz allein zuständig ist.

Geschieht es so, dann überschreitet das menschliche Sein eben darin sich selbst und die Kreaturgrenze, dann geht es nicht nur, dann **kommt es zu Gott**. Es ist dann das Sein des **wirklichen** Menschen. Ihm fehlt dann, indem es jenen Schritt ins Freie tut, die Bestimmtheit, die Freudigkeit und Gewißheit nicht, in der im Zusammenhang mit Gott auch es an seinem Ort sich selber verwirklichen darf. Es verwirklicht sich, indem es nach Gott fragt, d. h. indem es sich selbst Gott anheimstellt. Denn indem es das tut, bringt es sich Gott wirklich dar, bietet es sich ihm wirklich an, gibt es sich wirklich in seine, des gnädigen Gottes Hand, ist es wirklich zu diesem Gott gekommen. Gewiß nicht weil und indem es fragt und bittet, wohl aber weil ihm, indem es das tut, Gott Gott wird: der gnädige Gott, dem darin seine Ehre widerfährt, daß sein Befinden und Urteil in Geltung steht. Es steht in der Kreaturwelt da in Geltung, wo Gott angerufen wird. Es bleibt bei der **Kreaturgrenze**, wenn wir das menschliche Sein als Anrufung Gottes verstehen. Eben darin wird sie ja sichtbar, daß allein das des menschlichen Subjektes Werk, allein das die Verwirklichung seines Seins sein kann und allein Gottes Erhören die Entscheidung darüber bringt, ob dieses Werk vollendet, diese Selbstverwirklichung zum Ziele geführt wird. Es wird aber auch sichtbar, wie die Kreaturgrenze im Werk des menschlichen Subjektes **überschritten** wird: damit nämlich, daß es selbst und als solches ein einziges Anrufen dieser göttlichen Entscheidung ist. Es darf sich nur nicht fürchten vor jenem Engpaß, in welchem es allerdings allen Anspruch, ein Majestätsakt zu sein, fahren lassen, in welchem es allerdings ganz und gar zu einem Demutsakt werden muß. Es darf sich nur nicht davor fürchten, sich gerade darin zu verwirklichen, daß es Gott seine einzige Hoffnung sein

3. Der wirkliche Mensch

läßt: den gnädigen und eben darum den freien Gott. Es hat keinen Grund, sich vor ihm darum zu fürchten, weil er eben in seiner Gnade so frei ist, weil sein Wohlgefallen ganz allein darüber entscheiden kann, was sich nun eigentlich in der menschlichen Entscheidung entscheidet. Es hat vielmehr allen Grund, es gerade mit diesem Gott zu wagen, während es keinen Grund hätte, von seinem eigenen Befinden und Urteil über sich selbst, seinem Dank und seiner Verantwortung, seinem Erkennen und Gehorchen, seiner eigenen Entscheidung Besseres zu erwarten. Das ihm selbst Gute wartet seiner dann und nur dann, wenn es mutig genug ist, sich dem Befinden und Urteil Gottes anzubefehlen. Es legt sich dann in die Hände seines Erretters und Erhalters. Es ist dann, indem es demütig nach ihm fragt, wohl aufgehoben. Es entspricht dann mit seinem geschöpflichen Werk dem Werk seines Schöpfers. Es bedeutet also kein Müssen, sondern ein Dürfen, kein Entbehren, sondern ein Besitzen, keine Einschränkung, sondern die allein mögliche Entfaltung seines geschöpflichen Lebens, ja seiner geschöpflichen Herrlichkeit, daß es zusammengefaßt und zugespitzt dieser Demutsakt ist, in welchem es dem Gerichte Gottes entgegengeht. Gerade dem Gerichte Gottes entgegengehen, heißt für den Menschen, für dieses zweite Subjekt jener Geschichte: zum Ziel, zu Gott kommen. Indem es Gott als seinen Richter anruft und seinen Bescheid erwartet, schließt sich der Kreis — schließt es selbst den Kreis nun auch von seiner Seite, kehrt es antwortend zu dem Gott zurück, von dessen Schöpferwort es ausgegangen ist.

4. Indem das menschliche Sein ein Sein in der Verantwortung vor Gott ist, hat es den Charakter der ihm von Gott gegebenen Freiheit.

Wir fassen unter diesem vierten Titel alles in den drei ersten Punkten Gesagte noch einmal zusammen, um dann unseren Versuch, den wirklichen Menschen als Gottes Geschöpf zu umschreiben, abzubrechen. Jede derartige Umschreibung muß irgendwo abbrechen. Jede Bezeichnung eines Wirklichen — ob es die Gottes oder die Jesu Christi oder die des Menschen sei — erreicht einmal den Punkt, wo sie verstummen, d. h. wo sie es diesem Wirklichen überlassen muß, für sich selbst zu sprechen. Der Begriff der Freiheit dürfte, gerade weil er hier umfassend ist, die Grenze sein, von der aus der wirkliche Mensch nur noch zu sehen, aber nicht mehr weiter zu bezeichnen und zu beschreiben ist.

Des Menschen Verantwortung vor Gott ist seine Selbstverantwortung. Das ist das Moment in allem bisher Gesagten, das wir nun hervorheben und unterstreichen, indem wir sagen, daß das menschliche Sein den Charakter der Freiheit hat. Indem es ein Sein in der Verantwortung vor Gott ist, ist ausgeschlossen, daß es eine Funktion Gottes selbst — ist aber auch ausgeschlossen, daß es die Funktion, eine Teilfunktion des von Gott geschaffenen Kosmos ist. Der Mensch selbst erkennt Gott, gehorcht ihm, fragt nach ihm. Der Mensch selbst verantwortet sich vor Gott. Daran ändert auch das nichts, daß Gott ja des Menschen Erretter und Bewahrer ist und sich damit für ihn verantwortlich macht. Eben im Verhältnis zu diesem gnädigen, zu dem für den Menschen einstehenden und sich verbürgenden Gott ist das menschliche Sein ein Sein in der Selbstverantwortung. Eben im Verhältnis zu diesem Gott, der als solcher sein Schöpfer ist, ist der Mensch selbst zur Erkenntnis, zum Gehorsam, zum Fragen nach ihm aufgerufen. Gerade das begründet den Menschen selbst, daß dieser Gott sein Gegenüber ist: der Gott, der sich selbst für ihn verantwortlich macht, der sein Erretter und Bewahrer ist. Daß der selbst seiende Gott für den Menschen eintritt, das bestimmt des Menschen Wesen als ein solches, das seinerseits ein selbstseiendes ist. Indem Gott ihm sagt, daß er ihm gnädig ist, sagt er ihm auch das, daß er, der Mensch selbst, vor ihm da ist, und zwar als sein geschöpflicher Partner und also so da ist, daß er auf das, was ihm von Gott gesagt ist, Antwort gibt. Gerade Gottes Dasein und Werk in seinem Verhältnis zum Menschen negiert also nicht, sondern begründet und offenbart des Menschen Sein als ein Sein in der Selbstverantwortung. Und es ist erst recht klar, daß ihm dieser Charakter auch durch das Dasein und die Wirkung des ganzen ihn umgebenden Kosmos nicht abgenommen werden kann. Mag dessen Macht über den Menschen die denkbar gewaltigste sein, eines vermag sie nicht: des Menschen Sein in ein ganz anderes zu verwandeln, den göttlichen Aufruf, durch den der Mensch der Mensch ist, Lügen zu strafen oder zum Verstummen zu bringen, den Menschen zu entfernen aus seiner Konfrontation mit Gott, ihn also dessen zu entledigen, daß er ist, indem er sich vor Gott verantwortet, und also das unwahr zu machen, daß er selbst es ist, in welchem und durch welchen das Ereignis wird. Dieses Selbstsein des Menschen ist der Freiheitscharakter seines Seins.

Wir heben vor allem hervor: es handelt sich um die ihm von Gott gegebene Freiheit. Wir mußten ja auch den Erkenntnis- und Gehorsamscharakter des menschlichen Seins sofort auf sein göttliches Gegenüber beziehen und von daher erklären. Und wir sahen zuletzt, wie sein Charakter als Anrufung Gottes sich daraus ergibt, daß sein Erkennen und Gehorchen der Validierung durch Gottes Urteil bedarf. Wir sagen nun zusammenfassend: Der Mensch ist in seinem Erkennen, Gehorchen und Anrufen darum er selbst, er ist darum frei, weil ihm gegenüber zuerst Gott der Freie ist: in sich selber der Urgrund alles Selbstseins und als der Erretter und Bewahrer seines Geschöpfs der Urgrund aller Selbstverantwortung. In der Kraft und im Licht dessen, daß Gott selbst sich ihm zu erkennen gibt, Gott selbst seinen Gehorsam fordert, Gott selbst ihm das Urteil spricht, ist das Wesen, an welchem er als Schöpfer so handelt, ein freies Wesen: frei dazu, ihn seinerseits selbst zu erkennen, ihm selbst zu gehorchen, selbst nach ihm zu rufen. Es ist das göttliche Verhalten, das selber ein freies, und zwar das Verhalten des ursprünglich und eigentlich freien Wesens ist, in welchem uns offenbar wird, daß der Mensch schon im Schöpferratschluß dieses Gottes seinerseits als freies Wesen vorgesehen und gewollt war und eben als solches geschaffen wurde.

Dem Menschen ist Freiheit gegeben, genau so wie jedem anderen Geschöpf das Seine von Gott gegeben ist. Sie ist seine geschöpfliche Art. Sie ist ihm zugeeignet und so und nur so ist sie ihm eigen. Man darf den schenkenden Gott und seine Freiheit nicht wegdenken, wenn man von der menschlichen Freiheit richtig denken will. Zuerst ist Gott und er allein frei. Dann will und schafft er (wiederum er allein!) als sein Geschöpf ein freies Wesen. Indem der Mensch dieses Wesen ist, ist auch er frei. Aber dieser dritte Satz gilt nur im Zusammenhang mit den beiden ersten. Er wäre nichtig, wenn er sich auf eine Freiheit bezöge, die der Mensch sich genommen hätte oder von anderswoher hätte geben lassen. Er selbst ist genau nur insofern, als er wirklich von Gott selbst gewollt und geschaffen ist. Er ist er selbst, indem Gott es ihm gibt, er selbst zu sein, indem er selbst sich von Gott gegeben wird. Das ist die unergründliche Tiefe, in die wir wissend oder unwissend, immer hineinblicken, wenn wir Ich, Du, Er oder Sie oder irgend ein Personalpronomen oder auch irgend ein Possessivpronomen aussprechen. Hinter Ich, Du und Er, aber auch hinter Mein, Dein und Sein steht ja unausgesprochen aber notwendig immer das menschliche Selbst und also die menschliche Freiheit, die wir uns nicht nehmen und die uns, weil Gott allein ursprünglich frei ist, nur von Gott gegeben sein kann und tatsächlich gegeben ist. Sie konstituiert das menschliche Sein: sie macht den wirklichen Menschen aus: sie, die Freiheit, die ihrem Ursprung gemäß, nur in der Verantwortung diesem ihrem Ursprung gegenüber, nur in der Erkenntnis Gottes, nur im Gehorsam gegen ihn, nur im Fragen nach ihm aktualisiert und gebraucht werden kann, während der Mensch in jeder anderen Freiheit gewissermaßen nur ins Leere treten, sich selbst nur preisgeben und verlieren könnte.

Es ist folglich der Begriff der Freiheit die entscheidende Beschreibung dessen, was wir meinen, wenn wir den Menschen als Subjekt bezeichnen. Wir sahen: er ist auch Objekt. Ein Objekt ist ein in seinem eigenen Sein durch ein anderes Gesetztes. Der Mensch ist Gottes Geschöpf und also durch Gott gesetzt, von Gott erkannt und unter Gottes Gesetz gestellt, von Gott beurteilt. Also ist der Mensch auch Objekt. Er ist aber auch Subjekt. Ein Subjekt ist ein in seinem eigenen Sein sich selber Setzendes. Der Mensch ist, indem er sich selbst vor Gott verantwortet, selbst ihn erkennt, selbst ihm gehorsam ist, selbst nach ihm fragt und also sich selber setzt. Also ist der Mensch auch Subjekt. Und nun fällt Beides nicht auseinander. Nun sind das keine disparaten Bestimmungen des menschlichen Seins. Nun ist der Mensch eben darin, daß er Gottes Objekt ist, menschliches Subjekt. Es ist unter allen von Gott gesetzten Objekten die Art gerade dieses einen, daß es sich selber setzt und also Subjekt ist. Nun ist der Mensch eben das Geschöpf, das Gott, indem er es schafft, zur Selbstverantwortung vor ihm aufruft, das er also, indem er es schafft, als ein Selbst, als freies Wesen behandelt. Er ist unter allen Geschöpfen dasjenige, mit dem Gott, indem er ihm das Sein gab, auch seinen Bund — den Bund des freien Schöpfers mit einem freien Geschöpf — geschlossen hat, dessen Sein also unweigerlich den Charakter eines Partners des göttlichen Subjektes und also eben den Charakter der Freiheit trägt.

Man braucht also nicht vorbeizusehen an des Menschen von Gott gewollter und gesetzter Geschöpflichkeit, man braucht seine Subjektivität, seine Freiheit, wirklich nicht in irgend einer Tiefe unter oder in irgend eine Höhe über seinem objektiven Sein zu suchen. Man würde sie dort auch vergeblich suchen. Sie bildet den Charakter gerade seines objektiven, seines von Gott gewollten und gesetzten Seins. Er ist das Geschöpf, das als solches Subjekt ist, oder es ist gar nicht der Mensch, von dem die Rede ist.

Man kann aber auch an des Menschen Subjektivität und Freiheit nicht vorbeisehen, man braucht sein objektives Sein wirklich nicht in irgend einer neutralen Natur- oder auch Geistesanlage zu suchen, wie man es denn auch dort tatsächlich vergeblich suchen würde. Gerade sein objektives Sein als solches trägt vielmehr den unverwischbaren Charakter des Subjektiven, der Freiheit.

Wer Subjekt sagen will, der muß Mensch sagen. Und wer Mensch sagen will, der muß unweigerlich Subjekt sagen. So kann also kein Mißverständnis und kein Mißbrauch etwas daran ändern, daß man bestimmt vom Umfassendsten und Tiefsten des wirklichen Menschen redet, wenn man eben von seiner Freiheit redet. Denn was immer man im Guten oder Bösen vom Menschen sagen kann, das bezieht sich auf den freien Menschen, auf den Menschen, der das Subjekt ist, das in der Verantwortung vor Gott tätig ist.

Tätig ist! aktiv ist! Sich selbst bewegend in Bewegung ist! Das muß nun auch zusammenfassend noch einmal hervorgehoben sein. Die für die Geschöpflichkeit des Menschen charakteristische Gabe Gottes selbst: daß auch er als sein Geschöpf er selbst sein darf, ist kein im Schweißtuch zu vergrabendes Pfund. Sie ist ihm wohl zum Besitz geschenkt, indem er Gottes Geschöpf ist, so daß er gar nicht sein könnte, ohne sich auch in diesem Besitz zu befinden. Freiheit kann aber nicht anders besessen werden, als indem sie ergriffen und erworben wird. So ist auch dies: daß der Mensch Subjekt ist, nicht so zu verstehen, als wäre er zunächst passiv ein Müßiggänger, um dann erst auch noch aktiv zu werden: zunächst ein unbeschriebenes Blatt, um dann erst durch das, was er weiß, will und tut, beschrieben zu werden. So ist die Freiheit, die des Menschen

Sein ausmacht, gerade nicht bloß des Menschen Möglichkeit, Anlage und Fähigkeit, die sich dann erst in diesem und jenem Freiheitsgebrauch realisieren würde. Wir erinnern uns: es geht um des Menschen Verantwortlichkeit nicht nur, sondern um des Menschen Verantwortung vor Gott. Hat sein Sein als Sein in dieser Verantwortung den Charakter der Freiheit, dann bedeutet auch Freiheit das Ereignis dieser Verantwortung: das Ereignis des menschlichen Erkennens Gottes, des Gehorsams gegen ihn, des Fragens nach ihm. Das deutsche Wort «Freiheit» ist hier insofern leise mißverständlich, als es wie die Wörter auf -heit und -keit überhaupt leicht als Bezeichnung einer unpraktischen Zuständlichkeit aufgefaßt werden kann. Man fasse es nicht so auf! Der Mensch ist, indem er Gott erkennt; er ist, indem er sich für ihn entscheidet; er ist, indem er nach ihm fragt und seinem Urteil entgegengeht. Er ist also, indem er lebt. Und nun brauchen wir bloß einzusetzen, was wir soeben gelernt haben. Wer ist er, der Mensch, von dem das Alles zu sagen war? Gottes freies Geschöpf haben wir gehört: das von Gott aus zum Setzen seiner selbst gesetzte Subjekt, der Empfänger der göttlichen Gabe, an seinem geschöpflichen Ort nicht weniger als Gott er selbst sein zu dürfen. Was folgt daraus für diesen Charakter seines Seins? Offenbar dies: Es gibt keine andere als die im Ereignis, in der Tat des menschlichen Lebens betätigte Freiheit. Man sucht sie vergeblich, es sei denn, daß man sie in der Wahrnehmung der Tat jenes auf Gott gerichteten Erkennens, Gehorchens und Fragens schon gefunden hat. Freiheit befindet sich nicht in irgend einem Hintergrund, aus dem heraus dann so oder so frei zu leben wäre. Sie ist die in der Tat der Verantwortung vor Gott gelebte und gebrauchte Freiheit, oder sie ist gar nicht Freiheit. Und so gibt es kein anderes menschliches Subjekt als eben das, das entsprechend seiner Setzung durch Gott im Setzen seiner selbst begriffen ist. Man forscht vergeblich danach, ob und inwiefern der Mensch Subjekt sein möchte, es wäre denn, daß man dieses Subjekt in seinem Sichselbstsetzen am Werk gesehen hätte. Es ist eben keine Substanz mit diesen oder jenen Eigenschaften und Funktionen. Es ist das in der Verantwortung vor Gott sich selbst bewegende und durch sich selbst bewegte Subjekt, oder es ist gar nicht Subjekt. Und so gibt es kein von Gott geschaffenes menschliches Selbstsein als das, das sich darin verwirklicht, daß der Mensch selbst erkennt, selbst gehorcht, selbst betet. Man sucht sich selbst vergeblich, es sei denn, daß man sich kennt im Akt der Einsicht, der Entscheidung, des demütigen Appells an den göttlichen Richter: in dem Akt, in welchem nun wirklich kein Anderer für den Menschen eintritt, sondern «auf sich selber steht er da ganz allein»!: gerade weil und indem er da dem gnädigen Gott Auge in Auge gegenübersteht. Es ist also das menschliche Selbst kein Höhlenbewohner, der dann von seiner Höhle aus eines Tages zu Jagd und Fischfang sich auf den Weg machen könnte. Es ist das aufgerufene und also aus der Höhle schon herausgerufene und also in der Verantwortung gegen Gott schon handelnde Selbst. Ist es das nicht, so lohnt es sich nicht, dieses große Wort zu seiner Bezeichnung überhaupt in den Mund zu nehmen. Es dürfte jetzt deutlich sein, daß wir nicht daneben gegriffen haben, wenn wir das menschliche Sein gleich im Leitsatz dieses Paragraphen als die Geschichte bezeichnet haben, in welcher eines von Gottes Geschöpfen in seiner Selbstverantwortung vor ihm begriffen ist. Das menschliche Sein ist tatsächlich die Geschichte dieser Selbstverantwortung. Der wirkliche Mensch ist diese Geschichte, d. h. er ist, indem diese Geschichte geschieht, indem es wirklich wird, daß er sich vor Gott verantwortet. In ihr ist er frei, in ihr ist er Subjekt, in ihr ist er er selber. Nicht vor und nicht hinter, nicht neben und nicht über dieser Geschichte, sondern indem sie geschieht und indem sie — das zeigt der Begriff der Freiheit an — seine eigene Geschichte ist.

Seine eigene Geschichte, aber diese als die Geschichte seiner Verantwortung vor Gott! Der abschließende Begriff der Freiheit des Subjekts, des menschlichen Selbst muß nun auch von der inhaltlichen Bedeutung dieses Begriffs der Verantwortung her durchleuchtet werden. Wir identifizieren den Menschen nicht mit irgend einer Geschichte, die zufällig seine eigene wäre, sondern wir identifizieren ihn mit der durch den Begriff der Verantwortung vor Gott bestimmten Geschichte. Auch dies, daß des Menschen Sein den Charakter der Freiheit hat, will in dieser Bestimmtheit verstanden sein. Wir haben den Menschen in seinem Zusammensein mit Gott, wir haben sein Sein als ein Sein von Gott her, begründet in seiner Wahl, bestehend im Hören seines Wortes und darum als Sein in der Verantwortung vor ihm, und wir haben sein Sein in der Verantwortung schließlich als Erkenntnis, Gehorsam und Bitte in dieser und immer wieder in dieser Richtung verstanden. Bezeichnen wir es nun abschließend als Freiheit, so ist klar, daß Freiheit auch in dem Sinn mit Neutralität nicht zu verwechseln sein kann, als sie nur eines, des positiven Sinnes, fähig ist: sie ist die in der sich vollziehenden Verantwortung vor Gott gebrauchte und betätigte Freiheit. Sie ist also nicht nur nicht untätig. Sie kann auch nicht so oder so tätig sein. Sie ist wohl Wahlfreiheit. Sie ist aber, als von Gott geschenkte Freiheit, sie ist als Freiheit einer geschehenden Tat die Freiheit, in der das Rechte gewählt wird. Das Rechte ist das der freien Wahl Gottes Entsprechende. Der Gegenstand der freien Wahl Gottes ist der Mensch als sein Verbündeter, als der, dem er seine Gnade zuwendet. In der freien, der wirklich im Gebrauch der ihm von Gott geschenkten Freiheit vollzogenen Wahl des Menschen kann offenbar nur der Dank an diesen gnädigen Gott und die Verantwortung vor ihm gewählt werden. Was wählt der freie Mensch? Er wählt sich selber zum Vollzug dieser Verantwortung: sich selber zu jenem Erkennen, Gehorchen und Bitten! Nicht zwischen zwei ihm gegebenen Möglichkeiten also, sondern zwischen seiner einen und einzigen Möglichkeit und seiner eigenen Unmöglichkeit und also zwischen seinem Sein und seinem Nichtsein, und also zwischen dem Bestand und der Nichtigkeit auch seiner Freiheit. Frei wählen heißt: sich selbst in seiner Möglichkeit, sich selbst in seinem Sein, sich selbst in seiner Freiheit wählen. Wer es anders hielte, der würde bestimmt gerade nicht frei wählen. Subjekt ist ja der Mensch, indem er sich selber setzt und also nicht, indem er sich selber preisgibt. Er setzt sich selbst in dem positiven Akt jenes Erkennens, Gehorchens und Fragens. Er müßte sich selbst schon preisgegeben haben, wenn er eines anderen Aktes fähig sein sollte. Des Menschen Freiheit ist also nie die Freiheit, sich seiner Verantwortung vor Gott zu entschlagen. Sie ist nicht die Freiheit zu sündigen. Wenn der Mensch sündigt, so hat er sich seiner Freiheit begeben, d. h. aber, es geschieht dann das, was jedenfalls nicht aus seiner Erschaffung durch Gott, nicht aus seiner Geschöpflichkeit, nicht aus seinem menschlichen Sein als solchem folgt, und was also von daher auch nicht zu erklären und begründen ist. Denn wenn das Geschöpf, wenn das menschliche Subjekt, in seiner Freiheit auf sich selbst gestellt, der Drohung des Nichts ausgesetzt und ihr in der Tat nicht gewachsen ist, so ist zu bedenken, daß Gott schon als sein Schöpfer auch sein Verbündeter, Erretter, Bewahrer und Heiland ist. Versäumt der Mensch seine Verantwortung diesem Gott gegenüber, so kann er durch keine Berufung auf seine geschöpfliche Geringfügigkeit und Ohnmacht entlastet und entschuldigt sein. Die Freiheit des menschlichen Seins in der Verantwortung vor diesem Gott schließt in sich, daß der Mensch vor dem Argen bewahrt ist: *potest non peccare* und *non potest peccare*.

Wir haben in dieser Hinsicht vom Menschen als Subjekt nichts Anderes zu sagen, als was vom Menschen als Objekt bereits gesagt wurde: das Böse hat in der Schöpfung Gottes und in des Menschen Geschöpflichkeit keinen Raum. Der Satz, daß der Mensch gut sei, ist, wenn er sich auf den wirklichen, den von Gott geschaffenen, den in der Geschichte seiner Verantwortung vor ihm existierenden Menschen bezieht, richtig. Im freien Vollzug seiner Verantwortung vor Gott — und das ist sein geschöpfliches Sein — ist der Mensch tatsächlich gut und nicht böse. Daran kann auch seine Sünde nichts ändern. Sie bedeutet wohl, daß der Mensch sich selber, sie bedeutet aber nicht, daß er seinem Schöpfer verloren geht. Sie bedeutet keine Neuerschaffung des Menschen im Bösen. Sie bedeutet nicht, daß das menschliche Sein als solches ein anderes geworden oder durch ein anderes ersetzt worden ist. Ist uns der wirkliche Mensch verborgen, weil eben der wirkliche Mensch in der unbegreiflichen und ihn selbst in Unbegreiflichkeit verhüllenden Untat der Sünde begriffen ist, können wir seine Spuren in uns selbst und in Anderen und in der ganzen menschlichen Geschichte nicht wiedererkennen, so ist er doch Gott wie nicht verloren, so auch nicht unbekannt, und in seinem Wort — in demselben Wort, durch das er uns unserer Sünde überführt — hat er uns auch mit dem wirklichen Menschen, der durch unsere Sünde nicht ausgelöscht ist, bekannt gemacht. Wir haben uns durch das Wort Gottes sagen lassen, wer und was das ist: der wirkliche Mensch. Wir haben unseren Begriff von ihm in der Weise gewonnen, daß wir im Licht der Tatsache, daß ein Mensch der Mensch Jesus ist, über alle anderen und über uns selbst nachgedacht haben. Im Licht dieser Tatsache werden wir gerade am Ende unserer abschließenden Erwägung des Begriffs der menschlichen Freiheit, dem Satz, daß der Mensch nicht böse, sondern gut ist, nicht ausweichen können. Er ist kein optimistischer Satz. Gerade er bringt vielmehr das notwendige Ärgernis des Evangeliums an dieser Stelle am besten zum Ausdruck. Daß der Mensch in seiner Untat böse ist, das ändert nichts daran, daß Gott in seiner Tat als Schöpfer gut ist, und darum auch nichts daran, daß auch der Mensch in seiner Geschöpflichkeit und also in seiner Tat (in dem, was seine Tat zu heißen allein verdienen kann) gut ist und bleibt. Er ist in der Tat seiner freien Verantwortung vor Gott. Seine Freiheit ist die, die er in dieser Tat betätigt. Sie ist also seine Freiheit zum Guten und nur zum Guten.

Wir schließen mit einem Rückblick auf den zweiten Abschnitt dieses Paragraphen, in welchem wir von den «Phänomenen des Menschlichen» geredet haben. «Phänomene des Menschlichen» nannten wir dort alle diejenigen Aspekte des Menschen, die von anderswo als von Gottes Wort und Offenbarung her, d. h. anderswie als auf dem Weg der Gegenüberstellung des Menschen mit dem Menschen Jesus gewonnen sind. Wir haben nun den Ort erreicht, von dem aus ein grundsätzlicher Rückblick auf diese Aspekte möglich ist. Wir haben sie auch dort nicht etwa einfach negiert und abgelehnt. Wir haben nur immer wieder feststellen müssen, daß der wirkliche Mensch in diesen Aspekten nicht sichtbar wird, sondern eben nur gewisse Formen, die man herkömmlicherweise als Erscheinungsformen des unbekannten wirklichen Menschen zu verstehen und zusammenzustellen pflegt, ohne doch sehen und sagen zu können, zu welchem Inhalt sie nun eigentlich gehören. Wir haben nur behauptet, daß mehr als das Bild eines «Schattenmenschen» in diesen Formen nicht sichtbar wird. Wir haben aber ohne weiteres anerkannt, daß es solche jedem menschlichen Auge und jedem menschlichen Nachdenken erkennbare Formen tatsächlich gibt. Wir kennen nun den Inhalt, zu dem sie gehören, das Wirkliche, dessen Erscheinungen sie sind. Wir sind nun in der Lage, sie als Phänomene nicht nur, sondern als reale Symptome des Menschlichen zu würdigen. Wir können nun aller Wissenschaft vom Menschen bestätigen, daß sie jedenfalls objektiv nicht leer ist, sondern einen realen Gegenstand hat. Wir können nun aller, auch der autonomen menschlichen Selbst-

3. Der wirkliche Mensch

erkenntnis insofern grundsätzlich recht geben, als sie nach dem, was wir nun von Gottes Wort und Offenbarung her eingesehen haben, keinem Schatten nachjagt, wenn sie nach dem Menschen fragt. Der Mensch ist. Wir haben gesehen, was und wie er ist. Und indem er ist, sind auch die Merkmale und Indizien seines Seins die wirklichen Symptome des Menschlichen. Man kann das menschliche Sein nicht aus diesen Symptomen erklären. Denn um sie als seine Symptome zu erkennen, muß man es selbst, muß man den wirklichen Menschen kennen. Man kann aber die menschlichen Symptome aus dem menschlichen Sein erklären. Man kann unter der Voraussetzung der Erkenntnis des wirklichen Menschen und also unter Voraussetzung der theologischen Anthropologie auch zu einer nicht-theologischen, aber echten Wissenschaft von den jedem menschlichen Auge und jedem menschlichen Nachdenken erkennbaren Formen des Menschlichen kommen. Es kann nicht unsere Aufgabe sein, diese Wissenschaft hier auch nur andeutend, auch nur enzyklopädisch zu entfalten. Wir hatten uns nur kritisch mit ihr zu beschäftigen. Wir hatten nur den Anspruch abzuwehren, als ob sie anders als unter Voraussetzung der Erkenntnis des wirklichen Menschen echte Wissenschaft mit einem wirklichen Gegenstand sein könne. Und wir hatten als theologische Anthropologie diesen wirklichen Gegenstand aller Anthropologie positiv aufzuzeigen. Das ist es, was wir nun versucht und getan haben. Wir müssen uns aber immerhin noch in einigen Worten darüber Rechenschaft geben, in welchem Sinn die theologische Anthropologie als Lehre vom wirklichen Menschen nach dieser Seite offen ist, in welchem Sinn sie hier die Voraussetzung aller sonstigen Wissenschaft vom Menschen bilden kann.

Wir erkannten das Sein des Menschen in der durch Gott den Schöpfer in Bewegung gesetzten Geschichte seiner Selbstverantwortung vor ihm. Das ist «der Mensch als Gottes Geschöpf». Wir fügen dem nun nur noch schlicht hinzu: Das Sein des Menschen ist das Geschöpf Gottes, das, indem es diese Geschichte ist, sich auch als dazu fähig erweist, diese Geschichte zu sein. Fähigkeit zu diesem Sein: das ist der Inbegriff aller Formen, aller Symptome des Menschlichen. Fähigkeit zu diesem Sein ist das Menschliche, das als solches jedem menschlichen Auge und allem menschlichen Nachdenken erkennbar ist — vielleicht nur als Inbegriff der menschlichen Phänomene, vielleicht nur unter Voraussetzung eines Bildes von einem Schattenmenschen, vielleicht aber doch auch als Inbegriff der wirklichen menschlichen Symptome und also unter Voraussetzung der Erkenntnis des wirklichen menschlichen Seins und also doch als Fähigkeit dieses Seins verstanden — aber so oder so erkennbar ist. Von unserer Erkenntnis des menschlichen Seins her gesehen, ist dieses allgemein Erkennbare des Menschen Fähigkeit, d. h. seine Eignung und Ausrüstung als dieses besondere Sein. Wir können nun den Begriff aufnehmen, den wir bis jetzt immer zurückdrängen mußten: dieses allgemein

Erkennbare ist die im menschlichen Sein aktualisierte menschliche Potentialität. Indem der Mensch das Bestimmte ist, das er ist, erweist es sich *de facto,* daß er eben dieses Bestimmte sein kann. Was und wie er ist: sein Sein in seiner Selbstverantwortung vor Gott, das kann anders als im Lichte von Gottes Wort und Offenbarung nicht erkannt werden. Der Erweis seiner Fähigkeit zu solchem Sein aber ist, ob als solcher verstanden oder nicht, ein allgemein erkennbares und erkanntes Faktum. Ob in seinem Was und Wie erkannt oder unerkannt: der Mensch ist, Gott hat ihn erschaffen und so erweist er sich auch als solcher, nämlich eben darin, Mensch sein zu können. Erkennt er sich nicht in seinem Menschsein, so erkennt er sich doch mit mehr oder weniger Genauigkeit in seinem Menschseinkönnen. Erkennt er sich nicht in seiner Wirklichkeit, so erkennt er sich doch mehr oder weniger umfassend in seiner Möglichkeit. Mag uns, was und wie wir als Menschen sind, noch so verborgen sein, so ist uns doch die Technik nicht verborgen, mit der ausgerüstet wir in der Lage sind, gerade dieses, das menschliche Sein, zu verwirklichen. Der Erweis dieser Technik ist Faktum, indem der Mensch selbst ein von Gott geschaffenes Faktum ist. Dieses Faktum spricht in seiner Eigenart auch da für sich selbst, es ist als Zeugnis vom wirklichen Menschen auch da auf dem Plan, wo es als solches ungehört und unverstanden bleibt. Es kann aber auch als gehörtes und verstandenes Zeugnis auf dem Plan sein. Es kann ja im Licht von Gottes Wort und Offenbarung in dem, was an sich nur als Menschseinkönnen, als Möglichkeit, als Technik des Menschseins sichtbar ist, das wirkliche Menschsein erkennbar und erkannt werden. Es kann ja die menschliche Potentialität vom Akt des wirklichen Menschen her, es können ja die Phänomene als Symptome des Menschlichen eingesehen und gewürdigt werden. Es kann also geben: eine allgemeine und doch echte, weil jenes Zeugnis hörende und verstehende Wissenschaft vom Menschen.

Eben von da aus blicken wir nun zurück auf das, was uns im zweiten Abschnitt als — vielleicht echte, vielleicht nicht echte, vielleicht kundige, vielleicht unkundige allgemeine Wissenschaft vom Menschen kritisch beschäftigt hat.

Es kann das, was die Naturwissenschaft als den Menschen sieht, zu verstehen und darzustellen sucht, gewiß ein Symptom des wirklichen Menschen sein. Sie sucht ihn im Kosmos: in seiner Zusammengehörigkeit mit dessen übrigen Phänomenen, in seiner relativen Besonderheit inmitten ihres Zusammenhangs. Und zur Potentialität des wirklichen Menschen, zu der in seiner Wirklichkeit mitgesetzten Möglichkeit gehört bestimmt auch dies: daß sein Sein einen Raum: den Raum der Geschöpflichkeit und also eben den Raum des Kosmos und in diesem Raum einen besonderen Raum: den kosmischen Raum des spezifisch Menschlichen haben kann. Indem er der Mensch ist, hat er die Fähigkeit und erweist es sich, daß er die

Fähigkeit hat, in diesem allgemeinen und in diesem besonderen kosmischen Raum und so Gottes Geschöpf zu sein. Das Objekt der naturwissenschaftlichen Anthropologie ist diese seine Fähigkeit. Wenn sie weiß, daß der Mensch anders als in dieser seiner Fähigkeit, im Allgemeinen und im Besonderen kosmisch, Gottes Geschöpf zu sein, ihr Objekt nicht sein kann, und wenn sie weiß, daß sie dabei eine Voraussetzung macht, die selbst nicht naturwissenschaftlicher Art sein kann: den wirklichen Menschen nämlich, dem diese Fähigkeit eigen ist, dann ist sie echte Naturwissenschaft.

Es kann aber auch das, was die idealistische Ethik als den Menschen sieht, zu verstehen und darzustellen versucht, gewiß ein Symptom des wirklichen Menschen sein. Sie sieht ihn in der Tat seiner Sonderung inmitten des Kosmos. Sie sieht ihn in jenem Schritt heraus aus dem chemisch-organisch-biologischen Prozeß hinaus ins Offene einer von ihm selbst erlebten und bewirkten Geschichte. Sie sieht ihn bereits als Subjekt seines eigenen Lebens. Und zur Potentialität des wirklichen Menschen, zu der in seiner Wirklichkeit mitgesetzten Möglichkeit gehört tatsächlich auch dies: daß sein Sein eine solche von ihm selbst erlebte und bewirkte Geschichte sein kann: eine Geschichte, in der er nicht nur Objekt, sondern handelndes Subjekt ist, als das er sich selber setzen muß und setzen kann. Indem er der Mensch ist, **hat** er die Fähigkeit und **erweist** es sich, daß er die Fähigkeit hat, ein solches in seiner Geschichte selbst handelndes Subjekt zu sein. Der Gegenstand der Ethik ist diese menschliche Fähigkeit. Wenn sie weiß, daß mehr als dieses Symptom — dieses Teilsymptom — ihr Gegenstand nicht sein kann, und wenn sie weiß, daß sie dabei voraussetzt, was nicht in ihrem Blickfeld liegt: das Wirkliche, dessen Symptom sie als Ethik beschäftigt, den wirklichen Menschen nämlich, dann ist sie echte Ethik, ihr Idealismus echter Idealismus.

Es kann aber auch das, als was die Existentialphilosophie den Menschen sieht und beleuchtet, gewiß ein Symptom des wirklichen Menschen sein. Sie sieht ihn, indem sie darin die Naturwissenschaft und die idealistische Ethik überschreitet, bereits in seiner Offenheit in der Richtung nach einem Draußen, das als solches nicht nur das Draußen des Geistes gegenüber der Natur, der Freiheit gegenüber dem Ablauf eines Prozesses ist, sondern das absolute, das unerforschliche und unbetretbare, nur in der Tatsache der Begrenzung der menschlichen Existenz sich ankündigende Draußen einer realen Transzendenz. Sie schließt den naturwissenschaftlich und den ethisch gesehenen Menschen in sich, sie sieht ihn aber ganz und gar in seiner Beziehung, ja als **die** Beziehung zu diesem Anderen, das selber nicht wieder natürlicher und geistiger Kosmos, sondern eben nur das im Verhältnis zu ihm und seinem Kosmos ganz Andere ist. Sie versteht ihn schon ganz und gar als Geschichte in diesem Verhältnis. Sie versteht ihn schon ganz und gar als Gefragtsein von diesem Anderen her und als Frage nach ihm. Und wie sollte zur Potentialität des wirklichen Menschen, zu der in seiner Wirklichkeit mitgesetzten Möglichkeit nicht auch und vor allem dies gehören: daß sein Sein in dieser qualifizierten Weise Beziehung (Geschichte, Gefragtsein und Frage) sein — daß er sich selbst als Subjekt dieser qualifizierten Beziehung erleben und betätigen kann? Indem er Mensch ist, hat er die Fähigkeit und erweist es sich, daß er die Fähigkeit hat: in solcher Beziehung zu sein. Der Gegenstand der Existentialphilosophie ist diese Beziehung. Wenn sie sich in dem, was sie bejaht und verneint, streng auf diesen Gegenstand ausrichtet, und wenn sie sich darüber klar ist, daß sie dabei voraussetzt, was sie als Existentialphilosophie weder bejahen noch verneinen kann (den wirklichen Menschen nämlich!), dann kann auch sie ein echtes wissenschaftliches Unternehmen sein.

Und nun kann endlich auch das, was eine theistische Anthropologie als den Menschen beschreibt, sicher ein Symptom des wirklichen Menschen sein. Sie sieht ihn, an die Existentialphilosophie anknüpfend, aber sie überbietend, mit einem transzendenten Gott als seinem Ursprung und Ziel zusammen. Sie versteht ihn von Haus aus nicht autonom, sondern theonom bestimmt, den menschlichen Logos als seiend durch den göttlichen, Humanität als Spiegelbild der Divinität. Sie versteht den Menschen als das vernünftige, d. h. das Gott vernehmende und als das verantwortliche, d. h. als das Gott antworten könnende und so und darin als personhaftes, geschichtsfähiges und entscheidungsfähiges Wesen. Wie das Andere selbst und wie das Gegenüber dieses Anderen zum Menschen, so hat auch das menschliche Sein, das in diesem Gegenüber ist, in der theistischen Anthropologie im Unterschied zu den Aufstellungen der sonstigen Existentialphilosophie konkrete Gestalt bekommen. Wir konnten nicht anerkennen, daß die Aufgabe der theologischen Anthropologie damit schon erreicht und in Angriff genommen ist. Wir erkennen aber ohne Zögern, daß eine solche theistische Anthropologie eben das weitgehend erschöpfend beschreiben kann, was die Potentialität des wirklichen Menschen ausmacht: die in seiner Wirklichkeit mitgesetzte Möglichkeit, Disposition und Fähigkeit. Zu ihr gehört zweifellos entscheidend und umfassend die Freiheit, von Gott her und zu Gott hin zu sein, die Eignung und Ausrüstung dazu, Gottes Partner zu sein: Gottes Partner und nicht nur der einer undefinierten Transzendenz, Gottes Partner und also nicht nur der Teilhaber an einer der menschlichen Existenz selber immanenten Transzendenz. Indem der Mensch ist, ist er zum Vernehmen Gottes vernünftig, zur Verantwortung vor ihm verantwortlich, ist er geschichts- und entscheidungsfähig und — sei es denn — «personhaft» und in dem allem eben dazu fähig: Gottes Partner zu sein. Und indem er Mensch ist, erweist es sich auch, daß er jedenfalls diese Fähigkeit hat, daß er im Besitz dieser Fähigkeit existieren kann. Der Gegenstand einer theistischen

3. Der wirkliche Mensch

Anthropologie ist diese Fähigkeit. Wenn sie sich dessen bewußt ist und bleibt, daß dies und nur dies ihr Gegenstand ist und also auch dessen, daß sie bei allem, was sie auf der Linie der Erklärung dieses Gegenstandes ausspricht, voraussetzt, was sie auf dieser Linie nicht aussprechen kann, den wirklichen Menschen nämlich, dann kann auch eine solche theistische Anthropologie eine echte und ernsthafte Angelegenheit sein.

So also und in diesem Sinn ist Wissenschaft vom Menschen als nichttheologische, aber echte Wissenschaft auch von der theologischen Anthropologie her gesehen möglich, grundsätzlich berechtigt und grundsätzlich notwendig. Gottes Wort und Offenbarung ist nicht die Quelle, aus der diese Wissenschaft — auch in ihrer zuletzt genannten Gestalt — ihre Kunde vom Menschen schöpft. Sie ist in allen ihren Gestalten die allgemeine Wissenschaft des sich selbst über sich selbst belehrenden Menschen. Es ist aber nicht an dem, daß ihre Kunde vom Menschen deshalb falsche und wertlose Kunde zu sein braucht. Sie muß ja als solche allgemeine Wissenschaft nicht notwendig unerleuchtet, sie kann auch als solche erleuchtet sein. Zur Erkenntnis des wirklichen Menschen anzuleiten und hinzuführen vermag sie freilich nicht. Sie kann aber von der Erkenntnis des wirklichen Menschen herkommen, sie kann sie voraussetzen, sie kann den ganzen Komplex jener Fähigkeit als den Inbegriff der Fähigkeit des wirklichen Menschen, sie kann die menschlichen Phänomene als die menschlichen Symptome verstehen und würdigen. Sie setzt dann voraus, daß der wirkliche Mensch im Lichte des Wortes und der Offenbarung Gottes erkennbar und erkannt ist. Sie sieht und versteht dann die ihr in Form des einfachen menschlichen Selbstverständnisses erkennbaren Phänomene im Lichte dieses Lichtes. Sie wird sie dann bescheidener, metaphysikfreier, aber eben darum um so genauer; strenger und vollständiger sehen. Die theologische Anthropologie ist offen gegenüber jeder solchen allgemeinen Wissenschaft vom Menschen.

Wir haben ihre eigene Aufgabe damit in Angriff genommen, daß wir den wirklichen Menschen, der Gottes Geschöpf ist, als ihren Gegenstand bezeichnet und beschrieben haben. Aber ihre eigene Aufgabe kann damit erst in Angriff genommen sein.

§ 45
DER MENSCH IN SEINER BESTIMMUNG ZU GOTTES BUNDESGENOSSEN

Daß der wirkliche Mensch von Gott zum Leben mit Gott bestimmt ist, hat seine unangreifbare Entsprechung darin, daß sein geschöpfliches Sein ein Sein in der Begegnung ist: zwischen Ich und Du, zwischen Mann und Frau. In dieser Begegnung ist es menschlich, und in dieser seiner Menschlichkeit ist es das Gleichnis des Seins seines Schöpfers und ein Sein in der Hoffnung auf ihn.

1. JESUS, DER MENSCH FÜR DEN ANDEREN MENSCHEN

Der wirkliche Mensch lebt mit Gott, als Gottes Bundesgenosse. Denn dazu hat Gott ihn geschaffen: zur Teilnahme an der Geschichte, in der Gott mit ihm, er mit Gott am Werke ist, zu seinem Partner in dieser gemeinsamen, in dieser Bundesgeschichte. Er schuf ihn zu seinem Bundesgenossen. Der wirkliche Mensch lebt also nicht gottlos, nicht ohne Gott. Jede gottlose, jede von seiner Zugehörigkeit zu Gott absehende Erklärung des Menschen ist von Haus aus eine solche, die vielleicht gewisse menschliche Phänomene, die aber gerade den wirklichen Menschen, den Menschen selbst, nicht erklären, ja nicht einmal berühren kann. Sie greift an ihm vorbei ins Leere. Sie greift hinein in die Sünde, in der der Mensch den Bund mit Gott bricht und eben damit seine eigene Wirklichkeit verleugnet und verfinstert. Sie kann und wird aber nicht einmal seine Sünde berühren und erklären; denn auch dazu müßte sie ihn offenbar zuerst in seiner Zugehörigkeit zu Gott, in der Bestimmung, in der Gott ihn geschaffen hat, in der Gnade, gegen die er sündigt, gesehen haben. Der wirkliche Mensch wirkt nicht gottlos, er wirkt in der Geschichte des Bundes, in der er durch Gottes Erwählung und Berufung Gottes Partner ist. Er dankt Gott für seine Gnade, indem er ihn als Gott erkennt, indem er ihm als Gott gehorsam ist, indem er ihn als Gott anruft, indem er von Gott her und zu Gott hin frei ist. Er verantwortet sich vor Gott, d. h. er gibt auf das Wort Gottes die ihm entsprechende Antwort. Daß dem so ist, daß dieser, der von Gott zum Leben mit Gott bestimmte Mensch der wirkliche Mensch ist, darüber ist entschieden durch die Existenz des Menschen Jesus. Sie ist — abgesehen von allem, was sie sonst ist — auch der Maßstab, an dem zu ermessen ist, was des Menschen Wirklichkeit ist und nicht ist. Sie offenbart ursprünglich und endgültig, wozu Gott den Menschen geschaffen hat. Der Mensch Jesus ist der Mensch für Gott. Er ist es als Gottes Sohn in einer Weise wie kein anderer Mensch. Aber indem er für Gott ist, ist entschieden über die Wirklichkeit eines jeden, aller anderen

Menschen. Gott hat den Menschen für sich geschaffen. Und so ist der wirkliche Mensch für Gott, nicht anders. Er ist Gottes Bundesgenosse. Er ist von Gott zum Leben mit Gott bestimmt. Das ist das Besondere des menschlichen Seins inmitten des Kosmos.

Aber eben dieser wirkliche Mensch ist tatsächlich inmitten des Kosmos: auf der Erde, unter dem Himmel, selber ein kosmisches Wesen, Gott zugehörig, aber auch in seiner Zugehörigkeit zu Gott Gottes Geschöpf und nicht selber Gott. Eines widerspricht nicht dem Anderen, sondern Eines erklärt hier das Andere: Will man den Menschen als Gottes Geschöpf verstehen, dann muß man zuerst und vor allem zu dem vordringen, w o z u ihn Gott geschaffen hat. Man muß ihn dann also zunächst ganz von oben, von Gott her betrachten. Man muß ihn dann also als Gottes B u n d e s - g e n o s s e n und so und darin als den wirklichen Menschen zu sehen versuchen. Das ist es, was wir im vorangegangenen Paragraphen getan haben. Will man ihn aber umgekehrt — und das ist die große Aufgabe, die nun vor uns liegt — als diesen Bundesgenossen verstehen, dann muß man doch wieder darauf zurückgreifen, d a ß und w i e er von Gott geschaffen ist; er muß dann als kosmisches, als dieses besondere kosmische Wesen gesehen werden. In dieser seiner V e r s c h i e d e n h e i t von Gott, in seiner M e n s c h - l i c h k e i t, ist er nämlich bestimmt zu Gottes Bundesgenossen. Wir wenden uns in dieser Fortsetzung der theologischen Anthropologie zu allen den Problemen, die man unter dem Titel «Des Menschen Menschlichkeit» zusammenfassen könnte. Wir setzen nun also voraus: Er ist das von Gott zum Leben mit Gott bestimmte, er ist das in der Geschichte des von Gott mit ihm aufgerichteten Bundes existierende Wesen. Er ist — wir werden uns über diese nun gewonnene Linie nicht wieder zurückdrängen lassen dürfen — so und nur so, in diesem Sein, das in einer ganz bestimmten Geschichte besteht, der wirkliche Mensch. Wir werden nun aber eben diesen wirklichen Menschen als ein von Gott verschiedenes Sein, als Gottes Geschöpf und insofern als das Wesen da drunten sehen und verstehen müssen. Eben indem er nicht göttlich, sondern k o s m i s c h ist, eben indem er von Gott aus gesehen (samt der Erde, auf der er ist, und samt dem Himmel, unter dem er ist) d a d r u n t e n ist, ist er von Gott zum Leben mit Gott bestimmt. Eben Gottes S c h ö p f u n g und also eben Gottes Setzung einer von ihm selbst v e r s c h i e d e n e n Wirklichkeit ist ja der äußere Grund, die äußere Ermöglichung des Bundes. Und der Bund seinerseits ist ja der innere Grund, die innere Ermöglichung der S c h ö p f u n g und also der Existenz einer von Gott v e r s c h i e d e n e n Wirklichkeit. Was der Mensch, der Gottes Bundesgenosse ist, nun auch kosmisch, da drunten, in dieser seiner Verschiedenheit von Gott — und insofern nun eben in seiner M e n s c h - l i c h k e i t — ist, danach muß nun auch gefragt werden. Wir würden sonst zwar sicher den Gehalt und nun doch noch nicht die davon unabtrennliche Gestalt des menschlichen Seins gesehen und verstanden haben.

Die Frage, die uns in diesem Paragraphen beschäftigen soll, ist die Übergangs- und Grenzfrage zwischen den zwei hier nötigen Betrachtungsweisen. Zwischen der Bestimmung des Menschen zu Gottes Bundesgenossen auf der einen und seinem geschöpflich kosmischen Wesen auf der anderen Seite besteht offenbar, da es sich ja um ein und dasselbe Subjekt handelt, ein inneres Verhältnis. Es kann nicht wohl sein, daß des Menschen Menschlichkeit, seine Humanität, eine Sache ist, die dem gewissermaßen fremd und unberührt gegenüberstehen würde, daß er doch in dieser seiner Humanität das Wesen ist, das in jener Bundesgeschichte existieren darf. Es kann nicht so sein, daß der Mensch, der von oben, von Gott aus gesehen, dessen Bundesgenosse und gerade so der wirkliche Mensch ist, in dem, was er da drunten, in seiner Verschiedenheit von Gott nun einmal auch ist, etwa gar nicht wieder zu erkennen, sich selbst nun einfach völlig und prinzipiell verborgen, ein ganz anderes Wesen wäre. Die göttliche Bestimmung und die geschöpfliche Art des Menschen, seine Humanität, sind zweierlei, so gewiß Schöpfer und Geschöpf, Gott und Mensch, zweierlei sind. Sie können sich aber nicht geradezu widersprechen. Sie können nicht geradezu auseinanderfallen, sich neutral, ausschließend oder gar feindselig gegenüberstehen.

Es kann da wohl einen tatsächlichen Gegensatz dieser Art geben: Gottes Bundesgenosse kann ja den Bund brechen. Der wirkliche Mensch kann seine Wirklichkeit verleugnen und verfinstern. Es ist das Können, für das es nun wirklich keinen Grund gibt, von dem man nur als von einer üblen Tatsache reden kann: das unbegreifliche, das wahnsinnige Können der Sünde. Indem der Mensch sündigen kann und tatsächlich sündigt, geschieht es allerdings, daß er zu sich selbst in unheilbaren Widerspruch gerät, gewissermaßen auseinandergerissen wird: hier seine Wirklichkeit als Gottes Bundesgenosse, die er verleugnet und verfinstert hat, und dort — nun allerdings etwas ganz Anderes und in seinem Zusammenhang mit jener Wirklichkeit gar nicht mehr zu erkennen — seine geschöpfliche Art, seine durch jene Verleugnung und Verfinsterung gewissermaßen herrenlos gewordene, wie ein Meteor ins Bodenlose, in den leeren Weltraum hinaus geschleuderte Menschlichkeit.

Im Blick auf diese furchtbare Möglichkeit und Wirklichkeit redet allerdings auch die heilige Schrift geradezu von zwei Menschen: einem «ersten», der von der Erde her und also irdisch, und einem «zweiten», der vom Himmel her ist (1. Kor. 15, 47). Schon daß dieser in Wahrheit Erste nun zum Zweiten und jener in Wahrheit Zweite nun zum Ersten geworden ist, zeigt auf die tatsächliche Verwirrung, im Blick auf die hier geredet wird. Auf sie zeigt auch das Wort 2. Kor. 4, 16, nach welchem — es ist ein ungeheuerlicher Widerspruch, auf den auch damit Bezug genommen wird — der «äußere» Mensch verdirbt, der «innere» aber von Tag zu Tag erneuert wird. Und wenn wir Kol. 3, 9 f. lesen, daß wir den «alten» Menschen aus-, den «neuen» anziehen sollten, so ist wieder zu bedenken, daß der, der hier der «alte» heißt, in Wahrheit der illegitim neben seine Wirklichkeit hinausgetretene und insofern «neue» Mensch ist, den wir nur nie hätten «anziehen» dürfen — und ebenso der «neue», in Wahrheit der eigentliche, der wirkliche und insofern der «alte», der ursprüngliche Mensch, den «auszuziehen» man nur als die ganze Frechheit der Sünde verstehen darf. Und von der Verwirrung, auf die sich alle diese apostolischen Worte beziehen, zeugt ja wirklich schon die Tatsache, daß sie geradezu von zwei getrennten, nun wirklich fremd und feindselig sich gegenüberstehenden Menschen reden müssen. Man muß aber bemerken, daß auch in der Bibel verhältnismäßig selten in dieser Gegensätzlichkeit vom Menschen geredet wird.

Die gute Schöpfung Gottes, mit der wir hier beschäftigt sind, hat an einem prinzipiellen und absoluten Dualismus in dieser Sache keinen Anteil. Wir können Gott den Schöpfer nicht behaften bei dem, was der sündige Mensch aus sich selber gemacht hat. Wir würden ihn schmähen, wenn wir bei der Frage nach der menschlichen Kreatürlichkeit dessen, der sein Bundesgenosse ist, von jenem tatsächlichen Gegensatz ausgehen, wenn wir den Widerspruch, in welchem der Mensch tatsächlich existiert, zum Grundsatz erheben und also übersehen oder bestreiten würden: er existiert eigentlich und ursprünglich in einer inneren Beziehung, in einer Entsprechung zwischen seiner göttlichen Bestimmung und seiner geschöpflichen Art, zwischen seinem Sein als Gottes Bundesgenosse und seinem humanen Sein. Daß er unter allen anderen kosmischen Wesen so ganz besonders zu Gott gehört, das geht ihn als das kosmische Wesen, das er ist, notwendig auch ganz besonders an. Wie Gottes Schöpferwirken, durch das er selber wirklich ist, ein besonderes ist, so ist er selbst der durch dieses Werk Gottes Gewirkte, ein Besonderer, so ist er eben in der Beziehung, in der Entsprechung zu seiner ihm von Gott gegebenen Bestimmung. Gibt Gott ihm diese Bestimmung, so ist er offenbar, was auch sonst von ihm zu sagen sein mag, ein durch sie Bestimmter, ein Wesen, dem diese seine Bestimmung nicht fremd, sondern eigentümlich ist. Es kann also seine Humanität dieser seiner Bestimmung gerade nicht fremd und entgegengesetzt sein, sondern nach irgend einer Entsprechung und Ähnlichkeit dieser beiden Seiten seines Seins muß hier notwendig gefragt werden. Wir fragen jetzt danach, inwiefern seine Humanität als seine geschöpfliche Art seiner göttlichen Bestimmung, seinem Sein als Gottes Bundesgenosse entspricht und ähnlich ist.

Entspricht sie ihm — das soll hier noch vorweggenommen sein — dann entspricht sie ihm in einer unverlierbaren und unzerstörbaren Weise. Die vorhandene Entsprechung und Ähnlichkeit kann dann durch des Menschen Sünde zwar verdeckt und unkenntlich gemacht werden. Es kann sein, daß wir sie in Folge der das menschliche Leben regierenden Sünde in uns selbst und an Anderen und im menschlichen Gemeinschaftsleben entweder überhaupt nicht mehr bemerken oder nur noch in mühselig zu durchschauenden und zu erklärenden Zerrbildern kennen. Es kann sein, daß da für das menschliche Auge faktisch nur noch eine gewisse Problematik übrig bleibt, so vieldeutig, daß man an ihrer Lösung wohl verzweifeln könnte. Es kann nicht nur so sein, sondern es ist tatsächlich so, so gewiß der Mensch tatsächlich ein Sünder ist. Eben mit dieser Verdeckung und Unkenntlichmachung jener Ähnlichkeit müssen wir ja tatsächlich rechnen. Es geht hier also gewiß um ein Glaubensgeheimnis, zu dessen Entdeckung wir auf Gottes Offenbarung angewiesen sind. Es kann aber, wenn unsere geschöpfliche Art, wenn die Humanität diese Ähnlichkeit zu unserer göttlichen Bestimmung hat, nicht so sein, daß jene Entsprechung und Ähnlichkeit ihr abhanden kommen oder auch nur zerstört werden könnte. Die Macht der Sünde ist groß, aber nicht grenzenlos. Sie kann Vieles beseitigen, Vieles verwüsten, aber nicht das menschliche Sein als solches. Sie kann Gottes Wirken und darum auch sein Werk, das von Gott Gewirkte, nicht rückgängig machen. Die Sünde ist nicht schöpferisch. Sie kann das Geschöpf Gottes nicht durch eine andere Wirklichkeit ersetzen. Sie kann also den Bund nicht annullieren. Sie kann den Menschen nicht weiterführen als zu einer allerdings furchtbaren und folgenschweren Infragestellung seiner Wirklichkeit, seiner Bestimmung. Und so kann auch seine Menschlichkeit zwar in die äußerste Gefahr der Unmenschlichkeit kommen, so kann Humanität zu einem Gebilde werden, das seiner selbst nun wirklich nur noch spotten kann. Aber sich selbst als Mensch beseitigen oder auch nur verändern, kann der Mensch ebenso wenig, wie er sich selbst schaffen kann. Gibt es eine Grundgestalt der Humanität, in der diese der göttlichen Bestimmung des Menschen entspricht und ähnlich ist, dann haben wir es auch in dieser Entsprechung und Ähnlichkeit mit etwas Kontinuierlichem, Durchhaltendem zu tun, mit einer **unangreifbaren** Bestimmtheit seiner geschöpflichen Art, mit einer solchen also, die auch im sündigen Menschen weder verschwunden und verloren gegangen, noch verändert, sondern eben nur unkenntlich gemacht ist. Es ist dann Aufgabe der theologischen Anthropologie, dieses Unangreifbare, dieses Kontinuum auf dem rechten, dem gewiesenen Weg, als solches sichtbar zu machen. Die theologische Anthropologie als Lehre vom Menschen als Gottes Geschöpf hat es mit lauter solchen Kontinua zu tun. Auch des Menschen Sein als Seele seines Leibes ist ein solches Kontinuum, ein solches Unangreifbares und so auch sein Sein in der Zeit: diese anthropologischen Glaubensgeheimnisse, von denen wir im weiteren Verlauf dieser Darstellung zu reden haben werden. Kontinuierlich, unangreifbar ist aber vor allem — und danach ist nun zunächst zu fragen — das Glaubensgeheimnis der Entsprechung und Ähnlichkeit zwischen des Menschen Bestimmung und des Menschen Menschlichkeit.

Die praktische Bedeutung dieser Frage ist nicht zu übersehen. Wenn des Menschen Menschlichkeit seiner göttlichen Bestimmung wirklich entspricht und ähnlich ist, dann heißt das: das Glaubensgeheimnis des menschlichen Wesens schwebt nicht beziehungslos über der menschlichen Kreatürlichkeit. Es berührt, ja es umschließt wirklich auch den Menschen

1. Jesus, der Mensch für den anderen Menschen

da drunten. Es wohnt in Form jener Entsprechung und Ähnlichkeit auch in ihm. Der Mensch kann auch in seiner Verschiedenheit von Gott, auch in seiner reinen Geschöpflichkeit — wir könnten ja auch sagen: in seiner menschlichen Natur — gar nicht Mensch sein, ohne eben darin, daß er seiner Bestimmung zum Bunde mit Gott entspricht und ähnlich ist, auf die Erfüllung dieser Bestimmung, auf sein Dasein in Gottes Gnade hingewiesen und vorbereitet zu sein. Er existiert auch da drunten nicht neutral, sondern auf die Entscheidung, auf die Geschichte hin, in der er wirklich ist. Er ist sich selber da drunten, ob er es weiß oder nicht, Zeichen dessen, was er von oben, von Gott her gesehen, wirklich ist. Und so ist er ganz und gar zu Gott hin geschaffen. Nicht daß er sich aus sich selber als dieses Zeichen erkennbar wäre. Es gibt auch in Sachen dieser natürlichen Entsprechung und Ähnlichkeit der menschlichen Natur keine natürliche Erkenntnis Gottes. Wir sind uns selbst auch in dieser Hinsicht verborgen und bedürfen des Wortes Gottes, um uns selbst zu erkennen. Es gibt aber in uns selbst etwas zu erkennen auch in dieser Hinsicht, auch in unserer Humanität als solcher. Am Geheimnis des Glaubens hat tatsächlich kraft jener Entsprechung und Ähnlichkeit auch sie Anteil.

Welches aber ist der rechte Weg zu diesem Geheimnis? Es kommt Alles darauf an, daß wir uns auch bei dieser Wendung unseres Unternehmens und nun gerade in dieser Übergangs- und Grenzfrage auf den rechten Weg begeben. Und der rechte Weg kann, wie in der Theologie überall, kein willkürlich gewählter Weg sein, und wenn sich uns ein solcher noch so einleuchtend darstellen und empfehlen würde. Er wäre, wenn wir ihn willkürlich wählen wollten, ein Weg natürlicher Erkenntnis, der uns bestimmt ins Dickicht führen würde. Er muß uns gewiesen sein. Der uns gewiesene Weg kann aber nur einer sein: wir fahren fort in der Begründung der Anthropologie auf die Christologie. Wir fragen nach der Menschlichkeit des Menschen Jesus, um dann von daher nach der Form und dem Wesen der Menschlichkeit überhaupt und im allgemeinen zu fragen.

Daß Jesus, der wahrer Mensch ist, auch wahrer Gott und nur in dieser Einheit (der Einheit des Sohnes mit dem Vater) wirklicher Mensch ist, das hebt den Unterschied zwischen Gottheit und Menschheit auch in ihm nicht auf. Und wenn man im Blick auf jene Einheit von einer Göttlichkeit, nämlich von einer göttlichen Bestimmung auch seiner Menschheit reden muß, so fehlt dieser darum doch auch die reine Menschlichkeit keineswegs. Es gibt eine Divinität des Menschen Jesus: sie besteht darin, daß in und mit ihm, diesem Geschöpf, direkt und unmittelbar auch Gott der Schöpfer existiert; sie besteht darin, daß er, der göttliche Erretter in Person ist, daß eben damit Gottes Ehre in ihm triumphiert, daß er allein und ausschließlich als Gottes lebendiges Wort auch Mensch ist, daß er ist, indem Gottes Gnade tätig ist; sie besteht mit einem Wort darin, daß er der Mensch für Gott ist. Es gibt aber nicht nur eine Divinität, es gibt auch eine Humanität des Menschen Jesus. Daß er mit Gott eins, selber Gott ist, heißt ja nicht, daß die Gottheit an die Stelle seiner Menschheit getreten, daß seine Menschheit von der Gottheit gewissermaßen verschlungen oder ausgewischt, seine menschliche Art ein bloßer Schein sei: etwa so, wie es die römisch-katholische Transsubstantiationslehre von der angeblich in den Leib Christi verwandelten Hostie behauptet. Daß er der wahre Gott und in ganzer Unterschiedenheit davon auch der wahre Mensch ist, das ist doch das Geheimnis Jesu Christi. Ist er aber wahrer Mensch, dann hat er auch die wahre geschöpfliche Art eines solchen, dann gibt es auch eine Humanität des Menschen Jesus. Wir brauchen uns also, indem wir uns jetzt dem Problem der Humanität zugewendet haben, nicht etwa nach einer anderen als der christologischen Begründung der Anthropologie umzusehen. Wir haben vielmehr zu gewärtigen, daß uns die Existenz des Menschen Jesus für die Frage nach dem Menschen überhaupt und im Allgemeinen auch hinsichtlich dieses Problems lehrreich genug werden wird.

Wir können diesmal das Resultat unserer Untersuchung gleich an die Spitze stellen. Wenn die Divinität des Menschen Jesus zusammenfassend zu beschreiben ist in dem Satz: er ist der Mensch für Gott, so kann und muß von seiner Humanität eben so einfach und bestimmt gesagt werden: er ist der Mensch für den Menschen, für den und für die anderen Menschen, für den und für die Mitmenschen. Wir befinden uns jetzt auch im Blick auf Jesus «da drunten», mitten im Kosmos. Hier ist er der Sohn Gottes. Hier ist er als Mensch ausgezeichnet durch jene Divinität. Hier ist er aber auch menschlich, selber ein kosmisches Wesen, ein Geschöpf unter anderen Geschöpfen. Und eben das charakterisiert ihn als kosmisches Wesen, als Geschöpf, als reinen, natürlichen Menschen: daß der Mensch, der Andere, der Mitmensch, es ist, auf den er, indem er selber existiert, bezogen, und zwar nicht nur teilweise, nicht nur beiläufig, nicht erst nachträglich, sondern von Hause aus, ausschließlich und total bezogen ist, Menschlichkeit ist, wenn wir dabei an die Menschlichkeit Jesu denken, eindeutig zu bezeichnen als Mitmenschlichkeit. Menschlich ist, im Blick auf den Menschen Jesus gesagt, das kosmische Wesen, das schlechterdings für die anderen, die seinesgleichen sind, da ist.

Wir greifen zunächst zurück auf einige frühere Sätze: Der Mensch Jesus ist, indem eine bestimmte Geschichte geschieht, in der Gott beschließt und handelt und in der er selbst, dieser Mensch, in einem bestimmten Amte tätig ist, in der Vollstreckung des Heilandswerkes. Er tut es an Gottes Stelle, zu Gottes Ehre; er tut es als der von Gott dazu Gesendete; es ist ausschließlich Gottes Wort und Gnade, die in ihm und durch ihn am Werke sind. Er tut es für Gott. Das ist noch einmal seine Divinität.

Aber nun ist das die Humanität, in der er tut, wozu er gesendet ist, daß er in derselben Ganzheit für den und für die Menschen da ist. Also nicht: für sich selbst (in irgend einem Sinn), in welchem er für sich selbst da sein könnte) und dann auch noch für den Menschen! Und auch nicht: für irgend eine Sache — für die Beherrschung und Durchdringung der Natur durch die Kultur etwa, für einen fortschreitenden Triumph des Geistes über die Materie, für die Sache irgend einer Höherentwicklung der Menschheit und wohl gar des ganzen Kosmos. Für das Alles, für ein Interesse an seiner eigenen Person wie für ein Interesse an solchen an sich möglichen Idealen — wird man in der Menschlichkeit Jesu keine Anhaltspunkte finden. Was ihn interessiert, und zwar ganz und ausschließlich interessiert, ist der Mensch, und zwar der andere Mensch selbst und als solcher, der ihn nötig hat, der auf seine Hilfe und Errettung angewiesen ist. Er, der andere Mensch, ist ja der Gegenstand des Heilandswerkes, in dessen Vollstreckung er selber existiert. Um seinetwillen steht er ja im Kosmos an Gottes Stelle. Seine Errettung ist ja die Verteidigung der Ehre Gottes, für die er da ist. Ihn meint ja Gottes Wort und Gnade; ihn meint also gerade sein Auftrag, der ihm doch nicht erst «aufgetragen», der zu seiner menschlichen Wirklichkeit nicht erst hinzugefügt ist, sondern dem er seine menschliche Wirklichkeit ganz und gar zu verdanken hat, indem er atmet und lebt: der Wille Gottes, dessen Vollstreckung seine eigene Speise ist. Jesus ist von Hause aus, er ist, indem er selbst Mensch ist, nicht ohne den Mitmenschen, sondern zu ihm hin, mit ihm, für ihn. Er ist dessen ihm von Gott gesandter und zugestellter Erretter. Nichts sonst? Nein, wirklich nichts sonst; denn was immer von Jesu Humanität sonst zu sagen sein mag, das wird sich auf diesem Nenner befinden, das hat hier seinen Schlüssel und seine Erklärung. Gerade seiner Divinität entspricht aufs genaueste diese Gestalt seiner Humanität: sein Sein in der Zuwendung zum Mitmenschen.

Wir erinnern uns nochmals des lapidaren Wortes Luk. 2, 11 : «Euch (euch Menschen) ist heute (es geht um die Geburt des Sohnes der Maria) der Heiland (d. h eben: euer Erretter) geboren.» Er ist der «Menschensohn» von Daniel 7, der Gottes Recht auf der Erde unter dem Himmel damit aufrichtet, daß er dem Menschen — gerade dem ohnmächtig an sich selbst und an allerlei Sachen interessierten, dem sündigen und darum verlorenen Menschen zu seinem Recht verhilft. Er schützt Gottes Schöpfung vor dem drohenden Untergang, er bringt ihr (heimlich und endlich offenbar) ihre neue, von aller Bedrohung befreite Gestalt, indem er den Menschen aus seiner Bedrohung durch den Teufel, durch seine eigene Sünde, durch den ihr notwendig folgenden Tod befreit. Das ist sein göttliches Amt. Und eben in diesem Amt und so allein ist er nach der Darstellung des Neuen Testamentes nun auch menschlich, selber ein kosmisches Wesen. Es wird von da aus verständlich, daß das Neue Testament für die Darstellung oder auch nur Andeutung eines Privatlebens des Menschen Jesus keinen Raum hat. Nicht daß es ihm ein solches abspricht: es redet ja deutlich genug von seiner Geburt, von seinem Hungern und Dürsten, von seinen Beziehungen zu seiner Familie, von seiner Versuchung, von seinem Beten, von seinem Leiden und Sterben. Es macht aber dies sein Privatleben nur eben sichtbar, indem es zeigt, wie es gewissermaßen hineingerissen ist in seinen Dienst an den Menschen, der die konkrete Gestalt seines Gottesdienstes ist. Jesu Privatleben kann also im Neuen Testament nirgends zum selbständigen Thema werden. Das gilt auch von seinem Privatleben mit Gott. Auch die johanneischen Reden mit ihren breiten Darlegungen über die Beziehung des Vaters zum Sohne, des Sohnes zum Vater, reden von keinem Selbstzweck dieser Beziehung. Sie sind genau genommen gerade keine Selbstdarstellungen, sondern zielen unermüdlich darauf hin, zu zeigen, daß und was der Mensch Jesus für die Anderen, die Nahen und die Fernen, die Jünger, das Volk Israel und die Welt — daß und was er «für den Menschen» ist. Was er in seinem Verhältnis des Sohnes zum Vater ist, das ist und das behält er nicht für sich, das erlebt und genießt er eben nicht als religiöse Privatperson, gerade das ist er als öffentliche Person, gerade das offenbart er in seinem Verhältnis zu seinen Jüngern und durch deren Vermittlung zu der ganzen Menschenwelt, das bekommt also sofort die Gestalt eines bestimmten Handelns mit und an den Menschen, in ihrem Dienste. Darum Phil. 2, 6 f.: «Der in göttlicher Gestalt war, hielt das Gleichsein mit Gott nicht für einen Raub, sondern erniedrigte sich selbst und nahm die Gestalt eines Sklaven an.» Darum 2. Kor. 8, 9: «Da er wohl reich war, ward er doch arm um euretwillen, damit ihr durch seine Armut reich würdet.» Darum Hebr. 12, 2: «Welcher an Stelle der ihm zukommenden Freude das Kreuz erduldete und die Schande nicht verschmähte.» Darum Hebr. 2, 14: «Da nun die Kinder (Abrahams) an Fleisch und Blut Anteil bekommen haben, hat in entsprechender Weise auch er Anteil daran genommen, damit er durch den Tod den aufhebe, der die Macht über den Tod hat, nämlich den Teufel, und alle die befreite, die in Todesfurcht mit ihrem ganzen Leben der Sklaverei verfallen waren.» Darum Hebr. 2, 17 f.: «Deshalb mußte er in allem den Brüdern gleich werden, um so barmherzig zu sein... Denn weil er gelitten hat und dabei selbst versucht wurde, kann er denen helfen, die versucht werden», und Hebr. 4, 15: «Wir haben nicht einen Hohepriester, der nicht mitleiden (συμπαθῆσαι) könnte an unseren Schwachheiten, sondern einen solchen, der in Allem auf die gleiche Weise versucht worden ist.» Und hieher gehört auch die große Zusammenfassung des Lebens «Jesus in der Petrusrede von Cäsarea (Act. 10, 38), die dahin lautet, daß er, Jesus von Nazareth, von Gott mit Heiligem Geist und Kraft gesalbt, umhergezogen sei als Wohltäter (εὐεργετῶν) und habe alle geheilt, die vom Teufel überwältigt waren.» Dieses Teilnehmen, Helfen, Erretten, diese Barmherzigkeit am Menschen, diese aktive Solidarität mit seinem Stand und Schicksal ist nach dem Neuen Testament das konkrete Korrelat zu seiner Divinität, zu seiner Salbung mit Geist und Kraft, zu seinem Gleichsein mit Gott, zu seinem Reichtum: wirklich das Korrelat zu seiner Divinität, so daß diese selber, in Gestalt seines «religiösen Lebens» etwa, im Bild seiner Humanität gar keinen Raum einnehmen kann, so daß seine Humanität sich nun — gewiß unter Voraussetzung seiner Divinität — wirklich darin erschöpft, ganz und gar darin besteht, daß er für den Menschen ist: wirklich im Vollzug seines Heilandswerkes. Seine prophetische Botschaft und seine Wundertaten, sein Leben und sein Sterben stehen in gleicher Weise unter dem Zeichen dieser Beziehung. Er ist ganz und gar der Samariter von Luk. 10, 29 f., der dem unter die Räuber Gefallenen Barmherzigkeit — und der sich selbst damit als dessen Nächster erwiesen hat. Wenn dieses Gleichnis schließt mit dem Wort: «Gehe hin und tue desgleichen!» so ist das gleichbedeutend mit: «Folge du mir nach!» und gerade so die durchschlagende Antwort auf die Frage jenes Schriftgelehrten: «Wer ist denn mein Nächster?» Wer sein Nächster ist, das wird sich finden, wenn er dem Menschen Jesus nachfolgt. — Unsere erste allgemeine These kann zusammengefaßt werden in die Umschreibung im zweiten Artikel des nicaen. const. Glaubensbekenntnisses: *qui propter nos homines et salutem nostram descendit de coelis et incarnatus est.* Daß der

Sohn Gottes identisch geworden ist mit dem Menschen Jesus, das geschah *propter nos,* um des Mitmenschen willen; *propter salutem nostram,* um des Mitmenschen Samariter zu sein.

Wir müssen erklärend und vertiefend feststellen: es handelt sich bei diesem Sein des Menschen Jesus für den Mitmenschen um einen Sachverhalt von ontologischer Natur. Daß er des Nächsten barmherziger Nächster, sein Heiland ist, das äußert und zeigt sich freilich in seinen Worten, Taten und Verhaltungsweisen, in seiner ganzen Geschichte, in der er freies Subjekt ist. Es ist aber nicht an dem, daß er als dieses freie Subjekt — es ist ja die Freiheit für Gott, in der er frei ist — vielleicht auch etwas Anderes als des Mitmenschen Nächster und Heiland, vielleicht also ebenso gut auch gänzlich oder doch teilweise an sich selbst oder an irgend einer Sache interessiert sein könnte. Daß seine Divinität gerade in dieser Gestalt seiner Humanität ihr Korrelat hat, daß seine Humanität gerade in diesem qualifizierten Sinn «menschlich», d. h. dem Menschen zugewendet ist, das ist nicht Zufall und nicht Willkür, sondern Jesus wäre nicht Jesus, wenn hier irgend etwas Anderes von ihm zu sagen wäre. Es muß von Gott her so sein, daß gerade das von ihm zu sagen ist. Er ist ja ursprünglich und eigentlich Gottes Wort an den Menschen und so ist ihm die Richtung auf den Menschen, so ist ihm der Mensch, so ist er dem Menschen nicht zufällig, nicht äußerlich, nicht nachträglich, sondern notwendig, innerlich, von Grund und Anfang aus zugeordnet. Auf Grund dieser ewigen Zuordnung erweist er sich dann in der Zeit als des Menschen Nächster und Heiland.

Er war das Haupt seiner Gemeinde, bevor das All war und indem das All in ihm geschaffen wurde (Kol. 1, 17 f.). Denn Gott «hat uns in ihm erwählt vor der Erschaffung der Welt» (Eph. 1, 4). «Welche er (Gott) zuvor kannte, die hat er vorherbestimmt zur Gleichgestaltung mit dem Bilde seines Sohnes, damit dieser sei ein Erstgeborener unter vielen Brüdern» (Röm. 8, 29). Er war schon dieser Erstgeborne, als er in die Welt kam (Hebr. 1, 5). Und so gibt es eine unbestimmte Mehrzahl von Menschen, die ihm nach dem im Johannesevangelium öfters wiederkehrenden Ausdruck zum vornherein «gegeben» sind. Sie gehörten dem Vater; der Vater hat sie ihm, Jesus, gegeben (Joh. 17, 6). Als solche läßt er sie nicht verloren gehen (Joh. 6, 39; 18, 9), kann sie niemand aus seiner Hand reißen (10, 29), hören sie sein Wort (17, 8), wird er verherrlicht in ihnen (17, 10). Was zwischen ihm und ihnen geschehen ist und noch geschieht, das ist also so etwas wie die Ausführung einer Ordnung, die ohne sein und ohne ihr Zutun, aber giltig für ihn und für sie in Kraft steht. Und so auch das, was zwischen ihm und ihnen noch geschehen wird: «Ich gehe hinauf zu meinem Vater und eurem Vater, zu meinem Gott und eurem Gott» (20, 17), nämlich um ihnen einen Ort zu bereiten und um dann wieder zu kommen und sie zu sich zu nehmen »damit auch ihr seid, wo ich bin» (14, 3). Aber eben dieses über sich und diese Menschen Beschlossene will Jesus zweifellos auch von sich aus: «Vater, ich will, daß, wo ich bin, auch die bei mir seien, die du mir gegeben hast» (17, 24 vgl. 12, 26).

Damit hängt nun zusammen, daß die Solidarität, in der sich Jesus dem Mitmenschen verbindet, eine ganz reale ist. Es gibt nicht etwa ein Innerstes, Tiefstes, Verborgenstes in ihm, wo er nun doch für sich oder mit Gott allein, wo er in stoischer Ruhe oder in mystischer Seligkeit abseits vom Mitmenschen existierte, von seinem Stand und Schicksal unberührt wäre. Er hat keine solche Ruhestätte. Er ist vom Dasein des Mitmenschen direkt und unmittelbar betroffen. Seine Beziehung zum Nächsten, seine Teilnahme an ihm findet, so gewiß sie ihm eben ursprünglich eigentümlich ist, gerade in seinem Innersten statt. So ist sie bei ihm keine neu aufgebrachte Pflicht und Tugend, die dann wohl auch aussetzen könnte, sondern er selbst ist menschlich und darum handelt er auch menschlich.

Wir denken hier an das merkwürdige Verbum σπλαγχνίζεσθαι, das im Neuen Testament außer auf drei Jesus sehr nahestehende Gleichnisgestalten nur auf ihn selbst angewendet wird. Das Wort bezeichnet eine in des Menschen «Eingeweiden» — gemeint ist aber eben: in seinem Innersten, im Grund seines Seins — stattfindende Bewegung. «Er erbarmt sich», «es jammert ihn», «er hat Mitleid», sind alles nur annähernde Übersetzungen, wenn diese Bewegung Matth. 18, 27 dem großmütigen König gegenüber dem hoffnungslosen Schuldner, wenn sie Luk. 10, 33 dem Samariter auf dem Wege von Jericho nach Jerusalem, wenn sie Luk. 15, 20 dem Vater des verlorenen Sohnes zugeschrieben wird. Und so erst recht, wenn es von Jesus selbst heißt: ἐσπλαγχνίσθη angesichts des Aussätzigen (Mark. 1, 41), angesichts der beiden Blinden von Jericho (Matth. 20, 34), angesichts des toten Jünglings von Nain und seiner Mutter (Luk. 7, 13), angesichts des hungernden Volkes in der Wüste (Mark. 8, 2 Par.) und vor allem angesichts der geistlichen Not der galiläischen Massen: «denn sie waren abgequält und erschöpft wie Schafe, die keinen Hirten haben» (Matth. 9, 36). Der adäquat kaum übersetzbare Ausdruck bedeutet: das Leid, die Sünde, die ganze Verlassenheit und Bedrohtheit dieser Menschen, dieses Volkes gingen Jesus nicht nur nahe, nicht nur zu Herzen, sondern in sein Herz, in ihn selbst hinein, so daß dieses ganze Elend nun auch in ihm, nun sein eigenes Elend und als solches von ihm viel schärfer gesehen, viel schmerzlicher erlitten wurde als von ihnen. ἐσπλαγχνίσθη heißt: er nahm dieses Elend auf sich, er nahm es den Elenden geradezu ab, er machte es zu seiner eigenen Sache, zu seinem eigenen Elend. An eine bloß passive Stimmung der Gesinnung, an das teilnehmende «Gefühl» eines Zuschauers — die Übersetzung «Mitleid» könnte dazu Anlaß geben — ist also sicher gerade nicht zu denken. Davor warnt die Stelle Mark. 9, 22, wo der Vater des epileptischen Knaben zu Jesus sagt: «Wenn du etwas vermagst, βοήθησον ἡμῖν σπλαγχνισθεὶς ἐφ' ἡμᾶς. Es geschieht nicht umsonst, sondern sofort mit der Konsequenz tätigen Beistandes, wenn Jesus in diese innere Bewegung gerät, wenn er die Sache des Menschen zu seiner eigenen macht. Er weiß wohl, was er damit anfangen wird. Von sofort eingreifender Hilfe reden ja auch die anderen Geschichten, in denen der Ausdruck vorkommt, von resoluten Entscheidungen auch jene drei Gleichnisse. Das Verbum redet offenbar durchaus von Jesu Handeln, besagt aber, daß eben dieses aus seinem Innersten stammt, eine Bewegung des ganzen Menschen Jesus ist.

Und das führt uns nun noch weiter. Daß Jesu Menschlichkeit durchgehend, von Haus aus und real Mitmenschlichkeit ist, das schließt in sich, daß er im umfassendsten, radikalsten Sinn der Mensch ist, der für die Anderen ist. Er hilft dem Mitmenschen nicht bloß von außen, um dabei doch neben ihm stehen zu bleiben, zu seinem Leben bloß einen Beitrag zu geben, sich nachher doch wieder zurückzuziehen und ihn — vielleicht bis auf weitere Hilfsbedürftigkeit — sich selbst zu überlassen. Das wäre nicht das Heilandswerk, in dessen Vollzug er sein Leben hat. Damit wäre der Ehre und dem Recht Gottes nicht gedient. Damit würde auch dem Mitmenschen, für den er da ist, nicht zu seinem Recht verholfen. Denn damit würde an seinem Stand und Schicksal als dem eines dem Tode verfallenen Sünders, damit würde an der Wurzel seines Elends nichts geändert. Die Gefährdung des Kosmos durch das Chaos, die Anfechtung des Menschen durch den Teufel, ist größer und gründlicher, als daß ihr durch einen noch so kräftigen äußeren Beistand begegnet werden könnte. Und so bedeutet das Sein Jesu für den Mitmenschen tatsächlich mehr, nämlich dies: daß er sich selbst für ihn einsetzt, hergibt, sich an seine Stelle versetzt, seinen Stand und sein Schicksal zu seiner eigenen Sache macht, so daß sie des Mitmenschen Sache nicht mehr ist, sondern seine eigene wird, so daß er, Jesus, sie nun führt auf seinen Namen und auf seine Verantwortung. Wobei zu bedenken ist: die Sache des Mitmenschen ist zunächst, sofern sie in dessen eigenen Händen liegt, eine verlorene Sache. Sein Gericht ist gerecht und sein Untergang ist unvermeidlich, so daß der, der wirklich an seine Stelle tritt, diesem Gericht verfallen, diesen Untergang erleiden muß. Es geht also bei diesem Einsatz für ihn darum, daß der Mensch Jesus sich opfere in dieser fremden Sache. Es geht nicht nur darum, daß er sich dem Mitmenschen mit irgend einer noch so großen Gabe zuwende, sondern darum, daß er sich selbst, daß er sein Leben für ihn dahingebe. Es geht darum, für ihn zu sterben. Und wenn nun die Sache des Mitmenschen zu retten, zum Guten zu führen, wenn ihm wirklich zu helfen ist, dann bedeutet das einen Neuanfang sondergleichen, eine Schöpfung aus dem Nichts, so daß der, der an seine Stelle tritt, den Willen und die Macht haben muß, ihm nicht nur zu einer Verbesserung und Erleichterung seines alten Lebens, sondern zu einem von Grund aus neuen Leben zu verhelfen. Es geht also darum, daß der Mensch Jesus, indem er sich für ihn einsetzt, siegt in dieser fremden Sache. Es geht nicht nur darum, daß er den Mitmenschen von seiner Sünde damit entlastet, daß er seine Strafe auf sich nimmt, als ob damit alles gut wäre, daß dieser gewissermaßen in einen neutralen Zustand versetzt, zu einem leeren Blatt gemacht ist, sondern es geht darum, daß er durch ihn frei werde, nicht mehr zu sündigen, sondern gehorsam zu sein, wo er vorher ungehorsam war. Es geht also für seinen Erretter darum, für ihn vom Tode zu auferstehen zu einem neuen Leben. Das, dieses Ganze, ist das Heilandswerk, durch das die teuflische Anfechtung des Menschen niedergeschlagen, die Gefährdung des Kosmos durch das Chaos überwunden, Gottes Schöpfung in neuer Gestalt heraufgeführt wird: in einer Gestalt, in der die Ehre und das Recht Gottes nun wirklich keine Grenze mehr hat, durch keinen Widersacher mehr in Frage gestellt ist. Die Menschlichkeit Jesu impliziert, daß er in Ausführung seines Auftrags als der Mensch gewordene Sohn Gottes in diesem umfassenden, radikalen Sinn für den Menschen ist. Sie impliziert, daß der

§ 45. *Der Mensch in seiner Bestimmung zu Gottes Bundesgenossen*

Mensch, jeder andere Mensch, sich daran halten und darauf verlassen kann, daß jenes Opfer auch für ihn ein für allemal vollbracht, jener Sieg auch für ihn ein für allemal erfochten, daß der Mensch Jesus auch für ihn ein für allemal gestorben und auferstanden ist.

Man kann die neutestamentliche Botschaft sehr wohl zusammengefaßt sehen in der Frage Röm. 8, 31: «Ist Gott für uns, wer mag wider uns sein?» Sie klingt durchaus zusammen mit dem Einsatz der Predigt Jesu nach den Synoptikern: «Das Reich Gottes ist nahe herbeigekommen» (Mark. 1, 15 Par.), d. h. Gott hat sich aufgemacht, um sein Recht unter den Menschen aufzurichten und eben damit den Menschen zu ihrem Recht zu verhelfen. Man muß aber beachten, daß die damit angezeigte Wirklichkeit die konkrete Gestalt des Menschen Jesus hat. Er — als der Sohn Gottes, der Messias, der Menschensohn — ist der angezeigte Erretter. «Gott für uns» unterscheidet sich im Neuen Testament von der allgemeinen Verkündigung einer Liebe und Hilfsbereitschaft Gottes dadurch, daß es unmittelbar besagt: «Jesus für uns». Die unmittelbare Fortsetzung jener Frage lautet denn auch Röm. 8, 32: «welcher sogar seines eigenen Sohnes nicht verschonte, sondern hat ihn für uns alle dahingegeben, wie sollte er uns mit ihm nicht alles schenken?» Die Präposition ὑπέρ c. Gen. (seltener περί und διά, nur einmal — Mark. 10, 45 Par. — ἀντί) ist für diese konkrete Gestalt der zentralen neutestamentlichen Aussage bezeichnend. Ihre Bedeutung: «Für» kann heißen: zum Besten, zum Vorteil, zu Gunsten von Jemandem. Es kann weiter heißen: um einer bestimmten Ursache und zugleich: um eines bestimmten Zieles willen. Es kann endlich heißen: an Stelle, in Vertretung von Jemandem. Der Genitiv in den zahlreichen neutestamentlichen Sätzen, in denen es von Jesus Christus heißt, daß er ὑπέρ... gehandelt habe, weist entweder direkt oder indirekt auf Personen hin. Es heißt in den meisten Fällen schlicht: «für uns» oder «für euch» — gemeint ist: für die Menschen der Jesus Christus erkennenden und bekennenden Gemeinde, für die Seinen in diesem nächsten Sinn, so ausdrücklich Eph. 5, 25: für die ἐκκλησία, Joh. 10, 11: für die Schafe (des guten Hirten), Joh. 15, 13: für seine Freunde, Joh. 17, 19: «Ich heilige mich für sie (meine Jünger).» Es heißt im Neuen Testament nur ein einziges Mal (Gal. 2, 20, hier im Zusammenhang notwendig): «für mich». Hier greifen die erste und die dritte Bedeutung überall ineinander: Jesus handelt zum Besten dieser Menschen, indem er an ihrer Stelle handelt. Die zweite Bedeutung (er tut es um einer Ursache und zugleich um eines Zieles willen) greift da ein, wo (wie Gal. 1, 4; 1. Kor. 15, 3; 1. Petr. 3, 18; 1. Joh. 2, 2) ausdrücklich gesagt wird: «für unsere Sünden». Die Meinung ist dann: er tut es, weil die Menschen, von denen die Rede ist, Sünder sind, denen geholfen werden muß und zugleich: um ihre Sünden als Grund des sie bedrohenden Gerichtes zu sühnen und aus der Welt zu schaffen. Gal. 1, 4 wird hier ausdrücklich hinzugefügt: «damit er uns herausreiße aus diesem gegenwärtigen Äon nach dem Willen unseres Gottes und Vaters». Und nun gibt es Stellen, wo sich der Kreis der Personen, die das angeht, nach außen zu öffnen scheint. Schon Mark. 10, 45 Par. ist von «Vielen» die Rede, für die Jesus sein Leben als «Lösegeld» hinzugeben gekommen sei und sogar C a l v i n hat nicht gewagt, diese πολλοί auf eine noch wieder beschränkte Vielzahl von Menschen zu deuten. Wir lesen Joh. 11, 51 f. das merkwürdige Wort: «Jesus sollte sterben für das Volk (Israel) und nicht allein für das Volk, sondern um die zerstreuten Kinder Gottes in Eines zusammen zu bringen.» Wir finden 1. Joh. 2, 2 dieselbe Durchbrechung noch mächtiger: «Er ist die Sühne für unsere Sünden, aber nicht nur für unsere Sünden, sondern περὶ ὅλου τοῦ κόσμου». Und so kann es 2. Kor. 5, 14—15 doch auch zweimal hintereinander heißen: ὑπὲρ πάντων ἀπέθανεν, ebenso 1. Tim. 2, 6: er gab sich selbst zum Lösegeld ὑπὲρ πάντων, ebenso Hebr. 2, 9: «damit er durch Gottes Gnade ὑπὲρ παντός den Tod schmecken sollte» und am weitesten ausgreifend Joh. 6, 51: «das Brot, das ich geben werde, ist mein Fleisch ὑπὲρ τῆς τοῦ κόσμου ζωῆς», was ja in dem bekannten Wort Joh. 3, 16 (daß Gott die Welt in der Weise geliebt habe, daß er seinen eingeborenen Sohn gab) seine genaue Parallele hat. Was Jesus im engeren Kreis der Jünger und der Gemeinde «für uns», «für euch», «für mich» ist, das ist er offenbar durch den Dienst dieses engeren Kreises und nun doch auch über ihn hinaus im weiteren und weitesten «für Alle», «für die Welt». Und nun ist das Handeln Jesu «für» diese Anderen (für seine Jünger, für seine Gemeinde, für die Vielen, für Alle, für die Welt) in den meisten der vielen in Frage kommenden Stellen im Besonderen sein Leiden und Sterben. Darauf zielen zunächst auch die allgemeinen Ausdrücke, in denen von der Selbsthingabe oder Lebenshingabe Jesu für die Menschen die Rede ist. Aber man muß hier das Ganze sehen: «Er ist (zum Tode) überliefert um unserer Übertretungen willen» — das ist das Eine; das Andere aber ist: «Er ist auferweckt um unserer Rechtfertigung willen» (Röm. 4, 25). Man darf also nicht vergessen, daß eben der in den Tod gegebene Mensch Jesus in der Anschauung des Neuen Testamentes identisch ist mit dem in der Gemeinde gegenwärtig lebenden und regierenden Herrn, der wieder derselbe ist, dessen Allen sichtbare Wiederkunft für die Gemeinde der Inbegriff ihrer Zukunft und der Zukunft der ganzen Welt ist. Er hat den Tod überwunden, indem er ihn erlitten hat. Er ist von den Toten auferstanden. Und so, in dieser Ganzheit, ist er «für» die Menschen. Er macht ihre Sünde unschädlich, indem er sie auf sich selbst nimmt, indem er nach dem harten Ausdruck 2. Kor. 5, 21 selbst «zur Sünde gemacht» ist und für die Menschen stirbt, als wäre ihre eigene Sache die seinige. Aber diese seine «Auslieferung» an unserer Stelle, in der der Verräter Judas wunderbar genug das Instrument des Willens Gottes ist, erleidet er ja in der Allmacht des Sohnes Gottes, in Gottes Auftrag und indem Gott dieses sein Opfer annimmt. Er erleidet es also nicht nur, geopfert zu werden, sondern er selbst vollzieht sein Opfer, und er vollzieht es triumphierend. Es ist die Vernichtung der menschlichen Sünde und also auch des ihr folgenden Todes, was in ihm vollbracht wird. Und er vollzieht sie mit positiver Wirksamkeit: er offenbart sich in seiner Auferstehung als der, der er ist: der echte, rechte, gerechte, der wirkliche Mensch, der den Bund, den die anderen Menschen brechen, gehalten hat. Er hat ihn gerade in seiner Selbsthingabe und Lebenshingabe, gerade in seinem Tod für ihre Sünde gehalten. Göttliche und menschliche Erfüllung des Bundes sind in dieser Gehorsamstat Jesu, in dieser letzten Spitze seines Heilandswerkes eines und dasselbe. Er tat auch das und gerade das «für» die Menschen, zu ihren Gunsten, um ihrer Sache willen, an ihrer Stelle. Es ist «eine Gabe und ein Opfer an Gott, dessen Geruch (diesem) lieblich ist» (εἰς ὀσμὴν εὐωδίας) Eph. 5, 2), das er «für» uns dargebracht hat, d. h. er hat in seiner Person uns vor Gott möglich, annehmbar, wohlgefällig gemacht, so dargestellt, daß wir Gott recht sind. Man muß darum in jener Stelle Röm. 8 nochmals weiterlesen: Gegen Gottes Erwählte gibt es darum keine Anklage, weil Gott sie rechtfertigt, keine Verdammnis, weil der Christus Jesus gestorben, mehr noch: auferstanden, zur Rechten Gottes ist, für uns eintritt: ὅς καὶ ἐντυγχάνει ὑπὲρ ἡμῶν (Röm. 8, 33 f.). Es ist besonders der Hebräerbrief, der diesen positiven Gehalt des ὑπέρ mehrfach sichtbar gemacht hat: Jesus ist als πρόδρομος ὑπὲρ ἡμῶν durch den Vorhang in das Heiligtum gegangen (6, 20). Er ist ὑπὲρ ἡμῶν vor dem Angesichte Gottes erschienen (9, 24). Er lebt immerdar εἰς τὸ ἐντυγχάνειν ὑπὲρ αὐτῶν (7, 25). Und nun gehört das «für» nach der Relation des Paulus auch zu dem Brotwort in der Einsetzung des Abendmahls: τοῦτό μού ἐστιν τὸ σῶμα τὸ ὑπὲρ ὑμῶν (1. Kor. 11, 24) und nach den Synoptikern zum Kelchwort: τοῦτό ἐστιν τὸ αἷμά μου τῆς διαθήκης τὸ ἐκχυννόμενον ὑπὲρ πολλῶν (Mark. 14, 24 f. Par.). Aber wenn hier «Leib und Blut» ὑπὲρ ὑμῶν oder ὑπὲρ πολλῶν zweifellos auf das in seinem Tode geopferte Leben Jesu zurückverweisen, so ist doch der entscheidende Vorgang im Abendmahl nicht diese Erinnerung als solche, sondern die gegenwärtige Teilnahme an der

Frucht dieses Opfers: die Dahingabe meines Leibes und Blutes hat für euch die Wirkung, daß mein Leben euch, indem ihr eßt von diesem Brot, als das eurige gegeben wird und daß ihr es, indem ihr trinkt von diesem Kelch, mit Freuden und nicht mit Trauern, als Unschuldige und nicht als Verdammte leben dürft. Indem ich mein Leben für euch gegeben habe, gehört es euch, müßt ihr nicht sterben, dürft ihr leben, und müßt ihr nicht trauern, dürft ihr jubelnd leben. Solches tut, indem ihr («zu meinem Gedächtnis») von diesem Brot eßt und aus diesem Kelch trinkt, so verkündigt den Tod des Herrn «bis daß er kommt» (1. Kor. 11, 26), d. h. bis daß seine Gegenwart, die ihr mit diesem Essen und Trinken jetzt und hier schon erleben dürft, vor aller Augen offenbar werden wird.

Das ist die Mitmenschlichkeit des Menschen Jesus: das also die konkrete Gestalt seiner Menschlichkeit. Man bemerke, was das bis jetzt Entwickelte bedeutet:

Es bedeutet einmal, daß es wirklich ein anderes, fremdes menschliches Sein — eben das des nahen und fernen Mitmenschen — ist, durch das, durch dessen Bedürftigkeit, durch dessen unendliche Gefährdung Jesus sich sein eigenes Sein vorgeben, vorschreiben, diktieren, durch das er sich selbst bestimmen läßt. Er ist nicht aus sich selbst. Er ist nicht in irgend einer originalen Menschlichkeit, in der er vermöge ihrer göttlichen Bestimmung vielleicht ein viel herrlicherer Mensch sein könnte. Nein, die Herrlichkeit seiner Humanität ist nun eben gerade diese: so ganz vom Mitmenschen, von seinem Stand und Schicksal, von seiner Niedrigkeit, ja von seinem Elend her so ganz und gar von diesem Nächsten her beansprucht und beschlagnahmt zu sein, keine andere Sache zu haben als die des fatalen Adam, den er nun wirklich den ersten sein läßt, dem er den Vortritt gibt, um sich als seinesgleichen, als zweiter Adam völlig auf ihn, auf seine Errettung und sonst auf gar nichts einzustellen. Es gibt ein wahrhaftig gewaltiges Ich Jesu, aber eben dieses Ich ist ganz vom Du her: von jenem gefallenen Adam, von dem ihm entsprechenden Menschengeschlecht, von Israel her: aus der Folge von Israels Generationen, die eine Folge von Aufrührern, aus seiner Geschichte, die die Geschichte seiner Untreue war. Er ließ es sich gefallen, auch von seinen Aposteln, von seiner Gemeinde her zu sein: von diesen sogen. Seinigen, die ihn doch immer wieder verließen und verlassen. Er ließ es sich gefallen, durch sie aufgerufen zu sein zu seinem eigenen Leben, sich den Sinn seines Lebens von ihnen her geben zu lassen. Er ließ es sich gefallen, nichts als eben der große, von diesen Allen Kompromittierte zu sein: nichts als der Repräsentant und Träger der ganzen von daher ihm aufgeladenen fremden Schuld und Strafe.

Und das bisher Gesagte bedeutet zum Zweiten, daß er eben so völlig zu diesem anderen, fremden menschlichen Sein hin ist: darin und darin allein aktiv, daß er sich dessen Errettung zur Aufgabe gemacht hat. Er ist zum Du hin, wie er von ihm her ist. Indem er sich von dorther ganz disponieren läßt, disponiert er sich selbst ganz dorthin: wieder ohne Rücksicht darauf, ob seiner göttlichen Bestimmung eine andere Aufgabe und Aktivität nicht viel besser entspräche, nicht viel würdiger wäre. Was ist schon der Mitmensch? Was sind ihm alle diese Vertreter des Menschengeschlechts: die edleren und die weniger edlen, die frommen und die unfrommen? Warum wählt und ergreift er nicht ein originales Werk, um in dessen Vollbringung an diesen kümmerlichen Gestalten vorbei und über sie alle hinweg zu gehen? Aber so gehen hier die Dinge: ihm lohnt sich nun einmal gerade der Mitmensch und seine Errettung. Und darum behält er sich nicht ihm gegenüber. Und darum weigert er sich nicht, ihm gleich und mit ihm und in jenem umfassenden Sinn für ihn zu sein. Darum gibt er sich, darum schenkt er sich weg an ihn. Darum hat er wirklich nur das eine Ziel: im Tod und in der Überwindung des Todes dieses Menschen Sache zu führen, sein Leben für ihn zu opfern, damit er leben, und zwar fröhlich leben dürfe. Darum dient er ihm wirklich und das ohne Aussicht auf Lohn und Vergeltung, ohne daß ihm der Mensch irgend etwas zu bieten hätte, was er nicht ohne ihn besser und reicher haben könnte. Darum steht er einfach ein für Adam, für das Menschengeschlecht, für Israel, für seine Jünger, für die Gemeinde.

«Wer unter euch der Erste sein will, der sei euer aller Sklave» (Mark. 10, 44). Der Mensch Jesus ist dieser Erste. Er «ist nicht gekommen, um sich dienen zu lassen, sondern um zu dienen» (v 45). Was er nach den Synoptikern beim Abendmahl gesagt und was er nach Johannes in der Fußwaschung getan hat, ist des Zeuge. Und es gibt keine in dieser Richtung gehende Forderung Jesu an die Seinigen, die er nicht mit der Tat seines Lebens in unnachahmlicher Weise zuerst wahr gemacht hat und die er nicht damit des Charakters einer Forderung entkleidet hat, die also anders denn als Verkündigung und Angebot der in ihm erschienenen Gnade Gottes verstanden werden dürfte.

Man könnte den im Neuen Testament bezeugten Menschen Jesus gar nicht zu Gesicht bekommen, wenn man sich diesem doppelten Sachverhalt verschlösse, daß er vom Mitmenschen her und zu ihm hin, daß er nur mit ihm zusammen und nun gerade so in der ihm eigentümlichen Souveränität Mensch ist. Sieht man ihn allein, dann sieht man ihn gar nicht. Sieht man ihn, dann sieht man mit ihm, bei ihm, um ihn, in naher, ferner und fernster Umgebung seine Jünger, das Volk, seine Feinde, auch die Unzähligen, die seinen Namen noch nie gehört haben. Man sieht ihn dann als den Ihrigen, von ihnen und für sie bestimmt, einem Jeden von ihnen in besonderer Weise zugehörig. So ist er Meister, Messias, König, Herr. «Selbstlos» ist kein Wort zur Kennzeichnung dieser Humanität. Jesus ist nicht «selbstlos». Denn gerade so ist er vielmehr in höchstem Grade er selbst! Es ist schon so etwas wie ein menschliches Charakter- und Lebensbild — nur eben unvergleichlich neben allem, was man sonst so nennt — was den Gegenstand des neutestamentlichen Zeugnisses bildet. Es ist schon so etwas wie ein — nun freilich schlechterdings eminentes — Ich, das da, ganz vom Du her und ganz zum Du hin bestimmt, sichtbar wird. In dieser doppelten Bestimmtheit ist nun eben Jesus menschlich.

Und zwischen der göttlichen und dieser menschlichen Bestimmtheit dieses Menschen ist nun offenbar keine Ferne, keine Fremde, keine Neutralität und erst recht kein Widerspruch. Diese seine Humanität ist freilich nicht seine Divinität. In seiner Divinität ist er von Gott her und zu Gott hin. In seiner Humanität ist er vom Kosmos her und zum Kosmos hin. Und Gott ist nicht der Kosmos, der Kosmos ist nicht Gott. Seine Humanität **entspricht** aber aufs genaueste seiner Divinität, sie bildet sie ab, sie spiegelt sie. Man kann und muß es auch umgekehrt sagen: seine Divinität hat ihre Entsprechung, ihr Bild, sie spiegelt sich in seiner Humanität. So besteht hier **Ähnlichkeit**. So ist jene in dieser, diese in jener wiederzuerkennen. So steht wohl auch das Leben des Menschen Jesu unter einer doppelten Bestimmung. Aber zwischen seinen beiden Bestimmungen herrscht Übereinstimmung. Wie er für Gott ist, so für den Menschen, wie für den Menschen, so für Gott. Es gibt hier ein *tertium comparationis*, das sein Sein für Gott ebenso in sich schließt, wie sein Sein für den Menschen, weil der Wille Gottes der Grund und der Mensch der Gegenstand des Werkes ist, in welchem dieser Mensch begriffen ist.

Man darf und muß hier, um zu verstehen, an das sog. «Doppelgebot der Liebe» — der Liebe zu Gott und zum Nächsten (Mark. 12, 29—31 Par.) — denken. Es ist kein Zufall, daß gerade Jesus «das Gesetz und die Propheten» gerade so zusammengefaßt hat. Er hat damit zuerst und entscheidend auch von dem Gesetz seiner eigenen Menschlichkeit, von ihrer doppelten, aber nicht entgegengesetzten, sondern in sich übereinstimmenden Orientierung geredet. Er hat damit sich selbst und also die in ihm erschienene Gnade Gottes als die Summe des Gesetzes erklärt. Die beiden Gebote stehen nicht absolut nebeneinander: es ist klar, daß Jesus die Liebe zu Gott und die zum Nächsten gerade nicht geschieden, sondern verbunden sehen wollte. Sie sind aber auch nicht identisch: es wird ja das Gebot der Gottesliebe, Matth. 22, 38, ausdrücklich «das große und erste» Gebot genannt; es wird ihm das Gebot der Nächstenliebe ja ausdrücklich als das «zweite» zur Seite gestellt; der Nächste ist nicht Gott und Gott ist nicht der Nächste. So kann auch die Liebe zu Gott nicht einfach und direkt die Liebe zum Nächsten sein. Das Gebot der Nächstenliebe ist aber auch nicht ein dem Gebot der Gottesliebe bloß angehängtes, ihm gegenüber untergeordnetes und unselbständiges Gebot. Ist es auch das zweite, so wird es doch Matth. 22, 39 ausdrücklich «dem ersten gleich» genannt. Die richtige Auslegung wird vielmehr von einem wirklich doppelten, d. h. zugleich streng unterschiedenen und streng verbundenen Raum und Sinn des einen, dem Menschen gebotenen Liebens reden müssen. Es bezieht sich auf Gott, und es bezieht sich eben darum auf den Nächsten. Es hat jene und es hat eben darum auch diese Dimension. Es erkennt im Schöpfer den, der es auf dieses Geschöpf, den Mitmenschen, hinweist. Und es erkennt in diesem Geschöpf, im Mitmenschen den Hinweis auf den Schöpfer. Indem es diese beiden Hinweise, jeden in seiner Art und in seiner Richtung empfangen und ernst genommen hat, ist es Liebe zu Gott und Liebe zum Nächsten. So ist es wirklich die Struktur der Menschlichkeit Jesu selber, die sich in diesem Doppelgebot enthüllt: eine Wiederholung der ohne Vermischung und Verwandlung, aber auch ohne Trennung und Abgrenzung vollzogenen und bestehenden Einheit seiner Gottheit und Menschheit.

Wir müssen aber noch einen Schritt weiter gehen: nicht nur **wie**, sondern **weil** und indem Jesus Gott ganz gehorcht, tritt er so ganz in den

Dienst des Mitmenschen. Eben das Heilandswerk, in welchem er den Mitmenschen dient, ist ja nicht Sache seiner Wahl und Willkür, sondern der Auftrag, der ihm von Gott gegeben ist. Seine Ausführung hat also mit Pflichterfüllung und Tugendübung nichts zu tun. Denn in seinem Heilandswerk existiert und lebt er ja. Er wäre gar nicht, der er ist, wenn er in der Ausführung eines anderen Werkes, wenn er in irgend einem Sinn für sich selbst oder für eine diesem Heilandswerk fremde Sache lebte. Er kann gar nicht sein und also für Gott sein, ohne eben damit für den Menschen zu sein. Und so ist es tatsächlich die Ehre dessen, der ihn beauftragt und gesendet hat, die Ehre Gottes, die er damit offenbart und verkündigt, daß er für den Menschen ist. So wird eben darin die Wahl und der Wille Gottes selbst sichtbar. Nicht zuerst der Mensch Jesus, sondern zuerst Gott ist für den Menschen. Er, Gott, ist es, der zwischen sich und dem Menschen den Bund der Gnade von Ewigkeit her aufgerichtet, der sich von Ewigkeit her nun gerade des Menschen angenommen und erbarmt hat: der inmitten des Kosmos seiner Geschöpfe und zur Bewahrung und Errettung dieses gefährdeten Kosmos nun gerade des so besonders gefährdeten, seines Beistandes so besonders bedürftigen Menschen sich angenommen und erbarmt hat. Und das ist es, was der Mensch Jesus in der Zeit bezeugt und offenbart, davon lebt und dafür existiert dieser Mensch: es darf und soll inmitten des Kosmos als Freudenbotschaft bekannt und als heilende Kraft wirksam werden: Gott selbst ist für den Menschen, ist sein Bundesgenosse. Gott selbst setzt sich für ihn ein, macht sich seines Elends teilhaftig und haftbar für sein Leben, seine Freude, seine Herrlichkeit. Gott selbst ist sein Erretter. Er will den freien Menschen in einem freien Kosmos: befreit von der Bedrohung, der der Mensch aus eigener Schuld verfallen und der er aus eigener Erkenntnis und Kraft nicht gewachsen wäre. Der so gewillte, entschlossene und in seinem Mensch gewordenen Sohn so im Kosmos handelnde Gott ist der Grund des Heilandswerkes des Menschen Jesus, das den Menschen — so ganz und gar gerade den Mitmenschen, wie er ist — zum Gegenstand hat. Darum ist Jesus nicht zufällig ebenso für den Menschen, wie er für Gott ist. Darum besteht zwischen seiner Divinität und seiner Humanität nicht nur ein formaler Parallelismus, sondern ein innerer sachlicher Zusammenhang. Er könnte nicht für Gott sein, wenn er nicht eben deshalb für den Menschen wäre. Die Entsprechung und Ähnlichkeit zwischen seiner Divinität und Humanität ist also nicht nur eine faktische; sie ist sachlich begründet. Der Mensch Jesus muß ebenso für den Mitmenschen sein, wie er für Gott ist. Denn eben Gott — und er zuerst, er als des Menschen Jesus Auftraggeber, er als der Vater dieses seines Sohnes ist für den Menschen. Es ist von da aus ausgeschlossen, daß der Mensch Jesus nicht gerade, indem er für Gott ist, auch für den Mitmenschen sein sollte.

Wir lesen Tit. 3, 4 die lapidare Umschreibung der Inkarnation: ὅτε ἡ χρηστότης καὶ ἡ φιλανθρωπία ἐπεφάνη τοῦ σωτῆρος ἡμῶν θεοῦ. Man bemerke: «Menschenfreundlichkeit» erscheint hier neben «Güte» (und offenbar als Erklärung dieses ersten Begriffs) fast als eine Eigenschaft Gottes selber, wie es ja Gott auch gewissermaßen als Wesensbestimmung zugeschrieben wird, daß er unser Heiland, ὁ σωτὴρ ἡμῶν θεός ist. Man wird das recht verstehen müssen: Gott ist keine Kreatur und von Haus aus an keine Kreatur gebunden; es ist seine freie Entschließung und Tat, «Gott unser Heiland» und also «menschenfreundlich» zu sein. Aber eben mit dieser Entschließung und Tat Gottes, mit dieser seiner Selbstbestimmung zum Heiland und Menschenfreund haben wir als mit einer ewigen Voraussetzung schon seines Schöpfungswerkes und also aller Geschöpfe zu rechnen. Der in der Fleischwerdung seines Wortes auf den Plan trat, konnte nicht auch anders: Gott wollte in seiner Majestät und Freiheit von Ewigkeit her eben dies, für den Menschen «Gott unser Heiland» sein. Es ist der Bund, der da in der Zeit erfüllt wird, ein in Gott selbst vor aller Zeit begründeter und beschlossener Bund. Es gab keine Zeit, da Gott nicht des Menschen Bundesgenosse gewesen wäre. Und das ist's, was «erscheint» in der Epiphanie des Menschen Jesus: keine zufällige Art und Neigung dieses Menschen also, keine moralische Disposition dieses Geschöpfs, sondern die χρηστότης seines Schöpfers, die identisch ist mit dessen φιλανθρωπία. Darin beruht die innere Notwendigkeit, in der Jesus zugleich für Gott und für den Menschen ist.

Und nun bleibt uns nur noch ein letzter und nun allerdings höchster Schritt zu tun. In Gott ist Freiheit, aber keine Willkür. Auch dies, daß Gott sich gerade des Menschen von Ewigkeit her erbarmt und angenommen hat, auch die Begründung der Mitmenschlichkeit Jesu in dem ewigen Bund, den er damit, daß er für den Menschen ist, in der Zeit ausführt, beruht auf Gottes Freiheit, in der nun doch nichts Zufälliges, nichts Willkürliches ist, in der Gott vielmehr sich selber treu bleibt. Gott für den Menschen, Gott, der am Menschen teilnimmt und für den Menschen sich haftbar macht, Gott, der dem Menschen Gemeinschaft mit sich selber und in dieser Gemeinschaft seine rettende Hilfe gewährt, dieses ganze Geheimnis des Menschen Jesus wurzelt im Geheimnis Gottes selber, das nun doch kein bloßes Faktum und also kein bloßes Rätsel, sondern voll Sinn und Weisheit ist. Und indem uns das Geheimnis des Menschen Jesus offenbar ist, kann man auch von dem noch höheren Geheimnis Gottes selbst nicht sagen, daß es uns einfach verborgen, daß uns sein Sinn und seine Weisheit ganz unzugänglich wäre. Gott für den Menschen — wenn das der ewige Bund ist, der in der Menschlichkeit Jesu in der Zeit offenbart und kräftig wird, so entsteht in dieser Entscheidung des Schöpfers für sein Geschöpf eine Beziehung, die ihm, dem Schöpfer, die Gott selber als Gott nicht einfach fremd, sondern die ihm, wenn man so sagen darf, angemessen, natürlich ist. Gott w i e d e r h o l t nämlich in dieser Beziehung nach außen eine Beziehung, die ihm selbst in seinem inneren göttlichen Wesen eigentümlich ist. Gott schafft, indem er in diese Beziehung tritt, ein Nachbild seiner selbst. Auch in seinem eigenen, innergöttlichen Sein ist nämlich Beziehung. Es ist ja auch Gott selber in sich wohl der Eine und Einzige; er ist aber darum kein Einsamer. Es ist ja auch in ihm ein Zusammensein, ein Miteinandersein, ein Füreinandersein. Gott selber in sich ist ja nicht nur einfach, sondern in der Einfachheit seines Wesens auch dreifach: der Vater, der Sohn und der Heilige Geist — Gott sich selber setzend, Gott durch sich selber gesetzt, Gott sich selber in Beidem, als sein eigener Ursprung und als sein eigenes Ziel bestätigend. Gott selber in sich ist ja der ewige Liebende, der ewig Geliebte, die ewige Liebe und in dieser seiner Dreieinigkeit das Urbild und die Quelle alles Ich und Du: Ich, das ewig vom Du her und ewig zum Du hin und gerade so im eminentesten Sinn Ich ist. Und nun ist es diese Beziehung im inneren göttlichen Sein, die wiederholt und nachgebildet wird in Gottes ewigem Bund mit dem Menschen, wie er in der Menschlichkeit Jesu in der Zeit offenbar und kräftig wird.

Wir stehen jetzt vor der eigentlichen, der Urentsprechung, der Urähnlichkeit, auf die wir in dieser ganzen Sache zu achten haben. Wir sahen: es gibt eine faktische — wir sahen weiter: es gibt eine sachlich notwendige — und (wir haben jetzt zuhöchst zu sehen: es gibt einen letzten Ursprung jenes Faktums und jener sachlichen Notwendigkeit) es gibt eine göttlich-wesentliche Entsprechung und Ähnlichkeit zwischen dem Sein des Menschen Jesus für Gott und seinem Sein für den Mitmenschen. Diese göttlich-wesentliche Entsprechung und Ähnlichkeit besteht darin, daß der Mensch Jesus in seinem Sein für den Menschen das innere Sein, das Wesen Gottes selbst wiederholt und nachbildet und eben damit sein Sein für Gott wahr macht. Es ist klar, daß wir es hier mit dem letzten und entscheidenden Grund zu tun haben, auf den wir hinblickten, als wir von dem ontologischen Charakter, von der Realität und von der Radikalität des Seins Jesu für den Mitmenschen geredet haben. Das Alles hat seine Wahrheit und Kraft aus diesem letzten Zusammenhang. Die Humanität Jesu ist nicht nur die Wiederholung und Nachbildung seiner Divinität, nicht nur die des ihn regierenden Willens Gottes, sondern die Wiederholung und Nachbildung Gottes selber: nicht mehr und nicht weniger. Sie ist das Bild Gottes, die *imago Dei.*

Das «Bild»: wir geben uns Rechenschaft über die in diesem Begriff liegende Einschränkung. Indem die Menschlichkeit Jesu Gottes Bild ist, ist darüber entschieden, daß sie mit Gott nur indirekt, nicht direkt identisch ist. Sie gehört an sich zur Geschöpfwelt, zum Kosmos. Sie gehört also nicht zu dem inneren Bereich des Wesens, sondern zu dem äußeren Bereich des Werkes Gottes. Dort ist Gott in sich und in seinem Verhältnis zu sich selber. Hier ist er in seinem Verhältnis zu der von ihm verschiedenen Wirklichkeit. Dort geht es um Gott und Gott. Hier geht es um Gott und den Menschen. Das ist zweierlei. Mehr als Entsprechung und Ähnlichkeit — Gleichheit also — darf zwischen jenem Verhältnis und diesem nicht erwartet, darf von ihm nicht behauptet werden. Zwischen Gott und Gott, zwischen dem Vater und dem Sohn, dem Sohn und dem Vater, ist Einheit des Wesens, ist völliges Genügen der in sich selbst gegründeten Wirklichkeit, ist ewig aus sich selbst sich erzeugende und erneuernde Seligkeit. Das Alles kann zwischen Gott und Mensch nicht in Frage und also in der

Menschlichkeit Jesu, in seiner Mitmenschlichkeit als dem Bilde Gottes, nicht zum Ausdruck kommen. Hier ist ja völlige Ungleichheit des beiderseitigen Wesens. Hier ist völlige Souveränität und Gnade auf Gottes, aber auch völlige Abhängigkeit und Bedürftigkeit auf des Menschen Seite. Hier ist Leben und Seligkeit ganz in Gott und nur in der Gemeinschaft mit ihm, als in ihm zu suchende und zu findende, auch für den Menschen zu haben. Hier ist ein Retter und ein Erretteter. Es ist also kein zweiter Gott, mit dem sich Gott in jenem ewigen Bund mit dem Menschen, wie er in Jesus sichtbar wird, verbündet hat. Und es wird auch kein zweiter Gott aus dem Menschen, indem er dieses Bundes teilhaftig, indem er von seinem Erretter errettet wird. Er ist und bleibt schon das Geschöpf, der Mensch, der ohne Gottes Beistand schlechthin bedrohte und gefährdete, der — wäre er auf sich selbst angewiesen — verlorene Mensch, mit dem Gott dort in Beziehung tritt. Es ist ja die Menschlichkeit, das Heilandswerk des Menschen Jesus, in welchem uns die Beziehung zwischen Gott und Mensch vor Augen steht und in welchem sie auch allein stattfindet und wirklich ist. So ist und bleibt die Beziehung von Gott und Mensch schon ungleich jener anderen und ersten: der Beziehung des Vaters zum Sohn, des Sohnes zum Vater, der Beziehung Gottes zu sich selbst.

Es besteht aber — und das ist der positive Sinn des Begriffes «Bild» — bei aller Ungleichheit doch E n t s p r e c h u n g und Ä h n l i c h k e i t zwischen dieser zweiten und jener ersten Beziehung. Keine Entsprechung und Ähnlichkeit des Seins, k e i n e *analogia entis*; denn das Sein Gottes und das des Menschen sind und bleiben unvergleichlich, aber um dieses doppelte Sein handelt es sich auch nicht, sondern um die B e z i e h u n g im Sein Gottes auf der einen und um die B e z i e h u n g zwischen dem Sein Gottes und dem des Menschen auf der anderen Seite. Zwischen diesen beiden Beziehungen als solchen besteht — und in diesem Sinn ist die zweite das Bild der ersten — Entsprechung und Ähnlichkeit. Es gibt eine *analogia r e l a t i o n i s*. Die Entsprechung und Ähnlichkeit der beiden Beziehungen besteht darin, daß die Freiheit, in der Gott sich selber setzt als der Vater und durch sich selber gesetzt ist als der Sohn und sich selber bestätigt als der Heilige Geist, dieselbe Freiheit ist, in der er des Menschen Schöpfer ist, in der der Mensch sein Geschöpf sein darf, in der dies Verhältnis Schöpfer-Geschöpf vom Schöpfer her begründet ist. Man kann es auch so sagen: die Entsprechung und Ähnlichkeit der beiden Beziehungen besteht darin, daß dieselbe ewige Liebe, in der Gott als Vater den Sohn, als Sohn den Vater liebt und in der er als Vater vom Sohne, als Sohn vom Vater, wieder geliebt wird, auch die von Gott dem Menschen zugewendete Liebe ist. Die Menschlichkeit Jesu, seine Mitmenschlichkeit, sein Sein für den Menschen als unmittelbares Korrelat zu seinem Sein für Gott zeigt, bezeugt, offenbart diese Entsprechung und Ähnlichkeit. Sie ist nicht nur in einem faktischen und vielleicht zufälligen Parallelismus — sie ist auch nicht nur auf Grund eines willkürlichen göttlichen Entschlusses so beschaffen und gerichtet wie sie es ist: sie folgt dem Wesen Gottes, seinem inneren Sein. Es ist dieses innere Sein, das nach außen in Jesu Menschlichkeit diese Gestalt annimmt, um doch auch in dieser Gestalt bei aller Ungleichheit des Bereiches und des Gegenstandes sich selber treu zu bleiben und also sich selber abzubilden. So beruht die Faktizität, so beruht auch die sachliche Notwendigkeit des Seins des Menschen Jesus für den Mitmenschen wirklich nicht auf dem Geheimnis eines Zufalls oder einer Willkür, sondern auf dem Geheimnis des Sinnes und der Weisheit Gottes, der sein Wesen auch in seinem Werk und in seinem Verhältnis zu seinem Werk zu behaupten und zu bewähren weiß.

Wir beziehen uns bei diesem letzten Schritt unserer Überlegung auf eine schmale, aber sehr scharf gezogene und darum sehr deutliche Linie im Johannesevangelium. Sie wird dort, besonders auffallend im 17. Kapitel, in einer ganzen kleinen Fülle von bezeichnenden Wendungen sichtbar, die im Evangelium insofern eine besondere Aussagegruppe bilden, als sie alle den Hinweis darauf aussprechen, daß das Verhältnis Jesu zu seinen Jüngern kein originales, sondern das genaue Abbild des Verhältnisses ist, in welchem er zu seinem Vater und in welchem sein Vater zu ihm steht.

Dieses erste und ursprüngliche Verhältnis ist nach diesen Texten dadurch unmißverständlich ausgezeichnet und von jenem zweiten abgegrenzt, daß es nicht wie dieses innerhalb, sondern außerhalb der Kreaturwelt, vor und über aller im Kosmos sich abspielenden Geschichte und also in Gott selbst stattfindet. Es gibt nach Joh. 17, 5 eine Herrlichkeit Jesu, von der er als Mensch schon herkommt, «die ich vor der Welt Sein bei dir hatte». «Ich habe ihn verherrlicht» heißt es 12, 28, als Stimme vom Himmel — und 1, 1: er ist das Wort, das im Anfang bei Gott war. So ist er «nicht aus der Welt» (17, 14. 16). Der Vater liebte ihn (15, 9; 17, 23. 26). Aber dieser Aorist redet nicht historisch als von etwas, was bloß war, sondern von dem, was ist, indem es war, was weiter geschieht, indem es in jenem vorzeitlichen Anfang zu geschehen begann. Darum ist Jesus im Vater (10, 38; 14, 10. 20; 17, 21). Darum ist der Vater in ihm (10, 38; 14, 10; 17, 21. 23). Darum sind der Vater und er (sind «wir») Eines (10, 30; 17, 11, 22). Und so ist er der vom Vater in die Welt Gesendete (17, 3, 8. 18 usw.). Das ist das Urbild, die Beziehung im göttlichen Wesen selber: jenes innergöttliche Zusammensein, Miteinandersein, Füreinandersein.

Und nun, wirklich auf der ganzen Linie in Entsprechung und Ähnlichkeit dazu, die innerhalb der Kreaturwelt als im Kosmos sich abspielende Geschichte in dem Menschen Jesus, in seiner Mitmenschlichkeit, in seinem Verhältnis zu seinen Jüngern sich darstellende Beziehung zwischen Gott und dem Menschen. Wir erinnern uns: die Menschen, hier zunächst Jesu Jünger, gehören eigentlich dem Vater und er ist auch der, der sie zuerst liebt (14, 21; 16, 27; 17, 23). Sie sind aber von ihm dem Sohn und also Jesus «gegeben». Wozu? Die grundsätzliche Antwort gibt jenes Wort vom Himmel 12, 28: «Ich habe ihn verherrlicht und werde ihn wiederum verherrlichen.» Es geht darum, daß eben die Herrlichkeit, die Jesus in seinem Verhältnis als Sohn zum Vater eigen ist, sich wiederhole und nachbilde auf dieser anderen Ebene, in diesem anderen Verhältnis. «Verherrliche mich, Vater, mit der Herrlichkeit, die ich vor der Welt Sein bei dir hatte!» (17, 5). «Ich bitte für die, die du mir gegeben hast, denn sie sind dein... und ich werde verherrlicht in ihnen» (17, 9. 10). Dementsprechend, daß er, der Sohn, «nicht aus der Welt» ist, sind es auch seine Jünger nicht (17, 14. 16). Dementsprechend, daß der Vater in ihm ist, ist er in ihnen (17, 23). Dementsprechend, daß er im Vater ist, sind sie in ihm, Jesus (14, 20). Dementsprechend, daß der Vater und er Eines sind, sollen auch sie es werden (17, 11. 22), soll sie «niemand aus seiner Hand reißen» (10, 29). Dementsprechend endlich, daß der Vater ihn in die Welt gesendet hat, sendet er sie (17, 18). Und wenn es nun heißt: «Ich bitte nicht nur für diese, sondern auch für die, die durch ihr Wort an mich glauben werden, damit Alle Eines werden, wie Du, Vater, in mir bist und ich in Dir, damit auch sie in uns seien, damit die Welt glaube, daß du mich gesandt hast» (17, 20—21), so werden wir offenbar auch in diesem Zusammenhang an jene Durchbrechung des inneren Kreises der Gemeinde nach außen: zugunsten Aller, zugunsten der Welt, erinnert. So wird er, der vom Vater, in seinem Verhältnis zu ihm, schon Verherrlichte, in ihnen, in seinem Verhältnis zu den Menschen, wiederum verherrlicht. So schafft das göttliche Urbild sich selbst sein Gegenbild in der Kreaturwelt. So spiegeln sich der Vater und der Sohn wieder in dem Menschen Jesus und seinen Mitmenschen. Deutlicher als so kann von der *analogia relationis* und also von der *imago Dei* im zentralsten, nämlich im christologischen Sinn dieses Begriffes, nicht geredet werden.

Wir sind ausgegangen von der Frage nach dem inneren Verhältnis zwischen der Bestimmung des Menschen zu Gottes Bundesgenossen auf der einen — und seinem geschöpflich-kosmischen Wesen, seiner Menschlichkeit, auf der anderen Seite: nach dem Verhältnis, welches auch durch die Sünde des Menschen nicht berührt und also auch im sündigen Menschen von Dauer ist. Wir fragten danach, inwiefern des Menschen Menschlichkeit ihm unter allen Umständen ein Zeichen seiner göttlichen Bestimmung sein möchte. Wir fragten nach dem Glaubensgeheimnis des in der menschlichen Natur selbst und als solcher begründeten Hinweises auf Gottes Gnade. Auf diese Frage haben wir uns nun zunächst im Blick auf den Menschen Jesus Antwort gegeben. Die Antwort lautet: daß jenes innere Verhältnis in diesem Menschen darum ein Verhältnis klarer Übereinstimmung ist, weil eben seine Menschlichkeit — entsprechend und ähnlich seiner Bestimmung für Gott und eben darum entsprechend und ähnlich Gott selber, als Gottes Bild — darin besteht, daß er wie für Gott, so auch für den Menschen, seinen Mitmenschen, ist. Wir haben damit die legitime Basis gewonnen, von der aus wir uns nun unserer eigentlichen, der anthropologischen, also der auf den Menschen überhaupt und im Allgemeinen gerichteten Frage nach jenem Verhältnis, nach dem dem Menschen in seiner Menschlichkeit gegebenen Zeichen, nach dem Glaubensgeheimnis des in der menschlichen Natur selbst liegenden Hinweises auf Gottes Gnade zuwenden können.

2. DIE GRUNDFORM DER MENSCHLICHKEIT

Wir wenden uns jetzt vom Menschen Jesus zum anderen Menschen: zum Menschen überhaupt und im Allgemeinen. Christologie ist nicht Anthropologie. Wir dürfen also nicht erwarten, die Menschlichkeit Jesu und also seine Mitmenschlichkeit, sein Sein für den Menschen, und also auch jene letzte und höchste Bestimmung: das Bild Gottes in diesem anderen Menschen direkt wiederzufinden. Jesus ist in einem Sinn der Mensch für den Mitmenschen und also das Bild Gottes, wie es der andere Mensch in keiner Annäherung sein kann, wie ja auch kein anderer Mensch so, im gleichen Sinn wie er, für Gott ist. Er allein ist Gottes Sohn, und so kann auch nur seine Humanität beschrieben werden als das Sein eines Ich, das ganz vom mitmenschlichen Du her, ganz zu ihm hin ist und gerade so echteste Ichhaftigkeit besitzt. Wir brauchen hier nicht einmal in Rechnung zu ziehen, daß faktisch alle anderen Menschen Sünder, von Gott abgewichen sind. Das bedeutet ja, daß ihre Humanität faktisch (in einem mehr oder weniger vollständigen Gegensatz zu jener Beschreibung) aus ihrem Widerspruch gegen das Du heraus in immer neuem Gegensatz zum Du sich entfaltet und gerade darum auch nie echte Ichhaftigkeit besitzen kann. Nehmen wir an, es gäbe hier in jedem Menschen mindestens auch so etwas wie ein ernsthaftes, wenn auch vielleicht aussichtsloses Streben in der entgegengesetzten Richtung. Der Unterschied zwischen Jesus und uns bliebe doch unaufhebbar. Er ist grundsätzlich. Denn das ist sicher, daß kein anderer Mensch von Haus aus und kraft seiner Existenz für den Mitmenschen ist. Kein anderer ist Gottes Wort an den Menschen, und darum ist auch kein anderer von dessen Dasein direkt und unmittelbar, in seinem Innersten, betroffen, keiner dazu gesandt, beauftragt und befähigt, an Stelle, in Vertretung eines jeden Anderen zu sein und zu handeln, sich selbst für alle Anderen einzusetzen und dahinzugeben, in und mit seinem Leben ihr Leben möglich und wirklich zu machen und also in diesem radikalen und universalen Sinne für sie, ihr Bürge zu sein. Das Alles kann in der Anthropologie keine Wiederholung finden. Man hat sich noch immer in idealistischen Illusionen bewegt, wenn man die Humanität des Menschen überhaupt und im Allgemeinen mit Zügen ausgestattet hat, die der Humanität des Menschen Jesus nun einmal ausschließlich eigentümlich sind. Der Mensch überhaupt und im Allgemeinen ist — mag er seinem Mitmenschen auch viel, sehr viel bedeuten und geben, weder sein eigener Erretter und Heiland, noch auch der auch nur eines einzigen Wesens seinesgleichen. Er ist vielmehr das Wesen, für das der eine Mensch Jesus das Alles ist, was ihm eigentümlich ist.

Wir sind aber, wenn wir nun nach der Menschlichkeit überhaupt und im Allgemeinen fragen wollen, durch die Tatsache der eigentümlichen Humanität Jesu jedenfalls in eine bestimmte Richtung der Nachforschung und Darstellung verwiesen und vor einer ihr entgegengesetzten Richtung ebenso bestimmt gewarnt.

Besteht die Menschlichkeit Jesu darin, daß er für den anderen Menschen ist, dann schließt das bei aller Ungleichheit zwischen ihm und jenem auch dies in sich: er bejaht diesen anderen Menschen als ein Wesen, das ihm in seiner geschöpflichen Existenz und also eben in seiner Humanität nicht nur ungleich, sondern in irgend einer Grundform auch gleich ist. Wo ein Wesen für ein anderes ist, da muß es irgend einen ihnen gemeinsamen Raum, eine ihnen gemeinsame Existenzform geben, in welcher dieses «für» möglich und wirksam werden kann. Wäre der andere Mensch ein solches Wesen, dessen Menschlichkeit unter einer schlechthin anderen, wohl gar entgegengesetzten Bestimmung stünde als die Menschlichkeit Jesu, dann wäre es müßig und verwirrend, sowohl von Jesus als von diesem Anderen als von «Menschen» zu reden. «Mensch» hier und «Mensch» dort wäre dann ein ganz verschiedenes Wesen, das man dann hier und dort besser auch mit ganz verschiedenen Begriffen bezeichnen würde. Und es wäre dann unerfindlich, inwiefern gerade der «Mensch» Jesus für den anderen «Menschen», von ihm her und zu ihm hin, in seinem menschlichen Innersten von dessen Dasein betroffen, gerade zu seinem Heiland berufen, gerade zu ihm gesandt, zu seiner Errettung beauftragt und befähigt sein, wie er sich mit seinem Menschenleben für dieses andere Wesen einsetzen, an seiner Stelle und in seiner Vertretung handeln, leiden und siegen könnte. Auch diese ganze Auszeichnung seiner Humanität vor der jedes anderen Menschen müßte und würde dann notwendig dahinfallen, in sich unmöglich sein.

Man kann auch von der anderen Seite her sagen: es würde dann unerfindlich, inwiefern dieser andere Mensch überhaupt in der Lage sein sollte, das zu werden, als was der Christ Röm. 14, 15 u. 1. Kor. 8, 11 bezeichnet wird: das Wesen, der Bruder, «für den Christus gestorben ist»: ein solches Wesen also, dem durch den Tod Christi geholfen, für dessen menschliche Existenz der Tod Christi geradezu Errettung bedeuten kann. Die geschöpfliche Art eines solchen Wesens kann der geschöpflichen Art Christi bei aller Ungleichheit nicht einfach fremd und entgegengesetzt sein.

Wo das Heilandswerk des Menschen Jesus an den andern Menschen möglich und wirklich wird, wo es zu solcher Gemeinschaft zwischen ihm und anderen Wesen kommt, da muß nach einer Zusammenordnung zwischen ihm und diesen anderen Wesen gefragt werden, die als solche nicht erst durch diese Gemeinschaft begründet, sondern die in ihrer Ermöglichung und Verwirklichung schon vorausgesetzt ist. Es muß also nach einer solchen Grundform der Menschlichkeit auch des anderen Menschen, des Menschen überhaupt und im allgemeinen gefragt werden, in welcher die Voraussetzung dessen gegeben und sichtbar ist, daß der Mensch Jesus für ihn sein kann. Ist es wahr, daß der Charakter der Menschlichkeit Jesu als Mitmenschlichkeit nicht Zufall, sondern im Willen Gottes begründet — noch mehr: daß Jesus gerade in diesem Charakter seiner Menschlichkeit das Bild Gottes ist? Wir haben gesehen, daß und warum diese Frage positiv zu beantworten ist. Ist es aber nicht auch wahr, daß eben dieser Gott der Schöpfer des Menschen Jesus nicht nur, sondern eines jeden Menschen ist, daß wir also in der Form und vor allem in der Grundform der Menschlichkeit eines Jeden sein ihm von Gott gegebenes geschöpfliches Wesen zu erkennen haben? Indem die theologische Anthropologie von diesen beiden Vordersätzen herkommt, wird sie die Frage nach jener Voraussetzung nicht nur als erlaubt, sondern auch als notwendig anerkennen müssen.

Wir werden dann nicht bei der Christologie, nicht bei der Feststellung stehen bleiben können, daß Jesus der Mensch für den Menschen ist; wir werden dann auch im Blick auf diesen anderen Menschen die Frage stellen müssen: inwiefern er als Mensch das Wesen ist, für das der Mensch Jesus mit seinem Leiden und Siegen einstehen kann? was ihn, weil in diesem Sein Jesu für ihn der Bund offenbar und wirksam wird, den Gott gerade mit ihm geschlossen hat, für diesen Bund möglich, was ihn als Gottes Geschöpf für seinen Gott bündnisfähig macht?

Wir fragen selbstverständlich nicht nach einer Würde oder gar nach einem Verdienst des Menschen, auf Grund dessen er einen Anspruch darauf hätte, Gottes Bundesgenosse zu sein — einen Anspruch darauf, daß der Mensch Jesus für ihn sein müsse. Es gibt keinen Anspruch dieser Art: keinen Anpruch des Geschöpfs seinem Schöpfer gegenüber. Es ist Gottes unbegreifliche Gnade, daß er sich gerade seiner annimmt, daß in der Mitmenschlichkeit des Menschen Jesus die freie Wahl des göttlichen Willens gerade als Menschenfreundlichkeit wirksam und sichtbar wird. Aber da sie nun einmal als solche wirksam und sichtbar wird, da nun einmal eben dieser unbegreiflicherweise gerade dem Menschen gnädige Gott auch des Menschen — eines jeden Menschen — Schöpfer ist, kann dessen Geschöpflichkeit, seine menschliche Natur, seine Humanität, dieser Gnade Gottes (so unbegreiflich es bleibt, daß sie gerade ihm zugewendet ist) nicht einfach fremd, sondern muß ihr, um es so zu sagen, in einer bestimmten Vertraulichkeit gegenüberstehen.

Auch der vorhin gebrauchte Ausdruck «bündnisfähig» will also recht verstanden sein. Wir fragen nicht nach einer Fähigkeit des Menschen, die Beziehung zu Gott im Bunde mit ihm seinerseits aufzunehmen, Gottes Partner zu sein. Daß er das kann, das liegt nicht in irgend einer Potenz seines geschöpflichen Wesens. Er kann das, indem Gott ihn zu seinem Partner macht, indem er ihn dazu aufruft, jene Beziehung aufzunehmen, indem er als der dazu Aufgerufene existiert. Es ist wieder Gottes unbegreifliche Gnade, daß er gerade mit dem Menschen diesen Bund schließt, gerade ihn dazu aufruft, sich vor ihm zu verantworten, gerade ihn dazu faktisch in Stand setzt. Aber da er dies nun einmal tut — er, der doch auch des Menschen Schöpfer ist — so ist nochmals zu sagen, daß des Menschen geschöpfliches Wesen dieser Gnade Gottes nicht einfach fremd und widerstrebend sein kann, sondern in einer bestimmten Vertraulichkeit gegenüberstehen muß. Hat Gottes Gnade zur Wiederherstellung und Verteidigung seiner Ehre im Kosmos gerade den Menschen Jesus in Anspruch genommen, so beweist dies immerhin so viel, daß er die menschliche Geschöpflichkeit zu solchem Dienst jedenfalls nicht unpassend, sondern passend, nicht unbrauchbar, sondern brauchbar gefunden hat. Wir fragen also nicht nach einer vom Menschen her zu aktualisierenden Bündnisfähigkeit, sondern nach dem, was ihn, der das Werk seines Schöpfers ist, in dessen Augen vor anderen Geschöpfen als seinen Bundesgenossen möglich, brauchbar, angenehm, wohlgefällig und insofern also «bündnisfähig» macht.

Wir können und müssen jetzt auch hier nach einer bestimmten Entsprechung und Ähnlichkeit fragen. Hätte Gott dem Menschen eine seiner Gnade, eine seiner Menschenfreundlichkeit, eine der Mitmenschlichkeit Jesu gegenüber neutrale oder entgegengesetzte und also der Bundesgenossenschaft mit ihm von Haus aus fremde oder widerstrebende Natur gegeben, wie hätte er ihn dann als das zu dieser Bundesgenossenschaft bestimmte Wesen geschaffen? Wie sollte dann diese Bundesgenossenschaft anders als auf dem Weg einer zweiten Schöpfung möglich und wirklich werden? Und diese zweite Schöpfung müßte dann ja — im Unterschied zu der in der Schrift bezeugten neuen Schöpfung — als Widerspruch zur ersten, als deren substantielle Veränderung, ja als deren Ersatz durch eine andere verstanden werden. Wenn damit nicht zu rechnen ist, dann muß es zwischen des Menschen Bestimmung zu jener Bundesgenossenschaft und seiner Geschöpflichkeit, zwischen der Humanität Jesu und der Humanität des Menschen überhaupt und im Allgemeinen ein Gemeinsames und also eben: eine Entsprechung und Ähnlichkeit geben.

Und nicht einmal bei der Feststellung, daß der Mensch Jesus das Bild Gottes ist, werden wir dann einfach und endgültig stehen bleiben können Sondern wir werden dann auch im Blick auf die anderen Menschen fragen müssen: inwiefern sie als Menschen Wesen sind, denen Jesus, das Bild Gottes, als ein Wesen ihresgleichen zugeordnet sein kann? Hat Gott in diesem Einen — und so gewiß nur in diesem Einen — sein eigenes Bild inmitten des Kosmos, ist es das innere Wesen Gottes, das in seiner Mitmenschlichkeit, in seinem Sein für den Menschen seine geschöpfliche Entsprechung und Ähnlichkeit hat, wie soll diese dann denen einfach abgehen, für die jener Eine einsteht, denen Gott in diesem Einen so ernstlich und gänzlich zugewendet ist? Ist dieser Eine ihr Heiland und Erretter — er, dessen Menschlichkeit darin besteht, an ihre Stelle zu treten, sein Leben für sie hinzugeben — und ist er eben darin das geschöpfliche Bild Gottes selber, wie sollten diese dann Wesen sein, in deren Menschlichkeit dieses Bild einfach abwesend, nicht mindestens vorgebildet und angezeigt wäre — sie, die doch desselben Gottes Geschöpfe und als solche zur Bundesgenossenschaft mit ihm bestimmt sind? Betonen wir auch hier: darum kann es nicht gehen, daß sie einfach und direkt sind, was der eine Jesus ist. Sie sind ja auch nicht einfach und direkt Gottes Bundesgenossen, indem sie seine Geschöpfe sind, sondern sie sind bestimmt, dies zu werden. Und das bedeutet konkret: sie sind dazu bestimmt, der Wohltat der Mitmenschlichkeit jenes Einen teilhaftig — bestimmt dazu, durch ihn errettet zu werden. Sie in ihrer Geschöpflichkeit bedürfen dessen, und ihnen in ihrer Geschöpflichkeit ist es zugesagt, daß er, jener Eine, der Gottes Bild ist, für sie ist. Was sie selbst in ihrem Verhältnis zu Gott sind, das hängt also an dieser ihrer Bestimmung, das hat seine Wirklichkeit nicht in ihnen selbst, sondern in Ihm, jenem Einen. Aber eben diese ihre Bestimmung, eben diese ihre Wirklichkeit in Ihm besteht und ist ernst zu nehmen. Sie sind zum vornherein, sie sind auch in ihrer Geschöpflichkeit, in dem von ihm ausgehenden Lichte. Sind sie aber in seinem Lichte, so können sie selbst nicht nur dunkel, so müssen sie von diesem seinem Licht her auch hell sein. Wir fragen nach diesem ihrem Hellsein, in seinem Lichte. Wir fragen insofern nach dem Bilde Gottes, an dem jeder Mensch als solcher Anteil hat, nach der Entsprechung und Ähnlichkeit mit dem Wesen Gottes, die der Humanität als solcher eigentümlich ist. Wäre sie ihr ganz und gar nicht eigen, wie wäre es dann mit dem Wesen Gottes vereinbar, sich mit dem Menschen in die Solidarität zu begeben, in die er sich, da er den Bund mit ihm zum Sinn und Ziel seiner Erschaffung und also zur Bestimmung seiner Menschlichkeit gemacht, da er in Jesus Christus selbst Mensch geworden ist, begeben hat? Hier ist ein Gemeinsames, eine Gleichheit trotz und in aller Ungleichheit vorausgesetzt: zwischen Jesus und den anderen Menschen nicht nur, sondern — daraufhin, daß sie zwischen Jesus und den anderen Menschen stattfindet — auch zwischen Gott und den Menschen überhaupt und im allgemeinen.

Was ist Menschlichkeit, Humanität, menschliche Geschöpflichkeit? — Was ist ihre Grundform? fragen wir zunächst. Gemeint ist eben: inwiefern entspricht das menschliche Wesen der Bestimmung des Menschen zu Gottes Bundesgenossen? Unser Kriterium zur Beantwortung dieser Frage ist die Menschlichkeit des Menschen Jesus. Gibt es zwischen seiner und unserer Menschlichkeit bei aller Distanz ein Gemeinsames, bei aller Ungleichheit ein Gleiches, dann muß aber, indem wir uns jetzt uns selbst, dem Menschen überhaupt und im allgemeinen zuwenden, eine große Unterscheidung und Ausscheidung schon hinsichtlich des bei unserer Frage vorausgesetzten menschlichen Wesens Platz greifen. Wir können nicht etwa davon ausgehen, daß es ein bekanntes und anerkanntes Bild vom Menschen und seiner Humanität schon gebe, an das wir uns hier zu halten, aus dessen Konturen wir dann sein Entsprechendes und Ähnliches zur Humanität Jesu und also (in höchster Instanz) seine Teilnahme an dem in der Humanität Jesu verwirklichten Bilde Gottes gewissermaßen heraus zu exegesieren hätten. Es kann sich in der theologischen Anthropologie nicht darum handeln, einen vorgegebenen Text (in diesem Fall:

ein als bekannt und anerkannt vorausgesetztes Menschenbild) theologisch zu deuten, wobei dann die Mutmaßung berechtigt bleiben könnte, als sei und bleibe doch dieser Text (das bekannte und anerkannte Bild vom Menschen) das Beständige und Gewisse, die theologische Deutung aber wie jede andere Deutung das Variable und Ungewisse. Sondern was der Mensch ist, das entscheidet sich in der theologischen Anthropologie von ihrem primären Text, nämlich eben von der Menschlichkeit des Menschen Jesus her. Und die Anwendung dieses Kriteriums bedeutet, daß ein ganzer großer Bereich angeblicher Menschlichkeit zum vornherein als unmenschlich ausgeschieden wird und außer Betracht fällt, weil sich das, was da für menschlich gehalten und ausgegeben wird, in jenem Widerspruch zu der Menschlichkeit Jesu befindet, der die wesentliche Gleichheit zwischen ihm und uns verneinen und also die Möglichkeit des menschlichen Geschöpfs als eines Bundesgenossen Gottes ausschließen, die Einheit von Schöpfung und Bund aufheben würde. Was auf diese Verneinung, Ausschließung und Aufhebung hinzielt, das ist die Richtung anthropologischer Nachforschung und Darstellung, vor der wir durch unsere christologische Grundlegung *a limine* gewarnt sind, und wenn wir zur Anerkennung eines Menschenbildes, das in dieser Blickwirkung entworfen ist, im übrigen noch so gute Gründe haben sollten. Wir sind nicht gebunden, das für menschlich, für das gute von Gott geschaffene Wesen des Menschen zu halten, was, gemessen an jenem Kriterium, nun gerade unmenschlich, d. h. noch nicht oder nicht mehr menschlich ist. Wir sind vielmehr in Anwendung jenes Kriteriums frei, an jedem uns allenfalls vorgegebenen Menschenbild einen ganz bestimmten Abstrich zu machen, dem alles das ohne Rücksicht zum Opfer fallen muß, was sich mit jener bei aller Ungleichheit vorausgesetzten Gleichheit zwischen dem Menschen Jesus und uns anderen Menschen nicht vertragen würde. Was mit dieser Gleichheit unverträglich ist, das ist als solches auch nicht menschlich.

Der bestimmte Abstrich, mit dem wir beginnen, ist aber dieser: was Menschlichkeit ist, ist überall da noch nicht oder nicht mehr gesehen, wo dem Menschen eine a b s t r a k t e , d. h. eine von der Mitexistenz seines Mitmenschen abstrahierte Existenz zugeschrieben wird. Keine anderweitige Füllung, Vertiefung oder Erhöhung des Begriffs der Humanität — und wäre sie auch eine solche religiösen Charakters — kann diesen Grundfehler entschuldigen, gut machen oder auch nur verbessern. Wer den Menschen für sich und also ohne den Mitmenschen sieht, der sieht ihn gar nicht. Wer den Menschen im Gegensatz oder auch nur in Neutralität zu seinen Mitmenschen sieht, der sieht ihn gar nicht. Auch wer des Menschen Menschlichkeit erst nachträglich, nur sekundär, nur in beiläufiger Ergänzung dadurch bestimmt sieht, daß er nicht allein, sondern mit seinem Mitmenschen existiert, sieht ihn gar nicht. Wer nicht zum vornherein, vom ersten Blick und Wort an weiß und in Rechnung zieht, daß der Mensch einen Nächsten hat, der sieht ihn gar nicht. Wir haben hier nicht die Wahl, tolerant oder intolerant zu sein. Wir können hier nur ausscheiden: Jedes Menschenbild, das diesem Anspruch nicht genügt, hat mit dem Wesen, das als menschliches in Frage kommt, nichts zu tun, kann hier gar nicht zur Diskussion kommen. Wir fragen nach des Menschen Helligkeit im Lichte des Menschen Jesus: im Lichte der Tatsache, daß der Mensch Jesus **für ihn** ist und also — weil zwischen Jesus und diesem anderen Menschen nicht nur Ungleichheit, sondern auch Gleichheit besteht — für ihn sein **kann**. Ein Mensch ohne Mitmensch oder ein Mensch, der dem Mitmenschen von Haus aus gegensätzlich oder neutral gegenüberstünde, oder ein Mensch, für den die Mitexistenz seines Mitmenschen nur untergeordnete Bedeutung hätte, wäre ein solches Wesen, das dem Menschen Jesus *eo ipso* radikal fremd gegenüberstehen würde, dessen Heiland und Erretter er nimmermehr sein könnte. Er ist wohl der Heiland und Erretter des sündigen Menschen und also des Menschen, der seine Menschlichkeit verleugnet, indem er sich verhält und benimmt, als hätte er keinen Gott und keinen Nächsten, und der sich damit allerdings höchst unmenschlich darstellt. Daraus folgt aber nicht, daß er aufgehört hätte, ein Mensch zu sein, und daß es uns erlaubt oder gar geboten wäre, ausgerechnet seine Unmenschlichkeit als seine Menschlichkeit zu interpretieren, das Werk seiner Sünde für das Werk der guten Schöpfung Gottes zu halten. Im Lichte der Menschlichkeit Jesu steht auch und erst recht der sündige, der seine Menschlichkeit verleugnende, der seinem Mitmenschen in irgend einer groben oder feinen Form den Rücken kehrende Mensch. Er tut das gegen seine Menschlichkeit und er darf aus der Schuld, in die er sich damit verwickelt, nicht entlassen werden durch den Entwurf eines Menschenbildes, laut dessen seine Unmenschlichkeit — seine Isolierung den Mitmenschen gegenüber, sein Gegensatz oder seine Neutralität im Verhältnis zu ihm, die Beiläufigkeit seiner Bedeutung für ihn — nun eben doch zu seiner Menschlichkeit gehörte, eine Möglichkeit des ihm von seinem Schöpfer gegebenen Wesens wäre. Nein, sein geschöpfliches Wesen steht, auch indem er es verleugnet, im Lichte der Menschlichkeit Jesu, ist und bleibt in diesem Lichte hell, klagt ihn an, daß er sich mit seiner Unmenschlichkeit nicht nur gegen Gott und den Nächsten, sondern eben damit zuerst und zuletzt auch gegen sich selbst versündigt, hört aber auch nicht auf, ihn mit seinem Heiland und Erretter zu verbinden. Sündigen heißt heraustreten aus einem Weg, der damit, daß der Mensch aus ihm heraustritt, nicht aufhört, dieser, des Menschen ganz bestimmter Weg zu sein, neben dem er keinen anderen hat. Gott hört nicht auf, Gott und so hört auch der Mensch nicht auf, der Mensch zu sein, indem er sündigt. Wir müssen auch in diesem Zusammenhang sagen: der Mensch vollzieht damit, daß er sündigt, keine neue Schöpfung; er kann damit keine wesentliche Veränderung des ihm gegebenen menschlichen Wesens fertig bringen. Er kann ihm, er kann sich selbst, damit nur Schande machen. Er kann sich damit nur in höchste Gefahr bringen. Es ist aber die Tatsache, daß er in dem Menschen Jesus seinen Heiland und Erretter hat, der Beweis dafür, daß er nicht aufgehört hat, ein Mensch, ein diesem Jesus zugeordnetes Wesen zu sein. Es zeigt die Tatsache, daß der gute Hirte sich auch zu seines, des verlorenen Schafes Gunsten aufgemacht hat, daß er ihn gerade nicht verloren gibt, sondern ihn nach wie vor zu seiner Herde rechnet und mit ihm umgeht nicht als mit einem fremden, sondern als mit seinem Eigentum. Das ist es, was die Idee eines Menschen ohne den Mitmenschen — in jeder Abwandlung dieser Idee — zum vornherein unerträglich, undiskutierbar macht. Die theologische Anthropologie kann sich gar nicht erst auf den Boden begeben, wo dieser Mensch ohne den Mitmenschen als eine ernsthafte Möglichkeit in Betracht gezogen wird. Sie kennt den Menschen wohl gut genug als den Menschen der Sünde, aber gerade nicht als den Menschen, der in der Sünde sein geschöpfliches Wesen verwirklicht, den Gott zu solcher Verwirklichung geschaffen hat. Sie darf Gott nicht belasten mit dem, was der Mensch aus sich selbst gemacht hat. Und eben: sie darf den Menschen nicht entlasten von dem dauernden Vorwurf der Übertretung, mit der er die Wahrheit — die Wahrheit seines Schöpfers und darum auch seine eigene Wahrheit—Lügen straft. Das hieße die Sünde leicht nehmen, wenn man es dem sündigen Menschen ersparte, sich diesem Vorwurf stellen zu müssen, wenn man ihm die Ausrede an die Hand gäbe, entweder: daß er als Sünder seine Menschlichkeit nun einmal eingebüßt und verloren — oder: daß Gott ihn vielleicht in seiner solchen Menschlichkeit erschaffen habe, in der es ihm mindestens zur Wahl stehe, Mensch oder Unmensch zu sein, in der ihm die Unmenschlichkeit womöglich näher gelegt sei als die Menschlichkeit. Unmenschlichkeit ist aber jede angebliche Menschlichkeit, die nicht schon in der Wurzel und von Haus aus Mitmenschlichkeit ist. Hier eben muß *a limine* ausgeschieden, muß die Humanität allem Anderen vorangehend, gegen ihre entscheidende und definitive Zerstörung geschützt werden. Man denke den Mitmenschen weg aus dem Bilde des Menschen, man zeichne diesen als ein Wesen, dem der Mitmensch fremd, entgegengesetzt und zufällig gegenüberstünde, so hat man dieses Wesen nicht nur teilweise falsch, so hat man ein ganz anderes Wesen gezeichnet. Es hilft schon nichts: die theologische Anthropologie muß hier ebenso unerbittlich sein wie gegenüber jedem Versuch, den wirklichen Menschen außerhalb der Geschichte seiner Verantwortung gegenüber Gott zu suchen. Eben die Wirklichkeit des Menschen in seiner Verantwortung vor Gott zieht dies als die negative Regel zum Verständnis der Grundform seiner Menschlichkeit unweigerlich nach sich: sie darf unter keinen Umständen in jener Abstraktion, in einer Menschlichkeit ohne den Mitmenschen gesucht werden.

2. Die Grundform der Menschlichkeit

Zwei Randbemerkungen zur allgemeinen und im Besonderen zur theologischen Situation von heute mögen hier Platz finden:

1. Uns ist durch den letzten Krieg, durch das, was ihm vorangegangen ist und durch das, was ihm noch folgen könnte, das Problem der Humanität ganz neu unter dem besonderen Gesichtswinkel der Frage nach dem Recht, der Würde, der Heiligkeit des Mitmenschen gestellt worden. Die Humanität steht heute am Scheidewege: Wird sie sich in ihrer zukünftigen Entfaltung als Humanität für oder gegen den Menschen darstellen? Hinter den politischen, soziologischen und wirtschaftlichen Möglichkeiten der nächsten Jahrzehnte steht, wenn auch in verschiedener Gestalt, überall gleich dringend die Notwendigkeit dieser Entscheidung. Aus irgend einer mehr oder weniger bewußt vertretenen Anthropologie und Ethik heraus wird diese Entscheidung hier so, dort anders vollzogen werden. Und eine Anthropologie und Ethik der Kompromisse wird hier vielleicht nicht mehr lange genügen, weil es wohl sein könnte, daß die Dynamik einer entschlossenen Humanität ohne den Mitmenschen demnächst allen halben Stellungsnahmen praktisch zuvorkommen und schließlich unter den fatalsten Folgeerscheinungen allein das Feld behaupten könnte. Die diese Entwicklung nicht gut heißen, sind heute sehr ernst gefragt, ob sie einer ebenso dynamischen oder vielmehr noch dynamischeren ganzen Stellungnahme für den Mitmenschen aus ihrer eigenen Anthropologie und Ethik heraus fähig sind. Und die weitere Frage wird dann dringlich werden und ist schon dringlich, ob es eine Anthropologie und Ethik außer der christlichen überhaupt gibt, die in dieser Sache und in dieser entgegengesetzten Richtung einer ganzen Stellungnahme fähig ist. Eine ganze Stellungnahme in dieser Richtung könnte ja offenbar nur eine solche sein, in welcher die Fremdheit, die Neutralität, der Gegensatz zwischen Mensch und Mensch in der Wurzel und von Hause aus, nämlich im vorausgesetzten Begriff der Humanität selber überwunden, als Unmenschlichkeit erkannt und verworfen wäre. Wo das nicht der Fall ist, da wird es doch wohl nur zu den halben, den gebrochenen Stellungnahmen reichen, die dem Ansturm einer Humanität ohne den Mitmenschen vielleicht nicht mehr lange auch nur noch einen aufhaltenden Widerstand entgegensetzen können. Die Ausschließlichkkeit, die es wagt — weil sie es wagen muß — jene Humanität als Inhumanität und also *a limine*, diskussionslos abzulehnen, dürfte, soweit das Auge reicht, doch nur von der christlich-theologischen Anthropologie und Ethik her möglich sein.

2. Aber es ist nicht alles Gold, was glänzt, und nicht alles ist christlich-theologische Anthropologie, was als solche aufzutreten den Anspruch erhebt. Wo sie das mit Recht tut, da wird sie sich an dieser Stelle — in der Abweisung jeglicher Humanität ohne oder gegen den Mitmenschen — als unerbittlich erweisen und bewähren müssen. Unerbittlich kann und wird ihr Widerspruch aber nur dann sein, wenn er grundsätzlich ist. Und hier erhebt sich die Frage nach ihrem Kriterium und nach der Folgerichtigkeit seiner Anwendung. Ist sie christologisch begründet, dann besitzt sie, wie wir sahen, ein Kriterium, das sich von Anfang an, schon bei der ersten Sichtung des Gegenstandes, als scheidend erweist: als unmenschlich wird dann eine Menschlichkeit ohne den Mitmenschen schon beim ersten Schritt notwendig fallen gelassen. Menschlichkeit für den Menschen bleibt dann sofort als die einzige Möglichkeit auf dem Plane. Nun ist es aber in der heutigen Theologie durchaus noch nicht allgemein üblich, die Anthropologie auf die Christologie zu begründen und darum von Anfang an von jenem Kriterium Gebrauch machen zu müssen. Die Frage erhebt sich, ob man auf den anderen Wegen, die hier üblich sind, derselben Grundsätzlichkeit und dann auch derselben Unerbittlichkeit fähig ist. Vielleicht reicht es dann eben doch wieder bloß zu halben, zu gebrochenen Stellungnahmen. Vielleicht ist die christlich-theologische Anthropologie dann doch nicht in der Lage, dem Ansturm einer Humanität ohne den Mitmenschen einen effektiven Widerspruch ent-

gegenzusetzen. Und ihr Anspruch, christlich-theologische Anthropologie zu sein, ist dann vielleicht doch auch im Lichte dieses ihres Mangels an Grundsätzlichkeit und Unerbittlichkeit mit einem Fragezeichen zu versehen.

Wir haben die Möglichkeit, eine **Humanität ohne den Mitmenschen** auszuscheiden. Wir haben sie also nicht zu diskutieren. Es kann sich aber wohl lohnen, uns kurz vor Augen zu halten, **was** da auszuscheiden, an **welcher** Konzeption vom Menschen da wortlos vorüberzugehen ist. — Beginnen wir gleich mit dem Zugeständnis: Es versteht sich nicht etwa von selbst, daß dieser Abstrich zu machen und nun gar zum vornherein und diskussionslos zu machen ist. Wir folgen dabei dem höheren Recht einer theologischen Notwendigkeit. Für die hier so einfach abgelehnte Humanität ohne und gegen oder mit einem nur beiläufig zu berücksichtigenden Mitmenschen spricht aber dies, daß sie einer nicht theologischen Überlegung nicht nur unendlich viel näher liegt, sondern eigentlich selbstverständlich sein muß. Wer dächte, wenn er das christliche Urteil in dieser Sache einmal in Klammer setzt, bei dem Worte «Mensch» nicht alsbald und im Grunde auch definitiv an dasjenige in seiner Tiefe und Eigentlichkeit für sich seiende Wesen, das er im anderen seinesgleichen allenfalls von ferne wiederzuerkennen meint, das er aber direkt und unmittelbar nur in sich selbst zu erkennen vermag, das er jedenfalls zuerst und zuletzt immer in sich selbst erkennen wird. Humanität besteht nach dieser immer wieder siegreichen Konzeption eben darin, daß ich bin, und zwar für mich und also weder von einem Anderen her, noch zu einem Anderen hin bin. Dieses «Ich bin» kann unter Umständen einen gewaltigen Radius haben. Und das sei ferne, daß es etwa zum vornherein moralisch, etwa als Beschränktheit und Selbstsucht, zu diskriminieren und zu verurteilen wäre. Es kann und wird in irgend einer Ferne oder auch Nähe sicher auch den Mitmenschen umfassen. Nur daß es eben in seiner Tiefe und Eigentlichkeit ohne ihn, gegen ihn oder nur nachträglich, nur beiläufig mit ihm und für ihn ist. «Ich bin» — das ist die gewaltige Setzung, in der wir alle begriffen sind und von der wir alle überzeugt sind, daß ihr an Wichtigkeit und Dringlichkeit keine andere gleich kommt: die Setzung unseres Selbst, in der wir uns durch niemand ersetzen, die wir uns aber auch von niemandem verwehren lassen können. «Ich bin», das heißt: ich genüge mir selbst, gewiß auch in dem Sinn, daß ich mit mir selbst gerade genug zu tun habe, durch mich selbst gerade aufregend genug in Anspruch genommen bin. «Ich bin», das heißt: ich stehe unter dem unaufhaltsamen Trieb, zunächst mich selbst zu erhalten, dann aber auch: etwas mit mir anzufangen, mich selbst zu entfalten, auf die Probe zu stellen, zu üben und zu bewähren. «Ich bin», das heißt aber weiter: ich muß und will mich in aller Entfaltung und Betätigung nach außen um jeden Preis selber behaupten und durchsetzen, mich also nicht zerstreuen und verlieren, sondern im Gegenteil, indem ich mich ausbreite,

2. Die Grundform der Menschlichkeit

auch sammeln, indem ich mich hingebe, auch gewinnen; ich muß und will «Persönlichkeit» bekommen und werden. Aber der Radius ist viel weiter als so. «Ich bin», das heißt: ich möchte und will leben, mich ausleben im materiellen, aber auch im geistigen Kosmos; ich möchte und will genießen, arbeiten, spielen, gestalten, besitzen, Macht erwerben und ausüben; ich möchte und will an meinem Ort und in meinen Grenzen — und wer weiß, wo diese Grenzen liegen? — meinen Anteil haben an den Gütern der Erde, an der Fülle des menschlichen Wissens und Könnens, an der Fortentwicklung der menschlichen Technik und Kunst und Lebensorganisation. Das sind die mächtigen Projektionen des «Ich bin» nach außen, in die Zeit und in den Raum, seine Wahrheit und seine Dichtung oder vielmehr umgekehrt: seine Dichtung und seine Wahrheit, sein Mythus und seine Historie. Zu diesen Projektionen gehört dann gewiß auch die Herausbildung eines Verhältnisses zu dem, was in der Bibel der «Himmel», sonst aber «Gott», die «Götter» oder das «Göttliche» genannt wird: die Herstellung einer positiven oder negativen, gläubigen oder skeptischen, originellen oder konventionellen Beziehung zu den letzten Grenzen, zum Geheimnis des Lebens, zu dem Unbegreiflichen, das allem unserem Begreifen immer wieder gegenüberstehen wird. Und wie sollte es anders sein, als daß in diesem Lauf und Schwung des «Ich bin» dann auch die Begegnung mit dem Mitmenschen ihre bestimmte und bestimmende Rolle spielen wird: die brennende Frage, ob der und der mir wichtig oder gleichgültig ist, ob er mich anzieht oder abstößt, ob er mir hilft und dient oder ob er mich stört und schädigt, ob er mir überlegen ist oder ob ich ihm gewachsen und wohl meinerseits überlegen bin. Zu den Projektionen des «Ich bin» gehört also auch die Auseinandersetzung mit ihm, mit all dem Wählen und Nichtwählen, mit all dem Kampf und Frieden und neuen Kampf, mit all dem Such- und Versteckspiel, mit all dem Herrschen und Abhängigsein, mit all der Moral und Unmoral, die in dieser Auseinandersetzung unvermeidlich sind und ohne die das Leben so viel leichter und einfacher, aber auch so viel ärmer und langweiliger wäre. Nur daß es sich eben auch hier um eine Projektion des «Ich bin» nach außen handelt. Nur daß eben auch die vielerlei Gestalten des Mitmenschen letztlich Elemente unseres eigenen Mythus, unserer eigenen Historie sind, nicht gefunden, sondern von uns selbst erfunden und kostümiert und im Grunde so redend, wie wir es ihm in den Mund legen: die mehr oder weniger brauchbaren oder auch unbrauchbaren Figuren in unserem eigenen Spiel, in unser Inneres nur hineingenommen, sofern wir sie so oder so transformiert haben in unser Eigenes, in ihrer Andersheit, in ihrer eigenen Eigenheit aber genau so draußen wie der ganze übrige Kosmos. Drinnen aber — ursprünglich und eigentlich drinnen — bin und bleibe ich selbst ganz allein: ich in meiner Freiheit gegenüber dem ganzen Kosmos, ich mit meiner Dichtung und mit meiner Wahrheit, ich mit meiner Frage, was ich brauche und nicht brauche, möchte und nicht möchte, liebe und hasse, ich mit meinen bekannten und auch immer noch mit einigen mir noch unbekannten Wünschen und Abneigungen, ich mit meinen Fähigkeiten und mit meinen «Anliegen», ich mein eigener Arzt, ich der souveräne Architekt, Dirigent, General, Diktator des Ganzen, nämlich meiner Erde und meines Himmels, meines Kosmos, meines Gottes, meines Mitmenschen, ich der Erfinder und Selbstversorger ohnegleichen, ich zuerst und zuletzt ich ganz allein. Es versteht sich von selbst, daß innerhalb dieser Gesamtkonzeption eine ganze Unendlichkeit von verschiedenen Konturen und Farben, Nuancen und Betonungen, bis hin zu den äußersten, sich scheinbar ausschließenden Extremen möglich sind. Sie ist sich nur im Ganzen überall gleich, im Einzelnen aber auch ungleich bis zur Unkenntlichkeit des Gleichen. Sie wiederholt sich auch nie, sie nimmt vielmehr nicht nur in den verschiedenen Zeiten und Kulturen, nicht nur in der Verschiedenheit der menschlichen Individuen, sondern auch in deren eigener Entwicklung: in ihrer Jugend, in ihrer Reife und in ihrem Alter, in den wechselnden Stationen und Umständen ihrer Lebensführung immer wieder andere, neue Gestalten an. Aber man lasse sich nicht täuschen: Das «Ich bin» kann zwar manchmal weniger mächtig als Grund und Anfang aller Dinge auf dem Plan sein; es kann oft weithin verborgen sein, daß es sich bei allem Übrigen tatsächlich um Projektionen dieses Ich handelt; es kann insbesondere der Mitmensch in seiner Andersheit und Eigenheit oft kräftiger, hartnäckiger, interessanter auf dem Plane sein als es zu diesem Aufriß passen will. Und es bleibt doch bei der überwältigenden Einheit des Ganzen, des Entwurfs dieser Humanität, in welcher der Mitmensch keine konstitutive Funktion hat. Es bleibt doch dabei, daß man sich — immer angenommen, daß das christliche Urteil eine Weile suspendiert sei — in diesem Entwurf sofort wiedererkennt, daß es wirklich das Naheliegendste von der Welt ist, die Frage nach der Humanität mit dem Hinweis auf irgend eine möglichst vertiefte, geläuterte und glaubwürdige Modifikation dieses Entwurfs zu beantworten. Man muß sich schon klar sein über die Tragweite dessen, daß die theologische Anthropologie, gerade nach dieser nächstliegenden Möglichkeit nicht greifen darf, sich gerade ihr gegenüber *a limine* distanzieren muß.

Wenn hier zur Illustration ein Wort über Friedrich Nietzsche gesagt werden soll, so geschieht es aus zwei Gründen: Er hat jene Konzeption der Humanität mit einer Hellsichtigkeit und Konsequenz sondergleichen zu Ende gedacht. Und er hat, indem er gerade vor ihrer tiefsten Wurzel und äußersten Spitze nicht etwa zurückwich, sondern sie gerade im Blick darauf enthusiastisch bejahte, zur christlichen Konzeption der Humanität — nicht etwa nur zu einer Karrikatur der christlichen Humanität, sondern in Gestalt einer Karrikatur zu dieser selber — ebenso entschlossen und leidenschaftlich Nein gesagt, Nein sagen müssen. Er illustriert, daß es notwendig ist, daß wir unsererseits, ruhiger als er, aber mit der gleichen Ent-

2. Die Grundform der Menschlichkeit

schiedenheit zu jener von ihm exemplarisch vertretenen Konzeption der Humanität Nein sagen müssen.

1888 hat Nietzsche sein *Ecce homo* niedergeschrieben, 1908 ist das Buch veröffentlicht worden. Es handelt sich um eine Selbstbiographie, die mit Augustins und Rousseaus Konfessionen wenigstens das Genre gemeinsam hat, nur daß sie von irgendwelchen Eingeständnissen begangener Irrtümer sozusagen frei ist und hinsichtlich der künftigen Interpretation ihres Autors auf dessen unzweideutige letzte Willenserklärung hinausläuft. Nietzsche ist kurz darauf für unheilbar geisteskrank erklärt worden. Es war menschlich verständlich, daß Franz Overbeck, einer seiner nächsten Freunde, den Druck des Buches zunächst verhindert hat. Sachlich berechtigt war es nicht, denn ob Nietzsche, als er dieses Buch schrieb, noch gesund oder schon krank war: er hat sein Wollen und sein Werk gerade hier in seinen letzten Intentionen, die ihm von Anfang an eigentümlich waren, richtig gesehen und zusammengefaßt.

Auf der ersten Seite des *Ecce homo* liest man in Sperrdruck den Satz: «Hört mich! denn ich bin der und der: verwechselt mich vor allem nicht!» (Krönersche Klassiker-Ausgabe, S. 307). Und auf der letzten Seite noch drohender, wieder in Sperrdruck: «Hat man mich verstanden? — Dionysos gegen den Gekreuzigten...» (S. 433). Das erste Wort ist eine bizarre, aber echte Gestalt des Anfangs- und Schlußwortes jener Humanität ohne den Mitmenschen: Nietzsche liebte es, sie in der Gestalt des altgriechischen Gottes Dionysos repräsentiert zu sehen — das zweite ist die von dieser Humanität her selbstverständliche Ablehnung des Christentums.

«Hört mich! Denn ich bin der und der, verwechselt mich vor Allem nicht!» Wir vergegenwärtigen uns zunächst, was dieses Erste bedeutet. Auch Goethe — von dem Nietzsche nicht immer, aber fast immer, ehrfürchtig als von einem ganz großen Vorläufer seiner selbst geredet hat — wollte als «der und der» gehört und gewürdigt sein; auch er hat gelegentlich mit einer gewissen Feierlichkeit und freudigen Andacht sich selbst, seinen Weg, seine Bildung, sein Werk zum Gegenstand besonderer Betrachtungen und Erklärungen gemacht; auch er war selbstbewußt genug. Nietzsche aber war eigentlich und im Grunde nur noch selbstbewußt. Sein zornig verzweifeltes «Verwechselt mich vor allem nicht!» und nachher sein eiferndes: «Hat man mich verstanden?» ist im Munde Goethes ganz undenkbar. Goethe wußte — mit Nietzsche auf demselben Wege, ein Vertreter des «Ich bin» auch er — zur rechten Zeit Halt zu machen, gewisse letzte Dinge von diesem Anfang und Ende nun gerade nicht oder nur selten und mit Vorsicht zu sagen. Er wußte, wie man es ihm oft und mit Recht nachgerühmt hat, Maß zu halten. Er konnte und mußte es, weil sein Selbstbewußtsein sich fortwährend neue füllte mit aufmerksamstem, aufs tiefste interessiertem Weltbewußtsein. Der ruhige Vollzug eines fast ununterbrochen der Außenwelt zugewendeten Werkes gibt seinem Bild, gibt auch seinen gelegentlichen Selbstbildnissen den Charakter heiterer Gesundheit, in der ihn die Sorge, er könnte mit einem Anderen verwechselt werden, wirklich nicht anfechten konnte, weil er eben das wohlweislich gar nicht erst zur Debatte stellen wollte. Nietzsche aber war der Prophet jener Humanität ohne den Mitmenschen. Er hat ihr Geheimnis offenbart, um nicht zu sagen: ausgeplaudert. Er war unklassisch, was Goethe klassisch war. Apollo genügte ihm nicht, es mußte nun gleich Dionysos sein. War er dieser Sache nicht mehr so sicher, wie Goethe es offenbar noch gewesen ist? Er hat sich selber mehr als einmal als ein Opfer der Dekadenz, als ein Beispiel des Verfalls des Menschentyps bezeichnet, der ihm als vollkommen vorschwebte und den er in Goethe jedenfalls nach bestimmten Seiten vertreten und verwirklicht fand. Hat er vielleicht wirklich das Schlußwort dieser Humanität gesprochen? Genug: er mußte ausschreien, was Goethe, obwohl es auch in ihm war, zwar gelegentlich aussprechen, aber gut und gerne, indem er anderweitig beschäftigt war, auch für sich

§ 45. *Der Mensch in seiner Bestimmung zu Gottes Bundesgenossen*

behalten konnte: daß er, in letzter tiefster Einsamkeit nur er selber, das Auge, das Maß, der Meister, ja das Wesen aller Dinge sei. Was Goethe ruhig lebte, davon mußte Nietzsche krankhaft reden und immer wieder reden.

Nietzsche hat im Grunde, wenn er nicht polemisierte, sondern positiv redete, immer nur von sich selbst geredet. Wenn man ihn studiert, ist man immer wieder betroffen, wie wenig bei ihm an sachlichen, gegenständlichen Problemen zur Sprache kommt. Was nicht er selbst war, das hat ihn, wenn es ihn und wenn er es nicht abstieß, immer nur als Paradigma und Symbol — er hat es herausgesagt: als Projektion seiner selbst — interessiert. Und auch da, wo er abgestoßen war und abstieß, geschah es nur darum, weil der betreffende Gegenstand ihm (wie das Christentum) n i c h t oder (wie z. B. der spätere Wagner) nach anfänglicher Brauchbarkeit als Paradigma seiner selbst n i c h t m e h r brauchbar war. Nietzsche war ursprünglich griechischer Philologe: er brauchte die griechische Philologie nicht mehr, nachdem er Dionysos als «die eine Wurzel der ganzen griechischen Kunst» als den «philosophierenden Gott» entdeckt hatte, und dieser Dionysos war kein anderer als er selber, Friedrich Nietzsche. Er hat sich eine Weile mit Feuereifer mit der damals im Zeichen des Entwicklungsgedankens stehenden Naturwissenschaft beschäftigt: nachdem er wahrscheinlich auf diesem Feld den «Willen zur Macht» als die höchste und eigentliche Form natürlicher Existenz entdeckt hatte — auch dies ein freilich mißverständliches aber eindruckvolles Symbol seines eigenen Willens — gab es für ihn auch auf diesem Feld keine weiteren Interessen und Probleme. Er hat über «Schopenhauer als Erzieher» geschrieben, aber der erziehende Schopenhauer war zugestandenermaßen wieder Nietzsche selber. Und so war Wagner ihm groß, solange er in ihm sich selber, sein eigenes Heidentum wiedererkennen und darstellen konnte, was ihm dann nicht mehr möglich war, nachdem ihn Wagner durch den «Parzival», in welchem Nietzsche einen Gang nach Canossa erblickte, wirklich aufs Persönlichste beleidigt hatte. «Freude an der Sache, so sagt man, aber in Wahrheit ist es Freude an sich selbst vermittelst einer Sache» (Menschliches, allzu Menschliches, S. 366) — nie hätte Goethe das zugeben können. Nietzsche gibt es nicht nur zu: er bekennt es als seine Maxime. Er hat tatsächlich nie eine andere gekannt. Und so ist natürlich auch und vor allem sein Zarathustra — es hätte des Stolzes gar nicht bedurft, mit dem Nietzsche das ausdrücklich versichert hat — kein Anderer als noch einmal und erst recht er selber. Nietzsche gesteht geradezu, daß er durch sein Augenleiden vom «Buch» erlöst worden sei, daß er jahrelang nicht mehr gelesen habe: «die größte Wohltat, die ich mir je erwiesen habe» (*Ecce homo* S. 384). Denn Lesen, das Lesen des Gelehrten, heiße ja: nicht denken, sondern antworten auf einen Reiz, nur noch reagieren. «Der Gelehrte — ein *décadent*... früh morgens beim Anbruch des Tages, in aller Frische, in der Morgenröte seiner Kraft, ein Buch lesen — das nenne ich lasterhaft!...» (S. 349). Nur eine einzige Ausnahme scheint es hier zu geben: «Es scheint mir eine der seltensten Auszeichnungen, die Jemand sich erweisen kann, wenn er ein Buch von mir in die Hand nimmt: — ich nehme selbst an, er zieht dazu die Schuhe aus, nicht von Stiefeln zu reden... Als sich einmal der Doktor Heinrich von Stein ehrlich darüber beklagte, kein Wort aus meinem Zarathustra zu verstehen, sagte ich ihm, das sei in Ordnung: sechs Sätze daraus verstanden, d. h. erlebt haben, hebe auf eine höhere Stufe der Sterblichen herauf, als ‚moderne' Menschen erreichen könnten» (S. 355). Nietzsche meint gerade mit seinem Zarathustra der Menschheit das größte Geschenk gemacht zu haben, das ihr bisher gemacht worden ist (S. 309). Er erklärt, daß an ihm gemessen der ganze Rest von menschlichem Tun als arm und bedingt erscheine — daß ein Goethe, ein Shakespeare nicht einen Augenblick in dieser ungeheuren Leidenschaft und Höhe zu atmen wissen würden — daß Dante, gegen Zarathustra gehalten, bloß ein Gläubiger sei und nicht Einer, der die Wahrheit erst schafft, ein weltregierender Geist, ein Schicksal — daß die Dichter der Veda Priester seien und nicht einmal würdig, die Schuhsohlen eines Zarathustra zu lösen. Und das Alles sei das Wenigste und gebe keinen Begriff von der Distanz, von der «azurnen Einsamkeit», in der das Werk lebe. «Man rechne den Geist und die Güte aller großen Seelen in Eins, alle zusammen wären nicht im Stande, eine Rede Zarathustras hervorzubringen» (S. 400 f.). Das klingt natürlich krankhaft. Aber das ist nun einmal genau die Position, die Nietzsche bezogen und deren Darstellung er sein ganzes Lebenswerk gewidmet hat. Und was ist diese Position Anderes als eben das «Ich bin» der Humanität ohne den Mitmenschen, nur daß es hier nun einmal ungebändigt, maßlos, völlig nackt auf den Plan treten darf: Ich bin — in «azurner Einsamkeit». Nietzsche hat manchmal in den unvorstellbarsten Reichtümern zu leben geglaubt in dieser Einsamkeit, und das waren denn wohl auch die Augenblicke, in denen er fast flehend und zornig zugleich darauf hinweisen konnte, wie Unendliches er zu geben habe, wie Unendliches von ihm zu empfangen sei. Aber dann muß er sich selber widerlegen: wie sollte es in jener Einsamkeit Reichtum geben, Leben, Freude? Gerade das Gegenteil: «Wenn ich einen Blick in meinen Zarathustra geworfen habe, gehe ich eine halbe Stunde im Zimmer auf und ab, unfähig über einen unerträglichen Krampf von Schluchzen Herr zu werden» (S. 432).

> Die Wüste wächst: Weh dem, der Wüsten birgt,
> Stein knirscht an Stein, die Wüste schlingt und würgt
> Der ungeheure Tod blickt glühend braun
> Und kaut — sein Leben ist ein Kau'n...
> Vergiß nicht, Mensch, den Wollust ausgeloht:
> Du — bist der Stein, die Wüste, bist der Tod. (S. 447)

Und wie sollte Zarathustra dazu kommen, Anderen etwas zu sein, zu geben? Wenn es Andere für ihn gäbe, dann wäre er nicht Zarathustra. «Verschenke dich selbst erst, oh Zarathustra!» (S. 471). Aber eben das kann er nicht, und wenn er es schon wollte, nachdem es seine Notwendigkeit und sein Triumph war und seine Notwendigkeit und sein Triumph ist und bleibt, «6000 Fuß jenseits von Mensch und Zeit» (S. 391) zu existieren. «Die ganze Tatsache Mensch liegt in ungeheurer Ferne u n t e r ihm» (S. 309).

> Einsam!
> Wer wagt es auch,
> Hier Gast zu sein,
> D i r Gast zu sein?... (S. 449).

Wem soll er sich da — wem soll sich der Übermensch, das wirklich absolute «Ich bin» schenken? Und wenn da Jemand wäre, wie sollte der ihm danken für dieses oder für irgend ein Geschenk?

> Wer sollte dich auch lieben,
> Den Überreichen?
> Dein Glück macht rings trocken
> Macht arm an Liebe
> — ein regenloses Land... (S. 470).

Nietzsche ist faktisch bis auf diesen Tag viel bewundert, viel verehrt, viel geliebt worden. Aber er hatte keine Verwendung dafür, er konnte auch nicht wieder lieben. Nichts ist bezeichnender für ihn als dies, daß er vor allem für die F r a u gar keine Verwendung hatte. «Sie lieben mich Alle.» Aber er sagt auch das ohne alle Genugtuung. Er hat nichts davon, er kann die Frauen nur übersehen oder, wenn sehen, dann mit Verachtung, mit den ausgesuchtesten Invektiven überschütten. Und eben darin, daß er sie ablehnt, hat er sich für «den ersten Psychologen des Ewig-Weiblichen» gehalten (S. 363). Er konnte aber auch seinen besten, aufrichtigsten Freunden unter den Männern nichts erwidern, keinem Treue halten. «In einer absurd frühen Zeit, mit sieben Jahren, wußte ich bereits, daß mich nie ein menschliches Wort erreichen würde: hat man mich je darüber betrübt gesehen?» (S. 353). «Eine extreme Lauterkeit gegen mich ist meine Daseinsvoraussetzung, ich komme um unter unreinen Bedingungen... Das macht mir aus dem Verkehr mit Menschen keine kleine Geduldsprobe; meine Humanität besteht nicht darin, mitzufühlen, wie der Mensch ist, sondern es auszuhalten, daß ich ihn mitfühle... Meine Humanität ist eine beständige Selbstüberwindung.» Man muß gewiß beachten, daß Nietzsche die Menschenverachtung, den «Ekel am Menschen» als seine größte Gefahr bezeichnet hat, von der er sich schließlich auch noch erlöst zu haben meint. Aber wie? Indem er ein Höhe erflog, «wo kein Gesindel mehr am Brunnen sitzt» und mittrinkt.

«Auf dem Baume Zukunft bauen wir unser Nest; Adler sollen uns Einsamen Speise bringen in ihren Schnäbeln!

Wahrlich, keine Speise, von der Unsaubere mitessen dürften, Feuer würden sie zu fressen wähnen und sich die Mäuler verbrennen.

Wahrlich, keine Heimstätten halten wir hier bereit für Unsaubere! Eishöhle würde ihren Leibern unser Glück heißen und ihren Geistern!

Und wie starke Winde wollen wir über ihnen leben, Nachbarn den Adlern, Nachbarn dem Schnee, Nachbarn der Sonne: also leben starke Winde» (S. 329 f.).

Auch über den großen Ekel am Menschen ist Zarathustra also Herr geworden. Aber wie? «Der Mensch ist ihm eine Unform, ein Stoff, ein häßlicher Stein, der des Bildners bedarf.» Wie den Hammer zum Stein, so und nur so treibt es ihn zum Menschen:

«Ach, ihr Menschen, im Steine schläft mir ein Bild, das Bild der Bilder! Ach, daß es im härtesten, häßlichsten Stein schlafen muß!

Nun wütet mein Hammer grausam gegen sein Gefängnis. Vom Steine stäuben Stücke: was schiert mich das!» (S. 406 f.).

Hat man ihn «je darüber betrübt gesehen», daß er den Menschen anders als so unerreichbar oder eben nur so erreichbar ist, daß sie ihm alsbald zum Ekel werden, vor dem er sich auf jene Höhe der Adler und der starken Winde flüchten muß? Doch, ist zu sagen: man sieht Zarathustra sehr oft betrübt über diese seine Unerreichbarkeit. Es gehört ja auch zum Übermenschen, zu Dionysos, zu Zarathustra, daß der Schmerz darüber, Übermensch, Dionysos, Zarathustra und also in jener Einsamkeit sein zu müssen, ihn oft fast zerreißen will.

> Die Welt — ein Tor
> Zu tausend Wüsten stumm und kalt!
> Wer das verlor,
> Was du verlorst, macht nirgends Halt.
>
> Nun stehst du bleich,
> Zur Winterwanderschaft verflucht,
> Dem Rauche gleich,
> Der stets nach kältern Himmeln sucht.
>
> Flieg, Vogel, schnarr
> Dein Lied im Wüstenvogel-Ton! —
> Versteck, du Narr,
> Dein blutend Herz in Eis und Hohn!
>
> Die Krähen schrei'n
> Und ziehen schwirren Flugs zur Stadt.
> — Bald wird es schnei'n,
> Weh dem, der keine Heimat hat!
> (Fröhl. Wiss. S. 392 f.).

2. Die Grundform der Menschlichkeit

Nur daß er dann alsbald wieder auffährt wie einer jener Adler: sich selbst verhöhnend wegen solcher Schwachheit, sich selbst genießend, feiernd und preisend. gerade in dem, was ihn schmerzt:

> Ja! Ich weiß, woher ich stamme!
> Ungesättigt gleich der Flamme
> Glühe und verzehr ich mich.
> Licht wird Alles, was ich fasse,
> Kohle Alles, was ich lasse:
> Flamme bin ich sicherlich!
> (Fröhl. Wiss. S. 30).

Was gilt nun: jene Klage oder dieses Jauchzen? «Ich kenne mein Los. Es wird sich einmal an meinen Namen die Erinnerung an etwas Ungeheures anknüpfen — an eine Krisis, wie es keine auf Erden gab, an die tiefste Gewissenkollision, an eine Entscheidung, heraufbeschworen gegen alles, was bis dahin geglaubt, gefordert, geheiligt worden war. Ich bin kein Mensch, ich bin Dynamit» (*Ecce homo* S. 422). Ist das Klage oder Jauchzen oder Beides zugleich? Nietzsche kann sich in einem Atemzug einen «frohen Botschafter» nennen, wie es keinen gab, und dann wieder den «Vernichter *par excellence*». «Ich bin bei weitem der furchtbarste Mensch, den es bisher gegeben hat; dies schließt nicht aus, daß ich der wohltätigste sein werde.» Er verheißt, daß es erst von ihm an wieder Hoffnungen gebe. Und gleich darauf weissagt er: «Es wird Kriege geben, wie es noch keine auf Erden gegeben hat. Erst von mir an gibt es auf Erden große Politik» (S. 412, 423 f.). Man kann ihm, je nach eigener Meinung und Neigung, aber dann sicher taub für das, was er eigentlich sagen will — das Eine oder das Andere abnehmen und glauben: sein Evangelium oder sein Dysangelium; sein eigentlicher Ort ist wirklich «Jenseits von Gut und Böse», nicht nur wie der des Herkules, der zwischen beiden wählte, sondern wirklich als der Ort des Übermenschen, der das Gute als das Böse, das Böse als das Gute in sich selbst vereinigt und so, gerade so, wie Voltaire «ein *grandseigneur* des Geistes» (S. 380), «der erste anständige Mensch» (S. 423) ist. So also ist Nietzsche «der und der», und indem er das ist, davon redet, sich selbst als das verkündigt, will er mit keinem Anderen verwechselt sein. «Ich bin der erste Immoralist» (S. 377, 386, 424). Immoralisch heißt nicht unmoralisch. Es hätte keinen Sinn, Nietzsche in dieser Meinung zum Popanz zu machen. Sein Immoralismus besteht darin, daß er die Frage nach der Moral hinter sich hat, daß er, einem Gotte gleich, ohne «Tafeln» existiert, seinen kategorischen Imperativ «erfindet» (Antichrist, S. 216), sich selber Tafel ist. Auf die Vollendung des Buches «Götzendämmerung» im selben Jahr, 1888, folgte in der Tat ein «siebenter Tag; Müßiggang eines Gottes am Po entlang» (*Ecce homo*, S. 413). Der so dem Po entlang müßig geht, das ist der große «der und der», den Nietzsche verkündigt und den er mit keinem Anderen verwechselt sehen will.

Ein sehr kluger Mann unserer Tage hat Nietzsche «den größten Roßtäuscher aller Zeiten» genannt. Ein fürchterlicher Kurzschluß, ein folgenschwerster Betrug und Selbstbetrug ist hier zweifellos am Werk. Aber ich zögere, mir jenes scharfe Urteil zu eigen zu machen, weil ich fürchte, daß zu Vieles und zu Viele davon mitbetroffen werden, deren letzte Intention Nietzsche doch nur maßloser, zuchtloser, hemmungsloser — man könnte aber auch sagen: ehrlicher vertreten hat. Auch Goethe, auch Hegel und weiter rückwärts: auch Kant und Leibniz würden von diesem Urteil getroffen — und nicht etwa nur ein spezifisch deutscher Geist, sondern der Geist der ganzen europäischen Humanität, wie sie sich seit dem 16. Jahrhundert gestaltet und entfaltet hat. Es ist heute außerhalb Deutschlands üblich geworden, Nietzsche als einen der Verantwortlichen, wohl gar als den Hauptverantwortlichen für die innere Ermöglichung und Vorbereitung des Nationalsozialismus hinzustellen und anzuklagen. Es wird schon etwas daran sein. Man wird aber dabei doch Folgendes nicht übersehen dürfen: Nietzsche hat mit die schlimmsten von seinen vielen Sottisen gegen den deutschen Nationalismus seiner Zeit — der Bismarckzeit — gerichtet und also jedenfalls dieser Sache höchstens indirekt Vorschub geleistet. Und positiv: Er hat (während er Deutschland das «Flachland» der europäischen Kultur nannte) gerne an seine halbpolnische Abkunft erinnert und keine Kultur und Literatur höher geschätzt als die französische. War er nicht auch der Mann, der mitten in der Bismarckzeit die Meinung geäußert hat, daß «eine zeitweilige Verschweizerung» ein ratsames Mittel sein möchte, um ein wenig über die deutsche Augenblicklichkeits-Wirtschaft hinauszublicken? Und er hat als seine eigentliche Heimat, wie so viele Andere, immer wieder Italien, und zwar geschichtlich: die italienische Renaissance gerühmt, in deren berüchtigstem Vertreter, Cesare Borgia, er seinen Übermenschen ärgerlicherweise am adäquatesten wiederzuerkennen behauptete. Eben die italienische Renaissance ist aber doch wohl die Mutter und das Vorbild nicht nur der italienischen, sondern der ganzen europäischen Humanität der Neuzeit gewesen. Und so wollte Nietzsche-Zarathustra denn auch mit Emphase als ein, als der beste, der einzige und letzte Europäer verstanden sein. Wenn seine Darstellung der Humanität «Roßtäuscherei» ist, dann sind es einige andere Darstellungen dieser Sache im Grunde — in irgend einem verschwiegenen und unterdrückten, aber sehr realen Grunde — ebenso. Und wenn Nietzsche den Nationalsozialismus vorbereitet hat, dann wird dasselbe noch von einigen anderen Erscheinungen und Gestalten der europäischen Geschichte der letzten Jahrhunderte mit demselben Recht zu sagen sein. So erscheint es doch als ein sehr folgenschweres, sehr verantwortliches Unternehmen, sich der von Nietzsche vertretenen Humanität gegenüber nun wirklich zu distanzieren. Dieselbe Erwägung ist auch hinsichtlich des Problems seiner Geisteskrankheit am Platze. Wenn er nur als Geisteskranker dieser Darstellung der Humanität fähig gewesen — oder umgekehrt: wenn er über dieser Darstellung geisteskrank geworden sein sollte — welche Dimension gewinnt dann die Frage: wer da nun eigentlich geisteskrank gewesen ist? im Blick auf die Vielen, die vielleicht nur darum so gesund waren oder schienen, weil sie es nicht bemerkten oder nicht bemerken wollten, daß man als konsequenter Vertreter und Darsteller dieser Humanität eigentlich entweder geisteskrank sein oder geisteskrank werden müßte. Die Feststellung und der Vorwurf, die hier in der Luft liegen, sind so schwerwiegend, daß man sich wirklich nur zögernd dazu bekennen wollen kann.

Wir wenden uns jetzt zu jenem anderen Wort: «Hat man mich verstanden? — Dionysos gegen den Gekreuzigten!»
Man ist zunächst nicht darauf gefaßt — bis auf die letzten fünf Seiten des *Ecce homo* jedenfalls auch durch einige diesen Abschluß ankündigende Blitze doch nicht direkt darauf vorbereitet — daß das Buch auf diese Antithese hinauslaufen werde. daß offenbar der ganze Nietzsche durchaus gerade im Sinn dieser besonderen Antithese verstanden sein will. Ihre Prägnanz und Heftigkeit scheint zu dem, was das Buch und Nietzsches in ihm zusammengefaßtes Lebenswerk an Polemik enthält, in keinem angemessenen Verhältnis zu stehen. Nietzsche war ein unermüdlicher Kämpfer. Als der Kündiger jener Existenz in der Höhe konnte er wohl nichts Anderes sein. Er war immer gegen das, wofür jedermann war. «Ich bin der Antiesel *par excellence* und damit ein welthistorisches Untier.» Die Fortsetzung lautet allerdings sofort: «Ich bin, auf griechisch und nicht nur auf griechisch, der Antichrist...» Und unter diesem Titel hat ja Nietzsche 1886 ein besonderes Buch geschrieben. Man würde doch auch diesem Buch nicht ohne weiteres entnehmen, daß es sich ihm in dieser Sache um mehr als um eine der vielen Fronten handle, auf denen er als «Antiesel» tätig war. Nietzsche hat die Philosophie, die Moral, die Kunst, die Wissenschaft, die Zivilisation seiner Zeit und der meisten früheren Zeiten

angegriffen, und es gibt keines unter diesen Feldern, wo er nicht Verwundete und Tote in Menge hinter sich zurückgelassen hätte. Die «Umwertung aller Werte» vom «Übermenschen» und seinem «Willen zur Macht» her hat er, im Einzelnen oft etwas flüchtig orientiert, aber überall mit einer sicheren Intuition für das ihm Wesentliche, für das ihm Entsprechende und Entgegengesetzte auf allen diesen Feldern mit gleicher Lust und Erbitterung verfochten. Er hat dann also auch das Christentum angegriffen. Aber daß er als «Antiesel» entscheidend und vor allem «Antichrist» sein, daß bei ihm endlich und zuletzt Alles und Jedes auf einen förmlichen Kreuzzug gegen das Kreuz hinauslaufen müßte, das springt jedenfalls nicht ohne weiteres in die Augen, das ist das, was man bei der Lektüre Nietzsches erst allmählich lernen und merken muß. Man muß es aber lernen und merken, wenn man ihn verstehen will. Jene merkwürdige Kulmination im *Ecce homo* ist tatsächlich in bester Ordnung. Denn jenes besondere Buch vom Antichrist war nun tatsächlich doch nicht bloß eines unter anderen gewesen. Nietzsche hat nicht in allen seinen Büchern nach allen Seiten gekämpft: ich sehe aber keines, in welchem er sich nicht in ganzen Abschnitten oder doch in bemerkenswerten Einzelstellen mit dem Christentum beschäftigt und mehr oder weniger kräftig dagegen polemisiert hätte. Und diese Polemik hat im Lauf der Zeit an Dichtigkeit und Heftigkeit zugenommen. Man könnte von einem immer anschwellenden Generalbaß reden, in welchem der Kampf auf dieser Front die Geräusche der Kämpfe auf den anderen begleitet, sie schließlich übertönt und in sich aufnimmt, so daß endlich und zuletzt wirklich nur noch der eine Ton übrig bleibt: «Dionysos gegen den Gekreuzigten!»

Hier ist dann aber sofort noch ein Zweites zu lernen und zu merken. Die Antithese hat einen bestimmten, einen konkreten Sinn. Stellt er Dionysos gegen den Gekreuzigten, so heißt das nach den letzten fünf Seiten des *Ecce homo:* er stellt ihn, er stellt also sich selber gegen das, was er die «christliche Moral» nennt. Schon von der Moral als solcher wäre zu sagen, daß sie Nietzsche wohl nie ein Gegner unter anderen, sondern neben dem Christentum der Gegner gewesen ist, den er auch dann meinte, wenn er gegen die Philosophie, die Kunst, die Wissenschaft, die Zivilisation seiner Zeit kämpfte. Nietzsche war von Haus aus Ethiker und gerade darum und so «Immoralist». Und nun flossen ihm diese zwei, die Moral und das Christentum, schließlich in eine einzige verabscheuungswürdige Gestalt zusammen, und das in der Weise, daß er schließlich überall, wo ihm Moral begegnete, das Christentum zu sehen, anklagen und bekämpfen zu müssen meinte. Jene fünf letzten Sätze des *Ecce homo* beginnen mit den Worten: «Aber ich habe auch noch in einem ganz anderen Sinn das Wort Immoralist zum Abzeichen, zum Ehrenzeichen für mich gewählt; ich bin stolz darauf, dies Wort zu haben, das mich gegen die ganze Menschheit abhebt. Niemand noch hat die christliche Moral also unter sich gefühlt: dazu gehört eine Härte, ein Fernblick, eine bisher ganz unerhörte psychologische Tiefe und Abgründigkeit. Die christliche Moral war bisher die Circe aller Denker — sie standen in ihrem Dienst. — Wer ist vor mir eingestiegen in die Höhlen, aus denen der Gifthauch dieser Art von Ideal — der Weltverleumdung! — emporquillt?» (S. 428). Und nun geht es weiter: «Hat man mich verstanden? — Was mich abgrenzt, was mich beiseite stellt gegen den ganzen Rest der Menschheit, das ist, die christliche Moral entdeckt zu haben.» Entdeckt als das, was die Menschheit verdorben hat! «Hier nicht eher die Augen aufgemacht zu haben, gilt mir als die größte Unsauberkeit, die die Menschheit auf dem Gewissen hat... als Falschmünzerei *in psychologicis* bis zum Verbrechen. Die Blindheit vor dem Christentum ist das Verbrechen *par excellence,* das Verbrechen am Leben... Die Jahrtausende, die Völker, die Ersten und die Letzten, die Philosophen und die alten Weiber — fünf, sechs Augenblicke der Geschichte abgerechnet, mich als siebenten — in diesem Punkt sind sie alle einander würdig» (S. 429). Und weiter: «Hat man mich verstanden?... Die Entdeckung der christlichen Moral ist ein Ereignis, das nicht seinesgleichen hat, eine wirkliche Katastrophe. Wer über sie aufklärt, ist eine *force majeure*, ein Schicksal — bricht die Geschichte der Menschheit in zwei Stücke. Man lebt vor ihm, man lebt nach ihm... Der Blitz der Wahrheit traf gerade das, was bisher am höchsten stand: wer begreift, was da vernichtet wurde, mag zusehen, ob er überhaupt noch etwas in den Händen hat» (S. 432). Nietzsche meint: was nun (noch ist es ja nicht vernichtet!) auf Grund dieser seiner epochemachenden Entdeckung vernichtet werden muß. Darum schließt er mit Voltaire: *Ecrasez l'infâme!* Und darum in diesem Sinn das letzte Wort: «Hat man mich verstanden? — Dionysos gegen den Gekreuzigten!»

Es ist nicht selbstverständlich, daß Nietzsches Generalangriff gegen das Christentum schließlich gerade in diesem Sinn und unter diesem Zeichen geführt worden ist. Wieder ist es so, daß man im *Ecce homo* selbst und in den früheren Schriften Nietzsches zunächst vor einer gewissen Disparatheit der polemischen Gesichtspunkte zu stehen meint. Da ärgert sich der moderne Mensch in ihm ganz schlicht über die unglaubliche Tatsache des im Christentum aus ferner Vorzeit in die Gegenwart hereinragenden Altertums: «Wenn wir eines Sonntagmorgens die alten Glocken brummen hören, da fragen wir uns: ist es nur möglich? Dies gilt einem vor 2 Jahrtausenden gekreuzigten Juden, welcher sagte, er sei Gottes Sohn» (M. allzu M. S. 126). Da ärgert sich der Grieche in ihm sehr schlicht über all das «Ungriechische im Christentum» (Eben das. S. 127). Da ärgert sich der moderne Philolog in ihm an der Exegese und Historik des Apostels Paulus: «Alle diese heiligen Epileptiker und Gesichteseher besaßen nicht ein Tausendstel von jener Rechtschaffenheit der Selbstkritik, mit der heute ein Philologe einen Text liest oder ein historisches Ereignis auf seine Wahrheit prüft... Es sind, im Vergleich zu uns, moralische Kretins...» (W. z. Macht, S. 123). Er ärgert sich übrigens auch heftig an der exegetischen Unvorsicht, Ungeduld und Grobheit der modernen christlichen Theologen, angesichts derer er als Philologe an allen Wänden emporlaufen möchte (Antichr. S. 280; W. z. Macht, S. 152). Da empfindet der Ästhet «bei der Berührung mit dem Neuen Testament etwas von einem unaussprechlichen Mißbehagen:» kleine Mucker mit schlechten Manieren, die unberufener Weise über die größten Probleme mitreden wollen, eine «gänzlich unvornehme Art Mensch» mit dem empörenden Anspruch, mehr Wert, ja allen Wert zu haben, etwas von *foeda superstitio*, etwas, wovor man die Hand zurückzieht, um sich nicht zu beschmutzen (ebendas. S. 141, 144, 148). «Wir würden uns ,erste Christen' so wenig wie polnische Juden zum Umgang wählen... Sie riechen beide nicht gut. Ich habe vergebens im Neuen Testament auch nur nach einem sympathischen Zuge ausgespäht, nichts ist darin, was frei, gütig, offenherzig, rechtschaffen wäre. Die Menschlichkeit hat hier noch nicht ihren ersten Anfang gemacht» (Antichr. S. 269). Da tauchen aber auch Argumente auf, denen man anmerkt, daß Nietzsche nicht ohne Gewinn der Freund von Fr. Overbeck gewesen ist. Was gegen das Christentum spricht, ist die erbärmliche Figur des Alltagschristen von heute, dessen Bequemlichkeit — er denkt ja gar nicht daran, mit Furcht und Zittern sein Heil zu suchen — beweist, daß es mit den entscheidenden Sätzen des Christentums nicht weit her sein kann (M. allzu M. S. 128) — ist die Kirche, die exakt das ist, wogegen Jesus gepredigt hat und wogegen er seine Jünger kämpfen lehrte: die Kirche, in der das Antichristliche genau so triumphiert wie im modernen Staat und im modernen Nationalismus (W. z. Macht S. 131, 145). Man bemerke: Daß Nietzsche von Gott nichts wissen wollte, ist so selbstverständlich, daß es in seiner Argumentation gegen das Christentum schon gar keine Rolle spielt. Er hat im *Ecce homo* (S. 232) gesagt, er kenne den Atheismus weder als Ergebnis noch als Ereignis, er verstehe sich bei ihm aus Instinkt. «Gott ist tot» — hier ist kein Affekt, keine Polemik mehr nötig. Oder doch?

2. Die Grundform der Menschlichkeit

Die Dionysos-Dithyramben von 1888 verraten nämlich, daß Nietzsche merkwürdigerweise gerade an diesem Punkt gewisse Anfechtungen gehabt haben muß: ein «unbekannter Gott» treibt da wenigstens in den Reden eines seltsamen Gegenspielers des Zarathustra, der Nietzsche selbst auch nicht ganz fremd gewesen sein dürfte als Jäger, Dieb, Räuber, Wegelagerer, als großer Feind, als gefürchteter Henkergott usw., der in sein Herz, in seine heimlichsten Gedanken eindringen will (S. 457), sein sichtlich nicht ganz ungefährliches Wesen. Aber wir brauchen dem nicht nachzugehen. Nietzsches Herz hing nicht an der Bestreitung der Existenz Gottes. Es hing auch nicht an jenen anderen Argumenten. Es hing aber mit großer Macht an seinem Angriff auf das, was er eben die «christliche Moral» nannte. Alle seine anderen Angriffe auf das Christentum haben offenbar in diesem einen ihre heimliche Kraft, sind von hier aus angesetzt und dirigiert. Schon im «Antichrist» ist dieses Motiv, alle anderen verdrängend, zum *cantus firmus* geworden.

Was aber ist das schlechterdings Unerträgliche, das eindeutig Verderbliche, das Nietzsche in der christlichen Moral — und in ihr als dem heimlichen Wesen aller Moral als Erster entdeckt zu haben und mit letzter Entschiedenheit bekämpfen zu müssen meint? Was bringt ihn in dieser Sache so auf, daß er sich schließlich gebärden muß, als gebe es keinen bösen Feind auf Erden außer diesem einen, und keine dringendere Aufgabe als die, ihn zum Verschwinden zu bringen? Die Antwort wird von Nietzsche selbst in hundert Varianten und Nuancen gegeben, deren kompliziertes Spiel wir hier nicht aufzeigen können; sie ist aber in ihrem Gehalt völlig eindeutig: Eben weil und indem das Christentum ganz und gar keine Glaubenslehre, «an keines seiner unverschämten Dogmen gebunden» ist, im Grunde weder Metaphyik noch Asketismus, noch gar eine «christliche» Naturwissenschaft nötig hat, eben weil und indem es eine Praxis und als solche jeden Augenblick noch möglich ist, eben weil und indem es genau genommen in dieser Praxis seinen ‚Gott' hat» (Antichr. S. 249, W. z. Macht S. 155), ist es Nietzsche auf dessen eigenstem Feld als letzter Feind begegnet. Auf seinem eigensten Feld, weil es ihm selbst ja letzlich auch um eine bestimmte Praxis geht, weil er selbst entscheidend Ethiker ist. Warum und inwiefern aber als Feind? Darum als Feind erklärt er, weil es Zarathustra, Dionysos, dem einsamen, edlen, starken, stolzen, natürlichen, gesunden, wohlgeratenen, anständigen, dem vornehmen, dem Übermenschen einen ganz anderen konträren Typus Mensch entgegengesetzt hat und mit dem unverschämten Anspruch, dies sei der allein wahre Mensch, leider bisher mit Erfolg immer wieder entgegengesetzt: den kleinen Mann, den armen Mann, den kranken Mann, nicht den starken, sondern den schwachen, nicht den Bewunderung, sondern den Mitleid erregenden Menschen, nicht den einsamen, sondern den Massenmenschen, das Herdentier. Es geht so weit, von einem gekreuzigten Gott zu reden und also Gott selbst mit diesem Menschentypus zu identifizieren und folglich von jedem Menschen nicht nur Mitleid mit dem anderen zu fordern, sondern dies, daß er sich selbst statt als ein zu bewunderndes, als ein zu bemitleidendes Wesen erkenne. «Der ‚Nächste' wird transfiguriert in einen Gott... Jesus ist der Nächste, so wie dieser zur Gottheit, zur Machtgefühl erregenden Ursache umgedacht wurde» (W. z. Macht, S. 142). «Der ganze absurde Rest von christlicher Fabel, Begriffs-Spinnenweberei und Theologie geht uns nichts an; er könnte noch tausendmal absurder sein, und wir würden nicht einen Finger gegen ihn aufheben. Aber jenes Ideal bekämpfen wir» (ebendas. S. 154). Nietzsche bekämpft es als das bisher größte Unglück der Menschheit. Denn es war der praktische Sieg einer Religion und Moral der Sklaven, der zu kurz Gekommenen, der Ertrinkenden, der Blassesten und Blassen, der Mißratenen, der Minderwertigen, der Unterwelt, des Ghetto, der Ausschuß- und Abfallselemente aller Art, ein Aufstand aller am Boden Kriechenden gegen das, was Höhe hat (Antichr. S. 124, 229, 263, 278 f.). Es war «die typische Sozialistenlehre». «Ich liebe es durchaus nicht an jenem Jesus von Nazareth oder an seinem Apostel Paulus, daß sie den kleinen Leuten so viel in den Kopf gesetzt haben, als ob es etwas auf sich habe mit ihren bescheidenen Tugenden. Man hat es zu teuer bezahlen müssen: denn sie haben die wertvolleren Qualitäten von Tugend und Mensch in Verruf gebracht, sie haben das schlechte Gewissen und das Selbstgefühl der vornehmen Seele gegeneinander gesetzt, sie haben die tapferen, großmütigen, verwegenen, exzessiven Neigungen der starken Seele irregeleitet. bis zur Selbstzerstörung...» (W. z. Macht, S. 142 f.). Und eben dies verderbliche Ideal ist das Christentum im Kern und in der Sache bis auf diesen Tag. Eben als das hat es sich der ganzen abendländischen Kultur, Philosophie und Moral zu deren größtem Nachteil, nämlich auf Kosten ihres griechischen Erbes, um den Preis ihrer schleichenden und offenkundigen Barbarisierung zu insinuieren gewußt — und eben das so, daß es bis auf diesen Tag außer von sechs oder sieben Aufrechten nicht einmal bemerkt worden ist. «Was schwach ist vor der Welt, was töricht ist vor der Welt, das Unedle und Verachtete vor der Welt hat Gott erwählet: das war die Formel, in *hoc signo* siegte die *décadence*. — Gott am Kreuze — versteht man immer noch die furchtbare Hintergedanklichkeit dieses Symbols nicht? — Alles, was leidet, alles, was am Kreuze hängt, ist göttlich... Wir alle hängen am Kreuz, folglich sind wir göttlich... Wir allein sind göttlich... das Christentum war ein Sieg, eine vornehmere Gesinnung ging an ihm zugrunde — das Christentum war bisher das größte Unglück der Menschheit» (Antichr. S. 279).

Das war es, was Nietzsche als die «christliche Moral» entdeckt hat, und das war sein Angriff gegen sie: der Angriff, in welchem schließlich alle seine Angriffe auf das Christentum ihren Ursprung haben und in den sie alle irgendwo einmünden — der Angriff, den er im *Ecce homo* schließlich als den Generalnenner seines ganzen dionysischen Angreifens sichtbar gemacht hat. Was ist dem Mann widerfahren, daß er sich in dieser Sache so furchtbar aufregen und schließlich seinem ganzen Lebenswerk den Stempel dieser Aufregung geben muß: Dionysos gegen den Gekreuzigten?

Will man den Vorgang würdigen, so muß man zunächst wieder ein paar Vergleiche ziehen. Goethe hat das Christentum bekanntlich auch nicht sonderlich gemocht. Und es waren nicht nur die Zudringlichkeiten seines Freundes Lavater und ähnliche zeitbedingte Erscheinungen des Christentums, die er ablehnte, sondern der Grieche, dem das Kreuz eine Torheit ist, lebte und rumorte gründlich auch in ihm, und man möchte sogar annehmen, daß er persönlich ein viel hartgesottenerer Heide gewesen ist als Nietzsche. Aber seine Ablehnung bleibt kühl, heiter und milde. Was bedeuten schon die paar Sotfisen, die er sich gelegentlich — etwa in der berühmten Zusammenstellung der vier Widrigkeiten: «Rauch des Tabaks, Wanzen und Knoblauch und †» — geleistet hat! Wie ihm genügte, Apollo oder noch lieber Zeus zu sein, wie er gar nicht daran dachte, sich und sein Griechentum nun gleich auch noch in der Gestalt von Dionysos zu dramatisieren (er hat wohl in der Figur seines Tasso — und auch dieser ist noch lange keine dionysische Figur — auf immer von dieser Möglichkeit Abschied genommen — so hat er auch daran nicht von ferne gedacht, sich auf seinen Gegensatz zum Christentum so ausgesprochen, so leidenschaftlich festzulegen, sich in dieser Hinsicht so zu kompromittieren, wie Nietzsche es getan hat. Dasselbe gilt aber auch von den großen philosophischen Idealisten seiner Zeit, von Kant, Fichte, Schelling, Hegel. Wußten auch sie mit dem Christentum des Neuen Testamentes nicht eben viel anzufangen, so haben sie es doch nur mit Zurückhaltung, Vorsicht und Schonung geradezu kritisiert, so haben sie doch vielmehr alle versucht, es im Rahmen ihrer Systeme, in den Grenzen ihres eigenen Geistes möglichst positiv zu deuten. Sie haben ihm keinen Zarathustra entgegengestellt. Inmitten dieser Idealisten hat es ja vielmehr auch einen Herder und einen Schleiermacher mit ihrer uns vielleicht ver-

2. Die Grundform der Menschlichkeit

wunderlichen, aber subjektiv zweifellos ernst gemeinten Christlichkeit und Kirchlichkeit gegeben. Ein wenig anders steht es später mit den Erben und Schülern jener klassischen Zeit. Von einem Feuerbach, von einem Strauß wird man zweifellos sagen müssen, daß sie — darin Nietzsche schon ähnlicher — am Christentum ihr Leben lang gelitten und sich dessen Bestreitung sogar zur Lebensaufgabe gemacht haben. Aber gerade auf den armen Strauß hat ja Nietzsche wie von einem Turm heruntergesehen und heruntergelacht. Er hat sich mit diesen Leuten von ferne nicht in einer Reihe gesehen. Und er hat Recht gehabt: Was ging ihn ihre kritische Philosophie und Religionsphilosophie, ihre Bibelkritik und Dogmenkritik an, ihre Bestreitung des Christentums im Namen der modernen Vernunft und des modernen Weltbildes. Einen Dionysos-Zarathustra hatte Strauß ja wirklich nicht auf den Plan geführt (er so wenig wie in unsern Tagen Martin Werner!) und der Naturfreund Feuerbach schon gar nicht.

Das Neue bei Nietzsche war eben wirklich dies, daß die Entwicklung der Humanität ohne den Mitmenschen — die heimlich schon die Humanität des Olympiers Goethe, auch die Humanität der anderen Klassiker und dann auch die jener Mittelmäßigen gewesen war — bei ihm in ein ungleich fortgeschritteneres, reizbareres, gefährlicheres und doch auch gefährdeteres — sollen wir sagen: in ihr letztes? — Stadium getreten war. Das Neue bei Nietzsche war der Mensch der «azurnen Einsamkeit», sechstausend Fuß hoch über der Zeit und den Menschen, der Mensch, dem die an derselben Quelle trinkende menschliche Mitkreatur einfach peinlich, einfach schrecklich, der für diese Mitkreatur einfach unerreichbar geworden ist, der keine Freunde mehr haben und der die Frau nur noch verachten kann — der Mensch, der es nur noch in der Nachbarschaft der Adler und der starken Winde aushält — der Mensch, um den herum nur noch Wüste und Winterlandschaft möglich ist, der selbst nur noch als verzehrende Flamme existieren kann, der Mensch jenseits von Gut und Böse. Und so mußte das Neue in Verhältnis Nietzsches zum Christentum darin bestehen, daß dieses ihm von einer Seite auf den Leib rückte und Not machte, von der her es die Anderen noch gar nicht gesehen, höchstens in einer fernen Witterung geahnt hatten. So unerhört bedrängend und schrecklich, in einem solchen Medusengesicht, erschien ihm das Christentum von dieser neuen Seite, daß er allmählich alle andere Polemik, deren er zur Verkündigung seines Zarathustra bedurfte, zurückstellen und ruhen lassen mußte zugunsten des einen notwendigen Kampfes gegen das Christentum gerade von dieser ihm neuen, von ihm neu entdeckten Seite, daß ihm aller andere Kampf gegen das Christentum, die erhabene Ablehnung Goethes sowohl, wie die spekulative Umdeutung der idealistischen Klassiker wie die aufklärerischen Bestreitungen jener Nachfahren uninteressant, dumm, ja leichtfertig — vor allem leichtfertig! — vorkommen mußten. Die hatten ja gar nicht bemerkt, wie gefährlich die Sache war, was auf dem Spiele stand! Die konnten es auch gar nicht bemerken: waren sie doch auch positiv lange nicht weit genug gegangen, lange nicht konsequent genug gewesen! Wußten sie doch im Grunde alle noch gar nichts von der «azurnen Einsamkeit» des Übermenschen, waren sie doch alle hinter Zarathustra weit, weit zurückgeblieben, krochen sie doch im Grunde alle noch auf dem Boden, ohne von der Nachbarschaft mit den Adlern und den starken Winden, in der der wirkliche Mensch erst atmen kann, auch nur eine Ahnung zu haben! Wie konnten sie da das Gefährliche am Christentum sehen? Wie konnte es da anders sein, als daß sie in tiefer Leichtfertigkeit mit diesem Feind Kompromisse schlossen oder, wenn sie ihn als solchen erkannten und angriffen, den schweren Fehler begingen, ihn gerade da, wo er eigentlich gefährlich war, unangegriffen zu lassen. Nietzsche aber war im Positiven konsequent gewesen, war den Weg der Humanität ohne den Mitmenschen zu Ende gegangen. Das befähigte ihn, und erst ihn, das eigentlich Gefährliche in dieser Sache zu sehen.

Und das war das eigentlich Gefährliche am Christentum, das auf der Höhe jener Tradition er und erst er gesehen hat und um deswillen er es mit einer Entschiedenheit und Leidenschaft bekämpfen mußte wie keiner von den Anderen — um so leidenschaftlicher und entschiedener, weil er sich hier so ganz allein fand: Das Christentum konfrontiert — und das ist es, was Nietzsche die «christliche Moral» nannte — gerade den wirklichen, den Übermenschen — diese notwendige, höchste, reifste Frucht der ganzen Entwicklung der wahren Humanität! — mit einer Menschengestalt, die ihn in seiner Wurzel in Frage stellen, stören, zerstören, ja töten muß. Es konfrontiert ihn nämlich mit der Gestalt des elenden, des leidenden Menschen. Es verlangt von ihm, daß er diesen Menschen sehen, daß er sich seine Gegenwart gefallen lassen, daß er durchaus nicht ohne ihn, sondern nur mit ihm zusammen Mensch sein dürfe, daß er gerade mit ihm zusammen aus einer Quelle trinken müsse. Das Christentum stellt ja dem Übermenschen den Gekreuzigten vor Augen: Jesus als den Nächsten und in der Person Jesu sofort ein ganzes Heer von Anderen, lauter «Unedle und Verachtete vor der Welt» (vor der Zarathustrawelt, vor der eigentlichen Menschenwelt also!), lauter Hungrige, Durstige, Nackte, Kranke, Gefangene, einen ganzen Ozean von menschlicher Unansehnlichkeit und Peinlichkeit. Und es stellt ihm den Gekreuzigten und sein Heer nicht nur vor Augen. Es will nicht nur, daß er ihn und sie sehe. Es will, daß er in ihm und in ihnen seine Nächsten, noch mehr: sich selbst erkenne. Es will ihn also bestimmt herabholen aus seiner Höhe, es will ihn da drunten in die Reihe stellen, die mit dem Gekreuzigten anfängt, mitten hinein in sein Heer. Dionysos-Zarathustra, sagt es, sei gerade kein Gott, sondern, weil Mensch, darum auch unter dem Kreuz des Gekreuzigten, darum auch einer von seinem Heer. Und damit noch nicht genug: Dionysos-Zarathustra könne sich selbst nicht erlösen, und dieser — dieser allein — der Gekreuzigte, sei auch sein Erlöser. Dionysos-Zarathustra sei darum auch zu Anderem berufen, als sich selbst zu leben: hier seien seine Brüder und Schwestern, die ihm gehörten und denen er gehöre. Eben in diesem Gekreuzigten und also in der Gemeinschaft mit dem so unansehnlichen, so peinlichen Heer der Seinigen habe er also sein Heil zu erkennen und darin die wahre Humanität: daß er zu ihm und also zu diesen gehöre. Eben dieser Gekreuzigte sei Gott selber, und also sei Gott selber nur für die, die zu seinem Heer gehören. Darum seien gerade diese die Erwählten Gottes. Darum sei auch Dionysos-Zarathustra nur insofern ein Erwählter Gottes, als er auch zu diesen gehören sollte. Dahin die sechstausend Fuß, dahin der Azur, dahin vor allem die Einsamkeit, das Trinken aus der einsamen Quelle! Nun ist Alles wieder da, was gerade die Einsamkeit stört und aufhebt. Nun ist gerade der Mitmensch, dem Zarathustra entflohen war, oder dem er gerade nur noch Hammer sein wollte, wieder da, und das in einer Gestalt, die das Entfliehen unmöglich macht (wahrscheinlich darum, weil er in dieser Gestalt etwas verkörpert, vor dem auch Zarathustra nicht einfach entfliehen kann!) — in einer Gestalt, die auch alles Hämmern gegenstandslos macht (wahrscheinlich darum, weil es an dieser Gestalt, der Gestalt des elenden Mitmenschen, nun wirklich nichts mehr zu hämmern gibt!).

Das war das Neue, was Nietzsche am Christentum gesehen hat und was er als schlechterdings unerträglich, beleidigend und lebensgefährlich bekämpfen mußte. Darum hieß «Anti-Esel» für ihn schließlich nur noch «Anti-Christ». Es war doch vielleicht noch ein Rest von der Leichtfertigkeit, die er Anderen vorwarf, wenn er gelegentlich so tun konnte, als ob es im Christentum nur um eine Eselei gehe, als ob er ihm mit den Verhaltungsweisen und Maßnahmen begegnen könne, mit denen man Eseleien zu begegnen pflegt. Man kann ja schon bei Strauß und Feuerbach fragen, warum sie es eigentlich für nötig hielten, sich ihr ganzes Leben lang mit einer nach ihrer eigenen Erklärung so gänzlich erledigten Sache wie dem Christentum herum- und immer wieder herumzuschlagen: mitten in einem Jahrhundert, in welchem das Christentum ja auch äußerlich längst keine imponierende Figur mehr machte, in welchem der Kampf dagegen längst keine Befreiungs- und Heldentat mehr sein konnte. Man könnte sich bei Nietzsche erst recht fragen, was für eine Donquichoterie es eigentlich gewesen sei, ausgerechnet im Zeitalter Bismarcks so zu tun, als ob die «christliche Moral» von 1. Kor. 1 die Gefahr gewesen wäre, von der man die Menschheit auf allen Straßen am schwersten heimgesucht und bedroht finden mußte. Eben so — und also gerade nicht so, wie man irgend einer Eselei, sondern so, wie man einer Weltgefahr begegnet — ist Nietzsche aber gegen das Christentum, und zwar speziell gegen das Christentum von 1. Kor. 1 aufgetreten. Er mußte es tun. Zeitgeschichtlich ist da gar nichts zu erklären und — das sei auch in diesem Zusammenhang gesagt — psychologisch-psychopathologisch auch nicht. Daß Nietzsche über diesem Angriff «verrückt» wurde oder daß er «verrückt» war, indem er diesen Angriff unternahm, beleuchtet nur die Tatsache, ändert aber nichts an der Tatsache, daß er unternommen werden mußte. Der als rechtmäßiger Erbe, Nachfolger und Prophet der Renaissance und ihrer ganzen Deszendenz den Übermenschen entdeckte, der konnte — zeitgeschichtliche und psychologische Bedingtheiten hin und her — nicht daran vorübergehen, daß es im Inventar der abendländischen Kultur, allen Ablehnungen, Umdeutungen und Bestreitungen zum Trotz, unerledigt trotz aller Erledigungen, mindestens in Gestalt des immer noch vorhandenen griechischen Neuen Testamentes so etwas wie das Christentum gab, dem mußte aus den Blättern des Neuen Testamentes gerade jene Menschengestalt entgegentreten, der mußte in dieser Menschengestalt den Gegenspieler seines eigenen Ideals und des Ideals der ganzen in ihm kulminierenden Tradition erkennen, der mußte gegen diese Menschengestalt protestieren und zum Angriff antreten, und zwar so entschieden und leidenschaftlich antreten, wie Nietzsche es getan hat: so gar nicht wie gegen eine Eselei, so ausgesprochen entsetzt und zum Letzten entschlossen, wie man auftritt, wenn man eine Weltgefahr, eine Lebensgefahr auf dem Plane sieht.

Natürlich ist ihm dabei eine Karrikatur unterlaufen. Die gegen das Evangelium zu kämpfen unternommen haben, haben sich zu diesem Zweck noch immer Karrikaturen machen und dann faktisch gegen diese Karrikaturen kämpfen müssen. Nietzsches Karrikatur besteht in seiner (übrigens nicht einmal originellen) Geschichtskonstruktion, laut derer die Entstehung des Christentums aus einer Art Sklaven- und Proletarieraufstand zu erklären wäre, dessen eigentümliche Affekte dann von Paulus und anderen heimtückischen Priestern metaphysisch unterbaut und überbaut und so zum Alpdruck des unglücklichen Abendlands gemacht worden wären. Jeder hilft sich wie er kann. Das 19. Jahrhundert hat sich dem Christentum gegenüber besonders gern mit solchen Geschichts-Konstruktionen geholfen. Und hier — wenn er das Evangelium durchaus als «typische Sozialistenlehre» interpretieren und als solche bekämpfen zu können meinte — ist Nietzsche auch im besonderen zweifellos zeitbedingt: es hat ja dann auch nicht an solchen gefehlt, die es gerade als «typische Sozialistenlehre» rühmen oder doch empfehlen oder doch als historische Durchgangsstufe positiv würdigen wollten. Hier war Nietzsche vielleicht sogar ganz treu und bieder auch ein wenig klassenbedingt: im Sinne des Marxismus «bürgerlicher», als es Zarathustras würdig sein konnte. Hier ging er eigentlich Arm in Arm mit D. F. Strauß, für den die bescheidene Sozialdemokratie seiner Zeit von seinem Gesichtswinkel aus ebenfalls ein rotes Tuch gewesen ist. Aber das Alles ist nicht wesentlich. Die Karrikatur, die er sich da, so gut es ging, zurecht machte, war selber schon ein Element seiner Abwehr und also seines Angriffs. Und von diesem Angriff muß man ohne weiteres sagen, daß er gut gezielt, daß er genau an dem Punkt angesetzt war, wo es für Nietzsche, den konsequentesten Vertreter, den Propheten der Humanität ohne den Mitmenschen nötig war. Daß er dabei nicht auf die schwächste, sondern gerade auf die stärkste Stelle des

Angegriffenen stieß, ist eine Sache für sich, und zwar eine Sache, die Nietzsche objektiv gesehen, nur Ehre macht. Er hat mit seiner Entdeckung des Gekreuzigten und seines Heeres das Evangelium selbst in einer Gestalt entdeckt, wie es dessen Vertretern — um von seinen Gegner nicht zu reden — jedenfalls im 19. Jahrhundert so nicht gelungen ist. Und wenn er es gerade in dieser Gestalt bestreiten mußte, so hat er uns den guten Dienst geleistet, uns vor Augen zu führen, daß wir gerade an dieser Gestalt ebenso unbedingt, wie er sie verworfen hat, festhalten müssen: in selbstverständlichem Gegensatz nicht nur zu ihm, sondern zu der ganzen Tradition, für die er auf letztem verlorenem Posten gefochten hat.

Wir wissen jetzt, vor welcher Richtung der Erforschung und Darstellung der Humanität wir durch die Tatsache der Humanität Jesu *a limine* **gewarnt** sind und können mit freiem Rücken in die Richtung blicken, in die wir durch diese Tatsache positiv **verwiesen** sind. Die Humanität Jesu besteht in seinem Sein für den Menschen. Aus der Verbindlichkeit dieses Vorbildes für die Humanität überhaupt und im allgemeinen folgt zunächst als weiteste Definition: Humanität schlechthin, **die Humanität jedes Menschen besteht in der Bestimmtheit seines Seins als Zusammensein mit dem anderen Menschen**. Nicht indem er für sich, sondern indem er mit dem anderen Menschen zusammen ist, nicht in der Einsamkeit, sondern in der Zweisamkeit ist er konkret menschlich, ist er in der Eigentümlichkeit des menschlichen Seins, entspricht er seiner Bestimmung, Gottes Bundesgenosse zu sein, ist er das Wesen, für das der Mensch Jesus ist, und also der wirkliche Mensch. Übersieht man, daß sein Sein ein Sein in der Zweisamkeit ist, sieht man ihn für sich, konstruiert man ihn an Hand eines abstrakten «Ich bin», in welchem der andere Mensch noch nicht eingeschlossen, oder von dem er wieder ausgeschlossen wäre, so fällt das Alles in sich zusammen, so tappt man hinsichtlich des Begriffs des Menschlichen völlig im Dunkeln, so kann das, was man dann immer noch seine Humanität nennen mag, von Inhumanität faktisch nicht mehr unterschieden werden. Wir haben das also zu unterlassen. Wir haben vielmehr unbeirrbar von da aus vorwärts zu gehen: die Humanität des Menschen besteht in der Bestimmtheit seines Seins als Zusammensein mit dem anderen Menschen.

Bevor wir uns von da aus in Bewegung setzen, versuchen wir drei Begriffserklärungen zu dieser Definition:

1. Wir nennen die Humanität eine **Bestimmtheit** des menschlichen Seins. Der Mensch ist, indem er von Gott für Gott, als dieses Geschöpf Gottes für die Bundesgenossenschaft mit Gott geschaffen ist. Dieses Sein ist aber ein ganz bestimmtes: es entspricht nämlich in seiner **Art** seiner besonderen Erschaffung und dem Sinn und Ziel der Besonderheit seiner Erschaffung. Die Art seines Seins ist das **Gleichnis** seines Sinns und also dessen, daß er von Gott für Gott geschaffen ist. Diese gleichnishafte

Bestimmtheit des menschlichen Seins, diese Entsprechung und Ähnlichkeit seiner Art im Verhältnis zu seinem Sein als solchem ist die Humanität.

2. Wir nennen die Humanität ein Zusammensein des Menschen mit dem anderen Menschen. Mit diesem zurückhaltenden Ausdruck unterscheiden wir die Humanität überhaupt und im allgemeinen von der Humanität Jesu. Es gibt auch ein Füreinander im Verhältnis von Mensch zu Mensch. Aber nur die Humanität Jesu kann schlechthin erschöpfend und ausschließend als ein Sein für den Menschen beschrieben werden. Ein totales Sein für den Mitmenschen kann als Bestimmung des Seins eines anderen Menschen als Jesus nicht in Frage kommen. Und zur Humanität jedes anderen Menschen gehört notwendig die Reziprozität: daß der Mitmensch für ihn ist wie er für den Mitmenschen, eine Reziprozität, die in der Humanität Jesu mit ihrem unumkehrbaren «Für» nicht in Frage kommen kann. Wir begnügen uns also, die Humanität überhaupt und im Allgemeinen, mit der wir es jetzt zu tun haben, als ein Zusammensein des Einen mit dem Anderen zu beschreiben und werden zu zeigen haben, inwiefern das ein gewisses Füreinander in sich schließt.

3. Wir nennen die Humanität ein Zusammensein des Menschen mit dem anderen Menschen. Wir reden also hier wie dort im Singularis und nicht im Pluralis. Der Vereinzelung, dem Individualismus, soll damit nicht das Wort geredet sein. Aber die Grundform der Humanität, die schöpfungsmäßige Bestimmtheit des menschlichen Seins im Lichte der Humanität Jesu — und von ihr reden wir ja — ist das Zusammensein des Menschen mit dem anderen Menschen. Und wo Einer mit Vielen oder Viele mit Einem oder Viele mit Vielen zusammen sind, hängt die Humanität des Vorgangs daran, daß in Wahrheit, eben in der Grundform solchen Geschehens, je einer und einer zusammen sind und daß diese Grundform nicht verloren geht. Humanität ist nicht in der Einsamkeit und sie ist in allen Vielsamkeiten nur dann, wenn auch diese konstituiert sind durch echte Zweisamkeit, durch den Singularis auf der einen wie auf der anderen Seite.

Es ist der Singularis — nicht für sich, aber in dieser Doppeltheit, es ist also der Dualis die Voraussetzung, ohne die es Humanität im Pluralis nimmermehr geben könnte.

Gerade hier können wir einsetzen und tun das um der Übersichtlichkeit willen mit einer die Sache recht verstehenden und auslegenden Analyse des Satzes «Ich bin», den wir im Vorangehenden als das Axiom jener «Humanität ohne den Mitmenschen» verstanden haben und dem wir eben damit nun doch noch nicht gerecht geworden sind. Der Satz «Ich bin» ist ja schließlich auch ein Bekenntnis — vielleicht sogar das Bekenntnis — des Menschen Jesus; er erlaubt und gebietet uns also sicher auch eine solche Interpretation, in der er als ein wenn nicht gleiches, so doch entsprechendes und ähnliches Bekenntnis auch im Munde jedes anderen Menschen humanen und nicht inhumanen Gehalt hat — eine Interpretation, in der er nicht in die Richtung weist, die wir uns nun verboten sein lassen, sondern in die entgegengesetzte, die richtige Richtung: das Zusammensein des Menschen mit dem anderen Menschen.

Was heißt «Ich»? Ich spreche dieses Wort aus und vollziehe damit — auch wenn ich es nur denke, auch wenn ich es also nur bei mir selbst und gewissermaßen zu mir selbst sage — eine Unterscheidung, aber auch eine Beziehung. Ich verharre also gerade, indem ich dieses Wort denke und ausspreche, nicht in der Einsamkeit. Ich unterscheide mich vielmehr mit diesem Wort von einem Anderen, das nicht Ich ist, aber auch nicht Es, nicht irgend ein Gegenstand, sondern ein solcher, der meine Ankündigung «Ich» entgegennehmen, sie würdigen und verstehen kann, weil er sich mir in derselben Weise anzukündigen in der Lage ist. Indem ich mich von diesem Anderen unterscheide, setze ich voraus, bejahe und vollziehe ich, soviel an mir liegt, auch die Beziehung zu ihm: zu ihm als meinesgleichen. Indem ich diesen Gegenstand als Ich anrede, unterscheide ich ihn ja nicht nur von mir, sondern auch von allen anderen Gegenständen, von allem Es, stelle ich ihn mit mir selbst auf eine Ebene, in denselben Raum, bekenne ich, daß ich nicht ohne ihn in meinem Raume bin, daß mein Raum nicht nur der meinige, sondern auch der seinige ist. Sage ich »Ich», so habe ich den Gegenstand, zu dem ich das sage, bereits bezeichnet und ausgezeichnet als «Etwas wie Ich». «Etwas wie Ich» heißt aber, indem ich mich ihm mit dem Worte «Ich» ankündige: «D u». Habe ich «Ich» zu ihm gesagt, so habe ich es implizit als «Du» behandelt und angeredet. Man bemerke: nicht als «Er» oder «Sie». Solange und sofern er mir nur Er oder Sie ist, ist er mir in Wahrheit noch Es, ein Gegenstand wie alle anderen, in einem anderen Raum als dem meinigen, noch nicht meinesgleichen; meine Unterscheidung von ihm und meine Beziehung zu ihm ist dann noch nicht human. Aber eben: ich rede ihn ja dann auch nicht a n, sondern ich rede dann ü b e r ihn. Das Wort «Ich» ist dann sinnvoll im Verhältnis zu dem, mit dem ich über ihn rede; im Verhältnis zu ihm selbst aber ist es gegenstandslos. Rede ich mit ihm selbst, statt über ihn, dann ist er mir weder Es noch Er noch Sie, sondern eben Du; ich vollziehe dann die Unterscheidung und Beziehung ihm gegenüber in jener spezifischen Form: in Form jener Auszeichnung, laut derer mein Raum nicht nur der meinige, sondern auch der seinige, laut derer er selbst meinesgleichen ist. Und hier ist noch mehr zu sagen: habe ich «Ich» gesagt und also zu einem Anderen «Du» gesagt, dann habe ich ihn eben damit ermächtigt, eingeladen und aufgefordert, mir wiederum «Du» zu sagen. Die Ankündigung «Ich» in meinem Wort ist die Ankündigung meiner Erwartung, daß das andere Wesen, dem ich mich so ankündige, mir Gegenrecht halten, mich ebenfalls als «Etwas wie Ich» behandeln, bezeichnen und auszeichnen werde. Hat er mein «Ich» vernommen — und indem ich es ihm gegenüber anwende, rechne ich damit, daß er es zu vernehmen in der Lage sei — dann kann er auch mich nicht fernerhin als Es oder als bloßes Er oder Sie betrachten, dann bin ich für ihn in derselben Weise aus der Masse der sonstigen Gegenstände herausgehoben, wie er es für mich ist, dann bin ich von ihm in derselben Weise unterschieden, zu ihm in derselben Weise bezogen, wie Er es von mir und zu mir ist. Und es kann dann nur noch eine Frage des Vollzugs sein, daß er sich zu der Erkenntnis dieses Sachverhalts durch das Aussprechen des Wortes «Du» seinerseits bekennen und damit dann auch sich selbst nicht nur als «Ewas wie Ich», sondern als «Ich» zu erkennen geben wird. So ist das Wort «Du» dem Worte «Ich», obwohl und indem es ein anderes Wort ist, immanent, von Haus aus und in der Wurzel nicht fremd, sondern zugehörig. So impliziert das Wort «Ich», mit dem ich meine Humanität denke und ankündige, als solches die Humanität nicht ohne den Mitmenschen, sondern mit ihm. Ich kann nicht «Ich» — wohlgemerkt: ich kann auch bei und zu mir selbst nicht «Ich» sagen, ohne eben damit schon «Du» zu sagen, ohne jene spezifische Unterscheidung und Beziehung im Verhältnis zu einem Anderen zu vollziehen. Und nur indem ich so «Ich» denke und sage, nur indem ich mit diesem Wort diese spezifische Unterscheidung und Beziehung vollziehe, kann ich erwarten, von Anderen meinerseits als «Du», als «Etwas wie Ich» und nicht nur als das, sondern als wirkliches «Ich» erkannt und anerkannt und also in der menschlichen Bestimmtheit meines Seins bestätigt, als humanes Wesen angesehen, behandelt und angeredet zu werden.

Was heißt von da aus «Ich bin»? Gewiß heißt das: ich setze mich selbst — mich selbst als dieses Wesen im Kosmos, mich selbst in der ganzen Freiheit und Notwendigkeit meines Seins, mich selbst in der ganzen Fülle der Bewegung meiner Unterscheidungen und Beziehungen im Verhältnis zu dem, was für mich Außenwelt ist, mich selbst auch in meiner Lust und Fähigkeit, mich selbst in diese Außenwelt zu projizieren. Was sollte gegen diese formale Beschreibung des «Ich bin» einzuwenden sein? Aber was heißt das Alles, wenn ich gar nicht «Ich» sagen kann, ohne eben damit «Du» zu sagen, ohne für dieses «Du» wieder Du zu sein und erst damit bestätigt zu bekommen, daß ich Ich bin? Was heißt «Ich bin» unter dieser Voraussetzung? Wer und was bin ich selbst, der da sein Sein betätigt? Was ist das also für ein Sein, in dessen Freiheit und Notwendigkeit ich selbst mich da setze, mich selbst unterscheide und beziehe, mich selbst projiziere nach außen? Eins ist sicher: da ein reines, absolutes, sich selbst genügendes Ich eine Illusion ist, da ich gerade als Ich, indem ich dieses Ich denke und ausspreche, nicht für mich, nicht einsam bin, mir selbst durchaus nicht genüge, sondern unterschieden bin von und bezogen bin zu einem «Du», in dem ich ein Wesen meinesgleichen habe, bleibt für eine solche Interpretation des «Ich bin» einfach kein

Raum, die auf dessen Fürsichsein und Einsamkeit hinauslaufen, die in der Beschreibung jener souveränen Selbstsetzung eines leeren Subjektes unter Eruptionen seines reinen, absoluten, sich selbst genügenden Abgrunds bestehen müßte. Das Ich ist nicht rein und absolut, nicht selbstgenügsam. Das heißt aber: es ist nicht leer. Es ist nicht Abgrund. Und so kann das Sein des Ich nicht in der Eruption, nicht in der Historie und in dem Mythus eines Abgrunds bestehen. Sondern indem Ich — wirklich Ich! — bin, bin ich in der Unterscheidung und Beziehung zu dem Anderen, das eben damit, daß ich Ich bin, Du, mein Du ist, und für das ich wieder Du bin, um allein so, von ihm, von seinem Sein her, die Bestätigung zu empfangen, daß es auch mit meinem Sein, mit dem «Ich bin» seine Richtigkeit hat. «Ich bin» ist keine leere, sondern eine gefüllte Wirklichkeit. Indem ich bin, ist auch der Andere meinesgleichen. Ich bin, indem ich zu ihm in einem Verhältnis bin. Und das will sagen: ich stoße, indem ich mich selbst setze, sofort — ich wäre nicht Ich, wenn es anders wäre — auf die Tatsache, daß ein ganz entsprechendes Sichselbstsetzen, ein ganz entsprechendes Sein auch von dem her stattfindet, den ich, indem ich mich als Ich denke und ankündige, als Du ansehen und behandeln muß. Mit dieser seiner Selbstsetzung, mit diesem seinem Sein kommt er, nein kommt das Du (denn das ist er ja, indem ich im Verhältnis zu ihm Ich bin!) mir **entgegen**, und zwar so entgegen, daß ich ihm nicht ausweichen kann, in meinem **eigenen** Raum, der (so gewiß ich Ich bin, so gewiß er also «Etwas wie Ich» und also «Du» ist!) nicht nur mein, sondern **auch sein** Raum ist. Was ich bin und als mich selbst setze, das bin und setze ich also im Verhältnis zu seinem Sein und Setzen, in der Unterscheidung und in der Beziehung zu diesem fremden Geschehen, die dadurch ausgezeichnet und spezifisch ist, daß ich dieses fremde Sein und Setzen als ein dem meinigen entsprechendes sehen, anerkennen und gelten lassen muß. Es gehört also dieses fremde Sein und Setzen gerade nicht zu der allgemeinen Masse des Geschehens in einer Außenwelt. Ich kann mich ihm gegenüber gerade nicht auf mich selbst zurückziehen, um mich dann wieder von mir selbst als von einem neutralen Ort aus an jenem vorbei oder über jenes hinweg zu behaupten und zu entfalten, sondern das Sein und Setzen von diesem Du her geht mich an, es erreicht mich, es trifft mich: eben darum, weil es nicht von einem Es, sondern von dem Du herkommt, ohne das ich auch nicht Ich wäre. Es ist gerade in seinem entscheidenden Gehalt als Werk des Du nicht Außenwelt, die ich als solche wohl auch auf sich beruhen lassen, der ich mich entziehen oder über die ich verfügen könnte. Das Werk des Du kann mir weder gleichgültig sein, noch kann ich ihm ausweichen, noch kann ich es meistern. Ich kann es darum nicht, weil ich, indem ich mein eigenes Werk tue, indem ich selbst bin, mich selbst setze, notwendig auch durch das Werk, das Sein und Setzen des Du in Anspruch genommen, mit ihm beschäftigt bin. Mein eigenes Sein und Setzen ereignet sich in der Inanspruchnahme durch das des Anderen, in der Beschäftigung mit ihm. Es steckt dem meinigen seine Grenze. Es zeigt ihm seine Probleme. Es stellt ihm die Fragen, auf die es antworten muß. Es gibt auch die Antworten, nach denen es selbst fragt. Ich bin, indem ich dem Anderen begegne, der in entsprechender Weise wie ich selbst bin, auch ist. Ich bin unter den mir durch diese Begegnung vorgegebenen Bedingungen. Ich bin, indem ich die durch diese Begegnung mir gegebenen Bedingungen schlecht oder recht erfülle. Ich bin, auch wenn ich sie schlecht erfülle, indem ich an diesen Bedingungen gemessen bin. Ich habe kein Sein, in welchem ich diesen Bedingungen entnommen wäre. Ich kann mich selbst nicht setzen, ohne mit der Selbstsetzung des Anderen zusammen zu treffen. Ich habe keine Rückzugslinie an einen Ort, wo er mich mit seiner Selbstsetzung nicht erreichen würde: es wäre denn die des Rückzugs in die Inhumanität eines Seins ohne das Sein des Anderen in das «Ich bin» eines leeren Subjektes, des Rückzugs auf ein Ich, das nur eine Illusion sein kann. Und nun müssen wir die Sache auch hier auch von der anderen Seite sehen. Indem ich selbst bin, mich selbst setze, gehe ich den Anderen ebenso an, wie er mit seinem Sein und Setzen mich angeht. Er ist ja mein Du und also «Etwas wie Ich», in demselben Raum, der auch der meinige ist. Auch mein Sein und Setzen ist für ihn also nicht einfach Außenwelt. Auch er kann sich also mir gegenüber nicht auf sich selbst zurückziehen, um von da aus an mir vorbei und über mich hinweg zu existieren. Er ist von mir so erreicht und betroffen, wie ich es von ihm bin, so gewiß ich kein Es, sondern Ich und also sein Du bin. Auch er kann mein Werk nicht auf sich beruhen lassen, kann ihm nicht ausweichen, kann es nicht meistern. Auch er ist von mir, von meinem Sein und Setzen her in Anspruch genommen und beschäftigt; auch er steht unter den Bedingungen, die nun eben ich für ihn schaffe. Ich bin seine Begegnung, wie er die meinige ist. Ich kann mich also, indem ich selbst bin, auch dessen nicht entschlagen, was ich für ihn bin. Ich habe auch da keine Rückzugslinie an einen Ort, wo ich für ihn neutral existierte, von wo aus ich ihn nichts anginge, wo ich ihm nichts schuldig wäre und vielleicht schuldig bliebe, von wo aus ich mit meinem Sein und Setzen auf das seinige keine Rücksicht zu nehmen hätte. Wieder könnte hier nur die Linie des Rückzugs in die Inhumanität in Frage kommen: in die Inhumanität eines Seins ohne das Du, zu dem hin und von dem her ich doch selber allein Ich sein kann, in das «Ich bin» eines leeren Subjektes, das noch gar nicht zu sich selbst gekommen, das noch gar nicht menschliches Subjekt sein kann, das noch immer oder schon wieder eine Illusion wäre.

«Ich bin» — das wirkliche, das gefüllte «Ich bin» — ist also zu umschreiben: Ich bin in der Begegnung. Ich bin nicht vorher, nicht nachher, ich bin nicht beiläufig, sekundär, nachträglich auch in der Begegnung, eigentlich aber in der Wurzel und von Hause aus für mich, in einer Innenwelt, in der ich nicht in dieser Begegnung wäre, neben der es eine Außenwelt gäbe, in der ich u. U. wohl auch auf das Sein, auf das Sein des Du stoßen und mich so oder so mit ihm auseinandersetzen könnte, ohne daß mir das doch wesentlich wäre, indem ich vielmehr wesentlich auch außerhalb dieser Begegnung sein und mich jederzeit wieder in dieses Außerhalb zurückziehen könnte. Nein, ich bin gerade in der Wurzel meines Seins und von Haus aus, ich bin gerade wesentlich in der Begegnung mit dem Sein des Du, unter seinem Anspruch und mit meinem eigenen Sein ein Anspruch an dieses Du. Und das ist die Humanität des menschlichen Seins: diese seine totale Bestimmtheit als **Sein in der Begegnung mit dem Sein des Du**, als Sein mit dem Mitmenschen, als Mitmenschlichkeit. So weit müssen wir uns hier entfernen von jener «Humanität ohne den Mitmenschen». So weit reicht nämlich die Gleichheit in der Ungleichheit, so weit reicht die Entsprechung und Ähnlichkeit zwischen dem Menschen Jesus und uns anderen Menschen, daß wir unsere Humanität, die Humanität überhaupt und im Allgemeinen, minimal dahin definieren müssen: sie ist des Menschen Sein in der Begegnung und in diesem Sinn: des Menschen Bestimmtheit als Zusammensein mit dem anderen Menschen. Hinter diese Linie dürfen wir nicht zurückgehen. Hier darf keine Unterbietung und Abschwächung stattfinden: kein Kompromiß und keine Vermischung mit der entgegengesetzten Konzeption, nach welcher der Mensch im Grunde — in irgend einem tiefsten Grunde jenes Abgrunds ein leeres Subjekt — auch ohne den Mitmenschen Mensch, auch ohne das Du Ich sein könnte.

Unsere erste Definition kann nun schon genauer werden. Zusammensein heißt Begegnung. So heißt Zusammensein mit dem anderen Menschen Begegnung mit ihm. So ist Humanität die Bestimmtheit unseres Seins als **ein Sein in der Begegnung mit dem anderen Menschen**. Wir versuchen nun zu verstehen, was der Gehalt dieser Begegnung ist.

Die Grundformel zu ihrer Beschreibung muß lauten: **Ich bin, indem Du bist**. Das Wort «indem» darf natürlich nicht dahin verstanden werden, als ob das «Du bist» die Ursache oder auch nur die Mittelursache, als ob es wohl gar die eigentliche Substanz des «Ich bin» wäre. Man hat in dieser Hinsicht im Kampf gegen den Humanitätsbegriff des Idealismus des Guten gelegentlich zu viel getan, das Kind mit dem Bade ausgeschüttet. Man hat den Menschen ganz und gar nur vom Mitmenschen her konstruieren, man hat das «Ich bin» von dem «Du bist» her förmlich zum Verschwinden bringen wollen. Das Wort «indem» sagt nicht, wo das menschliche Sein her — hier könnte ja nur von Gott seinem Schöpfer geredet werden — sondern wie es beschaffen ist; es sagt, daß alles «Ich bin» durch das «Du bist» qualifiziert, ausgezeichnet, bestimmt ist. Ich bin — indem ich es Gott meinem Schöpfer verdanke, daß ich bin — nicht anders als indem auch Du bist, indem, von demselben Gott geschaffen, mit mir auch Du bist. Daß ich Ich bin und daß du Du bist, das verliert also seinen Sinn und seine Kraft nicht. Ich werde nicht Du, du wirst nicht Ich in diesem Zusammensein. Im Gegenteil: indem Ich und Du miteinander sind, bekommt ihr Sein diesen Charakter, diese menschliche, humane Art, daß es je für sich Ich, je für das Andere Du ist. Indem wir in dieser Beziehung sind, sind wir also auch unterschieden, bekommt das Sein hier wie dort — wir werden darauf noch zurückkommen — je seine eigene Geltung, Würde, Selbstgewißheit. Und nun ist dieses menschliche Sein kein in sich selbst ruhendes, sondern ein sich selbst bewegendes, ein tätiges, ein handelndes Seine, kein *esse,* sondern ein *existere.* Wer Mensch sagt, sagt Geschichte. So haben wir den Satz «Ich bin» sowohl in seinem falschen wie in seinem richtigen Verständnis in Form einer kleinen Geschichte, als jene Selbstsetzung umschreiben müssen. Dementsprechend umschreibt aber auch der Satz «Du bist» eine Geschichte. Wenn wir also formulieren: «Ich bin, indem Du bist», beschreiben wir nicht das Verhältnis zweier in sich ruhender, sondern zweier aus sich herausgehender, zweier existierender — und nun eben: zweier in ihrem Existieren aufeinander treffender, sich begegnender Seinskomplexe. Als zwei Geschichten begegnen sich das «Ich bin» und das «Du bist». Man merke: nicht nachträglich erst, nicht so, als geschähe hier eine Geschichte und dort eine, die dann erst von einem bestimmten Punkt ab zu einer gemeinsamen Geschichte würden — nicht als gäbe es hier ein «Ich bin» und dort ein «Du bist», die dann erst in der Fortsetzung ihrer beidseitigen Bewegung sich begegneten und zweisam würden. Sondern in und mit ihrer Erschaffung und also in und mit dem beiderseitigen Beginn ihrer Bewegung und Geschichte sind sie in der Begegnung: Ich bin, indem Du bist, und Du bist, indem Ich bin. Wer Mensch sagt, sagt zum vornherein Geschichte, redet zum vornherein von der Begegnung zwischen Ich und Du. So sagt die Formel «Ich bin, indem Du bist» dies, daß die Begegnung zwischen Ich und Du nicht Zufall, nicht Willkür ist, daß sie dem Begriff des Menschen nicht beiläufig, sondern wesentlich eigentümlich ist. Sie sagt noologisch, daß dieser Begriff sofort leer und nichtig wäre, wenn die ihm zugrunde liegende Anschauung die eines reinen Subjekts und nicht die des Subjekts in dieser Begegnung wäre. Und sie sagt ontologisch, daß der wirkliche Mensch da und nur da auf dem Plane ist, wo sein Existieren in dieser Begegnung stattfindet, nur in der Gestalt des Menschen mit seinem Mitmenschen.

Wir versuchen es von da aus, so etwas wie die Kategorien, die sich gleich bleibenden, die entscheidenden, die notwendigen Momente dieser Geschichte, dieser Begegnung — und insofern: so etwas wie die Kategorien des eigentümlich Menschlichen aufzuzeigen. — Höchste Vorsicht wird hier geboten sein: Was auch vom Menschen ohne den Mitmenschen gesagt werden könnte, was doch auch bloß Eigenschaft und Auszeichnung jenes leeren Subjektes sein könnte, gehört nicht hieher, weil es zur Beschreibung der Humanität keine kategoriale Bedeutung hat, d. h. weil es gerade für das Sein in der Begegnung und also für das eigentlich und wesentlich Menschliche noch nicht bezeichnend ist. Also daß ich geboren werde und sterbe, esse, trinke und schlafe, daß ich mich selbst entfalte und erhalte und überdies bei Anderen und Anderen gegenüber durchsetze und überdies meine Art auch noch leiblich fortpflanze, daß ich genieße, arbeite, spiele, gestalte, besitze, Macht erwerbe, habe und ausübe und in dem Allem an dem schon getanen und noch im Tun begriffenen Werk des übrigen Menschengeschlechtes Anteil nehme, daß ich in dem Allem auch religiöse Bedürfnisse befriedige und religiöse Möglichkeiten verwirklichen kann, und daß ich in dem allem meine Anlagen als verstehendes und denkendes, wollendes und fühlendes Wesen betätige — das Alles ist an sich noch nicht meine Humanität. In dem Allem kann ich human oder inhuman sein. In dem allem bin ich erst gefragt, ob ich human oder inhuman bin. In dem allem muß ich erst antworten auf die Frage, ob ich mit dem allem meine Humanität betätigen oder verleugnen will. Das Alles ist ja erst das Feld, auf dem sich das menschliche Sein als Geschichte, als Begegnung von Ich und Du ereignet oder nicht ereignet, mehr oder weniger, in echter oder verzerrter Gestalt ereignet — das Feld, auf dem es offenbart oder verhüllt wird oder verworren bleibt, daß «Ich bin, indem Du bist». Daß ich auf diesem Feld existiere und daß ich auf diesem Feld so oder so existiere, darin bin ich noch nicht menschlich. Sondern indem ich auf diesem Feld existiere, und zwar so oder so, in dieser Beschränkung oder in jener Entfaltung, in dieser Armut oder in jenem Reichtum, in dieser Ohnmacht oder in jener Intensität existiere, muß es erst wahr und wirklich werden, daß ich menschlich und nicht unmenschlich existiere. Warum sollte es nicht so sein, daß ich im Vollzug meiner vitalen, meiner natürlichen und geistigen Anlagen und Fähigkeiten, in meinem Lebensakt als solchem und in meinem Anteil an Wissenschaft und Kunst, Politik und Wirtschaft, Zivilisation und Kultur eben dies verwirkliche und offenbar mache, daß «Ich bin, indem Du bist»? Es kann aber auch sein, daß ich das in und mit dem Allem vielmehr Lügen strafe. Es kann sein, daß ich in dem Allem nun doch nur der Mensch ohne den Mitmenschen und darum in Wahrheit unmenschlich bin. Nichts von alledem ist an sich und als solches der Adel meiner Humanität.

Es ist z. B. nicht wahr, daß Mutterschaft oder Arbeit an sich «adeln». Es ist auch nicht wahr, daß irgend eine Leistung oder Vollbringung in irgend einem jener Bereiche an sich und als solche adelt. Das Alles kann auch höchst inhuman sein. Und höchste Humanität kann auch da stattfinden, wo das Alles abwesend ist. Es wäre aber selbstverständlich ebenso unwahr, wenn man den Adel der Humanität nun etwa in der Abwesenheit solcher Auszeichnung auf jenem Felde, wenn man ihn z. B. aus irgend einem Ressentiment umgekehrt in der Krankheit, in der Armut, im Unbedeutenden, in irgend einer Gestalt von Unkultur suchen wollte. Es ist vielmehr so,

2. Die Grundform der Menschlichkeit

daß das auf jenem ganzen Feld Positive und Negative sein positives oder negatives Vorzeichen im Blick auf sein Verhältnis zur Humanität erst bekommen — im Vollzug jener Geschichte bekommen muß.

Die Frage nach der Humanität des menschlichen Seins ist eine gegenüber Allem, was auf jenem Felde geschieht oder nicht geschieht, selbständige Frage. Oder umgekehrt gesehen, es ist jenes ganze Feld mit Allem, was auf ihm geschieht oder nicht geschieht, ein leeres Blatt, das durch die Beantwortung der Frage nach der Humanität des menschlichen Seins erst zu beschreiben ist. Und seine Beschriftung geschieht im Geschehen jener Geschichte, im Vollzug jener Begegnung, in welcher «Ich bin, indem Du bist». Und so können als die gleichbleibenden, die entscheidenden, die notwendigen Kategorien, Merkmale und Kriterien der Humanität nur die Momente in Betracht kommen, die gleichbleibend in allen auf jenem Feld vorkommenden Umständen, entscheidend gegenüber allen dort vorkommenden Unterschieden, notwendig inmitten aller dort vorkommenden Möglichkeiten eben diese Begegnung charakterisieren: die Formen in denen das sich abspielt: «Ich bin, indem Du bist».

«Sein in der Begegnung», das ist 1. ein solches Sein, in welchem der Eine dem Anderen in die Augen sieht. Das ist nämlich der humane Sinn des Auges: daß der Mensch dem Menschen Auge in Auge sichtbar werde. Der Mensch dem Menschen — und also nicht nur Dinge, nicht nur der Kosmos, sondern inmitten aller Dinge, inmitten des Kosmos gerade der Mensch, und der Mensch nicht wieder in der Art eines Dinges, nicht wie der Kosmos, sondern in seiner Auszeichnung und Besonderheit als Mensch inmitten des Kosmos! Der Mensch dem Menschen sichtbar und also als der Andere, also als verschieden von dem Einen, der ihn sieht — sich selbst kann dieser Eine ja nicht sehen, den Anderen aber kann und muß er sehen! Daß das geschieht, daß dieser Andere ihm als Mensch sichtbar und von ihm als Mensch gesehen wird, das ist der humane Sinn des Auges und seines Sehens. Alles Sehen ist inhuman, das dieses Sehen nicht in sich schließt, das nicht zuerst und vor allem, anhebend und abschließend, dieses Sehen ist: das Sehen des Mitmenschen. Aber damit ist erst die Hälfte gesagt. Wenn der Eine dem Anderen wirklich in die Augen sieht, dann geschieht ja automatisch auch das, daß er sich vom Anderen in die Augen sehen läßt. Und das gehört notwendig mit zum humanen Sinn des Auges: daß der Mensch selbst sich dem anderen Menschen sichtbar macht. Der Mensch selbst und also nicht eine Attrape, nicht ein Etwas, das auch ein Ding, das gleich dem übrigen Kosmos sein könnte, sondern der Mensch, der als solcher inmitten des Kosmos etwas Besonderes und Augezeichnetes ist. Dieser Mensch sichtbar im sehenden Auge des Einen für den Anderen, der ihn, eben indem er sieht, selbst zu sehen bekommt! Den Anderen sehen heißt also unmittelbar auch: sich von ihm sehen lassen.

Lasse ich mich selbst nicht von ihm sehen, dann sehe ich sicher auch ihn nicht. Und umgekehrt: indem ich mich von ihm sehen,, mir von ihm in die Augen sehen lasse, sehe ich bestimmt auch ihn. Beides miteinander ist der volle humane Sinn des Auges und seines Sehens. Alles Sehen wäre inhuman, in welchem der Sehende sich selbst versteckte, in welchem er sich weigerte, gerade von seinem Mitmenschen, den er sieht, auch selbst gesehen zu werden. Man bemerke dazu das nicht Unwichtige, daß es immer nur je zwei Menschen und also wirklich ein Ich und ein Du sind, die sich gleichzeitig gegenseitig in die Augen sehen und also einander sehen und voneinander gesehen werden können. — Wir formulieren nun dasselbe etwas allgemeiner: Sein in der Begegnung ist ein Sein in der Offenheit des Einen zum Anderen hin und für den Anderen. «Ich bin, indem Du bist» — das vollzieht sich grundlegend darin, daß ich für dich nicht verschlossen, sondern geöffnet bin. Ich bin nicht Du und dein Sein ist nicht das meinige, wie das meinige nicht das deinige ist. Aber ich mit Allem, was Ich bin, begegne Dir mit Allem, was Du bist, und so begegnest Du auch mir, und wenn es zwei Menschen sind, die sich da begegnen, und nicht bloß zwei Dinge, die sich da entgegenrollen und aufeinanderstoßen, dann heißt das eben: daß Du und das, was Du bist, mir nicht verschlossen ist, und daß Ich mich meinerseits vor Dir und vor dem, was Du bist, nicht verschließe. Wir sind dann, indem ich Ich bin und du Du bist, offen zueinander. Ich erkenne Dich dann als Menschen, als «Etwas wie Ich», und ich mache es dann Dir möglich, mich deinerseits, als «Etwas wie Du», zu erkennen. Wir gehen uns dann gegenseitig etwas an, indem wir beide sind, und das «Etwas» ist eben das, daß Ich und Du Menschen sind. Wir geben uns dann in unser Sein gegenseitig Einblick. Und indem wir uns diesen Einblick geben, bin ich nicht nur für mich, sondern auch für dich da, bist du nicht nur für dich, sondern auch für mich da, nehmen wir Anteil aneinander, werden wir miteinander beschäftigt. Diese doppelseitige Offenheit ist das erste Moment der Humanität. Wo sie fehlt und in dem Maß, in dem sie fehlt, ist Humanität noch nicht Ereignis. In dem Maß, als wir uns vorbehalten und verdecken und also noch nicht oder nicht mehr aus uns herausgehen, um den Anderen zu erkennen und um uns auch dem Anderen zu erkennen zu geben, existieren wir noch unmenschlich, und wenn wir im übrigen auf den Höhen der Humanität existierten. Die Einsamkeit, in der wir dann verharren wollen, die Teilnahmlosigkeit, die wir dann dem Anderen gegenüber betätigen, und die Teilnahmlosigkeit uns selbst gegenüber, die wir damit auch dem Anderen auferlegen wollen, ist Inhumanität. Die Redensart «Das geht mich nichts an» und «Das geht dich nichts an» ist fast unter allen Umsänden eine mißliche Redensart, weil sie fast unter allen Umständen meint: das Sein dieses und dieses Mitmenschen geht mich, und mein Sein geht diesen und diesen Mitmenschen nichts an; ich will weder ihn sehen, noch mich von ihm

2. Die Grundform der Menschlichkeit

sehen lassen; meine Augen sind zu gut für ihn und ich bin zu gut für seine Augen; meine Offenheit hat ihm gegenüber ihre Grenze. Wiederum: wo Offenheit waltet, da beginnt Humanität Ereignis zu werden. In dem Maß, als wir aus uns herausgehen, uns also nicht weigern, den Anderen zu erkennen, uns nicht fürchten davor, auch von ihm erkannt zu werden, existieren wir menschlich, und wenn wir im übrigen in den tiefsten Tiefen der Menschheit existieren. (Es muß nicht so sein, aber es ist eine Erfahrungstatsache, daß man dort, wo man im übrigen mehr von der Tiefe als von den Höhen der Menschheit wahrzunehmen meint, im Ganzen viel offener miteinander und füreinander und insofern nun doch — dem entgegengesetzten Schein zuwider — viel humaner ist als auf jenen angeblichen Höhen!) Die Zweisamkeit, in die man eintritt, wo man sich direkt und nicht indirekt, als Mensch dem Menschen sichtbar und nicht verborgen begegnet, die Teilnahme, die man einander ganz schlicht damit gewährt, daß man sich sieht und nicht nicht sieht, sehen läßt und nicht nicht sehen läßt — diese Zweisamkeit und Teilnahme ist der erste unentbehrliche Schritt in der Humanität, ohne den alle folgenden nicht getan werden können, geschweige denn, daß er durch die Betätigung irgend einer menschlichen Fähigkeit oder Tugend — und stünde diese mit Recht oder Unrecht noch so hoch im Kurse — ersetzt werden könnte. Großer, feierlicher, unvergleichlicher Augenblick, wo es zwischen Mensch und Mensch nun vielleicht zum «Augenblick», nämlich dazu kommt, daß sie sich in die Augen blicken, sich gegenseitig entdecken! Dieser Augenblick ist gewissermaßen die Wurzelbildung aller Humanität, ohne die alles Weitere unmöglich wäre. Man bemerke aber auch hier: gerade diese Wurzelbildung der Humanität wird genau genommen immer nur in der Zweisamkeit, wortwörtlich Auge in Auge zwischen Ich und Du geschehen können. Wo Einer eine Gruppe oder wo eine Gruppe Einen, oder wo eine Gruppe eine andere Gruppe zu sehen und zu erkennen meint, da ist mindestens Zweideutigkeit schon im Anzug. Da könnte es nämlich im Grunde doch nur um Psychologie und nicht um den anderen Menschen, doch nur um Pädagogik und nicht um das Kind, doch nur um soziologische Statistik und Systematik und nicht um diesen und diesen Anderen — da könnte es m. e. W. doch nur um das Allgemeine und nicht um das hier allein echte Besondere gehen. Wir reden von der gefährlichen — und fast in der Regel mehr als gefährlichen! — Grenze nicht nur aller Fürsorge und Wohltätigkeit, sondern auch aller Lehre und Erziehung, auch aller Politik und insbesondere alles Sozialismus. Ob jeweils das gruppenmäßige und als solches verschlossene und blinde Dasein, Denken und Reden auf der einen oder auf der anderen oder auf beiden Seiten sich behauptet oder durchbrochen, ob jeweilen je der eine konkrete Mensch für den anderen konkreten Menschen unsichtbar oder sichtbar wird, daran hängt es, ob es Humanität ist, was in dem Allem auf dem Plane ist.

Bureaukratie nennt man diejenige Form der Teilnahme des Menschen am Mitmenschen, in welcher gerade dieser erste Schritt — der Schritt in die gegenseitige Offenheit, verfehlt, und zwar darum verfehlt wird, weil die Zweisamkeit um der Einfachheit einer allgemeinen Betrachtung und eines allgemeinen Verfahrens willen umgangen wird. Bureaukratie ist die Begegnung von Blinden mit solchen, die von diesen als Blinde behandelt werden. Ein Bureau ist eine Stelle, wo die Menschen unter gewissen Schemata betrachtet und nach bestimmten Plänen, Grundsätzen und Regeln behandelt, abgefertigt, verarztet werden. Das kann dann wohl dazu führen, daß die Menschen selbst — die Behandelnden und die Behandelten — sich gegenseitig unsichtbar werden. Nicht jedes Bureau ist ein Amtsbureau. Es sitzt und wirkt auch Mancher, ohne es zu wissen, zeitlebens in einem Privatbureau, von dem aus er die Menschen nun eben nach seinen Privatplänen zu behandeln und abzufertigen gedenkt, wobei es dann wohl möglich ist, daß ihm die wirklichen Menschen gerade deshalb zeitlebens unsichtbar bleiben, wie er selbst dann vielleicht auch den Anderen zeitlebens unsichtbar bleiben muß. Gewiß, es darf und muß auch Bureaux geben: Amtsbureaux und Privatbureaux. Nicht in jedem Bureau waltet Bureaukratie. Es befindet sich aber jedes Bureau hart an der Grenze, jenseits derer die Bureaukratie und mit der Bureaukratie — auch bei der Voraussetzung humanster Absichten — die Inhumanität aufs Neue und erst recht ihr Haupt erheben müßte. Nicht der Bureaulist — wir müssen und dürfen wohl Alle auch ein wenig Bureaulisten sein — aber der Bureaukrat ist unter allen Umständen ein Unmensch. — Es wird erlaubt sein, in dieser ganzen Sache an die Parabel vom Auge zu denken, die nach Matth. 6, 22 f. lautet: «Das Auge ist das Licht des Leibes. Wenn nun dein Auge lauter (ἁπλοῦς) ist, dann wird der ganze Leib hell sein. Wenn aber dein Auge unlauter (πονηρός) ist, so wird der ganze Leib finster sein.» Die Parabel zielt mit diesem humanen Bild, dem recht oder schlecht sehenden Auge, auf die offene oder verschlossene Beziehung des Menschen zum nahe herbeigekommenen Gottesreich: «Wenn nun das Licht in dir Finsternis ist, wie groß wird die Finsternis sein!» Es wird aber kein Zufall sein, daß zur Abbildung dieser Beziehung gerade dieses humane Bild, das Bild vom lautern und unlautern Auge, gewählt wurde.

Das Sein in der Bewegung besteht 2. darin, daß man miteinander redet, aufeinander hört. Die Sache klingt einfach und besteht doch wiederum in einer sehr vielfachen Aktion: Ich und Du müssen reden, Ich und Du müssen hören, und zwar miteinander reden, aufeinander hören. Kein Element darf hier fehlen. Das ist der humane Sinn der Sprache. Wir befinden uns eine Stufe höher als vorhin. Es ist gut, sich zu sehen und voneinander gesehen zu werden. Aber hier fehlt zur Humanität noch Vieles. Offenheit der Begegnung ist gut, ist als erster Schritt unentbehrlich, aber allein in Offenheit kann sie sich nicht erschöpfen; Offenheit allein ist noch keine Bürgschaft dafür, daß Ich dich erreiche, Du mich erreichst, eine wirkliche Begegnung also stattfindet. Offenheit, Sehen und Gesehenwerden ist ja an sich immer noch ein rezeptives und kein spontanes Geschehen. Vom bloßen Sehen kennt man sich bekanntlich noch nicht oder eben nur unvollkommen, und zwar darum, weil der Eine dem Anderen, solange sie sich bloß gesehen haben, noch keine Gelegenheit gegeben hat, sich «vorzustellen», d. h. sich selbst zu interpretieren, selbst kundzugeben, wer und was er ist, was es mit seiner Person und seinem Sein nach seinem eigenen Verständnis auf sich hat. Solange der Eine den Anderen bloß sieht, ist er darauf angewiesen, sich von ihm ein Bild zu machen, ihn und das, was er ist und tut, zu verstehen unter seinen eigenen Gesichtspunkten, ihn zu messen und zu beurteilen nach seinen eigenen Maßstäben. Noch hat der Andere nichts Eigenes dazu beigetragen, sich ihm erkennbar zu machen. Noch ist dieser, indem er ihn erkennen will, ganz auf sein eigenes Vermögen angewiesen. Und diese Schranke bedrückt nun doch wohl auch den Anderen: solange er bloß gesehen und vom Sehen gekannt ist, ist er darauf angewiesen, für Jenen in dem Bilde zu existieren, das jener sich von ihm gemacht hat; er ist dann das und nur das, was er in dessen Augen, nach dessen eigenen Maßstäben ist. Noch konnte er nichts dazu tun, sich anders und vielleicht besser, nämlich genuiner, darzustellen; noch steht er mit seiner Selbstinterpretation der Interpretation ohnmächtig gegenüber, die jener sich, indem er ihn bloß gesehen, zurecht gemacht hat — ohnmächtig und wahrscheinlich auch etwas kopfschüttelnd auch dann, wenn Jener vielleicht noch so tief in ihn hineingesehen hat. Und wenn nun in der Begegnung von Ich und Du nicht nur ein gegenseitiges Sichbetrachten, sondern auch ein Zusammentreffen, ein gegenseitiges Sichberühren und Sichüberschneiden des beiderseitigen Seins und also Handelns vorkommen sollte, wenn also irgend ein Feld gemeinsamen Lebens entstanden sein sollte, in welchem Ich und Du, indem sie sich sehen, sich fortwährend auch haben, fortwährend auch praktisch miteinander rechnen und auskommen müssen — wie können dann die beiderseitig gewonnenen Bilder, wie können dann die eigenmächtigen Vorstellungen, die der Eine vom Anderen, der Andere vom Einen sich gebildet hat, genügen, um den offenbar erforderten Verkehr zwischen beiden sicherzustellen? Noch könnten gerade diese Bilder, in denen der Eine für den Anderen, der Andere für den Einen zunächst ausschließlich existiert, diesen Verkehr ebensowohl erschweren wie erleichtern, ebensowohl unmöglich wie möglich machen. Noch könnte es, solange bloß diese Bilder maßgebend sind, wohl geschehen, daß man sich in diesem Verkehr gegenseitig bloß behandelt, statt miteinander zu handeln. Noch ist sogar der Grenzfall nicht ausgeschlossen, daß alles Sehen und Gesehenwerden entweder den Einen oder den Anderen oder auch beide noch immer nicht davon befreit hat, in diesem Verkehr als «Mensch ohne Mitmensch» dazustehen und als solcher dann sicher ein echtes und rechtes, vielleicht ganz und gar unbewegliches «Verkehrshindernis» zu sein, wobei die Folge dann sicher die sein müßte, daß man nicht nur nicht miteinander, sondern gerade gegeneinander handelt. Eben hier muß die Sprache eingreifen: der menschliche Gebrauch des Mundes und der Ohren. Humanität als Begegnung muß zum Ereignis der Sprache werden. Und Sprache heißt umfassend: gegenseitige Aussprache und gegenseitiges Vernehmen von Aussprache, gegenseitige Ansprache und gegenseitiges Vernehmen von Ansprache. Keines von diesen vielen Elementen darf fehlen.

Der Mensch redet viel und hört auch viel. Aber die Linie, auf der er, indem er redet und hört, menschlich ist, ist eine feine Linie, die zur Rechten und zur Linken auch nicht die geringste Abweichung duldet.

Es geht für das Ich darum, sich dem Du gegenüber **auszusprechen**. Gesprochenes, von mir gesprochenes Wort ist meine aktive **Selbstkundgabe** zum Du hin, mein spontanes Überschreiten der notwendigen Grenze meines bloßen Sichtbarseins für den Anderen. Indem ich das Wort ergreife, bezeuge ich, daß ich die Interpretation meiner selbst nicht dem Du überlassen, sondern ihm dabei zu Hilfe kommen will, indem ich ihm meine Selbstinterpretation jedenfalls mit zu bedenken gebe. Indem ich rede, versetze ich den Anderen in die Lage, sein Bild von mir mit meinem eigenen, mit der Vorstellung, die ich selbst von mir habe, zu vergleichen. Ich helfe ihm antworten auf die naheliegende Frage, ob sein Bild von mir das richtige sein möchte. Daß ich mich ausspreche, hat also nicht in erster Linie den Sinn — es darf sogar von mir aus gar nicht den Sinn haben — daß ich mich selbst erleichtern, mich selbst verteidigen und rechtfertigen will gegenüber einem Unrecht, das mir durch das Bild, das der Andere von mir hat, angetan sein oder angetan werden könnte. Diesen Sinn mag meine Aussprache nachträglich und im Erfolg bekommen. Der Sinn ihrer Absicht von meiner Seite aber kann nicht dieser sein, sondern der Sinn dessen, daß ich mich dem Anderen gegenüber ausspreche, besteht darin, daß ich ihm diesen Beistand schuldig bin. Es darf also meine Aussprache ihm gegenüber, soll sie menschlich sein, mit der Angst, ich könnte mißverstanden sein, mit dem Eifer, mir selbst bei ihm zu Hilfe zu kommen, um mich ins Recht zu setzen, gerade nichts zu tun haben. Nicht umsonst pflegen denn auch Aussprachen, hinter denen diese Absicht steht, gewöhnlich nicht zu jenem Erfolg zu führen. Menschlich ist mein Wort gerade als Selbstkundgabe dann und nur dann, wenn ich, indem ich die Initiative ergreife, mich selbst deutlich und verständlich zu machen, das notwendige Anliegen des **Anderen** vor mir habe, mich nicht nur zu sehen, sondern zu verstehen, über die Ungewißheit der Deutung, in der er mir gegenüber steht, über die Verlegenheit, die ihm diese Ungewißheit bereitet, hinauszukommen. Dazu kann ich ihm nur damit helfen, daß ich selbst ihm sage, wer ich bin, wie ich dran bin, wie ich es meine, mit wem und was er es in mir und meinem ganzen Sein nach meiner nach bestem Wissen und Gewissen gewonnenen Einsicht zu tun hat. Eben dazu helfe ich ihm mit meinem Wort. Rede ich in dieser Absicht mit ihm — nicht um meiner selbst, sondern um seinetwillen — dann, aber auch nur dann werde ich mich ja gewiß auch ehrlich und also echt gegen ihn aussprechen. Echte Aussprache wäre ja das Wort nicht, in welchem ich mich selbst in dieser oder jener Hinsicht vorbehielte, d. h. eben nicht «vorstellte», vor mich heraus stellte. Echte Aussprache wäre das Wort nicht, in dem ich mich in anderer Gestalt herausstellte, als ich mich nach bestem Wissen und Gewissen kenne. Echte

Aussprache wäre also natürlich das Wort nicht, das mir vielleicht geradezu Maske wäre — *la parole est donnée à l'homme pour déguiser sa pensée!* — mittels derer ich den Anderen verhindern wollte, mich wirklich zu verstehen, mittels derer ich mich also gerade nicht aussprechen wollte. Wie hätte ich das Du als Du ernst genommen, wenn ich mich ihm gegenüber aussprechen und nun in Wahrheit gerade nicht aussprechen wollte? Wie wäre ich dann in der Begegnung mit ihm? Wie wäre dann mein Reden ein humanes Reden, mein Mund ein menschlicher Mund? Das Du ernst nehmen, bedeutet aber, daß es mir gerade indem ich mich selbst ausspreche und also kund gebe, um das Du zu tun ist: daß es mir, indem ich mich vorstelle, an ihm, diesem Anderen, der es nun wohl oder übel mit mir zu tun haben muß, gelegen ist und daß ich das Meinige tun will, ihm bei der ihm gestellten Aufgabe, sich mit mir zurecht zu finden, nicht allein zu lassen. Meine Aussprache ihm gegenüber wird unter dieser Voraussetzung — aber doch wohl nur dann — keine Lüge, sondern wahrhaftig sein.

Es geht aber für das Ich weiter darum, auch die Aussprache des Anderen zu **vernehmen**. Gehörtes, vom Du her gehörtes Wort ist dessen aktive Selbstkundgabe zu mir hin. Auch der Andere will jetzt die Grenze des bloßen Sichtbarseins überschreiten. Auch er überläßt mich nun nicht der Vorstellung, die ich mir von ihm gemacht habe. Auch er will sich jetzt selbst vorstellen, d. h. auch er ladet mich jetzt ein, mein Bild von ihm zu vergleichen mit dem, was er selbst dazu beizusteuern hat. Auch er will mir jetzt also helfen. Eben darum und in dieser Absicht redet er mit mir. Ihn in diesem Sinn vernehmen, aufnehmen, das heißt: ihn hören. Ich höre ihn nicht, wenn ich annehme, daß es ihm dabei doch nur um sich selbst zu tun sei, daß er sich doch nur bei mir empfehlen, mich mit ihm beschäftigen und in dieser Absicht sich mir bemerklich und verständlich machen, sich und sein Sein mir aufdrängen wolle. Es geht mich, indem er mit mir redet, nichts an, daß es in unzähligen Fällen, in denen Einer sich mir gegenüber aussprechen will, tatsächlich so sein könnte, so zu sein scheint. Es geht jetzt ganz allein um die Humanität meines Hörens, und die ist negativ dadurch bedingt, daß ich den Anderen jedenfalls nicht in diesem Mißtrauen höre — und positiv dadurch, daß ich voraussetze: er will mit seiner Aussprache und also mit seiner Selbstkundgabe mir zu Hilfe kommen. Ich bin ihm gegenüber in der Ungewißheit und also in der Verlegenheit, ihn nur vom Sehen zu kennen und also nur problematisch, nur von meinem Gesichtspunkt aus um ihn zu wissen — zu wissen, mit wem und was ich es in ihm zu tun habe. Nun ergreift er das Wort. Nun will er also meine Vorstellung von ihm durch seine eigene von sich selbst ergänzen und verbessern. Nun will er mir also über die Verlegenheit, in der ich mich ihm gegenüber befinde, so viel an ihm liegt, hinweghelfen, indem er mir durch sein Wort die Gelegenheit gibt, meine Sicht von ihm zu verifizieren. Menschlich ist mein Hören dann und nur dann, d. h. offen sind meine

Ohren für den Anderen dann und nur dann, wenn ich ihm ganz und gar unter dieser Voraussetzung zuhöre. Denn dann und nur dann entsteht bei mir der nötige Raum für seine Selbstkundgabe. Rechne ich nicht damit, daß mein Sehen des Anderen ein unvollkommenes, ein ergänzungsbedürftiges und verbesserungsbedürftiges sein möchte, daß es vielleicht sogar eine ganz und gar verkehrte Sache sein könnte, leide ich nicht unter der Verlegenheit, die das Du mir bereitet, solange ich darauf angewiesen bin, es mir von mir her zu interpretieren, solange es mir seine Selbstkundgabe vorenthält, sehe und beklage ich die Lücke nicht, die da bei mir selbst klafft, dann kann das Wort des Du bei mir keinen Raum finden. Ich kann es dann, wie dringlich es auch an mein Ohr schlage, nicht hören. Mein Ohr ist dann noch lange kein menschliches Ohr, denn ich habe dann das Du des mir unweigerlich zugeordneten Mitmenschen noch lange nicht als solches ernst genommen. Das Du ernst nehmen und also ein menschliches Ohr haben, heißt: die Selbstkundgabe des Anderen entgegennehmen und willkommen heißen als ein Ereignis, das zwischen ihm und mir gerade um meiner selbst willen durchaus eintreten muß. Ich habe es nötig, daß der Andere sich mir vorstelle, sich mir gegenüber herausstelle, geschehe dabei, was da wolle, und werde daraus, was da wolle — ich selbst bin noch gar nicht richtig Ich, ich bin ja immer noch ohne ihn, ich bin ja immer noch leeres Subjekt, wenn ich über jene Verlegenheit ihm gegenüber nicht hinwegkomme. Wie sollte ich ihm da die Wohltat nicht danken, die er mir jetzt dadurch erweisen will, daß er sich ausspricht? Wie er es auch meine, was er auch von mir wolle, wie ehrlich oder unehrlich er auch dabei vorgehe — eben darum handelt es sich, das ist der objektive Sinn des Ereignisses seiner Aussprache mir gegenüber: daß jetzt, jetzt eben diese höchste Wohltat für mich selber mindestens in Frage kommt. Das Hören unter dieser Voraussetzung ist das menschliche Hören auf die Aussprache des Mitmenschen.

Aber die Sache hat eine andere Seite: Es geht für das Ich nicht nur darum, sich selbst auszusprechen, sondern zugleich darum, das Du anzusprechen. Gesprochenes, von mir gesprochenes Wort ist meine Mitteilung an das Du. Selbstkundgabe an den Anderen kann ja kein Selbstzweck sein. Was hätte jene Überschreitung der Grenze über das bloße Sichtbarsein hinaus für einen Sinn, wie dürfte ich den Anderen damit inkommodieren, daß ich mich ihm vorstelle, was ginge ich ihn an, wenn es zwischen mir und ihm nicht, indem ich mich ihm gegenüber ausspreche, darum ginge, daß ich ihm eben damit etwas Objektives zur Aneignung anzubieten und zu vermitteln habe? Warum muß und will ich mich ihm deutlich machen und erklären? Wir sagten: weil er allein, weil er durch das bloße Sehen mit der Aufgabe, mich zu erkennen, nicht fertig wird. Aber warum muß er mich denn erkennen? Er muß mich, so müssen wir jetzt fortfahren, darum erkennen, weil ich für ihn der Inbegriff eines

Objektiven bin, dessen er als Subjekt bedürftig ist, das ihm aber zunächst unzugänglich, das für ihn zunächst in meiner Gestalt verborgen ist. Wir erinnern uns ja: Ich bin nicht du, Du bist nicht ich. So ist das, was der Andere an mir zu sehen bekommt, etwas für ihn Neues, Fremdes, Anderes. So bin ich für ihn draußen, ein ihm unbekanntes Wesen, ganz nahe und doch auch ganz fern, wo ich ihm, da er mich sieht, da ich ihm begegne, doch gerade nicht fremd, und da ich ihm so nahe bin, doch gerade nicht fern bleiben dürfte, wo ich ihm, da es zum Verkehr zwischen ihm und mir kommen muß, doch keinesfalls bloß äußerlich, kein in sich verschlossenes Objekt sein dürfte. Ich bin ihm in dieser Gestalt eine richtige Lebensnot, solange hier keine Brücke geschlagen, kein Weg von ihm zu mir gangbar ist. Eben darin besteht seine Verlegenheit, daß er, solange er mich nur vom Sehen kennt, keinen Weg zu mir hat, das für ihn Neue, Fremde, Andere in mir sich nicht anzueignen und darum auch nicht mit mir zu verkehren vermag. Darum muß er mich erkennen. Und darum bin ich es ihm schuldig, mich ihm zu erkennen zu geben. Ich habe ihm etwas zu sagen, d. h. ich habe ihm das, was ihm, solange er mich bloß sieht, unbekannt bleiben müßte, ich habe ihm mein ihm Neues, Anderes vertraut zu machen. Das ist der Sinn des Wortes als Anspruch des Einen an den Anderen. Das Wort als Anspruch ist notwendig so etwas wie ein Einbruch aus der Sphäre des Einen in die Sphäre eines anderen Seins. Indem ich den Anderen anrede — indem ich ihm etwas vortrage, ihn etwas frage, ihn um etwas bitte oder etwas von ihm fordere und dabei verlange, daß er mich höre — richte ich die Zumutung an ihn, daß er — und das heißt Hören — solange nicht einfach bei sich bleibe, sondern auch für mich da sei, daß er sich nicht nur durch sich selbst, sondern nun auch durch mich beschäftigen lasse. Anreden heißt mit seinem eigenen Sein beim Anderen anklopfen und Eintritt verlangen. Indem ich ihn anrede, erlaube ich mir, ihn dadurch zu beunruhigen und zu stören, daß ich ihn darauf aufmerksam mache, daß ich auch, und zwar auch für ihn da bin. Es fragt sich in jedem einzelnen Fall, ob das ein für mich dankbares Unternehmen ist. Denn es ist nie selbstverständlich, daß es dem Anderen bewußt ist: er ist des Objektiven bedürftig, das ich ihm zu bieten und zu vermitteln habe — nie selbstverständlich, daß er nach dem Neuen, Fremden, Anderen, das ich für ihn bin, begierig, daß es ihm eine Lebensnot ist, zwischen ihm und mir keine Brücke und keinen Weg zu sehen, mit mir nicht verkehren zu können und darum willig und bereit, sich jenen Einbruch aus meiner Sphäre in die seine gefallen, sich von mir etwas sagen zu lassen. Es ist ja umgekehrt sehr viel wahrscheinlicher, daß der bewußte Wunsch des Anderen vielmehr dahin geht, daß ich ihn mit mir in Ruhe lassen möchte. Das darf uns aber über den wirklichen Sachverhalt nicht täuschen. Es mag uns allerdings daran erinnern, daß es sich im echten Anspruch des Ich an das Du wirklich um die Mitteilung eines Objektiven handelt, um die Eröffnung irgend einer Seite der großen Sache des vom Ich und vom Du gemeinsamen zu lebenden Lebens. Es ist das Wort, mit dem ich mich an den Anderen wende, mit dem ich ihn aufsuche, mit dem ich ihn selbst erreichen möchte, dann human, wenn das Neue, Fremde, Andere, mit dem ich, indem ich ihn anrede, Eintritt fordernd bei ihm anklopfe, auf ihn selbst zielt, wenn es zu ihm dringt als ein Lebenselement, das ihn selbst nötigt, für ihn selbst wichtig und unentbehrlich ist. Es ist also dann ein humaner Anspruch, wenn ich dem Anderen, indem ich ihm zumute, mich anzuhören, etwas für ihn selbst Entscheidendes zu geben habe. Aber eben daran ist ja im Grunde nicht zu zweifeln: daß ein Mensch des andern, und zwar gerade dessen, worin ihm der Andere noch unbekannt ist, bedürftig ist, daß ein Mensch dem anderen Entscheidendes zu geben hat, daß das Nicht-Erkennen des Einen für den Anderen immer Lebensnot ist, die auf Beseitigung wartet. Und weil dem so ist, gibt es im Grunde nichts, was die humane Pflicht und Schuldigkeit des Einen, den Anderen anzureden, in Frage stellen könnte. Man darf die Sache nur nicht unter dem Gesichtspunkt des persönlichen Bedürfnisses des Einen betrachten. Es ist klar, daß das persönliche Bedürfnis — wenn es darauf ankäme — den Menschen, wenn er sich selber recht versteht, im Grunde immer zum Schweigen und nicht zum Reden anhalten, in die Einsamkeit und nicht in die Zweisamkeit und also nicht in die Ansprache zum Anderen hin treiben würde. Was habe ich mit meinem Wort schon zu sagen, zu bieten, mitzuteilen? Wie kann ich schon erwarten, daß der Andere gerade mich zu hören begehre? Ich würde ihn aber — und das ist es, was mir das Schweigen verbietet, das Reden gebietet — fallen lassen, sich selbst überlassen, wenn ich mir das vielleicht undankbare Wagnis und ihm den vielleicht unangenehmen Einbruch in seine Sphäre ersparen, ihm das, was er bestimmt wissen muß und doch nicht weiß, bis ich es ihm gesagt habe, vorenthalten würde. Ich darf es ihm nicht vorenthalten, weil er mir als Mensch begegnet und weil ich ihn als Menschen nicht ernst nehmen würde, wenn ich es unterlassen würde, gerade den Weg von mir zu ihm mit allem Ernst zu suchen. Werde daraus für mich, was da wolle, ich kann und darf es an diesem Anklopfen nicht fehlen lassen. Die Humanität der Begegnung zwischen Ich und Du verlangt es, daß ich gerade in dieser Hinsicht nicht nur ein paar Versuche mache, sondern mein Äußerstes tue. Das Reden unter dieser Voraussetzung: das Reden nicht um seiner selbst, sondern um des bedürftigen Anderen willen ist das menschliche Reden.

Nun geht es aber für das Ich wiederum darum, daß es seinerseits auch den Anspruch des Du vernehme. Gehörtes, vom Du her gehörtes Wort, ist dessen Mitteilung an das Ich. Dazu hat sich der Andere mir nicht vorgestellt, daß ich ihn bloß von außen betrachte. Dazu hat er sich nicht ausgesprochen, daß er mir nun doch bloß ein Gegenstand bleibe. Dann hätte ich ihn auch nicht gehört, wenn es bei der Distanz zwischen ihm und mir nun doch sein Bewenden haben sollte. Indem er mit mir redet, will er von mir erkannt, d. h. will er mich in seinem eigenen, in dem mir neuen, fremden, anderen Wesen aufsuchen und so von innen gesehen und begriffen sein. Nun ist er es, der zu mir kommen, der also zu mir eine Brücke und einen Weg, der bei mir eine offene Türe sucht. Nun will er in mir sein. Das ist der Sinn seines Redens, seines Berichtens, Fragens, Bittens, Sorgens, der Sinn seines Anspruchs und der mir durch seinen Anspruch gemachten Zumutung. Das mag nun für mich so aussehen, als ob er etwas von mir wolle. Ob ich dem Schein zuwider bemerke, um was es in Wirklichkeit geht? Daß es hier nämlich ganz und gar um mich selbst geht? Daß Ich gar nicht Ich sein kann, ohne diesen Anspruch des Anderen zu vernehmen, ohne ihn zu mir kommen zu lassen und also ohne ihn zu hören. Es geht um die Behebung meiner eigenen Lebensnot, in der ich versinken müßte, solange ich mit mir selbst allein bleibe, solange mir dieser Andere, solange mir das Objektive, mit dem er Einlaß fordernd an meine Tür klopft, nur objektiv ist und bleibt, solange ich es mir nicht zu eigen machen kann! Bin ich doch in der Begegnung mit ihm und was wird aus mir, wie kann ich in der Begegnung mit ihm sein, solange er mir nur äußerlich bleibt, ein Betrachteter, ein unerkannter Gegenstand, fern gerade in der Nähe, in die er mir nun einmal gerückt ist? Die Frage möchte sich dazwischen drängen, ob denn bei mir Raum sei für ihn? ob ich denn etwas mit ihm anzufangen wisse? ob ihm denn also damit gedient und geholfen sein möchte, daß ich ihn anhöre, ihn zu mir hereinlasse? Was kann es für ihn schon bedeuten, wenn ich ihm diesen Einbruch in meine Sphäre gestatte, als ob er etwa ausgerechnet bei mir gut aufgehoben wäre? Kein Zweifel: der Anspruch des Mitmenschen, und wäre er noch so bescheiden, verlangt immer viel zu viel von mir, als daß ich mir einbilden könnte, ihn auch nur von ferne erfüllen zu können! Viel zu viel steht ja hinter jedem Wort des Anderen, als daß ich auch beim besten Willen hoffen könnte, ihm gerecht zu werden. Eine ganze Welt ist ja schließlich jeder Mitmensch, und nicht nur, daß ich dies und das, sondern daß ich ihn selbst und also diese ganze Welt zur Kenntnis nehmen solle, ist ja schließlich das Begehren, mit dem er sich an mich wendet. Es liegt wirklich näher — es könnte sich mir geradezu als ein Akt von Demut gegenüber einer allzu großen Aufgabe empfehlen wollen — lieber nicht oder doch lieber nicht zu viel und nicht zu ernstlich zu hören auf das, was mir vom Anderen gesagt wird. Könnte es nicht Überheblichkeit, könnte es nicht die Erweckung falscher Erwartung bedeuten, wenn ich ihm meine Tür öffne oder eben weiter als ein Spältchen öffne? Ist es nicht zu viel verlangt, daß ich ihn wirklich und ernstlich erkennen wollen solle? Aber eben: Was wir in dieser Sache können und leisten, und was das für den Anderen bedeuten könnte, das ist hier nun einmal nicht die erste Frage. Sondern das ist hier die erste Frage: was aus uns selbst werden sollte, wenn wir den Anderen etwa nicht anhören, wenn wir ihm den Einbruch in unseren Bereich ganz oder teilweise verwehren wollten. Mag daraus für ihn werden was da wolle, möge es ihm etwas helfen oder nichts helfen, viel oder wenig helfen: da ist er und da bin ich — da er in seiner mir so neuen, fremden, andersartigen Gestalt, er mir so undurchdringlich und nun doch so nahe, daß ich ihm nicht entgehen kann, daß ich ihn sehen und so oder so haben muß, er, der jetzt auch noch zu mir redet und mir also in aller Form zumutet, ihm Einlaß zu geben — und da ich in meiner peinlichen Einsamkeit (darum peinlich, weil sie durch seine Gegenwart nun einmal bedroht ist), ich in meiner Verschlossenheit, in der ich mich doch, da die Begegnung mit ihm nun einmal Ereignis ist, nicht halten kann, ich, der ich jetzt überdies auch noch sein Wort zu meinen Ohren dringen höre, in welchem er sich mir durchaus mitteilen will! Also: was bleibt mir um meiner selbst willen, um mich selbst zu retten wie jener ungerechte Richter, übrig, als nun eben zu hören, was der Andere mir zu sagen hat, und also mich aufzutun und also mir das Seinige zu eigen zu machen? Solange ich nicht unter diesem Zwang stehe, solange ich nicht begriffen habe, daß es jetzt gerade nicht um den Anderen, sondern um mich selbst geht, solange ich noch meinen kann, daß ich mich dem Hören auf den Anderen ohne Schaden für mich selbst auch entziehen könnte: solange höre ich noch nicht menschlich, auch dann nicht, wenn ich tausend demütige Gründe dafür hätte, ihn nicht oder nur halb zu hören. Das menschliche Hören des Anderen geschieht unter der Voraussetzung, daß ich selbst ein geschlagener Mann wäre, wenn ich es unterlassen könnte, ihn zu hören, und zwar ernstlich zu hören.

Es hängt also — wir unterstreichen nun zusammenfassend auch noch diesen Begriff — für den humanen Sinn der Sprache, des menschlichen Mundes und des menschlichen Ohres alles daran, daß der Mensch und der Mitmensch miteinander reden und aufeinander hören, daß die Aussprache und die Ansprache zwischen Ich und Du eine gegenseitige ist. Man kann bekanntlich wie aneinander vorbeisehen, so auch aneinander vorbeireden und vorbeihören. Wenn das geschieht, dann bedeutet das immer, daß wir faktisch nicht in der Begegnung und also unmenschlich sind. Man redet und hört aber immer dann aneinander vorbei, wenn jene Überkreuzung nicht stattfindet. Zwei Menschen können sehr offen, eingehend und eifrig zusammen reden: ist es aber so, daß ihre Worte doch nur ihrem eigenen Bedürfnis dienen, daß sie, indem sie zusammen reden, doch nur ein Jeder sich selbst bestätigen und helfen wollen, so werden sie einander bestimmt nicht erreichen, so werden sie sich gegenseitig nicht wirksam anreden, so werden sie vielmehr nur aneinander vorbeireden können. Wie sollte es anders sein, wie sollten sie sich finden können, da sie sich ja auch gar nicht gesucht, da sie ja beide, je für sich und gar nicht füreinander geredet haben? Aus zwei Monologen kann nun einmal kein Dialog werden. Es beginnt der Dialog und damit die Menschlichkeit der Begegnung von Ich und Du dann und erst dann, wenn das hinüber und herüber gesprochene Wort zum Mittel wird, je den Anderen zu suchen, dem Anderen zu helfen, das heißt ihn in der Verlegenheit, die der Eine dem Anderen notwendig bereitet, zurecht zu helfen. Man wird dann unter dieser Voraussetzung nicht nur zusammen, d. h. in einem gemeinsam hervorgebrachten Wortgeräusch aneinander vorbei, sondern miteinander, in menschlichen Worten wirklich zueinander reden. Beim Hören steht es umgekehrt: Zwei Menschen können sehr offen, sehr aufmerksam, sehr gespannt aufeinander hören: ist es aber nicht so, daß es beiden eigenes Bedürfnis ist, zu hören — hören sie nur dem Anderen und nicht ehrlich sich selbst zuliebe, dann werden die beiderseitig gesprochenen Worte ihr Ziel nicht finden, beider Ohren sind dann geschlossen, beide werden dann aneinander vorbeihören müssen. Es kann nicht anders sein. Man kann auch als Hörender nur finden, was man gesucht hat. Es beginnt der Dialog auch von dieser Seite gesehen dann und erst dann, wenn es den Hörenden beiderseits je um sich selbst, je um die Behebung ihrer eigenen Verlegenheit dem Anderen gegenüber zu tun ist, wenn also die Worte des Anderen als Hilfe in dieser Verlegenheit entgegengenommen werden und willkommen sind. Hören ist ohne diese Voraussetzung nur das gemeinsame Erleiden des gemeinsam hervorgebrachten Wortgeräusches. Hören wird nicht ohne, sondern mit dieser Voraussetzung zum Hören miteinander und aufeinander: zu einem Hören, in welchem mit den menschlichen Worten auch die für sie bestimmten Ohren menschlich werden.

Es bedarf nun keines besonderen Nachweises mehr, daß und warum das bekannte Mißtrauen gegen das menschliche Wort als solches ein Stück weit praktisch berechtigt ist. Nur Worte! Nichts als Worte! Leere Worte! «Worte sind Schall und Rauch!» Es besteht Anlaß zu der Enttäuschung, die sich hier Luft macht. Die meisten Worte, die wir reden und hören, haben mit einem Gespräch zwischen Ich und Du, mit der Begegnung von Mensch und Mensch, mit dem Versuch, miteinander zu reden und aufeinander zu hören und also mit Humanität notorisch nichts zu tun. Die meisten unserer Worte sind, ob geredet oder gehört, eine inhumane, eine barbarische Angelegenheit, weil wir sie nicht zueinander reden, und weil wir dabei auch nicht aufeinander hören wollen. Wir reden sie, ohne uns suchen, ohne uns helfen zu wollen. Und wir hören sie, ohne daß wir uns finden, ohne daß wir uns helfen lassen wollen. So redet man im Privatgespräch, so in Predigten, Vorträgen und Diskussionen, so in Büchern und Zeitungsartikeln. So hört man und so liest man auch. Man redet und schreibt, man hört und liest: Propaganda. Und so wird das Wort allerdings entleert und entwertet, zum bloßen Wort; so leben wir in einer dauernden Inflation des Wortes. Man muß sich nur klar sein darüber, daß das Mißtrauen und die Enttäuschung hier wie überall der Weg nicht sind, um die Dinge besser zu machen. Leer sind ja eigentlich nicht die Worte, sondern leer sind die Menschen, wenn sie leere Worte reden und hören. Leer und nichtig steht dann nämlich das Ich dem Du, ein leeres Subjekt einem anderen gegenüber. Noch nicht oder nicht mehr realisiert ist dann die Tatsache, daß weder Ich noch Du für sich, sondern beide nur in der Begegnung miteinander menschlich sein können, und daß gerade das sie beide über die bloße gegenseitige Sicht und Ansicht hinausführende geredete und gehörte Wort das Mittel sein dürfte, in dessen Gebrauch beide menschlich zu werden in der Lage wären. Indem wir miteinander reden und aufeinander hören können, ist uns jedenfalls die Möglichkeit zum Sein in der Begegnung offen gelassen, stehen wir jedenfalls schon oder immer noch auf der Schwelle zur Humanität. Es besteht, solange wir reden und hören können, kein Zwang, der uns nötigte, draußen zu bleiben, kein Hindernis, daß das geredete und gehörte Wort sich dadurch füllen könnte, daß ihm der rechte Gebrauch zuteil wird. Mit dem Mißtrauen und der Enttäuschung gegenüber dem Wort als solchem würden wir der Humanität grundsätzlich den Rücken zuwenden. Das ist der Grund, weshalb dieses Mißtrauen und diese Enttäuschung bei aller Berechtigung, die sie praktisch haben mögen, unter allen Möglichkeiten die sind, denen wir unter keinen Umständen wirklich Raum geben dürfen.

Das Sein in der Begegnung besteht 3. darin, daß man einander in der Tat seines Seins gegenseitig Beistand leistet. Wir steigen jetzt noch eine Stufe höher. Es gibt ein, wenn auch beschränktes Füreinander auch im Verhältnis von Mensch und Mensch im Allgemeinen. Und menschliches Sein ist nicht menschlich, wenn es nicht auch dieses Füreinander in sich schließt. Wie die Offenheit zwischen Ich und Du, die Sichtbarkeit des Einen für den Anderen, des Anderen für den Einen, nur die Vorstufe ihrer gegenseitigen Aussprache und Ansprache ist, so kann auch diese nicht Ziel, sondern nur Mittel sein zu dem Höheren, zu der Gemeinschaft, in der der Eine für den Anderen nicht nur erkennbar, sondern in den notwendigen Schranken zu haben ist, für ihn da ist. Vielleicht ist das Sein in der Begegnung, ist die Humanität schon auf jenen unteren Stufen darum weithin so gehemmt und gebrochen, vielleicht weiß der Mensch darum praktisch so wenig von der heilsamen Offenheit zwischen sich und dem Mitmenschen, und darum so wenig von einem wirklichen Reden und Hören zwischen ihm und jenem, weil es schon auf jenen unteren Stufen um den Weg zu jenem Höheren geht. Er bemerkt wohl, daß es schon dort dieses Höhere ist, das nach ihm greift: er müßte darum sehen und sich sehen lassen, er müßte darum mit dem Anderen reden und auf ihn hören, weil er um menschlich zu sein, für ihn zu haben, weil er für ihn da sein müßte. Das wittert er. Und eben davor schreckt er zurück. Das ist ihm zuviel, und und wenn ihm das zuviel ist, ist ihm schon Alles zuviel, was zu dieser Weiterung führen müßte: das aufrichtige Sichsehen und Sichsehenlassen, das aufrichtige Wort zwischen Mensch und Mensch. Hier besteht in der Tat ein notwendiger Zusammenhang. Wenn Ich und Du sich wirklich sehen, wenn Ich und Du miteinander reden und aufeinander hören, dann ist es unvermeidlich, daß sie sich eben damit gegenseitig rufen, zur Tat rufen. Es geht jetzt, auf dieser höheren Stufe, um den humanen Sinn des menschlichen Handelns. Daß unser Handeln menschlich ist, ist nämlich dadurch noch nicht gewährleistet, daß es in seiner Form durch menschlichen Verstand und menschlichen Willen, durch menschliche Technik und Kunst bestimmt ist. Kein noch so hoher Grad von Vollkommenheit, die ihm in dieser Hinsicht zu eigen sein könnte, bürgt ja dafür, daß es nicht doch bloß das leere Subjekt ist, das darin tätig ist: der Mensch, der ohne den Mitmenschen noch gar nicht menschlich geworden, der also die Beziehung zum Du und damit sich selber noch gar nicht gefunden hat, noch gar nicht Ich geworden ist. In intensiv und extensiv gewaltigster Aktion begriffen, fehlt ihm vielleicht zur Menschlichkeit dennoch gerade das Eine, und mit dem Einen Alles: daß er nicht in der Begegnung und damit nun doch nicht menschlich ist, an der Humanität keinen Anteil hat. Handeln in der Begegnung heißt aber: Handeln in der Entsprechung zu dem Ruf, den das Du, indem es dem Ich begegnet, an das Ich ergehen läßt, und darum (denn auch hier geht Alles auf Gegenseitigkeit): in der Entsprechung zu dem Ruf, den das Ich in dieser Begegnung seinerseits an das Du ergehen läßt. Menschlichkeit meines Handelns schließt beides in sich: ich handle als Einer, der den Ruf des Anderen vernommen hat, und ich handle als Einer, der seinerseits dem Anderen gerufen hat und immer wieder rufen muß. Menschliches Handeln unterscheidet sich also vom unmenschlichen durchaus nicht wie altruistisches vom egoistischen Handeln. Egoistisches Handeln — es gibt tatsächlich einen «gesunden Egoismus!» — ist dann durchaus menschlich, wenn es ohne sich als solches zu verleugnen, in den Dienst des vom Du an das Ich ergehenden Rufes gestellt ist. Und altruistisches Handeln — es gibt nämlich einen höchst ungesunden Altruismus! — ist dann höchst unmenschlich, wenn es nicht auch aus dem Ruf des Einen nach dem Anderen stammt, wenn der Eine dabei in dem Wahne handeln sollte, daß er den Anderen für sich nicht ebenso nötig habe, wie er ihm jetzt nötig zu sein scheint. Handeln und also Sein in der Begegnung und also menschliches Handeln schließt die doppelte Entsprechung in sich: Der Andere hat mir und ich habe ihm gerufen; er hat mich, aber ich habe wahrhaftig auch ihn nötig; ich handle als Gerufener, aber auch als selbst Rufender. Dies ist das Höhere, das jenseits des bloßen Sichsehens, des bloßen Redens zueinander und Hörens aufeinander entscheidend wird: die Gemeinschaft, der jene Vorstufen notwendig entgegenführen. Sie besteht darin, daß wir in unserem Handeln füreinander zu haben sind: nicht nur der Eine für den Anderen, nicht nur der Andere für den Einen, sondern wie der Eine für den Anderen, so auch der Andere für den Einen. Es ist diese Gemeinschaft — noch wird freilich auch damit das letzte Wort nicht gesprochen sein — die die Begegnung von Ich und Du ihrem Ziel entgegenführt, die des Menschen Sein zu einem menschlichen macht. Sie verwirklicht sich konkret darin, daß wir einander in der Tat unseres Seins gegenseitig **Beistand** leisten. Die Anschauung und der Begriff sind beschränkt und sie müssen es sein. Wir können nicht füreinander eintreten. Ich kann nicht dein, du kannst nicht mein Leben leben. Ich kann dir deine, du kannst mir meine Verantwortung nicht abnehmen. Denn Ich und Du sind nicht auswechselbar: Ich und Du sind nicht nur in ihrer Zusammengehörigkeit, sondern auch in ihrer Verschiedenheit letzte geschöpfliche Wirklichkeit. Daß der Mensch Jesus, indem er er selbst ist, im strengsten Sinn für uns ist, für uns lebt, die Verantwortung für uns übernimmt, das hat er, indem er als Gottes Sohn in der Macht Gottes des Schöpfers handelt, vor uns voraus, das ist sein Privileg, darin kann ihm kein anderer Mensch gleich kommen. Die Entsprechung zu seinem Sein und Handeln besteht in dem Beschränkteren: daß wir uns gegenseitig Beistand leisten. Diese Entsprechung ist freilich notwendig. Weniger als das kann Humanität — da wir, was das ist, am Maß des Menschen Jesus zu ermessen haben — auch allgemein, auch für uns nicht bedeuten. Ist unser Handeln menschlich, dann heißt das: es ist ein Handeln, in dem wir uns Beistand leisten und Beistand voneinander empfangen. Unmenschlich wäre beides: ein Handeln, in welchem wir dem Anderen unseren Beistand verweigern und ein Handeln, in welchem wir auf seinen Beistand verzichten wollten. Denn Einsamkeit und Verharren in der Einsamkeit wäre beides. Nur das leere Subjekt könnte sich dieses Verharrens schuldig machen, würde keinen Beistand leisten und keinen entgegennehmen wollen. Nur das Handeln des leeren Subjektes, nicht das des wirklichen Menschen, könnte ein autarkes Handeln sein. Je mehr Autarkie, um so näher also die gefährliche Grenze der Inhumanität! Je mehr Humanität, um so mehr Durchbrechung der Autarkie unseres Handelns. Beistand heißt: aktives Stehen bei dem Anderen. Beistand heißt: so nahe bei ihm stehen, daß das eigene Handeln eine Hilfe, eine Unterstützung für das seinige bedeutet. Beistand heißt also: ihn in seinem Sein und Handeln nicht sich selbst überlassen, sondern in und mit dem eigenen Sein und Handeln zugleich an der Frage, der Sorge, der Last der Bedrängnis des seinigen teilnehmen, mit seinem eigenen Leben zugleich die Bemühung um das Leben des Anderen — obwohl es doch das seinige ist und bleiben muß, obwohl wir ihn nicht vertreten können — auf sich nehmen. Beistand heißt: mit dem Anderen leben. Indem wir einander sehen, indem wir miteinander reden und aufeinander hören, rufen wir uns faktisch gegenseitig um Beistand an. Der Mensch als Mensch, als Gottes Geschöpf bedarf dieses Beistandes und kann nicht anders als danach rufen. Und der Mensch als Mensch, als Gottes Geschöpf ist dessen fähig, ist eben dazu bestimmt, seinem Mitmenschen Beistand zu gewähren und Beistand von ihm zu empfangen. Gott allein und der Mensch Jesus als Gottes Sohn ist ohne dieses Bedürfnis, bedarf keines Beistandes und ist dann auch seinerseits dessen fähig, dem Menschen viel mehr als Beistand, nämlich eben dies, daß er für ihn eintritt, zu gewähren. Menschlichkeit für uns aber besteht darin, daß wir des gegenseitigen Beistandes bedürfen und fähig sind. Indem der Mensch lebt, ruft er danach, daß ihn sein Mitmensch nicht allein, nicht sich selbst überlasse. Daß er sein Leben selbst leben und

2. Die Grundform der Menschlichkeit

verantworten muß, weiß er wohl. Er weiß aber ebensowohl, daß er nicht leben und sich verantworten kann, wenn ihm der Mitmensch nicht beispringt und an die Hand geht, ihm aktiv zur Seite steht. Für ihn sein in jenem strengen Sinn des Begriffs kann er nicht, das kann Gott allein. Er kann aber für ihn zu haben sein: er kann so nahe bei ihm sein, daß dessen eigenes Sein ihn zwar nicht trägt, aber doch stützt, ihm zwar nicht Sieg und Überwindung, aber doch Trost und Ermutigung gibt, ihn zwar nicht befreit, aber doch erleichtert. Indem der Mensch lebt, ruft er nach dieser Hilfe, die so nur der Mitmensch ihm geben kann: das Wesen, das mit ihm in derselben Lage ist, das ihn kennen, das sich in ihn versetzen, das also die richtige, die für ihn passende und nötige Hilfe erraten und darum auch leisten kann. Kein anderes Wesen kann ja dem Menschen so nahe kommen, daß es ihm das, was er als Hilfe braucht, leisten könnte, keines kann ihn ja so gut kennen, keines ihn so sehen wie er ist, mit keinem kann es reden, keines kann es hören. Und darum ruft der Mensch — sofern er um Beistand, sofern er also nicht nach dem ruft, was Gott allein leisten kann — nach dem Mitmenschen. Menschlich ist ein solches Handeln, in welchem der Mensch, indem er sich selbst zu helfen sucht, zugleich nach der Hilfe des Mitmenschen ruft, zugleich die Hand ausstreckt nach der Stütze, die nur dieser Andere ihm geben kann. Sein Handeln könnte sehr erhaben erscheinen, es wäre aber unmenschlich, wenn er auf diesen Hilferuf verzichten, wenn er wirklich meinen würde, sich selbst genügen zu können. Der Mensch würde gerade in dieser Gottähnlichkeit unmenschlich, er würde gerade in dieser scheinbaren Erhabenheit ins Bodenlose fallen: nicht in erster Linie darum, weil ihm dann vielleicht wirklich niemand mehr beistünde — das könnte freilich auch geschehen und er würde dann wohl erfahren müssen, wie real er des Anderen bedürftig ist — sondern in erster Linie darum, weil er mit solcher affektierter Bedürfnislosigkeit sein eigenes menschliches Wesen verraten und verleugnen würde: er würde, indem er dem helfenden Du den Rücken kehrte, auch nicht mehr Ich sein, er würde sich in jenes leere Subjekt verwandeln und auflösen und damit ins Elend stürzen, auch wenn sich ihm trotz seiner Unart hunderte von Händen von allen Seiten hilfreich entgegenstrecken würden. Wer sich nicht helfen lassen will, dem ist auch von Anderen nicht zu helfen, und wenn sie es schon wollten. Meine Menschlichkeit hängt daran, daß ich mir dessen bewußt bin und bleibe und daß mein Handeln durch das Bewußtsein bestimmt ist: ich habe den Beistand des Du so nötig wie der Fisch das Wasser. Sie hängt daran, da ich mir an dem, was ich selbst für mich selbst tun kann, gerade nicht genügen lasse, sondern danach rufe, daß das Du sein Tun auch mir zugute kommen lasse.

Und dem entspricht nun die andere Seite derselben Situation: Indem der Mensch lebt, ist er seinerseits gerufen von seinem Mitmenschen.

Auch dieser möchte ja in seinem Handeln nicht allein, nicht sich selbst überlassen sein. Ich kann nicht für ihn eintreten. Ich kann seine Lebensaufgabe nicht zur meinigen machen. Das kann er nicht von mir erwarten. Mit Gott soll er mich nicht verwechseln. Und es wird ja gewiß dafür gesorgt sein, daß er dazu auch keinen Anlaß hat. Ich muß zunächst schon mir selber zu helfen suchen, und dasselbe wird auch er sich nicht ersparen können. Aber indem er sich selber zu helfen sucht, hat er das Recht, von mir zu erwarten, daß ich nicht nur für mich, sondern auch für ihn da sei, daß ich nicht an ihm vorbei, sondern mit ihm lebe, daß mein Leben auch eine Unterstützung des seinigen sei, Trost, Ermutigung und Erleichterung auch für ihn bedeute. Danach ruft er. Sein ganzes Handeln ist immer auch dieser Ruf nach meiner Hilfe. Und indem ich meinerseits handle, stehe ich unter dieser seiner Erwartung, erreicht und trifft mich dieser sein Hilferuf. Vielleicht will ich ihm darum nicht allzu tief in die Augen sehen, mir von ihm darum nicht allzu tief in die meinigen sehen lassen, vielleicht will ich darum nicht allzu aufrichtig mit ihm reden, nicht allzu aufrichtig auf ihn hören, weil man sich bloß richtig zu sehen, sich gegenseitig bloß richtig auszusprechen und anzusprechen braucht, um alsbald — und je richtiger es dabei zugeht, um so dringender — diesen Hilferuf zu vernehmen. Aber ob ich ihn willig oder unwillig, recht oder schlecht vernehme: er ertönt, und irgendwie erreicht und trifft er mich auch. Ich bin nun einmal kein Ding und mein Mitmensch ist es auch nicht, sondern ich muß als Mensch dessen unmittelbar gewahr sein, daß der Mitmensch — in gleicher Lage wie ich selber — seine Hand nach mir ausstreckt und meine Stützung sucht. Ich weiß wohl, daß auch er nicht Gott ist und eben darum sich selbst zu genügen nicht in der Lage ist. Und ich weiß auch wohl, daß das, was er von mir erwartet — ein bißchen Beistand nämlich — durchaus nicht über meine Kräfte geht, daß dieses bißchen Beistand noch lange kein göttliches, sondern das von mir mit Fug und Recht zu erwartende menschliche Werk ist, das zu leisten ich fähig und darum auch schuldig bin. Ich kann dem Mitmenschen, der mich um dieses Werk bittet, nicht ausweichen, sondern ich muß mich ihm stellen, ich muß ihm standhalten und Genüge tun. Ich würde selbst unmenschlich, wenn ich mich dieses Bewußtseins entschlage, wenn ich mich dieser sehr beschränkten aber bestimmten Leistung entziehen wollte. Wieder steht die Menschlichkeit meines eigenen Handelns, wieder stehe ich selbst auf dem Spiel. Menschlich ist ein solches Handeln, in welchem der Mensch, indem er wohl oder übel sich selber helfen muß, zugleich den Hilferuf des Anderen vernimmt, seine Bedürftigkeit in die Bestimmung seines eigenen Handelns aufnimmt. Menschlich ist mein Handeln dann, wenn die nach mir ausgestreckte Hand des Anderen nicht ins Leere greift, sondern in der meinigen die Stütze findet, um die er mich bittet. Es wäre dann unmenschlich, wenn ich mich damit begnügen wollte, mir

2. Die Grundform der Menschlichkeit

selbst Genüge zu tun. Man bemerke: nicht den Anderen, sondern mich selbst stoße ich ins Unheil, nämlich in die Unmenschlichkeit, indem ich ihm meinen Beistand versage, indem ich das Bescheidene, das ich für ihn tun kann, nicht tue. Hat er nach mir gerufen, hat er mich für sich in Anspruch genommen, dann hat er ja das Seinige für die Menschlichkeit seines Handelns getan. Es geht aber um mich selbst, wenn ich mich seinem Hilferuf verschließe. Er, der Andere, ist dann, soviel an ihm liegt, in der Begegnung; ich aber bin es dann nicht: ich bin dann ohne das Du, ich kann dann auch nicht mehr Ich sein, ich verwandle mich dann, nun unter diesem Aspekt, in jenes leere Subjekt, ich bin dann im Elend, ich bin dann jene Leere, in die der Andere hineingreift und also ein nichtiges Wesen, und wenn die Selbsthilfe, die ich mir unterdessen angedeihen lasse und mit der ich mich begnügen will, noch so vollkommen wäre. Wer dem Anderen nicht helfen will, dem ist auch mit der vollkommensten Selbsthilfe keinen Schritt weit geholfen. Meine Menschlichkeit hängt daran, daß ich mir dessen bewußt bin und bleibe, und daß mein Handeln durch das Bewußtsein bestimmt ist: ich selbst habe es nötig, so nötig, wie der Fisch das Wasser, dem Du meinen Beistand zu gewähren. Sie hängt daran, daß ich in und mit dem, was ich für mich selbst tue, auch dem Ruf des Anderen entspreche, mein Tun auch ihm zugute kommen lasse.

Man beachte gerade zum Verständnis dieser dritten Stufe, auf der alles Bisherige zu einem gewissen Abschluß kommt: Humanität ist kein Ideal und ihre Betätigung ist keine Tugend. Wir reden von keinem auf Grund einer Hypothese ausgedachten Menschen, dessen Bild zu erfüllen wir aufgefordert wären, vor dessen Bild man sich aber auch mit der Entschuldigung zurückziehen könnte, daß der wirkliche Mensch nun einmal ein ganz anderes Wesen sei. Man macht sich gerade keiner Idealisierung schuldig, wenn man vom Menschen sagt, daß er dazu geschaffen und bestimmt sei, von seinem Mitmenschen Beistand zu empfangen und seinem Mitmenschen Beistand zu leisten. Man redet vielmehr gerade damit vom w i r k l i c h e n Menschen. Und man redet gerade damit r e a l i s t i s c h von ihm, während alle diejenigen Beschreibungen des Menschen, bei denen die Voraussetzung jenes leeren, weil dem Mitmenschen gegenüber isolierten Subjektes maßgebend ist, als in einem ungesunden Sinn idealistisch zu bezeichnen sind. Man redet dort, man redet auf der konsequent oder auch inkonsequent begangenen Zarathustra-Linie von einem Menschen, den es nicht gibt und auch nicht geben kann oder eben nur als die Traumgestalt des wahnsinnigen Menschen geben kann. Das Gegenbild des Menschen Jesus — das Bild des Menschen, der, indem er zwar nicht Gott, wohl aber der Mensch ist, dessen Gott sich in dem Menschen Jesus angenommen hat, das Bild des Menschen, für den Gott ist, indem der Mensch Jesus für ihn ist — das Bild d i e s e s Menschen ist das realistische Bild des w i r k l i c h e n Menschen. Kein optimistisches Gesetz, kein Hochziel wird uns in jenem Licht vorgehalten, sondern die primitive Tatsächlichkeit unserer Situation, wie sie ist: Der Mensch ist nun einmal nicht allein, sondern er ist mit seinem Mitmenschen, seiner Hilfe bedürftig, ihm zu helfen verbunden. Was ist es schon Besonderes, was damit von ihm verlangt ist? Was wird da überhaupt verlangt vom Menschen? Wie könnte das eine Tugend sein, was einfach darin besteht, daß der Mensch seiner tatsächlichen Situation gerecht wird? Alles Besondere, alles, was vom Menschen erst zu verlangen wäre, könnte ja nur der Unsinn sein, das Tollkühne: daß er diese seine Situation verlassen, daß er aufhören könnte, menschlich zu sein. Menschlich zu sein und also menschlich zu handeln (und also zu jener Bedürftigkeit, aber auch zu jener Bereitschaft des Beistandes sich zu bekennen), das ist natürlich und gar nicht übernatürlich, das liegt dem Menschen nahe als das Allernächste, während ihm das Gegenteil unendlich fern liegt. Was von ihm verlangt ist, ist gerade dies, daß er nicht in diese Ferne schweife, daß er im besten Sinne bei sich selbst, bei seiner ihm anerschaffenen Bestimmtheit als Mensch bleibe. Man beachte also, daß der Mensch gerade an dem Ort und in der Gestalt, in der ihn die christliche Anthropologie sehen muß, den beliebten Ausbruchsversuch: ihm sei mit seiner Bestimmung zu viel, zu Hohes, zu Gutes zugemutet, nicht machen kann. Nichts, im Grunde gar nichts, wird ihm hier zugemutet als dies, daß er sich in der Situation, in der er sich wirklich befindet, erkenne, sich dabei behaften lasse, daß er eben dieser Situation und keiner anderen gerecht zu werden hat.

Das Sein in der Begegnung besteht aber 4. darin, daß das ganze Geschehen, das wir bisher als die Grundform der Humanität beschrieben haben, unter dem Zeichen steht, daß es hinüber und herüber g e r n e geschieht. Also: daß man sich gegenseitig gerne sieht und gerne voneinander sehen läßt, gerne miteinander redet und gerne aufeinander hört, gerne Beistand empfängt und gerne Beistand leistet. Man kann das die letzte höchste Stufe der Humanität nennen. Man kann freilich auch ebenso gut sagen: wir haben es hier mit dem Geheimnis des Ganzen und also schon der drei vorangehenden Stufen zu tun. Noch fehlte ja unserer Beschreibung des Menschlichen auf allen jenen drei Stufen eine bestimmte Dimension, ohne deren Hervorhebung wir gerade das Menschliche als solches nun doch noch verfehlt haben könnten. Noch könnte nämlich Alles über das Verhältnis von Ich und Du und also über die Grundform der Humanität Gesagte, und wenn es das Bild des wirklichen Menschen äußerlich noch so realistisch wiedergegeben haben sollte, wie die Beschreibung eines ziemlich komplizierten Mechanismus oder, etwas lebendiger aufgefaßt: wie die Beschreibung einer zwar in sich vollkommenen, aber leider von ihrer Wurzel abgetrennten Pflanze anmuten: ich sehe das Du und lasse es mir gefallen, auch von ihm gesehen zu werden; ich rede mit ihm, ich höre, wie auch es mit mir redet; ich bedarf seiner und ich sehe ein, daß es auch meiner bedarf. Noch könnte das Alles geschehen und eingesehen sein und noch könnte hier trotzdem eine Lücke bestehen und nicht beachtet sein, ohne deren Ausfüllung das Alles noch nicht ernstlich und eigentlich menschlich wäre. Noch könnte das Alles eine unmenschliche Beschreibung des Menschlichen gewesen sein; noch könnte das Alles gerade der entscheidenden, der das Ganze bewegenden und belebenden Dynamik und damit der eigentümlichen Substanz des Menschlichen, der Seele, entbehren, ohne die alle Humanität unseres Seins, und wäre sie äußerlich in bester Ordnung, nun doch nur äußerlich wäre, ohne die sie innerlich und eigentlich und also wesentlich doch unmenschlich sein müßte. Wir versuchen es abschließend, nun gerade auch dieses Innerliche und Eigentliche in das Bild des wirklichen, des menschlichen Menschen einzubeziehen und also

2. Die Grundform der Menschlichkeit 319

nun ausdrücklich auch noch nach jener Dynamik, Substanz und Seele des Ganzen zu fragen: nach dem Geheimnis der Humanität.

Keine Verwechslung: Wir fragen nach dem Geheimnis der Humanität als solcher. Wir setzen voraus: sie ist die Humanität des Menschen, dessen Bestimmung darin besteht, Gottes Bundesgenosse zu sein. Das ist das große Geheimnis des Menschen: daß er zu Gott gehört, daß Gott für ihn, und zwar in der Person des Menschen Jesus, für ihn ist. Wir reden jetzt nicht von diesem großen, sondern von dem kleineren, aber wahrhaftig sehr beachtlichen Geheimnis seiner Humanität: seiner menschlichen Natur, so wie sie in der Entsprechung zu seiner Bestimmung zur Bundesgenossenschaft mit Gott beschaffen ist. Sie entspräche nicht jener Bestimmung, wenn sie nicht auch in sich und als solche ein Geheimnis enthielte. Wir werden sie sogar gerade deshalb, weil sie jener Bestimmung des Menschen und damit jenem großen Geheimnis entspricht, auch nach diesem ihrem eigenen, kleineren, nach dem ihr gewissermaßen immanenten Geheimnis befragen müssen. Es würde keinen Sinn haben, ihr dieses ihr eigenes Geheimnis abzustreiten, zur Ehre des großen Geheimnisses des Menschen, das in seinem Gottesverhältnis besteht, darüber hinwegzugehen, daß eben der Mensch, zu dem Gott in jenes Verhältnis tritt, von demselben Gott so geschaffen ist, daß er auch in seiner geschöpflichen Existenzweise als solcher und also in seiner Humanität nicht ohne Geheimnis, sondern der Träger, Verwalter und Hüter eines an seinem Ort und in seiner Art wahrhaftig beachtlichen Geheimnisses ist.

Wir können es als solches nicht auflösen, d. h. es wird Alles, was wir zu seiner Beschreibung tun können, nur darauf hinauslaufen können, daß wir es als Geheimnis bezeichnen. Aber war nicht Alles, was wir von der Humanität schon bis dahin gesagt haben, ein Bezeichnen mehr als ein direktes Beschreiben? Hat nicht Alles, was wir über den menschlichen Sinn des Auges, des Mundes und der Ohren, des Handelns schließlich gesagt haben, über sich selbst hinausgewiesen auf ein Entscheidendes, das gerade als solches verborgen blieb, das mit allem Vorgebrachten wohl angedeutet, aber nicht fixiert werden konnte? Betrachten wir dieses Entscheidende nun für sich, so kann das eigentlich nur bedeuten: wir sprechen es aus, daß wir, indem wir die Humanität zu beschreiben unternehmen, auf der ganzen Linie nur bezeichnen, nur andeuten können: woher sie zuletzt kommt und in was sie eigentlich besteht. Wir zeigen mit Allem ,was wir da sagen können, in ein Verborgenes, in das Innere, das der Sinn und die Kraft ihres beschreibbaren Äußeren ist. Wir zeigen auf der ganzen Linie auf ihr Geheimnis. Eben das ist es, was wir jetzt auch noch ausdrücklich und also in Form einer besonderen Überlegung und insofern im Blick auf eine letzte höchste Stufe des Begriffs der Humanität zu tun haben.

Die noch offene Lücke in unserer Beschreibung der Humanität besteht aber darin, daß wir noch nicht ausdrücklich festgestellt haben. daß das Sein in der Begegnung, in welchem wir die Grundform der Humanität zu erblicken haben, ein Sein ist, das vom Menschen gerne verwirklicht wird. Ich denke, daß dieses anspruchslose Wort «gerne» das Geheimnis. vor dem wir nun stehen, zwar nicht auflöst, aber als die *conditio sine qua non* der Humanität wenigstens richtig bezeichnet.

Die Alternative, die in Frage kommt, ist nicht «ungern», sondern: neutral, so also, daß an Stelle des «gern» auch ein «ungern» stehen könnte. Sollte ich die Wahl haben, das Sein in der Begegnung von Ich und Du vielleicht gerne, vielleicht aber auch ungern zu verwirklichen? Sollte ich irgendwo frei sein, dem humanen Sinn meiner Augen, meines Mundes, meiner Ohren, meines Handelns und also meiner ganzen Beziehung zum Du, von deren positivem Gehalt wir nun gesprochen haben, gern oder auch ungern gerecht zu werden? Sollte ich von irgendwoher über beide Möglichkeiten verfügen, mir beide vorbehalten können? Wer des Menschen Menschlichkeit so beschriebe, der hätte sie, auch wenn er sie im Blick auf alle jene früheren Stufen des Begriffs richtig gesehen und dargestellt hätte, als Bestimmtheit des menschlichen Wesens, des Menschen selbst noch gar nicht ernst genommen. Er hätte dann am wirklichen Menschen, der dieser Verfügung und dieses Vorbehalts nun einmal nicht fähig ist, doch noch oder schon wieder vorbeigesehen.

Denn was würde solche Neutralität zwischen «gern» und «ungern» bedeuten? Sie würde bedeuten: des Menschen Sein in der Begegnung ist zwar eine Tatsache, sie ist die tatsächliche Situation, in der sich der Mensch befindet und der er sich auch äußerlich nicht entziehen kann, ohne sich seiner Natur zu entfremden. Ihm bleibt also, will er seiner Situation und also seiner Natur gerecht werden, nichts Anderes übrig, als sich mit allen Konsequenzen daran zu halten, daß das Ich dem Du, das Du dem Ich nun einmal zugeordnet ist, daß diese Zuordnung nun einmal realisiert werden muß. Er unterwirft sich dieser Zuordnung, wie man sich einem unentrinnbaren Naturgesetz unterwirft. Er verwirklicht also die gegenseitige Offenheit, die gegenseitige Aussprache und Ansprache, den gegenseitigen Beistand und also den ganzen Begriff der Menschlichkeit nach bestem Wissen und Gewissen in der Erkenntnis, daß ihm etwas Anderes gar nicht übrig bleibt. Ihm bleibt aber bei dem Allem offen, er kann sich in dem Allem offen lassen, vielleicht gerne, vielleicht doch auch ungern dabei zu sein. Er steht dabei irgendwo in seinem Innersten — sagen wir volkstümlich, aber immerhin biblisch und auch deutlich: in seinem Herzen — an einem Ort oberhalb dieses «gern» oder «ungern». an einem Ort, von dem her er sich für das Eine oder für das Andere entscheiden kann: für oder gegen ein spontanes Dabeisein in jener Begegnung nämlich, für oder gegen seine willige Teilnahme am Du, für oder gegen ein inneres Ja als das Motiv dieser Teilnahme. Ihm ist also jenes Gesetz zwar verbindlich, ihm ist es aber doch nur äußerlich verbindlich, während es ihm eigentlich und im Grunde unverbindlich gegenübersteht. Er kann es auch als ein anderes denn als sein eigenstes, anders als das von ihm selbst aufgerichtete, er kann es auch bloß als ein ihm selbst fremdes, bloß auferlegtes, bloß vorgeschriebenes Gesetz bejahen und erfüllen wollen.

2. Die Grundform der Menschlichkeit

Nehmen wir an, dem wäre so, dann wäre damit in letzter Stunde eine Entscheidung gefallen, die alles Frühere und scheinbar Gesicherte noch einmal gänzlich in Frage stellen würde. Das würde nämlich unweigerlich bedeuten, daß die Zuordnung von Ich und Du, Du und Ich letztlich doch nur ein zufälliges Faktum der menschlichen Existenz, und nur als solches unausweichlich, nur als solches zu respektieren wäre, daß sie aber das Wesen des Menschen, den Menschen selbst, letztlich und eigentlich nicht berühren würde, indem sie gerade seinem Innersten, seinem Herzen fremd wäre. In seinem Wesen, in seinem Innersten, in seinem Herzen ist der Mensch ja das und nur das, was er gerne ist. Sprechen wir nicht primär von dem, was er gerne ist, dann haben wir nicht von seinem Wesen, nicht von ihm selbst gesprochen. Bleibt die Frage offen, ob der Mensch gern oder ungern menschlich, gern oder ungern in der Begegnung des Ich mit dem Du ist, dann bedeutet das nicht mehr und nicht weniger als dies: Zu seinem Wesen als Mensch gehört es nicht, menschlich zu sein. Er ist es zwar faktisch, weil ihm infolge der unvermeidlichen Gegenwart des Mitmenschen keine andere Wahl gelassen wird. Er kann es auch in der Weise sein, daß er es faktisch gern ist. Er könnte es aber an sich auch nicht sein. Und im Grunde, im Rezeß, in der Höhle seines eigentlichen Selbst ist er es tatsächlich nicht. Die Humanität ist ihm eigentlich fremd. Sie ist so etwas wie ein Hut, den er aufsetzen oder auch abnehmen kann. Sie gehört also nicht zu ihm. Sie ist nicht das Gesetz, das er sich selbst vorschreibt, indem er Mensch ist. Sie ist nicht die Freiheit, in der er schon den ersten Atemzug tut. Sondern seine erste, seine eigentliche Freiheit ist die merkwürdige Wahlfreiheit, in der er ihr als einem ihm von außen auferlegten Gesetz vielleicht gerne, vielleicht auch ungern gerecht wird. Er atmet zuerst in dieser Wahlfreiheit, nicht in der Freiheit, der Humanität gerne gerecht zu werden. Und das bedeutet, daß seine Humanität — auch wenn er ihr gerecht, auch wenn er ihr schließlich gerne gerecht wird! — ohne Wurzel, ohne Dynamik, ohne Substanz, ohne Seele ist.

Das ist aber das Geheimnis der Humanität: Es handelt sich bei dem Sein in der Begegnung von Ich und Du nicht um eine zufällige, nachträglich zum Menschen hinzukommende und äußerlich ihm auferlegte, es handelt sich hier vielmehr um eine seinem Wesen immanente freie Selbstbestimmtheit des Menschen. Er ist nicht Mensch, um dann auch noch den Mitmenschen neben sich zu haben und um dann auch noch gern oder ungern menschlich, d. h. in der Begegnung mit ihm zu sein. Sondern er ist Mensch, indem er gerne menschlich ist: in dem Sinn gerne, daß ein «ungern» gar nicht zur Wahl steht, gar nicht in Frage kommt. Er ist eindeutig und von Haus aus gerne menschlich. Er gehorcht durchaus der Stimme, er folgt durchaus dem Zug seines eigenen Herzens, indem er menschlich ist, indem er also dem Anderen Auge in Auge gegenübersteht, indem er zu ihm redet, indem er ihn hört, indem er seinen Beistand empfängt und ihm wieder Beistand leistet. Es gibt da gerade keinen Rezeß, kein Réduit, keines Waldes finstere Gründe, in denen tief versteckt er es auch anders wollte oder doch anders wollen könnte. Sondern er selbst ist menschlich. Er selbst ist in dem in jenen drei Stufen des Begriffs geschilderten Sinn nicht ohne, sondern mit dem Mitmenschen. Er wäre gar nicht der Mensch, wenn er ohne und nicht mit dem Mitmenschen wäre. Das ist die große Lücke in unserer bisherigen Darstellung, die wir nun noch, so gut wir können, füllen — das ist die Dimension, in die wir nun auch noch besonders und ausdrücklich zeigen müssen.

Daß der Mensch nicht ohne den Mitmenschen ist, das ist kein dem Menschen widerfahrender Zufall, nicht nur kontingente Tatsache, nicht bloß Gegebenheit, mit der er sich willkürlich auseinandersetzen, so oder so zurechtfinden könnte. Er ist vielmehr von Haus aus und indem er selbst Mensch ist, nicht nur nicht ohne, sondern mit dem Mitmenschen. Er ist mit dem Mitmenschen nicht ein Wesen, sondern er ist mit ihm, indem er der Eine und der Mitmensch der Andere ist. Wir hatten immer wieder Anlaß und wir haben es auch jetzt, uns zu erinnern: Ich bin Ich und Du bist Du! Du bist Du und nicht Ich! Es geht in der Humanität nicht um die Beseitigung und Auflösung, sondern um die Bestätigung, um die rechte Betätigung dieser Zweiheit als solcher. Identitätsmystik ist hier wie im Verhältnis zwischen Gott und Mensch nicht der Weg, auf dem man den Sachverhalten gerecht wird. Mensch und Mitmensch, Ich und Du, bedeutet gegenseitige Begrenzung. Aber eben Begrenzung bedeutet in diesem Verhältnis, das kein dingliches, sondern das von allen dinglichen Verhältnissen verschiedene menschliche Verhältnis ist, auch gegenseitige Bestimmung. Und diese Bestimmung ist nicht nur äußerlich, sondern zugleich innerlich. Sie kommt also nicht erst hinzu zum Wesen des Menschen, zu ihm selbst: so also, daß er selbst ihr und sie ihm ursprünglich und eigentlich fremd, so also, daß er in irgend einer Höhe oder Tiefe seines Wesens nicht durch sie bestimmt wäre. Er ist ihr gegenüber gerade nicht frei, sondern er ist frei, indem er durch sie bestimmt ist. Er ist er selbst, indem er in dieser Bestimmtheit ist. Die Äußerlichkeit des mir begegnenden, des von mir verschiedenen Mitmenschen hat mit der noch ganz anderen Äußerlichkeit des von mir verschiedenen Gottes das gemeinsam, daß sie mir auch innerlich ist: in dem Sinn innerlich, daß dieses Äußerliche, der andere Mensch, mir als solcher, in seiner Andersheit, auch innerlich ist, zu mir gehört. Der Mensch ist nicht der Mitmensch, aber er ist mit ihm. Ich bin nicht Du, aber ich bin mit dir. Humanität ist die Realisierung dieses «mit». Indem zwei Menschen sich in die Augen sehen, miteinander reden und aufeinander hören, sich gegenseitig Beistand leisten, sind sie miteinander. Aber nun kommt Alles darauf an, daß sie dabei nicht nur unter einem ihnen von außen auferlegten Gesetz stehen,

2. Die Grundform der Menschlichkeit

nicht nur einer für sie nun einmal unausweichlichen Situation gerecht werden. Wohl gilt und waltet da ein Gesetz: das Gesetz des Schöpfers, das als solches dem Geschöpf allerdings auferlegt ist. Und wohl gibt es da eine Situation, in der sich der Mensch befindet: geschaffen dadurch, daß er tatsächlich nicht allein, daß der Mitmensch ihm gegenwärtig ist. Aber eben als sein, des Geschöpfes eigenes, d. h. von ihm selbst für sich selbst aufzurichtendes, als das Gesetz seiner eigenen Freiheit, ist ihm jenes Gottesgesetz gegeben, und nur indem es als solches gilt, gilt es genuin, im Sinn seines Gesetzgebers. Gilt es anders, gehorcht ihm der Mensch als einem fremden, nur als einem ihm von außen auferlegten, nicht auch als seinem eigenen Gesetz, gehorcht er ihm nicht gerne, kennt er auch die Möglichkeit ihm vielleicht nicht oder nur ungern zu gehorchen, weil er selbst vielleicht etwas ganz Anderes will oder wollen könnte — dann gilt es für ihn gar nicht, dann hat er es wohl noch gar nicht erkannt. Das heißt aber: er hat dann auch sich selbst noch gar nicht erkannt, er ist dann noch gar nicht bei sich selbst, sondern irgendwohin verrückt, außer sich selbst. Denn er selbst ist, indem er unter diesem Gesetz als unter dem Gesetz seiner eigenen Freiheit steht. Indem er ihm so, als dem Gesetz seiner eigenen Freiheit gehorsam ist, realisiert er jenes «mit» — mit dem Mitmenschen, mit dem Du — nicht nur aus äußerer, sondern aus innerer Notwendigkeit und also gerne, also wirklich von sich aus. Es bekommt dann jenes Miteinander den Charakter des schlechthin Spontanen. Es ist dann der Mitmensch dem Menschen, das Du dem Ich nicht nur gegeben, auferlegt, gesetzt, so daß die gewissermaßen instinktive Form der Begegnung mit ihm die «Auseinandersetzung», d. h. aber die heimliche oder offene Rückgängigmachung der Begegnung, die «Absetz-Bewegung» sein könnte, in der man sich vor dem Anderen — «kaum gegrüßt, gemieden» — schleunigst wieder in Sicherheit begibt und in der großen Sorge, er könnte uns zu nahe treten, in dem großen Anliegen, uns selbst gegen ihn zu behaupten, zu sich selbst zurückkehrt. Sondern es ist dann der Mitmensch dem Menschen, das Du dem Ich in seiner ganzen Andersheit und Eigenheit zugehörig und also willkommen. Ich habe dann auf dich gewartet, ich habe dich dann, noch bevor du mir begegnet bist, gesucht, ich habe dich dann gemeint, noch bevor ich dich kannte. Die Begegnung mit dir ist mir dann gerade nicht die Begegnung mit einem mich störenden Fremden, sondern die Begegnung mit dem längst vermißten Gegenüber, ohne das ich selbst leer und nichtig dastehen würde. Die Situation zwischen Mensch und Mensch wird dann und dann erst unausweichlich, und ich werde ihr dann und dann erst gerecht, wenn sie meiner Willkür auch in der Hinsicht entnommen ist, daß ich nicht etwa frei bin, sie innerlich zu bejahen oder abzulehnen, sondern wenn ich sie gerade innerlich, gerade von mir aus nur bejahen kann, wenn ich mir bewußt bin, wirklich erst und ausschließlich in dieser Situation ich selbst sein und mich selbst betätigen zu können. Humanität ist die Realisierung dieses gerade in der menschlichen Freiheit begründeten, gerade in dieser Freiheit notwendigen Miteinander von Mensch und Mensch.

Wir haben diesen Satz zu sichern gegen zwei Mißverständnisse. Das eine wäre dieses: Humanität in diesem höchsten Sinn des Begriffs kann nicht etwa darin bestehen, daß der Eine sich gewissermaßen an den Anderen verliert, sein eigenes Leben, seine eigene Aufgabe und Verantwortlichkeit preisgibt oder doch vergißt und versäumt, sich selbst zu einer bloßen Angleichung an den Anderen, zu seiner Nachahmung, und die Aufgabe und Verantwortlichkeit des Anderen zum Rahmen seines eigenen Lebens macht. Der Mensch gehört zum Mitmenschen; er kann ihm aber nicht gehören, er kann ihm nicht hörig werden. Er kann es darum nicht, weil er ihn damit gerade in dem, was er ihm ist, nämlich als den Anderen, nicht sehen und anerkennen würde. Er würde ihm mit scheinbar so großer Ehre gerade zu wenig Ehre erweisen. Er würde sich ihm gerade mit einer scheinbar so völligen Hingabe in Wirklichkeit versagen. Er würde ihm damit zu nahe treten, daß er die Begegnung mit ihm nun doch zu einer Vereinigung mit ihm verfälschen wollte. Er würde sich ihm aufdrängen und in einer Weise zur Last fallen, die weder der Würde noch den Kräften des Anderen angemessen ist. Man kann sich einem Mitmenschen nicht unterwerfen, ohne ihn eben damit aufs tiefste zu beleidigen. Denn was er als der Andere von mir erwartet, kann nicht das sein, daß ich aufhöre, sein Du zu sein und also aufhöre, ihm in meiner Verschiedenheit von ihm standzuhalten. Was er gerne, was er in seiner Freiheit von mir will, ist dies, daß ich mit ihm sei. Ich entziehe mich ihm aber, wenn ich mich an ihn verliere, wenn ich aufhöre, sein echtes Gegenüber zu sein. Er meint und sucht mich ja in meiner Einmaligkeit und Unersetzbarkeit, als ein Wesen, das auf seinen eigenen Füßen steht und geht. Er hat keine Verwendung für eine bloße Adaptation an ihn selbst, für ein Wesen, das gewissermaßen bloß als an ihm hängend existieren will. Ich entziehe mich also dem Mitmenschen, wenn ich mich an ihn hänge. Er hat gerade das nicht gerne. Und die Folge davon wird sein, daß er mich im Grunde (indem er mich so nicht brauchen kann) zurückweist, sich, erschrocken vor solcher Begegnung, die keine mehr ist, auf sich selbst zurückzieht oder gar gegen mich wendet. Man täusche sich nicht: es gibt einen Exzeß der Beziehung zum Mitmenschen, in welchem sie, in der es zur Menschlichkeit kommen sollte, höchst unmenschlich wird, weil dabei nicht realisiert wird, daß sie nur als Freiheit zu zweien entstehen und Bestand haben kann und gerade nicht in der Unfreiheit des Einen zugunsten der Freiheit des Anderen. Hörigkeit ist ja Unfreiheit. Werden wir dem Anderen hörig, dann sind ja auch wir selbst nicht mehr wahrhaft gerne mit dem Anderen. Aus dem Miteinander ist dann ein Zwang geworden, unter den ich selbst geraten bin und den ich nun auch dem Anderen auferlege. In einem solchen zwangsweisen, von mir aus erzwungenen Miteinander kann ich mich selbst im Grunde nur verachten und kann ich mich auch vom Anderen nur verachten lassen, nachdem ich im Grunde — indem ich ihm zu nahe getreten bin — zuerst ihn verachtet habe. Humanität ist also die Realisierung jenes Miteinander dann und nur dann, wenn ich mich selbst in diesem Miteinander durchaus nicht verliere, sondern behalte, indem ich gerade mit dem Anderen zusammen mein eigenes Leben lebe, meine eigene Aufgabe und Verantwortung wahrnehme und also die Distanz zu ihm wahre und nicht überrenne.

Das andere Mißverständnis wäre das umgekehrte: Die Humanität in jenem höchsten Sinn des Begriffs kann nicht etwa darin bestehen, daß der Eine im Anderen doch nur sich selbst meint und sucht und die Begegnung mit ihm dazu gebraucht, um sein eigenes Sein zu erweitern, zu bereichern, zu vertiefen, zu bestätigen und zu befestigen. Das Sein in der Begegnung ist wie keine passive, so auch keine aktive Unterwerfung. Sie hat mit einem Eroberungsfeldzug, wie er etwa in schlechten Liebesgeschichten beschrieben wird, wirklich nichts zu tun. Wer den Anderen für sich erobern will, soll lieber gleich zu Hause bleiben. Denn wie könnte ich mich selbst schlimmer täuschen, als wenn ich mit dem Mitmenschen in der Absicht zusammen sein will, so oder so mich selbst in ihm wiederzufinden? Wie vergesse ich dann meine eigene Einmaligkeit und Unersetzbarkeit? Mich selbst werde ich bestimmt in keinem Anderen wiederfinden, und das ist es auch bestimmt nicht, was ich gerne, in der Notwendigkeit meiner eigenen Freiheit meinen, suchen und anstreben kann. Suche ich im Anderen nochmals, in irgend einer Erhöhung und Vertiefung meines Seins mich selbst, ist mir das Du nur mein erweitertes Ich, respektiere ich es nicht als ein Wesen, das ganz und gar nicht mir gehört, sondern sich selber treu bleiben muß, sich selber ganz und gar nicht erobern lassen darf — dann erlebe ich, was ich sicher nur ungern erleben kann: dies nämlich, daß ich nun doch, nun gerade mit diesem vermeintlich eroberten, angeeigneten, nostrifizierten Du zusammen erst recht einsam bin und bleibe. Ich habe dann gerade die Gelegenheit verpaßt, das zu erleben, was ich gerne erleben möchte. Ich habe dann, indem ich der Freiheit des Anderen zu nahe trat, gerade meine eigene Freiheit preisgegeben. Ich habe ihn und ich habe eben damit im Grunde mich selbst verachtet. Der Mitmensch gehört nur in der Weise zu mir, daß er mir nicht gehört. Behandle ich ihn, als ob er mir gehörte, dann gehört er nicht zu mir. Ich darf mich dann nicht verwundern, wenn das vermeintliche, das verfälschte Miteinander zu einem Auseinander wird, wenn es in der Begegnung zwischen ihm und mir früher oder später zum gegenseitigen Angriff oder zum beiderseitigen Rückzug kommt. Die Sache war — wieder als Exzeß in der Beziehung zum Du — schon im Ansatz verfehlt und kann auch in der Durchführung nur zu dieser Fehlleistung führen.

Der Weg der Humanität und also der Weg der Realisierung des in der menschlichen Freiheit begründeten, in dieser Freiheit notwendigen Miteinanders von Mensch und Mensch führt nicht in der Mitte zwischen diesen beiden Mißverständnissen hindurch, sondern in der Höhe über sie hinweg. In dem gerne, in der Freiheit bejahten Miteinander ist der Mensch weder Tyrann noch Sklave und ist auch der Mitmensch weder Tyrann noch Sklave, sind sie vielmehr Gefährten, Gesellen, Kameraden, Genossen, Gehilfen. Als solche sind sie sich unentbehrlich. Als solche meinen, erwarten und suchen sie sich. Als solche können sie nicht ohne einander sein. Als solche sehen sie sich in die Augen, reden sie zueinander und hören sie aufeinander, als solche leisten sie sich Beistand. Das Alles wird unmöglich, wenn sie sich als Tyrannen und Sklaven begegnen. Zwischen Tyrann und Sklave gibt es keine echte Begegnung, und auch die echte Begegnung wird sofort unecht in dem Maß, als sie von der einen oder von der anderen Seite als die Begegnung von Tyrann und Sklave verstanden und verwirklicht wird. In der Luft der Freiheit, und nur in dieser Luft, kann sie echt sein. Frei sind die Gefährten. Frei sind die Gesellen. Frei sind die Kameraden. Frei sind die Genossen. Frei sind die Gehilfen. Was zwischen i h n e n Ereignis wird, das und nur das ist Humanität.

Es ist wirklich das G e h e i m n i s der Humanität, auf das wir damit zeigen. Denn hier geht es um das Element dieses Begriffs, das man im Unterschied zu den früher genannten nicht mehr eigentlich beschreiben, jedenfalls von nirgendwoher begründen und ableiten, sondern eben nur als die lebendige Mitte des Ganzen feststellen kann. Wie die Begegnung von Menschen, die gerne, die in der Freiheit miteinander sind, sich v o l l z i e h t, wie sie sich gegenseitig füreinander öffnen, wie sie miteinander reden und aufeinander hören, wie sie einander beistehen, das kann man zur Not beschreiben und wir haben versucht, es zu tun. Aber dabei haben wir gerade das Entscheidende: daß sie sich gern, in Freiheit, nicht als Tyrann und Sklave, sondern als Gefährten, Gesellen, Kameraden, Genossen, Gehilfen begegnet sind, als jene lebendige Mitte des Ganzen vorausgesetzt. Wie aber soll man gerade dieses Entscheidende beschreiben? Man kann von dem, was da zwischen Menschen Ereignis wird, etwa noch Folgendes sagen: Es kommt dann hinüber und herüber zu einer E n t d e c k u n g — zu der gegenseitigen Erkenntnis nämlich, daß der Eine dem Anderen wesentlich ist. Es geschieht dann das Paradoxe, daß der Eine auch dem Anderen einmalig, der Eine auch dem Anderen unersetzbar wird. Es kommt dann also hinüber und herüber zu einem Wählen und Erwähltwerden. Man kann sich dann hinüber und herüber bejahen als das Wesen, mit dem man wohl sein mag, ohne das man durchaus nicht sein möchte. Man kann sich dann miteinander freuen: der Eine an der Existenz des Anderen und beide darüber, daß sie miteinander existieren dürfen. Denn eben dieses Miteinander wird dann zur Freude. Das bloße Sichgesetztsein, die bloße Gegebenheit der gemeinsamen Existenz löst sich dann zwar nicht auf, wird aber durchsichtig und lebendig in einem aktiven Wollen dieser Gemeinsamkeit, wobei doch dieses Wollen einfach daraus entspringt, daß jeder ein Geschenk empfangen hat, das er wohl oder übel erwidern wollen muß. Und fragt man, in was dieses Geschenk besteht, so muß geantwortet werden: der Eine hat ganz schlicht den Anderen geschenkt bekommen, und was er ihm seinerseits zu schenken hat, wird ganz schlicht wiederum er selber sein. In diesem Beschenktwerden und Schenken besteht die Wahl und das Erwähltwerden, die gegenseitige Bejahung, die gemeinsame Freude und eben so: die Freiheit dieser Begegnung, die Freiheit, in der es für jene finsteren Mißverständnisse einfach keinen Raum gibt, in der beide atmen können, indem sie sich atmen lassen, in der sie gerade darum die Distanzen wahren, weil sie sich so nahe sind und gerade darum sich so nahe sind, weil sie auch die Distanzen zu wahren wissen. Aber was ist die Entdeckung, die da gemacht wird, Anderes als die Entdeckung, wie groß, wie unauffindbar und unaussprechlich doch das Geheimnis ist, daß es so sein darf? Gerade daß und warum und woher es so sein darf, das bleibt ja unentdeckt, das wirkt sich bloß aus, ohne daß es sich selbst offenbaren würde, das ist bloß Tatsache — aber nicht nur äußere, sondern nun eben innere Tatsache — das ist bloß Situationswahrheit, aber Wahrheit nicht nur einer äußeren, sondern gleichzeitig auch einer beiderseitig erkannten oder vielmehr festgestellten inneren Situation. Und so versagen doch gerade vor dem entscheidenden Punkt alle Worte. Sie versagen ja auch vor dem Punkt, wo das zu beschreiben wäre, daß und warum und woher ein jeder Mensch für sich seine geschöpfliche Existenz hat und in ihrem Vollzug nicht dieser und jener andere, sondern dieser und dieser bestimmte eine Mensch ist und als solcher sich immer wiederfindet. Auch was da zu entdecken ist, ist ein Verborgenes, zu dem es außer dem Glauben an Gott den Schöpfer keinen Schlüssel gibt. Aber hier sind nicht zwei Punkte, zwei Entdeckungen, zwei Verborgenheiten. Sondern eben das ist das nicht aufzufindende, nicht auszusprechende, nur im Vollzug unserer Existenz festzustellende eine Geheimnis der Humanität: Der Mensch entdeckt die Einmaligkeit und Unersetzbarkeit des anderen Menschen in dessen Wirklichkeit als des ihm geschenkten Gefährten, Gesellen, Kameraden, Genossen, Gehilfen und eben damit — nicht anders, sondern eben damit: in der ganzen Notwendigkeit der Gegenwart dieses Anderen — seine eigene Einmaligkeit und Unersetzlichkeit und so sein eigenes Wesen, seine eigene Wirklichkeit als Mensch. Und umgekehrt: er entdeckt sich selbst als diesen und diesen bestimmten einen Menschen, als für sich existierend und eben damit — nicht anders als eben damit: in der ganzen Notwendigkeit seines eigenen Daseins — den anderen Menschen als das Wesen, das mit ihm ist, dem er sich seinerseits als Gefährte, Geselle, Kamerad, Genosse, Gehilfe zu widmen und zu schenken hat. In dieser Freiheit mit dem Anderen zusammen sich selber und selber mit dem Anderen zusammen zu sein, besteht, in ihr lebt und webt die Humanität.

Wir haben auf dieser vierten Stufe tatsächlich von der *conditio sine qua non* der Humanität geredet: gerade weil und indem wir hier nur um die Sache selbst herumreden, gerade weil und indem wir hier eigentlich nichts beschreiben, sondern nur auf ein Verborgenes hinzeigen konnten. Es geht hier wahrlich nicht um eine fakultative Zugabe zum Ganzen, um eine schöne Krone, die die Menschlichkeit endlich und zuletzt schmücken, die ihr aber allenfalls auch fehlen könnte. Nein, wenn die Humanität nicht zuerst und zuletzt in dieser Freiheit besteht, dann besteht sie gar nicht. Alles, was hier als Offenheit, als gemeinsames Gespräch und Gehör, als gegenseitiger Beistand wirklich wird, hat nämlich seinen Grund und Halt in diesem Wirkenden, alles Beschreibbare in diesem Unbeschreiblichen. Fehlte der Begegnung von Ich und Du das Geheimnis dieser Freiheit, wäre und bliebe jener ganze Vollzug nur äußerlich und also gewissermaßen hohl, wie könnte er dann echt und kräftig sein? Wir haben es von Anfang an versucht, ihn in seiner Echtheit und Kraft darzustellen, nicht als einen bloßen Mechanismus, nicht als eine leere Form, die auch einen anderen Inhalt als eben die wirkliche Humanität haben könnte. Wir müssen nun aber ausdrücklich hinzufügen: die Voraussetzung dafür, daß wir doch nicht bloß eine leere Form beschrieben haben, ist eben die, die wir nun zuletzt mit dem Hinweis auf die Freiheit als das Geheimnis jenes Seins in der Begegnung und also als das Geheimnis der Humanität sichtbar gemacht haben. Es kann alles und jedes, was wir beschrieben haben — die Offenheit und das Gespräch und Gehör und der Beistand von Mensch zu Mensch dann und nur dann wirklich werden und sein, wenn zugleich jene Entdeckung zwischen Mensch und Mensch stattfindet, wenn in ihrem Sehen und Gesehenwerden, in ihrem Reden und Hören, in ihrer gegenseitigen Hilfe die Notwendigkeit jenes «gerne», jene Freiheit waltet. Sie ist nicht nur die Krone, sie ist wirklich auch die Wurzel der Humanität.

Das will aber sagen: wenn es darum geht, die menschliche **Natur** als solche, wie sie dem Menschen von Gott anerschaffen und gegeben ist, zu erfassen, dann müssen wir als deren bewegendes Element dieses Entscheidende begreifen; der Mensch ist in seinem Wesen dazu bestimmt, gerne, in der bezeichneten Freiheit des Herzens, mit seinem Mitmenschen zusammen zu sein. Er hat gerade in seiner Natur keine Möglichkeit, keinen Ansatzpunkt zu einer anderen Wahl. Müssen wir tatsächlich feststellen, daß er eine solche hat, dann kann diese gerade nicht aus seiner Natur stammen. Dann darf also für diese fatale Möglichkeit nicht etwa Gott sein Schöpfer haftbar gemacht werden. Und es wäre noch schlimmer, wenn man Gott als den Schöpfer des Menschen wohl gar um deswillen rühmen wollte, daß er dem Menschen offenbar auch die Möglichkeit einer anderen Wahl gegeben habe. Man würde ihn ja dann dafür rühmen, daß er es dem Menschen erlaubt und ermöglicht habe, in seinem Herzen ebensowohl die Unmenschlichkeit wie die Menschlichkeit zu wählen und also in seinem Herzen ebensowohl und vielleicht abwechselnd Unmensch wie Mensch zu sein. Man würde dann der menschlichen Natur die seltsame Auszeichnung einer Freiheit zu ihrer eigenen Verleugnung und Zerstörung zusprechen. Wir sollten diese Freiheit nicht Natur, sondern Sünde nennen; wir sollten sie also weder mit Gott dem Schöpfer noch mit dem geschöpflichen Wesen des Menschen, sondern eben nur mit seinem von nirgendwoher zu erklärenden und zu begründenden Abfall von Gott und von sich selbst in Beziehung bringen. Es ist der von Gott und von sich selbst abgefallene Mensch, der sein Wesen in jener falschen Freiheit, der also sich selbst nun doch in einer ursprünglichen Einsamkeit zu entdecken meint, aus der er dann vielleicht gern, vielleicht auch ungern, erst heraustreten würde, um mit seinem Mitmenschen zusammen zu sein. Der wirkliche Mensch, wie Gott ihn geschaffen hat, ist nicht in der Wüste dieser Einsamkeit; er hat diese Wahl nun gerade nicht; er braucht nicht erst aus jener Wüste herauszutreten, um dann erst nachträglich (und dann gewiß nicht in letztem Ernst!) auch noch mit dem Anderen zusammen zu sein. Seine Freiheit besteht vielmehr von Haus aus darin, diesen Anderen zu meinen und zu suchen: nicht um sein Sklave oder sein Tyrann, wohl aber um sein Gefährte, sein Geselle, sein Kamerad, sein Genosse, sein Gehilfe zu sein, und damit der Andere ihm dasselbe wieder sei. Indem wir das Menschlichkeit nennen, indem wir sagen, daß Alles, was zur Menschlichkeit gehört, in diesem Einen nicht erst gipfelt, sondern schon wurzelt, müssen wir eben das auch des Menschen N a t u r nennen. Des Menschen Natur ist er selbst. Er selbst ist aber das, was er in seinem freien Herzen ist. In seinem freien Herzen ist er aber das, was er ist im Geheimnis der Begegnung mit dem Mitmenschen, in welcher ihm dieser willkommen, in welcher er gerne mit ihm zusammen ist.

Wir befinden uns damit an einem vorläufigen Abschluß unserer Untersuchung. Was uns in einem dritten Abschnitt dieses Paragraphen noch hinzuzufügen übrig bleibt, kann sie sachlich nicht weiter führen. Nur um die Feststellung einer bestimmten unzweideutigen Gestalt des Seins in der Begegnung von Ich und Du wird es sich dort noch handeln können. Seine unzweideutige Gestalt ist nämlich das Sein in der Begegnung von Mann und Frau. Wir müssen aber gerade auch im Blick auf dieses uns noch bevorstehende besondere Thema, das nun zuletzt, von der vierten und höchsten Stufe der Humanität Gesagte durch eine kritische Anmerkung ergänzen: Wir haben auch auf dieser letzten Stufe des Humanitäts-Begriffs n i c h t etwa von der c h r i s t l i c h e n L i e b e gesprochen.
Wir haben im Lichte des Wortes Gottes, unter Voraussetzung der uns in Jesus Christus gegebenen göttlichen Offenbarungswirklichkeit, nämlich unter Voraussetzung der Menschlichkeit des Menschen Jesus vom g e s c h ö p f l i c h e n W e s e n des Menschen, von des Menschen N a t u r, gesprochen. Indem wir von dorther kamen, von dorther auf den Menschen blickten, konnten wir etwas Anderes, weniger als das, nicht von ihm sagen: daß er schon in seiner Natur zu jener Freiheit für den Mitmenschen, daß er dazu bestimmt ist, gerne mit ihm zusammen zu sein. Es wäre

uns nicht erlaubt, hier tiefer zu greifen, den Menschen als ein Wesen zu beschreiben, dem diese Bestimmtheit von Haus aus nicht zu eigen, sondern fremd wäre. Ein Wesen, dem sie fremd wäre, wäre ein Wesen von einer anderen Natur als der Mensch Jesus. Wenn der Mensch ein solches Wesen wäre, dann würde man entweder sagen müssen, daß allein der Mensch Jesus der wirkliche Mensch gewesen ist, wie Gott ihn geschaffen hat — oder aber, daß Jesus in Wirklichkeit kein Mensch, sondern ein Wesen anderer Ordnung gewesen ist. Gibt es zwischen ihm und uns bei aller Ungleichheit eine Gleichheit, dann muß seinem Sein für den anderen Menschen als Minimum auf unserer Seite dies entsprechen, daß auch unser menschliches Sein in seiner Wurzel ein freies Sein mit dem anderen Menschen ist. Das ist es, was wir nun als das Geheimnis der Humanität festgestellt haben.

Wir haben also die in der Theologie oft gepflegte Übung nicht mitgemacht, die menschliche Natur zunächst möglichst tief herunter zu drücken, um ihr dann das, was durch Gottes Gnade aus dem Menschen wird, um so wirksamer gegenüberstellen zu können. Die Orientierung an dem Bild des Menschen Jesus weist uns hier auf einen ganz bestimmten Weg, vor dessen Begehen man sich durch die Gefahr eines Zusammentreffens mit gewissen falschen Sätzen, sei es des römischen Katholizismus, sei es des Humanismus und seiner natürlichen Theologie, nicht abschrecken lassen darf. Man wird in dieser Orientierung gewiß nichts Falsches denken oder sagen. Wohl aber könnte das geschehen, wenn man sich hier eigenmächtig dadurch sichern wollte, daß man gewissen Konsequenzen aus dem Weg geht. Daß es eine menschliche Natur gibt, die als solche von Gott geschaffen und deshalb nicht schlecht, sondern recht ist, das müssen wir uns, indem wir den Menschen in das Licht des Menschen Jesus gestellt sehen, zunächst einfach einmal sagen lassen. Nicht in seiner Natur, sondern in deren Verleugnung und Mißbrauch ist der Mensch der göttlichen Gnade so fremd und entgegengesetzt, wie er es tatsächlich ist. Aber eben um diese vom Menschen verübte Verkehrung und also des Menschen Sünde richtig zu sehen, müssen wir in aller Ruhe ins Auge fassen, was das ist, was da von ihm verkehrt wird, müssen wir auch daran in aller Ruhe festhalten, daß alle menschliche Verkehrung das rechte Werk Gottes in seiner Natur nicht schlecht zu machen vermag. Eben weil es bei dem Geheimnis seiner Humanität auch dann sein Bewenden hat, wenn es vom Menschen zu Schanden gemacht wird, ist und bleibt die Sünde ein so unbegreiflicher Aufruhr, verliert sie niemals den Charakter eines Frevels, wird sie niemals zu so etwas wie einem zweiten Naturzustand, der dann als solcher wohl auch entschuldbar sein könnte. Wiederum sieht und versteht man von da aus auch das, daß Gottes Barmherzigkeit auch auf den Menschen gesehen kein Willkürakt, sondern darin sinnvoll und wohl begründet ist, daß der Mensch seinem Schöpfer auch als Sünder kein Fremder geworden, nicht verloren gegangen ist, sondern ihm, was seine Natur, was eben das Geheimnis seiner Humanität betrifft, nach wie vor so gegenübersteht, wie Gott ihn geschaffen hat. Er ist als Mensch nicht verschwunden und nicht in ein anderes Wesen verwandelt, indem er zum Sünder wurde, sondern als eben das Wesen, als das Gott ihn erschaffen hat, und also als das Wesen, dessen Natur in jener Freiheit besteht, steht er Gott auch als Sünder gegenüber. Und indem Gott sich zu seinem Erretter macht, betätigt er doch nur seine Treue als Schöpfer gegenüber seinem Geschöpf, das auch durch seinen Sündenfall kein anderes geworden, ihm nicht verloren gegangen ist. Eine Kraft, sich selber zu erretten oder zu seiner Errettung auch nur mitzuwirken, haben wir dem Menschen damit, daß wir ihm dieses Geheimnis seiner Humanität und dieses als eine unverlierbare Bestimmtheit seiner Natur zugeschrieben haben, gewiß nicht beigemessen. Hier erst würden ja jene falschen Sätze des Katholizismus und des Humanismus einsetzen, vor denen man sich allerdings in Acht zu nehmen hat. Wie sollte das den Menschen retten oder was sollte das zu seiner Errettung beitragen, daß er auch als Sünder Mensch und also menschlicher

Art teilhaftig ist? Der ihn errettet, freispricht, erneuert, ist Gott ganz allein, und das aus reiner freier Barmherzigkeit. Wir können es aber darum nicht unterlassen, darauf hinzuweisen, daß dem Menschen jenes Geheimnis als unverlierbare Bestimmtheit seiner Natur eigentümlich ist, weil eine Bestreitung dieses Satzes die Leugnung der Kontinuität des menschlichen Subjektes als Geschöpf, als Sünder und als begnadigter Sünder bedeuten würde. Eben zu dieser Bestreitung haben wir von unserem christologischen Ausgangspunkt aus keinen Anlaß. Mehr als das, was ihm von diesem Ausgangspunkt aus zukommt, haben wir dem Menschen mit dem, was gesagt wurde, nicht zugeschrieben. Ihm das, was ihm von dort aus zukommt, abzustreiten, würde schwerlich einen Beitrag zur größeren Ehre Gottes und seiner Gnade bedeuten können.

Von der christlichen Liebe aber haben wir tatsächlich nicht geredet. Sie, die neutestamentliche ἀγάπη, ist keine Bestimmtheit der menschlichen Natur als solcher. Sie ist die Betätigung und Verhaltungsweise des Menschen, die nur im Verlauf seiner Geschichte mit Gott wirklich werden und verstanden werden kann. Liebe ist ja die neue Dankbarkeit derer, die Gott den Schöpfer als den barmherzigen Erretter erkannt haben und als solche eine Gnadengabe des Heiligen Geistes, nach Röm. 5, 5 ausgegossen in die Herzen der der Sünde gegen Gott und des Frevels gegen sich selbst überwiesenen und insofern verlorenen, im Glauben an Jesus Christus aber ihrer Rechtfertigung und Bewahrung gewiß gewordenen Christenmenschen. In der Liebe antworten sie auf die Offenbarung des in Jesus Christus vollstreckten Bundes, in der ihnen Gott als ihr barmherziger Vater, Herr und Richter entgegengetreten ist, und in der ihnen gleichzeitig ihre Mitmenschen als ihre Brüder und Schwestern, d. h. aber als solche, die mit ihnen gesündigt und mit ihnen Gnade gefunden haben, sichtbar geworden sind. Es ist also die Zuwendung dieser besonderen Liebe Gottes, die die Menschen in der christlichen Liebe zu gemeinsamem Leben und Tun verbindet und zusammenhält: die Demut vor ihm, der Gehorsam gegen ihn, die Hoffnung auf ihn, die gemeinsam empfangene Freiheit derer, die sich von neuem geboren, sich neu geschaffen wissen als seine Kinder, die als seine Gemeinde zur gemeinsamen Verkündigung seines Namens berufen sind. Daß in der Liebe auch jene Freiheit des menschlichen Geschöpfs und also das Geheimnis der Humanität zu Ehren kommt, ist eine Sache für sich. Sie kommt in der christlichen Liebe doch zu ganz neuer Ehre. Sie erscheint in ihr doch nur wie ein aus dem Feuer gerissenes Scheit. Und in einem höchst unerwarteten, ganz neuen Licht, das nun von oben, von dem mit dem Menschen handelnden Gott her auf sie gefallen ist, nachdem sie ja zuvor durch des Menschen Sünde in Finsternis gehüllt worden war. Es ist die christliche Liebe die Bestimmtheit des Menschen, der im vollzogenen Gottesbund aus der Tiefe seiner Schuld und aus der Bedrängnis des ihr folgenden Vergehens damit seinem Mitmenschen herausgerissen und zum Leben in der Gemeinschaft mit Jesus Christus als seinem Heiland und so zur Gemeinschaft mit seinem Mitmenschen erhoben worden ist. Die Liebe lebt und in der Liebe lebt der Mensch mit dem Mitmenschen auf Grund der Offenbarung und Erkenntnis dessen, was Gott für sein menschliches Geschöpf getan hat: auf Grund der ihm kundgegebenen und von ihm empfangenen Vergebung und seiner in dieser seiner Rechtfertigung geschehenen Heiligung. Von dieser christlichen Liebe haben wir hier noch nicht geredet.

Es ist vielmehr die Natur des menschlichen Geschöpfs von der wir hier geredet haben. Es ist nämlich derselbe Mensch, der im Verlauf seiner Geschichte mit Gott, im Vollzug seiner Gemeinschaft mit Jesus Christus, auch der christlichen Liebe zu Gott und dem Mitmenschen als seinem Bruder teilhaftig und fähig werden darf — es ist dieser Mensch als solcher dieses Geschöpf: das Geschöpf, dessen Art die ist, die wir nun als Humanität kennen gelernt haben. Humanität — auch die Humanität in ihrem Geheimnis jenes freien Miteinanders von Mensch und Mensch, von der wir

§ 45. Der Mensch in seiner Bestimmung zu Gottes Bundesgenossen

zuletzt gesprochen haben, ist noch nicht christliche Liebe, sondern wirklich nur die natürliche Betätigung, der natürliche Vollzug des menschlichen Daseins: ein Geschehen, das formal auf einer Stufe steht mit den entsprechenden Lebensfunktionen oder auch den bloßen Daseinsbestimmtheiten irgendwelcher anderer Wesen, die nun nicht gerade Menschen sind. Indem der Stein Stein ist, ist auf dem Plan ein bestimmter Komplex chemischer, physikalischer, mathematischer Bedingungen und Bedingtheiten. Indem die Pflanze Pflanze ist, ist darüber hinaus auf dem Plan ein bestimmter organischer Lebensvorgang. Indem das Tier Tier ist, ist darüber hinaus auf dem Plan eine bestimmte Bewußtheit und Spontaneität dieses Lebensvorgangs. Indem aber der Mensch Mensch ist, ist über das alles hinaus auf dem Plan jene Freiheit im Miteinander von Mensch und Mensch, in welchem der Eine dem Anderen Gefährte, Geselle, Kamerad, Genosse, Gehilfe sein darf und sein will. Dies ist die menschliche Art und Natur, des Menschen Menschlichkeit. Da drunten, an sich und für sich, ist der Mensch, der von oben zu Gottes Bundesgenossen bestimmt ist, dieses, das so geartete, so bestimmte, in dieser Natur existierende Geschöpf. Er lebt auf alle Fälle, wenn auch im Einzelnen verschieden, in größerer oder kleinerer Folgerichtigkeit und Vollkommenheit sein durch diese Natur charakterisiertes Leben. Bemerken wir also ausdrücklich: es handelt sich hier gerade nicht um eine besondere Gnadengabe des Heiligen Geistes, zu deren Besitz er Christ sein müßte, nicht um eine Wirkung des dem Menschen direkt verkündigten und von ihm direkt vernommenen und geglaubten Wortes Gottes. Es könnte das, was wir das Geheimnis der Humanität nannten, in irgend einem Grad von Vollkommenheit oder Unvollkommenheit auch da wirklich und auch da erkannt werden, wo von einer direkten Offenbarung und Erkenntnis Jesu Christi nicht die Rede sein kann. Es beschränkt sich also jene Wirklichkeit menschlicher Natur, und es beschränkt sich auch ihre Erkenntnis nicht auf die christliche Gemeinde, nicht auf die «Kinder des Lichts», sondern es kann nach Luk. 16, 8 vielmehr geschehen, daß die «Kinder der Welt» gerade in dieser Hinsicht klüger sind als die Kinder des Lichts: menschlicher und um das Menschliche wissender, als die oft reichlich unmenschlichen oder doch törichten Christen. Warum sollten freilich nicht auch die Christen menschlich sein und um das Menschliche wissen? Aber dies ist es auf alle Fälle nicht, was sie den anderen Menschen gegenüber notwendig auszeichnet. Darin können sie den Anderen gegenüber vielmehr auch im Nachteil sein. Dies ist es, was sie mit ihnen jedenfalls grundsätzlich gemeinsam haben. Es ist also das Ganze, was wir als Humanität beschrieben haben, die Bestimmtheit des menschlichen Seins als solchen ohne Rücksicht darauf, was aus dem Menschen im Verlauf seiner Geschichte mit Gott erst werden mag. Von der christlichen Liebe zu hören, wird man also, wenn in der christlichen Lehre vom Geschöpf von der Humanität die Rede ist, nicht erwarten dürfen.

«Die Liebe höret nimmer auf» (1. Kor. 13, 8). Sie ist das Leben der nach ihrem Fall in die Sünde durch Gottes Gnade wieder Aufgerichteten, das als solches nicht aufs Neue zerstört werden kann, das auch durch den Tod und durch das Ende der gegenwärtigen Weltgestalt nicht bedroht ist. Das ist es, was man von der Humanität und auch von jenem Geheimnis der Humanität nicht wohl sagen kann. Die Humanität könnte aufhören. Indem der Mensch sündigt, wird auch seine Menschlichkeit, ohne daß sie einfach verschwinden würde, krank, verwirrt, verkehrt, zerstört, unkenntlich. Und indem der Mensch dem Tode verfallen ist, ist auch seinem Leben in jener Freiheit ein Ende gesetzt. Gäbe es keine Errettung aus Sünde und Tod, würde Gott sich nicht in seiner Barmherzigkeit zu seinem Geschöpf bekennen, um es vor dem Verderben zu bewahren, dann müßte des Menschen eigenes Ende allerdings auch das Ende seines Lebens in jenem Geheimnis und also die Vernichtung jener Freiheit in sich schließen. Nur indem die Liebe als Liebe Gottes ausgegossen wird in unsere Herzen, kann auch die Humanität als des Menschen Natur neue

2. Die Grundform der Menschlichkeit 333

Ehre und dann auch neuen Bestand bekommen. Indem sie an der Liebe teilnimmt, kann und wird auch sie nimmer aufhören. Von dem, was als menschliche Bestimmtheit an sich und als solche ewig und im Vergehen des Menschen und der Welt feuerfest ist, haben wir hier also nicht geredet. Es ereignen sich in der Geschichte des Bundes zwischen Gott und Mensch zwei Bestimmungen des Menschen, die in keiner Weise zu seiner Geschöpflichkeit und also zu seiner Natur gehören: die eine ist seine Bestimmung durch die unbegreifliche Tat seiner eigenen Sünde, die andere ist seine Bestimmung durch die noch unbegreiflichere Tat der göttlichen Barmherzigkeit. In seiner Humanität als solcher ist weder die Wirklichkeit noch auch nur die Möglichkeit seiner Sünde, und weder die Wirklichkeit noch auch nur die Möglichkeit von Gottes Gnade begründet. Eben darum kann und darf man der Humanität auch in jenem ihrem tiefsten Geheimnis, auf das zu zeigen wir nicht unterlassen durften, nicht zuschreiben, was nur der Liebe zugeschrieben werden könnte.

Auf dieses Geheimnis zu zeigen, dürfen wir uns aber dadurch nicht abhalten lassen. Und es wäre sehr unangebracht, wenn wir uns dabei — eben um den Unterschied zwischen Humanität und christlicher Liebe um so deutlicher zu machen, bei der Definition des Begriffs der Humanität auf einen verkehrten Standpunkt stellen, vom christlichen Urteil keinen Gebrauch machen und also die Humanität vielleicht im Sinn des Idealismus als Humanität ohne den Mitmenschen, oder als ein bloß äußerliches Miteinander von Mensch und Mitmensch beschreiben und also jene Freiheit des Herzens, in welcher Mensch und Mitmensch gerne miteinander sind, vom Begriff der Humanität ausschließen würden, als ob diese Freiheit etwa erst im Begriff der christlichen Liebe Platz finden dürfte. Wir würden damit kein ehrliches Spiel spielen. Denn wie sollten wir übersehen dürfen, daß die Humanität auch abseits vom christlichen Bereich und ohne alle Beziehung zum Begriff der christlichen Liebe durchaus nicht notwendig und allgemein in jener verkehrten und ungründlichen Weise, sondern neben allerlei verkehrten und ungründlichen Interpretationen doch auch schon da und dort durchaus in der Richtung gesucht und gefunden worden ist, in der wir uns bewegt haben. Es würde der theologischen Anthropologie wirklich schlecht anstehen, wenn sie gewisse tatsächlich vorliegende Versuche zum Bessern und Guten, wie sie hier auch im außerkirchlichen Raum unternommen wurde, unterbieten — wenn sie aus Angst, die Gnade und die christliche Liebe könnten zu kurz kommen, einen solchen Begriff der Humanität vorziehen würde, dessen Irrtum oder Ungründlichkeit doch auch dem und jenem (und gar nicht wenigen) Nicht-Christen längst bewußt geworden ist. Als ob ihr zur Bezeichnung der dem Menschen von Gott gegebenen Natur weniger als das Beste und Gründlichste gerade gut genug sein dürfte! Als ob sie nicht von ihrem eigenen Ausgangspunkt her gebieterisch in die Richtung des in diesem Bereich Besten und Gründlichsten gewiesen wäre! Wir könnten uns gewiß darüber wundern, der menschlichen Natur im Lichte der ihr in der Existenz des Menschen Jesus erwiesenen göttlichen Gnade so viel zuschreiben zu müssen, wie wir es in der hier entwickelten Lehre von der Humanität getan haben. Es könnte uns aber bestimmt nicht erlaubt sein, hier auf halbem Wege stehen zu bleiben, und am allerwenigsten würde uns dabei die Sorge rechtfertigen, es möchte, wenn der menschlichen Natur so viel zukomme, für die göttliche Gnade zu wenig übrig bleiben. Es ist wohl wahr, daß die theologische Anthropologie hier auf ihrem eigenen Weg und indem sie diesen entschlossen zu Ende geht, zu Sätzen kommt, die denen ganz ähnlich sind, in denen die Humanität auch schon von ganz anderer Seite (z. B. von dem Heiden Konfuzius, von dem Atheisten L. Feuerbach, von dem Juden M. Buber) beschrieben worden ist. Sollten wir uns darum von diesen Aussagen abhalten lassen? Um ein völliges Zusammentreffen, um eine exakte Koinzidenz der christlichen und solcher anderweitig begründeten Sätze wird es sich wahrscheinlich, wenn man hüben und drüben genau zusieht, ohnehin nicht handeln können. Daß es hier immerhin Annäherungen und Ähnlichkeiten gibt, das kann uns aber nicht verwundern, darin mögen wir vielmehr eine gewisse Bestätigung unserer Ergebnisse sehen: eine Bestätigung, die wir nicht nötig haben, von der wir auch kein besonderes Aufheben machen werden, deren wir uns aber, indem sie uns gewissermaßen zufällt, auch nicht zu schämen haben. Wie sollte es zu solchen Bestätigungen nicht kommen können? Nicht vom Christen insbesondere, sondern vom Menschen insgemein ist ja in unserem Zusammenhang die Rede, und also von einem Gegenstand, der als solcher von jeher auch der Gegenstand von allerlei «weltlicher», d. h. nicht christlich begründeter Weisheit gewesen ist. Und nun muß es ja nicht so sein — nun ist es jedenfalls faktisch nicht so gewesen — daß diese weltliche, mit ganz anderen als unserem Kriterium arbeitende Weisheit immer und überall gänzlich in die Irre gegangen wäre, daß sie die Humanität immer und überall in der Richtung des Idealismus und schließlich in der Richtung von Nietzsche gesucht und also als die Humanität ohne den Mitmenschen, als die Humanität des einsamen Menschen begründet und beschrieben hätte. Verwunderlich wäre vielmehr das Gegenteil: wenn es allgemein so wäre und wohl gar so sein müßte, daß dort von der Mitmenschlichkeit, von der Humanität des Ich und Du nun einfach gar nichts bemerkt worden sein sollte. Da wir selbst zu der Behauptung gekommen sind, daß eben in dieser Konzeption der Humanität die Natur des Menschen — des Menschen an sich und im Allgemeinen — zu finden sei, werden wir uns nicht wohl an der Tatsache stoßen können, werden wir sie vielmehr in aller Ruhe als einen indirekten Beweis unserer Behauptung entgegennehmen: daß ein bestimmtes Wissen um diese Konzeption auch dem Menschen an sich und im allgemeinen, auch dem Heiden, dem Atheisten, dem Juden also, möglich war und ist, und daß sie, wie *figura* zeigt, faktisch auch außerhalb der christlichen Theologie vertreten worden ist. Der natürliche Mensch ist nun einmal — auch mit seinem natürlichen Wissen um sich selbst — im Bereich der göttlichen Gnade: in dem Bereich, in dem auch Jesus Mensch gewesen ist. Wie sollte es da eigentlich anders sein, als daß er da neben viel schlechterem auch eines besseren Wissens um sich selbst in bestimmten Grenzen da und dort fähig sein sollte? Die theologische Anthropologie hat und behält auch solchem besseren Wissen des natürlichen Menschen gegenüber den Vorsprung, ein Kriterium zu besitzen — ihre E r k e n n t n i s der göttlichen Gnade, ihre E r k e n n t n i s des Menschen Jesus — das ihr erlaubt und gebietet, jenem schlechteren Wissen, jener Unwissenheit des Menschen um sich selbst zum vornherein, in letzter Entschiedenheit und Unzweideutigkeit den Rücken zu kehren, sich zum vornherein und notwendig und darum doch wohl auch in viel größerer Folgerichtigkeit in der Richtung auf die Konzeption der Humanität und also der menschlichen Natur zu bewegen, laut welcher der Mensch als solcher und von Haus aus nicht ohne den Mitmenschen, sondern mit ihm ist, laut welcher seine Menschlichkeit in ihrem Wesen zutiefst und zuhöchst in der Freiheit seines Herzens für den Anderen besteht. Indem wir uns dessen in aller Ruhe freuen, daß wir uns in der allgemeinen Richtung unserer Nachforschung und Darstellung mit den Weiseren unter den Weisen dieser Welt in einer gewissen Übereinstimmung befinden, können wir es ebenso ruhig dahingestellt sein lassen, ob und inwiefern sie uns ihrerseits bis in die letzten und entscheidenden Konsequenzen dieser Konzeption, nämlich wirklich bis zu jenem «gerne», wirklich bis zu jener Freiheit des Herzens zwischen Mensch und Mensch als der Wurzel und Krone des Humanitätsbegriffs folgen werden. Würden sie es nicht tun — und es sieht nun doch nicht so aus, als ob dies bei Konfuzius, bei Feuerbach, bei Buber sicher der Fall wäre — dann wäre es ja wohl sichtbar, daß *duo cum faciunt idem non est idem:* die Verschiedenheit der christlichen Anthropologie von aller anderen würde sich dann auch darin erweisen,

2. Die Grundform der Menschlichkeit

daß wir sogar hinsichtlich der menschlichen Natur im letzten und entscheidenden Grund zu anderen Sätzen kämen als jene. Aber wir insistieren nicht darauf, daß es so sein müsse. Wir dürften und würden kein Ärgernis nehmen — «was siehest du scheel, daß Ich so gütig bin?» — wenn Konfuzius, Feuerbach und Buber im letzten Grund nun doch auch diese Freiheit des Herzens gemeint haben und nur zufällig unseren Weg nicht bis zu dieser letzten Konsequenz mitgegangen und also auf diesen letzten Satz herausgekommen sein sollten. Was Anderes sollten sie denn gemeint, auf was Anderes sollten sie denn, nachdem sie die richtige Richtung auf des Menschen Zweisamkeit einmal eingeschlagen hatten, gezielt haben? Das ist sicher: wir haben keinen Anlaß, die Nachbarschaft, in der wir uns hier mit gewissen Weiseren unter den Weisen dieser Welt befinden — wie nahe oder ferne sie auch sein möge — als unheimlich zu empfinden und also keinen Anlaß, uns durch diese Nachbarschaft am konsequenten Begehen unseres eigenen Weges irre machen zu lassen.

Ich komme aber nun erst auf die eigentliche Pointe dieser kritischen Schlußbemerkung: Die christliche Kirche, die Christenheit, hat allen Anlaß, von der Wirklichkeit Kenntnis zu nehmen, die wir nun, indem wir den eigenen Weg der theologischen Anthropologie konsequent zu Ende gingen, aufgedeckt haben. Die menschliche Natur ist in ihrer Eigentlichkeit, in ihrer tiefsten Tiefe, die auch ihre höchste Höhe ist, nicht einsam, sondern zweisam. Sie besteht nicht in der Freiheit eines gegen den Mitmenschen verschlossenen, sondern in der Freiheit eines gegen den Mitmenschen offenen Herzens. Sie besteht nicht in des Menschen Abneigung, den Mitmenschen zu sehen und von ihm gesehen zu werden, mit ihm zu reden und auf ihn zu hören, seinen Beistand zu empfangen und ihm wiederum Beistand zu geben. Sie besteht auch nicht in einer Indifferenz, in der er dazu ebensowohl geneigt wie auch nicht geneigt sein könnte. Sondern sie besteht eindeutig in der Neigung dazu. Der Mensch ist darin menschlich, daß er gerne mit seinem Mitmenschen ist. Es gibt in der Christenheit eine alte und zähe Tendenz, dies zu übersehen oder geradezu nicht wahr haben zu wollen, um diese Wirklichkeit der Humanität nicht zu wissen oder geradezu nicht wissen zu wollen. Der Grund liegt auf der Hand und ist schon genannt: man meint Gottes Gnade um so herrlicher zu machen, indem man den Menschen als ein möglichst schlecht beschriebenes oder bestenfalls unbeschriebenes Blatt darstellt. Aber gerade im Lichte von Gottes Gnade, nämlich im Lichte des Zusammenhangs zwischen der Menschlichkeit Jesu und der Menschlichkeit überhaupt und im Allgemeinen läßt sich diese Darstellung nun einmal nicht halten, kann der Mensch weder als ein schlecht beschriebenes noch als ein unbeschriebenes Blatt dargestellt werden. Die fatale Folge dieser, wie wir nun sahen, theologisch unhaltbaren Darstellung ist, daß man den wirklichen Menschen, wie er ist und wie er sich selbst da und dort auch bekannt ist, und jedenfalls bekannt sein kann, gerade in der Kirche weithin nicht kennt, sondern in Predigt, Unterricht und Seelsorge mit einem Menschenbild arbeitet, das nicht der Wirklichkeit, sondern einer irregeleiteten Phantasie entspricht. Die Folge dieser Folge ist aber die, daß man den wirklichen Menschen von christlicher Seite in der Regel weder mit dem, was man ihm von Gottes Gnade, noch mit dem, was man ihm von seiner eigenen Sünde zu sagen hat, erreichen und treffen kann, weil er sich in dem von ihm von christlicher Seite vorgehaltenen Bild einfach nicht wiedererkennen wird. Man wird ja dann wahrscheinlich, indem man von Gottes Gnade und insbesondere von der christlichen Liebe redet, das nachholen wollen, was man als Bestimmtheit der menschlichen Natur durchaus nicht kennen und anerkennen wollte, man wird dann m. a. W. wahrscheinlich unter dem Titel der göttlichen Gnade und der christlichen Liebe nun doch einfach die Humanität verkündigen, die ja irgend einmal zur Sprache kommen muß und gerade nachdem sie am rechten Ort übersehen und vergessen war, um so wuchtiger zur Sprache kommen muß: mit dem

Ergebnis, daß der angeredete Mensch sich sagen wird, daß er, um das zu vernehmen, die christliche Kirche und ihre Botschaft nicht nötig hätte, weil er sich das auch selbst sagen oder eben: auch durch gewisse Weisere unter den Weisen dieser Welt sagen lassen könnte. Er wird dann gerade das Neue und Andere, was er sich als das Christliche sagen lassen müßte, entweder gar nicht zu hören bekommen oder doch nicht als solches vernehmen, sich also auch nicht entsprechend dazu einstellen können. Es mag schon gut und recht und weithin auch nötig sein, wenn ihn die Kirche wenigstens zur Humanität ruft, aber ihrer eigentlichen Aufgabe ihm gegenüber wird sie damit nicht gerecht werden. Und sie wird das darum nicht tun, weil sie selbst versäumt hat, einzusehen, daß es ein dem Christen und dem Nicht-Christen gemeinsames Menschliches gibt, auf das sie sich beziehen, das sie voraussetzen, mit dem sie in ihrer Botschaft rechnen, dem sie ihre Botschaft gegenüberstellen — das sie aber vor allem als solches kennen und ernst nehmen müßten. Und man wird, indem man dieses Menschliche übersieht oder leugnet, wenn man von des Menschen Sünde redet, den Menschen wahrscheinlich an einer Stelle anklagen, wo er sich zwar sicher als fehlbar und unvollkommen erkennen muß, aber nun doch ehrlicherweise nicht als eigentlich und radikal böse im Sinn des christlichen Begriffs der Sünde erkennen kann. Man wird dann nämlich entweder übersehen, daß auch der im christlichen Sinn böse, der sündige Mensch, der Humanität im Sinn jener Freiheit des Herzens für den Anderen mindestens durchaus — und sogar in einer manchen Christen beschämenden Weise — fähig ist und daß er darüber, daß er dieser Freiheit zu wenig Raum gibt, wahrhaftig nicht erst von der christlichen Kanzel aus aufgeklärt zu werden braucht. Oder es mag vorkommen und kommt vor, daß man ihm von dieser Kanzel aus das, was in aller seiner Bosheit nun gerade sein Menschliches ist, geradezu schlecht zu machen versucht, so daß er sich aus irgend einem mehr oder weniger hellen oder dunkeln Bewußtsein der Wahrheit gegen diesen Angriff zur Wehr setzen muß. Wie sollte er sich da, wie es ihm unter der Botschaft der christlichen Kirche allerdings widerfahren müßte, ernstlich angeklagt wissen? Er wird sich gegen das, was er da zu hören bekommt, mit gutem Recht zur Wehr setzen. Gerade seiner Sünde wird er sich nicht überführt finden, wenn er, was seine Menschlichkeit betrifft, von christlicher Seite ungütig — und sagen wir es nur offen: unwahr — angeredet hört. Gerade weil die Humanität auch in ihrer Wurzel und Krone mit der christlichen Liebe nicht identisch ist, wohl aber, von ihr verschieden, ihre eigene Wirklichkeit und diese mit solcher Wurzel und Krone hat — gerade darum hat die Christenheit allen Anlaß, hier andere Wege zu suchen und einzuschlagen und, um dessen fähig zu sein, vor den hier fälligen Erkenntnissen nicht länger die Augen zu verschließen.

Ich möchte das an einem Punkt klar machen, der in der theologischen Diskussion der letzten Jahrzehnte eine gewisse Rolle gespielt hat und der nun gerade im Blick auf das, was wir hier als Wurzel und Krone der Humanität bezeichnet haben, nämlich im Blick auf jene Freiheit des Herzens zwischen Mensch und Mensch, im Blick auf jenes «gerne» von höchster Bedeutsamkeit ist. Wir besitzen heute eine ganze kleine Literatur über den Gegensatz der Begriffe Eros und Agape. Sie lassen sich historisch sehr einfach gegeneinander ausspielen. Eros (vgl. zum Folgenden den Artikel ἀγαπάω in ThWB z. NT.) war in der griechischen Religion, Mystik und Philosophie und vor allem wohl im altgriechischen Lebensgefühl der Inbegriff menschlicher Lebenserfüllung und Lebenserhöhung, das mit Schaudern und Entzücken geschilderte und gepriesene Erlebnis des Endes und Anfangs alles Wählens und Wollens, des Seins in der Überschreitung des menschlichen Seins — eines Erlebnisses, wie es im sinnlichen, bes. im sexuellen (und insofern im engeren Sinn: im erotischen) Rausch, wie es aber auch in der inneren geistigen Begegnung mit dem Übersinnlichen und Übervernünftigen, mit dem unbegreiflichen und doch präsenten Ursprung alles

2. Die Grundform der Menschlichkeit

Seins und alles Wissens, in der Begegnung mit der Gottheit und im Einswerden mit ihr stattfinden kann. Eros ist Humanität als Dämonie im niedrigsten wie im höchsten Sinn und als solche selber eine Art höchster Gottheit, nach Euripides der τύραννος θεῶν τε κἀνθρώπων, nach Aristoteles die Anziehungskraft, durch die das Urprinzip alles Seiende in Ordnung und Bewegung erhält: es bewegt nämlich alles Seiende, indem es selbst das von ihm Geliebte, das ἐρώμενον ist. Eros ist «die Allerweltsliebe, die bald hier, bald dort ihre Befriedigung sucht», der unbestimmte, von aller Entscheidung und Tat freie Drang nach irgendeinem, bald diesem, bald jenem Gegenstand; er ist gerade in seiner reinsten Gestalt ein Drang von unten nach oben, vom Menschen her zu dem, was über ihm ist, zum Göttlichen hin — und auf alle Fälle: keine Zuwendung zu einem Anderen um dessen selbst willen, sondern die Erfüllung des eigenen Lebenshungers des Liebenden, für den der oder das Geliebte, ob es sich nun um eine Sache oder um einen Menschen oder um die Gottheit handelt, nur ein Konsumgut, letztlich nur ein Mittel zum Zwecke ist. Es braucht nicht viel Scharfsinn zu der Einsicht und nicht viel Kunst zu dem Nachweis, daß dieser Eros und die christliche Liebe zweierlei sind. Daß die durch diese beiden Begriffe bezeichneten Wirklichkeiten auf ganz verschiedenen Ebenen zu suchen sind, erhellt schon daraus, daß die Wörter ἔρως und ἐρᾶν im Neuen Testament überhaupt nicht vorkommen. Wir können hier darauf verzichten, das zu entwickeln. Eben weil diese Einsicht und dieser Nachweis wirklich billig sind, ist es nicht geraten, sich mit dieser Gegenüberstellung von einer tieferen Erkenntnis der menschlichen Natur, von einer gütigeren und wahreren Bestimmung des Wesens der Humanität zu dispensieren. Daraus, daß die Agape nicht als Eros zu bestimmen ist, folgt nämlich nicht, daß umgekehrt die Humanität, die Art des natürlichen Menschen, als Eros, und zwar als Eros in diesem historischen Sinn des Begriffs, zu bestimmen sei. Es ist eben diese Folgerung auf Grund derer man sich auf christlicher Seite ein Menschenbild zurecht machen würde, das mit der Wirklichkeit des natürlichen Menschen nichts zu tun hätte und in dem sich dieser auch unmöglich wieder erkennen könnte. Sondern wenn in diesem Eros die christliche Liebe gewiß nicht wiederzuerkennen ist, so ist in ihm auch die Humanität — man muß hier freilich zurückhaltender reden — fast nicht wiederzuerkennen. In diesem Eros der Griechen tobt ja jedenfalls im beherrschenden Vordergrund des Bildes bereits unverkennbar Dionysos-Zarathustra, der Übermensch, der Mensch ohne den Mitmenschen, der große Einsame, der sich auf dem Höhepunkt seines Strebens notwendig dahin verirren muß, sich für Gott zu halten, um eben damit seiner Menschlichkeit verlustig zu gehen. In ihm ist ja des Menschen höchste Freiheit zugestandenermaßen bereits zur Tyrannei und also auch zur Sklaverei geworden. Eine Definition der Humanität auf Grund ihrer Gleichsetzung mit diesem Eros könnte also nach unseren Überlegungen nur als eine schlechte Definition der Humanität bezeichnet werden. Es wäre kein gutes Beginnen, uns an diese schlechte Definition zu halten, das Wesen des natürlichen Menschen also einfach mit dieser dämonischen Gestalt gleichzusetzen, in der ihm dann die christliche Liebe gewiß nur ausschließlich, aber auch sehr unfruchtbar gegenübergestellt werden könnte. Auch der natürliche Mensch ist gewiß noch nicht der christliche, noch nicht der durch die Liebe als die Gnadengabe des Heiligen Geistes erneuerte Mensch. Aber muß er darum der Mensch jenes griechischen Eros sein? Wir haben gesehen: *tertium datur*. Der wirkliche natürliche Mensch ist vielmehr der Mensch, der in der Freiheit seines Herzens mit seinem Mitmenschen zusammen ist. Es ist nicht gut, wie gebannt und selber schon etwas fasziniert auf das Bild jenes im griechischen Sinne erotischen Menschen zu starren, dem das Bild des christlichen Menschen so einfach — aber nun wirklich zu einfach — gegenüberzustellen ist. Die merkwürdige Folge dieser allzu einfachen Gegenüberstellung ist nämlich weithin die gewesen, daß man die christliche Liebe in großen Bereichen der Christenheit nun doch wieder allzu unbesonnen als ein Gegenbild des griechischen Eros und ohne daß man es merkte, in den Konturen und Farben jenes Urbildes dargestellt und gepriesen hat. Sieht man etwa auf dem berühmten Bild Raffaels*auf den ersten Blick, welche von den beiden Gestalten die himmlische, welche die irdische Liebe darstellen soll? Sehen diese Schwestern sich nicht allzu ähnlich? Kann man sich nicht auch in großen Bereichen der christlich-mystischen Meditation und Spekulation, die ja von Plato und Plotin von jeher so reichlichen Gebrauch zu machen pflegte, ernstlich fragen, ob man es in der angeblich zur Sprache gebrachten Agape nicht doch bloß mit einem spiritualisierten, idealisierten, sublimierten, fromm gewordenen Eros zu tun habe: mit einem Eros, den man als solchen und in seiner Urgestalt nicht wahr haben wollte und den man nun doch nicht los werden und erst recht wirklich sein lassen mußte? Es wäre solcher verdrängten Erotik gegenüber wirklich gut zu bedenken, daß als Humanität des wirklichen natürlichen Menschen ein Drittes in Frage kommt: ein Drittes, das weder Eros noch Agape ist, von dem her aber eine echte Beziehung zur Agape immerhin möglich ist und von dem her dann auch dem Eros — sogar dem Eros der Griechen — die Gerechtigkeit widerfahren kann, die man einer so mächtigen historischen Erscheinung schon als solcher schuldig ist und derer sie vielleicht doch auch sachlich nicht einfach und absolut unwürdig sein dürfte.

Wir versuchen es zunächst, von dem von uns gefundenen und aufgezeigten Begriff der Humanität aus eine Linie nach oben zu ziehen: in die Richtung auf die christliche Agape also. Menschlichkeit als Freiheit des Herzens für den Mitmenschen ist gewiß noch nicht christliche Liebe. Der Mensch kann ja — nicht auf Grund einer Möglichkeit seiner Natur, aber in deren unbegreiflicher Verkehrung — von Gott abfallen, zum sündigen Menschen werden. Das beraubt ihn nicht seiner Menschlichkeit, aber was ist dann aus ihr, was ist dann aus der Freiheit seines Herzens geworden? Was bedeutet es dann, daß er auch in dieser Verfassung, auch in diesem Stand wesentlich, eigentlich, in seinem Innersten unleugbar immer noch «gerne» mit dem Anderen zusammen ist, das gegenseitige Sich-sehen, das Reden miteinander, das Hören aufeinander, den gegenseitigen Beistand von Mensch zu Mensch noch immer braucht als das Lebenselement, ohne das er nicht sein kann? Was ist der Mensch — immer noch und vielleicht erst recht in der Freiheit seines Herzens — wenn sein Herz (nicht von Natur, nicht auf Grund seiner Erschaffung durch Gott, aber in seiner bösen Faktizität) böse ist von Jugend an? Was bedeutet es dann sachlich, daß er «gerne» mit seinem Mitmenschen ist? Was geschieht dann in diesem freien Miteinander? Und eben diese Verfassung des wirklichen Menschen ist ja nun die, mit der wir tatsächlich zu rechnen haben, in der er in seiner Geschichte mit Gott tatsächlich existiert. Er existiert gegen seine Natur in diesem Stand, dem Stand der Sünde, der eigentlich kein Stehen, sondern eben nur ein Fallen ist, gegen das er in seiner Natur keinen Schutz besitzt, in das vielmehr auch seine Natur verwickelt, kraft dessen auch seine Natur eine fallende Natur geworden ist. Er existiert unter dem negativen Vorzeichen seines Gegensatzes zu Gott, und eben das ist nun auch von seiner Menschlichkeit zu sagen. Wird er gehalten, im Falle aufgehalten und also vor dem Sturz ins Bodenlose errettet, dann dadurch, daß Gott sein Schöpfer in Jesus Christus für ihn eintritt, seine Sache zu seiner eigenen macht und ihm eben damit aufs neue gnädig ist. Und bekommt nun doch auch seine Natur, seine Menschlichkeit ein positives Vorzeichen, einen positiven Inhalt, ist die Freiheit seines Herzens für den Mitmenschen, für ihn selbst und für den Anderen eine heilsame ,eine aufbauende, eine wohltuende und hilfreiche Freiheit, ist er nicht nur formal «gerne», sondern gerne im Guten, d. h. gerne in der gemeinsamen Dankbarkeit, gerne im Lob der göttlichen Barmherzigkeit mit seinem Mitmenschen zusammen, dann verdankt er das wieder nicht sich selbst oder seiner menschlichen Natur, son-

* Tizian (KD IV,1, Vorwort)

2. Die Grundform der Menschlichkeit 339

dern dann ist diese Erfüllung des Natürlichen die Gnadengabe des Heiligen Geistes, dann ist das eben die christliche Liebe. Gott hat dann als sein Erretter aus Sünde und Tod zu ihm in seiner Menschlichkeit ein neues Ja gesagt — ein Ja, das damit, daß er ihn in seiner Menschlichkeit und also in jener Freiheit des Herzens geschaffen hat, noch nicht gesprochen war und das er, der Mensch in seiner Menschlichkeit, noch weniger selbst und von sich aus sprechen könnte. Lebt er in der christlichen Liebe, dann lebt er in der Kraft dieses neuen, dieses ihn und seine Menschlichkeit aus Sünde und Tod befreienden und errettenden göttlichen Ja. Er verdankt es der Treue und Beständigkeit des Bundes, den Gott mit seinem Geschöpf geschlossen hat, wenn sein Herz nicht nur frei ist zu diesem und jenem Zusammensein mit dem Anderen, sondern frei dazu, in Friede und Freude, in der Heiligkeit und Gerechtigkeit des mich und dich gemeinsam verpflichtenden Dienstes, in der Gemeinde derer zusammen zu sein, die von der Vergebung der Sünden und also zur Verherrlichung dieser Gnade leben dürfen. So ist Humanität und christliche Liebe wirklich zweierlei. So mag man ruhig von einem Abgrund reden, durch den beide von einander geschieden sind. Aber die Beziehung, die trotz dieses Abgrundes besteht, wenn sie ihn auch nicht zu überbrücken vermag — denn das tut Gott allein — ist nicht zu verkennen. Es geht schon in der Humanität — es geht auch in der durch des Menschen Sünde fallenden, unter das negative Vorzeichen geratenen und verkehrten Humanität um die Freiheit des einen Menschen für den anderen. In dieser Freiheit, wenn auch in ihrer Verderbnis, haben schon die ersten Menschen gesündigt. In der Bosheit unseres Herzens, das doch als solches, als unser eigentliches, wesentliches, menschliches Sein zu dieser Freiheit bestimmt ist, in einem bösen Gebrauch dieser an sich nicht bösen, sondern guten Freiheit sind wir böse. Wir möchten auch, wenn wir es böse meinen, gerne mit dem Anderen sein und sind es auch tatsächlich. Wir pervertieren dann das «gerne» höchst unnatürlich und künstlich in ein «ungern». Und eben dieses «ungern» wird durch die christliche Liebe, in welcher die menschliche Freiheit zu ihrem rechten Gebrauch kommt, beseitigt; eben diese Perversion wird in der christlichen Liebe, wird in der Erkenntnis der Vergebung unserer Sünden und im Aufruf zur Dankbarkeit durch die Gnadengabe des Heiligen Geistes rückgängig gemacht. Aber nun muß man auch von der christlichen Liebe sagen, daß es gerade in ihr und in ihr erst recht um die Freiheit des Einen für den Anderen geht. Sie ist das neue, das nicht bloß formale, sondern inhaltlich positiv gefüllte Miteinander von Mensch und Mensch. In ihr wird also die Humanität nicht zu Schanden; in ihr kommt sie viel mehr zu Ehren. Es ist ja die Treue und Beständigkeit des Bundes, der der Mensch diese Gnadengabe des Heiligen Geistes ganz und gar und ausschließlich zu verdanken hat, nichts Anderes als die Treue und Beständigkeit Gottes des Schöpfers, der sich zu seinem Werk bekennt, indem er es errettet und als sein Erretter erneuert. Um des Menschen Herz, um sein eigentliches, wesentliches, menschliches Sein geht es auch jetzt: um ein neues — nämlich im Verhältnis zu seinem bösen, verkehrten Herzen ganz neues — aber um sein eigenes Herz geht es auch in der christlichen Liebe, in der der Mensch Gott, statt ihn zu hassen, lieben, aber eben darum auch seinen Nächsten, statt ihn zu hassen (und damit seine Natur zu verleugnen!), lieben darf. Was wäre die christliche Liebe, wenn in ihr nicht durch Gottes Gnade eben das wahr und wirklich würde, was der Mensch von sich aus, obwohl seine Natur ihn eben dazu bestimmt, nicht wahr und wirklich machen kann: ein in Freiheit, ein gerne vollzogenes Miteinander von Mensch und Mitmensch. Was hülfe dem Christen alles Wissen um Gottes Vergebung und um die Notwendigkeit, ihm dafür dankbar zu sein, was hülfe ihm alle Heiligkeit und Gerechtigkeit seines neu begründeten und gestalteten Lebens, aller Lobpreis Gottes und aller Eifer in seinem Dienst, wenn ihm etwa dieses Menschliche fehlen sollte, wenn er etwa nicht gerne, nicht in Freiheit, und zwar konkret: in der Freiheit des einen Menschen für den anderen, in der Freiheit des Herzens für den Mitmenschen dabei wäre? Wo es im christlichen Glauben und in der christlichen Hoffnung nicht zur Erweckung, d. h. aber zur positiven Erfüllung gerade der Humanität kommt, da ist auch der Glaube, da ist auch die Hoffnung nicht, denn da fehlt es offenbar an der christlichen Liebe, und wenn alle ihre inneren und äußeren Werke in Fülle da wären. Und hätte ich der Liebe nicht, so wäre ich nichts nütze. Denn allein die Liebe — aber eben die Liebe, in der es zur Erweckung und positiven Erfüllung der Humanität kommt, die Liebe, in der sich gerade der Christ als der wirkliche Mensch herausstellt und offenbart — sie allein ist des Gesetzes Erfüllung, weil sie, diese humane und gerade so christliche Liebe, die Liebe, die die Humanität in sich hat, das Leben des Menschen in der Kraft des neuen, des errettenden göttlichen Ja zu seinem Geschöpf ist. — Das ist die Beziehung zwischen Humanität und christlicher Liebe.

Und nun fragt es sich doch ernstlich, ob es von da aus nicht möglich und notwendig ist, eine Beziehung der Humanität auch nach unten, nämlich in der Richtung auf die Welt des griechischen Eros festzustellen und damit doch auch über das Dilemma zwischen diesem Eros und der christlichen Agape ein etwas ruhigeres und sachgemäßeres Urteil zu gewinnen als das, das von christlicher Seite zu schnell gefällt zu werden pflegt: zu schnell und dann doch nicht mit der Kraft, es, soweit es berechtigt ist, wirklich durchzuführen! Man wäre vielleicht sicherer vor der Gefahr, dem Eros vor lauter Agape nun doch — und vielleicht gerade in der raffiniertesten Weise — zu verfallen, wenn man davon lassen würde, ihn so einfach und absolut als d i e Gestalt d e r Sünde hin- und also der christlichen Liebe gegenüberzustellen. Indem wir die Humanität als ein Drittes zwischen Eros und Agape verstehen, haben wir die Möglichkeit, nun doch auch nach der Seite des Eros umsichtig und gerecht zu sein. Daß wir es in jener historischen Gestalt dieser Wirklichkeit mit einer Gestalt der Sünde, d. h. mit einer Gestalt der durch seinen Abfall von Gott vollzogenen und durch seinen Abfall bedingten Verderbnis des Menschen zu tun haben, liegt auf der Hand. Es gehört vielleicht auch zur Größe dieser historischen Erscheinung, daß sie vielleicht als eine geradezu klassische Darstellung der menschlichen Sünde zu bezeichnen ist. Es war wahrhaftig verständlich und in Ordnung, daß die älteste Christenheit der ganzen Welt des griechischen Eros zunächst einmal einfach mit Entsetzen und zugleich mit Erleichterung den Rücken zugekehrt hat. Wo der Mensch seine Lebenserfüllung darin sucht, hinausstrebend über sich selbst die Gottheit, den Mitmenschen und alle Dinge zu einem einzigen Konsumgut für sich selber zu machen, wo sein Lebenshunger darauf ausgeht, selber der Eine in Allem zu sein, da haben wir es unzweideutig mit dem Bösen zu tun, dessen Sold nur der Tod sein kann. Es wäre besser gewesen, wenn die Christenheit nicht so oft auf den Gedanken gekommen wäre, die christliche Liebe als die wahre Gestalt dieses Lebenshungers und dieser Lebenserfüllung zu interpretieren. Und wir sagten schon: dieser griechische Eros ist auch zur Definition der Humanität wirklich ungeeignet. Wir dürfen aber bei dem allem eines nicht übersehen, nämlich dies: daß er in aller seiner klaren, nur allzu klaren Sündigkeit und also bei aller sachlichen Vernebelung, Verzerrung und Verkehrtheit, in der er die Humanität darstellt, ein Element enthält, das wohl in seiner hier sichtbaren Gestalt, das aber in seinem Wesen nicht verwerflich, nicht böse — noch mehr: für den Begriff der Humanität (und damit dann indirekt doch auch für den der christlichen Liebe!) nicht entbehrlich und nebensächlich, sondern entscheidend wichtig ist. Wir fragen: wo sonst als in der von diesem Eros erfüllten und beherrschten Welt des alten Griechentums ist denn aller sündigen Verderbnis zum Trotz das so erquickend und tröstlich sichtbar geworden, was wir nun doch gerade als die *conditio sine qua non* der Humanität erkannt und bezeichnet haben: jenes «gerne» nämlich, als das ursprüngliche und eigentliche, allem Wählen und Wollen des Menschen vorangehende, alles menschliche Wählen und Wollen begrenzende und bestimmende Motiv menschlichen Seins? Ist es nur Zufall, daß das Evangelium von Jesus Christus, dieser Same aus Israel, nun einmal gerade inmitten der damals untergehenden Welt des Griechentums Wurzel geschlagen hat? War es nur ein Unglück, daß ihm dieser sein Ursprung durch seine ganze Geschichte hindurch nachgegangen ist? Ist es nur verdammliche Willkür, daß wir das Land der Griechen mit der Seele zu suchen, bis auf diesen Tag uns nicht ganz enthalten können, obwohl wir uns doch darüber klar sind, daß es sich bei der der Kirche nötigen Reformation wirklich nicht um eine Renaissance der griechischen Antike handeln kann? Gibt es hier nichts Verbindendes, was besser zu sehen und ernst zu nehmen, als zu übersehen und zu leugnen wäre, gerade wenn man das Evangelium von Jesus Christus in seinem vollen Gehalt zu verstehen willig und begierig ist? Und liegt dieses Verbindende nicht eben in jenem «gern», von dem man nicht gut leugnen kann, daß es auch für den christlichen Begriff vom Menschen und seiner Menschlichkeit (und indirekt dann doch auch für den Begriff der christlichen Agape) geradezu grundlegende Bedeutung hat? Wir sehen die ganze Verzerrung dieses «gerne» in der griechischen Erotik. Die Freiheit dieses hochgepriesenen Menschgottes ist als Tyrannei nur zu leicht zu erkennen und zu bezeichnen. Als solche und als Dämonie hat sie sich ja selber bekannt. Aber damit sind wir nicht fertig mit ihr. Darum können wir doch nicht überhören, daß sie eigentlich und ursprünglich die Tyrannei gerade der Freiheit zu sein behauptet und daß sie das in einer immerhin bis heute erkennbaren Weise auch tatsächlich gewesen ist. Es wird ja schließlich nicht umsonst gerade die Luft dieses griechischen Eros gewesen sein, in der im Abendland und vielleicht auf der ganzen Erde zuerst die menschliche Freiheit, und zwar gerade die menschliche Freiheit im Zusammenleben von Mensch und Mensch eine beachtliche und für alle Zeiten und Zonen unvergeßliche Gestalt gewonnen hat. Wir brauchen die Barbaren, die von dieser Freiheit nichts wußten, darum nicht zu verachten. Paulus hat sie bekanntlich mit den Hellenen (Röm. 1, 14) in einem Atemzug genannt und hat sich beiden in gleicher Weise verpflichtet erklärt. Das dürfte aber schwerlich bedeuten, daß wir als Christen für die Barbaren gegen die Hellenen Partei zu ergreifen hätten oder daß wir es uns auch nur leisten dürften, zu übersehen, was die Hellenen vor den Barbaren nun einfach voraus hatten. Das hat die alte Kirche bei aller ihrer Distanzierung dem Griechentum gegenüber bekanntlich auch nicht getan. Man möchte wohl wünschen, sie hätte es weniger getan, sie wäre in dieser ihrer Distanzierung grundsätzlicher gewesen. Das kann aber wiederum für uns nicht bedeuten, daß wir nun doch übersehen dürften oder gar müßten, was hier offenkundig zu sehen ist. Die gewisse Hetze gegen das Griechentum, die sich in der Theologie der letzten Jahrzehnte bemerkbar gemacht hat, war keine gute Sache, und ihre Fortsetzung könnte nur bedeuten, daß wir für die griechische Gefahr in einiger Zeit aufs neue und erst recht anfällig werden müßten. Die Griechen mit ihrem Eros haben das — und das ist nun doch nichts Geringes, sondern in dieser Sache ein Höchstes — begriffen, daß das Menschliche ein freies, ein von Grund aus offenes, williges, spontanes, freudiges und heiteres, ein geselliges Wesen ist. Der Schatten des Streites und des Leides, der Resignation des Schmerzes und des Todes, der Schatten der Tragik mußte darauf fallen und ist darauf gefallen, indem sie ihm nun doch nur die Gestalt einer im Grunde irren Sehnsucht nach einem Gegenstand und eines in seinem Ursprung willkürlichen und in seinem Ergebnis notwendig enttäuschenden Schweifens von einem Gegenstand zum andern zu geben, indem sie es anders als in der Dämonie und Hybris des psychischen und physischen, des idealen und des nur allzu realen Rausches nicht zu verwirklichen wußten. Es ist die Phantasie, die etwa den homerischen Olymp und seine Bewohner geschaffen hat, wahrhaftig ein stärkster Beweis dafür, daß des Menschen Herz böse ist von Jugend auf. Aber was es mit des Menschen Herz, mit dem Menschlichen an sich und als solchem auch im Stand seiner

Verkehrung und Verderbnis auf sich hat, was Humanität als Kontinuum ist, das trotz allem, das durch alle Verkehrung und Verderbnis hindurch sichtbar zu machen, ist den alten Griechen in einer Weise gelungen oder gegeben gewesen, wie man es so von keinem Volk des Altertums — und von Israel, dem Volke Gottes schon gar nicht! — sagen kann und wie man es von den Völkern der späteren abendländischen Geschichte nur darum bis zu einem gewissen Grade sagen kann, weil und indem sie alle so oder so bei den alten Griechen mit ihrem Eros in die Schule gegangen sind. Wie haben diese griechischen Menschen sich als Menschen zu sehen, wie haben sie miteinander zu reden, wie haben sie — z. B. als Freunde, als Lehrer und Schüler und vor allem auch als Bürger — in Freiheit miteinander zu leben gewußt! Gewiß — auch wenn man von aller Verkehrung und Verderbnis einmal absieht — auch sie nur in einem gewissen Grade ,aber doch so, daß gerade das als geheimes Zentrum ihres Meinens und Wollens, als Maßstab aller ihrer Tugenden und irgendwie sogar als das Geheimnis auch ihrer offenkundigen Irrtümer, Fehler und Laster so sichtbar wurde, daß die anderen Völker, die mit ihnen in Berührung kamen, es nicht mehr vergessen konnten, und daß auch die Gemeinde Jesu Christi es sehen und beachten mußte. Die Griechen mit ihrem Eros konnten ihr keine Heilstatsache und keine Gottesoffenbarung sein — wenn sie sich in diesem Sinn von ihnen imponieren ließ, dann befand sie sich immer auf Abwegen. Die christliche Liebe, die Paulus verkündigt hat, stammte ja auch wirklich nicht aus der Schule der Griechen. Die christliche Gemeinde konnte und kann, auch was Humanität ist, gewiß nicht von den Griechen lernen. Und so haben wir diesen Begriff auch hier wirklich nicht von dorther gewonnen. Wir können aber — und darauf beruhte und beruht alles legitime Verhältnis zwischen Christentum und Griechentum — indem wir den Begriff der Humanität von ganz anderswoher, nämlich aus der einen einzigen, wirklichen Heilstatsache und Gottesoffenbarung gewonnen haben — nicht umhin, zu anerkennen, daß er im griechischen Menschen mit seinem Eros eine Bestätigung findet, derer zu gedenken, an der wir uns zu orientieren allen Anlaß haben, wenn es darum geht, die christliche Liebe als die Erweckung und Erfüllung der Humanität, der verkehrten und verderbten, aber nicht verlorenen Art des natürlichen, d. h. des von Gott geschaffenen Menschen zu verstehen. Die Theologie des Paulus und so auch seine Verkündigung der christlichen Liebe kommt weder von den Hellenen noch von den Barbaren her, sondern aus Israel. Aber wenn er das Bild des christlichen, d. h. des in dieser Liebe lebenden Menschen entwirft, dann gebraucht er keine barbarischen, aber nun doch auch keine israelitischen, sondern zweifellos griechische Formen und Farben, dann verrät er, daß er die Griechen und ihren Eros wohl gesehen und beachtet hat. Ohne das hätte er dem großen Wort: «Der Friede Gottes, welcher höher ist als alle Vernunft, bewahre eure Herzen und Sinne in Christo Jesu» nicht so unmittelbar die merkwürdige Fortsetzung geben können: «Zuletzt meine Brüder — was wahr, was ehrbar (σεμνά), was gerecht, was rein (ἁγνά), was liebenswert (προσφιλῆ), was wohllautend (εὔφημα), was irgendwie Tugend (ἀρετή) und was immer Lob (ἔπαινος) ist, dem denket nach!» (Phil. 4, 7—8). Ohne das hätte er den ganzen Philipperbrief mit seinem beherrschenden χαίρετε, hätte er aber auch das hohe Lied der Agape 1. Kor. 13 nicht schreiben können. Indem die christliche Liebe ja selbst, sie zuerst, sie aus ihrer eigenen Wurzel, sie als Gnadengabe des Heiligen Geistes ein offenes, williges, spontanes, freudiges und heiteres und geselliges Sein und Tun ist — das Alles neu erweckt und gefüllt, das Alles nun nicht im Bösen, sondern im Guten — ist gerade sie offenbar fähig und willig, sich selbst, ihre eigene Humanität in jenem Menschlichen als in der guten Gabe Gottes des Schöpfers wieder zu erkennen, obwohl und indem es in dem der Liebe entbehrenden Menschen nur in jener Verkehrung und Verderbnis wirklich und erkennbar ist. Darf und muß man nicht die unvergänglichen Worte 1. Kor. 13,

2. Die Grundform der Menschlichkeit

4—6 auch auf ihr Verhältnis zum griechischen Menschen und seinen Eros anwenden: «Die Liebe ist großmütig» (μακροθυμεῖ), sie ist gütig (χρηστεύεται), sie eifert nicht (οὐ ζηλοῖ), die Liebe prahlt nicht (οὐ περπερεύεται), sie bläht sich nicht auf (οὐ φυσιοῦται), sie hat nichts Ehrverletzendes (οὐκ ἀσχημονεῖ) sie sucht nicht das Ihre, sie läßt sich nicht erbittern (οὐ παροξύνεται), sie rechnet das Böse nicht an, sie freut sich nicht über die Ungerechtigkeit, sie freut sich aber mit der Wahrheit (συγχαίρει δὲ τῇ ἀληθείᾳ) ... ? Wie würde sie das Alles, was da von ihr gesagt wird, teils tun, teils lassen, wenn es von ihr aus keinen Weg zum Menschen auch zum sündigen Menschen gäbe, wenn gerade sie ihm die Menschlichkeit, die auch ihre eigene ist, absprechen, sie nicht vielmehr da, wo sie ihr, und wäre es im fremdesten Gewand, sichtbar wird, erkennen, begrüßen, anerkennen, respektieren, sich mit ihr solidarisch erklären würde? Wie wäre sie selbst die Freude, von der im Philipperbrief die Rede ist, wenn sie dessen unfähig oder dazu unwillig wäre, sich «mit der Wahrheit (wo sie ihr nun einmal auch im sündigen Menschen begegnet) zu freuen» und also «sich mit den Fröhlichen zu freuen» (Röm. 12, 15)? Indem sie zur Sünde dieser χαίροντες Nein sagt, sagt sie Ja zu ihrem χαίρειν als solchem, weil es als solches nicht etwas Unmenschliches, sondern in all der Unmenschlichkeit dieser Menschen ihr Menschliches ist. Die Liebe ist selbst ein Leben im «gerne» — in dem heiligen gerechten, reinen «gerne» der die Brüder und Schwestern in Christus verbindenden Dankbarkeit, aber gerade so in einem eminenten «gerne» — wie sollte ihr da der Durchblick fehlen können in die Tiefe des freilich noch nicht zu dieser Dankbarkeit erweckten und darum noch im Rausch des Eros befangenen Mitmenschen: der Durchblick, der ihr erlaubt und gebietet, auch in seinem törichten, verworrenen, bösen «gerne» das Geschöpfliche, das Menschliche wiederzufinden und gelten zu lassen? Wie sollte der Christ es lassen können, sich mit dem Nicht-Christen, mit dem er sich freilich durch Gottes Gericht und Gnade in Jesus Christus zuerst und noch ganz anders verbunden weiß, nun doch auch in dieser Hinsicht, auch auf dieser Ebene verbunden zu wissen, als Mensch dem Menschen in der Naturverbundenheit des «gerne»? Und er sehe endlich nur zu, daß der Nichtchrist dasselbe: seine Menschlichkeit und also dieses «gerne» umgekehrt auch in ihm, dem Christen, wiederfinde! «Eure Güte («Lindigkeit» ἐπιεικές) soll kund werden allen Menschen» (Phil. 4, 5 vgl. Tit. 3, 2). Es ist freilich normal, daß die christliche Liebe dem Außenstehenden als eine fremde, törichte Sache erscheint, genau so wie ja auch die Art, in der diese Außenstehenden ihrem Eros leben, von der christlichen Liebe her gesehen als eine fremde, unsinnige Sache erscheinen muß. Es wäre aber durchaus nicht normal, wenn diese Außenstehenden in der Liebe der Christen nicht wenigstens das Menschliche, das ja auch ihr eigenes ist, wiedererkennen könnten, wenn nicht wenigstens das Leben im «gerne» für sie auch in den Christen wahrnehmbar wäre, zu ihnen sprechen, sie mit ihnen verbinden würde. Die Agape eines Christen wäre vielleicht doch nicht das, wofür sie sich hält und ausgibt, wenn es dem griechischen Menschen mit seinem Eros durchaus verborgen bleiben müßte, daß er es auch in diesem Christen mit einem Menschen und also mit einem Wesen zu tun hat, mit dem er sich jedenfalls in jener Wurzel seines Eros solidarisch fühlen und erklären kann. Es könnte eine höchst lieblose Liebe dieses vermeintlichen Christen sein, der gegenüber dem Andere, dem Nichtchrist, so dran sein müßte. Hat es mit seiner Liebe seine Richtigkeit, dann wird er dem Nichtchristen jedenfalls in dieser Hinsicht, auf dieser, der menschlichen Ebene so durchschaubar und verständlich sein müssen, wie er selbst jenen zu durchschauen und zu verstehen in der Lage sein müssen wird. Mag der Nichtchrist denn Nein sagen oder den Kopf schütteln zu dem, was den Christen zum Christen macht, so soll es doch am Christen nicht liegen, daß der Andere nicht wenigstens zu seinem χαίρειν als solchem, weil es als solches das

Menschliche auch in ihm ist, Ja sagen kann. Diese Beziehung nach unten: von der Liebe über die Humanität zum Eros der Griechen hat es zur Zeit des Neuen Testamentes bei aller Scheidung der Bereiche offenbar gegeben, und es ist nicht abzusehen, wie diese Beziehung nicht bis auf diesen Tag gesehen, respektiert und gepflegt werden dürfte und müßte. Es geht hier um die Verbindung zwischen Kirche und Welt, ohne die die Kirche ihre Funktion in der Welt nicht ausüben kann, weil sie ohne sie gar nicht die Kirche — die Kirche der christlichen Liebe — sein würde.

3. MENSCHLICHKEIT ALS GLEICHNIS UND HOFFNUNG

Menschlichkeit ist in ihrer Grundform Mitmenschlichkeit. Alles, was man sonst als menschliche Art, menschliches Wesen, menschliche Natur nennen und beschreiben kann, steht, sofern es menschlich ist, auf diesem Nenner. Ist es nicht mitmenschlich, ist es nicht so oder so eine Näherbestimmung des Seins in der Begegnung von Ich und Du, dann ist es auch nicht menschlich. Aber es ist gesorgt dafür, daß der Mensch dieses Menschliche nicht los wird. Er kann es wohl vergessen. Er kann sich wohl darüber täuschen. Er kann es wohl mißachten. Er kann ihm wohl Hohn sprechen und Schande machen. Er ist aber nicht in der Lage, es abzustreifen und los zu werden. Menschlichkeit ist kein Ideal, das er gelten oder fallen lassen, keine Tugend, die er üben oder nicht üben könnte. Menschlichkeit ist vielmehr wie alle die Bestimmungen, mit denen wir es in der theologischen Anthropologie zu tun haben, ein unangreifbares Kontinuum der menschlichen Existenz als solcher. Eine Anthropologie, die jene Grundform der Menschlichkeit ignorieren oder leugnen würde, würde sich also freilich aus des Menschen praktischer Verkehrtheit und Verderbnis erklären lassen. Sie würde aber gegen eine Tatsache anrennen, an der auch des Menschen praktische Verkehrtheit und Verderbnis nichts ändern kann und ein auf sie begründetes und darum falsches theoretisches Urteil erst recht nicht. Der Mensch ist mitmenschlich, er ist in der Begegnung von Ich und Du, auch wenn und indem er dem praktisch und theoretisch widerspricht, auch wenn er sich als einsamer Mensch gebärdet und dementsprechende Anthropologien auf den Plan stellt. Er beweist damit nur, daß er sich selbst widersprechen, nicht aber, daß er sich jener Grundform seiner Menschlichkeit entäußern kann. Er hat nicht die Wahl, mitmenschlich oder irgend etwas Anderes zu sein. Sein Sein hat jene Grundform.

Daß dem so ist, steht uns darin vor Augen, daß wir nicht Mensch sagen können, ohne entweder Mann oder Frau und ohne zugleich Mann und Frau sagen zu müssen. Der Mensch existiert in dieser Differenzierung, in dieser Zweiheit. Man bemerke sofort: sie ist die einzige strukturelle Differenzierung, in der er existiert. Die sogen. Menschenrassen sind nämlich nur Variationen einer und derselben Struktur, Variationen,

3. Menschlichkeit als Gleichnis und Hoffnung

die praktisch jede Vermischung der einen mit der anderen jederzeit erlauben, und überdies Variationen, die schon an sich nur in fließenden Übergängen von der einen zur anderen stattfinden, die eine exakte Fixierung und Abgrenzung immer nur annähernd geltend zu machen erlauben, die mit der Verschiedenheit der Arten und Unterarten des Tierreichs gar nicht zu vergleichen sind. Wir haben es aber in der Verschiedenheit von Mann und Frau mit einer strukturellen Verschiedenheit der menschlichen Existenz zu tun. Der Mensch hat diese, die geschlechtliche Differenzierung mit den Tieren aller Arten und Unterarten gemeinsam. Das ist das unübersehbare Merkmal dessen und die unüberhörbare Erinnerung daran, daß er in ihrer Nachbarschaft und so im Zusammenhang der ganzen Schöpfung existiert: innerhalb und nicht oberhalb der Kreaturgrenze. Aber das ist nun eben seine Geschöpflichkeit: Mann oder Frau, Mann und Frau, und in dieser Verschiedenheit und Beziehung menschlich zu sein. Er existiert gewiß auch in anderen — notwendigen und nicht notwendigen — Differenzierungen. Er ist notwendig Kind und notwendig dieses Individuum im Unterschied zu jedem anderen — nur daß diese Unterscheidung als solche nicht struktureller Natur ist. Er ist andererseits nicht notwendig Vater oder Mutter, nicht notwendig Bruder oder Schwester, nicht notwendig jung oder alt, nicht notwendig begabt oder unbegabt, so oder anders begabt, nicht notwendig Mensch dieser oder jener Zeit, Zone und Rasse, und wenn er es ist, dann wiederum nicht auf Grund struktueller Verschiedenheit. Er ist aber in allen diesen notwendigen und nicht notwendigen, in allen diesen sekundären Verhältnissen und Differenzierungen primär Mann oder Frau, Mann und Frau. Und es fällt doch auch die Notwendigkeit, in der er Kind ist, zusammen mit der Notwendigkeit, Sohn oder Tochter zu sein und so auch die Notwendigkeit, in der er dieses und dieses bestimmte Individuum ist, damit, daß er dieses männliche oder weibliche Individuum ist und hier nun eben das Eine oder das Andere auf Grund struktueller Verschiedenheit. Mit und in seiner Existenz als Mensch und als dieser und dieser bestimmte Mensch ist er Mann oder Frau, Mann und Frau. Es ist diese Unterscheidung und Beziehung neben und in allen anderen — den notwendigen und den nicht notwendigen — die entscheidende, die gewissermaßen für alle anderen exemplarische, weil nur diese strukturell ist, durch alle anderen Unterscheidungen und Beziehungen hindurch geht, in allen sich selbst gleich bleibt, in allen sich durchsetzt und bemerkbar macht. Es gibt in allen Entgegensetzungen und Gemeinschaften, in denen der Mensch existiert, keinen Menschen an sich, sondern immer nur den Mann oder die Frau, den Mann und die Frau. Es gibt im menschlichen Leben in seiner ganzen Ausdehnung kein abstrakt menschliches, sondern überall nur das konkret männliche oder weibliche Sein, Empfinden, Wollen, Denken, Reden, Sichverhalten und Handeln und das konkret männliche und weibliche Zusammensein und Zusammenwirken in dem allem. Es gibt menschliche Entgegenstellung, Gemeinschaft, es gibt Begegnung zwischen Menschen und also menschliches Sein nur unter der Voraussetzung, unter dem Vorzeichen und unter den Bedingungen dieser einen und besonderen Differenzierung. Das gilt nicht nur da, wo Mann und Frau sich direkt begegnen: als notwendige Begrenzung und Bestimmung, vielleicht als Förderung, vielleicht auch als Schädigung der Sachlichkeit ihres Zusammenseins und Zusammenwirkens wird sich das freilich in diesem Fall sofort und besonders stark geltend machen. Es gilt aber auch da, wo der Mann dem Mann, die Frau der Frau begegnet; denn es ist und bleibt der Mann, was er ist und als solcher zugleich das Wesen, das nicht im Mann, sondern in der Frau seinen eigentlichen Partner meint und sucht, und es ist und bleibt die Frau, was sie ist und also auch das Wesen, dessen Gegenüber im Grunde nicht wieder die Frau, sondern nur der Mann sein kann. Und weil das menschliche Sein im Grunde immer — auch wenn es äußerlich keine entsprechende Gestalt gewinnen kann, auch wenn das Gegenüber nicht immer gegenwärtig und vielleicht nicht einmal bekannt sein mag — ein Sein in der Begegnung ist, so kann es nicht anders sein, als daß auch alles vorübergehend einsame menschliche Sein bestimmt den Charakter dieser einen besonderen Unterscheidung und Beziehung tragen und irgendwie sichtbar machen wird.

Die Physiologie und Psychologie der Geschlechter und also die Beschreibung ihrer verschiedenen Struktur geht uns hier nichts an. Nur die Warnung hinsichtlich der hier in Frage kommenden Psychologie mag hier immerhin laut werden: sie wird um so besser sein, je weniger sie dekretiert und generalisiert, etwa als wäre der Mann im allgemeinen mehr äußerlich, die Frau mehr innerlich, der Mann mehr objektiv, die Frau mehr subjektiv interessiert, der Mann mehr auf Freiheit, die Frau mehr auf Abhängigkeit eingestellt, der Mann mehr mit dem Erobern oder Bauen, die Frau mehr mit dem Schmücken beschäftigt, der Mann von Natur aus ein Wanderer, die Frau eine Wohnende. Das und dergleichen mehr mag als Hypothese gelegentlich gewagt, kann aber als Wissenschaft oder als Dogma sicher nicht vertreten werden, weil der wirkliche Mann und die wirkliche Frau immer noch viel komplexer und widerspruchsvoller sind, als daß sie sich in solchen Bildern erschöpfen ließen. Was weiß schließlich der Mann von der Frau, die Frau vom Mann und beide von sich selber? Daß irgend ein Stärkersein und irgend ein damit im Zusammenhang stehendes Vorangehen des Mannes und irgend ein Schwächersein und ein dementsprechendes Nachfolgen der Frau als allgemeinste Charakteristik des als Mann und Frau differenzierten Menschen in Frage kommt, ist wohl schon von der Physiologie und vor Allem von den Aussagen der Bibel her nicht zu bestreiten. Aber schon in was hier die Stärke und dort die Schwäche, hier das Vorangehen und dort die Nachfolge besteht, was das heißt, daß der Mann das «Haupt» der Frau ist und nicht umgekehrt, das wird man, wenn

3. Menschlichkeit als Gleichnis und Hoffnung

man allgemein reden will, besser offen lassen und ganz sicher ist, daß man sich dabei aller Werturteile herüber und hinüber enthalten muß. Der Mann redet gegen sich selbst, wenn er die Frau als ein Wesen geringerer Art beurteilt und behandelt; denn ohne ihre Schwäche und Nachfolge, die ihn dazu veranlassen könnte, könnte und würde er selber nicht Mann sein können. Und so würde auch die Frau gegen sich selbst reden, wenn sie den Mann um sein Eigenes beneiden würde, denn eben seine Stärke und sein Vorangehen, das sie dazu veranlassen könnte, ist die Wirklichkeit, ohne die sie selbst nie und nimmer Frau sein könnte. Was den Mann von der Frau, die Frau vom Manne auch in jenem Verhältnis von Über- und Unterordnung unterscheidet, das will nicht sowohl definiert als in der tatsächlichen Begegnung zwischen beiden je und je entdeckt, immer wieder gesehen, respektiert und gewürdigt, das will im Austausch und Miteinander immer wieder erfahren werden. Es ist gesorgt dafür, daß es sich gerade da — nicht in der Theorie, sondern in der Praxis der menschlichen Existenz als einem Sein in der Begegnung in höchster Realität zu erfahren gibt.

Das ist sicher: Es ist die Frau dem Mann, der Mann der Frau in eminentem Sinn der andere Mensch, der Mitmensch, den zu sehen und von dem gesehen zu werden, zu dem zu reden und den zu hören, dessen Beistand zu erfahren und dem Beistand zu leisten höchstes menschliches Bedürfnis, aber auch höchstes menschliches Problem, aber auch höchste menschliche Erfüllung bedeuten muß: so, daß alles, was auch zwischen Mann und Mann, zwischen Frau und Frau sich ereignen mag, nur wie ein Vorspiel oder wie eine Begleitung erscheint zu dieser, der eigentlichen Begegnung zwischen Mensch und Mitmensch, zu diesem eigentlichen Sein in der Mitmenschlichkeit. Warum ist dem so? Offenbar darum, weil, wie man auch Mann und Frau phänomenologisch bezeichnen und darstellen mag, hier (und so nur hier) die Gegensätze von Mensch zu Mensch (die hier und nur hier Strukturgegensätze sind!) so groß, so befremdlich und zugleich so aufregend sind, daß die Begegnung zwischen beiden zugleich die Möglichkeit höchster, einer sonst jedenfalls nicht vorkommenden Schwierigkeit in sich schließt — wobei aber in diesen Gegensätzen von Mensch zu Mensch zugleich auch ihre Zusammengehörigkeit, ihre gegenseitige Anziehungskraft und ihr gegenseitiges Aufeinanderangewiesensein so groß, so einleuchtend und auch so gebieterisch ist, daß auch die Möglichkeit eines höchsten, eines sonst jedenfalls so nicht vorkommenden Interesses aneinander mindestens als solche sichtbar wird. Man bemerke, daß der Bereich dieser besonderen Schwierigkeit und dieses besonderen Interesses, dieses Spiels und Widerspiels der Geschlechter viel größer ist als der Kreis dessen, was man im engeren Sinn unter geschlechtlicher Liebe in mehr oder weniger nahem Zusammenhang mit dem Problem der Ehe zu verstehen pflegt. Im weiteren Kreis um diesen engeren herum gibt es dieses Spezifische auch zwischen Vätern und Töchtern, Müttern und Söhnen, Brüdern und Schwestern, und in ähnlichen Verhältnissen spielt es seine vielleicht fruchtbare, vielleicht auch störende und gefährliche Rolle auf dem ganzen Gebiet der Erziehung und des Unterrichts, aber wirklich auch im Leben der Kirchen aller Konfessionen, und ist es das durchaus ernst zu nehmende unterirdische Motiv in allen möglichen Formen sachlicher Gemeinschaft: Gesinnungsgemeinschaft, Arbeitsgemeinschaft, Lebensgemeinschaft zwischen Mann und Frau, wobei man dann gewiß auch der zahlreichen Fälle seiner Ersatzformen und Übertragungen in Freundschaftsverhältnissen zwischen Mann und Mann, Frau und Frau, nicht sofort im Argen, sondern zunächst und an sich in allen Ehren zu gedenken hat. Es ist aber klar, daß die Begegnung von Mann und Frau da zu ihrer Eigentlichkeit und Erfüllung kommt, wo die besondere, in gegenseitiger freier Wahl sich vollziehende und auf die volle Lebensgemeinschaft zielende Beziehung eines diese Frau liebenden Mannes zu einer diesen Mann liebenden Frau Ereignis wird: die Beziehung, die für beide Teile klar und stark genug ist, um ihre Ehe als einmalige und einzige Bindung aneinander möglich und notwendig zu machen. Hier stehen wir natürlich vor dem Besonderen dieses schon an sich so besonderen Bereichs, hier hat er wirklich seine Mitte. Hier geschieht es, was in jenem weiteren Kreis doch erst angedeutet und vorbereitet sein kann: daß die Frau dem Manne, der Mann der Frau wirklich zum Anderen wird, zum Mitmenschen also, ohne den der Mensch nicht mehr sein kann noch will. Hier bekommt denn auch Alles, was wir zuvor als Humanität beschrieben haben, seinen natürlichen Ort, so etwas wie seine Heimat, von der es immer wieder ausgehen, zu der es immer wieder zurückkehren muß. Hier erfüllt es sich zuerst und vollkommen, daß Mensch und Mensch sich Gefährten, Gesellen, Kameraden, Genossen, Gehilfen sein dürfen. Hier ist ja das Alles von innen her durch das lapidar Einfache bewegt und getragen, daß zwei Menschen sich lieb haben und darum Dasselbe und im Kleinen wie im Großen Eines das Andere wollen und haben dürfen. Hier hat ja eben das Dürfen, die Freiheit des Herzens für den Anderen, hier hat das «gerne» seine einfachste und doch auch stärkste Form. Ob dieser besondere Ort vielleicht darum — wenigstens unter den sog. Kulturvölkern — von einem solchen Meer von echter Aufmerksamkeit und bloßer Neugierde, aber auch von Scheu und merkwürdiger Sorge, von so viel Phantasie, Dichtung, Moral und Unmoral und überdies von so viel leerem Gerede, Geseufze und Gelächter Unerfahrener umgeben ist, weil so Wenige wissen, daß sie es gerade hier mit der Mitte des Menschlichen, mit der Grundform der Humanität in ihrer Urgestalt zu tun haben? Aber was wir hier auch wissen oder nicht wissen mögen: in diesem Bereich, zu dem wir außer diesem innersten Kreis gerne auch jene Vorformen und also das ganze Feld geschlechtlicher Begegnungen rechnen wollen — in diesem Bereich stehen wir tatsächlich vor der

Urgestalt des Ganzen, was uns jetzt als Humanität beschäftigt hat. Wer diesen Bereich gar nicht kennte, der würde allerdings auch vom Ich und vom Du und von ihrer Begegnung und also vom Menschlichen gar nichts wissen. Denn wie sollte er es anderswoher kennen, wenn er es hier nicht kennte? Wenn er ein Mann wäre, dem die Frau als Frau, oder eine Frau, der der Mann als Mann nun wirklich neutral, gleichgültig wäre, dem der Mensch als dieses Gegenüber von so ganz anderer Struktur nun einfach gar nicht schwierig und gar nicht interessant wäre, der zu ihm nicht in irgend einer — und wäre es eine noch so verdrehte und verdrückte, stümperhafte und unglückliche — Beziehung stünde? Es ist gesorgt dafür, daß es keine solchen und also keine von dieser Mitte des Menschlichen geradezu ausgeschlossenen Menschen gibt. Ganz gewiß: wenige, die hier klar und ruhig sehen und darum vielleicht — in der Ehe oder außerhalb der Ehe — auch verhältnismäßig klar und ruhig leben dürfen. Ganz gewiß: unzählig Viele, die hier theoretisch und praktisch mit der Stange im Nebel herumfahren und — außer der Ehe oder in der Ehe! — ihr Leben lang nicht merken, an was sie da vorbeigedacht und vorbeigelebt haben. Aber Keine, die sich der Tatsache, daß sie Mann oder Frau und darum in irgend einem Sinn auch Mann und Frau sind, Keine, die jenem ganzen Bereich sich einfach entziehen könnten. Ihrer Existenz können sie sich ja nicht entziehen und eben ihre Existenz als solche steht nun einmal unter dieser Bestimmung. Im Blick darauf sagten wir eingangs: der Mensch ist mitmenschlich, er ist in der Begegnung von Ich und Du, Humanität ist kein Ideal und keine Tugend, sondern ein unangreifbares Kontinuum des menschlichen Daseins. In der Tatsache der Zweiheit von Mann und Frau, die in keine höhere Einheit aufzulösen ist, haben wir dieses Kontinuum so vor Augen, daß wir es schlecht und recht zu leben haben. Eine Beseitigung oder auch nur ein faktisches Übersehen dieser Tatsache kommt nicht in Frage. Es gibt kein Menschsein oberhalb des Seins des Mannes und der Frau!

Sind wir im Blick auf diese Tatsache nicht nachträglich auch darin bestätigt, daß wir uns am Anfang des vorangehenden Abschnittes so bestimmt, scheinbar so «dogmatisch» dagegen verwahrt haben, uns auf die geschichtlich immerhin so bedeutsame Anthropologie des einsamen Menschen anders als in Form einer Distanzierung *a limine* und also anders als in Form einer diskussionslosen Ablehnung einzulassen? Wir hielten es dort so, weil wir von der Christologie her einfach nicht anders konnten, weil von dorther unsere Entscheidung für den entgegengesetzten Weg schon gefallen war. Wir können nun aber hinzufügen: Ja, und ein bißchen Offenheit für das wirkliche Leben, an der es in den philosophischen und theologischen Studierstuben weithin zu fehlen pflegt, hätten deren Bewohner eigentlich längst zu demselben Resultat führen müssen. Daß das nicht geschehen ist, hängt vielleicht damit zusammen, daß die theologische und philosophische Studierstube des Abendlandes so viele Jahrhunderte lang die Klosterzelle gewesen ist, von deren eigentümlicher Ich-Spekulation in Abwesenheit des Du man sich dann doch auch später und außerhalb der Klöster nicht los machen konnte. Nietzsche lebte nicht in der Klosterzelle.

§ 45. Der Mensch in seiner Bestimmung zu Gottes Bundesgenossen

Aber man kann wirklich streiten darüber, wo er als Prophet der Humanität ohne den Mitmenschen mehr in seinem Eigensten gewesen ist: in seiner Ablehnung des Christentums oder in seiner zum Glück nur literarisch bis zur Brutalität gehenden Frauenverachtung. Eines hängt mit dem Anderen notwendig zusammen. Man hätte das schon in den Klosterzellen, wo die Humanität ohne den Mitmenschen zwar nicht erfunden, wohl aber gewaltig gefördert und gepflegt worden ist, bedenken müssen. Alle Marienverehrung und Gottesliebe konnte das fürchterliche Vakuum, in dem man sich hier bewegen wollte und zum Schaden von Kirche und Welt ein gutes Stück weit bewegt hat, nun einmal nicht ausfüllen. Aber das äußere Verlassen der Klosterzelle tuts nicht. Wie denn auch die äußere Klosterzelle nicht notwendig dies bedeuten muß, daß man sich dort oder von dort aus in jenem Vakuum bewegt. Es ist vielmehr sehr wohl möglich, daß auch das äußere Leben in der Klosterzelle in Wirklichkeit ein Sein in der Begegnung ist. Denn das ist ebenso klar, daß auch ein solcher Ozean von Frauenliebe, wie der, der das Leben Goethes ausgefüllt hat, an sich nicht stark genug ist, dem Menschen die Humanität ohne den Mitmenschen unmöglich zu machen, die Verwirklichung eines Seins in der Begegnung mit Sicherheit herbeizuführen. Er hat Goethe jedenfalls nicht verhindert, nun doch, wenn auch nicht der Prophet, so doch der Hohepriester eben dieser Humanität ohne den Mitmenschen zu werden. Und als er die Geschichte seiner tiefsten und schönsten Liebe abbrach, um sich in Italien der griechischen Antike zuzuwenden, da offenbarte es sich, daß auch sein Versagen in der Frage der Humanität mit einem Versagen in diesem neuralgischen Mittelpunkt der Humanität zusammentraf, da hat schließlich auch er sich zu einer Haltung der Frau gegenüber bekannt — sie ist durch seine Ehe mit Christiane Vulpius wirklich nicht anders, sondern gerade durch sie bestätigt worden — die zwar mit der Frauenverachtung Nietzsches nicht zu vergleichen ist, die man aber doch wohl nicht anders denn als die des der Frau gegenüber endlich und zuletzt emanzipierten Mannes bezeichnen müßte. Auch ihn und gerade ihn hatte endlich und zuletzt die (säkularisierte) Klosterzelle! Und hinter dem Allem steht die Tatsache, daß es sich gerade hier um die tiefste Krankheitserscheinung der Welt der Griechen und ihres Eros (dem man in den wirklichen wie in den säkularisierten Klosterzellen des Abendlandes nur zu sehr verfallen war!) handelte. Sie war bei aller geistigen und gewöhnlichen Erotik eine Männerwelt, in der die Frau faktisch keinen Raum hatte, und sie mußte eben darum sein: eine Welt des Ich ohne Du und eben darum eine Welt des grenzenlos und gegenstandslos schweifenden Ich, eine dämonisch tyrannische Welt. Es ist also nicht zu verwundern, daß es bei der Entdeckung — bei den vielen Wiederentdeckungen der in dieser griechischen Eroswelt nun dennoch nicht fehlenden und auch nicht schlechthin verborgenen Humanität des freien Herzens im engeren und weiteren christlichen Bereich, in den wirklichen und in den säkularisierten Klosterzellen zu so schweren Unglücksfällen gekommen ist. Die Sicherung gegen diese Unglücksfälle heißt: Christologie und ein bißchen Lebenskunde. Unter «ein bißchen Lebenskunde» ist zu verstehen: ein einigermaßen ruhiges und heiteres und eben darum sicheres Wissen um die Zweiheit der menschlichen Existenz, um die Urgestalt des Ich und Du im Kontinuum des menschlichen Seins als des Seins des Mannes oder der Frau, des Mannes und der Frau. Wo die Christologie auch darin in Ordnung ist, daß sie nicht nur auf dem Papier und im Kopfe, sondern als Weisheit (im Sinn der biblischen *chokma* und σοφία) lebendig ist, da zieht sie ein bißchen Lebenskunde unweigerlich nach sich. Das vergaß man in den mittelalterlichen Klosterzellen und in all den sonstigen Studierstuben, in denen sich deren angeblich christliche, aber leider inhumane Tradition fortsetzte. Um aber ein bißchen Lebenskunde zu gewinnen, dürfte man umgekehrt die Christologie nicht so verschmähen, wie man es in den sonstigen, den säkulierten, den untheologischen, den unchristlichen Klosterzellen — z. B. in der Goethes und z. B. in der Nietzsches! — mit ebenso

3. Menschlichkeit als Gleichnis und Hoffnung

inhumanem Erfolg getan hat. Die christliche Gemeinde als die Empfängerin und Verkündigerin der christlichen Liebe und die christliche Theologie mit ihrer Lehre vom Menschen müßte gegen jene Unglücksfälle gesichert sein, müßte zwischen allen Klosterzellen siegreich hindurchgehen: wissend um den Menschen Jesus als um den Menschen, der für den Mitmenschen ist und eben darum wissend um den Menschen überhaupt: um seine Menschlichkeit als Mitmenschlichkeit und eben diese Mitmenschlichkeit da erkennend, wo sie konkreteste, aller Diskussion entzogene Tatsache ist: in der Entgegensetzung und Gemeinschaft des Mannes und der Frau. Es ist aber dies die Probe dieses doppelten, aber im Grund und zuletzt einen Wissens: ob es der Rücksichtslosigkeit fähig ist, der Irrlehre von der Humanität des Menschen ohne den Mitmenschen zum vornherein und in einem Winkel von 180 Graden den Rücken zuzuwenden.

Die alttestamentliche Magna Charta der Humanität ist die jahwistische Sage, in der berichtet wird, wie die Erschaffung des Menschen dadurch vollendet wurde, daß Gott dem Mann die Frau zugesellte: Gen. 2, 18—25. Sie ist K. D. III, 1, S. 329—377 ausführlich erklärt, und auf diese Erklärung muß nun hinsichtlich der Begründung im Ganzen und im Einzelnen Bezug genommen werden.

Ich wiederhole hier nur die Grundzüge: Der Bericht von der Erschaffung des Menschen als Mann und Frau ist Gen. 2 wie Gen. 1 der Höhepunkt der ganzen Schöpfungsgeschichte. Er wird hier wie dort durch die Erwähnung einer besonderen Reflexion des Schöpfers feierlich genug von allem Übrigen abgehoben und eingeleitet. Sie lautet hier: «Es ist nicht gut, daß der Mensch allein sei. Ich will ihm eine Hilfe schaffen, die ihm ein Gegenüber sei.» Die Abwendung vom Bild eines einsamen Menschen ist schon in diesem Wort radikal. Und der ganze Text will sagen und, weil er die Form einer Sage hat, erzählen, wer und was der von Gott gut geschaffene Mensch ist: «gut» nämlich als Gottes Partner in der Geschichte, die der Sinn und die Absicht schon der Schöpfung ist. Dieser gut geschaffene Mensch muß einen Partner seinesgleichen haben und also selbst einem Wesen seinesgleichen Partner sein: einem Wesen, in dem er sich selbst wieder erkennen und nun doch, indem es ihm nicht nur gleich, sondern auch von ihm verschieden ist, nicht nur sich selbst, sondern auch ein anderes Wesen erkennen kann. Eben darum: «eine Hilfe, die ihm ein Gegenüber sei». Diese Hilfe ist dem Mann die Frau. Mit ihr zusammen ist er der von Gott gut geschaffene Mensch, das vollendete menschliche Geschöpf. Er wäre es nicht, wenn er allein wäre. Daß er nicht allein, sondern in dieser Zweisamkeit vollendet ist, das verdankt er der Gnade seines Schöpfers. Aber eben die Gnade seines Schöpfers hat es so mit ihm gemeint, wie es in dieser seiner Vollendung sichtbar ist. Sie hat es aber nach der herrlichen Aussage dieses Textes nicht so mit ihm gemeint, daß er diese Zweisamkeit, daß der Mann die Frau einfach bekommen, daß sie ihm einfach gesetzt sein sollte, sondern so, daß er sie indem er von Gott bekommt, in seiner eigenen Wahl und Entscheidung als Hilfe, die ihm ein Gegenüber ist, erkennen und sich zu ihr bekennen muß und darf. Daß nicht das Tier, sondern erst die Frau als sein Mitmensch die Hilfe ist, die ihm ein Gegenüber ist, das weiß und bestimmt Gott der Schöpfer, das läßt er aber den Menschen in aller Form entdecken. So fällt der Höhepunkt der Schöpfungsgeschichte zusammen mit dem ersten und nun gerade mit diesem Freiheitsakt des Menschen. Er sieht die Tiere aller Arten; er betätigt ihnen gegenüber seine Überlegenheit, indem er einem Jeden von ihnen seinen Namen gibt, er findet aber in ihnen nicht seinesgleichen, nicht die Hilfe, die ihm ein Gegenüber sei; er ist also, indem er mit ihnen (auch in dieser seiner Überlegenheit!) zusammen ist, immer noch allein und also noch nicht «gut», als Mensch noch nicht vollkommen. So betätigt er zunächst negativ seine menschliche Freiheit, seine Humanität. Er bleibt frei für das Wesen, das der Schöpfer ihm zum Partner geben wird. Er wartet auf die Frau und er kann auf sie warten. Er muß nicht nach einer Vollendung greifen, die keine wäre. Wer und was aber ist die Frau? Daß der Mensch offenbar auf sie wartet, heißt nicht, daß er im voraus um sie weiß. Sie ist nicht sein Postulat, nicht sein Ideal, geschweige denn, daß sie sein Geschöpf wäre. Sie ist, wie er selbst, Gottes Gedanke und Werk. «Und er führte sie dem Menschen zu.» Sie ist nicht nur da, um dann vom Manne zufällig und willkürlich entdeckt und aufgenommen zu werden. Sondern wie Gott den Mann und die Frau schafft, so schafft er auch ihr Verhältnis, so führt er sie auch zusammen. Aber eben dieses von Gott geschaffene Verhältnis — es ist nicht irgend ein, sondern es ist dieses besondere, das menschliche Verhältnis — muß nun vom Menschen selbst erkannt und bejaht werden. Das geschieht in der Sache mit dem Jubelruf des Mannes: «Diese nun endlich! Gebein von meinem Gebein, Fleisch von meinem Fleisch!...» Das ist der zweite positive Schritt in jenem Freiheitsakt, in jenem Wagnis des freien Denkens und des freien Wortes des menschlichen — des in dieser Freiheit seine Menschlichkeit betätigenden — Menschen. Dazu und darin (in der Mitte seiner Humanität wirklich dazu und darin!) ist er frei: die «Hilfe, die ihm ein Gegenüber sei», in der nicht von ihm erdachten und herbeigewünschten, aber von Gott geschaffenen und ihm zugeführten Frau zu erkennen und sie als solche anzunehmen. Er bestätigt mit dieser Wahl, wer und was er ist inmitten der übrigen Schöpfung, seine eigene Erwählung, die Besonderheit seiner Erschaffung. Er ist Mensch, indem er sich zuerst negativ und nun positiv so verhält. Es entfaltet sich das menschliche Sein zum Sein in der Begegnung, in der allein es «gut» sein kann. Es wird des Menschen letzte objektive Feststellung über ein anderes Wesen zu des Mannes subjektivem Bekenntnis zu diesem anderen Wesen, zu diesem seinem Mitmenschen, der seine nicht geringere, aber seine eigene, selbständige, die frauliche Ehre und Würde darin hat, als die ihm gehörige Hilfe ihm gegenüber zu sein: die Hilfe, ohne deren Teilnahme an seinem Leben er auch nicht er selbst der Mann sein könnte, ohne deren Ehre und Würde es auch um die seinige getan wäre. «Darum verläßt der Mann Vater und Mutter und hängt an seiner Frau», will sagen: darum, weil die Frau so ganz vom Manne her ist, muß der Mann auch seinerseits ganz zur Frau hin sein; darum, weil sie so ganz für ihn ist, muß er auch so ganz für sie sein; darum, weil sie ihm wirklich nur nachfolgen kann, damit er nicht allein sei, muß er, um nicht allein zu sein, nun auch ihr nachfolgen; darum, weil er der Erste, der Stärkere, aber nun doch nur im Verhältnis zu ihr überhaupt Einer, ein Starker sein kann, muß er sie, die Zweite, die Schwächere, gerade als solche seine Erste sein, seine Stärkere sein lassen und dementsprechend mit ihr umgehen. So in dieser Umkehrung entfaltet sich die Möglichkeit des Menschlichen, die natürliche Suprematie des Ich vor dem Du in ihrer Wirklichkeit! So erklärt das wirklich Menschliche seine Möglichkeit. So befindet sich die Möglichkeit des einsamen Menschen, so befindet sich aber auch alle Androkratie oder Gynokratie außerhalb des Menschlichen. «Und die Beiden, der Mensch und seine Frau, waren nackt und schämten sich nicht.» Das Menschliche ist das Männliche und das Weibliche in seiner Differenzierung, aber auch in seiner Zusammengehörigkeit. Eben darum ist da keine Erniedrigung, keine Schande, kann das Menschliche dem Menschen keine Last sein und keinen Vorwurf zuziehen, ist in ihm kein Anlaß zu Unruhe und Verlegenheit, braucht es nicht verhüllt und verborgen zu werden, kann es hinsichtlich des Menschlichen keine Scham geben. Im Werke Gottes — und das ist das Menschliche — ist keine Schande und darum auch kein *pudendum*. Das Werk Gottes ist ohne Fehler, rein, heilig und gefahrlos. So hat sich der Mensch

3. Menschlichkeit als Gleichnis und Hoffnung

seiner Menschlichkeit, so hat sich der Mann seiner Männlichkeit, die Frau ihrer Weiblichkeit nicht zu schämen. Sie bedarf keiner Rechtfertigung. Sie rechtfertigt sich, indem sie Gottes Geschöpf ist, selbst. Nur die Sünde, der Abfall von Gott, kann das Menschliche, d. h. das Männliche und das Weibliche zuschanden und dann auch zum Gegenstand von Scham machen. Und die Furchtbarkeit, die Genialität der Sünde offenbart sich in nichts so deutlich wie darin, daß sie den Menschen gerade in dieser Mitte seiner Menschlichkeit zuschanden macht, daß er sich infolgedessen gerade seines Menschlichen, seiner Männlichkeit und Weiblichkeit schämen, vor Gott und den Menschen schämen muß, wobei dann jedenfalls jeder eigenwillige Versuch, sich seiner Scham zu entziehen, jede Selbstrechtfertigung, konkret gesprochen: jede Verleugnung und Verdrängung seiner Sexualität seine Schande nur bestätigen und vermehren kann. Man muß wohl beachten, daß gerade das der Höhepunktes dieses Textes und so der Höhepunkt der ganzen biblischen Schöpfungsgeschichte ist!

Der ganze Text Gen. 2, 18 f. zeigt auf den Menschen, der als solcher, der wirklich als Gottes Geschöpf, in der ihm von Gott gegebenen Natur, und also nicht erst nachträglich, sondern ursprünglich mitmenschlich ist. Und er redet von dem Zusammensein von Mann und Frau als von der ursprünglichen und eigentlichen Gestalt dieser Mitmenschlichkeit. Er zeichnet dieses Verhältnis unter allen anderen, die an sich auch in Frage kommen könnten, als das einzige aus, das in die aller anderen Geschichte vorangehende Schöpfungsgeschichte gehört, das da allein in Frage kommen kann, wo es um die Bezeichnung der dem Menschen von Gott gegebenen Natur gehen soll. Hier kann nicht von Eltern und Kindern, hier kann nicht von Geschwistern und anderen Verwandten, hier kann auch nicht von Freunden, hier kann erst recht nicht von Europäern und Asiaten, von Semiten und Ariern, hier kann auch nicht von Alten und Jungen, Begabten und Unbegabten und noch weniger von Herrschern und Beherrschten, Erziehern und Erzogenen, Reichen und Armen, hier kann nicht einmal von dem Urunterschied des Individuums vom Individuum als solchem die Rede sein — oder vielmehr: hier muß gerade dieser Urunterschied, hier muß gerade die Differenzierung und Zusammengehörigkeit von Ich und Du dahin erklärt werden, daß sie mit der von Mann und Frau zusammenfällt. Alle anderen Verhältnisse sind in diesem als dem Urverhältnis, alle anderweitige Humanität ist in dieser ihrer Mitte inbegriffen. Man muß hier im besonderen auch dies beachten, daß in Gen. 2 von Mann und Frau in ihrem Verhältnis als solchem die Rede ist und also nicht von des Menschen Vaterschaft und Mutterschaft, nicht von der Begründung der Familie. Es ist wohl wahr, daß das Verhältnis von Mann und Frau im übrigen Alten Testament fast durchgehend unter diesem anderen Gesichtspunkt, im Lichte der Frage nach der Nachkommenschaft, mit dem Interesse an der Erzeugung und Geburt des Kindes, vor allem des Sohnes, gesehen wird. Es ist aber ebenso wahr, daß es hier nicht so gesehen wird. Hier ist vom Kind, hier ist von Familie keine Rede. Hier hat das Verhältnis Mann-Frau seine eigene Wichtigkeit und Würde. Hier ist gerade es als solches das Urverhältnis, in dem alle anderen Verhältnisse inbegriffen sind. Hier denkt und redet die Bibel viel ernsthafter «erotisch» als das ganze Griechentum. Man wird es von diesem Text her nicht als willkürlich bezeichnen können, wenn wir unsere Darstellung der Humanität, nachdem wir ihre Grundform zunächst allgemein herausgestellt haben, nun gerade im Hinweis auf dieses besondere Verhältnis gipfeln lassen, und zwar ohne dabei die weithin übliche Erweiterung oder vielmehr Beschränkung vorzunehmen: daß es sich, wo es um Mann und Frau geht, selbstverständlich um den Vater und die Mutter und um das Dritte aus Beiden, nämlich um das Kind, handle. Wenn das Alte Testament der Kommentar zum Neuen ist, und wenn ein so wichtiger Text wie Gen. 2 hier entscheidend mitzureden hat, dann müssen wir das als eine Abschwächung und Verdunkelung des Sachverhalts ablehnen. Wir müssen dann sagen: die Begegnung von Mann und Frau als solche ist das Sein in der Begegnung und also die Mitte der Humanität, und bevor man weitergeht und den Umkreis dieser Mitte ins Auge faßt, lohnt es sich, bei dieser Begegnung stehen zu bleiben, weil man sonst wahrscheinlich auch alle anderen Begegnungen, auch die von Eltern und Kindern, nicht richtig deuten würde. Denn was die Freiheit des Herzens für den Anderen ist, die die Humanität auch aller anderen Begegnungen ausmacht, das muß zuerst und entscheidend hier gesehen und gelernt werden. Gen. 2 redet hier gebieterisch. Will man einwenden, daß Gen. 2 mit seinem Reden von Mann und Frau nun doch auch im Alten Testament ein recht isolierter Text ist? Darauf ist zu antworten: Ja, so isoliert wie die Schöpfung der ganzen Geschichte des Geschöpfs gegenüber nun einmal isoliert ist. Ja, so isoliert, wie die von Gott geschaffene und dem Menschen gegebene Natur isoliert ist im Verhältnis zu dem, was in den Händen des Menschen daraus geworden ist. Aber eben nach der Schöpfung und nach der geschöpflichen Natur des Menschen fragen wir ja und haben wir, um auch die Geschichte des menschlichen Geschöpfs, um auch den Menschen als Sünder und also in seiner Verkehrtheit recht zu verstehen, zu fragen allen Anlaß. Wollen wir hier Antwort bekommen, dann müssen wir, wie wir es nun getan haben, diesen in der Tat isolierten Text Gen. 2 ohne Abstrich und Zutat reden, müssen wir uns also sagen lassen, daß der Mensch zuerst, sicher und allgemein Mann und Frau, und dann erst alles Andere, dann erst vielleicht und gegebenen Falles auch Vater und Mutter ist.

Und nun ist ja Gen. 2 im Alten Testament nicht einmal völlig isoliert. Nun könnte man geradezu von einer zweiten Magna Charta der so konkretisierten Humanität reden, wenn man daran denkt, daß es an einem auch sonst merkwürdigen Ort des alttestamentlichen Kanons das «Lied der Lieder» gibt. Man soll es nicht aus dem Kanon wegwünschen. Man soll auch nicht so tun, als ob es nicht im Kanon stünde. Und man soll es auch nicht spiritualisieren, als ob, was im Kanon steht, nur spiritualistische

Bedeutung haben dürfte. Es ist, wie jede ehrliche Auslegung zugeben muß, und wie man nicht zögernd und verlegen, sondern freudig erkennen sollte, eine Sammlung von echten und im primitiven Sinn so zu nennenden Liebesliedern, in denen nicht vom Kind, sondern vom Mann und von der Frau in ihrer Differenzierung und in ihrer Zusammengehörigkeit, in ihrem Sein in der Begegnung und sonst von gar nichts die Rede ist. Gerade die tiefsinnigste Auslegung wird hier nur die natürlichste sein können.

Man beachte, daß in diesem zweiten Text eine Stimme erklingt, die man in Gen. 2 noch vermissen könnte, nämlich die Stimme der Frau, die dem Mann mit nicht weniger Schmerz und Freude entgegensieht und entgegengeht als er ihr, und die in nicht geringerer Freiheit — es fehlt nur das «Dieser nun endlich!» — ihn entdeckt, wie sie von ihm entdeckt wird. Implizit erklingt diese Stimme auch Gen. 2, hier aber kommt sie explizit zu Worte. Und wie zu Worte! «Lege mich wie ein Siegel an dein Herz, wie ein Ring um deinen Arm. Denn stark wie der Tod ist die Liebe, Leidenschaft hart wie die Unterwelt; ihre Gluten sind Feuersgluten, ihre Flammen wie Flammen des Herrn. Große Wasser können die Liebe nicht löschen, Ströme sie nicht überfluten. Gäbe einer auch all sein Gut um die Liebe, würde man ihn verachten?» (8, 6 f.). Und so ist hier überhaupt alles nicht stärker zwar, aber irgendwie leuchtender, nicht unzweideutiger, aber sinnlich direkter geworden. Und dazu die ganzen Vorgänge hineingezeichnet und gemalt in den Tag und die Nacht, in die Jahreszeiten, in die Pflanzen- und Tierwelt der palästinensischen Landschaft. Und eben d a s ist es nun, was im Alten Testament das Lied a l l e r Lieder genannt wird! Auch ist es zweifellos ein isolierter Text, und seine theologische Würdigung wird sich auf derselben Linie zu bewegen haben wie die von Gen. 2, nur daß wir uns hier offenbar am entgegengesetzten Ende der Linie befinden würden: wirklich an ihrem Ende, wie dort an ihrem Anfang. Daß diese Lieder gerade im Zusammenhang der sog. salomonischen Literatur, im Anschluß an die Sprüche und den Prediger überliefert worden sind, läßt uns nämlich daran denken, daß Salomo, der Erbauer des Tempels, sein Reich, seine Herrlichkeit, seine Weisheit, die Figur des Königs der Endzeit und seiner Glorie darstellt. So sah der Davidssohn aus, auf den Israel wartete, so sein Reich: so mächtig, so glänzend, so weise und nun eben endlich und zuletzt: so menschlich. So werden wir wohl auch diese ihm zugeschriebenen Lieder, indem wir ihren ganz konkreten Gehalt ernst nehmen, eschatologisch zu verstehen haben. Auf der langen Mitte der Linie zwischen Schöpfung und Endzeit hat das Alte Testament anders, als es hier geschieht, vom Mann und von der Frau geredet. Dort regiert die Frage nach der Nachkommenschaft. Da sind die «erotischen» Klänge ganz, ganz selten. Da regiert das Gesetz und vor allem die Gefahr und das Verbot des Ehebruchs. Da sind wir eben auch in dieser Hinsicht in der Welt der Sünde, der Schande und der Scham, in der das Liebeslied immer einen mindestens zweifelhaften Klang haben muß, in der ja auch das Urbild des Bundes von Mann und Frau: der Bund zwischen Jahve und Israel, von Seiten Israels immer wieder gebrochen ist und erst wieder in Ordnung kommen muß. Der Anfang aber und das Ende, der Anlauf und das Ziel sind wie zwischen Jahve und Israel, so auch zwischen Mann und Frau, so wie sie Gen. 2 und im «Lied der Lieder» geschildert werden. Im Rückblick auf die Schöpfung und im Ausblick auf die neue Schöpfung der Endzeit kann, darf und muß also von Mann und Frau auch so geredet werden, wie es in diesen Texten geschieht.

So sind wir von diesen b e i d e n biblischen Orten her gerechtfertigt, wenn wir, indem wir nach des Menschen geschöpflicher Natur fragen, vom Menschen auch so geredet haben.

§ 45. Der Mensch in seiner Bestimmung zu Gottes Bundesgenossen

Es mag hier gerade im Blick auf die theologische Bedeutung des «Liedes der Lieder» die Stelle sein, eine e s c h a t o l o g i s c h e Frage zu klären, die hier auf den ersten Blick Schwierigkeiten bereiten könnte. Wir lesen Gal. 3, 26 f.: «Ihr seid alle Söhne Gottes durch den Glauben in Christus Jesus. Denn ihr alle, die ihr in Christus getauft seid, habt Christus angezogen. Da ist nicht Jude noch Hellene, da ist nicht Sklave noch Freier, d a i s t n i c h t M a n n u n d F r a u. Denn ihr alle seid Einer im Christus Jesus. Wenn ihr aber Christus angehört, so seid ihr Abrahams Same, Erben laut der Verheißung.» Was Paulus damit sagen und nicht sagen will, scheint zunächst deutlich. Er will sagen: daß das Sein der Christen auf Grund der ihnen gemeinsam zugewendeten und von ihnen gemeinsam im Glauben ergriffenen Gnade Gottes, ihr Sein als Söhne Gottes, als Abrahams Same, als Erben laut der Verheißung, ihr Sein in Entsprechung zu ihrer Taufe ein solches ist, das jede Erhebung des Einen über den Anderen und jede Mißgunst des Anderen gegen den Einen unmöglich macht, das von einem Anspruch und Geltendmachen aller jener natürlichen und geschichtlichen Gegensätze in der christlichen Gemeinde keine Rede sein kann. Hier sind vielmehr alle darin Einer im Christus Jesus, daß alle dankbar von dieser Gnade leben, die in gleicher Weise als reine Barmherzigkeit einem Jeden von ihnen erwiesen ist. Paulus will also nicht sagen, daß diese Gegensätze durch das Sein der Christen im Christus beseitigt und abgeschafft seien. *Cest ordre là est inviolable et nostre Seigneur Jésus Christ n'est pas venu au monde pour faire une telle confusion que ce qui est establi de Dieu son Père soit aboli* (C a l v i n, *C. R.* 28, 568). So ändert also auch das, daß Mann und Frau Einer sind in Christus, nichts daran, daß sie Mann und Frau sind. Es könnte aber gefragt werden, ob dies ein letztes Wort sei? Ob das nicht doch bloß insofern gelte, als auch die Christen immer noch an der Art dieses gegenwärtigen vergehenden Äons Anteil haben? ob es nicht so sein könnte, daß die Christen in ihrem nach Kol. 3, 3 mit dem Christus in Gott verborgenen Leben jetzt schon und erst recht in dessen einstiger Offenbarung in der Auferstehung der Toten weder Mann noch Frau, sondern nun doch irgend etwas Drittes, Höheres und Besseres sein werden? Die Frage legt sich nahe im Blick auf den Text Mark. 12, 18—27 Par., wo Jesus auf die Frage der Sadduzäer: wem sie nacheinander an sieben Brüder verheiratete Frau in der Auferstehung der Toten gehören werde? antwortet: «In der Auferstehung w e r d e n s i e w e d e r h e i r a t e n, n o c h s i c h h e i r a t e n l a s s e n, s o n d e r n s i e w e r d e n s e i n w i e d i e E n g e l i m H i m m e l». Heißt dies Letztere nun nicht doch: sie werden nicht mehr Mann und Frau sein? Hat A l b r. O e p k e (ThWBzNT I 785) recht: Wenn Jesus «für die vollendete Gottesherrschaft g e s c h l e c h t s l o s e s, engelgleiches Menschsein in Aussicht stellt, ...so nimmt er damit indirekt vor allem auch der Frau den Fluch ihrer Geschlechtlichkeit ab und stellt sie dem Mann als gleichberechtigtes Gotteskind an die Seite»? Aber daß Mann und Frau ἄγγελοι sein werden, steht nun einmal nicht da, sondern ὡς ἄγγελοι (ἰσάγγελοι Luk. 20, 36), d. h. aber als solche, die (nach 1. Kor. 13, 12) Gott, sich selbst und alle Dinge nicht mehr gespiegelt in einer Rätselgestalt, sondern von Angesicht zu Angesicht sehen und also von der ganzen Problematik, Belastung, Komplikation ihrer Existenz in ihrer ihnen jetzt und hier bewußten Gestalt (eben in jener «Rätselgestalt») befreit sein werden. Dazu gehört auch das «Heiraten und Geheiratetwerden», das ja auch in dem in jener Sadduzäerfrage vorausgesetzten Fall mit dem Deut. 25, 5 f. niedergelegten Gesetz über die Schwagerehe zusammenhängt, und also ganz und gar das Problem der Nachkommenschaft angeht. Es ist wirklich nicht die Welt des «Liedes der Lieder», aus deren Erkenntnis heraus jene Sadduzäer ihre Frage nach der Auflösung der im künftigen Äon zu erwartenden Komplikation gestellt haben und der zornige Bescheid, den sie bekommen: «Ihr irrt euch, indem ihr weder um die Schrift noch um die Kraft Gottes wißt!» ist wirklich am Platze. Die Sorge des «Heiratens und Geheiratetwerdens» und die ihr folgenden Neben-

3. Menschlichkeit als Gleichnis und Hoffnung

sorgen, sagt Jesus, wird die Menschen (die ja dann nach Luk. 20, 36 auch nicht mehr sterben können) in der Auferstehung nicht mehr beschäftigen können. Gott ist der Gott Abrahams, Isaaks und Jakobs und also der Gott der Lebenden (θεὸς ζώντων), nicht der Toten: der Gott, für den, vor dessen die Zeiten umspannenden Augen (sie alle Luk. 20, 38) Alle zu ihrer Zeit Lebende sind. Als solche werden sie in der Auferstehung sichtbar werden, und mit ihrem Tod werden dann auch ihre notwendigen Sorgen, die jetzt wie eine Decke über ihrem Leben liegen, weggenommen sein, hinter ihnen liegen. So wird dann auch die Tatsache, daß jene Frau sukzessive sieben Männern angehört hat und nach dem Ehegesetz sogar angehören mußte, keinen Schatten auf ihr in der Auferstehung aufzudeckendes zeitliches Leben und so auch keinen Schatten auf das Leben jener sieben Männer werfen können. Denn daß sie heiratete und geheiratet wurde, das wird dann mit viel Anderem, was da auch vorgekommen ist, und schließlich mit dem Tod aller Beteiligten geschehen und vergangen sein. Daß sie wie Abraham, Isaak und Jakob je zu ihrer Zeit für Gott, den «Gott der Lebenden», gelebt haben und also ewig leben, das allein wird dann gelten, und insofern werden sie sein «wie die Engel des Himmels»: nicht im Himmel, aber auf der neuen Erde unter dem neuen Himmel — neu, weil der Kosmos dann in der Gestalt sichtbar sein wird, in der (nach Apok. 21, 4) für Tränen und Tod, Leid Geschrei und Schmerz keine Möglichkeit und kein Raum mehr sein wird. Also: «wie die Engel des Himmels», weil die Engel des Himmels schon jetzt so sind. Von einer Aufhebung der Geschlechter aber, von einem Aufhören des Seins der Menschen als Mann und Frau ist in dem allem nicht die Rede, kann auch nicht die Rede sein. Es ist bemerkenswert, daß auch Augustin, dem dieser Gedanke an sich nicht ganz fernliegen mochte, sich *(De civ. Dei* XXII 17) ausdrücklich davon distanziert hat. Ihm ist er in der eigentümlichen Variante begegnet: aus dem Wort Röm. 8, 29 von unserer künftigen Gleichgestaltung mit dem Bilde des Sohnes Gottes» und aus dem Wort Eph. 4, 13 von unserem künftigen Hinzukommen zu dem ἀνὴρ τέλειος Christus folge, daß die Frau nicht in ihrem weiblichen, sondern ebenfalls in männlichem Geschlecht auferstehen werde. Augustin will demgegenüber doch die Ansicht derer vorziehen, *qui utrumque sexum resurrecturum esse non dubitant*. Es handle sich in der Auferstehung um die Beseitigung des Gebrechens der Natur, nicht um die der Natur selber. Zur Natur gehöre aber auch das weibliche Geschlecht in seiner Eigenart. Und so halte er dafür: *qui utrumque sexum instituit, utrumque restituet*. Und so habe Jesus in der Synoptikerstelle wohl in Abrede gestellt, daß das «Heiraten und Geheiratetwerden» in der Auferstehung weiter gehe, nicht aber, daß die Frau auch in der Auferstehung die Frau sein werde. Schon indem er jene Negation ausgesprochen habe, habe er ja offenbar vorausgesetzt, daß die Männer auch da noch Männer, die Frauen noch Frauen sein werden. Es kann nicht anders sein. In der Syn. Theol. Leiden (1624 *Disp.* 51, 37) wird sehr mit Recht darauf aufmerksam gemacht, daß es auch wegen der Identität des menschlichen Subjektes in diesem und jenem Äon nicht anders sein kann. Unter den *conditiones individuantes* des menschlichen Subjektes sei die Bestimmung als Mann oder Frau nicht die unwichtigste; würde sie ihm in der Auferstehung fehlen, dann würde es nicht mehr dieses Subjekt, dann würde der Mensch nicht mehr der Mensch sein. Es würde dann nicht mehr τὸ φθαρτὸν τοῦτο sein das in der Auferstehung die ἀφθαρσία und nicht mehr τὸ θνητὸν τοῦτο, das in der Auferstehung die ἀθανασία anzieht (1. Kor. 15, 53 f.). Er wäre nicht mehr Mensch, wenn ihm das verloren ginge, daß er Mann oder Frau ist, wenn seine Menschlichkeit nicht mehr in dieser konkreten Mitmenschlichkeit, in dieser Verschiedenheit und Beziehung bestehen würde. Anders als so hat er in der Zeit nicht gelebt, anders als so kann er auch nicht ewig leben. Gerade das kann ihm nicht verloren gehen. Denn gerade damit steht und fällt seine Geschöpflichkeit. Wir haben also keinen Anlaß, unseren Satz, den wir zunächst im Blick auf die Schöpfung als den Anfang der menschlichen Existenz gebildet hatten, im Blick auf ihr Ziel im künftigen Äon nun doch in Frage zu stellen: keinen Anlaß, das Bild Gen. 2 und das Bild im «Lied der Lieder» nicht tatsächlich zusammen zu sehen.

Warum aber muß es so sein, wie wir es nun festgestellt und zunächst aus jenen Texten begründet haben? Warum gibt uns Gen. 2 und das «Lied der Lieder» gerade dieses Bild vom Menschen und seiner Menschlichkeit? Noch behielte ja unser Satz mindestens den Schein einer gewissen Zufälligkeit, wenn wir uns einfach auf jene Magna Charta in ihrer doppelten Gestalt berufen, uns also damit, daß von des Menschen Natur nun einmal das und nichts Anderes geschrieben steht, beruhigen würden. Warum gerade das: daß der Mensch der Mann oder die Frau, der Mann und die Frau ist? Hier waltet in der Tat kein Zufall. Hier ist Alles gerade vom Zentrum der heiligen Schrift her, gerade im entscheidenden Inhalt des Wortes Gottes so notwendig begründet, daß man sehr wohl einsehen kann und zum notwendigen Verständnis der Sache auch einsehen muß, daß etwas Anderes, als was dasteht, gar nicht da stehen kann und also für uns etwas Anderes zu vertreten, als was wir nun vertreten haben, gar nicht möglich ist. Diesem Nachweis haben wir uns nun zuzuwenden.

Wir haben die Sache, was das Alte Testament betrifft, bereits gestreift: Hinter dem Verhältnis von Mann und Frau, wie es uns in dem Bilde in Gen. 2 und im «Lied der Lieder» entgegentritt, steht beherrschend ein Urbild: das Verhältnis des Gottes Jahve-Elohim zu seinem Volk Israel. Hinter jenen Texten steht nämlich die alttestamentliche Prophetie. Und nach ihrer immer wieder durchbrechenden Erkenntnis ist der Inbegriff aller Wahrheit und Wirklichkeit, der darum auch der Anfang und das Ziel aller Dinge, das Geheimnis der Schöpfung und das Geheimnis der Vollendung ist, der noch ganz andere, der in jenem Wesen des Menschlichen bloß reflektierte Dualis: Gott und der Mensch in ihrem Zusammensein in der konkreten Gestalt des von Gott zwischen sich und dem Volk Israel aufgerichteten Bundes. Dieser Dualis, der Bund, ist das Zentrum des Alten Testamentes. Und er ist das Urbild, von dem das Wesen des Menschlichen als das Sein des Mannes und der Frau nur Reflex und Abbild sein kann. Der Mann heißt zuerst und eigentlich Jahve und die Frau heißt zuerst und eigentlich Israel. Darum ist es notwendig, darum bleibt dem alttestamentlichen Dichter der Schöpfung und dem alttestamentlichen Dichter der Endzeit gar nichts Anderes übrig, als das Menschliche so zu bezeichnen und zu beschreiben, wie sie es getan haben. Darum gehört, was sie gesagt haben, gerade so, wie es dasteht, in den Kanon heiliger Schrift. Darum haben wir es darin tatsächlich mit dem Worte Gottes über den Menschen zu tun und können wir uns von dem, was da gesagt ist, nach keiner Seite abdrängen lassen. Wir beachten: die alttestamentliche Prophetie setzt immer voraus: des Menschen Sünde, Israels Abfall und also Gottes Gesetz und Gericht, aber auch und noch mehr: Gottes Treue. Sie redet also im Blick auf die Zerstörung, der jenes Urbild des menschlichen Seins jedenfalls von Seiten des Menschen verfallen ist. Sie redet von dem von Israel gebrochenen Bund und also von der ungetreuen, der ihres Rechtes und ihrer Würde verlustig gegangenen Frau und dann und im Gegensatz dazu von der Güte und Barmherzigkeit des Mannes, den sie verlassen und beleidigt hat, der sie aber seinerseits nicht preisgibt. Die alttestamentliche Prophetie redet also gerade im Blick auf jene lange Mitte der Linie zwischen Schöpfung und Endzeit. Sie redet aber auch im Blick auf diese Mitte von diesem Verhältnis. Sie rechnen also damit, daß es trotz und in seiner Zerstörung nicht aufgehoben ist, sondern weiterbesteht. Der Bund bleibt. Jahve bleibt Israel treu. Seine Verlobung und Ehe mit ihm bleibt. Auch seine Liebe zu ihm bleibt. Und weil auf seiner Seite Alles bleibt, ist darüber entschieden, daß es eine unzerstörbare Kontinuität auch im Sein Israels gibt. Es bleibt auch in seinem Abfall, auch in der ihm notwendigen folgenden Verstoßung und Preisgabe das von Jahve gemeinte und gesuchte, das geliebte Volk, dem er sich verbunden hat. Und das Ende und Ziel seiner Geschichte wird diese ihre von Anfang her bestehende Kontinuität beweisen. Daß sein Bleiben im Bunde (nicht kraft seiner Güte, aber kraft der Güte Jahves) in der Endzeit offenbar werden wird, das ist Israels Hoffnung. Dieses unbewegliche Bundesverhältnis zwischen Jahve und Israel und also wirklich die Mitte des alttestamentlichen Zeugnisses steht beherrschend hinter Gen. 2 und hinter dem «Lied der Lieder». Indem ihnen dieses Urbild, wohl auch in dieser Zerstörung in der Mitte jener Linie, aber auch und zuerst in seiner Ganzheit an deren Anfang und Ende vor Augen steht, wagen es die Dichter jener Texte, von Mann und Frau so zu reden, wie sie es getan haben. Man verstehe recht: sie haben nicht etwa nur bildlich, sie haben gerade nicht «allegorisch», sondern sehr direkt und konkret von Mann und Frau und ihrem Verhältnis geredet. Sie konnten es aber so tun, wie sie es getan haben, weil ihnen als Urbild und letzter Grund der von ihnen beschriebenen Gestalt der Menschlichkeit das Verhältnis von Jahve und Israel vor Augen stand. Ein unerreichbares Urbild der Menschlichkeit, weil solche Liebe wie die, die Jahve Israel zugewendet, keines menschlichen Mannes Sache im Verhältnis zu seiner Frau sein kann. Um den Bund zwischen Schöpfer und Geschöpf geht es ja dort, hier aber nur um einen Bund zwischen Geschöpf und Geschöpf. Aber eben dieser Bund zwischen Geschöpf und Geschöpf beruht auf jenem, dem Bunde zwischen Schöpfer und Geschöpf. Weil auch Gott, schon Gott selber, als Herr und König des von ihm geschaffenen himmlischen und irdischen Raumes nicht allein sein, sondern im Volke Israel sein konkretes Gegenüber haben wollte, darum sollte auch der Mensch nicht allein sein, sondern in der Frau die Gehilfin haben, die ihm ein Gegenüber sei. Und es ist durchaus nicht unmöglich, den Grundriß eben jenes Gnadenbundes zwischen Jahve und Israel auch in allen Einzelheiten der Schöpfungsgeschichte des Menschen als des Mannes und der Frau wiederzufinden. Weil dem so ist, darum steht diese Schöpfungsgeschichte so, wie sie lautet, nicht zufällig im Alten Testament, und haben wir das gute Recht, sie wirklich als Magna Charta für einen Humanitätsbegriff in Anspruch zu nehmen, in welchem das Grundverhältnis Mann-Frau wieder zu Ehren kommt.

Aber den letzten und entscheidenden Schritt biblischer Begründung haben wir mit dem allem noch nicht getan. Noch könnte ein letzter Schein von Zufälligkeit unseres Satzes darum nicht überwunden sein, weil wir uns bis dahin ja nur im Raum der alttestamentlichen Verheißung und noch nicht in dem der neutestamentlichen Erfüllung bewegt haben.

Das Alte Testament ist freilich in dieser ganzen Sache unheimlich wissend. Ohne um einen letzten, eigentlichen Sinn des Verhältnisses von Mann und Frau zu wissen, wäre es ja untragbar, in dem heiligen Verhältnis von Jahve und Israel dieses innergeschöpfliche Verhältnis wieder zu erkennen. Wiederum: Ohne um die Gefährdung und Zerstörung des Verhältnisses von Mann und Frau zu wissen, würde das Alte Testament auch von der Verwüstung des Verhältnisses zwischen Jahve und Israel nicht jene so erschreckend plastische Anschauung haben. Andererseits: Ohne die Hoffnung auf die Endzeit mit ihrer von Gott herbeizuführenden Vollendung seines Bundes mit Israel konnte es nicht gewagt werden, den Bund von Mann und Frau in das Licht jener Freiheit zu rücken, in dem wir ihn Gen. 2 und im «Lied der Lieder» stehen sehen. Und wiederum: Ohne den streng endzeitlichen Charakter jener Hoffnung wäre es unverständlich, daß die in jenen Texten geübte Betrachtung von Mann und Frau nun doch nur die Ausnahme, die alttestamentliche Regel aber die ist, daß Mann und Frau nicht als solche und in ihrem Verhältnis unter sich, sondern als Vater und Mutter im Lichte ihrer Bestimmung, Nachkommenschaft zu haben, gesehen werden. So ist das alttestamentliche Wissen um diese Sache eigentümlich übereinstimmend, aber auch eigentümlich widerspruchsvoll. Woher alle jene Vordersätze? Woher eigentlich das Wissen um die Würde des Geschlechtsverhältnisses? Und woher gleichzeitig das Wissen um seine Gefährdung und Zerstörung? Woher das Wissen um die endzeitliche Vollendung des Gnadenbundes mit Israel? Und woher zugleich das Wissen darum, daß diese Vollendung nicht im Blickfeld, sondern genau jenseits der Grenzen des Blickfeldes des israelitischen Menschen zu suchen, als endzeitliches Geschehen zu verstehen ist. Daß das Alte Testament dieses ganze Wissen h a t, kann man nicht wohl bestreiten, aber offenbar auch das nicht, daß es dabei von einem Geheimnis herkommt, das in seinem eigenen Bereich nirgends enthüllt, ja noch mehr: auch nirgends wenigstens in konkreter Gestalt sichtbar wird. Eben darum würde es, wenn wir uns an den alttestamentlichen Bereich für sich und als solchen halten müßten, bei einer letzten Zufälligkeit und Ungewißheit unseres Satzes sein Bewenden haben müssen. Wir würden dann wohl feststellen können, daß sich die Dinge im Alten Testament so verhalten, wie wir es gesehen haben. Uns wäre aber nicht gesagt, daß und warum wir genötigt sind, sie unsererseits auch so anzusehen.

Aber wer heißt uns, uns auf diesen alttestamentlichen Bereich für sich und als solchen zu beschränken? Eben das Geheimnis, von dem das alttestamentliche Wissen — in sich zugleich so übereinstimmend und so widerspruchsvoll — herkommt, könnte ja, wenn nicht innerhalb, so doch außerhalb des alttestamentlichen Zeugnisses sichtbar und dann auch enthüllt sein. Das Zeugnis des Neuen Testamentes sagt uns, daß dem tatsächlich so ist. Man muß es, will man es ernst nehmen, notwendig so sagen: das Neue Testament sagt uns, was das Alte Testament mit allem seinem Wissen noch nicht weiß und uns darum auch nicht sagen kann. Es sagt uns nämlich, wo dieses alttestamentliche Wissen um den Menschen herkommt, wo es objektiv seinen Ursprung und Grund hat, von woher gesehen alles nicht nur so ist, sondern so sein muß, wie es uns im Alten Testament angezeigt ist. *Vetus testamentum in novo patet.* Es ist schon so, daß das Neue Testament sachlich hinter das Alte Testament zurückgreift, jenes im Alten Testament vorausgesetzte, aber nirgends enthüllte, ja nicht einmal sichtbare Geheimnis sichtbar macht und enthüllt und eben damit beweist, was das Alte Testament an sich und als solches nicht beweisen kann: daß es in allen Teilen in einer auch für uns maßgeblichen Weise recht hat und die Wahrheit redet. Wir können uns das veranschaulichen, indem wir den vorhin formulierten Fragen nach jenen Vordersätzen Punkt für Punkt nachgehen.

Woher das alttestamentliche Wissen um die Würde des Geschlechtsverhältnisses? dieses Wissen, das es erlaubt und gebietet, in dem heiligen Verhältnis von Gott und Israel dieses innergeschöpfliche Verhältnis wiederzuerkennen? Das Neue Testament antwortet: Im Anfang war, der erste und eigentliche Gegenstand von Gottes Willen, Plan und Erwählung war, der innere Grund der Schöpfung war der Bund zwischen **Jesus Christus und seiner Gemeinde**. Er, dieser Bund, ist das Urbild des alttestamentlichen Urbilds: Jahve und Israel, und also er, dieser Bund, das Urbild des Verhältnisses von Mann und Frau. Von ihm her also hat gerade dieses innergeschöpfliche Verhältnis seine Würde und seine Notwendigkeit, ist es dem Alten Testament wesentlich, im Mittelpunkt seines Zeugnisses, im Bund zwischen Gott und dem Volk, dieses innergeschöpfliche Verhältnis wieder zu erkennen.

Woher aber zugleich das alttestamentliche Wissen um die Gefährdung und Zerstörung des Geschlechtsverhältnisses? Dieses Wissen, das der alttestamentlichen Anklage gegen Israel jene eigentümliche Drastik und Schärfe gibt, den Charakter des Vorwurfs, hier werde Ehebruch verübt? Das Neue Testament antwortet: Der Bund zwischen **Jesus Christus und seiner Gemeinde**, der schon das Geheimnis der Schöpfung ist, ist von der Art, daß sein Herr, Jesus Christus, der ist, der sich für seine Gemeinde — eine Versammlung von solchen, die gesündigt haben, dem Zorne Gottes und ihrem eigenen Verderben verfallen sind — dahin und in den Tod gibt, um sie damit zu seinem Eigentum zu erwerben. In der Kreuzigung des Königs für das Volk wird die Geschichte des Bundes zwischen Jahve und Israel gipfeln müssen, weil er selbst in jenem noch früheren Bunde, dem Bunde des Heiligen mit den Unheiligen begründet ist. Von jenem noch früheren Bunde her hat Israel in der ganzen Geschichte des Bundes zwischen Jahve und ihm jene Gestalt der undankbaren, der treulosen, der ehebrecherischen Frau. Und von ihm her muß nun offenbar auch das Geschlechtsverhältnis als solches in jenem Schatten gesehen werden, in dem es im Alten Testament dauernd gesehen wird.

Woher wiederum das alttestamentliche Wissen um die endzeitliche Vollendung des Gnadenbundes mit Israel: dieses Wissen, das es nun doch erlaubt und gebietet, das Verhältnis von Mann und Frau wenigstens vorübergehend, wenigstens in jenen Spitzentexten auch im Lichte jener großen Freiheit zu sehen? Das Neue Testament antwortet: im Bunde zwischen **Jesus Christus und seiner Gemeinde** geschieht es, daß des Menschen Abfall von Gott endgültig aufgehoben und vollkommen gut gemacht, die Treue und Liebe zwischen Gott und Mensch durch die Gabe des Heiligen Geistes eine gegenseitige wird, und daß eben darum auch die Anklage gegen den Menschen, eben darum auch das den Menschen anklagende Gesetz hinfällig wird. Von ihm, von diesem Bunde her, wird Israels Hoffnung so unvermeidlich notwendig und gewiß, wie wir sie im Alten Testament trotz allem immer wieder angezeigt sehen. Von ihm, von diesem Bunde her, wird es aber auch möglich und notwendig, den Bund von Mann und Frau trotz allem — diesen innergeschöpflichen Bund als solchen und also auch abgesehen von der Frage nach der Nachkommenschaft! — die Würde und Ehre zu geben, die ihm Gen. 2 und im «Liede der Lieder» zugeschrieben sind.

Woher aber zugleich das alttestamentliche Wissen darum, daß die Erfüllung des Gnadenbundes mit Israel eine streng endzeitlich zu verstehende Wirklichkeit ist und also außerhalb des Gesichtskreises des israelitischen Menschen zu suchen ist: dieses Wissen, das das Alte Testament nun doch nötigt, von Mann und Frau in der Regel anders zu reden als es Gen. 2 und im «Lied der Lieder» geschehen ist, dieses Wissen, aus dem heraus nun doch die Vaterschaft des Mannes und die Mutterschaft der Frau in den Vordergrund des Bildes gerückt werden müssen? Das Neue Testament antwortet: es ist der Bund zwischen **Jesus Christus und seiner Gemeinde**, in welchem Gottes Wille, Plan und Erwählung seinen eigentlichen Gegenstand hat und also seine Verwirklichung findet. Auf ihn, diesen Bund, zielt als Verheißung und Vorbereitung auch der Bund zwischen Jahve und Israel. Die Geschichte Israels als die Geschichte dieses Bundes hat ihren Sinn in der Erscheinung des Gottessohnes und Menschensohnes als des Hauptes eines durch ihn und in ihm heiligen Volkes. Und von diesem ersten und eigentlichen Bund her muß es so sein, daß das Alte Testament auf jener langen mittleren Strecke der Linie zwischen Schöpfung und Endzeit im Verhältnis von Mann und Frau so nüchtern an deren Eigenschaft als Vater und Mutter interessiert ist. Es muß darum so sein, weil es in Israel, in der ganzen Folge seiner Generationen, nur um diese Verheißung und Vorbereitung, d. h. endlich und zuletzt nur um die wunderbare Erzeugung und um die natürliche Geburt des Sohnes und seines aus Juden und Heiden zu versammelnden Volkes geht. So kommt es, daß das Gen. 2 und im «Lied der Lieder» gezeigte Bild von Mann und Frau nur am Rand des alttestamentlichen Zeugnisses Raum finden konnte, an diesem Rande aber tatsächlich Raum finden durfte und mußte.

So greift das neutestamentliche Zeugnis hinter das alttestamentliche zurück, so offenbart es, von wo das alttestamentliche Wissen um diese Sache herkommt, so zeigt und enthüllt es das Geheimnis, das im Alten Testament noch nicht einmal sichtbar, geschweige denn enthüllt ist, so beweist es Punkt für Punkt, daß das Alte Testament in einer auch für uns maßgeblichen Weise recht gehabt, die Wahrheit geredet und also von der Menschlichkeit durchaus nicht zufällig gerade das gesagt hat: daß sie im Zusammensein des Mannes und der Frau bestehe.

Es ist am Platz, daß wir dieses neutestamentliche Zeugnis in seinen entscheidenden Aussagen nun auch noch selbständig und in seinem eigenen Zusammenhang zu Worte kommen lassen.

Man muß zunächst allgemein bedenken: Wenn das Neue Testament von Jesus Christus und seiner Gemeinde redet, dann redet es wirklich vom Ziel (und eben damit vom Ursprung und Anfang!) aller himmlischen und irdischen Dinge. Diese Wirklichkeit «Jesus Christus und seine Gemeinde» ist nicht eine weitere, den Menschen gegebene Verheißung. Verheißung war die Existenz und die Geschichte Israels in seinem Bunde mit Jahve. Die Wirklichkeit «Jesus Christus und seine Gemeinde» setzt diese Geschichte nicht etwa fort. Sie ist nicht etwa eine weitere Etappe auf dem Weg der Verwirklichung des Willens, des Planes, der Erwählung Gottes, die der Sinn der Schöpfung ist. Sie schließt diesen Weg vielmehr ab. Sie ist die restlose Erfüllung der Verheißung. Sie ist das Ziel und das Ende aller Wege Gottes. Sie ist die endzeitliche Wirklichkeit. Sie kann und wird durch nichts, was noch aussteht, überboten, vertieft, erhöht, bereichert werden. Was noch aussteht, ist ihre der Gemeinde aufgetragene Verkündigung unter allen Völkern, an alle Kreatur. Aber nicht ein weiteres Angebot Gottes, nicht eine weitere Verheißung und ihr Gesetz hat sie ihnen zu verkündigen, sondern die in der Erscheinung Jesu Christi, in seinem Tod und in seiner Auferstehung, in der Ausgießung des Heiligen Geistes und also in der Einberufung seiner Gemeinde schon geschehene Vollstreckung des göttlichen Ratschlusses. Und was noch aussteht, ist ihre Offenbarung als das Licht des ganzen Kosmos, der ihrer noch nicht gewahr geworden ist: ihre Offenbarung durch Jesus Christus selber. Aber eben als das Haupt seiner Gemeinde ist er schon jetzt das Haupt auch des Kosmos (Kol. 1, 17 f.): so kann und wird auch seine Wiederkunft nichts zu ändern, nichts zu verbessern, sachlich nichts Neues zu bringen haben. «Ist Jemand in Christus, so ist er neue Kreatur» (2. Kor. 5, 17). Was durch den Dienst seiner Gemeinde zu verkündigen ist und was endlich und zuletzt er selbst offenbaren wird, das ist einfach dies, daß dem so ist. Er ist neue Kreatur. Denn Gott hat Jesus Christus der Gemeinde, die sein Leib ist, als κεφαλή ὑπὲρ πάντα gegeben: in ihr seine eigene göttliche Fülle und sein ganzes göttliches Erfüllen (Eph. 1, 22 f.). Diese vollendete Tatsache ist dem Kosmos noch anzuzeigen. Diese vollendete Tatsache muß als Sinn des ganzen Kosmos noch offenbar werden. Aber sie ist jetzt schon vollendete Tatsache. Es gibt kein Heil, das der Welt nicht im Tod und in der Auferstehung Jesu Christi und in der Existenz der Gemeinde, die er sich durch sein Blut erworben und die er durch seinen Geist versammelt hat und noch versammelt, schon widerfahren wäre.

Auf der Basis dieser Anschauung hat der Apostel Paulus mit seinen Gemeinden — mit jeder einzelnen von ihnen als mit d e r Gemeinde Jesu Christi — verkehrt. Eine christliche Gemeinde ist kein religiöses Experiment, keine Gemeinschaft des Glaubens und der Hoffnung mit irgend einem Fern- und Hochziel, auf das sie ausgerichtet wäre, dem sie als Ideal zuzustreben hätte. Sie ist das so wenig wie Jesus Christus selber in dem Sinn ein Prophet ist, daß er noch in irgend eine Zukunft zu zeigen, ein noch nicht Wirkliches zu weissagen hätte. Das Volk Israel wartet noch auf den Sohn. Seine ganze Geschichte ist die Geschichte dieser Erwartung. Die von den Aposteln begründete Gemeinde aus Juden und Heiden aber kommt von diesem Sohn her; sie hat ihre Geschichte darin, daß sie «in Christus» ist und also in der in diesem ihrem Haupt geschehenen Erfüllung lebt. Sie gehört zu ihm, und was ihm gehört, das gehört als sein Geschenk auch ihr. Indem ihr der Apostel das Wort von ihm verkündigt hat und indem sie dies Wort im Glauben angenommen hat, indem die Christen auf den Namen Jesu Christi getauft sind, sind sie ihm verbunden, sind sie mit ihm zusammen die endzeitliche Wirklichkeit, mit ihm zusammen das Ziel aller Wege Gottes, können sie nur noch Eines wollen, nämlich dies, daß die Herrlichkeit, derer sie durch ihn und in ihm schon teilhaftig sind, unter ihnen und durch sie auch anderen Menschen sichtbar werde — und können sie nur noch auf das Eine warten, nämlich darauf, daß Jesus Christus selbst sich endlich und zuletzt zu ihnen bekenne und die Herrlichkeit, die er ihnen schon verliehen hat, vor ihren eigenen Augen und vor denen der ganzen Welt selber offenbar mache, damit in dieser Offenbarung die ganze Welt hell und so der Ehre Gottes voll werde. Von da aus und auf das hat Paulus die christlichen Gemeinden angeredet: immer im Blick auf die allein in Jesus Christus, aber nun eben in Jesus Christus auch für sie geschehene Erfüllung. Alle Belehrung, aller Trost, alle Ermahnung, die er ihnen zuteil werden läßt, sind Rückverweise auf diese volendete Tatsache, auf den Anteil, den sie an Jesus Christus und also an der in ihm schon geschehenen Erfüllung haben. Jedes Abweichen von dieser Linie, jedes Zurückkommen auf die Situation des Volkes Israel, d. h. auf die Situation der noch unerfüllten Verheißung, jede Wiederaufrichtung des israelitischen Gesetzes, aber auch jede gesetzliche Aufforderung zum Glauben und zum Hoffen müßte ja eine Problematisierung Jesu Christi selber bedeuten. Der, in dem nicht Alles vollbracht wäre, wäre offenbar nicht Jesus Christus. Wir wissen, wie leidenschaftlich sich Paulus dagegen verwahrt hat, mit einem solchen Christus zu rechnen. Und er hat sich jener Abweichung und darum auch dieser Problematisierung tatsächlich nicht schuldig gemacht. Aller Kampf gegen die Sünde, den Irrtum, die Unordnung, die er in der christlichen Gemeinde wahrnahm, hat er von da aus geführt, daß Jesus Christus und seine Gemeinde in ihrem Zusammenhang die Wirklichkeit der Endzeit sind, über die hinaus wir auf keinen Anderen und auch auf keine anderen Erkenntnisse, Möglichkeiten und Kräfte zu warten haben, in der vielmehr Gott mit dem Menschen zu dem Ziel gekommen ist, um deswillen er Himmel und Erde und was darinnen ist, geschaffen hat. Und aller Kampf des Geistes gegen das Fleisch, der ganze gute Kampf des Glaubens, zu dem die Gemeinde und alle ihre Glieder gerade nach Paulus berufen sind, können doch nur sein der Kampf um die Behauptung der ihnen durch Gottes Tat in Jesus Christus schon eroberten und zugewiesenen Position, aus der sie durch Nichts und Niemand wieder vertrieben werden können.

Unter dieser Voraussetzung hat Paulus nun z. B. die Korinther angeredet, wenn er ihnen 2. Kor. 11, 2 f. schreibt: «Ich eifere um euch mit dem Eifer Gottes. D e n n i c h h a b e e u c h d e m e i n e n M a n n C h r i s t u s v e r l o b t u n d d a r g e s t e l l t a l s e i n e r e i n e J u n g f r a u. Ich fürchte aber, es möchten wohl — wie die Schlange mit ihrer List die Eva betrog — eure Gedanken von der Aufrichtigkeit gegen Christus weg und (damit) ins Verderben geführt werden.» Wir wissen nicht im Einzelnen, gegen wen oder was Paulus dort «geeifert» hat. Deutlich ist nach v 4 nur, daß in Korinth der Versuch gemacht wurde, einen «anderen Jesus» zu verkündigen, als den, den er, Paulus, dort verkündigt hatte. Ein «anderer Jesus» kann aber im Verhältnis zu der Verkündigung des Paulus auf alle Fälle nur ein solcher Jesus sein, an den man glauben könnte und wohl gar müßte, ohne eben damit mit ihm in der Erfüllung zu leben, der in ihm geschehenen Erfüllung sich zu trösten und, was zu kämpfen übrig bleibt, von der in ihm geschehenen Erfüllung aus zu kämpfen. Ein «anderer Jesus» kann von Paulus her gesehen, nur ein solcher Jesus sein, der nun doch wieder zu einem bloßen Propheten, zum Träger einer weiteren Verheißung gemacht worden ist. Wenn Paulus sagt, daß er in dieser Sache «mit dem Eifer Gottes» um die Korinther, um die Aufrechterhaltung ihrer Gemeinschaft mit ihm, um ihre Beständigkeit in dem ihnen von ihm verkündigten Glauben «eifere», so ist es deutlich: hier ist nicht der Eifer eines Elia oder eines der anderen alttestamentlichen Zeugen am Werk: nicht der Eifer um die Treue Israels, und angesichts seiner Untreue gegenüber der ihm gegebenen Verheißung und ihrem Gesetz, sondern der «Eifer Gottes», den Paulus als Apostel Jesu Christi sich notwendig zu eigen machen muß: der Eifer des Gottes, der die Geschichte seines Bundes zu seinem Ziel geführt und der es nun unmöglich dulden kann, daß sie — und das nun auch noch im Namen eines «anderen Jesus» :ausgerechnet in dem Namen, in dem sie zu ihrem Ziel gekommen ist — wieder rückgängig gemacht wird. Der wirkliche Jesus selbst steht in Frage. Darum eifert Paulus mit dem Eifer Gottes um die Korinther. Er muß es tun. Denn der wirkliche Jesus ist nicht allein. Zu ihm, dem Vollender des Werkes Gottes, gehören auch sie, so gewiß sie das apostolische Wort von ihm gehört und im Glauben angenommen haben. Etwas Unwiderrufliches ist damit auch für sie und an ihnen geschehen. Tod und Auferstehung Jesu Christi sind nun die Wirklichkeit, die sie nicht nur angeht (sie geht die ganze Welt an!), sondern umfaßt, in der sie ihr eigenes Leben haben. Sofern sie christliche Gemeinde sind, sind sie schlechterdings von ihm her und zu ihm hin und also in ihrem Sein, Tun und Lassen dadurch bestimmt, daß in ihm Alles vollbracht ist, was Gottes Absicht mit dem Menschen von Anbeginn gewesen ist. Er, Paulus, ist des Zeuge, so gewiß er ihnen den wirklichen Jesus als ihren Herrn bezeugt und auch das Zeugnis ihres Glaubens an ihn gehört hat. Er weiß sich also in dieser Sache verantwortlich: vor Gott für sie und vor ihnen für Gott. Er kann sich von ihnen nicht abspeisen lassen mit der Erklärung: sie seien wohl immer noch Christen, die diesen Jesus einen guten Mann sein ließen, in welchem sie es irgendwie mit Gott zu tun hätten, sie seien aber unterdessen über das, was er für sie bedeute, anderer Meinung geworden, und solche anderen Meinungen über Jesus könnten und müßten doch wohl neben seiner, des Paulus Meinung, von ihm auch möglich sein und geduldet werden. Nein, sagt Paulus, hier ist nicht nur eine andere Meinung von Jesus, sondern wirklich ein «anderer Jesus» auf dem Plan, und das ist es, was er unter keinen Umständen und in keinem Sinn gelten lassen kann. Zwischen dem wirklichen Jesus und den Korinthern ist nämlich etwas geschehen, ist eine Entscheidung gefallen, auf die sie nicht zurückkommen können. Und bei dieser Entscheidung ist er, Paulus, als dienende Nebenperson dabei gewesen. Als Bote des Evangeliums in Korinth war er der Mann gewesen, der sie in der Ferne aufgesucht und hergebracht (wie Elieser die Rebekka dem Isaak Gen. 24, 1 f.), ja, man darf wohl sagen: wie Gen. 2 Gott selber die Eva dem Adam, dem wirklichen Jesus «dem einen Mann Christus» zugeführt und dargestellt, sie ihm als seine Braut verlobt hat. Auch an Joh. 3, 29 wird man hier mit Fug denken dürfen, wo Johannes der Täufer sich als den Freund bezeichnet, der sich freut, die Stimme des Bräutigams zu hören. Zwischen diesem «einen Mann Christus» und ihnen besteht dieses Rechtsverhältnis, geschaffen durch sein Wort und seinen Geist, und darum unbeweglich begründet. Er, Paulus, kann bezeugen, daß es bei seiner Aufrichtung in jeder Hinsicht mit rechten Dingen zugegangen ist. Er hat die Gemeinde keinem anderem als diesem einen Mann zugeführt, d. h. der Christus, den er ihnen verkündigte, war der, in dem Alles für sie vollbracht ist, weil er selbst das «Haupt über Alles» ist (so daß es einen anderen Mann, einen «anderen Jesus» für sie unmöglich geben kann). Und er hat sie diesem Bräutigam als eine «reine Jungfrau» zugeführt, d. h. er war dabei dessen gewiß, daß ihrer ganzen Vergangenheit, aller ihrer Sünden, indem er sie diesem Bräutigam zuführte, nicht mehr gedacht wurde, daß sie als die Erwählten und Geliebten dieses Einen ganz rein, ganz gerecht, ganz heilig zu ihm kommen durften, daß aber auch ihr Glaube an diesen Einen lauter und echt war, ihre Taufe also nicht nur Wasser-, sondern Geistestaufe (so daß auch das nicht in Frage kommen kann, daß dieser Eine sie nachträglich als unwürdig wieder verstoßen könnte). Das Verhältnis zwischen dem einen Mann Christus und ihnen als seiner Braut ist ein definitives Verhältnis, an welchem keine Macht des Himmels und der Erde etwas ändern kann, geschweige denn irgend ein Meinungswechsel, den sie sich inzwischen erlaubt haben mögen. Man bemerke, daß die Bestimmtheit, in der Paulus die Korinther auf dieses Definitivum anredet, auch im Folgenden nicht verleugnet wird. Er fürchtet allerdings etwas für sie: dies nämlich, daß ihre Gedanken von der Aufrichtigkeit gegen Christus weg und damit ins Verderben geführt werden möchten, und daß sich darin etwas Ähnliches ereignen könnte, wie das, was sich zwischen der betrügerischen Schlange und jener anderen Frau, der so schrecklich betrogenen Eva zugetragen hat. Paulus erschrickt aufs tiefste vor dieser Möglichkeit, daß sie auch nur in Gedanken diesen verderblichen Weg gehen, auch nur in Gedanken noch einmal Eva spielen wollen könnten. Er rechnet aber offenbar durchaus nicht damit, daß er an ihre «Aufrichtigkeit gegen Christus» nicht auch jetzt und immer wieder appellieren könne als an ihren eigentlichen Ort und Stand. «Aufrichtigkeit (ἁπλότης) gegen Christus» ist die Grunderkenntnis, in der sie sich, ohne nach links oder rechts zu schielen, an Christus genügen lassen, weil ihnen in ihm Alles geschenkt ist. Er sieht wohl die Möglichkeit, daß ihre Gedanken trotz dieser Grunderkenntnis in die Irre gehen können, wie denn die Gedanken der Gemeinde Jesu Christi trotz dieser Grunderkenntnis noch oft genug Eva gespielt haben und in die Irre gegangen sind. Er sieht sie aber noch immer, und auch in dieser Gefahr als die Gemeinde Jesu Christi, die von ihrem einmal gelegten Grund in Jesus Christus nicht zu entfernen, von diesem ihrem Haupt nicht zu trennen, in jener Grunderkenntnis nicht zu erschüttern ist. Er rührt nicht an jenes Rechtsverhältnis, bei dessen Begründung er Zeuge, ja Mitwirkender gewesen ist. Er stellt seinen Fortbestand nicht in Frage. Wie müßte er sich selbst widersprechen, wenn er das tun könnte: auch er würde ja dann mit einem «anderen Jesus», mit einem solchen Christus rechnen, dessen Werk wie das so manches Propheten, unvollständig oder gar umsonst getan sein könnte, mit einem Bund, dem man, nachdem man in ihn aufgenommen ist, nach Belieben auch wieder untreu werden könnte. Der Christus, mit dem Paulus rechnet, ist der, der im Namen Gottes abschließend gesprochen und gehandelt hat und dem seine Gemeinde darum abschließend — wie gefährlich sich ihre Gedanken immer hin und her bewegen mögen — verbunden ist, an deren Aufrichtigkeit gegen ihn man darum, auch wenn sich ihre Treue als gefährdet erweist, jederzeit appellieren darf, deren Gefährdung man eben damit am besten und sichersten begegnet, daß man an ihre Aufrichtigkeit gegen Christus appelliert. Man kann und darf und muß das tun — nicht weil man es den Christen als den in ihr vereinigten Menschen, wohl aber, weil man es dem Herrn, dessen Eigentum sie sind, zutraut, daß er ihnen seinen Geist nicht umsonst gegeben hat. — Wir stellen fest, daß Paulus es für richtig gehalten hat, zur Klärung dieser These an die Begegnung von Bräutigam und Braut und also an die Urgestalt der Menschlichkeit als des Seins in der Begegnung zu erinnern.

Unter der gleichen Voraussetzung hat er Röm. 7, 1—6 erklärt, daß und inwiefern die Christen Menschen sind, die kraft des Todes und der Auferstehung Jesu Christi die Situation Israels wirklich hinter sich haben, die, von dem Gesetz, das sie schließlich nur anklagen und verurteilen kann, indem es ihnen bestätigt, daß sie Sünder sind, wirklich befreit sind. Die in unserem Zusammenhang entscheidenden Worte v 3b bis 4 lauten: «Wenn der Mann stirbt, wird die Frau frei von seinem Gesetz, so daß sie nicht mehr Ehebrecherin wird, wenn sie die Frau eines Andern wird. So seid auch ihr, Brüder, dem Gesetz getötet durch den Leib (in der leiblichen Tötung) des Christus, damit ihr nun einem Anderen angehöret: dem, der von den Toten auferstanden ist.» Man bemerke vor allem, daß wir hier über die 2. Kor. 11, 2 erwähnte «Reinheit» der Christus zugeführten «Jungfrau» in dem Sinn unterrichtet werden, in welchem wir sie dort verstanden haben: Sie bringt sie gar nicht etwa von sich aus mit, sondern sie bekommt sie, indem sie diesem Bräutigam zugeführt wird. Sie hat ja, wie wir hier ausdrücklich hören, zuvor einem anderen Manne gehört. Dieser andere, ihr erster Mann, war kein anderer, als der Mensch des alten Äon — der Mensch der Welt, die unter der Herrschaft von Adams und Evas Sünde stand. Dieser Mensch war unter dem Gesetz, das ihn anklagte und verurteilte, das ihm seine Sünde bestätigte und sie damit erst recht erregte und lebendig machte, so daß die Frucht, die dieser Mensch hervorbrachte (v 5) der Lohn, den dieser Mensch sich erwarb (6, 23) nur der Tod sein konnte. Dieser Mensch war ihr, der Christen, erster Mann: er war ihr eigener «alter» Mensch, unter dessen Gesetz notwendig auch sie stehen mußten. Solange er nämlich lebte! Wirklich nur sein Tod konnte sie von seinem Gesetz und also davon, daß sie als Sünder angeklagt und verurteilt waren, befreien. Jeder vor dem Tod dieses Mannes unternommene Versuch, sich seinem Gesetz zu entziehen, sich um dessen Anklage und Urteil nicht zu bekümmern, sich ihm gegenüber in einer willkürlich gewonnenen oder vielmehr eingebildeten Freiheit zu bewegen (jeder Versuch, so zu tun, als ob man sich anderswo als auf jener fatalen Mittelstrecke zwischen Schöpfung und Endzeit befinde!) konnte sie nur erst recht schuldig und todeswürdig machen. Was bringen wir, solange unser «alter» Mensch lebt, in dieser Richtung schon fertig als das, was das Alte Testament als den Ehebruch Israels seinem Gott gegenüber bezeichnet: allerlei Dienst fremder Götter und allerlei dementsprechende, lebensmäßig praktische Entfremdung ihm gegenüber — Sünde, die die Sünde nicht austreibt, sondern in der sie in ihrer Wildheit nur um so mehr sichtbar wird. Hier kann uns nur das Eingreifen höherer Gewalt retten. Hier kann Freiheit nur dadurch legitim und darum auch wirkungsvoll begründet werden, daß der «alte» Mensch stirbt und dadurch unsere Verbindung mit ihm aufgelöst wird. Und eben das ist das Ereignis, von dem die Christen herkommen. Sie gehören jenem ersten Mann nicht mehr an, weil er nicht mehr lebt. Er ist auf Golgatha in der Dahingabe des Leibes Christi in den Tod, er ist in und mit diesem getöteten Leibe Christi gekreuzigt und gestorben und mit ihm ihre Sünde (Röm. 6, 3 f.). Mit dem ganzen alten Äon ist dort und damals auch der Mensch dieses Äon für sie abgetan. Damit ist aber auch das Gesetz dieses Menschen, das zu seinen Lebzeiten auch für sie Gültigkeit haben mußte, außer Kraft getreten. Es kann sie nun nicht mehr anklagen und verurteilen, sie nicht mehr als Sünder bestätigen und bestärken. Sie sind nun frei: nicht in der üblen, scheinbaren Freiheit des ehebrecherischen Israel, sondern recht und wirklich frei. Sie haben das freilich nicht geschafft. Was sie geschafft hätten, hätte nur jene ehebrecherische Freiheit sein können .Dort und damals aber, im Tode Jesu Christi — er allein hat es geschafft! — sind sie recht und wirklich frei geworden: frei dazu nämlich, die Frau dieses Anderen, ihres Befreiers, des von den Toten auferstandenen Jesus Christus zu sein und also frei für ein Dasein unter seinem Gesetz, das nach Röm. 8, 2 f.

das «Gesetz des Geistes des Lebens» ist. «So gibt es nun keine Verdammung derer, die in Christus Jesus sind» (Röm. 8, 1)! So darf die Gemeinde nun wirklich seine ganz reine, ganz heilige, ganz gerechte Braut sein: seine «Hilfe, die ihm ein Gegenüber sei». Kreatur, aber die durch seinen Tod und seine Auferstehung und in der Macht seines Geistes neu gewordene Kreatur! So stehen sich nun beide, der Mann mit der Frau wieder gegenüber als Mensch und Mitmensch, von denen sich Keines des Anderen und vor dem Anderen zu schämen hat: das Urbild der Menschlichkeit!

Wieder unter der gleichen Voraussetzung hat Paulus nun aber auch in all den Zusammenhängen geredet, wo seine Blickrichtung gerade die umgekehrte ist. 2. Kor. 11, 2 f. und Röm. 7, 1 f. interpretiert er ja offenbar das Verhältnis zwischen Jesus Christus und seiner Gemeinde im Blick auf bestimmte Anschauungen aus dem Bereich des Verhältnisses von Mann und Frau: Jesus Christus war dort der Bräutigam, dem die Gemeinde als Braut rechtmäßig zugeführt wird. Und er ist hier der «andere Mann», durch den und für den die Gemeinde als die zuvor an jenen anderen Mann gebundene Frau rechtmäßig frei wird. Es gibt aber bei Paulus auch solche Stellen — und sie sind begreiflicherweise bekannter und auch öfters zitiert worden als jene ersten — wo er es mit irgend einer bestimmten Gestalt der Wirklichkeit des Verhältnisses von Mann und Frau zu tun hatte und wo er zu deren Interpretation an das Verhältnis zwischen Jesus Christus und seiner Gemeinde erinnert, wo er also jenes Verhältnis von diesem her erklärt hat. Daß er in diesem Verhältnis: in der am Karfreitag, am Ostertag und am Pfingsttag durch Christus, in Christus und von Christus her geschehenen Tat Gottes zugunsten des Menschen die Erfüllung und Vollendung aller Dinge gesehen hat, den Anbruch der Endzeit, von der aus keine Rückkehr in die Ökonomie des Alten Testamentes möglich ist, das liegt auch in diesen Stellen, ja in ihnen erst recht, zutage.

Es geht 1. Kor. 6, 12—20 um eine kategorische Warnung vor der πορνεία, dem Geschlechtsverkehr mit der πόρνη, d. h. dem Geschlechtsverkehr, in welchem der Mann der Frau nur zur Befriedigung seines sinnlichen Bedürfnisses zugewendet ist, in welchem sich ihm die Frau nur als Anlaß und Mittel zu dieser Bedürfnisbefriedigung anbietet. Die hier entscheidenden positiven Sätze, welche die Warnung des Paulus begründen, lauten (v 16b—17) so: «Denn es werden, heißt es, die Zwei ein Leib sein. Wer aber dem Herrn anhängt, der ist ein Geist mit ihm.» Von dem, was diese zweite Aussage bezeichnet, d. h. aber eben: von dem Verhältnis zwischen Jesus Christus und seiner Gemeinde aus blickt Paulus zurück oder hinunter auf das Verhältnis von Mann und Frau, von denen die erste Aussage redet. Daß der Christ mit einer Frau «ein Leib werde», das kann nur in der Entsprechung dazu geschehen, daß er selbst mit dem Herrn ein Geist ist. Weil es in jener Art von Geschlechtsverkehr nicht in dieser Entsprechung geschieht, darum ist sie ihm unmöglich. Daß sie ihm verboten sei, wäre nicht der richtige Ausdruck für den Sachverhalt. Sie ist ihm nicht verboten; sie ist ihm seinsmäßig unmöglich. Die ganze Absicht des Paulus in diesem Text geht darauf, den Christen — «Wisset ihr nicht?» wird v 15, v 16, v 19 eindringlich gefragt — diese Unmöglichkeit in Erinnerung zu rufen. Von einem von Paulus ausgesprochenen Verbot zu reden, wäre darum nicht richtig, weil am Anfang des Textes (v 12) eindringlich genug das zweimalige πάντα μοι ἔξεστιν steht: «Ich habe Macht über Alles.» Die paulinische Botschaft von der in Jesus Christus geschehenen Befreiung des Menschen vom Gesetz der Sünde und des Todes steht mächtig auch hinter diesem Text, und wer sie nicht versteht, kann auch die in diesem Text ausgesprochene Warnung nicht verstehen. Er würde sicher gerade das nicht verstehen, daß und inwiefern sie kategorisch ist. Denn gerade die durch Jesus Christus geschaffene und seiner Gemeinde geschenkte Freiheit hat hier die Kraft der Entscheidung, von der die paulinische Warnung redet. Gerade an diese Freiheit erinnert

3. Menschlichkeit als Gleichnis und Hoffnung

das «Wisset ihr nicht?» Sie ist nämlich die Freiheit der Wahl dessen, was dem Christen als solchem hilft (συμφέρει), die Freiheit der Abweisung dessen, was ihn unter die Herrschaft einer fremden Macht bringen, was ein ἐξουσιάζεσθαι ὑπό τινος involvieren, was also seine Freiheit beschränken, ja aufheben würde. Nicht Alles hilft ihm. Gerade indem er Macht über Alles hat, hat er die Freiheit, das, was ihm nicht hilft, abzuweisen. Und Vieles würde ihn unter Fremdherrschaft bringen. Gerade indem er Macht über Alles hat, hat er die Freiheit, dies abzuweisen. 1. Kor. 10, 23 erscheint der Zusammenhang von Freiheit und Entscheidung noch in einem anderen Licht: πάντα ἔξεστιν, ἀλλ' οὐ πάντα οἰκοδομεῖ. Man muß das auch hier im Auge behalten: die Freiheit des Christen ist die Freiheit, an seinem Teil am Aufbau der Gemeinde mitzuwirken. Wer ist der Christ? Ein Mann, der «dem Herrn anhängt» (κολλώμενος v 17, es ist derselbe Ausdruck, den die LXX Gen. 2, 24 f. für das «Anhängen» des Mannes an die Frau verwenden). Der Christ ist «teuer erkauft!» (v 20), er ist nämlich um den höchsten Preis der Dahingabe des Sohnes Gottes von der Herrschaft der eine ganze, für ihn nun vergangene Welt bestimmenden Mächte losgekauft, er ist so nach Kol. 1, 13 von Gott in das Reich seines lieben Sohnes versetzt, so also dessen Eigentum geworden, so Teilhaber an dessen Herrschaft über jene Mächte. Und eben darin gründet seine Freiheit. Indem er in der so begründeten Freiheit lebt, lebt er im Geiste. Und indem er im Geiste lebt, ist er mit dem Herrn Einer. Er ist also als Christ ein Mann, der nicht sich selbst, sondern diesem Herrn gehört (v 19), der ihm «anhängt». Er: das ist aber nicht ein Abstraktum («seine Seele» vielleicht), sondern das Konkretum: er als die Seele seines Leibes. Er in seiner Totalität und also er in seiner Leiblichkeit gehört nicht sich selbst, sondern dem Herrn, ist ein Glied Christi, ein Glied an seinem Leibe, ein Glied seiner Gemeinde (v 15), um eben so an seiner Herrschaft teilzunehmen, um eben so frei zu sein: frei für das, was ihm als Christ hilft, frei von aller Fremdherrschaft, frei für den Aufbau der Gemeinde. Die Ordnung, unter der er als dieses konkrete Wesen, unter der er in seiner Leiblichkeit steht, lautet aber: «Gott hat den Herrn erweckt und wird durch seine Macht auch uns auferwecken» (v 14). Konkretes Menschsein, Leiblichkeit, hat ja auch der Herr angenommen, leiblich hat er gelitten, leiblich ist er gestorben, hat er jene Dahingabe vollzogen und leiblich ist er von den Toten auferweckt worden. Das Letztere ist hier entscheidend. So gewiß Jesus Christus leiblich von den Toten auferweckt ist, so gewiß ist der Christ gerade leiblich nicht dem Tode verfallen — so gewiß zieht Jesus Christus ihn als sein Glied gerade in seiner Leiblichkeit nach sich und zu sich in ein neues Leben — so gewiß ist der Christ gerade in seiner Leiblichkeit jetzt schon zu diesem neuen Leben bestimmt, disponiert, organisiert, ein «Tempel des Heiligen Geistes, den er von Gott hat» (v 19) — so gewiß ist er aufgerufen, Gott gerade in seiner Leiblichkeit zu verherrlichen (v 20). So also steht es mit dem Sein des Christen: was ihm von Jesu Christi Auferstehung her notwendig ist, was ihm in seinem Sein von dorther (als Tempel des Heiligen Geistes, zur Verherrlichung Gottes) hilft, was seine Freiheit von den Mächten des alten Äon bestätigt und mehrt, was die Gemeinde aufbaut, das zu tun ist er frei, und er ist ebenso frei, das Gegenteil von alledem zu lassen. Er wäre nicht, was er ist, wenn er eine anders zu definierende Freiheit hätte: die Freiheit, jenes zu lassen und dafür dieses zu tun: also nicht zu tun, was ihm nicht hilft, was ihn in die Gefangenschaft versetzt, was die Gemeinde zerstört. Eben in diesem Sein des Christen ist nun aber — Paulus hält es für unannehmbar, daß die Korinther das nicht wissen, er braucht sie bloß fragend daran zu erinnern — auch die Entscheidung darüber schon gefallen, was dem Christen in der Frage des Geschlechtsverkehrs seinsmäßig möglich und seinsmäßig unmöglich ist. Eine Vorentscheidung über die Bedeutung dieses Vorgangs als solchen zunächst: Im Geschlechtsverkehr geht es nicht nur — wie es nach v 13 offenbar die Meinung Etlicher in Korinth gewesen ist — um das Vorhandensein und um die

Befriedigung eines leiblichen, hier des spezifisch sexuellen Bedürfnisses, dem man ohne besondere Nachfrage nach dem Wie? Genüge tun könnte, wie man dem Bedürfnis des Magens durch Speise Genüge tut. Im Geschlechtsverkehr geht es nicht nur um einen solchen Kreislauf innerhalb unseres Leibeslebens: die Speise für den Magen, der Magen für die Speise, das Bedürfnis, das nach Befriedigung ruft, die Befriedigung, die das Bedürfnis beantwortet. Ὁ δὲ θεὸς καταργήσει δὶ ταῦτα καταργήσει Gott wird diesem Kreislauf innerhalb unseres Leibeslebens einmal, nämlich dann, wenn des Menschen Zeit um ist, ein Ende setzen. Er gehört zwar sicher auch zu des Menschen Leiblichkeit und insofern zu ihm selber. Und es geht andererseits, wie Paulus wenige Verse nachher (7, 1 f.) deutlich genug vorausgesetzt hat, auch im Geschlechtsverkehr um einen derartigen, zu des Menschen Leiblichkeit und insofern zu ihm selbst gehörenden Kreislauf von Bedürfnis und Befriedigung. Es geht aber im Geschlechtsverkehr nicht nur darum, sondern um den Leib selbst und als solchen, das heißt um den Menschen in seiner Leiblichkeit. Denn Geschlechtsverkehr bedeutet: daß Mann und Frau auf dem Höhepunkt und in der Vollendung ihrer Begegnung ein Leib werden, sich in ihrer Leiblichkeit ganz gehören, sich so gegenseitig Zeugen und Garanten ihrer Menschlichkeit sind. Der Mann gehört in dieser Vollendung nicht mehr sich, sondern der Frau, und die Frau nicht mehr sich, sondern dem Manne. Zwischen diesen beiden geschieht also in dieser Vollendung etwas Letztes und Unwiderrufliches. Sie beide sind nun das, was sie in dieser Vollendung wurden: ein Wesen, das diesem anderen Wesen zugehörig ist. So geht es gerade hier nicht um ein neutrales Gebiet, um ein indifferentes Geschehen, so entscheidet es sich hier: wem gehört der Mensch, indem er in dieser Vollendung einem anderen gehört? Die Entscheidung in dieser Sache ist aber für den Christen gefallen. Sie geht dahin, daß er auch in dieser Zugehörigkeit zu einer Frau seiner Zugehörigkeit zu Christus nicht widersprechen darf, sondern entsprechen muß. Er würde ihr aber widersprechen, wenn er der Dirne gehörte, mit ihr ein Leib würde. Was aber widerspricht sich hier so gänzlich? Was macht das «Ein Geist sein» mit Christus gegenüber dem «Ein Leib sein» mit der Dirne so ausschließlich? Dies offenbar, daß Christus die Treue Gottes in Person, die Dirne aber die personifizierte menschliche Untreue gegen den Menschen ist. Er kann das darum nicht werden, weil er das in der von Christus für ihn geschaffenen, von Christus ihm gegebenen Freiheit nicht wollen und nicht tun kann, weil er, der mit dem Herrn ein Geist ist, damit würde, was ihm nichts hülfe, worin er kein Tempel des Heiligen Geistes wäre, Gott nicht verherrlichte, die Gemeinde nicht auferbaute, sich vielmehr in die Gefangenschaft zurückbegeben würde, aus der er teuer und definitiv erkauft ist. Im Verkehr mit der Dirne kann es nur in wüster Verzerrung um die Vollendung der Begegnung von Mann und Frau gehen. Denn was heißt da Vollendung? Die Vollendung der Gemeinschaft? Nein, nur die Vollendung der Selbstbefriedigung und also gerade auf der Höhe der Begegnung die Verweigerung wirklicher Begegnung, Gemeinschaft in Gestalt des Verrates der Gemeinschaft. Da sucht ja gar nicht der Mann die Frau in der Totalität ihrer Leiblichkeit: da sucht er nur das Geschlechtswesen als Anlaß und Mittel zur Stillung seines entsprechenden Bedürfnisses; da vergißt er, ja da will er sogar vergessen, daß er es in der Frau als Mensch mit dem Mitmenschen, als Ich mit dem Du zu tun hat; da verleugnet er ja die Menschlichkeit der Frau, indem er sie als ein Es behandelt. Und da erwartet ja auch die Frau den Mann nicht als Mann, auch sie ihn nicht in der Totalität seiner Leiblichkeit, da ist auch er ihr kein Du, sondern ein Es, da sucht ja auch sie keine volle, keine ernsthafte, keine wirkliche Beziehung; da antwortet sie nur auf seinen Geschlechtstrieb, da schändet sie also mit ihrer Weiblichkeit auch seine Männlichkeit. Aber man irre sich nicht: auch in dieser Verzerrung jener Vollendung ist sie Vollendung, geschieht gegenseitige Hingabe, werden Mann und Frau nach Gen. 2, 24 ein Leib, kommt es zu einer gegenseitigen Zugehörigkeit, in der sie

3. Menschlichkeit als Gleichnis und Hoffnung

sich gegenseitig — nun eben als Verräter ihrer Menschlichkeit — determinieren, zu Schanden machen. Käme es dazu, daß der Christ den Verkehr mit der Dirne aufsuchte, dann wäre das kein neutrales, ihn selbst in seinem Sein als Christ nicht angehendes Ereignis, dann würde es vielmehr geschehen, daß er seinen Leib, d. h. sich selbst in seiner Leiblichkeit «nähme» (ἄρας) — als ob er sich selbst gehörte! und als ob er das mit sich selbst machen könnte? — und ihn, sich selbst zum «Glied der Dirne» machte (v 15), ihn, sich selbst an jenem Verrat beteiligte. Sein Menschsein träte dann in vollen unversöhnlichen Widerspruch zu seinem Christsein. Er würde dann (v 18) an seinem eigenen Leibe sündigen, d. h. er würde damit nicht irgend etwas verkehrt machen und verderben, sondern entscheidend sich selbst: sich selbst ganz und gar und so auch in seiner Beziehung zu Gott und zum Mitmenschen. Er, der in seiner Leiblichkeit ein Glied Christi ist und als solcher seiner Erweckung von den Toten durch die Macht Gottes entgegengeht, würde damit sich selbst das Todesurteil sprechen. Denn in der Zugehörigkeit zur Dirne — und im Verkehr mit ihr entschiede es sich, daß er ihr zugehörte — könnte er schlechterdings nur sterben, ohne alle Hoffnung sterben, nun dennoch leben zu dürfen. Ich möchte annehmen, daß Paulus in dem schwierigen v 18 von einem Sündigen redet, dessen eigentlich nur der Christ fähig ist. μὴ γένοιτο sagt Paulus zu diesem Sündigen (v 15) — und er sagt das regelmäßig an Stellen, wo es um die Verneinung einer von Grund und Haus aus ausgeschlossenen Möglichkeit geht. So konsequent er diese Möglichkeit mit den Korinthern durchdenkt bis in ihr bitteres Ende hinein, so bestimmt sagt er ihnen auf den Kopf zu, daß sie den Weg, der zu dieser Konsequenz führt, überhaupt nicht antreten können. Man muß bedenken, daß er ihnen unmittelbar vor unserer Stelle (6, 11) geschrieben hatte: «Ihr seid aber (in der Taufe) abgewaschen, ihr seid aber geheiligt, ihr seid aber gerechtfertigt im Namen des Herrn Jesus Christus und im Geiste unseres Gottes». Dieses «ihr seid» liegt für sie wie ein Schlagbaum vor jenem Wege. Das ist es, was sie nach v 15, 16, 19 wissen, an was sie Paulus nur zu erinnern braucht, um ihnen eben damit zu sagen, was unendlich mächtiger ist als jedes Verbot. Es ist dasselbe absolute Hindernis, auf das Jesus Matth. 6, 24 hingewiesen hat: «Niemand kann zwei Herren dienen... Ihr könnt nicht Gott und dem Mammon dienen.» So hier Paulus. Er braucht kein Gesetz, keine Moral aufzubieten, er braucht bloß auf das hinzuweisen, was sie können und nicht können. Sie können sich nicht aufs neue unter eine Herrschaft von Mächten stellen, denen sie, indem sie in ihrer Leiblichkeit Christus gehören, ein für allemal entzogen sind. Sie können sich umgekehrt dem Dienst nicht entziehen, in den sie, da sie in ihrer Leiblichkeit Christus gehören, ein für allemal gestellt sind. Sie können in ihrer Leiblichkeit nicht so existieren, wie man nur als dem Tode Verfallener existieren kann: sie aber haben den von den Toten auferstandenen Christus hinter sich und vor sich. Sie können aus dem Tempel Gottes keine Räuberhöhle machen. Sie können Gott nicht lästern, sondern ihn nur verherrlichen. Sie können Jesus Christus, mit dem sie ein Geist sind, nicht kompromittieren, als ob wohl gar er selbst, dem sie doch anhängen — es wäre sicher wieder ein «anderer Jesus», dem sie dabei anhängen würden! — eine von den Mächten der alten Welt wäre, als ob er sie zu ihrem Tun anleiten würde. Sie können sich jenen Selbstwiderspruch darum nicht leisten, weil diesem Widerspruch, wie sie wohl wissen, schon widersprochen, und zwar siegreich und abschließend widersprochen ist: so, daß sie keine Wahl mehr haben. Sie können also die Frau in der Gestalt der Dirne weder aufsuchen, noch sich ihr Angebot in dieser Gestalt gefallen lassen. Man bemerke, daß dies sinngemäß wohl nicht nur für den sog. «außerehelichen» Geschlechtsverkehr gilt: sie können die Frau weder außer, noch in der Ehe zur Dirne machen und als solche gelten und walten lassen. Sie können die πορνεία und die πόρνη in keiner Gestalt bejahen. Sie können das darum nicht, weil ihr Sein diese Bejahung, die Bejahung der Dirne in irgend einer Gestalt ausschließt. Sie können in dieser

Sache wirklich nur tun, was Paulus v 18 befiehlt: φεύγετε τὴν πορνείαν! Kehrt ihr mit derjenigen Entschiedenheit und Vollständigkeit den Rücken, die da das allein Mögliche ist, wo man es mit dem Unmöglichen zu tun hat! Was dem, der mit Jesus Christus ein Geist ist, im Verhältnis von Mann und Frau und also in der Vollendung dieses Verhältnisses seinsmäßig möglich ist, das kann als Betätigung seiner Freiheit und also als Betätigung seiner Teilnahme an der Herrschaft Christi und also in seinem Gehorsam gegen das «Gesetz des Geistes des Lebens» nur der Verkehr sein, der über alles bloße Bedürfnis und seine Befriedigung hinaus die Vollendung ihrer Begegnung als Mensch und Mitmensch ist: der Vollzug ihrer vollen, ernsthaften, wirklichen Gemeinschaft. Möglich ist ihm also nur dasjenige «ein Leib werden», in welchem sich die volle ernsthafte wirkliche Gemeinschaft Jesu Christi mit seiner Gemeinde und mit jedem Glied seiner Gemeinde klar und unzweideutig spiegeln kann. Möglich ist ihm dasjenige «ein Leib werden», dessen er sich angesichts dessen, daß er doch mit Jesus Christus ein Geist ist, nicht zu schämen hat und dessen sich darum auch der Mann und die Frau unter sich ganz und gar nicht zu schämen haben, dessen sie sich vielmehr als eines Abglanzes des Lichtes aus der Höhe freuen dürfen. Von dieser positiven Erkenntnis her fällt die Entscheidung gegen die πορνεία. — So hat Paulus die anthropologische Frage als die Frage nach dem Menschen Menschlichkeit gerade an dieser kritischen Stelle in das Licht der Christologie gestellt, und so hat er sie von da aus beantwortet. Uns bleibt nur übrig festzustellen: dies ist es wirklich, was in diesem Text geschehen ist: Paulus hat die konkrete Gestalt der Mitmenschlichkeit des Mannes und der Frau, und hier nun gerade das Allerkonkreteste, ihren geschlechtlichen Verkehr, zu dem Verhältnis zwischen Jesus Christus und seiner Gemeinde in Beziehung gebracht und ist von dieser Urnorm her — nicht ohne ausdrückliche Erinnerung an Gen. 2! — zu einem Normbegriff des Menschlichen gekommen. Wer vermißte hier die nötige Strenge? Aber wer fände hier etwas von der pfäffischen Härte, mit der gerade auf diesem besonderen Feld so oft geeifert worden ist? Paulus hat gerade vom vollen Evangelium her an diesem kritischen Punkt wirklich kategorisch und doch wohl wirksam zu warnen gewußt: kategorischer und wirksamer als alle, die das vor und nach ihm mit irgend einem Gesetz in der Hand versucht haben.

Paulus hat 1. Kor. 7, 1—10 und dann noch einmal 7, 25—40 sehr ausführlich über die Frage Heiraten oder Nichtheiraten? er hat 7, 10—17 über die Frage der Ehescheidung, und er hat 14, 33—38 und 1. Tim. 2, 8—12 über die Frage des Redens **bezw.** Schweigens der Frauen in der ἐκκλησία gesprochen. Wir treten hier auf diese Texte darum nicht ein, weil Paulus in ihnen anders als 1. Kor. 6, 12—20 die Beziehung zwischen Mann und Frau hier und Christus und seiner Gemeinde dort nicht explizit sichtbar gemacht hat. Man würde, um diese Texte zu verstehen, schwerlich umhin können, diese Linie auch bei ihrer Auslegung auszuziehen. Aber wir fragen hier nicht, wo man sie ausziehen k a n n und wohl auch m u ß, sondern wo und wie das Neue Testament selber sie ausgezogen h a t.

Der zweite Text, in welchem das unzweifelhaft geschieht, ist 1. Kor. 11, 1—16. Als Stichwort, von dem aus das Ganze zu überblicken ist, wählt man hier am besten v 11—12: «Im Herrn ist weder die Frau ohne den Mann, noch der Mann ohne die Frau. Denn wie die Frau vom Manne ist, so ist der Mann durch die Frau, das Alles aber von Gott her.» Es geht um Mann und Frau in einer Frage der Gottesdienstordnung. Es ist eine kleine, eine äußerliche, eine peripherische Frage. Aber Paulus hält die Entscheidung, die mit ihrer Beantwortung so oder so fallen mußte, für so groß, so innerlich, so zentral, daß es ihm nicht zu gering ist, 16 Verse lang davon zu reden und nun gerade hier aufs neue jene Linie auszuziehen. Er will zeigen, daß, weil es im Herrn, von Gott her, so ist, daß die Frau nicht ohne den Mann, der Mann nicht ohne die Frau ist — in jener peri-

3. Menschlichkeit als Gleichnis und Hoffnung

pherischen Frage des Gottesdienstes etwas ganz Betimmtes zu tun, etwas ganz Bestimmtes zu lassen ist. Um was ging es? Um einen sicher enthusiastisch begründeten Nivellierungsversuch gegenüber der bis dahin in Korinth und nach v 16 auch in allen anderen christlichen Gemeinden gültigen Ordnung über das Auftreten der Männer und Frauen in der Gemeindeversammlung: die Männer unbedeckten, die Frauen bedeckten Hauptes. Man darf wohl vermuten, daß auch hier Gal. 3, 28 («hier ist nicht Mann noch Frau») dem Wortlaut oder dem Sinn nach zugunsten einer Abschaffung dieser äußeren Unterscheidung und also gegen Paulus, der dieses Wort geschrieben und nun doch an dieser «Überlieferung» (v 2) festhalten wollte, ausgespielt wurde. Es gab ja, und darauf beziehen sich v 1—2, nach den ersten Kapiteln dieses Briefes in Korinth einen enthusiastisch begründeten Nivellierungsversuch, der sich allgemein gegen die Anerkennung der besonderen Autorität des Apostels, seines Amtes und seines Wortes richtete. Mußte es denn in der in Christus gewonnenen Freiheit bei der Unumkehrbarkeit des Ordnungs- und Dienstverhältnisses zwischen Apostel und Gemeinde sein Bewenden haben? Wir hören 4, 8, daß die Korinther weithin der Meinung waren, sie seien nun satt und reich geworden und also herangewachsen zu einem vom Apostel unabhängigen βασιλεύειν. Man darf wohl der Stelle 12, 29 entnehmen, daß ihnen die Parole: «Wir sind alle Apostel!» jedenfalls nicht ferne lag. Es ist sicher kein Zufall, daß Paulus v 1—2 zunächst diese grundsätzliche Frage zwischen ihm und ihnen kurz aufnimmt, sondern man muß sicher v 3—16 mit ihrer Darstellung des Verhältnisses von Mann und Frau (vielleicht ist das wenigstens ein Teil des Geheimnisses der Ausführlichkeit dieser Darstellung!) auch als eine indirekte Erläuterung des Verhältnisses von Apostel und Gemeinde verstehen. «Apostel und Gemeinde» ist ja selbst eine Abwandlung, und zwar eine entscheidend wichtige Abwandlung des Verhältnisses von Christus und Gemeinde. Gerade weil es ihm ganz und gar um die unvergleichliche, die absolute Autorität des gekreuzigten Christus ging, konnte Paulus als dessen Zeuge in der Frage seiner eigenen, menschlichen relativen Autorität als Apostel keinen Schritt weit nachgeben. Ohne Christi Sendung und Geist kein apostolisches Wort, aber ohne apostolisches Wort auch kein christliches Hören, kein Hören des Christuswortes, kein Leben im Heiligen Geiste. Eben um den Zusammenhang zwischen absoluter und relativer, zwischen unmittelbarer göttlicher und mittelbar menschlicher Ordnung ging es aber auch in der in v 3—16 bewegten Männer- und Frauenfrage. Daß er an Gal. 3, 28 nichts abzustreichen fand, hat Paulus eben v 11—12 deutlich genug gesagt. «Im Herrn», «von Gott her» ist es eben so wahr, daß die Frau vom Manne, wie daß die Frau durch den Mann ist. Aus Gen. 2 ergibt sich ja Beides: daß die Frau vom Mann genommen, aber auch, daß der Mann nur durch die von ihm genommene Frau Mann ist. Es brauchte aber einen mindestens unsorgfältig lesenden Enthusiasmus zu der Folgerung: daß also der Mann wie die Frau, die Frau wie der Mann, daß alle Überordnung und Unterordnung zwischen Beiden hinfällig, daß also die Abschaffung jenes Unterschiedes des unbedeckten oder bedeckten Hauptes im Gottesdienst erlaubt oder gar geboten sei. Es war dieselbe enthusiastische Unsorgfalt, die angesichts der auch der korinthischen Gemeinde nicht fehlenden, sondern offenbar sogar reichlich zuteil gewordenen Geistesfülle den Schluß ziehen wollte, daß sie sich die Lehre, Mahnung und Warnung des Apostels hinfort nicht mehr gefallen zu lassen brauche. Sie vergaß hier wie dort, wie noch in mancherlei anderer Hinsicht, daß Gott (14, 33) nicht ein Gott der ἀκαταστασία, sondern des Friedens ist. Frieden gibt es aber nur unter Wahrung der Unterschiede in der Gemeinschaft — in der Gemeinschaft und also unter Überwindung der durch ihr Mißverständnis und ihren Mißbrauch sich ergebenden Gegensätze, aber unter Wahrung der Unterschiede, der mit ihnen gegebenen Über- und Unterordnungen und also auch unter Wahrung dessen, daß da zweierlei ist und nicht dasselbe, wenn die Frau nach Gen. 2 vom Manne, und wenn der Mann wieder nach Gen. 2

durch die Frau ist. Der Aufweis dieses Friedens und also dieser Unterschiede in der Gemeinschaft von Mann und Frau ist das Thema unserer Stelle. Paulus will zeigen, daß die Aufrechterhaltung jener relativen, mittelbar menschlichen Ordnung darum nötig ist, weil sie auf einer absoluten, einer unmittelbar göttlichen Ordnung beruht, so daß mit einer Verleugnung jener auch diese verleugnet würde. Das merkwürdige Wort v 10 von den Engeln erklärt sich wohl am einfachsten von hier aus: die Engel sind allgemein die Träger und Repräsentanten der im Werke Gottes notwendig mitgesetzten relativen Prinzipien und im besonderen auch die Träger und Repräsentanten der im göttlichen Heilswerk mitgesetzten mittelbaren menschlichen Ordnungen. Darum sehen sie es nicht gerne, darum werden sie betrübt, wenn diese Ordnungen verletzt werden. Das ist es, was nicht geschehen darf. Darum: διὰ τοὺς ἀγγέλους soll die Frau im Gottesdienst eine ἐξουσία (ein Zeichen ihrer Anerkennung der Legitimität der — ihr fehlenden — ἐξουσία des Mannes) auf dem Haupte tragen. Welches aber ist der Zusammenhang zwischen dem göttlichen Heilswerk und der hier in Frage stehenden Ordnung? Der entscheidende Satz darüber ist zweifellos v 3b: κεφαλὴ δὲ γυναικὸς ὁ ἀνήρ. Wir setzen ihn zunächst als begründet voraus und stellen fest: von ihm aus ergibt sich der gute Sinn, ja die Notwendigkeit jener Sitte: das unbedeckte Haupt des Mannes ist das Zeichen, daß er im Gottesdienst der Gemeinde, in seiner Beteiligung am Akt des προσεύχεσθαι und des προφητεύειν keine κεφαλή über sich hat, weil er selbst κεφαλή ist. Das Bedecken des Hauptes der Frau aber ist das Zeichen, daß sie im Gottesdienst der Gemeinde, in ihrer Beteiligung (!) am Akt des προσεύχεσθαι und des προφητεύειν eine κεφαλή über sich hat und also nicht selbst κεφαλή ist. Diese Folgerung wird v 4—6 gezogen: es wäre von dem Satz v 3b her eine «Schande» für das Haupt des Mannes wie für das der Frau, wenn es anders gehalten würde. Gerade die besondere Ehre beider verlangt es also, daß es so gehalten wird. V 10 unterstreicht dann diese Folgerung durch den Hinweis auf die Engel, und v 12—15 fügen nachträglich hinzu, daß die aufrecht zu erhaltende Sitte doch auch dem natürlichen Empfinden entspreche. Aber das Alles hängt an dem Satz v 3b und also daran, daß dieser Satz seinerseits begründet ist. Wie ist er begründet? Es wäre an sich wohl erlaubt, schon hier an den Zusammenhang Eph. 5, 22—33 zu denken, wo dieser Satz v 23 wörtlich wiederholt und erklärt wird: ἀνήρ ἐστιν κεφαλὴ τῆς γυναικὸς ὡς καὶ ὁ Χριστὸς κεφαλὴ τῆς ἐκκλησίας. Wir können uns von dorther in der Tat sagen lassen: es wird alles auf das hinaus laufen, was in jenem Zusammenhang entwickelt wird, nämlich darauf, daß der Mann in seinem Verhältnis zur Frau eben das darstellt, was Christus in seinem Verhältnis zur Gemeinde — und daß die Frau das darstellt, was die Gemeinde in ihrem Verhältnis zu Christus ist. Aber der Satz 1. Kor. 11, 3b will zunächst in seinem eigenen Zusammenhang gewürdigt sein. Ihm geht unmittelbar voran der Satz v 3a παντὸς ἀνδρὸς ἡ κεφαλὴ ὁ Χριστός ἐστιν und ihm folgt unmittelbar der Satz v 3c κεφαλὴ δὲ τοῦ Χριστοῦ ὁ θεός. Von diesen drei Sätzen in ihrem Zusammenhang sagt Paulus: «Ich will aber, daß ihr wisset...» Man muß wohl beachten, daß er hier nicht wie 1. Kor. 6, 9 fragt: «Wisset ihr nicht?» Daß die Korinther um die Sache eigentlich wissen sollten, ist zwar auch hier vorausgesetzt, aber deutlicher als dort wird hier sichtbar, daß sie den Apostel als Verkündiger und Interpreten dessen, was sie im Grunde selbst wissen könnten, nötig haben. Und nun beachte man vor allem die Reihenfolge der Sätze. Sie laufen nicht so, wie man sie der Übersichtlichkeit halber anzuordnen versucht sein könnte: v 3c Gott ist das Haupt Christi, v 3a Christus ist das Haupt des Mannes, v 3b der Mann ist das Haupt der Frau. Sie laufen auch nicht umgekehrt: v 3b, 3a, 3c. Sondern sie müssen so laufen ,wie sie es im Text tun. Sie enthalten nämlich keine Deduktion von oben nach unten und auch keine Induktion von unten nach oben. Sie beschreiben keine Skala. So hat man sie immer wieder verstanden, woraus sich dann die unsinnige Auslegung ergab, daß der Mann für die Frau dasselbe sei, was Christus für ihn, was Gott für

Christus, so daß die Frau nur mittelbar, nämlich nur auf dem Umweg über den Mann in Beziehung zu Christus und durch Christus zu Gott stünde. Die merkwürdige Mittelstellung von v 3b warnt uns vor dieser Auslegung. Dem Satz v 3b, der von einer Überordnung des Mannes über die Frau redet, geht voran ein Satz, der davon redet, daß auch der Mann in Christus seinen Übergeordneten hat. Und dem Satz v 3b, der von einer Unterordnung der Frau unter den Mann redet, folgt noch ein Satz des Inhalts, daß Christus in seiner Unterordnung unter Gott an ihrer Seite stehe. So wird der Satz v 3b in seiner Aussage über den Mann wie in seiner Aussage über die Frau von Christus her begründet und erklärt. Überordnung u n d Unterordnung ist zuerst und eigentlich in Ch r i s t u s. E r ist nach Kol. 2, 10 ἡ κεφαλὴ πάσης ἀρχῆς καὶ ἐξουσίας. Es war nach Eph. 1, 10 Gottes Wohlgefallen, in i h m ἀνακεφαλαιώσασθαι τὰ πάντα. «M i r ist gegeben πᾶσα ἐξουσία im Himmel und auf Erden» (Matth. 28, 18 vgl. auch Kol. 1, 16, Eph. 1, 20, 1. Petr. 3, 22). So ist e r auch das Haupt jedes Mannes. Will sagen: So steht e r als der Inbegriff aller Überordnung und unverhältnismäßig viel höher als der Mann hinter dessen Hoheit. Welches immer die ἐξουσία des Mannes im Verhältnis zur Frau sein möge: sie ist nur insofern legitim und wirksam, als sie eigentlich und zuerst nicht ihm, sondern Christus gehört und also von ihm dem Manne nur bezeugt und dargestellt werden kann. Und nun andererseits: wiederum e r ist ja nicht weniger als der Inbegriff aller Demut vor Gott, aller gehorsamen Vollstreckung seines Willens. Wiederum e r ist ja der, der es nach Phil. 2, 6 f., «ob er wohl in göttlicher Gestalt war, nicht für einen Raub hielt, Gott gleich zu sein, sondern er entäußerte sich und nahm Knechtsgestalt an, wurde den Menschen gleich... und erniedrigte sich selbst.» Gerade er tritt ja seine Herrschaft damit an, daß er Gottes und der Menschen Sklave wird. Gott hat ihn — wir müssen hier sicher auch dieses Spitzensatzes gedenken, «für uns zur Sünde gemacht» (2. Kor. 5, 21). Konnte er tiefer unter Gott sein? Er steht als der Inbegriff aller Unterordnung noch unverhältnismäßig viel tiefer als die Frau unter dem Manne. Und welches auch ihr Verhältnis zu der ihr fehlenden ἐξουσία des Mannes sein möge: es ist dadurch geheiligt, geadelt, verherrlicht, daß ihre Unterordnung eigentlich und zuerst die Christi ist und also von ihr, der Frau, nur bezeugt und dargestellt werden kann. So muß und darf es in der Mitte zwischen der Höhe und der Tiefe, der Herrschaft und dem Dienst Christi, seiner Gottheit und seiner Menschheit, nun wirklich heißen: «Das Haupt der Frau ist der Mann.» Es ist ja so wenig, was damit dem Mann zugeschrieben, und so wenig, was damit der Frau zugemutet wird! Es ist ja beides so scharf und deutlich bestimmt und begrenzt durch das, was eigentlich und zuerst Christi Sache ist: S e i n ist die Überordnung, s e i n auch die Unterordnung, s e i n Ort ist der des Mannes, s e i n e r auch der der Frau. Aber was heißt hier «wenig» oder «viel»? Es wird damit jedem das gerade ihm Heilsame und Rechte, das gerade seiner Würdige, gerade ihm durchaus Ehrenvolle zugewiesen. Ist es für den Mann nicht wenig, im Verhältnis zur Frau κεφαλή zu sein: Erster, Führender, Autorität, Repräsentant der beide umfassenden Ordnung, so ist es auch für die Frau nicht wenig, den ihr damit im Verhältnis zum Mann zugewiesenen Ort einzunehmen und also nicht κεφαλή zu sein: sich von ihm führen, seine Autorität gelten zu lassen, die sie beide bindende Ordnung als durch ihn repräsentiert zu anerkennen. V 7—9 hat Paulus auch hier ausdrücklich auf Gen. 2 zurückgegriffen. Die in Christus begründete Bestimmung und Begrenzung des Verhältnisses von Mann und Frau ist schon im Werk der Schöpfung sichtbar: Aus dem Manne und um des Mannes willen ist die Frau geschaffen, nicht wie er aus der Erde, sondern (um so menschlicher möchte man sagen!) aus ihm und damit er nicht allein sei, damit er eine Gehilfin habe, die ihm ein Gegenüber sei (v 8—9), und so ist er freilich «das Bild und die Ehre Gottes», aber eben nicht er allein, nicht für sich, er nicht ohne und nicht gegen, sondern er mit der Frau, die seine Ehre ist (v 7). Eben diese durch Gottes Schöpfung gesetzte Grundordnung des Menschlichen ist kein

Zufall, keine bloß kontingente Tatsache, die man als solche auch übersehen und nivellieren, hinter die man auch willkürlich zurückgehen könnte. Eben diese Grundordnung des Menschlichen ist vielmehr in Christus, im Blick auf den ja Himmel und Erde und schließlich auch der Mensch geschaffen ist, wohl und notwendig begründet. Sie ist in Christi Herrschaft und Dienst, in seiner Gottheit und Menschheit so wohl begründet, daß weder zur Überhebung des Mannes noch zu einer Beschwerde der Frau Anlaß bestehen kann. «Ist jemand in Christus, so ist er eine neue Kreatur.» Es ist durchaus das Leben dieser neuen Kreatur, das Paulus mit dem Wort, daß das Haupt der Frau der Mann sei, beschrieben hat. Es darf von Christus her so sein, daß das Haupt der Frau der Mann ist! Es bleibt wirklich bei Gal. 3, 28 — kurzsichtige Exegeten, die da, wie wahrscheinlich schon die Korinther selbst, die Köpfe zu schütteln und einen Widerspruch konstatieren zu müssen meinten! — es bleibt ja bei der v 11—12 beschriebenen Gegenseitigkeit des Verhältnisses und insofern auch bei der Gleichheit von Mann und Frau ἐν κυρίῳ in der Ordnung, in der der eine Gott ebenso unmittelbar dem Mann diesen, der Frau jenen Ort zugewiesen hat. Wo weiß man wirklich um diese Gegenseitigkeit und Gleichheit, wo kann die Überhebung des Mannes und die entsprechende Beschwerde der Frau grundsätzlich ausgeschlossen sein, außer in der Gemeinde Jesu Christi, wo seine Herrschaft das erste und sein Dienst das letzte Wort sind, wo man den Schöpfer aller Dinge im Kindlein in der Krippe und im Kindlein in der Krippe den Schöpfer aller Dinge entdeckt und erkannt hat? Wo man also zwischen Höhe und Niedrigkeit, Über- und Unterordnung, Herrschaft und Dienst gerade keinen Widerspruch mehr entdecken und erkennen kann! Ist nicht wirklich die Gemeinde Jesu Christi selbst und als solche, wie es dann Eph. 5 ausgeführt werden wird, das Urbild der Frau, die im Manne ihre κεφαλή hat und wahrhaftig nicht anders als in der Unterordnung unter diese ihre κεφαλή existieren kann, um gerade so, in ihm bestimmt und begrenzt, durch seine Höhe und Niedrigkeit, in der Gemeinschaft mit diesem ihrem Haupte, über alle Himmel erhoben zu sein? Eben darum kann nun aber auch gerade in der Gemeinde an jener Ordnung nicht gerüttelt, kann das in der Schöpfung aufgerichtete Verhältnis von Mann und Frau mit seinen Verschiedenheiten nicht als vergänglich, nicht als zufällig, nicht als in Christus hinfällig behandelt werden: als ob es nicht gerade in Christus seinen Sinn und Ursprung hätte! In der Gemeinde kann dieses Verhältnis keine Gefahr bedeuten, weder für den Mann, noch für die Frau, sondern für beide nur Ehre, Freude und Segen. Eben darum kann es aber hier auch keinen Anlaß geben, es leugnen und abschaffen zu wollen, wie man irgend eine Konvention abschafft, würde es vielmehr für Mann und Frau Schande und Schaden bedeuten, dieses klare Verhältnis abschaffen zu wollen. Hier macht man sich lächerlich, wenn man meint, in der Sache dieses Verhältnisses Fortschrittlichkeit gegen Konservativismus ausspielen zu sollen. Wenn es irgend etwas gibt, was innerlich notwendig, was keine bloße Konvention ist, dann dieses Verhältnis. Fortschritt über dieses Verhältnis hinaus könnte nur Rückschritt sein: Rückschritt in den alten Äon. Die Welt, in der eine «Frauenfrage» überhaupt entstehen kann, ist nämlich die Welt des alten Äon. Und eben darum darf es nun in Korinth auch bei jener Sitte sein Bewenden haben. Jene Sitte ist das zeichenhafte Bekenntnis zu jenem Verhältnis und damit zu der ihm in Christus gegebenen Begründung, Bestimmung und Begrenzung. Dieses Bekenntnis darf nicht ausbleiben. Selbstverständlich könnte es zu einer anderen Zeit und an einem anderen Ort auch eine andere Form gehabt haben. Aber es hatte in Korinth und nach v 16 in allen christlichen Gemeinden der Zeit nun einmal diese Form. Und indem es in dieser Form problematisiert wurde, mußte es auch in dieser Form geschützt und verteidigt werden: nicht um der Form, aber um der Sache willen, die nun eben in dieser Form auf dem Spiel stand. Daß die Form auch dem natürlichen Empfinden, der φύσις (v 14) entspreche, das konnte nach der Meinung des Paulus nur für sie sprechen. Aber diese Feststellung war beiläufig. Entscheidend war dies, daß es gerade mit der Christlichkeit des nivellierenden Enthusiasmus, der gegen jene Form anrannte, nichts sei, daß es gerade «in Christus» bei jener Sitte sein Bewenden haben dürfe. D ü r f e ! Man muß es auch hier so sagen, weil Paulus auch hier nicht von einem Gesetz, sondern wahrhaftig zentral vom Evangelium aus argumentiert hat. «Gesetzlich» dachte nicht er, der die Korinther hier zur Ordnung rief, sondern dachten die Korinther, die, bewaffnet mit einem allgemeinen, mit einem nicht-christologisch begründeten, mit einem liberalen Humanitätsbegriff gegen diese relative, mittelbar menschliche Ordnung Sturm laufen zu müssen meinten: als ob sie «alle Apostel» wären und als ob ein Apostel ein Genie wäre. Es war schon gut, daß sie in Paulus einen wirklichen Apostel hatten, der ihrem Genietreiben einen ruhigen Widerstand entgegensetzte, und sie waren sicher wohlberaten, wenn sie sich von ihm aufrufen ließen, seine «Nachahmer» zu sein, wie er selber nichts Anderes als ein «Nachahmer» Christi sein wollte (v 1).

Wir schließen mit Eph. 5, 22—33. Die Stelle ist in der uns hier beschäftigenden Sache der neutestamentliche *Locus classicus*. Keine andere zieht die Linie so nachdrücklich. Keine ist nun wirklich nur damit beschäftigt, diese Linie zu ziehen. Keine ist in der Auslegung der beiden Verhältnisse so vollständig. Und keine bezieht sich bei dem allem so feierlich auf Gen. 2. Von hier aus ist rückblickend die ganze Landschaft zu übersehen, die wir nun durchwandert haben: im Neuen Testament das Verhältnis von Mann und Frau im Lichte der Einheit zwischen Christus und seiner Gemeinde, und umgekehrt: die Erläuterung des Verhältnisses zwischen Christus und den Seinen durch den Blick auf das Mann-Frau-Verhältnis — im Alten Testament die Ehe zwischen Jahve und Israel und deren Gegenbilder in den Gestalten des Menschenpaares im Hohen Lied, und in Gen. 2, endlich unser Ausgangspunkt: des Menschen natürliches Sein als Mitmenschlichkeit, als Sein in der Begegnung von Ich und Du. Ob man wohl den Mut hätte und die Notwendigkeit empfände, das Alles nicht nur im Einzelnen, sondern in seinen mannigfaltigen Zusammenhängen unter sich zu sehen, wenn es einem nicht in diesem Text Eph. 5 so gebieterisch und so erleuchtend vor Augen gestellt wäre? Aber wir sind nicht gefragt; von hier aus ist tatsächlich alles Übrige hell; und es bleibt uns nun nur noch übrig, diesen Text, in welchem uns das Ganze wie in einer exegetischen Norm für alle anderen Texte noch einmal direkt und wörtlich gesagt wird, auch noch direkt zu uns lassen. — Er bildet den Anfang der sogen. «H a u s t a f e l» des Epheserbriefes, einer Reihe von besonderen Ermahnungen an die Frauen, die Männer, die Kinder, die Väter, die Sklaven, die Herren unter den Gliedern der Gemeinde, das Ganze unter der Überschrift: «Werdet des Geistes voll und redet zueinander in Psalmen und Lobgesängen und geistlichen Liedern, indem ihr dem Herrn in euren Herzen singt und spielt, indem ihr Gott dem Vater im Namen unseres Herrn Jesus Christus allezeit Dank sagt für Alles, indem ihr euch einander gegenseitig unterordnet in der Furcht Christi!» (v 18—21). Man muß sicher diesen Grundton in den Ohren haben, um die nachfolgende Ermahnung und besonders auch deren erstes großes Stück an die Männer und Frauen recht zu verstehen: Werdet des Geistes voll — indem ihr im Lobe Gottes miteinander redet, mit den Lippen nicht nur, sondern in euren Herzen, indem ihr Gott zu danken nicht aufhört, indem ihr euch, in diesem Dank gegen Gott begriffen, gegenseitig unterordnet! So ergibt sich, was Humanität ist, im Neuen Testament direkt aus der praktischen, der gelebten Erkenntnis des Evangeliums. Man darf aber sicher nicht einmal den negativen Anfang jener Überschrift (v 18a) aus den Augen verlieren: «Berauschet euch nicht mit Wein!» Wir erinnern uns aus 1. Kor. 11: die Erkenntnis des rechten durch die Erkenntnis Jesu Christi begründeten und durch sie bestimmten und begrenzten Verhältnisses von Mann und Frau steht im Gegensatz zu einem nivellierenden Enthusiasmus, der es nicht wahr haben will, daß Beiden gerade im Frieden Gottes je ihr besonderer Ort und Weg zugewiesen ist. Wo es nicht um solchen Rausch, sondern um die Fülle des Geistes geht, nicht um den Ruhm und Trotz des Menschen, sondern um das Lob Gottes, nicht um die Aufrichtung des eigenen Rechtes aus eigener Macht, sondern um das dauernde Danken, da fließt aus dem Evangelium die Notwendigkeit gegenseitiger Unterordnung, in der Jeder Jedem das Seinige gibt. Das ist ja der Sinn der Haustafel· *Suum cuique!* Sie hat mit Patriarchalismus, sie hat mit einer Hierarchie häuslicher und bürgerlicher Würden und Gewalten wirklich nichts zu tun. Sie gibt keinem die Verfügung über den Anderen, und sie gibt auch Niemanden in des Anderen Hand und Verfügung. Das ὑποτασσόμενοι v 21 geht alle gleichmäßig an, einen Jeden an seinem Ort in Hinsicht auf seinen Weg; das, was sie fordert, ist das ὑποτάσσεσθαι ἀλλήλοις ἐν φόβῳ Χριστοῦ das gegenseitige, im Respekt vor dem **Herrn** Sichunterordnen. Er ist der Hohe, aber auch der Niedrige, der Niedrige, aber auch der Hohe, der einen Jeden an seiner Ehre, aber auch an seiner Last, an seiner Souveränität, aber auch an seinem Dienst teilnehmen läßt. Und hier gibt es nur Unterordnung des Einen unter den Anderen in voller Gegenseitigkeit. Eben damit und so wird innerhalb des Geschöpflichen Ordnung geschaffen, wird hier Humanität begründet. — Daß mehr als die Hälfte der «Haustafel» dem Verhältnis von **Mann und Frau**, und zwar hier nun ausgesprochen: von Mann und Frau in der **Ehe** gewidmet ist, ist natürlich kein Zufall. Für das «in der Furcht Christi» zu würdigende Verhältnis von Mensch und Mensch ist eben **dieses** Verhältnis typisch, exemplarisch. Im Guten und im Bösen hat jede Beziehung von Mensch und Mensch hier ihre Vollendung, hier ihr Maß: darin, daß dieser Mann **diese** Frau, diese Frau **diesen** Mann findet und so der Mensch **seinen**, den nun eben ihm zugewiesenen, ihm aufgetragenen und verbundenen Mitmenschen. Mitmenschlichkeit wird darin konkret, daß **ein** Mensch **einem** anderen in die Augen sieht, von **einem** anderen sich in die Augen sehen läßt, haben wir schon zu Anfang gesagt. Daß zwischen Mann und Frau **das** geschehe, daß eine Frau einem Manne begegne als die **seine**, ein Mann einer Frau als der **ihrige**, das ist der Sinn, das ist die Verheißung der Ehe. Wo das geschieht, da ist **gute** Ehe: die Ehe, die dann nur Einehe sein kann. Von dieser Höhe aus wird hier das Ganze gesehen. — Und es ist auch kein Zufall, daß die Reihe der Ermahnungen v 22 gerade mit der an die **Frau** und nicht etwa mit der an den Mann eröffnet wird. Daß der Partizipialsatz ὑποτασσόμενοι hier seine natürliche Fortsetzung findet, und die allgemeine, die gegenseitige Unterordnung ihre nächste konkrete Gestalt in der der Frau hat, wird, wie auch der aus 1. Kor. 11, 3 übernommene Satz, daß der Mann das Haupt der Frau ist, hier v 23 sofort erklärt aus dem höheren Vorbild: «wie auch Christus das Haupt der Gemeinde ist, er, der Erretter seines Leibes.» Weil ihre Unterordnung unter den Mann im Lichte dieses Vorbildes steht, darum (v 24) ist sie notwendig, darum ist es Sache der Frau, sie nicht zu durchbrechen, sondern inne zu halten. Und eben darum ist die Unterordnung der Frau unter den Mann das erste, das interessanteste Problem, das in dem ganzen Bereich in Frage kommen kann. Nicht der Mann, sondern die Frau ist repräsentativ gerade für die Wirklichkeit, in der ja alle hier Angeredeten: Frauen und Männer, Alte und Junge, Sklaven und Herren, stehen, in der in seiner Sonderstellung auch der Apostel steht, aus der heraus er denkt und redet und aus der heraus zu denken und zu handeln er sie alle ermahnt. Sie alle sind die Gemeinde, die in Jesus Christus ihr Haupt hat. Sie alle sind durch die Taufe an diesen Ort versetzt, in diese Gemeinschaft berufen und versammelt. Ein höherer, besserer Ort als dieser kann für sie alle nicht in Frage kommen. Ihm zu entlaufen, über ihn sich zu erheben, kann keinem von ihnen in den Sinn kommen. Gerade in der Fülle des Geistes (v 18) können sie nur an diesem Ort sein und bleiben wollen: hörend, gehorsam und also eben untergeordnet dem gegenüber, von dem her

3. Menschlichkeit als Gleichnis und Hoffnung

und um deswillen die ganze Gemeinde ist, ohne den sie keinen Augenblick und in keiner Hinsicht sein könnte — sie, der Leib, der allein kraft seiner Verbindung mit diesem Haupt dem Feuer des Verderbens entrissen und also gerettet ist. Das begründet den Vorzug der Frau, das ist gewissermaßen ihr Erstgeburtsrecht, daß sie — nicht der Mann, sondern sie! — gerade in ihrem Verhältnis zum Mann, gerade in ihrer Unterordnung unter ihn diese Wirklichkeit der Gemeinde in deren Verhältnis zu Christus abbilden, darstellen und bezeugen darf. Die im besonderen an sie gerichtete Ermahnung ist keine andere als die besondere Gestalt der Grundermahnung, die alle angeht: sie ist dem Mann so untergeordnet, wie die ganze Gemeinde Christus untergeordnet ist. Es kann die ganze Gemeinde Christus gegenüber nur die Stellung einnehmen, die der Frau dem Manne gegenüber zukommt. Auch die Männer, auch die Herren, können also Christus gegenüber nur die Stellung der Frau ihrem Manne gegenüber einnehmen. Das macht die Ermahnung an die Frau so dringend, so unausweichlich. Das charakterisiert sie aber auch als eine gerade ihr widerfahrende Auszeichnung. Die Frau ist gerade in der Gemeinde, und zwar gerade damit, daß sie ihr rechtes Verhältnis zum Mann nicht durchbricht, sondern respektiert, nicht weniger, sondern mehr als er, nicht die Zweite, sondern die Erste. Sie ist in qualifiziertem Sinn Gemeinde. Es bleibt dem Mann gerade in der Gemeinde nichts übrig, als sich seinerseits der ihm untergeordneten Frau zuzuordnen. Der bizarre Wunsch, den Schleiermacher einmal geäußert hat, daß er eigentlich wohl gerne Frau sein möchte, ist, auf diesem Hintergrund gesehen, nicht einfach sinnlos. Der letzte Satz des Textes (v 33 Ende) hat darum die Mahnung an die Frau auffallenderweise noch einmal aufgenommen: «die Frau aber respektiere den Mann!» Alles, was dem Mann zu sagen ist, steht faktisch im Rahmen dessen, was der Frau als Frau zu sagen ist. Sie und nicht der Mann ist das Abbild der Christus hörenden, der auch die apostolische Mahnung hörenden Gemeinde. Sie muß hier zuerst und zuletzt genannt werden, denn sie darf sich diese Mahnung zuerst und zuletzt zu Herzen nehmen, weil in ihrem besonderen Hören und Gehorchen tatsächlich alles Hören und Gehorchen der ganzen Gemeinde zur Darstellung kommt. — Der größere Teil des Textes (v 25—33) ist nun allerdings der besonderen Ermahnung an die **Männer** gewidmet. Auch dieses Übergewicht ist sinnvoll. Was es mit der von Allen geforderten, «gegenseitigen Unterordnung in der Furcht Christi» (v 21) auf sich hat, das muß sich hier erweisen: im Verhalten des Mannes, der zunächst, nämlich in seinem Verhältnis zur Frau κεφαλή ist: der Übergeordnete, der Erste, der Führende, der Träger primärer Verantwortlichkeit. Gerade darin ist er ja das Abbild der κεφαλή des Ganzen, des Urhebers und Herrn der Gemeinde, des Erretters seines Leibes (v 23). Im Sein und Tun des Mannes der Frau gegenüber entscheidet es sich also auch, ob das besondere Hören und Gehorchen der Frau ihm gegenüber in jenem Sinn geschieht, in dem es begründet ist, ob sie ihn wirklich ὡς τῷ κυρίῳ und also notwendig und also nicht bloß im Sinn einer Androkratie, die dann auch wieder in Gynokratie umschlagen könnte, untergeordnet ist. Indem die Männer in ihrem Sein und Tun den Frauen gegenüber das Sein und Tun der κεφαλή Christus nachbilden, geschieht es, daß die Gemeinde Gemeinde ist und nicht nur scheint, nicht nur sein möchte. Wie wäre sie der Leib dieses Hauptes, wenn es zu dieser Nachbildung nicht käme? Und zu dieser Nachbildung sind nun eben die Männer aufgerufen. Zu ihnen ist darum mehr zu sagen als zu den Frauen, so gewiß, wo vom Leben der Gemeinde die Rede ist, vom Sein und Tun Christi mehr zu sagen ist, als vom Sein und Tun der beteiligten Menschen. Um etwas Anderes als um Nachbildung kann es sich nicht handeln. Die Männer sind nicht die Urheber, die Herren, die Erretter der Frauen, so wenig wie sie ihre eigenen Urheber, Herren und Erretter sein können. Christus steht in gleicher Höhe über ihnen und den Frauen, wie er auch in gleicher Niedrigkeit unter ihnen beiden steht. Aber eben, die Nachbildung seiner Höhe und Niedrigkeit ihnen selbst und den Frauen, der ganzen Gemeinde gegenüber, ist die besondere Männerverantwortung. Diese Nachbildung besteht darin, daß sie die Frauen lieben. Denn Christus hat die Gemeinde — und darin wurde er zu ihrem Urheber, Herrn und Erretter — geliebt. Er hat sich selbst für sie dahingegeben (v 25). Und eben in dieser Dahingabe für sie hat er sie zu seiner Gemeinde geschaffen. Sie hat sich nicht selbst dazu gemacht oder auch nur bereit gemacht. Sondern er hat sie, da sie unheilig war, geheiligt, da sie unrein war, gereinigt. Er hat sie seiner Taufe und seines Wortes teilhaftig gemacht. Er hat sie mit seiner Herrlichkeit bekleidet und so zu seinem Gegenüber gemacht, von dem er jeden Schatten jedes Vorwurfs, jeden Vorwand jedes Tadels weggenommen hat. Er selbst hat sie sich zubereitet. Und so hat er sie sich zu eigen gemacht (v 26—27). Sie hat sich selbst ihm und nur ihm zu verdanken. Das ist die Liebe Christi zu seiner Gemeinde. Das ist das Urbild der Höhe und der Niedrigkeit, in der er ihr, in der er den Männern und den Frauen in der Gemeinde gegenübersteht. Es kann sich offenbar nicht darum handeln, das Urbild dieser Liebe Christi zu wiederholen. Sie ist einmalig und einzigartig. Es kann sich aber noch weniger darum handeln, im Lichte dieses Urbildes zu leben, ohne sich zu einer relativen Nachahmung und Nachbildung dieses Urbilds aufrufen zu lassen. Dieses einmalige und einzigartige Licht fällt ja nicht ins Leere, sondern in einen Bereich von Menschen und also von Männern und Frauen, d. h. aber in jenen Gen. 2 beschriebenen Bereich, wo darüber entschieden ist, daß es dem Menschen nicht gut ist, allein zu sein, wo er vielmehr sich selbst in einem Anderen, in einem Anderen sich selbst wiedererkennen darf, wo Menschlichkeit unweigerlich Mitmenschlichkeit bedeutet, wo der Leib, d. h. die Existenz der Frau, dem Manne dasselbe ist wie sein eigener Leib, d. h. wie seine eigene Existenz, wo Ich ohne Du nicht nur unwirklich ist, sondern auch unmöglich wird, wo alles Wollen und Begehren des Ich — völlig jenseits von Egoismus und Altruismus — das Wollen und Begehren des Du sein muß. Das ist des Menschen Menchlichkeit, die in der Gemeinde in das einmalige und einzigartige Licht der Liebe Christi gerückt wird. Was kann das Anderes bedeuten, als daß — und das ist die Nachbildung jenes Urbildes — dieser Menschlichkeit Raum gegeben wird, daß also der Mann (denn er ist der Erste, der hier aufgerufen ist) mit jenem «Diese nun endlich!» ernst macht, daß Er die ihm von Gott gegebene Frau «liebt wie sich selbst», will sagen: mit ihr umgeht als mit dem Mitmenschen, ohne den er selbst nicht sein könnte, in dessen Person er es fortwährend mit sich selbst zu tun hat, in dessen Person er sich selbst wohl oder weh tut, erhöht oder erniedrigt, dessen Existenz seiner eigenen erst Menschlichkeit gibt. Das ist es, was Paulus v 28—29a als die besondere Männerverantwortlichkeit beschrieben hat. Darin dürfen, sollen und müssen die Männer den Frauen vorangehen, daß sie sie so aufnehmen und bejahen, daß sie genau das tun, was der Mensch nach Gen. 2 auf dem Höhepunkt seiner Erschaffung getan hat. Denn — so fährt die entscheidende Stelle v 29b—32 fort — eben was dort als Tun des Mannes als der Höhe- und Zielpunkt der Erschaffung des Menschen beschrieben wird, eben diese Menschlichkeit als Mitmenschlichkeit des Mannes und der Frau, eben das rein geschöpfliche Geschehen, daß der Mensch Vater und Mutter verläßt und seiner Frau anhängt, und daß die Zwei ein Fleisch werden — eben das ist nicht etwa ein Erstes, sondern ein Zweites, nicht das Urbild, sondern nur Ab- und Nachbild. Und eben hier geht es nicht nur um irgend ein kleines, sondern um das große Geheimnis (v 32). Eben für die Erschaffung des Menschen und für diesen ihren Höhepunkt, eben für diese Gestalt der Menschlichkeit ist als Urbild, ist als das Grunddekret, als der Plan aller Pläne Gottes maßgebend: «Christus und die Gemeinde.» Es steht unerreichbar vor und über dem Nachbild Mann und Frau. Darum geht es ja in keinem Nachbild, darum kann es zwischen Mensch und Mensch niemals gehen: daß der Eine sich selbst für den Anderen dahingibt, ihn dadurch erst seiner würdig und so zu seinem Gegenüber macht, und daß also der Andere dem

Einen sich selbst und Alles, was er ist und hat, ganz und gar zu verdanken hat. Es kann ja der Mensch den Menschen, der Mann der Frau nicht Schöpfer und so auch nicht Erretter sein. Aber daß er mit ihr sei und anders als ohne sie nicht sein wolle und also sie liebe wie sich selbst, das allerdings liegt im Wesen des Nachbildes, das nach jenem Urbild geschaffen ist. Und daß das geschehen darf und muß, das allerdings ist die Mahnung, die da laut und gehört werden muß, wo das Licht dieses Urbildes in den menschlichen Bereich fällt, das also in der durch die Taufe und durch das Wort Jesu Christi geschaffenen Gemeinde laut werden und gehört werden muß. Und es sind die Männer, denen gegenüber diese Mahnung zur Menschlichkeit zuerst laut, und von denen sie zuerst gehört werden muß: «daß ihr, ein jeder Einzelne von euch, seine Frau so liebe wie sich selbst» (v 33), ihre Existenz in einem Atemzug mit der seinigen, ihre Ehre mit der seinigen und als die seinige, ihr Wohl mit dem seinigen und als das seinige bejahe und wolle — sich selbst nicht anders wolle als indem er auch sie will. Die Frauen müssen und werden das auch hören. Wir erinnern uns, daß es im «Lied der Lieder» auch zu dieser Umkehrung kommt. Es gibt ja gewiß nicht nur eine Liebe Christi zu seiner Gemeinde, sondern auch eine Liebe seiner Gemeinde zu ihm. Aber wie die Liebe Christi der Gegenliebe seiner Gemeinde vorangeht, so die Liebe des Mannes der Gegenliebe der Frau. Hier, in der **Nachbildung** des Verhaltens Christi darf und soll der Mann vorangehen wie die Frau ihm darin vorausgehen darf und soll, daß sie das Nachbild der Gemeinde in ihrer schlichten **Unterordnung** unter Christus darzustellen hat. Aber Unterordnung ist wahrhaftig auch das, wozu der Mann der Frau gegenüber ermahnt wird: daß er sie liebe, das ist sein Teil, seine Funktion in der «gegenseitigen Unterordnung» (v 21).

«Dieses Geheimnis ist groß» (Eph. 5, 32). Das Wort bezieht sich auf Gen. 2, 18 f. In Gen. 2, 18 f. handelt es sich aber um die Erschaffung des Menschen als Mann und Frau und also um die Urgestalt des Seins in der Begegnung von Ich und Du, die Urgestalt der Menschlichkeit als Mitmenschlichkeit. Ein «Geheimnis» ($\mu\upsilon\sigma\tau\acute{\eta}\rho\iota o\nu$) ist im Neuen Testament eine Wirklichkeit, die eine bestimmte Ankündigung enthält, und zwar so enthält, daß sie sie zugleich verschweigt und ausspricht. Wo nicht in und mit dieser Wirklichkeit Gottes Offenbarung stattfindet, und zwar so stattfindet, daß sie des Menschen Glauben und im Glauben des Menschen Erkenntnis aufruft, da bleibt sie schweigende Ankündigung, das Geheimnis verschlossen. Da wird sie wohl wahrgenommen, da eröffnet sie sich aber nicht. Sie spricht und eröffnet sich aber da, wo in und mit ihr Gottes Offenbarung stattfindet und den Menschen zum Glauben aufruft; sie ist dann aufgeschlossenes Geheimnis. Eine solche Geheimniswirklichkeit ist des Menschen Menschlichkeit. «Ich aber», heißt es Eph. 5, 32, «deute sie auf Christus und die Gemeinde.» Liest man Gen. 2, 18 f. im Zusammenhang des Alten Testamentes, so ist «Jahve und Israel» die Ankündigung, die in dieser Sache enthalten, die darin zugleich verschwiegen und ausgesprochen wird. Das Neue Testament schließt diese Deutung gewiß nicht aus, sondern ein; es greift aber über sie und hinter das ganze Alte Testament als solches zurück. Es sieht dieselbe Wirklichkeit, die Erschaffung und das Sein des Menschen als Mann und Frau, seine Menschlichkeit als Mitmenschlichkeit. Es sieht auch das in ihr enthalten, als Ankündigung zugleich verschwiegen und ausgesprochen: «Jahve und Israel». Es sieht aber noch weiter, noch tiefer. Ihm ist ja auch «Jahve und Israel» und die ganze um das Wort von diesem Bunde gruppierte alttestamentliche Botschaft für sich und als solche noch Geheimnis, das sich erst erschließen, noch Weissagung, die sich erst erfüllen, noch Vorgeschichte, der die eigentliche Geschichte erst folgen muß. Die Erschließung, die Erfüllung, die eigentliche Geschichte ist «Christus und die Gemeinde». Das Neue Testament weiß, daß vor aller Zeit und in dem durch den Akt der Schöpfung gesetzten Beginn der Zeit und in der vergehenden Zeit, die unter dem Zeichen des Sündenfalls und seiner Strafe steht und schließlich in der nun angebrochenen neuen Zeit der Freiheit — daß in allen Äonen dies der Ratschluß und Wille Gottes war, ist und sein wird: «Christus und die Gemeinde.» Eben darum sagt es von des Menschen Menschlichkeit: sie ist dieses Geheimnis; der zugleich verschwiegene und ausgesprochene, der ohne das Wort, den Geist und den Glauben verschlossene, durch das Wort, im Geist und für den Glauben aber eröffnete Gehalt dieser Wirklichkeit: «Christus und die Gemeinde.»

Das ist die biblische Bestätigung der Voraussetzung, mit der wir am Anfang dieses Paragraphen an dieses Thema herantraten. Wir haben dort des Menschen Menschlichkeit ausdrücklich als ein Glaubensgeheimnis bezeichnet. Es mußte schon so sein, daß wir dementsprechend mit dieser Sache umgingen. Es mußte also schon so sein, daß wir zunächst nach der Menschlichkeit des Menschen Jesus gefragt haben. Wir fanden auf diese Frage die Antwort: der Mensch Jesus ist der Mensch für den Mitmenschen. Wir stiegen von dieser Höhe aus in die Tiefe zu der Frage nach der Menschlichkeit überhaupt und im Allgemeinen und fanden die Antwort: der Mensch ist der Mensch mit dem Mitmenschen, das Ich mit dem Du, der Mann mit der Frau. Immer « m i t »! Mehr als das konnten und durften wir nicht sagen: daß der Mensch für den Mitmenschen sei, das wäre als allgemeiner anthropologischer Satz falsch, das wäre zu hoch gegriffen, das kann und muß von dem Menschen Jesus, das kann und darf aber auch nur von ihm gesagt werden. Wiederum konnten und durften wir aber auch nicht weniger sagen, mußten wir uns auf jenes «mit» durchaus festlegen, weil der Mensch «ohne» den Mitmenschen ein Geschöpf wäre, das mit dem Menschen Jesus und mit dem der Mensch Jesus seinerseits nun einfach nichts gemein hätte. Wir hatten der Vorstellung von einem Menschen ohne den Mitmenschen, dem Versuch einer von da aus zu konstruierenden Anthropologie resolut den Rücken zu kehren und also den Begriff der Menschlichkeit schlicht — nicht zu hoch, aber auch nicht zu tief greifend — als Mitmenschlichkeit zu interpretieren. Wobei wir uns nun zuletzt klar gemacht haben, daß es sich in dieser Mitmenschlichkeit darum nicht um ein Ideal, ein Gesetz oder dergleichen, sondern wirklich um die seinsmäßige, die geschöpflich natürliche Bestimmung des Menschen handelt, weil es jedenfalls in dem Zusammensein des Mannes und der Frau eine dem Menschen in und mit seiner Existenz schlechterdings gegebene Verschiedenheit und Gemeinschaft gibt: ein solches Zusammensein, in welchem er ganz unabhängig von seinem Denken und Wollen mitmenschlich ist — und weil nun doch gerade diese Ich-Du-Beziehung in ihrer eigentümlichen Gegebenheit und Notwendigkeit für sein ganzes Sein bezeichnend ist, sein ganzes menschliches Sein irgendwie beherrscht und also seinem ganzen Sein als solchem den Charakter der Mitmenschlichkeit gibt. Und nun hörten wir also: das Neue Testament sieht gerade in der so verstandenen Mitmenschlichkeit, und zwar genau dort, wo uns diese unzweideutig als natürlich-geschöpfliches Faktum sichtbar wurde, nämlich eben im Zusammensein von Mann und Frau ein «großes Geheimnis». Und die neutestamentliche Auslegung dieses Geheimnisses lautet: Was in dieser Wirklichkeit enthalten, zugleich verschwiegen und ausgesprochen ist, was hier jedermann wahrnehmen, aber freilich nicht jedermann erkennen kann, weil seine Erkenntnis bedingt ist durch Gottes Offenbarung und den durch sie aufgerufenen, ihr gehorsamen Glauben, das ist «Christus und seine Gemeinde». Es ist doch wohl klar, daß wir damit auf den Ausgangspunkt und Anfang unserer ganzen Untersuchung und Darstellung zurückverwiesen sind, daß uns damit bestätigt ist: um zu verstehen, was Menschlichkeit ist, mußten wir mit der Anschauung des Menschen Jesus, des Menschen für den Mitmenschen anheben und konnten von diesem Ansatz aus zu keiner anderen Anschauung vom Menschen überhaupt und im Allgemeinen kommen, als eben zu der vom Menschen mit dem Mitmenschen. «Christus und die Gemeinde», das ist ja gerade nach dem Haupttext Eph. 5, aber schließlich nach allen den in Frage kommenden neutestamentlichen Texten unzweideutig: Christus für die Gemeinde. Es besteht doch dieser Dualis in klarem Unterschied von dem von Mann und Frau und von allem allgemeinen menschlichen Ich und Du, das durch den Dualis von Mann und Frau bezeichnet und beherrscht ist, darin, daß der Eine, der da an der Stelle des Mannes steht — dem sonstigen menschlichen Mann, dem sonstigen menschlichen Ich darin sehr ungleich — nicht für sich, nicht um seiner selbst willen, sondern schlechterdings für die Anderen, für die ihm als seine Gemeinde verbundenen Menschen existiert und einsteht: er als ihr Haupt, er als ihr Erretter, er als der, der ihre Sünde beseitigt und ihren Tod überwindet, er als der, der das Joch des ihrer Sünde und ihrem Tod entsprechenden und sie bestätigenden Gesetzes von ihrem Halse nimmt, er als der Bringer und Bürge ihrer Freiheit, er als das Unterpfand des ewigen Lebens, das auch ihnen zugesagt ist, er ganz für sie und gar nicht für sich selbst. M. e. W.: Jesus der Mensch für den Mitmenschen. Also darin ist das Zusammensein von Mann und Frau, ist Menschlichkeit als Mitmenschlichkeit ein «großes Geheimnis»: sie ist die Wirklichkeit, die das enthält, verschwiegen und ausgesprochen, verhüllt und enthüllt, allen, jedermann wahrnehmbar, aber nicht von allen, nicht von Jedem erkannt — eben das: Jesus der Mensch für den Mitmenschen. So lautet in dieser Wirklichkeit das Zeugnis schon des Geschöpfs als solchen. Davon zeugt offenbar schon die alttestamentliche Botschaft von «Jahve und Israel». Darin, daß sie davon zeugt, ist sie selbst Geheimnis, Weissagung, Vorgeschichte, die vom Menschen genau so reden muß, die anders offenbar nicht von ihm reden könnte, als sie es Gen. 2 und im «Lied der Lieder» getan hat. Darum, wenn Menschlichkeit als solche, als rein geschöpflich natürliche Bestimmtheit des Menschen dieses Geheimnis, dieses vernommene oder nicht vernommene, verschlossene oder offene, aber reale Zeugnis ist von diesem Ersten und Letzten in Gottes Willen und Ratschluß, darum muß sie so gesehen werden, wie wir sie nun zu sehen versucht haben, darum ging es nicht anders, als daß wir dem Menschen ohne den Mitmenschen ohne weitere Umstände den Rücken kehrten, darum mußten wir die Menschlichkeit als Mitmenschlichkeit verstehen. Eben als Mitmenschlichkeit, eben in der Gestalt des Zusammenseins von Mann und Frau ist sie ja jenes reale Zeugnis. Eben das allgemein menschliche «mit» ist ja die Entsprechung des in Jesus einmaligen menschlichen «für», von dem alle Pläne, Wege und Werke Gottes herkommen, dem sie alle entgegengehen. Läßt man Eph. 5, läßt man die ganze neutestamentliche Sicht dieser Sache gelten, dann sieht man: hier schließt sich der Kreis, hier zeigt das Ende, daß wir mit einem anderen Anfang nicht anfangen konnten und von jenem Anfang her so fortfahren mußten, wie wir es nun getan haben. Daß das menschliche Sein ein Sein in der Begegnung ist — dieser Grundsatz theologischer Anthropologie verliert, von hier aus gesehen, auch die letzte Ähnlichkeit mit einer hypothetischen Behauptung. Er bekommt, von hier aus gesehen, axiomatischen, qualifiziert dogmatischen Charakter. Man kann in der christlichen Kirche die Humanität nicht anders denn eben als Mitmenschlichkeit interpretieren. Und *si quis dixerit hominem esse solitarium, anathema sit!* Dies ist es, was wir nun für begründet und bewiesen halten dürfen. Und es dürfte für die zukünftige Geschichte der Humanität einiges davon abhängen, ob sich jedenfalls die christliche Kirche unter sich darüber verständigen und einigen kann, dies als begründet und erwiesen zu anerkennen und darum dieses Anathema mit einer Rücksichtslosigkeit geltend zu machen, zu der sie bis jetzt die Erkenntnis und die Entschlußkraft noch nicht gehabt hat. Man bemerke aber, daß dies anders als von Eph. 5 her nicht zu machen sein wird.

Uns bleibt jetzt noch ein letzter Schlußstrich zu ziehen. Es war kein Zufall, daß wir in dieser ganzen Sache so viel mit der Begriffsgruppe: Bild, Urbild, Nachbild, Entsprechung, Analogie, Gleichheit, Gleichnis, Ähnlichkeit usw. zu operieren hatten. Ganz zuletzt nun also auch noch ausdrücklich mit dem Begriff des «Geheimnisses». Der ganze Paragraph ist überschrieben: «Der Mensch in seiner Bestimmung zu Gottes Bundesgenossen.» Davon gingen wir ja aus: der Mensch ist in und mit seiner Erschaffung und Existenz dazu bestimmt, Gottes Bundesgenosse zu sein. Unser Problem war die Frage: inwiefern er das ist? inwiefern seine Erschaffung und Existenz, seine Natur dieser Bestimmung entsprechen muß? Uns interessierte der Mensch «da drunten», in seiner von Gott verschiedenen Wirklichkeit, in seiner geschöpflichen Natur im Blick auf das, wozu er von Gott geschaffen ist und existieren darf, wozu er zu existieren «von oben» berufen ist. Uns interessierte er also im Blick auf das innere Verhältnis zwischen seinem Sein und jener seiner Bestimmung. Wir haben nun gesehen: dieses Verhältnis ist tatsächlich nicht das eines Widerspruchs, sondern das einer Entsprechung. Der Mensch ist zu dem hin, wozu er bestimmt ist. Er kann das, auch indem er sündigt, wohl verleugnen und verhüllen, aber nicht beseitigen, nicht aus der Welt schaffen, daß er zu dem hin ist, wofür er bestimmt ist. Er bleibt auch als Sünder Gottes Geschöpf und also das Wesen, das dazu hin ist, Gottes Bundesgenosse zu sein. Er kann sich wohl verloren geben. Er kann aber Gott nicht verloren gehen, sein Sein als Gottes Geschöpf und die Natur dieses Seins nicht verlieren. Er kann Gottes Gnade verscherzen; er kann sich dessen gänzlich unwürdig machen, mit Gott im Bunde zu sein. Er tut das auch. Es findet und errettet ihn aber die freie, die gänzlich unverdiente Gnade Gottes als eben das Geschöpf, das, indem es sich selbst verloren gab, ihm nicht verloren gegangen war, dessen Sein auch in seiner völligen Verkehrung und Verderbnis ein seiner Bestimmung zur Bundesgenossenschaft mit Gott entsprechendes Sein geblieben war. Gott ist treu, Gott anerkennt und bestätigt sich selbst als Schöpfer, indem er die Welt in Christus — in demselben, um deswillen und im Blick auf den er sie geschaffen — mit sich selber versöhnt. Er erweist damit als wahr, was wir zur Lüge machten, was aber damit, daß wir das taten, von ferne nicht aufhörte, Wahrheit zu sein, was auch in der Gestalt unserer Lüge Wahrheit war und blieb: wir sind dazu hin, seine Bundesgenossen zu sein.

Und nun haben wir untersucht und dargestellt, was wir sind, was Menschlichkeit ist, in was wir also aller Verkehrung und Verderbnis zum Trotz dazu hin sind, Gottes Bundesgenossen zu sein, in was wir dieser unserer Bestimmung entsprechend sind. Unser dem entsprechendes Sein ist unser Sein in der Begegnung von Mensch und Mitmensch. In diesem Sein sind wir von Natur Bundesgenossen. Wir sind also gewiß nicht von Natur Gottes Bundesgenossen! Das ist die Bestimmung, unter der wir geschaffen sind und existieren; das ist Gottes besonderer Plan und Wille, der bei unserer Erschaffung wirksam ist und zur Ausführung kommt; das ist der gnädige Sinn unserer Existenz und Natur. Das ist aber keine menschliche Eigenschaft. Das gehört uns nicht, indem wir als Menschen Gottes Geschöpfe sind. Nicht als, sondern zu Gottes

Bundesgenossen sind wir geschaffen, zu Gottes Partnern in der Geschichte, auf die seine Schöpfung zielt, in der sein Werk als Schöpfer seine Fortsetzung und Vollendung findet. Daß es dazu kommt, daß wir diese unsere Bestimmung erfüllen, daß diese Geschichte in Gang und durch alles hindurch zu ihrem Ziel kommt, das ist Sache der freien Gnade Gottes, in der Gott souverän mit seinem Geschöpf handelt, Sache seines Wortes und seines Geistes, in welchem er mit seinem Geschöpf verkehrt, Sache seines Wohlgefallens, über das wir keine Verfügung haben, von dem wir vielmehr immer werden bekennen müssen, daß wir seiner nicht würdig sind. Wir sind aber — und das gehört uns, indem wir Gottes Geschöpfe sind, das ist menschliches Wesen — das mag man eine menschliche, die typisch menschliche Eigenschaft nennen — darin von Natur Bundesgenossen, daß wir es untereinander sind: der Mensch dem Mitmenschen, das Ich dem Du, der Mann der Frau. Das ist unser Eigenes und als solches unangreifbar, unzerstörbar. Das ist die nicht abreißende Kontinuität menschlicher Existenz. Eben darin entsprechen wir unserer Bestimmung und können wir nicht aufhören, ihr zu entsprechen. Eben darin bleibt es bei einem positiven Verhältnis zwischen unserem Sein und unserer Bestimmung. Eben darin sind wir uns selbst — ob wir es wissen oder nicht wissen, annehmen oder nicht annehmen — rein tatsächlich Zeichen und Zeugnis unserer Bestimmung. Als unsere gegenseitigen Partner sind wir geschaffen. Von da aus ist der Blick frei — kann er es jedenfalls sein — für den anderen Satz: Wir sind geschaffen zu Gottes Partnern. Redet dieser andere Satz allein von Gottes freier Gnade gegenüber dem in einer bestimmten Natur geschaffenen Menschen, so redet jener erste zweifellos von dieser menschlichen Natur als solcher. Und der Inhalt dieser beiden Sätze macht deutlich, daß der erste nachbildet, was der zweite vorbildet, daß die Wahrheit des ersten das Gleichnis der Wahrheit des zweiten ist.

Man bemerke: das *tertium comparationis*, das Gemeinsame zwischen Gleichnis und Sache, zwischen Abbild und Urbild, besteht ganz allein darin, daß es sich hier wie dort — zwischen dem Menschen und seinem Mitmenschen und zwischen Gott und dem Menschen — um eine unaufhebbare Beziehung und Gemeinschaft zwischen zwei unaufhebbar verschiedenen Subjekten handelt. Ein echter und fester Bund hier und ein echter und fester Bund dort: das und nur das ist der Vergleichspunkt. Bund heißt freilich hier wie dort: ein Zusammensein auf Gedeih und Verderben. Seine Echtheit besteht hier wie dort darin, daß es sich wirklich um zwei Partner handelt, an deren Nichtidentität kein Zweifel bestehen kann. Und seine Festigkeit besteht hier wie dort darin, daß eine Lösung des Verhältnisses der beiden Partner faktisch nicht im Bereich des Möglichen liegt. Mehr als das ist nicht zu sagen. Denn außerhalb dieses Gleichen ist hier und dort alles anders und ungleich. Hier sind Geschöpf und Geschöpf verbunden und beide kraft ihrer geschöpflichen Natur, die sie nicht sich selbst, sondern ihrem Schöpfer verdanken — dort sind es der Schöpfer und sein Geschöpf, wobei der Schöpfer der freie Herr des Bundes ist: seine Barmherzigkeit dessen Grund und Ziel, seine Weisheit die Kraft von dessen Aufrichtung und Durchführung, seine Treue die Gewähr von dessen Bestand, und schließlich seine eigene Person dessen Erfüllung. Hier ist grundsätzlich Alles zweiseitig: ein Hin und Her, ein Geben und Nehmen zwischen zwei Partnern gleichen Wesens und gleicher Würde — dort Alles einseitig: Gottes die Autorität, die Regierung und das Gericht, Gottes der Plan und das Werk, Gottes Gabe auch das, was seinen menschlichen Partner der Teilnahme am Bunde fähig macht. Hier der Mensch mit dem Menschen — dort Gott, freilich auch mit, aber vor allem für den Menschen, wie der Mensch niemals für Gott sein kann und wird. Hier Alles wohlbegreifliches, notwendiges gegenseitiges Bedürfnis — dort Alles Bedürfnis auf der einen, des Menschen Seite, auf Gottes Seite aber die lautere Souveränität einer Gnade, für die es weder inneren noch äußeren Zwang gibt, die ganz freie Gnade, deren Zuwendung zum Menschen der Überfluß von Gottes unbegreiflicher Güte ist. Wir sahen ja eben noch in der Betrachtung des Verhältnisses zwischen Mann und Frau hier — Christus und seiner Gemeinde dort — wie sehr hier alles anders ist als dort. Wir haben auch zu bedenken, daß auch die Selbständigkeit der beiden Partner hier und dort eine andere ist: die relative, die parallele Selbständigkeit zweier Geschöpfe hier — dort aber die absolute, die einzige Selbständigkeit Gottes auf der einen und diese nur relative Selbständigkeit des Geschöpfs auf der anderen Seite. Und wir haben zu bedenken, daß auch die Festigkeit des Bundes hier und dort eine andere ist: hier die einer natürlichen Gegebenheit, der der Mensch, weil er diese Natur und keine andere hat, nicht entrinnen kann — dort die Beständigkeit der Gnade Gottes, die darum nicht von den Menschen weichen kann, weil es Gottes freie Barmherzigkeit ist, die von den Menschen nicht lassen will. In solcher Ungleichheit also ist das menschliche Sein dem entsprechend, daß der Mensch dazu bestimmt ist, Gottes Bundesgenosse zu sein. Und daraus ergibt sich, daß ihm aus dieser Entsprechung seiner Natur kein Recht und kein Anspruch erwächst, keine Verfügung darüber, Gottes Bundesgenosse zu sein oder nicht zu sein, kein Verdienst daraus, daß er sich dazu hergibt, das wirklich zu werden. Er wird nur Gottes Gnade preisen können, wenn er das tun darf. Denn es wird nur Gottes Gnade sein, wenn er dazu berufen und eingesetzt wird. Daraus ergibt sich ferner, daß hier für keine «natürliche Theologie» so etwas wie ein Anknüpfungspunkt für die Verkündigung von Gottes Gnade und Offenbarung zu entdecken ist. Denn wenn es wahr ist, daß der Mensch in seiner Menschlichkeit sich selber rein tatsächlich Zeichen und Zeugnis seiner Bestimmung ist, so kann das ja nur heißen: er ist sich selber Geheimnis, er ist eine Wirklichkeit, die die Ankündigung seiner Bestimmung zum Sein mit Gott zwar enthält, aber eben nur enthält und also ebensowohl verschweigt wie ausspricht und nur dann ausspricht, wenn sie durch Gottes Gnade und Offenbarung und in der durch sie erweckten Erkenntnis des Glaubens zum Sprechen kommt. Geschieht das nicht, dann hilft es dem Menschen gar nichts, daß er sich selber Zeichen und Zeugnis ist; er bleibt sich selber dann stumm; die Ankündigung seiner Bestimmung findet dann wohl statt — so gewiß er ja der Mensch mit dem Mitmenschen tatsächlich ist — aber er vernimmt sie nicht; sie sagt ihm gerade das durchaus nicht, daß Gott mit ihm und für ihn, daß er nicht nur des Mitmenschen, sondern Gottes Bundesgenosse ist. Gerade das ist es, was der Mensch sich nicht selber sagen kann. Er kann sich darauf, das zu vernehmen, auch nicht selber vorbereiten. Gottes Wort und Geist allein kann ihm das sagen. So kann ihn die Verkündigung von Gottes Gnade und Offenbarung nur nachträglich darauf aufmerksam machen, daß es tatsächlich kein Fremdes, kein Unnatürliches für ihn sein kann, in den Bund mit Gott berufen und versetzt, zum Volke Gottes versammelt zu werden.

Und eben das ist das Positive, das sich daraus ergibt, daß in aller Ungleichheit auch jene Gleichheit ist und besteht: der echte und feste Bund, in welchem sich der Mensch von Natur dadurch befindet, daß seine Menschlichkeit als solche Mitmenschlichkeit ist: entsprechend dem echten und festen Bund mit Gott, zu dem er, das Geschöpf, dem diese Natur eigen ist, durch Gottes Gnade und Offenbarung zu berufen ist. Geschieht dies, dann findet ihn diese Berufung, diese Verwirklichung seiner Bestimmung im tiefsten Sinne zu Hause, bei sich selber. Gottes Wort geht dann wirklich **ihn**, dieses Geschöpf, an. Gottes Geist redet dann wirklich zu **seinem** Geiste. Denn indem Gott sich ihm erschließt, erschließt sich ihm zugleich das Geheimnis seiner eigenen menschlichen Wirklichkeit, der Sinn der Tatsache, daß er der Mensch mit dem Mitmenschen ist, der Mann mit der Frau. Kommt Gott zum Menschen, so kommt er in sein Eigentum, das er als solches, indem er es erschuf, schon gezeichnet hat. Und eben das ist es, was der Mensch, indem Gott zu ihm kommt, was er durch Gottes Wort und Geist nachträglich entdecken darf: Gott hat ihn nicht als einen ihm Fremden, Gott hat ihn als einen ihm Nahen und Vertrauten geschaffen. Er hat seine Natur, er hat ihn selbst in seiner Humanität gezeichnet mit dem Zeichen dieser Nähe und Vertrautheit. Der Mensch trägt ja das Zeichen des echten, festen Bundes, in welchem er seinen Mitmenschen, in welchem das Ich das Du, der Mann die Frau finden und haben darf. Eben in diesem Zeichen darf er das wiedererkennen und bestätigt finden, daß Gott wirklich ihn meint und sucht, wenn er ihn zum Bunde mit sich — zu diesem noch ganz anders echten und festen, weil in seiner Gnade begründeten und durch seine Gnade erhaltenen Bunde — beruft. Jenes Zeichen und Gleichnis, jene Wirklichkeit voll Ankündigung — das Geheimnis seiner eigenen Wirklichkeit, schweigt nun nicht mehr, sondern spricht.

Seine Humanität kann ihm nun nicht mehr bloße Tatsache, nicht mehr Sache des Zufalls oder seiner eigenen Willkür sein. Seine Humanität wird ihm nun, indem er sie sieht und erkennt, als Abglanz des Gnadenlichtes, das von jeher auf ihr lag, auch als er es noch nicht erkannte, durch das schon seine Existenz als solche gekennzeichnet ist, zur Aufgabe, zum Problem und Inhalt seiner eigenen Tat. Eben was er von Natur ist, wird er nun, da ihm der Sinn dieses Seins nicht mehr unbekannt oder dunkel ist, auch wollen, auch selber betätigen und verwirklichen wollen. Es bedarf dazu, daß aus der Tatsache der menschlichen Natur des Menschen Tat wird, der Gnade und Offenbarung des Bundes, den Gott mit dem zu ihm hin geschaffenen Menschen geschlossen hat. Es bedarf dazu auf seiten des Menschen, daß er Gottes Worte höre, durch seinen Geist aufgerufen, zum Glauben erweckt werde, seinen Ort und Stand als Gottes Partner in diesem Bund beziehe und wahr mache. Es bedarf also zum menschlichen Wollen und Verwirklichen der Humanität dessen, daß sie, die zunächst einfach Tatsache und als solche Geheimnis ist, durch Gottes freie Tat von oben und gewissermaßen von innen her erleuchtet und transparent werde. Es bedarf also dessen, was Eph. 5 geschieht: daß das Verhältnis von Mann und Frau im Lichte des Verhältnisses von Christus und seiner Gemeinde hell werde. «In deinem Lichte sehen wir das Licht.» Es ist aber die Humanität, es ist eben jenes menschliche, natürliche Verhältnis, das von dorther transparent, hell, selber Licht wird. Es ist die Tatsache der Menschlichkeit, die, indem sie erleuchtet, indem sie als Zeichen und Gleichnis sprechen wird, zur Aufgabe, zum Problem und Inhalt menschlicher Tat und also, wie es Eph. 5 geschieht, zum Gegenstand christlicher Ermahnung wird. Und es ist und bleibt umgekehrt diese in aller menschlichen Tat vorausgesetzte, in des Menschen Natur begründete Tatsache als solche das Zeichen und Zeugnis dafür, daß der Mensch, indem er den menschlichen Bund lebt, seiner Berufung zum Bundesgenossen Gottes gehorsam und also dieser Bundesgenossenschaft teilhaftig ist. Daß der Bund zwischen Gott und Mensch das Urbild des Bundes zwischen Mensch und Mensch ist, das bedeutet also einerseits: der Bund hier, der Bund zwischen Mensch und Mensch darf und will in des Menschen Tat gelebt werden. Und es bedeutet andererseits: er ist in seinem tatsächlichen Bestand die Hoffnung darauf, daß der Mensch auch im Bund mit Gott und auch dort in seiner eigenen Tat leben darf. Ihm sagt und bestätigt ja dieses ihm in und mit seiner Natur gegebene Zeichen, daß er Gott nahe und vertraut, daß er ihm nicht verloren, daß er, der von Gott so gezeichnet ist, in den Augen Gottes immer der Seinige war, immer der Seinige bleiben wird. Es sagt ihm, daß er in dieser seiner Natur — er, der in diesem zeitlichen Bunde steht — auch zu jenem anderen, dem ewigen Bunde wirklich berufen ist, sich dessen trösten, sich daran halten darf, daß er dazu berufen und daß der Schöpfer treu ist, von dem er dazu berufen ist.

Eine allerletzte Linie soll nun nur noch angedeutet sein: Ist des Menschen Sein in der Begegnung ein Sein in der Entsprechung zu seiner Bestimmung zu Gottes Bundesgenossen, dann ist der Satz unvermeidlich, daß es ein Sein in der Entsprechung zu Gott selber ist: zum Sein seines Schöpfers. Der Stifter, Herr und Erhalter des Bundes zwischen Gott und Mensch ist ja Gott selber, er ganz allein. Ist der Mensch dazu bestimmt, Gottes Partner in diesem Bund zu sein und ist seine Natur dieser Bestimmung gleichnishaft entsprechend, dann kann es nicht anders sein: sie ist eben darin auch der Natur Gottes selber entsprechend. Gott hat ihn sich selbst entsprechend, als Abbild seiner selbst, geschaffen. Der Mensch ist Gottes Ebenbild. Der Satz ist darum nicht willkürlich ersonnen, weil er jedenfalls im Blick auf den Menschen Jesus — wir sind dort bereits zu diesem Satz vorgestoßen — als letzte Bestimmung klar und notwendig ist. Er ist aber im Alten Testament Gen. 1, 26 f. auch im Blick auf den Menschen überhaupt und im Allgemeinen ausgesprochen. Ich verweise auf die Diskussion dieses Textes K. D. III, 1 S. 204—31 und halte mich hier von unserem jetzigen Gedankengang her an deren Ergebnis. An der Gottebenbildlichkeit des Menschen Jesus, des Menschen für den Mitmenschen, hat in der Tat auch der Mensch überhaupt und im Allgemeinen, der Mensch mit dem Mitmenschen, Anteil. Indem der Mensch überhaupt und im Allgemeinen dem Menschen Jesus, seinem Sein für den Mitmenschen — indem aber der Mensch Jesus Gott selber nachgebildet ist, ist auch vom Menschen überhaupt und im Allgemeinen, von seinem Sein mit dem Mitmenschen, zu sagen: er ist geschaffen nach Gottes eigenem Bilde. Er ist es eben in seiner Menschlichkeit und also in seiner Mitmenschlichkeit. Gott schuf ihn darin nach seinem eigenen Bilde, daß er ihn nicht einsam, sondern in jener Beziehung und Gemeinschaft erschaffen hat. Denn in Gottes Handeln als Herr des Bundes — noch weiter zurück: schon in seinem Handeln als Schöpfer einer von ihm verschiedenen Wirklichkeit erweist es sich, daß Gott selbst kein Einsamer, daß er in seinem Wesen wohl Einer, aber als solcher nicht allein, daß er vielmehr — und er zuerst und ursprünglich — in Beziehung und Gemeinschaft ist. Die Erinnerung an Gottes dreieiniges Wesen wird hier unvermeidlich. Gott existiert in Beziehung und Gemeinschaft: als der Vater des Sohnes, als der Sohn des Vaters ist er sich selbst Ich und Du, ist er sich selbst gegenüber, um im Heiligen Geist zugleich Einer und Derselbe zu sein. Gott schuf den Menschen nach seinem Bilde, in Entsprechung zu diesem seinem eigenen Sein und Wesen, nach eben dem Bilde, das auch in seinem Werk als Schöpfer und Herr des Bundes sichtbar wird. Weil er in sich selbst nicht einsam ist und so auch nach außen nicht einsam bleiben will, darum ist es dem Menschen nicht gut, allein zu sein, darum schuf er den Menschen nach seinem Bild: den Mann und die Frau. So ist es Gen. 1, 27 überaus nachdrücklich gesagt, und alle anderen Erklärungen der *imago Dei* leiden darunter, daß sie dieser entscheidenden Aussage nicht gerecht werden. Über die Ungleichheit in der Gleichheit dieses Gleichnisses soll nun kein Wort mehr verloren sein. Es liegt auf der Hand, daß es um mehr als um Analogie, d. h. aber um mehr als Gleichheit in der Ungleichheit nicht gehen kann. Wir wiederholen nur auch hier: eine Analogie des Seins kommt nicht in Frage, wohl aber eine Analogie der Beziehung. Gott ist in Beziehung; in Beziehung ist auch der von ihm geschaffene Mensch. Das ist des Menschen Gottebenbildlichkeit. Der Streit darüber, ob sie dem Menschen durch die Sünde verloren gegangen sei, ist von diesem Verständnis der Sache her selbstverständlich dahin zu entscheiden: sie ist ihm nicht verloren gegangen. Aber wichtiger ist das Andere: Was der Mensch unverlierbar ist, indem er der Mensch mit dem Mitmenschen ist, das ist er in der Hoffnung auf das Sein und Tun dessen, der eben in diesem Verhältnis sein Urbild ist.

§ 46

DER MENSCH ALS SEELE UND LEIB

Durch Gottes Geist ist der Mensch das Subjekt, die Gestalt und das Leben eines stofflichen Organismus, die Seele seines Leibes — beides ganz und zugleich: in unaufhebbarer Verschiedenheit, in untrennbarer Einheit, in unzerstörbarer Ordnung.

1. JESUS, DER GANZE MENSCH

Was uns bis jetzt beschäftigt hat, war das menschliche Sein an sich und als solches. Wir lernten es kennen als das Sein im Bunde mit Gott und in der Begegnung mit dem Mitmenschen. Die Anthropologie der alten christlichen Dogmatik pflegte ohne diese Grundlegung sofort mit dem Problem einzusetzen, an das wir nun erst herankommen: mit dem Problem der Beschaffenheit jenes Seins, mit dem Problem des menschlichen Daseins und Soseins. Darum ging es ja in ihrer (mächtig betonten) Lehre von der menschlichen Seele auf der einen und in ihrer (fast immer stark vernachlässigten) Lehre vom menschlichen Leib auf der anderen Seite. Das menschliche Sein ist da: insofern ist es seelisch; und indem es da ist, ist es so da und insofern leiblich. Das ist die einfachste Umschreibung des Seins der Seele und des Leibes und ihres Verhältnisses. Daß der Mensch Seele und Leib ist, das ist also schlicht die konkrete Beschaffenheit seines Seins. Eben darum haben wir uns zunächst über das menschliche Sein an sich und als solches Klarheit verschaffen müssen. Menschliches Sein ist Sein mit Gott und darum Sein mit dem Mitmenschen. Indem wir von dieser Erkenntnis herkommen, können und müssen nun auch wir an die Tatsache herantreten, daß dieses Sein ein daseiendes und ein soseiendes ist, an die Frage nach Seele und Leib als die Frage nach der menschlichen Beschaffenheit. Wir haben dabei der älteren Dogmatik gegenüber den Vorteil, sichereren Grund unter den Füßen zu haben und uns auf einer Warte zu befinden, von der aus der Bereich dieses neuen Problems wirklich zu überblicken ist. Und es ist wahrscheinlich, daß wir, indem wir von jener Erkenntnis herkommen, gewissen Einseitigkeiten, Übertreibungen und Abschwächungen leichter entgehen werden, als es der älteren Dogmatik, die sich jene Grundlegung ersparte, möglich war.

Das Vorgehen in dem neuen Anschauungs- und Begriffsbereich, den wir nun betreten, hat seine besonderen Schwierigkeiten. Einmal darum, weil wir uns hier notwendig in große Nähe zu den Sätzen von allerhand nichttheologischer Wissenschaft vom Menschen begeben müssen, zwischen denen man sich leicht verirren kann, um so mehr, als sie gerade an diesem Punkt von jeher ebenso viel brennendes Interesse bewiesen, wie kräftige innere Widersprüche zutage gefördert hat. Und sodann darum, weil umgekehrt die alt- und neutestamentlichen Offenbarungszeugen gerade an den hier zu beantwortenden Fragen scheinbar kein allzu großes direktes Interesse genommen, sondern ihre Stellung dazu mehr beiläufig und in einer gewissen Unbesorgtheit und Inexaktheit ihrer Angaben sichtbar gemacht, sie eher zu erraten als förmlich zu verstehen gegeben haben. Wir werden also umsichtig vorgehen müssen, wenn wir uns einerseits von den mannigfachen Belastungen der hier in Frage kommenden nichttheologischen Fragestellungen und Theorien frei halten und andererseits nun doch auch hier von einem tragfähigen, biblisch-exegetischen Grund her wirklich sehen und denken und also Erkenntnis, und zwar christliche Erkenntnis, auch in dieser Sache gewinnen wollen. Wir werden aber feststellen, daß uns die Belehrung durch das offenbarte Wort Gottes faktisch auch hier nicht im Stich läßt, daß es uns also auf keinen Fall gestattet wäre, unsere Untersuchung und Darstellung an dieser Stelle abzubrechen. Wie denn auch eine Lücke an dieser Stelle im Ganzen der christlichen Erkenntnis unmöglich zu ertragen wäre und nach allen Seiten die fatalsten Folgen haben, den verschiedensten Zweideutigkeiten und Irrtümern Tür und Tor öffnen müßte.

Wir haben in diesem Paragraphen zu begründen und darzulegen, daß und inwiefern wir den Menschen als «Seele und Leib» zu verstehen haben, daß und inwiefern dies also — Seele und Leib zu sein — seine Beschaffenheit ausmache. Es dient zur Erläuterung des Problems, wenn wir danebenstellen, welche anderen Begriffspaare hier mit mehr oder weniger Genauigkeit dasselbe sagen und also als Überschrift ebenfalls in Frage kommen könnten. «Der Mensch als Geist und als stofflicher Organismus», «der vernünftige und der sinnliche» —, «der innere und der äußere» —, «der unsichtbare und der sichtbare» —, «der unbegreifliche und der begreifliche» —, «der intelligible und der empirische» —, sogar «der himmlische und der irdische» Mensch wären hier sicher keine ausgeschlossenen Möglichkeiten zur Bezeichnung derselben Sache. Und was diese anderen Begriffspaare ausdrücken oder andeuten, das wird auch unter dem Titel «Der Mensch als Seele und Leib» sicher mit zur Sprache kommen müssen. Wir wählen unter allen anderen gerade diese Begriffe, weil wir mit ihnen der biblischen Sprache am nächsten bleiben und weil sie in ihrer ganzen populären Einfalt nicht nur am Anspruchslosesten, sondern — bei allen Fragen, von denen auch sie umgeben sind — am Eindeutigsten, Konkretesten und Umfassendsten anzeigen, wonach hier gefragt und was hier geantwortet werden soll.

Die Voraussetzung, daß des Menschen Beschaffenheit gerade unter einem in diese Richtung weisenden Begriffspaar zu verstehen ist, ist eine theologische, d. h. eine theologisch zu begründende und zu erklärende Wahrheit. Wir können natürlich nicht übersehen, daß schon die Worte «Seele» und «Leib» und deren so vieler Deutungen fähige Zusammenstellung an sich auch ein Problem — oder vielmehr ein ganzes Bündel von Problemen — des allgemeinen menschlichen Selbstverständnisses bezeichnen können. Und es kann nicht anders sein, als daß wir uns bei unserer Interpretation dieses Problemkomplexes mit mancher alten und neuen, im Zug des allgemeinen menschlichen Selbstverständnisses versuchten Aufstellung berühren, und zwar gar nicht nur negativ, sondern auch positiv berühren werden. Wir gehen aber auch hier in eigener Verantwortung unseren eigenen Weg, d. h. wir fragen auch hier nach der Natur des im Worte Gottes seienden, des auf Grund des Aufrufs Gottes sich auf sich selbst besinnenden und sich selbst verantwortenden Menschen. Unter der Beschaffenheit dieses Menschen — des Menschen, dessen «Du gedenkst» und dessen «Du dich annimmst» verstehen wir die wahre Beschaffenheit des Menschen. Und von der Beschaffenheit dieses Menschen sagen wir, daß sie als Seele und Leib (oder jedenfalls unter Anwendung eines in dieselbe Richtung weisenden Begriffspaars) zu verstehen sei. Wir arbeiten also nicht etwa mit einem Lehnsatz aus anderweitiger Wissenschaft, wenn wir jene beiden Worte und ihre Zusammenstellung in Gebrauch nehmen, und wir müssen uns alle Freiheit vorbehalten, sie ohne Rücksicht auf allerlei parallele oder nicht parallele Aufstellungen anderweitiger Wissenschaft vom Menschen genau so und nicht anders zu interpretieren und zu gebrauchen, wie es unserer, der theologischen Fragestellung und Wissenschaft entspricht.

Wir gehen also zunächst auch hier auf die Erkenntnisquelle zurück, die für die theologische Lehre von der menschlichen Natur allein authentisch und maßgebend sein kann. Wir orientieren und belehren uns, indem wir auf die Beschaffenheiten des menschlichen Seins Jesu blicken. Mit der hier zu gewinnenden Klarheit und Gewißheit können wir dann die Sätze aufstellen, in denen das christliche Verständnis der Beschaffenheit des Menschen überhaupt und im Allgemeinen auszusprechen und zusammenzufassen sind.

Der erste und entscheidende Eindruck, den man gewinnt, wenn man mit unserer Frage an den Menschen Jesus des Neuen Testamentes herantritt, ist überraschenderweise der, daß eben die Begriffspaare, mit denen wir das Problem jetzt vorläufig bezeichnet haben, ihm gegenüber nicht recht zureichen, daß die durch sie angedeutete Differenzierung der menschlichen Beschaffenheit in der Beschaffenheit dieses Menschen jedenfalls nur vorläufige und nicht letztliche, nur relative und nicht absolute Bedeutung hat. Was ist hier innerlich, das nicht auch äußerlich, was ist hier sinnlich, das nicht auch vernünftig wäre? Was heißt hier Seele und was heißt hier Leib, sofern mit diesen Worten je eine Größe und deren Funktion für sich von der anderen unterschieden, der anderen gegenübergestellt werden sollte?

Der Jesus des Neuen Testamentes ist vor allem darin wahrer Mensch, daß er gerade nicht, wie man den Menschen später definierte, in der Vereinigung von zwei Teilen, von zwei «Substanzen» gar existierte, sondern als e i n i g e r und g a n z e r Mensch, leibhafte Seele, beseelter Leib, Eines im Anderen und nie bloß neben ihm, das Eine nie ohne das Andere, sondern nur mit ihm, ja in ihm gegenwärtig, tätig und bedeutsam, das Eine in allen seinen Prädikaten immer ebenso ernst zu nehmen wie das Andere. Als dieser einige und ganze Mensch und so als wahrer Mensch wird der Jesus des Neuen Testamentes geboren, lebt er, leidet und stirbt er, aufersteht er. Zwischen seinem Tod und seiner Auferstehung liegt wohl eine Verwandlung, aber keine Veränderung, keine Teilung und keine Substraktion vor allem, kein Zurückbleiben des Leibes und kein Davoneilen der Seele, sondern als derselbe einige und ganze Mensch, als Seele und Leib aufersteht er, wie er gestorben ist, ist er zur Rechten Gottes, wird er wiederkommen. Einiger und ganzer Mensch ist er aber auch in seinem Verhältnis zu den Anderen, ist er in dem, was er für sie tut, was er ihnen gibt, was er von ihnen will, was er für sie und für den ganzen Kosmos ist. Es vollzieht sich sein Wirken und Werk von seiner zeichenhaften Ankündigung bis zu seiner Vollendung nie so, daß man seine äußere von seiner inneren, seine innere von seiner äußeren Gestalt trennen könnte. Was wäre hier nicht Offenbarung einer inneren, unsichtbaren, geistigen Lebenssphäre? Es ist aber fast noch auffallender und bezeichnender, daß hier Alles sofort auch eine äußere, sichtbare, leibliche Gestalt bekommt. Da ist keine Logik, die nicht als solche auch Physik wäre, keine Seelsorge, die sich nicht als solche auch mit Leibsorge verbände. Wer von ihm gerufen wird und an seinem Weg und Werk als Empfänger und Mitarbeiter Anteil bekommt, der bekommt nicht nur dies und das zu bedenken, zu wollen, zu fühlen, der kommt in eine leibliche Berührung und Gemeinschaft. Wer hier vom Reiche Gottes zu hören bekommt, der bekommt es auch zu schmecken, auch leiblich zu essen und zu trinken, wobei es doch wieder selbstverständlich ist, daß es sich bei diesem leiblichen Essen und Trinken um nichts Anderes als um das verborgene — um das nach unserem Sprachgebrauch «innere» oder «geistige» — Kosten und Schmecken des himmlischen Brotes, der Kräfte der zukünftigen Welt handeln kann. An ihn glauben heißt unterwegs sein zu demselben einigen und ganzen Menschentum, das sein eigenes Geheimnis ist. Ihm dienen heißt nicht nur zu Anderen reden, sondern eben damit auch diesen Anderen zu essen und zu trinken geben. Und es ist wieder dieses einige ganze Menschentum, das in seiner Person über den Kreis seiner Gemeinde hinaus als die Zukunft und Hoffnung des ganzen Kosmos sichtbar wird.

Man kann sich das gerade an der entscheidendsten Stelle des neutestamentlichen Christuszeugnisses schon sprachlich klar machen: Wir lesen Gal. 1, 4, daß Jesus Christus **sich selbst** (ἑαυτόν) für unsere Sünden dahingegeben habe. Dasselbe ἑαυτόν findet man in derselben Aussage in den Stellen Gal. 2, 20, Eph. 5, 2. 25. Daneben aber Matth. 20, 28 par.: des Menschen Sohn sei gekommen, **seine Seele** (ψυχὴν αὐτοῦ) zum Lösegeld für Viele zu geben. Ähnlich 1. Joh. 3, 16: seine ψυχή für uns, Joh. 10, 11. 15: seine, des guten Hirten ψυχή für seine Schafe, Joh. 15, 13: seine ψυχή für seine Freunde. Wieder daneben aber Luk. 22, 19: Das ist **mein Leib** (τὸ σῶμά μου) für euch gegeben, Hebr. 10, 10: Wir sind geheiligt durch die Opfergabe des σῶμα Ἰησοῦ Χριστοῦ, Röm. 7, 4: durch das σῶμα τοῦ Χριστοῦ seid ihr dem Gesetz getötet, Kol. 1, 22: er hat euch ἐν τῷ σώματι τῆς σαρκὸς αὐτοῦ durch seinen Tod versöhnt, 1. Petr. 2, 24: er hat unsere Sünde ἐν τῷ σώματι αὐτοῦ auf das Kreuz hinaufgetragen. Die Handlung, von der alle diese Stellen reden, ist dieselbe, so auch ihre Tragweite und Bedeutung, so auch ihr Subjekt, so offenbar auch und vor allem ihr in der Sache mit ihrem Subjekt identisches Objekt. Eben dieses Objekt aber kann hier als ἑαυτός hier als ψυχή αὐτοῦ hier als σῶμα αὐτοῦ bezeichnet werden: gewiß nicht ohne Vorbedacht hier so und dort so und nun doch sichtlich überall so, daß je der eine Begriff allenfalls auch für den anderen eintreten könnte: Jesus, er selbst, ist seine Seele, ist sein Leib, und dieser einige, ganze Mensch ist es, der am Kreuz gestorben ist und damit unsere Sünde unwirksam gemacht, unsere Versöhnung vollzogen hat.

Daß das Neue Testament tatsächlich auf diese Einheit hinweisen will, zeigt sich zunächst darin, daß die Stellen, in denen im Besonderen von der Seele (oder auch vom «Geist») und vom Leib des Menschen Jesus die Rede ist, verhältnismäßig selten und inhaltlich sparsam sind. Der Leser bekommt eigentlich zunächst nur das deutlich zu bemerken, daß es sich auch in Jesus um die Einheit dieser zwei Bereiche oder Aspekte und also zweifellos — allem Doketismus wird auch dadurch energisch vorgebeugt — um einen wirklichen Menschen handelt.

Wir hören im Johannesevangelium mehrfach von einer der **Seele** Jesu (oder seinem «Geist») widerfahrenen «Erschütterung» (ταράσσεσθαι), welche 11, 33. 38 (angesichts der um Lazarus erhobenen Totenklage) den Charakter von Empörung (ἐνεβριμήσατο τῷ πνεύματι), 12, 27 (im Gedanken an die näher kommende «Stunde») den von Erschrecken, 13, 21 (im Blick auf den Verräter Judas) den von Entsetzen hat. Ihm ist auch nach Luk. 12, 50 bange (συνέχομαι) in Erwartung des Kommens der Taufe, mit der er getauft werden soll. Wir lesen Mark. 8, 12, daß Jesus bei der Frage: Warum begehrt dieses Geschlecht ein Zeichen? «im Geist aufseufzte» (ἀναστενάξας τῷ πνεύματι). Wir lesen Matth. 26, 37 f. in der Schilderung der Gethsemaneszene: «Er begann zu trauern (λυπεῖσθαι) und sich zu ängstigen (ἀδημονεῖν). Da sprach er zu ihnen: Meine Seele ist zu Tode betrübt (περίλυπος... ἕως θανάτου (das Wort ist Zitat aus Ps. 42, 6. 12 und 43, 5 wo der Urtext von «gebeugt» redet) bleibet hier und wachet mit mir!» Hierher gehört auch Luk. 22, 44: «Er geriet in ἀγωνία und betete noch anhaltender», und Hebr. 5, 7: «Er hat in den Tagen seines Fleisches Gebete und flehentliche Bitten mit starkem Geschrei und Tränen vor den gebracht, der ihn vom Tode erretten konnte.» Wir hören auch Luk. 19, 41, wie Jesus weinte über Jerusalem, und fast noch eindrucksvoller sind die Sätze in der Lazarusgeschichte Joh. 11, 34 f.: «Er sagte: Wo habt ihr ihn hingelegt? Sie sagen ihm: Herr, komm und siehe! ἐδάκρυσεν ὁ Ἰησοῦς. Da sagten die Juden: Siehe, wie hat er ihn lieb gehabt!» Mit dem Hinweis darauf war Jesus nach v 3 nach Bethanien gerufen worden: «Herr, siehe, der, den du lieb hast, ist krank.» Und v 5 heißt es (zur Verstärkung des Kontrastes der Tatsache, daß Jesus diesem Ruf zwei Tage lang keine Folge leistet): «Jesus hatte aber die Martha und ihre Schwester und den Lazarus lieb.» Daß Jesus eine einzelne Person «liebt», wird im Johannesevangelium sonst nur in der Person des geheimnisvollen Jüngers (ὃν ἠγάπα ὁ Ἰησοῦς) sichtbar: 13, 23; 19, 26; 20, 2; 21, 7. 20, im übrigen Neuen Testament nur noch Mark. 10, 21, wo ausgerechnet der reiche Jüngling der so Ausgezeichnete ist. Das Verhältnis Jesu zu seinen Jüngern ist gerade nach dem, was Joh. 15, 13—15 zu lesen steht, sicher nicht als das aufzufassen, was wir unter «Freundschaft» verstehen. Und es fällt auf, daß auch die allgemeine Aussage, daß Jesus die Seinigen geliebt habe (Joh. 13, 1; 15, 9. 12, Gal. 2, 20, Eph. 5, 2. 25, 28, Apoc. 1, 5), viel seltener vorkommt als man erwarten sollte. Seltsam für sich steht die Stelle Luk. 10, 21 in der wir hören, daß Jesus «im Heiligen Geist» in einen Ruf entzückten Jubels ausgebrochen sei (ἠγαλλιάσατο), nämlich in einen Lobpreis Gottes und des Geheimnisses der göttlichen Erwählung, wie es in der Berufung seiner Jünger zum Sehen und Hören der in ihm geschehenen Offenbarung vor ihm steht.

Was wir so hinsichtlich des inneren Lebens Jesu zu hören bekommen, ist gewiß nicht ganz wenig, aber entschieden auch nicht viel, lange nicht Alles, was man hier wohl wissen möchte. Wir hören nirgends, daß Jesus nachgedacht, daß er sich zu etwas entschlossen, daß er sich irgendwo einfach gefreut, daß er gelacht habe. Wir hören freilich auch nicht, daß er das Alles nicht getan habe. Auf Vollständigkeit oder gar auf die Zeichnung eines Charakterbildes ist es offenbar nicht abgesehen. Und bestimmt auch nicht auf den Aufweis einer inneren Entwicklung. Man pflegt anzunehmen, daß Luk. 2, 52, wo von des Kindes Jesu Wachsen (προκόπτειν) an Weisheit, Alter und Gnade bei Gott und den Menschen die Rede ist, auf etwas Derartiges hingewiesen werde. Man hat denselben Hinweis auch Hebr. 5, 8 (ἔμαθεν... ὑπακοήν) und indirekt natürlich in der Versuchungsgeschichte zu finden gemeint. Wie unergiebig diese Hinweise — wenn wir es mit solchen wirklich zu tun haben — sind, ist doch nicht zu übersehen. Daß Jesus ein wirkliches menschliches Innenleben hatte, darauf werden wir durch alle diese Stellen gerade aufmerksam gemacht. Aber zum Nachdenken darüber wird uns keine Anleitung gegeben, und zur Bildung einer Vorstellung von dieser Sache wird uns faktisch kein Stoff geboten.

Dieselbe Sparsamkeit herrscht aber auch in den Angaben über sein leibliches Leben. Es wird auch hier gerade nur das unzweideutig und mit Betonung sichtbar gemacht, daß wir es mit einem wirklichen Menschen zu tun haben. Daß Jesus «vom Weibe geboren» ist, ist die selbstverständliche Voraussetzung aller neutestament-

1. Jesus, der ganze Mensch

lichen Schriftsteller, ist aber von Paulus Gal. 4, 4, nicht umsonst unterstrichen worden. Von Jesu Mutter und seinen Brüdern ist in allen vier Evangelien die Rede. Es ist freilich bemerkenswert, daß der zweite und der vierte Evangelist es nicht für nötig gehalten haben, ihren Bericht mit einer Geschichte von Jesu Geburt oder auch nur mit einer Notiz darüber anzufangen, sondern sofort *in mediis rebus* einsetzen. Auch Matth. 1, 25 wird ja auf seine Geburt eigentlich erst hin-, und Matth. 2, 1 wird dann schon auf sie zurückgeblickt. Sie konnte freilich nicht wuchtiger bezeugt werden, als mit dem ὁ λόγος σὰρξ ἐγένετο (Joh. 1, 14) faktisch geschehen ist. Der Pauliner Lukas aber hat sie bekanntlich (2, 1 f.) ausführlich erzählt, wie gerade er denn auch (11, 27) das Wort jener Frau aus dem Volk überliefert hat: «Selig, der Leib, der dich getragen, und die Brüste, an denen du dich genährt hast.» Die Authentie der Botschaft der Apostel «über das Wort des Lebens» wird 1. Joh. 1, 1 ausdrücklich darauf begründet, daß es sich dabei um etwas handele, was sie nicht etwa bloß erkannt und verstanden und nun auch nicht bloß gehört und mit ihren Augen gesehen und geschaut, sondern «was unsere Hände betastet haben». Dieses Berühren Jesu wird nicht nur in der Geschichte der Heilung der Blutflüssigen (Mark. 5, 25 f. Par.), sondern auch in mehreren allgemeinen Berichten über seine Krankenheilungen (Matth. 14, 36, Luk. 6, 19) als entscheidend bezeichnet. Und es war nicht das der Unglaube des ungläubigen Thomas (Joh. 20, 24 f.), daß er die Nägelmale in den Händen Jesu sehen, seine Finger in diese Male und seine Hand in seine Seite legen wollte, um glauben zu können, sondern das war nun gerade der normale und von dem auferstandenen Jesus selbst anerkannte, ja geforderte Weg, auf dem er als Jünger zum Glauben kommen und vom Jünger zum Apostel werden sollte. Gerade der auferstandene Jesus wollte und mußte von seinen ersten Zeugen gerade im Sehen und Greifen seiner Leiblichkeit als wahrer Mensch erkannt werden. In der Lukaserzählung von der Begegnung der Elfe mit dem Auferstandenen (Luk. 24, 38 f.) heißt es ja ausdrücklich: «Was seid ihr erschrocken und warum steigen Bedenken in euren Herzen auf? Sehet meine Hände und meine Füße, ὅτι ἐγώ εἰμι αὐτός. Betastet mich und sehet; ein Geist hat nicht Fleisch und Knochen, wie ihr seht, daß ich es habe.» Und darum lesen wir Matth. 4, 2 von Jesu Hunger in der Wüste, Joh. 19, 28 von seinem Dürsten am Kreuz, darum Joh. 4, 6 davon, daß er auf einer Reise müde geworden sei, Luk. 22, 44, daß in Gethsemane sein Schweiß wurde wie Blutstropfen, die auf die Erde fallen, Matth. 8, 24, daß er im Schiff geschlafen habe. Wir hören Matth. 11, 19 aus Jesu eigenem Munde die Aussage: «Des Menschen Sohn ist gekommen, ißt und trinkt, da sagen sie: Siehe, ein Schlemmer und Zecher», Luk. 15, 2, die betonte Anklage: «Dieser nimmt die Sünder an und ißt mit ihnen», und wieder in der Auferstehungsgeschichte (Luk. 24, 41 f., Joh. 21, 5 f. vgl. auch Luk. 24, 30 f.), wie Jesus zu den Jüngern kommt, ausdrücklich zu essen verlangt und offenbar eben daran, daß er mit ihnen Mahlzeit hält, von ihnen erkannt wird. So vernehmen wir auch von dieser Seite nicht wenig. Und was wir hören, ist auch hier unüberhörbar gesagt. Aber ein vollständiges und vor allem: ein irgendwie konkret charakteristisches Bild wird uns doch auch von dieser Seite nicht geboten. Es soll uns offenbar nichts angehen, ob Jesus irgendeinmal selber krank gewesen ist. Und es liegt ein undurchdringlicher Schleier von Schweigen über der Tatsache, daß er ein männliches Geschlechtswesen gewesen ist (Joh. 4, 27). Gerade daß er in beiden Punkten an positiven, aber auch an negativen Mitteilungen gänzlich f e h l t, ist so merkwürdig. Nicht einmal die Gesundheit, nicht einmal die Ehelosigkeit Jesu wird ja etwa hervorgehoben oder auch nur festgestellt. Das D a ß seiner Leiblichkeit ist wichtig, entscheidend wichtig sogar. Das Was und Wie, um das ein Biograph wissen möchte und müßte, bleibt im Grunde verborgen und könnte nur durch eine Phantasie ergänzt werden, deren Wege mit dem, was das Neue Testament uns sagen will, nichts zu tun haben würden.

Gerade so hat das Neue Testament offenbar bewußt und wirksam auf den einigen und ganzen Menschen Jesus hingewiesen. Gerade in diesem nach beiden Seiten allein wichtigen Daß wird er sichtbar. Mit allem Was und Wie, nach dem die biographische Wißbegierde hier fragen möchte, würde es von dem, was die Apostel gesehen haben und bezeugen wollten, weggewiesen, würde es die Einigkeit und Ganzheit, in der des Menschen Beschaffenheit in diesem Menschen sichtbar war, verdunkelt, statt erhellt haben. Es ist gerade die greifbare Armut dieses Bildes, in der sein Reichtum liegt und in der man diesen zu entdecken hat. Sein Reichtum ist eben Jesus selbst, der da «leibt und lebt», Seele und Leib ist: beides ganz wirklich und nun doch keines in einer je eigenen und für sich wichtigen Gestalt: die Seele nur wirklich und wichtig als seine jetzt erschütterte, trauernde oder ergrimmte, jetzt doch auch liebende, jauchzende Seele, der Leib wieder nur wirklich und wichtig als sein jetzt erniedrigter, jetzt verherrlichter Leib. Immer Er als Beides, aber in Beidem, aber auch über Beidem, der κύριος auch in dieser, schon in dieser Hinsicht!

Und nun halten wir eine bekannte andere Beobachtung daneben: Der Aufriß der Lebensgeschichte Jesu ist von den neutestamentlichen Schriftstellern nicht nur tatsächlich, sondern nach den sog. «Sammelberichten» der Evangelien und der Apostelgeschichte bewußt und ausdrücklich als ein Nebeneinander oder vielmehr Ineinander von Wort und Tat, d. h. von Akten mündlicher Verkündigung, Predigt und Belehrung und von äußerlich wahrnehmbaren und wirksamen Machthandlungen aufgefaßt und dargestellt worden. «Jesus spricht nicht nur, sondern er handelt auch» (K. L. Schmidt, Art. Jesus Christus RGG³ III 142). Keines dieser beiden Momente des neutestamentlichen Kerygmas ist entbehrlich, keines könnte zu Gunsten des anderen übersehen oder auch nur weniger deutlich als das andere gesehen werden. Die Einigkeit und Ganzheit der menschlichen Person Jesu spiegelt sich in diesen ihren Werken. Es war und ist gegenüber einer mächtigen, allzu spiritualistischen Auffassung des Jesusbildes im 18. und 19. Jahrhundert nötig, dies besonders im Blick auf das Leibliche und also im Blick auf den ganzen Bereich der neutestamentlichen Machthandlungen scharf hervorzuheben. Es ist nun einmal nach den Abendmahlsberichten der Synoptiker wie nach dem des Paulus, aber auch nach Joh. 6, 51 f. so, daß gerade der Leib (oder das Fleisch) und das Blut Jesu dem Neuen Testament der Inbegriff der von Jesus den Anderen gewährten Gemeinschaft mit ihm und aller in dieser Gemeinschaft von ihm zu empfangenden Gabe gewesen ist. Es war die nach der Kreuzigung Jesu brennende Frage nun einmal (Matth. 27, 58 f. Par., Joh. 2, 21; 19, 38 f., 20, 12) die Frage nach dem getöteten Leib des Herrn — und eben als leibliche Auferstehung ist die Auferstehung am dritten Tag die Beantwortung dieser Frage gewesen. Es heißt die in der Berufung der zwölf Apostel und auf deren Zeugnis begründete Gemeinde das von seinem Haupt her sich aufbauende und zusammengehaltene auch so in seinen vielen Gliedern lebende σῶμα τοῦ Χριστοῦ. Es wird Phil. 3, 21 der Inbegriff der christlichen Hoffnung dahin beschrieben, daß wir den Herrn Jesus Christus vom Himmel erwarten, welcher «den Leib unserer Erniedrigung» verwandeln wird zur Gleichgestalt mit dem σῶμα τῆς δόξης αὐτοῦ. Und es wird Kol. 2, 17 die hereinbrechende Wirklichkeit des Reiches Gottes (τὰ μέλλοντα) gegenüber der Schattenwelt gesetzlich äußerlicher Observanzen wieder gerade mit dem σῶμα τοῦ Χριστοῦ gleichgesetzt. Der Geist kommt in dem allem nicht zu kurz, sondern zu Ehren. Es ist aber offenbar gerade dem im neutestamentlichen Sinn Pneumatischen eigen, daß es ausgerechnet im Somatischen und nicht irgendwo abseits von diesem seine Gestalt hat und in Aktion ist, daß es, von diesem abstrahiert, auch nicht das Pneumatische wäre. Man hätte sich schon von hier aus gesehen nicht verschließen dürfen gegenüber der Tatsache, wie sehr doch schon in jenen Sammelberichten — man lese etwa Matth. 4, 23—25 oder Matth. 11, 2 f. — das Moment des Leiblichen und also die Taten Jesu im Vordergrund seines von den Jüngern gesehenen und uns vom Neuen Testament gebotenen Lebens- und Tätigkeitsbildes stehen. Die Taten Jesu begleiten seine berichteten Worte nicht nur, sondern es ist offenkundig, daß gerade die berichteten leiblichen Taten Jesu es sind, die im Sinn der neutestamentlichen Schriftsteller als die entscheidende Anzeige, Erklärung und Beglaubigung des redenden Subjektes und damit seiner Worte und also keineswegs als Nebensache und Beiwerk zu verstehen sind. «Dieses und jenes Wort, ja alle Worte mag auch ein anderer Lehrer und Prophet gesprochen haben; aber hier hat Einer gesprochen, der mit einzigartiger Vollmacht ausgerüstet war.» Gewiß muß man dann sofort fortfahren: «Diese und jene Tat, ja alle Taten mag auch ein anderer Wundertäter getan haben: aber hier hat Einer gehandelt, der im Anbruch des in ihm Wirklichkeit werdenden Reiches Gottes gestanden, der deshalb Sünden vergeben hat» (K. L. Schmidt, a. a. O. 118). Aber die erste Entgegensetzung gilt mit gleichem Gewicht wie diese zweite: daß Jesus die Sündenvergebung nicht nur verkündigt, sondern real vollzogen hat, daß er den leiblich Kranken nicht nur mit Sympathie, nicht nur mit Trostworten und auch nicht nur als kundiger Arzt, sondern als schlechthin Heilender begegnet ist. In der gerade in diesem zweiten Moment greifbaren Einheit seines Werks ist er der Mensch, der er ist. Die «Christliche Wissenschaft», die den Jesus dieses zweiten greifbaren Moments isolieren und im Heiland nur den großen Heiler sehen will, abstrahiert selbstverständlich ebenso textfremd und unerlaubt wie die liberale Theologie, die sich nur an Jesus den Lehrer und allenfalls an dessen persönliches Leben halten wollte. Die Messiasperson und die ἐξουσία des Messiaswerkes des neutestamentlichen Jesus, das Reich, besser: die Herrschaft Gottes, die in diesem Menschen wirksam und offenbar ist, umgreift nun einmal diese beiden Momente. Sie sind in ihm nicht zwei Teile. Sie sind in ihm nicht zwei parallele oder sich schneidende Linien, nicht zwei übereinstimmende oder miteinander konkurrierende Funktionen. Sie erlauben keine Auswahl. Sie können nicht einmal je für sich betrachtet werden. Sie sind miteinander und ineinander das Eine, Ganze dieses Lebens.

Diese Einigkeit und Ganzheit also ist das Erste, was wir in Betrachtung der Menschennatur Jesu zu beachten haben. Man fragt sich unwillkürlich, ob sich das Problem der inneren Gegensätze in der menschlichen Natur überhaupt stellen könnte, wenn wir es nur mit diesem Menschen zu tun hätten. Und man sieht schon von weitem, in welcher Richtung wir — da dieses Problem sich im Blick auf alle anderen Menschen nun einmal stellt, wenn wir es aber in Jesus mit dem wahren Menschen zu tun haben — die Antwort zu suchen haben.

Das Andere, was hier in die Augen fällt, ist dies, daß das Einige, Ganze dieses Menschenlebens aus sich selbst heraus gestaltet, strukturiert, bestimmt und eben damit von innen heraus und also notwendig und dauernd sinnhaft ist. Jenes Ineinander von Seele und Leib, Wort und Tat Jesu ist kein Chaos, sondern ein Kosmos, ein geformtes und geordnetes Ganzes. Es ist da ein Oben und ein Unten, ein Erstes und ein Zweites, ein Beherrschendes und ein Beherrschtes. Aber der Mensch Jesus selbst ist Beides: nicht etwa nur das Obere, das Erste, das Beherrschende — nicht etwa so, als ob er das Untere, Zweite, Beherrschte nur äußerlich und zufällig an sich und bei sich hätte. Das würde ja doch wieder die Auftrennung bedeuten, die in ihm gerade nicht stattfindet. Er ist auch das Untere, Zweite, Beherrschte. Er ist nicht nur seine Seele, er ist auch sein Leib. Er ist aber eben in gestalteter Einigkeit und Ganzheit Beides, Seele und Leib. Er ist also in Ordnung und nicht in Unordnung. Und er ist es nicht so, daß ihm die Ordnung zufällig, von außen auferlegt wäre, sondern er ist von sich selbst her in Ordnung. Er selbst und von sich aus ist zugleich oben und unten, das Erste und das Zweite, herrschend und beherrscht. Er selbst ist hier wie dort sein eigenes Prinzip. Ihm ist der Sinn, der Plan, die Absicht, der Logos seines Lebens also nicht äußerlich und zufällig, kein fremdes Gesetz, an das er sich zwar halten würde, das aber an sich von anderswoher käme, um dann auch über ihm aufgerichtet zu sein. Er ist vielmehr sein eigenes Gesetz und so, in einem freien, wiederum in ihm selbst entspringenden, und aus ihm selbst hervorgehenden Gehorsam ist er ihm dann auch untertan. Jesus will und vollbringt sich selbst. Er ist sein eigener Grund, seine eigene Absicht. Er lebt, indem Befehlen und Gehorchen, Über- und Unterordnung, Plan und Ausführung, Zweck und Absicht in gleicher Weise aus ihm selbst hervorgehen und also in gleicher Weise innerlich notwendig sind. Er lebt eigentlich, weil er nicht nur sekundär lebt: nicht nur so, daß er nach Seele und Leib an einem allgemeinen, ihm selbst und für sich ursprünglich fremden Leben teilnähme, das von dem seinigen dann immer noch zu unterscheiden wäre, das ihm erst zukommen müßte und das ihm auch wieder verloren gehen könnte. Er lebt souverän. Sein Leben ist nach Seele und Leib wirklich s e i n Leben. Er hat volle Macht darüber. Und so kann er es hergeben und verteilen, so kann er es für viele Andere, in vielen Anderen leben, zum Leben vieler Anderer machen, ohne daß es doch aufhören würde, ihm zu gehören, s e i n Leben zu sein, ohne daß es als solches gemindert würde und ohne daß es ihm verloren gehen könnte. Er kann es im Gegenteil nur hergeben und verteilen, für viele Andere und in ihnen leben, um es erst recht für sich zu gewinnen: er kann es nur verlieren, um es gerade so erst recht zu erhalten. So haben die neutestamentlichen Schriftsteller die Einigkeit und Ganzheit dieses Menschenlebens beschrieben.

Wir gehen hier am besten von dem entscheidenden Satz aus, in welchem sie die menschliche Person Jesu in eine schlechthin einzigartige Beziehung zum H e i l i g e n G e i s t gebracht haben. Man bemerke vorweg, daß dieser Satz nicht etwa identisch ist mit dem, daß er der Messias Israels und der Sohn Gottes gewesen sei. Dieser allerdings grundlegende, aber hier der Klarheit halber auszuklammernde Satz steht mit jenem nur insofern in Verbindung, als es dem Menschen, der als solcher auch der Messias und Gottessohn ist, allerdings wesentlich ist, mit dem Heiligen Geist in jener einzigartigen Beziehung zu stehen. Aber nicht jene besondere Beziehung zum Heiligen Geist macht diesen Menschen zum Messias und Gottessohn, sondern weil dieser Mensch der Messias und Gottessohn ist, darum steht er zum Heiligen Geist in jener besonderen Beziehung. Wir haben diese Beziehung hier als die besondere Bestimmung gerade der m e n s c h l i c h e n Beschaffenheit Jesu zu würdigen.

1. Jesus, der ganze Mensch

Die neutestamentlichen Schriftsteller haben in der Existenz des Menschen Jesus die Erfüllung der zentralen Weissagung vom kommenden Davidsohn Jes. 11, 1 f. gesehen. Es heißt dort: «Ein Reis wird hervorgehen aus dem Stumpf Isais, und ein Schoß aus seiner Wurzel wird Frucht tragen. Auf ihm wird ruhen der Geist des Herrn, der Geist der Weisheit und der Einsicht, der Geist des Rates und der Stärke, der Geist der Erkenntnis und der Furcht des Herrn.» Es ist mit einem Worte der Geist des rechten Königs, der dieses Menschen Geist sein wird: des Königs, wie Salomo nach seinem Gebet 1. Kön. 3, 6 f. es zu sein begehrte und wie er es nach der Fortsetzung dieses Textes und nach der übrigen alttestamentlichen Überlieferung wenigstens im abbildlichen oder vorbildlichen Umriß tatsächlich gewesen ist. Es heißt aber Jes. 11, daß dieser Königsgeist auf dem Messias (im Unterschied zu Salomo wie zu David selber, wie zu allen, die seiner so oder so auch teilhaftig sein möchten) ruhen, d. h. daß er ein durchgehend und dauernd, durchgreifend und gänzlich von diesem Königsgeist erfüllter und regierter Mensch sein werde. Darum Joh. 1, 32: «Und Johannes bezeugte und sprach: Ich habe den Geist wie eine Taube aus dem Himmel herabkommen sehen und er blieb über ihm» καὶ ἔμεινεν ἐπ' αὐτόν. Darum Luk. 4, 1: «Jesus kehrte voll Heiligen Geistes (πλήρης) πνεύματος ἁγίου) vom Jordan zurück.» Darum Matth. 12, 18 (Zitat von Jes. 42, 1): «Ich will meinen Geist auf ihn legen (θήσω τὸ πνεῦμά μου ἐπ' αὐτόν) und er wird den Völkern das Recht verkündigen.» Darum Luk. 4, 18 (Zitat aus Jes. 61, 1): «Der Geist des Herrn ist über mir (πνεῦμα κυρίου ἐπ' ἐμέ), weil er mich gesalbt hat.» Darum Joh. 3, 34: «Den Gott sandte, der redet die Worte Gottes, denn er (Gott) gibt (ihm) den Geist nicht (nur) zu einem bemessenen Teil» (οὐ γὰρ ἐκ μέτρου δίδωσιν τὸ πνεῦμα). Darum Joh. 6, 63: «Die Worte, die ich geredet habe, sind Geist und sind Leben.» Darum wird Röm. 1, 3 f. und 1. Petr. 3, 18 Jesu Auferstehung von den Toten damit begründet, daß seiner Bestimmung κατὰ σάρκα als Davidsohn (der Bestimmung, unter der er getötet werden konnte und getötet worden ist) seine Bestimmung κατὰ πνεῦμα gegenüberstand, unter der eben seine Auferweckung von den Toten göttliche Notwendigkeit war. Darum kann 2. Kor. 3, 17 geradezu die Gleichung gewagt werden: ὁ δὲ κύριος τὸ πνεῦμά ἐστιν und 1. Kor. 15, 45: ἐγένετο... ὁ ἔσχατος Ἀδὰμ εἰς πνεῦμα ζωοποιοῦν. Die grundsätzlichste neutestamentliche Aussage über diese Beziehung ist die über die Erzeugung Jesu durch den Heiligen Geist (vgl. dazu K. D. I 2 S. 187 ff.) als das wunderbare Zeichen des Geheimnisses seiner Messianität und Gottessohnschaft. Luk. 1, 35 die Ankündigung des Engels an Maria: «Der Heilige Geist wird über dich kommen und die Kraft des Höchsten wird dich überschatten; daher wird auch das Heilige, das gezeugt wird, der Sohn Gottes genannt werden.» Und darum Matth. 1, 18: «Als seine Mutter Maria mit Joseph verlobt war, fand es sich, ehe sie zusammen gekommen waren, daß sie vom Heiligen Geiste schwanger war.» Und Matth. 1, 20 wieder als Wort eines Engels an Joseph: «Scheue dich nicht, Maria, dein Weib, zu dir zu nehmen; denn was in ihr gezeugt ist, das ist vom Heiligen Geiste.» Diese Stellen besagen nicht, daß der Mensch Jesus der Sohn des Heiligen Geistes und also der Heilige Geist sein Vater, sondern einfach, daß diese Empfängnis — als Empfängnis im Leib einer Frau kein Wunder — insofern ein reines Wunder gewesen sei, als dieser Mensch keinen leiblichen Vater gehabt, daß Gott im Geschehen seiner Erzeugung unter Ausschaltung des männlich-menschlichen Willens und Tuns als Schöpfer an seiner Mutter gehandelt habe. So eng und besonders ist die Beziehung dieses Menschen zum Heiligen Geist: er hat ihm nicht mehr und nicht weniger als seine Existenz selbst und als solche zu verdanken. Der Heilige Geist ist aber im Alten und Neuen Testament Gott selbst in seiner schöpferischen Zuwendung zum Geschöpf: Gott, der insbesondere den Menschen anhaucht (Gen. 2, 7) und also für ihn lebt, ihn an seinem eigenen Leben teilnehmen läßt und eben damit ihn seinerseits lebendig macht; er ist also vom Menschen her gesehen dessen Möglichkeit «lebendige Seele» (Gen. 2, 7, ψυχή ζῶσα, 1. Kor. 15, 45) und als solcher Leib zu sein. Daß dieser Geist auf dem Menschen ruhe, daß der Geist auf ihn gelegt sei, über ihm bleibe, daß er seiner voll, daß sein Sein und Tun als solches geistlich, ja daß er selbst Geist, weil durch den Geist geschaffen sei — das sind in der Bibel keine allgemein anthropologischen, sondern ausschließlich messianologische Aussagen. Daß der Mensch im Allgemeinen lebt, das verdankt er freilich auch dem Heiligen Geist, und so kann denn auch vom Menschen im Allgemeinen gesagt werden, daß er ihm gegeben werde, daß er ihn empfange, daß er durch den Geist und aus dem Geist lebe, daß er Geist habe, geistlichen oder geistigen Wesens sei. Der Unterschied ist aber der, daß dies vom Menschen im Allgemeinen immer nur im Blick auf ein je besonderes Handeln Gottes, auf bestimmte Ereignisse göttlicher Zuwendung und Ermöglichung gesagt werden kann. Geistbesitz ist aber, allgemein anthropologisch gesagt, in der Bibel keine Zuständlichkeit. Es kann sich in jenen Ereignissen überdies immer nur um einen «bemessenen Teil» (Joh. 3, 34) handeln. Und diese Ereignisse können ausbleiben. Der Heilige Geist wohnt nicht dauernd in dem Menschen, sondern er wird ihnen, und es wird ihnen damit das Leben je und je gegeben: so, daß sie, wenn Gott mit seinem Geben des Geistes innehält, wenn das letzte jener Ereignisse hinter ihnen liegt, nicht mehr leben, sondern nur noch sterben können. Im Blick auf diese vorübergehenden und teilweisen Geistbegabungen kann die biblische Sprache auch im Allgemeinen von Geist (*ruach*, πνεῦμα) des Menschen reden, wobei praktisch nichts Anderes als eben die durch den Geist lebende Seele (*nefesch*, ψυχή) gemeint ist. Auch vom πνεῦμα Jesu ist im Neuen Testament in diesem Sinn gelegentlich die Rede. Wenn Jesus im Geist seufzt, erschüttert, ergrimmt, betrübt ist, wenn er nach Luk. 23, 46 seinen Geist in Gottes Hände befiehlt und nach Matth. 27, 50, Joh. 19, 30 seinen Geist aufgibt, so steht das Wort «Geist» allgemein anthropologisch für das Wort «Seele» und meint natürlich nicht oder nur in jener Indirektheit, den Heiligen Geist. Denn eben den Heiligen Geist hat Jesus nicht so, wie man von jedem Menschen sagen kann, daß er Geist hat: nicht nur auf Grund ereignishafter, vorübergehender und teilweiser Geistbegabung, nicht so, daß er auch ohne ihn sein könnte, um dann dem Tod und der Verwesung verfallen zu müssen. Eben den Heiligen Geist hat er dauernd und ganz. Er ist der Mensch, dem Gottes schöpferische Zuwendung von Hause aus, ursprünglich und damit auch definitiv widerfahren ist, der schon in seiner Existenz als Seele und Leib von dieser Zuwendung herkommt, für den «lebendige Seele» eines irdischen Leibes irdischer Leib einer «lebendigen Seele» zu sein nicht nur eine Möglichkeit, sondern eigenste Wirklichkeit bedeutet. Er atmet dauernd und ganz in der Luft des «lebendigmachenden Geistes». Er hat nicht nur, sondern er ist zuerst und von Hause aus Geist, indem er Seele und Leib ist. Darum und so ist er lebendig. Das ist seine schlechthin einzigartige Beziehung zum Heiligen Geiste.

Im Heiligen Geist ist Gott freilich aller Kreatur in der Fülle seines eigenen Lebens zugewendet. Daß sie ihrerseits lebt, hängt an dieser Zuwendung. Sie lebt — sofern sie nämlich lebt — vom Heiligen Geiste. Denn die Art und das Maß ihres Lebens entspricht der Art und dem Maß, in welchem ihr diese Zuwendung Gottes zugute kommt. Sie könnte dem Menschen als solchem auf die vollkommenste Art und im vollkommensten Maß zugute kommen. Es ist aber vom Menschen, wie wir ihn kennen, zu sagen, daß sie ihm faktisch nur vorübergehend und teilweise zugute kommen kann. So ist sein Leben nur ein vergängliches und geteiltes Leben: vergänglich, weil es immer nur kommt, um wieder zu gehen, geteilt, weil es den Tod und die Verwesung immer schon neben sich hat. In Jesus aber haben die Evangelisten und Apostel den neuen Menschen gefunden, d. h. aber des Menschen wahre Natur wiedergefunden: den Menschen, auf den der Geist nicht nur je und je ein wenig herab kommt, sondern auf dem er ruht, der nicht nur vom Geiste, sondern im Geiste lebt, den Geist des Menschen, in welchem das Leben in derselben Fülle wohnt, in der es der Kreatur von Gott zugewendet ist und eben darum: den souverän lebenden, den des Lebens in Ähnlichkeit mit Gott von sich aus mächtigen Menschen, den Menschen, aus dessen Leben sie Leben auch auf sich und Andere — auf eine ganze grenzenlose Welt von Anderen — übergehen sahen, ohne daß sich seine Quelle — es war ja eben die Fülle des Lebens, die sie da mitten in der Kreatur- und Menschenwelt sich ergießen sahen — erschöpfen könnte. Das Korrelat jenes Satzes über Jesus als den vollkommenen Empfänger und Träger des Heiligen Geistes bildet darum die ganze Reihe von neutestamentlichen Aussagen, in welchen es sich um intensive oder extensive Variationen des Wortes Joh. 1, 4 handelt: «In ihm (es ist der Mensch Jesus, von dem schon der Prolog des vierten Evangeliums redet!) war das Leben». «Das Leben ist erschienen» (ἐφανερώθη) so wird 1. Joh. 1, 2 das, was die Apostel gesehen, gehört, betastet haben, zusammengefaßt. Jesus ist nach Hebr. 7, 3 darin das Vorbild des Melchisedek, daß er «weder einen Anfang der Tage noch ein Ende des Lebens hat» und nach Hebr. 7, 16 Priester «nach der Kraft unzerstörbaren Lebens» (ζωῆς ἀκαταλύτου). Das Wort Joh. 5, 26 ist in unserem Zusammenhang besonders wichtig: «Wie der Vater Leben in sich selber (ἐν ἑαυτῷ) hat, so hat er es auch dem Sohn gegeben, Leben in sich selber (ἐν ἑαυτῷ) zu haben.» Weil dieses ἐν ἑαυτῷ gilt, darum zweimal (Joh. 11, 25; 14, 6) die lapidare Erklärung: «Ich bin... das Leben.» Er ist es — «dazu hat Gott seinen einzigen Sohn in die Welt gesandt, damit wir durch ihn leben sollten» (1. Joh. 4, 9). Es ist nach 1. Joh. 5, 12 «den Sohn Gottes haben» gleichbedeutend mit: «das Leben haben». Es ist aber auch «den Sohn Gottes nicht haben» gleichbedeutend mit: «das Leben nicht haben». Denn er ist der ἀρχηγός des Lebens (Act. 3, 15). «Ich bin das Brot des Lebens» (Joh. 6, 35). «Ich lebe und ihr sollt auch leben» (Joh. 14, 19). Es ist besonders das Johannesevangelium, das diese Linie immer wieder ausgezogen hat: «Ich bin gekommen, daß sie das Leben, und das in Fülle (καὶ περισσόν), haben sollen» (Joh. 10, 10). Es ist aber auch die allgemeine Verkündigung des Paulus, daß wir «in seinem Leben werden gerettet werden» (Röm. 5, 10) und so auch seine persönliche Hoffnung, daß das Leben des Herrn Jesus an seinem Leibe sich offenbaren werde (2. Kor. 4, 10). Und Paulus ist es, der nach dieser Seite sogar die stärksten Gleichungen geprägt hat: «Euer Leben ist verborgen mit Christus in Gott. Wenn aber Christus offenbar wird, euer Leben, dann werdet ihr mit ihm offenbar werden in Herrlichkeit» (Kol. 3, 3 f.). Und in höchster Direktheit: «Christus ist mir Leben» (Phil. 1, 21), «Christus lebt in mir» (Gal. 2, 20).

Von hier aus ist dann weiter das zu sehen, was man die Sinnhaftigkeit, die Logik, die Rationalität der menschlichen Existenz Jesu nennen darf. Indem er nach dem Neuen Testament als Messias und Gottessohn der vollkommene Empfänger und Träger des Geistes ist und also das Leben in seiner Fülle hat und ist, ist sein Leben als Seele und Leib nun wirklich ein persönliches, ein von seinem Ich, von ihm selbst her ganz durchdrungenes und bestimmtes Leben. Es ist das Leben, das jenem Königsgeist entspricht, der auf ihm ruht. Es ist das Leben, in welchem die göttliche βασιλεία in kreatürlicher Gestalt selbst auf dem Plane ist. Es ist von da her sinnvoll. Das Wort Joh. 1, 14: daß «der Logos Fleisch wurde und unter uns wohnte und wir sahen seine Herrlichkeit», will auch nach dieser Seite gewürdigt sein. Es war Sinn, Meinung, Wille, Absicht, Plan, Gesetz, was die Apostel hier in einem Menschen wie sie selbst in Fülle wahrgenommen haben. Das Alles in seiner Fülle wurde Fleisch, heißt es. Man darf die Paradoxie dieses Satzes auch nach dieser, der anthropologischen Seite nicht überhören. Das Wort «Fleisch» hat in der Bibel freilich weithin (wenigstens vordergründlich) die allgemeine, neutrale Bedeutung: menschliches Wesen, menschliche Daseinsart. Es kann weithin einfach den Menschen und die

Menschheit als solche bezeichnen. Es hat aber zweifellos auch eine böse Bedeutung. Es bezeichnet den Stand des Menschen im Widerspruch, in der Unordnung und in dem daraus folgenden Unheil, den Menschen nach Adams Fall, den Menschen, der nur vorübergehend lebt und immer schon in der Nachbarschaft des Todes und der Verwesung. Fleisch ist der Mensch, ist Seele und Leib ohne Logos. Und nun hat das Neue Testament gerade auf diese Aussage Gewicht gelegt, daß der L o g o s F l e i s c h wurde. Nun erkennt man nach 1. Joh. 4, 1 f. den Geist Gottes in einem Christen und also die Echtheit seines christlichen Bekenntnisses gerade darin, daß er bekennt, daß Jesus Christus «im Fleisch» gekommen ist, während (vgl. 2. Joh. 7) aus dem, der das leugnet, nicht etwa nur ein unvollkommen christlicher Geist, sondern geradezu der Geist des Antichrist redet. Nun beginnt also jener 1. Tim. 3, 16 zitierte Bekenntnishymnus gerade mit den Worten: ὅς ἐφανερώθη ἐν σαρκί. Nun sandte Gott seinen Sohn — eben den, der das Leben bringt, weil er es selber hat und ist — nach Röm. 8, 3 gerade nicht in einer anderen, besseren, sondern in unserer eigenen, bekannten Menschengestalt und also in der Gleichheit (ἐν ὁμοιώματι) des sündigen Fleisches (σαρκὸς ἁμαρτίας). Nun hat er nach 1. Petr. 4, 1 gerade im Fleisch gelitten. Nun hat er uns nach Kol. 1, 22 gerade «im Leibe seines Fleisches» durch seinen Tod versöhnt. Nun ist er nach Eph. 2, 14 gerade in seinem Fleische unser Friede, der aus Zweien Eines gemacht, die Scheidewand des Zaunes, den natürlichen Gegensatz zwischen Israel und den Völkern beseitigt hat. Nun ist er nach Hebr. 10, 20 gerade in seinem Fleisch der sich uns eröffnende Vorhang zum Heiligtum. Nun ist er nach Luk. 24, 39 auch als Auferstandener nicht etwa ein reiner Geist und auch nicht nur Seele und Leib, sondern «Fleisch und Gebein», nun sind wir nach einer beachtlichen Lesart von Eph. 5, 30 als Glieder seines Leibes auch «aus seinem Fleisch und aus seinem Gebein». Obwohl doch nach 1. Kor. 15, 50 Fleisch und Blut das Reich Gottes nicht ererben können! Nun ist also nach der besonders eindringlichen Stelle Joh. 6, 51 f. die rechte Speise, das Brot des Lebens, das Jesus gibt, gerade sein Fleisch. Und gerade sein Fleisch muß gegessen, gerade sein Blut muß getrunken werden von denen, die durch ihn und mit ihm leben sollen. Obwohl doch nach Joh. 6, 63 der Geist das Lebendigmachende, das Fleisch an sich aber «nichts nütze» ist! Es ist offenbar in allen diesen Stellen deutlich: dem F l e i s c h und also dem an sich mehr als bedenklichen Wesen des Menschen widerfährt etwas, indem der L o g o s Fleisch, indem so die menschliche Person J e s u konstituiert wird. Ihm widerfährt hier etwas, dessen es sonst und an sich nicht fähig ist. Im Fleisch — indem nämlich er im Fleische ist wie wir alle — geschieht etwas für das Fleisch und an ihm; das an sich ungehorsame Fleisch selbst wird hier gehorsam; das an sich zu nichts nütze Fleisch wird hier zu einem zweckvollen Instrument; das an sich verlorene Fleisch bekommt hier eine Bestimmung und eine Hoffnung; das an sich unlogische, irrationale Fleisch wird hier logisiert und rationalisiert. Indem der Logos Fleisch wird, indem Jesus Fleisch ist, bewährt es sich, daß dieser Mensch Geist und Leben hat und ist, wird darum das Fleisch selbst lebendig machend und lebendig, sinnvoll. Eben im Fleisch und für das Fleisch können und müssen nun Worte gesprochen und Taten getan werden: Worte und Taten, in denen die göttliche βασιλεία nicht nur angekündigt wird, sondern inmitten der menschlichen Geschichte gegenwärtig wirksam auf dem Plane ist: ἐντὸς ὑμῖν (Luk. 17, 20 f.), so daß alles dahin und dorthin Weisen («siehe hier oder dort») sich völlig erübrigt. Eben im Fleische wird nun der Zufälligkeit, der Diffusion, der Leerheit, der Verlorenheit, die ihm sonst hoffnungslos eigentümlich ist, Trotz geboten und ein Ende gemacht. Eben im Fleische kommt es nun zur Überwindung — und positiv: zur Verwandlung der Fleischesnatur. Eben das Fleisch wird nun zum Objekt und Subjekt heilsamer Passion und Aktion. Eben im Fleische wird ja nun die Versöhnung des Fleisches vollzogen. Das ist der Triumph des S i n n e s der menschlichen Existenz Jesu.

Und eben von hier aus läßt sich nun auch das sehen und verstehen, wie dieser Mensch als Seele und Leib ein von ihm selbst und also von innen heraus gestaltetes und geordnetes Ganzes und also kein Chaos, sondern Kosmos ist. Die Analogie, die sich hier unwillkürlich einstellt, ist das Ereignis der Schöpfung. Die Logisierung und Rationalisierung und also die Gestaltung und Ordnung, die über das Fleisch hereinbricht, indem der Logos Fleisch wird, indem der Geist auf diesem Menschen ruht, ist und schafft ein völlig Neues im Fleisch und aus dem Fleisch. Das neue Subjekt, das hier Fleisch geworden ist, hebt dessen alte Prädikate auf, verlangt und setzt neue Prädikate. Und das eben ist die von ihm selbst her, von innen heraus sich vollziehende Gestaltung und Ordnung der Seele und des Leibes des Menschen Jesus: dieses Vergehen einer alten, dieses Werden einer neuen Gestalt im Fleische. Die menschliche Existenz Jesu ist in ihrer Totalität das Ereignis dieser Gestaltung und Ordnung und also dieser Überwindung und Neuwerdung des Fleisches: seiner Tötung und Beseitigung in seiner alten, seiner Lebendigmachung und Lebendigwerdung in seiner neuen Gestalt. Es handelt sich um die menschliche Existenz Jesu in ihrer Totalität. Das Neue Testament weiß nichts von einem Teil der Person Jesu, der an diesem Ereignis etwa nicht beteiligt gewesen wäre. Auch seine Seele — wir haben von ihren mannigfachen Affektionen gehört — lebt nicht außerhalb dieses Ereignisses, sondern mitten in ihm. Das Neue Testament weiß aber auch nichts von einer Zeit in Jesu Leben, in welcher dieses Ereignis noch nicht oder nur teilweise in Gang, in welcher es vielleicht nur nach seiner negativen Seite sichtbar gewesen wäre. Die Evangelisten haben bei ihrem Rückblick Sorge dafür getragen, zu zeigen, daß der «Atem der Auferstehung» (J. A. Bengel) schon das Leben, die Worte und Taten Jesu vor seiner Auferstehung erfüllte und durchdrang, daß die Lebendigmachung und das Lebendigwerden des Fleisches schon dort von den ersten Anfängen her in vollem Gange war. Die Auferstehung Jesu fügt nichts Neues hinzu zu dem, was von Anfang an geschah. Sie krönt dieses Geschehen nur, indem sie dessen Aufdeckung und Offenbarung ist. Sie bringt den Jüngern nach dem Text Luk. 24, 13—35 nur dies, daß ihre trägen Herzen nun glauben dürfen und müssen, daß ihnen nun die Augen aufgehen über die Totalität des Geschehens, dessen blinde Zeugen sie bis dahin gewesen waren. Sie ist die Totalität jener Passion und Aktion in ihrer die Jünger nun überwindenden, nun auch von ihnen wahrgenommenen Klarheit und Herrlichkeit. Man muß jene Passion und Aktion im Fleische, aber in der Tat als ein Ereignis, nicht als ein einzelnes, nicht als viele einzelne Ereignisse freilich, wohl aber als die Totalität des Ereignisses der Existenz Jesu verstehen. Darin bewährt sich das Ruhen des Geistes auf diesem Menschen, darin erweist es sich, daß er das Leben souverän hat und ist: er ist in der ganzen Zeit seines Lebens in jener Passion und Aktion im Fleische begriffen. Daß der Geist auf ihm ruht, das ist freilich sein Besitz und Zustand, das ist's, was ihm als dem Messias Israels und als Gottes Sohn wesentlich eigen ist. Aber eben das bedeutet praktisch, daß sein ganzes Dasein in dem Ereignis besteht, in welchem Seele und Leib in Gestalt und Ordnung kommen, in welchem das Chaos dahinten bleibt, der Kosmos sich verwirklicht, in welchem das Fleisch in seiner alten Gestalt getötet, in seiner neuen Gestalt lebendig gemacht und selbst lebendig wird: Alles von ihm selbst her, Alles von innen heraus. Man kann von der Fleischwerdung des Wortes Gottes mit demselben Rechte sagen, daß sie in der Erzeugung Jesu durch den Heiligen Geist und in seiner Geburt aus der Jungfrau Maria vollendete und vollkommene Tatsache war, wie daß sie sich in seinem ganzen Dasein fort und fort vollzogen hat und also mit dem besonderen Ereignis der Weihnacht, in welchem sie anhob, keineswegs erledigt war. Die Wahrheit der ersten Auffassung liegt darin, daß die Gestaltung und Ordnung des Fleisches im Fleisch im Neuen Testament als ein Vorgang dargestellt wird, der sich mit einer Jesus ursprünglich auferlegten Notwendigkeit so abgespielt hat, wie er es getan hat. «Ich habe eine Speise zu essen, die ihr nicht kennt... Meine Speise ist, daß ich den Willen dessen tue, der mich gesandt hat und vollende sein Werk» (Joh. 4, 32 f.). «Wißt ihr nicht, daß ich sein muß in dem, was meines Vaters ist?» (Luk. 2, 49). Er muß wirken die Werke dessen, der ihn gesandt hat, solange es Tag ist(Joh. 9, 4). Er muß erhöht werden von der Erde (Joh. 3, 14; 12, 34). Er muß nach Jerusalem gehen, vieles leiden, getötet werden und auferstehen, wie es in den Leidensweissagungen der Synoptiker immer wieder heißt. Das ist die in der Person Jesu zum vornherein gegebene Notwendigkeit seines Tuns, die Fleischwerdung als schon vollendete Tatsache. Man halte aber daneben, was von seiner Freiheit gesagt wird: «Deshalb liebt mich der Vater, weil ich mein Leben hingebe, um es wieder zu nehmen. Niemand nimmt es von mir, sondern ich gebe es von mir aus (ἀφ' ἐμαυτοῦ). Ich habe Macht (ἐξουσίαν) es herzugeben und habe Macht, es wieder zu nehmen» (Joh. 10, 17 f.). Man halte daneben die offenbar mit Absicht nicht verhüllte, sondern aufgedeckte Dramatik der Versuchungsgeschichte am Anfang und der Gethsemanegeschichte am Ende der synoptischen Darstellung und zu der letzteren den nicht genug zu beachtenden Kommentar Hebr. 5, 7 f.: «Er hat in den Tagen seines Fleisches Gebete und flehentliche Bitten mit starkem Geschrei und Tränen vor den gebracht, der mächtig war, ihn vom Tode zu erretten und ist erhört worden aus seiner Angst heraus und hat, obwohl er der Sohn war (καίπερ ὢν υἱός), von dem, was er litt, Gehorsam gelernt (ἔμαθεν ἀφ' ὧν ἔπαθεν) und ist als Vollendeter (τελειωθείς) Allen, die ihm gehorsam sind, der Urheber ewiger Errettung geworden.» Das ist offenbar die Fleischwerdung in ihrem freien Vollzug. Man beachte, daß auch das Johannesevangelium, das mit dem ὁ λόγος σάρξ ἐγένετο angefangen hatte, auch darum weiß und daß gerade es Jesus, nachdem er gedürstet und den Essig getrunken hatte, mit dem Worte τετέλεσται sterben läßt (Joh. 19, 30).

Man muß durchgehend die beiden Dimensionen sehen, in denen diese Sache im Neuen Testament dargestellt wird. Diese Sache ist aber, so oder so gesehen, in ihrer Vollkommenheit und in ihrem Vollzug eine im Fleische und also in der verwirkten und darum dem Tod verfallenen Menschennatur zu vollziehende Gestaltung, die Aufrichtung einer Ordnung, die diesem Fleische sonst nicht eigentümlich, die ihm vielmehr in allen anderen Menschen verloren gegangen ist: einer Ordnung, die gerade der Unordnung entgegengesetzt ist, durch die die Menschennatur in allen anderen Menschen zum bloßen «Fleisch» degradiert ist. Daß der Geist — jener Königsgeist — auf Jesus ruht, daß er das Leben hat und ist, daß der Logos in ihm Fleisch wurde, das hat seine Konsequenz in einem ganz bestimmten Verhältnis seines Seins als Seele und Leib. Die Einigkeit und Ganzheit dieses Seins ist nicht amorph, sie ist nicht der Willkür und dem Zufall preisgegeben. Die Begegnung zwischen dem «willigen Geist» und dem «schwachen Fleisch» (Matth. 26, 41) verläuft hier siegreich zugunsten des Geistes. Und das bedeutet: Der Versucher und seine Versuchung, es so zu halten, wie es das «Fleisch» als solches, der seelisch-leibliche Mensch ohne den Logos, zu halten pflegt, wurde von Jesus nach Matth. 4, 3 f. abgeschlagen. Seine Speise ist es, den Willen dessen zu tun, der ihn gesandt hat (Joh. 4, 34). Es endigt das Gebet des in seiner seelisch-leiblichen Menchlichkeit und also als Träger unseres Fleisches am Ende wie am Anfang seines Weges höchst Angefochtenen nach Matth. 26, 39 mit dem Bekenntnis: «Nicht wie ich will, sondern wie du willst.» In der Treue des Sohnes gegen den Vater und so im notwendigen Gehorsam gegen sein eigenstes Wesen und gerade so in höchster Freiheit hat er nach den hier schon angeführten Stellen sich selbst und d. h. seine Seele, d. h. aber auch seinen Leib dahingegeben: hineingegeben in den Dienst der Barmherzigkeit Gottes gegen die Menschen und also hineingegeben in die Sache der Menschen, denen Gott selbst sich in seiner Barmherzigkeit dienstbar machen wollte. So ist er im Fleisch. So ist er

Mensch als Seele und Leib. Eben die in ihm stattfindende Erhöhung des Fleisches, des seelich-leiblichen Menschen bedeutet nun aber eine in ihm vollzogene Ordnung des Verhältnisses dieser beiden Momente menschlichen Seins. Ein Gegeneinander dieser beiden kommt nicht in Frage. Daß die Seele gegen den Leib, der Leib gegen die Seele ist, das ist ja nicht nur im Fall des Triumphs des Leibes über die Seele, sondern auch im Fall siegreichen — oder vermeintlich siegreichen — Gegensatzes der Seele gegen den Leib die Art des Fleisches, die Art der geistlosen, der des Logos entbehrenden Menschennatur. Das Neue Testament hat weder von einer Emanzipation des leiblichen gegenüber dem seelischen Leben Jesu, noch auch von einem asketischen Streit der Seele Jesu gegen seinen Leib auch nur die geringste Andeutung gemacht. Der auf ihm ruhende Geist macht offenbar das Eine unmöglich und das Andere überflüssig. Die Erhöhung, die Logisierung und Rationalisierung des Fleisches, die das Geheimnis seiner Menschlichkeit ist, erlaubt es seinem Leibe nicht, zum Feind und Überwinder seiner Seele zu werden; sie besteht aber wirklich auch nicht darin, daß die Seele sich als Feind und Überwinder des Leibes gebärdete. Diese beiden, uns nur zu geläufigen Möglichkeiten würden ja doch wieder so etwas wie die Parallelität und Konkurrenz von zwei selbständigen, nur zufällig und unwesentlich zu einem Ganzen vereinigten Substanzen voraussetzen. Dem geistlosen und logosfremden Fleisch ist freilich immer nur die Wahl zwischen diesen zwei Möglichkeiten gelassen. Der geistliche Mensch aber: Jesus, der das Leben ist, der Logos, der in ihm Fleisch geworden ist und das Fleisch erhöht hat, steht nicht vor dieser Wahl. Und die Einigkeit und Ganzheit seiner Menschlichkeit verbietet es uns, ihn nun doch wieder unter dem dualistischen Gesichtspunkt dieser Alternative zu verstehen. Wir stehen hier vielmehr vor dem Bild des Friedens zwischen jenen beiden Momenten menschlichen Seins.

Er ist aber ein solcher Friede, in welchem es ein Erstes und ein Zweites, ein Oben und ein Unten, ein Befehlen und also ein Beherrschendes, ein Gehorchen und also ein Beherrschtes gibt. Die Seele ist das Erste, der Leib das Zweite in diesem Frieden, das ist die Ordnung in diesem Verhältnis. Sie setzt keine ursprüngliche Trennung voraus. Sie schließt also keinen, auch nicht den geheimsten Widerstreit in sich. Es ist die Superiorität der Seele Jesu ohne allen Beigeschmack eines Hochmuts, einer Verachtung und also einer geheimen Besorgnis und Ängstlichkeit gegenüber seinem Leibe. Und so hat die Inferiorität seines Leibes bestimmt nicht den Sinn, daß dieser unterdrückt und entrechtet und also in der heimlichen Rebellion begriffen wäre, in der er sich dann seiner Seele gegenüber befinden müßte. Kein Tyrann befiehlt hier und kein Sklave gehorcht hier. Kein Sieger triumphiert und kein Besiegter seufzt hier. Die hier stattfindende Über- und Unterordnung ist eine Friedensordnung, in der den beiden Momenten — einem jeden gerade an seiner Stelle und in seiner Funktion — an der Würde des Ganzen, d. h. aber an der Würde des einen Menschen Jesus und also an der Fülle des auf ihm ruhenden Geistes, an der Herrlichkeit des in ihm Fleisch gewordenen Logos gleicher Anteil zukommt. Aber eben als die so begründete Friedensordnung ist sie diese Über- und Unterordnung. Gerade die gleiche Würde, die Seele und Leib in diesem Menschen haben, schließt die Ungleichheit ihrer Stellen und Funktionen nicht aus, sondern notwendig in sich. Daß Jesus vor dem öffentlichen Antritt seines Messiasamtes vierzig Tage und vierzig Nächte in der Wüste gefastet hat (Matth. 4, 1 f.), das will ja wahrlich nicht übersehen sein, obwohl man hier sofort hinzunehmen muß, daß er es nachher offenbar nicht mehr getan hat und daß ihm gerade nach diesem Fasten — und also nicht etwa an der Hochzeit zu Kana und nicht etwa, wenn er mit den Zöllnern und Sündern oder auch mit den Pharisäern und Schriftgelehrten gegessen und getrunken hat — der Versucher begegnet ist. Jenes Fasten, von dem Jesus bei seinem späteren Lauf herkommt, zeigt offenbar: hier wird geherrscht und beherrscht, hier kommt nicht ein Mensch, der zuerst essen und trinken und dann wohl auch noch allerlei Gutes sagen und tun will; hier kommt einer, der etwas zu sagen und zu tun hat und dann und darum wohl auch essen und trinken darf und will. Man wird hier doch wohl auch an die Episode von Maria und Martha (Luk. 10, 38 f.) — die freilich noch andere Dimensionen hat — denken müssen: Maria hat jedenfalls auch darum «das gute Teil» erwählt, weil sie, anders als Martha, dem eigentlichen Verlangen ihres Gastes nicht mit leiblicher Bedienung, sondern derart entgegenkam, daß sie sich zuhörend zu seinen Füßen setzte. Das ist die unumkehrbare Ordnung in der Einigkeit und Ganzheit des Menschen Jesus. Sein Leib ist der Leib seiner Seele, nicht umgekehrt. Sein Leib ist in seiner Seele — man muß das mindestens zuerst sagen, bevor man dann auch das Andere richtig verstanden sagen kann: daß seine Seele in seinem Leibe ist. So ist er Seele und Leib. So organisiert und disponiert ihn der auf ihm ruhende Geist. Das ist ja Leben — das von Gott dem Menschen eingehauchte und hier nun eben in seiner ursprünglichen Art und Fülle eingehauchte Leben: es ist lebendige, einen Leib belebende, umfassende, regierende, bestimmende Seele — gerade so dann auch Leibesleben. So würden wir uns in dem uns vom Neuen Testament aufgezeigten Dasein Jesu allerdings umsonst nach einem Moment umsehen, wo seiner Leiblichkeit eine besondere, selbständige Rolle zukommen würde. Sie fehlt nie; sie ist in allem dabei; sie ist die Begleiterin, Gehilfin, Dienerin aller seiner Worte und Taten. Sie wird in deren Darstellung nirgends verborgen, vielmehr oft genug absichtlich sichtbar gemacht. Er ist wirklich nicht nur seine Seele, nicht nur ein in einem gleichgültigen oder fremden Medium Sprechendes und Handelndes. Er ist auch — gerade das wird ja in den Abendmahlstexten ausdrücklich gesagt — sein Leib, sein Fleisch und Blut. Sein Leib spielt aber nirgends eine selbständige Rolle und die Darstellung hat ihm nirgends eine eigene Aufmerksamkeit zugewendet. Ein leibliches Bild von Jesus festhalten zu wollen, kann der ersten und noch der zweiten Generation der Gemeinde überhaupt nicht in den Sinn gekommen sein, obwohl doch der Evangelist Lukas nicht nur Arzt, sondern auch Maler gewesen sein soll, und obwohl doch Paulus selbst, der den Galatern (3, 1) Jesus Christus den Gekreuzigten «vor Augen gemalt» zu haben behauptet, diesem Gedanken ganz nahe gewesen zu sein scheint Daß Jesus im Gehorsam und in Vollmacht gesprochen, gehandelt und gelitten hat — nicht ohne seinen Leib, sondern in ihm und so, daß er auch ganz und gar dieser Leib war — das Alles ist zuerst, *a parte potiori,* die Aktion und Passion seiner Seele und so und von da aus dann auch die seines Leibes. Sein Leib ist der von ihm in der Absicht eines bestimmten, ihm als solches bewußten Sprechens, Handelns und Leidens gebrauchte und regierte, der ihm in der Ausführung dieser Absicht dienende Leib. Er ist seelischer, d. h. er ist von jenem Bewußtsein erfüllter Leib, während wir seine Seele offenbar nicht gut eine leibliche, d. h. eine von den Bedürfnissen und Wünschen seines Leibeslebens erfüllte Seele nennen könnten. Das ist der Unterschied, die Ungleichheit in dem Einigen, Ganzen, die hier zu beachten sind. Gerade das Erfüllen, gerade das Wollen und Vollbringen und damit die eigentliche Bewegung dieses Lebens geschieht von oben nach unten — in der Richtung Seele-Leib und nicht umgekehrt: nicht in zwei entgegengesetzten, parallel laufenden Linien von gleicher Originalität, nicht in Form einer konkurrierenden, aber auch nicht in Form einer harmonischen Befriedigung zweier verschiedener Anliegen, aber auch nicht in einem Kreislauf, in welchem je das eine Anliegen das andere ablösen und aufnehmen würde. Die Bewegung dieses Lebens geschieht vielmehr so, daß das Anliegen der Seele, das diesem Menschen auferlegte Anliegen des Geistes, das seiner Natur nach zuerst nur das Anliegen der Seele sein kann, von dieser zum Anliegen auch des Leibes gemacht und dann und daraufhin von diesem freudig und willig aufgenommen wird. Eben damit bekommt dann auch er an dem auf diesem Menschen ruhenden Geist, an dem im Geist begründeten Leben, an der Herrlichkeit des Logos im Fleische, an der Würde des einen Menschen Jesus seinen vollen, ungeschmälerten Anteil: seinen Anteil. Man muß das Alles natürlich auch auf die Einigkeit und Ganzheit des Werkes Jesu und also auf das Verhältnis zwischen seinen Worten und Taten anwenden. Wir sahen: auch da ist kein Dualismus. Die Einheit der Person Jesu spiegelt sich ungebrochen in der Einheit auch seines Werkes. Aber auch da ist Ordnung: Über- und Unterordnung. Das Wort geht voran; das Zeichen folgt. Das Wort richtet auf; das Zeichen befestigt. Das Wort ist das Licht; das Zeichen dessen Leuchten. Man kann beide nicht trennen; man muß sie aber in diesem Verhältnis zueinander sehen. Daß es eine bedenkliche, wenn nicht verkehrte Sache war, wenn die Leute durchaus Zeichen sehen wollten, bevor sie glaubten (Matth. 12, 39, Joh. 4, 48 usw.), das ist umgekehrt von denen, die sein Wort hören wollten, nirgends gesagt. Auch ein Bericht wie der von Jesu Aufenthalt in Nazareth (Matth. 13, 58): daß er dort nicht viel Taten vollbrachte um ihres Unglaubens willen, hat keine Parallele in einem entsprechenden Bericht über die Verkündigung Jesu. Daß sein Machtwirken etwa ganz aussetzte, wird zwar nirgends erzählt, wohl aber, daß es gelegentlich zurücktreten konnte und offenbar öfters zurückgetreten ist. Seine Verkündigung aber kann offenbar weder abbrechen noch zurücktreten. Jesus hat geredet, auch wenn er wie vor den Hohepriestern (Matth. 26, 63) oder vor Pilatus (Matth. 27, 14) geschwiegen hat: die Hohepriester und Pilatus selber übernahmen ja dort unfreiwillig die Aufgabe, die Wahrheit auszusprechen. Das Wort ist die eigentliche, die Tat ist die bestätigende, offenbarende Bewegung seines Werkes. Die Tat geschieht nie allein und für sich, nie um ihrer selbst willen. Sie kann nur mißverstanden werden, wenn sie für sich betrachtet, begehrt und bewundert wird. Sie ist getragen von der Macht des Wortes. Sie ist indirekt selbst Wort: *verbum visibile,* und will als solches vernommen werden. Man könnte aber von Jesu Wort nicht sagen, daß es *signum audibile sei.* Es hat und es behält in der Einheit seines Werks und ohne sie zu sprengen den Vorrang, weil diese eine geordnete Einheit ist. Es ist kein Zufall, daß der, der hier am Werk ist, *a parte potiori* nun doch der Logos und nicht etwa die Dynamis Gottes genannt wird, obwohl er das wahrlich auch ist. Auch hier geht die Bewegung von oben nach unten, in der Richtung Wort-Tat und nicht umgekehrt. Auch Predigt und Krankenheilung Jesu sind nicht zwei Tätigkeiten, die bei ihm, weil beide löblich und schön, zufällig koordiniert und harmonisiert wären, obwohl sie an sich verschiedenen Ursprungs wären und verschiedene Absicht hätten. Auch hier besteht vielmehr ein fester Zusammenhang von Führung und Nachfolge, in welchem die Predigt führt, die Krankenheilung — ohne fehlen zu können, als notwendiges Komplement — nachfolgt, in der Tätigkeit des Propheten und Lehrers Jesus inbegriffen ist, von deren Ursprung sich nährt und deren Absicht dienstbar ist. In dieser Ordnung also ist wie die Person so auch das Werk Jesu zu einem Ganzen gestaltet.

Wir fassen zusammen: Jesus ist auch in dem Sinn wahrer Mensch, daß er ganzer Mensch ist, sinnhaft geordnete Einheit von Seele und Leib. Daß die menschliche Existenz in diesen zwei Momenten verläuft — in einem nicht nur, sondern auch im anderen — wird in ihm so sichtbar wie nur möglich. Wiederum fehlt in ihm alle Aufspaltung, aller Gegensatz und insofern alle Problematik des Verhältnisses dieser beiden Momente: so sehr, daß man an ihrer realen Verschiedenheit hier geradezu irre werden könnte. Wiederum ist doch zu sagen, daß ihre Verschiedenheit sich gerade in der Person des Menschen Jesus darin durchsetzt, daß ihre

Beziehung in ihm als eine geklärte, die menschliche Existenz in diesen zwei Momenten hier deutlich als eine kosmisch gestaltete sichtbar wird.

Man kann das Alles nicht feststellen, ohne über diese menschliche Existenz als solche hinauszublicken. Wir mußten ja nach Anleitung des Neuen Testamentes des Heiligen Geistes, und zwar der besonderen Gegenwart und Wirksamkeit des Heiligen Geistes gedenken, indem wir uns über die besondere Struktur dieses Menschen Rechenschaft ablegen wollten. Das erinnert uns aber sofort an das höchst Besondere: daß dieser wahre Mensch zuerst und zugleich der wahre Gott selber ist. So — in dieser höheren Einheit seiner Existenz mit der Existenz Gottes selber ist er ganzer Mensch, sinnhaft geordnete Einheit von Seele und Leib. Kann es uns entgehen und können wir davon absehen, daß die Struktur, in der er Mensch ist, eine Wiederholung, eine Abbildung, eine Entsprechung des Verhältnisses ist, in welchem er zuerst und zugleich wahrer Gott und als solcher auch wahrer Mensch ist? Seele und Leib des Menschen Jesus verhalten sich offenbar so zueinander, wie sich sein Wesen als Sohn und Wort Gottes des Schöpfers zu seiner geschöpflichen Beschaffenheit als Seele und Leib dieses Menschen verhält. Um ein Verhältnis in schlechthiniger Ganzheit beider Momente handelt es sich schon — und offenbar zuerst und grundlegend — in diesem höheren Bereich, von dem jener untere überragt und umschlossen ist. Unaufhebbar verschieden sind die beiden Momente — es geht dort um Gottheit und Menschheit — schon in diesem höheren Bereich. Aber Abstraktionen und Trennungen sind schon dort nicht möglich. Es steht der Eine, der in Jesus Gott selber ist, an des Menschen Stelle; und es steht derselbe Eine, der in Jesus Mensch ist, an Gottes Stelle. Und in dieser Ganzheit und Einigkeit ist schon das Verhältnis von Gott und Mensch, Mensch und Gott in Jesus ein sinnhaft geordnetes Verhältnis. Klare Über- und Unterordnung, Herrschaft und Dienst, Befehl und Gehorsam, Führung und Nachfolge, walten schon hier — und das in stetiger unumkehrbarer Beziehung. Um mehr als um eine Analogie kann es sich nicht handeln. Die Seele Jesu ist nicht seine Gottheit, sondern sie ist ihr nur vergleichbar in ihrer Funktion innerhalb seines Menschsein. Und sein Leib ist nicht seine Menschheit, sondern nur innerhalb seines Menschseins ist er diesem (in seiner Totalität als Seele und Leib) vergleichbar. Es sind nur dieselben Proportionen, in denen sich im oberen Bereich Gottheit und Menschheit, im unteren Seele und Leib Jesu gegenüberstehen. Es ist aber die Kraft und Notwendigkeit, in der Jesus ganzer Mensch ist, nicht in sich selbst, sondern eben darin begründet, daß er zuerst und zugleich wahrer Gott und wahrer Mensch ist. Wir sahen: sie ist die Kraft und Notwendigkeit des auf ihm ruhenden Heiligen Geistes. Weil er Gottes Sohn und Wort ist, darum ruht der Heilige Geist auf ihm, darum existiert er in der Fülle des Heiligen Geistes, darum ist er ganzer Mensch in sinnhaft geordneter Einheit von Seele und Leib. Diese Begründung, dieses Verhältnis von Geber und Gabe, ja von Schöpfer und Geschöpf ist nicht umzukehren. Eben darin liegt die Ungleichheit der beiden Beziehungen, und eben darum kann es sich um mehr als um eine Analogie in dieser Sache nicht handeln. Das Bestehen einer Analogie aber ist nicht zu übersehen und nicht abzuleugnen. Sie verrät uns, daß wir uns auch in dieser Frage nicht an der Peripherie, sondern jedenfalls in der größten Nähe des theologischen Zentrums befinden.

Daß dem so ist, können wir uns auch noch an einem zweiten Punkt vergegenwärtigen, an den wir durch die besondere Struktur des Menschseins Jesu nicht weniger unmittelbar erinnert sind. Das Verhältnis zwischen Seele und Leib Jesu ist auch — und exegetisch sogar noch näherliegend — vergleichbar mit dem Verhältnis zwischen Ihm und seiner Gemeinde. Daß diese von Paulus als Jesu «Leib» und Jesus in seinem Verhältnis zu ihr als ihr «Haupt» bezeichnet und beschrieben wird, wird ja kein Zufall sein. Geht es in dem Verhältnis zwischen Gott und Mensch in der Person Jesu um einen Vergleich nach oben, so hier um einen Vergleich nach unten. Seele und Leib Jesu sind hier das Erste, das Ursprüngliche, das Begründende. Indem er als Mensch in jener geordneten Ganzheit existiert, antizipiert er gewissermaßen in seiner Person das Verhältnis, in welchem er der Herr inmitten seiner Jünger und der durch sie Berufenen ist. Seele und Leib verhalten sich in ihm so zueinander, wie er sich als Prophet, Priester und König zu der Gemeinschaft derer verhält, die, in seiner Person mit Gott versöhnt, Kinder Gottes um seinetwillen und im Glauben an ihn dieser Wohltat gewahr, für diese Wohltat dankbar, seine Zeugen geworden sind. Um ein gänzliches Verhältnis geht es auch zwischen ihm und ihnen. Auch es ist nicht zufällig, nicht lösbar, allen Abstraktionen unzugänglich. Jesus Christus existiert in der Begründung und Auferbauung seiner Gemeinde; seine Gemeinde existiert, indem sie von ihm begründet und auferbaut wird. Ein Christus ohne seine Gemeinde wäre eine Phantasiegestalt, und eine Gemeinde ohne Christus wäre erst recht eine Phantasiegestalt. Der eine göttliche Erwählungsakt ist die Erwählung dieses Hauptes und dieses Leibes. Wie also Jesu Seele und Leib untrennbares Eines sind, so Er und die Seinen. Und wie dort Ordnung herrscht, so auch hier: so daß die Jünger nicht über den Meister sein können, der Meister aber in alle Ewigkeit über den Jüngern sein wird. Das Haupt ist das Haupt und bleibt es. Der Leib ist der Leib und bleibt es. Wo Christus nicht herrscht, ist die Gemeinde tot, wie der Leib ohne Seele nur tot sein kann. Wo aber die Gemeinde lebendig ist, da ist sie Christus gehorsam, wie der lebendige Leib der Seele notwendig dienen wird. Das Verhältnis ist auch hier nicht umzukehren. Es ist Christus die primäre, die Christenheit die sekundäre Gestalt dieser Ganzheit, und nicht umgekehrt. Gewiß kann es sich auch hier nur um eine Analogie handeln. Vollkommene Gleichheit wird man also in den verglichenen Verhältnissen auch hier nicht erwarten dürfen. Es dürfte zwar Christus — in derselben Linie, in der ihn Paulus das «Haupt» genannt hat — auch als die Seele seiner Gemeinde angesprochen werden. Aber daß er in seiner eigenen Person Seele und Leib ist, das geht diesmal voran, das ist nach dieser Seite der ursprüngliche, der obere Bereich. Der eine geliebte Sohn Gottes, in welchem die Menschen Gegenstand der göttlichen Erwählung sind, ist zunächst und zuerst der Mensch Jesus für sich: erst durch ihn und in ihm dann auch die Anderen. Und indem der Heilige Geist auf ihm ruht, wird er auch ihnen zugewendet, auf sie ausgegossen: der Heilige Geist der Gemeinschaft der Vielen, denen Gott seine Liebe in ihm und durch ihn offenbaren und zuwenden wollte. Daß er der Ihrige, sie die Seinigen sind, das ist zuerst und grundlegend darin kräftig und notwendig, daß er jener ganze Mensch ist in sinnhaft geordneter Einheit seiner Seele und seines Leibes. Der ganze Sinn und alles Heil des zweiten, unteren Verhältnisses hängt an der Existenz und Ordnung jenes ersten und oberen. Insofern ist auch hier nicht nur Gleichheit, sondern auch Ungleichheit; insofern wirklich nur Wiederholung, Abbildung und Entsprechung. Daß solche besteht, ist doch auch hier nicht zu übersehen und nicht abzuleugnen. Wir können und müssen von der Struktur der menschlichen Existenz Jesu aus wie nach oben, in das Geheimnis seines Seins mit Gott, so auch nach unten blicken: in das nicht minder große Geheimnis seines Seins mit den Menschen. Es ist kein Zufall, daß die Proportionen bei aller sonstigen Ungleichheit auch hier die gleichen sind.

Wir enthalten uns der Möglichkeit, die entfernteren, teils genaueren, teils weniger genauen Analogien, die von hier aus ebenfalls zu sehen wären, ausführlich zur Sprache zu bringen. Sie sollen nur eben genannt sein. Es wäre nicht unmöglich, wenn auch in verschiedenem Maß verheißungsvoll und aufschlußreich, sich zu fragen, ob Seele und Leib Jesu sich nicht auch so zueinander verhalten möchten, wie im Ganzen der Schöpfung: der Himmel und die Erde — oder wie im Versöhnungswerk Christi: die Rechtfertigung und die Heiligung — oder wie im Worte Gottes: das Evangelium und das Gesetz — oder wie in der Verantwortung des Menschen vor Gott: der Glaube und die Werke — oder wie im Gottesdienst der Gemeinde: die Predigt und das Sakrament — oder wie in ihrem Bekenntnis: das bekennende Wort und die bekenntnismäßige Haltung und Aktion — oder wie in der inneren Gliederung des Reiches Christi: die Kirche und der Staat. Die Aufzählung mag zum Nachdenken anregen. Da die offenbarte Wahrheit und Wirklichkeit Gottes und seines Gnadenbundes eine einzige ist, kann es uns nicht wundern, zu bemerken, daß ihre einzelnen Elemente, wie es in diesen Analogien sichtbar wird, offenbar auch formal in einem gewissen Zusammenhang stehen. Wiederum sind wir gewiß nicht aufgefordert, diesen formalen Zusammenhang in ein

System zu bringen — und also nicht aufgefordert, sie überall und überall ausfindig zu machen. Es gibt wichtige Punkte christlicher Erkenntnis, wo von solcher Analogie keine Rede sein kann und wo Geschmacklosigkeit und direkter Irrtum sich die Hand reichen müßten, wenn man sie dennoch durchaus entdecken wollte. Es gibt z. B. keine Ganzheit, in der der Schöpfer und das Geschöpf im Allgemeinen — und keine, in der die göttliche Freiheit und Initiative und die des Menschen so eins wären wie die Seele und der Leib Jesu. Und so hat die sinnhafte Ordnung dieser beiden Elemente in der Existenz Jesu z. B. keine Analogie in dem Verhältnis zwischen Gottes Gnade und des Menschen Sünde, weil wir dieses nun eben gerade nur als ein Verhältnis gegenseitiger Ausschließung verstehen können. Es besteht also aller Grund, hier ja nicht wahllos weiter zu denken. Und man wird auch da, wo es sich um echte Analogien zur Struktur des Menschseins Jesu handeln kann, von Fall zu Fall wohl zusehen müssen, ob und inwiefern man die betreffenden Punkte deshalb auch unter sich, in Querverbindungen, in Beziehung bringen darf. Aus der logischen Möglichkeit allein ergeben sich hier noch keine sicheren Schlüsse. Denn die theologischen Wahrheiten und Wahrheitsverhältnisse haben je an ihrem Ort und in ihrer Art auch ihre eigene Würde und Fülle, deren Licht man zwar im besseren Fall mehren, im schlechteren aber leicht auch mindern kann, wenn man sie mit anderen in Beziehung setzt. Als Folgerungen aus einem einzigen formalen Prinzip behandelt und auf einen einzigen Nenner gebracht zu werden, vertragen sie auf keinen Fall. Wir begnügen uns darum an den zwei uns hier wirklich nahegelegten Vergleichen, die wir hier entfaltet haben: Seele und Leib Jesu verhalten sich so zueinander, wie dies auch zwischen Gott und Mensch in seiner Person, und wie dies auch zwischen ihm und seiner Gemeinde der Fall ist. Diese beiden Vergleiche sind wichtig genug, um zu zeigen, was hier zu zeigen war: daß wir uns auch mit unserer Erkenntnis Jesu als des ganzen Menschen in der Mitte aller christlichen Erkenntnis befinden.

Wir haben uns aber um die Erkenntnis der Beschaffenheit des menschlichen Seins Jesu darum bemüht, weil wir zu theologischer Erkenntnis des Menschen überhaupt und als solchen auch hier bei dem Bilde dieses Menschen einsetzen müssen. Hier fällt die Entscheidung über des Menschen wahre Beschaffenheit. Die Ganzheit in der sinnhaften Ordnung seines Menschseins werden wir zwar im Menschen überhaupt und als solchen so nicht wiederfinden. Wir wissen nun aber, in welche Richtung wir auch bei dieser uns beschäftigenden allgemeinen Frage auf alle Fälle zu blicken haben. Es wird für uns auf alle Fälle nur ein solches Verständnis des Menschen in Frage kommen können, in welchem diese Ganzheit und ihre Ordnung den unveränderlichen Blickpunkt bildet. Das Bild des Menschen Jesus fordert ein Menschenverständnis, das von diesem Blickpunkt beherrscht ist. Es protestiert gegen ein Menschenverständnis, bei welchem dieser Blickpunkt außer Acht gelassen oder auch nur vernachlässigt wird. Und so ist es die Norm, mit der wir nun wieder an unsere eigentliche, die anthropologische Aufgabe, herantreten.

2. DER GEIST ALS GRUND DER SEELE UND DES LEIBES

Der Mensch ist, indem er Geist hat. Daß er Geist hat, bedeutet aber: daß er als Seele seines Leibes von Gott begründet, konstituiert und erhalten wird. Das ist, in kürzester Formel, die anthropologische Grunderkenntnis, mit der wir hier einzusetzen haben.

Der Mensch ist nicht Gott. Gott ist des Menschen Schöpfer. Der Mensch ist Gottes Geschöpf. Gott gibt es dem Menschen, daß er Mensch und nicht etwas Anderes ist, und daß er ist und nicht nicht ist. Der Mensch verdankt es Gott, daß er Mensch und nicht etwas Anderes ist, und daß er ist und nicht nicht ist. Dieser Unterschied ist für den Menschen unaufhebbar. Für Gott ist er nicht unaufhebbar. In der Existenz des Menschen Jesus hat er ihn in der Tat aufgehoben, ist er, der Schöpfer, Geschöpf geworden. Für den Menschen aber ist dieser Unterschied unaufhebbar. Es ist ihm wesentlich, Geschöpf zu sein, das als solches nicht Schöpfer sein, noch werden kann. Es ist ihm wesentlich, nicht Gott zu sein. Mit diesem negativen Satz, mit der Feststellung dieser Grenze des Menschen müssen wir beginnen, wenn wir jetzt seine Beschaffenheit feststellen und beschreiben wollen.

Aber eben die Begründung dieses negativen Satzes nötigt uns sofort zu der vorläufig ebenfalls negativ zu formulierenden Ergänzung: der Mensch ist nicht ohne Gott. Da er es Gott verdankt, daß er ist und daß er Mensch ist, wie sollte er da ohne Gott sein, der ihm Beides gibt? Das Sein des Menschen ist darum von Grund und Haus aus ein Sein mit Gott, weil der Mensch zum Bunde mit Gott geschaffen und bestimmt ist. Aber der Satz, daß der Mensch nicht ohne Gott ist, gehört auch an die Spitze der uns jetzt beschäftigenden Beschreibung der Beschaffenheit des menschlichen Seins. Wer «Mensch», wer «Seele und Leib» sagt, der hat, ob er es weiß oder nicht, zuerst «Gott» gesagt. Von unserem Ausgangspunkt her, im Versuch einer theologischen Anthropologie, müssen wir es wissen, daß wir zuerst «Gott» gesagt haben, wenn wir «Mensch» sagen. Es kann sich nicht darum handeln, jenen ersten Satz, daß der Mensch nicht Gott ist, nun etwa doch zu revidieren und einzuschränken. Gott gehört durchaus nicht zur menschlichen Beschaffenheit. Gott ist weder ein Teil, noch das Ganze der menschlichen Natur. Er ist weder mit einem der Elemente, die in ihrer Einheit und Ordnung wir selbst sind, noch auch mit uns selbst identisch. Aber eben dieses Ganze: wir selbst in dieser Einheit und Ordnung sind nicht ohne Gott. Wir würden uns selbst, das Wesen, das wir als eine bestimmte Einheit und Ordnung von Seele und Leib zu kennen meinen, in Wirklichkeit nicht kennen, wir würden mit einem Phantasiegebilde rechnen, das uns als solches unerkennbar bleiben müßte, wenn wir davon abstrahieren wollten, daß dieses Wesen nun eben n i c h t o h n e G o t t ist. Daß dieses Wesen kein Phantasiegebilde ist, daß der Mensch i s t, das hängt ontisch und darum auch noetisch daran, daß er nicht ohne Gott ist. Der Mensch ohne Gott ist nicht: er hat w e d e r Wesen n o c h Existenz; und der Mensch ohne Gott ist auch k e i n Erkenntnisgegenstand. Und daß er nicht ohne Gott ist, das ist keine nachträgliche, keine fakultative, keine bloß historische Bestimmung seiner Beschaffenheit, die ihm je nach seiner Entscheidung, je nach seiner positiven oder negativen Gestaltung seines Verhältnisses zu Gott auch fehlen könnte, von der man also bei der Beschreibung seiner Beschaffenheit wenigstens vorläufig auch absehen könnte. Daß der Mensch nicht ohne Gott ist, das hat mit seiner religiösen Überzeugung und Haltung, in der er Gott so oder so die Ehre gibt oder nicht gibt, nichts zu tun. Es kann also auch der Irrtum eines theoretischen, praktischen oder auch methodischen Atheismus seines Selbstverständnisses daran, daß er nicht ohne Gott ist, nichts ändern. Dieser Irrtum kann nur bedeuten, daß er sich selbst, ohne dessen gewahr zu werden, für nicht-seiend hält und damit ja dann gewiß seine atheistische Entscheidung nicht nur, sondern auch sein Selbstverständnis gründlich in Frage stellt. Das mag er tun und auf sich nehmen. Es ist darum doch nicht so, daß er etwa ohne Gott wäre. Der Mensch kann Gott darum nicht entrinnen, weil er als Mensch immer schon von ihm herkommt. Das ist die negative Form des Grund-Satzes, mit der wir unsere Beschreibung der menschlichen Beschaffenheit anfangen müssen. Der Mensch ist als Seele und Leib auf alle Fälle nicht so beschaffen, daß er einfach da wäre: von ungefähr oder indem er sich selber begründen, konstituieren und erhalten würde. Seine Beschaffenheit ist auf alle Fälle nicht die einer Erst- und Letztwirklichkeit und also keine solche, die ihn ermächtigte und befähigte, sich selbst aus sich selbst zu verstehen, die Kriterien seines eigenen Wahrnehmens und Denkens — wie er diese auch bestimmen möge — für den Maßstab zu halten, mit Hilfe dessen er sich selbst abschließend auf den Grund zu kommen vermag. Sondern wie er nicht ohne Gott ist, so wird er sich auch nicht ohne Gott verstehen können.

Es ist klar, daß wir uns schon hier von dem Weg jeder solchen Anthropologie trennen müssen, die es sich nun gerade zum Ziel gesetzt hätte, den Menschen ohne Gott verstehen zu wollen. Es wird jeder nicht-theologischen Anthropologie wesentlich sein, daß sie sich das irgendwie zum Ziel setzen muß. Es ist freilich nicht wesentlich, daß diese Zielsetzung absolut, daß sie also im Sinne des atheistischen Dogmas gemeint sein muß. Sie kann ja auch nur hypothetisch gemeint sein. Sie kann die erste und letzte Frage nach des Menschen Beschaffenheit mit Bewußtsein offen lassen. Sie kann u. U. auch mit einem mehr oder weniger versteckten oder offenen

Anleihen bei der Theologie arbeiten. Aber sofern sie das nicht tut, sondern streng auf ihrem eigenen Boden bleibt, wird sie den Menschen eben doch zunächst ohne Gott zu verstehen suchen: als ob er doch eine Erst- und Letztwirklichkeit wäre, als ob er sich doch in der Lage befände, sich selbst aus sich selbst zu verstehen, als ob die Kriterien des menschlichen Wahrnehmens und Denkens nun eben doch d e r Maßstab wären, mit dessen Anwendung allein und mit dessen Anwendung eine zureichende Wissenschaft von Menschen zu begründen ist. Es ist dieses «Als ob», durch das sich die nicht-theologische Wissenschaft vom Menschen von der theologischen unterscheidet. Wir haben diese nicht-theologische Wissenschaft vom Menschen hier weder zu kritisieren noch zurecht zu weisen. Daß sie, sofern sie ihre Zielsetzung prinzipiell atheistisch meint, auf einem klaren Irrtum beruht, den sie bestimmt mit weiteren Irrtümern zu bezahlen haben wird, ist eine Sache für sich. Sie hat, sofern diese Zielsetzung nur relativ gemeint ist, an ihrem eingeschränkten Ort ihr eigenes Recht und ihre eigene Verantwortung, von der wir sogar wünschen möchten, daß sie ihr streng und also der Sicherheit halber besser ohne direktes theologisches Anleihen nachginge. Wir können uns aber von unserer Verantwortung her auf jenes «Als-Ob» nicht einlassen und mit der entsprechenden Fragestellung nicht zufrieden geben. Wir können den Menschen auch nicht hypothetisch zunächst ohne Gott verstehen wollen, um dann erst darüber zu befinden, ob eine offene Frage oder ein Lehnsatz aus der Theologie oder aber das atheistische Dogma das letzte Wort in dieser Sache sein soll. Wir müssen vielmehr davon ausgehen, daß der Mensch von vornherein nicht ohne Gott zu verstehen ist. Würde die theologische Anthropologie auf diesen Ansatz verzichten, dann würde sie mit ihrem Gegenstand und Thema sich selbst aufgeben und d a n n — wenn auch sie dann erst nachträglich auf die Frage nach Gott zurückkommen wollte — dann würde sie für die nicht-theologische Wissenschaft auf alle Fälle eine uninteressante Sache werden. Aber ob uns die Anderen interessant finden oder nicht — wir haben hier auf alle Fälle schon im Ansatz unseren eigenen Weg anzutreten.

Aber die negative Formel «nicht ohne Gott» genügt natürlich nicht für das, was hier zu sagen ist. Wir sagen jetzt dasselbe positiv: D e r M e n s c h i s t, i n d e m e r v o n G o t t b e g r ü n d e t, k o n s t i t u i e r t u n d e r h a l t e n w i r d. Erinnern wir uns: Gott ist nicht irgend ein höheres oder höchstes Wesen mit irgendwelchen seiner Höhe nach unserem Ermessen und Gutdünken zukommenden persönlichen oder auch unpersönlichen, physischen und moralischen Prädikaten und Eigenschaften. Gott ist der, der sich in seinem ewigen Wort in der Zeit als des Menschen treuer und barmherziger Herr offenbart hat. Gott ist der Schöpfer, der seinen Bund mit dem Menschen darin gehalten und erfüllt hat, daß er in Jesus Christus selber menschliches Geschöpf geworden, sich selbst für uns dahingegeben hat. Gott ist der Gott Israels, neben dem kein Anderer, gemessen an dem jeder Andere ein eitles Gemächte ist. Wir sagen vom Menschen als ersten Satz über dessen Beschaffenheit: er ist nicht ohne d i e s e n, den w a h r e n Gott: wahr nicht darum, weil wir ihn dafür halten, sondern darum, weil er sich selbst als solcher wahr gemacht und betätigt hat. Und nun sagen wir also positiv: der Mensch ist, indem er von diesem Gott begründet, konstituiert und erhalten wird. E r i s t, d. h. er ist eben dieses, das menschliche W e s e n, und er hat in diesem Wesen E x i s t e n z, indem er von diesem Gott her ist. Nicht anders also: nicht von ungefähr — auch eine offene Frage kann

2. Der Geist als Grund der Seele und des Leibes

hier nicht unsere Sache sein — wir kommen von einem Ausgangspunkt her, wo die Antwort dahin lautet, daß es hier kein Ungefähr gibt. Auch nicht aus und durch sich selbst: auch das ist von unserem Ausgangspunkt her nun gerade ausgeschlossen. Und auch nicht von irgend einem hohen oder höchsten Sein her, dessen Existenz nach unserem Entwurf den Grund der unserigen sein müßte: unser Ausgangspunkt, die menschliche Natur Jesu, erlaubt uns nicht, an dieser Stelle in irgend eine von uns selbst gewählte und ausgeschmückte Höhe zu blicken. Der Mensch ist von dem Gott her, den der Mensch Jesus seinen Vater und dessen Sohn er sich selber genannt hat.

«In Ihm leben wir, bewegen wir uns und sind wir» und: «Seines Geschlechtes sind wir» (Act. 17, 28). Es war heidnische, aber eben sofort christlich interpretierte, gewissermaßen getaufte und also schon nicht mehr heidnische Weisheit, die Paulus dort auf den Plan geführt hat. Er, den Paulus mit diesen früher heidnischen, in seinem Mund schon nicht mehr heidnischen Worten den Athenern verkündigt hat, ist zweifellos weder der altgriechische Zeus noch die neugriechische Schicksalsmacht. Er ist vielmehr der, der jetzt die «Zeiten der Unkenntnis» als eine einzige Schattenwelt übersehen hat, der die Menschen zur Buße ruft, indem er einen Gerichtstag anbrechen läßt, einen Richter auf den Stuhl setzt, Glauben an ihn, den von den Toten Auferstandenen, ihnen gebietet. Er ist der «unbekannte Gott», dem sie ihrerseits in Unkenntnis ihre religiöse Verehrung dargebracht haben. Er ist der Schöpfer des Kosmos, Er der Herr der menschlichen Geschichte, und deren Ziel dies, daß sie Ihn «finden und betasten» möchten. Jenseits von allem Glauben, Irrglauben, Aberglauben, Unglauben der Menschen. Er, dieser Gott. Das ist die Missionspredigt des Paulus (Act. 17, 22 f.). Sie knüpft wirklich nicht an. Sie setzt wirklich sofort das Neue an die Stelle des Alten, sie stellt aber eben dieses Neue als solches unmittelbar hinter und über den Menschen, der in dem Alten befangen ist. Sie nimmt den Menschen wirklich unmittelbar heraus aus dieser Befangenheit, um ihn dann auch unmittelbar in die Freiheit zu versetzen. Sie redet von dem Gott, dem der Mensch auch in seiner Befangenheit nicht entronnen ist und niemals entrinnen können wird. Sie nimmt auch des Menschen Befangenheit nur ernst als seinen ohnmächtigen Versuch, diesem Gott zu entrinnen, von dem herzukommen er auch mit diesem Versuch nur bestätigen kann.

Wie der Mensch sich dadurch von der übrigen Geschöpfwelt unterscheidet, daß er, als das Abbild und die Verheißung des göttlichen Gnadenbundes zur Verantwortung vor Gott berufen ist, so ist seine besondere, dieser Berufung entsprechende Beschaffenheit dadurch bedingt, daß er sie dem Gott zu verdanken hat, der der Herr dieses Gnadenbundes ist. Dieser als solcher ist auch des Menschen Schöpfer. Dieser als solcher gibt ihm seine Geschöpflichkeit. Dieser als solcher begründet ihn als Seele und Leib, konstituiert die Einheit und die Ordnung dieses Seins, erhält ihn in diesem Sein, in dessen Einheit und Ordnung. Weil er dieser ist, darum haben wir es in der Beschaffenheit des Menschen mit einer unerschütterlichen, aber auch heilsamen Tatsache zu tun. Weil seine Beschaffenheit von diesem Gott her ist: von dem, der treu ist und der es sich seiner Güte nicht gereuen läßt, darum ist sie unerschütterlich, darum kann sie durch des Menschen Sünde wohl zerstört und verkehrt, aber nicht aufgehoben, nicht zunichte gemacht werden. Darum bleibt der Mensch auch in seinem tiefsten Fall, auch im letzten Gericht des Todes der Mensch und auch im Tode jedenfalls als Mensch in Gottes Hand und Macht. Darum wird er auf keinen Fall ein anderes, ein solches Wesen, das der Verheißung des Gnadenbundes entzogen wäre, das nicht noch im Tod und in der Hölle an diese appellieren dürfte. Und es ist die Beschaffenheit des Menschen, indem sie von diesem Gott her ist, darum eine heilsame Tatsache, weil sie von diesem ihrem Ursprung her — ganz ähnlich wie das Sein des Menschen als Mann und Frau — eine innere Beziehung hat auf Gottes Zuwendung zum Menschen auf das ihm von Gott zugedachte Heil, weil der Mensch gar nicht sein kann, was er ist: Seele und Leib in geordneter Einheit, ohne in sich selbst — lange bevor er sie versteht, und auch dann, wenn er sie nicht verstehen will — die gute Absicht Gottes mit ihm darzustellen, sich selber Bürge für diese gute Absicht Gottes zu sein.

Wir müssen aber genauer zusehen: Er, dieser Gott, begründet, konstituiert und erhält des Menschen Beschaffenheit. Von ihm her ist der Mensch, ist sein Wesen und seine Existenz. Wir beschreiben mit diesen Worten keine Zuständlichkeit des Menschen. Sonst wäre ja das, daß er von diesem Gott her ist, doch so etwas wie ein Element seiner Beschaffenheit als solcher. Eben in diesem Sinn ist es ihm aber gar nicht «natürlich», von Gott her zu sein. Wir beschreiben mit jenen Worten eine der menschlichen Beschaffenheit als solcher transzendente Bestimmung, ein Tun und Wirken des ihm gegenüber freien Gottes. Daß der Mensch von diesem Gott her ist, von ihm begründet, konstituiert und erhalten wird, das ist ein Geschehen, das von diesem Gott gewollt, beschlossen und in die Tat gesetzt wird. Immer auf Grund dieser Tat Gottes und also nicht auf Grund einer dem Menschen von Gott verliehenen Mächtigkeit und auch nicht auf Grund einer gewissermaßen fixierten Beziehung Gottes zum Menschen ist dieser. Er wird begründet, konstituiert und erhalten. Es muß das wirklich immer wieder, es muß das jeden Morgen, ja jeden Augenblick, neu geschehen. So ist und so handelt dieser Gott. Er tut es als der lebendige Gott. Auch hier wird es wichtig, daß man den Gott, von dem her der Mensch ist, ja nicht mit irgend einem hohen oder höchsten Wesen verwechsle. Was gilts: die Bestimmung des Menschen von irgend einem anderen, vermeintlich hohen Wesen her würde schließlich doch nur als irgend eine fixierte Beziehung und darum schließlich doch nur als eine Zuständlichkeit des Menschen beschrieben werden. Der Gott Israels, der Vater Jesu Christi aber ist der Schöpfer, dessen Barmherzigkeit alle Morgen neu ist. Daß er den Menschen geschaffen hat, heißt nicht, daß er aufgehört hat, ihn zu schaffen, heißt vielmehr: daß er ihn als das Wesen geschaffen hat, das eben durch ihn selbst in immer neuem Schöpfungsakt wieder begründet, wieder konstituiert, wieder erhalten werden soll — als das Wesen, dem er, auch wenn er aufhören will, das

2. Der Geist als Grund der Seele und des Leibes

zu tun und also bis in den Tod hinein als der gegenüberstehen will, der solches zu tun **mächtig**, von dem solches Tun zu **erwarten** ist. Der Mensch **ist**, indem Gott so sein lebendig handelnder Urgrund ist. Und indem Gott dieser lebendig handelnde Urgrund des Menschen ist, ist und bleibt er des Menschen Hoffnung auch dann, wenn er dem Menschen das Sein nicht mehr gewähren will. Wir können nicht umhin, diese Möglichkeit, des Menschen **Tod**, schon hier ins Auge zu fassen. Der Begriff des lebendigen Gottes, von dem her der Mensch ist, der Begriff seines Handelns, in welchem das wahr wird, wäre sonst nicht vollständig. Dieses Handeln Gottes ist ein **freies** Handeln. Eben das unterscheidet es von einer kontinuierlichen, einer fixierten Beziehung, von den Wirkungen, die man einem höchsten Wesen zuzusprechen pflegt. Gott ist nicht verpflichtet zu diesem Handeln. Es ist sein Geschenk. Es ist Gnade, die er dem Menschen zuwendet, ohne sie ihm darum schuldig zu werden: Gnade, durch die er uns, aber nicht sich selber bindet. Im Tod des Menschen wird das sichtbar. Er bleibt der Gott, von dem der Mensch her ist, auch wenn er den Menschen sterben läßt. Er bleibt also im Tode und über den Tod hinaus des Menschen Hoffnung. Er ist aber nicht erst im Tode — der Tod deckt das nur auf — sondern schon im Leben des Menschen **einzige** Hoffnung. Es ist der Mensch schon im Leben schlechterdings darauf angewiesen, daß der lebendige Gott seine Lebendigkeit auch ihm immer aufs neue zugute kommen lasse, daß dieser Gott ihn je wieder wolle und also je aufs neue in seiner Beschaffenheit als Seele und Leib bestätige, neu begründe, neu konstituiere, neu erhalte. Er müßte und würde sofort vergehen, und zwar hoffnungslos vergehen, ewig sterben, wenn Gott aufhörte, auch für ihn dieser lebendige Gott zu sein, von dem zu erwarten ist, daß er wieder und wieder dementsprechend an ihm handeln werde.

Der Mensch lebt und stirbt im Ereignis der Lebendigkeit Gottes. In diesem Ereignis ist er geschaffen. In diesem Ereignis ist er, was er seiner Natur nach ist: Seele und Leib in geordneter Einheit. In diesem Ereignis und **nicht** sonst! Er wäre nicht durch und für die Gnade Gottes, seines Schöpfers, geschaffen, wenn es anders wäre. Der **Mensch ist** also in der Kraft dessen, daß **Gott** sich im Ereignis solcher Tat zu ihm **verhält**. Er ist, indem **Gott für ihn** ist. Er lebt, indem der lebendige Gott auch für ihn, gerade für ihn, ihm zugute und zugunsten lebt. Man bemerke: wir reden jetzt von des Menschen natürlicher **Beschaffenheit**, von seinem menschlichen Wesen und von seinem Dasein in diesem Wesen. Auch von diesem und schon von diesem, von seiner Kreatürlichkeit als solcher also, ist grundlegend zu sagen: der Mensch ist, indem Gott für ihn ist. Man kann und muß ja wörtlich dasselbe sagen im Blick auf den mit seinem Wesen und seiner Existenz begründeten **geschichtlichen** Stand des Menschen im Bunde mit Gott: sein Aufgerufenwerden durch die Gnade, sein Aufgerufensein zur Dankbarkeit. Für diesen geschichtlichen Stand ist er geschaffen. Er ist des Menschen Bestimmung. Und es kann nicht anders sein, als daß schon seine Kreatürlichkeit gerade in ihrer grundlegenden Bestimmung diesem seinem geschichtlichen Stand entsprechen muß. Er wird auch in diesem Stande nur sein, indem Gott für ihn ist. Eben so steht es schon hier, in seiner in jenem geschichtlichen Stand vorausgesetzten Naturbeschaffenheit. Von dieser reden wir jetzt. Er ist schon in ihr nicht ohne, sondern allein durch Gottes Gnade auf Grund jenes göttlichen Verhaltens zu ihm. Er ist wirklich schon in seiner Naturbeschaffenheit, und zwar gerade in deren über sein Sein oder Nichtsein entscheidenden Grunde für jenen geschichtlichen Stand bestimmt. Er ist durch die eine Gnade, die seiner Erschaffung, für die andere, die Gnade des Bundes, bestimmt, auf diese hingewiesen. Indem er ist, was er ist, und indem er ist und nicht nicht ist, ist er auf dem Wege, der nur dieses Ziel hat, das er, indem er diesen Weg geht, nicht verfehlen kann. Dieser Weg ist wirklich sein Weg und dieses Ziel ist wirklich sein Ziel. Gerade für ihn selbst können ein anderer Weg und ein anderes Ziel nicht in Frage kommen. Gerade sein eigenstes Woher, seine Kreatürlichkeit, erlaubt ihm kein anderes Wohin.

Und nun gehen wir einen Schritt weiter: Der Mensch ist, indem er als Seele seines Leibes von Gott begründet, konstituiert und erhalten wird. Mit dem Ausdruck: «Seele seines Leibes» stellen wir zunächst fest: er ist jedenfalls auch ein Angehöriger der sichtbaren, äußerlichen, irdischen Körperwelt; er ist jedenfalls auch — wie das Land und das Meer, wie die Pflanzen und die Tiere im Raume; er ist jedenfalls selber auch ein einzelnes, von anderen unterschiedenes, in seinen besonderen Raum verwiesenes Wesen. Er ist jedenfalls auch sichtbare Gestalt. Und er ist jedenfalls auch irdische und also stoffliche Materie. Menschsein heißt auf alle Fälle: nicht nur Seele in einem besonderen Raumkörper, sondern Seele eines solchen und also ganz und gar an diesen gebunden, mit ihm eins sein und also: mit ihm der sichtbaren, äußerlichen, irdischen Körperwelt angehören, mit ihm im Raume und ein im Raume noch besonders begrenztes, mit ihm sichtbar gestaltetes und mit ihm materielles Wesen sein. Er ist Seele eines Körpers. Wir müssen aber sofort genauer sagen: er ist Seele eines Leibes. Ein Leib ist auch ein Körper; ein Leib ist aber ein organischer Körper, der als solcher, d. h. zur Ermöglichung und Verwirklichung seines organischen Wesens und seiner organischen Existenz darauf angewiesen ist, Leben zu haben, der ohne Leben auch als Körper nur zerfallen könnte, seines Sonderwesens und seiner Sonderexistenz gegenüber den ihn im Raume umgebenden anderen Körpern mit ihrem Wesen und ihrer Existenz verlustig gehen müßte, der, ohne vor allem Leben zu haben, in sein Sonderwesen und seine Sonderexistenz überhaupt nicht eintreten könnte. Der Mensch ist Seele eines solchen, eines in seinem Wesen organischen und organisch existierenden und also eines auf den Empfang und Besitz von Leben angewiesenen Körpers.

Nennen wir den Menschen «Seele», so sagen wir damit zunächst einfach: Er ist eben dieses seinem Leibe wesens- und existenznotwendige Leben. Man darf dies nicht dahin verstehen, als wäre er zunächst für sich und einfach Leben, das als solches ein Wesen und eine Existenz neben und außer seinem Leibe hätte, um dann erst als dessen Leben in ihn einzugehen, um in und irgendwie neben diesem sein eigenes Wesen und seine eigene Existenz für sich fortzusetzen und um diesen dann auch wohl, ohne seines Wesens und seiner Existenz verlustig zu gehen, wieder verlassen zu können. Nein, der Mensch ist das Leben dieses seines Leibes. Dieser Leib selbst ist ja nicht irgendein, sondern sein Leib. Wäre er nicht sein Leib: der Leib, dessen Leben er selbst ist, dann wäre er ja gar nicht Leib; er könnte dann nur noch alsbald zerfallender Körper sein; er hätte dann auch als Körper überhaupt nicht Wesen und Existenz gewinnen können. Was dieser Körper ist und daß er ist, das hängt daran, daß er lebendig ist. Der Mensch ist, indem sein Körper lebendig und eben so Leib ist. Man muß das aber auch umgekehrt sehen und sagen: er ist, indem sein Körper lebendig ist. Er ist weder vor, noch neben, noch nach seinem Körper. Er ist das Leben seines Leibes, kein an sich seiendes, keinen seinen Leib frei überschwebendes oder nur beiläufig in ihm wohnendes Leben. Das ist's, was wir meinen, wenn wir den Menschen als Seele beschreiben. Das ist's, was wir damit allein meinen können. Der Satz: «Der Mensch ist Seele» wäre sinnlos, wenn wir ihn nicht sofort ergänzten und erklärten: Seele eines, und zwar seines Leibes. Er ist Seele, indem er ein Leib, und zwar dieser sein Leib ist. Er ist also nicht nur Seele, die einen Leib «hat», den sie vielleicht auch nicht haben könnte, sondern er ist leibhafte Seele, ebenso wie er beseelter Leib ist.

Beide Begriffe sind analytisch: Seele wäre nicht Seele, wenn sie nicht leibhaft, und Leib wäre nicht Leib, wenn er nicht beseelt wäre. Wir haben keine Freiheit, hier zu abstrahieren: weder nach der einen noch nach der anderen Seite. Eben indem der Mensch das Leben, die Seele seines Leibes ist, ist nun freilich auch dies gesagt: daß er nicht nur der Körperwelt angehört und also nicht nur im Raume und selber räumlich, nicht nur irdisch stofflichen Wesens und nicht nur irdisch stofflicher Existenzweise teilhaftig ist. Ist er Leben, ist er Seele — und er wäre ja auch nicht Leib, wenn er nicht Leben, nicht Seele wäre — dann ist eben damit gesagt, daß er wesentlich und existentiell auch in der Zeit, daß er nicht nur sichtbar, sondern auch unsichtbar, nicht nur äußerlich, sondern auch innerlich, nicht nur irdisch, sondern auch himmlisch ist. Indem wir auch diesen letzteren Begriff hier anwenden, erinnern wir uns, daß «himmlisch» in der biblischen Sprache nicht «göttlich» bedeutet, sondern schlicht: der höheren, der oberen, der unbegreiflichen Seite der gesamten Schöpfungswirklichkeit angehörig. «Seele» ist eine Bestimmung irdischer Wesen. Indem sie nur die Seele eines Leibes und also eines Körpers sein kann und von diesem nicht zu trennen ist, ist darüber entschieden, daß der Mensch zur Erde und also auf die untere Seite der Schöpfungswirklichkeit gehört. Aber eben das nun doch nicht so, daß er nicht gerade kraft seiner entscheidenden Bestimmung — er ist Seele seines Leibes — mitten in der Sichtbarkeit an der Unsichtbarkeit der einen Schöpfungswirklichkeit, als vollkommen irdisches Wesen auch am Wesen des Himmels Anteil hätte. Indem er Seele seines Leibes ist, ist er die irdische Darstellung jenes Oben und Unten des Weltganzen. Indem er die Seele seines Leibes ist, ist darüber entschieden, daß er seiner Räumlichkeit, Sichtbarkeit und Stofflichkeit, indem er an sie gebunden ist, nun doch nicht einfach verfallen, daß die ihm damit gesetzte Grenze nun doch nicht ein Gefängnis, sondern eine sinnvoll angeordnete Ökonomie bedeutet. Indem er beseelter Leib und leibhafte Seele, indem hier jede Abstraktion unmöglich ist, indem er lebt und also an der himmlischen Seite des Kosmos Anteil hat und nun eben doch leiblich und also auch in nicht aufzuhebendem Anteil an der Körperwelt lebt, indem er gerade als Seele seines Leibes jene irdische Darstellung der ganzen Schöpfungswirklichkeit ist, kann es ja gar nicht anders sein, als daß er auch als Leib in klarer Beziehung zu deren höherer, unsichtbarer, innerer Seite steht. Er müßte nicht lebendiger Leib oder die Beziehung zwischen Leib und Leben müßte lösbar sein, wenn in deren Einheit nicht auch sein Leib — ohne aufzuhören, körperlicher Leib zu sein — in jener Beziehung zum oberen Kosmos stünde. Wäre er nur Körper, dann wäre das gewiß nicht zu sagen. Aber nun kann er ja gerade nur so Körper sein, daß er Leben hat, nun ist er als Leib und also als lebendiger Körper gerade nicht nur Körper, sondern beseelt. Ist er aber beseelt, dann steht eben insofern auch er, dann steht eben insofern der eine ganze Mensch in jener Beziehung auch zum oberen Kosmos, um eben so eine Darstellung des ganzen Kosmos zu sein.

Wir werden die Anschauung und den Begriff: «der Mensch als Seele seines Leibes» noch besonders zu entfalten und zu erklären haben. Was uns zunächst beschäftigt, ist dies, daß es jenes freie Tun Gottes ist, durch das der Mensch als Seele seines Leibes begründet, konstituiert und erhalten wird. Er hat es also nicht in sich und aus sich selbst, Seele und Leib, Seele seines Leibes zu sein. Daß er das ist, beruht auf Gottes freier Schöpfergnade, durch die er für seinen geschichtlichen Stand im Bunde mit ihm zubereitet und ausgerüstet wird und in der sich die Gnade des Bundes schon spiegelt und ankündigt. Es ist also vor allem dies Gottes freie Gnadentat, daß der Mensch Seele seines Leibes sein und also auch dem Raum und der Körperwelt angehören darf. Wir sagen ausdrücklich: darf. Der Raum und die Körperwelt sind zwar die äußere und stoffliche, die untere, aber darum keine schlechtere Seite des Kosmos. Sie sind kein Gefängnis der Seele. Ein Gefängnis wäre im biblischen Sinn gerade der Zustand einer des Seins im Raum und in der Körperwelt entbehrenden, einer leiblos gebliebenen oder leiblos gewordenen Seele. Die Erde ist in ihrer Weise nicht weniger des Herrn als der Himmel. Daß der Mensch die Seele seines Leibes ist, auch das und schon das ist Gottes Wohltat, zur Konstituierung des Menschen in seiner Weise nicht weniger unentbehrlich als dies, daß er die Seele seines Leibes ist. Eben daran, daß er Seele seines Leibes ist, hängt nicht weniger als die Wirklichkeit seines Wesens und seiner Existenz. Er könnte, wenn er nicht Leib wäre, nur ein Schatten und weniger als ein Schatten sein. Daß Gott es anders gewollt hat, das darf also auf keinen Fall als eine Art Nachteil und *pudendum* der menschlichen Existenz, etwa im Gegensatz zu der der Engel, betrachtet und ausgelegt werden. Man vergäße dann völlig, daß Gott den Menschen gerade in der entscheidenden Beziehung hoch über die Engel gestellt hat, daß er nicht diese, sondern gerade ihn zum Genossen seines Bundes bestimmt hat. Zu dieser Bundesgenossenschaft gehört aber, was des Menschen Beschaffenheit betrifft, daß der Mensch die Darstellung der ganzen Schöpfungswirklichkeit ist und also auch an deren sichtbaren, stofflichen Seite vollen, ernstlichen Anteil hat und also nicht nur Seele, sondern Seele eines Körpers ist. Als Gottes freie, ungeschuldete Gnadentat seiner Schöpfung will schon dies verstanden sein. Er könnte und kann ihm auch vorenthalten, was er ihm damit gibt. Er ist es ihm ja wirklich nicht schuldig, ihn zum Genossen des Bundes mit ihm haben zu wollen und zuzubereiten. Er könnte ja wirklich an der Anschauung seines himmlischen und irdischen Kosmos genug haben, ohne den Menschen zu jener Darstellung des Ganzen zu erwählen und zuzubereiten. Niemand hat Anspruch darauf gehabt, dieses Wunderbare, Mensch, sein zu dürfen. Und Gott könnte und kann dem Menschen auch wieder nehmen, was er ihm damit gegeben hat, daß er ihn als Seele seines Leibes gewollt und geschaffen hat. Was ist der Tod Anderes als jedenfalls die Drohung eines körperlosen und damit als Leben sich selbst negierenden Lebens? Er ist jedenfalls die sehr eindrucksvolle Erinnerung daran, daß der Mensch auch als Leib nicht sich selbst gehört. Leben als Körperleben ist eine Sache, die schlechterdings nicht in unserer, sondern in Gottes Hand steht. Und nun handelt es sich ja nicht nur um Körperlichkeit, sondern um **Leiblichkeit** und also um **lebendige Körperlichkeit**. Nun besteht ja die Wohltat der Schöpfung darin, daß der Mensch die **Seele** seines **Leibes** sein darf, als lebendiger Körper nicht auf Raum und Körperwelt beschränkt ist, sondern zugleich **zeitlich** sein und existieren, zugleich dem unsichtbaren, oberen Kosmos angehören darf. Nun **ist er** in dem doppelten Geheimnis: daß er als **leiblicher Organismus** lebt und daß sein leiblicher Organismus eben dazu bestimmt ist, der Träger und der Ausdruck seines **Lebens** zu sein. Nun ist er, indem er in dieser unsichtbaren, innerlichen, himmlischen Beziehung Körper ist. Auch das nimmt er nicht aus sich selber, sondern es ist auch das die Sache des jeden Augenblick wunderbaren Ereignisses einer Geschöpfwirklichkeit. Geschieht es, dann lebt er: sein leiblicher Organismus in seinen Funktionen nicht nur, sondern in und mit dessen Funktionen und nun doch als ein eigener, ihm und dessen Funktionen gegenüber er selbst als Subjekt und Gestalt von dessen inneren und äußeren Erfahrungen, er selbst als Subjekt und Gestalt bestimmter, mit diesen Erfahrungen mehr oder weniger verbundener Erkenntnisse, Gedanken, Empfindungen, Gefühle, Absichten, Bestrebungen. Geschieht jenes Ereignis, dann ist er so in der Körperwelt und so sein eigener Körper, daß er diesen, indem er mit ihm identisch ist, nun doch auch übersieht, kennt, braucht, beherrscht, kurz: besitzt und also über ihm und insofern über sich selber, sich selber überlegen ist. Leben ist Leibesleben, und indem es das ist, mehr als das. Leben ist Subjekt und Gestalt sein, ist Freiheit, Erkenntnis und Regierung des Leibes. Ist der Mensch die Seele seines Leibes, so heißt das ja nicht, daß seine Seele einem Leib, sondern daß sein Leib ihm, seiner Seele, gehört. Als Seele seines Leibes ist der Mensch offenbar himmlisch, indem er irdisch ist.

Aber was heißt hier: er ist? was heißt das: er lebt? Daß er sich selbst «erlebt», das kann offenbar nicht bedeuten, daß er selbst sich das Leben irgendwo her nimmt und gibt, seinen Körper und also wieder sich selbst belebt und beseelt und damit zum Leibe, zu seinem, dem von ihm übersehenen, ihm bekannten, von ihm gebrauchten, beherrschten und besessenen Leibe macht. Daß er Seele und also allerdings Subjekt und Gestalt eines Leibes ist und damit dem unteren nicht nur, sondern auch dem oberen Kosmos angehört, das ist offenbar die Sache eines Ereignisses, über dessen Geschehen er keine Gewalt und Verfügung hat. Daß dieses Ereignis geschieht, daran hängt die Wahrheit seines Wesens und seiner Existenz. Und daran hängt es dann weiter, daß Gott ihn aufrufen, daß er sich selbst als sein Geschöpf erkennen und als solches vor ihm verantworten kann. In diesem Ereignis wird es möglich, daß er der Person Gottes als Person begegnen, Genosse seines Bundes — wenn Gott diesen Bund will und aufrichtet — werden kann. Er steht aber, indem dieses grundlegende Ereignis seiner Belebung geschieht und also in jedem Augenblick seines Lebens vor Gott, und zwar vor der freien ungeschuldeten Gnadentat Gottes des Schöpfers, ganz und allein darauf angewiesen, daß eben sie ihm widerfahre, der lebendige Gott aufs Neue sein Lebendigmacher sei und als solcher an ihm handle. Er ist gerade, indem er tatsächlich lebt und also Seele seines Leibes ist, immer unmittelbar von Gott her. Wäre er nicht von Gott her, so wäre er gar nicht. Und würde Gott ihm wieder nehmen, was er allein ihm in diesem Ereignis geben kann und gibt, dann würde nicht bloß sein Leib zurückfallen in den Zustand eines bloßen Körpers, um dann auch als Körper in der ihn umgebenden übrigen Körperwelt auf- und untergehen zu müssen — es würde dann vielmehr er selbst zu einem Schatten und zu weniger als einem Schatten, zu einer abgeschiedenen, gewesenen, ehemaligen Seele, zu einem erstorbenen Leben werden müssen; und als Gottes Bundesgenosse würde er dann ausfallen, Gottes Angesicht würde er dann nicht mehr sehen können, alle Gnade dieses Bundes würde ihn dann nichts mehr angehen. Und wenn dann Gott etwa objektiv aufhören würde, ihn, der ihn nicht mehr sieht, dennoch zu sehen, auch sein — dieses nicht mehr seienden Menschen — Gott zu sein (denn es steht auch das bei ihm, daß er nicht aufhören will, auch dann sein Gott und also seine Hoffnung zu sein), dann würde er eben nur noch verloren, er würde dann ewig verloren sein. Leben und also Seele seines Leibes sein heißt diesseits des Todes: Bewahrt sein vor — und jenseits des Todes: errettet sein aus solcher Verlorenheit. Und Gott selber, Gott allein, ist es, der hier bewahren, dort erretten kann, er allein ist die Quelle des Lebens. Sein Handeln allein ist das Ereignis, in welchem die Wahrheit menschlichen Wesens und menschlicher Existenz, die Seele des Leibes auf den Plan tritt und auf dem Plan bleiben kann.

Das ist der für alles Weitere unentbehrliche erste Satz, mit dem unsere Beschreibung der menschlichen Beschaffenheit anfangen muß. Wir haben ihn aber noch nicht in der Form ausgesprochen, in der er als **anthropologischer Satz** erkennbar und damit als Voraussetzung weiterer anthropologischer Sätze brauchbar wird. Wir wiederholen und erklären alles bisher Gesagte, indem wir nun den Begriff einführen, der uns schon bei der Analyse der menschlichen Natur Jesu als grundlegend begegnet ist: den Begriff des **Geistes**. Daß der Mensch nicht ohne Gott, sondern durch und von Gott, und zwar durch den und von dem Gott Israels, und zwar durch dessen immer neue Gnadentat, daß er so und so allein Seele seines Leibes ist, das kann und muß nun in den einen kurzen Satz zusammengefaßt werden: **Der Mensch ist, indem er Geist hat.** Dies ist die Ausdrucksform, die hier notwendig ist: der Mensch **hat** Geist. Sie ist freilich selbst wieder der Erklärung bedürftig. Man kann und muß vom Menschen sagen, daß er **Seele** — und von da aus dann auch: daß er **Leib ist**. Man kann aber **nicht** einfach sagen, daß er **Geist ist**. Man verdunkelte dabei sowohl das Wesen des Geistes als das des Menschen Man sagte dabei gerade das Wichtige nicht, was mit dem Begriff des Geistes von des Menschen Beschaffenheit zu sagen ist.

Es hing immer mit einer wenigstens indirekten Identifizierung des Menschen mit Gott zusammen, oder es mußte doch früher oder später zu solcher Identifizierung führen, wenn man den Menschen schlechthin Geist — «geschaffenen» oder «endlichen» Geist genannt hat, wie das in der neueren Theologie besonders in der Schule **Hegels** gerne geschehen ist. Daß der Mensch Geist ist, könnte nur insofern richtig gesagt werden, als er **durch** den Geist Seele und darum auch Leib, geistige Seele und insofern dann auch geistiger Leib ist. Man kann ihn selbst darum nicht als Geist bezeichnen, weil G e i s t in der biblischen Sprache gerade das bezeichnet, w a s G o t t s e l b s t f ü r d e n M e n s c h e n i s t u n d t u t, und weil wiederum der Mensch selbst in der biblischen Sprache damit identisch ist, daß er Seele (seines Leibes) ist.

Der Mensch h a t Geist. Wir bezeichnen damit den Geist als ein dem Menschen Zukommendes, ihm also nicht wesentlich Eigenes, sondern von ihm zu Empfangendes und tatsächlich Empfangenes, ein seine Beschaffenheit total Begrenzendes, aber eben damit auch total Bestimmendes. Indem er Mensch ist — Seele seines Leibes ist — hat er Geist. Man müßte vielleicht genauer sagen: er ist, indem der Geist i h n hat. Der Mensch hat ihn, sofern er selbst ein von ihm Gehabter ist. So gehört er zu des Menschen Beschaffenheit, ohne daß er doch, wie Seele und Leib, und als ein Drittes neben diesen, ein Moment seiner Beschaffenheit als solcher wäre. Er gehört zu ihr, sofern er ihr überlegener, ihr sie bestimmender und begrenzender Grund ist.

Man bemerke dazu, daß Jesus wohl nach Matth. 27, 50 seinen Geist «aufgibt», ihn nach Luk. 23, 46 in seines Vaters Hände befiehlt, daß er aber nach den früher angeführten Stellen zwar seine Seele oder seinen Leib, so oder so sich selbst, aber gerade nicht seinen Geist für Andere dahin gibt. Sein Geist ist nun einmal nicht er selbst, kann also auch nicht zu seiner Verfügung stehen und für Andere dahingegeben werden. Der Leib kann getötet werden und sterben, die Seele kann nach Matth. 10, 28 von dem, dem das zukommt, nämlich von Gott, dem Verlorengehen in der Gehennah überliefert werden, sie kann nach Matth. 16, 26 «eingebüßt» werden, nach Matth. 10, 39 verloren gehen. Solches geschieht dem, was der Mensch i s t. Solches kann aber dem Geiste, den der Mensch h a t, indem er ist, nicht geschehen. Es gehört vielmehr zum Wesen des Geistes, daß er, sofern und solange ihn der Mensch hat, v e r h i n d e r t, daß dem Menschen solches geschieht. Es kann solches dem Menschen nur gleichzeitig und infolgedessen geschehen, daß er a u f h ö r t, den Geist zu haben. Tod ist gleichbedeutend mit Geistesabwesenheit: wie der Geist den Menschen zur leibhaften Seele und zum beseelten Leib macht, so macht ihn Geistesabwesenheit zur leiblosen Seele, zum seelenlosen Leibe. Der Geist ist unsterblich. Gerade darum kann er weder mit dem Menschen, noch mit einem Teil des menschlichen Wesens identisch sein. Der Geist ist der Grund, die Bestimmung der Grenze des ganzen Menschen; insofern gehört er zu seiner Beschaffenheit und ist nun doch wirklich gerade kein Drittes im Menschen, kein zu Seele und Leib hinzutretendes weiteres Moment seiner Beschaffenheit.

Wir haben uns also der Entscheidung anzuschließen, die schon in der alten Kirche g e g e n d e n s o g e n. T r i c h o t o m i s m u s gefallen ist, wie er von P h i l o und in den christologischen Streitigkeiten des vierten Jahrhunderts von A p o l l i n a r i s v o n L a o d i c e a und im Mittelalter von den arabischen Philosophen vertreten worden ist. Daß hier «Teile» überhaupt nicht in Frage kommen, ist eine Sache für sich. Wir könnten auch nicht von drei Seiten oder Momenten der einen menschlichen Wirklichkeit reden. Sie ist Seele und sie ist Leib, sie ist aber nicht auch noch Geist. Sondern indem ihr Geist z u k o m m t, indem sie Geist e m p f ä n g t und h a t, indem sie vom Geiste g e h a b t und also nicht verlassen, sondern begründet, bestimmt und begrenzt ist, ist sie Seele und Leib. Die einzige Bibelstelle, die man in dieser Hinsicht als undeutlich ansprechen könnte, ist 1. Thess. 5, 23: «Der Gott des Friedens heilige euch vollkommen und euer Geist möge vollständig und die Seele und der Leib tadellos bewahrt werden bei der Wiederkunft unseres Herrn Jesus Christus.» Es ist zuzugeben, daß diese Stelle hart klingt: wegen der nur leise differenzierten Aneinander-

2. Der Geist als Grund der Seele und des Leibes 427

reihung der drei Begriffe und noch mehr wegen des Umstandes, daß Paulus hier auch den Geist als der Bewahrung bedürftig, als nicht *per se* vollständig bewahrt zu bezeichnen scheint. Calvin (Komm. z. St. CR 30, 179) hat gewiß recht, wenn er es ablehnt, unter «Seele» in diesem Zusammenhang den *motus vitalis* (die natürliche Lebensbewegung), unter «Geist» aber die *pars hominis renovata* zu verstehen: *atqui tunc absurda esset Pauli precatio*. Man wird aber auch von seiner eigenen Auffassung, wonach unter «Geist» hier die *ratio vel intelligentia*, unter Seele die *voluntas et omnes affectus* zu verstehen seien, zwar sagen müssen, daß sie einen guten Sinn ergäbe: *tunc enim purus et integer est homo, si nihil mente cogitat, nihil corde appetit, nihil corpore exsequitur, nisi quod probatur Deo* — daß man aber weder im Text noch im Kontext irgend einen Anhalt gerade zu dieser Deutung findet. Die, wenn auch leise Differenzierung, in der der «Geist» der Seele und dem Leib gegenübergestellt werden, muß entscheidend darum beachtet werden, weil die Stelle, wenn sie vom «Geist» wirklich als von einem Dritten neben Seele und Leib reden würde, nicht nur bei Paulus, sondern auch im übrigen Alten und Neuen Testament ganz allein stehen würde. Wenn es nämlich Luk. 1, 46 f. von Maria heißt: «Meine Seele erhebt den Herrn und mein Geist frohlockt über Gott, meinen Heiland», so haben wir es nicht mit einer doppelten Aussage, sondern mit einem *parallelismus membrorum* zu tun, in welchem die Subjekte, wie es gerade zwischen «Geist» und «Seele» oft geschieht — wir werden noch darauf zurückkommen — auch vertauscht stehen könnten. Und in der hier ebenfalls oft angeführten Stelle Hebr. 4, 12 heißt es ja nun gerade, daß das Wort Gottes schärfer als jedes zweischneidige Schwert hindurchdringe bis zur Scheidung (μερισμός) von Seele und Geist, um von diesem Scheidungspunkt aus — offenbar so also, daß der Geist auf Gottes, die Seele auf des Menschen Seite zu stehen kommt — zum Richter der Gedanken und Gesinnungen von dessen Herzen zu werden. Die Schrift sagt nie «Seele», wo nur «Geist» gemeint sein kann. Sie sagt aber sehr oft «Geist», wo «Seele» gemeint ist, und das ist innerlich darin begründet, daß des Menschen Beschaffenheit als Seele seines Leibes ja tatsächlich nicht vollständig und genau beschrieben werden kann, ohne daß zuerst und vor allem des Geistes als ihres eigentlichen Grundes gedacht wird. An eine Dreiheit zu denken, sind wir doch nirgends eingeladen. Auch Augustin hat einmal ebenfalls fast unerträglich hart formuliert: *Tria sunt, quibus homo constat: spiritus, anima et corpus*, um sich dann doch sofort zu korrigieren: *quae rursus duo dicuntur, quia saepe anima simul cum spiritu nominatur* (*De fide et symb.* 10, 23). Der Trichotomismus müßte notwendig auf die Anschauung und den Begriff von zwei verschiedenen Seelen und damit auf eine Aufspaltung des menschlichen Seins hinauslaufen. Das macht die Heftigkeit verständlich, mit der er auf dem vierten konstantinopolitanischen Konzil 869/70 (Denz. Nr. 338) verurteilt worden ist.

Wir verstehen also den Satz, daß der Mensch **Geist** hat und daß er eben damit **Mensch** ist, als inhaltlich gleichbedeutend mit dem Satz, von dem wir hier herkommen: daß er nicht ohne, sondern durch Gott, nämlich durch Gottes immer neue Tat Mensch und also Seele seines Leibes ist. Der Geist ist — zunächst in größter Allgemeinheit gesagt — **die Wirkung Gottes auf sein Geschöpf**, und speziell die **Bewegung Gottes zum Menschen hin**. So ist er das Prinzip von des Menschen Beziehung zu Gott, von des Menschen Gemeinschaft mit ihm. Von ihm, dem Menschen selbst, kann ja diese Beziehung und Gemeinschaft, da Gott sein Schöpfer, er sein Geschöpf ist, nicht ausgehen. Er selbst kann deren Prinzip nicht sein. Wenn sie auch für ihn möglich ist und wenn er sie auch seinerseits, auch als Bewegung von ihm her zu Gott hin verwirklicht, dann darum und daraufhin, weil die Bewegung Gottes zu ihm hin vorangegangen ist, weil er dieser in seiner Bewegung nachfolgen darf. Das eben ist gemeint, wenn die Schrift von einem Menschen sagt, daß er Geist oder den Geist habe, daß er dies und das im Geiste, durch den Geist getrieben, aus dem Geiste gesagt oder getan oder auch erlitten habe. Das bezeichnet nie eine seiner Natur eigene, sondern immer eine seiner Natur ursprünglich fremde, nun aber ihr von Gott zugekommene, und zwar eben in einer besonderen Bewegung Gottes zu ihm hin besonders zugekommene Fähigkeit und Mächtigkeit. Es bezeichnet also den Menschen immer als den, der auf Gottes Initiative hin mit Gott in Beziehung und Gemeinschaft steht, um in der so begründeten Beziehung und Gemeinschaft, Begrenzung und Bestimmung zu sein, was er ist. Der Geist ist in seinem Ursprung, sofern er von Gott selbst nicht nur herkommt, sondern ausgeht, mit Gott selbst identisch.

Das ist nicht nur der bekannten Stelle Joh. 4, 24 zu entnehmen, wo πνεῦμα und θεός ausdrücklich gleichgesetzt werden. Das ist implizit auch damit gesagt, daß der Geist schon an einigen alttestamentlichen Stellen und dann mit Nachdruck im Neuen Testament der «Heilige» Geist genannt wird. Und das hat man überall da jedenfalls zu bedenken, wo er als der Geist Gottes, als der «Geist aus der Höhe» (Jes. 32, 15) bezeichnet wird, wo es von ihm heißt, daß er «aus Gott» ist oder von ihm «ausgeht», daß Gott ihn gibt, sendet oder ausgießt, wo ihm göttliche Prädikate wie Allgegenwart (Ps. 139, 7), Souveränität (Jes. 40, 13 f.), Gerichtshoheit (Jes. 34, 16) und dergl. zugeschrieben wird. Auch die Grundbedeutung des Begriffs *ruach* oder *neschamah* und πνεῦμα: Wind als Atem und Hauch führt ja von selbst auf einen Ursprung zurück, in welchem Atem und Hauch von dem Atmenden und Hauchenden nicht zu unterscheiden sind. Die Kirche hat darum wohl recht gehabt, wenn sie ihn als Heiligen Geist von aller Kreatur unterschieden und als gleichen Wesens mit dem des Vaters und des Sohnes verstanden hat.

Von diesem seinem Ursprung abgesehen wird man aber sagen müssen, daß die Frage, ob der Geist Gott oder Geschöpf sei, darum nicht beantwortet werden kann, weil sie falsch gestellt ist: Geist in seinem Sein *ad extra* ist weder ein göttliches noch ein geschöpfliches Etwas, sondern ein Tun und Verhalten des Schöpfers seinem Geschöpf gegenüber. Geist ist nicht, sondern geschieht als göttliche Begründung jener Beziehung und Gemeinschaft. Geist ist geradezu der Inbegriff von Gottes Wirken seinem Geschöpf gegenüber. Geist ist also die allerdings streng und ausschließlich von Gott ausgehende Begegnung zwischen Schöpfer und Geschöpf. Das ist es, was wir nun auch zum Verständnis seiner Bedeutung für die Begründung, Konstituierung und Erhaltung des Menschen als Seele seines Leibes zu bedenken haben.

Es kann uns aber nach allem früher Gesagten nicht überraschen, feststellen zu müssen, daß wir unter «Geist» zunächst und ursprünglich immer die Bewegung Gottes zum Menschen hin und also das Prinzip menschlicher Beziehung zu ihm und menschlicher Gemeinschaft mit ihm

2. Der Geist als Grund der Seele und des Leibes

zu verstehen haben, in welchem es sich noch nicht um des Menschen natürliche Beschaffenheit, sondern in irgend einer Weise um seinen Stand im Bunde mit Gott handelt. Der Bund ist ja der innere Grund der Schöpfung. Und so ist der geschichtliche Stand des Menschen im Bunde mit Gott, obwohl er sachlich auf den in seiner natürlichen Beschaffenheit zu folgen scheint, in Wirklichkeit das Urbild und Modell, dem die natürliche Beschaffenheit des Menschen nachfolgen und entsprechen muß. Geist ist in seiner Grundbedeutung das Element, in dessen Kraft der Mensch als Genosse des Gnadenbundes aktiv und passiv auf den Plan geführt, in welchem er in den besonderen Stadien und Entscheidungen der Geschichte dieses Bundes in seine Stellung als Gottes Partner eingesetzt und für seine Funktion als solcher ausgerüstet wird, um dann in dieser Stellung und Funktion seinerseits zum Wort und zum Handeln zu kommen: er selbst und nun doch nie von sich aus, sondern immer darauf hin, daß Gott zuvor zu ihm geredet und an ihm gehandelt hat. Daraufhin, als Geistbegabter, als Charismatiker, hat er dann (in seiner Menschlichkeit weder vermehrt noch vermindert, noch verändert, aber neu begrenzt, und eben damit neu bestimmt) als menschliches Subjekt, aber in diesem ihm an sich fremden Element sich bewegend, auf diesen neuen Boden gestellt, zu antworten, bestimmte Worte zu sprechen, bestimmte Taten zu tun, ein bestimmtes Verhalten an den Tag zu legen. Wem Gott den Geist gibt, der wird damit als der Mensch, der er ist, zu einem anderen Menschen: zu einem Menschen Gottes, zu einem solchen Menschen gemacht, den Gott braucht und der eben damit, daß er von Gott gebraucht wird, ein neues Leben zu leben beginnt.

Man geht also gerade zum Verständnis der biblischen Anthropologie am besten von den Stellen und Zusammenhängen aus, in welchen der Geist als die Macht beschrieben wird, durch die bestimmte menschliche Personen zur Versehung ihres Amtes und Auftrags in der Geschichte Gottes mit dem Menschen, ausgezeichnet vor Anderen, ausgerüstet werden. Stellen wie Jes. 59, 21, wo von dem Volke Israel als solchem gesagt wird, daß der Geist auf ihm ruhen werde, dürften im Alten Testament selten sein. Auch in dieser Stelle wird übrigens eschatologisch geredet und ist unter Israel der bekehrte «Rest» zu verstehen. Die auch in dieser Ausnahme bestätigte Regel ist die, daß es sich beim Empfang und Besitz des Geistes um Erwählung Einzelner und nicht um einen Gemeinbesitz handelt. Erst im Neuen Testament, wo ja die Gemeinde als der Leib Christi der Gegenstand der Erwählung ist, wird das anders: doch heben sich auch da noch immer einzelne, besonders mit dem Geist Begabte von der Gesamtheit der Übrigen ab. Um Empfänger und Träger des Geistes zu sein, muß man im Alten Testament nicht nur ein Glied des Volkes Israel sein, sondern Mose heißen (Num. 11, 17. 25. 29) oder Josua (Num. 27, 18, Deut. 34, 9) oder Othniel, Gideon, Jephtah, Simson (Richt. 3, 10 usw.) oder Saul (1. Sam. 10, 6) oder David (2. Sam. 23, 2) oder Elias (2. Kön. 2, 9. 15) oder Micha (Micha 3, 8) oder Hesekiel (Hes. 11, 5). Und der Träger der Fülle des Geistes, der Mann, auf dem der Geist ruhen wird, ist der Messias (Jes. 11, 2; 42, 1). Man beachte die Stelle Neh. 9, 30, wo das Wirken des Geistes und das Wirken der Propheten geradezu gleichgesetzt ist. Geist haben heißt in allen diesen Zusammenhängen: einen Auftrag von Gott und zu dessen Ausführung Gottes Autorisation und Ermächtigung haben. Dieser Auftrag, diese Autorisation und Ermächtigung kann auch zurückgezogen werden, der Geist kann auch «weichen» von dem, der schon mit ihm begabt ist. So geschieht es im Falle Simsons und Sauls, und darauf wird auch 1. Kön. 22, 24 in dem Gespräch zwischen dem falschen und dem echten Propheten angespielt. Er kann dann dem so Beraubten — so geschieht es im Falle Simsons — freilich u. U. auch wiedergegeben werden. Gott bleibt frei, zu geben, zu nehmen und wieder zu geben. Er zeigt sich aber auch darin als frei, daß er dem Menschen — auch das ist dann eine Art Auftrag, die der betreffende Mensch bekommt — einen bösen Geist geben kann, so wiederum dem Saul (1. Sam. 16, 14 f. usw.), so 2. Kön. 19, 7 dem König von Assur, wobei es dann freilich geschehen kann (1. Sam. 16, 23), daß auch dieser böse Geist wieder von ihm weichen muß. Auch der «Lügengeist im Munde aller falschen Propheten» ist nach der merkwürdigen Stelle 1. Kön. 22, 21 f. ein zur Umgebung des Thrones Jahves gehöriger und von Jahve selbst zur Betörung des Ahab aufgerufener und ermächtigter Geist. Und so gibt es auch andere Stellen (Jes. 4, 4; 40, 7, Hiob 4, 9), wo der Geist der Glutwind des göttlichen Gerichtes, eine Macht der Zerstörung und Vertilgung ist. So können wir uns nicht wundern, Hiob 20, 3 von einem «Geist ohne Einsicht», Jes. 29, 24 von einem «irrenden Geist», Sach. 13, 2 von einem «Geist der Unreinheit», und noch im Neuen Testament von einem «knechtischen Geist» (Röm. 8, 15), von einem «anderen Geist», der einen anderen Jesus und ein anderes Evangelium vertritt (2. Kor. 11, 4), und sogar in unübersehbarer Vielzahl von bösen, unreinen, Krankheit erregenden Geistern und ihrem Werk an und in den Menschen zu hören. Wenn Gott den Menschen und durch ihn andere Menschen verurteilt, dann kann er ihm auch einen solchen Geist geben: er fällt dann, indem der Geist Gottes von ihm weicht, nicht ohne Gottes aktives Zutun in die Macht eines solchen bösen Geistes Wir müssen das hervorheben, weil es besonders klar macht: Geist ist Gottes f r e i e Begegnung mit dem Menschen. Des Geistes Werk ist nach Joh. 16, 7 f. Beides: die Überführung der Welt hinsichtlich der Sünde und hinsichtlich der Gerechtigkeit — und zusammenfassend hinsichtlich des Gerichts, in welchem Gott seine Herrschaft aufrichtet. So, in dieser Fülle, ruht er auf dem Messias. So ist er (Act. 2, 3 f.) in Feuergestalt vom Himmel über die neutestamentliche Gemeinde ausgegossen. So ist diese, zuerst in den Aposteln, aber dann auch in der Gesamtheit ihrer Glieder, seine Empfängerin und Besitzerin (1. Kor. 2 12; Röm. 8, 15 usw.). So sind die Christen von ihm «getrieben» (Gal. 5, 18, Röm. 8, 14), so «leben» sie im Geiste (Gal. 5, 25), so können sie darum aufgefordert werden, im Geist zu «wandeln» (Gal. 5, 16), den Kampf des Geistes wider das Fleisch aufzunehmen (Gal. 5. 18), des Geistes «voll» zu werden (Eph. 5, 18), so wird die Gemeinde konstituiert durch seine verschiedenen Gaben (1. Kor. 12, 4 f.), so kann und muß in ihr aber auch nach seinen Früchten gefragt werden (Gal. 5, 22 f.). Es muß unter «Geist» immer das g ö t t l i c h e G n a d e n h a n d e l n i n s e i n e r g a n z e n A u s d e h n u n g verstanden werden, so also, wie es gerade in dem Begriff des g e r e c h t e n G e r i c h t e s G o t t e s am deutlichsten zusammengefaßt ist. Als Israels Richter ist Gott ja schon im Alten Testament Israels Herr und Helfer und entscheidend als der Akt hilfreichen, befreienden Gerichtes ist das Handeln Gottes in der Person seines Messias auch im Neuen Testament zu verstehen (Act. 17, 31). Indem der Mensch den Geist empfängt, bekommt er es mit Gott und also mit seinem Richter zu tun, wird er ein von Gott gerecht Gerichteter. Man beachte, wie der «neue, gewisse Geist», um den Ps. 51, 12 gebetet wird, in einem Atemzug v 14 ein freudiger und v 19 ein geängstigter, Jes. 66, 2 ein zerschlagener Geist genannt wird. Das Alles ist in der Wirkung des Geistes inbegriffen. Gottes Erwählung greift durch, bestimmt und begrenzt den Menschen, entscheidet nicht nur so o d e r so, sondern auch so u n d so über ihn, wobei dieses Entscheiden, gleichviel, ob es nach dieser oder jener Seite sichtbar wird, als ein Ereignis zu

2. Der Geist als Grund der Seele und des Leibes

verstehen ist, dessen Subjekt Gott ist, in welchem nun aber auch der Mensch, wie es 1. Sam. 10, 6 schon von Saul gesagt wird, «ein anderer Mensch», nach Joh. 3, 3 f. von neuem, von oben (ἄνωθεν) geboren, ins Verhältnis zu Gott, seinem Richter, gesetzt, seinem Gericht unterworfen und so im besten Sinn ein Gerichteter wird. Eben als solcher hat er denn auch im Besitz des Geistes nach Röm. 8, 23, 2. Kor. 1, 22 das Unterpfand (ἀπαρχή, ἀρραβών) künftiger Verherrlichung in der Teilnahme an der Herrlichkeit des Gottes, der sich, indem er ihm den Geist gab, durch den Geist sein Richter wurde, mit ihm eingelassen hat. Das ist der Begriff und die Funktion des Geistes im geschichtlichen Stand, in seinem Stand als Genosse des in der Existenz Israels anhebenden und in der Existenz des Messias erfüllten und vollendeten Gnadenbundes.

Man versteht von da aus das Wesen und Werk des Geistes in dem uns jetzt interessierenden engeren, dem anthropologischen Bereich. In eben der Weise wie der erwählte und berufene und insofern «neue» Mensch im Bunde davon lebt, daß Gott ihm seinen Geist gibt, lebt auch und schon der natürliche Mensch. Es ist derselbe Geist, der dort das Prinzip seiner Erneuerung ist, hier das Prinzip seiner geschöpflichen Wirklichkeit. Es kann ohne Geist, ohne jene von Gott her schlechterdings freie Begegnung zwischen Gott und dem Menschen, es kann außerhalb der durch diese Begegnung begründeten Beziehung und Gemeinschaft nicht nur kein Prophet oder sonstiger Beauftragter Gottes, kein lebendiges Glied am Leibe Christi — es kann ohne denselben Geist der Mensch gar nicht Mensch, gar nicht Seele seines Leibes sein. Indem er von Gott Geist bekommt, lebt er, wird und ist er Seele, wird und ist sein Körper Leib, ist er Seele dieses seines Leibes. Bekäme er ihn nicht, so würde er zu leben gar nicht beginnen können; er wäre dann nicht Seele, und es könnte dann sein Körper nicht Leib werden. Und bekäme er ihn nicht mehr, so würde er nicht mehr leben, seine Seele würde zum Schatten ihrer selbst, sein Leib zum bloßen Körper, der sich auch als solcher nur auflösen könnte in der ihn umgebenden Körperwelt. Es ist wirklich der Geist und nur der Geist, der den Menschen lebendig macht, der ihn als Seele seines Leibes begründet, konstituiert und erhält. Und gerade über den Geist hat der Mensch keine Macht, sondern daran, daß der Geist über ihn Macht hat, hängt es, daß er Mensch ist. Gerade der Geist gehört Gott, auch indem er dem Menschen gegeben wird. Gerade den Geist kann er nur haben, indem er ihm immer wieder gegeben wird. Geist ist das Ereignis der Lebensgabe, dessen Subjekt Gott ist, das sich als Gottes Tat immer wiederholen muß, wenn der Mensch leben soll. Geist ist in diesem Sinn die *conditio sine qua non* des Seins des Menschen als Seele seines Leibes. Es ist gewiß nützlich, schon hier die Erinnerung einzuschalten, daß dasselbe auch vom Sein der Tiere zu sagen ist. Durch den Geist Gottes des Schöpfers leben auch sie, sind auch sie Seele ihres Leibes: so und nicht anders. Was den Menschen vom Tier unterscheidet, ist die besondere Zuwendung und Absicht, in der ihm Gott durch den Geist das Leben gibt. Und im Zusammenhang damit die besondere Geistigkeit seines Lebens, die eben dadurch bestimmt ist, daß Gott ihn nicht nur in seiner Beschaffenheit als Seele seines Leibes geschaffen, sondern in dieser Beschaffenheit zu jenem Stande eines Genossen der Gnade seines Bundes bestimmt hat. Von solcher doppelten Bestimmtheit ist uns hinsichtlich der Tiere jedenfalls nichts bekannt, und daher kommt es, daß wir die Art ihres Lebens, ihrer Seelen, indem wir ihnen solche nicht abstreiten können, doch nicht zu verstehen, sondern bestenfalls nur zu ahnen wissen. Ihnen fehlt, soviel wir wissen, jene zweite, d. h. aber gerade die primäre und eigentliche Geistbestimmung. Menschen und Tiere können geboren, aber nur Menschen können auch getauft werden. In der Beziehung Geist-Leben und also Geist-Seele-Leib als solcher aber besteht zwischen dem Menschen und dem Tier kein Unterschied. Das unergründlich freie Tun und Verhalten Gottes des Schöpfers ist hier wie dort die *conditio sine qua non* des Lebens und damit zugleich des Wesens und der Existenz seiner Geschöpfe. Der Geist ist auch des Menschen Richter über Leben und Tod. Er ist es also nicht nur in dem vorhin betrachteten geschichtlichen Sinn. Er ist es auch hinsichtlich der natürlichen Beschaffenheit des Menschen. Geist heißt schon in dieser Hinsicht: daß er leben darf, Geistlosigkeit: daß er sterben muß.

Die biblischen Aussagen über den Geist als Prinzip der Existenz des Menschen im Gnadenbunde verhalten sich also zu denen über den Geist als Prinzip seiner Geschöpflichkeit so, daß gerade die ersteren die letzteren als Voraussetzung, aber auch als Verheißung in sich schließen: als Voraussetzung, sofern die letzteren zeigen und erklären, wie der Mensch (mit dem Tier zusammen!) schon als Geschöpf unter demselben Gericht steht und welches sein Sein als Genosse des Gnadenbundes sein wird — als Verheißung, sofern ja der Mensch im Gnadenbund gerade in seiner Geschöpflichkeit und für sie eine gewisse Hoffnung bekommt: die Hoffnung, die im Neuen Testament als die Auferstehung von den Toten, als Auferstehung des ganzen Menschen, beschrieben wird. So kommt es, daß man die neutestamentlichen Aussagen über den Geist der Gnade und der Erneuerung immer auch extensiv, immer dahin verstehen muß, daß sie auch des Menschen Kreatürlichkeit betreffen, indirekt auch Beschreibung dessen sind, wie es kommt, daß der Mensch im einfachsten, naheliegendsten Sinn des Wortes leben darf und nicht sterben muß. Ein Wort wie Joh. 3, 8 von dem Geiste, der «weht, wo er will, und seine Stimme hörst du, du weißt aber nicht, woher er kommt und wohin er geht», könnte nicht nur ebensowohl von dem das kreatürliche Leben erweckenden Geist gesagt sein, sondern, indem es von dem Geist der Erneuerung redet, bezeichnet es umfassend tatsächlich auch jenen, den schöpferischen Geist: Er kommt — woher? er geht — wohin? So fragen wir, wenn wir um den Grund unseres Lebens nicht wissen. Denn was zwischen den beiden Fragen als geheimnisvolle Geburt durch den kommenden und gehenden Geist wirklich ist, das ist des Menschen Leben, der Mensch als Seele seines Leibes. Genau so hat das Wort Joh. 6, 63 (vgl. auch 2. Kor. 3, 6): «Der Geist ist's, der lebendig macht, das Fleisch ist nichts nütze», so gewiß es soteriologisch gemeint ist, mittelbar auch anthropologische Bedeutung. Und anthropologische Belehrung erhalten wir auch Apok. 11, 11, wo von den zwei getöteten Zeugen berichtet wird, daß nach 3½ Tagen der «Geist des Lebens aus Gott» in sie kam «und sie traten auf ihre Füße und große Furcht überfiel die, welche sie sahen». Man höre ein Wort wie Röm. 8, 10—11: «Wenn Christus in euch ist, so ist zwar der

2. Der Geist als Grund der Seele und des Leibes

Leib tot um der Sünde willen, der Geist aber ist Leben um der Gerechtigkeit willen. Wenn aber der Geist dessen in euch wohnt, der Jesus von den Toten erweckte, so wird der, der Christus Jesus von den Toten erweckte, auch eure sterblichen Leiber lebendig machen durch seinen in euch wohnenden Geist.» Das Wort ist mit seiner Nennung des Namens Jesu Christi und mit seinem den ersten Satz beherrschenden Gegensatz von Sünde und Gerechtigkeit deutlich auf die Ordnung des **Gnadenbundes** gerichtet: auf die Todesbedrohung durch die Sünde, die Lebensverheißung durch die Gerechtigkeit, zwischen denen der Christ — der ersteren den Rücken, der letzteren das Gesicht zuwendet — in der Mitte steht und so vorwärts blickt. Aber nun umschließt doch der zweite, über die Gegenwart in die Zukunft weisende Satz ebenso deutlich **auch die geschöpfliche Wirklichkeit** des Menschen: für den Geist Gottes, der auch der schöpferische Geist ist, gibt es, solange er in uns wohnt, wohl einen sterblichen, aber nur einen in seiner Sterblichkeit lebendig gemachten und noch und noch lebendig erhaltenen Leib, und eben das ist es, was er als Geist dessen, der Jesus von den Toten erweckt, der Sünde und dem Tod zum Trotz, am Menschen betätigen und wahrmachen wird. Oder Gal. 4, 6: «Da ihr Söhne seid, hat Gott den Geist seines Sohnes in unsere Herzen gesandt, welcher schreit: Abba, Vater!», und dazu Röm. 8, 26 f.: «Der Geist kommt unserer Schwachheit zu Hilfe. Denn was wir bitten sollen, wissen wir nicht. Aber der Geist tritt für uns ein mit unaussprechlichen Seufzern. Der aber die Herzen erforscht, kennt die Absicht des Geistes: daß er vor Gott eintritt für die Heiligen.» Hier wird von des Christen Gebet und also sicher wieder im Blick auf die **Gnadenordnung** gesagt, daß es in des Christen Macht nicht liegt, im Gebet sein eigener Fürsprecher vor Gott zu sein, sondern daß, wenn er betet, faktisch der Geist an seine Stelle tritt und an seiner Stelle die für ihn gar nicht aussprechbare Anrufung Gottes des Vaters vollzieht, die dann von diesem gehört und erhört wird, als ob sie nun doch sein eigenes Gebet wäre. Eben damit ist aber implizit **auch** unübertrefflich genau gesagt, wie es kommt, daß der Mensch das, was er nicht in sich hat und also nicht aus sich hervorbringen kann, sein **kreatürliches Leben** nämlich, nun dennoch in höchster Realität betätigen darf, indem derselbe Geist Gottes nicht erst als Geist des Bundes mit seiner Gebetskraft für sein Gebet, sondern als Schöpfergeist mit seiner Lebenskraft schon für sein Leben eingetreten ist und gut steht, und das, was er sich nicht nehmen kann, ihm gegeben hat. Man denke hier aber auch an eine alttestamentliche Stelle wie die von der Wiederbelebung des Feldes voller Totengebeine Hes. 37, 1—14: Was ist hier die Erweckung des toten und die Wiederversammlung des verstreuten Israel, was nicht implizit zugleich in höchster Anschaulichkeit der Vorgang wäre, in welchem der Lebensodem von Gott den Menschen lebendig macht und erhält?

Aber nun bietet uns ja gerade das Alte Testament auch eine Fülle von direkten Zeugnissen für diesen Sachverhalt. Wer ist der Gott Israels? Mose und Aaron sagen es (Num. 16, 22), indem sie sich in einem Augenblick, da die ganze Gemeinde von Gottes vernichtendem Zorn aufs schwerste bedroht ist, daran halten: «O Gott, du Gott des Lebensodems in allem Fleisch! Willst du, wenn ein Einzelner sündigt, über die ganze Gemeinde zürnen?» Der so angerufene Gott wird das in der Tat faktisch nicht wollen. Er ist und wirkt doch (Jes. 42, 5) als der, «der Odem gibt dem Menschengeschlecht auf der Erde, und Lebenshauch denen, die über sie hinwandeln». Wie er das zuerst getan hat, wird Gen. 2, 7 anschaulich beschrieben: Er habe dem von ihm aus Erde vom Ackerboden gebildeten Menschen Lebensodem in die Nase gehaucht und so sei dieser zu einem «lebenden Wesen» geworden. Die Meinung dabei ist die, daß durch das Anhauchen Gottes das eigene Atmen des Menschen in Bewegung gebracht, eben damit sein Leben erweckt, seine Seele geschaffen, sein irdischer Körper zu seinem Leib wurde. «Der Geist erzeugt, in das Staubgebilde, den irdenen Organismus eingehend, die Seele, welche damit die ihrem Wesen nach unvergängliche, weil göttliche

Lebenskraft in sich trägt... durch die sie geworden ist und besteht» (H. Cremer, PRE³ Bd. 6, 465). Spr. 20, 27 wird das poetisch schön erläutert: «Der Odem des Menschen ist eine Leuchte des Herrn; sie durchspäht alle Kammern des Leibes.» Eben daß der Mensch lebt, ist also im Alten Testament einfach gleichbedeutend damit, daß er atmet. Eben atmen wird er aber nicht ohne das Atmen und also den Geist Gottes, der ihn zu seinem eigenen Atmen und also zum Leben erweckt hat. Indem er daraufhin, daß Gott ihn angehaucht, selber atmet und lebt, hat er selber Geist. Daß er aber den Geist hat und also selber atmet und lebt, das erfordert Gottes fortgehendes Schöpferwerk an ihm. «Er selbst gibt Allen Leben und Atem», heißt es also auch im Neuen Testament (Act. 17, 25). Darum kann es Hiob 33, 4 geradezu heißen: «Der Geist Gottes hat mich geschaffen und der Odem des Allmächtigen gibt mir Leben.» Darum kann denn auch (Ps. 150, 6) Alles, was Odem hat, aufgerufen werden, den Herrn zu loben. Gott loben ist eben wirklich schon unser natürliches Amt.

Aber nun darf man nicht übersehen: Es ist Gottes freies Handeln, auf Grund dessen der Mensch den Geist hat und also atmen und leben, Seele seines Leibes sein darf, und: es ist wirklich Gottes Gericht, unter das er, da die Dinge so stehen, schon in seiner kreatürlichen Beschaffenheit gestellt ist. Das kündigt sich in der bereits gestreiften Tatsache an, daß er sein Atmen und Leben und also dies, daß er den Geist hat, mit den Tieren gemeinsam hat. «Lebende Wesen» heißen nämlich Gen. 1, 20. 26 vor den Menschen schon die Tiere, und Gen. 7, 15 heißen auch sie ausdrücklich «Fleisch, das Lebensodem in sich hatte». Nach dem Alten Testament kann also auch den Tieren nicht nur die Seele, sondern auch der Geist nicht einfach abgesprochen werden. Als einen solchen Akt besonderer Zuwendung, wie er nach Gen. 2, 7 bei der Erschaffung des Menschen stattfindet, hat es ihre Erschaffung freilich nicht beschrieben. Aber daß derselbe Schöpfergeist, der den Menschen zum Leben erweckt, das Lebensprinzip auch der Tiere (nach Ps. 33, 6 sogar des ganzen Heeres des Himmels) ist, das bleibt darum doch wahr. Und Koh. 3, 19 f. wird diese Erkenntnis in erschütternder Weise entfaltet: «Das Geschick der Menschenkinder ist gleich dem Geschick des Tieres; ein Geschick haben sie beide. Wie dieses stirbt, so sterben auch jene, und einen Odem haben sie alle. Der Mensch hat vor dem Tiere keinen Vorzug. Denn alle gehen an einen Ort: alle sind sie aus Staub geworden und alle werden sie wieder zu Staub. Wer weiß, ob der Odem der Menschenkinder emporsteigt, der Odem des Tieres aber hinabfährt zur Erde?» Ja: wer weiß? Es steht dem Menschen nicht zu, darüber zu seinen Gunsten zu befinden. Was er von sich aus wissen und erwarten kann, ist in der Tat nur dies, daß sein Atmen und Leben wie das der Tiere, einmal, es sei angefangen hat, so auch endigen wird — nur dies also, daß er ebenso wie die Tiere sterben muß. So wird es ihm sofort nach dem Sündenfall (Gen. 3, 19) gesagt: «Im Schweiße deines Angesichts sollst du dein Brot essen, bis du wieder zur Erde kehrst, von der du genommen bist. Denn Erde bist du und zur Erde mußt du zurück.» Und dazu die Präzisierung Gen. 6, 3: «Da sprach der Herr: Mein Geist soll nicht immer im Menschen wohnen, dieweil er Fleisch ist, und seine Lebenszeit sei 120 Jahre», eine Spanne, die dann Ps. 90, 10 bekanntlich auf 70—80 Jahre reduziert wird. Gott ist nicht gebunden, seinen Geist immer im Menschen wohnen zu lassen, und wenn er das nicht mehr tut, dann ist es mit dem Atmen und Leben, mit des Menschen Sein als Seele eines Leibes vorbei, dann muß er zur Erde zurück, von der er genommen ist, dann muß er sterben. «Du lässest die Menschen zum Staube zurückkehren, sprichst zu ihnen: Kehrt zurück, ihr Menschenkinder!» (Ps. 90, 3). Das ist das göttliche Gericht, unter das der Mensch schon in seiner kreatürlichen Beschaffenheit dadurch gestellt ist, daß er den Geist nun einmal nur so haben kann, wie er als Gottes freies Tun zu haben ist. So also, daß der Geist gehen kann, wie er gekommen ist: Es ist eine gefährliche Sache, ein Mensch zu

2. Der Geist als Grund der Seele und des Leibes

sein, «in dessen Nase nur ein Hauch ist» (Jes. 2, 22). «Ja, ein Hauch nur ist Alles, was Mensch heißt» (Ps. 39, 6). «Wenn er zurückkäme, seinen Geist und seinen Odem an sich zöge — verscheiden müßte alles Fleisch zumal und zum Staub kehrte der Mensch zurück» (Hiob 34, 14 f.). Und so könnte es nicht nur sein, so ist es ja: «Fährt sein Odem aus, so kehrt er wieder zur Erde und alsbald ist's aus mit seinen Plänen» (Ps. 146, 4). «Der Staub wird wieder zur Erde, wie er gewesen, der Odem aber kehrt wieder zu Gott, der ihn gegeben» (Koh. 12, 7). «Nimmst du ihren Odem hin, so verscheiden sie und werden wieder zu Staub. Sendest du deinen Odem aus, so werden sie geschaffen und du erneuerst das Antlitz der Erde» (Ps. 104, 29). Man beachte, wie sich an dieser letzten Stelle das Verhältnis schon wieder umkehrt, das Wegnehmen durch ein neues Aussenden des Lebensodems überboten und relativiert wird. Aber der Ernst jenes Wegnehmens und also des gewissen Sterbens wird dadurch nicht gemildert. Daß es zu jenem Wegnehmen kommt, steht fest, und daß es zu jenem neuen Aussenden kommt, steht sicher nicht in unserer Hand, kann nicht einmal Sache unserer Einsicht sein. Gott ist beide Male am Werk und Gott ist beide Male gleich freies Subjekt. Gott ist der, «in dessen Hand dein Odem steht», wird Dan. 5, 23 dem Belsazar drohend zugerufen. Atmen und leben, Seele seines Leibes sein, heißt, weil Gottes Atem, Gottes Geist das möglich macht, unweigerlich: in Gottes Gericht stehen. Der Mensch ist, indem er Geist hat. Das ist gleichbedeutend damit, daß es allein bei Gott steht, ob er einer Errettung oder aber dem Verlorengehen seines Seins entgegengeht. Es ist also gleichbedeutend damit, daß er schon in seiner kreatürlichen Beschaffenheit schlechterdings auf Gottes Richterspruch und darauf angewiesen ist, daß die Freiheit dieses Richters die Freiheit seiner Gnade ist.

Wir verfolgen von da aus zu Ende, was das heißt: Geist haben. Nach dem Gesagten kann die Definition zunächst sehr einfach sein: Geist haben heißt leben dürfen, heißt also: Seele sein dürfen und dann und daraufhin Seele seines Leibes sein dürfen. Man muß dieses Dürfen betonen. Aus ihm folgt dann ein Können und auf Grund dieses Könnens wiederum kommt es zu einer Verwirklichung. Den Grund und Anfang des Ganzen bildet aber das Dürfen. Und das bedeutet es, wenn dem Menschen Geist zugesprochen wird: man sagt damit, daß ihm dieses Dürfen eigen ist. Was «hat» der Mensch? Er «hat» es, leben, Seele seines Leibes sein zu dürfen: das ist gemeint, wenn wir sagen, daß er Geist «hat». Vier Abgrenzungen werden von da aus möglich und notwendig:

1. Daß der Mensch Geist hat, das bedeutet, daß Gott für ihn da ist. Jeden Augenblick, in dem er atmet und leben darf, hat er ja eben darin das Zeugnis, daß Gott sich ihm in seiner freien Gnade als Schöpfer zugewendet, ihn noch und noch einmal als lebendes Wesen gewollt und zu einem solchen hat werden lassen. Es ist dagegen nicht an dem, daß der Mensch, indem er Geist hat, seinerseits auch nur in einem Teil oder Kern seines Bestandes göttlichen Wesens wäre. Es kann im Gegenteil die Kreatürlichkeit des ganzen Menschen nicht deutlicher sichtbar werden als eben darin, daß er dieses Dürfens, dieser ihm nicht immanenten, sondern von außen zukommenden Freiheit zum Leben bedarf. Man könnte ihm eher im Blick auf sein seelisches, eher sogar im Blick auf sein leibliches Wesen, göttliche Natur zuschreiben, als gerade im Blick auf den Geist, der es ihm ermöglicht, Seele seines Leibes zu sein. Eben im Blick auf diese trans-

zendente Ermöglichung seines Lebens wird man dann freilich auch im Blick auf Seele und Leib des Menschen sicher nicht auf diesen Gedanken kommen, sich vielmehr daran genügen lassen, daß der ganze Mensch davon lebt, daß Gott für ihn da ist.

Man liest bei Ovid (*Ars amandi* III 549): *Est Deus in nobis et sunt commercia coeli/Sedibus aetheriis spiritus ille venit.* Gerade diese Vorstellung von einem immanenten Sein Gottes in uns ist durch den biblischen Begriff des Geistes, schon weil er der Begriff einer Tätigkeit und nicht der eines Seins ist, hermetisch ausgeschlossen. Indem wir den Geist haben und also leben dürfen, ist allerdings auch nach der Bibel «Gott in uns». Der Geist ist und bleibt aber nach der Bibel göttliches Werk am Menschen, göttliche Gabe an ihn. Und er ist und bleibt als Gottes Werk und Gabe dem Menschen gegenüber frei und überlegen. Indem er für den Menschen schlechterdings Alles bedeutet, indem er die *conditio sine qua non* seiner Gottesgemeinschaft und damit seines Lebens ist, ist gerade das nicht möglich, daß er in irgend einer Tiefe von dessen Wesen und Existenz mit dem Menschen identisch würde, wodurch denn auch der Mensch in ein göttliches Wesen verwandelt wäre. Man hat sich das Verhältnis zwischen Geist und Mensch auch im anthropologischen Sinn nach Analogie der im soteriologischen Zusammenhang gebrauchten Ausdrücke vorzustellen: er wird über den Menschen ausgegossen, er wird auf ihn gelegt, er wird ihm gegeben: ein Vorgang, im Blick auf den Paulus zweimal (1. Kor. 15, 45, 2. Kor. 3, 17. 18) die Gleichung κύριος = πνεῦμα gewagt hat, bei dem aber jedenfalls nicht an eine Verwandlung der menschlichen Natur in die göttliche zu denken ist. Was an diesen Stellen gesagt wird, ist dies, daß dieser Mensch, weil er in seiner Menschlichkeit zugleich Gottes Sohn war, allen anderen Menschen gegenüber die lebenschaffende Krafttat Gottes in seiner Person vollzogen hat und noch vollzieht. Joh. 7, 38 kann darüber hinaus auch gesagt werden, daß dem Leibe dessen, der an Jenen glaubt, seinerseits «Ströme lebendigen Wassers» entfließen werden, wobei doch durch den Zusammenhang («Wenn Jemand dürstet, der komme zu mir und trinke!» v 37) dafür gesorgt ist, daß das erst recht nicht als eine Identifikation des menschlichen mit dem göttlichen Sein, sondern wieder nur als eine Beschreibung des menschlichen Seins im Dienst der lebendigmachenden göttlichen Tätigkeit verstanden werden kann.

2. Daß der Mensch Geist hat, das ist die Grundbestimmung, die entscheidende Ermöglichung seines Seins als Seele seines Leibes. Der Geist ist so im Menschen, so ihm zugehörig, wie der mathematische Mittelpunkt eines Kreises in diesem Kreise und so diesem zugehörig ist. Vom Geist aus ist der ganze Mensch, indem der Geist des ganzen Menschen Lebensprinzip und Lebenskraft ist. Eben darum kann er kein Drittes sein neben Seele und Leib. So ist er viel mehr als eine solche Vermehrung des menschlichen Seinsbestandes. Der Geist ist es, der diesen zustande bringt und beständig macht. Er ist ja eben das Dürfen, auf Grund dessen die Seele erwacht, als Seele geschaffen wird und auf Grund dessen dann auch der Körper beseelt, zum Leibe wird und als solcher erhalten wird.

Die Schwierigkeit der Stelle 1. Thess. 5, 23 würde sich beheben, wenn die Begriffe αὐτὸς ὁ θεός, ὁλοτελεῖς, ὁλόκληρον und τηρηθείη sich so zueinander verhalten sollten, daß man folgendermaßen paraphrasieren dürfte: «Er selbst, der Gott des Friedens, heilige euch in der Ganzheit eures Seins, und es werde euer Geist (der diese Ganzheit eures Seins begründet und garantiert) und mit ihm die Seele und der Leib ohne jede Einbuße bewahrt in der Wiederkunft unseres Herrn Jesus Christus.» Was Paulus seinen Lesern wünscht, wäre dann dies: es möge die Wiederkunft Christi und also die Auferstehung der Toten ihnen die Erneuerung und Bestätigung jenes von Gott ausgehenden Dürfens bringen und also die Freiheit zum Leben, die er, Gott, allein ihnen jetzt schon, in der Zeit, gegeben, die er allein ihnen auch für die ewige Zukunft aufs neue geben kann. Sie bringe ihnen die Erhaltung ihres ganzen menschlichen Seins durch denselben Geist, durch den es jetzt schon begründet und konstituiert ist. Und es möge dazu dadurch kommen, daß Gott sie in diesem ihrem jetzigen Sein heilige und also für jene letzte Errettung und Bewahrung zubereite. Alle anderen Stellen, wo vom Geist des Menschen die Rede ist, weisen jedenfalls darauf hin, daß man die Erklärung jenes Wortes in dieser Richtung suchen muß. Was wir auch vom Geist des Menschen sonst zu hören bekommen, es geht jedenfalls immer um ein Zentrum seines Wesens und seiner Existenz, das neben Seele und Leib kein Drittes, sondern in Seele und Leib zugleich über und jenseits von beiden zu suchen, das als der Repräsentant der göttlichen Schöpfungsgnade gegenüber dem Ganzen des Wesens und der Existenz des Menschen zu verstehen ist.

3. Der Geist ist zwar, indem ihn der Mensch hat, im Menschen: in seiner Seele und durch seine Seele auch in seinem Leibe. Er ist das Nächste, Intimste, Unentbehrlichste, was zum Verständnis seines Wesens und seiner Existenz zu bedenken ist. Er wird aber, indem er im Menschen ist, nicht mit diesem identisch. Wir sahen schon: das würde eine Verwandlung des Menschen in Gott in sich schließen, die schon dadurch vielmehr ausgeschlossen, daß Geist ein Tätigkeitsbegriff ist. Der Geist verwandelt sich also nicht in des Menschen Seele, obwohl und indem er doch zuerst und vor allem des Menschen Seele schafft und zu seiner eigenen Wohnung macht. Er wird auch nicht leiblich, obwohl er als Geist der Seele sofort auch der Geist des Leibes wird, obwohl der Mensch dazu bestimmt ist, nicht nur geistliche Seele und nicht nur seelischer Leib, sondern auch geistlicher Leib zu werden. Er wird und ist auch nicht einfach das menschliche Subjekt. Er ist wieder mehr als das: er ist das Prinzip, das den Menschen zum Subjekt macht. Das menschliche Subjekt ist nämlich der Mensch als Seele, und eben diese ist es ja, die durch den Geist geschaffen und erhalten wird. Er lebt aber eben darum auch der Seele und also dem menschlichen Subjekt gegenüber sein eigenes, überlegenes, fremdes Leben. Er ist an das Leben des menschlichen Subjektes nicht gebunden. Er ist darum auch von dessen Sterben nicht erreichbar. Er kehrt, wenn das Subjekt stirbt, zurück zu Gott, der ihn gegeben hat. Er ist im Unterschied zum menschlichen Subjekt unsterblich. Es hängt daran, daß er ihm wiedergegeben, daß jenes Dürfen erneuert wird, ob der Tod das letzte oder nun doch nicht das letzte Wort ist, das über den Menschen gesprochen ist.

Man muß hier noch einmal alle die Stellen bedenken, in welchen von einem Hinwegnehmen des Geistes und von dem dadurch bedingten Tod des Menschen die Rede ist. Die Krankheit des Sohnes der Witwe von Sarepta wurde so heftig, «daß kein Lebensodem mehr in ihm blieb» (1. Kön. 17, 17). Der Geist muß dann wie ein fremder Gast «entlassen» werden (Matth. 27, 50), wie ein geliehenes Eigentum in die

Hände dessen, von dem er empfangen wurde «übergeben» werden (Luk. 23, 46). Der Leib ohne Geist ist tot (Jak. 2, 26). Der Geist kann aber auch gerettet werden, während der Mensch dem Satan zum Verderben seines Fleisches überliefert wird (1. Kor. 5, 5). Und darin besteht eine Totenerweckung, daß der Geist des betr. Menschen wiederkehrt (Luk. 8, 55), wie es im Alten Testament gelegentlich auch von bloß gänzlich erschöpften, scheintoten Menschen, gesagt werden kann (Richt. 15, 19; 1. Sam. 30, 12). So lebt er, kommend und gehend, dem Menschen gegenüber sein eigenes Leben. Man beachte dazu auch 1. Kor. 2, 11, wo es vom πνεῦμα τοῦ ἀνθρώπου in ausdrücklicher Unterscheidung vom Menschen selbst heißt, daß es τὰ τοῦ ἀνθρώπου so wisse, wie der Geist Gottes τὰ τοῦ θεοῦ weiß.

4. Der Geist steht nun doch zur Seele oder zum seelischen Moment der menschlichen Wirklichkeit in einem besonderen, direkten, zum Leib dagegen in einem indirekten Verhältnis. Es ist ja die Seele das Leben des Leibes und so das menschliche Leben als solches, das der Mensch, indem er den Geist empfängt, nicht nur haben, sondern auch sein darf. Er darf Seele sein. Und so ist es der seelische Leib, den der Geist sich zur Wohnung wählt, um sie als solche zu beziehen. An und in der Seele findet die Tat Gottes, die der Geist ist, am Menschen statt: durch die Seele dann auch an und in seinem Leibe. Hier hat die Ordnung des Verhältnisses von Seele und Leib, hier hat die Superiorität der Seele gegenüber dem Leibe ihren Grund. Die Seele ist *a priori* das Element, in welchem die Zuwendung Gottes zum Menschen, des Menschen Zusammensein mit Gott so oder so Ereignis wird. Vom Leib ist zwar dasselbe auch, aber doch nur *a posteriori* zu sagen. Es ist die Seele, als deren Prinzip der Geist das Prinzip des ganzen Menschen ist.

Eben hier stehen wir nun vor dem sachlichen Recht der Möglichkeit, von der in der Schrift so oft Gebrauch gemacht wird: statt von der Seele direkt, von dem zu reden, was die Seele begründet und erhält, was ihr und des ganzen Menschen Prinzip ist, vom Geiste also. Indem der Geist im besonderen in der Seele wohnt, indem also die Seele im Besonderen Geistseele ist, nimmt der Geist an den Bewegungen und Erfahrungen der Seele Anteil, kann das, was von dieser zu sagen ist, auch von ihm gesagt werden. In diesem Sinn kann es Gen. 41, 8 von Pharao heißen, sein Geist sei beunruhigt, 1. Kön. 21, 5 von Ahab, er sei mißmutigen Geistes geworden, kann Hiob (6, 4) klagen, sein Geist habe das glühende Gift der Pfeile des Allmächtigen eingesaugt, und der Psalmist (142, 4; 143, 4): sein Geist sei in ihm verzagt, er verzehre sich (143, 7), kann Jes. 57, 15 von einem Gebeugtsein und Verschmachten des Geistes die Rede sein. Im selben Sinn kann es von Jesus heißen, daß er im Geist seufzte (Mark. 8, 12), ergrimmte (Joh. 11, 33), sich erregte (Joh. 13, 21). So hatte nach 2. Kor. 2, 13 auch Paulus in bestimmten Lagen keine Ruhe im Geist. Wieder im selben Sinn kann aber auch umgekehrt von Jakob gesagt werden, daß sein Geist lebendig wurde (Gen. 45, 27), von den Königen von Assur (1. Chron. 5, 26), von den Philistern (2. Chron. 21, 16), von Cyrus (2. Chron. 36, 22, Esra 1, 1), daß ihr Geist zu bestimmten Taten und Verhaltungsweisen erweckt wurde. Wir lesen Ps. 77, 7 von einem forschenden, Jes. 26, 9 von einem nach Gott sich sehnenden, Jes. 38, 16 von einem nach der Erquickung durch Gott begehrenden, Luk. 1, 47 von einem frohlockenden Geist. Wir lesen in der Kindheitsgeschichte Johannes des Täufers (Luk. 1, 80), daß er wuchs und stark wurde im Geist. Es wird dem Daniel (5, 12) ein «außerordentlicher» Geist zugeschrieben, während den falschen Propheten Hes. 13, 3 nach-

2. Der Geist als Grund der Seele und des Leibes

gesagt wird, daß sie ihrem «eigenen» Geist folgen. Es gibt aber nach 2. Kor. 7, 1 wie eine Befleckung des Fleisches so auch eine Befleckung des Geistes, wie umgekehrt nach 1. Kor. 6, 20 Gott an unserem Leib und in unserem Geist gepriesen werden kann, die Christen nach 1. Kor. 7, 34 nach Leib und Geist heilig sein können. Koh. 7, 8 werden ein «geduldiger» und ein «hochmütiger» Geist miteinander verglichen. Der Jude Apollos (Act. 18, 25) war «feurig im Geist», und so kann Spr. 16, 2 von einer «Prüfung» der Geister die Rede sein. Wie der Geist in diesem Sinn für Seele stehen kann, sieht man, wenn Paulus Gal. 6, 18 den Lesern wünscht, es möchte die Gnade Jesu Christi mit ihrem Geiste sein, und wenn er Röm. 8, 16 davon redet, daß der Geist Gottes unserem Geiste Zeugnis gebe. Wir haben es in allen diesen Zusammenhängen deutlich mit dem Menschen als solchem, aber nun eben mit dem Menschen in seiner natürlichen Beziehung und Ausrichtung auf Gott hin zu tun. Und man wird bei allen diesen Stellen nicht vergessen dürfen, daß der Geist nach so vielen anderen deutlichen Zusammenhängen gerade nicht der Mensch als solcher, sondern die ihn zum Menschen machende Gewalt der göttlichen Lebensgabe und also jenes dem ganzen Menschen gegenüber immer Fremde und Überlegene ist. Aber eben daß diese Gabe dem Menschen als solchem wirklich gegeben ist, ihm ohne aufzuhören, Gabe zu sein, schlechterdings wesentlich ist — eben dies, daß jenes Fremde und Überlegene zugleich das Nächste und Intimste im Menschen selber ist, drückt sich in der Bibel darin aus, daß er — und zunächst also er als Seele — einfach auch von dem her betrachtet und benannt werden kann, was ihn von Gott her begründet und erhält. Man bemerke, daß es auch hier nicht zur Gleichsetzung zwischen dem Geist und dem Menschen kommt, daß es auch hier — anders als hinsichtlich des Begriffs Seele dabei bleibt, daß der Mensch den Geist «hat» und also nicht etwa Geist wird. Aber daß er ihn hat, das ist allerdings so wesentlich, daß das, was er ist, nämlich vor allem seine Seele, auch einfach unter dem Gesichtspunkt dieses Habens beschrieben und bezeichnet werden kann und daß dieses Haben, dieses göttliche Dürfen von daher nach allen Seiten als beteiligt an dem Auf und Ab, Hin und Her seines Seelenlebens, seines kreatürlichen Lebens überhaupt, verstanden werden muß. Es ist zweifellos etwas von der schon im Bereich der Schöpfung stattfindenden göttlichen Kondeszendenz, was in der eigentümlichen Vieldeutigkeit der biblischen Terminologie an dieser Stelle sichtbar wird. Solange der Mensch lebt, hat sich Gott, indem er ihm den Geist gegeben hat und wieder gibt, offenkundig mit ihm solidarisch gemacht, ist es ihm nicht zu gering, die verschiedenen Wege seiner Seele, ob sie nun in die Höhe oder in die Tiefe führen, sich selbst entäußernd, mit ihm zu gehen. Und nun bezieht es sich freilich zunächst auf die Christen als Glieder am Leibe Christi, ist aber sicher extensiv auch anthropologisch wahr und bedeutsam, wenn die Korinther (1. Kor. 3, 16 vgl. auch 2. Kor. 6, 16) von Paulus darauf angeredet werden, daß sie müßten doch wissen, daß sie Gottes Tempel seien und Gott in ihnen wohne, und wenn das dann 1. Kor. 6, 19 dahin interpretiert wird: «Wisset ihr nicht, daß euer Leib der Tempel des in euch wohnenden Heiligen Geistes ist, den ihr von Gott habt, und daß ihr nicht euch selbst gehört?» Der Heilige Geist ist unmittelbar zur Seele, aber durch die Seele mittelbar auch zum Leibe und so die Begründung und Erhaltung des ganzen Christus und also nicht sich selbst gehörigen Menschen. Man verstehe unter Geist auch den Schöpfergeist, jenes von Gott ausgehende Dürfen, durch welches der Mensch das Leben hat, so ist eben mit diesem Pauluswort auch das Verhältnis dieses Schöpfergeistes zu Seele und Leib des natürlichen Menschen beschrieben: indem er im Menschen und also zunächst in der Seele wohnt, wird als der Leib dieser Seele indirekt auch der Leib Gottes Eigentum und Heiligtum, ist faktisch auch er, ist der Mensch, auch sofern er Leib ist, seiner eigenen Verfügung und Macht entzogen, mit der Seele zu des souveränen Geistes Wohnung gemacht.

3. SEELE UND LEIB IN IHRER ZUSAMMENGEHÖRIGKEIT

Wir wenden uns zu der Frage: was denn das ist, was von Gott und also durch den Geist als menschliche Geschöpflichkeit begründet, konstituiert und erhalten wird? Es ist die Frage nach der inneren Struktur dieser Geschöpflichkeit. Sie zerfällt in drei Unterfragen: die Frage nach ihrer inneren Einheit, die Frage nach ihrer inneren Differenzierung, die Frage nach ihrer inneren Ordnung. Es geht um Seele und Leib in ihrer Zusammengehörigkeit, um Seele und Leib je in ihrer Besonderheit, um Seele und Leib in ihrem gegenseitigen Verhältnis.

Was uns zunächst beschäftigt, ist die erste dieser Unterfragen: die nach der inneren Einheit der menschlichen Geschöpflichkeit und also die nach Seele und Leib in ihrer Zusammengehörigkeit.

Wir haben uns im vorangehenden Abschnitt die wesentliche Bedingtheit der menschlichen Geschöpflichkeit durch das freie Handeln Gottes des Schöpfers klar gemacht: der Mensch ist, indem er von Gott und durch Gott ist, indem er Geist hat. Das ist gewissermaßen das Vorzeichen vor der Klammer, in der wir das menschliche Sein zu sehen und zu verstehen haben. Indem wir jetzt fragen: was das ist, das in dieser Klammer und also unter diesem Vorzeichen steht, indem wir jetzt also zu der Frage nach des Menschen Sein als solchem übergehen, stoßen wir auf die merkwürdige Tatsache, daß wir es auch innerhalb jener Klammer wohl mit einem Ganzen, aber mit einem in sich gegensätzlichen Ganzen, mit einer Dualität zu tun haben: im Geschöpf selbst wenigstens scheinbar mit so etwas wie dem Unterschiede zwischen Schöpfer und Geschöpf, im Menschen selbst wenigstens scheinbar mit so etwas wie dem Unterschiede zwischen Geist und Mensch. Der Mensch ist nämlich zweierlei: Seele seines Leibes — so müssen wir uns auf Grund unseres Verständnisses des Geistes und also seiner Bedingtheit durch das Handeln Gottes ausdrücken — aber eben doch beides als ein je Verschiedenes: Seele und Leib.

Wir umschreiben vorläufig von den Ergebnissen unseres ersten Satzes her: der Mensch ist 1. geschöpfliches Leben: Leben, das durch den Willen und die Tat des lebendigen Gottes als Eigenleben eines Leibes geweckt, geschaffen, ins zeitliche Sein gerufen ist. Er ist lebendes Wesen. Und er ist 2. geschöpfliches Wesen: Wesen, das durch den Willen und die Tat desselben Gottes eine bestimmte räumliche Gestalt, einen beseelten Körper hat. Er ist lebendes Wesen. Anders ausgedrückt: Er ist 1. da, er hat Existenz: darin ist er Seele und er ist 2. in bestimmter Weise da, er hat eine Natur: darin ist er Leib. Es springt in die Augen, daß das zweierlei ist, daß diese beiden Bestimmungen und Momente seines

3. Seele und Leib in ihrer Zusammengehörigkeit

Seins nicht identisch sind, daß keine von beiden auf die andere zurückgeführt werden kann. Seele ist nicht Leib; denn Leben ist nicht Körper, Zeit ist nicht Raum, Existenz ist nicht Natur. Und so kann Leib auch nicht Seele sein.

Der Gegensatz ist so groß, daß die Frage sich stellen kann, ob wir es in dieser Verschiedenheit innerhalb der menschlichen Geschöpflichkeit nicht tatsächlich mit einer Gestalt des Unterschiedes zwischen Schöpfer und Geschöpf, Geist und Mensch zu tun haben möchten. Aber diese Frage stellen heißt sie beantworten. Der Unterschied zwischen Schöpfer und Geschöpf ist einzigartig, ist unwiederholbar. Wir hatten bei der Erklärung unseres ersten Satzes darauf Gewicht zu legen, daß der Mensch nicht Geist ist und auch nicht wird, sondern daß er ihn bekommt und hat, daß die schöpferische Zuwendung Gottes zum Menschen, die Gabe des Geistes wohl dies bedeutet, daß Gott für den Menschen ist, nicht aber dies, daß der Mensch in irgend einer Hinsicht, in irgend einem Teil oder Moment seines natürlichen Bestandes mit Gott identisch wird. Gott bleibt Gott und Mensch bleibt Mensch, indem jene Zuwendung Gottes zum Menschen stattfindet, indem es also dazu kommt, daß des Menschen Sein durch Gott begründet, konstituiert und erhalten wird. Gerade das kann also zum vornherein nicht in Frage kommen, daß wir es in jener inneren Verschiedenheit des menschlichen Seins tatsächlich mit einer Gestalt des Unterschiedes von Schöpfer und Geschöpf, Geist und Mensch, zu tun hätten. Das menschliche Sein ist in seiner **Ganzheit geschöpfliches** Sein, und wie groß und wichtig jene innere Verschiedenheit immer sein möge, so kann sie doch an die Verschiedenheit nicht heranreichen, die Verschiedenheit nicht in sich schließen, in der Gott dem menschlichen wie allem geschöpflichen Sein als dessen Schöpfer gegenübersteht. Wir haben es dort mit einem absoluten und endgültigen, hier jedenfalls nur mit einem relativen und vorläufigen Gegensatz zu tun. Der Gegensatz von Seele und Leib ist wie der von Himmel und Erde ein innergeschöpflicher, ein weltimmanenter Gegensatz. Das bedeutet nicht, daß er nichtig und unbeachtlich wäre. Das bedeutet aber, daß das Ganze, das innerhalb jener Klammer ist, der ganze von und durch Gott seiende, aus dem Geist geborene Mensch jedenfalls **zusammen** gesehen werden muß: so zusammen, wie wir Gott und Mensch außer in Jesus Christus gerade nicht zusammen sehen können. Gott und der Mensch sind außer in jener einen Person nicht Einer und nicht Eines. Ein Oberbegriff, der beide, Gott und den Menschen, in sich schließen würde, könnte nur unter Leugnung der Existenz und des Wesens Gottes **und** des Menschen vollzogen werden, er könnte nur der Begriff eines falschen Gottes oder eines nichtigen Menschen sein. Die **Seele** und der **Leib** des Menschen aber sind **der eine Mensch**, wie Himmel und Erde als Ganzes ein Kosmos sind. Die Verschiedenheit von Seele und Leib wird durch diese Überlegung nicht geleugnet, wohl aber an ihren

Ort gestellt. Nur an diesem Ort können beide dann auch in ihrer Verschiedenheit gesehen werden.

Die Verwechslung des Verhältnisses zwischen Seele und Leib mit dem zwischen Schöpfer und Geschöpf enthält freilich eine *particula veri*, die mit dieser Vorüberlegung nicht unterdrückt werden soll. Auch der Gegensatz zwischen Himmel und Erde ist ja mit dem zwischen Schöpfer und Geschöpf nicht identisch und nicht gleich und nun dennoch eine Bezeugung und Abbildung dieses höheren Gegensatzes. Und auch das läßt sich ja nicht bestreiten, daß zwischen Himmel und Erde einerseits, Seele und Leib andererseits eine Ähnlichkeit besteht, um deren willen wir uns keineswegs jener Spekulation anzuschließen brauchen, laut deren der Mensch als Seele seines Leibes geradezu der «Mikrokosmos», die Welt im Kleinen wäre, auf die wir aber immerhin zu achten haben. Ein Gegensatz ohne Beziehung ist der Gegensatz von Schöpfer und Geschöpf nun einmal nicht: so gewiß er in der Person Jesu Christi nicht nur überbrückt, sondern geradezu aufgehoben — so gewiß der Schöpfer und sein Geschöpf gerade an dieser Stelle als Einer zu sehen sind. Wir werden uns von da aus nicht wundern können, auch auf der Seite des Geschöpfs auf gewisse Spuren dieses Urgegensatzes zu stoßen und also z. B., wie in der Struktur des Kosmos (Himmel und Erde), so auch in der des menschlichen Seins (Seele und Leib) zwar nicht diesen Urgegensatz selber oder etwas ihm Gleiches, wohl aber dessen A n a l o g o n und B i l d wiederzufinden. Die Entsprechung besteht darin, daß es auch im Verhältnis von Seele und Leib in unumkehrbarer Ordnung um ein Oberes und um ein Unteres, um ein Belebendes und um ein Belebtes, um ein Raumbeherrschendes und um ein räumlich Beschränktes, um ein Unsichtbares und um ein Sichtbares geht. Wie sollte uns das nicht e r i n n e r n an das Verhältnis von Schöpfer und Geschöpf, wie uns ja um ähnlicher Entsprechungen willen auch das Verhältnis von Himmel und Erde an diesen Urgegensatz erinnern muß?

Es gehört aber zur Geschöpflichkeit aller Geschöpfe und so auch zu der der Menschen, daß sie die Verschiedenheit und Beziehung Gottes zu ihnen mit den inneren Verschiedenheiten und Beziehungen ihres Wesens wohl abbilden und bezeugen, aber nicht in Gleichheit darstellen können. Dem (mit der einen großen Ausnahme) absoluten Gegensatz zwischen Gott und dem Menschen kann im Menschen selbst nur ein relativer Gegensatz zweier Momente entsprechen, die in ihm letztlich und ursprünglich verbunden und Eines sind. Das Geschöpf ist im ersten und letzten Grunde bei aller seiner Verschiedenheit E i n e s, wo Gott und das Geschöpf bei aller zwischen ihnen bestehenden Beziehung Z w e i sind und bleiben — sogar in ihrer Einheit in Jesus Christus Zwei sein und bleiben — müssen. Und so gehören Leib und Seele anders zusammen als Schöpfer und Geschöpf. Die Zusammengehörigkeit ist dort, zwischen Schöpfer und Geschöpf, G n a d e, während sie hier zwischen Seele und Leib N a t u r ist. Sie beruht dort auf

3. Seele und Leib in ihrer Zusammengehörigkeit

Gottes freiem Schöpferwillen, während sie hier, im Geschöpf selber, dessen *ratio essendi* ist, von der es sich nicht entfernen kann, ohne seines Seins verlustig zu gehen.

Aber diese negative Feststellung hat eine wichtigere positive Kehrseite: es ist ja nicht an dem, daß dem Geschöpf damit, daß es jenen Urgegensatz nicht in sich wiederholen kann, etwas genommen wäre, denn es könnte ihm nicht gut sein, das zu tun. Es ist vielmehr dies gerade die Wohltat seiner Schöpfung, daß es ihm gegeben ist, in sich nur relativ verschieden zu sein, in seinem inneren Gegensatz von Natur zusammen zu gehören, in dieser Zusammengehörigkeit seine *ratio essendi* zu haben. Der Gedanke, daß der Mensch in seiner Verschiedenheit als Seele und Leib die Verschiedenheit zwischen Gott und der Kreatur wirklich zu wiederholen hätte, ist nicht nur ein übermütiger, sondern ein schrecklicher Gedanke. Er würde ja — und daran erkennt man vielleicht erst, warum er ein so verbotener Gedanke ist — bedeuten, daß der Mensch es in jedem Augenblick seines Daseins und in jedem Moment seines Wesens auf sich nehmen müßte, nein faktisch unvermeidlich auf sich hätte, den Abgrund überbrücken zu sollen, den Gott damit überbrückt hat, daß er das Geschöpf aus dem Nichts in die von ihm selbst verschiedene Wirklichkeit gerufen hat. Der Mensch müßte und würde sich dann faktisch beständig in der Stellung und Rolle eines *creator ex nihilo* befinden: er würde als Seele der schlechthinige Herr seines Leibes, für diesen schlechthin verantwortlich und so sein eigener Schöpfer, als Leib das schlechthinige Objekt seiner Seele, von dieser schlechthin abhängig und so sein eigenes Geschöpf sein müssen. Er müßte das Hoffnungslose unternehmen, Mensch zu sein, und es nun doch Gott gleich zu tun, um wahrhaft Mensch sein zu können. Er müßte und würde von diesem Widerspruch zerrissen werden, wenn er es auch nur einen Augenblick mit Erfolg unternähme, in diesem Widerspruch zu leben. Es ist wirklich zu seinem Heil, daß die Theorien über Seele und Leib, die direkt oder indirekt darauf hinauslaufen, den Menschen als Seele zu seinem eigenen Schöpfer, als Leib zu seinem eigenen Geschöpf zu machen, bloße Theorien sind, die faktisch noch nie wirklich, noch nie anders als in gewissen Experimenten und Annäherungen gelebt worden sind. Es ist schlimm genug, daß der sündige Mensch sich tatsächlich auf einem diesen Theorien entsprechenden Weg befindet, und es ist schlimm genug, was dabei an inneren und äußeren Ungeheuerlichkeiten praktisch herauszukommen pflegt. Es ist aber zu des Menschen Heil, daß er diesen Weg nicht zu Ende gehen kann, daß er dessen faktisch nicht fähig ist, weil es eben nicht wahr ist, daß er als Seele sein Schöpfer, als Leib sein Geschöpf ist. Er darf rein und ganz Geschöpf sein. Es ist die Gnade und Freundlichkeit des Schöpfers, daß er das darf. Und so darf er in seiner Geschöpflichkeit bei aller inneren Verschiedenheit eine solide innere Einheit, ein Ganzes sein. Ihm droht damit, daß er Seele und Leib ist, kein unendlicher Widerspruch, dem er mit einer Leistung zu begegnen hätte, deren nur Gott fähig ist. Daß er Seele ist, das belastet ihn nicht mit der Aufgabe, sein eigener Schöpfer — und daß er Leib ist, das belastet ihn nicht mit dem Schicksal, sein eigenes Geschöpf sein zu müssen. Wie groß und wichtig auch der Gegensatz zwischen Seele und Leib sein möge, diese unerträgliche Spannweite hat er nun gerade nicht. Der Mensch ist Einer, indem er Seele und Leib ist. Er kann und darf im Frieden seines in sich einigen Seins beides **zugleich** und **ganz** sein: Seele ohne jene schlechthinige Verantwortlichkeit für den Leib, und Leib ohne jene schlechthinige Abhängigkeit von der Seele. Es ist gerade nicht so, daß der Mensch nur seine Seele, sein Leib aber eine von ihm verschiedene, als solche von ihm hervorgebrachte und als solche von ihm zu meisternde Wirklichkeit wäre. Eben dies ist es, was dem Menschen, indem er Geschöpf und nicht auch noch Schöpfer ist, gnädig erspart bleibt. Man **kann** Mensch sein. Mensch sein ist keine überschwengliche, keine notwendig zur Verzweiflung führende Aufgabe. Nur in manchen Theorien über den Menschen und allerdings auch in manchen diesen Theorien entsprechenden menschlichen Lebensversuchen sieht es so aus, als ob es so wäre. Die menschliche Wirklichkeit ist weder so übermächtig, noch so ohnmächtig. Es kann freilich nicht anders sein, als daß der verkehrte Lebenswille, der jene Theorien und Lebensversuche hervorbringt, sich rächen muß. Der Tod ist die letzte abschließende Folge des Wahns, in welchem der Mensch zugleich Schöpfer und Geschöpf sein möchte. Im Tod als der unnatürlichen Scheidung von Seele und Leib macht sich diese Sünde bezahlt. Aber gerade der Tod macht auch offenbar, daß jenes Unternehmen nur Wahn ist und nicht mehr als das. Wird doch im Tod gerade die vermeintlich übermächtige Seele, indem sie leiblos wird, gänzlich ohnmächtig. Aber an dem ist es ja doch nicht, daß im Tod etwa der Leib übermächtig würde. Im Tod zerfällt ja doch der Leib als solcher, wird zum bloßen Körper, geht auf in der ihn umgebenden Körperwelt. Auch das Elend des Todes ist also so groß nun doch nicht, daß jener Wahn nun etwa in umgekehrter Gestalt zur Wirklichkeit würde. Der unendlichen, der unerträglichen Spannung zwischen Schöpfer und Geschöpf kann die menschliche Wirklichkeit auch im Tode nicht verfallen. Der Unterschied und Gegensatz von Seele und Leib wird im Tode allerdings so groß, wie es innerhalb der Geschöpfwelt nur möglich sein kann. Der Mensch — im Tode nur noch die gewesene Seele eines gewesenen Leibes — kann jetzt allerdings nicht mehr leben, wenn der Gott, der ihn zuerst leben und dann sterben ließ, ihm kein neues Leben gibt. Das Furchtbare aber, das ihm widerfahren müßte, wenn es ihm gelänge, Schöpfer und Geschöpf zugleich zu sein, kann ihm auch im Tode nicht widerfahren. Die Sünde hat im Tode ihren Sold empfangen, aber sie ist darum doch nicht zu ihrem Ziel gekommen. Der Unterschied und Gegensatz zwischen Seele und Leib bleibt relativ, und

3. Seele und Leib in ihrer Zusammengehörigkeit

das ist eben die gnädige Bewahrung in der Begründung, Konstituierung und Erhaltung des Menschen, daß der Unterschied zwischen Seele und Leib an jenen Urgegensatz nicht heranreicht, sondern ein relativer ist und unter allen Umständen bleiben wird.

Aber wir können und müssen hier noch Besseres sagen: Daß es dem Menschen gegeben ist, in sich nur relativ verschieden zu sein, in seinem inneren Gegensatz von Natur zusammenzugehören, das ist darum die positive Wohltat seiner Schöpfung, weil er ja eben dadurch E i n e r ist: ein in sich einiges und geschlossenes Subjekt. Gewiß nicht so, wie Gott Einer ist. Die Einheit Gottes ist zwar auch nicht ohne innere Verschiedenheit. Es ist aber kein Verschiedenes, keine einzelne Vollkommenheit in Gott, die nicht auch für sich das Eine, Ganze der Gottheit, die Summe aller seiner Vollkommenheiten wäre. Während man von der menschlichen Seele nicht sagen könnte, daß sie auch der menschliche Leib sei und weder von der Seele noch vom Leib sagen könnte, daß jene oder dieser für sich der eine ganze Mensch seien. Und es gibt in Gott bei aller reichen Verschiedenheit auch in seiner Einheit kein Oben und Unten, kein Vorher und Nachher seiner einzelnen Vollkommenheiten: in ihm ist Ordnung ohne alle Über- und Unterordnung, während die Ordnung des Verschiedenen im Menschen nun allerdings eine Über- und Unterordnung ist. Wir sagen also gewiß etwas Anderes, wenn wir von Gott und vom Menschen sagen, daß dieser wie jener Einer ist. Wir dürfen und müssen das aber allerdings auch vom Menschen sagen: er ist Einer. Genau so wie wir vom Kosmos, obwohl und indem er Himmel und Erde ist, sagen dürfen und müssen, daß er Einer ist. Absolute Scheidung von Seele und Leib kann dem Menschen nicht gelingen und kann ihm auch nicht widerfahren. Ihre und also seine eigene Zusammengehörigkeit ist von Gott her, dessen Geschöpf er ist — wie gewaltig sie auch durch ihn selbst und dann auch durch Gott in Frage gestellt werden mag — unzerstörbar. Im Menschen gibt es auch im Tode nur eine relative Verschiedenheit. Er kann und muß zwar sterben, er kann und muß aber auch im Sterben das nicht erleiden: die Zerstörung dieser Zusammengehörigkeit. Gott wacht nämlich auch im Tode über ihr. Und wenn der Mensch — diesseits oder jenseits des Todes — nach Gottes gnädigem Willen leben darf, dann lebt er eben in dieser Zusammengehörigkeit, dann wacht Gott nicht nur über ihm, sondern dann erweckt er ihn zu dieser Zusammengehörigkeit und dann redet und handelt er mit ihm, dem in dieser Zusammengehörigkeit Lebenden: der in sich einige Gott mit dem in seiner bloß geschöpflichen Vollkommenheit doch ebenfalls in sich einigen Menschen, ein S u b j e k t mit dem a n d e r e n. Es ist nicht mehr und nicht weniger als das Sein des Menschen vor Gott, der Verkehr des Menschen mit Gott, was dadurch zunächst grundsätzlich möglich gemacht wird, daß ihm bei aller Verschiedenheit seines Seins als Seele und Leib gegeben ist, nicht Dies und

Jenes, sondern in Diesem und Jenem Einer sein zu dürfen. Das ist jedenfalls ein, und zwar der grundlegende natürliche Anknüpfungspunkt des Gnadenbundes: wunderbar genug, weil Gott ja so ganz anders Einer, Subjekt, ist als der Mensch, weil es ja wirklich auf Gottes schöpferischer Initiative und Tat beruht, daß es ein solches Gemeinsames zwischen Gott und Mensch zum vornherein geben darf, weil auch die Erkenntnis dieses Gemeinsamen den Gnadenbund und also Gottes Offenbarung an den Menschen voraussetzt — aber in aller Wunderbarkeit wirklich: Gott kann für den Menschen, der Mensch kann für Gott da sein, weil der Mensch an seinem Ort und in seiner Art nicht weniger Einer ist als Gott. Das ist (neben der Bewahrung) der positive Segen jener Wohltat, daß des Menschen Wesen und Existenz als Seele und Leib den absoluten Gegensatz von Schöpfer und Geschöpf nicht in sich wiederholen kann.

Wir erinnern uns nun, von woher wir genötigt sind, sofort von Zusammengehörigkeit nicht nur, sondern von der Einheit der Seele und des Leibes zu reden. Es ist die wahre Menschheit in der Person Jesu, die uns nur diesen Einsatz erlaubt, die uns gebietet, mit dieser Erkenntnis sofort anzufangen. Wir wüßten aber auch sonst nicht, wie wir in dieser Sache besser und sachgemäßer anfangen sollten. Wir halten uns von allen Vorurteilen, Abstraktionen und Einseitigkeiten dann tatsächlich am meisten frei, wenn wir von der konkreten Wirklichkeit ausgehen, in der der Mensch weder der inneren Verschiedenheit von Seele und Leib entbehrt, noch bloß Seele, noch bloß Leib und auch nicht bloß eine Kombination und Verbindung beider, sondern ganz und zugleich Beides ist: Seele und Leib, immer und in jeder Beziehung seelisch, immer und in jeder Beziehung leiblich. Wir dürfen es nicht unterlassen, beides und also je diese Zwei zu sehen; denn die Einheit von Seele und Leib besteht nicht darin, daß sie identisch sind, daß man für seelisch auch leiblich, für leiblich auch seelisch einsetzen könnte. Wir dürfen es aber auch nicht unterlassen, immer Beides, d. h. immer beide zusammen zu sehen; denn die Einheit von Seele und Leib besteht nicht etwa bloß in einer Vereinigung zweier Teile, die als solche je für sich gesehen und bezeichnet werden können. Diese doppelte Bedingung ist es, die die jetzt noch vor uns liegenden Untersuchungen und Darstellungen, und besonders diese erste, in der es nun gerade um diese Einheit als solche geht, schwierig macht. Wir dürfen dieser Schwierigkeit nach keiner Seite ausweichen. Es wäre freilich leichter und angenehmer, wenn wir die Verschiedenheit von Seele und Leib überspringen und einfach vom Menschen als solchem, wie er von Gott gewollt und geschaffen ist, reden dürften. Aber gerade den Menschen als solchen würden wir dann nicht im Blick haben; denn des Menschen konkrete Wirklichkeit besteht darin, Beides und nur in Beidem dann auch Einer zu sein. Und es wäre wieder leicht und einfach, wenn wir gemächlich zuerst von der Seele und dann vom Leib und in

3. Seele und Leib in ihrer Zusammengehörigkeit

diesem Nebeneinander und Miteinander vom Menschen als solchen reden dürften. Aber gerade den Menschen als solchen würden wir auch dann verfehlen, denn seine konkrete Wirklichkeit besteht darin, in Beiden schlechterdings E i n e r und nur so dann auch Beides zu sein. Es gibt hier tatsächlich keine Erleichterung, die nicht auf Kosten der Sache geschehen müßte. Und eine dritte Bedingung kommt von Anfang an hinzu, die die Sache auch nicht leichter macht und die doch ebenso streng beachtet sein will: sie besteht darin, daß wir es in der Einheit und Verschiedenheit des Menschen nicht mit einem symmetrischen Verhältnis zu tun haben. Daß er Beides ganz und zugleich ist, Seele und Leib, das schließt ja nicht aus, daß er Beides je in seiner Weise ist: zuerst Seele und dann Leib. Es wäre wieder einfacher und angenehmer, wenn wir statt dessen mit einer gleichmäßigen Verteilung des Gewichtes und des Wertes dieser beiden Momente rechnen dürften. Aber das dürfen wir nun eben nicht. Wir würden die konkrete Wirklichkeit des Menschen noch einmal vernachlässigen, wenn wir hier nicht zum vornherein auch schon mit der Ungleichheit dessen rechnen würden, was im Menschen verschieden und doch Eines ist.

Wir beginnen also, wie es sich gehört, mit einem Satz über des Menschen S e e l e. Wir erinnern uns des Satzes über den Geist: daß er als die schöpferische Aktion Gottes die Seele als des Menschen Leben erweckt, daß er aber eben darum nicht mit ihr identisch ist. Diesen Satz müssen wir jetzt auf die Seele anwenden und zunächst auch von ihr her dies sagen: daß sie mit dem Geist nicht identisch ist. Sie verdankt ihm ihr Wesen und ihre Existenz. Sie ist Geistseele. Sie ist aber nicht so etwas wie eine Verlängerung und Fortsetzung jener göttlichen Aktion. Sie ist das durch diese Aktion begründete G e s c h ö p f und dessen e i g e n e A k t i o n.

Sie ist nicht wirkendes, sondern s e i e n d e s Leben (H. Cremer). In der Anschaulichkeit der alttestamentlichen Begriffs- und Vorstellungssprache ausgedrückt: sie ist nicht der belebende Atem Gottes, sondern das durch diesen Lebende, der durch diesen erweckte eigene Atem des Menschen. Wie eng die Beziehung ist, haben wir schon gesehen. Weil die Seele ganz und gar aus dem Geist, weil sie Geistseele ist, darum kann im Alten und Neuen Testament so oft vom Geist geredet werden, wo doch nach Wortlaut und Zusammenhang der Stelle nur die Seele gemeint sein kann. Immer ist ja das Atmen des Geschöpfs nur die Antwort auf den Hauch des Schöpfers. Die LXX haben es sich darum leisten können, *ruach* gelegentlich, wenn auch bemerkenswert selten, direkt mit ψυχή wiederzugeben. Es ist aber umgekehrt nie so, daß von Seele geredet würde, wo eindeutig der Geist gemeint sein muß. Es kann eben der Hauch des Schöpfers nicht als eine Antwort auf das Atmen des Geschöpfs — es kann ja das Werk des Schöpfers überhaupt nicht als eine Antwort auf das Werk des Geschöpfs verstanden werden. So gibt es tatsächlich keinen Fall, wo die LXX *nephesch* mit πνεῦμα übersetzt hätten. Noch diese alexandrinischen Juden haben offenbar scharf empfunden, daß die Umkehrung der Begriffe wohl von oben nach unten, aber nicht von unten nach oben möglich ist. Die Kondeszendenz des Geistes hat keine Parallele in einer Elevation der Seele.

Aber wir können schon diesen abgrenzenden Satz über die Seele nicht durchführen, ohne sofort auch vom L e i b e zu reden. Die Seele ist kein Wesen für sich. Sie kann auch nicht für sich existieren. Seele kann nur erwachen und sein als Seele eines Leibes. Seele setzt einen Leib voraus, um dessen Seele zu sein: einen Körper, der, als ihr zugehörig, zum Leibe wird. Seele ist innerlich: wie könnte sie innerlich sein, wenn sie nicht ein Äußeres hätte? Seele ist zeitliche Bewegung: wie könnte sie das sein, wenn ihr nicht ein räumliches Komplement unveräußerlich zu eigen wäre, wenn sie keinen Ort hätte? Seele vollzieht sich selbst in bestimmten Empfindungen, Erfahrungen, Erregungen, Gedanken, Gesinnungen, Entschlüssen: wie könnte sie das tun, wenn sie kein Mittel hätte, in dem und durch das sie sich darstellen könnte? In sich selber hat sie das Alles nicht: weder die Äußerlichkeit noch den Raum, noch das Mittel. Das Alles ist eben ihr Leib. Und so ist sie, indem sie Seele ist, nicht ohne den Leib. So ist sie nicht anders als indem sie die Seele eines Leibes ist. So müßte jede Bagatellisierung des Leibes, jede Entfernung des Leibes von der Seele, jede Abstraktion zwischen beiden sofort auch die Problematisierung der Seele, so müßte jede Leugnung des Leibes notwendig auch die Leugnung der Seele nach sich ziehen. Und eben darin besteht — nunmehr von unten gesehen — der Unterschied der Seele vom Geiste. Das kann man ja vom Geiste nicht sagen: daß er eines Leibes bedarf. Er ist ja göttliche Aktion. Er ist freier Gnadenakt des Schöpfers. Er bedarf des Leibes so wenig, wie Gott der Welt bedarf. Das Umgekehrte ist richtig: daß die Welt Gottes, daß der Leib des Geistes, weil der Seele bedarf. Er könnte ohne den Geist nur Körper sein, nicht Körper einer Seele, nicht belebter und lebender Körper, nicht Leib also. Daß der Mensch Seele eines Leibes und also notwendig Beides ist: Seele und Leib, das unterscheidet ihn vom Geiste, das unterscheidet den Akt seiner Existenz von dem schöpferischen Akt, durch den seine Existenz begründet wird. So wäre schon die erste abgrenzende Definition der Seele nicht vollziehbar, wenn sie nicht sofort auch den Begriff des Leibes enthalten würde.

Seele ist «das Leben, wie es im Einzelnen sich regt und den stofflichen Organismus belebt, der ihm zum Mittel seiner Selbstbetätigung dient». Seele ist «das Innenwesen des Menschen, welches einerseits den Geist in sich trägt, andererseits eigentümlich bestimmt ist dadurch, daß dieser Geist Prinzip eines leiblichen Wesens ist» (H. C r e m e r). In alttestamentlicher Anschaulichkeit: Was nach Gen. 2, 7 durch den Hauch Gottes geschaffen wird, könnte gar nicht ins Sein treten oder müßte sofort wieder zunichte werden, wenn dieses Werk des A t e m s Gottes sich nicht beziehen würde auf ein Werk seiner H ä n d e : «Da bildete Gott der Herr den Menschen aus Erde vom Ackerboden.» Man bemerke, daß auch schon dieses Gebilde, der noch nicht zum Leib gewordene Körper also, «der Mensch» genannt wird. Nur im Blick auf das, was folgt vom Lebensodem, den Gott diesem Gebilde in die Nase hauchte, kann es so genannt werden. Es bleibt aber beachtlich, daß faktisch auch dieses Gebilde

3. Seele und Leib in ihrer Zusammengehörigkeit

«der Mensch» genannt werden, daß offenbar der eine Mensch auch ganz von dieser, der leiblichen Seite, gesehen und verstanden werden kann. Der Mensch in seiner Totalität bietet auch diesen Aspekt. Die Materialisten haben ganz recht: er ist auch ganz und gar dieser lebende leibliche Organismus: dieses Leibesleben. Und das **unterscheidet** seine **Seele** von der Willenstat Gottes, vom **Geist**, durch den sie erweckt und geschaffen ist.

Wir fahren nach dieser Abgrenzung fort: **Seele** ist Leben, selbständiges Leben, das **selbständige Leben eines Körperwesens**. Leben heißt allgemein: Aktuosität, Eigenbewegung, Eigentätigkeit, Eigengestaltung. Selbständiges Leben ist da, wo diese Eigenbewegung, Eigentätigkeit, Eigengestaltung nicht nur die Fortsetzung und Teilerscheinung eines allgemeinen Lebensprozesses bedeutet, sondern wo ein bestimmtes **Subjekt** lebendig ist. Nicht jedes Körperwesen ist lebendig. Die bloß elementaren Körperwesen sind es nicht. Ihnen fehlt eben die Aktuosität. Solchen Körperwesen, einem Stein etwa oder einer Wassermenge, oder einem Windstoß oder einer Flamme Seele zuzuschreiben, wäre zum vornherein eine *contradictio in adiecto*. Man würde jedenfalls nicht wissen, was man sagt, wenn man das tun wollte. Seele ist Leben. Was leblos ist, das ist auch seelenlos. Wiederum gibt es aber auch Körperwesen, bei denen es zwar nicht zweifelhaft ist, daß sie lebendig sind, wohl aber, ob ihr Leben selbständiges Leben und nicht doch bloß die Teilerscheinung eines allgemeinen Lebensprozesses ist. Wir können nicht wissen, ob eine bestimmte Pflanze ein Subjekt ist. Wir würden also mehr sagen, als wir verantworten können, wenn wir von Pflanzenseelen reden wollten. Selbständiges Leben, Leben eines bestimmten Subjektes also, kommt eigentlich nur da in Frage, wo die Aktuosität eines Körperwesens an keinen bestimmten Ort im Raum gebunden ist. Die Aktuosität des Tieres und des Menschen ist selbständiges Leben. Wir müssen aber auch hier die Einschränkung machen, daß wir zwar das Leben des Tieres als solches nicht verkennen, daß wir es aber als selbständiges Leben, als Leben eines bestimmten Subjektes nicht erkennen, sondern nur ahnen und erraten können. Gegenstand eigener direkter Erkenntnis ist uns das Leben des Menschen und nur des Menschen. Was wir meinen, wenn wir von Seele reden, das können wir genau genommen nur wissen, wenn wir von der menschlichen Seele reden. Seele ist selbständiges Leben, Leben eines bestimmten Subjektes. Als solches selbständiges Leben erkenne ich sie, indem ich mich selbst erkenne. Ich erkenne dann Leben als mein, als das mir selbst als einem Subjekt eigene Leben. Ob ich mit diesem meinem Leben zugleich die Fortsetzung und Teilerscheinung eines allgemeinen Lebensprozesses bin, kann dahin stehen. Indem ich mich selbst erkenne, erkenne ich mein Leben jedenfalls auch als **mein** Leben, mich selbst als **Subjekt** meines Lebens. Ob das Tier ebenfalls im Vollzug solcher Selbsterkenntnis begriffen, ob es ihrer auch nur fähig ist, kann ich nicht wissen, weil das Tier mir gerade davon nichts sagen kann. Ich selbst sage es mir, daß ich in solcher Selbsterkenntnis begriffen, daß ich ihrer also auch fähig bin. Jeder meiner Lebensakte besteht jedenfalls auch darin, daß ich mir das sage. Und der Mitmensch sagt mir — auch er mit einem jeden seiner Lebensakte — daß auch er in derselben Erkenntnis begriffen und ihrer fähig ist. Auf Grund dieser Übereinstimmung ist es ein verantwortliches Wagnis, ihm wie mir selbst und also dem Menschen als solchem selbständiges Leben und also Seele zuzuschreiben.

Aber nun ist schon dieser Vorgang, in welchem wir uns unserer selbst, in welchem wir uns unseres selbständigen Lebens und also unserer Seele bewußt werden, nicht nur ein seelischer Akt, im Subjekt nicht und so auch nicht im Objekt. Es ist zwar richtig, daß er im Subjekt wie im Objekt a u c h ganz und gar ein seelischer Akt ist. Indem ich selbst lebe und also Seele bin, finde ich mich dessen fähig, mir dessen bewußt zu werden, daß ich Seele bin. Und indem ich von dieser Fähigkeit Gebrauch mache, vollzieht mein Leben selbst und also meine Seele eine Rückwendung zu sich selbst: ich komme dann zu mir selbst, ich entdecke dann mich selbst, ich vergewissere mich dann meiner selbst. Es gehört zu meiner Aktuosität, daß ich fortwährend auch das tue, fortwährend auch im Akt des Selbstbewußtwerdens, und also in dieser Rückwendung begriffen bin. Ganz und gar in mir und also in meiner Seele spielt sich das ab. Es ginge aber nicht an, leugnen zu wollen, daß dieser Akt, in welchem meine Seele zugleich Subjekt und Objekt ist, auch ganz und gar ein körperlicher Akt ist. Das Leben, das ich selbst lebe und zu dessen Vollzug auch diese Rückwendung zu sich selbst gehört, ist ja in keinem seiner Momente ein anderes, als das selbständige Leben meines Körpers. Ich bin nicht dieser mein Körper. Nicht mein Körper lebt. Aber ich bin nicht, ohne zugleich dieser mein Körper zu sein. Ich lebe nicht anders, als indem ich meinen Körper lebe. Es ist meine Fähigkeit zu jener Rückwendung, so gewiß sie eine Fähigkeit meiner Seele ist, gebunden daran, daß ich auch Körper bin und indem ich von ihr Gebrauch mache und also jene Rückwendung vollziehe, vollziehe ich notwendig auch einen körperlichen Akt. Schon das wäre eine problematische Behauptung, daß ich auch nur meiner körperlichen Sinne zu dieser Rückwendung nicht bedürfe. Ohne ihrer in irgend einem Maße mächtig zu sein und ohne von ihnen in irgend einem Maße Gebrauch zu machen, würde ich ja der von mir selbst verschiedenen Objekte nicht gewahr sein. Und ohne der von mir selbst verschiedenen Objekte gewahr zu sein, würde ich mich selbst als das mit mir selbst identische Objekt von jenen gar nicht unterscheiden, gerade mich selbst als Subjekt also unmöglich erkennen können. Gerade in der für den Vollzug meines Selbstbewußtwerdens entscheidenden Abgrenzung und Bestimmung meiner selbst als Objekt meines Erkennens, wie sie in meiner Selbsterkenntnis als Subjekt notwendig vorausgesetzt ist, bin ich also auch meiner körperlichen Sinne gar sehr bedürftig. Und wenn es nun wahr ist, daß dieser Erkenntnisakt

3. Seele und Leib in ihrer Zusammengehörigkeit

selbst kein Sehen, Hören, Riechen, kein durch meine körperlichen Sinne vermitteltes Wahrnehmen, sondern ein inneres Erleben meiner selbst ist, so ist es doch nicht weniger wahr, daß dieses Erleben, indem es innerlich, ein Moment der Geschichte meiner Seele ist, auch äußerlich, auch ein Moment der Geschichte meines Körpers ist. Wäre es dieses nicht, so könnte es auch jenes nicht sein. Wäre ich nicht, indem ich Seele bin, zugleich auch mein Körper, so wäre ich gar nicht. Lebte ich nicht meinen Körper, so würde ich gar nicht leben. Erkennte ich mich nicht im gemeinsamen Akt meiner Seele und meines Körpers, so würde ich mich überhaupt nicht erkennen. Und wenn ich mich nun faktisch erkenne, im Vollzug meines Selbstbewußtwerdens faktisch begriffen bin und also zu mir selbst komme, mich selbst entdecke, meiner selbst mich vergewissere, wie das in jedem meiner Lebensakte geschieht, so ist das dabei jeweils erreichte Ziel, das jeweils Entdeckte das, was mir jeweils gewiß wird, gewiß wieder meine Seele, mein selbständiges Leben, ich selbst als Subjekt dieses Lebens, aber nimmermehr bloß meine Seele und nicht meine Seele irgendwo neben oder auch (wie eine Auster in ihrer Schale) in meinem Körper, sondern meine Seele als das selbständige Leben dieses meines Körpers und also schlechterdings mit diesem meinem Körper zusammen und also ich selbst als Subjekt meines Lebens, das doch zugleich ganz und gar auch dieses Körperwesen ist. Ich bin nicht zu mir selbst gekommen, ich habe mich selbst nicht entdeckt, es ist nichts mit meiner Vergewisserung über mich selbst, wenn ich mich nicht als Seele dieses Körpers, wenn ich also meine Seele nicht als dessen selbständiges Leben, mich selbst nicht auch als dieses Körperwesen wahrgenommen habe. Es ist also der Akt, in dem wir uns unserer selbst bewußt, in welchem wir mit unserer Seele und damit mit der Seele überhaupt bekannt werden, im Subjekt wie im Objekt zugleich und ganz ein seelischer und ein körperlicher Akt, genauer gesagt: ein seelischer Akt, der einen körperlichen unmittelbar in sich schließt. Ist er nicht beides, das eine im anderen, dann geschieht er gar nicht, dann werden wir uns unserer selbst überhaupt nicht bewußt, dann wissen wir nicht, von was wir reden, wenn wir von Seele reden.

Dieser noetische Sachverhalt hat aber seinen Grund in einem ontischen. Seele ist selbständiges Leben. Aber selbständiges Leben für sich wäre ein leerer und also unvollziehbarer Begriff. Was wäre Leben außerhalb eines Belebten und Lebenden? Wir hätten mit dem Wort Leben oder selbständiges Leben gar nichts gesagt, wenn wir nicht sofort und zugleich von einem Belebten und Lebendigen reden würden. Schon indem wir das selbständige Leben zu definieren versuchen als Eigenbewegung, Eigentätigkeit, Eigengestaltung, die von einem bestimmten Subjekt vollzogen wird, setzen wir offenbar nicht nur die Zeit, sondern auch einen Raum und einen Stoff voraus, in welchem und an welchem sich diese Bewegung, Tätigkeit, Gestaltung vollzieht. Und indem wir von selbständigem, von dem einem Subjekt eigenen Leben und eben damit von Seele reden, setzen wir voraus, daß es ein diesem Subjekt ebenso eigenes, räumlich-stoffliches Beziehungssystem gibt, das von ihm gelebt und belebt wird, das durch das selbständige Leben dieses Subjekts seinerseits lebendig ist, d. h. in welchem die Eigenbewegung, Eigentätigkeit, Eigengestaltung dieses Subjektes sich vollzieht und verwirklicht und das damit an dessen Leben, dessen es an sich nicht teilhaftig ist, Anteil bekommt. Dieses räumlich-stoffliche Beziehungssystem ist der Körper. Selbständiges Leben ist nicht für sich: es ist das selbständige Leben eines Körpers. Seele ist nicht für sich: sie ist Beseelung eines Körpers. Sie hat im Körper ihr Problem, auf das sie antwortet, ihr Objekt, im Verhältnis zu dem sie Subjekt ist, ihren Aktionsbereich, in welchem sie am Werk ist. Ein Körper ist, allgemein gesagt, eben dies: ein räumlich-stoffliches Beziehungssystem. Er ist räumlich, d. h. es ist ihm wesentlich, an seinem besonderen Ort im Raume zu sein. Er ist stofflich, d. h. es ist ihm wesentlich, Kraft seiner besonderen stofflichen Eigenart oder Zusammensetzung von anderen Körpern verschieden zu sein. Er ist ein Beziehungssystem, d. h. es ist ihm wesentlich, eine besondere räumliche und stoffliche Struktur zu haben, in seiner inneren Beziehung nicht frei zu sein, sondern einen bestimmten Zusammenhang zu bilden. Seele ist die Beseelung und also das Prinzip des Lebendigwerdens und Lebendigseins eines solchen Körpers. Seele ist, indem sie die Seele eines solchen Leibes, indem sie in ihm und für ihn lebendig ist und damit auch ihn, den als bloßen Körper nicht lebendigen, lebendig sein läßt. Es liegt, wie wir sahen, nicht im Begriff des Körpers, daß er lebendig, und noch weniger, daß er selbständig lebendig und also beseelt ist. Es liegt vielmehr im Begriff des Körpers, und zwar zunächst jedes Körpers, daß er das für sich nicht ist, daß er es besten Falles werden kann. Und es liegt wieder nicht im Begriff jedes Körpers, daß er lebendig oder gar beseelt sein kann. Erst bei der Pflanze beginnt die Möglichkeit eines lebendigen, erst beim Tier die eines selbständig lebendigen, erst beim Menschen die der Anschaulichkeit und Begreiflichkeit eines selbständig lebendigen Körpers. Seele und also Beseelung ist jedenfalls nicht eine allgemeine Bestimmung der Körperwelt, sondern Sache einer Auswahl unter den Körpern. Es bedeutet darum eine Unbesonnenheit, von einer Weltseele oder von einer Beseeltheit der ganzen Weltwirklichkeit zu reden. Räumlich, stofflich, Beziehungssysteme sind freilich alle Körper, aber lebendig und gar noch selbständig lebendig, können sie nicht alle sein. Nicht alle können es sein, d. h. die Auswahl derer, die es können, ist vollzogen und festgelegt. Eine Pflanze wird nie selbständig leben; sie müßte sich sonst aus einer Pflanze in einen ganz anderen Körper verwandeln. Ein Stein wird überhaupt nie leben, er müßte sonst aufhören, ein Stein zu sein, um an Stelle dessen die Räumlichkeit und Stofflichkeit, das Beziehungssystem eines ganz anderen Körpers

3. Seele und Leib in ihrer Zusammengehörigkeit

anzunehmen. Wogegen der tierische und bestimmt erkennbar der menschliche Körper jedenfalls immer die Möglichkeit haben wird, selbständig lebendig, der Körper einer Seele zu sein. Indem es aber geschieht, daß ein Körper beseelt wird, hört er zwar nicht auf, Körper, hört er aber auf, bloßer Körper zu sein. Er wird dann, als beantwortetes Problem, als Objekt in Beziehung zu einem Subjekt, als vom Werk erfüllter und beherrschter Aktionsbereich, zum Leibe. Eben darum würde man den wirklichen Menschen nicht richtig bezeichnen, wenn man ihn als Seele seines Körpers, als Seele und Körper bezeichnen würde. Indem der Mensch lebt, indem der Körper sein Körper und also der Körper seiner Seele ist, ist dieser mehr als Körper, ist er sein Leib, muß also der Mensch als Seele seines Leibes oder als Seele und Leib bezeichnet werden.

Es ist merkwürdig und bedauerlich, daß man den wichtigen Unterschied zwischen Körper und Leib weder im Griechischen noch im Lateinischen, weder im Französischen noch im Englischen sprachlich wiedergeben kann und darum mit demselben Wort (σῶμα, corpus, corps, body) zwei gerade in diesem Zusammenhang grundverschiedene Bedeutungen verbinden muß.

Der Leib unterscheidet sich vom bloßen Körper dadurch, daß er als tierischer und jedenfalls als menschlicher Leib — vom Leib eines Steines oder einer Pflanze würde man offenbar nicht gut reden können — beseelt, von selbständigem Leben erfüllt und beherrscht ist. Er ist durch die ihm widerfahrene Auswahl unter allen anderen Körpern — indem gewiß auch er nicht aufhört, ein Körper zu sein — dadurch ausgezeichnet, daß er — wiederum ohne selbst Seele zu werden — in die Einheit mit einer Seele aufgenommen, an ihrem Sein und Wirken in jeder Hinsicht beteiligt sein kann. Er ist als Leib einer Seele nicht mehr bloßer Gegenstand ihrer Eigenbewegung, Eigenbetätigung, Eigengestaltung — das ist und bleibt er freilich auch — er bewegt, betätigt und entfaltet sich nun mit ihr. Er ist, indem er durch sie und mit ihr leben darf, nicht mehr für sich — für sich seiend würde er ja gerade nicht lebendig sein, sondern für sie, wie sie für ihn ist. Er ist und wirkt mit ihr. Das bedeutet aber, da ja die Seele selbständig ist und also Leben eines bestimmten Subjektes ist, daß er nun nicht nur Objekt — das ist und bleibt er freilich auch — sondern auch Subjekt ist. Wenn ein lebendes Körperwesen Ich sagt, dann ist dieses Ich, so gewiß es das seiner Seele ist, auch das seines Körpers: nicht irgend eines bevorzugten Körperteils bloß, sondern seines ganzen Körpers, in welchem es zwar gewiß Zentren und Peripherien, aber keine von der Beseelung des Ganzen einfach ausgeschlossene Teile gibt. Eben das ist nun auch von der Seite der Seele her zu bedenken: Ist der Leib nicht Leib, sondern bloßer Körper, wenn er ohne Seele ist, so ist auch die Seele nicht Seele, sondern nur die Möglichkeit einer solchen, wenn sie ohne Leib ist. Ich bin wohl identisch mit meiner Seele, aber eben meine Seele ist ja nicht für sich, sondern sie ist die Beseelung meines Leibes: insofern bin ich gerade als Seele auch mit meinem Leib identisch, ist meine Bewegung, Betätigung und Entfaltung, meine Aktuosität nie bloß seelisch, sondern indem sie seelisch ist, auch leiblich. Ich kann nicht ohne und nicht gegen, sondern nur für meinen Leib sein, so gewiß auch er nur für mich sein, ohne mich und also ohne meine Seele nicht leben kann, so gewiß er aber faktisch für mich ist: meine einzige Äußerungsmöglichkeit bildet, ohne die ich ja auch nicht innerlich sein könnte. Ich kann nicht Ich selbst sein, ohne zugleich mein Leib zu sein. Ich kann mich selbst nicht verantworten, ohne zugleich meinen Leib zu verantworten. Ich kann mich selbst nicht ausdrücken und darstellen, ohne die Mitbeteiligung meines Leibes, ohne seine Mithaftbarkeit für die Art und für die Echtheit meines Ausdrucks und meiner Darstellung. Ich kann in jeder Hinsicht nur wirken, indem auch dieses räumlich-stoffliche Beziehungssystem, mein Körper als mein Leib, wirklich, d. h. am Werke und also meiner Subjektivität teilhaftig ist. Alle Auflehnung gegen diese Zusammengehörigkeit, alle Versuche, sie theoretisch oder praktisch zu leugnen, können nur Verzerrung der Menschennatur bedeuten, können sie nur aus einer Unordnung in die andere stürzen.

Die alttestamentliche *nephesch* ist ebenso streng und durchgehend wie die neutestamentliche ψυχή Leibesleben. Der Begriff erschöpft sich zwar nicht in dieser — er hat aber in allen anderen Anwendungen immer auch diese Bedeutung. Die griechische Vorstellung von der Seele als einem zweiten höheren «Teil», einer unvergänglichen, womöglich präexistenten und jedenfalls unsterblichen geistigen Substanz der menschlichen Wirklichkeit — ihre Entgegensetzung zum Leibe als zu deren niederem, sterblichen Teil, die Vorstellung von ihr als von einer Gefangenen im Kerker ihres Leibes — ist nicht biblisch.

Das Alte Testament sieht die Seele als das Leben des Leibes und also immer mit diesem zusammen. *Nephesch* heißt wie *ruach* Atem, aber nun konkret: der in einer leiblichen Kehle aus- und eingehende Atem, der das lebende Wesen von einem toten unterscheidet. Das Verbum *naphasch*, aufatmen, darf nicht aus den Augen gelassen werden. Wo noch oder wieder aufgeatmet wird, da ist Seele, da muß aber eben darum auch ein Leib sein, in welchem das stattfindet. Wenn jemand die Geduld verliert (z. B. das Volk in der Wüste Num. 21, 4, oder Simson über Delila Richt. 16, 16), da wird «sein Atem kurz». Kommt Jemand nach totenähnlicher Ohnmacht wieder zu sich (z. B. der Sohn der Witwe von Sarepta 1. Kön. 17, 21), dann kehrt sein Atem zu ihm zurück. Aber der Atem ist doch nur der Exponent und sprachlich die Chiffre für das Leibesleben als solches. Weil *nephesch* Leibesleben ist, darum kann die Seele «lechzen» und «gesättigt werden», «hungern» und «gelabt» (Ps. 107, 9), aber auch durch Fasten gepeinigt (Ps. 69, 11), durch verbotene Speise verunreinigt (Hes. 4, 14) werden. Darum heißt: «seine Seele retten» schlicht: sein leibliches Leben erretten (so Elia 1. Kön. 19. 3). So wagt man seine Seele, d. h. sein Leben (bei einer Heldentat wie 2. Sam. 23, 17). So kann Einen ein Wort seine Seele, d. h. sein Leben kosten (Adonia 1. Kön. 2, 23). So kann die Seele, d. h. das Leben «ausgehaucht» (Jer. 15, 9) oder «vergossen» (Klagel. 2, 12) werden, sie kann «entfliehen» (Gen. 35, 18). Und eben das bedeutet, daß die Seele **stirbt** (Richt. 16, 30, Hes. 13, 19). Sie kann nämlich, so gewiß sie (Jes. 57, 16, Jer. 38, 16) geschaffen, und so gewiß sie das Leben des sterblichen Leibes ist, sterben, sie kann «gefressen» (Hes. 22, 25), d. h. getötet werden (Num. 31, 19). Wir hören das Stärkste, was das Alte Testament in dieser Hinsicht sagen kann, wenn wir

3. Seele und Leib in ihrer Zusammengehörigkeit 455

Lev. 17, 11) hören: die Seele des Fleisches sei im Blute und gleich darauf (v 14) zweimal geradezu sentenziös: «Das Blut ist die Seele alles Fleisches» (vgl. Deut .12, 23). Darum ist alles Blutvergießen, ob erlaubt oder unerlaubt, ein höchst qualifiziertes Tun. Darum ist das Essen des Blutes verboten. Immer als Leibesleben kann *nephesch* dann wie das Leben eines individuellen Körperwesens, so auch dieses als solches, das lebende Individuum selber meinen. So heißt *kol ha'nephesch* Jos. 10, 28: die ganze menschliche und tierische Bevölkerung einer Stadt. So können bei Volkszählungen (z. B. Num. 31, 35) statt Menschen die Seelen gezählt werden. So können (z. B. Gen. 12, 5) die Sklaven «Seelen» genannt werden, die jemand sich erworben hat. So kann «Seele» zuletzt einfach ein Wesen, je Einen bezeichnen, z. B. Einen, der sündigt (Lev. 4, 2) und paradoxerweise sogar Einen, der tot ist (*nephesch met*, Num. 6, 6). Auch in der wichtigen Stelle Gen. 2, 7, wo es heißt, daß der Mensch durch die eingehauchte *ruach* eine «lebende Seele» wurde, haben wir es mit diesem abgeblaßteren Sinn des Begriffs zu tun. Und so kann *nephesch* in gewissen nachdrücklichen Zusammenhängen geradezu für «Ich selbst», «Du selbst»... also als Personalpronomen eintreten: man muß nur auch da im Auge behalten, daß es die Subjektivität eines körperlichen Wesens ist, die durch den Begriff bezeichnet wird.

Und nun könnte man nicht sagen, daß der Sinn und Gebrauch von ψυχή im Neuen Testament ein wesentlich anderer ist. Es fällt auf, daß der Begriff uns besonders häufig in der Apostelgeschichte begegnet und gerade hier sehr klar in den alttestamentlichen Bedeutungen: Leben, individuelles Leben, Individuum. Es gibt aber auch im übrigen Neuen Testament wenige Stellen, wo die griechische Seelenvorstellung auch nur in Frage kommen könnte. Kein Grund spricht dafür, daß man, wenn vom Lieben, Finden, Bewahren, Gewinnen, Erretten, vom Ruhe finden und Wohlergehen, vom Einbüßen, Verlieren, Verderben und Ausgerottetwerden, vom Dahingeben der ψυχή die Rede ist, an etwas Anderes als eben schlicht an das Leben des Menschen im Gegensatz zu seinem Tode zu denken hat. Daß die Seele nicht getötet werden könne, wird auch Matth. 10, 28 nicht gesagt, sondern daß kein Mensch das könne, daß aber Gott die Macht habe, Leib und Seele miteinander in der Unterwelt verderben und vergehen zu lassen. Eine Lehre von der Unsterblichkeit der Seele gibt es auch hier nicht. Der Unterschied dem Alten Testament gegenüber besteht darin, daß das Verfallensein des Lebens an den Tod einerseits und die Verheißung und Hoffnung einer Errettung des Lebens aus dem Tode andererseits jetzt viel stärker aufeinander bezogen werden. Es ist aber die ψυχή auch hier der ganze lebende Mensch, das Leben seines Leibes, er selbst als der in diesem Leibesleben Existierende. Und nicht ihre Unsterblichkeit, sondern ihre künftige Errettung in der Auferstehung der Toten ist der Inhalt der dem Menschen gegebenen Verheißung und Hoffnung.

Der eine Mensch ist zugleich und ganz Seele und Leib. Von da aus sind nun drei Abgrenzungen zu vollziehen.

1. Wir widersprechen damit der **abstrakt dualistischen** Auffassung, die wir vorhin abkürzend die **griechische** genannt haben, die aber leider auch die **altkirchliche** genannt werden muß. Nach ihr sind Seele und Leib zwar verbunden — wesentlich und notwendig vereinigt sogar — aber doch nur als die zwei «Teile» der menschlichen Natur, von denen ein jeder als eine besondere, der anderen gegenüber selbständige und qualitätsfremde Substanz zu verstehen ist: geistig, unräumlich, unauflösbar, unsterblich die Seele, materiell, räumlich, auflösbar, sterblich der Leib. Steht es so, sind Seele und Leib zwei «Teile», aus denen der Mensch

«besteht», sind diese zwei «Teile» zwei selbständige Substanzen, sind diese Substanzen so verschiedener, so entgegengesetzter Art, und verbindet sich mit der Entgegensetzung ihrer Art schließlich auch noch die des Wertes (der Seele) und des Unwertes (des Leibes), was soll man dann von ihrer behaupteten Verbindung und Einheit und also von der Einheit des menschlichen Wesens denken? Wird diese Behauptung dadurch eindrucksvoller, daß diese Einheit als ein «Geheimnis» bezeichnet und mit der Einheit der beiden Naturen in Christus verglichen wird? Ist es nicht klar, daß Seele und Leib sich unter diesen Umständen faktisch nichts angehen — nichts angehen können, sich vielmehr nur widerstreiten, sich letztlich nur voneinander scheiden können? Wir dürfen von unserer bisherigen Erkenntnis her in Abrede stellen, daß die Lehre von diesen zwei Gespenstern das christliche Verständnis des Menschen ist, obwohl es lange und selbstverständlich genug dafür ausgegeben worden ist.

«Die menschliche Natur besteht aus Leib und Seele» (B. Bartmann, Lehrb. d. Dogm.[7] 1928, 1. Bd. S. 271). So dachten und lehrten von Plato und Aristoteles her die Kirchenväter, die Scholastiker, die orthodoxen Theologen des alten Protestantismus, so meinten sie auch die Anthropologie des Alten und des Neuen Testamentes auslegen zu sollen. So sieht die Ansicht vom Menschen aus, die von der römisch-katholischen Dogmatik noch heute als die christliche vorgetragen wird. Man behauptete den Zusammenhang zwischen Seele und Leib damit, daß man die Seele nach Aristoteles als die ἐντελέχεια σώματος die *forma corporis* verstand, eine Formel, die auf dem *Conc. Viennense* (1311—12, Denz. Nr. 481) zum Dogma erhoben worden ist. Man beschrieb diesen Zusammenhang als eine Koexistenz der beiden Substanzen. Man versäumte es auch nicht, diesen Zusammenhang als einen totalen zu bezeichnen und also von der Seele zu sagen, sie sei, wenn auch nicht in lokalem Sinn, *tota in toto corpore et tota in qualibet parte corporis* (Voetius, *Disp. theol.* 1648, S. 767). Und nun suchte man offenbar auch damit nach einer Vermittlung zwischen den beiden Bereichen, daß man innerhalb der Seele unterscheiden wollte zwischen einer *anima vegetativa, sensitiva* und *intellectiva (rationalis)*, wobei die Meinung die war, daß sich die Seele des Menschen auf dieser letzten und höchsten Stufe von der des Tieres unterscheide durch die ihr eigene *facultas apprehendendi verum et appetendi bonum* (P. v Mastricht, *Theor. Pract. Theol.* 1698 III 9, 6). Aber eben im Blick auf diese ihre höchste, die eigentümlich menschliche Fähigkeit bezeichnete man sie nun nach Plato als οὐσία ἀσώματος αὐτοκίνητος, als eine *substantia talis naturae, quae a corpore etiam separari et subsistere per se posset* (Polan, *Synt. Theol. chr.* 1609 col. 2060). Und es war der eigentliche Zentralsatz dieser ganzen Anthropologie der von der Unsterblichkeit dieser rationalen, der menschlichen Seele: einer Eigentümlichkeit, die ihr nicht etwa erst durch Gottes besondere Gnade zukomme, sondern von Natur innewohne und die darum auch nicht etwa nur aus der heiligen Schrift, sondern durch allgemeine Vernunftgründe zu beweisen sei. Dieser Beweis wurde z. B. von P. v. Mastricht (a. a. O. III, 9, 17) so geführt: 1. Die Seele ist geistig, also nicht materiell, also nicht auflösbar, also nicht sterblich. 2. Die Gerechtigkeit Gottes erfordert die Erhaltung der Seele über den Tod hinaus zum Zweck ewiger Belohnung und Bestrafung des Menschen. 3. Die Weisheit Gottes kann es nicht zulassen, daß das Ende des Menschen dasselbe sei wie das des Tieres, so muß seine Seele unsterblich sein. 4. Alle Religion müßte aufhören, wenn man damit zu rechnen hätte, daß vom Menschen nur sein zerfallender Leib übrig bleiben würde, daß also auch seine Seele sterblich sei. *Corpore igitur distracto, discerpto, manet anima*

3. Seele und Leib in ihrer Zusammengehörigkeit

substantia, manet cogitans, manet id, quod voce hac ‚Ego' significatur, nil diminutum, nisi quod integumento suo exuitur (H. Heidegger, *Corp. theol.* 1700 VI 87 *cit.* nach Heppe S. 181). So fremd sind sich Seele und Leib nach dieser Lehre, daß sie sich im Tode in dieser Weise voneinander scheiden können! So wenig Kraft hat die Behauptung von der Seele als der *forma corporis*, daß der Leib nun doch umgekehrt zum bloßen *integumentum* der Seele werden kann! Gerade in dieser Lehre von der Unsterblichkeit der Seele verrät sich und stabilisiert sich eine Überschätzung dieses ersten Momentes der menschlichen Wirklichkeit, die eine fast nur noch negative Einschätzung des zweiten, die die Bagatellisierung oder Deteriorisierung oder auch Ignorierung des Problems der Leiblichkeit notwendig nach sich ziehen mußte. Und so wird die Anthropologie der alten Dogmatik merkwürdig wortkarg und in dem Wenigen, was sie zu sagen hat, merkwürdig düster, wenn sie auf das zu reden kommt, was sie doch *in thesi* nicht leugnen, sondern sogar feierlich und als großes Geheimnis behaupten will: daß der Mensch schließlich nicht nur seelischen, sondern auch leiblichen Wesens ist. So war es eine seltsame Ausnahme, wenn Polan (a. a O. *col.* 1900 f.) nun doch auch dem menschlichen Leibe als solchem drei ganze Kapitel seiner Darstellung zugewendet und dabei geradezu eine *Anatomia theologica partium humani corporis* entwickelt hat, in welcher er in einer Reihe von erstaunlichen Allegoresen zu zeigen versuchte, daß wir auch durch die Beschaffenheit des menschlichen Leibes unterrichtet werden *de rebus divinis, nempe de Deo, eius essentia, attributis, operibus, beneficiis, iudiciis etc., de Christo Mediatore, de Angelis, de Ecclesia, de officio nostro, quod debemus cum Deo tum proximo nostro, de aliis denique rebus praeclaris, quibus ad Deum mentes nostrae attolluntur.* Aus der großen Fülle der Einfälle Polans einige Beispiele: Die nach oben sich erweiternde, nach unten sich verengernde Gestalt des menschlichen Herzens erinnert uns daran, daß wir nach unten, nach der Seite des Irdischen, Zeitlichen, Sichtbaren zurückhaltend, für die höheren, himmlischen, ewigen Dinge aber weit aufgeschlossen sein sollen, und es erinnert uns des Herzens Systole und Diastole an die Klugheit, in der wir bei der Anbetung Gottes alles Überflüssige und Hinderliche abstoßen, das zur Liebe Gottes und des Nächsten Notwendige dagegen uns mit Eifer aneignen sollen. Die menschliche Schädelform ist im Unterschied zu der des Tieres ein Abbild des Globus und des Kosmos. Es erinnert uns unsere Stirne warnend daran, daß wir doch ja keine Verbindung haben möchten mit der Stadt Rom, jener Hure, auf deren Stirne nach Apok. 17, 5 der Name «Mysterium, die große Babylon» geschrieben steht. Daß wir zwar zwei Ohren, aber nur einen Mund haben, bedeutet, daß wir mehr hören als reden sollen. Die Ohren sind darum wichtiger als die Augen, weil wir mit den Ohren und nur mit ihnen Lehre, Weisheit und vor allem das Wort Gottes zu vernehmen bekommen. Eben zur Verkündigung des Wortes Gottes ist aber auch der Mund schätzenswert; daß er außerdem auch zur Atmung und zur Nahrungsaufnahme dient, wird übrigens keineswegs vergessen. Der strenge Calvinist hat es sich aber auch nicht versagt, in diesem Zusammenhang zwei Spalten lang über die verschiedenen in der Bibel vorgesehenen Küsse (vom apostolischen *osculum caritatis* bis zum alttestamentlichen *osculum valedictionis*) genauen Bericht zu erstatten. Und es ist klar, daß die Existenz und Wirksamkeit der verschiedenen «Lebensgeister», mit denen Polan dem damaligen Stand der Physiologie entsprechend gerechnet hat, zu bedeutsamen Ausblicken auf das Werk des Heiligen Geistes Anlaß geben mußte. Über die Bedenklichkeit dieser ganzen Untersuchung ist natürlich kein Wort zu verlieren. Ich frage mich ernstlich, ob mein illustrer Vorgänger hier nicht mindestens stellenweise dem Geist der Basler Fastnacht verfallen ist und ganz bewußt fromme Witze machen wollte. Zur Verbesserung der Problemlage war das, was er da geleistet hat, jedenfalls kein nützlicher Beitrag. Aber wenn man über seine «theologische Anatomie» so oder so den Kopf schütteln mag, so muß man immerhin daneben halten, daß die altkirchliche

Dogmatik dem menschlichen Leib nicht einmal so viel allegorisierende Aufmerksamkeit zugewendet, sondern ihn allein als die Grenze des sie allein interessierenden Problems der Seele behandelt hat. Man wird es Polan dann zubilligen, daß ihn das sonst reichlich verachtete Stiefkind dieser Anthropologie jedenfalls in seiner Art beschäftigt und daß er wenigstens den Versuch gemacht hat, ihm zu der Ehre zu verhelfen, die ihm sonst verweigert wurde. Der Charakter und das Ergebnis dieser Anthropologie ist im Allgemeinen gekennzeichnet durch eine Entfernung zwischen Seele und Leib, durch eine Erhöhung der Seele über den Leib, durch eine Erniedrigung des Leibes unter die Seele, in der in Wahrheit beide nicht nur zu Abstraktionen, sondern wirklich zu zwei «koexistierenden» Gespenstern wurden: ein Bild, in welchem wahrscheinlich noch nie ein wirklicher Mensch sich selbst wiedererkannt hat — ein Bild, mit dem man jedenfalls gerade der biblischen Anschauung und dem biblischen Begriff vom Menschen ganz unmöglich Genüge tun konnte. Es war schon ein Verhängnis, daß dieses Bild vom Menschen sich so lange als das christliche Bild durchsetzen und behaupten konnte. Gerade gegen die Christlichkeit dieses Bildes ist allen Ernstes Einspruch zu erheben.

2. Wir können uns nun aber auch den Reaktionen nicht anschließen, in denen man versucht hat, dem abstrakten Dualismus der griechisch-altkirchlichen Auffassung einen ebenso abstrakten Monismus entgegenzustellen.

Es geht zunächst um den monistischen Materialismus, d. h. um die Theorie, laut derer des Menschen eine Substanz gerade in seiner Körperlichkeit bestehen würde, die Seele also praktisch höchstens als die Grenze des allein realen Problems des Leibes zu behandeln, als besonders existierendes Wesen aber schlicht zu leugnen wäre. Real wäre nach dieser Sicht nur, was körperlich, räumlich, sinnlich, materiell ist. Was sich nicht auf diesen Nenner bringen läßt, wäre entweder bloßer Schein, Einbildung, Illusion, ein irrelevantes Nebenprodukt oder «Epiphänomen» körperlicher Vorgänge und Zustände oder aber, in milderer Auffassung und Sprache, deren subjektiv bedingte und notwendige Erscheinungsform. Eigentlich und in Wirklichkeit wäre im Menschen keine Seele und nichts Seelisches, sondern eigentlich und wirklich wäre er nur Leib, eigentlich und wirklich wären neben der Ereignisfolge des Stoffwechsels und der übrigen leiblichen Funktionen nur gewisse Gehirnvorgänge und Nervenprozesse, die wir als Aktionen *suae originis et sui generis,* als Gedanken, Entschlüsse, Gefühle und dergl., als ein dem Sein des Leibes gegenüber selbständiges Sein deuten, aber eben fälschlich deuten, denen wir eine Seele als eigenes Wirklichkeitsmoment nur in mythologischer Befangenheit zugrunde legen zu müssen meinen.

So der materialistische Gegenschlag. Er ist geschichtlich verständlich genug. Es waren nicht in erster Linie theoretisch wissenschaftliche Erwägungen, sondern es war grundlegend eine bestimmte — im Gegensatz zu jener griechisch-altkirchlichen Lehre durchaus anerkennenswerte — Art von Ehrlichkeit und Nüchternheit gegenüber dem tatsächlichen Ablauf des individuellen und sozialen Menschenlebens, die dem Materialismus in alter und neuer Zeit seine angesichts seiner theoretischen Schwäche so überraschende und beschämende Durchschlagskraft gegeben hat. Man hätte sich auf Seite der christlichen Kirche durch diesen Gegner von jeher auch darum viel ernsthafter nach der Haltbarkeit jenes abstrakten Dualismus der eigenen Auffassung fragen lassen müssen, weil man ja auch auf ihrer Seite die Zusammengehörigkeit von Seele und Leib fortwährend behauptete, sie wirklich aufzuzeigen aber im Rahmen jener Auffassung nicht in der Lage war. Und man hätte seine Gegenthese schließlich auch darum nicht einfach abweisen dürfen, weil man vom biblischen Menschenbild und speziell von der neutestamentlichen Auferstehungshoffnung her beunruhigend genug gerade in der Richtung zu denken aufgefordert war, in die der Materialismus nun gewiß einseitig, aber im komplementären Gegensatz zu der eigenen Auffassung doch nicht ohne Recht und Notwendigkeit zeigen wollte.

Es ist aber klar, daß wir mit unserem Satz, daß der Mensch zugleich und ganz Seele und Leib ist, auch dem Materialismus widersprechen müssen. Die ihm gebührende philosophische Kritik interessiert uns hier nicht. Unser Argument gegen ihn besteht schlicht darin, daß man den wirklichen Menschen auch in seiner Konzeption nicht zu sehen bekommt. Der Mensch ist auch, und zwar auch ganz und gar Leib. Das ist es, was man sich, wenn man es nicht von anderswoher ohnehin weiß, vom Materialismus sagen lassen muß. Es hat aber keinen Sinn, den Menschen nur in seinem Leib und in dessen Funktionen suchen und finden zu wollen. Denn, sieht man ihn wirklich als Leib, dann sieht man ihn auch als Seele, d. h. aber als das S u b j e k t, das seinen Körper, das von der Physiologie zu beschreibende, räumlich-stoffliche Beziehungssystem, l e b t, das es als Leib von einem bloßen Körper unterscheidet und ohne das dieser nicht einmal als Körper Bestand haben könnte. Des Menschen Körper, dessen Materie und deren Energien sind ja die seines l e b e n d e n Leibes. Gewiß ist der Mensch mit diesem lebenden, weil belebten Leib in allen seinen Organen, ist er mit dessen Funktionen, Aktionen und Passionen identisch: aber doch nicht anders, als indem er fort und fort das lebende und belebende S u b j e k t seines Leibes ist, nicht anders also, als indem ihm dieser sein Leib — und indem er diesem seinem Leib — fort und fort identisch w i r d. Der sieht den Menschen offenbar nicht, der nicht sehen will, daß er, wie ganz und gar sein Leib, so wieder ganz und gar zugleich auch seine Seele: die Seele, das Subjekt, das Leben dieses seines Leibes ist. Weil der Materialismus das nicht sehen will, darum kann man sich auch ihm nicht anschließen, darum muß er sich schon fragen lassen, ob er gerade des Illusionismus, den er der griechisch-altkirchlichen Auffassung zum Vorwurf macht, nicht darum in noch höherem Grade als diese schuldig ist, weil diese ihrerseits das Problem der Leiblichkeit zwar nicht zu Ehren bringen mußte, es aber immerhin nicht geradezu abgewiesen und unterdrückt hat, wie das dem

Problem der Seele unter den allzu harten Fäusten der Materialisten widerfahren ist. Aus den zwei Gespenstern der griechisch-altkirchlichen Lehre ist bei ihnen eines geworden. Das ist kein Fortschritt. Sie könnten durchaus recht haben, wenn sie nicht durchaus allein recht haben wollten. Sie wollen aber allein recht haben, und eben darum haben auch sie unrecht.

Der «Materialismus» ist nicht erst ein Produkt der Neuzeit. Er hat bekanntlich schon in den verschiedenen Phasen der antiken Philosophie — von Thales und den anderen Ioniern über Demokrit zu Epikur — seine Rolle gespielt. Und so ist er denn auch der christlichen Theologie schon lange und nicht etwa erst im 18. und 19. Jahrhundert begegnet. Er begegnete ihr z. B. am Anfang des 16. Jahrhunderts in einer Form, in der er sie mindestens hätte interessieren müssen. 1516, im selben Jahr, in dem Luther seine berühmte Römerbriefvorlesung hielt, erschien des italienischen Philosophen Pietro Pomponazzo Schrift *De immortalitate animae,* in der der aristotelische Satz *anima forma corporis* (und also das Dogma von 1311) dahin interpretiert wurde, daß die Seele zum Leibe gehöre, von ihm nicht zu trennen sei, ohne ihn nicht bestehen könne und also als ein Modus seiner Existenz mit ihm vergehen und also sterben müsse. Was Pomponatius zugeben wollte, war nur dies, daß im menschlichen Erkennen, das doch durchaus keine rein immaterielle Tätigkeit sei, ein gewisser Aufstieg von den sinnlichen Vorstellungen zu den Allgemeinbegriffen und insofern zum Ewigen stattfinde, so daß die menschliche Seele dem rein Immateriellen und Unsterblichen, ohne ihm anzugehören, ähnlich sei und insofern näher stehe als alle übrigen Dinge. Der Raum unseres Daseins und die Aufgaben, Pflichten und Hoffnungen, in welchen jede Einzelseele ihre Bestimmung habe, sei also — im Angesicht des Ewigen, des Jenseits, aber ohne Koinzidenz mit ihm — das Diesseits. Pomponatius hat das Jenseits nicht geleugnet. Es scheint, daß er sogar die Auferstehung der Toten (als Auferstehung des ganzen Menschen) nicht geleugnet hat. Er hat aber von der Seele in der Tat materialistisch gelehrt, er wollte sie nur als *forma corporis* und nicht als eine dem Leib gegenüber selbständige, ihm qualitätsfremde, immateriell-unsterbliche Substanz verstanden wissen. Es hätte in der Folgezeit Vieles anders laufen, es hätte dem 18. und 19. Jahrhundert viele Verlegenheiten ersparen können, wenn sich die römische Kirche damals nicht gerade drei Jahre zuvor auf dem 5. Laterankonzil 1513 (Denz. Nr. 738) dogmatisch in aller Form auf die Unsterblichkeit der intellektiven Seele festgelegt, oder wenn sich damals wenigstens die reformatorische Theologie zu einer Neubesinnung auch an diesem Punkt aufgerafft hätte. Sie hätte in dieser philosophischen These sehr wohl einen Wink erblicken können, mit ihrem Schriftprinzip nun auch an diesem Punkt ernst zu machen und also über das biblische Menschenbild in seinem Unterschied zum griechischen gerade im Zusammenhang mit der biblischen Eschatologie gewisse nötige und längst fällige Nachforschungen anzustellen, auf Grund deren sie sich dem Materialismus des Pomponatius noch lange nicht hätte anzuschließen brauchen, auf Grund derer sie sich aber ihm und zugleich allem früheren und späteren Materialismus gegenüber ein besseres Gewissen hätte verschaffen können. Es rächte sich aber wahrscheinlich auch in dieser Angelegenheit die Tatsache, daß die Reformation gerade für die biblische Eschatologie zu wenig Aufmerksamkeit und Verständnis hatte und von daher keinen Anlaß sah, die überlieferte Anthropologie einer Revision zu unterziehen. Es geschah jedenfalls, daß sich schon Calvin (*Instit.* I, 5, 5) mit der römisch-katholischen Verwerfung jener These ohne weiteres identifizierte: mit der alleinigen, durchaus nicht biblischen, sondern platonischen Begründung, daß die Himmel und Erde umspannende Vernunft der menschlichen Seele, ihre Beweglichkeit in der Durchforschung der Zeit und des Raumes, ihre im Traum, aber auch in so vielen Werken der Kunst sich äußernde Begabung mit

3. Seele und Leib in ihrer Zusammengehörigkeit

freier Phantasie die offenkundigen und unzerstörbaren Zeichen ihrer Unsterblichkeit seien. *Certa sunt divinitatis insignia in homine*, hat Calvin sogar wörtlich geschrieben. Ihm folgend wußte auch U r s i n (*Loci theol.* 1562 S. 559 zit. nach Heppe S. 179) und wußten auch die Theologen des 17. Jahrhunderts mit jener These nichts anzufangen, als sie — und die Cartesianer unter ihnen noch entschlossener als die Aristoteliker — *a limine* abzulehnen, wobei sich z. B. A b r. H e i d a n (*Corp Thelo. chr.* 1686 I S. 335) bis zu dem Satz verstieg, daß es neben der Leugnung der Existenz Gottes keine moralisch gefährlichere These gebe als gerade diese, durch die der Mensch mit dem Tier auf eine Stufe gestellt werde. Auch die christliche Theologie hat sich damit einen Problemabweis geleistet. Mit solchen Antworten konnte sie ja wirklich weder der in allen Jahrhunderten gleichen praktischen Wirklichkeit des menschlichen Lebens, noch dem damals eben anhebenden Ansturm einer neuen Naturspekulation und am allerwenigsten den von der Bibel her sich regenden Fragen Genüge tun. Und so mußte sie sich darauf gefaßt machen, daß der Materialismus kraft der *particula veri*, die ihm nun einmal nicht abzusprechen ist, eines Tages von neuem und dann vielleicht in peinlicherer Weise zu schaffen geben werde — wie es denn auch geschehen ist.

Wir vergegenwärtigen uns die spezifisch neuzeitliche Gestalt, in der er sozusagen in seiner Sünden Maienblüte sichtbar ist und in der er in der Mitte und am Ende des vorigen Jahrhunderts ebenso viel begeisterten Beifall auf der einen wie ängstliches Entsetzen oder auch zornige Ablehnung auf der anderen Seite hervorgerufen hat: in der Fassung, in der ihr der Jenenser Zoologe E r n s t H a e c k e l in seinem zuerst 1899 erschienenen und danach aufs weiteste verbreiteten Buch «Die Welträthsel» auf den Plan geführt hat. Eine ähnliche Bibel des modernen Materialismus war schon 1855 im Buch «Kraft und Stoff» von dem deswegen als Tübinger Privatdozent abgesetzten L u d w i g B ü c h n e r verfaßt worden. Im selben Jahr 1855 hatte K a r l V o g t (als exilierter Deutscher in Genf wirkend) seine Schrift «Köhlerglaube und Wissenschaft» veröffentlicht, in der der schnöde Satz steht, «daß die Gedanken sich ungefähr zum Gehirn verhalten, wie die Galle zur Leber oder der Urin zu den Nieren». Als Vertreter ähnlicher Ansichten hatte sich in der Mitte des 19. Jahrhunderts auch J a k o b M o l e s c h o t t — auch er ein gemaßregelter deutscher Privatdozent — bekannt gemacht. Auf der Grenze zum Materialismus hin bewegt sich aber in den vierziger Jahren auch schon die Philosophie von L. F e u e r b a c h. Daß der Mensch «ist», was er «ißt», war die geistvolle Formulierung, mit der er das weitere Gespräch befruchtete. Und in seinem Alterswerk «Der alte und der neue Glaube» (1872) ist auch D. F r. S t r a u ß, nachdem er einst vom absoluten Idealismus ausgegangen war, mit fliegenden Fahnen in das Lager dieses so ganz anderen Systems übergegangen. Das Votum von Haeckel war das letzte, massivste und eindrucksvollste Wort in dieser Sache. Er hat sie in Kap. 6—11 seines Buches wie folgt entwickelt: Was man «Seele» nennt, ist eine Naturerscheinung. Es ist also Psychologie ein Zweig der Physiologie. Basis aller seelischen Vorgänge ist beim Menschen wie beim Tier das «Psychoplasma», eine eiweißartige Kohlenstoffverbindung. Was wir Empfindungen, Bewegungen, Reflexe, Vorstellungen, Erinnerungen, Instinkte und schließlich Begriffsbildungen, Gemütsbewegungen, Willensentschlüsse, auch was wir zuletzt und zuhöchst Selbstbewußtsein nennen, sind lauter Funktionen des kraft jenes Plasma lebenden tierischen Organismus: in ihrer Differenzierung doch nur die Stufen einer von den Protozoen bis zum Menschen aufsteigenden Skala, alle miteinander dem einen Gesetz der bewegten und sich bewegenden einen materiellen Substanz unterworfen. Psyche ist nur der Kollektivbegriff für die Gesamtheit dieser Funktionen. Die Seele besteht (d. h. also der Ablauf dieser Funktionen beginnt) im Augenblick der Begattung, in welchem der männliche und der weibliche Zellkern zur Stammzelle eines neuen Körpers zusammentreten; sie wird in diesem Sinn vererbt. Sie durchläuft dann mit den anderen Lebenstätigkeiten des Organismus ihre individuelle Entwicklung vom selbstbewußtseinslosen Zustand des Neugeborenen bis hin zur senilen, der Auflösung des Selbstbewußtseins entgegeneilenden Rückbildung. Und dabei ist des Menschen Seele nur die letzte und höchste Gestalt einer Stammesgeschichte, die von der Zellseele über die Zellvereinsseele zur Gewebeseele, von da zur Pflanzen- und Tierseele und im tierischen Bereich aufwärts von der Seele der Urdarmtiere bis hinauf zu der Nervenseele der höheren Säugetiere und schließlich zum Menschen als deren höchstem führt. Auch das Bewußtsein, dieses «psychologische Zentral-Mysterium», diese «feste Zitadelle aller mystischen und dualistischen Irrtümer, an deren gewaltigen Wällen alle Angriffe der bestgerüsteten Vernunft zu scheitern drohen», ist eine Naturerscheinung, die wie alle anderen dem Substanzgesetz unterworfen ist. Es ist damit zu erklären, daß es im Säugetiergehirn, in der grauen Rindenzone des Hirnmantels nicht nur «Sinnesherde», sondern auch vier besondere «Denkherde» oder Assoziationszentren gibt, beim Menschen von ganz besonders verwickelter Struktur, in welchen er seinen Sitz hat und aus denen sich seine Phänomene restlos erklären lassen. Erregung, Betäubung, Erkrankung dieser Gehirnteile haben Veränderungen auch des Bewußtseins zur unmittelbaren Folge. Indem das feststeht und indem das Bewußtsein in der individuellen Ontogenie anfängt, wächst, abnimmt und schließlich erlöscht, indem es sich ferner in der universellen Phylogenie vom Bewußtsein der Amöbe bis zu dem des Kulturmenschen der Gegenwart entwickelt, ergibt sich: auch es ist eine physiologische Funktion des Gehirns und also kein immaterielles und also auch kein unsterbliches Wesen einer von der natürlichen Materie verschiedenen Seele. Die Lehre von der Unsterblichkeit (der «Athanismus») ist eine Illusion, eine Meinung, die zu den sichersten Sätzen der modernen Wissenschaft in unauflösbarem Widerspruch steht, die sich weder vor der Physiologie, noch vor der Histologie noch vor der Pathologie, noch vor der Ontogenetik, noch vor der Phylogenetik rechtfertigen läßt und für die sich schließlich auch keine ernsthaften Gemütsgründe ins Feld führen lassen.

Der Materialismus des mittleren und späteren 19. Jahrhunderts war nun doch nur sehr bedingt das Ergebnis der modernen Naturwissenschaft, wie er auch in seinen früheren Gestalten nur sehr bedingt mit allerlei angeblich tieferer und genauerer Naturerkenntnis zusammenhing. Es ist allerdings wahr, daß die gründlicher als je zuvor zugreifende Naturwissenschaft des 19. Jahrhunderts in großer Allgemeinheit — dem weiteren Publikum besonders erkennbar in der Haltung seiner Medizinmänner — eine gewisse Tendenz nach dieser Richtung hatte und daß Konklusionen wie die, die Büchner, Vogt, Moleschott und schließlich Haeckel sie vorgetragen haben, unter dem *clerus minor* der naturwissenschaftlich interessierten Bildungswelt jener Zeit eine Unzahl von Adepten und Propheten gefunden haben. Es ist aber auch wahr, daß gerade die führenden und namhaften naturwissenschaftlichen Forscher und Lehrer auch jener Zeit, mochten sie immer irgendwie in derselben Richtung zu denken geneigt sein, gerade zu den Konklusionen jener Rufer im Streit, gerade zur Proklamation eines dogmatischen Materialismus im allgemeinen auffallend wenig Lust gezeigt haben — und das wirklich nicht etwa nur darum, weil sie in irgend welcher Befangenheit gegenüber den Mächten des Staates, der Gesellschaft und der Kirche den Mut dazu nicht aufgebracht hätten, sondern offenkundig in der laboratoriumsmäßigen, handgreiflichen Einsicht, daß ihnen gerade jene Konklusionen zwar durch ihre Wissenschaft nahegelegt sein mochten, daß sie aber wiederum gerade mit den Mitteln ihrer Wissenschaft unmöglich zu vollziehen waren. Der Schritt von dem Satz, daß das menschliche Bewußtsein eine Funktion des Gehirns sei, zu dem andern Satz, daß es nur eine Funktion des Gehirns sei, der Schritt von der Erkenntnis der materiellen Bedingtheit zu der der materiellen Beschaffenheit der Seele, der Schritt zum materialistischen Monismus also war und ist nun einmal eine μετάβασις

3. Seele und Leib in ihrer Zusammengehörigkeit

εἰς ἄλλο γένος, die, wenn sie durchaus getan sein soll, einer anderen als einer naturwissenschaftlichen Begründung bedürftig ist. Das Haeckelsche «Psychoplasma» hatte ja faktisch keine sterbliches Auge je gesehen. Wer es bemerkte, daß man hier glauben, spekulieren, philosophieren mußte, um zu wissen, der hat seinen Materialismus — wenn er schon materialistisch dachte — jedenfalls nicht mit seiner Naturwissenschaft begründet, der konnte daraus vielmehr auch Anlaß nehmen, sich auf den Materialismus jedenfalls nicht zu verpflichten, sich seine Verkündigung nicht geradezu zur Aufgabe machen zu lassen. Und es ist wiederum wahr — und Haeckel selbst hat sich laut genug darüber beklagt — daß damals gerade gewisse Träger allererster naturwissenschaftlicher Namen, wie Rudolf Virchow, Emil Dubois-Reymond, Wilhelm Wundt, und auch der von Haeckel besonders geschätzte Engländer George Romanes, die sich in jüngeren Jahren scheinbar oder auch wirklich im Sinn des Materialismus hatten vernehmen lassen, später in aller Öffentlichkeit von seiner Systematisierung und Dogmatisierung abrückten. Das große Ereignis in der Geschichte dieses Widerspruchs war der von Dubois-Reymond am 14. August 1872 auf der Naturforscherversammlung in Leipzig gehaltene Vortrag «Über die Grenzen des Naturerkennens», in welchem er sowohl den Zusammenhang von Materie und Kraft als auch den zwischen unserer Geistestätigkeit und ihren materiellen Bedingungen als die Grenzen bezeichnet, die der menschliche Geist auch bei vorgeschrittenster Naturerkenntnis niemals überschreiten werde: *ignoramus — ignorabimus!* Haeckel hat Dubois-Reymond, wie jenen anderen Kollegen, schlicht und freundlich beschieden, daß ihre Haltung nur aus einer bei ihnen offenbar überhand nehmenden psychologischen Altersmetamorphose zu erklären sei. Aber ein Bekenntnis zum altkirchlichen Spiritualismus und Dualismus, wie er es ihnen nachher durch alle Jahrzehnte hindurch nachgeredet hat, war der Sinn der Haltung dieser Männer nun gerade nicht gewesen, sondern nur eben die Anmeldung einer, wollte die Naturwissenschaft sich selbst treu bleiben, notwendigen Reserve gegenüber einem Sprung, der von ihr her vielleicht als eine naheliegende Folgerung erscheinen mochte, auf keinen Fall aber als das in Anspruch genommen werden konnte, was man sonst ein naturwissenschaftliches «Ergebnis» zu nennen pflegt.

Gerade der moderne, uns besonders interessierende Materialismus ist nun aber mit dieser Feststellung gewiß nicht zu erledigen. Er hatte und hat nicht die Kraft echter Wissenschaft, wohl aber die einer Weltanschauung. Und das Entstehen und der Bestand dieser Weltanschauung gründete sich auf das sehr reale «Psychoplasma» bestimmter starker Affekte, die sich ihrerseits auf gewisse unleugbare geschichtlich-ethisch-soziale Tatsachen bezogen. Das gilt zwar nicht für die weimarische Exzellenz Haeckel persönlich, wohl aber für den so ärgerlichen Massenbeifall, den er und den schon seine älteren Gesinnungsgenossen mit ihrer Dichtung gefunden haben. Tatsache ist allem Anschein nach, daß die menschliche Wirklichkeit sich der naiven Betrachtung der allermeisten Menschen aller Zeiten in einer Gestalt dargestellt hat, die dem materialistischen Bild mindestens sehr viel ähnlicher war als dem des christlichen Dualismus. Und sichere Tatsache ist dies, daß als das Resultat des seit dem 17. Jahrhundert reißend gewordenen gesellschaftlichen Fortschritts von spätestens 1830 ab eine Lebensform sich abzuzeichnen begann, die mit primitiver Wucht für eine materialistische Anthropologie sprechen mußte und gesprochen hat. Die im 18. Jahrhundert begonnene allgemeine Rationalisierung des menschlichen Lebens im Sinn dieses Fortschritts bedeutete in der Praxis des 19. Jahrhunderts in eindeutiger Entschiedenheit: seine Verwirtschaftlichung, seine Kommerzialisierung, Industrialisierung und Mechanisierung, d. h. aber offenkundig: seine Materialisierung. Noch am Anfang des Jahrhunderts hatten die Idealisten, hatte z. B. Schleiermacher als Ethiker den Sieg des Geistes über Natur und Materie in gewaltigem Anbruch befindlich gesehen. Das Bild der wirklichen Dinge begann sich doch den Völkern, und zwar den führenden wie den geführten Schichten aller Kulturvölker mit Ausnahme der weiter träumenden Philosophen, Poeten und leider auch Theologen, rasch ganz anders darzustellen. Es begannen die ersten Eisenbahnen durch Europa zu rasseln, die ersten Dampfschiffe über den atlantischen Ozean zu fahren, die ersten elektrischen Telegraphen zu spielen, die ersten Vorläufer der heutigen Photographie gerade das leibliche Antlitz des Menschen, wie er ist, zu verewigen. Es begann das große Interesse eines bemerkenswerten Teils der abendländischen Intelligenz an den Problemen einer sehr realen Erwerb verheißenden Technik. Es begann dementsprechend die Riesenabwanderung der städtischen und ländlichen Massen in die Fabriken, die Eisenhütten, die Bergwerke. Die Menschengestalt des Roboters, der nach seiner Seele nicht frägt und auch nicht gefragt ist und darum auch nach der Anderer nicht fragen kann, der von einem anonymen Machtzentrum her geschaffen, bewegt, regiert, gebraucht und nach Verbrauch beiseitegeworfen und durch einen Anderen seinesgleichen ersetzt wird, diese materialistische Menschengestalt war jetzt im Aufstieg. Sie hatte hier die Gestalt des großen Industrie- oder Bankkapitäns, dort die des ahnungslos mitschwimmenden mittleren Bürgers, dort, im Maschinenraum, unter der Wasserlinie des großen Fahrzeugs — «Denn die Einen sind im Dunkeln und die Andern sind im Licht. Und man sieht die im Lichte, die im Dunkeln sieht man nicht» — die neue Gestalt des modernen Proletariers. Nicht die Forschungen und Ergebnisse der Biologie und Physiologie, sondern der Aufstieg dieser Menschengestalt, in der sich gern oder ungern ein wenig jedermann, der mit offenen Augen in und mit seiner Zeit lebte, wiedererkennen mußte, ist die wirkliche Begründung des neuzeitlichen Materialismus, die Erklärung der Geltung und Verbreitung, die er trotz und in seiner naturwissenschaftlichen Schwäche gefunden hat. «Und damit lös ich das Problem: Nur wer im Wohlstand lebt, lebt angenehm!» so dachte zufrieden der große, so dachte unzufrieden auch der kleine Mann, nur daß der große Mann vielleicht selten ehrlich genug war, es sich auch einzugestehen, daß er so dachte. Was bedurfte es erst der Biologie und Physiologie, um beiden zu beweisen, daß man materialistisch denken müsse? Eben das haben sie ja schon, hatten sie, wohl nicht erst im 19. Jahrhundert, sondern von jeher, getan, und das 19. Jahrhundert hatte es nur an den Tag gebracht.

Hier greift nun der sogen. «historische Materialismus» ein, für den das, was wir bisher unter diesem Namen besprochen haben, nur eine notwendige Waffe, nur ein unentbehrlicher apologetischer und polemischer Hilfssatz ist. Die Lehre von Karl Marx, die mit diesem historischen Materialismus identisch ist, ist zweifellos Materialismus auch in dem hier besprochenen Sinn, und praktisch steht und fällt sie damit, daß sie das auch ist. Aber sie ist es immerhin nur *per accidens*, nicht *per essentiam*. Es gehört sicher mit zu den geschichtlichen Grenzen des Marxismus, daß er sich mit dem Dogma des angeblich naturwissenschaftlichen Materialismus so eng verbunden hat. Man würde ihn aber völlig mißverstehen, wenn man ihn für auf diesen begründet, wenn man ihn also im Sinn der älteren theologischen Polemiker für dessen üble moralische Frucht ansehen würde. Genau das Umgekehrte ist richtig: der angeblich naturwissenschaftliche Materialismus hat jedenfalls im 19. Jahrhundert nur dadurch Gewicht bekommen, daß er vom historischen Materialismus vorgefunden, angeeignet und in Gebrauch genommen wurde. Der historische Materialismus ist ihm gegenüber ein Gebilde eigenen Ursprungs.

Er ist nämlich 1. die angesichts der modernen Entwicklung der Gesellschaft gemachte Feststellung, in der das Kind endlich mit Namen genannt wird: die Feststellung, daß die ganze Geschichte der Menschheit in ihrem Kern Geschichte der menschlichen Ökonomie, Wirtschaftsgeschichte ist, alles Andere — die Hervorbringungen der Kultur, der Wissenschaft, der Kunst, des Staates, der Moral, der Reli-

3. Seele und Leib in ihrer Zusammengehörigkeit

gion — nur Begleiterscheinungen dieser einen Wirklichkeit, Ausdrücke der jeweiligen wirtschaftlichen Machtverhältnisse: Versuche, diese zu verhüllen, zu beschönigen, zu rechtfertigen, zu verteidigen, vielleicht gelegentlich auch Ausdrücke ihres Ungenügens, Instrumente ihrer Kritik, Mittel zu ihrer Veränderung, aber auf alle Fälle sekundäre Gebilde, Ideologien, denen die Wirtschaft als das eigentlich geschichtlich Reale gegenübersteht. So schien es jene im 19. Jahrhundert aufsteigende neue Menschengestalt unzweideutig zu bezeugen. So ist sie von Karl Marx jedenfalls verstanden und interpretiert worden.

Der historische Materialismus ist 2. eine K r i t i k des bisherigen Verlaufs der so verstandenen Menschheitsgeschichte. Sie ist als Wirtschaftsgeschichte die Geschichte eines Kampfes zwischen der jeweils herrschenden und der jeweils unterworfenen Schicht oder Klasse der Gesellschaft, d. h. aber zwischen den wirtschaftlich Starken und Schwachen, zwischen den jeweiligen Inhabern des Bodens und der sonstigen Produktionsmittel und den Anderen, die jeweils die eigentlich wirtschaftlich produktive Arbeit geleistet haben. In diesem Kampf waren die Letzteren, die Arbeiter, fast immer und unter der für die Neuzeit charakteristisch gewordenen Herrschaft des anonymen, automatisch nur nach seiner eigenen Vermehrung strebenden Kapitals mit verschärfter Notwendigkeit die Verlierer: die Expropriierten, die Ausgebeuteten. Jene Ideologien haben sich dabei tatsächlich als bloße Begleiterscheinungen erwiesen, die den mit so ungleichen Mitteln geführten Klassenkampf weder unmöglich machen, noch aufhalten, die ihn vielmehr nur bestätigen und so oder so fördern konnten. So anders sah Karl Marx das, was die Idealisten noch wenige Jahrzehnte zuvor als den Sieg des Geistes über die Natur gefeiert hatten!

Der historische Materialismus ist 3. eine V o r a u s s a g e über den künftigen Verlauf der Menschheitsgeschichte. Die Herrschaft der Besitzenden, die heute der Herrschaft des anonymen Kapitals geworden ist, wird notwendig immer wieder zu neuen Krisen der Produktion und des Konsums, zu kriegerischen Verwicklungen, zu revolutionären Katastrophen führen. So treibt sie mit innerer Notwendigkeit einem letzten Umschlag entgegen. Die Proletarisierung der Massen wird immer schärfer und greift auf immer größere Schichten auch des heutigen Bürgertums über. Die so sich vermehrende Klasse der Unterdrückten wird allmählich automatisch genötigt, sich zu einigen, die tatsächlich ganz in ihren Händen liegende Macht innerhalb des ökonomischen Prozesses zu erkennen und zu ergreifen, um endlich und zuletzt auch politischen, im Notfall gewaltsamen Gebrauch von ihr zu machen und ihre Diktatur an die Stelle der jenes anonymen Tyrannen zu setzen. Sie expropriiert die noch vorhandenen Expropriateure. Sie errichtet den sozialen Wirtschafts- und Wohlstandsstaat, in welchem es keine Ausbeuter und darum auch keine Ausgebeuteten mehr geben, in welcher auch alle anderen sozialen Krankheiten mit ihrer gemeinsamen Wurzel verschwinden werden, in welchem Moral, die im heutigen Klassenstaat fast nur in der Gestalt sozialer Heuchelei möglich ist, eine echte Wirklichkeit werden kann. Wieder werden es nicht irgendwelche Ideologien sein, die die Menschheit dahin führen werden, sondern einzig und allein die recht verstandene und darum dann auch im richtigen Augenblick durch die richtigen Eingriffe gelenkte ökonomisch materielle Entwicklung. Das war die Hoffnung, die Eschatologie, die Karl Marx den Seinen als Bestes, als das eigentlich treibende Motiv zum sozialistischen Handeln mit auf den Weg gegeben hat.

Und der historische Materialismus ist 4. ein A p p e l l. Er richtet sich nicht etwa an Alle, also nicht etwa auch an das herrschende Bürgertum. Dem «Bourgeois» hat der historische Materialismus darum nichts zu sagen, weil er zum vornherein nicht erwartet, daß er sich, befangen in den Vorurteilen seiner ökonomischen Position — sie sind stärker als seine tiefsten Einsichten und als sein bester Wille! — etwas sagen, sich belehren lassen könnte. Ausnahmen sind erfreulich und können taktisch wertvoll ausgenutzt werden, besagen aber nichts gegen die Regel, daß das Bürgertum als Klasse kein Gesprächspartner ist. Mit ihm wird gerechnet und schließlich abgerechnet, aber nicht geredet — disputiert wohl, aber nimmermehr diskutiert! So richtet sich der Appell des historischen Materialismus an das in der vorangehenden Entwicklung immer mehr anschwellende Proletariat, und nur an dieses. Er ist der Appell an seine Einsicht: zur Aufgeschlossenheit für den ökonomischen Sinn der Geschichte überhaupt, für die Notwendigkeit ihrer Kritik im Lichte des sie beherrschenden Klassenkampfes, zum Glauben an dessen notwendig näher rückendes Endziel und vor allem zur Herstellung der wirtschaftlichen (gewerkschaftlichen und genossenschaftlichen) und politischen Solidarität der Arbeiterklasse, deren Sinn und Absicht ist: die bald allmähliche, bald ruckweise Beschleunigung des Abbaus der bisherigen Klassenverhältnisse und die wieder bald allmähliche, bald ruckweise Vorbereitung des Aufbaus der neuen, der klassenlosen Gesellschaft, Alles unter sorgfältiger und geschmeidiger Berücksichtigung der jeweiligen historischen Stunde und Lage, ihrer besonderen ökonomischen, politischen und ideologischen Gegebenheiten. Ponderabel sind die Ideologien natürlich auch in dieser Praxis des historischen Materialismus nur als teils brauchbare, teils unbrauchbare, teils förderliche, teils störende Begleiterscheinungen ohne selbständige Bedeutung. Es ist verständlich, daß die Lehre von Karl Marx den Fernstehenden in der Regel gerade in dieser letzten Gestalt, als dieser so gar nicht an sie, sondern nur gegen sie gerichtete Aufruf zur kämpferischen Solidarität der Arbeiterklasse eindrücklich und — unsympathisch zu werden pflegt.

Weshalb der uns beschäftigende p s e u d o n a t u r w i s s e n s c h a f t l i c h e Materialismus im 19. Jahrhundert so viel Gewicht und Zulauf bekommen konnte, ist nun wohl deutlich. Der Marxismus als solcher bedurfte überhaupt keiner Lehre von Seele und Leib. Ihm konnte, was in dieser Hinsicht auf der Linie von Feuerbach zu Haeckel spekuliert wurde, an sich eine bürgerliche Ideologie wie andere sein. Wie diese bürgerlichen Materialisten denn auch ihrerseits in der Hauptsache notorisch ohne Zusammenhang mit der Arbeiterfrage und Arbeiterbewegung Materialisten geworden und gewesen sind, D. Fr. Strauß sogar als ziemlich borniert er Sozialistenfresser! Der Marxismus konnte aber eine solche Lehre von Seele und Leib faktisch b r a u c h e n, die seinen eigenen Intentionen so offenkundig e n t g e g e n k a m, wie das gerade bei dem kruden Materialismus dieser besonderen Observanz der Fall war. Er hat faktisch von ihm Gebrauch gemacht. Er hat sich mit ihm faktisch so verbunden, was man dann die «marxistische Weltanschauung» zu nennen begann. Verhielt sich Leib und Seele nach der Lehre dieser Materialisten nicht genau so wie nach marxistischer Lehre die ökonomische Entwicklung zu jenen ideologischen Begleiterscheinungen? Bestätigte ihre Lehre nicht im Blick auf das menschliche Individuum und auf das Menschengeschlecht im Ganzen, was dem Marxismus im Blick auf die soziale Struktur von dessen Geschichte A und O war: den schlechthinigen Primat der materiellen Lebens- und Machtfrage? So kam es, daß jener wissenschaftlich gewiß unzulässige Schluß von der materiellen Bedingtheit zum materiellen Wesen des Seelischen zum rezipierten Dogma des historischen Materialismus wurde. So kam es zu jener orthodoxen Sozialisten bis auf diesen Tag geradezu heiligen Gleichung: «Marxismus ist Wissenschaft» — lies: Naturwissenschaft! — lies: Naturphilosophie Haeckelscher Observanz! Und so kam es zu jenen Massenaffekten, die dem Materialismus Haeckelscher Observanz erst seine eigentümliche Schwungkraft gegeben haben. Er lebte und lebt von dem Pathos des im Sinn von Karl Marx geführten Klassenkampfs, in welchem er sich als ideologisches Instrument nützlich, ja unentbehrlich erwiesen hat. Man muß aber weiter zurückgehen: er lebt von dem, was im historischen Materialismus nicht nur zwängerische Konstruktion, sondern geschichtlich zweifellos wahr und wirklich ist. Er lebt von der tatsächlichen Exi-

3. Seele und Leib in ihrer Zusammengehörigkeit 467

stenz jener im 19. Jahrhundert so aufdringlich sichtbar gewordenen seelenlosen Menschengestalt. Gewiß war und ist der Marxismus mit seiner ausschließlich ökonomischen Sicht der menschlichen Dinge und mit all seinen darauf begründeten theoretischen und praktischen Folgerungen eine Vergewaltigung der Geschichte, die in ihrer Weise nicht weniger schlimm ist wie die, die Haeckel und Genossen der menschlichen Natur widerfahren ließen. Gewiß war und ist es also eine Wahlverwandtschaft im Irrtum, die ihn dazu führte, sich gerade mit dieser Lehre von der menschlichen Natur zu verbinden. Gewiß ist es ein Fluch, der auf dieser Sache liegt und die sich eines Tages an ihr rächen wird, daß gerade die entschlossenen, die konsequenten, die orthodoxen Vertreter des auf jene Verbindung festgelegten Marxismus mehr und mehr selber etwas vom Geist oder Ungeist jenes Robotermenschen in sich aufgenommen haben. Aber wie soll man sich darüber verwundern, daß das geschehen ist, da das wirkliche Leben — nicht zuerst das der marxistischen Opposition, sondern zuerst das der ganzen modernen Gesellschaft, so kräftige Züge zeigte (und doch wohl noch immer zeigt!), die unverkennbar in diese Richtung weisen? Wie sollte sich die christliche Kirche darüber verwundern? Und wie darüber, daß damit auch sie in dieses Schußfeld der marxistischen Polemik geriet? Daß sie es sich nun gefallen lassen mußte, ihren Glauben als ein der Verdammung und also der Reaktion dienendes «Überbleibsel des Kapitalismus» denunziert zu hören? Was hatte sie in all den Jahrhunderten dafür getan, um dem Aufstieg jenes seelenlosen Menschenbildes positiv vorzubeugen? War sie nicht immer auf Seiten der «herrschenden Klassen» gestanden oder war sie nicht mindestens immer die sicherste Garantie der Existenz und des Bestandes einer Klassenordnung gewesen, die sich technisch kaum anders denn als die Ordnung der Übermacht der ökonomisch Starken verstehen ließ? Und hatte sie nicht gerade mit ihrer Lehre von Seele und Leib mindestens eine schuldhafte Gleichgültigkeit gegenüber dem Problem der Materie, des Leibeslebens und also des Ökonomischen an den Tag gelegt? Hatte sie sich nicht darauf versteift, die Unsterblichkeit der Seele zu lehren, statt der Gesellschaft mit der Verkündigung der Auferstehung der Toten zu bezeugen, daß Gottes Gericht und Gottes Verheißung den ganzen Menschen angehen und darum weder abseits von der materiell ökonomischen Wirklichkeit bejaht und geglaubt, noch im Gegensatz zur materiell ökonomischen Wirklichkeit als Ideologie verneint und beiseite geschoben werden können? Als die Massen zuerst dem ökonomischen und dann und im Zusammenhang damit dem pseudonaturwissenschaftlichen Materialismus verfielen, als ob sie auch von Seiten der Kirche von jeher nur belanglose bürgerliche Ideologien zu hören bekommen hätten — und als dann die erschrockene Christenheit über diesen doppelten Abfall in der Hauptsache nur zu klagen und zu schelten wußte, da rächte es sich, daß sie sich so unbesonnen — wahrhaftig nicht im Gehorsam, sondern im Ungehorsam gegen die Schrift — jenem abstrakten Dualismus von Seele und Leib verschrieben, daß sie auch in der Reformationszeit gerade an dieser Stelle nicht endlich tiefer gegraben hatte. Gegen den Aufstieg jenes materialistischen Menschenbildes hatte sie von da aus nichts tun können. Und gegen die überzeugende Kraft, die sowohl die marxistische Gesellschaftslehre als auch die pseudonaturwissenschaftliche Lehre vom Menschen ohne Seele im realistischen Lichte dieses Menschenbildes gewinnen mußte, konnte sie von da, von ihrer überlieferten Anthropologie aus, erst recht nichts tun. Sie wird gegen beide auch in Zukunft nichts tun können, sie wird diesen beiden Materialismen und also der sog. «marxistischen Weltanschauung» so lange mit schlechtem Gewissen gegenüberstehen, als es nicht von ihrer Eschatologie aus zu einer energischen Revision ihrer Anthropologie gerade an diesem Punkte (und von da aus dann natürlich auch zu einer anderen praktischen Einstellung dem ganzen Komplex gegenüber) gekommen ist. In diesem Sinn ist zu sagen, daß wir auch mit dem Materialismus Haeckelscher Observanz trotz seiner offenkundigen theoretischen Ohnmacht auch heute noch lange nicht fertig sind. Er erinnert Kirche und Theologie an Schulden, die sie noch von ferne nicht beglichen haben.

3. Gegen den griechisch-altkirchlichen Dualismus konnte nun aber auch ganz anders reagiert werden als in der Art des Materialismus. Und gerade der monistische Materialismus ruft und rief offenbar seinerseits nach dem Gegenschlag eines monistischen Spiritualismus, in dessen Sinn nun umgekehrt gerade die Seele als die eine und einzige Substanz der menschlichen Wirklichkeit zu verstehen wäre. Der eigentümliche Vorzug des Materialismus, seine größere Nähe zum biblischen Menschenbild gegenüber dem abstrakten Dualismus, die darin besteht, daß er Leib und Seele nicht auseinanderfallen läßt, den Menschen auf alle Fälle als Einheit sehen will, ist auch der des Spiritualismus. Nur daß eben das, was dort bloße Erscheinung sein soll, die Seele, hier zum Wesen wird, während, was dort das Wesen ist, der Leib, hier bloße Erscheinung sein soll. Man versteht die geschichtliche Notwendigkeit auch dieser Reaktion; solange der Materialismus auf dem Plan und solange der abstrakte Dualismus der griechisch-altkirchlichen Auffassung nicht bereinigt ist, wird sie immer ein relatives Recht für sich in Anspruch nehmen können. Hier meldet sich die konkrete Wirklichkeit des Menschen — nun von der anderen Seite — zu Worte. Hier kommt das Subjekt Mensch sich selbst nicht abhanden, wie es im Materialismus offenkundig der Fall ist, und hier läßt es auch die Einheit mit sich selbst nicht so vermissen, wie dies in der griechisch-altkirchlichen Auffassung der Fall ist. Hier haben wir es geradezu mit einer Art von Triumph des eigentümlichen Subjektes Mensch in seiner Selbstsetzung und Selbsterkenntnis zu tun, dem gegenüber das nach materialistischer Lehre im Strom des allgemeinen organisch-tierischen Lebensvorgangs jetzt auftauchende, jetzt wieder verschwindende Wesen gleichen Namens so kümmerlich erscheint, daß man, vor die Wahl zwischen diesem und jenem System gestellt, schon aus Gründen der menschlichen Selbstachtung für dieses, den Spiritualismus, zu optieren geneigt sein möchte. Wer weiß: vielleicht heute auch darum, weil es nicht unmöglich ist, daß ihm von der in den letzten Jahrzehnten so revolutionär erneuerten Physik her ein ganz unerwarteter Sukkurs zuteil werden könnte! Aber wer weiß: vielleicht doch auch einfach aus Gründen einer genaueren Besinnung auf den auch ohne physikalischen Sukkurs zu demonstrierenden Sachverhalt!

Wir lassen diesen in der Darstellung zu Worte kommen, die ihm von Paul Haeberlin (Der Leib und die Seele, 1923) zuteil geworden ist.

Nichts ist wirklich, so erfahren wir von ihm, als das wirkende, das funktionierende Subjekt und also die Seele, die ich in mir selbst, indem ich mich mit mir selbst identifiziere, wahrnehme, und die ich ohne Mitwirkung meiner Körperlichkeit als das erste Wirkliche erkenne. Erkenne ich auch einen Anderen — ein Anderes überhaupt — als wirklich und also als Funktionssubjekt, dann geschieht das immer unter Überwindung der Schranke, die mir durch seine, seine Seele verdeckende, Körperlichkeit bereitet wird. Aber eben körperlich ist auch alles Andere,

3. Seele und Leib in ihrer Zusammengehörigkeit

nur sofern als es dem betrachtenden Subjekt noch fremd, als wirklich und also als Funktionssubjekt noch nicht durchschaubar, für dieses betrachtende Subjekt also von jener Schranke umgeben ist. Körperlichkeit ist nur die Fremdform, das Gewand, die Erscheinung, der Ausdruck, das Symbol des Wirklichen. Wirklich ist Alles, wie ich selbst, sofern es seelisch ist. Gerade nur das Seelische, das Unräumliche, Unsinnliche, Immaterielle also ist wirklich, während das Räumliche, Sinnliche, Materielle und also das Körperliche nicht wirklich ist und in der wissenschaftlichen Erkenntnis als nicht wirklich, als bloße Fremdgestalt des Wirklichen durchschaut, verstanden, gedeutet oder mindestens erahnt werden muß. Alle Wissenschaft — auch die Naturwissenschaft — ist darum Psychologie; nur als solche vermag sie ja alle Gegenstände der Erfahrung, wie es der Wissenschaft würdig ist, auf einen Nenner zu bringen; nur als solche ist sie Synthese aller echten Wahrnehmungen. Bliebe sie Ding- oder Körperwissenschaft und beanspruchte sie dann als solche Synthese zu sein, so würde das auf Kosten eines strengen Verstehens und also auf Kosten ihrer Wissenschaftlichkeit geschehen. Nur als Psychologie kann und wird sie der Aufgabe des Verstehens in ihrer Totalität treu und also wirkliche Wissenschaft sein und bleiben. Weil die Körperlichkeit nicht zum Charakter des Wirklichen gehört, ist sie wissenschaftlich irrelevant. Der Leib ist der Inbegriff der gesamten Körperlichkeit eines maximal verstandenen Wesens: eines solchen Wesens also, das uns als seelisch und darin — und also unter Ausschluß seiner Körperlichkeit — als wirklich verständlich geworden ist. Der Leib ist also die uns als solche durchschaubare bloße Erscheinung eines Wesens, gleichviel, ob wir sie als solche faktisch schon erkannt oder erst erahnt haben. So unterscheiden sich Seele und Leib nur als die vollverständliche und die erst halb-verständliche Partie des Menschen. In Wirklichkeit ist der Mensch (wie alles Wirkliche) Seele und nur Seele. Als Seele ist er sich vollverständlich, als Leib, als Ausdruck der Seele ist er sich erfahrungsmäßig immer nur halbverständlich. Als Leib muß er sich zwar sich selbst zurechnen und wird er auch von Anderen sich selbst zugerechnet, erscheint er aber sich selbst und erst recht den Anderen auch als relativ fremd, als seelenfremd also, während er in Wahrheit auch als Leib nur sein eigenes Sinnbild ist, das nur der rechten Deutung bedarf, um ebenfalls als Seele erkannt zu werden. Der Leib ist keine objektive Größe; er ist nur das menschlich subjektiv bedingte Bild der uns selbst und Anderen noch relativ fremden menschlichen Persönlichkeit. Der Leib ist nur das jeweils noch psychologisch Dunkle der seelischen Wirklichkeit des Menschen, wie er andererseits nur deren Ausdruck und Darstellung ist.

Von wieviel Schwierigkeiten uns diese These mit einem Schlag befreien würde, braucht nicht gesagt zu werden. Aber wir können uns auch ihr nicht anschließen. Sie ist zu schön, um wahr zu sein. Wir fragen: wie kommt nun eigentlich der Mensch zu der Meinung, in der Wahrnehmung seiner selbst und indem er sich mit sich selbst identifiziert, seine Seele als das erste Wirkliche und in ihr den Inbegriff alles Wirklichen, in seinem Verstehen das Maß alles Wirklichen zu erkennen? Wer oder was legitimiert ihn zu dieser ontischen und zu dieser noetischen Grundlegung? Der wirkliche Mensch ist wohl Seele, Subjekt, er selbst. Er ist aber nicht nur das. Er ist gerade das nicht unbedingt, nicht grenzenlos. Wie er wohl Leib und doch nicht nur Leib, sondern auch Seele ist, so ist er wohl Seele, aber nicht nur Seele, sondern auch Leib. Er ist allerdings zuerst Seele und dann Leib. Er ist die Seele seines Leibes. Eben als Seele seines Leibes ist er aber in nicht minderer Wirklichkeit auch sein Leib. Hier täte der Spiritualismus gut, sich durch den Materialismus zur Ordnung rufen zu lassen. Der Mensch selbst ist auch sein Leib. Und sein Leib ist auch er selbst. Der Mensch ist, indem er sein Leib ist, freilich nicht nur Körper. Es ist aber dennoch wahr, daß er auch Körper, auch räumlich, sinnlich, materiell ist. Er ist kraft seiner Beseelung nicht seinerseits zur bloßen Seele geworden. Er ist auch das Belebte und Lebende, das als solches von der Seele als dem Belebenden verschieden bleibt. Man macht es zu gut mit jener strengen Beziehung des Subjekts zu dem von ihm Belebten, man sagt nun doch zu wenig vom Leibe, wenn man ihn nur als Ausdruck und Darstellung, nur als die Erscheinung, die Fremdgestalt, das Symbol, das psychologisch Dunkle der Seele gelten läßt. Man könnte diese Bezeichnungen zur Not gelten lassen. Sie dürften aber nicht bedeuten wollen, daß der Leib im Grunde nicht wirklich sei. Sie dürften nur besagen, daß der Leib im Verhältnis zur Seele das Alles auch ist. Sie müßten aber in sich schließen, daß er auch als das Alles wirklich ist, so wirklich wie die Seele, die er teils offenbart, teils verhüllt, so wirklich wie der Mensch selbst, der die Seele seines Leibes ist. Er ist nicht das Eine ohne das Andere. Und er ist das Eine auch nicht nur als Reflex des Anderen. Ist der Leib nicht ohne die Seele, so ist die Seele auch nicht ohne den Leib. Der eine ganze Mensch, auf den es auch der Spiritualismus mit Recht abgesehen hat, wäre gar nicht wirklich, wenn des Menschen Leib nicht als Offenbarung und Verhüllung seiner Seele, als Äußerung seines Inneren, als belebt und lebend durch sein Leben in seiner eigenen Weise gleich wirklich wäre wie seine Seele.

Wir fassen zusammen: Wenn der Materialismus den Menschen mit seiner Leugnung der Seele subjektlos macht, so macht ihn der Spiritualismus mit seiner Leugnung des Leibes objektlos. Auf so etwas wie eine neue und nun erst recht fatale Aufspaltung des Menschen laufen also beide hinaus, obwohl die Meinung hier wie dort monistisch, obwohl ihrer beider beachtenswerte Absicht gerade auf den Aufweis der Einheit der menschlichen Wirklichkeit gerichtet ist. Eben dieser Aufweis darf nicht auf Kosten der Wirklichkeit des einen oder des anderen der beiden Momente geführt werden: nicht so, daß man hier nur im Leib und dort nur in der Seele Wirklichkeit und hier in der Seele, dort im Leibe nur eine Erscheinung sehen will. Dieses einseitige Sehen bedeutet hier wie dort Gewalttat. Von der griechisch-altkirchlichen Lehre her wird man freilich mit einer gewissen Notwendigkeit immer wieder je der einen oder der anderen dieser Einseitigkeiten verfallen müssen. Sie selbst war ja im Grunde auch schon einseitig, und zwar einseitig in der Richtung des Spiritualismus. Sie hat zwar die Wirklichkeit des Leibes nie geradezu geleugnet, sie war aber mit ihrem Interesse an der unsterblichen und womöglich göttlichen

3. Seele und Leib in ihrer Zusammengehörigkeit

Seele immer auf dem Wege dazu, und als sie vom Materialismus her angegriffen wurde, da zeigte sich in ihrer Verständnislosigkeit für dessen Anliegen, in der Nervosität, mit der sie gegen ihn reagieren mußte, daß von ihr aus eine wirkliche Durchsicht durch das ganze Problem auch nicht möglich war. Solange man von Seele und Leib als von zwei selbständigen und getrennten Substanzen redet, kann es hier keine Durchsicht geben. Diese Abstraktion gegenüber wird sich die konkrete Wirklichkeit des einen Menschen, jetzt von dieser, jetzt von jener Seite immer wieder beunruhigend zum Wort melden müssen, und wie soll ihr dann anders Rechnung getragen werden als in der Weise, daß die Abstraktion von der einen oder von der anderen Seite her zu Ende gedacht, d. h. aber *ad absurdum* geführt: daß abwechselnd jetzt die Seele zugunsten des Leibes, jetzt der Leib zugunsten der Seele bagatellisiert und womöglich eskamotiert wird. Was auf dem Plan bleibt, ist dann leider gerade nicht die gesuchte konkrete Wirklichkeit des einen Menschen, sondern die durch solche Bagatellisierung und Eskamotierung erst recht zum Gespenst gewordene Substanz hier der Seele, dort des Leibes. Wer sollte im materialistisch und wer sollte im spiritualistisch gedeuteten Menschen seinen Nächsten und sich selbst, irgend eine von den großen oder auch irgend eine von den kleinen Figuren unter den Trägern der wirklichen menschlichen Geschichte wiederzuerkennen in der Lage sein? Diesen entgegengesetzten Abstraktionen gegenüber pflegt sich darum die griechisch-altkirchliche Lehre immer wieder relativ ins Recht zu setzen, weil sie an der Gegensatzeinheit der menschlichen Natur wenigstens *in thesi* festgehalten hat. Aber wie sollte man übersehen können, daß gerade sie zu den beiden Irrtümern immer wieder Anlaß geben muß? Man befindet sich hier tatsächlich vor einer Schraube ohne Ende, solange man die Vorstellung von den zwei Substanzen nicht völlig fallen läßt und sich entschließt, die konkrete Wirklichkeit des einen Menschen an den Anfang, in die Mitte und an das Ende aller Überlegung zu stellen, Seele und Leib also nicht als zwei Teile, sondern als die zwei Momente der untrennbar einen menschlichen Natur zu verstehen: die Seele als das Belebende, den Leib als das Belebte und Lebende. Es ist dieser **konkrete Monismus**, zu dem wir uns durch die biblische Anschauung und durch den biblischen Begriff der «Seele» angeleitet sehen. Der abstrakte Dualismus der griechisch-altkirchlichen Lehre, der ebenso abstrakte materialistische und spiritualistische Monismus, sind von hier aus gesehen eine einzige zusammenhängende Abweichung.

Die Frage, wie es zu dieser Abweichung kommen konnte und immer wieder kommen kann, ist folgendermaßen zu beantworten: Unser Satz, daß der Mensch beides ganz und zugleich sei, Seele und Leib, setzt den ersten Satz voraus, daß der Mensch **ist**, indem er **Geist** hat. Wir sahen im zweiten Abschnitt unseres Paragraphen: es ist der Geist, es ist die unmittelbare Aktion Gottes selbst, die den Menschen als Seele seines Leibes begründet, konstituiert und erhält, es ist also der Geist, der ihn als Seele und Leib einigt und zusammenhält. Man abstrahiere vom Geist und also von der Tat des lebendigen Schöpfergottes, dann muß man notwendig auch zwischen Seele und Leib abstrahieren. Man betrachte den Menschen für sich, d. h. ohne zu bedenken, daß er ja nur ist, indem Gott für ihn ist, dann sieht man ihn als jenes rätselhafte Doppelwesen: hier seinen sterblichen Leib, dort seine unsterbliche Seele, ein Ganzes aus zwei notwendig unzulänglich zusammengeleimten Teilen, in zwei offenkundig verschiedenen und auseinanderstrebenden Substanzen! Man kann sich dann lang einreden, daß dieses Doppelwesen der eine Mensch sei, man ist dann schon mitten im griechischen und allem möglichen sonstigen Heidentum, das nicht nur den wirklichen Gott, sondern auch den wirklichen Menschen noch nie zu Gesicht bekommen hat und auch gar nicht zu Gesicht bekommen kann, weil es eben dazu des Wissens um den Geist bedürfte, weil es eben dazu nicht Heidentum sein dürfte. Außer dem die Philosophiegeschichte seit Äonen durchziehenden Schaukelspiel hin und her zwischen Idee und Erscheinung, Denken und Ausdehnung usw. gibt es dann keinen Trost. Und auch die praktische Erinnerung an den einen Menschen kann dann, wenn man um den Geist nicht weiß, wohl zu der materialistischen oder spiritualistischen Reaktion, aber eben damit doch erst recht nur in das Reich der Gespenster führen. Was wir nötig haben, um diesen ganzen Abweichungen zu entgehen, ist also schlicht dies, daß wir uns den Vordersatz nicht entgehen lassen: der Mensch ist, indem er Geist hat. Aus diesem Vordersatz ergibt sich im Unterschied zum abstrakten der konkrete, der christliche Dualismus von Seele und Leib. Die menschliche Sprache ist übrigens hier wie öfters klüger als das menschliche Denken. Es ist nämlich eine wunderbare Tatsache, daß wir im Gebrauch der so entscheidend wichtigen Personalpronomina von ferne nicht damit rechnen, daß es sich bei unseren Aussagen um das Dasein und Sosein von zwei Substanzen oder je nur um die eine oder die andere von diesen handeln könnte. Wir sagen vielmehr mit gleichem Nachdruck, mit gleichem Recht: «Ich denke» und «Ich sehe», «Ich weiß» und «Ich habe Zahnweh», «Ich hasse» und «Ich werde operiert», «Ich habe gesündigt» und «Ich werde alt». Wir wissen im Grunde sehr wohl — und es gibt keine noch so hinterlistige synekdochische Interpretation, mit der wir uns das ausreden könnten: das Alles, obwohl doch das Eine nur seelisch, das Andere nur leiblich ist, geht schlechterdings mich selbst an, ist Sache des einen Subjektes Ich, das die Seele seines Leibes, aber eben darum beides zugleich und ganz ist: Seele und Leib. Wer denkt denn, wenn er redet, daran, sich selbst oder Andere in Seele und Leib aufzuspalten, sich selbst oder Andere nur als Seele oder nur als Leib zu betrachten und in Anspruch zu nehmen? Man könnte also den Ratschlag zur Vermeidung jener Abweichung zur Not auch dahin definieren: daß wir uns nur an die größere Weisheit unserer Sprache halten müssen, um vor jener ganzen Abweichung geborgen zu sein. Man muß aber sicher zuerst um den Geist wissen, um dann auch dieses Argument nachträglich als einleuchtend gelten lassen zu können.

4. SEELE UND LEIB IN IHRER BESONDERHEIT

Wir kommen zu der zweiten Unterfrage. Sie gilt der inneren Differenzierung der menschlichen Geschöpflichkeit. Sie fragt nach Seele und Leib je in ihrer Besonderheit.

Die innere Einheit der menschlichen Geschöpflichkeit und also die Zusammengehörigkeit von Seele und Leib ist damit gegeben, daß die Seele das durch den Geist erweckte Belebende, der Leib das durch dieses Belebende Belebte und Lebende des Menschen ist. Aber mit dieser Differenzierung des Begriffs des Lebens kann offenbar die Differenzierung der menschlichen Geschöpflichkeit, kann die Besonderheit je der Seele und des Leibes des Menschen noch nicht erschöpfend bezeichnet sein. Hier müßten wir wohl Halt machen, wenn wir es mit der Beschreibung des Tieres zu tun hätten. Was wir am Tier wahrnehmen, ist wohl auch der Zusammenhang eines selbständigen Lebens mit einem durch dieses Belebten und Lebenden. Die Vermutung, daß auch das Tier Seele eines Leibes ist, legt sich von da aus nahe. Wir sahen aber schon: wir wissen nicht, was wir sagen, wenn wir dieser Vermutung Raum geben. Wir wissen ja nicht um das Besondere des selbständigen Lebens des Tieres. Wir wissen nicht, wie das zugeht, wenn das Tier ein sich selbst Belebendes ist. Wir wissen darum auch nicht um die Besonderheit, in der es zugleich ein durch sich selber Belebtes und Lebendes ist. Ob und wie vielleicht auch das Tier Seele und Leib ist, das ist uns verborgen, weil wir uns weder in das Tier versetzen und den Sachverhalt von innen anschauen und begreifen, noch mit dem Tier einen solchen Verkehr pflegen können, in welchem es uns darüber von sich aus Aufschlüsse geben würde. Wir nehmen aber bei uns selbst und bei anderen Menschen nicht nur die Verschiedenheit eines Belebenden und eines Belebten, sondern darüber hinaus auch dies wahr, wie Belebendes und Belebtes sich unterscheiden und was je die Besonderheit des einen und des anderen und also die Besonderheit von Seele und Leib ist. Wir können uns, wenn es sich um den Menschen handelt, klar machen, was wir meinen, wenn wir von Seele und Leib in ihrer Verschiedenheit reden. Und wenn es sich um den Menschen handelt, dann müssen wir über das, was er als Einheit von Seele und Leib mit dem Tier gemeinsam hat, hinausgehen, und deren Verschiedenheit, die uns im Tier verborgen, im Menschen aber nicht verborgen ist — ohne ihre Einheit zu vergessen — zu der ihr gebührenden Geltung bringen. Auch das Tier hat

Geist. Wir wissen aber nicht, wie es ihn hat, d. h. was das für das Tier bedeutet, daß es durch den Geist die Seele eines Leibes ist. Was dasselbe für den Menschen bedeutet, das können wir wissen und müssen wir uns klar machen. Das ist die weitere Aufgabe, vor die wir nun gestellt sind.

Daß der Mensch Geist hat und durch den Geist die Seele seines Leibes ist, das bedeutet jedenfalls dies, daß er auf Grund seines geschöpflichen Wesens in der Lage ist, Gott zu begegnen, für Gott und in der Beziehung zu ihm eine Person zu sein, Einer wie Gott Einer ist. Er ist in der Lage, sich seiner selbst als von Gott, aber auch als von der übrigen Geschöpfwelt Verschiedener — und wiederum: als mit Gott, aber auch mit der übrigen Geschöpfwelt Verbundener bewußt zu sein. Er ist in der Lage, sich selbst zu erkennen, und er ist in der Lage, sich selbst zu verantworten. Er existiert ja im Vollzug seiner Selbsterkenntnis und Selbstverantwortung vor seinem Schöpfer. Auch das wissen wir vom Tiere nicht: ob sein Sein sich in einer entsprechenden oder ähnlichen oder in einer ganz anderen Aktion vollzieht. Vom Menschen wissen wir es, so gewiß wir um seinen Schöpfer wissen, der jedenfalls ihm gegenüber nicht stumm ist, so gewiß wir um dieses Schöpfers Wort wissen: der Mensch ist in diesem Wort, d. h. er ist, indem er sich diesem Wort gegenüber auf sich selbst besinnt und ihm gegenüber sich selbst verantwortet. Darin, daß wir um dieses unser menschliches Sein wissen, ist aber eingeschlossen das Wissen darum, daß wir zu dieser Aktion, in der wir sind, in der Lage, d. h. daß wir eben dazu befähigt, zubereitet, ausgerüstet sind. Daß wir dazu in der Lage sind, das ist das Wesen unserer, der menschlichen Geschöpflichkeit. Daß der Mensch Geist hat, das bedeutet, was immer es für das Tier bedeuten möge, daß er zum Vollzug jener Aktion fähig ist. Er kann sich selbst erkennen; er kann sich selbst verantworten. Ob und wie das Tier das auch kann, das ist uns undurchschaulich. Es kann sein, daß es das in einer uns undurchschaulichen Weise auch kann. Wir wissen aber, weder ob, noch, wie es das kann. Beim Menschen aber steht es nicht so, daß es fraglich ist, ob er das kann oder nicht kann. Wir müßten ein ganz anderes Wesen an des Menschen Stelle setzen, wenn wir dieses Können auch bei ihm in Frage stellen wollten. Seine Geschöpflichkeit: das, was er durch den Geist ist, ist selbst und als solches dieses Können. Indem er in jener Aktion begriffen, indem er fort und fort dabei ist, sich selbst zu erkennen und zu verantworten, ist er Mensch. Und indem er dabei ist, bestätigt er fort und fort sein Können dazu, die Besonderheit seiner menschlichen Geschöpflichkeit. Ist nun der Mensch die Seele seines Leibes — wie es vom Tier nur unter Vorbehalt unserer Unwissenheit gesagt werden kann — dann ist damit bei ihm auf alle Fälle dies bezeichnet, daß er zu jener Aktion befähigt, zubereitet und ausgerüstet ist. Seele und Leib als Inbegriff der menschlichen Natur sind auf alle Fälle die Voraussetzung

4. Seele und Leib in ihrer Besonderheit

und Ermöglichung, die Potentialität, die jener Aktualität seines Seins im Worte Gottes zugrunde liegt.

Wir blicken nochmals auf Gen. 2, 7 zurück: Was damit geschieht, daß Gott dem Menschen seinen Odem in die Nase haucht und ihn damit zu einem lebenden Wesen macht, das scheint materiell dasselbe zu sein, was auch vom Tier gesagt werden könnte. Es fällt nur formell auf, daß es vom Menschen so besonders gesagt wird. Der materielle Unterschied wird erst darin sichtbar, daß die Fortsetzung der Schöpfungsgeschichte die nicht zwischen Gott und dem Tier, sondern zwischen Gott und dem Menschen sich abspielende Bundes- und Heilsgeschichte ist. Daß es nicht zwischen Gott und dem Tier, sondern zwischen Gott und dem Menschen zu der Folge von Ereignissen kommt, die uns von Gen. 3 ab beschrieben werden, das zeigt, was es damit auf sich hat, daß Gott dem Menschen — auch dem Tier, aber dem Menschen offenbar anders als dem Tier — den Geist gegeben hat. Der Mensch ist das Wesen, zwischen dem und Gott es zu solchen Ereignissen kommen kann. Nur im Blick auf den Menschen ist es verständlich, daß dasselbe Wort *ruach* und πνεῦμα im Alten und im Neuen Testament sowohl den prophetischen wie den schöpferischen Geist bezeichnen kann und daß es andererseits möglich ist, die geschöpfliche Seele abkürzend und zusammenfassend auch als Geist zu bezeichnen. Der dem Menschen gegebene, der den Menschen als Seele seines Leibes begründende, konstituierende und erhaltende Geist hat eben *per se* eine Affinität zu dem prophetischen Geist, in dessen Wirkung aus der Potentialität seiner Geschöpflichkeit die Aktualität seines Seins im Bunde mit Gott werden wird. Und so hat des Menschen Seele *per se* eine Affinität zu dem Geiste, durch den sie geschaffen ist; so ist sie zum vornherein in dieser Affinität, d. h. für die Realisierung einer Beziehung zwischen dem Menschen und seinem Schöpfer geschaffen. Das ist es, was jene beiden so auffallenden biblischen Sprachgebräuche sachlich erklärlich macht. Im Blick auf das Tier wären sie beide unerklärlich, weil uns eine retrospektive, von einer Heilsgeschichte auf seine Natur zurückblickende Betrachtung des Tieres unmöglich ist. Im Blick auf den Menschen sind sie wohl erklärlich, weil wir des Menschen Natur gerade von seiner Heilsgeschichte her nicht nur verstehen können, sondern verstehen müssen.

Wir versuchen es nun zu sehen, was von hier aus hinsichtlich der Besonderheit des Menschen als Seele seines Leibes zu sehen ist.

Der Mensch begegnet Gott und steht vor ihm. Gott ruft ihn mit Namen und nimmt ihn in Anspruch, daß er ihm gehorche. Gott rechnet mit seinen eigenen Entscheidungen, und alles, was Gott tut, wird entweder direkt in seinen Entscheidungen sichtbar oder es bezieht sich doch auf solche: es antwortet darauf; es bedeutet, daß sie von Gott bestätigt oder verurteilt, belohnt oder bestraft werden. In diesen Sachverhalt ist eingeschlossen, daß das selbständige Leben des menschlichen Geschöpfs das Leben eines Subjekts ist, dem Gott solche **Partnerschaft im Verkehr mit ihm zutrauen und zumuten kann.** Der Mensch ist ein Subjekt eigenen Entscheidens. Er bildet ein eigenes **Zentrum** und eine eigene **Peripherie**. Und mehr als das: er ist sich dessen **bewußt**, daß er das tut. Er setzt sich selber als solches Zentrum. Er setzt sich selbst in Beziehung zu seiner Umwelt. Auch in seinem Verhältnis zu Gott setzt er sich selber. So ist er die Seele seines Leibes. Daß er Seele ist, bedeutet, daß er ein solches **Zentrum** ist: Subjekt bestimmter Einstellungen, Gesinnungen, Absichten und Entschlüsse, ein Subjekt, das zum Handeln bestimmt ist, von dem darum Handlungen zu erwarten sind. Und daß er Leib ist, bedeutet, daß er als solches Zentrum eine Peripherie hat: daß er jener Bestimmung entsprechend handeln, inmitten der ihn umgebenden Mitkreatur ein von jenem Zentrum her bestimmtes Verhalten an den Tag legen, einen von dorther bestimmten Weg einschlagen, sich selbst als Person also äußerlich darstellen kann. Und das alles ist er nicht nur, das alles geschieht und widerfährt ihm nicht nur. Sondern in dem allem weiß er um sich selbst, kennt er sich selbst als Zentrum und als Peripherie. In dem allem setzt er sich selbst, ganz und zugleich innerlich und äußerlich: von innen her sofort nach außen, als die Person, die er ist, sofort auch als deren Darstellung. Als dem zu solcher Existenz Befähigten ist es ihm zugetraut und zugemutet, Gott zu begegnen und vor ihm zu stehen, Gottes Partner zu sein. Als dieses Wesen darf und soll er Mensch sein in der Aktion der Selbsterkenntnis und Selbstverantwortung. So also ist er, der Mensch, ganz und zugleich Seele: sich selbst belebend — und Leib: durch sich selbst belebt und lebend. Menschliches Leben ist selbständiges Leben. Vom Menschen können und müssen wir wissen, daß sein Leben selbständiges Leben ist. Vom Tier können wir es nicht wissen. Vom Menschen können und müssen wir es darum wissen, weil wir um seine Konfrontierung mit Gott wissen, weil ihm in seiner Konfrontierung mit Gott eben das zugetraut und zugemutet ist, daß er nicht nur leben, sondern selbständig leben kann. Indem Gott ihm Seele gibt, ihn zu einem seelischen Wesen, seinen Körper beseelt und also zum Leibe macht, wird er, der Mensch, zu einem solchen, zu diesem Subjekt.

Wir bemerken sofort, wie der Mensch auch in dieser seiner bestimmten Art Einer, ein Ganzes, ist. Er ist selbständig, indem er sich selbständig darstellen kann. Seine Einstellungen, Gesinnungen, Absichten, Entschlüsse können in Haltungen und Handlungen sichtbar werden, zum Ausdruck kommen. Er lebt sein Leben, indem er Seele seines Leibes ist. Und umgekehrt: Was er darstellt, das ist er selber. Seine Haltungen und seine Handlungen unterscheiden sich dadurch von irgend welchen anderen Bewegungen im Naturbereich, daß sie der Ausdruck seiner Einstellungen, Gesinnungen, Absichten und Entschlüsse sind. Er lebt sein besonderes, selbständiges Leben, indem er Seele seines Leibes ist. Nicht als Seele oder als Leib, sondern in der Einheit und Ganzheit beider ist ihm zugetraut und zugemutet, Gott zu begegnen und vor Gott zu stehen. Und in ihrer Einheit und Ganzheit haben wir seine geschöpfliche Natur zu erkennen.

Wir bemerken aber — und darauf kommt es uns jetzt an — wie die beiden Momente dieser, der menschlichen Geschöpfnatur nun eben doch differenziert sind. Das Zentrum ist ja nicht als solches auch die

Peripherie. Die Person ist nicht als solche auch ihre Darstellung. Das Innere ist nicht als solches auch das Äußere. Die Seele ist also nicht als solche der Leib. Daß sie ohne ihn auch nicht Seele sein könnte, ist wohl wahr. Sie ist aber darum nicht direkt mit ihm identisch. Sie ist in ihm und er ist in ihr. Sie ist mit ihm. Sie hat und braucht ihn. Er dient ihr, indem er ihr Leib ist. Und indem das geschieht, ist der Mensch die Seele seines Leibes. Und wiederum: Die Peripherie ist nicht als solche auch das Zentrum: sie setzt dieses voraus; es gibt keine Peripherie, wo kein Zentrum ist; sie ist aber eben in dieser Bedingtheit und Abhängigkeit verschieden von jenem. Und so kann die Person selbst von keiner ihrer Darstellungen weggedacht werden; so geht sie in ihrem Ausdruck nicht auf; so bleibt sie ein Eigenes, auch indem sie sich darstellt und ausdrückt, obwohl sie ohne das auch nichts Eigenes sein könnte. So ist das Äußere nicht einfach das Innere, obwohl das Innere des Äußeren bedarf, um das Innere zu sein. So ist also der Leib nicht direkt die Seele. Sondern indem der Leib in der Seele, die Seele im Leibe, indem der Leib von der Seele besessen und gebraucht wird, indem er ihr dient, geschieht es, daß der Mensch die Seele seines Leibes und also auch mit seinem Leibe identisch ist. Der Mensch ist beides ganz und zugleich, Seele und Leib. Die Seele und der Leib aber sind darum — der bekannten mathematischen Regel zum Trotz — nicht auch unter sich identisch. Sie unterscheiden sich vielmehr wie Subjekt und Objekt, wie Wirkung und Werk.

Nicht ohne seinen Leib, aber nicht als Leib, sondern als Seele ist der Mensch jenes Subjekt eigenen Entscheidens, das zu sein ihm in seinem Verhältnis zu Gott zugetraut und zugemutet wird. Nicht ohne seinen Leib, aber nicht als Leib, sondern als Seele bildet er ein eigenes Zentrum mit einer eigenen Peripherie. Nicht ohne seinen Leib, aber nicht als Leib, sondern als Seele ist er sich dessen bewußt, daß er das tut, setzt er sich selbst als solches Zentrum und solche Peripherie seiner Umwelt und auch Gott gegenüber. Nicht ohne seinen Leib, aber als Seele und nicht als Leib vollzieht er die bestimmten Einstellungen, hat er die bestimmten Gesinnungen, faßt er die bestimmten Absichten und Entschlüsse, in denen er sein persönliches Leben lebt. Denn wiederum nicht ohne seinen Leib, aber als Seele und nicht als Leib ist er Person, ist er dazu bestimmt und geeignet, sein Leben als selbständiges Leben zu leben. Der Leib kann und muß ihm darin assistieren. Der Leib kann aber nicht seinerseits jenes Erste sein, er kann nicht für seine Seele eintreten, seine Seele nicht ersetzen und überflüssig machen. Er muß ihr folgen, er kann ihr aber nur folgen.

Dieselbe Unterscheidung gilt aber auch von der anderen Seite: Nicht ohne seine Seele, aber als Leib und nicht als Seele muß er die Entscheidungen ins Werk setzen, die ihm in seinem Verhältnis zu Gott zugetraut und zugemutet sind. Bildet er nicht nur ein eigenes Zentrum, sondern auch eine eigene Peripherie, so bedeutet eben dieses Letztere nicht, daß er Seele, sondern daß er Leib ist. Nicht ohne seine Seele, aber als Leib und nicht als Seele, ist er dessen fähig, seinem Selbstbewußtsein entsprechend ein bestimmtes Verhalten an den Tag zu legen, einen bestimmten Weg einzuschlagen, sich selbst äußerlich darzustellen. Nicht ohne seine Seele, aber als Leib und nicht als Seele vollzieht er die Handlungen, in denen sein Inneres Ausdruck und Gestalt bekommen muß. Nicht ohne seine Seele, aber als Leib und nicht als Seele lebt er das selbständige Leben, zu dem er als Seele bestimmt und geeignet ist. Die Seele — vielmehr: er selbst als Seele, kann seinem Leben in dem allem nur Führung und Richtung geben. Die Seele — vielmehr: er selbst als Seele, kann aber, was den Vollzug, was das Werk betrifft, den Leib nicht ersetzen, nicht für sich tun, was nur der Leib tun kann. Sie kann des Leibes so wenig entbehren, wie dieser der Seele entbehren kann. Sie muß ihm vorangehen, sie kann ihm aber auch nur vorangehen.

Das ist, allgemein gesagt, die Differenzierung in der Einheit von Seele und Leib, wie sie im Tier zwar unsichtbar, im Menschen aber sichtbar, und zwar sehr schlicht von dem her sichtbar ist, was dem Menschen in seinem Verhalten zu Gott zugetraut und zugemutet ist. Wir unterscheiden in dem einen Menschen nicht zwei Substanzen, wohl aber zwei Momente seiner geschöpflichen Wirklichkeit, weil das Belebende und das Belebte, die Seele und der Leib also, im Menschen sich in dieser Weise voneinander abheben, in dieser Weise voneinander verschieden sind. — Aber wir sind uns hier genauere Erklärung schuldig. Indem der Mensch Gott begegnet und vor Gott steht, werden hinsichtlich seiner geschöpflichen Natur zwei bestimmte große Voraussetzungen sichtbar.

1. Die eine besteht darin, daß der Mensch dessen fähig ist, den ihm begegnenden, den sich ihm offenbarenden Gott zu vernehmen, ihn von sich selbst, sich von ihm zu unterscheiden, sein göttliches Wesen als solches erkennen, sein Wort und seinen Willen, die zwischen Gott und ihm selbst bestehende Ordnung verstehen zu können. Indem Gott mit dem Menschen handelt, appelliert er an dieses Können, setzt er voraus, daß im Menschen als dem Subjekt eines eigenen Entscheidens, in dessen Existenz als eigenes Zentrum seiner eigenen Peripherie jedenfalls auch an dieses Können zu appellieren sei. Ohne dieses Können würde jener Appell offenbar gegenstandslos, würde die Begegnung zwischen Gott und Mensch, wie sie in der Geschichte des Bundes zwischen beiden stattfindet, offenbar unmöglich sein. Hat Gott ihn für das Sein in seinem Wort und also zu seinem Partner in diesem Bunde geschaffen, dann ist darüber entschieden, daß er ihn als vernehmendes Wesen geschaffen hat. Denn indem er dazu bestimmt und in dem es ihm gegeben ist, Gott zu ver-

nehmen, ist er dazu bestimmt und ist es ihm gegeben, überhaupt zu vernehmen, ein Vernehmender zu sein. Vernehmen heißt: ein Anderes als solches in sein Selbstbewußtsein aufnehmen. Ein Vernehmender sein heißt also: ein solcher sein, der dessen fähig ist, ein Anderes als solches in sein Selbstbewußtsein aufzunehmen. Ein nur eines reinen, in sich selbst verschlossenen Selbstbewußtseins fähiges Wesen wäre kein vernehmendes Wesen. Der Mensch ist kein solches in sich verschlossenes Wesen. Der Mensch ist des Selbstbewußtseins, er ist aber zugleich auch dessen fähig, ein Anderes als solches in dieses sein Selbstbewußtsein aufzunehmen. Der Mensch kann nicht nur sich selbst, sondern er kann, indem er sich selbst setzt, auch Anderes und also sich selbst in Beziehung zu diesem Anderen, dieses Andere in Beziehung zu sich selbst setzen.

Er kann es wahrnehmen und er kann es denken. In diese zwei Funktionen spaltet sich ja der Begriff des Vernehmens, wenn wir ihn auf den Menschen anwenden. Daß der Mensch ein Vernehmender ist, bedeutet beides. Wir meinen zu sehen und zu wissen, daß auch das Tier wahrnimmt. Wir wissen aber nicht, ob auch das Tier denkt. Und weil wir das nicht wissen, wissen wir im Grunde nicht, ob nicht auch sein Wahrnehmen ein ganz anderes ist als das menschliche. Wir wissen also durchaus nicht, ob und in welchem Sinn auch das Tier ein vernehmendes Wesen ist. Wir wissen aber, daß und wie der Mensch vernimmt. Wir wissen nämlich, daß sich das immer in einem zusammenhängenden Akt von Wahrnehmung und Denken vollzieht: nicht in einem reinen Denkakt, denn durch reines Denken würden wir die Grenze des Selbstbewußtseins nicht überschreiten, ein Anderes als solches nicht in unser Selbstbewußtsein hineinholen und aufnehmen können; auch nicht in einem reinen Wahrnehmungsakt, denn was ich bloß wahrgenommen und nicht gedacht hätte, würde mir ein Äußeres bleiben, ohne als Anderes in mein Selbstbewußtsein aufgenommen zu sein. Nur der Begriff des Vernehmens kann sich also spalten. Und nur zur Verständigung über seinen Begriff können wir diese Spaltung gelten lassen. Das dem Menschen eigentümliche Vernehmen selbst aber ist der ungespaltene Akt, in welchem die Wahrnehmung das Denken möglich, das Denken die Wahrnehmung wirklich macht. Das Denken wird möglich und die Wahrnehmung wird wirklich als Akt der Aufnahme eines Anderen in des Menschen Selbstbewußtsein. Als der solchen Vernehmens Fähige ist der Mensch in seinem Verhältnis zu Gott in Anspruch genommen, und es ist das Vermögen zu solchem Vernehmen, das ihm durch diese Inanspruchnahme zugeschrieben ist. Daß er Geist hat, bedeutet, wenn vom Menschen die Rede ist, in erster Linie dies: daß er in diesem Sinn vernehmen kann — zuerst und vor allem Gott, aber weil Gott, darum und damit überhaupt ein Anderes. Er vollzieht, indem er als Mensch und also als Person existiert, immer auch diesen Akt des Vernehmens. Es ist ihm also eigentümlich, dieses Aktes fähig zu sein.

Und nun scheint es zunächst gegeben, in jener Spaltung im Begriff des Vernehmens als Wahrnehmen und Denken die beiden Momente der menschlichen Natur, den Leib und die Seele, wiederzuerkennen. Es liegt nämlich nahe, und es ist auch in einem bestimmten Sinn berechtigt, zu sagen, daß der Mensch mit dem Leibe, nämlich mit dessen Sinnesorganen, wahrnimmt, mit seiner Seele aber denkt, so daß der Akt des Vernehmens, der ja eben ein einziger ist, in dem Sinn als ein Akt des ganzen Menschen zu verstehen wäre, daß man Leib und Seele in ihm in einer Art von verteilter Zusammenwirkung zu verstehen hätte. Aber der Sachverhalt ist komplizierter als so. Ich bin ja nicht nur meine Seele, sondern ich bin meine Seele nur, indem ich auch mein Leib bin. Ich bin nicht nur mein Leib, sondern ich bin auch mein Leib nur, indem ich auch meine Seele bin. So ist es bestimmt nicht nur mein Leib, sondern auch meine Seele, die wahrnimmt, und bestimmt nicht nur meine Seele, sondern auch mein Leib, der denkt. Von einer einfachen Verteilung der beiden Funktionen im Akt des Vernehmens auf Seele und Leib und von der einfachen Vorstellung eines Zusammenwirkens von Seele und Leib in dieser Sache kann also keine Rede sein. Der Sachverhalt ist vielmehr dieser, daß der Mensch als Seele seines Leibes zur Funktion der Wahrnehmung, als Seele seines Leibes zur Funktion des Denkens befähtigt ist. So verstanden, ist beides verschieden und nicht miteinander zu vertauschen.

Der Mensch nimmt zwar nicht nur mit seinem Leibe wahr. Wie sollte sein Leib, wie sollten seine Sinnesorgane für sich das tun können? Daß dieser Leib sein Leib, der Leib seiner Seele ist, das allein macht ihn natürlich zu dieser Aktion fähig. Aber nicht als Seele, sondern als Leib, vermittelst seiner Organe, derer die Seele als solche nicht teilhaftig ist, mit denen der Leib ihr dienen muß, vollzieht er diesen Akt. Daß er Leib ist, macht es möglich, daß ihm ein Anderes als solches zum Bewußtsein kommt, daß er ein Anderes als möglich setzen kann. Wie sollte seine Seele für sich und als solche wahrnehmen können, da sie als solche innerlich und nicht äußerlich ist?

Wiederum denkt er zwar nicht nur mit seiner Seele. Wie sollte seine Seele, wäre sie nicht die Seele seines Gehirns, seiner Nerven, seines ganzen Organismus denken können? Auch indem er denkt, lebt er das Leben seines Leibes. Auch sein Denken müßte und würde durch jede Störung seines Leibeslebens gestört werden, müßte und würde sofort ausfallen, wenn er seines Leibes entbehren müßte. Auch sein Denken vollzieht sich nur, indem es von der Aktion seines ganzen Leibes so oder so begleitet und assistiert wird. Aber nicht als Leib, sondern als Seele, in Gestalt eines Aktes, der wohl leibliche Parallelerscheinungen und Bedingungen hat, aber darum doch kein leiblicher, sondern ein seelischer, kein äußerer, sondern ein innerer Akt ist, vollbringt er es, daß das, was ihm zum Bewußtsein kommt, in dieses als sein Selbstbewußtsein aufgenommen, von diesem als wirklich gesetzt, als Anderes erkannt, in seiner Beziehung zu ihm verstanden wird. Indem er denkt, muß er notwendig das Leben seiner Seele leben. Wie sollte sein Leib für sich und als solcher oder irgend eines seiner Organe, und wäre es das höchste, denken können, da es ja als solches äußerlich und nicht innerlich ist?

Nicht verteilen kann man also die beiden Funktionen des Vernehmens, als ob die eine die der Seele, die andere die des Leibes wäre. Man kann aber feststellen, daß dem Wahrnehmen eine besondere Beziehung zum Leibe, dem Denken eine besondere Beziehung zur Seele eigentümlich ist. Seelisch und leiblich sind sie beide. Und man muß auch von beiden sagen, daß sie primär seelisch, sekundär leiblich sind, weil der wahrnehmende und denkende Mensch die Seele seines Leibes und weder im Denken noch im Wahrnehmen der Leib seiner Seele ist, weil in beiden der Leib doch nur als der unentbehrliche Teilnehmer, die Seele aber als der eigentliche Träger der Aktion des Vernehmens tätig ist.

Man kann aber dem Wahrnehmen insofern eine besondere Beziehung zum Leibe zuschreiben, als es in der Tat die äußere und nicht die innere Seite des Vernehmens ist. Indem ich wahrnehme, kommt das Andere, das ich vernehme, an mich heran, um dann und daraufhin auch in mich hineinzukommen. Die Seele nimmt wahr. Sie kann das aber nur insofern tun, als sie im Leibe ihr Äußeres hat, als sie für das Andere, das sie wahrnimmt, offen ist. Der Leib ist die Offenheit der Seele. Der Leib ist des Menschen Vermögen, auf Grund dessen ein Anderes zu ihm kommen, für ihn da sein kann. Der Mensch nimmt also wahr, sofern er die Seele seines Leibes ist.

Und so kann man dem Denken insofern eine besondere Beziehung zur Seele zuschreiben, als es in der Tat die innere und nicht die äußere Seite des Vernehmens ist. Indem ich denke, kommt das Andere, das ich vernehme, in mich hinein, nachdem es an mich herangekommen ist. Die Seele denkt nicht ohne den Leib, weil auch das Denken sich nur vollziehen kann, indem es von den Funktionen des ganzen Leibes begleitet ist. Sie kann aber nur denken, sofern sie das Innere des Äußeren ist, der Raum, in dem das Andere, für das sie vermöge des Leibes offen ist, Aufnahme finden kann. Die Seele ist das im Leib stattfindende Selbstbewußtsein des Menschen. Die Seele ist sein Vermögen, auf Grund dessen er sich ein Anderes zu eigen machen, auf Grund dessen das Andere nicht nur für ihn, sondern in ihm selbst da sein kann. Der Mensch denkt also, sofern er die Seele seines Leibes ist.

Es ist die biblisch-anthropologische Rede vom Vernehmen, die wir bei dem Allem im Auge haben und die uns nötigt, die Sache gerade so und nicht anders zu formulieren.

Nach irgend einem abstrakten Interesse an der Vernunftnatur des Menschen, an seinem sinnlichen und an seinem im engeren Sinn vernünftigen (geistigen) Apperzeptionsvermögen und nach irgend einer abstrakten Lehre über diesen Gegenstand würden wir im Alten und im Neuen Testament umsonst suchen. Und wenn wir uns hier theologisch mit dieser Sache beschäftigen, so werden wir uns vor allem daran halten müssen, daß eine abstrakte Aufmerksamkeit auf das sinnlich-vernünftige Vermögen des Menschen als solchen, gemessen an unserer Aufgabe gerade Unaufmerksamkeit bedeuten müßte. Die uns gebotene konkrete Aufmerksamkeit gebührt dem Menschen, der seinem Gott begegnet und vor seinem Gott steht, der Gott findet und dem Gott gegenwärtig ist. Was die Bibel interessiert und was also auch uns interessieren muß, wenn es sich darum handelt, den Menschen als einen Vernehmenden zu verstehen, das ist dies, daß eben sein Vernehmenkönnen eine seiner Eigenschaften ist, die in dem Ereignis seiner Begegnung mit Gott und seines Stehens vor ihm, seines Findens seiner Gegenwart vorausgesetzt ist, das wir von daher als wesentlich für seine geschöpfliche Natur verstehen müssen. Er ist darin ein Vernehmender, daß Gott, der mit ihm verkehren und handeln will, für ihn und in ihm da sein, an ihn heran- und in ihn hineintreten kann. Er soll und er kann Gott vernehmen. Darum ist seine Natur, darum ist er selbst als Seele seines Leibes vernünftige Natur. Das und nicht irgend eine Vernünftigkeit an sich und als solche zeichnet ihn vor den Tieren, zeichnet ihn vor der ganzen übrigen Kreatur aus. Es handelt sich bei seiner Vernünftigkeit um das, was er braucht, hat und in Anwendung bringt, indem er Gottes Partner in dessen Handeln als Herr des zwischen Gott und ihm bestehenden Bundes ist. Man wird darum kaum eine Stelle in der Bibel finden, wo sie, wenn sie auf das dem Menschen eigene Vermögen der Wahrnehmung und des Denkens, der Beobachtung, der Reflexion, der Erkenntnis, des Wissens Bezug nimmt, nicht indirekt oder direkt sein Vermögen meint, für das Sein, den Willen und das Tun Gottes offen zu sein und ihm in sich selber Raum zu geben.

Der vernehmende Mensch ist grundsätzlich immer — ob es sich mehr um sein Wahrnehmen oder mehr um sein Denken handelt — der Gott vernehmende Mensch. Daß das Andere, das er vernimmt, mit Gott nicht identisch ist, daß er fortwährend auch Anderes als Gott selbst vernimmt, ist wohl wahr. Es gibt aber, wenn die Bibel vom vernehmenden Menschen redet, kein Anderes, das zu vernehmen dem Menschen an sich wichtig und notwendig wäre. Dies und das zu vernehmen und also in sein Selbstbewußtsein aufzunehmen: das Tun und Lassen der Mitmenschen, die Verhältnisse und Ereignisse der Natur und der Geschichte, das Äußere und das Innere der ihn umgebenden Geschöpfwelt ist dem Menschen darum, aber auch nur darum wichtig und notwendig, weil Gott ihm ja in der Regel nicht unmittelbar, sondern mittelbar begegnet, in seinen Werken, Taten und Veranstaltungen, weil die Geschichte des Verkehrs Gottes mit ihm sich im Raume der Geschöpfwelt und also der von Gott verschiedenen Gegenstandswelt abspielt. Es geschieht aber grundsätzlich nur im Zusammenhang dieser Geschichte, daß diese Gegenstandswelt und also das Vernehmen der von Gott verschiedenen Wirklichkeit für den Menschen wichtig und notwendig wird. Sein Vernehmen hat eigentlich, zuerst und zuletzt in Allem und durch Alles hindurch doch nur einen Gegenstand, von dem alles Andere — positiv oder negativ — Zeugnis gibt. Der Mensch vernimmt dieses Zeugnis, indem er dies und das vernimmt. Er darf und muß für dieses Zeugnis offen sein, diesem Zeugnis Raum geben. Es ist also in, hinter und über dem Anderen, das er wahrnehmend und denkend vernimmt, so oder so immer der Andere, der durch das Andere an ihn herankommt und in ihn hineinkommt, der von ihm wahrgenommen und gedacht, für ihn und in ihm da sein, der ihn nicht sich selbst überlassen, nicht allein lassen will, der vielmehr will, daß der Mensch mit ihm sei, der in sein Selbstbewußtsein aufgenommen und eingeschlossen werden will. Damit das geschehen könne, ist der Mensch ein Vernehmender. Er hat also nicht abstrakt ein Vermögen, wahrzunehmen und zu denken, sondern er hat konkret dieses Vermögen, Gott wahrzunehmen und zu denken. Es ist dieser Gegenstand und Inhalt, um deswillen

4. Seele und Leib in ihrer Besonderheit

und in Beziehung zu dem seine Natur eine vernünftige Natur ist. Eben damit ist dann gewiß gesagt, daß er es überhaupt ist, daß er sich auch Anderes als Gott wahrnehmend und denkend zu eigen machen kann. Er ist es aber nicht zuerst überhaupt, um sich dann u. A. auch dies: Gott und seine Zeugnisse zu eigen machen zu können. Sondern in diesem Besonderen ist das Allgemeine enthalten. Um dieses Besonderen willen und erstlich und letztlich immer auch in Beziehung zu diesem Besonderen ist ihm jenes Allgemeine gegeben.

So vernehmen die repräsentativen biblischen Menschen. Von einem allgemeinen Vernunftvermögen, in dessen Rahmen, nach dessen Maßgabe und unter dessen Gesetz es dann auch noch so etwas wie ein religiöses gäbe, kann da gar keine Rede sein. Sondern indem sie offenbar das besondere Vermögen haben, Gott und seine Zeugnisse zu vernehmen, haben sie auch das allgemeine, sehen wir sie in der Tat auch von ihm Gebrauch machen. Wenn es auch im biblischen Bereich ein wirklich nur allgemeines, d. h. ein von jenem besonderen Gegenstand und Inhalt gelöstes menschliches Vernehmen gibt, wenn Menschen auch da das Geschöpfliche als solches und für sich wahrnehmen und denken, dann handelt es sich um Defizienzerscheinungen. Solches Vernehmen wird hier als uneigentliches, abnormales und gerade nicht als das normale beschrieben. Es handelt sich dann prinzipiell um ein verfinstertes, lügnerisches und verderbliches Wahrnehmen und Denken. Das gibt es freilich. Der vernehmende Mensch ist ja in der Bibel konkret der sündige Mensch, der sich als solcher gerade dem Vernehmen Gottes entziehen möchte, der sich aber eben als solcher auch seiner wirklichen menschlichen Natur widersetzt, der als solcher nicht weise, nicht vernünftig, sondern bei aller vermeintlichen Weisheit, bei aller Einbildung auf seine Vernunft, als Tor, als Narr handelt. Er vergeht sich gerade an seiner Vernunftnatur. Das bedeutet aber nicht, daß er diese verändern kann. Sie selber verurteilt und richtet ihn dann. Sie ist und bleibt auf Gott ausgerichtet, auch wenn er das nicht wahrhaben will, auch wenn er so tut, als ob dem nicht so wäre. Sein von ihm gewähltes uneigentliches und abnormales, sein seinem ersten und letzten Gegenstand sich entziehendes, abstrakt auf andere Gegenstände gerichtetes Vernehmen kann dann freilich auch als solches nur ein zerrüttetes und verkehrtes sein. Die Bibel des Alten und des Neuen Testamentes kennt also kein solches menschliches Vernehmen, das zwar seinem ersten und letzten Gegenstand entfremdet und insofern uneigentlich und abnormal, hinsichtlich irgend welcher anderer Gegenstände aber doch eigentlich und normal wäre. Sie kennt — so gewiß sie keine Wirklichkeit kennt, die nicht Gottes Geschöpf wäre — keine vom Vernehmen Gottes gelöste und nun dennoch in sich gute, brauchbare, wertvolle, lobenswerte Vernunftbetätigung, Wissenschaft, Philosophie und dergl. Sie zeigt zwar an, daß sie weiß, daß es ein vom Vernehmen Gottes gelöstes menschliches Vernehmen tatsächlich gibt. Ich wüßte aber keinen Zusammenhang und keine Stelle, wo sie sich darauf einließe, diese Abstraktion zu anerkennen und gutzuheißen, wo sie nicht vielmehr an der Autarkie eines von Gott als seinem Ursprung und Gegenstand gelösten allgemein menschlichen Vernehmens rütteln und gegen die Verweisung des Vernehmens Gottes in einen religiösen Winkel protestieren würde. Das Wahrnehmen und Denken Gottes, und nur es ist das umfassende, das eigentliche und normale, das gesunde Denken und Wahrnehmen. Das ist es, was wir im Blick auf die biblische Anthropologie vor allem zur Kenntnis nehmen müssen.

Von hier aus ist dann zunächst zu verstehen, daß und inwiefern der Akt des Vernehmens auch in der biblischen Sicht ein doppelter ist, ohne gespalten zu sein: ein Akt des Wahrnehmens und des Denkens. Gott will an den Menschen heran und er will in ihn hineintreten. Gott will vom Menschen als Gott erkannt und anerkannt werden. Das ist, von dieser Seite gesehen, die Bedeutung des Ereignisses im Bund zwischen Gott und dem Menschen, für den der Mensch geschaffen ist. Was ist das für ein Wesen, dem dieses Ereignis widerfahren kann? Die

Voraussetzung, die dabei auf Seiten des Menschen gemacht wird, besteht offenbar darin, daß er dessen fähig ist, Gott an sich heran und in sich hinein treten zu lassen. Eben diese Fähigkeit ist sein Vermögen, wahrzunehmen und zu denken. Er ist in diesem doppelten Sinn eine vernehmende Person. Er muß es in diesem **doppelten** Sinn sein.

Gott ist ja nicht einfach in ihm. Er wäre nicht Geschöpf, sondern selber der Schöpfer, wenn Gott zum vornherein in ihm selbst wäre, wenn es zu seiner Natur gehörte, Gottes mächtig zu sein, wenn er dessen nicht bedürftig wäre und nicht immer neu bedürftig würde, daß Gott sich ihm zu eigen gibt, daß er also, weil er ihm nicht zum vornherein zu eigen ist, von außen an ihn herantritt, sich ihm zu erkennen gibt. Eben das tut er nach dem, was die Bibel uns von jener Geschichte berichtet, indem er dem Menschen inmitten der Geschöpfwelt von sich selbst Zeugnis gibt — ein Zeugnis, das der Mensch nicht schon hat, das er sich auch nicht selber geben kann, sondern das ihm von außen, als ein Anderes, zukommen muß, um in ihn hineinzukommen. Vernimmt er Gott, so muß dieses Vernehmen also grundlegend ein Akt äußerer **Wahrnehmung** sein: er **begegnet** Gott, er steht und wandelt **vor** ihm. Er sieht und hört ihn in irgend einem seiner Zeugnisse. Gott gibt sich ihm kund als der, der nicht nur ist, sondern für ihn da ist.

Aber das genügt offenbar nicht, und das ist auch nach der biblischen Beschreibung nicht das Ganze des hier in Frage kommenden Vorgangs. Der Mensch wäre und bliebe offenbar immer noch allein auf sich gestellt, wenn Gott nur an ihn heran, nicht in ihn hineinträte, sich ihm nicht in der Weise zu eigen machte, daß der Mensch ihn anerkennen, sich selbst als von ihm beansprucht und gesegnet, sich selbst als in Beziehung zu ihm gesetzt erkennen dürfte. Eben in dieser Weise schenkt sich aber Gott dem Menschen: nie so, daß dieser nicht neuer Begegnung mit ihm bedürftig bliebe, aber auch nicht so, daß der Mensch selbst, wie er sich dann auch dazu stelle, nicht von ihm betroffen und erreicht würde — nie so, daß Gott nicht, und wäre es auch nur als Ankläger und Richter, in ihm Wohnung nähme. Gottes Zeugnis wird so oder so **kräftig** im Menschen. Vernimmt dieser Gott, so muß dieser Akt also entscheidend ein innerlicher Akt, ein Akt von dessen **Denken** sein: er **findet** Gott und er findet sich selbst in dessen **Gegenwart**. Gott ist nicht nur für ihn, Gott ist **in** ihm, indem er ihn vernimmt.

Daß er dieses Doppelten fähig ist, daß er wahrnehmen und denken kann, das macht ihn zur vernehmenden Person. Keines von beidem darf fehlen. In keinem von beiden für sich wäre er vernünftige Natur. Und keines von beiden läßt sich durch das Andere ersetzen, keines von beiden kann mit dem Anderen vertauscht werden, obwohl doch beides miteinander geschieht in einem einzigen, in sich selbst verschiedenen und doch nicht aufspaltbaren Akte. Und indem der Mensch im Vernehmen **Gottes** so dran ist, ist er **überhaupt** so dran, ist sein Vernehmen auch sonst immer dieses Doppelte: ein Wahrnehmen und ein Denken. Im Vernehmen Gottes, dem diese Ordnung wesentlich ist, hat das menschliche Vernehmen aller Dinge, hat seine Vernunft als solche ihren Grund und ihr Gesetz. Weil es zuerst und zuletzt das Vernehmen Gottes ist und weil es als solches in diesen zwei Momenten verläuft, darum ist es auch sonst, sofern es eigentliches und normales Vernehmen ist, an diesen Verlauf gebunden. Wieder ist von den repräsentativen biblischen Menschen zu sagen, daß ihr Vernehmen nun eben unter dieser Ordnung steht. Sie sind weder bloße Empiriker, noch bloße Denker. Sie leben ganz mit ihren Augen und Ohren und zugleich ganz in dem Glauben ihrer Herzen. Sie sind immer ganz und zugleich in der Wahrnehmung und im Denken begriffen. Das ist es, was sie sowohl von einer reinen Erfahrungswissenschaft wie von einer reinen Philosophie her gesehen, so seltsam, so wenig brauchbar macht. Und wieder ist zu sagen, daß die Möglichkeit, etwa nur **mit seinen Augen und Ohren**, nur von der Wahrnehmung, oder umgekehrt: nur in

4. Seele und Leib in ihrer Besonderheit

dem Glauben seines Herzens und also nur vom Denken leben zu wollen, daß jeder Versuch eines so oder so beschränkten Vernehmens im biblischen Bereich nur als D e f i z i e n z e r s c h e i n u n g in Frage kommt. Es ist beides nur die Möglichkeit des s ü n d i g e n , es ist damit allerdings beides eine höchst naheliegende, höchst allgemeine, die dem Menschen für sich sogar allein naheliegende Möglichkeit. Das menschliche Vernehmen, so wie es als seine eigene Tat sichtbar wird, ist allerdings ein in sich gespaltenes Vermögen. Mit der menschlichen Natur aber hat diese Spaltung nichts zu tun. Sie ist die Folge davon, daß des Menschen Vernehmen sich seinem ersten und letzten Gegenstand und Inhalt, nämlich Gott, von sich aus zu e n t z i e h e n pflegt und damit im Verhältnis zu allen seinen Gegenständen und Inhalten u n e i g e n t l i c h , a b n o r m a l wird. Das kann aber an seiner N a t u r nichts ändern. Der Mensch kann sich damit nicht in ein solches Wesen verwandeln, dem es natürlich wäre, in jener Gespaltenheit zu vernehmen. Er kann es nicht verhindern, daß er in aller Gespaltenheit die Einheit meinen und vermissen und nach der Einheit sich ausstrecken muß. Der biblische Mensch, der Prophet und der Apostel, verraten uns etwas davon, was das natürliche Vernehmen ist, weil ihr Wahrnehmen und Denken sich offenbar in einem einzigen Akt vollzieht.

Aus demselben Zusammenhang muß aber auch das eigentümliche Verhältnis zwischen Wahrnehmen und Denken auf der einen, Leib und Seele auf der anderen Seite verstanden werden. Der zur Begegnung mit Gott bestimmte Mensch der Bibel ist überall der g a n z e Mensch. Man mußte den biblischen Texten Gewalt antun, als man in den letzten zwei Jahrhunderten dazu überging, die von ihnen dokumentierte Heilsgeschichte in eine Art Frömmigkeitsgeschichte zu übersetzen, als man die von ihnen berichteten menschlichen Widerfahrnisse auf bloße religiöse Erlebnisse zu reduzieren, alles Äußerliche zu verinnerlichen und immer mehr zu übersehen begann, daß es sich im Alten wie im Neuen Testament um lauter Geschehnisse handelt, die die betreffenden Menschen wohl in ihrer Seele, aber gerade darum auch mit Haut und Haar in Anspruch nahm. Die biblischen Menschen haben in ihrem Verhältnis zu Gott viel weniger e r lebt als einfach g e lebt: von ihrer Seite so völlig wie der Gott, von dem diese Texte reden, von seiner Seite. Daraus folgt zunächst, daß das biblische Wahrnehmen u n d das biblische Denken immer als seelischer u n d leiblicher, innerer u n d äußerer Akt zu verstehen ist. Die beiden biblischen Sprachen kennen zwar auch die Begriffe, durch die diese beiden Funktionen als äußerlich und innerlich, sinnlich und geistig, leiblich und seelisch unterschieden werden. Gerade die Bedeutungen dieser Begriffe liegen aber unter sich viel näher beieinander, als es uns vom griechischen Denken her einleuchtend erscheinen will. Die Bezeichnungen für die äußersten Spitzen nach beiden Seiten: für ein rein äußerliches Beobachten einerseits und besonders für eine rein innerliche Reflexion andererseits scheinen überhaupt auszufallen. Für einen reinen Begriff des Denkens gibt es im Hebräischen genau genommen kein Äquivalent — höchstens der Begriff der *binah* könnte hier von ferne in Frage kommen, wogegen *sakar* schon das konkrete Bedenken, *chaschab* das ebenso konkrete Ersinnen oder Ausdenken einer bestimmten Sache ist — aber auch der neutestamentliche Begriff des νοῦς streift nur selten an das, was er im klassischen Griechisch in jener Richtung bezeichnen könnte, sondern hat in der Regel überhaupt nicht theoretische, sondern praktische Bedeutung: auch er ist eine Funktion des Herzens — und in dem so wichtigen *jada* haben wir es mit der Bezeichnung eines Wissens zu tun, in welchem unser Begriff des Wahrnehmens und der des Denkens beide enthalten sind. Wiederum beschränken sich aber die alt- und neutestamentlichen Begriffe für «Hören» und «Sehen» nicht auf die Bezeichnung der äußeren, sinnlichen, leiblichen Wahrnehmung. Man bedenke, was nach den Zusammenhängen gemeint ist, wenn das biblische «Siehe!» oder «Sehet!» ertönt, was im Alten Testament unter einem «Seher» zu verstehen ist und wie umfassend vor allem das biblische

«Hören» wohl auch von dem mit dem leiblichen Ohr zu vollziehenden Wahrnehmungsakt redet, darüber hinaus aber fast durchgehend gerade von dem inneren Fürwahrhalten, vom Verstehen, Aneignen, Anerkennen, wie es davon redet, daß etwas zu Herzen genommen wird. Was ist da seelisch, das nicht auch leiblich, und was leiblich, das nicht auch seelisch wäre? Indem der vernehmende Mensch es in der Bibel entscheidend mit Gott zu tun hat, der ihn als Seele seines Leibes geschaffen hat, kann es nicht wohl anders sein, als daß das Eine immer mit dem Anderen geht.

Eben daraus, daß wir es hier wie dort mit dem Akt des Menschen in seiner Totalität zu tun haben, folgt nun aber doch, daß man gerade nach dem biblischen Verständnis dieser Aktion im Blick auf die beiden Funktionen, die des Wahrnehmens sowohl als die des Denkens, von einem Primat der Seele reden muß. Die Seele — die Seele des Leibes, aber die Seele und nicht der Leib — ist ja der Mensch selbst, das menschliche Subjekt. Er denkt nicht nur, er ist's auch, der wahrnimmt. Er könnte bekanntlich Augen haben und doch nicht sehen, Ohren haben und doch nicht hören, wie es Jer. 5, 21 von dem törichten, unverständigen Volk Juda gesagt wird. «Wer Ohren hat, zu hören, der höre!» Das muß dem Menschen auch nach dem Neuen Testament besonders zugerufen werden. Und auch zum Sehen dessen, was er vor Augen hat, muß er nicht umsonst immer wieder ermahnt werden. Es versteht sich offenbar nicht von selbst, daß es im Vollzug der äußeren sofort auch zum Vollzug der entscheidenden inneren Funktion kommt, daß das vom Menschen Wahrgenommene als solches auch das von ihm Bedachte ist. Jenes Nicht-Sehen und Nicht-Hören, obwohl doch Augen zum Sehen und Ohren zum Hören da sind, könnte nach Jes. 6, 9 f. infolge göttlicher Verstockung geradezu notwendig sein. Der Mensch selbst und also seine Seele muß wahrnehmen, wenn er ein wirklich Vernehmender ist. Indem er Seele ist, steht er vor Gott und ihm als Seele — eben damit ihm selbst — will Gott, seine Wohltat, sein Wille, sein Gesetz, seine Verheißung gegenwärtig sein. Daß er selbst (Ps. 103, 1) seine Seele — und eben damit sich selbst — zum Lob des Herrn aufrufe, das ist das normale Ergebnis eines wirklichen menschlichen Vernehmens, obwohl und indem dieses auf der ganzen Linie auch ein leiblicher Akt ist, wie denn auch dieses Loben des Herrn, indem es ein Akt der Seele ist, notwendig auch ein leiblicher Akt sein müssen wird. Und eben von hier aus ergibt sich schließlich notwendig auch das, was wir zwar nicht als eine Verteilung des Wahrnehmens und des Denkens auf Leib und Seele, wohl aber als die besondere Beziehung des Wahrnehmens zum Leibe, des Denkens zur Seele beschrieben haben. Wenn der biblische Mensch vernimmt, wenn er also (eigentlich und normal) in allem, was er vernimmt, immer Gott vernimmt, dann ist er zwar als ganzer Mensch offen — und wieder als ganzer Mensch der offene Raum, in welchem Gott in seinen Zeugnissen gegenwärtig wird und Wohnung nimmt. Sein Wahrnehmen ist dann, indem es zu seinem Ziele kommt, selber ein Denken: sein Leib steht dann ganz im Dienst seiner Seele. Und sein Denken kommt dann ganz von seinem Wahrnehmen her, ist selber nichts Anderes als ein vollzogenes Sehen und Hören; seine Seele ist dann ganz das, wozu sie von der Aktion seines Leibes her bestimmt ist. Es bleibt aber dabei, daß er in diesem einen Vorgang zwei verschiedene Funktionen vollzieht: die eine als das, was er ist, nämlich die Funktion der Wahrnehmung, in der es von ihm her möglich und wirklich wird, daß Gott an ihn herantritt, sich ihm zu erkennen gibt, die besondere Funktion seines Leibes — die andere als der, der er ist, nämlich die Funktion seines Denkens (in der biblischen Sprache: seines Herzens), in der es von ihm her möglich und wirklich wird, daß Gott an ihn herantritt, zum Gegenstand seiner Anerkennung, vielleicht auch seiner Nicht-Anerkennung, auf alle Fälle zu einem Gegenstand wird, mit dem er selbst sich nun auseinanderzusetzen hat, die besondere Funktion seiner Seele. Er nimmt wahr, indem er die Seele seines Leibes, er denkt, indem er die Seele seines Leibes ist. In dieser Differenzierung ist der eine

4. Seele und Leib in ihrer Besonderheit

Akt des Vernehmens der Akt des ganzen Menschen, wie wir ihn in der Bibel mit Gott konfrontiert sehen.

2. Wir wenden uns nun zu der zweiten großen Voraussetzung, die hinsichtlich der menschlichen Natur und also hinsichtlich der Seele und des Leibes des Menschen damit gemacht ist, daß es dem Menschen zugemutet und zugetraut ist, Gottes Partner zu sein, Gott zu begegnen, vor ihm zu stehen und zu gehen, ihm in Selbstbesinnung und Selbstverantwortung gerecht zu werden. Daß er Gott vernehmen kann, das ist ja nur das Eine, was hier in Frage kommt. Das Andere ist dies, daß er im Zusammenhang damit, in irgend einer Entsprechung zu dem, was er von Gott vernimmt, tätig sein kann. Indem Gott mit dem Menschen handelt, appelliert er an dieses Können. Er setzt voraus, daß die Gemeinschaft zwischen dem Menschen und ihm sich auch von seiten des Menschen nicht auf eine bloße Gemeinschaft der Erkenntnis beschränken müsse, sondern daß sie zu einer Gemeinschaft des Handelns werden könne. Ist der Mensch seinem Schöpfer gegenüber zur Selbstbesinnung und Selbstverantwortung aufgerufen, so muß das über das bloße, als solches freilich schlechthin unentbehrliche, aber nun doch erst als Voraussetzung wichtige Vernehmen Gottes hinaus bedeuten: er ist zu Entscheidungen aufgerufen. Und wenn das nicht umsonst geschieht, wenn es dem Menschen nicht unmöglich, sondern möglich ist, sich zu entscheiden, d. h. sich selbst so oder so ins Werk zu setzen, dem an ihn ergangenen und von ihm gehörten Aufruf gehorsam zu sein, dann ist eben damit gesagt, daß Gott ihn als ein tätiges Wesen geschaffen hat. Wieder ist es so: indem er dazu bestimmt und indem es ihm gegeben ist, dem Aufruf Gottes entsprechend und in der Konfrontierung mit ihm tätig zu sein, ist er dazu bestimmt und ist es ihm gegeben, überhaupt tätig, als Mensch kein Untätiger, sondern ein Tätiger zu sein. Tun heißt allgemein: sich einem Anderen gegenüber frei in Bewegung setzen. Ein Tätiger ist auf alle Fälle Einer, der solcher freien Bewegung einem Anderen gegenüber fähig ist. Ein Wesen, das Anderen gegenüber unbeweglich oder ihm gegenüber nur unfreier, nicht von ihm selbst ausgehender Bewegung fähig wäre, wäre kein tätiges Wesen. Es würde zwar vielleicht bewegt werden und sein, es würde aber nichts tun können. Auch der Mensch kann bewegt werden und sein. Er kann aber darüber sich dem Anderen gegenüber nicht nur vernehmend, er kann sich ihm gegenüber auch tätig in Beziehung setzen und verhalten. Er kann in seinem Zusammensein mit dem Anderen begehren und wollen. Wir haben es also beim Begriff der Tätigkeit wie bei dem des Vernehmens — unter denen wir hier beide Male die dem Menschen gegebenen Möglichkeiten verstehen — mit zwei verschiedenen Funktionen zu tun. Auch Begehren und Wollen charakterisieren den Menschen als das besondere Subjekt, das er ist. Es ist lehrreich, ihn auch hier mit dem Tier zu vergleichen.

Wir meinen zu sehen und zu wissen, daß auch das Tier begehrt. Wir wissen aber bestimmt nicht, ob auch das Tier will. Und weil wir das nicht wissen, wissen wir im Grunde nicht, ob nicht auch das tierische Begehren — so oft uns das menschliche immer an dieses erinnern mag! — doch ein ganz anderes ist. Wir wissen also durchaus nicht, ob und in welchem Sinn auch das Tier ein tätiges Wesen ist. Die Interpretation, die ihm das zuschreibt, kann so richtig, aber auch so falsch sein wie die, die ihm das abspricht. Wir wissen aber, daß und wie der Mensch tätig ist. Wir wissen nämlich, daß sich das immer in einem zusammenhängenden Akt von Begehren und Wollen vollzieht, dessen Geschehen und dessen Gliederung wir uns sehr wohl bewußt sind.

Es geschieht nicht in einem reinen Willensakt: ein reines Wollen würde sich gewissermaßen in einem leeren Raum abspielen, weil es ja als solches noch gar keinen Gegenstand hätte, kein Anderes im Verhältnis, zu dem es sich bewegen könnte. Ein rein Gewolltes müßte uns als solches rein innerlich sein und bleiben. Reines Wollen ist tatsächlich eine unvollziehbare Bewegung, kann mit Tätigkeit nichts zu tun haben.

Es vollzieht sich aber auch nicht in einem reinen Akt des Begehrens: reines Begehren würde zwar einen Gegenstand haben, es würde aber als solches im Verhältnis zu diesem Anderen noch gar nicht unsere Bewegung sein. Ein rein Begehrtes würde uns so äußerlich bleiben wie ein rein Wahrgenommenes. Auch reines Begehren ist eine unvollziehbare Bewegung, die mit Tätigkeit nichts zu tun haben kann.

Wieder ist es also so, daß wir wohl den Begriff, aber eben nur den Begriff der Tätigkeit in die Begriffe des Begehrens und des Wollens aufspalten können. Die dem Menschen eigentümliche Tätigkeit selbst aber ist der ungespaltene Akt, in welchem das Begehren das Wollen möglich, das Wollen aber das Begehren wirklich macht: jenes möglich und dieses wirklich als des Menschen freie Bewegung einem Anderen gegenüber. Als der solcher Tätigkeit Fähige ist der Mensch in seinem Verhältnis zu Gott in Anspruch genommen, und es ist das Vermögen zu solcher Tätigkeit, das ihm durch diese Inanspruchnahme zugeschrieben, das laut dieser Inanspruchnahme bei ihm vorauszusetzen ist. Daß er Geist hat, bedeutet also, wenn vom Menschen die Rede ist, in zweiter Linie dies: daß er in diesem Sinn tätig — zuerst wie zuletzt Gott gegenüber, aber weil Gott gegenüber auch überhaupt, auch allem Anderen gegenüber tätig sein kann. Er vollzieht, indem er als Mensch und also als Person existiert, immer auch diesen Akt: sein eigenes Tun. Es ist ihm eben eigentümlich, nicht nur des Vernehmens, sondern auch des Tuns fähig zu sein: des Vernehmens als der Voraussetzung des Tuns, des Tuns als des Sinnes und Ziels seiner Fähigkeit zum Vernehmen.

Schalten wir hier ein: es ist dem Menschen ebenso wesentlich, des **Vernehmens** wie des **Tuns**, des **Tuns** wie des **Vernehmens** fähig zu sein. Es besteht zwi-

4. Seele und Leib in ihrer Besonderheit

schen den beiden Voraussetzungen unter sich dasselbe Verhältnis wie zwischen Wahrnehmen und Denken und wie zwischen Begehren und Wollen. Der wirkliche Lebensakt des wirklichen Menschen kann und wird nie in einem reinen Vernehmen und nie in reiner Tätigkeit bestehen. Vernehmen selbst ist ja auch ganz und gar menschliche Tätigkeit. Ohne zu begehren und zu wollen, kann ich auch nicht wahrnehmen und denken. Wiederum beruht alle meine Tätigkeit schlechterdings darauf, daß ich vernehme. Ohne wahrzunehmen und zu denken würde ich auch nicht begehren und wollen. Ein Vernehmen, das mit meiner Tätigkeit nichts zu tun hätte oder im Widerspruch stünde, wäre nicht mein wirkliches oder eben nur mein unvollkommenes Vernehmen. Und wenn meine Tätigkeit ohne mein Vernehmen geschähe oder wenn sie sich ganz oder teilweise zu diesem in Widerspruch setzte, dann verriete es damit, daß sie noch gar nicht oder nur unvollkommen meine wirkliche Tätigkeit wäre. Jede Kontrastierung von Vernehmen und Tätigkeit, jede Abstraktion zugunsten und zuungunsten des Einen oder des Anderen — jedes Agieren und Reagieren zwischen *vita contemplativa* und *vita activa*, zwischen «Intellektualismus» und «Voluntarismus» kann, soweit ihm ein Gelingen beschieden ist, nur zu allen möglichen Gestalten von Unmenschlichkeit führen. Es ist aber das Eine wie das Andere ein in sich unmögliches Unternehmen. Das wirkliche menschliche Wesen ist die in jedem ihrer Lebensakte zugleich vernehmende und tätige Person. Diese Wirklichkeit wird denn auch immer die Widerlegung aller hier völlig müßig aufgestellten und verfochtenen Trennungen und Entgegensetzungen sein.

Wir stehen auch hinsichtlich des Begehrens und des Wollens vor der Frage, ob wir diese beiden für die menschliche Tätigkeit charakteristischen Funktionen auf Seele und Leib zu verteilen haben. Die Antwort kann und muß grundsätzlich gleich lauten wie hinsichtlich des Wahrnehmens und des Denkens: Es gibt wohl eine besondere Beziehung des Begehrens zur leiblichen und eine besondere Beziehung des Wollens zur seelischen Natur des Menschen; es gibt aber keine solche Aufteilung, wir haben vielmehr beide, das Begehren und das Wollen, als seelisch und leiblich, und zwar beide als primär seelisch und sekundär leiblich zu verstehen.

Mit dem Begehren verhält es sich folgendermaßen: Daß ich ein Anderes oder ein bestimmtes Verhältnis zwischen mir und einem Anderen begehre, wünsche, verlange (oder negativ: fürchte, verabscheue, fliehe), daß es meine Lust (oder meine Unlust) errege, das ist an sich ein leiblicher Vorgang, in welchem außer den Nerven meines Gehirns die der verschiedensten anderen Organe mehr oder weniger beteiligt sein können. Eine bestimmte Sinneswahrnehmung kann einen bestimmten Trieb der Lust oder Unlust in mir auslösen. Dieser leibliche Trieb als solcher ist gewissermaßen das notwendige Material meines Begehrens. Insofern kann und muß von einer besonderen Beziehung zwischen dem Begehren und dem Leib geredet werden. Aber der Trieb als solcher, die leibliche Lust oder Unlust, macht noch nicht das Begehren oder den Abscheu aus. Daß ich begehre oder verabscheue, dazu bedarf es nämlich dessen, daß ich des betreffenden Triebes mir nicht nur bewußt sei, sondern ihn auch bejahe, ihn mir zu eigen mache, mich selbst gewissermaßen zu ihm bekenne. Ich kann das tun. Ich kann ihn aber auch ignorieren oder desavouieren: ich kann nicht begehren (oder nicht verabscheuen), wo ich an sich dazu getrieben wäre. Ich kann also jenes Material aufnehmen oder liegen lassen. Daß ich einem Anderen gegenüber Lust oder Unlust empfinde, das ist nicht einfach und total meiner Nerven — das ist zwar auch meiner Nerven, das ist aber auch meine eigene Sache. Das ist die Beteiligung — eine offenbar sehr entscheidende Beteiligung — meiner Seele schon an meinem Begehren: so wahr es ist, daß sie ohne meinen Leib überhaupt nicht in der Lage wäre, begehren zu können.

Mit dem Wollen verhält es sich folgendermaßen: Daß ich ein Anderes nun nicht bloß das Objekt meines Begehrens (oder meines Abscheus) sein lasse, sondern darüber hinaus zum Objekt meines Willens mache, daß ich ihm gegenüber oder hinsichtlich meines Verhältnisses zu ihm eine bestimmte Absicht habe, einen Entschluß fasse, daß ich es mir vorsetze, mich ihm gegenüber in die entsprechende Bewegung zu setzen, das ist an sich ein seelischer Vorgang. Mein Begehren — das, wie wir sahen, selber schon eine seelische Komponente hat — ist dabei zwar vorausgesetzt: wo ich gar nicht begehrte, da würde ich auch nicht wollen können. Ich will aber lange nicht Alles, was ich begehre, nicht Alles, wozu ich eingestandenermaßen Lust habe, und ich will wiederum nicht Alles nicht, wozu ich keine Lust habe. Indem ich will, entscheide ich mich: wirklich ich mich, d. h. ich als Seele mich als das in Lust oder Unlust vorläufig mit sich einig gewordene leiblich-seelische Wesen. Ich unterwerfe die zwischen meinem leiblichen Trieb und meiner seelischen Zustimmung oder Ablehnung vorläufig getroffene Übereinkunft einer zweiten Prüfung. Ich wähle, d. h. ich wähle mich selbst, meine Tätigkeit, zur Ausführung oder Nichtausführung meines Begehrens. Ich diktiere mir selbst ein bestimmtes Verhalten gegenüber dem begehrten Gegenstand. Mein Begehren für sich und allein kann das nicht tun. Begehren für sich und allein führt noch zu keinem Verhalten. Indem ich will, entschließe und entscheide ich mich für ein Verhalten. Das ist an sich ein seelischer Vorgang. Daß er nur vollziehbar ist, indem ich die Seele meines Leibes bin, daß mein Leib auch an meinem Wollen gar nicht nur passiv, sondern auch aktiv beteiligt ist, das ist auch wahr. Seine Aktivität ist aber hier bloß eine assistierende und unselbständige. Nicht er entschließt und entscheidet sich, so wie er mir in Gestalt des Triebes das Material zu meinem Begehren bietet, sondern ich entschließe und entscheide mich über mein Begehren: nicht ohne leibliche Parallelerscheinungen und Bedingungen, aber so, daß ich selbst mich über mich selbst, über meine leiblich-seelische Begierde und damit doch auch über meinen Leib erhebe, mein eigener und also auch sein Meister bin. Wo ich das gar nicht wäre, da würde ich offenbar noch nicht wollen, sondern bloß begehren, mir selbst und meinem Begehren noch immer neutral gegenüberstehen. Ich wäre dann meiner selbst im Unterschied zu meinem Begehren, meiner selbst in meiner Macht über dieses noch gar nicht gewahr geworden. Ich bin meiner selbst nämlich erst dann gewahr, wenn ich den Unterschied zwischen mir und meinem Begehren vollziehe, von meiner Macht über dieses Gebrauch mache. Eben das tue ich, indem ich will, indem ich aus meiner Neutralität mir selbst und meinem Begehren gegenüber heraustrete, mir selbst und meinem Begehren gegenüber Partei ergreife. Dieses Heraustreten und Parteiergreifen als solches ist aber mein Akt, der Akt meiner Seele: in der gleichen Weise, wie man das vom Denken im Verhältnis zum Wahrnehmen sagen muß.

Wir werden uns, wenn wir die biblische Anthropologie nicht aus den Augen verlieren wollen, auch im Blick auf den tätigen Menschen an diese Einheit und Differenzierung von Seele und Leib halten müssen.

Es ist vor allem deren Begründung, auf die wir auch hier aufmerksam sein müssen. Wir bemerken: Die Bibel hat auch in dieser Hinsicht kein abstraktes Interesse an der Vernunftnatur (hier im Besonderen: an der Handlungsfähigkeit) des Menschen, an einer formalen Entgegensetzung zwischen der Sinnlichkeit und Äußerlichkeit des Begehrens auf der einen, der Geistigkeit und Freiheit des Willens auf der anderen Seite. Sie sieht den Menschen auch in dieser Hinsicht in seiner konkreten Ganzheit. Und sie tut das darum, weil sie ihn auch in dieser Hinsicht zuerst und vor allem in seinem Verhältnis zu Gott, als den in diesem Verhältnis Tätigen, Begehrenden und Wollenden sieht. Daß er ein Begehrender und Wollender ist, das ist in den biblischen Texten darum wichtig, weil Gott mit ihm handelt, weil darin auch seine Handlungsfähigkeit vorausgesetzt ist. Der Mensch soll und kann sich für Gott entscheiden. Gott, der Andere, ist das Andere, im Verhältnis zu dem das menschliche Begehren und Wollen eine relevante Angelegenheit ist. Daß er im Verhältnis zu Gott begehren und wollen kann, das ist des Menschen Auszeichnung vor dem Tier und vor aller sonstigen Kreatur. Daß er mit seinem Begehren und Wollen Gott recht gebe, ist die Tat, die von ihm erwartet ist. Er ist darin Mensch, daß er in und mit allem, was er tut, unter der Aufforderung steht, Gott zu gehorchen, Gott zu glauben, Gott zu lieben. Eben dazu ist er von Gott selbst durch den Bund mit ihm in Anspruch genommen. Und daß er das kann, das ist der Sinn seiner Natur als einer tätigen Natur. Es ist direkt oder indirekt immer dieses Vermögen, um das es sich handelt, wenn dem Menschen eine solche Natur zugeschrieben wird. So hat sein Werk keine eigene, keine ihm immanente Wichtigkeit, Berechtigung und Würde, sondern es bekommt das Alles, indem es so oder so in einer Beziehung zum Werk Gottes getan wird. So hängt also der Charakter seines Werkes als gut oder böse, heilsam oder verderblich, von keinem anderen Kriterium als davon ab, was es in dieser Beziehung darstellt und bedeutet. Wohl begehrt und will der Mensch auch in anderen Beziehungen. Wohl ist das Andere, im Verhältnis zu dem er will und bejaht, zunächst immer der und jener Bestandteil seiner natürlichen und geschichtlichen Umwelt und also der von Gott verschiedenen Gegenstandswelt, der er ja nie bloß wahrnehmend und denkend, sondern immer auch so oder so tätig und also begehrend und wollend gegenübersteht. Aber eben diese von Gott verschiedene Gegenstandswelt ist nach biblischer Sicht selber nichts Anderes als der Raum, in welchem sich die Geschichte des Bundes zwischen Gott und dem Menschen abspielt. Was dem Menschen in diesem Raum als möglicher Gegenstand seines Begehrens und Wollens begegnet, das gehört nicht ihm, so gewiß es nicht sein Geschöpf ist, wie es auch nicht sich selbst gehört, so gewiß es sich nicht selber geschaffen hat. Was ihm in diesem Raum begegnen kann, das gehört vielmehr Gott, das ist sein Geschöpf, und wenn der Mensch ihm gegenüber tätig ist, dann ist er eben auch damit Gott gegenüber tätig, er handelt dann so oder so als Gottes Partner, es ist dann sein Handeln so oder so an dem gemessen, was es in seinem Verhältnis zu Gott darstellt und bedeutet. So hat der Mensch wieder zuerst und im Grunde die Fähigkeit, sich gegenüber Gott — dann und daraufhin erst die Fähigkeit, sich gegenüber allem sonstigen «Anderen» zu betätigen. So ist das Allgemeine auch hier im Besonderen enthalten und nicht umgekehrt.

Der Begriff eines besonderen religiösen Tuns ist der Bibel ebenso fremd wie der eines besonderen religiösen Vernehmens. Das Volk Israel ist ja nicht zuerst und im allgemeinen ein Volk, das sich als solches einigt, behauptet und fortpflanzt, das sich ein Land und in diesem Land seine Wohnung und Nahrung sucht und seine Lebensordnung schafft, um dann darüber hinaus und daneben auch noch einen besonderen Glauben zu haben und einem besonderen Gottesdienst nachzugehen und also in diesem besonderen Bereich nun auch noch im Verhältnis zu Gott tätig zu sein. Sondern das ist doch der Sinn der Existenz Israels, daß es, gerade indem es überhaupt tätig ist, indem es sich also einigt, behauptet und vermehrt, indem es sein Land und daselbst seine Wohnung, Nahrung und Lebensordnung findet — daß es also gerade in diesem seinem allgemeinen Tun im Verhältnis zu seinem Gott tätig ist, einem Verhältnis, das in seinen besonderen Kultakten doch nur eben sichtbar wird, in der Sache aber ein totales Lebensverhältnis ist. Und so sind erst recht die Nachfolger Jesu Christi, die Glieder seiner Gemeinde, nicht zuerst und im Allgemeinen Menschen mit allen möglichen menschlichen Anliegen und Bestrebungen, um dann darüber hinaus und daneben auch noch Vertreter und Verkündiger des Messias Jesus und des Glaubens an ihn und also in dieser besonderen Hinsicht auch noch im Verhältnis zu Gott tätig zu werden. Sondern was ein Paulus «im Fleische» und also gerade im Allgemeinen lebt und tut, das lebt und tut er im Glauben an den Sohn Gottes (Gal. 2, 20), und ob die Christen essen oder trinken, oder was sie tun, es steht auf alle Fälle unter dem Gesetz der Dankbarkeit und unter der Bestimmung, daß es zur Ehre Gottes geschehen muß (1. Kor. 10, 31). Zu einem allgemeinen menschlichen Tun neben dem, was hier im Verhältnis zu Gott getan wird, gibt es keinen Raum, weil gerade der Raum des Allgemeinen durch dieses Besondere bestimmt und begrenzt ist. Denn daß die Christen dann auch noch im Besonderen zusammenkommen, im Besonderen zum Gedächtnis des Auferstandenen essen und trinken, im Besonderen miteinander und mit Gott reden, das macht sie nicht zu Christen, sondern darin bekennen sie sich nur als solche. Sie sind Christen, indem sie in der ganzen Breite ihrer Menschlichkeit in der durch Christus bestimmten Weise im Verhältnis zu Gott tätig sind. Und so kennt die Bibel nun allerdings auch keinen allgemeinen, d. h. von der Frage des Verhältnisses zu Gott gelösten Begriff eines rechten menschlichen Tuns. Sie weiß wohl, daß ein solches Tun fortwährend, auch in Israel, auch in der christlichen Gemeinde, möglich und wirklich ist, oder doch möglich und wirklich werden möchte. Sie kennt wohl den immer wieder unternommenen Versuch des Menschen, sein Tun aus dieser seiner Grundbeziehung herauszunehmen, zwischen sich und der Gegenstandswelt so etwas wie einen geschlossenen Kreis herzustellen, in welchem des Menschen Begehren und dieses und jenes von ihm Begehrte, des Menschen Wille und dieses und jenes von ihm Gewollte, des Menschen Werk und seine verschiedenen Gegenstände gewissermaßen unter sich, Gott gegenüber an einem neutralen Ort wären. Sie weiß wohl, daß der Mensch fortwährend nach einem Wohlsein an sich, nach einem in sich selbst begründeten Glück, nach einer auf sich selbst beruhenden Größe strebt in der Meinung, dazu auch abgesehen von der Frage seines Verhältnisses zu Gott aufgefordert, genötigt oder doch berechtigt zu sein. Sie weiß endlich auch wohl um die Hinterlist, in der der Mensch sich zunächst ein solches autarkes, in sich selbst begründetes und geschlossenes Begehren und Wollen erlaubt, um es dann nachträglich doch auch noch in irgend eine Beziehung zu Gott zu setzen, indem er sich nach und neben

4. Seele und Leib in ihrer Besonderheit 493

allem anderen, in irgend einer Privatheit oder Öffentlichkeit, auch noch religiös betätigt. Es ist aber der Bibel eigentümlich, daß sie ein solches vom Verhältnis zu Gott sich lösen wollendes Begehren und Wollen, aus welcher Notwendigkeit es auch entspringe, auf welches Recht es sich auch berufe, welchen moralisch noch so einleuchtenden Charakter es auch tragen möge, und ohne alle Rücksicht darauf, ob es mit einem religiösen Zusatz versehen oder nicht versehen sei, unerbittlich als D e fizienzerscheinung, d. h. als ein verfehltes und verkehrtes Begehren, Wollen und Tun beurteilt, gerade wie sie in allem von Gott als seinem eigentlichen Gegenstand sich lösen wollenden Wahrnehmen und Denken als solchem unter keinen Umständen Weisheit, sondern unter allen Umständen nur Torheit erblicken will. Sie tut das, weil sie den Menschen für unfähig hält, sich jener Grundbeziehung seiner Tätigkeit faktisch zu entziehen. Sie sieht und konstatiert, daß er allerdings fortwährend im Begriff ist, das zu versuchen. Sie sieht ihn aber eben in diesem Versuch auch fortwährend widerlegt und gerichtet durch seine eigene Natur, der er sich wohl entfremden, gegen die er sich wohl vergehen, die er aber nicht verändern kann, sondern die ihn, indem er ihr untreu wird, Lügen straft. Sie mißt den Menschen daran, daß er gerade in seiner Tätigkeit von Haus aus zu Gott gehört. Eben darum kann sie ihn nicht entlassen auf irgend ein Feld neutraler Gerechtigkeit. Eben darum kann sie nicht zugeben, daß irgend ein Tun, in welchem er sich dem entziehen möchte, daß er Gott gehört, nun dennoch ein rechtes Tun sein könnte. Eben darum sieht sie darin vielmehr notwendig und sofort ein böses, verderbliches Tun. Man muß es von daher verstehen, daß wir weder im Alten noch im Neuen Testament so etwas wie ein Lob des Menschen *in abstracto* wohl aber so oft das Gegenteil davon zu hören bekommen, daß wir sie auch da, wo sie sich in ihrem Urteil zurückhält, so kalt von den menschlichen Unternehmungen und Leistungen als solchen reden hören. Gerade weil sie am Tun des Menschen so tief bewegten Anteil nimmt, hält sie es so: es geht ihr um die große Sorge um die Grundbeziehung, in der dieses allein rechtes Tun sein kann. Sie fragt nach dem in dieser entscheidenden Hinsicht b e f r e i t e n Begehren und Wollen. Weil sie diesem nicht begegnet und weil sie sich mit weniger als diesem allerdings nicht zufrieden geben kann, darum kann sie den Menschen nicht loben. Sie rüttelt auch hier an seiner Autarkie: an der falschen Selbstgenugsamkeit eines seinem eigentlichen Gegenstand sich entfremdenden, allgemein menschlichen Tuns. Sie protestiert auch hier gegen die Heuchelei, die einerseits diese Entfremdung bejahen und mitmachen, andererseits nun doch auch die Beziehung des tätigen Menschen zu Gott nicht ganz preisgeben möchte und also das menschliche Begehren und Wollen als solches rechtfertigt, um ihm als Ergänzung irgend ein wohlgemeintes, aber auch unfruchtbares religiöses Tun an die Seite zu stellen. Die biblischen Texte unterlassen es, gesund zu nennen, was krank ist. Das Begehren und Wollen ist k r a n k, in welchem der Mensch in irgend einer Hinsicht den ohnmächtigen Versuch macht, sich zu verhalten, als ob er es in dieser und dieser Sache n i c h t mit Gott zu tun hätte. Es ist gerade darum krank, weil dieser Versuch niemals gelingen, weil er immer nur in Krämpfen und Lähmungen und gerade nicht in Taten, die dieses Namens wert wären, seinen Verlauf nehmen kann. Das eigentliche und normale, das g e s u n d e Begehren und Wollen ist dasjenige, in welchem das, was nun einmal ist — daß Gott zuerst und zuletzt seinen e i n z i g e n Gegenstand bildet — zugegeben, anerkannt und respektiert wird und also zu Ehren kommt. Auf dieses gesunde menschliche Tun blickt die Bibel, wenn sie in so auffallender Weise von dem, was die Menschen im Allgemeinen tun, hinwegblickt.

Von hier aus verstehen wir nun auch hier das Weitere: Die menschliche Tätigkeit vollzieht sich, ohne darum gespalten zu sein, in der d o p p e l t e n Funktion des B e g e h r e n s auf der einen, des W o l l e n s auf der anderen Seite. Dem ist aber darum so, weil Gott, indem der Mensch erstlich und letztlich im Verhältnis zu ihm tätig ist, vom Menschen nicht nur gewollt, sondern zuerst auch begehrt, aber nicht nur begehrt, sondern dann auch gewollt sein will. In der konkreten Füllung der biblischen Sprache gesagt: nicht nur gefürchtet, sondern zuerst auch geliebt, aber nicht nur geliebt, sondern dann auch gefürchtet sein will. Der Mensch ist das Wesen, das dieses doppelten Aktes in seinem Verhältnis zu Gott und eben damit dann auch überhaupt fähig ist. Er ist in diesem doppelten Sinn eine tätige Person.

Mit dem, der in der Bibel Gott heißt und ist, verhält es sich nämlich einerseits so, daß der Mensch ihn durchaus begehren, und zwar aufs höchste, echt und eigentlich und rein begehren und also lieben muß, weil er, wie Calvin gleich am Anfang der *Institutio* (I, 2) aufs dringlichste hervorgehoben hat, der *fons omnium bonorum* ist, für des Menschen Leben also nicht nur dies und das, sondern schlechterdings Alles bedeutet, weil der Mensch ohne ihn nicht sein kann, ohne ihn sofort auch von der Quelle alles ihm Guten abgeschnitten wäre. Daß er als Mensch existiert und daß er Gottes bedürftig ist, ist nicht zweierlei, sondern eins und dasselbe. Auch der berühmte Anfang der Konfessionen Augustins gehört hierher, und zwar wirklich als richtige Interpretation des biblischen Menschenbegriffs: *Quia fecisti nos ad te, et inquietum est cor nostrum, donec requiescat in te* (*Conf.* I. 1). Es ist also des Menschen Bedürfnis nach Gott kein einzelnes — vielleicht das tiefste — Bedürfnis neben anderen, aus keinem einzelnen Bedürfnis zu erklären, obwohl und indem es sich reihum auch in jedem einzelnen Bedürfnis des menschlichen Lebens äußern kann. Es ist die «Unruhe» der Seele, von der Ps. 42 und 43 die Rede ist, keine besondere Unruhe, obwohl und indem sie sich in jeder höchsten und in jeder geringsten menschlichen Unruhe, vom leiblichen Hunger angefangen bis hin zu der Angst dessen, der sich hoffnungslos schuldig und verloren weiß, darstellen kann. Es handelt sich, weil Gott des Menschen Schöpfer und als solcher die Quelle alles dessen ist, was ihm gut ist, um das menschliche Bedürfnis, um die menschliche Unruhe als solche: um das Bedürfnis, das der Mensch nicht nicht haben, um die Unruhe, in der sich der Mensch nicht nicht befinden kann. Und eben weil es nichts Menschliches gibt, das konstitutiver wäre als des Menschen Bedürfnis nach Gott, muß sein Tun grundlegend und entscheidend ein Begehren nach Gott sein. Daß der Mensch begehrt, das bedeutet, daß er sich nicht selbst befriedigen kann, daß er zur Befriedigung seines Bedürfnisses eines Anderen bedarf. Könnte er sich selbst befriedigen, dann müßte und würde er ja nicht begehren. Wo immer er begehrt, da beginnt er schon zu bemerken, da kommt er von der Erfahrung her, daß er sich selbst nicht zu befriedigen vermag, da unternimmt er schon den Versuch, sich selbst zu transzendieren im Blick darauf, daß er von anderswoher befriedigt werden könnte. Hier wird es aber sichtbar, daß das echte und eigentliche Begehren nur das Begehren nach Gott sein kann. Gott, der Andere, er allein ist das wirklich, das ganz Andere, das als solches der Gegenstand reinen Begehrens sein kann. Kein Geschöpf kann dem Menschen das sein. Keinem Geschöpf steht er ja grundsätzlich so gegenüber, daß sein Begehren nach ihm nun nicht doch wieder das Verlangen nach irgend einer Selbstbefriedigung sein, und keinem Geschöpf so, daß die Erfüllung seines Begehrens nach ihm sich nicht faktisch doch wieder in Form irgend einer Selbstbefriedigung vollziehen könnte. Kein Geschöpf, und wäre es die liebe Sonne, steht ja dem Menschen als ein so Anderes gegenüber, daß es seiner Macht und seinem Verfügen gänzlich und grundsätzlich entzogen wäre, daß er es sich nicht in irgend einer Form dienstbar zu machen wüßte. In der Geschöpfwelt ist der Mensch bei aller seiner Bedürftigkeit ja immer auch Herr und Meister, der von den Geschöpfen Gebrauch zu machen weiß. Ihnen gegenüber ist er also reinen Begehrens gerade nicht fähig oder eben nur dann, wenn er schon begriffen hat, daß er auch in seinem Begehren des Geschöpfs erstlich und letztlich nur dessen Schöpfer begehren kann. Eben im Blick auf den Schöpfer aber gibt es keine Selbstbefriedigung, kein Gebrauchen, gibt es nur reines Begehren, weil alle

4. Seele und Leib in ihrer Besonderheit

Herrschaft und Meisterschaft des Menschen hier zum vornherein und endgültig ausgeschlossen ist. Und wenn es nun so ist, daß der Mensch nicht nur zufällig, sondern notwendig bedürftig, nämlich Gottes bedürftig ist, daß er also nicht nur zufällig, sondern notwendig begehren muß — wenn es aber andererseits so ist, daß wieder nur Gott der Gegenstand seines echten, eigentlichen, reinen, von jeder Möglichkeit der Selbstbefriedigung verschiedenen Begehrens sein kann, dann folgt — und das ist eben die in der Bibel fortwährend gemachte Voraussetzung: daß er, wo und wie immer er begehrt, nicht zufällig, sondern notwendig im Grund nach Gott begehren muß, daß er bei allem vom Begehren nach Gott gelösten Begehren in einem tiefsten Selbstmißverständnis begriffen ist, daß alles in diesem Sinn andere Begehren nur ein verkehrtes Begehren sein kann. Wenn also der Dekalog das Begehren nach dem Besitz oder nach dem Weib des Anderen unter Verbot stellt, dann geschieht dies darum, weil ein solches Begehren sich vom Begehren nach Gott gelöst und eben damit als ein verkehrtes Begehren offenbart hat. Und wenn das Wort ἐπιθυμία im Neuen Testament an vielen Stellen mit oder ohne besonderen Zusatz die Bezeichnung des bösen, sündigen Begehrens ist, wenn Begehrlichkeit 1. Joh. 2, 15—17 schlechthin als die Art des vergehenden Kosmos beschrieben wird, im Gegensatz zu dem nur der, der den Willen Gottes tut, in Ewigkeit bleibt, wenn Röm. 7, 7; 13, 9 das alttestamentliche Gebot verkürzend und erweiternd in der Form: οὐκ ἐπιθυμήσεις wiedergegeben wird, so trifft das Alles nicht das Begehren als solches, wohl aber eben das von seinem eigentlichen Gegenstand gelöste, eben damit zu einem fleischlichen, weltlichen, vernunftlosen, schlechten, vergänglichen, kurz, zu einem «eigenen» (2. Tim. 4, 3; 2. Petr. 3, 3) Begehren degenerierte menschliche Begehren. Daß der verlorene Sohn Luk. 15, 16 von den Trebern des Schweinetrogs und Lazarus Luk. 16, 21 von den Brosamen, die von des Reichen Tische fielen, sich zu nähren begehren, daß Jesus nach Luk. 22, 15 sagen kann: ἐπιθυμίᾳ ἐπεθύμησα, dieses Passahmahl mit euch zu essen, daß Paulus 1. Thess. 2, 17 von sich sagen kann, er habe ἐν πολλῇ ἐπιθυμίᾳ danach gestrebt, die Gemeinde wiederzusehen, oder Act. 20, 33: er habe von niemandem Geld oder Kleidung begehrt, daß Einer nach 1. Tim. 3, 1 nach dem Bischofsamt verlangen und damit ein καλὸν ἔργον begehren kann — das erinnert doch auch an den natürlichen, durchaus nicht pejorativen Sinn dieses Wortes. Und wenn wir Matth. 13, 17 von den vielen Propheten und Gerechten lesen, die begehrten zu sehen und zu hören, was die Jünger sehen und hören durften, oder 1. Petr. 1, 12 von den Engeln, die danach begehren, die Dinge zu sehen, die der Gemeinde durch die Predigt des Evangeliums offenbart worden sind, oder Luk. 17, 22 von den Jüngern: es würden Tage kommen, da sie begehren würden, auch nur einen von den Tagen des Menschensohns sehen zu dürfen, wenn Paulus Phil. 1, 23 begehrt, abzuscheiden und mit Christus zu sein, wenn der Autor Hebr. 6, 11 begehrt, daß Jeder in der Gemeinde denselben Eifer in der Gewißheit der Hoffnung bis ans Ende beweisen möge, wenn Gal. 5, 17 nicht nur von einem Begehren des Fleisches wider den Geist, sondern nun doch auch von einem Begehren des Geistes wider das Fleisch die Rede ist, dann stehen wir sogar deutlich vor dem eigentlichen, ursprünglichen und umfassenden Sinn des Begriffs, in welchem er eben das Begehren des Menschen nach der Begegnung mit Gott bezeichnet, im Verhältnis zu dem das böse Begehren gerade nicht natürlich, sondern höchst unnatürlich ist. Der Mensch ist in der Bibel das Wesen, dem es — ob er es tut oder nicht tut — wesentlich notwendig ist, nach Gott zu begehren. Und er ist das Wesen, der dessen von seiner Schöpfung her fähig ist. Der Mensch kann l i e b e n. Das ist ja die Tätigkeit des Begehrens in seiner echten, eigentlichen, reinen Gestalt: daß er lieben, d. h. daß er ein Anderes in seiner Andersheit begehren kann, über das er nicht Herr und Meister ist, das er nicht zum Mittel seiner Selbstbefriedigung machen, durch das er sich aber befriedigen lassen, von dem her es ihm widerfahren kann, daß er befriedigt wird. Der Mensch kann G o t t lieben. Gott und nur Gott — oder eben Gottes Zeugnis in der Geschöpfwelt — ist ja das Andere, das er in seiner Andersheit begehren, durch das er, indem es ein Anderes ist und bleibt, befriedigt werden, das er eben darum wirklich lieben kann. Man sieht also: eben weil er nach Gott begehren, Gott lieben kann, kann er überhaupt begehren, überhaupt lieben. «Überhaupt» heißt nicht: etwas Anderes neben und außer Gott, wohl aber: etwas Anderes in Gott und um Gottes Willen, Gott selbst auch in diesem Anderen, weil dieses Andere, Gottes Geschöpf wie er selbst, Gottes Zeugnis ist. Er kann und wird ja auch Gott selbst praktisch immer nur in einem solchen Anderen, in seinen Zeugnissen, als den in seinen Werken handelnden, sichtbaren, hörbaren, betastbaren, als den äußerlich an ihn herantretenden, in den Bereich seiner äußeren Wahrnehmung hineintretenden Gott begehren und lieben können. Der in der Bibel Gott heißt und ist, ist ja kein unmittelbar erfahrbarer, kein innerlich dem Menschen gegenwärtiger und zugehöriger, sondern immer der von außen fremd und mächtig an ihn herantretende Gott. Wo man es anders meint und sagt, da sehe man wohl zu, ob man ihn nicht mit dem eigenen Seelengrund und also mit seinem Selbstbewußtsein und also mit sich selbst verwechselt habe, mit einem vermeintlichen Gott, den man gar nicht wirklich begehren, nicht wirklich lieben kann, im Verkehr mit dem man noch immer in der Selbstbefriedigung begriffen und eben darum dann auch von aller wirklichen Befriedigung weltenweit entfernt ist. Der Gott der Bibel will in seinen sichtbaren, hörbaren, betastbaren Zeugnissen wahrgenommen, begehrt und geliebt sein. Darum geht alles so real zu zwischen ihm und dem Menschen. Darum redet die Bibel so anthropomorphistisch von Gottes Reden und Handeln, Kommen und Gehen, Tun und Lassen, wie von dem eines menschenähnlichen Geschöpfwesens, darum von seinem Herzen und von seinen Augen, von seinen Armen, Händen und Füßen. Eben damit wird er nämlich als der Andere beschrieben, der nun doch selber mitten in der Geschöpfwelt, der eben in seinen geschöpflichen Zeugnissen und Erweisungen vom Menschen (der selbst nur ein Geschöpf und nicht der Schöpfer ist) wahrgenommen, begehrt und geliebt werden kann.

Aber daß der Mensch ihn begehren kann, das genügt offenbar nicht. Gerade wie ja auch das nicht genügt, daß er ihn wahrnehmen kann. Daß er ihn, den fremd und mächtig ihm gegenüberstehenden, fremd und mächtig an ihn herantretenden Schöpfer begehren kann, das wäre ja — auch wenn wir darunter nach dem tiefsten Sinn des Begriffs des Begehrens dies verstehen, daß er ihn lieben kann — erst eine Hälfte und wenn es dabei bliebe, noch gar nicht die Erfüllung des Begriffs einer tätigen Person. Daß der Mensch Gott begehrt und daß er ihn liebt, das ist ja für sich genommen noch immer bloß seine innere und also noch nicht seine ganze Tätigkeit, in der ihm also Gott noch immer bloß äußerlich gegenwärtig ist, in der sie also in ihrer Beziehung zu Gott noch nicht ganz sichtbar sein kann. Mit dem, der in der Bibel Gott heißt und ist, verhält es sich nämlich andererseits auch so, daß der Mensch ihn wie durchaus begehren und lieben, so auch durchaus und aufs höchste wollen und also fürchten muß. Er ist sich ihm schuldig. Sein Wollen muß darin bestehen, daß er sich selbst dem hergibt, dem er gehört. Wir können hier wieder auf die schon angeführte Calvinstelle Bezug nehmen, weil sie einfach eine Interpretation des biblischen Menschenbegriffs ist: Der Mensch ist Gott *iure creationis addictus et mancipatus*. Er ist ihm mit seinem Leben verpflichtet. Was er auch unternimmt und tut, es muß sich, wenn es recht unternommen und getan sein soll, positiv auf ihn beziehen. Er handelt im Gehorsam gegen ihn oder sein Handeln ist ein verkehrtes Handeln. Der Wille Gottes ist seine *lex vivendi*. Das sind vom biblischen Menschenbegriff her gesehen keine religiösen Floskeln und Übertreibungen, sondern sehr nüchterne Feststellungen eines natürlichen Sachverhaltes. Daß er will und daß er in der Furcht Gottes will, das ist so wenig zweierlei, wie sein Dasein und sein Bedürfnis nach Gott und also sein Begehren zweierlei sind. Das ist wieder eins und dasselbe.

4. Seele und Leib in ihrer Besonderheit

Er kann nicht an sich und im Allgemeinen wollen und dann und daneben auch noch Gott wollen, d. h. wollen, was Gott will. So gewiß er ja auch nicht an sich und im Allgemeinen begehren und dann u. A. auch noch nach Gott begehren kann. Indem er nur Gott rein begehren kann, kann er auch nur ihn rein wollen. Indem er in Wahrheit in diesem Begehren begriffen ist, kann seine Entscheidung, kann sein eigenes Bekenntnis seinem Begehren gegenüber nur in diesem Willen bestehen, kann es nur die Bestätigung jenes seines Begehrens sein. Wo immer der menschliche Wille das menschliche Begehren a n e r k e n n t und b e s t ä t i g t, da steht sein Begehren unter der Frage, ob es von der Art ist, daß das geschehen, daß es durch seinen Willen bejaht werden darf, muß und kann, weil es jenes reine Begehren ist. Und wo immer der menschliche Wille das menschliche Begehren a b l e h n t und v e r w i r f t, da steht er selber unter der Frage, ob er reiner Wille, ob es wirklich ein unreines und nicht vielleicht gerade das reine Begehren ist, das zu verwerfen er im Begriff steht. Die Frage wird sich immer von beiden Seiten her stellen. Indem der Mensch will, wird er nämlich so oder so verantwortlich für sein Begehren, da entscheidet er sich selbst. Und eben in seiner Entscheidung, die mit seinem Begehren allein noch nicht fallen kann, die damit fällt, daß er will oder nicht will, was er begehrt, in seinem Entschluß ist er sich selbst Gott schuldig, lebt er in oder außer der Furcht Gottes, beginnt er zu handeln, beginnt von seiner Seite als seine eigene Tat das Geschehen der Geschichte zwischen Gott und ihm, wird es wirklich, was er in seiner Beziehung zu Gott ist oder nicht ist. In seinem Begehren für sich und als solchem wird beides erst möglich. Daß er b e f r i e d i g t w e r d e, darum geht es in seinem B e g e h r e n; daß er seinerseits b e f r i e d i g e, daß er den Gott wieder befriedige, der ihn zuerst befriedigt, darum geht es in des Menschen W o l l e n. Auch das eigentliche und echte Wollen kann also nur das auf Gott bezogene Wollen sein. Keinem Geschöpf kann der Mensch das schuldig sein, was er Gott schuldig ist: sich selber ganz. Keines kann ja das für sich in Anspruch nehmen, daß er zu seiner Befriedigung da wäre. Nur der ungültige Anspruch der falschen Götter könnte da auf dem Plan sein, wo ein Geschöpf dem Menschen gegenüber diese Forderung erheben, wo der Mensch diese Forderung anerkennen würde. Kein Geschöpf kann ja dem Menschen gegenüber das Recht des Schöpfers geltend machen. So kann ihm kein Geschöpf zum Gegenstand reinen Wollens werden. Nur was er in seinem Verhältnis zu Gott wollen muß, m u ß e r wirklich wollen. Das und nur das kann e r s e l b s t, kann er in F r e i h e i t wollen. Das und nur das ist der seiner N a t u r entsprechende und gemäße Wollen. Wogegen alles in seinem Verhältnis zu Gott überflüssige, von diesem sich selbst ausschließende, alles von Gott nicht geforderte oder der Forderung Gottes widersprechende Wollen, ob es sich in falscher Übereinstimmung oder in falschem Konflikt mit seinem Begehren befinde, als solches nur auf demselben Selbstmißverständnis beruhen kann, dem schon sein Begehren verfallen sein mag. Der Mensch will dann in Wahrheit noch nicht oder nicht mehr echt und eigentlich. Sein Wille ist dann ein verdorbener und verkehrter Wille, und es ist klar, daß er, indem er mit einem solchen Willen Gott nicht befriedigen kann, sich auch seinerseits von der Befriedigung durch Gott abschneidet, daß das, was ihm in der Geschichte zwischen Gott und sich selbst widerfährt, nur das peinliche Widerfahrnis des göttlichen Gerichtes sein kann, dem er, solange und sofern er etwas Anderes will als Gott, nicht entrinnen wird. Der reine, der rechte Wille des Menschen aber ist sein Gott gehorsamer Wille. Indem er dieses Willens fähig ist, ist er überhaupt willensfähig. Indem G o t t ihn frei gemacht hat für sich selber, hat er ihn ü b e r h a u p t frei gemacht. Darin hat die Energie jeder menschlichen Entscheidung, jedes menschlichen Entschlusses, die Energie der in ihrem Willen sich selbst entscheidenden und entschließenden Person ihren Ursprung und Grund: daß der Mensch zuerst und vor allem Gott fürchten und eben darin rein und recht wollen kann. Er kann also nicht dies und das wollen, um dann vielleicht auch einmal das Eine, nämlich Gott und sich selbst für Gott zu wollen. Sondern er kann darum dies und das wollen, weil er zuerst und vor allem dies Eine wollen kann. Er macht von seiner Willensfreiheit dann und nur dann Gebrauch, wenn er in allem, auch wenn er dies und das will, dieses Eine will. Er vernachlässigt sein Können, er verzichtet auf seine Willensfreiheit und verliert sie, wenn er statt dieses Einen nur noch dies und das will. Aber noch die bloß scheinbare Freiheit seines so verkehrten Willens, noch seine Energie im Bösen wird in ihrer ganzen «Unfreiwilligkeit» davon Zeugnis geben, wie er dazu kommt, auch nur scheinbar, unrein und unrecht wollen zu können. Er kann wollen, er kann über sein Begehren entscheiden und beschließen, er ist tätige Person, indem er unmittelbar zu Gott, indem er für Gott bestimmt ist. Er kann sich nämlich für sein eigenes Begehren nach Gott, und er kann sich gegen sein gottloses Begehren entscheiden und entschließen. Indem er das tun kann, kann er im biblischen Sinn Mensch sein. An dieses sein Können appelliert Gott, indem er ihn für sich in Anspruch nimmt, indem er ihm ruft, indem er ihm sein Gebot und seine Verheißung gibt. Gott erwählt den Menschen, damit der Mensch wiederum ihn erwähle und also unter der Voraussetzung, daß der Mensch dieser Wahl fähig sei: des Begehrens (des *chamad, awah, baqasch, araq*, des ἐπιθυμεῖν) nicht nur, sondern darüber hinaus des Wollens (des *abah, jaal, jaaz, chaphaz*, des βούλεσθαι und θέλειν), in welchem er zu seinem Begehren positiv oder negativ Stellung, in welchem er sich selbst «zusammen» nimmt. Er kann in dieser Zusammennahme seiner selbst tätige Person und so Mensch sein. Er entscheidet über sich selbst, indem sein Wille und also seine Wahl mit der Furcht Gottes identisch oder nicht identisch ist.

Eben von hier aus verstehen wir nun auch das Letzte: das Verhältnis von Begehren und Wollen auf der einen, Leib und Seele auf der anderen Seite. Der für Gott bestimmte Mensch der Bibel ist auch in seiner Tätigkeit der ganze Mensch. Die vorhin angeführten alt- und neutestamentlichen Begriffe seiner Tätigkeit sind wie die seines Vernehmens alle sehr nahe beieinander, können in ihren Bedeutungen weithin ineinander übergehen. Und gerade weil sie direkt oder indirekt alle die tätige Beziehung des Menschen zu Gott, sein Tun in der Geschichte des Gnadenbundes bezeichnen, gibt es in ihrem Bereich keine wirklich neutrale Zone.

Der Mensch, den Gott für sich haben will, ist freilich der wollende, aber eben darum auch schon der begehrende, er ist der in der Einheit von Begehren und Wollen tätige Mensch. Eben darum ist ja schon im Dekalog nicht nur von Stehlen und Ehebruch, sondern so nachdrücklich schon von dem entsprechenden Begehren die Rede, und wir erinnern uns, wie gerade diese Linie in der Bergpredigt Jesu Matth. 5, 27 f. ausgezogen und unterstrichen wird. So betont wird aber der Mensch doch schon im ganzen Alten Testament nicht erst für seine Entscheidungen und Beschlüsse, sondern schon für die ihnen vorangehenden Neigungen und Strebungen haftbar gemacht, so nachdrücklich wird in der ganzen Bibel geltend gemacht, daß Gott den Menschen gerade auch in diesem Bereich für sich haben will, daß man wohl fragen kann, ob sich das Verhältnis zwischen Seele und Leib nicht geradezu umkehren, ob nicht gerade das Begehren als das wesentliche und also seelische, das Wollen schließlich nur als die beiläufige, äußerlich leibliche Funktion des tätigen Menschen zu verstehen sein möchte. Das ist sicher, daß wir uns ein abstraktes Verständnis des Begehrens als einer bloß äußerlich leiblichen Funktion von der biblischen Anthropologie her gänzlich verbieten lassen sein müssen. Das ist vielmehr sicher, daß wir auch in diesem Bereich nicht nur mit der Seele, sondern mit dem Primat der Seele zu rechnen haben. Nicht umsonst gibt es im Alten Testament eine ganze Reihe von Stellen, wo gerade *nephesch* als das Subjekt der Gefühle und Affekte, der Freude und des Schmerzes, der Sehnsucht und der Liebe, des Hasses und der Verachtung, des Ekels und des Überdrusses — man möchte weithin denken: einfach der

4. Seele und Leib in ihrer Besonderheit

animalischen Triebe, aber dann natürlich auch des eigentlichen Begehrens des Menschen nach Gott bezeichnet wird. Daß und was und wie ich begehre, das kann ich im Sinn der biblischen Sprache unmöglich als eine Sache meiner irgendwie selbständig sich regenden und bewegenden leiblichen Organe, sondern nur als meine eigenste Sache interpretieren, daran bin ich auch nicht nur leiblich beteiligt, sondern der Begehrende bin ich selber: schon darin bin ich selbst, ist also meine Seele vor Gott offenbar in ihrer Richtung, in ihrer Art oder Unart, schon darin sage ich Ja oder Nein zu Gott, schon dafür muß ich so oder so einstehen und bezahlen, daß ich dieses begehrende Wesen bin. Daß dem so ist, das zeigt sich z. B. daran, daß der leibliche Hunger und Durst in der Bibel als solcher so gar nicht bagatellisiert, sondern ernst genommen und darum ohne weiteres als Begriff (und gar nicht nur als Bild) auch des vitalen Bedürfnisses des Menschen nach Gott verwendet werden kann. Es bilden eben das Leibliche und das Seelische einen zusammenhängenden Bereich, in welchem es jedenfalls nichts Leibliches gibt, das nicht als solches auch seelisch wäre. Der Leib hat ja nach biblischer Sicht auch hinsichtlich seines Begehrens kein eigenes Leben außer dem der Seele; ihr verdankt er es fort und fort, daß er überhaupt Leib und nicht bloß Körper ist, ihr verdankt er das Spiel seiner Organe und also auch dies, daß er begehren kann. Begehrt er, so kann das nur heißen, daß er das Begehren seiner Seele ins Werk setzt — wie auch sein Wahrnehmen nur dies bedeuten kann, daß es das Wahrnehmen seiner Seele ins Werk setzt. Dazu bedarf sie allerdings des Leibes. Es ist aber ihr Begehren, das durch den Leib ins Werk gesetzt wird.

Der Primat der Seele besteht also nicht etwa nur darin, daß der Mensch in dem nun allerdings eindeutig seelischen Akt des Wollens sich selber im Verhältnis zu seinem Begehren entscheidet und entschließt. Sondern seine Seele, d. h. er selbst, ist das Subjekt schon seines, der Entscheidung des Willens erst entgegengehenden Begehrens. Nur daß sie über sich selbst beschließt, sich selbst Recht oder Unrecht gibt, sich selbst zu einem ihrem geprüften Begehren entsprechenden Werk entschließt, sich selber zu dessen Täter und Vollbringer bestimmt — nur das ist die über das Begehren hinausgehende seelische Bedeutung des Willens. Eben darin und nur darin besteht denn auch die Differenzierung des Seelischen und des Leiblichen im tätigen Menschen. Der tätige Mensch ist der nicht nur sein Begehren, sondern auch sein Wollen ins Werk setzende Mensch. Er bedarf der Seele und des Leibes, um begehren und um wollen zu können. Und er bedarf wieder beider, um sein Begehren und Wollen ins Werk zu setzen. Er bedarf aber des Leibes, sofern er nur als Leib, nur indem er etwas ist, ein anderes Etwas begehren und dann auch wollen oder nicht wollen kann. Er bedarf des Leibes, sofern er nur in seinen leiblichen Trieben, nur sofern er in ihnen lebt, nur durch sie, d. h. nur durch ihre Vermittlung zum Begehren veranlaßt sein — und sofern er auch nicht wollen kann, ohne daß er dabei von seinen leiblichen Trieben begleitet ist und diese zugleich braucht, kontrolliert und leitet. Er bedarf wiederum der Seele, sofern er nicht nur etwas, sondern er selbst, sofern schon sein Begehren kein ihm fremdes, sondern sein eigenes ist, was er denn auch darin betätigt, daß er ihm, indem er will, entscheidend und beschließend gegenübertritt, indem er im Wollen einer bestimmten Tat seinem Begehren gegenüber eine Selbständigkeit behauptet, die in seinem Leib und in dessen Trieben nicht begründet, sondern bei allem Zusammenhang mit den Trieben seines Leibes ihnen gegenüber eigener Ordnung ist. Wir können die Sache auch hier auf die Schlußformel bringen: der Mensch begehrt, indem er die Seele seines Leibes — er will, indem er die Seele seines Leibes ist.

Wir fassen zusammen: Nach der inneren Differenzierung der menschlichen Geschöpflichkeit haben wir gefragt und haben nun gesehen, daß und wie die Seele und der Leib, das Belebende und das Belebte im Menschen verschieden sind. Sie sind es in der besonderen Art, in der er ein vernehmendes und ein tätiges Wesen ist: in einer Art, die uns im Tier jedenfalls nicht offenbar, sondern verborgen ist. Daß der Mensch Geist hat und durch den Geist die Seele seines Leibes ist, das bedeutet, daß er in dieser besonderen Art vernehmen und tätig sein kann. **Er ist die vernehmende und tätige Seele seines sein Vernehmen und Tun ins Werk setzenden Leibes.** Wir haben das nicht aus einer abstrakten Betrachtung und Beurteilung des Menschen abgeleitet. Wir haben das weder naturwissenschaftlich noch geisteswissenschaftlich, sondern theologisch begründet. Wir sind davon ausgegangen, daß der Mensch vor Gott steht, der sein Schöpfer ist. Wir haben die Voraussetzungen sichtbar gemacht, die sich daraus im Blick auf seine Geschöpflichkeit ergeben. Wir haben nach dem gefragt, was dem Menschen damit zugetraut und zugemutet ist. Wir haben die besondere Art des Menschen von daher zu verstehen gesucht, daß sie auf alle Fälle so beschaffen sein muß, daß sie das seinem besonderen Verhältnis zu Gott entsprechende **Können** in sich schließt. Menschliches Leben ist, so haben wir zunächst allgemein festgestellt, indem es ganz und zugleich seelisch und leiblich ist, **subjektives und subjektiv sich darstellendes Leben: subjektiv, sofern es seelisch, subjektiv sich darstellend ,sofern es leiblich ist.** Denn daß der Mensch ein solches Leben leben kann, das macht ihn fähig, vor Gott zu stehen. Alles Weitere war die Entfaltung dieser Grunderkenntnis. Wie die Seele dem Leib **vorangehen** muß, aber auch nur vorangehen und also ohne den Leib nicht Seele sein kann, so muß der Leib der Seele **nachfolgen**, kann er ihr aber auch nur nachfolgen und also ohne die Seele auch nicht Leib sein. In diesem Vorangehen und Nachfolgen bestehen die beiden unauflöslich verbundenen Momente der menschlichen Geschöpfwirklichkeit. Indem diese beiden Momente, von denen das eine nie ohne das andere ist, nicht miteinander zu vertauschen sind, indem das Vorangehende immer das Vorangehende, das Nachfolgende immer das Nachfolgende bleibt, muß es, ohne daß von zwei geschiedenen Substanzen die Rede sein darf und kann, bei der Verschiedenheit von Seele und Leib sein Bewenden haben. Dies ist es, was wir dann in der Analyse der beiden konkreten Voraussetzungen des Verkehrs zwischen dem Menschen und Gott bewahrheitet gefunden haben. Wir stießen nämlich im Blick auf das menschliche Vernehmen sowohl wie im Blick auf die menschliche Tätigkeit noch einmal auf eine dem Dualismus von Leib und Seele ganz entsprechende Doppelung. Wir mußten gerade in dem vor Gott stehenden Menschen das Wahrnehmen vom Denken und wiederum das Begehren vom Wollen unterscheiden, um uns eine volle Anschauung und einen vollen Begriff davon zu verschaffen. daß der Mensch dessen fähig ist, vor Gott zu stehen. Wie auch das Tier vernehme — im Menschen ist es ein Anderes, daß er wahrnimmt, ein

Anderes, daß er denkt und nur indem Beides in einem einzigen Akt Ereignis wird, kommt es zum menschlichen Vernehmen. Und wie auch das Tier tätig sei — im Menschen ist es ein Anderes, daß er begehrt, ein Anderes, daß er will, und wieder nur, indem in einem einzigen Akt Beides Ereignis wird, kommt es zu menschlicher Tätigkeit. Wir mußten in beiden Zusammenhängen betonen: in einem einzigen Akt — wir konnten also nicht aufteilen zwischen Wahrnehmen und Begehren als dem leiblichen und Denken und Wollen als dem seelischen Akt. Wir mußten — immer begleitet von der warnenden Erinnerung an den biblischen Menschenbegriff — das Wahrnehmen und Begehren in seiner Weise auch der Seele, das Denken und Wollen in seiner Weise auch dem Leibe zuschreiben. Aber eben — und hier ergab sich die konkrete Differenzierung — einem Jeden das Seine in seiner und nicht einfach in der gleichen Weise: nicht so also, daß man das Verhältnis jeweils auch umkehren könnte. Wir stießen nämlich jeweils auf beiden Seiten jener Doppelungen auf den Primat der Seele. Wir fanden sie zwar nirgends, in keiner Höhe und in keiner Tiefe, für sich und ohne den Leib. Wir konnten uns aber umgekehrt auch nicht beschränken auf den Satz, daß die Seele denkt und will. Wir mußten ihn erweitern: sie nimmt auch wahr, sie begehrt auch. Sie und nur sie kann gemeint sein, wenn wir vom Menschen als von einem eigenständigen Subjekt reden. Der menschliche Leib kann damit nicht gemeint sein, obwohl doch der Mensch immer auch sein Leib ist. Er ist aber auch in dem äußeren Vollzug seines Vernehmens und seiner Tätigkeit, auch in seinem Wahrnehmen und Begehren also, die Seele seines Leibes. Als solche betätigt er sich, indem er über dieses Äußere hinaus auch denkt und will und also zu seinem eigenen Wahrnehmen und Begehren Stellung nimmt, sein Wahrnehmen und Begehren als seine eigene Sache und Tätigkeit behandelt. Eben dessen ist er als Leib nicht fähig, obwohl er auch dazu seines Leibeslebens bedürftig ist. Er denkt nicht, ohne wahrzunehmen, er will nicht, ohne zu begehren. Er nimmt aber, indem er denkt und will, Distanz von seinem Wahrnehmen und Begehren, er überblickt dabei sich selbst, er wird dabei sich selber zum Objekt. In der Freiheit zu diesem Distanznehmen, Überblicken und Subjekt sein betätigt er sich als die Seele seines Leibes. Der Leib entbehrt dieser Freiheit. Er kann an ihr nur Anteil bekommen. Er hat sie nicht in sich selbst und von sich aus. Die Seele hat sie. Die Seele ist selbst des Menschen Freiheit, nicht nur wahrnehmen und begehren, sondern denkend und wollend sich selbst gegenüber Distanz gewinnen, sein Leben als sein eigenes Leben zu können. Der Leib seinerseits ist der Mensch, sofern er sich als körperliches Wesen dieses Primats seiner Seele erfreuen, sofern er nicht nur dieses Etwas, sondern als dieses Etwas er selbst sein darf; er könnte doch ohne dieses Etwas auch nicht er selbst sein, nicht wirkliche Person ohne diese ihre äußere Gestalt und Betätigung. Sein Leib ist das Organ, durch das sein Vermögen, zu vernehmen und zu tun, ins Werk gesetzt wird. Er ist der Träger und die Darstellung seines Denkens und Wollens. Er ist nach beiden Seiten die Offenheit der Seele, ohne die diese auch nicht frei sein könnte. Das ist seine Würde, die in ihrer Weise keine geringere ist als die der Seele. Denn daß er die Seele seines Leibes ist, dieses Zweite ist dem wirklichen Menschen so unentbehrlich wie das Andere, das Erste, daß er die Seele seines Leibes ist.

5. SEELE UND LEIB IN IHRER ORDNUNG

Wir haben schon die Erklärung unseres dritten Satzes nicht vollenden können, ohne den Schlußpunkt zu erreichen und sogar vorwegzunehmen, dem wir uns jetzt noch im Besonderen zuzuwenden haben. Aus der Besonderheit, in der der Mensch als Seele seines Leibes ein vernehmendes und tätiges Wesen ist, ergibt sich ein bestimmtes Verhältnis zwischen Seele und Leib, aus der inneren Differenzierung die innere Ordnung der menschlichen Geschöpflichkeit. Wir konnten die beiden großen, im Verhältnis des Menschen zu Gott auf Seiten des Menschen bestehenden Voraussetzungen: daß er ein vernehmendes und daß er ein tätiges Wesen ist, nicht analysieren, ohne auf das zu stoßen, was wir zunächst den Primat der Seele genannt haben. Daß die Seele in ihrem Vernehmen, in der Wahrnehmung sowohl wie in ihrem Denken und in ihrer Tätigkeit, im Begehren sowohl wie im Wollen vorangeht, der Leib aber ihr nachfolgt, darin haben wir schließlich die Verschiedenheit beider in ihrer Einheit gefunden. Eben dieser Sache müssen wir nun aber, weil sie für das Bild des Menschen als Seele und Leib entscheidend ist, noch eine besondere Betrachtung zuwenden. Wir erinnern uns ja der entscheidenden Bedeutung gerade dieses Punktes, des Phänomens der Ordnung, in der Anthropologie Jesu, von der wir im ersten Abschnitt dieses Paragraphen ausgegangen sind. Die Formel vom Primat der Seele, von der wir jetzt herkommen, hat doch erst andeuten können, was wir nun feststellen müssen: daß die Natur des Menschen als Seele und Leib kein zufälliges Beieinander, kein bloßes Nebeneinander, kein feindliches Gegeneinander, sondern ein sinnvoll geordnetes Miteinander dieser beiden Momente, kein Chaos, sondern ein Kosmos ist, in welchem ein Logos waltet, daß da — nämlich von Seiten der Seele — regiert und daß da — nämlich von Seiten des Leibes — gedient wird. Indem das geschieht, ist der Mensch ganz in der Einheit und Verschiedenheit seiner Seele und seines Leibes. Indem er als Seele seines Leibes von Gott begründet, konstituiert und erhalten wird und also indem er den Geist empfängt und hat, kommt es zu diesem Geschehen: zu diesem Regieren der Seele und zu diesem Dienen des Leibes. Und eben in diesem Geschehen ist der Mensch ein Vernunftwesen.

5. Seele und Leib in ihrer Ordnung

Es ist ein sehr umfassender Sinn, in dem wir diesen Begriff jetzt aufnehmen. Der deutsche Begriff «Vernunft» hat darum etwa Ungenaues und Irreführendes an sich, weil er sich nach seinem Wortlaut und in einem weitverbreiteten Sprachgebrauch nur auf das Vermögen des Vernehmens bezieht, das unter den dem Menschen eigentümlichen Vermögen nun doch nur eines ist, wobei man ihn ja überdies häufig auch noch einseitig zur Bezeichnung des menschlichen Denkvermögens zu verwenden pflegt. Wir interpretieren und verwenden ihn hier nach Maßgabe des umfassenden lateinischen Begriffs *ratio* und des griechischen Begriffs λόγος und also als «sinnhafte Ordnung» und meinen, wenn wir den Menschen ein Vernunftwesen nennen, dies, daß es seiner Natur eigentümlich ist, in sinnhafter Ordnung beider Momente Seele und Leib und so vernehmendes und tätiges Wesen zu sein.

Man denke und höre bei dem Wort «Vernunftwesen», das wir, um ein Fremdwort und eine Neubildung zu vermeiden, trotz aller Zweideutigkeit wählen, immer mit: ein rationelles, ein logisches Wesen, wobei man freilich auch *ratio* und λόγος nicht in einem beschränkten, sondern in ihrem eigentlichen und umfassenden Sinn verstehen muß.

Wir verstehen den Menschen also nicht nur im Blick auf seine Seele, sondern auch im Blick auf seinen Leib als Vernunftwesen. Denn an seiner Vernünftigkeit hat von seiner Seele her auch sein Leib vollen Anteil. Weil und indem er von der Seele regiert wird und der Seele dient, ist auch er nicht unvernünftig, sondern vernünftig, sofern er sich mit ihr zusammen unter und in jener sinnhaften Ordnung befindet, weil und indem in seinem Verhältnis zur Seele auch ihm *ratio*, λόγος, nicht weniger als der Seele eigentümlich ist und innewohnt. Und wir verstehen dies, daß der Mensch ein Vernunftwesen ist, als ein Geschehen — entsprechend dem, daß ja auch die Voraussetzung des Ganzen: daß er Geist empfängt und hat, ein Geschehen, eine göttliche Aktion ist. Wir reden von einem Regieren und von einem Dienen und also von einem Akt, in welchem der ganze Mensch begriffen ist. Wir reden eben vom wirklichen Menschen, dessen Existenz sein eigener Akt ist, dessen Wesen also nur in diesem seinem Akt sichtbar und verstanden werden kann. Der Mensch lebt als Mensch in sinnvoller Ordnung. Er anerkennt sie und er unterwirft sich ihr. Er richtet sie selbst auf und er betätigt sie. Er ist Mensch, indem sie gilt, und er macht davon Gebrauch, daß sie gilt, indem er menschlich vernimmt und sich menschlich betätigt. Indem das geschieht, d. h. indem er selber das vollbringt, ist er ein Vernunftwesen.

Wir müssen auch an dieser Stelle des Tieres gedenken und feststellen, daß wir darüber, ob auch das Tier in der nun erklärten Weise ein Vernunftwesen ist oder nicht ist, keine Kunde haben. Wir haben sie ja auch vom Menschen nur, indem wir auf jenes Geschehen blicken, indem wir in diesem Geschehen, im Akt menschlicher Existenz, im Vollzug jenes Regierens und Dienens, im Leben unter und in jener sinnvollen Ordnung begriffen sind. Daß der Mensch ein Vernunftwesen ist, das könnte und müßte uns ebenfalls eine bloße Hypothese sein, wenn wir auch den Menschen nur von au ß en betrachten könnten und müßten. Gerade das können wir nämlich vom Tier nicht wissen, ob es in seiner Existenz auch um so etwas wie jenes Regieren und Dienen geht. Gerade das kann man nämlich nur wissen, indem man es tut, indem man selber in diesem Geschehen begriffen ist, um es dann als gleichartig auch in anderen Wesen wiederzuerkennen, wie es zwischen Mensch und Mensch möglich und notwendig, zwischen Mensch und Tier aber unmöglich und auch nicht notwendig ist. Der Beweis dafür kann also nicht für den Menschen und für das Tier, er kann freilich auch nicht für den Menschen gegen das Tier, er kann wirklich nur ohne Rücksicht auf das Tier für den Menschen, und er kann auch für den Menschen nur damit geführt werden, daß der Mensch sich als Vernunftwesen betätigt. Unterläßt er das oder versucht er es doch, das zu unterlassen — wir denken mit Trauer an die große Häufigkeit, in der dieser Versuch Ereignis wird — und versucht er dann auch noch theoretisch, davon zu abstrahieren, daß er sich faktisch immer als Vernunftwesen betätigt, versucht er auch sich selbst und den Mitmenschen so von außen zu betrachten, wie wir das Tier allein betrachten können, dann darf er sich nicht wundern, entdecken zu müssen, daß der Beweis seiner Vernunftnatur auch für ihn undurchführbar wird. Und darin haben alle möglichen Zweifel an des Menschen Vernunftnatur, darin haben alle falschen und halb falschen Theorien über das Verhältnis von Seele und Leib ihren Grund: der Mensch kann es praktisch in einem erschreckenden Maß versuchen, sich anders denn als Vernunftwesen zu betätigen, und er kann darüber hinaus auch jenen fatalen theoretischen Versuch machen, sich selbst und den Mitmenschen nur von außen und nicht zuerst und vor allem von innen, nämlich darin zu betrachten, daß er und unverkennbar auch der Mitmensch, indem er Mensch ist, sich faktisch als Vernunftwesen betätigt. Dieser theoretische Versuch ist unsinnig und also seiner scheinbaren Objektivität und Voraussetzungslosigkeit zum Trotz alles Andere als empfehlenswert. Denn gerade mit dieser angeblichen Objektivität verliert man das Objekt, um das man wissen und von dem man reden möchte, nämlich den wirklichen Menschen, der sich auch bei solcher Selbstbetrachtung von außen immerhin als Vernunftwesen betätigt, aus den Augen. Und gerade mit dieser angeblichen Voraussetzungslosigkeit macht man die übelste Voraussetzung, die man in dieser Sache machen kann, nämlich die, daß man den Menschen um so konkreter zu sehen und verstehen zu können meint, je mehr man davon abstrahiert, daß man ja selber der ist, der ihn sehen und verstehen möchte. Indem sich der Mensch als Vernunftwesen betätigt — und eben das tut er in irgend einem Maß, indem er wahrnimmt und denkt, begehrt und will, eben das tut er im Gegensatz zu allen praktischen Versuchen, es zu unterlassen und im Gegensatz zu allen theoretischen Versuchen, sich einzureden, daß er das nicht tue, führt er den Beweis dafür, daß er — mag es mit dem Tiere stehen wie es will — ein Vernunftwesen ist. Er führt ihn also nicht nur darin, daß er sich dem Ideal eines Vernunftwesens, einer Vollkommenheit jenes Regierens und Dienens nähert, sondern auch darin, daß er sich von jenem entfernt und hinter dieser zurückbleibt. Er führt ihn auch in seinen Versäumnissen und Verirrungen. Er führt ihn auch, indem er sich zu seiner eigenen Karrikatur macht. Er führt ihn auch dann, wenn er als eine völlige Widerlegung seiner Vernunftnatur zu existieren scheint. Er wird ihn ja genau genommen überhaupt nur negativ, nur in Gestalt von allerlei (schlimmeren oder weniger schlimmen oder beinahe noch erträglichen) Defizienzerscheinungen führen. Er führt ihn aber tatsächlich und offenkundig, während wir vom Tier nicht wissen, ob es ihn, uns unerkennbar, auch führt. Er existiert nämlich immer als die Seele seines Leibes, während wir vom Tier nicht wissen, ob es das auch oder ob es doch nur der vegetierende Leib seiner Seele ist. Der Mensch ist, ob er daran denken, ob er dem Ehre machen und ob er das wahrhaben will oder nicht, immer zuerst er selbst: dieses Subjekt, das sich selbst und mit sich selbst auch seinen Leib so oder so regiert, bestimmt, prägt und leitet, das als diese Person denkt und will gerade in seinem Wollen, sich selbst «zusammennehmend», sich selbst entscheidet und entschließt — dann erst und von da aus erst alles, was er ist; der sich selbst und also seiner Seele dienende, das von ihm und also von seiner Seele Gebrauchte, durch sie Gebildete, das sie und also ihn selbst Darstellende, dann erst auch leiblich. Indem wir selbst existieren und mit anderen Menschen zusammen existieren, vollziehen wir faktisch fortwährend diese Unterscheidung, rechnen wir fortwährend mit dieser Ordnung, Überordnung und Unterordnung: daß faktisch die Seele regiert, faktisch der Leib dient, in welcher Unvollkommenheit und Verwirrung das dann immer geschehen möge. Wir sehen uns selbst und wir sehen den anderen Menschen faktisch in einem Verhalten begriffen, von dem wir beim Tier keine Kunde haben: gewiß auch nicht die negative Kunde, daß dieses Verhalten nicht auch das seinige ist, aber eben schlechthin: keine Kunde. Vom Menschen, von uns selbst aber haben wir diese Kunde. Wir geben sie uns selbst, indem wir als Menschen existieren.

Es ist aber einzusehen, daß diese Kunde erst damit gewiß und überzeugend, daß der Beweis dafür, daß der Mensch ein Vernunftwesen ist, erst damit schlechthin schlüssig und bündig wird, daß er theologisch geführt wird. Man kann ja ernstlich fragen: wer oder was denn den Menschen dazu nötige, jene Erkenntnis seiner eigenen Vernunftnatur und also jener Ordnung von Seele und Leib, wie unendlich naheliegend sie immer erscheinen mag, zu vollziehen, sich selbst und den Mitmenschen im

Akte seiner Existenz — mag er immer jener gegliederte Akt faktisch sein — nun wirklich ernst zu nehmen, auf jene Schau des Menschen von außen (in welcher ihm seine eigene Vernunftnatur so zweifelhaft erscheinen muß wie die des Tieres) nun wirklich zu verzichten und sich statt dessen resolut und endgültig zu dem zu bekennen, was ihm als jene Ordnung, Rationalität oder Logizität seiner Existenz jedenfalls auch bekannt sein kann und scheinbar notwendig bekannt sein müßte? Wer oder was **verbietet** ihm, zwischen jenen beiden Betrachtungsweisen nun doch gelegentlich abzuwechseln, als ob die eine so möglich wäre wie die andere, vielleicht geradezu eine Ambivalenz zwischen einem Innen- und einem Außenbild der menschlichen Existenz zu konstatieren und gelten zu lassen? Und wer oder was **gebietet** ihm, gerade das Innenbild für die **Wahrheit**, jenes Außenbild aber resolut und endgültig für einen **Irrtum** zu halten? Man wird nicht wohl verkennen können, daß es für die Sache der Humanität von einiger Wichtigkeit ist, ob diese letzte Frage offen bleiben, ob ein «vielleicht-vielleicht auch nicht» hier die letzte Angabe sein muß, oder ob es eine Nötigung, ein Verbot und ein Gebot gibt, sich durchaus an jene scheinbar so naheliegende Erkenntnis zu halten? Kein Mensch lebt faktisch so, und die Menschheit im Ganzen erst recht nicht, als wäre der wirkliche Vollzug jener Erkenntnis eine Selbstverständlichkeit, als ob der Beweis für unsere Vernunftnatur, den wir, indem wir Menschen sind, faktisch fortwährend führen, so ohne weiteres in Geltung stünde. Die wirkliche menschliche Existenz verläuft vielmehr im Einzelnen wie im Ganzen zwar so, daß es sichtbar bleibt, daß sie jenen Beweis führt, aber auch so, daß es fortwährend sichtbar wird, daß dieser Beweis nicht mit letztem Ernst ernst genommen, daß er fortwährend weithin auch gänzlich umsonst geführt zu werden scheint. Die Sache der Humanität ist faktisch fortwährend dadurch bedroht, und zwar aufs schwerste bedroht, daß eine eigentliche **Nötigung** zu jener Entscheidung für das Innenbild und also für die Wahrheit und gegen das Außenbild als gegen den schlechthin zu verwerfenden Irrtum, daß ein striktes **Verbot** und **Gebot** in dieser Sache uns allein weithin **nicht** bekannt zu sein scheint. Gibt es ein solches entscheidendes Verbot und Gebot? Das ist die Frage, auf die auch die wohlmeinendste nicht-theologische Anthropologie keine Antwort geben kann. Sie wird endlich und letztlich immer nur auf den Menschen selbst verweisen, ihr Beweis des Beweises wird endlich und zuletzt immer nur in dem Zuruf und Aufruf bestehen können, daß der Mensch, um Mensch zu sein, die ihm als solche vor Augen stehende Tatsache seiner Vernunftnatur und also jener Ordnung würdigen und respektieren, daß er in seinem Sein und Verhalten dieser seiner Natur und also dem Gebot seines besseren Selbst Rechnung tragen **solle**. Dieser Imperativ, mit dessen Anerkennung und Befolgung der Sache der Humanität in der Tat gedient wäre, kann bekanntlich sehr kategorisch formuliert werden. Er kann aber darum gerade nicht kategorisch werden und sein, weil zur Kategorie des Imperativs doch vor allem dies gehören müßte, daß es nicht nur einen Befehl, sondern einen Befehlenden gibt, der zum Befehlen die Kompetenz und die Autorität, den Willen und die Stimme hat. Wo das letzte Wort angesichts jener offenen Frage der fromme Wunsch sein muß, daß der Mensch sich selber befehlen möchte, sich als das, als was er sich betätigt, als Vernunftwesen ernst zu nehmen, da kann von einem kategorischen Imperativ in Wahrheit gerade keine Rede sein. Wie soll der Mensch denn dazu kommen, sich selbst, d. h. dem Innenbild seiner faktischen Existenz die absolute Bedeutung zuzuschreiben, die er, um sich selbst kategorisch befehlen zu können, für sich selbst haben müßte? Ihm müßte es kategorisch befohlen sein, sich selbst kategorisch zu befehlen, wenn er dazu in die Lage kommen sollte. Um auf jene letzte Frage zu antworten, bedarf es darum der theologischen Anthropologie, weil nur sie von einem entscheidenden Verbot und Gebot, weil nur sie von einer mit Kompetenz und Autorität befehlenden Person weiß an der Stelle, wo jenseits des Wechsels und der Ambivalenz der beiden Betrachtungsweisen sonst nur der fromme Wunsch Platz greifen kann, daß der Mensch selber es übernehmen möchte, sich selbst zu gebieten und zu verbieten, die Entscheidung für die Wahrheit und gegen den Irrtum von sich aus herbeizuführen. Und uns interessiert hier der Satz, daß der Mensch im angegebenen Sinn ein Vernunftwesen ist, gerade als theologischer Satz, gerade in der Form also, in der er auch jener letzten Frage gegenüber gesichert, in der er endlich und zuletzt allein ein festbegründeter Satz ist.

Der Mensch ist darum ein Vernunftwesen, weil er von Gott als solches angeredet und weil darin — wir müssen hier noch einmal denselben Rückschluß ziehen, mit dem wir schon bisher gearbeitet haben — vorausgesetzt ist, daß er von Gott als solches geschaffen ist.

Der Imperativ, der uns gebietet, uns unter allen Umständen als Vernunftwesen zu verstehen und zu verhalten, ist also allerdings kategorisch; er ist es aber nicht, sofern er der Imperativ ist, den der Mensch an sich selbst, sondern, sofern er der Imperativ ist, den Gott an den Menschen richtet. Als vom Menschen an sich selbst gerichteter Imperativ könnte er gerade nicht kategorisch sein. Er ist es aber, indem er von Gott an den Menschen gerichtet ist. Als solcher, vom Schöpfer an sein Geschöpf gerichtet, ist er nämlich nicht irgend eine Frage, auf die dieses so oder auch anders antworten, der es wohl schließlich auch überhaupt ausweichen könnte, ist er vielmehr die Feststellung über dessen Sein oder Nichtsein. Denn als Imperativ des Schöpfers an sein Geschöpf befiehlt er nicht nur, sondern enthält und offenbart er, indem er befiehlt, das Wissen um das Sein dessen, dem er befiehlt: um das Sein, neben dem dieses kein anderes hat. In diesem seinem einzigen Sein nimmt der Schöpfer das Geschöpf in Anspruch. Vernimmt das Geschöpf diesen Anspruch, dann hat es hinsichtlich dessen, als was es sich verstehen und wie es sich verhalten soll, keine Wahl als die zwischen Leben und Tod. Was es in Wirklichkeit ist, das liegt dann hell und klar, unübersehbar und unleugbar vor seinen Augen. Und was es nicht, was es nur in seiner eigenen Illusion ist, das zerfliegt dann vor seinen Augen wie Nebel vor der Sonne. Es bleibt dann nur eine Wahrheit über den Menschen auf dem Plan: keine zweite neben ihr. Neben ihr nur die Lüge! Zwischen Wahrheit und Lüge hat der Mensch dann zu wählen in seiner Erkenntnis und zwischen Sein und Nichtsein in seinem Verhalten. Gerade die Neutralität, in der er sich als Vernunftwesen bald ernst und bald nicht ernst nehmen und doch beide Male recht zu haben, unter beiden Zeichen leben zu können meint, wird ihm dann, wenn er von Gott in Anspruch genommen wird, unmöglich gemacht. Die Wahl, die ihm jetzt noch bleibt, könnte nur noch die sein, sich selbst als Vernunftwesen ernst zu nehmen und zu verhalten, oder aber schlechterdings — im Verhältnis zu Gott sowohl wie im Verhältnis zu sich selbst — ins Unrecht zu geraten, mit dem Trotz gegen Gottes Offenbarung und Willen seine eigene Nichtigkeit zu erwählen. Sie könnte tatsächlich nur noch die Wahl zwischen dem Leben und dem Tode sein. Indem die theologische Anthropologie den Menschen schlechterdings von daher versteht, daß er von Gott gerufen und in Anspruch genommen ist, bekommt die Möglichkeit, ihn als Vernunftwesen zu verstehen, den Charakter der schlechthin entscheidenden Notwendigkeit.

Die theologische Anthropologie kann hinter diese Notwendigkeit darum nicht zurückgehen, weil sie ohne ihre Anerkennung überhaupt nicht anfangen, den Menschen überhaupt nicht zu Gesicht bekommen kann. Der Beweis seiner Vernunftnatur, den der Mensch damit führt, daß er als Vernunftwesen existiert, ist für sie zwingend, der auf eine bloß äußere Betrachtung des Menschen sich gründende Zweifel daran ist für sie erledigt: beides nicht darum, weil sie es dem Menschen an sich zutraute, in der Kraft seiner Existenz und im Blick darauf diese Entscheidung herbeizuführen, beides nicht darum, weil sie dem Innenbild, in welchem er sich als Mensch vom Tier unterscheidet, als solchem eine absolute Bedeutung zuschriebe — wohl aber darum, weil sie hinter und über der tatsächlichen Existenz des Menschen, hinter und über diesem Innenbild die Kompetenz und Autorität der befehlenden Person Gottes des Schöpfers sieht, durch dessen Anspruch an den Menschen die ganze Frage beantwortet ist, indem sie aufgeworfen wird. Von dorther wird der Befehl, daß der Mensch sich selbst in seiner faktischen Existenz ernst nehmen soll, zum kategorischen Befehl. Von dorther gibt es in dieser Sache ein striktes Verbot und Gebot. Von dorther fällt an dem Alles entscheidenden Punkt die unwiderrufliche Entscheidung. Denn von dorther ist der innere Beweis für des Menschen Vernunftnatur zum vornherein kräftig, die äußere Problematisierung dieser Erkenntnis zum vornherein unkräftig. Von dorther sind also auch die frommen Wünsche: daß der Mensch so gut sein möchte, sich an jenen äußeren Beweis zu halten, mit denen eine nicht-theologische Anthropologie auch im besten Fall ihr letztes Wort sagen wird, überflüssig. Von dorther ist die Sache der Humanität, die daran hängt, daß es hier keine offene Frage gibt, zum vornherein gesichert. Von dorther fällt die Barriere, durch die dem sonst unvermeidlichen Hin und Her zwischen Innen- und Außenbild, Humanität und Inhumanität Einhalt geboten wird.

Indem Gott den Menschen anredet, behandelt er ihn nämlich als ein Wesen, das sich selber **regieren** und das sich selber **dienen** kann. Eben darin behandelt er ihn als Vernunftwesen. Eben darin wird also sichtbar, daß er als Vernunftwesen geschaffen ist. — Wir entfalten, was vom Menschen als Vernunftwesen zu sagen ist, in drei Punkten:

1. Versteht sich der Mensch in seinem Verhältnis zu Gott, wie es nicht durch ihn, sondern durch Gott begründet und geordnet ist, dann kann er sich auf keinen Fall bloß als **Seele**, bloß als denkendes und wollendes Subjekt verstehen. Daß er Geist empfängt und hat und also ein geistig lebendes **Wesen**, Geistseele ist, das ist, indem er von Gott und für Gott geschaffen ist, eine bestimmte Tätigkeit in einem bestimmten **Bereiche**. Er ist nicht einfach Seele. Seele ist ja Leben. Ihr Denken und Wollen (zusammen mit ihrem Wahrnehmen und Begehren) ist ja nichts Anderes als der menschliche Lebensakt. Und der Bereich — jedenfalls der nächste, der sicher gegebene Bereich dieses Lebensaktes, in welchem er sich auf alle Fälle abspielt, und auf den er sich auf alle Fälle bezieht, ist der **Leib** dieser Seele. Daß sie überhaupt tätig sein, daß ihr Denken und Wollen einen Gegenstand haben und also über die bloße Potentialität hinaus aktuell werden kann, daß es für sie ein Anderes (Gott zuerst und dann auch die Welt) geben kann, das hängt daran, daß sie nicht leiblos, sondern die Seele des Leibes ist. Sie ist das aber, indem sie zunächst in diesem Bereich in bestimmter Weise, nämlich regierend, tätig ist. So, als sich selbst Regierenden, finden wir den Menschen von Gott angeredet und in Anspruch genommen. Er ist vor Gott nicht uneigentliches, sondern eigentliches, freies Subjekt. Er ist mit seinem Leibe nur insofern identisch, als er dessen Seele ist. Indem er denkt und will, indem er also den menschlichen Lebensakt vollzieht, behandelt er seinen Bereich, nämlich seinen Leib, als sein Dominium, verfügt er über seinen Leib, gebraucht er ihn, schreitet er über ihn hinaus, um ihm voranzugehen. Und eben weil er darin doch auch mit seinem Leib identisch ist, kann man sagen, daß er in seinem Verhalten zu seinem Leib auch über sich selbst hinausschreitet, sich selbst vorangeht, Richtung und Weisung gibt, sein eigener Herr und Regent ist. Seine Seele ist seine Freiheit gegenüber seinem Leibe und also sich selbst gegenüber. Indem er in dieser Freiheit tätig, indem er denkend und wol-

lend sein eigener Herr und Regent ist, ist er Geistseele. Denn damit er so tätig sei, ist ihm von Gott Geist gegeben, ist er durch den Geist dazu erweckt, lebendiges Wesen zu sein. Sicher in solcher **Tätigkeit**, sicher in einem bestimmten Denken und Wollen, sicher in seinem so bestimmten Lebensakt also wird er durch den Geist Gottes, indem Gott mit ihm verkehrt, aufgerufen und in Anspruch genommen. Er lebt als Mensch solange und sofern er solcher Tätigkeit nicht nur fähig, sondern in solcher Tätigkeit **begriffen** ist. Der Tod, in welchem die Seele dem Leibe, der Leib der Seele entfremdet werden, ist das Ende solcher Tätigkeit. Indem der Tod seiner Freiheit, der Herrschaft seiner Seele über den Leib und also ihrem Regieren ein Ende setzt und damit weitere Lebensakte unmöglich macht, ist er — wenn es keine Errettung aus dem Tode gibt — schlechthin das Ende des Menschen. Der Mensch ist die **regierende Seele** seines Leibes oder er ist nicht der Mensch. Wir kennen kein Wesen, das wir als Menschen ansprechen müßten und bezeichnen könnten, dem diese regierende Seele abzusprechen wäre. Denn wir kennen keinen Menschen, dem sie, da Gott den Menschen ruft und in Anspruch nimmt, nicht eben damit zugesprochen wäre. Das ist das Eine, was vom Menschen als Vernunftwesen theologisch notwendig zu sagen ist.

2. Versteht sich der Mensch in seinem Verhältnis zu Gott, wie es durch Gott begründet und geordnet ist, dann kann er sich aber auch auf keinen Fall bloß als **Leib**, bloß als wahrnehmendes und begehrendes Subjekt verstehen. Daß er Geist empfängt und hat, das unterscheidet ihn ja zum vornherein von einem bloßen Körper, das macht ihn erst zum Leib — d. h. aber zu einem seelischen Leib. Auch daß er Leib ist, bedeutet eine bestimmte Tätigkeit in einem bestimmten Bereich. Er ist nicht einfach Leib, sondern das durch die **Seele** Belebte und Lebende. Sein Wahrnehmen und Begehren (zusammen mit seinem Denken und Wollen) ist ja wieder nichts Anderes als der menschliche Lebensakt. Und sein Bereich — hier müssen wir nun sagen: sein einziger Bereich — der Bereich, in welchem der menschliche Lebensakt sich nach seiner leiblichen Seite allein abspielen kann — ist die Seele, deren Leib er ist. Nicht ohne das Wahrnehmen und Begehren des Leibes, aber nicht als Leib, sondern als **Seele** hat der Mensch ja auch noch einen weiteren Bereich als sich selbst, gibt es für ihn ein Anderes, Gott und die Welt. Indem der Leib in der **Seele** und durch die **Seele** Leib ist, indem er also von der **Seele** her seine Bestimmung empfängt, ist er menschlicher Leib, kann man auch von ihm sagen, daß der Mensch mit ihm identisch ist. Daß der Mensch auch ganz und gar Leib ist, das wird darin sichtbar, daß er von Gott auch ganz und gar als der angeredet und in Anspruch genommen ist, der sich selbst zu **dienen** hat. Wie könnte er eigentliches freies Subjekt sein, wenn er nicht zugleich auch eigentliches, gehorsames **Objekt** sein könnte?

5. Seele und Leib in ihrer Ordnung

Dieses Können — man darf und muß auch es als eine Freiheit bezeichnen — ist das **leibliche** Moment seines Wesens. Indem er wahrnimmt und begehrt, wird auch dies Zweite wahr: daß er sich selber dient, indem er sich selber regiert. Derselbe Bereich, der von der Seele her gesehen das Dominium ist, in welchem der Mensch **regieren** muß, ist vom Leib her gesehen das Dominium, in welchem er sich selbst unterworfen sein und **dienen** darf. Als Leib verfügt er nicht über sich selbst, sondern steht er zu seiner eigenen Verfügung, gebraucht er sich nicht, sondern wird er von sich selbst gebraucht. Als Leib schreitet er nicht über sich selbst hinaus, so gewiß er nicht als Leib, sondern als Seele unmittelbar zum Geiste und also zu Gott ist. Als Leib kann er also sich selbst nicht vorangehen, sondern nur nachfolgen. Er ist Geist**seele**. Daß er auch Geist**leib** ist, das ist ihm jedenfalls nicht offenbar, davon kann, wenn von seinem natürlichen Bestand die Rede ist, darum nicht die Rede sein, weil das die Gnadengabe der künftigen Offenbarung sein wird. Was uns jetzt offenbar ist, ist dies, daß er seelischer Leib und also durch die Seele bedingt und bestimmt, der Leib seiner Seele ist. Darin, daß er als Seele seines Leibes tätig ist, hat auch der Leib, hat der ganze Mensch auch nach dem leiblichen Moment seines Wesens seine Würde. Sicher zu solcher **dienenden**, im Verhältnis zum Geist **mittelbaren** Tätigkeit, sicher zum Wahrnehmen und Begehren der Seele wird er ja, indem Gott mit ihm verkehrt, durch Gottes Geist aufgerufen. Der Mensch lebt, solange und sofern er leiblich dieser Tätigkeit fähig, in solcher Tätigkeit begriffen ist. Der Tod, der der Seele als dem Leben des Leibes ein Ende macht, ist auch das Ende des durch sie Belebten und Lebenden und also das Ende des Leibes. Wo nicht mehr regiert wird, da kann auch nicht mehr gedient werden, da stehen wir auch nach dieser Seite — wenn es keine Errettung aus dem Tode gibt — schlechthin vor dem Ende des Menschen. Er ist der **dienende Leib** seiner Seele oder er ist nicht der Mensch. Wir kennen kein Wesen, das wir als Menschen ansprechen und bezeichnen könnten, das dieses dienenden Leibes nicht teilhaftig, das nicht auch in seiner besonderen Tätigkeit begriffen wäre. Denn wir kennen keinen Menschen, der von Gott nicht in seiner Totalität und also auch in diesem Moment seines Wesens aufgerufen und in Anspruch genommen wäre. Das ist das Andere, was vom Menschen als Vernunftwesen theologisch notwendig zu sagen ist.

3. Versteht sich der Mensch in seinem durch Gott begründeten und geordneten Verhältnis zu Gott, dann kann er sich im Blick auf die zwei Momente seines Wesens, Seele und Leib, auf keinen Fall als ein doppeltes, auf jeden Fall nur als ein einfaches, als Seele mit seinem Leib, als Leib mit seiner Seele identisches Subjekt verstehen. Seele und Leib sind nicht zwei sich bloß koexistierende, begleitende, ergänzende, miteinander sympathisierende und kooperierende Faktoren, deren Intentionen, Vollbrin-

gungen und Leiden je einen verschiedenen Ursprung, je ein verschiedenes
Ziel und je einen verschiedenen Sinn hätten, sondern der eine Mensch ist
die Seele seines Leibes und also beides, Seele und Leib. Und in dem so
bestimmten Verhältnis, in der hier bestehenden Ordnung, Rationalität und
Logizität ist der eine Mensch ebenso seelisch vom Haupt bis zur Sohle
wie leiblich vom primitivsten Wahrnehmungs- oder Begehrungsakt bis
hin zu den sublimsten und kompliziertesten Denk- und Willensakten. Er
und er allein ist Subjekt in den beiden Momenten seines Wesens: er
regiert sich selbst und wiederum er dient auch sich selbst. Er ist frei, über
sich selbst zu verfügen, und er ist auch darin frei, sich selbst zur Verfügung zu stehen. Er denkt und will, er ist's aber auch, der wahrnimmt
und begehrt. Er tut immer auch das Andere, indem er das Eine tut. Er ist
also als Seele seines Leibes weder in einer Fremde noch in einem Gefängnis, noch bloß in einem Gefäße, sondern ganz und gar in seinem Eigenen,
ganz und gar sich selbst. Und so ist er als Leib seiner Seele nicht bloß
äußerlich, haftet er ihr nicht bloß zufällig an, ist er nicht bloß ihr Begleiter, sondern hat er in ihr wiederum sein Eigenes, ist er in ihr wiederum
bei sich selber. Der Mensch ist ja überhaupt nur in seinem Lebensakt, und
darin besteht sein Lebensakt: daß er sich selbst belebt und darin Seele
ist, und daß er durch sich selbst belebt wird und darin Leib ist. Sein
Lebensakt besteht in diesem Kreislauf, und an jedem Punkte dieses Kreislaufs ist er selber nicht nur Seele oder Leib, sondern Seele und Leib, und
zwar das Eine für das Andere, das Eine durch das Andere, aber immer
zuerst Seele und dann Leib, immer regierende Seele und dienender Leib.
So ist er von Gott in Anspruch genommen. Es gibt offenbar keine doppelte göttliche Berufung, von der einerseits nur sein Leib und andererseits
nur seine Seele getroffen und in der dann beiden je etwas Besonderes, ein
Höheres und Niederes vielleicht, oder ein Wesentliches und ein Beiläufiges, ein Endgültiges und ein Vorübergehendes, bloße Innerlichkeit oder
bloße Äußerlichkeit zugedacht wäre. Sondern die eine göttliche Berufung
betrifft auch den einen Menschen, der als Seele sich selbst zu regieren,
als Leib sich selber zu dienen und im Vollzug dieses seines Lebensaktes
der göttlichen Berufung zu entsprechen, als geschöpfliche Person für die
Person des Schöpfers da zu sein, d. h. tätig zu sein vermag. In dieser
einen Tätigkeit begriffen, ist er dazu geeignet, als Gottes Geschöpf auch
Gottes Partner zu sein. Dem in dieser einen Tätigkeit Begriffenen kann
Gott begegnen, kann Gott seine Verheißung und sein Gebot geben, ihm kann
Gott sich gleich machen, um mit ihm zu verkehren auf gleichem Fuße, um
sich mit ihm zu verbinden, um mit ihm eine gemeinsame Geschichte zu haben.

Wir dürfen jetzt noch einmal an die früher berührten Analogien denken: Der in dieser einen Tätigkeit begriffene Mensch, der Mensch als die
Einheit einer regierenden Seele und eines dienenden Leibes ist in sich

selber das Gleichnis der Gemeinschaft von Gott und Mensch: es ist diese seine Natur selbst die abbildliche Vorwegnahme seiner geschichtlichen Bestimmung, daß Gott mit ihm sein will, er mit Gott sein darf, daß Gott ihn regieren will, er aber Gott dienen darf. Sie ist auch die abbildliche Vorwegnahme der letzten und entscheidenden Erfüllung dieser seiner geschichtlichen Bestimmung, nämlich des Verhältnisses zwischen Christus und seiner Gemeinde, in welcher Regierung und Dienst in derselben Weise auf Christus und die Gemeinde verteilt und beiden gemeinsam eine einzige zusammenhängende Tätigkeit, den einen unumkehrbaren, aber auch unzerreißbaren Lebensakt der Versöhnung bilden. Der Mensch als vorangehende Seele seines nachfolgenden Leibes ist aber auch das Gleichnis dessen, was in der Schrift im Verhältnis von Mann und Frau als das Gottebenbildliche des erst in dieser Dualität vollkommenen menschlichen Seins beschrieben wird, sofern auch in dieser Vollkommenheit das Regieren und das Dienen als das Werk des einen Menschen zugleich verschieden sind und gänzlich ineinandergreifen. Wir haben unser Verständnis des Menschen als Seele und Leib nicht aus diesen Gleichnissen abgeleitet. Sie sagen teils zu viel und teils zu wenig, um uns zu erlauben, von da aus direkte Schlüsse auf den Menschen zu ziehen. Wir können aber, indem wir unser Verständnis des Menschen aus seiner geschichtlichen Begegnung mit Gott abgeleitet haben, nicht umhin zu beachten, wie das Verhältnis zwischen der regierenden Seele und dem dienenden Leib durch diese Gleichnisse mehr oder weniger deutlich beleuchtet wird. Wir empfangen durch sie mindestens ein gewisses nachträgliches Licht darüber, daß Gott der Schöpfer und der Versöhner, mit dem wir es ja auch in diesem weiteren Bereich zu tun haben, nicht zufällig gerade den als regierende Seele seines dienenden Leibes existierenden Menschen zu seinem Partner, zum Genossen seines Bundes bestimmt hat.

Menschendasein heißt: Dasein in der Ordnung, Rationalität und Logizität, die in solchem geheimnisvoll das ganze Werk des Schöpfers mit seinem Geschöpf durchwaltenden Regieren und Dienen besteht. Nur der Tod, d. h. aber nur das Ende des Menschendaseins, könnte diese Ordnung zerstören und auflösen. Und wenn es eine Errettung aus dem Tode, einen Tod des Todes gibt, dann behält diese Ordnung auch dem Tode gegenüber das letzte Wort. Der Mensch ist, indem er in dieser Ordnung ist. Oder — damit müssen wir auch hier schließen — er ist nicht der Mensch. Indem wir uns selbst oder ein anderes Wesen als Mensch ansprechen, rechnen wir mit der Geltung dieser Ordnung. Wir tun das nicht willkürlich, sondern wir müssen das tun: darum nämlich, weil Gott damit rechnet, weil das Wesen, mit dem Gott sich gemein machen wollte und noch machen will, zweifellos das Wesen ist, das in dieser Ordnung ist, kein Doppelwesen, sondern der Eine, der als Seele sich selbst regieren muß, als Leib sich selber dienen darf.

§ 46. Der Mensch als Seele und Leib

Es bleibt uns übrig, festzustellen, daß wir von diesem Ergebnis her außer der materialistischen und der spiritualistischen Lehre auch alle diejenigen Erklärungen des Verhältnisses von Seele und Leib ablehnen und hinter uns lassen müssen, die deren Tätigkeit auf zwei verschiedene, sei es unzusammenhängende, sei es durch gegenseitige kausale Beziehungen unter sich verbundene Tätigkeitsreihen verteilen wollen. Es handelt sich in der Hauptsache um die Theorie vom **psychophysischen Parallelismus** und um die von der **psychophysischen Wechselwirkung**. Sie sind im 19. Jahrhundert im Sinn einer Vermittlung zwischen der materialistischen und der spiritualistischen Ansicht, vielmehr im Sinn einer Überbietung und Überwindung beider aufgestellt und vertreten worden. Beide enthalten bestimmte Wahrheitsmomente. Wenn wir uns hier gegenüber beiden distanzieren müssen, so geschieht das darum, weil sie beide von dem πρῶτον ψεῦδος ausgehen, daß man den Menschen unter Abstraktion von seinem geschichtlichen Verhältnis zu Gott verstehen könne und müsse und darum folgerichtig auch beide von dem δεύτερον ψεῦδος, daß der Mensch nicht als einfaches, sondern als zweifaches Wesen, nicht als Seele seines Leibes, sondern nebeneinander als Seele und als Leib zu verstehen sei.

Die Theorie vom **Parallelismus** ist unter Anregung und nach Anweisung von **Spinoza** von **Gustav Theod. Fechner**, von **Wilhelm Wundt**, von **Friedrich Paulsen** und Anderen vertreten worden. Sie versteht das seelische und das leibliche Geschehen in der Existenz des Menschen als zwei «parallele» und also nie und nirgends zusammentreffende Reihen, deren Verlauf bei gegenseitiger völliger Unabhängigkeit sich doch gegenseitig ebenso völlig entsprechen muß: in der Weise, daß jedem Zuwachs und jeder Veränderung auf der einen ein Zuwachs und eine Veränderung auch auf der anderen Seite entsprechen muß, ohne daß doch jemals und irgendwo eine direkte Beziehung und Beeinflussung herüber oder hinüber stattfinden würde. Das eine X des menschlichen Daseins allein hält sie zusammen, indem es selbst eben diese zwei Seiten hat, wie der eine Kreisbogen eine konvexe und eine konkave Seite. Die festgehaltene **Identität** dieses X ist offenbar von unserer Sicht her das Wahrheitsmoment dieser Theorie. Man wird aber im übrigen sagen müssen, daß sie, indem sie positiv nun doch nur von zwei unter sich sich zwar entsprechenden, sich aber wiederum in keiner Hinsicht ansprechenden Reihen oder Seiten redet, das Problem doch erst markiert. Sie redet von zwei zwar höchst verwandten und sich gegenseitig unweigerlich begleitenden menschlichen Naturbestimmtheiten, sie redet aber nicht von dem einen Menschen. Sie bleibt die Antwort auf die Frage nach dem, der in diesen beiden Reihen oder Seiten existiert, schuldig, indem sie gerade dort nur von jenem X zu reden weiß. Die Seele des wirklichen Menschen ist nicht bloß ihres Leibes stete Begleiterin, und sein Leib ist nicht nur seiner Seele steter Begleiter. Das ist allerdings auch wahr. Es kann aber davon keine Rede sein, daß das die ganze Wahrheit des wirklichen Menschen ist. Denn seine Tätigkeit — und in ihr haben wir das Wesen des wirklichen Menschen zu erkennen — besteht nun doch nicht nur darin, daß er als Seele und Leib sein eigener Doppelgänger ist.

Die andere Theorie, u. a. von **H. Driesch** und **H. Rickert** vertreten, ist die von der **Wechselwirkung**. Auch sie geht von den zwei Reihen oder Seiten des Geschehens der menschlichen Existenz aus. Sie möchte aber ihre Zusammengehörigkeit nicht nur als ein faktisches Nebeneinander verstehen. Sie begnügt sich also nicht damit, auf ein sie zusammenhaltendes X und auf die Tatsache ihres parallelen Verlaufs zu verweisen. Sie sieht und betont ihren Zusammenhang und versteht diesen als eine von hüben nach drüben, von drüben nach hüben stattfindende kausale Bestimmung und Beeinflussung. Leiblich physische Ursachen greifen bekanntlich anregend und fördernd, aber auch störend und hemmend in das Seelenleben ein. Es unterliegt aber auch umgekehrt der Verlauf des Leibeslebens dem Einfluß bestimmter vorteilhafter oder schädlicher seelischer Aktivitäten und Passivitäten, so daß z. B. auch körperliche Leiden in Folge psychischer Fehlgänge und umgekehrt psychische Heilbehandlung auch körperlicher Leiden nicht undenkbar, sondern weithin konstatierte Tatsachen sind. An die Stelle der bloßen Parallelität ist vielmehr die Vorstellung von einer weitgehenden Korrespondenz zu setzen, die man sich dann wohl in Form einer Art von Energieverwandlung an der Grenze der beiden Bereiche anschaulich zu machen hätte. Wir werden es von unserer Sicht her gut heißen müssen, daß hier offenbar von einer nicht nur in rätselhafter Doppelung nebeneinander herlaufenden, sondern in Stoß und Gegenstoß in einer gewissen Gemeinsamkeit verlaufenden Tätigkeit der Seele und des Leibes zu reden versucht wird. Dafür ist leider gerade auf dem Boden dieser Theorie der Blick auf die Identität des menschlichen Subjekts, die auf dem Boden der Parallelismuslehre wenigstens in Form der Behauptung jenes X festzuhalten war, verloren gegangen oder doch zurückgetreten, sofern nämlich hier die Differenzierung, ja Disparatheit der beiden Reihen oder Seiten noch schärfer als dort betont worden ist, indem man z. T. gesagt hat, daß schon die Anlage zu beiden Reihen in ihrer Einheit geradezu polare Gegensätze umfasse. Den rein philosophischen Einwand zu erheben, was es mit dieser Einheit auf sich habe, wie unter diesen Umständen so etwas wie Wechselwirkung überhaupt möglich und wirklich werden könne, kann hier nicht unsere Sache sein. Wir fragen aber: wer oder was wirkt denn nun eigentlich von hüben und von drüben? Wo ist der wirkliche Mensch in diesem Spiel von Stoß und Gegenstoß? ist er hier oder dort? Gibt es darüber eine Entscheidung? Oder ist er hier und dort? Wie ist er dann aber das eine Subjekt solcher sich selbst durchkreuzenden und konkurrenzierenden Tätigkeit? Und von was redet man, indem man von Wechselwirkung redet, wenn es auf diese Frage keine Antwort geben sollte? Oder steht der Mensch irgendwo in der Mitte zwischen den beiden gegenseitig aufeinander wirkenden Reihen? Wie aber verhält er sich dann zu deren Wirken? Gerade über das fatale Nebeneinander zweier menschlicher Tätigkeiten (eine Vorstellung, hinter der sich wohl immer noch die alte Lehre von den zwei selbständigen und verdrängten Substanzen der Seele und des Leibes verbirgt) werden wir offenbar auch durch die Theorie von der Wechselwirkung nicht hinausgeführt.

Es ist aber auch nicht einzusehen, wie wir mit unserer Frage weiterkommen würden, wenn wir uns auf den Boden der neuesten (von theologischer Seite z. B. von A. Titius gutgeheißenen) Versuche stellen würden, zwischen der Parallelismus- und der Wechselwirkungstheorie eine Vermittlung zu gewinnen, die Vorstellung von zwei unter sich sowohl homogenen als heterogenen, gleichzeitig anhebenden und gemeinsam verlaufenden Tätigkeiten mit der Vorstellung einer gegenseitigen Berührung und Beeinflussung beider zu verbinden. Lassen sie sich überhaupt verbinden? Man hat diesem Versuch gegenüber vielleicht nicht mit Unrecht geltend gemacht, daß man zwischen Parallelismus und Wechselwirkung darum wählen müsse, weil jedenfalls die Vorstellung vom Parallelismus die von der Wechselwirkung ausschließt und weil man, wenn man die Wechselwirkung behaupten will, jedenfalls von keinem reinen Parallelismus mehr reden kann. Aber das müssen die Vertreter dieses Versuches und seine Kritiker unter sich ausmachen. Unsere Frage — die einfache Frage nach dem einfachen menschlichen Subjekt — ist jedenfalls auch von diesem Versuch her nicht zu beantworten.

Wir können uns an dem Erraten des Rätsels, mit dem wir die Teilnehmer an dieser Diskussion beschwert und beschäftigt sehen, nicht beteiligen. Wir können dieser ganzen Diskussion gegenüber nur den Grundeinwand anmelden, daß die Seele und der Leib des Menschen, von dem da geredet wird, die Seele und der Leib eines Gespenstes und nicht die des wirklichen Menschen sind, über die zu diskutieren, deren Nebeneinander und Miteinander zu erhellen, ein gegenstandsloses Bemühen sein muß. Wir können allen diesen Theorien nur entgegenhalten, daß Seele und Leib des wirklichen Menschen gar nicht zwei je für sich gegebene und betrachtbare, je für sich reale Reihen oder Seiten, sondern die zwei Momente der einen menschlichen Tätigkeit sind, die sich als solche weder bloß begleiten, noch auch sich gegenseitig, als ginge es auf beiden Seiten um ein aktives und passives Etwas, beeinflussen und bedingen können. Nicht hier die Seele, dort der Leib, sondern der Mensch selber als Seele seines Leibes ist Subjekt und Objekt, aktiv und passiv: der Mensch im Lebensakt des Regierens und des Dienens, der Mensch als das Vernunftwesen, als das er vor Gott steht, als das er, indem er den Geist empfängt und hat und also von Gott begründet, konstituiert und erhalten wird, wirklich ist.

Aber eben damit haben wir ja noch einmal die theologische Voraussetzung der hier vorgetragenen Anthropologie sichtbar gemacht. Eine nicht-theologische Anthropologie entbehrt dieser Voraussetzung. Und es ist schließlich etwas von der Tragik jeder nicht-theologischen Anthropologie, was darin zum Ausdruck kommt, daß in jenen Theorien so gespensterhafte Bilder des Verhältnisses von Seele und Leib entworfen werden müssen. Man bemerke, daß sich die Vertreter der zuletztgenannten Theorien darin vor Anderen auszeichnen, daß sie sich sowohl der materialistischen wie der spiritualistischen Einseitigkeit bewußt enthalten wollen, daß wir sie ernstlich bemüht sehen, den Menschen von beiden Seiten zu sehen und ernst zu nehmen, der leiblichen wie der seelischen Reihe und auch deren Zusammengehörigkeit untereinander ihr Recht widerfahren zu lassen. Und nun doch nur Parallelismus! Nun doch nur Wechselwirkung! Nun doch nur die zwei nebeneinander herlaufenden oder miteinander korrespondierenden Gestalten der wirklichen Seele und des wirklichen Leibes, von denen man zuletzt durchaus nicht wissen kann, welche der bloße Schatten der anderen ist! Nun doch nur der Hinweis auf ein X, in welchem sie Eines und Dasselbe und so der wirkliche Mensch sein möchten! Nun doch gerade darüber, ob der Mensch ein Vernunftwesen ist oder nicht, keine entscheidende, keine endgültige Auskunft! Aber wir wüßten auf dem dort bezogenen Boden tatsächlich auch keinen besseren Rat. Es kann wohl nicht anders sein, als daß die Dinge in einer nicht-theologischen Anthropologie auch im besten Fall so laufen müssen. Wo man die Frage nach der Konfrontierung des menschlichen Geschöpfs mit seinem Schöpfer als eine *cura posterior* behandelt, von deren Berücksichtigung man um eines bestimmten vorgefaßten Wissenschaftsbegriffs willen zunächst absehen müsse, da entschlägt man sich eben der Notwendigkeit, den Menschen vom Geist her und also als regierende Seele seines dienenden Leibes und also als Vernunftwesen zu verstehen. Der kategorische Imperativ, der dem Forscher gebieten würde, den Menschen zum vornherein in dieser Einheit zu sehen, fällt dann aus und kann dann gewiß nicht durch die entsprechenden frommen Wünsche ersetzt werden.

Was man dann im besten Fall, d. h. aber, wenn man sich der materialistischen und der spiritualistischen Einseitigkeit nicht schuldig macht, in den Händen behält, das müssen wohl die zwei sein: Seele und Leib als zwei je für sich reale Reihen und schließlich doch Teile um deren Wiedervereinigung man sich, nachdem man sie einmal zu trennen und je für sich sehen zu können gemeint hat, vergeblich bemühen wird. Von der Welt des bloß Seelischen — wenn es eine solche gäbe oder wenn man sich eine solche einmal eingebildet hat — führt eben keine Brücke hinüber zu einer Welt des wirklich Leiblichen. Wer sich einredet, eine solche für sich sehen zu können, der muß im Grunde und zuletzt beim Spiritualismus endigen, für den der Leib nur eine Erscheinung und keine Wirklichkeit ist. Und umgekehrt: von der Welt des bloß Leiblichen — wenn es eine solche gäbe oder wenn man sich selbst einmal darauf fixiert hat, daß sie als solche und für sich real und betrachtbar sei — trägt keine Fähre hinüber an das Ufer einer Welt des wirklich Seelischen. Hat man sich hier

5. Seele und Leib in ihrer Ordnung

voreilig kompromittiert, dann bleibt man es auch, dann wird man folgerichtig bei irgend einer Gestalt des Materialismus endigen, für den nun eben die Seele nur Erscheinung und nicht Wirklichkeit ist. Die Vertreter der Lehre vom Parallelismus aber und die der Lehre von der Wechselwirkung machen die Sache dadurch nicht besser, daß sie sich gleichzeitig des falschen Starts b e i d e r jener Auffassungen schuldig machen. Sie sind darin weitsichtiger als die Spiritualisten und als die Materialisten, daß sie dem tatsächlich gegebenen doppelten Aspekt der menschlichen Wirklichkeit gerecht werden wollen. Sie sind aber darin kurzsichtiger als jene, daß sie dessen nicht gewahr sein wollen, daß man die eine menschliche Wirklichkeit nicht zuerst in zwei zerlegen und dann doch wieder zusammensetzen wollen kann. Und der blinde Fleck im Auge der Spiritualisten und Materialisten ist insofern auch der ihrige, als sie sich wie jene nicht in der Lage sehen, mit einer unerschütterlichen Anschauung von des ganzen, des seelisch-leiblichen Menschen Vernunftnatur schon anzufangen, sondern ihr Axiom und ihren Ausgangspunkt vielmehr darin erblicken zu müssen meinen, daß des Menschen Vernunftnatur eine offene Frage, daß ihre Wirklichkeit erst zu entdecken sei. Es ist aber in dieser Frage unerbittlich so, daß das Ende dem Anfang, das Ergebnis dem Ansatz der Nachforschung entsprechen muß. Von der vermeintlichen Wirklichkeit der Seele her wird man immer nur spiritualistisch bei der Seele, und von der vermeintlichen Wirklichkeit des Leibes her wird man immer nur materialistisch beim Leib als der alleinigen Wirklichkeit endigen können. Und beginnt man kritischer, aber weniger folgerichtig irgendwo in der Mitte bei der Problematik beider vermeintlicher Wirklichkeiten, dann wird es nicht anders sein können, als daß man endlich und zuletzt wieder und aufs neue vor dieser Problematik steht. Und nun scheint es freilich, daß man ja auch ganz anderswo anfangen könnte und eigentlich müßte: bei der uns sozusagen vor die Füße gelegten Wirklichkeit des Vernunftwesens Mensch selbst nämlich, bei der Tätigkeit, in der wir uns als regierende Seele und dienender Leib faktisch befinden, indem wir die Frage nach dem Menschen und also nach uns selbst aufwerfen, bei dem Lebensakt als solchem, in welchem wir schließlich auch gerade beim Unternehmen und im Vollzug solcher Nachforschung begriffen sind. Sind wir in diesem Akt nur Seele? oder nur Leib? oder nur zwei parallel sich begleitende oder miteinander korrespondierende Reihen? Kann da von zwei Welten, von denen je die eine die Wirklichkeit der anderen in Frage stellt, die Rede sein? Muß da nach irgendwelchen Brücken oder Fähren hinüber und herüber erst gefragt werden? Sind wir da nicht als Seele und Leib gleich sehr bei uns selbst? Sind wir da etwas Anderes als eben das seelischleibliche Vernunftwesen Mensch, das miteinander, aber in unumkehrbarer Über- und Unterordnung wahrnimmt und denkt, begehrt und will, Subjekt und Objekt, aktiv und passiv ist? Dürfte man doch hier anfangen! Dürfte man doch die anthropologische Analyse diesem Gegenstand zuwenden! Es ist klar, daß die Analyse dieses Gegenstandes uns mit Notwendigkeit auch auf die entsprechende Synthese zurückführen, d. h. daß dem anderen Anfang auch hier ein anderes Ende entsprechen würde. Was hindert uns daran, uns an diesen Gegenstand zu halten? Das wissenschaftliche Erfordernis, diesen Gegenstand zunächst außer Acht zu lassen, dafür vorläufig den Außenaspekt ins Auge zu fassen, in welchem Seele und Leib je eine Welt für sich zu bilden scheinen? So sagt man es, aber kann das eine gute Wissenschaft sein, in der man sich selber ganz willkürlich nötigt, mit einem Aspekt zu beginnen, den man, schon indem man ihn wählt, im Verhältnis zu der eigenen Vernunftnatur, die man immerhin auch darin betätigt, unwillkürlich als bloßen Schein empfinden und bezeichnen muß? Wer heißt uns, diesen Außenaspekt mit dieser seiner offenkundigen Scheinbarkeit zum Maß aller Dinge zu erheben, statt der ja gewiß nicht zu bestreitenden Data dieses Außenaspektes — alles das, was uns der äußere Anblick unserer seelischen Existenz hier, unserer leiblichen Existenz dort zweifellos lehrt — auf die

Wirklichkeit unserer vernünftigen Existenz als solcher zu beziehen, jene Data aus dieser zu erklären, statt uns dem aussichtslosen Bemühen hinzugeben, jene aus diesen ableiten, aus zwei notorischen Scheinwelten die eine wirkliche Welt aufbauen zu wollen? Was könnte uns eigentlich hindern als die wirklichen Menschen, die wir ja sind, nun eben den wirklichen Menschen als solchen erforschen zu wollen?

Aber wir wollen in dieser Richtung nicht weiter vorstoßen. Es geschieht ja offenbar doch nicht so ganz willkürlich, wenn die nicht-theologische Anthropologie sich nun doch immer wieder dafür entscheidet, nicht mit dem wirklichen Menschen, sondern so oder so mit jenem Außenaspekt anzufangen, und wenn sie von da aus notwendig statt zum wirklichen Menschen zurückzukehren, bei den Gespenstern endigen muß. Sieht man von des Menschen Verhältnis zu Gott ab, dann gibt es eben keine Nötigung, sich an jenen uns gewissermaßen vor die Füße gelegten Gegenstand der anthropologischen Forschung zu halten, und keinen Mut, unter allen Umständen dort anzufangen, wo sich der Forscher selbst befindet, nämlich mitten in seinem Lebensakt als das Vernunftwesen Mensch, mitten in der Wirklichkeit der regierenden Seele und des dienenden Leibes. Will der Mensch sich durchaus nicht als das mit Gott konfrontierte Wesen verstehen, dann ist es nichts als natürlich, daß er sich gerade als Vernunftwesen zunächst verdächtig sein, sich selber als solches in Frage stellen muß. Der Außenaspekt der zwei Reihen, in denen er zu existieren scheint, gewinnt dann Macht und Gewalt über ihn, d. h er präsentiert sich ihm dann als der Aspekt, der, ob zwar nur in Gestalt eines Scheines, doch das Geheimnis der menschlichen Wirklichkeit in sich schließe. Hinter die Erscheinung, hinter diesen Aspekt zu kommen, erscheint dann als die einzig mögliche wissenschaftliche Aufgabe, und die Frage kann dann in der Tat nur die sein, ob man sich für die spiritualistische oder die materialistische Gewaltlösung oder für einen der hier ebenfalls in Frage kommenden Vermittlungsvorschläge entscheiden will. Steht man nicht unter der Erlaubnis und unter dem Zwang, den Innenaspekt absolut ernst zu nehmen, in welchem sich der Mensch als das seelisch-leibliche Vernunftwesen tatsächlich vorfindet, dann kann man die Freiheit unmöglich haben, eben hier anzusetzen und die Data des Außenaspektes als Beiträge zu einer von hier aus zu entwerfenden Anthropologie zu verwenden, statt sie zu dem zu erheben, was sie unmöglich sein können: zur anthropologischen Basis. Man verliert sich dann notwendig an jenen Außenaspekt. Man steht aber bestimmt nicht unter diesem Zwang, man wird also auch diese Freiheit bestimmt nicht haben, wenn man die theologische Voraussetzung nicht mitmachen will, daß der Mensch in seiner Konfrontierung mit Gott als Vernunftwesen in Anspruch genommen und eben damit gebieterisch aufgefordert ist, sich als solches absolut ernst zu nehmen. Man ist dann tatsächlich nicht in der Lage, an jenem anderen Ort anzufangen. So müssen wir gestehen, daß wir ohne diese Voraussetzung auch keinen andern Rat wüßten, als uns für einen der dann allein übrig bleibenden Wege und Auswege zu entscheiden. Wir müssen uns aber, indem wir diese theologische Voraussetzung machen, für von der Aufgabe befreit halten, uns darüber schlüssig zu werden, welcher von diesen Wegen und Auswegen der relativ am wenigsten unbefriedigende sein möchte.

Die Phänomene, auf die sich jene Theorien im Einzelnen beziehen, sind selbstverständlich weder zu übersehen noch zu leugnen. Es gibt ohne allen Zweifel Entsprechungen und Zusammenhänge, Übereinstimmungen und Gemeinsamkeiten zwischen seelischer und leiblicher Beschaffenheit, Vollkommenheit oder Fehlbestand, Gesundheit oder Krankheit, Stärke oder Schwäche, Art oder Unart, zwischen seelischen und leiblichen Aktionen und Passionen, Zuständen und Erfahrungen, Leistungen und Unterlassungen. Sie bilden ein ganzes Feld von unleugbar realer menschlicher Lebenswirklichkeit. Es ist Sache der nicht-theologischen Wissenschaft, der Psychologie, Physiologie und Biologie diese Tatsachen festzustellen und in das ihnen

5. Seele und Leib in ihrer Ordnung

gebührende Licht zu stellen. Wir haben gerade von der theologischen Anthropologie her zu allerletzt Anlaß, diese Tatsachen anders haben, uns vor ihnen die Augen verschließen zu wollen. Wir möchten vielmehr vermuten, daß dieses Feld immer noch größer ist, als man zunächst annehmen möchte, und daß es gewiß auch noch in viel größerem Umfang, als es heute der Fall ist, sichtbar werden wird. Wir erwarten nichts Anderes, als in noch viel größerem Maßstab und mit noch viel mehr Dringlichkeit zu erfahren, daß wirklich das ganze menschliche Leben im Einzelnen wie im Ganzen von diesen Entsprechungen und Zusammenhängen beherrscht, daß wir es in keinem vermeintlich seelischen Phänomen nur mit der Seele und in keinem vermeintlich leiblichen nur mit dem Leibe, sondern immer und überall mit der Seele und mit dem Leibe zu tun haben. Der wirkliche Mensch ist, ob von dieser oder von jener Seite gesehen, nur der ganze Mensch. Lévy-Brühl hat das Menschenbild der sog. «primitiven» Religion und Weltanschauung auf die Formel gebracht, es werde darin nichts gänzlich materiell, aber auch nichts rein spirituell vorgestellt. Wenn das richtig ist, so können wir nur feststellen, daß die «Primitiven» mit dieser Vorstellung die Sicht festgehalten oder vorweggenommen haben, die den sog. «höheren» Religionen und Weltanschauungen mit ihren verschiedenen Abstraktionen leider verloren gegangen ist, die aber, wenn jene Phänomene noch besser und vollständiger gesehen und in das allgemeine Bewußtsein übergegangen sein werden, eines Tages auch wieder selbstverständlich werden könnte. Wir bezweifeln wirklich nicht die Data des Außenaspektes der menschlichen Wirklichkeit, wie bedauern aber, daß diese nicht ganz anders zusammen gesehen und wirklich als Beiträge zu einer auf den Innenaspekt dieser Wirklichkeit begründeten Anthropologie verwendet werden. Wir distanzieren uns also nicht von den von der modernen Wissenschaft zutage geförderten Tatsachen, wohl aber von den einseitigen wie von den vermittelnden Interpretationen, die sie bisher dazu gegeben hat. Wir meinen, daß gerade die Tatsachen einer besseren Interpretation zugänglich und würdig sind. Wir meinen, daß unsere, zugegeben und bewußt theologisch begründete — und nur theologisch wirklich zu begründende — Formel, daß der Mensch die regierende Seele seines dienenden Leibes ist, gerade den Tatsachen besser gerecht wird. Sie lenkt den Blick zum vornherein auf den ganzen Menschen und auf diesen in seiner Tätigkeit, in seinem Lebensakt, in welchem er immer Seele und Leib, aber eben beides je in seiner Eigenart ist. In seiner Eigenart heißt aber nicht: beides je für sich, sondern: immer das eine in der gerade ihm zukommenden Beziehung zum anderen. Und nicht in einer bloßen gegenseitigen Begleitung zweier an sich unzusammengehöriger Partner besteht diese Beziehung, sondern das ist des einen Menschen menschliche Existenz, daß er in dieser Beziehung steht, die Seele seines Leibes und dann auch der Leib seiner Seele ist. Und nicht in einem wechselseitigen Wirken und Leiden dieser beiden Partner vollzieht sich diese Beziehung und also die menschliche Existenz, sondern der eine Mensch ist es, der in dieser Beziehung der Wirkende sowohl wie der Leidende ist.

Unsere Interpretation jener Phänomene würde also, in vier Sätzen aufs Kürzeste formuliert, so verlaufen:

1. Die Seele wirkt nicht auf den Leib, sondern der eine Mensch wirkt. Und er tut das, indem er als Seele sich selbst belebt, wirkendes Subjekt ist — als Seele seines Leibes aber, durch sich selbst belebt, zum Wirken bestimmt und befähigt, im Wirken begriffen ist.

2. Die Seele leidet auch nicht unter dem Leib, sondern der eine Mensch leidet. Und das geschieht ihm, indem er als Seele solcher Lebenshemmung, solcher Beeinträchtigung seiner selbst (nämlich als wirkendes Subjekt) grundsätzlich ausgesetzt und zugänglich ist — als Seele seines Leibes aber sie tatsächlich erfahren muß.

3. Wiederum **wirkt** der Leib nicht auf die Seele, sondern der eine **Mensch** wirkt. Und er wirkt, indem er als **Leib** durch sich selbst belebt, zum Wirken bestimmt und befähigt und im Wirken begriffen ist — als Leib seiner **Seele** aber sich selbst belebendes, wirkendes Subjekt ist.

4. Und wiederum **leidet** der Leib nicht unter der Seele, sondern der eine **Mensch** leidet. Und wenn das geschieht, dann bedeutet das, daß er als **Leib** solche Lebenshemmung, solche Beeinträchtigung seiner selbst tatsächlich erfahren, als Leib seiner **Seele** aber sie sich tatsächlich zu eigen machen muß.

Der eine ganze Mensch ist also sowohl der durch sich selbst Wirkende wie der an sich selbst Leidende, aber immer so, daß er es zuerst als **Seele** (regierend, im Subjekt), dann als **Leib** (dienend, im Objekt) ist: immer in dieser inneren Ordnung, Rationalität und Logizität seiner **ganzen** Natur. Das ist die Interpretation jener Phänomene, die wir der Lehre des Spiritualismus wie der des Materialismus, der von der Parallelität wie der von der Wechselwirkung zwischen seelischer und leiblicher Wirklichkeit von unserer Voraussetzung her entgegenstellen **müssen**, von der wir aber im übrigen halten, daß sie gerade auch den **Tatsachen**, auf die sich jene Theorien beziehen, besser entspricht. Es würde aber selbstverständlich die Sache einer ausgebreiteten psychologischen, physiologischen und biologischen Wissenschaft sein, sich unter Anerkennung der damit angedeuteten Grundgesichtspunkte die Freiheit zu verschaffen, die sie heute nur insofern hat, als sie ihrer Befangenheit durch jene Theorien zum Trotz in der Erforschung und Darstellung der Tatsachen als solcher begriffen ist.

Es ist wieder die **biblische** Anschauung vom Menschen, die uns bei dem allem wegleitend vor Augen gestanden hat und derer wir nun auch noch ausdrücklich zu gedenken haben. Wir erinnern uns: eine eigentliche Anthropologie und so auch eine Theorie über das Verhältnis von Seele und Leib werden wir im Alten und im Neuen Testament vergeblich suchen. Die biblischen Texte sehen und beschreiben ja den Menschen in der vollen Praxis seines Umgangs mit Gott. Ihre Autoren haben weder Zeit dafür noch Interesse daran, sich dem Menschen als solchem zuzuwenden, sich und ihren Lesern theoretisch darüber Rechenschaft zu geben, was dabei unter dem Wesen Mensch zu verstehen ist. Es sind also lauter beiläufig erwähnte selbstverständliche Voraussetzungen, an die wir uns halten müssen, wenn wir bei ihnen über diese Frage Auskunft suchen, und wir dürfen uns auch darüber nicht wundern, wenn uns diese Auskunft nicht eben systematisch, sondern lückenhaft und teilweise auch widerspruchsvoll erscheinen mag. Es ist doch so, daß die biblischen Autoren sehr wohl und in den Grundzügen auch sehr einheitlich gewußt haben, von was sie redeten, wenn sie vom Menschen redeten, und es steckt in ihren Aussagen doch überall sehr viel mehr Grundsätzlichkeit und wahre Systematik, als es auf den ersten Blick erscheinen mag.

Man könnte sie zunächst allgemein geschichtlich dahin charakterisieren: ihr Menschenbild ist gerade hinsichtlich des Verhältnisses von Seele und Leib im Ganzen das des sog. **primitiven** Menschen. Es kennt die Doppelseitigkeit des menschlichen Wesens. Es kennt das, was wir die zwei Momente des menschlichen Lebensaktes genannt haben. Es rechnet beständig mit beiden. Es kennt aber keine Trennungen zwischen beiden. Es kennt keine leiblose Seele und keinen seelenlosen Leib. Es kennt von beiden Seiten gesehen nur den einen ganzen Menschen. Es hebt sich darin sehr bestimmt ab von dem griechischen Menschenbild und damit auch von dem, das in der christlichen Kirche und Theologie so lange maßgebend war und das dann auch, ohne je grundsätzlich angefochten worden zu sein, die Voraussetzung der modernen Diskussionen über Seele und Leib gebildet hat. Wir können darin, daß wir das biblische Menschenbild mit dem des primitiven Menschen zusammen nen-

5. Seele und Leib in ihrer Ordnung

nen, keine Abwertung des ersteren erblicken. Nach unseren ganzen Überlegungen ist es ja so, daß die vermeintlich «Primitiven» gerade in dieser Sache «raffinierter» sind als die «Raffinierten», durch deren Anschauungsweise die ihrige in der abendländischen und abendländisch beeinflußten Kulturwelt zunächst so erfolgreich verdrängt worden ist. Es spricht nicht gegen die Bibel, wohl aber für die sogen. Primitiven, wenn wir die biblischen Voraussetzungen hinsichtlich der Seele und des Leibes mit den ihrigen sachlich weithin zusammentreffen sehen. Das praktische Ergebnis eines solchen Vergleichs kann also nur das sein, daß wir, wenn wir von der Bibel absehen, bei den sogen. Primitiven in dieser Sache allerdings mehr zu lernen haben als in der Schule Platos und aller seiner Deszendenten.

Es gibt freilich eine nicht immer greifbar zu machende, aber immer zu beachtende Eigenart des biblischen Menschenbildes auch dem der sog. Primitiven gegenüber. Sie hängt mit der Begründung zusammen, die der gemeinsamen Anschauung in der Bibel eigentümlich ist. Sie sieht und kennt ja eben den Menschen entscheidend — und letztlich sogar ausschließlich — in seiner Beziehung zu Gott, und zwar zu dem dem Menschen gegenüber absolut gnädigen, aber auch absolut anspruchsvoll handelnden Gott Israels, nicht in irgendwelcher neutralen Tätigkeit und also auch nicht in irgend einer neutralen Konstitution und Befähigung. Sie sieht und kennt ihn in der ihm damit auferlegten Verantwortlichkeit. Sie versteht das, was er ist, davon her, daß er den Geist hat. Damit hängt es zusammen, daß eben die Anschauung der inneren Ordnung seiner Konstitution, eben das Regieren der Seele und eben das Dienen des Leibes in ihrer Vorstellungsweise eine Schärfe hat, die sie da, wo diese Voraussetzung nicht gilt, nicht haben kann. Sie hat hier grundsätzliche Schärfe, auch da, wo sie nicht besonders betont wird. Das bedeutet aber, daß die Anschauung von der tätigen Einheit von Seele und Leib hier grundsätzlich gesichert ist. Das ist es, was man vom Menschenbild der sog. Primitiven so nicht sagen kann. Von ihm her war und ist das Hinübergleiten in ein Menschenbild wie das griechische mit seinen Trennungen darum grundsätzlich möglich, weil bei ihm die Ordnung von Seele und Leib zwar gesehen, aber nicht grundsätzlich gesichert ist. Als man vom biblischen Menschenbild zum griechischen überging, da ereignete sich nicht bloß eine hinübergleitende Abweichung, sondern ein grundsätzliches Mißverständnis, ein Abfall von der Wahrheit in den Irrtum. Und das bedeutet praktisch, daß wir uns zur Wiedergewinnung des echten Menschenbildes nun allerdings doch nicht durch das primitive, sondern nur durch das biblische Menschenbild belehren lassen können und uns schließlich nur daran halten dürfen, daß dieses durch jenes weithin bestätigt und beleuchtet wird.

Die Grundlinie biblischer Anthropologie, auf die wir nun nach dem, was über *ruach* πνεῦμα und *nephesch* ψυχή schon früher gesagt wurde, in diesem unserem letzten Zusammenhang noch hinzuweisen haben, ist dieses:

Es ist offenkundig, daß die Bibel gerade den Leib und die leiblichen Organe des Menschen als den Sitz nicht nur, sondern als das Subjekt der seelischen Fähigkeit und Tätigkeit des Menschen behandelt. Er hat als Leib gar keine eigene Konsistenz und Wichtigkeit. Daß er lebt und sich regt, daß ihm wohl und wehe, daß er gesund und krank ist und endlich stirbt, das ist gar nicht seine Sache, darin wirkt und leidet ja vielmehr das menschliche Subjekt mit seinem Empfinden, Denken und Wollen, mit seinem Jubel und mit seinen Erschütterungen, mit seinem Entbehren, Begehren und Besitzen und in seiner zeitlichen Begrenztheit und also des Menschen Seele. Man möchte geneigt sein, die biblische Anthropologie von dieser Seite gesehen geradezu extrem spiritualistisch zu nennen: was interessiert sie denn am Leibe als dies, daß er in seiner Totalität beseelter Leib ist?

Man muß aber dieselbe Sache auch genau von der anderen Seite her sehen und beschreiben: Es ist nämlich ebenso offenkundig, daß die Bibel als Sitz, ja als Subjekt der seelischen Fähigkeit und Tätigkeit des Menschen gerade den Leib betrachtet. Wo gibt es hier eine eigene Konsistenz und Wichtigkeit der Seele? Daß sie entbehrt, begehrt und besitzt, trauert und sich freut, auf dem rechten oder auf dem verkehrten Wege ist, lebt und stirbt, auch daß sie vor Gott und mit Gott ist, das ist ja hier gar nicht ihre eigene Sache, das ist ja vielmehr die des Leibes und seiner Organe, in denen und durch die das Alles stattfindet. Ob man die biblische Anthropologie nicht von dieser Seite gesehen mit demselben Recht auch als extrem materialistisch in Anspruch nehmen könnte? Was interessiert sie an der Seele als dies, daß sie in ihrer Totalität das Leben des Leibes ist?

Man muß schon diese beiden Extreme ins Auge fassen, wenn man hier deutlich sehen will. Und man muß schon einsehen, daß es sich hier tatsächlich nur um diese beiden Extreme handeln kann. Spiritualistisch kann man die biblische Anthropologie zur Not nennen und materialistisch ebenfalls. Für die Theorie vom Parallelismus und für die von der Wechselwirkung dagegen wird man hier vergeblich nach irgend einer Berührung suchen. In Wirklichkeit denkt die Bibel freilich auch nicht spiritualistisch und auch nicht materialistisch! Man hat ihre Anschauungsweise im Unterschied zu beiden, im Unterschied zu allen von der griechischen Voraussetzung herkommenden Theorien «realistisch» genannt. Wenn man durchaus einen solchen systematischen Namen für sie haben, und wenn man unter *res* den wirklichen Menschen verstehen will, so mag das gelten. Man muß sich aber klar sein darüber, daß man sich auch mit dieser Beziehung im Grund noch immer im Schema des griechischen Denkens bewegt, sofern es ja einer *res* gegenüber noch immer auch so etwas wie eine *idea* oder ein *nomen* des Menschen in irgend einer, wenn auch vom Realisten zurückgeschobenen Wirklichkeit und Wichtigkeit zu geben scheint. Die Bibel denkt auch nicht in diesem Gegensatz. Und gerade der wirkliche Mensch, der hier die *res* sein müßte, ist ja keine *res,* sondern die im Akt ihrer durch den Geist bedingten Existenz sich selbst belebende und durch sich selbst belebte menschliche Person. Mit ihr hat es die Bibel zu tun, und eben darum sind ihre Angaben über den Menschen sowohl spiritualistisch als auch materialistisch zu verstehen, können sie aber so oder so doch nur mißverstanden werden, weil sie tatsächlich weder an der Seele noch am Leib des Menschen für sich, sondern durchgehend nur am Menschen, an diesem allerdings als an der Seele seines Leibes interessiert ist. Wollte man ihrer Anschauung einen ganz zutreffenden Namen geben, so würde man sie eigentlich nur als «Anthropologie» schlechthin bezeichnen können, jeden systematischen Zusatz aber gerade unterlassen müssen.

Wir vergegenwärtigen uns jene Grundlinie nun noch an Hand eines kurzen Blicks darauf, wie die Bibel in der Tat gerade die Tätigkeit des Leibes und seiner Organe ganz und gar als die seiner Seele oder umgekehrt — in denselben Begriffen geschieht ja in Wirklichkeit beides — die Tätigkeit seiner Seele ganz und gar als die seines Leibes beschreibt.

Wir beginnen mit dem Auffallendsten: Nach Ps. 84, 3 ist es auch das Fleisch, das dem lebendigen Gott entgegenjauchzt, und nach Ps. 63, 2 wieder das Fleisch, das nach ihm schmachtet wie dürres, lechzendes Land ohne Wasser. Auch «Fleisch» kann in Stellen wie Pred. 4, 5 geradezu die Bezeichnung der menschlichen Person sein. Es können aber nach Ps. 6, 3 auch des Menschen Gebeine erschrecken und nach Jes. 58, 11 von Gott gestärkt werden. Sie zerfallen nach Ps. 32, 3, wenn der Mensch seine Schuld vor Gott verschweigen will und sie frohlocken nach Ps. 51 ,10, wenn ihn Gott mit Freude und Wonne sättigt. Wenn der Prophet das Unheil über sein Volk nahen sieht, dann zittern nach Jer. 4, 19 seine Eingeweide. Daß sie in ihm wallen ohne Ruhe, klagt Hiob (30, 27), und daß es in ihnen glüht, lesen wir Klagel. 1, 20; 2, 11. Das Wort «Eingeweide» erscheint an Stellen wie Gen. 43, 14 geradezu als gleichbedeutend mit Erbarmen, ein Sprachgebrauch, der ja dann auch

5. Seele und Leib in ihrer Ordnung

in der neutestamentlichen Verwendung von σπλάγχνα und σπλαγχνίζεσθαι seine Fortsetzung gefunden hat. Wenn das Innerste, das Anderen Unerforschliche, Gott aber Offenbare des Menschen bezeichnet werden soll, dann ist z. B. Jer. 11, 20, Ps. 7, 10, Spr. 23, 16 von den Nieren die Rede. Als tödlich verwundbarer Sitz des Lebens kann aber Spr. 7, 23 auch die Leber erscheinen. Man würde wohl bei allen diesen Gleichungen zwischen Seele und Leib vergeblich fragen, ob das Gewicht darauf liege, daß hier die Seele so leiblich, oder darauf, daß hier der Leib so seelisch beschrieben wird. Und es würde wohl ebenfalls nicht weit führen, wenn man hinter den einzelnen Begriffen in ihrer Verschiedenheit gewichtige sachliche Nuancen suchen wollte. Die Bedeutungen liegen alle sehr nahe beieinander: es ist irgendwie immer der ganze Mensch, der dadurch sichtbar gemacht wird, daß von seinem Leibe, aber nun eben von seinem beseelten Leibe, von seiner Seele, aber nun eben von seiner leibhaften Seele gesprochen wird. Das ist sicher, daß man diese ganze Sprache wohl als poetisch, aber darum nicht als bloß bildlich verstehen darf. Wer hier bloß Bilder sieht, das Leibliche als bloßen Ausdruck des Seelischen und also das Reden vom Leiblichen als bloße Umschreibung von eigentlich bloß seelischen Vorgängen, der deutet hier schon von einem anderen Menschenverständnis her als dem, das in diesen Texten das Wort führt, der mißdeutet sie. Man muß sie in dem jedesmal doppelten Sinn ihres Wortlauts ernst nehmen, oder man kann sie gar nicht verstehen.

Häufiger, umfassender und betonter als alle jene anderen Begriffe ist es endlich das Herz, von dem die Bibel dann redet, wenn sie besonders nachdrücklich vom tätigen und leidenden Menschen als solchen reden will. Der Stellen sind zu viel, als daß wir hier im Einzelnen auf sie eintreten könnten. *Leb*, καρδία ist in Wirklichkeit mehr als das, als was es in den Lexika und Lehrbüchern gewöhnlich bezeichnet wird, nämlich mehr als bloß der «Sitz» oder das «Zentrum» der geistig seelischen Kräfte und Möglichkeiten, der Erregungen, der Gedanken, Neigungen, Entschlüsse, Pläne des Menschen, der «Ort» seiner Entscheidungen vor allem, der Kreuzweg gewissermaßen, von dem aus seine Wege Gott und den Menschen gegenüber sich im Guten und Bösen zu trennen pflegen. Das Alles ist auch wahr. Man muß aber, wenn man das sagt, wieder zusehen, daß man gerade bei diesem empfindlichen Begriff nun nicht doch wieder eine Scheidung zwischen seelischer und leiblicher Wirklichkeit einführt, die mit dem, was dieser Begriff sagen will, gerade ausgeschlossen ist. Das biblische «Herz» ist einerseits zweifellos identisch mit dem, was man anatomisch immer so genannt hat, und bei allem, was von der Tätigkeit, den Erfahrungen und Leistungen, der Reinheit und Bosheit, der Treue und Untreue, der Freude und Trauer des Herzens gesagt wird, muß zweifellos immer auch schlicht das gedacht werden, was wir physiologisch unsere Herztätigkeit nennen. Und es ist andererseits das menschliche Subjekt, von dem ja doch in allem, was vom Herzen gesagt wird, die Rede ist, eben das in der Tätigkeit und im Leiden seines leiblichen Herzens existierende Subjekt. Es hat also nicht nur ein Herz als seinen Sitz oder Ort oder Zentrum, sondern es ist das, was der Mensch in seinem Herzen ist: in seinem Herzen darum, weil der Mensch als Leib — wie schon die antike und primitive Anatomie und Physiologie wohl gewußt hat — vom Herzen aus lebt: in seiner Diastole sich selbst belebt und in seine Systole durch sich selbst belebt wird. Das Herz ist also gewissermaßen der Leib im Leib: so verstanden könnte der Ausdruck «Zentrum» richtig sein. Eben darum muß man aber gerade vom Herzen im Sinn der biblischen Texte sagen: es ist *in nuce* der ganze Mensch selber, nicht nur der Sitz seiner Tätigkeit, sondern deren Inbegriff. Immer wieder, in jedem Schlag seines Herzens ist er regierende Seele und dienender Leib, Subjekt und Objekt. «Von ganzem Herzen» ist notwendig identisch mit «von ganzer Seele» und damit auch mit «mit aller deiner Kraft» (Deut. 6, 5). Was Einer «von Herzen» ist, bekennt oder tut, das zählt vor Gott als verantwortlich von ihm selbst getan. Was einer «zu Herzen» nimmt, das nimmt er zu sich selbst. Wessen das Herz voll ist, dessen geht der Mund über (Matth. 12, 34). Wenn einer sein Herz verstockt, dann ist er eben damit ein von Gott Verworfener, wogegen die, die reinen, d. h. offenen Herzens sind, Gott schauen werden (Matth. 5, 8). Und daß es zu einer Beschneidung der Herzen kommen wird (Hes. 16, 30, Röm. 2, 29), das ist der positive Inhalt der Verkündigung vom kommenden Gottestag. Gerade das Herz ist also nicht nur eine, sondern die ganz seelische und ganz leibliche Wirklichkeit des Menschen. Wer wollte gerade vom Herzen sagen, daß es das eine mehr, das andere weniger oder gar das eine ohne das andere ist? Man wird aber gerade von diesem zunächst ganz leiblichen Begriff und seiner zunächst ganz seelischen Füllung, wie sie ihm in der Bibel zuteil wird, sagen müssen, daß er besonders deutlich von der Ordnung redet, in der der Mensch Seele und Leib ist: vom Menschen als Vernunftwesen.

§ 47
DER MENSCH IN SEINER ZEIT

Der Mensch ist in der ihm gegebenen Frist seines vergangenen, gegenwärtigen und künftigen Lebens. Der vor ihm war und nach ihm sein wird und also sein Sein begrenzt, ist der ewige Gott, sein Schöpfer und Bundesgenosse. Er ist die Hoffnung, in der der Mensch in seiner Zeit leben darf.

1. JESUS, DER HERR DER ZEIT

Der Mensch lebt in seiner Zeit. Damit bezeichnen wir den andern Problemkreis, dem wir uns nun im Rahmen der Frage nach der Beschaffenheit des menschlichen Seins zuwenden. Wir beschrieben seine Beschaffenheit zunächst, indem wir ihn definierten als die durch Gott, nämlich durch Gottes Geist begründete Seele seines Leibes: «Seele und Leib ganz und zugleich, in unaufhebbarer Verschiedenheit, in untrennbarer Einheit, in unzerstörbarer Ordnung». Als Seele seines Leibes lebt der Mensch. Daraus folgt nun aber — als bisher unausgesprochene Voraussetzung seiner Beschaffenheit — daß er zeitlich ist, daß er, wenn er lebt, in seiner Zeit lebt. Menschliches Leben ist eine Reihe von Akten eigener Bewegung, eigenen Vernehmens, eigener Tätigkeit. Daß es dazu im Einzelnen und im Ganzen kommen kann, setzt voraus, daß der Mensch zum Vollzug dieser Akte die entsprechende Zeit hat, d. h. daß er in der Lage ist, in dieser und dieser bestimmten Weise aus seinem eigenen Vorher durch sein eigenes Jetzt hindurch in sein eigenes Nachher zu schreiten — in der Lage, im Vollzug jener Akte und in deren Folge und also in der Veränderung zu sein und nun doch auch so mit sich selber identisch zu bleiben. Es versteht sich nicht von selbst, daß er dazu in der Lage ist. Es könnte doch so sein, daß es jene Bahn aus dem Vorher durchs Jetzt ins Nachher gar nicht gäbe oder doch für ihn nicht gäbe, sodaß er jene Akte und also jene Veränderung gar nicht zu vollziehen vermöchte oder aber in ihrem Vollzug seiner Identität mit sich selber verlustig gehen müßte. Das würde aber bedeuten, daß er gar nicht zu leben vermöchte. Hätte er keine Zeit, wäre sein Sein zeitlos, so hätte er auch kein Leben. Zeit ist zwar nicht der zureichende Grund seines Lebens: der besteht darin, daß es ihm durch Gottes Geist gegeben ist, die Seele seines Leibes zu sein. Zeit ist aber die *conditio sine qua non* seines Lebens: um sein Dasein und Sosein als Seele seines Leibes zu vollstrecken, kann er die Zeit nicht entbehren, muß er Zeit bekommen und haben. Auch der ewige G o t t lebt nicht zeitlos, sondern höchst zeitlich, sofern eben seine Ewigkeit die eigentliche Zeitlichkeit und so der Ursprung aller Zeit ist. Aber in seiner Ewigkeit — in der u n g e s c h a f f e n e n, durch sich selbst seienden Zeit, die eine der Vollkommenheiten seines göttlichen Wesens ist — sind das Damals, das Jetzt und das Dereinst, das Gestern, das Heute und das Morgen ineinander, nicht nacheinander. So, in dieser seiner Ewigkeit, lebt Gott, sofern er sein eigenes Leben lebt. So kann aber der Mensch, der nicht Gott, nicht der Schöpfer, sondern Geschöpf ist, nicht leben. Es bedarf der Mensch, um leben zu können, gerade der von der Ewigkeit verschiedenen uneigentlichen Zeitlichkeit: der von Gott g e s c h a f f e n e n Zeit, in der das Damals, das Jetzt und das Einst nacheinander sind, in der er aus seiner Vergangenheit durch seine Gegenwart hindurch in seine Zukunft schreiten kann, in der diese drei Momente also, entsprechend seinem Lebensakt im Ganzen und im Einzelnen eine Folge bilden. «Geschaffene» Zeit? «M i t g e s c h a f f e n» wäre genauer geredet: ist die Zeit doch kein Etwas, kein Geschöpf neben anderen Geschöpfen, sondern eine der ganzen von Gott verschiedenen Wirklichkeit mitgegebene und als solche reale Form ihres Daseins und Soseins.

Als Gott Himmel und Erde zu schaffen begann — so erzählt die erste Genesis-Sage — da begann, längst bevor lebendige Wesen waren, mit dem Anheben dieser Ur- und Vorgeschichte aller Geschichte auch die Zeit: die erste Woche mit ihrem Ziel im Sabbattage, der als Tag der göttlichen Ruhe zugleich der erste Lebenstag der ersten Menschen war. Wäre auch die geschaffene Welt ewig, so wäre sie faktisch ein zweiter Gott. Und ein Raum freier göttlicher Taten und entsprechender geschöpflicher Bewegungen könnte sie dann offenbar nicht sein. Die Zeit ist diejenige Form der geschaffenen Welt, durch die diese zum Raum freier göttlicher Taten und nun doch auch: zum Raum der diesen göttlichen Taten entsprechenden geschöpflichen Reaktionen, allgemein gesagt: zum Raum geschöpflichen Lebens bestimmt wird.

Der Mensch lebt, indem er Zeit hat, indem er in seiner Zeit ist. Sie ist seine Zeit, sofern sie eben nicht die Ewigkeit Gottes, nicht jenes Ineinander von Vorher, Jetzt und Nachher ist, sondern deren Nacheinander. Und sie ist seine Zeit, sofern sie ihm in bestimmter Frist mitgegeben ist, indem er als Seele seines Leibes geschaffen ist, um vor Gott leben zu dürfen. Um dieses seines ihm von Gott bewilligten Lebens willen, als dessen Form, hat er Zeit. Er hat sie also als seine Lebenszeit: je als die Zeit für jeden einzelnen seiner Lebensakte und als die Zeit für deren Folge in ihrem Zusammenhang: seine Lebenszeit als Ganzes. Er hat nicht mehr und nicht weniger, er hat keine andere, als eben diese seine Zeit. Er ist in ihr und nur in ihr. Die Beschaffenheit des menschlichen Seins als Seele seines Leibes setzt seine Zeitlichkeit voraus. Was es mit dieser seiner Form auf sich hat, das soll nun untersucht und dargestellt werden.

Unsere Frage und Antwort sollen aber auch hier die einer theologischen Anthropologie sein. Der Mensch, über dessen Zeitlichkeit wir uns zu verständigen haben, ist das Geschöpf, dessen Verhältnis zu Gott uns in Gottes Wort offenbar ist: dessen Sein die Geschichte ist, in der er, von Gott selbst erwählt und aufgerufen, in seiner Selbstverantwortung vor ihm begriffen und das dementsprechend ein Sein in der Begegnung ist: der Begegnung des Menschen mit seinem Mitmenschen. Wir reden vom Leben dieses Geschöpfs und von der Voraussetzung seiner Beschaffenheit, wenn wir vom Menschen in seiner Zeit reden. Menschliches Leben ereignet sich — hier wie dort wechselseitig — in der Beziehung zwischen Gott und dem Menschen, zwischen dem Menschen und seinem Mitmenschen. Wir wissen nicht, was Leben sonst und im Allgemeinen — als Leben der Pflanzen und der Tiere — bedeutet. Wir könnten darüber nur unverbindliche Vermutungen äußern. Wir wissen aber wohl, was Leben als menschliches Leben bedeutet: daß es sich nämlich in jener doppelten Beziehung ereignet. Wir wissen das, weil und indem es uns in Gottes Wort offenbar ist. Und in diesem Wissen beschäftigen wir uns hier mit dem Menschen und so nun auch mit seiner Zeitlichkeit. Er braucht, er bekommt, er hat Zeit, um in dieser doppelten Beziehung zu leben. Unter diesem Gesichtspunkt interessiert es uns, daß sein Sein ein Sein in der Zeit ist. Es steht uns dabei vor Augen, daß auch das Zeitproblem ein Problem aller Anthropologie ist und daß es nicht anders sein kann, als daß wir uns auch hier mit den Versuchen und Ergebnissen des sonstigen, des nicht-theologischen Seinsverständnisses berühren werden. Das kann und darf uns aber auch hier nicht hindern, dem Problem von unserem eigenen, dem theologischen Gesichtspunkt aus nachzugehen, d. h. aufzumerken auf das, was uns in dieser Hinsicht in Gottes Wort offenbar ist. Und so orientieren wir uns auch hier zunächst und entscheidend an dem Menschen Jesus in seiner Zeit, um von da aus zu den Sätzen vorzustoßen, in denen das allgemeine christliche Menschenverständnis nun gerade im Lichte des Zeitproblems seinen Ausdruck finden mag.

1. Jesus, der Herr der Zeit

Vgl. zum Folgenden: Rudolf Bultmann, Offenbarung und Heilsgeschehen 1941, Werner Georg Kümmel, Verheißung und Erfüllung 1945, Oscar Cullmann, Christus und die Zeit, 1946, Markus Barth, Der Augenzeuge 1946 — Fritz Buri, Die Bedeutung der neutestamentlichen Eschatologie für die neuere protestantische Theologie 1935.

«Jesus, der Herr der Zeit» — der Titel dieses christologischen und also grundlegenden Abschnitts der vor uns liegenden Untersuchung bezeichnet das Resultat, auf das wir bei dieser Grundlegung herauskommen werden. Ich umreiße es in kürzesten Worten: Auch der Mensch Jesus ist in seiner Zeit, seiner Lebenszeit, in der Zeit, die er wie alle Menschen braucht, um als Mensch leben zu können. Aber nun lebt er in dieser seiner Zeit als der, der er kraft seiner Einheit mit Gott ist, nämlich nicht nur mit Gott, sondern für Gott, d. h. nicht nur als sein Erwählter und Berufener in der Verantwortung vor ihm, sondern als sein Stellvertreter vor den Menschen — und nicht nur mit den Menschen, sondern für sie, d. h. nicht nur als ihresgleichen in der Begegnung mit ihnen, sondern als ihr Stellvertreter vor Gott. Nun lebt er in seiner Zeit als der Richter, durch dessen Wort und Werk Gottes Recht vor den Menschen und eben damit auch das Recht der Menschen vor Gott und untereinander hergestellt und zu Ehren gebracht, durch welchen also das Reich Gottes unter den Menschen aufgerichtet, der Bund Gottes unter den Menschen zu seinem Ziel geführt wird. So — in dieser doppelten Stellvertretung und in dieser doppelten Rechtsbegründung — lebt der Mensch Jesus in seiner Zeit. Und nun ist es eben dieser Inhalt seines Lebens, der die Schranke seiner Zeit nach allen Seiten zum Tor macht. Indem er kraft seiner Einheit mit Gott dieses Leben des höchsten Stellvertreters und Richters lebt, hört es auf, exklusiv sein Leben zu sein: ist es doch für Gott und gerade damit für die Menschen gelebt. Und indem er dieses Leben in seiner Zeit lebt, hört diese auf, exklusiv seine Zeit zu sein: wird seine Zeit zur Zeit für Gott und eben damit zur Zeit für alle Menschen. Die Frage Gottes an alle Menschen und die Frage aller Menschen an Gott ist es ja, die Jesus in seinem Leben (im Dienste Gottes und darum auch im Dienste der Menschen) beantwortet und entscheidet. Er steht ein für Gottes Gnade und gibt eben damit dem Menschen, was recht ist, was ihm zukommt. Und er steht ein für des Menschen Dankbarkeit und gibt eben damit Gott, was recht ist, was Gott zukommt. Diese im Leben Jesu gegebene Antwort auf jene Frage Gottes und des Menschen macht seine Zeit zu der Zeit, die immer war, wo Menschen lebten — immer ist, wo Menschen leben — immer sein wird, wo Menschen leben werden, macht sie zur Mitte, aber auch zum Anfang und Ende aller Lebenszeiten aller Menschen, der Zeit des Menschen in ihrem ganzen Umfang. Immer gilt ja da, wo Menschen leben und also Zeit haben, die in seiner Zeit gefallene Entscheidung: der sie alle angehende und umfassende, weil Gottes Frage an sie alle und ihrer aller

Frage an Gott beantwortende Inhalt seines Lebens. Immer macht er sich, wo Menschen lebten, leben und leben werden, kraft der von ihm gegebenen doppelten (nämlich Gott und ihnen gegebenen) Antwort zu ihrem Zeitgenossen: anders denen, die mit ihm leben, anders denen, die vor ihm lebten, anders denen, die nach ihm leben werden — aber allen zum Zeitgenossen, weil für Gott und für sie alle lebend, darum ihnen allen gleichzeitig. Er, der Mensch Jesus, hat also, indem er seine Zeit hat, mehr als nur seine Zeit. Indem er in seiner Zeit ist, bekommt diese — ohne aufzuhören, diese seine Zeit zu sein und ohne daß die Zeiten der anderen Menschen aufhörten, ihre Zeiten zu sein — im Verhältnis zu diesen den Charakter der Zeit Gottes, den Charakter der Ewigkeit, in der das Jetzt, das Damals, das Dereinst ineinander sind. Und so ist er nicht nur in seiner Zeit, sondern, indem er in seiner Zeit ist und indem vor ihm und nach ihm viele andere Zeiten sind, der Herr der Zeit. — Das ist die Erkenntnis, die wir jetzt zu begründen und zu entfalten haben.

Wir beginnen mit dem Naheliegendsten und Einfachsten: der Mensch Jesus hat wie alle Menschen seine Lebenszeit: die durch seine Geburt nach rückwärts, durch seinen Tod nach vorwärts eindeutig begrenzte Zeit: befristete Dauer irgendwo innerhalb der Dauer der geschaffenen Zeit überhaupt, Zeit zu seinem Sein als Seele seines Leibes. Der ewige Inhalt seines Lebens darf nicht dazu verführen, diese seine Form zu übersehen, zu vergessen, gering zu achten, jenen Inhalt von ihr abzulösen, sie wohl ganz wegzuwerfen, als ob jener Inhalt auch ohne diese seine Form sichtbar zu machen und zu haben wäre. Dieser Inhalt ist ja, indem er ewig ist, sein Menschenleben, die Aktion oder die Folge von Aktionen dieses menschlichen Subjekts, die sich ohne diese ihm eigene Zeit gar nicht ereignen könnten. Man abstrahiere von seiner Zeit, so verliert man auch diesen Inhalt seines Lebens! Man halte sich an diesen Inhalt, so wird man sich notwendig auch an seine Form und also an seine Zeitlichkeit halten müssen! Gerade weil dieser Inhalt ewig ist — Gottes Gegenwart, Einheit von Schöpfer und Geschöpf, Einheit des Lebens Gottes mit diesem Menschenleben — gerade darum ist hier Zeit, die Lebenszeit dieses Menschen. Alles, was nachher zu sagen ist über das höchst positive, höchst umfassende, erfüllende und verheißende Verhältnis seiner Zeit zu den anderen Zeiten vorher und nachher, beruht schlechterdings darauf, daß sie an sich und vor allem seine Zeit ist und bleibt. Als Mensch seiner Zeit und nicht anders ist er der Herr der Zeit. Gerade an Jesus, dem Herrn der Zeit, aller Zeit, würden wir vorbeisehen, wenn wir an Jesus, dem Menschen in seiner Zeit, vorbeisehen wollten. Es ist die Geschichte des Menschen Jesus — die Geschichte, von der sich seine Zeitlichkeit nicht trennen läßt — in der er ist und in der er das ewige Heil aller Menschen je zu ihrer Zeit ist.

I. Jesus, der Herr der Zeit

Schlechterdings Alles hängt für das ewige Heil aller Menschen daran, daß man diese Geschichte e r z ä h l e n kann: «Es war einmal...» Man bemerke: e i n m a l! «Einmal» heißt: «zu seiner Zeit». Das neutestamentliche ἅπαξ (1. Petr. 3, 18, Hebr. 9, 26. 28 oder ἐφάπαξ (Röm. 6, 10, Hebr. 7, 27; 9, 12) bedeutet freilich: «einmal für allemal», es könnte aber das, was damit bezeichnet wird — der Tod Jesu als das entscheidende Ereignis seines Lebens — nicht f ü r a l l e m a l geschehen sein, wenn es nicht geschehen und also e i n m a l geschehen und also in seiner Zeit geschehen wäre. In dieser Geschichte und also selber in der Zeit kommt es zur Erfüllung der Zeit — nicht anders. Die neutestamentlichen Evangelien haben darum das Leben Jesu von einem zeitlose Wahrheit verkündigenden Mythus dadurch unterschieden, daß sie seine «Zeitbedingtheit» — das damalige Palästina, Galiläa und Jerusalem als unentbehrlichen Hintergrund seines Lebens, die konkreten unwiederholbaren Beziehungen zu seiner damaligen menschlichen Umwelt, seine historische Position (Luk. 2, 1 f.; 3, 1 f.) — zwar in keiner Weise hervorgehoben und als Thema behandelt, aber unmißverständlich sichtbar gemacht haben. Daß Pontius Pilatus sogar ins Credo gekommen ist, hat u. a. jedenfalls auch die Bedeutung, daß die Kirche gerade den Tod Jesu Christi als ein in der Zeit geschehenes Ereignis kennzeichnen wollte. Und es ist beachtlich, wie man im synoptischen Bericht über den eigentlichen Passionstag so etwas wie ein gewaltiges Uhrwerk schlagen zu hören meint: das Krähen des Hahns (Mr. 14, 68 Par.), der Morgen (Mr. 15, 1), die dritte Stunde (Mr. 15, 25), die sechste, die neunte (Mr. 15, 33 Par.), der Abend (Mr. 15, 42 Par.). Daß das Geburtsjahr Jesu kalendarisch nun doch nicht eindeutig als Bestätigung unserer Zeitrechnung zu bestimmen ist und nicht einmal innerhalb des ungewissen Jahres sein Todestag und so auch nicht das exakte Alter, das Jesus erreicht hat — an diesen und andern chronologischen Dunkelheiten darf man darum nicht Anstoß nehmen, weil es den Evangelien genug war, deutlich gemacht zu haben, d a ß es sich um eine in einem bestimmten Zeitbereich und hier an gewissen Tagen, zu gewissen Stunden sich zugetragene G e s c h i c h t e handelte. D a ß Jesus Christus «im Fleische gekommen» ist (1. Joh. 4, 2), d a ß der Logos Gottes Fleisch wurde und unter ihnen «zeltete» (Joh. 1, 14) — das ist es, was auch unter diesem Gesichtspunkt schon dem frühesten Doketismus gegenüber zu vertreten war. Doketismus ist in seiner Wurzel «die Nichtrespektierung des historisch Einmaligen an der Erlösungstat Christi» (O. C u l l m a n n, a. a. O. S. 112). Das Neue Testament lehrt keine «Wahrheit», es wäre denn die, die in dem johanneischen Ἐγώ εἰμι ihre Substanz hat. Es verkündigt die Heils g e s c h i c h t e und eben darum und damit die Heils z e i t. Die Lebenszeit Jesu ist diese Heilszeit.

Aber die Geschichte des Menschen Jesus, diese Heilsgeschichte, kann gar nicht erzählt werden, ohne daß man im Auge hat, daß im Neuen Testament von diesem Menschen Jesus gerade da Weiteres — wiederum als Geschichte — erzählt wird, wo sie, wäre sie die Geschichte irgendeines anderen Menschen, unbedingt abbrechen müßte: anhebend am dritten Tag nach seinem Tode und also nach dem klaren Abschluß jener ersten Geschichte, aber in ihrer zeitlichen Folge eine zweite — oder vielmehr einige Bruchstücke einer zweiten Geschichte Jesu: die Ostergeschichte, die Geschichte der vierzig Tage zwischen Jesu Auferstehung und Himmelfahrt. Der zweite, schwierigere, aber weiter führende Schritt unserer Überlegung muß uns unvermeidlich gerade an diese Sache heranführen. Denn wenn wir den eindeutigen Hinweis der neutestamentlichen Quellen nicht in verhängnisvoller Weise übersehen wollen, dann müssen wir davon Kenntnis nehmen, daß wir es hier gerade hinsichtlich der Erkenntnis des Menschen Jesus in seiner Zeit mit der Schlüsselposition zu tun haben, von der aus alles Andere zu überblicken ist. Daß Jesus, indem er in seiner Zeit ist, der Herr aller Zeit ist, das ist nach Anleitung des Neuen Testamentes von hier aus — und es ist sonst wohl gar nicht zu verstehen. Der Jesus, um dessen Leben und Lebenszeit es sich im Neuen Testament handelt, ist der, den seine Jünger nach 1. Joh. 1, 1 in jener Nachzeit «gehört, mit ihren Augen gesehen, betrachtet und mit ihren Händen betastet haben»: «das ewige Leben, das beim Vater war und das uns erschien» (ἐφανερώθη 1. Joh. 1, 2). Es gibt keine neutestamentlichen Texte, die man im Sinn des Selbstverständnisses ihrer Verfasser, der hinter ihnen stehenden Apostel und ihrer ersten Gemeinden lesen kann, ohne dessen gewahr zu sein, daß sie entweder direkt sagen oder doch als selbstverständlich voraussetzen: der Jesus, von dem sie reden oder auf den sie sich so oder so beziehen, ist eben der, der den Seinen zu jener bestimmten Zeit als Lebendiger aus den Toten erschienen ist. Was immer sie sonst von ihm, von seinen Worten und Taten wissen, es steht im Lichte, ja es ist gewissermaßen durchstrahlt vom Lichte dieses besonderen Geschehens. Was immer sie in seinem Namen verkündigen, die Kraft ihrer Botschaft ist darin begründet, daß sie ihnen durch diesen, den von den Toten auferstandenen Menschen Jesus übermittelt und aufgetragen worden ist. Und nun zu unserem besonderen Problem: Was immer sein Sein in der Zeit für ihr eigenes Sein, für das Sein aller Menschen in ihrer Zeit bedeutet: es folgt für sie daraus, daß Jesus auch in dieser besonderen, der Osterzeit, unter ihnen war.

Es ist zunächst wesentlich, zu sehen und zu verstehen, daß es sich bei dem Osterereignis für das Neue Testament tatsächlich um die Ostergeschichte und die Osterzeit handelt. Hier genau so um Geschichte und Zeit wie bei den Worten und Taten, hier genau so wie beim Tode Jesu! Das Osterereignis ist allerdings gewissermaßen das Prisma, durch das die Apostel und ihre Gemeinden den Menschen Jesus in allen Beziehungen eines Verhältnisses zu ihnen — als den, der da «war, ist und kommt» (Apok. 4, 8) gesehen haben. Aber auch dieses Prisma selbst ist keine zeitlose Idee, die sozusagen als Apriori über den Beziehungen zwischen Jesus und ihnen, über ihrer Erinnerung an sein Leben und Sterben, über seiner Gegenwart in ihrer Mitte und über ihrer Erwartung seiner zweiten, vollendenden Parusie geschwebt hätte. Sondern: «es war einmal», es geschah einmal auch dies, daß er als der Auferstandene unter ihnen war und daß eben damit jenes Prisma auf den Plan trat und in ihre Hand gegeben wurde. Er, der Mensch Jesus, war auch in dieser Zeit, in dieser Nachzeit. Nicht nur der Glaube an ihn, nicht nur die Verkündigung von ihm, sondern die diesen Glauben und diese Verkündigung konkret begründende und formende Erinnerung an ihn umfaßte auch diese Zeit, die Zeit der vierzig Tage. Und eben von dieser besonderen Erinnerung und nicht von der Anschauung einer geschichts- und zeitlosen Wahrheit lebten die Apostel und ihre Gemeinden in allen Beziehungen des Verhältnisses zwischen Jesus und ihnen, ihnen und Jesus.

Das ist eine Feststellung, deren Vollzug von der Entscheidung der Frage, wie man selber zu dieser Nachgeschichte steht, unabhängig ist. Also unabhängig davon, ob man sie überhaupt annimmt oder nicht annimmt, unabhängig davon, ob man sie so, wie sie im Neuen Testament beschrieben ist, annimmt, oder ob man es vorzieht, sie nur in einem dem neutestamentlichen Text unterlegten anderen Sinn anzunehmen. Und unabhängig schließlich auch davon, ob man sie, so oder so angenommen, für seine eigene Erkenntnis Jesu Christi und für seinen eigenen Glauben an ihn für zentral oder für peripherisch, für wesentlich oder für beiläufig und also für unentbehrlich oder für entbehrlich hält. Darüber sollte man sich von allen hier möglichen Stellungnahmen her verständigen und einigen können: Nach dem Selbstverständnis des Neuen Testamentes ist gerade diese Nachgeschichte nicht bloß eine Art Nachtrag und Anhang zu irgend einer anderweitigen Hauptsache, ist sie nicht peripherisch also, sondern zentral, nicht beiläufig, sondern wesentlich, nicht entbehrlich, sondern unentbehrlich — und das natürlich nicht in einem unterlegten andern, sondern in dem Sinn verstanden, den die neutestamentlichen Autoren selbst ihr beigemessen haben. Es ist die Ostergeschichte der Ort, von dem her sie ihre Darstellungen des Menschen Jesus entwarfen — das eigentliche Wort, mit dem sie sich in Sachen dieses Menschen an ihre jüdisch-heidnische Umwelt gewendet haben, das Axiom, von dem sie in ihrem ganzen Denken über diesen Menschen in seiner Zeit herkamen. Sie ist nicht bloß eine Art Spiegelbild ihrer Erinnerung an Jesus oder ihres gegenwärtigen Lebens mit ihm oder der auf seine Person gesetzten hoffenden Erwartung, sondern sie ist das Original, das sich in ihrem ganzen, sei es zurückblickenden, sei es gegenwärtigen, sei es vorausblickenden Verhältnis zu diesem Menschen spiegelt. Man könnte sich — zugespitzt gesagt — zur Not ein Neues Testament denken, das überhaupt nur die Ostergeschichte und Osterbotschaft enthielte, aber niemals ein solches, das sie nicht enthielte. Denn eben die Ostergeschichte und Osterbotschaft enthält ja alles Andere, während alles Andere ohne sie als Abstraktion in der Luft stehen würde. In Wirklichkeit aber ist es ja so, daß alles Andere auch sie, und zwar als entscheidendes Element gerade sie enthält und voraussetzt. Das ist es, worüber man sich eigentlich unabhängig von allen ihr gegenüber möglichen eigenen Stellungnahmen sollte verständigen und einigen können. Und so schließlich auch darüber, daß die Annahme oder Nicht-Annahme des neutestamentlichen Evangeliums jedenfalls nach dem Selbstverständnis des Neuen Testamentes mit der Annahme oder Nicht-Annahme des *evangelium quadraginta dierum* wohl oder übel identisch sein wird. Man glaubt im Sinn des Neuen Testamentes an den **auferstandenen** Jesus Christus oder man glaubt gar nicht an ihn. Das ist ein Satz, den Glaubende und Nicht-Glaubende zunächst einfach im Blick auf die Quellen miteinander sollten aussprechen können.

R. Bultmann «entmythologisiert» das Osterereignis, indem er es interpretiert als «die Entstehung des **Glaubens** an den Auferstandenen, in dem die **Verkündigung** ihren Ursprung hat» (a. a. O. S. 66). Das wird freilich nicht gehen: die Entstehung des Glaubens an den Auferstandenen kommt zustande durch dessen geschichtliche Erscheinung, und diese als solche, nicht die Entstehung des Glaubens an ihn ist das Osterereignis. Aber Bultmann gibt sich ja offen Rechenschaft darüber, daß die neutestamentlichen Zeugen selbst es anders gesagt haben als er. Und man muß zum Ruhm seiner Darstellung sagen, daß sie jedenfalls die zentrale, die unentbehrliche Funktion des Osterereignisses für das neutestamentliche Denken und Reden nachdrücklich ans Licht gestellt hat. Wogegen man sich wundern darf, daß dieses Ereignis dem im übrigen in mancher Hinsicht aufschlußreichen Buch von

W. G. Kümmel überhaupt keine Erwähnung findet. Kann man das Verhältnis von Verheißung und Erfüllung im Neuen Testament darstellen, ohne die Ostertexte auch nur zu berühren? Kann man dann die wichtige und richtige These, daß das Reich Gottes bei den Synoptikern in der Person Jesu als bereits gegenwärtig gesehen und nun doch noch erwartet wird, wirklich einsichtig machen? Dieselbe Frage richtet sich aber doch auch an das Buch von O. Cullmann, in welchem die Auferstehung Jesu erst ganz zuletzt (S. 205 f.) in einem speziellen Zusammenhang auftaucht, während sie für seine Konstruktion des neutestamentlichen Geschichts- und Zeitbegriffs keine konstitutive Bedeutung zu haben scheint.

Man darf sich also — das ist ein weiterer Vorbehalt, der der Darstellung von O. Cullmann gegenüber anzumelden ist — das neutestamentliche Zeitdenken jedenfalls nicht so vorstellen, als hätte die urchristliche Gemeinde zunächst einen bestimmten Zeitbegriff — die aufsteigende Linie mit ihrer Folge von Äonen — im Sinn gehabt und dann in diese geometrische Figur das Christusgeschehen als die wahre Mitte dieser Linie gewissermaßen eingetragen. Sondern es war jene besondere E r i n n e r u n g an eine durch eine besondere G e s c h i c h t e gefüllte besondere Zeit, es war die Nötigung, der sie ihr Denken von dorther unterworfen sah, welche ihr Zeitdenken in seiner Eigentümlichkeit formte und in Bewegung setzte. Daß ihr der Gott, der ihr der Vater J e s u C h r i s t i war — nicht in einer Anschauung geschichts- und zeitloser Wahrheit, sondern in der E r i n n e r u n g an jene bestimmte Geschichte und Zeit — als der βασιλεύς τῶν αἰώνων (1. Tim. 1, 17) vor Augen stand, d a s formte und bewegte ihr Zeitdenken. Er — im Ereignis jener bestimmten Zeit der K ö n i g der Äonen — er war das Erste und Eigentliche, auf das die Urgemeinde blickte. Sie blickte von da erst auf die Äonen als solche. Das ist es, was eine allzu absolute Fixierung der Geometrie ihres Zeitdenkens als bedenklich erscheinen läßt. Ob es eine Geometrie dieses Denkens überhaupt gibt? Es ist nicht unmöglich, daß sie zu finden wäre, nur daß man die aus dem Unendlichen ins Unendliche aufsteigende Linie nun doch noch nicht für das letzte Wort in dieser Sache halten möchte.

Aber eine andere Abgrenzung ist hier noch wichtiger, nämlich die gegenüber der bereits berührten Interpretation der Auferstehung Jesu durch R. B u l t m a n n (vgl. zum Folgenden W a l t e r C l a a s, Der moderne Mensch in der Theologie Rudolf Bultmanns 1947). Wir hörten: sie ist für Bultmann «die Entstehung des G l a u b e n s an den Auferstandenen» — das und n u r das. «Kann die Rede von der A u f e r s t e h u n g Christi etwas Anderes sein als der Ausdruck der Bedeutsamkeit des K r e u z e s ? Besagt sie etwas Anderes als dieses, daß der Kreuzestod Jesu nicht als ein menschliches Sterben ins Auge gefaßt werden soll, sondern als das befreiende Gericht Gottes über die Welt, das Gericht Gottes, das als solches den Tod entmächtigt?» (S. 63). Als A u f l e u c h t e n d e r B e d e u t s a m k e i t des Kreuzes Christi ist sie freilich (mit diesem letzten Akt des eigentlichen C h r i s t u s geschehens zusammen), die «Tat Gottes», die den Glauben, die Verkündigung, die Kirche begründet — Bultmann kann auch sagen: «die Selbstbekundung des Auferstandenen» — und so das «eschatologische Heilsgeschehen» (S. 67): aber eben diese B e d e u t s a m k e i t des Kreuzes ist im Unterschied zu diesem selbst nicht i n der Zeit, sondern j e n s e i t s der Zeit zu suchen (S. 61). Zu diesem eschatologischen Geschehen gehören außer dem Kreuz und der so verstandenen Auferstehung Jesu auch: «das dem Osterereignis entsprungene Wort der V e r k ü n d i g u n g » (S. 67), die K i r c h e, «in der das Wort weiterverkündigt wird und innerhalb derer sich die Glaubenden als die ‚Heiligen', d. h. als die in die eschatologische Existenz Versetzten sammeln» (S. 68), die S a k r a m e n t e (S. 61 f.) und vor allem: der «konkrete Lebensvollzug» der Glaubenden, ihr Teilhaben an Christi Kreuz und Auferstehen, in welchem sie in ihrem Verhältnis zu Sünde und Welt mit ihm sterben, um fortan in «kämpfender

1. Jesus, der Herr der Zeit

Freiheit» mit ihm zu leben (S. 62, 65). Das Alles nämlich, sofern dabei allerhand zeitliches Geschehen objektiv — und für den Glauben dann auch subjektiv — überzeitlichen Inhalt und Charakter hat. «Eschatologisch» nennt Bultmann nämlich ein solches zeitliches und historisch feststellbares Geschehen, das zugleich eine nur dem Glauben erkennbare überzeitliche Bedeutung hat. Also eben: Kreuzestod Jesu, der Glaube der ersten Jünger, ihre Verkündigung, die Gemeinde, die Sakramente, das Leben in der Nachfolge Jesu. Was aber nach Bultmann nicht zu diesem eschatologischen Geschehen gehört, was vielmehr als «mirakulöses Naturereignis» (S. 34), als «beglaubigendes Mirakel» (S. 64) der durchgreifenden «Entmythologisierung» des Neuen Testamentes verfallen, d. h. was als irrtümlich «objektivierender Vorstellungsgehalt» des christlichen Existenzverständnisses (S. 36) in dessen Wirklichkeit zurückinterpretiert werden muß, weil es als zeit- und raumerfüllendes Ereignis nicht verstanden und also auch nicht in seinem überzeitlichen Inhalt und Charakter erkannt werden kann — das ist das angebliche «objektive Faktum» der Lebendigmachung und des Lebendigseins des am Kreuz gestorbenen Menschen Jesus, die Rückkehr dieses Toten in das diesseitige Leben (S. 65) in den vierzig Tagen. Es kann ein «Osterereignis» in diesem Sinn nur als der durch das mythische Weltbild jener Zeit bedingte und geformte Vorstellungsgehalt des urchristlichen Osterglaubens gewürdigt werden, der für uns, die wir jenes Weltbild längst nicht mehr haben, nicht mehr maßgebend sein kann. Das wirkliche Osterereignis im Zusammenhang jenes eschatologischen Geschehens ist die durch kein zeitliches Geschehen, sondern allein durch die überhistorisch-überzeitliche Tat Gottes begründete Entstehung des Osterglaubens der ersten Jünger. Dem Osterglauben der späteren Kirche und unserem Osterglauben bedeutet sie jedenfalls eine Tat Gottes: «die Tat Gottes, in der sich das Heilsgeschehen des Kreuzes vollendet» (S. 67). Wobei Bultmann sich bewußt ist, daß er mit diesem Begriff die Grenze mythischer Rede selber schon streift oder überschreitet, worüber er sich aber zu trösten weiß mit der Erwägung, daß das jedenfalls nicht mehr «Mythologie im alten Sinne» sei, weil es kein «mirakelhaftes supranaturales Geschehen» sei, was damit bezeichnet werde, sondern «ein geschichtliches Geschehen im Raum und in der Zeit» (S. 68).

Versuchen wir es zuerst, uns die Tragweite dieser Ansicht klar zu machen. Wenn sie im Recht ist, dann steht man bei der Exegese des Wortes Joh. 1, 14 und bei der des noch viel expliziteren Wortes 1. Joh. 1, 1 vor der Wahl: entweder ihnen die Beziehung auf den in den vierzig Tagen sein Leben Offenbarenden abzusprechen oder aber auch diese in beiden Zusammenhängen grundlegenden Aussagen aus dem Gebiet des relevanten Inhaltes des urchristlichen Glaubens und seiner Verkündigung zu verweisen und sie als mythologische Einkleidung des Vorgangs zu erklären, in welchem die ersten Jünger nach Jesu Tod durch unmittelbare göttliche Einwirkung zur Erkenntnis von dessen Heilsbedeutung gekommen wären. Die Ostergeschichte ist dann nur die erste Glaubensgeschichte und die Osterzeit nur die erste Glaubenszeit. Und die Erinnerung an diese Geschichte und Zeit ist dann nur insofern eine Erinnerung an Jesus selber, als es diese Geschichte und Zeit war, in der die ersten Jünger über ihre Auffassung von ihm und insbesondere von seinem Tode mit sich ins Reine kamen, in der sie das allerdings in einer durch das mythische Weltbild ihrer Zeit aufs Schwerste belasteten und darum für uns unverbindlichen und praktisch unannehmbaren Weise getan haben. Er, Jesus selber, ist in dieser Geschichte und Zeit faktisch nur im Glauben seiner Jünger auf dem Plan. Die «Selbstkundgabe» des «Auferstandenen» spielt sich in ihnen selbst und nur in ihnen ab. Es geschah nichts zwischen ihm und ihnen; es kam nicht zu einer neuen und in ihrer Neuheit entscheidenden und grundlegenden Begegnung zwischen ihm und ihnen, in der dann ihr Glaube entstanden wäre. Nur sie waren in dieser Zeit. Er war es nicht. Sie waren allein — gewiß mit ihrem auf einmal (was dann «bedeuten» mag: durch die «Tat Gottes») entstandenen Glauben, mit ihrem auf einmal möglichen und wirklichen Durchschauen des Geheimnisses des Kreuzes — aber a l l e i n. Ihr Glaube hatte keinen von seiner eigenen Wirklichkeit verschiedenen Gegenstand, keinen Grund, durch den er als Glaube allererst begründet gewesen wäre. Er stand souverän auf sich selber. Die «Tat Gottes» war identisch damit, daß sie glaubten. Und daß es geschah, daß sie glaubten, das ist der wirkliche Inhalt der Ostergeschichte, der Osterzeit, das der Inhalt der christlichen Verkündigung, der Existenzgrund der Kirche und der Sakramente. Jesus selber war eben n i c h t auferstanden. In seinem einfältigen, über das Alles hinausführenden Sinn ist dieser Satz nicht zu halten.

Wir rechnen hier damit, daß gerade das Gegenteil richtig ist: Der Satz gilt gerade in seinem einfältigen Sinn und so und nicht anders ist er der Zentralsatz des ganzen neutestamentlichen Zeugnisses. Also: Jesus selber i s t auferstanden und seinen Jüngern erschienen und dies ist der Inhalt der Ostergeschichte, der Osterzeit, des christlichen Glaubens und der christlichen Verkündigung damals und zu allen Zeiten, dies der Existenzgrund der Kirche und ihrer Sakramente, dies — wenn man es so nennen will — das «eschatologische Geschehen» in seiner offenbaren, in der österlichen Gestalt, dies die Tat Gottes — in der Gott in der Herrlichkeit seines fleischgewordenen Wortes zunächst dem Unglauben, dann, in dessen Überwindung dem Glauben der Jünger g e g e n ü b e r trat, so daß sie mit ihrem Glauben nicht allein waren, so daß ihr Glaube durch ihn, in diesem Gegenüber, begründet, geweckt, geschaffen wurde — ihr G l a u b e, der nun doch erst s e k u n d ä r darin bestand, daß sich Jesu Sterben und Auferstehen auch in ihrem Leben nachbildete, gewissermaßen abschattete — p r i m ä r aber darin, daß sie sich für solche halten und als solche verhalten durften, f ü r d i e Jesus gestorben und auferstanden war. E r s e l b s t f ü r s i e ! Darum sind Jesus und seine Jünger im Osterereignis nicht einerlei, sondern zweierlei. Er selbst war mit ihnen in der Zeit: nun auch so, nun auch in d i e s e r Zeit, j e n s e i t s der abgelaufenen Zeit seines Lebens von seiner Geburt bis zu seinem Tode, nun auch in dieser Offenbarungszeit. Das ist es, was damals geschehen ist. Wir meinen, daß man den Texten des Neuen Testamentes höchste Gewalt antun muß, um es anders, um es so wie Bultmann zu sagen. — Aber wir wollen uns der Pflicht nicht entziehen, über diese Feststellung hinaus kurz zu erklären, warum wir uns durch Bultmanns Darlegung nicht für überzeugt halten können.

Bultmann ist Exeget. Aber ich denke nicht, daß man exegetisch mit ihm diskutieren kann, weil er zugleich ein Systematiker von solchem Format ist, daß es wohl kaum einen Text geben dürfte, in dessen Behandlung nicht sofort gewisse Axiome seines Denkens so beherrschend sichtbar werden, daß an der Frage ihrer Gültigkeit schlechterdings Alles sich entscheidet. Ich versuche im Folgenden eine Stellungnahme zu den in diesem Zusammenhang wichtigsten seiner Axiome:

1. Ist es wahr, daß man einen theologischen Satz dann und nur dann als gültig bejahen kann, wenn er sich als ein echter Bestandteil des christlichen Verständnisses der m e n s c h l i c h e n E x i s t e n z ausweisen kann? Bultmann verwirft den Satz, daß die Auferstehung Jesu in der Zeit und im Raume geschehen sei, darum, weil er dieses Postulat nicht erfüllt. Er erfüllt es in der Tat nicht. Gottes Handeln erscheint ja da «in unverständlicher Weise verflochten mit einem Naturgeschehen» (S. 34). Die sämtlichen Hauptsätze des christlichen Bekenntnisses erfüllen dieses Postulat auch nicht. Sie beziehen sich wohl alle auf die menschliche Existenz. Sie ermöglichen und begründen deren christliches Verständnis, und so werden sie denn — abgewandelt — auch zu Bestimmungen der menschlichen Existenz. Sie sind es aber nicht von Haus aus. Sie bestimmen von Haus aus das Sein und Handeln des vom Menschen v e r s c h i e d e n e n, des dem Menschen b e g e g n e n d e n Gottes: des Vaters, des Sohnes, des Heiligen Geistes. Sie sind schon darum nicht auf Sätze über das innere Leben des Menschen zu reduzieren. Und sie sind schon darum auch

voll «Natur», voll Kosmos. So auch der Satz von der Auferstehung Jesu Christi von den Toten. Die anthropologische Enge, in die Bultmann die systematische und mit ihr leider auch die exegetische Theologie verweist, ist ein Erbe von W. H e r r - m a n n und weiterhinauf von A l b r. R i t s c h l und S c h l e i e r m a c h e r — ein Erbe, das man mit guten Gründen auch ausschlagen kann, um dann auch gegen die Auferstehung Jesu jedenfalls von hier aus keinen grundsätzlichen Einwand haben zu müssen.

2. Ist es wahr, daß man ein angeblich in der Zeit geschehenes Ereignis dann und nur dann als wirklich geschehen anerkennen kann, wenn man in der Lage ist, nachzuweisen, daß es ein «h i s t o r i s c h e s F a k t u m » ist? — «historisch», d. h. feststellbar mit den Mitteln und Methoden und vor allem auch unter den stillschweigenden Voraussetzungen der modernen historischen Wissenschaft? Dies ist Bultmanns Meinung. Er verwirft also den Bericht über die Geschichte der vierzig Tage, weil er ihren Inhalt, soweit es sich um den lebendigen Jesus und nicht nur um die an ihn glaubenden Jünger handelt, nicht unter die «historischen Fakta» in diesem begrenzten Sinn des Begriffs einzureihen vermag. Er hat darin ganz recht: niemand vermag das. Er hat aber darin nicht recht, er macht damit einen unerlaubten Sprung, wenn er folgert, daß das Berichtete aus diesem Grund nicht g e s c h e h e n sei. Kann sich nicht auch s o l c h e Geschichte wirklich ereignet haben, und kann es nicht eine legitime Anerkennung auch s o l c h e r Geschichte geben, die «historisches Faktum» zu nennen man schon aus Gründen des guten Geschmacks unterlassen wird, die der «Historiker» im modernen Sinn des Begriffs gut und gerne «Sage» oder «Legende» nennen mag, weil sie sich den Mitteln und Methoden samt den stillschweigenden Voraussetzungen dieses Historikers in der Tat entzieht? Es hängt mit dem Sachgehalt der Bibel zusammen, daß sie zwar ein großer zusammenhängender Geschichtsbericht und nun doch von Anfang bis zu Ende voll ist von Berichten gerade über s o l c h e Geschichte, während sie verhältnismäßig sehr wenig «Historie» enthält. Die Schöpfungsgeschichte Gen. 1—2 z. B. ist ganz und gar solche Geschichte; die Ostergeschichte ist es fast ganz: mit einem schmalen «historischen» Rand. Warum soll sie darum nicht geschehen sein? Es beruht auf einem Aberglauben, daß nur das «historisch» Feststellbare wirklich in der Zeit geschehen sein könne. Es könnte Ereignisse geben, die viel sicherer wirklich in der Zeit geschehen sind als alles, was die «Historiker» als solche feststellen können. Wir haben Gründe, anzunehmen, daß zu diesen Ereignissen vor allem die Geschichte von der Auferstehung Jesu gehört. «Sie ist kein historisches Phänomen in dem Sinne der Weltgeschichte; sie ist aber ein geschichtliches Phänomen in dem Sinne, daß sie sich in der Geschichte verwirklicht.» Bultmann sagt das von der Kirche (S. 68). Eben das ist — in eminentem Sinn — von der Auferstehung Jesu zu sagen.

3. Ist es wahr, daß die F e s t s t e l l u n g des wirklichen Geschehenseins einer solchen kraft ihres Inhalts der «historischen» Feststellung unzugänglichen — sagen wir es denn: einer solchen sagen- oder legendenhaften Geschichte nur den Charakter des «blinden Akzeptierens» eines Mythologumenons und also den Charakter eines Willküraktes, einer Erniedrigung des Glaubens zum Werk, eines abgezwungenen, unwahrhaftigen *sacrificium intellectus* haben könne? So verklagt Bultmann (S. 24) — hier unter ausdrücklicher Beschwörung des Schattens von W. H e r r m a n n — die, die zum wirklichen Geschehensein der Auferstehung Jesu nun dennoch Ja sagen. Muß man sich das gefallen lassen? Woher soll es denn ausgemacht sein, daß die Botschaft vom auferstandenen Christus durchaus das finstere Gesicht eines Glaubensgesetzes haben müsse, dem man sich, wenn überhaupt, dann nur in einer Art von intellektuellem Krampf unterwerfen könne? Im Neuen Testament selbst jedenfalls hat sie den Charakter einer Freudenbotschaft, der man Glauben schenken d a r f : den Glauben sogar, den man gerade ihr selbst zu v e r d a n k e n sich be-

wußt ist und das wirklich nicht nur darum, weil sie den Leuten damals — des allgemein herrschenden mythischen Weltbildes wegen — angeblich so viel leichter einging als uns Heutigen. Reichlich «unglaubwürdig» (S. 34) scheint die Osterbotschaft ja doch schon damals nicht nur den Gebildeten auf dem Areopag, sondern schon den ersten Jüngern selbst erschienen zu sein. Es ist nicht abzusehen, warum sie nicht auch heute in Freiheit und Freude bejaht werden könnte. Wo sie anders denn als eine Sache der Freiheit und der Freude ausgerichtet wird, da wird sie eben falsch ausgerichtet. Das ist dann aber noch lange kein Grund, sie als eine Sache, die nur unter unwürdigem Gewissenszwang bejaht werden könne, zu verneinen.

4. Ist es wahr, daß es ein «unwiderruflich durch die Wissenschaft geformtes» modernes Denken, ein **modernes Weltbild** gibt, das dem «mythischen» in der Weise entgegengesetzt und überlegen wäre, daß es uns in Sachen unseres Ja und Nein gegenüber den konkreten Inhalten der Bibel zum vornherein und unbedingt zu binden und zu verpflichten vermöchte? Wieder vertritt hier Bultmann die wohlbekannte, die reichlich humorlose Marburger Tradition, laut derer das erste Gebot der Wahrhaftigkeit unweigerlich darin bestünde, daß man sich in dieser Hinsicht nur ja keine Freiheiten erlauben dürfe. «Man kann nicht elektrisches Licht und Radioapparat benützen, in Krankheitsfällen moderne medizinische und klinische Mittel in Anspruch nehmen und gleichzeitig an die Geister- und Wunderwelt des Neuen Testamentes glauben» (S. 31). Wen schauderte da nicht? Aber wenn nun das moderne Weltbild in Wirklichkeit gar nicht so abgeschlossen, das moderne Denken so einheitlich gar nicht wäre, wie man es uns einst unter der Diktatur der Marburger Kant-Schule glauben machen wollte? Welche Kritik am Neuen Testament erwächst nun eigentlich (S. 32) mit **Notwendigkeit** «aus der Situation des modernen Menschen»? Und vor allem: wenn es nun unter bestimmten Voraussetzungen auch für diese und jene Radiobenützer usf. ein Gebot der Wahrhaftigkeit gäbe, das für sie bei allem Respekt vor den Errungenschaften der Neuzeit **noch** zwingender wäre als das, sich den Forderungen des neuzeitlichen *common sense* unter allen und jeden Umständen zu unterziehen? Wenn sie nun eben — nicht zu einer *fides implicita* gegenüber irgend einer «Geister- und Wunderwelt», wohl aber zum Glauben an den von den Toten auferstandenen Jesus Christus in heiterer Freiheit rein faktisch Ja sagen dürften, gar nicht anders könnten, als eben dazu Ja zu sagen?

5. Ist es wahr, daß man einen Satz heute schon darum zu verneinen hat, weil er — oder so etwas Ähnliches wie er — auch im **mythischen Weltbild** der Vergangenheit seine Möglichkeit und seinen Ort hatte? Ist es wahr, daß er schon darum für uns nicht wahr sein kann? Ist es nicht eine Art von Katastrophenpolitik, wenn Bultmann uns zumutet, jenes mythische Weltbild entweder ganz oder dann eben gar nicht zu akzeptieren, als ob die Christenheit überhaupt den Auftrag hätte, Weltbilder zu akzeptieren oder zu verwerfen! Als ob sie hinsichtlich der verschiedenen Weltbilder nicht aus guten Gründen immer eklektisch gewesen wäre! Wir brauchen uns wirklich nicht auf jenes mythische Weltbild festzulegen. Man sollte aber auch nicht verkennen, daß jenes mythische Weltbild Elemente enthielt, von denen die urchristliche Gemeinde, indem sie von Jesus Christus zu zeugen hatte, mit Bedacht und mit gutem Recht Gebrauch machte, während sie in dem, was wir als unser modernes Weltbild zu kennen meinen, mit Unrecht verschwunden oder doch zurückgetreten sind, so daß wir allen Anlaß haben, in bestimmten Zusammenhängen mit bestem Gewissen «mythisch» zu reden, weil wir sonst, wenn wir uns allzu gründlich «entmythologisieren» würden, gerade von Jesus Christus nicht mehr zeugen könnten. Indem Bultmann (S. 32 f.) z. B. den Zusammenhang zwischen Sünde und Tod, den Begriff der Stellvertretung, die Beziehung zwischen Tod und Auferstehung als besonders störende und für uns «erledigte» Elemente jenes mythischen Weltbil-

des bezeichnet, dürfte er doch selbst ein Beispiel dafür sein, wie man einem allzu schneidigen Fertigsein mit dem Ganzen jenes mythischen Weltbildes als Theologe richtig zum Opfer fallen kann. Die «Entstehung des Osterglaubens» in den ersten Jüngern ist eine gute Sache. Man sollte uns aber nicht einreden wollen, daß das Zeugnis von dieser Sache das abhanden gekommene «mythische» Zeugnis von dem von den Toten auferstandenen Jesus Christus in angemesser Weise ersetzen könne!

Ich meine damit die entscheidenden Gründe genannt zu haben, weshalb und in welchem Sinn wir t r o t z Bultmann dabei bleiben müssen, die Auferstehung Jesu und seine Erscheinung als Auferstandener unter seinen Jüngern als eine wirkliche, zu ihrer besonderen Z e i t geschehene G e s c h i c h t e zu verstehen.

Wir haben hier nicht eine ganze «Theologie der Auferstehung» zu entfalten. Wir beschränken uns auf die Frage: Was bedeutet es für das S e i n d e s M e n s c h e n J e s u i n d e r Z e i t, daß er auch so, als der von den Toten Auferstandene, in der Zeit war, daß er jenseits seines abgeschlossenen Lebens zwischen Geburt und Tod diese Nachzeit hatte? Darauf ist zu antworten: Der besondere Inhalt der besonderen Erinnerung der apostolischen Gemeinde an diese besondere Zeit bestand darin, daß d e r M e n s c h J e s u s in dieser Zeit o f f e n k u n d i g i n d e r W e i s e G o t t e s unter ihnen gewesen war. Man muß beides sehen, um hier zu verstehen.

Der Auferstandene ist d e r M e n s c h J e s u s, der auch jetzt als solcher in ihrer Mitte kam und ging, den sie sahen und berührten, den sie hörten und der auf sie hörte, der mit ihnen aß und trank, m. e. W. der auch jetzt vor ihren Augen und Ohren wahrer Mensch war: *vere homo*.

Man versteht das Ganze nicht, man doketisiert gerade an dieser entscheidenden Stelle wenn man das nicht auch und sogar zuerst sehen will. Es sind, abgesehen von 1. Joh. 1, 1, besonders zwei Stellen, in denen sich das Neue Testament gerade gegen eine doketische Auffassung seines Osterberichtes nachdrücklich zur Wehr gesetzt hat. Luk. 24, 36 f. tritt Jesus in die Mitte der Elfe, die eben im Begriff sind, die Erzählung der Emmausjünger zu vernehmen. «Da gerieten sie in Bestürzung und Furcht und meinten, einen Geist zu sehen.» Darauf Jesu Worte: «Was seid ihr erschrocken und warum steigen Einwände (διαλογισμοί) auf in euren Herzen? Sehet meine Hände und meine Füße: ὅτι ἐγώ εἰμι αὐτός. Betastet mich und sehet, denn ein Geist hat nicht Fleisch und Knochen, wie ihr seht, daß ich sie habe.» Und die Fortsetzung lautet: «Da sie vor lauter Freude und Verwunderung noch immer nicht glauben, sprach er zu ihnen: Habt ihr etwas zu essen hier? Da reichten sie ihm ein Stück von einem gebratenen Fisch. Und er nahm es und aß es vor ihren Augen.» Dazu Joh. 20, 24 f. die Geschichte von dem «ungläubigen» Thomas. Ihm ist in der Geschichte der Auslegung viel Unrecht geschehen. Denn er war, indem er Jesus durchaus berühren wollte, bevor er glaubte, nicht «ungläubiger», als es nach diesen Berichten alle Jünger waren. Eben die Berührbarkeit des Auferstandenen stellt es sicher: er ist kein Anderer als der eine und ganze Mensch Jesus, der als solcher nicht Seele oder Geist *in abstracto*, sondern Seele seines Leibes und also auch Leib ist. Und zusammen mit dem leiblichen Sehen und Hören konstituiert nun einmal eben das leibliche Berühren des Auferstandenen die Existenz eines Menschen als Apostel Jesu Christi, so gewiß das (Act. 1, 22) den Apostel zum Apostel macht, daß er ein «Zeuge seiner Auferstehung» ist. Durch ein Schauen seiner Herrlichkeit, durch ein Sehen, Hören, Berühren seines Fleisches, in welchem seine Herrlichkeit offenbar ist, kommt es zur Entstehung des Glaubens derer, die in dieser Zeit mit Jesu sind und die eben dadurch zu Verkündigern der Botschaft von ihm autorisiert und konsekriert werden. «Selig sind, die nicht sehen und doch glauben» (Joh. 20, 29). Das ist keine Kritik an Thomas, sondern (vgl. 1. Petr. 1, 8) die Seligpreisung all derer, die, ohne selbst an dem Sehen dieser besonderen Zeit teilzunehmen, «durch ihr Wort (auf Grund des Zeugnisses derer, die damals sahen) an mich glauben werden» (Joh. 17, 20). Man kann die Leibhaftigkeit der Auferstehung Jesu und seiner Existenz als Auferstandener darum nicht streichen, man kann dieses Element darum nicht aus dem neutestamentlichen Erinnerungsbild der vierzig Tage herausinterpretieren, wie man es — übrigens unter Voraussetzung einer falschen Konzeption des Verhältnisses von Geist und Leib — immer wieder unternommen hat, weil an seiner Leibhaftigkeit dies hängt, daß das in der Ostergeschichte so entscheidend handelnde Subjekt Jesus s e l b s t und also eben der M e n s c h Jesus war.

Aber nun geht es allerdings darum, daß er, der Mensch Jesus, in diesen Tagen offenkundig in der Weise Gottes unter ihnen war. Sie erkannten in diesen Tagen, daß er verborgen, aber wirklich immer — schon da sie vor seinem Tod mit ihm gewesen waren — in der Weise Gottes unter ihnen gewesen war. Sie erinnerten sich jetzt der vielen Offenbarungen seiner Herrlichkeit, deren Zeugen sie — damals mit sehenden Augen nicht sehend — schon damals gewesen waren und die nun, im Lichte des Geschehens dieser Tage, das spezifische Gewicht auch für sie gewannen, das sie an sich — nur eben für sie verborgen — längst gehabt hatten. Jetzt aber g e s c h a h es, daß sie seine Herrlichkeit s c h a u t e n. Die Gegenwart Gottes in der Gegenwart des Menschen Jesus war jetzt, in diesen vierzig Tagen, gerade k e i n paradoxes Faktum. Mit der Dialektik von Glauben und Schauen, die wohl am Platz ist, wenn es um die Beschreibung der christlich-menschlichen Existenz, ihrer Rechtfertigung und Heiligung oder um die Beschreibung der Kirche, der kirchlichen Verkündigung, der Sakramente geht — darf man also n i c h t arbeiten, wenn man hier verstehen will. «Gott w a r in Christus» (2. Kor. 5, 19) und daß er das war, das w a r den Jüngern in den vierzig Tagen — nicht offenbar u n d verborgen, verborgen u n d offenbar, sondern, nachdem es ihnen zuvor verborgen gewesen war, jetzt ganz und eindeutig und unumkehrbar o f f e n b a r. Daß das von ihrer Seite nicht selbstverständlich war, daß es sich dabei nicht um eine von ihrer Seite aus unternommene und gelungene Entdeckung, sondern um eine ihnen schlechterdings widerfahrende Überführung handelte, das wird in den Berichten darin sichtbar genug, daß die Jünger zunächst durchwegs als Zweifelnde, ja als Ungläubige beschrieben werden. Aber dabei bleibt es nicht, und das kehrt auch nicht wieder. Das ist es vielmehr, was jetzt — im Raum dieser vierzig Tage endgültig! — überwunden und beseitigt wird. «Sei nicht ungläubig, sondern gläubig!» sagt Jesus zu Thomas (Joh. 20, 27 f.), und das ist nun keine Parenese, das ist ein Machtwort, auf das Thomas denn auch sofort die entsprechende Antwort gibt: «Mein Herr und mein Gott!» In und mit der Gegenwart des Menschen Jesus in

I. Jesus, der Herr der Zeit

dieser Zeit, unter ihren besonderen Umständen ereignet es sich, daß zwischen dem Unglauben und dem Glauben der Seinen diese **Entscheidung** fällt, ereignet sich für sie das totale, das endgültige, das unwiderrufliche, das ewige Offenbarsein Gottes selber. Der Gegenstand und Grund des Glaubens, Gott selbst, war auf dem Plan, indem der Mensch Jesus jetzt so auf dem Plan war. Daß das einmal **geschah und war**, das ist der besondere Inhalt der apostolischen Erinnerung an diese Tage.

Das Faktum des Glaubens wurde **geschaffen** in dieser Geschichte: des Glaubens, der eben nicht darin bestand, daß die Jünger das Bild des Gekreuzigten nun *in meliorem partem* zu werten und zu deuten wußten, sondern darin, daß eben der Gekreuzigte selbst ihnen jetzt, von den Toten auferstanden, begegnete, daß er selbst sich ihnen jetzt nicht nur glaubwürdig machte, sondern zum offenbaren ἀρχηγὸς τῆς σωτηρίας αὐτῶν (Hebr. 2, 10) und damit zum offenbaren ἀρχηγὸς καὶ τελειωτής **ihrer** πίστις (Hebr. 12, 2). Das bedeutet aber, daß er jetzt offenkundig in der Weise **Gottes** unter ihnen war und an ihnen handelte. «Mir ist gegeben alle Gewalt im Himmel und auf der Erde» (Matth. 28, 18). In dieser Autorität nicht nur, mit dieser Verbindlichkeit nicht nur, sondern in dieser **Wirksamkeit**, also ultimativ giltig nicht nur, sondern ultimativ **kräftig** redet der Jesus der Ostergeschichte. Seine Erklärungen sind lauter **Überwindungen** der noch erschrockenen, noch betrübten, noch verwirrten, noch zweifelnden, noch ungläubigen Jünger. Und die Weisungen, die er ihnen jetzt gibt (vor allem und entscheidend der «Missionsbefehl» Matth. 28, 19) beziehen sich auf ein Tun, das nicht auf der Güte und Kraft des eigenen Wollens und Vollbringens der Jünger beruhen, das aber auch nicht durch dessen Mangelhaftigkeit beschränkt sein wird. «**Er hat uns wiedergeboren** durch die Auferstehung Jesu Christi von den Toten» (1. Petr. 1, 3). Das gilt ohne die Voraussetzung einer auf Seiten der Jünger vorhandenen Befähigung oder von ihnen her ins Werk gesetzten Vorbereitung; das gilt aber auch ohne Rücksicht auf das, was sich auf ihrer Seite diesem Geschehen entgegensetzen möchte. An dieses nur als Machthandeln Gottes des Schöpfers verständliche «**Er hat uns wiedergeboren**» erinnern sich die Augen- und Ohrenzeugen jener Geschichte und also an ein Geschehen, das nicht wieder rückgängig zu machen war, auch nicht, nachdem es als Ereignis jener Zeit abgeschlossen hinter ihnen lag und als geschehene Geschichte zum Gegenstand ihrer Erinnerung und insofern zur Vergangenheit geworden war. Das heißt aber eben: sie erinnerten sich an Gottes eigene und ihnen offenbare Gegenwart in der Zeit. Sie realisierten nicht nur den Gedanken und sie wußten nicht nur darum: «Gott ist gegenwärtig», sondern sie erinnerten sich daran, daß das «Gott ist gegenwärtig» einmal vor ihren Augen und Ohren — nicht diskutabel, sondern indiskutabel — **Faktum** gewesen war und daß sie eben damit den Auftrag empfangen hatten, das Evangelium allen Völkern zu verkündigen. Und nun lebten sie von dieser Erinnerung. Nun war ihr ganzes Denken und Wissen durch diese Erinnerung begründet.

In dieser Erinnerung hatte der Name «**Kyrios**», den sie dem einfachen Menschennamen Jesus beifügten, seinen Grund und Ursprung. Er bedeutet die Anerkennung des Faktums, daß Gott in diesen Menschen offenkundig gegenwärtig war. Ob man ihn vom hellenistischen Kaiserkult oder ob man ihn — was nun doch näher liegen dürfte — als Wiedergabe des Namens Jahve vom griechischen Alten Testament her erklären will: Er ist nach Phil. 2, 9 «der Name, der über alle Namen ist»; er bezeichnet auf alle Fälle die Gottheit schlechthin. Das — aber auch die Genesis der Übertragung dieses Namens auf den Menschen Jesus — ist in jenem Wort des Thomas Joh. 20, 28 festgehalten. Es handelte sich nicht um eine in der Tiefe und

Intensität ihrer Überzeugung begründete Wertung und Deutung der Existenz Jesu, angesichts derer man ja immerhin fragen könnte, ob sie nicht zu hoch gegriffen habe und ob wir Anderen nun durchaus eben so hoch greifen müßten, sondern es handelte sich um ein in der Existenz Jesu in jenen Tagen gesprochenes *Deus dixit,* um eine Entscheidung, die die apostolische Gemeinde darum nicht diskutieren und revidieren konnte, weil sie es nicht war, die sie vollzogen hatte, weil der Kyrios selbst nun einmal als Kyrios in ihrer Mitte erschienen war und gehandelt hatte. Nicht sie hatten ihm diesen Namen «geschenkt»: indem er ihn aus und nach seinem Tode am Kreuz über die Maßen erhöhte (ὑπερύψωσεν), hatte G o t t ihm diesen Namen geschenkt (Phil. 2, 9). Und so war dieser Name von seiner Person, war seine Person von diesem Namen unzertrennlich. Wenn sie ihn einmal, wie es 2. Kor. 5, 16 heißt, «nach dem Fleische», d. h. anders denn als den Kyrios gekannt hatten, so kannten sie ihn doch jetzt — nämlich im Rückblick auf seine Auferstehung — nicht mehr so, sondern n u r noch als den Kyrios. So, als den ihnen allein bekannten K y r i o s Jesus, haben sie ihn denn auch verkündigt — wie wäre er denn auch anders denn als das zu verkündigen gewesen? — und so, in der in diesen Tagen aufgeleuchteten Klarheit, daß er der Kyrios war, haben sie nachträglich auch sein Leben, seine Worte und Taten vor seinem Tode gesehen, verstanden und dargestellt. So können die sog. Evangelien — wenn man sie nimmt und liest, wie sie von ihren Urhebern gemeint sind — praktisch von A—Z nur jene E n t s c h e i d u n g (und in ihr indirekt Jesu A u f e r s t e h u n g) sichtbar machen und praktisch nur im Blick auf diese E n t s c h e i d u n g (und also in der Erinnerung an Jesu A u f - e r s t e h u n g) gelesen, verstanden, bejaht oder verneint werden, während jede Umgehung dieser Entscheidung, jedes Interesse des Lesers oder Hörers an einem Menschen Jesus, der nicht der Kyrios (weil er nicht auferstanden) wäre, nur dies bedeuten könnte, daß dieser Leser oder Hörer an dem, was diese Texte wirklich sagen und allein sagen wollen, schon vorbeigehört oder vorbeigelesen hat.

Fragen wir aber weiter: w i e das geschah, daß der Mensch Jesus in den vierzig Tagen in der Weise Gottes unter ihnen war und offenbar wurde, dann muß «ohne Hörner und Klauen» geantwortet werden: es geschah darin, daß er — er, der am dritten Tage zuvor von den Juden verworfen, von den Heiden verurteilt und g e t ö t e t und von den Seinen b e g r a b e n worden war — als l e b e n d i g e r Mensch aufs neue unter ihnen war. So war er der konkrete Erweis des gnädigen Gottes, der im Kreuzestod dieses Menschen sein Recht, aber auch das Recht des Menschen, nicht untergehen lassen, sondern im Gegenteil behaupten wollte und siegreich behauptet hat. So war er der konkrete Erweis des Gottes, der nicht nur mächtig ist über des Menschen Leben und Tod, sondern auch willig, ihn vom Tode zu erretten. Und, was uns hier im Besonderen interessiert: so war er der konkrete Erweis des Gottes, der nicht nur selber noch anders Zeit, Lebenszeit hat als der Mensch, dessen Wille und Entschluß es vielmehr ist, auch dem Menschen an dieser seiner Zeit, an seiner Ewigkeit Anteil zu geben. Der konkrete Erweis d i e s e s Gottes, s e i n e Erscheinung ist der Sinn der Erscheinung und der Erscheinungen des aufs Neue, des auch nach seinem Tode lebendigen Menschen Jesus in den vierzig Tagen. Man darf und muß wohl sagen — nicht im Sinne eines Postulats, aber im Sinne einer nachträglichen Erklärung des uns vorgegebenen Sachverhalts: Wenn der Mensch Jesus das fleischgewordene Wort dieses Gottes war — wenn er als solcher der Träger einer verborgenen Herrlichkeit, einer zunächst noch nicht wahrnehmbaren Kundgabe seines Wesens war — wenn schließlich diese seine verborgene Wesenskundgabe nicht nur wirkend, sondern wirksam sein, wenn sie nicht verborgen bleiben, sondern offenbar werden sollte, dann mußte es gerade in der Gestalt geschehen, wie es nach der Ostergeschichte in ihrem schlichten, nicht umgedeuteten Wortlaut tatsächlich geschehen ist: dieser Mensch, das fleischgewordene Wort Gottes, mußte dann als die im Triumph vollzogene Rechtfertigung Gottes und des Menschen nicht nur da sein, sondern wahrnehmbar werden — wahrnehmbar auch als Offenbarung der den Menschen errettenden Herrschaft Gottes über Leben und Tod — und wahrnehmbar schließlich auch in seiner Existenz in der anderen, der potenzierten, der ewigen Gotteszeit. Das, dieser Offenbarer seiner verborgenen Herrlichkeit als Gottes ewiges Wort im Fleische — das war Jesus in seiner wirklichen und also auch leiblichen Auferstehung von den Toten, in seinen Erscheinungen als wirklich und also auch leiblich Auferstandener. Eben so war er «offenkundig in der Weise Gottes» unter den Seinen. Eben so war er die Gotteserscheinung, die nachher den Gegenstand ihrer besonderen Erinnerung an diese besondere Zeit bildete. Eben so war er vor ihren Augen und Ohren der Herr, dem sie diesen Namen nicht geben konnten oder aus irgend einem Grund (indem sie ihn werteten und deuteten) geben wollten, den sie ihm vielmehr geben mußten.

Es ist doch wohl ein wenig kümmerlich, es ist jedenfalls dem Verständnis des neutestamentlichen Sehens und Denkens an dieser Stelle nicht dienlich, die im Sinn der Texte wörtlich zu verstehende Auferstehung Jesu von den Toten als ein «mirakulöses Naturereignis» zu bezeichnen und damit diskreditieren zu wollen. Es ist richtig: weil es sich bei dieser Gotteserscheinung um die ganze wahrnehmbare Existenz des Menschen Jesus handelte und handeln mußte, darum war auch die «Natur», d. h. Jesu Leib an diesem Ereignis beteiligt. Als ein bloß geistig-seelisches Ereignis wäre es nun einmal diese Erscheinung — die Erscheinung des Schöpfers des ganzen Kosmos und so auch des ganzen Menschen — nicht gewesen. Aber nicht daß es auch die «Natur» umfaßte, nicht daß hier auch leibliche Auferstehung geschah, machte das Wesen dieses Ereignisses aus. Sondern eben: weil Gott selbst, der Schöpfer, zuvor verborgen in der Niedrigkeit dieser Kreatur, im Tode dieses Menschen, in dessen Auferstehung offenbar wurde, darum mußte dieses Ereignis wirklich und wahrnehmbar auch die «Natur» umfassen, mußte diese Auferstehung auch leibliche Auferstehung sein. Das war das Geheimnis, vor dem die apostolische Gemeinde hier anbetete. Nicht an irgend einer Totenauferstehung, nicht an der Möglichkeit und Wirklichkeit von Totenauferstehungen überhaupt und im Allgemeinen, sondern an der Auferstehung dieses Toten und an der durch sie inaugurierten Auferstehung aller Toten haftete ihr Interesse. Es haftete also an einem Punkt, der von einer allgemeinen Polemik gegen den Begriff eines auch die Natur umfassenden Wunders — und gewiß auch von einer allgemeinen Apologetik zugunsten dieses Begriffs — überhaupt nicht erreicht werden kann.

Es geht hier in der Sicht des Neuen Testamentes nicht um diesen Begriff, sondern um das kontingente Faktum, von dem jener wahrscheinlich zur sehr alten, urchristlichen Tradition gehörige Hymnus redet: ὃς ἐφανερώθη ἐν σαρκί, ἐδικαιώθη ἐν πνεύματι ὤφθη ἀγγέλοις, ἐκηρύχθη ἐν ἔθνεσιν, ἐπιστεύθη ἐν κόσμῳ, ἀνελήμφθη ἐν δόξῃ (1. Tim. 3, 16).

Wenn man das bedenkt, ist es verständlich, daß von diesem Ereignis nur so lückenhaft und widerspruchsvoll berichtet werden konnte, wie es im Neuen Testament geschieht. Man denke an das Verhältnis der Berichte des Matthäus und des Lukas zueinander oder an das der Berichte der Synoptiker und des Johannes oder an das der Evangelien insgesamt und des ersten Korintherbriefs! Aus ihnen eine «Historie» in unserem Sinn des Begriffs herauszuschälen, ist auch, abgesehen von der Frage der Verständlichkeit oder Unverständlichkeit des berichteten Vorgangs selbst, offenkundig unmöglich. Die Angabe Act. 1, 3 über die vierzigtägige Dauer der Zeit dieser Erscheinungen steht zwar in bedeutungsvoller Kontrastbeziehung zu den vierzig Tagen und Nächten des Sündflutregens (Gen. 7, 4, vgl. aber auch Hes. 4, 6; Jona 3, 4) und sicher zu den vierzig Tagen, die Jesus nach dem Anfang des synoptischen Berichts (Matth. 4, 2; Luk. 4, 2) in der Wüste und unter der Versuchung des Satans zubrachte, möglicherweise auch in positiver Beziehung zu den vierzig Tagen, die die dem Volk Israel voraneilenden Kundschafter (Num. 13, 25) in Kanaan zubrachten, und zu den vierzig Tagen und Nächten, in denen der zuvor so lebenssatte Elia gekräftigt durch jene vom Engel empfangene Speise nach dem Gottesberg Horeb wanderte. Aber schon diese Beziehungen zeigen, daß diese vierzig Tage nur typisch und nicht als exakte Angabe gewürdigt werden können und wollen. Es fehlt hier überhaupt alle chronologische und topographische Exaktheit. Es fehlt, sobald man die Berichte unter sich vergleicht, die klare Begrenzung der einzelnen geschilderten Szenen. Und es fehlt natürlich auch jede Möglichkeit der Verifizierung der berichteten Tatsachen durch unabhängige Zeugen. Es haben darum die Bemühungen mancher älterer Kommentare, diese Mängel und das diese Texte beherrschende Halbdunkel irgendwie zu beseitigen, etwas komisch Unangemessenes. Diese Berichte reden nun einmal nicht, wie Historie in unserem Sinn des Begriffs zu reden pflegt. Man muß wirklich auch 1. Kor. 15, 3—8 seltsam abstrakt lesen, um darin eine Art Zeugenverhör zum Zweck eines historischen Beweises zu finden. Diese Berichte reden zwar gerade nicht, wie Mythen reden. Vom Mythus unterscheidet sich ja die Ostergeschichte formell und sachlich dadurch, daß sie von einem konkreten, irdischen Menschen redet. Die Berichte von ihm reden aber im Stil, und das heißt in der Freiheit, in der phantasierenden und dichtenden Gestaltungsart und in der Dunkelheit der geschichtlichen S a g e. Sie beschreiben ja wirklich ein Geschehen, das historischer Erforschung und Darstellung unzugänglich ist. Und das bedeutet, daß man gar nicht versuchen darf, hier zu examinieren und zu harmonisieren. Dem widersetzt sich nun einmal das Wesen dieses Geschehens. Kein Zweifel: von d e m s e l b e n Geschehen reden in sachlicher Übereinstimmung und auch in gleicher Meinung a l l e diese Berichte. Das berichtete Ereignis auf die «Entstehung des Osterglaubens in den ersten Jüngern» zu reduzieren, ist z. B. keinem von den Verfassern auch nur von ferne in den Sinn gekommen! Es will aber jeder von diesen Berichten, so wie er lautet, für sich gelesen sein: je als dieses besondere Zeugnis von Gottes entscheidendem Reden und Handeln in diesem Ereignis, wobei wir hier wie sonst froh sein können über die Möglichkeit, je die eine zur Erklärung der anderen heranzuziehen. Ἐγενόμην ν ε κ ρ ὸ ς καὶ ἰδοὺ ζ ῶ ν. (Apok. 1, 18) — darin besteht die sachliche Übereinstimmung und die gleiche Meinung a l l e r dieser — sehr, sehr sagenhaften! — Berichte. Und das ist es, was diese S a g e n uns zu sagen — einfach zu s a g e n haben!

Ein Nachtrag schließlich über das l e e r e G r a b (Mc. 16, 1—8 Par.) und über die H i m m e l f a h r t (Luk. 24, 50—53; Act. 1, 9—12). Die Berichte darüber sind unentbehrlich zum Verständnis dessen, was das Neue Testament als Osterbotschaft sagen will. Sie bezeichnen, wenn man sie zusammenhält, die Grenzen der Osterzeit und ihrer Geschichte — nach rückwärts (und bemerkenswerter Weise zugleich im Raume nach unten hin!) das leere Grab — nach vorwärts (und zugleich im Raume nach oben hin!) die Himmelfahrt. Beide Momente werden in der späteren apostolischen Verkündigung — ganz ähnlich wie die Jungfrauengeburt am Anfang der evangelischen Erzählung — zwar allem Anschein nach vorausgesetzt, bestimmt nicht in Abrede gestellt, aber nun doch nur da und dort gestreift, nicht explizit namhaft gemacht. Und in den Osterberichten selbst haben sie auch dies gemeinsam, daß sie — das leere Grab einleitend, die Himmelfahrt abschließend — nur eben angedeutet werden: das leere Grab allgemein und auch etwas bestimmter, die Himmelfahrt genau genommen nur Act. 1, 9 f. und viel unbestimmter: im echten Markusschluß (der freilich vielleicht unvollständig ist) erscheint sie überhaupt nicht, bei Matthäus nur implizit in den Worten Jesu über die ihm gegebene totale Gewalt im Himmel und auf Erden (28, 18), bei Lukas nach der wahrscheinlicheren Lesart von 24, 51 nur in den unbestimmten Worten διέστη ἀπ' αὐτῶν, während sie bei Johannes in dem umfassenden ἀναβαίνειν und ὑπάγειν, ὑψωθῆναι und δοξασθῆναι, mit denen dort das Ganze des Weges Jesu hinauf nach Jerusalem, seine Kreuzigung, Auferstehung und neue Erscheinung bezeichnet wird, zwar sicher mitgemeint, aber nun doch nicht in einem besonderen Himmelfahrtsbericht konkretisiert wird. Das hat seine Gründe. Der Inhalt des Osterzeugnisses, das Ostergeschehen, bestand ja tatsächlich weder darin, daß Jesu Grab leer gefunden wurde, noch darin, daß seine Jünger ihn zuletzt gen Himmel fahren sahen, sondern darin, daß sie von ihm, nachdem er ihnen durch seinen Tod schon verloren war, als von dem von den Toten Auferweckten, als von dem Lebendigen aufgesucht und gefunden wurden. Das leere Grab und die Himmelfahrt sind doch nur die Z e i c h e n des Ostergeschehens, wie ja auch die Jungfrauengeburt nur das Zeichen des Weihnachtsgeschehens, nämlich der menschlichen Erzeugung und Geburt des ewigen Sohnes Gottes ist. Sie sind aber beide so wichtige Zeichen, daß nun doch nicht einzusehen und zu behaupten wäre, daß sie ebensogut fehlen könnten.

Es hat das l e e r e G r a b die Funktion — rückwärts und nach unten, auf die Erde zeigend — deutlich zu machen, daß der gestorbene und ins Grab gelegte Mensch Jesus (er selbst und kein Anderer!) durch die Macht Gottes dem Tod und also auch dem Grab entrissen, daß er, der Lebendige, nicht unter den Toten zu suchen ist (Luk. 24, 5). «Er ist nicht hier; siehe da, der Ort, wo sie ihn hingelegt haben» (Mc. 16, 6). «Er ist nicht hier, er ist auferweckt worden» (Matth. 28, 6; Luk. 24, 6). Er ist n i c h t h i e r ! Es sind die Engel, die das sagen. Seit der Weihnachtsgeschichte und Versuchungsgeschichte sind die Engel in den evangelischen Berichten kaum mehr aktiv sichtbar geworden. Hier, an diesem Grabe, werden sie es wieder. Aber eben: es sind doch nur die Engel, die das sagen, die hier gewissermaßen den Schlußstrich ziehen, hinter den es kein Zurückgehen geben soll. Sie zeigen nur auf das leere Grab. Das leere Grab war bekanntlich (Matth. 27, 62 f.; 28, 11 f.!) ein zweideutiges, ein diskutables Faktum. Und was sich in Jerusalem bis auf diesen Tag gerade um dieses Grab herum abgespielt hat, ist gewiß so etwas wie eine Warnung, unsere Aufmerksamkeit gerade nicht in erster Linie dorthin zu richten. Das Grab, in dem Jesus n i c h t mehr ist, ist nicht seine Auferstehung, sondern nur deren Folgeerscheinung, und es ist auch nicht seine Erscheinung als Lebendiger, sondern nur deren Voraussetzung. Es ist also wirklich nur das Z e i c h e n des Ostergeschehens. Man kann nur hinzufügen: es ist doch sein u n e n t b e h r l i c h e s Zeichen. Wenn die Christenheit gewiß nicht an das leere Grab, sondern an den lebendigen Jesus glaubt, so bedeutet das nicht, daß man an den lebendigen Jesus glauben und das leere Grab leugnen kann. «Legende»? Gut, Legende — aber eine (weil sie von jener Folgeerscheinung der Auferstehung und von jener Voraussetzung von Jesu Erscheinung redet, weil sie jenes für Unmißverständlichkeit sorgende Zeichen ist!) nicht zu verwerfende, sondern zu b e j a h e n d e Legende! Verwerfung der «Legende» vom leeren Grab pflegte bisher mit der Verwerfung der «Sage» von dem lebendigen Jesus noch immer zusammenzugehen. Es ist auch nicht wohl anders möglich. Man wird also besser tun, zuzugeben, daß zum Ostergeschehen als dessen Zeichen nun einmal auch dieses leere Grab gehört.

Entsprechend verhält es sich mit Jesu H i m m e l f a h r t. Ist sie im Neuen Testament weniger ausdrücklich bezeugt, so ist sie im Unterschied zum leeren Grab schließlich immerhin ins Credo aufgenommen und zum Gegenstand eines besonderen kirchlichen Festtags geworden. Und sie hat im Unterschied zu jenem ersten Zeichen, indem sie nach vorwärts und nach oben zeigt, eine p o s i t i v e Funktion. Wie die Entdeckung des leeren Grabes durch die Frauen den Anfang der Ostergeschichte und Osterzeit bezeichnet, so erreicht diese ihr Ende im Kreis der Jünger auf dem «Berg», der nach Matth. 28, 16 in Galiläa zu suchen wäre, während Act. 1, 12 ihn als den Ölberg bei Jerusalem bezeichnet. Das Ende besteht in dem θεᾶσθαι αὐτὸν πορευόμενον εἰς τὸν οὐρανόν (Act. 1 11). Wie dort nach unten geblickt wird, so hier nach oben. Aber auch das, was hier «droben» erblickt wird — Jesu Verschwinden in der Richtung des «Himmels», ist das Z e i c h e n des Auferstandenen, nicht er selber. Er selbst hört ja in diesem Ereignis gerade auf, ihnen zu erscheinen: genau so, wie er selbst ihnen in der Entdeckung des leeren Grabes noch nicht erschienen ist. Der «Himmel» ist in der biblischen Sprache der Inbegriff der dem Menschen unzugänglichen und unbegreiflichen Seite der Kreaturwelt und insofern — ja nicht Gott selber, aber Gottes T h r o n, die geschöpfliche Entsprechung von Gottes realer, aber dem Menschen verborgener, ihm nur durch Gottes eigene Initiative zu eröffnenden Herrlichkeit. Es hat keinen Sinn, sich das Ereignis, in welchem Jesus in den «Himmel» gegangen ist, in Gestalt einer Art Freiballonfahrt anschaulich machen zu wollen: was die «christliche Kunst» in dieser Hinsicht geleistet hat, gehört zum Schlimmsten, was sie auch sonst auf dem Gewissen hat. Und es hat natürlich auch keinen Sinn, die Sache von daher lächerlich zu machen. Nicht daß der Mensch Jesus zum Schluß vor ihren Augen auch noch eine merkwürdige Reise in den Äther angetreten habe, bezeugt die Himmelfahrtsgeschichte, sondern daß er vor ihren Augen in jenen ihnen vorläufig unzugänglichen und unbegreiflichen Kreaturbereich überging, daß er also vor ihren Augen a u f h ö r t e, vor ihren Augen zu sein. Er hörte damit nicht auf, auch Kreatur, auch Mensch zu sein. Er erwies sich ihnen aber damit eindeutig als d i e Kreatur, d e r Mensch, der — vorläufig im Unterschied zu allen andern Menschen — auf der Seite Gottes, als Mitinhaber seines Thrones, als seiend und wirkend in Gottes Weise existiert, der als solcher im Gedächtnis zu behalten ist, um den man ein für allemal als um diese «e r h ö h t e» Kreatur, diesen «e r h ö h t e n» Menschen zu wissen hat, mit dem fortan und für immer als mit dem in d i e s e r Gestalt Existierenden zu rechnen ist. Der entscheidende Satz des Himmelfahrtsberichtes ist wahrscheinlich der Satz Act. 1, 9: «daß eine W o l k e ihn ihren Augen entnahm», weil die Wolke in der Bibel zwar die Verborgenheit Gottes, aber auch seine verborgene Gegenwart und darüber hinaus auch seine seine Verborgenheit durchbrechende kommende Offenbarung bezeichnet: den Himmel, der zwar für uns verschlossen ist, der aber von innen, von Gott her, nicht immer verschlossen bleiben wird. Die Worte der Engel — man beachte, daß sie nun wieder auftauchen, während sie im eigentlichen Ostergeschehen keine Rolle spielten — sind der Kommentar dazu: «Ihr galiläischen Männer, was steht ihr und blickt gen Himmel? Dieser Jesus, der von euch weg in den Himmel emporgehoben ist, wird so kommen, wie ihr ihn habt gesehen in den Himmel gehen» (Act. 1 11). Die Wolke, die ihn ihren Augen entnimmt, ist also auf keinen Fall eine Trauerwolke. Und mit der Wendung, daß die Himmelfahrt als Jesu

I. Jesus, der Herr der Zeit

«Abschied» von den Seinen zu verstehen sei, muß man also auf alle Fälle vorsichtig umgehen. Indem er s o von ihnen Abschied nimmt, offenbart er sich ihnen — nicht nur als der, der nach Matth. 28, 20 in jener himmlischen Existenzform bei ihnen sein wird alle Tage bis zur Vollendung (συντέλεια) der Zeit, sondern auch als der, der wiederkommen und diese Vollendung der Zeit vollstrecken wird. Die Himmelfahrt ist das antizipierende Zeichen, die Anzeige des auf den Wolken des Himmels kommenden, aus jener Verborgenheit seiner himmlischen Existenz endgültig und vor aller Augen heraustretenden Menschensohns (Matth. 24, 30). Indem der Abschluß der Ostergeschichte der rückblickenden Erinnerung an den von den Toten Auferstandenen diesen freudigen Charakter gibt, indem er anzeigt, daß es nicht irgend eine Verborgenheit, sondern die Verborgenheit Gottes ist, in die Jesus geht, in der er nach Abschluß der Ostergeschichte und Osterzeit zu suchen ist, indem er schließlich diese Verborgenheit Gottes dahin beschreibt, daß sie voll künftig zu erwartender abschließender Offenbarung ist — indem die Himmelfahrt dieses Zeichen ist, ist auch sie unentbehrlich, würde es auch hier unweise und undankbar sein, das aufwärts und vorwärts weisende Zeichen aus irgendwelchen Gründen übersehen oder leugnen zu wollen.

Es konnte also die Geschichte des Menschen Jesus in seiner Zeit von dem apostolischen Menschen nicht erzählt und beschrieben werden ohne Hinzufügung dieser Nachgeschichte, der Ostergeschichte. Denn es gehörte zu ihrer Erinnerung an diesen Menschen in seiner Zeit auch diese besondere Erinnerung. Und sie gehörte entscheidend dazu: als die besondere Erinnerung an die Offenbarung, an die Erkenntnisquelle, an den Schlüssel der Geschichte, deren Zeugen sie zuvor gewesen. In der Ostergeschichte geschah es, daß ihnen die Augen aufgetan wurden für diesen Menschen, für diese Geschichte, für ihren ihnen zuvor verborgenen Charakter als Heilsgeschichte und also für das Einmalige jenes einmal Geschehenen: für das, was dieses Einmal von den vielen Einmal ihrer eigenen Lebensgeschichte und aller sonstigen Geschichte schlechterdings unterschied und vor allem anderen Einmal schlechterdings auszeichnete. Gott der Schöpfer war ihnen in dem Menschen Jesus nicht nur gegenwärtig gewesen, sondern erschienen in jener Nachgeschichte. Es war dieses Faktum, das sie nachträglich über die ganze Geschichte dieses Menschen in seiner Zeit erleuchtete und aufklärte — das Licht, in dem ihnen nachträglich diese ganze Geschichte — war sie doch die Geschichte desselben Menschen, der ihnen als der Lebendige aus den Toten begegnet war — als Gotteserscheinung und damit als Heilsgeschichte ohnegleichen offenbar wurde: als das Einmal, das vor allen anderen Einmal schlechterdings unterschieden, vor allem anderen Einmal schlechterdings ausgezeichnet war.

Es war dieses Faktum, das dem neutestamentlichen ἅπαξ und ἐφάπαξ sein spezifisches Gewicht gab, auf Grund dessen es mit keinem andern zu verwechseln war, auf Grund dessen es nun auch den Sinn eines «Ein für allemal» bekommen konnte und bekommen mußte. Dieses Faktum mußte die evangelische Erzählung zur unveräußerlichen Voraussetzung der apostolischen Verkündigung machen. Und wieder dieses Faktum mußte die apostolische Gemeinde gegenüber dem Doketismus — der

Möglichkeit eines von der Existenz und der Erkenntnis des Menschen Jesus gelösten Christusglaubens — schlechterdings immun machen. Gerade die Glorie des auferstandenen war ja die Glorie des von Galiläa hinauf nach Jerusalem ziehenden und in Jerusalem gekreuzigten Jesus von Nazareth: die Glorie seiner m e n s c h l i c h e n Person, seiner m e n s c h l i c h e n Worte und Werke. Daß eben e r die Erscheinung Gottes, das Heil der Welt war, war ja das, an was sich die Jünger im Rückblick auf jene Nachgeschichte erinnerten, was er selbst ihnen in jener Nachgeschichte als der von den Toten Auferstandene unwiderstehlich eingeprägt hatte.

Die Osterzeit ist also schlicht: die Zeit der Offenbarung des Geheimnisses der ihr vorangehenden Zeit des Lebens und Sterbens des Menschen Jesus. So gehört sie mit diesem und dieses mit ihr zusammen. Beide miteinander sind die Zeit des Menschen Jesus: seine Zeit, sofern seine, in seinem Wort und Werk existierende Person, sein Geheimnis zuerst und dann seine Offenbarung ihren Inhalt bilden. Das heißt aber: diese ganze Zeit ist die Zeit der Erscheinung und Gegenwart Gottes inmitten aller anderen, der vorangehenden und der nachfolgenden Zeiten — die Zeit, in der Gott selber dieser Mensch war und als solcher Zeit, Lebenszeit, hatte. Es ist der Schöpfer aller von ihm verschiedenen Wirklichkeit, der, wie er Fleisch von unserem Fleisch annahm, so auch sich Zeit nahm, inmitten dessen, was wir als Zeit zu kennen meinen. Es ist der Herr der Zeit, der hier selber zeitlich wurde, Zeit hatte: inmitten der Zeiten des von ihm geschaffenen Seins seine Zeit so, wie er sie vor allem geschaffenen Sein bei sich selber hatte, wie er sie über allem geschaffenen Sein zu haben nicht aufhört, wie er sie mit allem geschaffenen Sein, wenn dessen Zeit vorbei sein wird, erst recht haben wird. Hier, in diesem Geschöpf, in diesem Menschen, indem dieser Mensch seine Lebens- und Sterbenszeit und darüber hinaus seine Offenbarungszeit hatte, hat Gott, der Schöpfer, der Herr, jetzt schon Zeit von seiner Zeit, ewige Zeit, gehabt. Es ist die Zeit, die er sich genommen und die er eben damit den Menschen aller Zeiten geschenkt hat, die Zeit, die er für uns haben wollte zu Begründung und Aufrichtung, zur Durchführung und Vollendung seines Bundes — die Zeit, die darum die Zeit aller Zeiten ist, weil das, was Gott in ihr tut, das Ziel der ganzen Schöpfung und eben damit auch aller geschaffenen Zeit ist. Indem es geschah, daß Gott in seinem Wort Zeit für uns hatte, indem inmitten aller anderen Zeiten einmal auch diese, Gottes ewige Zeit war, sind alle anderen Zeiten zu konkret beherrschten, nämlich durch ihre Nachbarschaft mit dieser besonderen Zeit beherrschten, begrenzten und bestimmten Zeiten geworden. Das bedeutet positiv: sie sind gewiß kein bloßer Schein — von dem in der Philosophie so mannigfach vertretenen Theorem, daß die Zeit gar nicht wirklich, sondern eine bloße Anschauungsform, Idee oder Einbildung sei, werden wir im Blick darauf, daß Gott selbst sich einmal Zeit genommen und also die Zeit als w i r k - l i c h behandelt hat, endgültig Abschied nehmen müssen. Das bedeutet

aber kritisch: es gibt keine absolute Zeit, keine unbewegliche Natur, kein
unerschütterliches Gesetz der Zeit — nicht einmal ihre Unumkehrbarkeit
dürfte hier als Prinzip von unzerstörbarer Gewißheit im Verhältnis zu
der Zeit angemeldet werden, die einmal — als die Lebens-, Sterbens-
und Offenbarungszeit des Menschen Jesus — inmitten der Zeiten wirklich gewesen ist. Es gibt keine mit Gott rivalisierende, Gott gewissermaßen Bedingungen stellende Zeit an sich. Es gibt keinen Gott Chronos.
Und es wäre besser, keine solchen Zeitbegriffe aufzustellen, die nun doch
den Anschein erwecken könnten, als ob es so etwas wie einen Gott
Chronos geben möchte. Wir werden uns vielmehr nicht wundern dürfen,
die Natur und die Gesetze aller anderen Zeiten, das Ganze, was wir
als Zeit zu kennen meinen, von dieser einen Zeit her durchleuchtet
und relativiert zu sehen. Relativiert heißt nicht aufgehoben im
Sinn von «beseitigt». Die Zeit ist schon wirklich und bleibt es auch.
Auch ihr Ende — und sie wird einmal zu Ende sein, wie sie einmal
angefangen hat! — wird nicht bedeuten, daß sie beseitigt werden
wird. Sie hat aber ihren Sinn schon jetzt nicht in sich selber. Sondern
wie die ganze Schöpfung ihr Ziel in dem hat, was Gott in ihrem
Raume mit dem Menschen, mit uns vor hat, tun will und tut, so hat die
Zeit als deren geschichtliche Form ihren Sinn in der besonderen
Zeit, die Gott sich zu diesem seinem Tun, zum Werk seines Bundes mit
dem Menschen einmal genommen hat. Alle, auch alle andere Zeit, hat
heimlich diesen Sinn, und da ist keine Natur, da sind keine Gesetze
einer Zeit an sich, die es verhindern könnten, daß auch die anderen Zeiten
außer und neben dieser einen von dieser her beherrscht werden, daß diese
Zeit des *Deus praesens* auch ihnen — hier mehr, dort weniger, hier so,
dort anders — den Stempel ihrer Natur und ihres Gesetzes auf-
drückt. Daß alle anderen Zeiten dieser Zeit benachbart sind, das bedeutet:
daß die Spuren dieser ewigen Zeit auch in ihnen nicht zu verkennen
sind — ihre Spuren und damit die der eigentlichen, der wahren Zeit, an
der sie, gerade weil sie selber — wenn auch auf einer anderen Stufe der
Rangordnung — wirkliche Zeiten sind, notwendig ihren Anteil haben
dürfen.

Die Zeit, in der Gott sein Wort offenbarte, wird Tit. 1,3 zusammengefaßt in dem
Begriff der καιροὶ ἴδιοι, was bedeutet: die von Gott zu diesem seinem Zweck
angeeigneten und so ihm eigen gewordenen Zeiten. — Zwei alttestamentliche Vor-
bilder — ein kleines und ein großes — sind hier so sprechend, daß wir sie nicht
übergehen können.

Das kleine Vorbild sind die Lev. 25, 1—34 beschriebenen Einrichtungen des
Sabbatjahres und des Halljahrs. — Das Sabbatjahr (v. 1f) ist nach je sechs
vorangegangenen das siebente Jahr, in welchem das Land eine Feierzeit haben,
d. h. in welchem weder gesät noch geerntet werden sollte. Das Halljahr (v 8 f.)
— der *locus classicus* für die theologischen Freunde der Freiwirtschaftslehre — ist
nach je siebenmal sieben Jahren das fünfzigste, sein Anbruch angekündigt durch
Posaunenblasen im ganzen Lande. Es ist über die auch in ihm zu wahrende Still-

stellung der landwirtschaftlichen Arbeit hinaus ein Jahr der Befreiung und Wiederherstellung, indem in diesem Jahr ein Jeder wieder zu seinem in den 49 Jahren verkauften Bodenbesitz kommen soll, dessen Kaufwert — man verkauft und kauft nur B o d e n e r t r ä g e! — während der 49 Jahre konsequenterweise je nach der Ferne oder Nähe dieses Halljahrs höher oder niedriger, ein definitiver Verkauf oder Kauf von Land aber ausgeschlossen ist. In diesem, wie man sieht, auch für die Verhältnisse in den 49 Jahren so bedeutungsvollen fünfzigsten Jahr hat schon der Verfasser von Jes. 61, 1 f. das «G n a d e n j a h r d e s H e r r n» vorgebildet gesehen: «den Tag der Rache unseres Gottes, da alle Trauernden getröstet werden, da ihnen ein Kopfschmuck gegeben wird statt der Asche, Freudenöl statt der Trauerhülle, Lobgesang statt verzagenden Geistes, da man sie nennt: Terebinthen der Gerechtigkeit, Pflanzung des Herrn ihm zur Verherrlichung» m. e. W.: die messianische Erlösungszeit. Eben dieses außerordentliche Jahr ist aber nach der Predigt Jesu in Nazareth, Luk. 4, 17 f., das Vorbild seiner eigenen Z e i t : «Der Geist des Herrn ist auf mir, weil er mich dazu gesandt hat. Den Armen frohe Botschaft zu bringen, hat er mich gesandt, den Gefangenen Befreiung zu verkündigen und den Blinden das Augenlicht, die Zerschlagenen zu befreien und zu entlassen, das willkommene Jahr des Herrn zu verkündigen» (v 18 f.) «Heute ist dieses Schriftwort erfüllt vor euren Ohren» (v 21). Wenn diejenigen Kenner der altisraelitischen Verhältnisse im Recht sind, die meinen, daß die Lev. 25 vorgesehenen Einrichtungen praktisch nie oder doch nie wörtlich verwirklicht worden seien, so würde das den prophetischen Charakter dieses Bestandteils des alttestamentlichen Gesetzes nur noch deutlicher hervorheben. Das Volk Gottes mochte in dieser wie in anderer Hinsicht versagen. Was änderte das daran, daß ihm im Gesetz seines Gottes jedenfalls gesagt, gezeigt, verheißen war: seine Jahre, die Lebensjahre seiner Menschen, der Armen wie der Reichen, liefen nicht ins leere Unendliche, sondern einem solchen willkommenen Jahr der Feier, der Befreiung, der Wiederherstellung entgegen. Und dies durfte das Zeitbewußtsein der alttestamentlichen Menschen sein: nicht das Bewußtsein eines grenzenlosen Ablaufes, sondern das Bewußtsein der Zeit als einer P e r i o d e mit ihrem Z i e l in einer andern und also die Erwartung einer kommenden Zeit des Endes und neuen Anfangs, von dem her nun doch schon die laufende Zeit in ihrer Begrenzung durchleuchtet, relativiert, wie von einem gewaltigen Magneten angezogen und dementsprechend geordnet war.

Das große alttestamentliche Vorbild, an das ja Lev. 25 deutlich genug anknüpft, ist natürlich die schon in der ersten Schöpfungssage Gen. 2, 1—3 so merkwürdig hervorgehobene Institution des S a b b a t s. «Also wurde vollendet der Himmel und die Erde mit ihrem ganzen Heer. Und Gott vollendete am siebenten Tage sein Werk, das er gemacht hatte, und er ruhte am siebenten Tage von all seinem Werk, das er gemacht hatte». Das will sagen: Nachdem er am sechsten Tage den Menschen geschaffen und von da aus das ganze Werk der Schöpfung für gut, ja für sehr gut, d. h. für seine künftige Absicht mit ihm als höchst geeignet befunden hat, setzt er am siebenten Tage sein Werk nicht fort, geht dieses gerade nicht weiter in einer unendlichen Reihe weiterer Schöpfungsakte, begrenzt er sein Tun und begrenzt — eben damit auch sein Geschöpf. Der Gegenstand seines weiteren Handelns ist diese mit der Erschaffung des Menschen vollendete und keine andere Welt. Und dieser Welt tritt er nun souverän gegenüber. Ihr gegenüber besteigt er nun gewissermaßen seinen Herrscherthron. Er ist nun der ihr, der insbesondere dem Menschen als seiner letzten und abschließenden Schöpfung, koexistierende Gott geworden. Er hat sich nun, ohne aufzuhören Gott zu sein, in seinem Verhältnis zu diesem seinem Werk zu einem weltlichen, zu einem menschlichen, zu einem zeitlichen Gott gemacht. Als solcher zu handeln ist er nun frei, als solcher feiert er nun und freut er sich nun. Seine Ehre wird nun, seiner ewigen Ehre unbeschadet, auch und gerade seine Ehre in diesem von ihm verschiedenen Bereich des Himmels und der Erde und ihres ganzen Heeres und insbesondere seine Ehre in der Existenz des Menschen sein. Gerade als der Herr der Welt und des Menschen, der er als deren Schöpfer nun geworden, ist er nun ganz bei sich selbst, ruht er nun. Das ist nach der Sage der Inhalt des siebenten Tages: des letzten der sieben ersten Tage der Zeit. Es war also dieser Tag, dem die Zeit schon in und mit ihrer Erschaffung, schon da sie als die Lebenszeit anderer Lebewesen neben dem lebendigen Gott erst anhob, entgegeneilte. Sie war zu diesem Tage hin: zu dem Tag, in welchem Gott sich in diese Zugehörigkeit zur Welt und zum Menschen begeben hat. Sie war hin zu s e i n e m Tag als dem Tag des Herrn der Welt und des Menschen — zu seinem Tag als dem Tag des Herrn des Bundes zwischen ihm und seiner Kreatur. Und wenn es nun weiter heißt: «Und Gott segnete den siebenten Tag und heiligte ihn; denn an ihm hat Gott geruht von all seinem Werk, das er geschaffen und vollbracht hat», wenn nun zum ersten Mal eine göttliche Verfügung über sein Geschöpf, ein dem Menschen gegebenes Gebot darin sichtbar wird, daß eben dieser siebente Tag des göttlichen Schöpferhandelns auch dem Menschen heilig sein soll — so hat man gewiß zu bedenken, daß ja eben dieser siebente Tag Gottes der erste Lebenstag des von ihm geschaffenen Menschen ist. Nun hat auch er Zeit, Lebenszeit, — und zwar nicht endlich und zuletzt, sondern vielmehr zuerst und vor allem d i e s e Zeit, den Tag des Herrn und also dazu Zeit, Zeuge seines Vollendens und seiner Ruhe, Teilnahme an seiner Sabbatfreiheit, Sabbatfeier, Sabbatfreude zu sein — besondere Zeit dazu, mit dem Gott zu sein, der in dieser selben besonderen Zeit sein Werk vollendet, seinem Werk gegenüber ruht, der in derselben besonderen Zeit der Gott wird, der nicht mehr ohne die Welt und insbesondere nicht mehr ohne ihn, den Menschen, sondern mit ihm sein will und wird. So beginnt des Menschen Zeit auf Grund des vor seiner Zeit geschehenen Werkes Gottes und nicht im Blick auf ein vor ihm liegendes eigenes Werk. So beginnt des Menschen Zeit an einem Sonntag und nicht an einem Werktag, mit Freiheit und nicht mit einer Verpflichtung, mit einer Feier und nicht mit einer ihm gestellten Aufgabe, mit Freude und nicht mit Mühe und Arbeit, unter dem Evangelium und nicht unter dem Gesetz. Es wird dafür gesorgt sein, daß dieses Weitere sich findet. Es wird sich aber erst als das Zweite nach diesem Ersten finden dürfen. Das zeitlich Erste des Geschöpfs ist dies, daß es zu seinem Schöpfer gehören darf: wie das zeitlich Letzte des Schöpfers dies ist, daß er zu seinem Geschöpf gehören will und wird.

Es war also im Grunde keine Neuerung, sondern die Entdeckung und Inkraftsetzung der Zeitrechnung, die schon in der scheinbar anderen Zeitrechnung von Gen. 1—2 verborgen ist, wenn die älteste Christenheit nach 1. Kor. 16, 2, Act 20, 7 statt des siebenten den ersten Tag der Woche als Feiertag, als κυριακὴ ἡμέρα (Apok. 1, 10) zu begehen, die Woche mit dem Feiertag zu eröffnen statt zu schließen begann. Den Anlaß dazu gab die Tatsache, daß als der Tag der Auferstehung Jesu (Mr. 16, 2 Par.) der Tag n a c h dem jüdischen Sabbat und also der erste Tag der jüdischen Woche angegeben war. Bedeutet diese neue, die christliche Zeitrechnung etwas Anderes, als daß eben der Sinn der alten nun ans Licht getreten ist? Nachdem Gott in der Erschaffung des Menschen Alles wohlbedacht und wohlgemacht und nachdem er in Vollendung seines Werks sich selbst dem Menschen als der Freie und Lebendige zugesellt und wiederum den Menschen sich selber zugesellt hat, ist es so weit, daß der Mensch — in der Gemeinschaft mit ihm selber ein Freier und Lebendiger — seinen Lauf, seinen Weg in die Woche hinein antreten darf. Sein vermeintlich erster Tag, sein erster Werktag nämlich, ist in Wirklichkeit schon sein zweiter, während s e i n w i r k l i c h e r s t e r T a g d e r « T a g d e s H e r r n», der Tag der göttlichen Vollendung und Ruhe, der göttlichen Freiheit, Feier und

Freude, an der auch er teilnehmen durfte, gewesen ist, sodaß er von der Höhe dieses Tages in die Tiefe seines ersten Werktages hinunterschreiten darf. Wenn der göttliche Sabbat und die an den Menschen ergehende Einladung, ihn mit Gott zu begehen, in der ersten Schöpfungssage als der Inhalt eines besonderen geschöpflichen Tages beschrieben wird, so zeigt das offenbar unmißverständlich darauf hin, daß es in der Reihe der von Gott geschaffenen Zeit auch eine besondere Z e i t d e s H e i l s geben soll, das er als Schöpfer seinem Geschöpf zugedacht hat: einen Tag seiner Erscheinung, seines Gerichtes, seiner Erbarmung, den «großen und herrlichen Tag des Herrn» (Act. 2, 20): «Und es wird geschehen: jeder, der den Namen des Herrn anruft, wird (an diesem Tage) gerettet werden» (Act. 2, 21). Dieser Anrufung des Namens des Herrn im Blick auf diese besondere Zeit seiner Erscheinung und Gegenwart dient die Einsetzung des in der Folge der Wochen immer wiederkehrenden, abschließenden, in Wahrheit immer neue Anfänge setzenden Sabbattages. Wird dieses Angebot angenommen oder ausgeschlagen, wird der Sabbat gehalten oder gebrochen, wird der Name des Herrn angerufen oder nicht angerufen werden? Das ist die große Frage, die mit dieser Einsetzung zum vornherein an die Menschen gerichtet ist. Werden sie, je zu ihren Zeiten, «zu Gottes Ruhe eingehen» (Hebr. 4, 1—11) oder nicht eingehen? Aber hoch über dieser Entscheidung des menschlichen Gehorsams oder Ungehorsams steht die Kraft dieser Einsetzung, der (gehaltene oder gebrochene) Sabbattag selber als das unbewegliche, in und mit der Erschaffung der Zeit selbst aufgerichtete Zeichen der besonderen Gotteszeit, der alle Zeiten entgegengehen. Das alttestamentliche Israel hat diesen «Tag des Herrn» nicht gesehen. Es hat ja nur sein Zeichen, nur immer wieder den Sabbattag gesehen und das Wort seiner Propheten ist voll von der Klage, daß es ihn immer wieder gebrochen, den Namen des Herrn immer wieder vergessen hat. Oder hat es ihn doch gesehen, gerade indem es jedenfalls dies sein Zeichen, wie sehr es das immer wieder schänden mochte, gesehen hat? Die Treue Gottes bleibt ihm ja und so bleibt ihm auch dieses Zeichen: am Ende jeder Woche dieser siebente Tag, als der einzige unter allen, der einen N a m e n trägt ἄρα ἀπολείπεται σαββατισμὸς τῷ λαῷ τοῦ θεοῦ (Hebr. 4, 9). Das ist der Mangel, unter dem Israel in seiner ganzen Zeit gelitten, das ist aber auch die Verheißung, unter der es in seiner ganzen Zeit gestanden hat. Die apostolische Gemeinde aber hat nicht nur das Zeichen, sondern den «Tag des Herrn» selbst gesehen: den wirklichen Anbruch des wirklichen Tages Gottes: den Sabbat, mit Gott dem Schöpfer gehalten und gefeiert durch den einen Menschen Jesus, in dessen Lebenstag er nun auch für sie angebrochen war, so daß sie zur Ruhe Gottes eingehen durften, so daß sie die Zeit nicht bloß als auf diesen Tag der Ruhe h i n, sondern auch, und zwar entscheidend, von ihm h e r sehen und verstehen mußten, so daß sie das Jahr der Geburt Jesu für das erste Jahr ihrer Zeit und immer wieder den Tag seiner Auferstehung für den ersten Tag ihrer Wochen halten mußten.

Wir blicken von hier aus hinüber auf den wichtigen neutestamentlichen Begriff der «E r f ü l l u n g d e r Z e i t».

Die Stelle G a l. 4, 1 f. muß hier passenderweise am Anfang stehen. Es gab nach dem, was Paulus hier sagt, eine Zeit, da war der Erbe, nämlich der von Gott zu seinem Sohn erwählte und geschaffene Mensch, noch unmündig und darum, obwohl von Rechts wegen schon der «Herr über Alles», den «Erziehern und Verwaltern», nämlich den scheinbar selbständigen und allmächtigen Gewalten des geschaffenen Seins (den στοιχεῖα τοῦ κόσμου) ausgeliefert und untertan, als ob auch er nur ein Knecht unter Knechten wäre. «Als aber das πλήρωμα τοῦ χρόνου kam, da sandte Gott seinen Sohn, vom Weibe geboren, unter das Gesetz geboren, damit er die unter dem Gesetz Stehenden loskaufe, auf daß sie in den Genuß der Sohnschaft kämen». Es «kam» also, von Gott gesendet, zu den Menschen gesendet und eben darum selber «vom Weibe geboren, unter das Gesetz geboren» — es «kam» in die Zeitlichkeit (die die eines jeden Menschen, aller Menschen, ist) der Sohn Gottes. Und es «kam» in und mit ihm die «Erfüllung der Zeit». Man beachte, wie dieses Letztere hervorgehoben ist, sodaß man auf den ersten Blick wohl meinen könnte, es handle sich um ein selbständiges Ereignis, das die Sendung des Sohnes erst möglich gemacht habe: etwa in dem Sinn, daß die Zeit jetzt reif, die geschichtliche Lage für die Sendung des Sohnes jetzt geeignet gewesen sei. Das will Paulus sicher nicht sagen. Die Sendung des Sohnes b r i n g t die Erfüllung der Zeit m i t s i c h, nicht umgekehrt. Paulus will aber allerdings sagen, daß in und mit dem Ereignis der Sendung des Sohnes, seines Eintritts in die Zeitlichkeit, eine bestimmte neue Z e i t angebrochen ist, gefüllt durch ein Geschehen, dessen Tragweite sie charakterisiert als die Erfüllung a l l e r Zeit. Der Mensch als der nun mündige Sohn und Erbe Gottes, der Mensch als der «Herr über Alles», der freie Mensch tritt auf den Plan und wird als solcher offenbar. Das ist das Geschehen, das diese Zeit füllt. Dieses Geschehen macht sie zur erfüllten Zeit. Aber der Begriff πλήρωμα τοῦ χρόνου greift offenbar weiter. Erfüllt durch d i e s e s Geschehen ist nicht nur diese besondere Zeit für sich und als solche. Sondern indem n a c h aller und v o r aller anderen Zeit diese e r f ü l l t e Zeit war, ist in ihr die Zeit überhaupt, der χρόνος als solcher, in dessen Reihe und Folge es zu dieser Erfüllung gekommen ist, erfüllte Zeit geworden. Um deswillen, damit zu seiner besonderen Zeit d a s geschehe, gab es Zeit, wird es Zeit geben. Die Zeit läuft nur scheinbar ins Leere. Sie läuft in Wirklichkeit diesem Geschehen entgegen, wie sie auch nur scheinbar aus dem Leeren kommt, in Wirklichkeit von diesem Geschehen herkommt. Nun «kam» (der Inbegriff alles Kommens und Gehens der Zeit) ihre E r f ü l l u n g. Nun kann man sie nicht mehr anders sehen und verstehen denn als die hier, in dieser besonderen Zeit, e r f ü l l t e Zeit.

Wir wenden uns von da zu E p h. 1, 9 f., wo es heißt, daß Gott «vor der Grundlegung der Welt» ein bestimmtes «Wohlgefallen» (εὐδοκία) gehabt, einen bestimmten Entschluß gefaßt und zur Sache seines Willens gemacht hat. Er war uns zuvor Geheimnis; er ist es uns jetzt, da er ihn ausgeführt und im Evangelium offenbart hat, nicht mehr. Sein Inhalt ist dieser: ἀνακεφαλαιώσασθαι τὰ πάντα ἐν τῷ Χριστῷ d. h. dem All des von ihm geschaffenen Seins in Christus sein Haupt, seinen regierenden und bestimmenden Sinn zu geben. Dies ist Gottes W e l t p l a n und eben in seiner Ausführung kommt es zur οἰκονομία τοῦ πληρώματος τῶν καιρῶν. Es soll die Durchführung dieses göttlichen Plans zusammenfallen mit der Herbeiführung der «Erfüllung der Zeiten». Das ist es, was g e s c h e h e n und was uns durch das Evangelium o f f e n b a r gemacht ist. Denn was Gott geplant hat: die Zusammenfassung des Alls unter Christus als seinem Haupte und eben damit die Erfüllung der Zeit, das ist faktisch E r e i g n i s, das ist uns in diesem Ereignis auch b e k a n n t gemacht worden. Man bemerke, wie auch hier das Eine am Andern hängt: der die ἀνακεφαλαίωσις will und vollzieht und offenbar — er will und vollzieht und offenbart mit ihr auch die «Erfüllung der Zeiten». Indem das All des geschaffenen Seins in Christus als seinem Haupte zusammengefaßt wird, werden auch die καιροί — die einzelnen Zeiten der einzelnen geschaffenen Wesen — nicht etwa als solche aufgehoben, durchgestrichen, zunichte gemacht, wohl aber «erfüllt». Keine dieser Zeiten lief ins Leere; sie liefen alle diesem Ziel, diesem Geschehen, und also dieser Zeit entgegen.

Diese apostolischen Kommentare mögen uns nun die vor allem hieher gehörige wichtige evangelische Stelle Mc. 1, 14 f. zugänglich machen. Es handelt sich um die erste zusammenfassende Angabe über Jesu Tätigkeit. Er kam her vom Jordan, wo er die Taufe des Johannes empfangen und wo die Stimme vom Himmel ihn als Gottes geliebten Sohn — auch hier als Gegenstand der göttlichen εὐδοκία ! —

bestätigt hat. Er kam her aus der Wüste, aus jenen ersten vierzig Tagen, in denen er vom Satan versucht wurde, in denen er bei den Tieren war und dann von den Engeln bedient wurde. Johannes ist jetzt «dahingegeben»; sein Amt und seine Zeit sind vorbei. Und nun «kam» Jesus nach Galiläa, in das Land in der Mitte zwischen Juden und Heiden. Er «kam» mit der Verkündigung der «Frohbotschaft Gottes», welche dahin lautete: «Die Zeit ist erfüllt und das Reich Gottes ist nahe gekommen. Tut Buße und glaubt an das Evangelium!» Es wird wohl bei der Übersetzung von ἤγγικεν mit «nahe gekommen» sein Bewenden haben müssen. So hat es nach Matth. 3, 2 der Täufer gesagt, so sollten es nach Luk. 10, 9. 11 die Jünger sagen: das Reich ist «n a h e gekommen», d. h. sein Eintritt in die Geschichte steht in kürzester Frist bevor. Man wird aber denen, die das ἤγγικεν einfach mit «g e - k o m m e n» übersetzen möchten, das Zugeständnis machen müssen, daß der Ausdruck in seinem zurückhaltenden Wortsinn zu der für die vorösterliche Geschichte des Menschen Jesus charakteristischen Esoterik gehört; in eine Linie mit Jesu Gebot, es niemandem zu sagen, daß er der Messias sei (Matth. 16, 20). Oder in eine Linie mit dem noch deutlicheren Gebot, nicht von jener «Verklärung» auf dem Berg zu reden, «bis der Sohn des Menschen von den Toten auferweckt worden ist» (Matth. 17, 9). Daß Jesus der Messias ist, das ist sein Geheimnis, das erst dadurch aussagereif wird, daß es sich selbst, von innen her, erschlossen hat. Und daß das Reich Gottes g e k o m m e n ist, das kann legitim erst g e s a g t werden, nachdem Gott selbst es offenbar gemacht hat. Bis dahin muß um sein Kommen gebetet werden (Matth. 6, 10), ebenso wie nachher, wenn diese Offenbarung Vergangenheit geworden sein wird, wiederum darum zu beten sein wird. Bis dahin steht das zurückhaltende ἤγγικεν in Kraft. Es hat aber in der Tat das Geheimnis eines ἐλήλυθεν in sich. In den Streitreden über Jesu Dämonenaustreibungen wird das (vgl. K ü m m e l, a. a. O. S. 63 f.) sichtbar. «Wenn ich durch den Geist Gottes die Dämonen austreibe, so ist ja das Reich Gottes zu euch gekommen (ἔφθασεν ἐφ' ὑμᾶς Matth. 12, 28). Der Starke i s t schon gebunden, darum kann jetzt sein Haus geplündert werden (Matth. 12, 29). Aber auch der Verweis Jesu auf seine Taten («Blinde sehen und Lahme gehen...») in seiner Antwort auf die Frage des Täufers (Matth. 11, 2 f.) besagt, daß das geweissagte Heil der Endzeit nicht mehr aussteht, sondern auf dem Plan ist. «Das Reich ist in eurer Mitte da», heißt es Luk. 17, 21 in aller Klarheit. So sagt es auch die Seligpreisung der Jünger: «Selig sind eure Augen, weil sie sehen und eure Ohren, weil sie hören. Wahrlich, ich sage euch, daß viele Propheten und Gerechte zu sehen begehrten, was ihr seht und sahen es nicht, und zu hören begehrten, was ihr hört und hörten es nicht» (Matth. 13, 16 f.). Ein Wort, dem der Spruch Luc. 17, 22 merkwürdig gegenübersteht: «Es werden Tage kommen, in welchen ihr danach begehren werdet, einen der Tage des Menschensohnes zu sehen und werdet sie (nicht mehr) sehen.» Man beachte aber auch die Begründung der Macht, die auch die Jünger über die Dämonen haben: «Ich sah den Satan wie einen Blitz vom Himmel fallen» (Luk. 10, 18). Wie könnte das Reich von Gewalttätern bestürmt werden (Matth. 11, 12), wenn es nicht d a wäre? Und wie könnte periodisiert werden, wie es in der Fortsetzung dieses Wortes geschieht — «alle Propheten und das Gesetz haben bis zu Johannes hin geweissagt, und wenn ihr es annehmen wollt: Er ist Elia, der kommen soll. Wer Ohren hat, der höre!» (Matth. 11, 13 f.) — wenn nicht jetzt, diesseits des Kommens dieser «Elia» und nach seiner Dahingabe das Reich selbst g e - k o m m e n wäre? Wie könnte Jesus sonst sagen, daß er gekommen sei, das Gesetz zu — erfüllen? (Matth. 5, 17). Und nun ist ja Mr. 1, 15 dem Satz vom nahegekommenen Reich der Satz vorangestellt: «die Z e i t ist erfüllt». Er steht zu jenem zweiten Satz zweifellos in Spannung. Er redet nun gerade nicht esoterisch, nicht zurückhaltend, nicht verhüllend. Er ist an dieser Stelle nur dann erträglich und verständlich, wenn das ἤγγικεν esoterisch zu verstehen ist, wenn es das Geheimnis eines ἐλήλυθεν in sich trägt. Denn πεπλήρωται ὁ καιρός ist zweifellos die Beschreibung eines schlechthin einzigartigen, weil einen Abschluß und einen neuen Anfang in der Zeit setzenden Ereignisses. Ein Geschehen der Gegenwart hat den Sinn der vor dieser Gegenwart liegenden Zeit wahr gemacht und hat damit über den Sinn der nach dieser Gegenwart liegenden Zeit entschieden. Das ist ein Satz von einem Gewicht, neben dem jener zweite Satz zu wenig Gewicht hätte, wenn es sich dort wirklich und eigentlich um ein bloßes «Nahekommen» des Reiches handeln sollte, wenn man das ἐλήλυθεν nicht mithören müßte, das in und unter dem ἤγγικεν verborgen ist Gal. 4, 4 ist ja die Entsprechung der erfüllten Zeit solenn genug die Sendung des Sohnes Gottes in die Menschenwelt und Eph. 1, 10 die ἀνακεφαλαίωσις des Alls in Christus. Und von e i n e m höchst realen Kommen ist ja nun auch Mr. 1, 15 a u s - d r ü c k l i c h die Rede: ἦ λ θ ε ν ὁ ’Ι η σ ο ῦ ς εἰς τὴν Γαλιλαίαν κηρύσσων τὸ εὐαγγέλιον τοῦ θεοῦ. Das jedenfalls ist nicht nur Ankündigung. Das jedenfalls war kein bloßes Nahekommen, sondern ein faktisches Hereinkommen. Mochte und konnte das Reich bis zu seiner Offenbarung erst angekündigt werden — indem J e s u s (er, der Träger von Gottes Frohbotschaft) k a m, kam verborgen, aber faktisch, in und mit ihm das R e i c h und eben damit die Erfüllung der Zeit, wie ja eben, indem Jesus kam, auch das Gesetz erfüllt, sein ganzer Sinn in ihm selbst wahr gemacht wurde. Indem Jesus kam, fehlte zur Erfüllung aller alttestamentlichen Verheißung und Weissagung gar nichts mehr als eben der Verlauf dieses Kommens als ihres zeitlichen Vollzuges, war das «Jahr der Gnade», der «große und herrliche Tag des Herrn», war der von Woche zu Woche bloß angezeigte eigentliche, der von Gott und dem Menschen gemeinsam gefeierte Sabbat nicht nur vor der Türe, sondern angebrochen. Wenn die Frohbotschaft Gottes damals dahin lautete, daß die Zeit erfüllt war, dann konnte w e n i g e r als das damals n i c h t geschehen sein. Es würde ja ein geringeres als dieses Geschehen die ungeheure Caesur, die mit dem Begriff der «Erfüllung der Zeit» bezeichnet ist, nicht erklären können: weder den damit geschehenen Abschluß der Zeit «bis hin zu Johannes», noch den Anbruch der neuen Zeit, die den Menschen offenbar dazu und nur noch dazu gegeben ist, diese Frohbotschaft Gottes zu vernehmen, sich auf Gottes eigenes direktes Sein und Walten in der Zeit einzurichten und also — offenbar ihrerseits in Form zeitlicher Lebensakte — Buße zu tun und zum Glauben zu kommen. Μετάνοια ist die vollständige innere und äußere Umkehr des Menschen zu dem Gott, der sich ihm jetzt eben selber höchst zeitlich zugewendet hat. Πίστις ist das unbedingte Vertrauen zu diesem Gott, das der positive Sinn und Gehalt jener Umkehr ist: das neue Leben, das nach jenem Geschehen, in der diesem Geschehen folgenden Zeit das einzig mögliche Leben ist. Es geht jetzt, mit Gal. 4, 1 f. zu reden, um die gänzliche Umstellung und um die völlige Zuversicht des Sohnes, dessen Herrschaft über Alles mit seiner Mündigerklärung endgültig proklamiert und in Kraft getreten ist. Es geht jetzt, mit Eph. 1, 9 f. zu reden, um die der geschehenen ἀνακεφαλαίωσις entsprechende totale Neuorientierung des menschlichen Daseins. Mr. 1 hat gegenüber Gal. 4 und Eph. 1 die Eigentümlichkeit, daß eben diese K o n s e q u e n z für die Folgezeit hier e x p l i z i t s i c h t b a r gemacht wird. Und das hängt gewiß auch damit zusammen, daß hier nicht abstrakt vom πλήρωμα sondern konkret von dem geschehenen Ereignis des πληροῦσθαι die Rede ist, wie die Sache hier ja auch konkret auf das Kommen Jesu nach Galiläa bezogen, ja, wenn nicht Alles täuscht, eben mit diesem seinem Kommen und so auch mit dem Kommen des Reiches identisch ist. Das erklärt denn auch, daß hier mit dem μετανοεῖτε καὶ πιστεύετε so imperativisch konkret auch in die Zukunft hineingegriffen und also mit dem Abschluß der alten auch der Anfang der neuen Zeit so ausdrücklich angezeigt wird. Mr. 1 macht wirklich sichtbar, daß wir es im Lebenstag Jesu wohl mit einer richtigen Z e i t und deren Ereignis, aber um der Besonderheit dieses Ereignisses willen mit einer b e s o n d e r e n Zeit: mit der alle Zeiten beherrschenden Zeit der Mitte zu tun haben. Daß im Lebenstag Jesu die Zeit erfüllt wurde, bedeutet, daß die Zeit vorher diesem Tag entgegeneilte, die Zeit nachher von diesem Tage herkommt. Es hatten die Menschen der vorigen Zeiten im Grunde, ohne es zu wissen — die Propheten aber «bis hin zu Johannes» wußten es — nur darum Zeit, weil dieser Tag erscheinen sollte. Und es sollten die Menschen der folgenden Zeiten — das wird ihnen nun imperativisch verkündigt — nur dazu Zeit haben, sich danach einzurichten, daß in der Reihe der Tage einmal, ἅπαξ, ἐφάπαξ dieser Tag erschienen war. Das Wort aus der Areopagrede (Act. 17, 30 f.) will hier als Parallele beachtet sein: «Gott hat die Zeiten der Unwissenheit (die χρόνοι τῆς ἀγνοίας) übersehen; jetzt aber ruft er allen Menschen allenthalben zu, daß sie Buße tun sollen — indem er einen Tag eingesetzt hat (ἔστησεν ἡμέραν), an dem er die bewohnte Erde richten will in Gerechtigkeit durch den Mann, den er dazu bestimmt hat: für jedermann dadurch beglaubigt, daß er ihn von den Toten auferweckt hat».

Hinter der Anwendung des Begriffs der «Erfüllung» auf den Begriff der Zeit steht aber Gal. 4 wie Eph. 1 wie Mr. 1 eine bestimmte Anschauung: die Zeit erscheint als ein leeres Gefäß, dem sein Inhalt noch fehlt und doch schon bestimmt ist, den es noch nicht in sich hat, der ihm aber zu bestimmter Zeit gegeben werden wird. Wie eine Verpflichtung, ein Versprechen, ein Gesetz, eine Bitte, eine Hoffnung, wie eine göttliche Verheißung oder Weissagung der Propheten und Gerechten des alten Bundes, ein alttestamentliches Schriftwort oder ein alttestamentlicher Typus an sich, vom Kommen des Reiches in dem Menschen Jesus abgesehen, ohne Inhalt sind und insofern Mangel leiden — und nun, weil auf dieses Ereignis bezogen, weil für diesen Inhalt schon bestimmt, doch nicht nichtig sind — so die Zeit an sich und als solche. Sie ist leer in jenem negativen Sinn: leer von diesem Inhalt — und in diesem positiven Sinn: leer gerade für ihn. Sie hat zugleich den Mangel und den Vorzug, die Zeit zu sein, die der Zeit Jesu entgegeneilt (um nachher von ihr herzukommen!). Sie ist nur insofern — sie ist aber insofern eigentlich, als sie zu seiner Zeit in dieser Beziehung steht, als in diesem indirekten Sinn auch sie seine Zeit ist. Sie hat ihre Fülle in seiner Zeit, in dem πληροῦσθαι dem πλήρωμα des Ereignisses seines Tages, seines Lebenstages. In ihm, dem Sohne, dem Haupt über alles, in dem nach Galiläa gekommenen und in Galiläa verkündigten Reich Gottes ist alle Zeit abgeschlossen und anhebend zugleich, vollkommen und eigentlich.

Man darf diese Konkretheit der Sache keinen Augenblick außer Acht lassen: die Erfüllung der Zeit hat eben selbst diese besondere, in ihrem Verhältnis zu den andern Zeiten angebbare Zeit gehabt. Keine Erfüllung der Zeit darum ohne Zeit der Erfüllung. Sie wird darum 1. Petr. 1, 20 (als die Zeit der Offenbarung des vor der Erschaffung der Welt erwählten Lammes Gottes) ausdrücklich die «letzte» Zeit, der ἔσχατος τῶν χρόνων genannt. Sie reiht sich an und ein in die Folge vorangegangener Zeiten. Sie bildet ihren Abschluß, um dann zugleich eine neue Folge von Zeiten zu eröffnen. An dem «letzten» dieser Tage sprach Gott (nachdem er in jenen Tagen «zu vielen Malen und in vielerlei Weise durch die Propheten zu den Vätern gesprochen») zu uns in seinem Sohne, den er zum Erben des Alls gemacht, durch den er auch die Zeiten (die Äonen) geschaffen hat (Hebr. 1, 1 f.). «Zuletzt aber (nachdem er seine Knechte einen nach dem anderen geschickt hatte) sandte er seinen Sohn zu ihnen» (Matth. 21, 37). Und es ist sicher bedeutungsvoll formuliert, wenn es Joh. 7, 37 heißt: An dem letzten, dem großen Tage des Festes stand Jesus, rief und sprach: «Wenn Jemand dürstet, so komme er zu mir und trinke!» Und nun geht die Erfüllung auch innerhalb dieses seines großen Tages weiter, bis sie vollbracht dahinten liegt. Sein Tag «währt», und solange er währt, muß Jesus die Werke dessen wirken, der ihn gesandt hat, steht er da, ergeht sein Ruf, ist jenes Angebot offen. «Solange ich in der Welt bin, bin ich das Licht der Welt» (Joh. 9, 4 f.). Es ist schon ein wirklicher Tag mit einem Morgen und mit einem Abend, eine wirkliche Zeit mit einem Anfang, einer Dauer und einem Ende, was da im Blick ist. «Solange es Tag ist» heißt es ja ausdrücklich, und nachher: «Es kommt die Nacht, da niemand wirken kann.» Es ist also d i e E r f ü l l u n g d e r Z e i t s e l b e r e i n z e i t e r f ü l l e n d e s, anhebendes, dauerndes und vollendendes G e s c h e h e n. Darum kann Jesus sein Zögern bei der Hochzeit von Kana begründen mit den Worten: «Meine Stunde ist n o c h n i c h t g e k o m m e n» (Joh. 2, 4), und sein vorläufiges Fernbleiben vom Fest in Jerusalem mit den Worten: «Meine Zeit ist n o c h n i c h t erfüllt» (Joh. 7, 8). Auch der Zugriff seiner Feinde muß sich erst anbahnen, um sich dann wirklich zu vollziehen — um eben damit an der Erfüllung der Zeit mitzuwirken — und wird bis dahin aufgehalten (Luk. 20, 19; 22, 52 f.). Die Zeit muß auch in dieser Zeit f o r t s c h r e i t e n: «Die Stunde ist n a h e gekommen, da des Menschen Sohn überliefert wird in die Hände der Sünder» (Matth. 26, 45) wird es später heißen, und dann erst: «Die Stunde ist d a » (Joh. 17, 1), « d i e s ist eure Stunde und die Macht der Finsternis» (Luk. 22, 53), «Vater, rette mich aus d i e s e r Stunde!» (Joh. 12, 27). Dann erst kann jenes Uhrwerk des Passionstages zu schlagen beginnen, bis hin zu dem τετέλεσται, das Jesus jetzt erst, als Sterbender am Kreuz — es ist nach Joh. 19, 30 sein letztes Wort — sagen kann. Was er «in den Tagen seines Fleisches» gewesen ist und getan, daß und wie er in diesen Tagen die Zeit erfüllt hat, das wird darum Hebr. 5, 7 f. in einem Hinweis auf den letzten dieser Tage, auf das Passionsgeschehen zusammengefaßt und bezeichnet. Indem Jesus diesen seinen Weg zu Ende geht, ereignet sich das, was das Neue Testament die «Erfüllung der Zeit» nennt, wird seine Zeit die erfüllte Zeit, als die sie dann den Jüngern in der O s t e r z e i t o f f e n b a r geworden ist.

Wir haben diese seine Zeit inmitten der anderen Zeiten G o t t e s Z e i t genannt: ewige Zeit, die Zeit, die Gott sich für uns genommen, die er für uns gehabt, die er eben damit uns, den Menschen aller Zeiten, geschenkt hat, die Zeit seines Bundes — oder in den biblischen Anschauungen ausgedrückt: der große Sabbat, das Jahr des Heils, die erfüllte Zeit. Wir haben nun zu prüfen, was das alles zum Verständnis dieser besonderen Zeit sachlich zu bedeuten hat.

Nach allem bereits Überlegten muß es zunächst gewiß a u c h bedeuten: Sie ist eine Zeit wie alle anderen Zeiten, e i n m a l i g und d a m a l i g in ihrem Beginn, ihrer Dauer, ihrem Ende, g e g e n w ä r t i g von den Zeiten gewisser anderer Menschen her gesehen, von wieder anderen Zeiten her z u k ü n f t i g und von noch anderen, z. B. von der unseren her v e r g a n g e n. Nur eine doketische Betrachtung Jesu könnte leugnen, daß sein Sein in der Zeit auch dies bedeutet: dasselbe nämlich, was das Sein in der Zeit für uns Alle bedeutet. Die Erkenntnis, daß er ein wahrer Mensch war, hängt daran, daß das nicht geleugnet wird. Auch die Erkenntnis, daß er wahrer Gott und also seine Zeit Gottes Zeit war, schließt diesen schlichten Sinn seines Seins in der Zeit nicht aus, sondern ein. Alles Besondere, was dann allerdings zu sehen und zu sagen ist, würde gegenstandslos, wenn man diesen schlichten Sinn der Sache übersehen, vergessen oder auch nur gering achten würde.

Es ist darum gewiß gut, sich klar zu machen, daß auch die großen hier in Betracht kommenden neutestamentlichen Formeln auch diesen schlichten Sinn der Sache nicht aus- sondern einschließen. Das gilt von der Formel, die Apok. 1, 4. 8. 17; 4, 8; 21, 6; 22, 13 — sichtlich im Anschluß an Jes. 41, 4; 44, 6; 48, 12 — in verschiedenen Wendungen auftaucht: Ich bin, der da war, ist, sein wird, der Anfang und das Ende, der Erste und der Letzte, das Alpha und das Omega. Die Solennität dieser Formel verbietet es natürlich sofort, ihren Sinn n u r darin zu finden, daß sie das Sein eines Menschen in seinen zeitlichen Grenzen, d. h. in seinem Anheben, seiner Dauer, seinem Ende in der Zeit beschreibt und eben damit dies, daß das Sein dieses Menschen von dem Anderer her gesehen, je ein künftiges, ein gegenwärtiges, ein gewesenes ist. Diese Formel sagt natürlich m e h r als das. Aber sie sagt a u c h das und eben, was sie m e h r sagt, sagt sie, indem sie implizit doch auch d a s sagt. Und dasselbe gilt auch von Hebr. 13,8: «Jesus Christus, gestern und heute derselbe und in die Äonen». Wer könnte da dabei stehen bleiben, zu erklären, daß auch der Mensch Jesus lebte, indem er von seinem Gestern durch sein Heute in sein Morgen schritt? Nur daß man das sehr viel Höhere und Tiefere, was auch dieser Text sagen will, nicht verstehen würde, wenn man sich davor verschließen wollte, daß er implizit zunächst wirklich auch jenes Einfachste sagt.

Also: die bekannten drei Dimensionen jedes Zeitbegriffs sind schon auch hier, beim Verständnis der Zeit Jesu als der Zeit Gottes im Auge zu behalten. Aber nun gilt es aufzumerken: Indem die Zeit Jesu eine Zeit ist w i e alle anderen, ist sie auch a n d e r s als alle anderen — nämlich anders hinsichtlich der S c h r a n k e n, die allen anderen Zeiten damit gesetzt sind, daß sie in jenen Dimensionen wirklich sind, daß sie beginnen, dauern und endigen, daß sie je nach dem Standort des Betrachters zukünftige, gleichzeitige, vergangene Zeiten sind:

1. Daß jede andere Zeit einmal b e g i n n t und also vom Standort früherer Zeiten her gesehen eine erst k ü n f t i g e Zeit ist, das bedeutet ja, daß sie damals n o c h n i c h t war.

2. Daß jede andere Zeit d a u e r t und also vom Standort derselben Zeit her gesehen g e g e n w ä r t i g ist, das bedeutet B e s c h r ä n k u n g ihrer Gegenwart auf ihre Dauer und auf die Dauer des gleichzeitigen Betrachters.

3. Und daß jede andere Zeit einmal e n d i g t und also vom Standort späterer Zeit her gesehen schon v e r g a n g e n ist, das bedeutet, daß sie dereinst n i c h t m e h r sein wird.

Eben diese Schranken aller anderen Zeiten — der Zeiten aller anderen lebenden Wesen — sind nun n i c h t auch die Schranken der Zeit des Menschen Jesus:

1. Auch das Leben Jesu b e g i n n t freilich einmal; auch seine Zeit ist einmal k ü n f t i g e Zeit gewesen. Das besagt aber n i c h t, daß sie damals n o c h n i c h t war.

2. Auch das Leben Jesu hat seine D a u e r. Auch seine Zeit war einmal g e g e n w ä r t i g. Das besagt aber n i c h t, daß sie nur in dieser seiner Dauer und nur vom Standpunkt der gleichzeitig dauernden anderen lebenden Wesen her gesehen gegenwärtig war.

3. Auch das Leben Jesu **endigt** einmal. Auch seine Zeit wurde einmal Vergangenheit. Das besagt aber nicht, daß sie einmal nicht mehr war. Diese **Aufhebung** der Schranken ihres Gestern, Heute und Morgen, ihres Damals, Jetzt und Dereinst ist die Eigentümlichkeit der Zeit des Menschen Jesus, weil sie laut ihres Offenbarwerdens in der Osterzeit als solche auch die Zeit Gottes, die ewige Zeit ist: die Zeit des Bundes, der große Sabbattag, das Jahr des Heils, die erfüllte Zeit. Was für alle Zeiten — die Zeiten aller anderen lebenden Wesen — schlechterdings **Schranke** ist, das ist für ihn in seiner Zeit **Tor**. Wir versuchen es, das zunächst abgrenzend Gesagte nun auch positiv zu formulieren:

1. Das Leben Jesu beginnt einmal, und so ist seine Zeit einmal auch künftige Zeit gewesen. Es **beginnt** aber in Wirklichkeit schon **damals**, als seine Zeit noch künftig war. Der Mensch Jesus war schon, **bevor** er war. Es war also schon die Zeit **vor** seiner Zeit, schon die Zeit, da diese erst seine künftige Zeit war — eben weil sie **seiner** Zukunft entgegeneilte — auch **seine** Zeit, die Zeit seines Gewesenseins.

2. Das Leben Jesu dauert, und so ist seine Zeit auch einmal Gegenwart gewesen. Es greift aber diese Gegenwart in ihrer ganzen Einmaligkeit sowohl **zurück** auf seine Vergangenheit, in der seine Zeit noch künftig war — als auch **voraus** auf seine Zukunft, in der seine Zeit vergangen sein wird. Der Mensch Jesus **ist**, indem er auch **war** und indem er auch **sein wird**. Es ist auch die Zeit seiner **Gegenwart** — eben weil sie die Zeit **seiner** Gegenwart ist — auch die Zeit vor und die Zeit nach seiner Zeit, **seine** Zeit, die Zeit **seines Seins**.

3. Das Leben Jesu endigt einmal, und so ist seine Zeit auch einmal Vergangenheit geworden. Es **endigt** aber in Wirklichkeit, indem es je und je **Gegenwart**, noch und noch **Zukunft** ist. Der Mensch Jesus **war**, indem er **ist** und **sein wird**. Es ist auch die Zeit **nach** seiner Zeit, auch die Zeit, in der seine Zeit schon vergangene Zeit ist — eben als die Zeit **seiner** Vergangenheit, als die von ihm herkommende Zeit — auch die Zeit seiner immer neuen Gegenwart, auch die Zeit seines neuen Kommens und so wiederum **seine** Zeit.

So also ist seine Zeit — auf die drei Dimensionen jedes Zeitbegriffs gesehen — als die Zeit eines **Menschen** zugleich **Gottes** Zeit, ewige Zeit. So ist Jesus, wie wir im Titel dieses Abschnitts angegeben haben, indem er wie alle Menschen in der Zeit ist und seine Zeit hat, zugleich der **Herr der Zeit**.

Es ist klar, daß das Alles — das Abgrenzende sowohl wie das Positive — nicht gesagt werden könnte (oder nur in Begriffen ohne Anschauung, in Anschauungen ohne Begriffe gesagt werden könnte), wenn zum Sein des Menschen Jesus in der Zeit nicht auch sein Sein in der **Osterzeit** gehören würde. Ist Christus nicht auferstanden von den Toten, dann reden wir in dieser ganzen Sache ohne Grund in Gottes Wort und Offenbarung. Wir spekulieren dann mit jedem Wort, mit dem wir über die schlichte Feststellung vom Beginn, von der Dauer, vom Ende der Zeit Jesu in ihrer Gleichheit mit allen anderen Zeiten hinausgehen. Wir errichten dann auf Grund eines unverbindlichen Eindrucks, den wir von seinem Leben in dieser seiner Zeit haben mögen, ein Kartenhaus, das bei der leisesten Berührung durch den solchen Eindrücken gegenüber nur zu berechtigtem Zweifel an unserer eigenen Kompetenz in sich zusammenfallen müßte. Jesus ist der Herr der Zeit in dem jetzt entfalteten Sinn, indem er Gottes Sohn und als solcher der ewige Gott selber ist: der Schöpfer der Zeit, der als solcher über sie verfügen kann — oder er ist es n i c h t. Und daß er in jenem Sinne der Herr der Zeit ist, das sagen wir daraufhin, daß er sich als solcher selbst o f f e n b a r t hat, daß seine Erscheinung sich in seiner Auferstehung von den Toten als die Erscheinung des ewigen Gottes erwiesen hat — oder wir können das n i c h t sagen und würden dann gewiß besser tun, auch nicht den Anschein zu erwecken, als ob wir es sagen könnten. Die Apostel und die neutestamentliche Gemeinde können und müssen sagen, was in jenen Formeln der Apokalypse und des Hebräerbriefs — wir wenden uns nun zu ihrem eigentlichen und expliziten Sinn — gesagt ist, weil sie von der Auferstehung Jesu von den Toten herkommen, weil ihnen auch Jesu vorangegangenes Sein in der Zeit im Lichte dieses Geschehens offenbar ist, weil es ihnen Axiom ist, daß über das Ganze seines Seins in der Zeit unter allen Umständen von hier aus zu denken und zu reden sei.

Wir greifen aus den in Frage kommenden Stellen der Apokalypse das besonders deutliche Wort 1, 8 heraus: «Ich bin das A l p h a und das O m e g a , spricht der Herr, Gott, der da i s t, der da w a r und der da k o m m t, der A l l h e r r s c h e r » (παντοκράτωρ). Man kann nach dem Zusammenhang nicht zweifeln: nicht etwa Gott *in abstracto*, sondern Gott *in concreto*, nämlich Gott in seiner Identität mit dem Menschen Jesus ist der, der da sprechend eingeführt wird. Und es ist deutlich, daß hier von seinem Sein in der Zeit geredet, deutlich aber auch dies, daß hier mehr von ihm gesagt wird, als bloß das, daß auch es einen Beginn, eine Dauer und ein Ende hat. «Ich bin», sagt hier Jesus, « d a s Alpha und d a s Omega» — ὁ πρῶτος καὶ ὁ ἔσχατος, ἡ ἀρχή καὶ τὸ τέλος wie diese Buchstaben Apok. 22, 13 interpretiert werden. Schon dieser Teil der Formel redet nicht von Zeitlosigkeit. Wie das A und das O, obwohl der erste und letzte aller Buchstaben, selbst zum Alphabet und also in die Reihe aller anderen Buchstaben gehören, wie «der Erste» und «der Letzte», wie «der Anfang» und «das Ende» sich nicht außerhalb, sondern innerhalb einer Reihe befinden, so der, der sich selbst hier diesen doppelten Namen gibt. Es ist schon ein Sein in der Zeit, das er sich damit zuschreibt. Und eben das geht ja auch unzweideutig hervor aus der Nennung der drei Dimensionen — die zweite ist 1, 8 bedeutungsvoll als erste genannt: « I c h b i n . . . der da i s t, der da w a r und der da k o m m t.» Er ist in seiner Gegenwart, er ist in seiner Vergangenheit, er ist auch in seiner Zukunft. Das ist nicht die Beschreibung eines zeitlosen, sondern die eines zeitlichen Seins — aber nun freilich offenkundig von der Beschreibung alles sonstigen Seins in der Zeit verschieden, die Beschreibung des g ö t t l i c h - zeitlichen Seins. Das ist schon äußerlich sichtbar gemacht: nicht nur durch den Zusatz «der Allherrscher» am Schluß der Formel — die doch wohl zu unserer Formel «der Herr der Zeit» auch buchstäblichen Anlaß gibt — sondern vor allem durch den Anfang der Formel mit Ἐγώ εἰμι, dem dann in jener Reihe das ὁ ὤν als erstes Prädikat folgt. Ἐγώ εἰμι ὁ ὤν ist Zitat aus Ex. 3, 14: «Ich bin, der ich bin.» Von einem Sein in der Zeit, aber wirklich vom göttlichen Sein, von Jahves Sein in der Zeit soll die Rede sein. Und die Erweiterung des ὁ ὤν: ὁ ἦν καὶ ὁ ἐρχόμενος zeigt, wie der Verfasser der Apokalypse das prädizierte zweite «Ich bin» verstanden hat: I c h b i n (ὁ ὤν wird Apok. 1, 17 ausdrücklich durch ὁ ζῶν ersetzt) d e r durch sich selbst L e b e n d i g e , d. h. Ich bin der über sein Sein Verfügende, der in seiner Gegenwärtigkeit auch Gewesene und Zukünftige. Eben dies ist es, was hier dem Sein des Menschen

Jesus in der Zeit zugeschrieben wird. Das Alles umfassende «Ich bin» macht es unmöglich, die drei Zeitdimensionen: das Sein, das Gewesensein und das Seinwerden als ein bloßes Nacheinander zu verstehen. Schon die Voranstellung des Seins und also der Gegenwart muß hier gerade in der Stelle 1, 8 warnen. «Ich bin, der da ist, war und kommt» heißt: Ich bin z u g l e i c h das Alles. Ich, derselbe, b i n, ich w a r als derselbe, ich k o m m e w i e d e r als derselbe. Immer ist meine Zeit zugleich Gegenwart, Vergangenheit und Zukunft. Und indem meine Zeit solche Zeit ist, bin ich das Alpha und das Omega, der Anfang und das Ende, bin ich selbst der Erste und der Letzte. Will sagen: indem meine Zeit solche Zeit ist — Gegenwart, die die Vergangenheit und Zukunft als solche in sich schließt — ist sie im Verhältnis zu allen anderen Zeiten zugleich deren erste und deren letzte, kommen alle Zeiten von dieser meiner Zeit her, gehen alle Zeiten dieser meiner Zeit entgegen. Sie sind wohl ihrerseits wirkliche Zeiten — so gewiß ich selbst in ihrer Mitte Zeit habe — sie sind aber nur vorläufige oder nachträgliche, sie sind die von meiner Zeit als von ihrer Mitte her beherrschten, disponierten, periodisierten Zeiten: Vergangenheit kraft m e i n e r G e g e n w a r t, und Zukunft wiederum kraft m e i n e r Gegenwart. Denn m e i n e Gegenwart hat auch die Vergangenheit, hat auch die Zukunft in sich. I c h w a r, i c h k o m m e — so gewiß i c h b i n, i c h l e b e. So hat der Verfasser der Apokalypse das Sein Jesu in der Zeit gesehen. Wie er dazu kam, es so zu sehen, verrät der Zusammenhang 1, 17—18, wo im unmittelbaren Anschluß an die Formel «der Erste, der Letzte, der Lebendige» jener Bezug sichtbar gemacht wird: «Ich war tot und siehe, ich bin lebendig εἰς τοὺς αἰώνας τῶν αἰώνων» — was hier sicher konkret verstanden werden darf: als der von den Toten Auferstandene i m m e r lebendig, s c h o n lebendig als der Erste, n o c h lebendig als der Letzte, lebendig in allen wirklichen und denkbaren Zeiträumen. Indem ich in meiner Zeit bin, ist alle Zeit meine Zeit, mein Vorher und Nachher.

Denselben Sinn und Gehalt hat nun auch die Stelle Hebr. 13, 8: Ἰησοῦς Χριστὸς ἐχθὲς καὶ σήμερον ὁ αὐτὸς καὶ εἰς τοὺς αἰῶνας. Das Wort hat in seinem Zusammenhang eine ganz praktische Absicht: die Leser werden nämlich v 7 ermahnt, ihrer Vorsteher eingedenk zu sein, die ihnen das Wort Gottes verkündigt haben, die ἔκβασις, d. h. den Ausgang, den Ertrag und Erfolg ihres Wandels anzuschauen und ihren Glauben «nachzuahmen». Die in der Vergangenheit geleistete Arbeit dieser Männer wird also zur Gegenwart der Leser in Beziehung gesetzt: Ihr, der Leser, Glaube soll sein eine «Nachahmung», eine wiederholende Darstellung des Glaubens jener, kein anderer, kein neuer Glaube also. Warum? Darum, sagt v 8, weil Jesus Christus, an den jene glaubten und an den auch die Leser glauben dürfen, gestern und heute und für alle Zeit derselbe ist. Es ist nicht unwahrscheinlich, daß das wie eine Sentenz klingende Wort nicht erst für diesen Gebrauch geprägt worden ist, sondern ursprünglich in den Zusammenhang einer jener Hymnen gehören mochte, deren Spuren ja in den neutestamentlichen Episteln auch sonst nicht selten sind. Es hat jedenfalls grundsätzliche Bedeutung. «Jesus Christus gestern» ist der Mensch Jesus in seiner Zeit als einem befristeten Lebenstage mit Einschluß der Osterzeit, die, vom Standpunkt der neutestamentlichen auf das Zeugnis und Kerygma der Apostel begründeten Gemeinde her gesehen jedenfalls auch ein gestriger, ein vergangener Tag ist. Jesus Christus ist auch in diesem Gestern. Aber, eben dieser «Jesus Christus gestern» ist «heute derselbe». Die Vergangenheit seines gestrigen Tages bedeutet nicht, daß er heute ein «Mann von gestern» geworden wäre. Er, einer und derselbe, ist vielmehr gestern u n d heute: so daß sein Tag auch der Tag seiner Gemeinde, der Tag seiner Gemeinde auch sein Tag ist. Eben darum gibt es auch am Tag seiner Gemeinde keinen anderen Glauben an ihn als den, den er an seinem Tage von den Seinigen gefordert und bei ihnen gefunden hat. Eben darum kann es auch an diesem Tag der Gemeinde selbst kein Früher oder Später geben, das eine

Veränderung ihres Glaubens bedingen oder erlauben würde. Und eben darum kann und muß der Glaube der Leser eine schlicht wiederholende Darstellung des Glaubens derer sein, die ihnen das Wort Gottes verkündigt haben. Die Stelle macht aber im selben Sinn auch die dritte Dimension des Zeitbegriffs sichtbar, indem sie den Worten «Gestern und heute derselbe» ausdrücklich hinzugefügt wird: καὶ εἰς τοὺς αἰῶνας was hier wohl am besten mit: «und in alle denkbare Zukunft hinein» zu übersetzen ist. Wie der heutige so wird auch jeder kommende Tag wieder ebenso s e i n Tag sein, wie der gestrige s e i n Tag war. Jeder Tag der Gemeinde wird wieder sein Tag sein, an dem es darum wieder keinen anderen Glauben an ihn wird geben können als den, den er gestern gefordert und gefunden hat, keinen anderen als den, der auch heute der allein mögliche ist. Man beachte dazu die Fortsetzung v 9: «Lasset euch nicht von vielfältigen und fremden Lehren fortreißen! denn es ist gut, daß das Herz durch Gnade gefestigt werde ...» So führt uns Hebr. 13, 8 zu demselben Ergebnis wie Apok. 1, 8 Par.: Jesus Christus ist nicht nur gestern oder nur heute oder nur in irgend einer Zukunft. Er ist zugleich und als derselbe das Alles. Es gibt keine Zeit, die nicht auch seine Zeit wäre. Er ist wirklich der Herr der Zeit. Und wenn man auch den Autor des Hebräerbriefs fragen will, in welchem Zusammenhang er dazu gekommen sei, Jesus gerade dieses so außerordentliche Sein in der Zeit zuzuschreiben, so kann wohl auch bei ihm nicht anders geantwortet werden als mit dem Hinweis auf den Punkt, den er selber kurz auch an unserer Stelle (Hebr. 13, 20) sichtbar gemacht hat. Wer ist «unser Herr Jesus»? Der große Hirte der Schafe im Blut des Neuen Bundes, den der Gott des Friedens «aus den Toten heraufgeführt» hat, der große Hohepriester, der «durch den Himmel gegangen ist» (4, 14), um sich zur Rechten der Majestät, d. h. Gottes zu setzen (1, 3; 8, 1; 10, 12; 12, 2). Wollte man die Stelle 13, 8 nicht von diesen Stellen und also von dem Osteraxiom auch dieses neutestamentlichen Schriftstellers her verstehen, so könnte man sie wohl gar nicht verstehen.

Wir dürfen den Schlüssel zum Ganzen, der in der Ostergeschichte zu suchen und zu finden ist, nicht aus den Augen verlieren, wenn wir es nun versuchen, die christliche Sicht des Menschen Jesus in seiner Zeit auch noch im Einzelnen — nämlich im Blick auf die drei einzelnen Dimensionen des Zeitbegriffs — kurz zu entfalten.

1. Die neutestamentliche Gemeinde nach Ostern und Pfingsten rechnet zunächst und vor allem mit einer nicht nur höchst realen, sondern (der jeweiligen Gegenwart ihrer menschlichen Glieder und aller ihnen gleichzeitig lebenden Menschen) höchst überlegenen G e g e n w a r t des Menschen Jesus. S e i n e vergangene Geschichte, s e i n Gestern kann gar nicht als bloß vergangen und gestrig verstanden und dargestellt werden. Eben dieses sein Gestern ist a u c h h e u t e. Gerade daß er jetzt zur Rechten Gottes ist, bedeutet, daß er auch jetzt zeitlich schlechterdings gegenwärtig ist. Und nun hat er ja den Seinen auf ihren eigenen weiteren Weg in der Zeit in und mit dem von ihnen zu verkündigenden und selbst immer wieder zu hörenden Zeugnis von ihm seinen, den Heiligen G e i s t gegeben. Wo aber sein Geist ist, da ist mehr als bloße Überlieferung von ihm, mehr als die bloße Erinnerung an ihn. Da ist freilich auch Überlieferung und Erinnerung. Aber da wird ja eben die Botschaft von

seiner Vergangenheit verkündigt, gehört und geglaubt, um eben damit
aus der Vergangenheit heraus und in die Gegenwart hinüber zu treten.
Da lebt man ja in der Anschauung des damals schon gekommenen Reiches, des Geschehens, in welchem damals alles zur völligen Errettung
und Bewahrung des Menschen, zum Vollzug des göttlichen Bundes Nötige
schon vollbracht wurde. Und das, wohlverstanden, nicht auf Grund einer
rückblickenden Vision, nicht auf Grund einer irgend einmal und irgendwie von den beteiligten Menschen gewagten Deutung und Wertung vergangener Geschichte, sondern auf Grund dessen, daß diese Geschichte,
jene Zeit, gar nicht nur vergangen, sondern wie vergangen so auch gegenwärtig ist — auf Grund dessen, daß jene Zeit des Menschen Jesus die
gegenwärtige Zeit der Apostel und ihrer Gemeinden objektiv gewissermaßen überdeckt, über ihre eigenen Grenzen in die Grenzen dieser
anderen Zeit hineinragt und sogar bereits im voraus über sie hinausragt.
Nicht diese Menschen machen, fühlen, erkennen sich, «werden» und
«sind» Jesus gleichzeitig, aber Jesus wird und ist es ihnen, so daß
sein zurückliegendes Leben, Sterben und Auferstehen zu seiner Zeit
jederzeit die Bedeutung und Kraft eines eben jetzt in der Zeit, entscheidend für ihr gegenwärtiges Dasein, geschehenes Ereignisses haben kann
und muß und tatsächlich hat, so daß sie ihr heutiges, jetziges Dasein als
ein Leben in seiner unmittelbaren Nachfolge verstehen können, müssen
und tatsächlich verstehen: als ihr «Sein in Christus», als ein solches
Sein, das damals auf Golgatha mit ihm in den Tod gegeben und damals
im Garten des Joseph von Arimathia mit ihm neu geworden, ja damals
auf dem Ölberg (oder welches dieser Berg gewesen sein mochte) mit ihm
in die Verborgenheit der himmlischen Welt oder vielmehr: in die Verborgenheit Gottes eingegangen war. So kann seine Fortführung und Gestaltung jetzt und hier nur noch ein möglichst getreues Nachbild ihrer
in dem Menschen Jesus vorwegnehmend schon verwirklichten «Bürgerschaft im Himmel» sein: ein Akt der Treue gegenüber der Verfassung,
der sie, durch ihn zu Gottes Bürgern und Hausgenossen gemacht, jetzt
schon unterstellt sind. Sodaß die Aufgabe ihres Daseins nur noch darin
bestehen kann, Jesu Herrschaft über die Welt, über die Menschen und
so auch über ihre Zeit, von der sie wissen, den Anderen, die noch nicht
darum wissen, wie es sich gehört, bekannt zu machen! Man bemerke:
Wenn für die «Christen» hier etwas problematisch ist, so ist es
nicht Jesu, sondern ihre eigene Gegenwart! Und wenn hier etwas
axiomatisch gewiß ist, so ist es nicht ihre, sondern Jesu Gegenwart. Natürlich gibt es hier keine Taufe und kein Herrenmahl ohne seine
Realpräsenz als wahrer Gott und als wahrer seelisch-leiblicher Mensch,
nur daß man sich diese nicht als eine auf die später so genannten «Sakramente» beschränkte vorstellen darf, in denen vielmehr nur zeichenhaft
zum Ausdruck kommt, daß die Gemeinde in ihrem Gottesdienst direkt

um ihn selber versammelt ist, von und mit ihm selber lebt, daß er aber durch den Glauben auch außerhalb des Gottesdienstes regiert in ihrer Aller Herzen und Leben. Daher die Gaben der Prophetie, der Lehre, der Leitung, des Dienstes, daher auch die Wundergaben in der Gemeinde. Daher die königliche Freiheit der Kinder Gottes, aber daher auch «an Christi Statt» das apostolische Wort des Zeugnisses, der Erkenntnis, der Weisung und Mahnung. Das Alles, weil die «Christen» den Geist haben, vom Geiste getrieben sind!

Wir nehmen vorweg: Die geschichtliche Distanz, die Vergangenheit, in der Jesus ihnen gegenübersteht, wird durch seine Gegenwart nicht ausgelöscht, sein Gestern nicht aufgehoben durch sein Heute. Die Evangelisten verschwinden nicht zugunsten der Apostel. Im Gegenteil, jetzt erst recht blickt man zurück, jetzt erst recht erwacht das Interesse an der Überlieferung von Jesus, jetzt erst recht eröffnet sich die Sicht in die ganze unergründliche und doch klare Tiefe seines Vorher. Nur zu einem «historischen» Verhältnis zu ihm ist allerdings hier kein Raum. Um einen «historischen» Jesus könnte sich (im Sinn des Neuen Testamentes geredet) nur eine geistlose, d. h. eine solche Gemeinde versammeln, der der Geist, der sie zusammengeführt, aus irgend einem Grunde wieder abhanden gekommen wäre. Daß er, der Mensch Jesus, war, das schließt in sich: er ist, das schließt aber aus, daß er «nicht mehr» ist.

Und wir nehmen ebenfalls vorweg: Es ist die Gegenwart Jesu in seiner Gemeinde voll von seiner Zukunft. Sie drängt und treibt nämlich seiner künftigen, allgemeinen und endgültigen Offenbarung entgegen, die in der Ostergeschichte doch erst partikular und vorläufig stattgefunden hat, so daß auch die Gegenwart Jesu im Geist in ihrer ganzen Fülle doch nur ein Unterpfand und Angeld dessen sein kann, worauf mit dem ganzen Kosmos auch die Gemeinde noch warten darf und muß: seine Wiederkunft in der Herrlichkeit. Man darf nur nicht vergessen: eben dieser in Herrlichkeit Wiederkommende, eben dieser künftige Jesus ist doch derselbe, von dem schon seine Geschichte von gestern meldet und der heute real in der Mitte der Seinen ist. Gerade eine «konsequente» Eschatologie, der die Zwischenzeit zwischen Jetzt und Dereinst als eine Zeit der Leere, der Nichtigkeit, des bloßen Entbehrens, der wachsenden und mühsam verdeckten Enttäuschung erscheinen müßte, ist nicht die Eschatologie des neutestamentlichen Christentums. Wieder müßte man sich eine geistlose Gemeinde ausdenken, um diese Konstruktion für tragbar zu halten. Daß er, der Mensch Jesus sein wird, das schließt in sich: er ist, das schließt aus, daß er «noch nicht» ist.

Wir fassen mit Apok. 1, 8 zusammen: «Ich bin — der da ist.» Die Gegenwart, in der man sich des Menschen Jesus und der in ihm geschehenen besonderen und vorläufigen Offenbarung Gottes wirklich erinnert und in der man ihm und damit Gottes allgemeiner und endgültiger

1. Jesus, der Herr der Zeit

Offenbarung wirklich entgegensieht — diese Gegenwart «zwischen den Zeiten» ist als solche seine, des Menschen Jesus eigene Zeit.

Angesichts der Fülle des in dieser Sache in Betracht kommenden exegetischen Stoffes müssen einige wenige konkrete Hinweise hier genügen. — «Heute», so hatte Jesus nach Luk. 4, 21 gesagt — «heute ist die Schrift erfüllt vor euren Ohren». Gemeint ist das, was von jenem «Gnadenjahr des Herrn» geschrieben ist. Eben dieses «Heute» mit seiner Erfüllung, in seinem unauflöslichen Zusammenhang mit dem Namen und der Geschichte des Menschen Jesus ist d e r Inhalt der apostolischen Botschaft, d e r Sinn des Lebens der apostolischen Gemeinde. Auch ihr Heute ist das Gnadenjahr, der große Sabbat, die erfüllte Zeit des Menschen Jesus. Es geschieht nach Apok. 1, 10 am «Tag des Herrn» — daß der neutestamentliche Seher unter die Gewalt des Geistes gerät (ἐγενόμην πνεύματι) und hinter sich die starke Stimme hört «wie die einer Posaune», die ihn zum Sehen und zum Schreiben des Gesehenen auffordert. Es ist bestimmt nicht nur erlaubt, sondern geboten, hier an die Lev. 25, 9 erwähnte Lärmposaune des Halljahres zu denken. Der apostolische Tag ist der Tag des H e r r n der Apostel, s e i n Jetzt und Heute. Merkwürdig genug, gerade das Geschehen dieses g e s t r i g e n Tages ist die «Aktualität» des h e u t i g e n, die «Neuigkeit», deren Erkenntnis und Verbreitung der Sinn der Jetztzeit ist. «Gott hat die Zeiten der Unwissenheit übersehen, jetzt aber ruft er alle Menschen allenthalben auf, Buße zu tun» (Act. 17, 30). «Euch, die ihr einst entfremdet und durch eure Gesinnung in bösen Werken (Gottes) Feinde waret — euch hat er jetzt in seinem Fleischesleibe versöhnt durch den Tod» (Kol. 1, 21 f.). «Ihr waret einst kein Volk, jetzt aber seid ihr Gottes Volk, einst gnadenlos, jetzt aber begnadigt» (1. Petr. 2, 10). «Ihr waret einst in Finsternis — jetzt aber seid ihr Licht in dem Herrn» (Eph. 5, 8). «Einst war das Geheimnis (das Wort Gottes) den Zeiten und Geschlechterfolgen verborgen — jetzt aber wurde es offenbart seinen Heiligen» (Kol. 1, 26). «Siehe, jetzt ist die hochwillkommene Zeit: Siehe, jetzt ist der Tag der Errettung» (2. Kor. 6, 2). «Heute, da ihr seine Stimme hört, so verstocket eure Herzen nicht!» (Hebr. 3, 7). «Ermahnet euch vielmehr untereinander jeden Tag, solange es Heute heißt!» (Hebr. 3, 13). Warum so dringlich gerade heute? Darum so dringlich, wird Hebr. 4, 1—8 ausgeführt, weil eben heute wiederum und nun nicht nur im Zeichen des wiederkehrenden siebenten Tages, sondern in der erfüllten Wirklichkeit, auf die dieses Zeichen so lange gezeigt hatte, der Sabbattag angebrochen ist: der Tag der Ruhe Gottes selbst und seines Volkes, in die einzugehen — das ganze Alte Testament steht uns als warnendes Gegenbeispiel vor Augen — heute niemand versäumen sollte. Dieser Sabbattag ist aber darum heute angebrochen und also zu feiern, weil «ich dich heute gezeugt habe» (Hebr. 1, 5; 5, 5 nach Ps. 2, 7), als «Priester in Ewigkeit nach der Weise Melchisedeks» (Hebr. 5, 6; 7, 17. 21) als «Priester, der immer bleibt» (Hebr. 7, 3), dich eingesetzt habe — weil «euch heute der Heiland geboren» (Luk. 2, 11), weil «heute diesem Hause Errettung widerfahren ist» (Luk. 19, 9). Denn g e s t e r n f ü r h e u t e geschah das Alles, geschah diese Geburt, kam Jesus in das Haus des Zachäus, ist er am Kreuz gestorben, begraben und von den Toten auferstanden, so daß w i r h e u t e i n u n s e r e r Z e i t durch die Taufe mit ihm gestorben, begraben und auferstanden sind, als die mit ihm Getöteten und zu einem neuen Leben Auferweckten wandeln dürfen, wie es Röm. 6, 1—11 beschrieben ist. Es war die Zeit, die Jesus bis hin zu seinem Tod erfüllte und in den Ostertagen in ihrer Fülle offenbar machte — es war diese l e t z t e Zeit bis hin zu ihrem letzten Tag und zu dessen letzter Stunde als solche der k ü n f t i g e Tag der Apostel und ihrer Gemeinde. Es war sein T o d e s t a g laut der Offenbarung des Ostertages ihr L e b e n s t a g. Und nun stehen sie vor dessen Anbruch, in dessen Morgengrauen. Nur schreiten sie in diesen ihren neuen Tag hinein, der doch nur noch einmal der seinige ist. Der Begriff der «Erinnerung» an Jesus, und der, der «Überlieferung» von ihm wird durch das Alles nicht zum Verschwinden gebracht. Ganz im Gegenteil! Εἰς τὴν ἐμὴν ἀνάμνησιν soll ja (1. Kor. 11, 24 f.; Luk. 22, 19) in der Gemeinde das Brot und der Kelch des Abendmahls ausgeteilt und empfangen werden. Und daß er Jesus Christus, den von den Toten Erweckten, im Gedächtnis behalten (μνημονεύειν) solle, wird ja dem Timotheus (2. Tim. 2, 8) ausdrücklich zugerufen. Man beachte die Dringlichkeit dieser Erinnerung auch in der Stelle 2. Petr. 1, 12—15! Daran, daß hier wirkliche Erinnerung und echte Überlieferung stattfinden kann, hängt die Geschichtlichkeit, hängt die Zeitlichkeit jenes Ereignisses und mit ihr alles das, was darauf begründet ist. Es gibt also keine «Christusmystik» (und auch keine Christus e t h i k des Lebens, Sterbens und Auferstehens in Christi Nachfolge!), die die Jesusgeschichte verdrängen, ersetzen, überflüssig machen könnte. Es gibt auch keinen Geist, der an der Erinnerung an Jesus, an der Überlieferung von ihm vorbei sein Wesen treiben und dennoch sein Geist, der Heilige und heiligende Geist sein könnte. Vielmehr: gerade «der Heilige Geist, den der Vater in meinem Namen senden wird, der wird euch Alles lehren und euch an Alles e r i n n e r n ὑπομνήσει), was ich euch gesagt habe» (Joh. 14, 26). «Er wird mich verherrlichen, denn aus dem Meinigen wird er es nehmen und euch verkündigen» (Joh. 16, 14). Darum die Rede vom Weinstock und vom Bleiben der Schosse an ihm, ohne den sie nichts tun, nicht Frucht bringen, sondern nur verdorren und verderben können (Joh. 15, 1—8). Vielmehr das ist also der Vorgang: daß eben die Jesusgeschichte selbst und als solche wieder Geschichte — und also eben die vergangene Zeit Zeit seiner neuen Gegenwart wird. «Himmel und Erde werden vergehen, aber meine Worte werden nicht vergehen» (Mr. 13, 31). «Ich will euch nicht verwaist zurücklassen, ich komme zu euch» (Joh. 14, 18). «Siehe, ich bin bei euch alle Tage bis an der Welt Ende» (Matth. 28, 20). «Wo Zwei oder Drei versammelt sind in meinem Namen, da bin ich mitten unter ihnen» (Matth. 18, 20). Und bei Paulus kommt es hier geradezu zur Umkehrung: Was ist vergangen? Nicht Jesu damals, sondern unser heute gelebtes Leben: unser Leben, sofern es nicht im Geiste und also mit ihm, sondern im Fleische als unser eigenes Leben gelebt wird (2. Kor. 5, 16). Wer sind die Christen? Die durch die Taufe auf Jesu Tod mit ihm gestorben und begraben sind (Röm. 6, 4), die nicht mehr sich selbst, sondern nur noch dem, der für sie gestorben und auferstanden ist, leben können (2. Kor. 5, 15). Wer ist Paulus selbst? Der Mann, der lebt und nun doch nicht mehr lebt, so gewiß nämlich Christus in ihm lebt — der Mann, der, was er jetzt im Fleische lebt, gerade nur noch im Glauben an den Sohn Gottes leben kann, der ihn geliebt und sich selbst für ihn dahingegeben hat (Gal. 2, 20). «Ist Einer in Christus, so ist er neue Schöpfung; das Alte ist vergangen. Siehe, Neues ist geworden» (2. Kor. 5, 17).

So also steht es mit dem, der hier Gegenstand von Erinnerung und Überlieferung ist. Daß er das ist, das kann Eines n i c h t bedeuten: dies nämlich, daß er unter den Toten zu suchen wäre. Dort ist er nun einmal nicht zu finden! (Luk. 24, 5). Denn daß er ἐκ τῶν νεκρῶν «auferweckt» oder «auferstanden» oder «heraufgeführt» ist, das besagt, daß er zwar dem großen Heer derer, die einst gelebt haben, dann aber dem Vergehen verfielen, die einmal «entschliefen» und nun nicht mehr leben, auch angehört hat, daß er aber dann als ἀπαρχή (1. Kor. 15, 20) als πρωτότοκος (Kol. 1, 18) aus diesem Heer herausgerufen, herausgerissen wurde. Und eben das schließt in sich: Er ist die wirksame und also nicht nur unvergeßliche, sondern sich selbst immer wieder einprägende Gotteserscheinung. Indem, auf das Tun der Gemeinde gesehen, Erinnerung an ihn und Überlieferung von ihm stattfindet, ist objektiv und faktisch er selber das handelnde Subjekt, das die Schranke des Gestern öffnet, ins Heute schreitet, sich selbst vergegenwärtigt, als Herr auf den Plan tritt. Das ist der innere Zusammenhang des O s t e r - und des P f i n g s t ereignisses: der Lebendige, der nicht mehr unter den Toten zu suchen ist, der «nicht mehr stirbt», über den «der Tod nicht mehr Herr ist», der «einmal gestorben ist, um nun Gott zu leben» (Röm. 6, 9 f.), er i s t nicht nur selbst lebendig, er m a c h t lebendig, er gibt und stellt sich selbst dar als Lebensschöpfer, Lebensgrund und Lebensquelle. Als Auferstandener verheißt er den Seinen seinen Geist, der dann nach kürzester Frist auch wirklich vom Himmel auf sie fallen wird: so ist es Act. 1—2 dargestellt. Die Beschreibung Joh. 20, 21—23 ist offenbar eine Überbietung dieses Schemas: auf den Friedensgruß der Auferstandenen, auf den Missionsbefehl: «Wie mich der Vater gesendet, sende auch ich euch!» folgt hier sofort und unmittelbar: «Er hauchte sie an und sagte: Empfanget den Heiligen Geist!» Und in der merk·vürdigen Stelle 2. Kor. 3, 17—18 scheint hier noch eine weitere Überbietung vorzuliegen: Der auferstandene Herr selbst i s t der Geist, dessen Gegenwart Freiheit bedeutet. «Wir Alle aber spiegeln mit aufgedecktem Angesicht die Herrlichkeit des Herrn wieder und werden in dasselbe Bild verwandelt von Herrlichkeit zu Herrlichkeit — und das von dem Herrn her, welcher Geist ist.» Das ist in allen diesen Varianten der Darstellung klar: daß das Pfingstereignis sachlich nichts Anderes ist als die in der Zeit der Apostel — nicht von ihnen, sondern an ihnen vollstreckte K o n s e q u e n z d e r A u f - e r s t e h u n g Jesu und also der Offenbarung der in seinem Leben und Sterben geschehenen Erfüllung der Zeit, die Überbrückung der Kluft zwischen seinem gewesenen und ihrem gegenwärtigen Dasein, die Einbeziehung ihrer Zeit in die seinige.

Das stärkste Licht wirft in dieser Hinsicht die Geschichte von der B e k e h r u n g und zugleich von der Einsetzung, Beauftragung und Aussendung des so merkwürdig neu hinzutretenden Apostels P a u l u s. Diese Bekehrung vollzieht sich in einem Ereignis, das sachlich — ganz ähnlich wie in der vorösterlichen Zeit die Verklärung Jesu auf dem Berg — in die 40 Tage zu gehören scheint, weil es ja in nichts Geringerem als in einer Erscheinung des erhöhten Jesus selbst besteht. Paulus selbst hat es 1. Kor. 15, 8 f. mit den Erscheinungen der 40 Tage so ausdrücklich wie möglich in eine Reihe gestellt. Er hat sich auf dieses Ereignis berufen als auf den Beweis, «daß mein Evangelium nicht menschlicher Art ist. Denn ich habe es nicht von einem Menschen empfangen oder gelernt, sondern durch eine Offenbarung Jesu Christi» (Gal. 1, 11 f.). Es gefiel Gott «seinen Sohn an mir zu offenbaren, damit ich ihn unter den Heiden verkündigen sollte» (Gal. 1, 16). Und es ist ausschließlich eine breite Erzählung dieses Ereignisses, mit der Paulus sich nach der Darstellung der Apostelgeschichte vor dem Volk in Jerusalem (Act. 22, 1—21) und nachher vor dem König Agrippa (Act. 26, 2—23) verteidigt hat. Es war sein Bericht von diesem Ereignis, auf den dort die Juden reagierten mit dem Geschrei: «Hinweg mit dem da von der Erde; denn es darf nicht sein, daß er lebt» (Act. 22, 22), und nachher der Hellenist Agrippa mit der so geistvollen Feststellung: «Paulus, du bist von Sinnen. Die große Gelehrsamkeit (τὰ πολλὰ γράμματα) bringt dich von Sinnen!» (Act. 26, 24). Was bedeutet dieses Ereignis, das dem Paulus selbst so entscheidend wichtig, für seine Missionstätigkeit unter Juden und Heiden so grundlegend und für seine nichtchristliche Umgebung offenbar so widerwärtig oder auch so befremdlich ist? Es bedeutet klar dies, daß auch die Zeit nach dem Abschluß des Lebens und Sterbens Jesu und nach dem Abschluß der 40 Tage eine solche Nachzeit ist, in der dieser Mensch nach wie vor aktiv handlungsfähiges und handelndes Subjekt ist. Denn was zeigt diese Erscheinung Jesu selbst, die den Saulus (so lange nach der Lebenszeit und Offenbarungszeit des Menschen Jesus!) zum Paulus — die mitten in dieser Nachzeit den Verfolger zum Verkündiger und nun gerade ihn, diese «Fehlgeburt» (1. Kor. 15, 8), zu d e m Vollstrecker des allen Aposteln aufgetragenen Missionsbefehls macht? Was zeigt dieses scheinbar so seltsam nachträgliche, scheinbar besten Falls in jener früheren Zeit mögliche Ereignis? Es zeigt, daß in Wirklichkeit eben der Jesus von damals auch jetzt auf dem Plan ist. Es beruht das Leben und Werk der Apostel ganz und gar auf dieser seiner eigenen Jetzigkeit. Es bezieht sich alle Erinnerung an ihn, alle Überlieferung von ihm nicht auf eine historische Figur, nicht auf einen Toten, sondern eben: auf dieses auch in der Gegenwart dieser Nachzeit selbständig handelnde, Neues schaffende, Geschichte begründende Subjekt. Nicht aus sich selbst (etwa unterstützt durch ein bißchen Erinnerung vergangener Tage und durch die entsprechende Überlieferung) — das wäre eben ein «Evangelium menschlicher Art» (Gal. 1, 11)! — nimmt der Apostel, nimmt mit ihm die urchristliche Gemeinde ihr Existenzrecht und ihren Auftrag. Nicht aus sich selbst empfängt sie ihren Trost und den so überaus notwendigen Trotz gegenüber aller Entrüstung der Juden und allem Gelächter der Hellenisten, ihren Glauben, ihre Liebe und ihre Hoffnung, die Ordnung ihres gemeinsamen Lebens und die Weisung für das Leben jedes Einzelnen. Sie empfängt das Alles vielmehr von dem Herrn her, der selber Geist, d. h. aber welcher, seine eigene Sache selbst führend, nach wie vor — in der Verborgenheit Gottes nun, aber darum nicht minder real, sondern gerade so höchst real mitten unter ihnen ist. Es ist wirklich jene erste Zeit des Lebens Jesu, die nun diese seine zweite, die Zeit der durch das Zeugnis der Apostel sich aufbauenden Kirche, diese Zwischenzeit bis hin zum Anbruch seiner allgemeinen und endgültigen Offenbarung möglich und notwendig, aber auch sinn- und inhaltsvoll macht.

Eben darum ist es in dieser zweiten Zeit völlig ausgeschlossen, in jener ersten eine bloß gewesene, bloß vergangene Zeit zu sehen. Daß man sie je so verstanden hatte, das mußte jetzt als ein völliger, unbegreiflicher Irrtum, als die Sache einer bösen Befangenheit und Blindheit erkannt werden. Die verborgene Kraft schon jener e r s t e n Zeit, ihre Nichtvergangenheit, ihre Gegenwärtigkeit war jetzt am Tage. Nicht mehr unter den Toten, sondern unter den Lebendigen, als d e r Lebendige und Lebenschaffende wurde jetzt gerade der Jesus erfunden, der zuvor mit seinen Jüngern, umgeben von dem Volk und von den Frommen von Galiläa und Jerusalem, gesehen und doch nicht gesehen, gehört und doch nicht gehört, berührt und doch nicht berührt, erkannt und doch verleugnet, respektiert und doch verraten, ein großer Prophet, der Messias Israels und doch von seinem Volk verworfen und ausgestoßen und von den Heiden gekreuzigt, damals — in jenem ersten Damals — gelebt hatte.

Es ist die Perikope L u k. 24, 13 f. von dem Gang der Jünger nach Emmaus, an der man sich deutlich machen kann, welche Sicht des ersten Lebens Jesu durch die Kraft der Osteroffenbarung, durch die Gabe des Heiligen Geistes in seiner zweiten Zeit, in der Zeit der Apostel und ihrer Gemeinde, überwunden und beseitigt wurde und wie das geschehen ist. Von dem Reden dieser Jünger über πάντα τὰ συμβεβηκότα ταῦτα hören wir da (v 14): also von einem regelrecht historisierenden Reden über das vorangegangene Leben und Sterben Jesu. Und so ist es nicht verwunderlich: als Jesus diese Jünger fragt, was das für Reden seien, die sie da führten, da ἐστάθησαν σκυθρωποί (v 17), da blieben sie stehen (wie Lots Weib rückwärts starrend!), da blickten sie finster, mürrisch, traurig drein. Es ist derselbe Ausdruck, der Matth. 6, 16 von den fastenden Pharisäern gebraucht wird. «Können etwa die Hochzeitsleute trauern (und also solche pharisäische Fastengesichter machen!) solange der Bräutigam bei ihnen ist? Doch es werden Tage kommen, wo der Bräutigam von ihnen genommen sein wird und dann werden sie fasten» (Matth. 9, 15). Solche Fasttage scheinen jetzt, mit den Tagen nach Jesu Tod angebrochen zu sein. Was ist ihnen jetzt Jesus? Eine Historie offenbar: «τὰ περὶ τοῦ Ἰησοῦ τοῦ Ναζαρηνοῦ, der ein Prophet war, mächtig in Tat und Wort vor Gott und allem Volk — und wie ihn unsere Hohepriester und Oberen zum Todesurteil ausgeliefert und wie sie ihn kreuzigten» — das ist jetzt ihre Erinnerung an ihn. «Wir aber hofften (ἠλπίζομεν — auch das ist historisch geworden!), er sei es, der Israel erlösen werde. Und über dem allem ist es schon der dritte Tag, seit dies geschehen ist» (v 19—21). Und noch wird in dieses historisierende Klagelied auch der Anfang der Ostergeschichte selbst hineingezogen: der Bericht der Frauen vom leeren Grab und von der Erscheinung der Engel, die sagten, daß er lebe — er hat sie nicht erfreut, nur in Bestürzung versetzt (v 22—24), und v 11 hat es ja noch massiver geheißen: die Aussagen der Frauen «kamen ihnen vor wie λῆρος (Narrenpossen) und sie glaubten ihnen nicht». «Und Einige der Unsrigen gingen hin zum Grabe und fanden es so, wie es die Frauen gesagt hatten; ihn selbst aber sahen sie nicht» (v 24). Aber auch das hat sie nicht weitergeführt. Noch ist hier auch die Osterbotschaft bzw. die Einleitung dazu, die Nachricht vom leeren Grabe, wirklich nicht mehr als der Gegenstand einer bloßen und in dieser Bloßheit offenbar sehr zweifelhaften Erinnerung. Und nun bemerke man, daß dieser Stand der Dinge auch dadurch nicht überwunden wird, daß Jesus sie nach v 25—27 wegen ihres unverständigen und trägen Herzens schilt, sie deshalb tadelt, weil sie nicht nur die Nachricht der Frauen, sondern auch das nicht glaubten, was die Propheten geredet haben: Er wird auch damit nicht überwunden, daß er ihnen τὰ περὶ αὐτοῦ wie es schon im ganzen Alten Testament zu lesen stand, auslegt, um ihnen deutlich zu machen, daß der Christus solches leiden und (durch solches Leiden hindurch) in seine Herrlichkeit eingehen m u ß t e. Was jenen Stand der Dinge ü b e r w i n d e t («da wurden ihre Augen aufgetan und sie erkannten ihn» v 31) ist erst und ausgerechnet dies, daß er — nicht etwa etwas Neues und Besonderes — sondern eben das wieder tut, was er unmittelbar vor seinem Leiden und Sterben in Aufnahme des Ritus des Passahmahls und als in Vorwegnahme der heilsamen Bedeutung seines Leidens und Sterbens, im Hinweis auf die nun wirklich gewordene Befreiung Israels aus Ägypten getan hatte: «Als er mit ihnen zu Tische lag, nahm er das Brot, sprach das Dankgebet darüber, brach es und gab es ihnen» (v 30). D a s wurde und bewirkte ihre Überwindung. «Wie er von ihnen beim Brechen des Brotes erkannt worden war», das ist entscheidend die Botschaft, die sie, nach Jerusalem zurückgekehrt, den Elfen und ihren Genossen zu bringen haben (v 35). Was heißt das? Offenbar dies: daß ihnen gerade die ihnen zuvor verborgene Kraft des ersten Lebens Jesu aus dieser seiner Verborgenheit heraus jetzt offenbar geworden war. Kein Anderer, nein, eben der Jesus, der gelebt hatte, gestorben und begraben worden war — eben er war ihnen erschienen, wie er nach v 34 unterdessen auch dem Petrus erschienen war. Eben er, der Bräutigam, dem sie vorher σκυθρωποί nachgeblickt hatten, war nun erst recht zu ihnen gekommen und bei ihnen gewesen: nun in der Gestalt, in der er unmöglich wieder von ihnen gehen, in der er ihnen unmöglich wieder zu einer Gestalt bloßer Vergangenheit werden, in der sie ihm niemals mehr bloß nachblicken konnten, also ob er «nicht mehr» bei ihnen wäre. Eben der g e s c h i c h t l i c h e Jesus als solcher hatte die Hülle des bloß historischen vor ihren Augen abgestreift, war vor ihren Augen dagewesen als der Herr, der gestern und heute Derselbe ist. Das, dieser Bericht über die Entschränkung, über die Vergegenwärtigung gerade seiner Vergangenheit war der Bericht dieser Jünger von Jesu Auferstehung, ihre Ostergeschichte.

Es verdient Beachtung, denn es ist sicher kein Zufall, daß gerade Lukas, der sogenannte Historiker unter den vier Evangelisten, uns gerade diese, als Kommentar zu allen übrigen unentbehrliche Ostergeschichte überliefert hat. Man lese die Einleitungen zu den beiden Teilen seiner Berichterstattung *ad Theophilum* Luk. 1, 1—4 und Act. 1, 1—3 auch im Licht der Emmausperikope, um zu sehen, wie für ihn alles — nicht ohne gegenseitige Überschneidungen übrigens und also ohne alle systematische Pedanterie ineinandergriff: die Geschichte des T u n s und L e h r e n s Jesu, als Mittelglied die Geschichte der Beweise seiner Lebendigkeit in den v i e r z i g T a g e n und dann eben die A p o s t e l geschichte. Die erste konnte über der zweiten, in deren Zusammenhang er selber lebt, nicht unwichtig werden, nicht in Vergessenheit geraten. Wie wäre das schon möglich gewesen, da doch die zweite ganz auf der ersten beruhte, ganz nur deren Auswirkung war und da doch die dazwischen geschehene Ostergeschichte nichts Anderes als eben die den Irrtum, die Befangenheit und Blindheit der Apostel und der Gemeinde durchbrechende Offenbarung der ersten gewesen war? Das Neue Testament als Ganzes mußte die Gestalt bekommen, die es bekommen hat: «das Evangelium und der Apostel», wie Marcion das später (im Einzelnen haeretisierend, aber im Ganzen genial) ausgedrückt hat. Es war doch gerade die Substanz des Lehrens und Tuns, des Leidens und Sterbens Jesu; es war doch gerade er selbst, der in der Mitte der Jünger und deren ganzer geschichtlicher Umwelt gelebt und gehandelt und sich dahingegeben hatte, der ihnen in der Osterzeit aus dieser Vergangenheit heraus als gegenwärtig, als lebendig für immer, als bei ihnen bleibend, als Herr ihrer Gegenwart für alle Zeit entgegentrat. Kein Anderer als gerade er in dieser seiner Vergangenheit angehörigen Gestalt mußte nun offenbar zum Inhalt des Evangeliums werden. «Evangelium» heißt ja im Neuen Testament konkret: der Bericht über ihn, den geschichtlichen Jesus. Das Evangelium brauchte kein einheitlicher Bericht von diesem geschichtlichen Jesus zu sein. Das Streben nach dem Normalevangelium eines einheitlichen, vollständigen und widerspruchslosen «Lebens Jesu» ist ein der ältesten Kirche völlig fremdartiges Streben. Es konnte, ja es mußte so sein, wie es in Luk. 1, 1 angegeben wird, daß Viele es unternommen haben, «eine Erzählung der Ereignisse abzufassen, die sich unter uns zugetragen haben». Waren doch auch der Erscheinungen des Auferstandenen und der Zeugen dieser Erscheinungen in den vierzig Tagen und der Zeugnisse davon viele, waren doch auch die Osterberichte verschiedene, unzusammenhängende und teilweise sich widersprechende gewesen. Gerade ein harmonisches Evangelium oder eine Evangelienharmonie konnte von da aus unmöglich das Ideal eines Berichtes über Jesu Vergangenheit werden. Gerade Evangelien «nach Matthäus», «nach Markus», nach diesem und jenem, wie wir sie jetzt haben, mit samt dem unbesorgten Nebeneinander, Durcheinander und Widereinander ihrer Darstellungen mußte der Überlieferung dieses Gegenstandes: dieser Gestalt der Vergangenheit, die sich in den Ostertagen jetzt diesem, jetzt jenem, jetzt so, jetzt anders vergegenwärtigt hatte, nicht unangemessen, sondern aufs höchste angemessen erscheinen. Wenn sie nur direkt oder indirekt auf diese Quelle, auf die Offenbarung des Ostergeschehens zurückgingen und wenn sie nur Darstellungen eben dieses Gegenstandes waren: dieser Gestalt der Vergangenheit in ihrer durch das Ostergeschehen garantierten Gegenwärtigkeit. Ein rechter Evangelist ist derjenige, der, schöpfend aus dieser Quelle, je in seiner Weise diesen Gegenstand recht überliefert. Diese Überlieferung recht aufzunehmen und also diesen Gegenstand recht zu verkündigen, ist dann die Sache des im Unterschied zum Evangelisten nicht zurück- sondern vorwärtsblickenden Apostels. Der Evangelist und der Apostel können freilich eine und dieselbe Person sein. Im letzten Grunde muß es sogar so sein. Kein Evangelist, der nicht darin auch Apostel wäre, daß eben die von ihm dargestellte Überlieferung als solche auch das apostolische Kerygma ist. Und kein Apostel, der nicht eben als Träger des Kerygmas auch aktiver Träger der Überlieferung wäre. Ein Stück weit ist bekanntlich sogar der Apostel Paulus auch Evangelist, nämlich Träger bestimmter, z. T. direkt vom Herrn empfangener Überlieferung gewesen. Aber die Funktion des Apostels ist nicht die des Evangelisten: als Apostel erzählt er nicht nur von Jesus, als Apostel verkündigt er, was als Sinn der Erzählung aus dieser hervorgeht, daß dieser Jesus der Herr, Israels Messias, der Heiland der Welt ist. Daß eben diese Gestalt von gestern heute lebt, in der Kraft dessen, was sie gestern war, heute regiert, das ist des rechten Apostels Wort. Mit diesem Wort kommt auch er von den Ereignissen der Ostertage her. Sie sind der Quellort dessen, was im Neuen Testament das «Wort Gottes» heißt. Daß Jesus heute regiert, das weiß ja auch der Apostel nur, weil Jesus auch ihm als der Auferstandene begegnet ist. Und daß er das Juden und

Heiden verkündigen muß, das beruht ja wieder auf dem Befehl, den er von dem Auferstandenen bekommen hat. Jesus der Herr, den er verkündigt, ist aber kein Anderer als eben jene Gestalt der Vergangenheit, die sich in der Osterzeit für immer und ebenso als der Herr vergegenwärtigt hat. Und eben darum lebt auch der Apostel von der Überlieferung dieses Gegenstandes, ist auch er für diese Überlieferung verantwortlich. So steht der Apostel mit dem Evangelisten Rücken an Rücken. So bildet das Evangelium und der Apostel als die beiden Teile des Neuen Testamentes in der Tat eine unzerreißbare Einheit. Sie blicken in zwei verschiedene Zeiten. Aber sie kommen dabei beide von der Osterzeit her. Und eben von der Osterzeit her sind die beiden verschiedenen Zeiten für sie zusammengefaßt zu einer Zeit, in der die Gegenwart erfüllt ist von der Vergangenheit Jesu, weil eben die Vergangenheit Jesu nicht Vergangenheit geblieben, sondern in die Gegenwart hereingebrochen, weil er selbst sich vergegenwärtigt und aus der Gegenwart seine eigene neue Zeit gemacht hat.

2. Aber das Sein Jesu in der Zeit ist nicht nur ein Sein in der Gegenwart. Es ist auch — und auch das ist nun selbständig zu sehen und zu würdigen — ein Sein in der Vergangenheit, ein gewesenes Sein. Es geht seine Zeitlichkeit nicht darin auf, daß Jesus je und je, von Tag zu Tag, von Stunde zu Stunde, ist und wieder und wieder ist. So ist es jedenfalls von der neutestamentlichen Gemeinde nach Ostern, am Beginn der großen Zwischenzeit, in der wir ja bis heute stehen, nicht gesehen und verstanden worden. Er ist nicht nur. Er ist auch gewesen. Wir versuchen es jetzt, der vorangehenden Überlegung entsprechend, vom Standort der Gemeinde am Anfang dieser Zwischenzeit aus auch in dieser Richtung weiterzudenken: nicht willkürlich, sondern selbstverständlich auch hier im Blick auf die Zeugnisse dieser ersten Gemeinde. Wir blicken jetzt von jener ihrer Gegenwart (in der Gegenwart des Menschen Jesus!) nach rückwärts. Was sehen wir dann? Was ist das Gestern dieses Heute?

Die Antwort erscheint zunächst einfach: das vorösterliche Leben Jesu natürlich: sein Kreuzestod zuerst, sein Abschied von seinen Jüngern, sein Auftreten in Jerusalem, sein Weg von Galiläa dorthin, seine Wege in Galiläa selbst, seine Worte und Taten auf dieser ganzen Zeitstrecke, einige wenige Bilder aus der Zeit seiner Jugend und Geburt. Aber wenn wir ihn auf dieser zurückliegenden Strecke wirklich von jenem Standort her sehen und also sehen als den, der er im Lichte der Osteroffenbarung schon auf jener Zeitstrecke gewesen ist — wenn wir ihn also so sehen, wie er in der neutestamentlichen Erinnerung tatsächlich gelebt hat und wie er uns in der evangelischen Überlieferung tatsächlich gezeigt ist — dann springt uns unwiderstehlich die Fülle gerade dieses Gestern, gerade dieser gewesenen Zeit ins Auge. Wie sollte sie geringer sein als die der apostolischen Gegenwart? Was hat diese vor jener voraus als dies, daß in ihr die Offenbarung dessen bezeugt und geglaubt und durch den Heiligen Geist vergegenwärtigt wird, was in jener noch verborgen ist? Aber hat nicht jene vor ihr dies voraus, daß eben in jener das unterirdische Wasser strömt, das dann in der Osterzeit als Quelle ans Tageslicht tritt, um in der Apostelzeit zum Fluß und Strom zu werden? Hat das apostolische Heute sein Geheimnis, seine Kraft, seine Würde nicht ganz und gar von jenem Gestern her? Hier, in diesem Gestern, geschieht es doch zuerst und eigentlich, daß das Reich Gottes kommt und im Geheimniswort, aber auch durch Zeichen und Wunder verkündigt wird, daß die Versöhnung der Welt mit Gott am Kreuz zur Vollstreckung kommt. Hier wird doch der Grund der Gemeinde gelegt Hier fällt doch — höchst verborgen, aber höchst real — die große, das Vorher vom Nachher trennende Entscheidung. Hier atmet und lebt, hier handelt und leidet doch der Herr, der sich zu Ostern als solcher offenbart hat, um nachher in der Kraft dieser seiner Offenbarung seine Gemeinde zu erbauen, zu erhalten, zu regieren, bis auch dieses Nachher zu seinem Ziel gekommen sein wird. Hier ist doch dieser Herr, Gottes wahrer Sohn, auch wahrer Mensch, auch von der Jungfrau Maria geboren und uns gleich geworden. *Et incarnatus est!* Er ist doch vor allem der, der in diesem **Perfekt** ist und also **gewesen** ist. Er würde doch wohl jetzt nicht sein, wenn er nicht hier zuvor **gewesen** wäre.

Aber nun ist es merkwürdigerweise so, daß auch der Rückblick auf das gewesene Sein des Menschen Jesus durchaus nicht Halt machen kann an der Grenze, die ihm durch seine Geburt als Datum seines Eintritts in die Geschichte und Zeit aller anderen Menschen nach oben ebenso unerbittlich gesetzt scheint wie durch seinen Tod nach unten. Nun soll die Erscheinung des Menschen Jesus in den Jahren 1—30 offenbar nur ja nicht als ein göttlicher Willkürakt und also nur ja nicht als ein geschichtliches Novum verstanden werden. Nun scheint das eigentümliche Problem und die eigentümliche Realität des Gewesenseins dieses Menschen in der neutestamentlichen Sicht vielmehr gerade da zu beginnen, wo — — so scheint es auch hier — alle Sicht aufhören müßte, wo von seinem Sein nun eben «noch nicht» die Rede sein könnte. Nun meint und bezeichnet das neutestamentliche **Gestern** offenbar als solches auch ein **Ehegestern**, auch die der Zeit des Weges Jesu von Bethlehem nach Golgatha vorangehende Zeit. Wie die Zeit der Apostel und die ganze Zeit der Kirche in jener besonderen Zeit der faktischen Erscheinung des Menschen Jesus ihren Anfang hat, so ist diese besondere Zeit gleichzeitig auch die Spitze und das Ende einer ganzen **Vorzeit**, die erst in ihr abgelaufen ist, die mit ihr, mit der aber auch sie unzertrennbar zusammengehört. Es gehört die besondere Zeit, auf die das Neue Testament in erster Linie zurückblickt, mit der Zeit zusammen, in der das Einmalige, das den Inhalt jener Zeit bildet, die Geschichte des Menschen Jesus, zwar in der Tat noch nicht geschehen, wohl aber auf Grund des Handelns desselben Gottes, der es dann geschehen ließ, objektiv **vorgebildet** und subjektiv **erwartet** wurde — in der Realität vorgebildet und erwartet, daß man nun doch nicht sagen kann, daß der Mensch Jesus in dieser Vor-

1. Jesus, der Herr der Zeit

zeit seiner Zeit «noch nicht» war — ebensowenig wie man von ihrer Nachzeit, der Zeit der Apostel und der Kirche, sagen kann, daß er in ihr «nicht mehr» ist. Wir reden natürlich — das ist die, rückwärts blickend gesagt, nächste Strecke dieser Vorzeit — von der vom Alten Testament bezeugten prophetischen Geschichte und Zeit des Volkes Israel. Die apostolische Gemeinde aus Juden und Heiden hat sich selbst als das zu dem ihm verheißenen Ziel gelangte Volk Abrahams, Isaaks und Jakobs verstanden, den Herrn Jesus Christus als den im Alten Testament angezeigten Messias, Menschensohn und Gottesknecht, seine Worte als die authentische Auslegung der Worte des Gesetzes, der Propheten und der Psalmen Israels, sein Kreuz zugleich als die Bestätigung der Untreue der Väter wie als die Bestätigung der noch gewaltigeren Treue, in der Gott die Väter berufen und geführt hatte. Sie verstand Jesu Taten — und schließlich, als Inbegriff all seiner Taten, seine Auferstehung — als das Aufleuchten, als die Offenbarung der so lange verborgenen Wirklichkeit des Bundes zwischen Gott und diesem Volk, als das Kundwerden der Erwählung dieses verlorenen Volkes. Es war ja zuletzt nur noch ein verlorener Rest dieses Volkes gewesen, bis zu allerletzt: mit dem Verrat des Judas, mit der Verleugnung des Petrus, mit der Flucht aller Jünger auch dieser Rest ausgetilgt erschien. Es war ja zu allerletzt der eine Mensch Jesus — und dieser als der von Israel selbst Verworfene und von den Heiden ans Kreuz Gehängte — der als menschlicher Partner dieses Bundes ganz allein auf dem Plane blieb. So verborgen war die Wirklichkeit des Gottesbundes mit Israel in dieser letzten und höchsten Stunde seiner Geschichte: verborgen im Grab dieses Einen aus Israel! Indem nun aber die Jünger zu Ostern eben diesen Einen lebend sahen, eben diesen Einen, der für alle gerichtet war, dem Gericht entnommen, eben diesen Einen aus dem Heer der Toten herausgerissen — sahen sie in ihm lebend auch jene Alle: die den Vätern gegebene Verheißung nicht leer, sondern erfüllt, die vom Alten Testament bezeugte Geschichte Israels nicht umsonst, sondern auf dieses Ziel hin geschehen, die in die längst vergangenen Tage jener Vorzeit hineingesprochenen Worte des Gesetzes und der Propheten nicht verhallt, sondern nun erst recht laut geworden, sogar den ganzen Opferdienst nicht abgetan durch den drohenden und dann bald Ereignis gewordenen Untergang des Tempels, sondern vollendet durch das eine und ein für allemal geschehene Opfer von Golgatha. Sie sahen — als der, der gekommen war, ihnen die Augen für sich selbst geöffnet hatte — in ihm, aber durch ihn hindurch nun doch auch in jenem zurückliegenden Ganzen die Wirklichkeit des Gottesbundes. Sie sahen nämlich dieses Ganze — und das war die nächste Höhe ihres Blickes nach rückwärts — als ein einziges und doch reich gegliedertes Vorbild und als eine einzige und doch mannigfache Erwartung dessen, der faktisch gekommen war, als jene

Geschichte abgebrochen, die Stimme des Alten Testamentes und auch ihre Wiederholung und Zusammenfassung in der Stimme des Predigers in der Wüste für immer verstummt war. Denn wer war da **gekommen**? Eben der, der in jener ganzen Vorzeit **kommen sollte**. Eben der, der dort vorgebildet und erwartet, eben der, der dort angezeigt war. Sodaß auch diese Vorzeit, so gewiß sie an sich und als solche noch nicht seine Zeit war, kraft ihres Inhalts, kraft der Geschichte, in der **er** dort vorgebildet, **er** dort erwartet wurde, nun dennoch auch **seine** Zeit gewesen war. Sodaß er auch ihr **Herr** war, weil er das Ziel und der Sinn auch dieser Vorzeit war, sodaß es keine Lästerung, sondern eine Selbstverständlichkeit und auch keine Allegorese, sondern die Feststellung des eigensten Sinnes des Alten Testamentes war, ihm den Namen dessen zu geben, der sich selbst schon damals den Seienden, den Seinwerdenden genannt hatte.

Aber nun ist ja der Blick der apostolischen Gemeinde in dieses Gestern noch höher hinaufgegangen: immer von demselben Standort aus, an den wir uns, um zu verstehen, mit ihr versetzen müssen. Nun ist ja auch der mit Abraham und seinem Samen geschlossene Bund, der in der Erscheinung des Menschen Jesus zum Ziel gekommen und also erfüllt ist, kein göttlicher Willkürakt und kein geschichtliches Novum, sondern die anhebende Vollstreckung der Absicht, in der Gott die Geschichte schon **in und mit der Schöpfung** und also in und mit dem **Beginn der Zeit** überhaupt anfangen ließ. Nun versteht ja die apostolische Gemeinde die Schöpfung selbst nur als den äußeren Grund dieses im Alten Testament bezeugten Gottesbundes und also diesen Gottesbund als den inneren Grund der Schöpfung. Nun sieht sie darum den in Israel prophetisch vorgebildeten und erwarteten und dann zu seiner Zeit erschienenen Menschen Jesus als den eigentlichen Gegenstand des Vorbedenkens und Vorsehens, in welchem Gott die von ihm verschiedene Wirklichkeit geschaffen und geordnet hat. Nun erstreckt sich darum vor ihrem Blick das Gestern des Menschen Jesus über das alttestamentliche Ehegestern hinaus — noch höher hinauf in die aller Historie nicht nur praktisch, sondern grundsätzlich unzugängliche Urgeschichte und Urzeit, in der das Sein, die Geschichte und die Zeit als solche erst anhoben. Spekulation? Aber wenn Schöpfung und Bund schon im Alten Testament selbst so zusammengehören, daß man das eine ohne das andere nicht verstehen kann — wenn der Bund im Alten Testament durchwegs den Charakter eschatologischer, prophetischer, im alttestamentlichen Bereich selbst nicht in Erscheinung tretender Wirklichkeit hat — wenn endlich (von diesem letzten «Wenn» hängt freilich Alles und Jedes ab!) der, der als erscheinende Wirklichkeit des Bundes kommen sollte, in dem Menschen Jesus wirklich gekommen ist — wie soll dann die Aussage, daß schon die Zeit der Schöpfung seine Zeit war, Spekulation sein? Sofern sie die Zeit der anhebenden Vollstreckung des Willens des Schöpfers war, war tatsächlich auch sie, schon sie, auch seine Zeit: die Zeit, in der eben er der bei der Erschaffung aller Dinge vorbedachte und vorgesehene eigentliche, der primäre Gegenstand dieses göttlichen Willens war.

Und nun gibt es einige Stellen des neutestamentlichen Zeugnisses, die zeigen, daß man in der apostolischen Gemeinde mit derselben Selbstverständlichkeit gleich auch noch einen — gewiß unerhörten und nun doch von jener letzten Stufe aus höchst naheliegenden letzten Schritt noch höher hinauf für möglich und notwendig gehalten hat: Wie der Mensch Jesus in seiner Erscheinung auf dem Weg von Bethlehem nach Golgatha, wie er im Vorbild und in der Erwartung des Gottesbundes mit Israel, wie er im göttlichen Vorbedenken und Vorsehen in der Schöpfung ge wesen ist — so auch schon vorher im Ratschluß Gottes vor der Schöpfung und also vor aller Zeit. Galt das Osteraxiom, war er (wirklich dieser Mensch!) die Erscheinung Gottes — wie konnte dann mit einer Ewigkeit Gottes gerechnet werden, in der nicht auch und vor allem s e i n e Zeit — seine Zukunft, seine Gegenwart, aber auch sein G e w e sensein inbegriffen war? Wie konnte dann geleugnet werden, daß er schon vor Beginn der Zeit und aller Dinge in Gottes freiem Plan und Beschluß gewesen — und eben so wirklich, aufs höchste, in Fülle — göttlich gewesen ist?

Wir grenzen ab — nach der einen Seite: eben weil und indem er wirklich, aufs Höchste, in Fülle, in der Weise Gottes g e w e s e n ist, kann sein Gewesensein, seine Geschichtlichkeit mit seinem Sein in der G e g e n w a r t nicht streiten. Sondern im Gegenteil: Eben als der, der n i e «n o c h n i c h t» gewesen ist, kann er unmöglich jemals «n i c h t m e h r» sein, ist er gestern und heute derselbe. Eben von dieser seiner Vergangenheit her konnte und mußte er als der immer Gegenwärtige gesehen und verstanden werden.

Und wir grenzen ab — nach der anderen Seite: Es wird dies sein wirkliches höchstes, volles göttliches G e w e s e n s e i n auch mit seinem Sein in der Z u k u n f t nicht streiten können. Sondern wieder im Gegenteil: Eben der K o m m e n d e ist er ja in dieser ganzen Vorzeit bis hinauf in die Ewigkeit Gottes selber gewesen — der Kommende im ewigen Ratschluß Gottes, der Kommende im Werk der Schöpfung, der Kommende in der Geschichte des Gottesbundes mit Israel, der Kommende schließlich auch in der Verborgenheit seiner vorösterlichen Lebenszeit. Und eben als der in dieser Totalität Kommende ist er dann auch in den 40 Tagen offenbar geworden. Und so ist eben dies, daß er der in Fülle, der göttlich Gewesene ist, der entscheidende Grund dafür, daß auch seine Gegenwart in seiner Gemeinde in ihrer ganzen Fülle und Göttlichkeit immer auch als die Gegenwart des K o m m e n d e n verstanden werden muß, anders als so gar nicht verstanden werden kann.

Wir fassen wieder mit Apok. 1, 8 zusammen: «Ich bin — der da war». Die Vergangenheit, auf die man von der Gegenwart des Menschen Jesus aus zurückblickt, ist wie diese Gegenwart selbst und wie die vor ihr liegende Zukunft s e i n e, des Menschen Jesus e i g e n e Zeit.

Wir müssen uns zur Veranschaulichung im Einzelnen auch hier auf das Notwendigste beschränken.

Wie zunächst das vorösterliche Leben Jesu von der Gegenwart der Apostelzeit her gesehen wurde, zeigt exemplarisch die Verklärungsgeschichte M r. 9, 2—8 P a r. Man könnte von ihr sagen, daß sie die Ostergeschichte in derselben Weise antizipiert, wie diese ihrerseits eine Antizipation der noch ausstehenden Wiederkunft des Herrn zum Gericht ist. Man meint es zunächst mit einer Wundergeschichte in der Reihe aller anderen zu tun zu haben. In Wirklichkeit gehört sie unter diesen mindestens in eine besondere Reihe, indem sie von einem an Jesus selbst, und zwar nicht durch ihn selbst, sondern als eindeutiges Widerfahrnis, ohne ein von ihm geredetes Wort und ohne jegliches Hinzutun von seiner Seite, ganz und gar an ihm geschehenen Wunder redet. Vielleicht haben wir es hier vielmehr mit einer Art vorläufigem Schlüssel zu allen anderen Wundergeschichten zu tun. «Er wurde vor ihnen verwandelt». Mose und Elia erscheinen ihnen und reden mit Jesus (nach Luk. 9, 31 «von seinem Lebensausgang, den er in Jerusalem vollenden sollte»). Eine Wolke, d. h. aber das Zeichen der Verborgenheit und zugleich der Offenbarung Gottes überschattet sie. Eine Stimme aus der Wolke spricht: «Das ist mein geliebter Sohn. Hört ihn!» Das ist in allen Zügen die Beschreibung einer G o t t e s e r s c h e i n u n g. Man wird doch auch die Angabe Mr. 9, 2, Matth. 17, 1, daß das Alles «nach 6 Tagen» (Luk. 9, 28 ist mit 8 Tagen gerechnet) geschah, nicht für bedeutungslos halten können. Unmittelbar vorher steht das berühmte Wort: «Wahrlich, ich sage euch, daß Einige hier sind, welche den Tod nicht schmecken werden, bevor sie das Reich Gottes in Macht haben kommen sehen». Luk. 9, 28 ist gesagt, was bestimmt auch die Meinung der beiden anderen Berichte ist: von jenem Wort ab sind die 6 Tage zu zählen. Und das bedeutet dann, daß die Geschichte von der Verklärung jedenfalls nach der Meinung der Evangelisten als eine erste, vorläufige Erfüllung der in jedem Wort gegebenen Verheißung verstanden werden soll. Daß es aber gerade 6 bzw. 8 Tage sind, die zwischen Verheißung und Erfüllung liegen, weist doch wohl darauf hin, daß die Texte die Verklärungsgeschichte und also die Geschichte von dieser Erfüllung jenes Wortes als den Anbruch eines hervorgehobenen Sabbattages verstanden haben. Wir befinden uns offenbar in großer sachlicher Nähe zur Ostergeschichte. An sie erinnert ja auch der hohe Berg, auf dem sich der Vorgang abspielt, erinnert Matth. 17, 6: «Sie fürchteten sich sehr», erinnert Luk. 9, 32 (Joh. 1, 14!): «Sie erwachten und sahen seine Herrlichkeit», erinnert in allen Berichten der auffallende Vorschlag des Petrus, drei Zelte (Joh. 1, 14!) zu errichten, der offenbar bedeutet, es möchte zu einem, wenn auch nur vorübergehenden Verweilen der Erscheinung kommen dürfen. Mr. 9, 6 ist dazu bemerkt: «Er wußte nämlich nicht, was er dazu sagen wollte», d. h. doch wohl: Er verstand sich selbst nicht in dem, was er tatsächlich dazu sagte. Es kam jetzt nicht zu dem erwünschten Bleiben der Erscheinung. Sie ging jetzt vielmehr vorüber, wie sie gekommen war. Sie sahen Jesus aufs neue allein und nun offenbar auch nicht mehr «verwandelt» in ihrer Mitte. Und er gebot ihnen (Mr. 9, 9), daß sie bis nach seiner Auferstehung niemandem etwas von diesem Geschehen sagen sollten. Es ist offenbar so etwas wie deren größtes vorlaufendes Zeichen, das doch als solches erst zum Leuchten kommen kann, nachdem diese geschehen ist. Merkwürdig genug, daß 2. Petr. 1, 16 f., wo von der Augenzeugenschaft der Jünger als Verkündiger der «Macht und Wiederkunft unseres Herrn Jesus Chri-

I. Jesus, der Herr der Zeit

stus» die Rede ist, von der Auferstehung selbst g e s c h w i e g e n , dagegen ausdrücklich gerade dieses Ereignis der v o r ö s t e r l i c h e n Zeit als entscheidend genannt und beschrieben wird. Es hat in der nachösterlichen Zeit seine genaue Parallele in der Geschichte von der Bekehrung des Saulus und sein Sinn inmitten dieser vorösterlichen Zeit ist offenbar der Aufweis: eben derselbe, als der er nachher in seiner Auferstehung offenbar geworden ist, war Jesus eigentlich und faktisch, wenn auch im Ganzen verborgen, schon in dieser Zeit. Und es war doch schon diese Zeit nicht einfach ohne (wenn auch vorübergehende) Offenbarung dieses seines eigentlichen und faktischen Seins. Es heißt Joh. 2, 11 am Schluß des Berichts über das Kanawunder: «Dies tat Jesus als Anfang der Zeichen... und offenbarte seine Herrlichkeit». Das dürfte ein Hinweis darauf sein, daß wir die Wundertaten Jesu in dieser Zeit als «Zeichen» jedenfalls auch in diesem Zusammenhang zu verstehen haben: sie zeigen an, was er schon jetzt war, die verborgene Gegenwart des Reiches Gottes, die dann in den vierzig Tagen in wirklich verweilender Erscheinung, in einem σκηνοῦν des Herrn in der Mitte seiner Jünger enthüllt werden sollte: eine Enthüllung, die am Ende aller Zeit in seiner Wiederkunft endgültig und allgemein werden soll. Daß solche Zeichen geschahen — und daß in der Verklärungsgeschichte, vor allen anderen Zeichen ausgezeichnet, an ihm selber dieses Zeichen geschah — macht deutlich, daß ihm das G e h e i m n i s seines Seins, das in seiner Auferstehung offenbar wurde, n i c h t etwa inzwischen n e u zugekommen war, daß es ihm vielmehr v o n j e h e r innewohnte und daß es faktisch sogar von jeher da und dort o f f e n b a r geworden war.

In dieselbe Reihe wie die Verklärungsgeschichte gehört der Bericht über Jesu Taufe am Jordan Mr. 1, 9—11 Par. (vgl. Joh. 1, 32—34). Wir haben den Sinn dieses Ereignisses hier nur in dem uns beschäftigenden Zusammenhang hervorzuheben. Daß es mit der Verklärungsgeschichte in Beziehung steht, zeigt auf den ersten Blick die Erwähnung der Stimme vom Himmel und deren Wortlaut: «Du bist mein geliebter Sohn, an dir habe ich Wohlgefallen gefunden» (nach Luk. 3, 22: «Heute habe ich dich gezeugt»). Daß der Himmel sich öffnet, beweist, daß es sich auch hier nicht um irgend ein Wunder, sondern um eine G o t t e s e r s c h e i n u n g handelt. Nach Matth. 3, 16 scheint es, als hätte nur Jesus selbst ihren entscheidenden Inhalt wahrgenommen. Joh. 1, 32 f. bekennt sich doch auch der Täufer explizit und feierlich als Zeuge gerade in dieser Sache. Sie bestand darin, daß der Heilige Geist sichtbar vom Himmel auf Jesus herabstieg — «und auf ihm blieb», wie Joh. 1, 32 f. zweimal betont wird. Für Mr. 1, 10 ist dieser Zusatz nur unsicher bezeugt, und Matthäus und Lukas kennen ihn gar nicht. Er gibt doch, wenn man ihn mit dem Wort der himmlischen Stimme zusammenhält, die allein mögliche Interpretation jenes καταβαίνειν des Geistes, das von einer bloßen prophetischen Berufung und Erleuchtung offenbar ganz verschieden war. W e r i s t der Mann, der sich da taufen läßt? W e r i s t der, der von da ab die zentrale Figur der evangelischen Geschichte sein wird? Darauf antwortet diese Gotteserscheinung. Sie nennt diesen Menschen den schon zuvor gezeugten und geliebten Sohn Gottes, den Gegenstand des göttlichen Wohlgefallens von lang her. Sie bezeichnet ihn damit als den, der das, ob verborgen oder offenbar, ob erkannt oder unerkannt, faktisch i s t und auf dem ganzen vor ihm liegenden Weg s e i n und b l e i b e n wird — und so auch als das, was er als Sohn Gottes notwendig sein muß: als den, der Träger des Geistes, d. h. der unmittelbare Hörer und Verkündiger des Wortes, der bevollmächtigte Vollstrecker des Auftrags Gottes i s t, s e i n und b l e i b e n wird. Man kann wohl auch die Taufe Jesu eine Antizipation seiner Auferstehung nennen. Auch sie fügt seiner Existenz nichts hinzu; auch sie verleiht ihm nichts Neues, keine Qualität, die er nicht schon mitgebracht hätte. Daß er der Sohn, der von Gott Gezeugte und Geliebte, der Gegenstand seines Wohlgefallens schon i s t, das sagt ja die Stimme vom Himmel so ausdrücklich wie möglich. Und die Meinung der Texte ist auch hinsichtlich des Heiligen Geistes n i c h t die, daß er (der nach Matth. 1, 20 vom Heiligen Geist schon Empfangene) ihn erst in dieser Stunde e r h a l t e n hätte, sondern dies, daß er (und nach dem vierten Evangelium auch der Täufer) das καταβαίνειν des Geistes auf ihn, seine Kommunikation durch den Vater an den nun im Fleisch existierenden Sohn in dieser Stunde auf Grund göttlicher Offenbarung g e s e h e n habe. So ist auch diese Stunde eine O f f e n b a r u n g s s t u n d e : die Stunde einer frühen, so nicht wiederholten und auch nicht dauernden Enthüllung des G e h e i m n i s s e s dieses Menschen, das sein Geheimnis doch schon vorher gewesen i s t und nachher unter allen Umständen b l e i b e n wird.

Man müßte als drittes oder vielmehr erstes Glied in dieser Reihe eigentlich den ganzen Komplex der sog. Kindheitsgeschichten aufführen. Wir greifen nur eine Stelle heraus — die strahlendste von allen: L u k. 2, 8—14, die Verkündigung der Geburt Jesu an die Hirten von Bethlehem. Man bemerke auch hier: es war Alles in größter Vollkommenheit s c h o n g e s c h e h e n : «und sie gebar ihren ersten Sohn und wickelte ihn in Windeln und legte ihn in eine Krippe, weil sie in der Herberge keinen Platz fanden». Das ist größte Realität, wenn sie auch von größter Verborgenheit umgeben ist. Wieder kann man also, was sich nun auf dem Felde ereignet, wo die Hirten Nachtwache halten bei ihren Herden, diesem Geschehen nichts hinzufügen, dieses Geschehen als solches weder bereichern noch vertiefen. Es ereignet sich aber, daß dieses Geschehen in der Herberge dort auf dem Felde, vor diesen Hirten offenbar wird. Der «Engel des Herrn» trat zu ihnen. Wir sind schon dadurch an die Gotteserscheinung der Ostergeschichte erinnert. Und die Fortsetzung bestätigt den Zusammenhang: «Herrlichkeit des Herrn (δόξα κυρίου) umleuchtete sie und sie fürchteten sich sehr.» «Furcht» ist hier wie in der Verklärungs-, wie in der Ostergeschichte des Menschen erstes natürliches Zurückweichen vor einer Erkenntnis, der er sich nicht gewachsen findet, die er von sich aus für unvollziehbar halten muß. Aber das ist hier wie sonst eine Übergangserscheinung. «Die vollkommene Liebe t r e i b t die Furcht a u s » (1. Joh. 4, 18). Darum der Spruch des Engels: «Fürchtet euch n i c h t, siehe, ich verkündige euch große Freude, die dem ganzen (heiligen) Volk widerfahren wird» — dann und damit nämlich, daß sie auch ihm, diesem ganzen Volk Israel offenbar werden wird. Man bemerke: diese Geburt ist r e a l, wie Viele oder Wenige, und ob diese früher oder später ihrer gewahr werden mögen. Den Hirten auf dem Feld aber wird sie durch Gottes Offenbarung b e k a n n t, diesen Hirten also wird hier sofort und auf der Stelle die «große Freude» gemacht: «Euch ist heute der Retter geboren, ὅς ἐστιν Χριστὸς κύριος.» Das ist im Dunkel der Nacht auf diesem Feld die O f f e n b a r u n g der R e a l i t ä t jener Geburt: der Retter ist da, der Christus ist da, der Messias ist da, ἐτέχθη! Und das Wort des Engels bleibt nicht allein, ein ganzer Chor von Offenbarung fällt ein: «die Menge des himmlischen Heeres», die lobten Gott und sprachen...», sprachen anbetend die Realität dieser Geburt noch einmal aus: daß in der Existenz dieses Kindleins zugleich der vollkommene Triumph Gottes droben und die vollkommene Hilfe für die Menschen da drunten, die der Gegenstand seiner Güte sind, schon Ereignis geworden, unwiderruflich schon vollzogen sei: «Ehre sei Gott in der Höhe und Friede auf Erden unter den Menschen seines Wohlgefallens.» Man wird auch hier auf die p e r f e k t e R e a l i t ä t des angezeigten Geschehens gar nicht genug Nachdruck legen können, wenn man verstehen will. Eben sie als solche ist es, die den Hirten auf dem Feld offenbar gemacht wird. In diesem Stil wird es auch im Lukasevangelium nicht weitergehen, obwohl man gerade in ihm etwas davon zu spüren meint, daß es nun eben so angefangen hat. Die Nacht um das damals geborene Kindlein wird doch auch nach der Darstellung des Lukas noch finster genug, die Offenbarung seiner Herrlichkeit (bis auch diese Darstellung in die Ostergeschichte einbiegen wird) wird vereinzelt genug sein. Aber so, in diesem Lichtglanz, wollte Lukas seine Erzählung von

I. Jesus, der Herr der Zeit

den Worten und Taten Jesu auf alle Fälle beginnen lassen. Die Wirkung auf den Leser ist bei ihm wie bei Matthäus die, daß man sich von Anfang an auf d e n Boden gestellt sieht, der sich am Ende als das das G a n z e dieser Geschichte umfassende und bewegende Geheimnis herausstellen wird. Und so macht der evangelische Rückblick gerade auf diesen A n f a n g zugleich die H ö h e sichtbar, von der die vorwärtsblickende apostolische Gemeinde herunterkommt. Sie kommt wirklich vom Berge der Verklärung her. Sie hat sich ihren «Christus heute» nicht geschaffen, sondern indem er gestern derselbe — der bei seiner Geburt von den Engeln Offenbarte, der am Jordan durch die Stimme vom Himmel Bestätigte, der auf dem Berg Verklärte — war, hat er diese Gemeinde geschaffen.

Und nun ist der Mensch Jesus von gestern als solcher auch der von ehegestern: der Christus I s r a e l s und seiner heiligen Schriften. Nun ist sein Sein also sein verborgenes und doch nicht nur verborgenes, sondern auch offenbares Sein auch in dieser V o r z e i t. Wir können das vorhin allgemein Gesagte gerade im Blick auf diese zweite, höhere Stufe seines Gewesenseins nur durch einige wenige Bemerkungen erläutern (Ausführlicheres z. B. KD I, 2 S. 77—111).

Man tut gut, von der Tatsache auszugehen: es war nun einmal so, daß die älteste Christenheit, die Evangelisten und Apostel allen voran, offenbar gar nicht anders konnten, als bei ihrem Bericht wie bei ihrer Verkündigung von Jesus direkt oder indirekt, explizit oder implizit fortwährend auf jene Vorzeit, auf die Geschichte Israels Bezug zu nehmen, in der Jesus zwar noch nicht erschienen, aber als Vorgebildeter und Erwarteter faktisch nun dennoch auf dem Plan gewesen war. Man müßte nicht nur das Matthäusevangelium, den Jakobusbrief und den Hebräerbrief, sondern das ganze Neue Testament, vor allem auch den ganzen Apostel Paulus, auslöschen, wenn man es von diesen Bezügen reinigen, wenn man es ohne das Alte Testament lesen und verstehen wollte. Diese Bezüge besagen — im Einzelnen verschieden, aber in der Sache einmütig — daß die besondere Zeit des Menschen Jesus als solche die Zeit der Erfüllung jener V o r z e i t gewesen, d. h. daß eben das, was in dieser besonderen Zeit geschehen ist, die Wirklichkeit war, auf die alles Geschehen jener Vorzeit hinzielte und hinstrebte, so daß das Geschehen jener Vorzeit erst mit diesem letzten Geschehen in dieser besonderen Zeit z u s a m m e n ein vollkommenes, ein sinnvolles Geschehen geworden ist, eben in diesem Zusammenhang aber tatsächlich ein v o l l k o m m e n e s, s i n n v o l l e s Geschehen gewesen ist. Es besagen also jene Bezüge des Neuen Testamentes auf das Alte, daß jene israelitische Geschichte und Zeit eine p r o p h e t i s c h e Geschichte und Zeit gewesen ist: eine Geschichte und Zeit, deren Sinn und Vollkommenheit eben darin bestand, daß sie der Geschichte und Zeit des Menschen Jesus entgegeneilte — eine Geschichte und Zeit, in der die des Menschen Jesus vorgebildet und erwartet wurde und die insofern zu seiner Zeit g e h ö r t e, ja — im umgekehrten Sinn aber ebenso real — ebenso s e i n e Zeit war, wie die apostolische Geschichte und Zeit nachher noch einmal seine Geschichte und Zeit gewesen ist.

In diesem Sinn sagt der alte Simeon im Tempel angesichts des Kindes Jesus: «Meine Augen haben dein Heil gesehen, das du im Angesicht aller Völker bereitet hast, ein Licht zur Erleuchtung der Heiden und zur Verherrlichung deines Volkes Israel» (Luk. 2, 30 f.). Es ist kein neues, es ist das eine alte, in Israel prophetisch vorgebildete und erwartete Heil, das jetzt vor seinen Augen ist. Eben darum kann er jetzt «im Frieden dahingehen»: seine Zeit ist zu ihrem Ziel gekommen, seine Geschichte ist, indem sie dahin führte, nicht umsonst geschehen. In diesem Sinn hat sich Paulus einfach durch den «Gott unserer Väter» dazu bestimmt gewußt, «seinen Willen zu erkennen und den Gerechten zu sehen» (Act. 22, 14), hat er darum Gewicht darauf gelegt, daß sowohl der Tod wie die Auferstehung Jesu κατὰ τὰς γραφάς geschehen seien (I. Kor. 15, 3 f.), bittet er die Korinther, bei ihm und Apollos die Regel zu lernen: μὴ ὑπὲρ ἃ γέγραπται. In diesem Sinn hat er das alttestamentliche Gesetz den «Pädagogen auf Christus hin» genannt (Gal. 3, 24) und Christus das «Ziel des Gesetzes» (Röm. 10, 4) und die Absicht seiner eigenen Verkündigung nicht die Aufhebung, sondern die Aufrichtung des Gesetzes (Röm. 3, 31). In dieser Sicht hat er (Act. 26, 22) vor dem König Agrippa erklärt, er sage «nichts Anderes als das, wovon sowohl die Propheten als auch Mose geredet haben, daß es geschehen werde». Eben in dieser Sicht ist er nicht davor zurückgeschreckt, in dürrem Wort zu sagen, daß der Felsen, aus dem die Väter in der Wüste getränkt wurden, Christus gewesen ist (1. Kor. 10, 4), so daß es nur noch an einer über den Herzen hängenden Decke liegen könne, wenn sie ihn bei der Lesung ihrer eigenen Schrift nicht zu entdecken vermögen (2. Kor. 3, 14 f.). Aber der vierte Evangelist ist gerade in dieser Sache nicht weniger deutlich: «Ihr sucht in den Schriften, weil ihr meint, in ihnen ewiges Leben zu haben, und sie sind es, die von mir zeugen» (Joh. 5, 39), läßt er Jesus sagen, und von Mose: «Von mir hat er geschrieben» (Joh. 5, 46) und von Abraham: «Er freute sich, daß er meinen Tag sehen sollte, und er sah ihn und freute sich» (Joh. 8, 56). Und von Jesaja bemerkt der Evangelist selbst: «Das sagte er, indem er seine Herrlichkeit sah und von ihm redete» (Joh. 12, 41). Im selben Sinn handelt es sich nach Luk. 24, 25 beim Glauben an Jesus schlicht darum, «zu glauben Alles, was die Propheten gesagt haben», wie denn auch umgekehrt «heute dieses Schriftwort erfüllt ist vor euren Ohren» (Luk. 4, 21). Und darum ist es schließlich keine willkürliche Staffage, sondern die anschauliche Bestätigung des paulinischen κατὰ τὰς γραφάς wenn Mr. 9, 4 f. Par. Mose und Elia neben dem verklärten Jesus erscheinen. Sie gehören zu ihm. Er gehört zu ihnen. Sie reden mit ihm, nach Luk. 9, 31 sogar sehr konkret über seinen Tod.

Ich sehe gerade im Blick auf diese Szene nicht ein, wie man den Begriff der «Gleichzeitigkeit» zwischen der Geschichte Jesu und der prophetischen Geschichte Israels einfach ablehnen kann. Ob O. Cullmann (a. a. O. S. 118 f.) sich hier durch das gewiß nicht vorbildliche Verfahren des Barnabas-Briefes nicht allzu sehr hat abschrecken und durch seinen eigenen Begriff von der «linearen Zeit» nicht allzu sehr hat bannen lassen? Wahr ist, daß die Gleichzeitigkeit, um die es hier geht, die Ungleichzeitigkeit nicht ausschließt. Es sind und bleiben ja Abraham, Mose, die Propheten und die anderen Gestalten des Alten Testamentes, was sie sind: in deutlichen Konturen von Jesus abgehoben und gar nicht mit ihm identisch. Wie würde es sich sonst lohnen, ihrer besonders zu gedenken, einen alttestamentlichen Kanon neben das Neue Testament — oder vielmehr das Neue Testament neben den zunächst allein vorhandenen Kanon des Alten Testamentes zu legen, wie die alte Kirche es getan hat? Die Väter haben schon auch in ihrem Verhältnis zu Jesus ihr eigenes Wort und ihre eigene Zeit — wie ja Jesus in seinem Verhältnis zu ihnen erst recht sein eigenes, ganz anderes Wort und seine eigene, ganz andere Zeit hat. Es ist aber auch wahr, daß die Ungleichzeitigkeit, um die es hier bestimmt geht, die Gleichzeitigkeit nicht ausschließt. Indem die Väter sind, was sie sind, weisen sie auf Jesus hin: wie Johannes der Täufer, eine von Jesus ganz verschiedene Gestalt, in dem am Anfang des Neuen Testamentes das Alte noch einmal wie personifiziert auf den Plan getreten scheint, gerade darin seinen eigensten Auftrag hat, auf Jesus hinzuweisen. Indem die Väter zu ihrer Zeit und zu den Menschen ihrer Zeit reden, reden sie faktisch von ihm. Was war denn Israel als das Volk des Bundes, in dessen Geschichte er zwar verheißen und erwartet ist, aber immer noch f e h l t — und nun doch n i c h t n u r f e h l t, weil ja eben er der in dieser ganzen Geschichte Verheißene und Erwartete ist? Wie sollte da die Zeit Israels nicht als Zeit seiner Ferne eine a n d e r e als die seine — und als die Zeit seiner Verheißung und Erwartung nun doch auch s e i n e Zeit sein? Wie die Gleichzeitigkeit des Menschen Jesus in der Zeit der Kirche gebunden ist an die Ü b e r l i e f e r u n g von ihm, an die E r i n n e r u n g an ihn, so in der Zeit Israels an seine Verheißung und Erwartung. Sie ist hier wie dort eine geistliche Gleichzeitigkeit, die hier wie dort nur durch ihn selber erkennbar sein und also hier wie dort nur im Glauben erkannt werden kann. Wo er selbst sich nicht offenbart und nicht Glauben findet, da wird man ja auch in der christlichen Kirche nur den Ort sehen können, wo er aufs neue fehlt und also nicht mehr ist und dementsprechend dann gewiß auch die Geschichte Israels nur als eine Geschichte, in der er fehlt und also noch nicht ist. Die Zeitlinie mit ihren unübersehbaren Unterschieden von Ferne und Nähe bekommt dann hier wie dort absolute Bedeutung. Darf und muß man aber (von seiner Auferstehung her) mit seiner glaubenerweckenden Selbstkundgebung und also hier wie dort mit seiner geistlichen Gegenwart rechnen, dann ist doch nicht abzusehen, warum man sein Sein in der Geschichte Israels darauf reduzieren müßte, daß diese von ihm aus zu «deuten», daß es den «Gläubigen» wohl «erlaubt» sei, in ihr die «Vorbereitung» auf Jesus den Gekreuzigten und Auferstandenen zu «sehen» (Cullmann, S. 116, 121). Als ob es nun doch nicht so ganz sicher sei, daß es sich in Wirklichkeit so verhalten habe! Die Ferne der Zeit Israels auf der zurückliegenden Zeitlinie kann, wenn es eine geistliche Gegenwart Jesu gibt, nichts daran ändern, daß diese Geschichte Israels seine Vorgeschichte war, daß er also in ihr war, bevor er war, d. h. bevor diese Geschichte in ihm zu ihrem Ziel und Ende kam: so daß er, nachdem er gekommen war, in dieser Geschichte und ihren Dokumenten nicht nur erkannt werden durfte, sondern erkannt werden mußte. Ist seine Zeit die reale göttliche Mitte aller Zeit, warum soll es dann nicht geboten sein, sie zugleich als die die Zeit vor ihm und nach ihm umfassende und beherrschende Zeit zu verstehen? Die nach Allem, was wir wissen, entscheidende Rolle des Alten Testamentes im urchristlichen Gottesdienst, die so selbstverständlich vollzogene Rezeption des synagogalen Kanons — und zuerst und vor allem: das ganze, fast unübersehbare Durchflochtensein des Neuen Testamentes mit alttestamentlichen Bezügen — das Alles sind Phänomene, die man mit sekundären Motiven, mit zufälligen geschichtlichen Gründen unmöglich befriedigend erklären kann. Wir stehen hier vielmehr offenbar vor inneren Notwendigkeiten erster Ordnung; wir haben es hier mit einer Sicht zu tun, die in der späteren Kirche weithin verdunkelt worden sein mag und die uns heute noch immer sehr fremd berühren mag, die aber für die Apostel und ihre Gemeinden, indem sie auf den Menschen Jesus blickten, ohne weiteres und gewissermaßen natürlich gegeben war. Sie deuteten nicht, sie konstruierten nicht, sondern sie wußten es offenbar von Grund aus nicht anders, als daß der Mensch Jesus die Erfüllung der prophetischen Geschichte Israels und also diese Geschichte keine andere, sondern das Anheben seiner Geschichte, das Alte Testament als Zeugnis jener Geschichte Zeugnis von ihm war. Sie sahen gar keinen anderen Weg zu ihm als den, an Hand der Lesung, des Verständnisses und der Erklärung des Mose und der Propheten ihm entgegenzueilen, sein Wort nun wirklich als das erfüllte, das letzte, eben darum aber auch als das von jenen vorher verkündigte und vorher bezeugte Wort Gottes zu hören. Seine Gestalt hatte nun einmal, so gewiß sie jene Dimension nach vorn, in ihre eigene Zeit hinein hatte, in der er in ihrer eigenen Mitte war, auch jene Dimension nach rückwärts, in der er auch mitten unter den Vätern war. Da er, der Retter, der Christus, der Herr nun einmal gekommen und offenbar geworden und also die Spitze und das Ziel der ganzen alttestamentlichen Geschichte erschienen und sichtbar geworden war, war mit ihm auch der Chor der Zeugen dieser Geschichte aufs neue und nun erst recht lebendig und laut geworden, mußten auch ihre Stimmen aufs neue und nun erst recht gehört werden, konnten die Apostel und ihre Gemeinden mit ihrem eigenen Zeugnis von ihm gewissermaßen nur als respondierender, die Erfüllung der Verheißung bestätigender Chor jenem ersten gegenübertreten, mußten sie sich mit dem Volk des Gottes Israels in voller Erkenntnis seiner Verschiedenheit zu einem einzigen

Volk und mußten sie dessen Zeit und ihre eigene Zeit in voller Erkenntnis der Distanzen zu einer einzigen Jesuszeit zusammengeschlossen sehen. In der Gegenwart Jesu und in der Vergangenheit des Alten Testamentes leben, war ihnen eins und dasselbe. Sie unterlegten der Jesusüberlieferung und Jesuserinnerung nichts Fremdes, wenn sie sie mit der des Alten Testamentes in Beziehung setzten und so auch dem Alten Testament nichts Fremdes, wenn sie es mit Jesus in Beziehung setzten. Sie kannten gerade das Eigenste beider: Jesu und des Alten Testamentes nur in dieser Beziehung. Sie würden auf die bekannte moderne Frage vermutlich mit der Gegenfrage geantwortet haben: ob man in Wahrheit nicht sowohl Jesus als das Alte Testament «allegorisch» erkläre, solange man der Meinung sei, diese Beziehung, dieses zusammenhängende Gewesensein Jesu als der Kommende und als der schon Gekommene übersehen und vernachlässigen zu können.

Aber nun hat das Neue Testament — in derselben Richtung und im Namen des alttestamentlichen Zeugnisses, aber über die dort mit Abraham beginnende Geschichte Israels hinaus — noch mehr gesehen und gesagt: von dem Menschen Jesus nämlich, der als Gotteswort der Realgrund der göttlichen Schöpfung gewesen ist, dessen Zeit also schon den Beginn aller geschaffenen Zeit umfaßt. «Im Anfang war das Wort» (Joh. 1, 1). Und so ist er, dieses Wort, «von Anfang an» (1. Joh. 1, 1). «Ihr habt den erkannt, der von Anfang an war» (1. Joh. 2, 13 f.). Ja, er ist selbst «der Anfang der Schöpfung Gottes» (Apok. 3, 14), «der Erstgeborene aller Geschöpfe» (Kol. 1, 15), das «Haupt aller Ursprünge und Gewalten» (Kol. 2, 10). Mehr noch: Durch ihn hat Gott das All begründet (Kol. 1, 17). «Das All ist durch ihn geworden, und ohne ihn ist nichts geworden, was geworden ist» (Joh. 1, 3. 10), so daß er, als er kam, in sein Eigentum kam (Joh. 1, 11). «In Ihm wurde Alles, was im Himmel und auf der Erde ist, geschaffen, das Sichtbare und das Unsichtbare... Es ist Alles durch ihn und auf ihn hin geschaffen» (Kol. 1, 16). «Du, Herr, hast im Anfang die Erde begründet und die Himmel sind deiner Hände Werk» (Hebr. 1, 10). «Durch ihn hat er auch die Zeiten geschaffen» (Hebr. 1, 2). Oder in knappster Formulierung δι' οὗ τὰ πάντα (1. Kor. 8, 6). Und nun wäre das Sätzlein Joh. 1, 2: «Dieser war im Anfang bei Gott» eine überflüssige und verwirrende Wiederholung aus v 1, wenn damit nicht auf die Person gezeigt wäre, die nachher den Gegenstand der ganzen evangelischen Erzählung bildet: auf denselben, von dem es Joh. 1, 14 heißt, daß das Wort Fleisch wurde und wohnte unter uns. Nicht von einem ewigen göttlichen Sohn oder Logos *in abstracto,* sondern von ihm in seiner Einheit mit dem Menschen Jesus ist das Alles gesagt. Es ist nämlich auch in jenen anderen Stellen nach den Zusammenhängen exegetisch unmöglich, jene Abstraktion zu vollziehen. Darin unterscheidet sich vielmehr die neutestamentliche Aussage über das Sein Jesu Christi im Anfang und als Anfang alles Seins von den Mittlerspekulationen jener Zeit, an die sie formal hier anknüpft, die sie aber sachlich gerade widerlegt: sie will, wie schon die alttestamentliche Weisheitslehre, die sie positiv aufnimmt und fortführt, 1. keine metaphysische Erklärung des Verhältnisses von Gott und Welt bieten, sondern klar machen, was das heißt, daß Jesus Christus der Kyrios ist, und 2. kein Mittlerwesen proklamieren, sondern Gott und den Menschen in ihrem Zusammensein und also Jesus Christus als wahren Gott, aber auch als wahren Menschen, als den Sinn und Grund der ganzen Schöpfung bezeugen. Sie sagt also ein letztes — oder vorletztes — Wort darüber, in welcher Meinung der Mensch Jesus der Herr zu nennen ist: in der Meinung nämlich, daß er sich als der offenbart hat und zu erkennen ist, der er schon war — in Gottes Ratschluß, Plan und Absicht und als deren besonderster Inhalt schon war! — als alle Dinge zu sein begannen. Und sie sagt, daß die ganze Weisheit und Macht Gottes des Schöpfers am Anfang alles Seins konkret eben die Weisheit und Macht war, die dann in dem Menschen Jesus erschienen und offenbar geworden ist, daß eben er der Zweck und damit auch der Beweg-

grund des göttlichen Schöpferhandelns am Anfang aller Zeiten gewesen ist. So —
nicht nur abstrakt in seinem Sohne, sondern konkret in der Hingabe seines eingeborenen Sohnes, in dessen Einheit mit dem Menschensohn Jesus von Nazareth, wollte
Gott seine Liebe in der von ihm geschaffenen Welt bewähren (Joh. 3, 16); nachdem
er sie eben so schon geliebt hat, indem er sie geschaffen hat. *Mundi factor vere
V e r b u m D e i est: hic autem est Dominus noster, qui in novissimis temporibus
h o m o f a c t u s est.* (Irenäus, *Adv. o. H.*, V 18, 3). Das Alles, so gewiß die
Schöpfung den B u n d Gottes, seine Geschichte, seine Verheißung und schließlich
seine Erfüllung äußerlich — und so gewiß eben dieser Bund die Schöpfung innerlich
möglich macht und begründet. Ist der Mensch Jesus, der in den Tagen des Augustus
und Tiberius Gekommene, Gekreuzigte und Auferstandene, diese Erfüllung des Bundes und also der Sinn und das Ziel der Schöpfung, dann war er auch ihr Grund,
dann war er also — im Plane Gottes schon damals der Kommende — schon im
Anfang der Zeit. Es war dann auch die anhebende Zeit von seiner Zeit umschlossen
und insofern s e i n e Zeit.

Und nun ist die neutestamentliche Sicht und Aussage von diesem «Jesus Christus
gestern» eben von da aus laut einiger Stellen noch einen letzten Schritt weiter und
höher gegangen. Gleich im zweiten und dritten Satz von Joh. 1, 1 wird dieser Schritt
sichtbar: «Das Wort war bei Gott und Gott war das Wort». Es wäre nicht ratsam,
dieses ἦν in ein zeitloses Sein umzudeuten. Und es wäre wieder nicht ratsam, davon
abzusehen, daß die Fortsetzung lautet: «Dieser war im Anfang bei Gott» und daß
dieses οὗτος auf den fleischgewordenen Logos zeigt. Eben von ihm wird gesagt, daß
er «im Anfang» war, ist aber offenbar auch das gesagt, daß er — v o r jenem Anfang — bei Gott und selbst Gott war, des göttlichen Seins und Wesens teilhaftig
war: v o r dem Beginn der geschaffenen Zeit also und darum gewiß in der E w i g -
k e i t G o t t e s. Eben die Ewigkeit Gottes umfaßt aber wie die Gegenwart und
Zukunft so auch die Vergangenheit, eben in ihr ist Vergangenheit, Gegenwart und
Zukunft, ist die Zeit nicht nichtig, sondern richtig: eben in ihr hat sie ihren
Ursprung, ihre Eigentlichkeit, ist Gestern, Heute und Morgen Eines und gerade
in seiner Einheit echt und real. In diesem echten und realen, allem anderen Gestern,
auch dem der Schöpfung, vorangehenden G e s t e r n d e r E w i g k e i t G o t t e s
ist der Mensch Jesus. So sagt es der Jesus des vierten Evangeliums auch Joh. 17, 24:
«Du hast mich geliebt v o r der Grundlegung der Welt». Und wir denken an das
εὐδόκησα und γεγέννηκα der Taufgeschichte, an die Bezeichnung Jesu als der «geliebte»
oder «erwählte» Sohn Gottes dort und in der Verklärungsgeschichte — Ausdrücke,
die wahrscheinlich ebenfalls in diese Vorvergangenheit weisen. Und so heißt es
1. Petr. 1, 20 von dem «untadeligen und unbefleckten Lamm Christus»: daß es «v o r
Grundlegung der Welt zum voraus ersehen war, in dieser letzten der Zeiten aber
offenbart wurde um euretwillen». Das Wort sagt in seinem Zusammenhang: Es
gibt in der Menschheitsgeschichte, aber auch jenseits der Menschheitsgeschichte
und jenseits aller Geschichte überhaupt kein anderes, kein höheres Recht als das
Recht der göttlichen Barmherzigkeit, das in der Opferung des Lammes Christus
aufgerichtet, angewendet und offenbar worden ist. Es ist dieses Recht kein positives Recht, das durch ein anderes seinesgleichen begrenzt und aufgehoben werden
könnte. Es gibt nämlich keinen Ort, von dem her es relativiert werden könnte. Es
ist dieses Recht nun wirklich «Naturrecht», das als solches alles positive Recht
begrenzen und relativieren muß. Es ist das absolute Gottesrecht, das im Konfliktsfall jedes andere Recht brechen muß. Denn «vorausersehen» vor Grundlegung der
Welt ist als das «Lamm Christus» eben die Person und das Werk, in welchem dieses
Recht offenbar geworden ist. Im selben Sinn heißt es Eph. 1, 4, daß Gott uns in
Jesus Christus «vor der Grundlegung der Welt» erwählt habe, damit wir vor ihm
heilig und tadellos sein möchten. Wieder ist zu erklären: alle in der menschlichen

Geschichte und überhaupt im Verlauf der geschaffenen Zeit sich ereignende Wahl und Entscheidung ist sekundär im Verhältnis zu der Wahl, die sich v o r allem geschaffenen Sein und v o r seiner Zeit, die sich in Gottes Ewigkeit darin ereignet hat, daß Jesus Christus und in ihm wir von Gott erwählt wurden. Eben dahin gehört, daß es nach Apok. 13, 8 ein «Lebensbuch des geschlachteten Lammes» gibt, in das «v o r Grundlegung der Welt» eingetragen zu sein, die Entscheidung bedeutet, die in der großen Anfechtung durch das Tier aus dem Abgrund allein rettend sein kann. Und man kann in Zusammenfassung aller anderen hier zu nennenden Stellen sagen: wo immer die Verba προορίζειν, προτίθεσθαι, προετοιμάζειν, προγινώσκειν, und die Substantive π ρ ό γ ν ω σ ι ς und π ρ ό θ ε σ ι ς auftauchen, da hat man es mit diesem dreifach qualifizierten Ehegestern, mit diesem *Plusquamperfectum* der Zeit Gottes zu tun, in der das Geschehen der besonderen Jesus-Zeit und in und mit ihr auch der ihr folgenden Zeit der Gemeinde, in der in und mit der Jesusgeschichte auch die Berufung und Heiligung der zu Jesus Gehörigen — ja ihre Rechtfertigung im Gericht, ja ihre Errettung vom Tode, ja ihre Verherrlichung schon vorgesehen und beschlossen und insofern schon Ereignis waren. Man würde Alles falsch verstehen, wenn man fragen wollte, ob denn die E i n m a l i g k e i t jenes Geschehens und seine in diesen Stellen bezeugte E w i g k e i t sich nicht gegenseitig ausschlössen. Im Gegenteil ist zu sagen: gerade die schlechthinige E i n m a l i g k e i t jenes Geschehens wird in diesen Stellen damit unterstrichen, daß von ihm gesagt wird, daß von E w i g k e i t her darüber entschieden war. Und es mußte gerade dieses von Ewigkeit her Beschlossene den Charakter schlechthiniger Einmaligkeit haben. Die P r ä e x i s t e n z des Menschen Jesus fällt eben auf dieser letzten und höchsten Stufe schlicht zusammen mit seiner ewigen P r ä d e s t i n a t i o n , mit seiner Erwählung, in der die Erwählung Israels, die Erwählung der Kirche und endlich die Erwählung jedes einzelnen Gliedes seines Leibes eingeschlossen ist.

3. Das Sein Jesu in der Zeit ist nicht nur ein Sein in der Gegenwart. Es ist auch nicht nur ein Sein in der Vergangenheit. Wir kommen nun zum Dritten und Letzten: Es ist auch ein Sein in der Z u k u n f t , ein kommendes Sein. Vom Standort der Apostel und ihrer Gemeinden her ist auch dies zu sagen, ist in derselben Realität wie jenes Erste und Zweite auch dieses Dritte wahr: E r   k o m m t .

I n d e r s e l b e n R e a l i t ä t ! Man muß hier vor allem dies betonen. Es gibt zwischen dem Sein Jesu in den drei Dimensionen der Zeit keine Unterschiede des Mehr oder Weniger, keine Unterschiede einer größeren oder geringeren Substanzialität, Wichtigkeit und Dringlichkeit, einer höheren oder niederen Würde, eines beachtlicheren oder weniger beachtlicheren Wertes. Er ist, von der für uns maßgebenden Zeit der Apostel her gesehen, in keinem Sinn weniger der Kommende als er der Gekommene und auch der Gegenwärtige ist. Die Christen leben nicht weniger in seiner Erwartung als sie in seiner Erinnerung und als sie einfach mit ihm leben. Und so ist die Verkündigung der Kirche von ihm nicht weniger eschatologisch als sie soteriologisch und pneumatologisch ist: nicht weniger Verkündigung seiner Z u k u n f t und des mit ihr nahenden Endes der Zeit als sie Verkündigung seiner V e r g a n g e n h e i t ist, in der die Zeit ihren Anfang, aber auch ihre Mitte gefunden hat — und als sie Verkündigung seiner **Gegenwart** ist, in der man von jenem Anfang und jener Mitte her dem Ende der Zeit entgegengeht.

Nicht weniger! Man wird aber sofort hinzufügen müssen: Auch nicht mehr! Die Apostel haben nicht in der Weise auf den Herrn gewartet und in der Hoffnung auf ihn gelebt, daß ihnen der Jesus von Nazareth von gestern, der im Alten Testament Verheißene, der im Anfang aller Dinge und der vor dem Anfang aller Dinge in Gottes Ratschluß war, darüber in Vergessenheit geraten, blaß und unwichtig geworden wäre. Und so erst recht nicht seine lebendige Gegenwart, Herrschaft und Gnade mitten unter ihnen, so erst recht nicht sein Sein im Geiste im Leben, im Aufbau, in der Sendung seiner Gemeinde, ihr eigenes heutiges Sein in seinem Geiste. Es ist also **nicht** an dem, daß wir es erst im Kommen des Herrn mit seinem **eigentlichen**, in seinem Gekommensein und in seiner Gegenwart aber erst mit seinem **uneigentlichen** Sein zu tun hätten. Man darf das Sein Jesu auch nicht von dieser Seite her zu systematisieren versuchen. Das Neue Testament denkt und redet **überall eschatologisch**, aber nirgends «**konsequent**» eschatologisch. «Konsequent» ist es nur darin, daß es nach allen Seiten, in allen Dimensionen und Beziehungen **christologisch** denkt und redet. Eben indem es das tut, hat es nun allerdings mit gleichem Nachdruck und Ernst **durchwegs auch eschatologisch** gedacht und geredet.

Wie man das Sein Jesu heute und das Sein Jesu gestern im Sinn des Neuen Testamentes letztlich nur von der Ostergeschichte her verstehen und erklären kann, so auch sein Sein εἰς τοὺς αἰῶνας, so auch seine auf eine unbestimmte aber baldige Zukunft verheißene und dementsprechend erwartete und erhoffte endgültige und allgemeine Erscheinung als Richter, Vollender und Neuschöpfer. Es wäre offenbar *rebus aliter stantibus* — wenn keine Ostergeschichte geschehen wäre — nicht undenkbar gewesen, daß die Erkenntnis Jesu Christi sich in der Erkenntnis seiner Vergangenheit und seiner Gegenwart bezw. seiner irgendwie in die Gegenwart hineinragenden und sie bestimmenden Vergangenheit erschöpft haben könnte. Die Apostel und ihre Gemeinden hätten sich die Zukunft ja auch in Form einer zunehmenden Ausbreitung, Vertiefung und Verwirklichung des von ihnen vertretenen «Christentums» vorstellen können. Sie hätten, wenn sie von ihrer Hoffnung redeten, von der sie selbst immer mehr reinigenden und heiligenden und schließlich auch die Welt durchdringenden Kraft des Evangeliums reden, sie hätten eine immanente fortschrittlich zielstrebige Entwicklung des in der Osterzeit in Erscheinung getretenen neuen Lebens und von da aus des Standes der menschlichen und kreatürlichen Dinge überhaupt in der Richtung auf ein dem Anfang entsprechendes, im Diesseits annähernd, in einem besseren Jenseits vollkommen zu erreichendes Ideal einer guten und glücklichen Menschheit und Welt (das ja dann auch das «Reich Gottes» heißen konnte) in Aussicht nehmen können. Es hat tatsächlich ganze Perioden der Kirchengeschichte gegeben, in denen man theoretisch und praktisch mit dieser Interpretation der christlichen Hoffnung durchkommen zu müssen meinte. Im Neuen Testament selbst findet man keine Spur, die in diese Richtung weist. Man kann diese Auffassung im Verhältnis zu dem, was im Neuen Testament christliche Hoffnung heißt, bei aller Anerkennung ihrer guten und freundlichen Meinung nur als freie Erfindung bezeichnen. Ihr deutliches Kennzeichen ist offenbar dies, daß sie Jesus eigentlich nicht nötig hat, daß er ihr wohl als der Jesus von gestern und heute bekannt, als der εἰς τοὺς αἰῶνας Seiende, als der Kommende aber unbekannt ist. Ihrer Erkenntnis des Menschen Jesus und seiner Zeit fehlt offenbar die dritte Dimension, und die Frage muß sich dann wohl stellen, ob und inwiefern es unter diesen Umständen mit ihrer Erkenntnis auch seines Gestern und Heute seine Richtigkeit haben kann. Im Neuen Testament hat nun einmal weder das innere Leben der Gemeinde noch auch ihre missionarische Verkündigung in der Welt den Charakter einer anhebenden Entwicklung in eine bessere Zukunft diesseitiger oder jenseitiger Art hinein. Auch die Gleichnisse vom Senfkorn, vom Sauerteig und von der selbstwachsenden Saat haben nun wirklich nicht diesen Sinn. Sondern weil nicht nur eine bessere, sondern die alle Zeit abschließende und in ihrer Vollkommenheit alle Inhalte der Zeit schlechthin umfassende und überbietende Zukunft in ganz anderer, von aller kreatürlichen, auch von aller christlichen Entwicklung ganz unabhängigen Weise bevorsteht, und zwar nahe bevorsteht, gesichert und gewiß ist — nur darum reinigt und heiligt sich nach neutestamentlicher Sicht die Gemeinde, nur darum verkündigt sie auch der Welt in dieser letzten Zeit das Evangelium. Und diese Zukunft ist nicht nur eine Auswirkung dessen, was Jesus Christus gestern war und heute ist, sondern noch einmal: noch einmal in neuer Weise und Gestalt er selbst, seine Person und sein Werk. Es ist die mit seiner Erscheinung angebrochene letzte Zeit, in der die Gemeinde ihren Ort und ihre Aufgabe hat, so auch der Abschluß der Zeit, das Gericht und die Vollendung, die, der Zeit der Schöpfung entsprechend, den Inhalt dieser Abschlußzeit und der ihr folgenden Zeit des Seins aller Dinge in Gott bilden werden — es ist auch diese Zeit in der neutestamentlichen Sicht ganz und gar seine, Jesu Zeit: die Zeit seines Seins. Nicht ein Besseres oder Bestes als Ziel der ihm entgegenlaufenden Entwicklung, sondern der Herr kommt: *Maran atha* (1. Kor. 16, 22): in allgemeiner und endgültiger Offenbarung und nur damit im Zusammenhang dann auch die Rechtfertigung und Errettung der einzelnen Menschen im Gericht, das Ende und der Neuanfang des Kosmos, das Reich als das Letzte in Entsprechung zu dem Ersten, das im Ratschluß Gottes vor aller Zeit gewesen war.

Es ist offenkundig die Osteroffenbarung des Menschen Jesus und damit die Substanz des ganzen neutestamentlichen Zeugnisses, die da vernachlässigt oder vergessen oder verleugnet ist, wo die Interpretation der christlichen Hoffnung in jener Umdeutung besteht, wo jene dritte Dimension des Seins des Menschen Jesus in der Zeit so unbekannt ist. Denn es war seine Osteroffenbarung die Erlaubnis und das Gebot, die die Apostel und ihre Gemeinden in die Lage versetzten, an ihn zu glauben als an den, dem sie schlechterdings alles verdankten, ihn zu lieben als den, in dem sie Alles hatten — aber nun eben auch: auf ihn zu hoffen als auf den, von dem sie Alles zu erwarten hatten. Denn gerade von dem auferstandenen Jesus war ja wirklich auch noch Alles zu erwarten, gerade er konnte doch unmöglich nur als der Gekommene und Gegenwärtige, gerade er mußte doch, indem er der Gekommene und Gegenwärtige war, notwendig auch als der Kommende erkannt werden. Man muß sich Rechenschaft darüber geben, was es hieß und heißt: auf die Tatsache der Auferstehung Jesu zurückblicken, von der Tatsache der Auferstehung Jesu herkommen. Wir sagen: in einer bloßen Erinnerung konnte dieses Verhältnis nicht bestehen, obwohl und indem es auch ganz und gar ein Verhältnis der Erinnerung war. Daß nun doch so etwas wie eine Fastenzeit angebrochen war, in der der Bräutigam von ihnen genommen war, in der er nur noch, so gut es ging, in ihren Herzen und Gedanken weiterleben konnte, in der sie ihn aber in Tat und Wahrheit vermissen und also sich doch ohne ihn behelfen mußten, das konnte, da seine Vergangenheit im Geschehen der vierzig Tage zu ihrem Ziel und zu ihrer Reife gekommen war, die Ansicht der Apostel und ihrer Gemeinden unmöglich sein. Wer wirklich des Auferstandenen auch nur gedachte, der gedachte ja, auch wenn er ihn nun nicht mehr sah, des lebendigen und also des heute und alle Tage gegenwärtigen: nicht eines abwesenden, sondern des in der Mitte der Seinen anwesenden Herrn. Er lebte, weil im Glauben an ihn, darum auch in der Liebe zu ihm und darum, auch nachdem die vierzig Tage vorüber waren, in seiner, in der erfüllten Zeit. Aber eben dieser lebendige Herr Jesus gestern und heute konnte nun offenbar gar nicht als solcher geglaubt und geliebt werden, ohne daß er eben damit als der εἰς τοὺς αἰῶνας Seiende, als der Kommende erhofft wurde.

Noch war ja seine Herrlichkeit nur als die seinige erkennbar: in jenem Ereignis der vierzig Tage, von da aus rückwärts in seinem Leben, Leiden und Sterben, von da aus rückwärts in seiner Existenz als der Verheißene Israels, ja als der Mittler der Schöpfung, ja als der Gegenstand des ewigen göttlichen Ratschlusses — und von jenem Ereignis aus vorwärts: in seinem Sein als Herr seiner Gemeinde, in seinen nicht vergehenden Worten, in seinem Heiligen Geiste und dessen Gaben, in Taufe und Abendmahl, in dem Faktum, daß man jetzt an ihn glauben, jetzt ihn lieben, jetzt seinen Namen den Juden und Heiden verkündigen durfte —

aber in dem allem doch erst und nur als seine Herrlichkeit. Immerhin: Seine Herrlichkeit auch für sie, seine Herrlichkeit als das ihnen bestimmte Erbe des ewigen Lebens, seine Herrlichkeit als die Verheißung eines neuen Himmels und einer neuen Erde — das war es, was den Genossen der vierzig Tage in der Osteroffenbarung begegnete, was sie in dieser Zeit zu sehen, zu hören, zu betasten bekamen, was sie dort nicht nur glauben, sondern schauen durften. Das war die Erinnerung, in der Jesus ihnen von dorther gegenwärtig war. Sie waren dort schon die Zeugen seiner ganzen, abschließenden, allgemeinen Offenbarung. Denn das ist seine ganze, allgemeine, abschließende Offenbarung: seine Sichtbarkeit auch für die Kreatur und an der Kreatur, als deren Erretter er gekommen, gekreuzigt und auferstanden ist, in der ganzen Existenz der Seinigen, in der Gemeinde und auch in der Welt, zu deren Salz und Licht er seine Gemeinde bestimmt hat. Was die Genossen der vierzig Tage in der Osteroffenbarung in seiner Person erkannt haben, das war schon das große *Consummatum est!* In seinem Vollzuge, in seiner Wirksamkeit nun auch in den Seinigen, ja an und in all den Verlorenen, für deren Sünde und zu deren Heil er doch gestorben und zu deren Erleuchtung über dieses Geschehen er doch auferstanden war. Sie, die ersten Jünger, empfingen dort schon diese Erleuchtung. Sie sahen dort schon, daß alles für sie und für die ganze Welt geschehen war. Sie berührten dort schon jenes Erbe. Sie schauten dort schon hinein in die neue Schöpfung.

Dort! Als die Zeugen von diesem Dort, von Jesu Auferstehung von den Toten sind sie Apostel, sind sie der Grund seiner Gemeinde geworden. Und auf Grund dieses Zeugnisses und dessen, was es bezeugte, ist dann in dieser Gemeinde an Jesus geglaubt, ist Jesus in dieser Gemeinde geliebt worden. Es war Alles in diesem Dort, in seiner Auferstehung in ihm beschlossen. Beschlossen und nun freilich fürs erste auch verschlossen! Die vierzig Tage waren ja die vierzig Tage, die dann auch — auch für ihre Genossen und erst recht für die durch ihr Wort versammelte Gemeinde — Vergangenheit wurden: eine starke, eine unwidersprechliche, eine gewisse, aber auch eine einsame Verheißung, die nun als solche den Anfang und Ausgangspunkt der ganzen Folgezeit bildete. In dieser Verheißung war verschlossen: die Herrlichkeit Jesu Christi auch für die Seinen, das ihnen bestimmte Erbe, die neue Schöpfung. Auf Grund dieser Verheißung durfte nun geglaubt und geliebt, konnte aber freilich zunächst nichts Weiteres gesehen, gehört und gefühlt werden. Sondern was jetzt vor den Augen und Ohren der Apostel und ihrer Gemeinden war, das war die Tatsache, daß — um von der übrigen Welt nicht zu reden — auch in ihrer eigenen Mitte nicht nur geglaubt und geliebt, sondern auch geirrt und gesündigt, geseufzt und geweint, gelitten und gestorben wurde. Was sie jetzt sahen, hörten und fühlten, war wohl das verkündigte Wort, die Taufe und das Abendmahl, die Gemeinschaft des Geistes zwischen den Brüdern und Schwestern samt seinen Gaben — auf der anderen Seite aber auch das große «Noch nicht», die Fülle von schweren, z. T. unübersichtlich schweren Nöten und Aufgaben, die das Zeugnis von Jesus in der Welt mit sich brachte, die Konvulsionen der ihrer Höhe und ihrem Absturz entgegengehenden Römerherrlichkeit, die Schwachheit doch auch des christlichen Fleisches, die ernstes Mahnen, Trösten, Warnen, Strafen fortwährend nötig machte, viel Ohnmacht und Bedrängnis, in der auch die Stimme des Geistes nur ein Seufzen, Stammeln und Schreien der Sehnsucht sein konnte.

Der Sehnsucht nach was? Hier setzte die christliche Hoffnung ein, aber nicht als *Deus ex machina,* nicht als das Produkt eines Bedürfnisses, sondern als das Ergreifen jener vor aller menschlichen Ohnmacht und Bedrängnis feststehenden Verheißung, in der die Gemeinde ihren Ursprung hatte. Eben die Osteroffenbarung war doch der Ursprung der Gemeinde und also: der schon geschehene, nun freilich zunächst Vergangenheit gewordene Anfang der ganzen, abschließenden, allgemeinen Offenbarung des Menschen Jesus und also seiner direkten und umfassenden Sichtbarkeit für und an all denen, für die er doch als Gottes Sohn Mensch geworden — der Anfang der Sichtbarkeit ihrer Teilnahme an seiner Herrlichkeit. Es war keine nachträgliche Hilfskonstruktion, sondern das voraussetzungsmäßig Natürlichste von der Welt, wenn die Apostel und ihre Gemeinden in dem großen Gegensatz zwischen ihrem Glauben und Lieben einerseits, ihrem Sehen und Hören des großen «Noch nicht» andererseits nach der ihnen als Ursprung ihrer Existenz gegebenen Verheißung greifen — von jenem Anfang her seiner Fortsetzung, seiner Vollendung entgegenleben durften. In der Erinnerung an das Ereignis der 40 Tage konnte ihnen etwas Anderes als die Erwartung dieser Fortsetzung und dieser Vollendung und also etwas Anderes als die Erwartung von Jesu Wiederkunft doch gar nicht übrig bleiben. War das Geschehen der vierzig Tage erst die Anzeige und Verheißung der noch ausstehenden allgemeinen Herrlichkeitsoffenbarung, so war sie als wirkliches zeitliches Geschehen doch auch schon das wirkliche Anheben der die Sünde auslöschenden Rechtfertigung, des den Tod überwindenden Lebens gewesen. Wer auf dieses Ereignis zurückblickte, der mußte doch eben in dieser Erinnerung vorausblicken auf dasselbe Geschehen, das dort angehoben hatte, jetzt nur eben unterbrochen sein konnte — dann aber, wenn diese Zwischenzeit ihren Zweck erfüllt, die Existenz und Sendung der Gemeinde ihren Dienst getan hatte, zu ihrem Ziel kommen mußte. Christliche Gemeinde mußte sein: die Versammlung in dieser Hoffnung. Und der Christ mußte sein: der Mensch, der diese Hoffnung ergreift, um in dieser Hoffnung zu leben. Was denn sonst? wäre beide Male zu fragen. Der Ursprung der Gemeinde und des Christen in der Auferstehung Jesu macht es notwendig, daß zum Glauben an ihn, der da war, und zur Liebe zu ihm, der da ist, hinzutritt die Hoffnung auf ihn, der da kommt.

Der kommt, ist kein anderer als der war und der ist. Der Auferstandene selbst ist also schon der Kommende: der sein Kommen zunächst auf den Kreis seiner damaligen Zeugen beschränkt und dann zunächst unterbrochen hat, um es dann, irgendeinmal, aber bald wieder aufzunehmen und zu vollenden. Denn was in der Auferstehung Jesu geschehen war, das war in der Verborgenheit und zeitlichen Vereinzelung dieses besonderen Ereignisses schon die Offenbarung des Reiches Gottes, schon die Offenbarung des gnädigen Richters aller Menschen, schon die Offenbarung des Lebens aller Toten gewesen. Nichts, was sein wird, was am Ostertag — in der Person des einen Menschen Jesus eingeschlossen und vorweggenommen — nicht schon geschehen wäre! Und so ist Jesus in seiner Wiederkunft kein anderer als eben der auferstandene Jesus: der sein Kommen wieder aufnimmt und vollendet und eben damit jenen Anfang, jene Verheißung wahr macht. Denn was in seiner Wiederkunft geschehen wird, ist doch nur dies, daß der Bogen seiner Zeit, der mit der Offenbarung seines ersten Kommens anhob — der sich dann wölbte über die dazwischen liegende Zeit der Gemeinde, des Evangeliums und des Geistes, des Glaubens und der Liebe, über die der ganzen Welt gegebene Zeit zur Umkehr — sich dann schließen wird. Er wölbt sich auch über diese Zwischenzeit. Jesus ist auch in dieser Zeit der Herr, und zwar der Herr des Kosmos nicht weniger als der Herr seiner Gemeinde. Es ist also auch diese Zwischenzeit seine Zeit und also erfüllte Zeit. Aber eben als seine Zeit bedarf sie dessen, als bloße Zwischenzeit, als Zeit seiner Unsichtbarkeit einmal abgeschlossen, und zwar von ihm selbst abgeschlossen zu werden, so, wie sie von ihm eröffnet wurde. Eben als der, als der er erschienen ist, muß er, um die Erfüllung der Zeit zu bestätigen, wieder — und nun nicht mehr in partikularer und vorübergehender, nun in universaler und dauernder, nun in jener die ganze Kreatur des Himmels und der Erde umspannenden Herrlichkeit erscheinen. Die in seiner Auferstehung schon vollzogene Einheit der Offenbarung seiner Herrlichkeit und unserer Verherrlichung — ist für uns zunächst wieder Zukunft, seine Zukunft geworden. So sind seine Auferstehung und seine Parusie für uns zwei Ereignisse. Sie sind aber für ihn ein einziges: seine Auferstehung ebenso die Vorwegnahme seiner Parusie wie seine Parusie der Vollzug und die Erfüllung seiner Auferstehung.

Daß die Hoffnung der Apostel und der Gemeinde nur die Hoffnung auf Jesus selbst sein konnte: der Ausblick auf sein Sein in dieser dritten Zeitdimension, das braucht nach dem Gesagten kaum mehr ausführlich begründet zu werden. Die Urgemeinde hoffte, weil und indem sie aus der ihr in der Auferstehung Jesu gegebenen Verheißung entstanden war: «wiedergeboren zu einer lebendigen Hoffnung durch die Auferstehung Jesu Christi von den Toten» (1. Petr. 1, 3). So konnte sie nur auf i h n hoffen, auf s e i n in seiner Auferstehung begonnenes, in seiner Wiederkunft zu vollendendes Kommen in Herrlichkeit. Sie konnte aber auch materiell keine Zukunft erwarten, die nicht als solche die Erwartung s e i n e s Kommens sein mußte. Die Gemeinde des Neuen Testamentes hofft durchaus nicht auf die Erlangung irgendwelcher abstrakter Güter: sie hofft also weder auf die Totenauferstehung, noch auf die Rechtfertigung im Gericht als solche, noch auf das ewige Leben in ewiger Seligkeit. Sie hofft weder auf Kronen noch auf Palmzweige noch auf weiße Kleider, noch auf den Glanz des neuen Himmels und der neuen Erde und auch nicht auf irgendwelche geistige, moralische oder physische Zustände irgend eines kommenden Gottesreiches. Oder vielmehr: sie hofft auf das Alles ganz allein darum und damit, daß sie auf J e s u s s e l b e r hofft. Es ist ja das Alles nur die in seiner Herrlichkeit verborgene und eingeschlossene Verherrlichung der Kreatur, anhebend offenbart in seiner Auferstehung, abschließend zu offenbaren in seiner Wiederkunft. Es sind also das Alles nur Prädikate, Annexe, Begleiterscheinungen s e i n e r Erscheinung. Er ist das Reich, er war es und wird es sein und in ihm alle Herstellung, alles Heil, alle Vollkommenheit, alle Freude des Reiches. Es gibt, genau genommen, keine «letzten Dinge»: keine abstrakten, keine selbständigen «letzten Dinge» außer und neben ihm, d e m Letzten. Es gibt also keine diffuse, sondern nur die auf ihn konzentrierte, eben damit freilich auch nach allen Seiten gefüllte und vollkommene e i n e Hoffnung. Sie wäre müßige Träumerei in jedem Moment, in welchem sie sich von ihm löste, in welchem sie zu irgend einem selbständigen Sehnen, Wünschen und Begehren würde.

Versteht man das, dann versteht man auch, daß und warum die neutestamentliche Hoffnung nur sein konnte: die Hoffnung auf das b a l d i g e Kommen des Reiches, N a h e r w a r t u n g — daß und warum sie sich als solche immer wieder erneuern durfte und mußte, nicht aber in Enttäuschung umschlagen konnte. Indem die Apostel und ihre Gemeinden im Glauben und in der Liebe lebten: in der Erinnerung an Jesu Gestern und im Bewußtsein seines Heute, im Gedächtnis der evangelischen Geschichte (und der Geschichte des Bundes mit Israel und der Geschichte der Schöpfung und des ewigen Ratschlusses Gottes!) und also in einem einzigen großen Gedächtnis seines Gekommenseins — indem sie zugleich in seiner durch die Gemeinschaft des Heiligen Geistes geschaffenen unmittelbaren Gegenwart lebte: wie konnte ihr da seine Zukunft f e r n e sein? War er selbst als der Auferstandene der einzige, aber zwingende Grund und war wieder er selbst und er allein (er alles umfassend und in sich schließend) auch der Gegenstand ihrer Hoffnung — er der Richter,

er die Auferstehung und das Leben, er das Reich in seiner ganzen
Fülle — wie konnte er (er, an den sie ja glaubten, den sie ja liebten!)
dann auch als der Erwartete und Erhoffte anders als eben **nahe** sein?
«Siehe, ich stehe vor der Tür und klopfe an!» (Apok. 3, 20). Wäre er
Dieser: der schon Gekommene, der schon Gegenwärtige, der von ihnen
schon Geglaubte und Geliebte, wenn er nicht als der Kommende und
Erhoffte **unmittelbar** vor der Tür stünde und anklopfte? Und wäre
er als der, der er war und ist, erkannt, wo sein Kommen nicht als **baldiges** erwartet würde? Wer wirklich Diesen erwartet, der kann offenbar
nicht auf übermorgen, sondern immer nur auf morgen, nicht auf einen
späteren, sondern nur auf einen nahe bevorstehenden Termin seines
Kommens warten. Aber eben wo wirklich Dieser erwartet wird, kann es
nun auch nicht sein, daß der Anbruch und Ablauf eines neuen **Tages
ohne** sein Kommen, der Fortgang weiterer Zeit unter **Ausbleiben** des
Ereignisses seiner neuen Offenbarung an dieser Erwartung auch nur das
Geringste ändern, geschweige denn sie bedrohen und aufheben könnte.
Derselbe Grund, der sie gewissermaßen zwangsläufig erzeugt und notwendig zur **Naherwartung** macht, macht sie auch zur **beharrlichen**
Erwartung, **erneuert** sie jeden Tag, macht es völlig unmöglich, daß sie
in Enttäuschung, Vergrämung, Skepsis umschlagen könnte. In seiner
vergangenen und gegenwärtigen Gestalt: als der einst Auferstandene und
durch seinen Geist jetzt und hier lebendige Herr geht doch Jesus mit den
Seinen auch durch diese Zwischenzeit mit ihrem großen «Noch nicht».
Wie kann also irgend ein weiterer Zeitteil, in welchem er noch nicht
wiedergekommen ist, etwas Anderes sein als wiederum ein Teil seiner
Zeit und insofern wiederum erfüllte Zeit? Macht sein Gestern und Heute
in seiner Fülle den Ausblick auf seine Zukunft, und zwar auf seine nahe
Zukunft unvermeidlich, so ist eben die Fülle dieses Gestern und Heute
groß genug, um diesen Ausblick zu einem **geduldigen** Warten zu
machen. Geduld heißt nicht Erschlaffung, nicht Ermüdung, nicht Verzicht, nicht Gleichgültigkeit. Geduld heißt im Neuen Testament: Harren,
Ausharren. Wer ausharrt, hört nicht auf, den Herrn zu erwarten, und
zwar bald zu erwarten. Wer ausharrt, erhebt aber auch keine Beschwerden und Klagen dagegen, ihn noch und noch einmal und wieder und
wieder bald erwarten zu dürfen. Wer ausharrt, wartet ja eben nicht auf
irgend Jemanden oder irgend Etwas, sondern auf ihn, der ihn von gestern
her und heute wahrhaftig nicht in Armut und Verzweiflung wieder und
wieder warten läßt, der vielmehr jeden neuen Zeitteil erfüllt mit seiner
Fülle, sodaß es wirklich ein Zeitverlieren im schlimmsten Sinn des
Begriffs wäre, wenn jemand die ihm weiter gewährte Zeit mit Beschwerden und Klagen über sein Ausbleiben verbringen wollte, statt ihm für
das, was er ihm war, wieder und wieder dankbar und über das, was er
ihm ist, wieder und wieder fröhlich zu sein. Wer ausharrt, der fährt also

schlicht fort, den Herrn zu erwarten, und zwar bald zu erwarten. Er lebt in der Hoffnung: fröhlich, aber auch wieder und wieder geduldig — so gewiß er im Glauben und in der Liebe leben darf und so gewiß der Gegenstand seines Glaubens, seiner Liebe und seiner Hoffnung einer und derselbe ist: der Mensch Jesus, der Herr selber, der der Herr aller Zeiten und in allen Zeiten deren Erfüller ist, der die Seinen in keiner seiner Zeiten leer läßt, in jeder von ihnen sie reich, und zwar ganz reich macht.

Man muß, um das zu verstehen, nur die Kraft der Auferstehung nicht vergessen, in der die Apostel und ihre Gemeinden geglaubt und geliebt und darum auch gehofft hatten. Man muß nur verstehen, daß ihr Weg nun einmal war: ein Weg von Gnade zu Gnade, von einer Offenbarung zur andern und darum aus dem Glauben heraus hinein in neuen Glauben: ἐκ πίστεως εἰς πίστιν. Man muß sich nur frei machen von der Vorstellung, als ob die neutestamentliche Gemeinde gewissermaßen nur Finsternis oder doch Dämmerung hinter sich und allein vor sich das große Licht gehabt, sich also auf einem Marsch befunden hätte, den geduldig fortzusetzen dann allerdings — wenn das große Licht sich immer wieder vor ihr zurückzuziehen schien — eine problematische Sache werden, auf dem man dann allerdings müde und verdrossen werden und auf dem man dann zum Stillstehen, zum Umkehren oder zum Abschwenken auf irgend einen bequemeren Seitenpfad allerdings dringend versucht sein konnte. Man muß sich nur frei machen von der Zwangsvorstellung, als ob das neutestamentliche Zeitbewußtsein nur auf das künftige oder doch mehr auf das künftige als auf das vergangene und gegenwärtige Sein Jesu in der Zeit gerichtet gewesen wäre. Man muß vor allem nur das nicht aus den Augen verlieren, daß der Blick der neutestamentlichen Gemeinde nun einmal — ob er sich rückwärts in seine Vergangenheit bis hinauf in die Höhe des göttlichen Ratschlusses — oder ob er sich von der Gegenwart empor zur Rechten Gottes richtete, von wo aus er sie durch seinen Geist heute regiere — oder ob er endlich in die Zukunft ging und seiner allgemeinen und abschließenden Offenbarung entgegensah — auf alle Fälle ihn und ihn allein, in ihm aber auch die Fülle alles dessen zum Gegenstand hatte, wofür der durch ihn erleuchtete Mensch dankbar sein, was er heute schon haben und was er — auch das zu seiner Zeit — erwarten darf. Man darf sich also nur nicht geradezu auf die Seite derjenigen schlagen, die nach dem zweiten Petrusbrief schon in der neutestamentlichen Zeit in der Hoffnung offenbar darum müde und müßig wurden, weil sie im Glauben und in der Liebe müde und müßig geworden waren, weil sie das Gestern und Heute des Herrn Jesus nicht mehr zu realisieren wußten. Wo das geschah, da mußte die Naherwartung allerdings automatisch suspekt werden. Aber nicht auch die Erwartung, nicht auch die Hoffnung selbst und als solche? Nicht auch die Auferstehung Jesu? Nicht auch das *Consummatum est!* das die

Auferstehung offenbart hatte? Nicht auch die Herrschaft Jesu Christi überhaupt und als solche? Es ist doch ziemlich mißlich, sich ausgerechnet auf die Seite jener Leute zu schlagen, womöglich gerade sie als die großen ehrlichen Wahrheitszeugen gegenüber der längst als Illusion erwiesenen urchristlichen Hoffnung auszuspielen. Man beteiligt sich dann an Fragestellungen, Sorgen und Problemen, die die Apostel und ihre Gemeinden — von denen sich jene Leute offenbar zu trennen im Begriff waren — darum nicht haben konnten, weil sie unter Voraussetzung ihres Zeitbewußtseins, d. h. aber entscheidend: unter Voraussetzung ihrer Erkenntnis des Menschen Jesus überhaupt nicht entstehen konnten. Man macht dann selber irgendwelche anderen, im Neuen Testament nun gerade negierten Voraussetzungen. Das heißt aber: man stellt sich dann selber auf einen anderen Boden als den, auf dem die christliche Kirche sich ehrlicherweise christliche Kirche nennen kann.

Es ist klar: Man hätte die neutestamentliche Hoffnung, den Ausblick auf das Sein des Menschen Jesus in dieser dritten Zeitdimension, man hätte gerade ihre konkrete Gestalt als Naherwartung und die auf sie bezogene geduldige Freude und freudige Geduld der urchristlichen Haltung nie übersehen, abschwächen oder umdeuten wollen dürfen. Als man aufhörte, in diese dritte Richtung zu blicken, als man das Eilen zum Tage des Herrn und eben damit nun auch das Warten, die heilige Ungeduld und eben damit dann auch die heilige Geduld verlernte, da war gar nicht nur an diesem besonderen Punkt, sondern längst auch schon ganz anderswo Schlimmes und Schlimmstes geschehen. Kann man sich mit einem Jesus von gestern und heute und mit einem von da aus in irgend einer Ferne sichtbaren und irgend einmal zu erreichenden Ideal und Weltziel wirklich begnügen und zufrieden geben, dann ist das unweigerlich das Anzeichen dafür, daß einem auch der lebendige Jesus von gestern und heute faktisch schon abhanden gekommen ist. Man versteht dann seine Vergangenheit bestimmt nur noch historisch. Der wahre Sohn Gottes, der Messias, Retter und Herr ist dann sicher schon verschwunden aus den Evangelien und so erst recht das Christuszeugnis des Alten Testamentes, um von dem schon in der Schöpfung, ja vor der Schöpfung ewig, in Gott präexistenten Menschen Jesus gar nicht zu reden. Und man versteht dann seine Gegenwart bestimmt nur noch psychologisch und soziologisch. Der Heilige Geist ist dann irgendwie verduftet, Jesu Sitzen und Regieren zur Rechten Gottes des Vaters ist dann zum mythologischen, stark übertreibenden Ausdruck der Wertschätzung und Verehrung geworden, in welcher man ihm ja immer noch gegenüberstehen mag. Man könnte ihn aber als Gestalt der Geschichte und der Gegenwart im Grunde doch ebensogut entbehren. Bekennt man sich unter irgend einem Titel immer noch zu ihm, so steht doch die zwingende Kraft der Erkenntnis nicht mehr hinter dem bekennenden Worte. Wer will entscheiden, an welcher Stelle das

Unglück eigentlich und zuerst geschah: ob zuerst der Glaube schwach, oder zuerst die Liebe kalt, oder eben: zuerst die Hoffnung leer wurde und dann je mit dem Einen das Ganze wich und zum Einsturz kam? Wir haben hier nur festzustellen, daß auch mit der Hoffnung, auch mit der Erwartung, und zwar der zugleich bewegten und ruhigen, zugleich ungeduldigen und geduldigen Naherwartung des Menschen Jesus das Ganze steht und fällt. Die christliche Erkenntnis, die christliche Gemeinde, die christliche Existenz ist von der Auferstehung und von der Auferstehungsbotschaft her dieses Ganze, das ebenso notwendig Glaube wie Liebe wie Hoffnung, das ebenso notwendig w i e auf den Anfang und w i e auf die Mitte s o a u c h auf das Ende ausgerichtet ist, wobei das Ende wie der Anfang wie die Mitte, der Gegenstand des Glaubens, der Liebe und der Hoffnung notwendig J e s u s heißen.

«Ich bin — der da kommt», so ist das diesem Ganzen inhärierende Zeitbewußtsein mit Apok. 1, 8 zusammenzufassen. Die Zukunft, der man von der Gegenwart des Menschen Jesus aus entgegenblickt, ist wie diese Gegenwart selbst und wie die hinter dieser liegende Vergangenheit s e i n e, des Menschen Jesus e i g e n e Zeit.

Wir schließen auch hier mit einigen Einzelhinweisen auf die neutestamentlichen Texte.

Will man das neutestamentliche Zeitbewußtsein in dieser seiner dritten Komponente verstehen, so geht man wohl am besten von der Tatsache aus, daß die Apostel und ihre Gemeinden ja dauernd das Christuszeugnis eben des A l t e n T e s t a m e n t e s und eben damit: Jesus den K o m m e n d e n, den V e r h e i ß e n e n, den schon Vorgebildeten, aber doch erst Vorgebildeten, den laut Gottes Wort in naher gewisser Zukunft zu E r w a r t e n d e n vor sich hatten. Daß er, daß das Reich Gottes dann laut der evangelischen Nachrichten, die ihnen ja auch vor Augen waren, tatsächlich gekommen war und daß sie auf Grund der Spitze und Krone dieser Berichte, auf Grund der Osterbotschaft, in seiner Gegenwart leben durften, das machte ihre Hoffnung zu einer vorweg e r f ü l l t e n Hoffnung, das unterschied sie in der Wurzel von irgend einem Hoffen und Harren, in welchem sie allenfalls auch zum Narren gehalten sein konnten. Das änderte aber nichts daran, daß sie fortfuhren, ja sogar erst recht anfingen, mit den Vätern des alten Bundes zusammen zu warten, zu hoffen und ganz und gar im Advent zu leben. Die Spannung des Bewußtseins ihrer Zeit — in der Mitte zwischen dem Anheben der Herrlichkeitserscheinung Jesu in seiner Auferstehung und deren Vollendung in seiner künftigen Parusie — war ja so sichtbar und so real wie nur möglich. Da glaubten, bekannten und verkündigten sie ihn als den Befreier all derer, die durch Todesfurcht ihr Leben lang im Sklavendienst stehen mußten (Hebr. 2, 15). Und da war es nun doch nicht so, daß sie diese schon geschehene Befreiung auch nur an sich selbst, geschweige denn an der Kreatur insgemein wahrnehmen und erfahren durften. Da wandelten sie nun im Glauben und doch so gar nicht im Schauen (2. Kor. 5, 7). Da waren sie nun wohl gerettet, aber doch nur auf Hoffnung hin (Röm. 8, 24). Da hatten sie nun wohl den Heiligen Geist empfangen: als ἀπαρχή (2. Kor. 1, 22; 5, 5, Eph. 1, 14) nämlich, d. h. als die der Leistung des Ganzen vorangehende, diesem Ganzen schlechterdings gleichartige und also den Empfang des Ganzen schlechterdings garantierende Vorleistung, aber eben doch nur als solche Vorleistung, als ἀπαρχή (Röm. 8, 23), d. h. als die der Gottheit geweihte Erstlingsfrucht, aber doch noch nicht als das für das ganze Volk frei gegebene Ganze der Ernte. Da wußten sie um ihr mit Christus verborgenes Leben in Gott — aber das stand noch aus, daß, wenn Christus unser Leben offenbar werden wird, mit ihm auch wir offenbar werden sollen in der Herrlichkeit (Kol. 3, 3 f.). «Sehet, was für eine Liebe uns der Vater geschenkt hat, daß wir Kinder Gottes h e i ß e n und s i n d ... Geliebte, wir s i n d jetzt Kinder Gottes — und es ist n o c h n i c h t erschienen, was wir sein werden. Wir wissen aber, daß, wenn er offenbar wird, werden wir ihm gleich sein, weil wir ihn dann sehen werden wie er ist» (1. Joh. 3, 2 f.). Was noch aussteht, ist auch für Paulus selbst das O f f e n b a r w e r d e n des Lebens Jesu an seinem Leibe (2. Kor. 4, 10), das «O f f e n b a r w e r d e n der Söhne Gottes» überhaupt (Röm. 8, 19), die Gleichgestaltung ihres «Leibes der Niedrigkeit» mit seinem «Leibe der Herrlichkeit» (Phil. 3, 21), und darüber hinaus: die Befreiung aller Kreatur «von der Sklaverei der Vergänglichkeit zur Freiheit der Herrlichkeit der Kinder Gottes» (Röm. 8, 21). Daß Jesus, nachdem er gehorsam gewesen bis zum Tode am Kreuz, von Gott erhöht wurde als Träger des Namens, der als der Herrenname über allen anderen Namen ist, das stand den Verkündigern und Empfängern der Osterbotschaft vor Augen, daran glaubten sie und darauf antworteten sie mit dem Bekenntnis und mit einem Leben der Liebe zu ihm und zu den Brüdern. Es war aber noch nicht vor ihren Augen, wie die Knie aller derer, die im Himmel, auf Erden und unter der Erde sind, vor diesem Herrn als vor dem alleinigen sich beugen, und es war der Lobgesang noch nicht zu ihren Ohren gedrungen, mit dem jede Zunge, ob willig oder unwillig, ihn faktisch als den Herrn bekennen muß (Phil. 2, 9 f.). Das war die höchst sichtbare, höchst reale S p a n n u n g ihres Zeitbewußtseins zwischen den Zeiten. Man muß aber sehen und verstehen, daß diese Spannung — samt dem in ihr unvermeidlich eingeschlossenen Entbehren, Sehnen und Seufzen — nur schon darum k e i n e n n e g a t i v e n A k z e n t haben konnte, weil man sich ja eben damit erst recht in die Gemeinschaft mit den alttestamentlichen Vätern, in die wahrhaftig nicht negativ zu wertende Zeit ihrer Erwartung des kommenden Herrn und seines Heils versetzt sah, weil man nun erst recht mit ihnen, den alten Zeugen der Wahrheit, zusammen im Advent stehen durfte.

Die Stelle 2. P e t r. 1, 16—21 ist hier sehr beachtlich, wo der Verfasser seine Verkündigung von der «Macht und Wiederkunft unseres Herrn Jesus Christus» und den Unterschied dieser Verkündigung von irgendwelchen «klug ersonnenen Mythen» (σεσοφισμένοις μύθοις) zunächst darauf gründet, daß er ein Augenzeuge (ἐπόπτης) der Verklärung Jesu auf dem Berge gewesen sei, um dann v 19 fortzufahren: «Und so haben wir das prophetische Wort um so fester (βεβαιότερον) und ihr tut gut, darauf zu achten als auf ein Licht, das an einem dunkeln Ort scheint, bis der Tag anbricht und der Morgenstern aufgeht in euren Herzen». Mose und Elia hatten ja nach dem evangelischen Bericht neben dem vor ihren Augen verklärten Jesus gestanden und mit ihm geredet. Eben ihr prophetisches Wort war also durch seine Erscheinung nicht etwa antiquiert, sondern nun erst recht, nun gerade für die von Jesu Erscheinung Herkommenden aktualisiert, nun gerade in seinem Charakter als prophetisches, in die Zukunft weisendes Wort bestätigt und zum unentbehrlichen Licht auf ihrem Wege geworden. Nicht isoliert, nicht als irgendwelche eschatologische Neuerer, sondern im Zusammenhang und in Gemeinschaft mit den alten, durch die geschehene Erfüllung beglaubigten Zeugen der längst angebahnten Bundes- und Heilsgeschichte durften die, die von dem Berge der Verklärung herunterkamen, dem kommenden Herrn aufs neue, nun erst recht, entgegengehen. Es ist die sicht- und greifbare Einheit von Weissagung und Erfüllung, Erfüllung und Weissagung, die ihre Verkündigung von der «Macht und Wiederkunft unseres Herrn Jesus Christus» von allen «klug ersonnenen Mythen» wesensmäßig unterscheidet.

I. Jesus, der Herr der Zeit

Auf dieselbe Linie gehört das Wort aus der zweiten Petrusrede A c t. 3, 19 f., wo zur Buße, zur Bekehrung, zum Empfang der Sündentilgung mit der Begründung aufgefordert wird, daß «Zeiten der Erquickung» im Kommen seien: die Sendung des Israel bestimmten Christus Jesus, «den der Himmel aufnehmen muß bis zu den Zeiten der Herausstellung alles dessen (der ἀποκατάστασις πάντων), was Gott durch den Mund seiner heiligen, vom Anfang der Zeit her ausgesandten Propheten geredet hat». Das besagt doch: daß diese Propheten nicht nur auf den ersten, sondern implizit auch auf den zweiten Advent Jesu Christi, dem die Gemeinde jetzt entgegensieht und dem die ganze Welt jetzt faktisch entgegengeht, geweissagt haben, so daß gerade die prophetische Botschaft jetzt, mit ihrer einstweiligen Erfüllung nicht obsolet, sondern durch diese erst recht aktuell und vor allem für die israelitischen Menschen, an die die apostolische Rede sich zuerst richtete, höchst bedeutungsvoll, höchst mahnend geworden ist. Israel wird sich die Gelegenheit, die Erfüllung dieser Botschaft zu erleben, nachdem es sie ein erstes Mal zu seinem Unheil versäumt hat, nicht ein zweites Mal und dann endgültig zum Gericht werden lassen dürfen!

Es ist aber besonders die Stelle 1. P e t r. 1, 10—12, die in dieser Sache so instruktiv ist, daß wir ihr eine erhöhte Aufmerksamkeit nicht versagen dürfen. Der Verfasser hatte 1. Petr. 1, 5 die nach Gottes großer Barmherzigkeit durch die Auferstehung Jesu Christi von den Toten zu einer lebendigen Hoffnung neu Gezeugten als solche bezeichnet, die in der Kraft Gottes durch den Glauben bewahrt seien für die Errettung, die zum Offenbarwerden in der letzten Zeit bereit steht. Er hatte v 6—9 von der «unaussprechlichen und verklärten Freude», von dem Jubel geredet, der ihnen, den jetzt vom Leiden der Verfolgung Betroffenen — ihnen, die Jesus nicht gesehen und doch liebten, die jetzt an ihn glaubten, ohne ihn zu schauen, dann, in dieser seiner Offenbarung bevorstehe. Und nun fährt er v 10 f. fort: «Im Blick auf diese Rettung suchten und forschten die Propheten, die von der euch gewährten Gnade weissagten, forschend, auf welche oder was für eine Zeit der Geist Christi in ihnen deute, welche die Leiden, aber darauf folgend, auch die Herrlichkeit vorherbezeugten, welche Christus gewährt werden sollten. Ihnen wurde offenbar, daß sie nicht sich selbst, sondern euch dienen mit eben dem, was euch jetzt verkündigt wurde durch die, die euch das Evangelium gepredigt haben durch den vom Himmel gesandten Heiligen Geist — mit dem, in das hineinzublicken die Engel gelüstet». Das will, zusammengefaßt, sagen: in den vorher beschriebenen Stand des Glaubens, der Liebe und der Hoffnung sind die Christen praktisch dadurch versetzt worden, daß die Propheten als Schüler des Geistes Christi ihnen denselben Dienst getan haben und noch tun, den kraft der Sendung desselben Heiligen Geistes dann auch die Boten des Evangeliums an ihnen ausgerichtet haben und noch ausrichten. Die Propheten waren und sind ihnen die Verkündiger der Leiden und der Herrlichkeit Jesu Christi und so die Verkündiger ihrer in Jesus Christus schon geschehenen, künftig an ihnen zu offenbarenden Errettung. Die erfüllte alttestamentliche Weissagung ist zu ihnen gekommen, ist in ihrer Mitte, und so bekamen und haben sie Anteil an Jesu Christi Auferstehung, so wurden sie neu gezeugt zu einer lebendigen Hoffnung, so inmitten der Leiden der Gegenwart in jenen Stand der Liebe und des Glaubens versetzt gegenüber dem, den sie doch nicht sehen und nicht schauen. — Wir beachten im Einzelnen: Es gehört das Suchen, Forschen und Weissagen der Propheten subjektiv und formell ganz ihnen, ganz ihrer eigenen Zeit und Geschichte an. Aber in dieser ihrer geschichtlichen Eigenständigkeit sind sie objektiv und sachlich angehaucht, bewegt und getrieben vom Geist Christi, von der Wahrheit seiner damals erst kommenden, erst bevorstehenden Person und Geschichte, von seinem Leiden und von seiner Herrlichkeit. Und das ist es, was ihr Suchen, Forschen und Weissagen zu einem prophetischen macht: sie sind objektiv und sachlich Zeugen von ihm, dem Kommenden, d. h. aber von der jetzt den Christen zugewendeten Gnade. Um ihretwillen hat Jesus Christus gelitten, um ihretwillen ist er ja verherrlicht. Und nun sind die Propheten gerade darum in der Lage, den Christen zu dienen, weil sie Propheten sind, ihr Zeugnis ein προμαρτύρεσθαι (v 11). Auch sie (wie die Boten des Evangeliums v 12) sind ganz auf den Heiligen Geist Jesu Christi angewiesen. Auch sie können den Gegenstand ihrer Verkündigung ihren Hörern nicht sichtbar, nicht schaubar machen. Auch für sie ist die in Jesus Christus geschehene Errettung ein in der Zukunft verborgenes, ein erst zu offenbarendes Geheimnis. So dienen sie den Christen wirklich «mit eben dem, was euch jetzt verkündigt wurde.» Aber eben indem ihr Zeugnis ein προμαρτύρεσθαι, ihre Existenz die von Propheten ist, sind sie den Christen im Unterschied von den Evangelisten — im Vorzug vor ihnen? — Zeugen dafür, daß das, was sie ihnen gemeinsam mit den Evangelisten bezeugen, nicht ein Ereignis im Fluß der Geschichte neben anderen ist, daß der Gott, den die Evangelisten als Vater Jesu Christi verkündigen, kein neuer Gott ist. *Certitudinem salutis confirmat ab ipsius vetustate: quoniam ab initio mundi legitimum a Spiritu sancto testimonium habuerit* (Calvin). Im Unterschied zu den Evangelisten — im Nachteil ihnen gegenüber? — sind die Propheten den Christen freilich solche Zeugen Jesu Christi, die ihn als den Gekommenen noch nicht gekannt haben, die ihn also a u s s c h l i e ß l i c h als den Kommenden bezeugen können. «Welche und was für eine Zeit» die seinige sein wird, danach suchen und forschen sie, das ist ihnen aber nicht offenbar, das können sie nicht bezeugen. Es können die Leiden und die Herrlichkeit Jesu Christi wohl objektiv und sachlich den G e g e n s t a n d, nicht aber subjektiv und formell den konkreten I n - h a l t ihrer Botschaft bilden. Nach dem E i n t r i t t des Ereignisses, dessen Propheten sie sind, können sie, indem sie zu ihrer Zeit denken und reden, nur s u c h e n und f o r s c h e n. Aber nun bedeutet eben dies nicht eine zufällige Schranke — ja eigentlich und im Grund überhaupt keine Schranke — ihres Zeugnisses und ihrer Existenz. Indem die Leiden und die Herrlichkeit Christi den Propheten durch seinen Geist bezeugt wurde, wurde ihnen auch das offenbart, daß sie gerade in diesem für sie scheinbar nachteiligen Unterschied zu den späteren Evangelisten, den Boten des eingetretenen Heilsereignisses zu einem besonderen realen D i e n s t an der durch diese benachrichtigten C h r i s t e n h e i t bestimmt seien. Gerade die strenge K ü n f t i g k e i t der prophetischen Botschaft lebt ja jetzt in der Christenheit erst auf, wird jetzt erst wesentlich, notwendig und fruchtbar. Denn eben das inzwischen eingetretene Ereignis ist ja für die in der Zeit lebende Christenheit wohl Vergangenheit, aber in seiner allgemeinen Offenbarung zugleich auch Zukunft, und gerade in dieser seiner K ü n f t i g k e i t ist es das die Christenheit in der Zeit leitende, vorwärts führende, sie gewissermaßen von vorn her wie ein Magnet anziehende, sie aus den Leiden der Gegenwart herausziehende, aus dem Dunkel der Gegenwart ans Licht ziehende Ereignis. Es verhält sich ja der Stand der Gemeinde in der Gegenwart und ihrer Bedrängnis zu dem Stande der offenbaren Errettung, dem sie entgegengeht, wie das Leiden Christi zu der daraufffolgenden Herrlichkeit. Beide miteinander und beide in dieser Zusammenordnung sind die messianische Wirklichkeit: das Erste als das Untergeordnete und Vorübergehende, das Zweite als das Eigentliche und Bleibende, das Erste als der Weg, das Zweite als das Ziel. Eben um dieser Zusammenordnung innerhalb des von den Propheten und Aposteln gemeinsam bezeugten Ereignisses, eben um dieser seiner Struktur willen kann auch die evangelische, die apostolische Botschaft nicht anders als selber prophetisch, selber Adventsbotschaft sein. Sie verkündigt ja nicht nur den Gekreuzigten, sondern diesen als den Auferstandenen und also nicht nur den Glauben und die Liebe, die inmitten der Drangsal der Gegenwart im Rückblick auf das nun eingetretene messianische Ereignis von den Christen zu bewähren sind, sondern, wie v 3—9 geschehen ist — und in Übereinstimmung mit der Struktur dieses Ereignisses — die k ü n f t i g e O f f e n - b a r u n g der geschehenen Errettung der Glaubenden und Liebenden (entsprechend

I. Jesus, der Herr der Zeit

der Herrlichkeit Christi) und also die christliche Hoffnung. Die Christen könnten von jenem Ereignis nicht herkommen, wenn sie ihm nicht eben damit auch aufs neue entgegengehen würden. Und nun und darum kann und muß die Prophetie gerade in ihrer Eigenart, gerade in der strengen K ü n f t i g k e i t ihrer Botschaft, gerade in der C h r i s t e n h e i t erst recht zum Wort und zur Geltung kommen: so gewaltig nach dieser Stelle, daß die Evangelisten und die Apostel ihr gegenüber fast in eine Hilfsstellung gerückt erscheinen. Sicher ist, daß diese nichts tun können, als eben die erfüllte Zukunftsbotschaft des Alten Testamentes aufnehmen und zu Ehren bringen: zu der Ehre, die sie diesseits den eingetretenen Ereignissen, die sie einst gerade in ihrer Eigenart als Prophetie nicht haben konnte. Eben in der Botschaft von dem gekommenen Messias redet weiter und redet nun erst recht kräftig die Botschaft von dem k o m m e n d e n Messias — von dem k ü n f t i g e n, aber nunmehr als wirklich künftig e r w i e s e n e n Heil. Jetzt — wo Gnade und Errettung aus einem rein zukünftigen zu einem gegenwärtig-zukünftigen Ereignis geworden ist — jetzt b e g i n n t eigentlich erst der Dienst der Propheten. Und eben indem er in seiner Eigentlichkeit j e t z t e r s t — im Wort der Evangelisten und Apostel nämlich — begonnen, indem der Heilige Geist in dieser d o p p e l t e n Gestalt zu den Christen gesprochen, sie zu Christen gemacht, sie in den Stand jener lebendigen Hoffnung versetzt hat, in welchem sie mitten in den Leiden der Zeit der Herrlichkeit der künftigen Offenbarung entgegengehen, ist das prophetische Wort j e t z t e r s t, inmitten der christlichen Gemeinde, wahrhaft zu Ehren gekommen. Die Christen sollen sich dessen bewußt sein, daß sie von den beiden sich respondierenden Chören der Apostel und der Propheten gewissermaßen in die Mitte genommen sind. Und nun schließt die Stelle am Ende von v 12 mit dem Hinweis darauf, daß zu denen, die mit ihnen der künftigen Offenbarung der geschehenen Errettung entgegensehen, auch die E n g e l gehören. Auch sie begehren nämlich danach, hineinzusehen in das jetzt noch Verborgene der Dinge, der Gnade und Errettung, mit deren Verkündigung ihnen die Propheten und Apostel gedient haben und noch dienen. Wie die Propheten und Apostel, wie die Christen selbst, so warten auch die Engel auf die Vollendung des in der Auferstehung Jesu Christi schon Begonnenen: die Vollendung, die nach I. Petr. 4,7 zugleich das «Ziel des Alls» sein wird. Der hier zur Bezeichnung dieses «Hineinsehens» der Engel gebrauchte Ausdruck παρακύψαι ist derselbe, der Joh. 20,5 auf den in das leere Grab Jesu hineinspähenden Petrus angewendet wird! So sind die Christen von redenden und stummen, von irdischen und himmlischen, mit ihnen in die Zukunft blickenden Zeugen umgeben: Mahnung genug, in dem ihnen geschenkten Stande auszuhalten, wie es ihnen dann v 13 zugerufen wird: «Darum umgürtet die Hüften eures Geistes, seid nüchtern und hofft ganz auf die Gnade, die euch d u r c h d i e O f f e n b a r u n g J e s u C h r i s t i entgegengebracht wird.»

Es ist also merkwürdigerweise — aber eigentlich doch sehr einleuchtend — gerade und vor allem der a l t t e s t a m e n t l i c h e Hintergrund der neutestamentlichen Botschaft, der dem urchristlichen Zeitbewußtsein im Besonderen die Richtung nach vorn, die e s c h a t o l o g i s c h e Richtung gegeben, die das christliche Leben im Besonderen zu jenem «Warten und Eilen zur Gegenwart des Tages Gottes» (2. Petr. 3, 12) geformt hat. — Und nun müßten die neutestamentlichen E v a n g e l i e n etwas sehr Anderes sein als sie sind: nämlich Berichte von der in seinem Kreuzestod sich erfüllenden, in seiner Auferstehung aber sich offenbarenden geschichtlichen Existenz des Menschen Jesus, der der Herr, der Messias, der Erretter gewesen ist, wenn nicht auch sie und gerade sie, indem sie von ihm erzählen, der w a r, von Anfang bis zu Ende voll von A d v e n t, voll von dem wäre, der in seiner Offenbarung erst k o m m t u n d s e i n w i r d.

Das J o h a n n e s e v a n g e l i u m nimmt in dieser Sache bekanntlich eine Sonderstellung ein, indem dort als Erfüllung der Zusage: «Ich will euch nicht Waisen lassen, ich komme zu euch» (Joh. 14, 18) Ostern, Himmelfahrt, Pfingsten und Parusie gewissermaßen in perspektivischer Verkürzung — etwa wie der Gesamtkomplex «die Alpen» vom Jura aus gesehen — als ein einziges Ereignis zusammengesehen werden. Diese Sicht ist a u c h richtig und auch notwendig. Eben vom Johannesevangelium aus ergibt sich die Notwendigkeit, das Geschehen von Ostern und das der Parusie aber auch die dazwischenliegende Geschichte der Gemeinde unter der gegenwärtigen Kraft des Heiligen Geistes als verschiedene Momente e i n e s und d e s s e l b e n Aktes zu verstehen. Die allzu geradlinigen Thesen, die die Schule der sogen. «konsequenten Eschatologie» auf das, wie sie meint, undiskutable Faktum der unerwartet «verzögerten» und schließlich immer wieder «ausgebliebenen» Parusie begründet hat und insbesondere der schon durch seine Geschmacklosigkeit unangenehm auffallende Satz, daß die alte Christenheit und Jesus selbst sich in dieser Sache infolge irgend eines Überschwangs «getäuscht» und «geirrt» hätten, erübrigen sich, wenn man das einmal gesehen hat.

Denn die Einheit des eschatologischen Ausblicks steht auch hinter und über der differenzierenden Betrachtungsweise der S y n o p t i k e r. Wir sahen früher, daß dort zunächst unverkennbar damit gerechnet wird, daß das im Alten Testament verheißene Reich Gottes in der Person, in den Worten und Taten des Menschen Jesus schon g e k o m m e n, effektiv auf den Plan getreten ist. Die Zeit ist erfüllt, indem er da ist, indem er seinen Weg antritt, der mit seinem Tod als dem entscheidenden Heilsereignis zu seinem Ziel kommen wird, der aber von Anfang an eben d i e s e r Weg ist, auf dessen früheren Stufen eben d i e s e s Ziel bereits der Sinn nicht nur des Daseins Jesu als solchen, sondern aller seiner Worte und Taten ist. Jesus ist, wie es der Täufer Joh. 1, 29 auch im Sinn der Synoptiker richtig ausspricht, von Anfang an «das Lamm Gottes, welches die Sünde der Welt auf sich nimmt». Aber eben als der, der er i s t und als der er sich in seinen Worten und Taten auch e r - w e i s t, ist er ja zunächst noch v e r b o r g e n. Die ihn, solange er auf diesem Wege ist, mit auffallender Sicherheit erkennen, sind zunächst nur die Dämonen: «Was haben wir mit dir zu schaffen, Jesus von Nazareth? Bist du gekommen, uns zu verderben? Wir wissen, wer du bist: der Heilige Gottes!» (Mr. 1, 24). Das Volk staunt und entsetzt sich zwar und nennt ihn einen großen Propheten (Luk. 7, 16). Seine geistlichen Führer bemerken oder erraten seinen Anspruch, der zu sein, der kommen sollte, empören und entrüsten sich und verraten damit sich selbst: ihre Blindheit und Taubheit, ihre Resignation gegenüber der Hoffnung Israels, deren erste, verständigste und willigste Vertreter sie doch angesichts ihrer Erfüllung sein müßten. Johannes der Täufer selbst vermutet zwar, ist aber nach Matth. 11, 2 dessen nicht sicher, daß er der sei, der kommen soll, oder ob man nicht doch eines Anderen zu warten habe. Und verborgen ist und bleibt er im Ganzen — wenn man von vorlaufenden Erleuchtungen wie der im Bekenntnis des Petrus oder in der Verklärungsgeschichte absieht — auch seinen Jüngern. Sie werden ihn alle verlassen und fliehen, wenn er vor dem Ziel seines Weges stehen wird. Petrus wird ihn dann verleugnen. Und Judas wird dann das erste und entscheidende Agens des letzten Aktes der Untreue und des Ungehorsams Israels gegenüber seiner Verheißung sein: der Urheber der Auslieferung seines gekommenen Messias an die Heiden. So ist er als der, der er ist, da — und doch n o c h n i c h t d a. So ist das Reich Gottes w i r k l i c h — und doch noch n i c h t w i r k s a m. So ist es g e k o m m e n — und doch n o c h n i c h t g e k o m m e n. So muß um sein Kommen noch gebetet werden. In seiner Wirklichkeit ist es da, in seiner Offenbarung noch nicht. Sofern das Neue Testament evangelischer Bericht und sofern dieser evangelische Bericht noch nicht Osterbericht ist, geht die alttestamentliche, die prophetische Geschichte weiter auch ins Neue Testament hinein, ist auch das Zeugnis von dem messianischen Jetzt, so unmißverständlich es als solches ist, noch immer voll «Noch nicht», voll bloßer Erwartung, wie wenn er noch immer der erst Verheißene wäre. Jesus selbst in der Mitte des ganzen Bildes w a r t e t , blickt vorwärts, den kommenden Dingen, seiner eigenen Zukunft entgegen.

Das ist neben dem alttestamentlichen Adventszeugnis als solchem der zweite Grund, der es der apostolischen Gemeinde schlicht verbieten mußte, in irgend einer Retrospektive oder in irgend einem Präsenzbewußtsein zu verharren — und schlicht gebieten mußte, im Gedanken an Jesus v o r w ä r t s zu blicken, seiner Zukunft entgegen. Eben was die Überlieferung von ihm darstellte, das war ja auf der ganzen Linie — wer es im Alten Testament nicht bemerkte, der mußte es spätestens hier bemerken — inmitten der vollen Heilswirklichkeit ein immer noch blindes und taubes Volk, die immer noch obstinaten und mächtigen Feinde Gottes, eine immer noch fliehende, verleugnende, ja verräterische Kirche — und vor allem: ein selbst immer noch wartender, seiner eigenen Zukunft immer noch entgegenblickender Jesus. Wie konnte, wer dieses Jesus gedachte, anders, als mit seinen Augen und nach seinem eigenen ausdrücklichen Geheiß zugleich in die Zukunft, in seine Zukunft, blicken? In seine Z u k u n f t — das heißt aber: der Offenbarung seiner Wirklichkeit, der unwiderstehlichen, der unüberwindlichen, der siegreichen S i c h t b a r k e i t des gekommenen Reiches entgegen.

Dorthin zu blicken konnte und kann aber der Leser der Evangelien schon darum nicht unterlassen, weil der von ihnen bezeugte Jesus selbst nun doch ganz offenkundig nicht ins Leere hinein gewartet, sondern positiv dieser seiner künftigen Offenbarung entgegengelebt, geredet und gehandelt hat. Sein Ziel ist ja nicht einfach sein Tod, obwohl freilich sein Tod das Heilsereignis ist, dem sein ganzes Leben entgegeneilt, auf das hin es ganz und gar ausgerichtet ist. Sondern sein Ziel ist die darauf folgende O f f e n b a r u n g seines Todes und damit die I n k r a f t s e t z u n g des in ihm gewonnenen Heils für die Menschen, für seine Gemeinde, für die ganze Welt, für die er doch als Erfüller der Zeit gekommen war: das der jetzt noch darüber liegenden Hülle entledigte, das o f f e n b a r e , das in Herrlichkeit s i c h t b a r e Reich. Es gibt keine Reden Jesu, die nicht implizit — oder wie in den Gleichnissen auch explizit — um das in diesem Sinn kommende Reich kreisen. Und was sind die Taten Jesu, seine «Zeichen und Wunder», wenn nicht eben: effektive Vorwegnahmen und also reale Voranzeigen des in diesem Sinn kommenden Reiches, dem Jesus durch seine vorläufige Verborgenheit und schließlich durch sein Leiden, seine Kreuzigung, seinen Tod, sein Begräbnis hindurch entgegengeht: nicht der W i r k l i c h k e i t des Reiches — es ist in seiner Person von Anfang an wirklich, und wo sollte es wirklicher sein als in seiner Dahingabe in den Tod, in der ja das Heilsereignis seiner ganzen Existenz, seine messianische Wirklichkeit zu ihrer Vollendung kommt — wohl aber seiner O f f e n b a r u n g , durch die das Reich für die Menschen, für seine Gemeinde, für die Welt Gestalt bekommt, wirksam und heilsam wird.

Und hier stehen wir nun vor dem Grund der Tatsache, daß die neutestamentliche Erwartung durchweg den Charakter der N a h e r w a r t u n g hat. Sie ist eben primär die Erwartung des Menschen Jesus selber (nun auch im subjektiven Sinn zu verstehen): die Erwartung, in der er selber gelebt hat und in den Tod gegangen ist: die Erwartung dessen, was er als Ziel seines Lebens und Sterbens vor sich gesehen hat. Sie ist die Erwartung s e i n e r A u f e r s t e h u n g von den Toten. Keine von den drei mal drei Leidensweissagungen der Synoptiker, die diese Erwartung nicht explizit in sich schlösse: «am dritten Tage wird er auferstehen». Daß diese Naherwartung die Erwartung eines bestimmten D a t u m s bedeute, das ist nach den Evangelien bekanntlich a u s g e s c h l o s s e n . Jesus hat sich selbst in die notwendige menschliche Ungewißheit in dieser Sache eingeschlossen. «Über jenen Tag und jene Stunde aber weiß niemand, auch nicht die Engel im Himmel, auch nicht der Sohn, sondern allein der Vater» (Mr. 13, 32). Das wird auch nach seiner Auferstehung gelten: «Es ist nicht eure Sache, die Zeiten oder Augenblicke zu wissen, die der Vater in seiner Eigenmacht bestimmt (nämlich zur Herausstellung des Reiches bestimmt) hat» (Act. 1, 7). Die Offenbarung des Reiches hängt nun einmal zusammen mit der Vollendung des Lebens Jesu in seinem Tode. Sie ist deren Offenbarung. Und eben diese Vollendung seines Lebens in seinem Tode, dem seine Offenbarung folgen wird, vollzieht der menschgewordene Sohn im Gehorsam gegen den Willen seines Vaters und also in der Annahme des nicht von ihm, sondern von seinem Vater zu bestimmenden rechten Zeitpunktes. Was er aber weiß und sagt, weil es offenbar auch seine Jünger wissen sollten, ist dies, daß das Reich Gottes, die Offenbarung seiner verborgenen Wirklichkeit b a l d und p l ö t z l i c h (wie ein Dieb in der Nacht, wie es im Wort Jesu Matth. 24, 43 heißt und wie es nach 1. Thess. 5, 2, 2. Petr. 3, 10, Apok. 16, 15 in der Folgezeit wieder heißen wird) kommen wird. B a l d , weil es das Ziel des zeitlich beschränkten Lebens Jesu von Nazareth, das seinem Tod unmittelbar und also in absehbarer Zeit folgende Ereignis ist. P l ö t z l i c h eben darum, weil es als von Gott allein vorherbestimmt und vorhergewußt, eben dann eintreten wird, wenn es von den Menschen am allerwenigsten, ja gar nicht vorausgesehen ist: eine heilsame aber auch bedrohliche Durchbrechung aller ihrer Prognosen und Pläne, Sorgen und Hoffnungen, wie es denn zunächst gerade im Ereignis der Auferstehung Jesu tatsächlich geschehen ist.

Von da aus wird M r. 9, 1 verständlich: «Wahrlich, ich sage euch, daß Einige von denen, die hier stehen, den Tod nicht schmecken werden, bis sie gesehen haben (ἕως ἂν ἴδωσιν), daß das Reich Gottes mit Macht gekommen ist (ἐληλυθυῖαν ἐν δυνάμει)». Daß es schon gekommen ist, wird also vorausgesetzt. Was noch a u s s t e h t , ist, daß es gesehen wird. Eben dieses Sehen wird aber a u c h noch Ereignis werden. Einige von denen, die um Jesus sind, w e r d e n es sehen. Es wird also das «Kommen» des Reiches in diesem zweiten Sinn, es wird die Offenbarung seines Gekommenseins ein Ereignis sein, das in a b s e h b a r e r Zeit, das b a l d eintreten wird. Der Zusammenhang, in welchem die drei Synoptiker dieses Logion wiedergegeben haben, zeigt, daß sie alle es in Beziehung zu der unmittelbar darauf folgenden V e r k l ä r u n g s geschichte verstanden wissen wollten. Das unbestimmte τινές, mit dem die, welche das Reich noch zu ihren Lebzeiten sehen sollen, bezeichnet werden, kann als die Bestätigung dieses Verständnisses angesehen werden, weil unter den Jüngern tatsächlich nur «Einige» (Petrus, Johannes, Jakobus) Zeugen jener Verklärung waren. Aber nun ist ja die Verklärungsgeschichte selber nur eine Prolepse der A u f e r s t e h u n g s geschichte — wie die Auferstehungsgeschichte dann ihrerseits eine Prolepse des P a r u s i e geschehens sein wird — so daß man am besten tun wird, bei jenem noch in absehbarer Zeit zu verwirklichenden «Sehen» des gekommenen Reiches s o w o h l an das Sehen der Verklärung w i e an das der Auferstehung w i e an das der Wiederkunft Jesu zu denken. In seiner Verklärung sahen sie ihn vorweg als den Auferstandenen, erkannten sie zunächst vorübergehend — und sie erkannten dann in seiner Auferstehung endgültig das in Macht gekommene Reich, aber eben damit — *in parte pro toto* als ἀρραβών und ἀπαρχή — auch schon das, was in der Parusie als in seiner allgemeinen Offenbarung umfassend und abschließend als seine Herrlichkeit erkennbar werden und erkannt werden wird. Nicht jedermann, in seiner Verklärung noch nicht einmal alle Jünger, sondern nur diese «Einigen», in seiner Auferstehung dann freilich seine Jünger insgemein, werden in ihren eigenen Lebenstagen in der Person Jesu das gekommene Reich Gottes und also das Ende aller Tage sehen. Das ist der Sinn dieses Logions. Der Kommentar C a l v i n s zu Mark. 9, 1 ist also korrekt: *Antequam vobis moriendum sit, regnum illud Dei, a cuius spe vos pendere iubeo, conspicuum erit oculis vestris... Adventum vero regni Dei intellige gloriae coelestis manifestationem, quam a resurrectione auspicatus est Christus et plenius deinde spiritum sanctum mittendo et mirificas edendo virtutes exhibuit; nam in illis primitiis gustandam suis praebuit coelestis vitae novitatem, quum veris et certis experimentis ipsum ad patris dexteram sedere agnoscerent* (C. R. 45, 483).

Dementsprechend sagt Jesus M a t t h. 10, 23: «Wahrlich, ich sage euch, ihr werdet mit den Städten Israels (nämlich mit eurem Missionsdienst in diesen Städten) nicht zu Ende kommen, bis daß der Menschensohn kommt.» Was die Jünger Jesu in seinem Auftrag zunächst im Volk Israel tun können und sollen, das wird also von dem Kommen des Menschensohns, es wird ihre V e r k ü n d i g u n g des Messias inmitten des messianischen Volkes von seiner e i g e n e n Offenbarung gewissermaßen überholt werden. Das dem Matthäus eigentümliche Logion steht in der von ihm vorgelegten Komposition der «Aussendungsrede» im Zusammenhang des Ausblicks auf die die Jünger in der Ausführung ihrer Mission erwartenden Verfolgungen und Leiden. Es fehlt diesem Ausblick auch sonst nicht an ermutigenden und tröstlichen Momenten. Wird man die Jünger vor Gericht stellen, so sollen sie um ihre Verantwortung darum nicht besorgt sein, weil der Geist des Vaters in ihnen reden wird (v 19 f.). Und: «Wer ausharrt bis ans Ende, der wird gerettet werden» (v 22). Die Ermutigung und der Trost hat in diesen beiden Worten nicht relativen, sondern absoluten Charakter: ein neuer, fremder Beistand wird plötzlich zur Stelle sein, Gott wird eingreifen und sie aus aller Bedrängnis herausreißen. Und nun sagt v 23, offenbar in Aufnahme des Stichwortes τέλος (v 22): Ihr eigenes τελειοῦν ihrer Aufgabe in den Städten Israels, in denen sie ja faktisch nur aus der einen in die andere werden fliehen können, wird dadurch hinfällig werden, daß das göttliche τέλος selbst plötzlich d a s e i n, daß der Menschensohn kommen und dem Tun der Verfolger, zugleich aber auch dem der Verfolgten eine G r e n z e setzen wird. Wir haben es hier — immer im Sinn der Logienkomposition des Matthäus — offenbar mit der höchsten und präzisesten Gestalt der absoluten Verheißung zu tun, an die sich die Jünger in der Verfolgung halten sollen: Sie werden es erleben, daß Jesus selbst als Richter zwischen sie und ihre Verfolger, zwischen sie als das neue und jene als das alte Israel h i n e i n t r e t e n wird. Es ist doch wohl der in seinem Tode vollzogene, in seiner Auferstehung laut Matth. 28, 16 f. manifest gewordene große Übergang Jesu selbst von seiner Sendung zu seinem Volk zu seiner Sendung an die Welt, die Erhöhung seines Amtes als Christus Israels zum Amte des σωτὴρ κόσμου, die sich in diesem Jüngerlogion spiegelt und die dessen eigentliches Geheimnis ist. In den bei Matthäus unmittelbar darauf folgenden Worten v 24—25 hat er sie ja auch unmittelbar zu sich selbst gerechnet. In diesem Übergang, in dieser Erhöhung «kommt», offenbart sich der Menschensohn, vollzieht er aber eine völlige Umstellung auch in der Sendung und im Amt seiner Jünger. Das «Gehet hin und machet zu Jüngern alle Völker!» (Matth. 28, 19) wird nun möglich und notwendig, noch bevor sie mit den Städten Israels zum Ziel gekommen sind. Diese sind nun nur noch der Ausgangspunkt der apostolischen Aufgabe. Das bleiben sie auch. Aber auf ihre Bekehrung kann nun nicht länger gewartet werden. «Euer Blut komme über euer Haupt! Rein werde ich von jetzt an zu den Heiden gehen» (Act. 18, 6). Das ist es, was die Jünger nach diesem Logion noch selbst erleben werden. Sie werden nämlich Jesu Auferstehung erleben, in ihr jenen Übergang und jene Erhöhung Jesu selber, in ihr aber auch diese ihre Umstellung und Befreiung zu dem neuen, nach Matth. 24, 14 endzeitlichen Dienst der Verkündigung des Evangeliums auf dem ganzen Erdkreis. Wieder ist das «Kommen» Jesu, von dem die Rede ist, also wirklich nahe, und das Logion hat den Vorzug, die praktische Bedeutsamkeit zu zeigen, die diese Verheißung für die «kleine Herde» der damaligen, der vorösterlichen Gegenwart haben mußte.

Und nun sagt Jesus M r. 13, 30 P a r.: «Wahrlich, ich sage euch: die jetzt lebende Generation wird nicht vergehen, bevor das Alles geschehen sein wird.» Die exegetische Situation ist hier etwas anders als Mr. 9 und Matth. 10. «Das Alles» — das, was so bald eintreffen wird, daß die gegenwärtige Generation es noch erleben wird, ist hier nicht direkt das Kommen des Menschensohnes. Die drei Evangelisten jedenfalls können den Spruch nicht so verstanden haben. Lassen sie ihm doch alle das Gleichnis vom Feigenbaum (Mr. 13, 28 f. Par.) vorangehen, an dessen in Saft schießenden Zweigen und wachsenden Blättern man merkt, daß der Sommer nahe ist. «So sollt auch ihr, wenn ihr dies geschehen seht, merken, daß Er nahe vor der Tür ist.» V o r d e r T ü r : also noch nicht da, aber sehr nahe — schon sehr nahe, aber noch nicht da. Da die zweite Vershälfte von v 29 das sagt, kann sich das ταῦτα in der ersten nicht auf die «Tage n a c h jener Drangsal» (v 24) und auf das Kommen des Menschensohns (v 25—26) beziehen, sondern nur auf das, was diesem Ereignis unmittelbar v o r a n geht. Und eben darauf muß dann, jedenfalls auch nach dem Verständnis der Evangelisten, auch das ταῦτα πάντα in v 30 verweisen. Die jetzt lebende Generation wird Zeuge der dem Kommen des Menschensohns unmittelbar v o r a n - gehenden Ereignisse sein. Es ist klar, daß damit gesagt ist: sie wird faktisch auch Zeuge des Kommens des Menschensohnes selber sein. Aber der Nachdruck liegt hier darauf, daß sie Zeuge sein wird dessen, was v 7—20 in drei Gruppen als die dem Kommen des Menschensohns unmittelbar v o r a n gehende Ereignisfolge beschrieben wird: Zeuge weltgeschichtlicher Katastrophen (v 7—8), Zeuge der Bedrängnis der Gemeinde (v 9—12), zuhöchst und zuletzt aber: Zeuge des Untergangs Jerusalems, dem nur der Rest der Erwählten durch schleunige Flucht entgehen wird und soll (v 14—20). Der Komplex v 7—20 ist eingerahmt durch die Warnung vor der Verführung durch das illegitime Ἐγώ εἰμι kommender falscher Messiasse und Propheten (v 5—6 und v 21—23). Die Pointe der ganzen Rede aber wird v 24—27 und v 33—37 sichtbar: Wenn die Drangsal dieser Ereignisfolge v o r b e i ist, wird (v 24—25) das Licht von Sonne, Mond und Sternen (an denen nach Gen. 1, 14 die geschaffene Zeit zu messen ist) vergehen und erlöschen. U n d d a n n (v 26) wird man den Menschensohn auf den Wolken kommen sehen mit großer Macht und Herrlichkeit. U n d d a n n (v 27) wird er die Engel aussenden und die Auserwählten versammeln von den vier Winden. Und weil die Drangsal jener Ereignisfolge d i e s e m, dem letzten Ereignis, das zugleich das Ende der Zeit ist, unmittelbar v o r a n geht, darum soll die Gemeinde der jetzigen Generation, die in jener Ereignisfolge mitten drin stehen wird — vielleicht heute schon steht! — nach v 33 f. w a c h e n. Weiß sie doch nicht — weiß doch nach v 32 niemand — wann der καιρός jenes große καὶ τότε von v 26 und 27 eintreten wird, wird doch der Herr des Hauses zu irgend einer, zu der von ihm gewählten Stunde der in jener Ereignisfolge hereinbrechenden Nacht plötzlich da sein. Der Sinn ihrer Existenz in dieser Nacht ist der Imperativ: Wachet! Er ist der Sinn der Existenz der ganzen heute lebenden Generation, die sich in dieser Nacht befinden wird: «Was ich euch sage, das sage ich Allen: «Wachet!» (v 37). Seid für den E i n e n bereit, der mit keinem Anderen zu verwechseln ist! Er kommt n a c h dem Allem! Er ist dann, wenn das Alles geschieht, «n a h e vor der Türe!» (v 29). So wie der Sommer nahe ist, wenn die Zweige des Feigenbaumes in Saft schießen! — Die Rede Mr. 13 ist eine ins Kosmische projizierte Wiederholung der drei Weissagungen vom Leiden und von der Auferstehung Jesu. Man muß sich nämlich vor Augen halten: sie ist ja veranlaßt durch Jesu Weissagung von der Zerstörung des Tempels (v 2) und durch die Frage der Jünger: «Wann wird dies geschehen und was ist das Zeichen, wann dies Alles vollendet werden soll?» (v 4). Und nach Mr. 14, 58 weiß auch die synoptische Überlieferung etwas davon, daß Jesus auch von einem nach den Tagen zu bewirkenden Wiederaufbau des Tempels gesprochen hat. Sie weiß offenbar auch von der Vieldeutigkeit dieses Komplexes. Joh. 2, 19—22 dürfte hier Licht geben: In der Zerstörung des Tempels spiegelt sich Jesu eigener Tod, in der Weissagung von seinem Wiederaufbau die von der Auferstehung Jesu. Die W e i s - s a g u n g von dem, was die gegenwärtige Generation zuletzt und zuhöchst in der

1. Jesus, der Herr der Zeit 603

Zerstörung des Tempels erleben wird, wird also sofort in der Mr. 14, 1 f. anhebenden L e i d e n s g e s c h i c h t e, in der doch nur die ganze Lebensgeschichte Jesu zu ihrem Ziele kommt, in E r f ü l l u n g zu gehen beginnen. Alle Katastrophen der Weltgeschichte, alle Verfolgung und Versuchung der Gemeinde und vor allem: das ganze, in der Zerstörung Jerusalems gipfelnde Gericht über Israel sind doch nur der große Schatten, der vom Kreuz Jesu her auf den Kosmos fällt, die messianischen Wehen, denen auch der Kosmos sich nicht entziehen kann, die Teilnahme an dem in Tod Jesu vollzogenen Gottesgericht, dem auch der Kosmos unterworfen ist, obwohl und indem dieses Gericht ja zu seinem Heil geschieht: zur Errettung Israels, zur Errettung der Gemeinde, zur Errettung aller Menschen, ja der ganzen Kreatur. In dem Kosmos, in welchem und für welchen Jesus gekreuzigt wird — gekreuzigt werden m u ß ! — k a n n e s n u r s o zugehen, wie es v 7—20 vorausgesagt wird. Und so weissagt Jesus primär seinen eigenen nahen Tod, indem er von jener nahen Ereignisfolge redet — und seine eigene Auferstehung, indem er dem umfassenden Bild der von Krieg, Entzweiung, Erdbeben und Hungersnot heimgesuchten Menschheit, dem Bild der verfolgten und versuchten Gemeinde, dem Bild des tödlich bedrohten Jerusalem das hereinbrechende Ende der Zeit, das große καὶ τότε, das Kommen des Menschensohns zur Sammlung seiner Erwählten und also sein eigenes triumphierendes Leben als Herr seiner Gemeinde gegenüberstellt. Dieser seiner Zukunft dürfen und sollen die Jünger inmitten der tiefen Schatten, die auf dem Kosmos liegen, inmitten der Wehen, von denen er erschüttert ist, inmitten der Gerichte, die über ihn ergehen müssen — und nun eben zunächst: angesichts des Gerichtes, dessen B e g l e i t - erscheinungen alle jene Gerichte sind, angesichts der anhebenden Leidensgeschichte Jesu selber w a c h e n d entgegensehen. Wenn das Alles geschehen sein wird, k o m m t E r : er, der jetzt geht und vergeht — w i r d E r o f f e n b a r : er, der sich jetzt eben in die tiefste Verborgenheit hüllt — s i e g t E r : er, der jetzt im Kosmos durch den Kosmos und zum Gericht über den Kosmos selbst überwältigt wird. «Himmel und Erde werden vergehen, aber meine Worte werden nicht vergehen» (v 31). Und nun wird nach v 30 auch diese gegenwärtige Generation «nicht vergehen», bis daß dies alles geschehe. Nun ist sie sogar eben jetzt, indem sie die Leidensgeschichte Jesu zu erleben beginnt, schon im Begriff, an dem Anheben jener Ereignisfolge teilzunehmen, der dann das Kommen des Menschensohns unmittelbar folgen wird. Darum die Dringlichkeit der an sie gerichteten Aufforderung, vorwärts zu blicken, zu wachen, auf ihn zu warten und auf keinen anderen zu warten, sein Kommen mit dem eines anderen nicht zu verwechseln. Sie empfängt damit das Gesetz, das für jede Generation, die etwa zu ihrer Zeit und auf ihre Art Zeuge jener Ereignisfolge sein sollte, maßgebend sein wird: das Gesetz der Hoffnung auf den Einen, der schon gekommen ist und in seiner Herrlichkeit wiederkommen wird.

Als weiteres Beispiel das von allen drei Synoptikern überlieferte eschatologische Wort Jesu beim Abendmahl (vgl. dazu M a r k u s B a r t h, Das Abendmahl 1945), das in seiner klarsten Fassung M a t t h. 26, 29 so lautet: «Wahrlich, ich sage euch: ich werde nicht mehr trinken vom Gewächs des Weinstocks bis zu jenem Tage, an dem ich es mit euch neu trinken werde im Reich meines Vaters.» Die Formel ist in ihrem negativen Gehalt die eines Nasiräer-Gelübdes. Indem Jesus es auf sich nimmt, heiligt er sich zu dem bevorstehenden Opfer seines Lebens. Matth. 27, 34 wird berichtet werden, wie er dieses Gelübde gehalten hat. Aber wichtiger als dieses Negative ist das Positive, das er gleichzeitig in Aussicht stellt: daß seine nächste Mahlzeit mit seinen Jüngern, die der *terminus ad quem* jenes Gelübdes ist, im Reich Gottes stattfindet und also das messianische Freudenmahl sein werde. Auch dieses Wort ist also Ausdruck höchster, dringlichster Naherwartung. Es besagt, daß Jesus in der ganz kurzen Zeit, in der ein Mensch ohne zu essen und zu trinken existieren kann, mit seinen Jüngern im Reich Gottes sein werde.

Wird er das nächste Mal mit ihnen Mahlzeit halten, so wird ihnen also eben daran erkennbar und offenbar werden, daß das Reich Gottes gekommen ist. Wie es denn nach Luk. 24, 31. 35 tatsächlich geschehen ist. Von einer Mahlzeit des Auferstandenen mit seinen Jüngern ist ja auch Joh. 21, 5. 12. 15 betont die Rede. Als ein συναλίζεσθαι (mit ihnen das Salz nehmen) wird das Zusammensein Jesu mit den Seinen in den vierzig Tagen Act. 1, 4 zusammenfassend bezeichnet. Und so heißen die Apostel in der Petrusrede in Cäsarea (Act. 10, 41): «Wir, die wir mit ihm gegessen und getrunken haben nach seiner Auferstehung von den Toten.» Eben dieser Beweis der Wirklichkeit seiner Auferstehung (Luk. 24, 41 f.) ist zugleich der Erweis von deren Bedeutung und Tragweite: Nicht mehr wie bei jenem letzten Mahl vor seinem Tod in Vorwegnahme seines Opfertodes, sondern nun im Rückblick auf dessen V o l l b r a c h t s e i n , nicht, wie die römische Lehre von der Messe sagt: in vergegenwärtigender Wiederholung dieses Opfers, sondern im einfachen, vollen Genuß seiner F r u c h t , nämlich des uns in ihm erworbenen ewigen Lebens, nun inmitten auch der O f f e n b a r u n g von dem Vollbrachtsein und der vorhandenen Frucht dieses Opfers, nun also mit offenen Augen und Ohren, aber wirklich auch mit offenem Mund mitten im Reich Gottes dürfen sie nun mit ihm zu Tische sitzen. Eben darum kann das «zum Gedächtnis» des Herrn, in formeller Wiederholung jenes vorösterlichen Passahmahles gefeierte κυριακὸν δεῖπνον (1. Kor. 11, 20) der urchristlichen Gemeinde sachlich nun doch keinen anderen Charakter tragen als den einer Fortsetzung jener festlichen Mahlzeiten in der persönlichen Gegenwart des Auferstandenen. Indem im Abendmahl der Gemeinde zurückgeblickt wird auf «die Nacht, in der er verraten wurde», kann es da doch kein Verweilen in jener Nacht geben, wird vielmehr «der Tod des Herrn   v e r k ü n d i g t » (1. Kor. 11, 26) durch die Aktion der Gemeinde, wird ihr und wird der Welt auf Grund seiner geschehenen österlichen Selbstoffenbarung sein Tod immer wieder a l s H e i l s g e s c h e h e n b e k a n n t g e m a c h t. Es wird also das Passahmahl zum Ostermahl, das als solches nicht in Trauer, sondern nur «jubelnd» (ἐν ἀγαλλιάσει) und sicher nicht unter komplizierten Erwägungen über die Natur der Elemente Brot und Wein, sondern nur «in Einfalt des Herzens» (καὶ ἀφελότητι καρδίας) genossen werden kann (Act. 2, 46): Jedes Mal schon als das Messiasmahl des offenbar gewordenen Reiches Gottes, jedesmal schon als die prägnanteste Gestalt der Gemeinschaft der Christen mit dem ihnen gegenwärtig offenbaren Herrn — jedes Mal freilich nun doch auch als eine Vorwegnahme der allgemeinen, endgültigen und letzten Offenbarung, die ja eben in der Auferstehung Jesu angehoben, aber doch erst angehoben hatte, deren ἀρραβών und ἀπαρχή sie gewesen war, deren Ganzheit aber noch aussteht, erst im Kommen ist, so daß jede Abendmahlsfeier ihm auch erst e n t g e g e n b l i c k e n kann. Darum und insofern: «bis daß er kommt» (1. Kor. 11, 26) — und jene menschliche die kirchliche Verkündigung seines Todes durch seine eigene, allgemein sichtbare Gegenwart überflüssig zu machen. Darum und insofern gerade beim Abendmahl: « K o m m , Herr Jesu, s e i unser Gast!» So steht auch der evangelische Bericht über das letzte Mahl Jesu unter der «Einsetzung» des Herrenmahls der Gemeinde in der Reihe der vielen evangelischen Texte, die zunächst auf Jesu Auferstehung zeigen, die in seiner Auferstehung tatsächlich ihre erst anhebende, aber reale Erfüllung gefunden haben, um dann von dieser ihrer anhebenden Erfüllung aus zugleich für alle Zeiten — immer im Sinn der Naherwartung, von der sie reden — auf die Parusie als auf das das Geschehen der Ostern erfüllende letzte Geschehen zu zeigen.

Als Letztes in dieser Reihe die Antwort Jesu an den Hohen Rat auf die Frage: ob er der Christus, der Sohn Gottes sei? Diese Antwort lautet nach M a t t h. 26, 64: «Du sagst es. Ja, ich sage euch: Von jetzt an werdet ihr den Menschensohn sitzen sehen zur Rechten der Macht und kommend auf den Wolken des Himmels.» Nach Mr. 14, 62 hätte der erste Satz gelautet: «Ich bin es» (Ἐγώ εἰμι). Dafür fehlt hier das prägnante: «von jetzt an». Nach Luk. 22, 67 f. hätte die Frage zurückhaltender gelautet: «Wenn du der Christus bist, so sage es uns!» Worauf Jesus zunächst geantwortet hätte: «Wenn ich es euch sage, werdet ihr es nicht glauben, wenn ich aber frage, so werdet ihr nicht antworten», um dann sofort fortzufahren: «Von nun an wird der Menschensohn sitzen zur Rechten der Macht Gottes.» Der Nachsatz vom Kommen auf den Wolken fehlt hier ganz. Und dann erst folgt nach dieser Relation die von allen Anwesenden gemeinsam gestellte direkte Frage: Bist du der Sohn Gottes? und die den Matthäus- und Markustext kombinierende Antwort Jesu: «Ihr sagt es, daß ich es bin.» Das aber ist die gemeinsame Überlieferung aller drei Evangelien, daß das jetzt, *in extremis,* nun aber von Jesus selber ausgesprochene M e s s i a s b e k e n n t n i s und diese letzte, nun im Angesicht seiner Feinde ausgesprochene W e i s s a g u n g von seiner unmittelbar bevorstehenden Erhöhung und Wiederkunft ein G a n z e s bilden und daß der Spruch in dieser Ganzheit in den Ohren der Ankläger Jesu V e r u r t e i l u n g besiegelt. Auf dieses hin zerreißt der Hohepriester sein Kleid. Nach diesem bedarf es keines weiteren Belastungszeugnisses. Denn dieses war Gotteslästerung. Auf dies hin wird das Todesurteil ausgesprochen. Nach diesem beginnen sofort die ersten Verhöhnungen und tätlichen Mißhandlungen. Wir halten uns über dieses Gemeinsame hinaus an die Relation des Matthäus und stellen fest: Nun b e g i n n t also die eigentliche L e i d e n s g e s c h i c h t e. Sie beginnt mit der Konfrontation des angeklagten M e s s i a s mit der ihn anklagenden höchsten menschlichen Autorität des m e s s i a n i s c h e n V o l k e s. Es hat seit Jahrhunderten keinen König mehr gehabt. Die priesterliche Gewalt allein ist auf dem Plan geblieben. Und nun steht Israels verheißener König vor dem Richterstuhl dieser Gewalt: als Angeklagter. Er hat den Anspruch, dieser König zu sein, nie von sich aus laut werden lassen. Er hat es den Seinen verwehrt, davon zu reden. Er verzog sich nach Joh. 6, 15 in die Berge, da ihn die Leute gewaltsam zum König machen wollten. Er hat auch seinen Einzug in Jerusalem so gestaltet, daß jedenfalls von seiner Seite aus der Schein des Königlichen vermieden wurde. Er war der König Israels, aber er wollte es im Verborgenen sein. Das ändert sich mit einem Schlag, indem er vor denen steht, die ja ihrerseits «Gesalbte» waren, in deren Mund die Frage: ob er der Christus sei? legitim, der Anfang einer Erkenntnis von unabsehbar heilsamen Folgen sein konnte. Die große Gelegenheit war da — so war sie bisher noch nie dagewesen — daß Israel durch den Mund dieser seiner Berufensten seinen König als solchen b e j a h e n und a n e r k e n n e n konnte. Endlich, endlich wäre dann der von Gott seit den Tagen der Väter in Treue gehaltene und nun auch in seiner Verheißung erfüllte Bund auch von Seiten seines Volkes durch die Tat bestätigt worden. Das Reich Gottes in seiner Herrlichkeit wäre dann angebrochen auf Erden. Die Antwort Jesu: «Du sagst es» darf also nicht als Ironie verstanden werden. Man erinnere sich, daß dem Hohepriester nach Joh. 11, 51 ausdrücklich zugeschrieben wird, daß er — in seiner Eigenschaft als Hohepriester — prophetisch geredet habe. Jesus b e h a f t e t ihn bei dem zuerst von ihm ausgesprochenen Wort. Dieses sein Wort: σὺ εἶ ὁ χριστὸς ὁ υἱὸς τοῦ θεοῦ — es ist doch gleichlautend mit dem Bekenntnis des Petrus Matth. 16, 16! — konnte ja auch als indikativische Aussage gehört werden — und gemeint sein. Es ist also wie ein letztes A n g e b o t, in der Person des Hohepriesters dem ganzen Israel gemacht: Du selbst sprichst es aus, wer und was ich bin! Und nun kann und muß man auch die Fortsetzung vom Sitzen des Menschensohnes zur Rechten der Macht und von seinem Kommen auf den Wolken des Himmels zunächst unter dem Aspekt dieses letzten A n g e b o t e s verstehen. Darum handelt es sich: der König Israels, der vor ihnen steht, kann und wird sich «von jetzt an», d. h. nachdem jetzt Israels Entscheidung über seine Stellung zu ihm gefallen sein wird, als solcher e n t h ü l l e n und o f f e n b a r e n. Sie werden ihn s e h e n als den, der er ist. Er wird als der Menschensohn in der Herrlichkeit Gottes und er wird aus der Herrlichkeit Gottes zu ihnen kommend, v o r i h r e n A u g e n sein. Aber wer und was werden sie dann v o r s e i n e n A u g e n sein? Was für ein Volk wird er dann vorfinden? Ein gehorsames, williges und bereites Volk? Und was wird sein Kommen für dieses sein Volk dann bedeuten? Seine als Belohnung für seine bewiesene Treue verdiente Erlösung? Wir befinden uns im schlechthin kritischen Augenblick der ganzen Heils- und damit auch der ganzen Weltgeschichte. Hat der Hohepriester wirklich g e s a g t , was er gesagt hat? Mit seinen Lippen: ja. Jesus hat es ihm allen Ernstes bestätigt, daß er die Wahrheit geredet hat. Und Jesus selbst hat diese Wahrheit bestätigend entfaltet: er hat ihm und dem ganzen Hohen Rat und in seiner Person ganz Israel ausdrücklich verheißen, was er bis jetzt nur seinen Jüngern anvertraut hat: daß das Reich nun alsbald kommen, d. h. in seiner Wirklichkeit sich offenbaren werde: «Ihr werdet sehen ...» Aber freilich: diese Verheißung gilt u n b e d i n g t . Sie gilt auch für den Fall, daß der Hohepriester n u r mit seinen Lippen die Wahrheit geredet haben sollte — auch für den Fall, daß Israel auch in dieser letzten, höchsten Stunde seiner Geschichte noch einmal nicht für, sondern g e g e n seine Verheißung sich entscheiden wird. Die Verheißung gilt: so gewiß Jesus der König Israels auf jeden Fall i s t — auch dann, wenn er als solcher von seinem Volk statt angenommen v e r w o r f e n werden sollte. E r i s t , der er ist, und er wird sich o f f e n b a r e n als der, der er ist. Und nun ist es ja so, nun wird sich ja sofort im nächsten Augenblick das ereignen, daß er v e r w o r f e n werden wird. Jesaja 29, 13 wird noch und noch einmal in Erfüllung gehen: «Dieses Volk naht sich mir mit dem Munde und ehrt mich mit seinen Lippen, sein Herz aber ist f e r n e von mir.» Gleich wird es ja sichtbar werden, daß der Hohepriester wohl gesagt hat, aber o h n e Erkenntnis und n i c h t als Bekenntnis, sondern — er, der wahre Gotteslästerer! — im tiefsten Unglauben, in böser Verfänglichkeit gesagt hat, was er gesagt hat. Die Gelegenheit ist da und ist doch schon verspielt und verscherzt. Die Entscheidung steht noch aus und ist doch inhaltlich schon *in malam partem* vorweggenommen. Und so fällt sie nun, wie sie fallen muß: Kleiderzerreißen, Anklage, Abbruch des kaum begonnenen Verhörs, Todesurteil. Das heißt aber: Israel verleugnet und verstößt seinen König — den König der Endzeit, der als solcher jetzt vor ihm steht, sich selber als solchen bekannt und erklärt hat und der nun eben damit, daß er von ihm v e r s t o ß e n wird, vom Angeklagten zu seinem A n k l ä g e r wird. Denn er i s t , der er ist und wird sich o f f e n b a r e n als der, der er ist: sie werden ihn sehen zur Rechten der Macht und kommend auf den Wolken des Himmels — eben den von ihnen Verworfenen und in den Tod Gegebenen, eben denselben als den gegen ihren Willen und Plan S i e g r e i c h e n , als den Ü b e r w i n d e r seines Todes, an dem sie die Schuld tragen. Sie werden ihn sehen: nun auch in diesem Stand der Erfüllung aller Verheißungen als den Offenbarer der Treue Gottes, dem auf Seiten seines Volkes (mit Ausnahme seiner eigenen Person) nur Untreue begegnet, als den gerechten R i c h t e r , der seinem Volk die verdiente Verdammnis verkündigt, der es verfallen sein wird — es wäre denn, daß er selber jetzt eben im Begriff sein sollte, sie auf sich selbst zu nehmen, an der Stelle seines Volkes zu leiden, was es leiden mußte! Es wäre denn, daß eben seine Gerechtigkeit die Gerechtigkeit seiner freien G n a d e sein sollte! Und indem sein Sitzen zur Rechten der Macht dies bedeutet, sein Kommen auf den Wolken tatsächlich das dieses gerechten R i c h t e r s sein wird, ist es klar, daß Alles so geschehen mußte, wie es hier geschehen ist. Nicht nur im menschlichen, zeitlichen, bösen, sondern zuerst im göttlichen, ewigen, guten Willen und Plan war auch dies vorgesehen und beschlossen: daß die Entscheidung dieser Stunde fallen m u ß t e , wie sie gefallen ist, daß Jesu letztes Angebot ausgeschlagen, daß er gerade von den «Ältesten und Hohepriestern und Schriftgelehrten Vieles leiden und getötet werden m u ß t e » (Matth. 16, 21). Jesus ist nicht in ihrer, sondern sie sind in s e i n e r Hand. Aber was uns hier

1. Jesus, der Herr der Zeit

interessiert, ist die Tatsache, daß doch auch dieses (nach menschlichem, zeitlichem, bösem, **aber auch** nach göttlichem, ewigem, gutem Willen und Plan ausgeschlagene) letzte Angebot die Verheißung der unweigerlich kommenden **Herrlichkeitsoffenbarung** dessen, der der Herr jetzt schon und unabänderlich ist, in sich schließt, daß diese Verheißung hier auch und gerade seinen **Anklägern** — und also den in diesem Augenblick selber aufs schwerste Angeklagten gegenüber **ausgesprochen** wird. Die Leidensgeschichte Jesu und also der letzte und entscheidende Akt von Israels Untreue kann und soll nicht anheben, ohne daß es ausgesprochen ist: «von jetzt an» — hinter der jetzt von Gott zuerst und dann auch von ihnen vollzogenen Entscheidung, nachdem diese in seinem effektiven Tod am Kreuz zu ihrem Ziel gekommen sein wird —, wird er in seiner Herrlichkeitsoffenbarung und wird er anders als so nicht mehr zu sehen sein. Seine Auferstehung, die Ausgießung des Heiligen Geistes auf seine Gemeinde und seine Parusie als seine abschließende Erscheinung als Richter vor den Augen der ganzen Kreatur müssen hier wohl als Erfüllung dieser letzten Voraussage seiner Zukunft als ein einziges Ganzes verstanden werden.

Wir lernen aus diesen Beispielen, die wir ja aus der Theologie der Synoptiker nur eben als solche herausgegriffen haben: Es gab und gibt, wo die Retrospektive auf das Leben und Sterben Jesu sich auf das in den synoptischen Texten gebotene Bald bezieht, **keine Möglichkeit, in der Retrospektive zu verharren**, weil eben der in diesen Texten sichtbare **Jesus selbst** dauernd seiner **Herrlichkeitsoffenbarung** entgegenblickt und entgegengeht, die, in seiner Auferstehung **anhebend**, in seiner Parusie sich **vollenden** wird.

Und nun stellen wir uns zum Schluß noch einmal auf den Standpunkt der durch das Alte Testament und durch die evangelischen Logien und Erzählungen über den Menschen Jesus unterrichteten Gemeinde als solchen und konstatieren als dritten Grund ihrer Hoffnung schlicht dies: sie ist die **Gemeinde**, die, nachdem das Leben und Sterben Jesu zu seinem Ziel gekommen, nachdem auch die anhebende Endoffenbarung der vierzig Tage — indem sie eben bloß deren Anheben war — Vergangenheit geworden war, die **Herrschaft Jesu** in der Gestalt der Herrschaft seines **Geistes** darstellt und erfährt. Es handelt sich um die Herrschaft Jesu in der Zeit zwischen seiner Auferstehung und Parusie und also zwischen dem Anheben und der Vollendung seiner Endoffenbarung. Daß sie die Gestalt seines **Geistes** hat, besagt, daß sie nicht nur zeitlich von jenem Anheben der Endoffenbarung herkommt und ihrer Vollendung entgegengeht, sondern effektiv von dem, der da war und kommt, begründet und versammelt, von ihm nicht nur regiert, sondern fort und fort genährt, belebt und bewegt wird. Eben darum ist sie notwendig die in seiner **Erwartung**, und zwar in seiner Naherwartung existierende Gemeinde. Eben darum betet sie das *Marana tha* (1. Kor. 16, 22, Apok. 22, 20), eben darum wird sie getröstet: «Ja, ich komme bald. Amen» (Apok. 22, 7. 20), aber auch aufgerufen: «Siehe, ich stehe vor der Tür und klopfe an!» (Apok. 3, 20). Eben darum ist sie getröstet: «Der Herr ist nahe» (Phil. 4, 5, Jak. 5, 8). Eben darum weiß sie sich aber auch jeden neuen Tag gemahnt: «Wir verstehen die Zeit: nämlich, daß die Stunde da ist, aus dem Schlaf aufzuwachen, weil unsere Errettung jetzt näher ist als damals, als wir zum Glauben kamen» (Röm. 13, 11).

Das Kapitel **Matth. 25** wird jetzt aktuell, bekommt jetzt kritische Bedeutung für die Existenz der Gemeinde in der Gegenwart. Denn hier wird sie gefragt, ob sie diese ihre gegenwärtige Existenz unter der Herrschaft Jesu in der Gestalt des Geistes gerade im Blick auf seine Zukunft versteht, ernst nimmt und fruchtbar macht. Weiß sie, daß das vollendende Kommen des Herrn, die Herrlichkeit, die Befreiung, aber auch das Gericht seiner Endoffenbarung das Ziel ist, dem sie jetzt entgegengeht, sodaß ihr jetziges Sein und Tun an dieser seiner Zukunft gemessen, von dorther gewissermaßen auf die Waagschale gelegt ist?

Es stellt das Gleichnis von den 10 Jungfrauen (Matth. 25, 1—13) jene Frage im besonderen Blick darauf, daß die Gemeinde an jenem neuen Kommen des Herrn selbst keineswegs bloß passiv, sondern höchst aktiv beteiligt sein wird. Die 10 Jungfrauen sollen ja dem Bräutigam — das sagt der Ausdruck ὑπάντησις (v 1) oder ἀπάντησις (v 6), das ergibt sich auch aus der Beschreibung v 10 — e n t g e g e n - g e h e n, um ihn e i n z u h o l e n, um sich mit brennenden und scheinenden Lampen seinem Einzug zur Hochzeitsfeier a n z u s c h l i e ß e n. Es ist in der Sache derselbe Vorgang, den Paulus 1. Thess. 4, 13—18 beschrieben hat, wo von der Gemeinde gesagt wird, daß sie — und zwar ihre dann schon verstorbenen und ihre dann noch lebenden Glieder miteinander — «entrückt» werden soll «in den Wolken zur Einholung des Herrn (εἰς ἀπάντησιν κυρίου) in die Luft». M i t J e s u s selbst wird in seiner Parusie auch s e i n e G e m e i n d e als solche — in ihrem Dienst an seinem Werk — der ganzen Welt in Herrlichkeit entgegenkommen und sichtbar sein, nach Matth. 19, 28 sogar an seinem Gericht über Israel, nach 1. Kor. 6, 2 f. sogar an seinem Gericht über die Engel und über die Welt, nach 2. Tim. 2, 12, 1. Kor. 4, 8, Apok. 5, 10 geradezu an seiner Herrschaft teilnehmen, sodaß die Gemeinde 1. Petr. 2, 9 die «königliche Priesterschaft» genannt werden, sodaß es Röm. 8, 19 heißen kann, daß die ganze Schöpfung in Sehnsucht auf diese ihre, der Söhne Gottes, Offenbarung warte. Daß die 10 Jungfrauen Matth. 25 den Bräutigam mit brennenden und scheinenden Lampen einholen und begleiten sollen, erinnert an das ebenfalls endzeitlich gemeinte Wort Dan. 12, 3: «Die Weisen werden leuchten wie der Glanz der Himmelsfeste und die viele zur Gerechtigkeit geführt, wie die Sterne immer und ewig», auf das ja auch Matth. 13, 43 Bezug genommen ist. Die G e m e i n d e der Zwischenzeit wird dann, in Jesu Endoffenbarung, mit ihrem Zeugnis der ganzen Welt gegenüber a n s e i n e r S e i t e stehen: das ist die V e r h e i ß u n g des Gleichnisses. Sein k r i t i s c h e r Sinn aber wird sichtbar in der Scheidung zwischen den k l u g e n Jungfrauen, die dann, nachdem auch ihre Lampen lange genug scheinbar umsonst gebrannt und geleuchtet haben, nachdem nach v 5 auch sie schläfrig geworden, ja eingeschlafen sind, über das nötige Öl verfügen, um ihre Funktion im entscheidenden Augenblick wirklich ausüben zu können — und den t ö r i c h t e n Jungfrauen, die zwar auch und sogar ebenfalls mit brennenden und scheinenden Lampen zur Stelle sind, nur daß sie leider ohne übriges Öl sind und also für die Einholung und Begleitung des Bräutigams ausfallen müssen. Denn teilen läßt sich das verfügbare Öl nun einmal nicht und auch mit ihrem Lauf zu den Krämern können sie nur besiegeln, daß ihre Lampen im entscheidenden Augenblick n i c h t brennen und nicht scheinen, daß sie an dem Einzug des Bräutigams zur Hochzeitsfeier n i c h t teilnehmen werden. So ist das Gleichnis beherrscht von der Frage nach dem im entscheidenden Augenblick zur neuen Nährung der brennenden und scheinenden Lampen verfügbaren Öl. Sind die Lampen das Z e u g n i s, mit dem die Gemeinde am Ende der Zeit dem wiederkommenden Herrn zur Seite stehen darf und soll, dann muß unter dem Öl etwas verstanden sein, was dieses ihr Zeugnis nicht nur jetzt, sondern auch dann und gerade dann klingend, kräftig und lebendig machen wird — etwas, was die Gemeinde gerade dann zur Ausübung dieses ihres letzten und höchsten Dienstes in der Endoffenbarung einfach h a b e n m u ß, weil es, wenn es dann nicht zur Stelle ist, nicht mehr beschafft werden kann, sodaß die Gemeinde, wenn sie es dann nicht haben sollte, gerade für diesen ihren letzten und höchsten Dienst ausfallen müßte. Das Gleichnis fragt die in der Zeit zwischen Ostern und Parusie existierende Gemeinde — die Gemeinde, die plötzlich vor diesem Ziel der Schöpfung, das das Ziel gerade ihrer Existenz ist, stehen könnte — nach diesem dann schlechterdings unentbehrlichen Etwas. Es muß sich um das handeln, was ihr Zeugnis d a n n , in dieser schlechthin entscheidenden Probe, auch wenn sie inzwischen tausendfach versagt haben sollte, der Offenbarung des Herrn a d ä q u a t machen wird: um die Ü b e r e i n s t i m m u n g , in der sie sich dann bei aller menschlichen Schwachheit und Verkehrtheit mit ihm wird befinden müssen, um der Welt gegenüber wirklich an seine Seite treten zu können. Etwas Anderes als das im Glauben und in der Liebe ergriffene S e l b s t z e u g n i s J e s u d u r c h d e n H e i l i g e n G e i s t kann damit offenbar nicht bezeichnet sein. Es hat die Gemeinde der Zwischenzeit begründet. Es ist der Inhalt ihres Zeugnisses. Es allein macht es klingend, kräftig, lebendig. Es und es allein ist das Unterpfand ihrer Hoffnung, beständig auch inmitten aller christlichen Unbeständigkeit. Es ist das Lebenselement, kraft dessen die Gemeinde dem wiederkommenden Herrn in ihrer ganzen Niedrigkeit adäquat sein, kraft dessen sie sich in seiner Endoffenbarung ihm wirklich anschließen, sich wirklich an seine Seite stellen dürfen wird. Die Gemeinde ist nicht nur nach ihrem Zeugnis als solchem gefragt: das Gleichnis setzt voraus, daß sie bis zuletzt mit ihren brennenden und scheinenden Lampen zur Stelle sein wird. Sie ist aber nach diesem, die Lampen ihres Zeugnisses dann, *in extremis*, wenn die Zeit ihrer Sendung zu ihrem Ziel gekommen sein wird, nährenden Ö l gefragt, und also — da dieses Ziel jeden Augenblick da sein kann — nach dem, was ihr Zeugnis jetzt und hier schon, in der Gegenwart der Zwischenzeit m ö g l i c h macht. Wie steht sie zu ihrem Ursprung, von dem her allein sie erhalten sein kann — wie zu Jesu S e l b s t z e u g n i s , das ihr durch den H e i l i g e n G e i s t jetzt und hier schon gegeben ist? Wie steht es mit ihrem G l a u b e n an ihn, mit ihrer L i e b e zu ihm? Ihre Hoffnung auf ihn müßte ihr zum Gericht werden, ihr Zeugnis müßte ja gerade dann, wenn ihre Hoffnung in Erfüllung geht, ausfallen, sie selbst würde dann gerade zu ihrem letzten und höchsten Dienst untauglich sein — wenn es ihr jetzt, jetzt an dem fehlen würde, was ihr schon j e t z t , was ihr aber entscheidend d a n n schlechterdings unentbehrlich sein wird. Sie sehe zu, sie sei darin klug und nicht töricht: daß ihr Verhältnis zu dem Jesus Christus, der gestern war und heute ist, in der Ordnung sei, in der sie ihm, der in Ewigkeit leben und regieren wird, als seine Gemeinde allein begegnen und dienen kann.

Das G l e i c h n i s v o n d e n a n v e r t r a u t e n T a l e n t e n (Matth. 25, 14—30) blickt in der gleichen Sache in etwas andere Richtung. Die Frage geht jetzt bestimmter nach dem T u n der Gemeinde in der Gegenwart, über dessen Sinn und Ertrag sie sich in der Wiederkunft des Herrn auszuweisen haben wird. Ihr Herr ist «außer Landes gegangen» (v 14), so wird hier die Zwischenzeit charakterisiert. Der Herr ist aber nicht außer Landes gegangen, ohne sie, seine Gemeinde, zum Treuhänder und Verwalter seines Vermögens einzusetzen — hier über mehr, hier über weniger davon, «einen Jeden nach seiner Kraft» (v 15), aber einen Jeden zu seinem Vertreter in der Nutzbarmachung seines e i g e n e n , in jedem seiner großen oder kleinen Bestandteile g l e i c h echten und wertvollen Vermögens. Die Gemeinde hat in allen ihren Gestalten die Aufgabe, dieses sein Vermögen fruchtbar werden zu lassen. Ihr ist sein Evangelium anvertraut, ihr ist sein Geist gegeben. Die Zeit zwischen Ostern und Parusie ist die Zeit J e s u , indem sie die Zeit seiner in seinem Dienst stehenden G e m e i n d e ist. Seine Endoffenbarung wird darum auch für seine Gemeinde k r i t i s c h werden, weil sie auch das an den Tag bringen wird, ob sie — sie, der sein Wort und sein Geist anvertraut war — in seinem Dienst wirklich g e s t a n d e n hat. Am Freudenfest des Herrn wird die Gemeinde teilnehmen, die das im Verhältnis zum Ganzen jenes anvertrauten Gutes gewiß Wenige, das gerade ihr gegeben ist, in gutem und treuem Dienst sich selbst vermehren läßt. Dasselbe Wort, das sie gehört, sucht neue Hörer: die Gemeinde soll es nicht hören, ohne es weiter zu sagen. Derselbe Geist, der ihr geschenkt ist, sucht neue Wohnungen und neue Zeugen: die Gemeinde soll ihm so gehorsam sein, daß ihr Zeugnis ihm neue Wohnungen verschaffe, neue Zeugen erwecke. Daß das geschehe, ist der Sinn der Zwischenzeit, der Zeit der Gemeinde. Ihr Sinn kann also nicht der sein, daß die Gemeinde sich damit begnügt, was sie erhalten hat, zu hüten und zu bewahren. Das wird sie freilich auch tun müssen. Wie würde sie ihren Dienst ausrichten, wenn sie das ihr Anvertraute verspielen und verschleudern würde? Das Neue Testament hat in anderen Zusammenhängen deutlich genug auch von dem der Gemeinde gerade im Blick auf die Endzeit notwendigen Bewahren geredet: «Ich komme bald. Halte, was du hast, damit niemand deine Krone nehme!» (Apok. 3, 11). Das Gleichnis Matth. 25 sagt aber darüber hinaus, daß dieses Halten nicht als Selbstzweck praktiziert werden kann. Es sagt, daß das Verfahren jenes Knechts, der sein empfangenes Talent vergräbt und also in Sicherheit bringt, ohne es fruchtbar zu machen, nicht nur unnütz, sondern faul und böse ist: Dienstverweigerung nicht nur, sondern Rebellion dem Herrn gegenüber. Es sagt, daß die Gemeinde, die in der Zwischenzeit nicht als solche Missionsgemeinde gewesen, deren Zeugnis nicht nach dem Maß ihrer Kraft werbend und gewinnend gewesen ist, in der Wiederkunft und Endoffenbarung des Herrn, in der Finsternis draußenstehen wird, dort, wo statt des verheißenen Freudenfestes nur Heulen und Zähneknirschen sein kann. An jenem Ziel der Zwischenzeit wird die und nur die Gemeinde vor dem Herrn gerechtfertigt sein, Bestand und an seiner Herrlichkeit Anteil haben, die in dieser Zwischenzeit verstanden und realisiert hat, daß aller Glaube und alle Liebe, alles Bekenntnis und alle Werke nichts wären, wo sie nicht Wagnis und Angriff bedeuten, wo keine Saat auf Hoffnung stattfindet: die und nur die Gemeinde also, die ihre Existenz als Auftrag verstanden und betätigt hat. Denn diese Zwischenzeit ist nicht die Zeit einer leeren Abwesenheit des Herrn und nicht die einer unbegreiflichen Verzögerung seiner Wiederkehr, in der es genug wäre, daß die Gemeinde irgendwie besteht, erhalten wird und sich zu behelfen weiß, sondern die Zeit der göttlichen Geduld und Absicht. Und es ist die Sache der Gemeinde, diesen ihren Charakter zu erkennen und also in ihrer Gegenwart in dieser Zeit keinen Augenblick «lange Zeit» zu haben, diese Zeit nach Kol. 4, 5, Eph. 5, 16 vielmehr im Blick auf die, die «draußen» sind, «auszukaufen». Sie wird zur Erfüllung ihres Auftrags jetzt und hier gar nicht genug Zeit haben. Sie weiß doch, was die Welt nicht weiß. Sie ist es ihrem Herrn schuldig, es ihr bekannt zu machen. Sie hat das Licht, das man nach Matth. 5, 15 nicht unter den Scheffel, sondern nur auf den Leuchter stellen kann. Man beachte, daß unter den Matth. 24, 6—14 aufgezählten weltgeschichtlichen Zeichen der Endzeit das letzte und höchste das Werk der Gemeinde ist: «Und dieses Evangelium vom Reiche wird auf den ganzen Erdkreis gepredigt werden, allen Völkern zum Zeugnis, und dann wird das Ende kommen.» Ob sie dieses Zeichen aufrichtet oder nicht aufrichtet, das ist die Frage nach ihrer gegenwärtigen Existenz, die in diesem Gleichnis im Blick auf das Ende der Zeit, das so oder so auch über sie entscheiden wird, an sie gerichtet ist.

Und nun stellt die Rede vom Endgericht (Matth. 25, 31—46) dieselbe Frage gleich noch in einer dritten Form. Es ist der Menschensohn, der messianische König, der nach v 31 f. in seiner Herrlichkeit mit allen seinen Engeln kommen, sich auf seinen Thron setzen, alle Völker um sich versammeln und sie scheiden wird wie der Hirte die Schafe von den Böcken. Es ist aber inmitten all der Völker doch sichtlich die Gemeinde, die die Mitte des hier sich entrollenden Bildes einnimmt. Nach der ganz bestimmten Form ihres Seins und Tuns in der Gegenwart wird jetzt, noch einmal im Licht der Endperspektive, gefragt. Die Gemeinde hofft auf diesen Richter, und sie tut recht daran. Sie erwartet, so gewiß sie seine Gemeinde ist, so gewiß sie sein Wort und seinen Geist empfangen hat, so gewiß sie von ihm Zeugnis gibt, mit der Schar derer identisch zu sein, die

1. Jesus, der Herr der Zeit

dieser Hirte zu seiner Rechten stellen, der er den Eingang in das gerade ihr von Grundlegung der Welt an bereitete Reich zusprechen wird (v 34). Wie sollte gerade die Gemeinde nicht in dieser Erwartung leben? Wer als sie kann denn das? Aber welches ist die Gemeinde, die sich in dieser Erwartung freuen darf? Darüber ist noch nicht entschieden. Darüber wird aber in Jesu Wiederkunft entschieden werden: «Wir Alle müssen vor dem Richterstuhl Christi offenbar werden» (2. Kor. 5, 10). Und darum erfolgt auch hier von dieser Zukunft her der merkwürdige Rückgriff in die Gegenwart der Zeit, in der Jesus noch verborgen ist. An der jetzigen Stellung, dem jetzigen Verhalten zu ihm, dem jetzt noch Verborgenen, wird es sich nämlich dann entscheiden, welches die Gemeinde ist, die in jener Zukunft zu seiner Rechten stehen wird. Wo aber ist er jetzt noch verborgen? Bei Gott, zur Rechten des Vaters — in seinem Wort, in Taufe und Abendmahl — im Geheimnis seines Geistes, der weht, wo er will? Ja, das Alles auch, aber das Alles ist in diesem Gleichnis vorausgesetzt, um überboten zu werden durch die Feststellung: er ist auch — und das wird in seiner Endoffenbarung das Entscheidende sein — verborgen in der Existenz jedes in dieser unserer Gegenwart Hungrigen, Durstigen, Fremden, Nackten, Kranken, Gefangenen. Immer, wo in dieser gegenwärtigen Zeit zwischen Jesu Auferstehung und Wiederkunft Einer von Diesen auf menschliche Zuwendung (auf Speise, Trank, Herberge, Bekleidung, Besuch und Beistand) wartet, da wartet Er, Jesus selber. Immer wo Einem von Diesen solche Zuwendung gewährt oder nicht gewährt wird, da wird sie ihm, Jesus, gewährt oder nicht gewährt. Denn Diese sind seine geringsten Brüder. Sie sind exemplarisch die Welt, für die er gestorben und auferstanden ist, mit der er sich damit aufs Höchste gemein gemacht, solidarisch erklärt hat. Sie sind es, für die er zur Rechten des Vaters einsteht, sodaß ihn niemand in seiner Majestät erkennen, niemand als Sohn Gottes ehren und lieben kann, ohne eben damit an diese seine geringsten Brüder gewiesen zu sein — sodaß niemand Gott Vater nennen kann in seinem Namen, ohne eben darum an diesen seinen geringsten Brüdern als Bruder handeln zu dürfen und zu müssen. Und eben das wird die Probe sein, die im Endgericht über die echte, die das Reich ererbende Gemeinde entscheiden wird: ob sie in dieser Zeit der erbarmenden Geduld Gottes, in dieser Zeit ihres Auftrags, die Gemeinde war, die ihm damit zugewendet war, daß sie sich vorbehaltlos eben Diesen, eben dieser elenden Welt, zugewendet hat. Wohl ihr, wenn es dann offenbar wird, daß sie das getan hat, daß sie von dem konkreten Elend der Welt angerührt und unter keinem aristokratischen Vorwand daran vorübergegangen, daß sie schlicht und direkt und ohne alle Entschuldigungen des Gegenteils menschlich gewesen ist. Eben darin wird sie dann nämlich offenbar werden als die in der Person Jesu Gott zugewendete Gemeinde. Eben darin wird sie im Endgericht tatsächlich gerecht erfunden sein, als die am Werk ihres Meisters beteiligte Gemeinde tatsächlich zur Rechten stehen. Wobei sicher zu beachten ist, daß diese Gerechten und also im Endgericht Gerechtfertigten nach v. 37 f. nicht etwa wissen, mit wem sie es, wenn sie einfach menschlich sind, tatsächlich zu tun haben: «Wann sahen wir dich hungrig und haben dich gespeist...?» Sie waren diesen seinen geringsten Brüdern, sie waren der elenden Welt wirklich um ihrer selbst willen, sie waren ihr ganz «sachlich» zugewendet. Indem sie Jesu wahre Gemeinde waren, sahen sie das Elend und taten ohne Absicht und Hintergedanken, was sie konnten. Sie konnten ihren Auftrag, ihre Sendung nicht ausrichten, ohne sich eben damit solidarisch zu den Elenden gerufen, an ihre Seite gestellt zu sehen. Sie fanden sich rein faktisch auf ihren Nächsten in der Welt, auf seine ganz und gar «weltliche» Bedrängnis hingewiesen, hatten keine geistlichen Pläne mit ihm, sondern waren — nun eben in dieser Form gehorsam ohne alles Drum und Dran. So waren sie Lichtträger wie jene Jungfrauen, so treue

Verwalter wie jene Knechte. Es ging ihnen hier wie dort um keine Metaphysik, um keine Prinzipien und Ideen. Es ging ihnen um die Menschen und also um die Betätigung der Brüderlichkeit, ohne die auch Jesus nicht ihr Bruder und Gott nicht ihr Vater sein konnte. Weil ihnen Jesus als ihr Bruder, weil Gott ihnen als ihr Vater tatsächlich bekannt war, darum speisten und tränkten, beherbergten und bekleideten und besuchten sie. Taten sie es? Das ist es, was in Jesu Wiederkunft ans Licht kommen wird. Auch was sie nicht taten, auch die unechte, auch die verurteilte und verworfene, weil unmenschlich-christliche Gemeinde, wird dann als solche ans Licht kommen. Das ist also die Frage, die von der kommenden Parusie Jesu her in die Gegenwart der Gemeinde hineingerufen ist. Sie richtet sich ebenso an alle ihre einzelnen Glieder, wie an ihre Ordnung, ihren Kultus, ihre Predigt, ihre Theologie. Was hatte das Alles mit den elenden Menschen, die als solche Jesu Brüder sind, zu tun? Ist sie in dem allem auch und zuerst einfach menschlich gewesen? Ist das eine beruhigende oder beunruhigende Frage? Das ist sicher, daß sie wiederum kritisch ist und daß sie, wo sie gehört wird, jetzt schon scheidend und also mahnend wirken muß. Es ist diesmal die *Magna charta* der christlichen Humanität und der christlichen Politik, die wir hier als Verheißung, aber wirklich auch als Drohung gerade im Ausblick auf das kommende Ende aller Dinge aufgerichtet sehen. Nicht, weil es das Ende aller Dinge ist, sondern weil es Jesus heißt, der gekommen ist, um wieder zu kommen.

Man darf die Situation der Gemeinde in der Zwischenzeit gerade im Lichte von Matth. 25 zusammenfassend so beschreiben: sie ist wirklich die Gemeinde der Endzeit. Will sagen: sie hat die in der Auferstehung Jesu angehobene Vollendung als treibendes Motiv hinter sich und deren Vollstreckung in seiner Parusie als anziehendes Motiv vor sich. Sie kommt also von der Offenbarung des Menschen Jesus schon her, indem sie ihr noch entgegengeht — sie geht ihr entgegen, indem sie schon von ihr herkommt. «Dieser Jesus, der von euch weg in den Himmel emporgehoben worden ist, wird so kommen, wie ihr ihn habt in den Himmel fahren sehen» (Act. 1, 11). Das bedingt die ganze Logik und die ganze Ethik der endzeitlichen Gemeinde. Man wird zum Verständnis dessen, was mit dem ἄγεσθαι πνεύματι (Gal. 5, 18, Röm. 8, 14), was mit dem περιπατεύειν oder στοιχεῖν πνεύματι (2. Kor. 12, 18, Gal. 5, 16. 25) gemeint ist, jedenfalls auch an dieses doppelte Motiv der christlichen Existenz in dieser Zwischenzeit denken müssen. So nahe ihnen der Auferstandene ist, so nahe auch der in Herrlichkeit Wiederkommende. Wie der Auferstandene nicht hinter ihr zurückbleiben und «historisch» werden kann, so kann auch der Wiederkommende nicht vor ihr zurückweichen, sodaß sie irgend einmal eine leere, eine nicht durch ihn bestimmte, eine «profane» Zukunft vor sich hätte, sodaß ihre Situation zwischen seinem Gekommensein und seinem neuen Kommen sich in jedem Moment der weitergehenden Zwischenzeit nur wiederholen und erneuern kann. So lebt die Gemeinde unter der Herrschaft Jesu: in der Gestalt des Geistes. Im Geist ist jene seine doppelte Nähe nicht nur Nähe, sondern Gegenwart. Im Geist ist Jesus in jedem Augenblick dieser Zwischenzeit zur Rechten des Vaters nicht nur, sondern hier auf Erden. Eben darum ist die Gemeinde jeden Augenblick wirklich unter seiner und nicht unter einer fremden Herrschaft. «Siehe, ich bin bei euch alle Tage bis zur Vollendung der Zeit» (ἕως τῆς συντελείας τοῦ αἰῶνος Matth. 28, 20). — Zwei sehr entgegengesetzte, aber unter sich verwandte und zusammengehörige Irrtümer sind von hier aus als solche zu erkennen und abzuweisen.

Der eine besteht in der Unterschätzung der Hoheit Jesu in dieser Zwischenzeit infolge einer Unterschätzung des Ursprungs der Gemeinde in seiner Auferstehung — man kann auch sagen: infolge der Verkennung des Trostes des Heiligen Geistes, in dessen Werk die auf ihren Herrn wartende Gemeinde an

1. Jesus, der Herr der Zeit

jedem Tag und zu jeder Stunde dieser Zeit, indem sie wartet, auch volles Genügen hat. Wird das verkannt, dann muß wohl die immer neue Erwartung, ja Naherwartung, in der die Gemeinde lebt, zum Rätsel, die «Verzögerung», das immer wieder zu konstatierende «Ausbleiben» seiner Parusie zum Anstoß werden. Man muß dann wohl auf jene Konstruktion verfallen, als wäre der Absturz aus einer hoch gespannten Erwartung in eine umso tiefere Enttäuschung und Ernüchterung, aus einer exaltiert-unpraktischen Hoffnung in ein umso schlaueres Sichabfinden mit den gegebenen Tatsachen, in ein umso raffinierteres nachträgliches Umdeuten jener ursprünglichen Haltung das eigentliche Geheimnis des neutestamentlichen Gegenwartsbewußtseins gewesen. Man kann sich dabei sicher darauf berufen, daß es schon im neutestamentlichen Bereich Stimmen gegeben hat, die sich in diesem Sinn vernehmen ließen: «Wo bleibt die Verheißung seiner Wiederkunft? Seitdem die Väter entschlafen sind, bleibt ja Alles wie von Anfang der Schöpfung an» (2. Petr. 3, 4). Man muß dann aber die Behauptung wagen, es sei ausgerechnet d i e s e, im zweiten Petrusbrief natürlich abgelehnte, Meinung der Ausdruck der peinlichen, mühsam unterdrückten, aber klaren objektiven W a h r h e i t des neutestamentlichen Zeugnisses gewesen. Und man muß es dann unternehmen, das ganze Neue Testament dementsprechend auszulegen, als wäre es eigentlich direkt oder indirekt auf Schritt und Tritt mit der Auseinandersetzung mit dieser Meinung, d. h. aber — ohnmächtig genug — mit dieser objektiven Wahrheit beschäftigt gewesen. Was bezeugen sie alle, die Evangelisten und die Apostel, und wohl zuletzt Jesus selber? Man muß dann antworten: die Parusieverzögerung und nur die Parusieverzögerung, die sie alle miteinander nicht wahr haben wollen! Und man muß dann darüber hinaus alle von dieser Meinung bezw. von dieser objektiven Wahrheit abweichende Erklärung des Neuen Testamentes von den Tagen der apostolischen Väter bis auf die Gegenwart als eine einzige Folge von unwahrhaftigen und erfolglosen «Ausweichversuchen» denunzieren. Man kann dann die ganze neutestamentliche und sonstige theologische Forschung Jahr für Jahr nur mit der einen Frage begleiten: ob und inwiefern sie etwa willig oder widerwillig weitere Beiträge zur Unterstützung jener Meinung liefern könnte? — oder ob und inwiefern sie die Unaufrichtigkeit aller n i c h t «konsequent-eschatologischen» Bemühung um diesen Fragenkomplex ein weiteres Mal beweisen möchte? Man wird dann monoman. Man d e n k t dann schon demagogisch, um vom Reden und Schreiben gar nicht zu reden. Man hält sich selbst dann dauernd für die große, böswillig überhörte Beunruhigung des ganzen Kosmos und merkt es nur nicht, daß man den nützlicher interessierten und beschäftigten Engeln, Menschen und Tieren längst nur noch langweilig ist. Der Irrtum dieser Konstruktion beruht hier darauf, daß sie den die Gegenwart der Gemeinde zwischen Ostern und Parusie bewegenden, zugleich treibenden und anziehenden G e i s t nicht in Rechnung zieht, in dessen Gestalt die Herrschaft Jesu zu keiner Stunde bloß gewesen oder bloß zukünftig, sondern in jeder Stunde so Ereignis ist, daß man sein Kommen zwar immer erwarten, und zwar bald e r w a r t e n muß, und nun doch auch immer in Geduld darauf warten k a n n und d a r f. Ist das Warten und Eilen der Parusie Jesu entgegen ein echtes neutestamentliches Problem voll kritischer Bedeutsamkeit für die Gegenwart, so ist das von der Sorge wegen ihrer «Verzögerung», wegen ihres «Ausbleibens» gerade nicht zu sagen. Diese Sorge ist im Zusammenhang dessen, was das Neue Testament über die Situation der endzeitlichen Gemeinde zu erkennen gibt, vielmehr ein richtiges Pseudoproblem. Die Antwort auf jene Fragen: «Wo bleibt die Verheißung seiner Wiederkunft?», die 2. Petr. 3 gegeben wird, geht bis auf diesen Tag in Ordnung: Sie ist die Frage von «Spöttern in Spötterei» (ἐν ἐμπαιγμονῇ ἐμπαῖκται v 3), an denen es in diesen «letzten Tagen» allerdings nicht fehlen kann. Aber das sind Leute, denen es (v 5—7) verborgen ist, daß die geschaffene Welt in der uns jetzt bekannten Gestalt, wie die Geschichte von der Sündflut schon einmal bewiesen hat, nur bis auf Widerruf existiert und tatsächlich einem gänzlichen Abbruch — «aufgespart für das Feuer» — entgegengeht. Ihre Frage ist die Frage von solchen, die ihrer eigenen Existenz und Existentialphilosophie (bei aller Kritik in anderer Richtung, in der man nun besser unkritisch wäre!) allzu unkritisch sicher sind. Und wenn die Christen ihre Frage hören, dann kann es ihnen (v 8) nicht verborgen sein, daß nach Ps. 90, 4 «ein Tag vor dem Herrn wie tausend Jahre ist und tausend Jahre wie ein Tag», d. h. daß vor ihm — und vor dem Herrn leben sie ja — gewiß Nähe auch Ferne, aber Ferne auch Nähe ist. Ob tausend und tausend solcher Jahre zu viel sind, wenn es sich, da Gott uns noch Zeit gibt bis zum Ende der Zeit (v 9), um die Langmut handelt, in der er «nicht will, daß Jemand verloren gehe, sondern daß Alle zur Buße gelangen»? Man bemerke beiläufig, daß 1. Tim. 2, 4 mit derselben Erwägung auch die Existenz des Staates begründet wird. Ob es für die Christen unter diesem Aspekt in tausend und tausend Jahren auch nur einen verlorenen Tag geben kann? Und also Raum zum Murren über das noch und noch nicht eingetretene Ereignis der Endoffenbarung? Und also Zeit, sich und seine Mitkreatur unterdessen mit einer Theologie eines in sich selbst vergnügten Murrens und Scheltens zu beschäftigen? Nein, gerade die objektive Wahrheit sieht anders aus als jene Meinung: «Der Herr verzögert die Verheißung nicht, wie gewisse Leute es für eine Verzögerung halten» (v 9). Man muß diese Meinung schon in das Neue Testament, das ihr implizit und explizit gerade widersprochen hat, hineinlesen, um sie auch nur für das Verständnis des Gegenwartsbewußtseins der neutestamentlichen Gemeinde für wichtig zu halten. Und man muß vom Heiligen Geist nun doch sehr wenig getröstet sein, wenn man sich aus diesem Mißverständnis so gar nicht mehr herauszufinden vermag.

Der andere, entgegengesetzte Irrtum besteht in der **Überschätzung der Hoheit der endzeitlichen Gemeinde** infolge einer Überschätzung ihrer gegenwärtigen Existenz in ihrem Verhältnis zu **Jesu Parusie** — man könnte auch sagen: infolge einer Verkennung der **Kritik des Heiligen Geistes**, dessen Werk der ihrem Herrn entgegengehenden Gemeinde an keinem Tag und zu keiner Stunde erlaubt, sich mit ihrem gegenwärtigen Stand zufrieden zu geben, geschweige denn, ihn absolut zu setzen. Wo das verkannt wird, da vergißt die Gemeinde — vergißt die «Kirche», wie sie sich jetzt lieber nennen wird — daß sie unterwegs ist, daß sie wohl das Anheben von Jesu Herrlichkeitsoffenbarung hinter sich, deren Vollendung aber noch vor sich hat. Sie hat jenen Matth. 25 und 1. Thess. 4 vorgesehenen Frontwechsel, in welchem sie der Welt gegenüber am Ende der Zeit auf die Seite des Herrn zu stehen kommen soll, heimlich vorweggenommen. Und über die immerhin dienende Funktion jener hochzeitlichen Jungfrauen hinaus gebärdet sie sich offenkundig so, als wäre die *causa Dei* jetzt und hier sogar geradezu in ihre Hand gegeben. Sie erlaubt sich, statt von **Jesu** Autorität Zeugnis abzulegen, sich **selbst** mit seiner Autorität zu bekleiden, ihrer Ordnung und ihren Ämtern, ihrem Kultus und ihrem Dogma eine unantastbare Vollkommenheit zuzuschreiben, ihre geschichtliche Entwicklung als die Selbstentfaltung der in ihr inkarnierten göttlichen Wahrheit zu interpretieren und also auf jeder jeweils erreichten Stufe ihrer Entwicklung sich so zu verhalten, so zu reden und aufzutreten, als ob das Blasen jener letzten Posaune gerade **jetzt** gerade **ihr** erlaubt und befohlen wäre. **Ihre** jeweilige Lehre ist die jeweils maßgebende Stimme Jesu und seiner Apostel. Denn **ihre** Überlieferung setzt das apostolische Urzeugnis fort, steht in gleicher Würde und Beachtlichkeit neben diesem. Und es ist auch immer **ihre** Interpretation dieses Urzeugnisses dessen authentische Interpretation. Aus dem ihr vom Herrn gegebenen Auftrag ist auf einmal ein zu ihren eigenen Gunsten lautender Anspruch geworden. Was wird dann aus der christlichen Hoffnung? In welchem Sinn sind wir da noch in einer Zwischenzeit, die der vollendeten Offenbarung erst warten müßte? Ist sie nicht schon da im Sein und Handeln der Kirche? Bedarf sie dann des auferstandenen Jesus ein zweites Mal? Gibt es eine umfassendere Gestalt seiner Gegenwart und Kraft als die, die er in der Kirche selbst schon hat? Sehr merkwürdiger Beschluß der «Kongregation des hl. Officiums» aus dem Jahr 1944, laut dessen der Glaube an die sichtbare Wiederkunft Christi «nicht als gewiß gelehrt werden» könne! Gerade das «nicht gewiß», was im Neuen Testament auf Grund der Auferstehung Christi das Gewisseste ist? Was als Gegenstand der christlichen Hoffnung unter dieser ganzen Voraussetzung übrig bleibt, kann in der Tat nur der goldene Rand einer künftigen himmlischen Glorie sein, über die doch von seiten der irdischen Kirche bereits durch ein ganzes Netz von Voranmeldungen, von wohlverdienten Versicherungen und Garantien, von erworbenen Rechten, ja von ausdrücklichen Selig- und Heiligsprechungen im voraus verfügt ist, die also gar sehr in ihrem Bereich zu liegen scheint. Während für einen auch ihr souverän gegenübertretenden, auch von ihr zu fürchtenden Richter dort kein Raum sein kann. Er wird wohl nur die Welt richten, die die arme Kirche in der Zeit verfolgt und unterdrückt oder doch bekämpft und ignoriert hat, während sie selbst dann, selbstverständlich noch bevor das Gericht begonnen hat, zu seiner Rechten stehen und triumphieren wird! Die Zukunft am Ende der Zeit kann und wird ihr nur die Bestätigung der ihr jetzt schon eigentümlichen Vollkommenheit bringen. Gerade die eigentliche und entscheidende Sicherung gegen die doch ständig aktuelle Drohung des christlichen Überschwangs und Übermuts, der christlichen Trägheit und Steckköpfigkeit ist damit weggefallen. Die irdische Kirche mit ihrer Macht, Brot und Wein in den Leib Christi zu verwandeln und diesen täglich neu zu opfern, mit ihrem schon unfehlbaren Lehramt, mit ihrer schon gen Himmel gefahrenen Maria thront selber schon in der Höhe des wiederkommenden Herrn. Wozu braucht er im Grunde wiederzukommen? Und wie könnte es unter diesen Umständen in dieser Zeit gar Ereignis werden, daß das Gericht nach 1. Petr. 4, 17 anfinge beim Hause Gottes? Es wäre offenbar Rebellion, auch nur zu vermuten, daß das möglich werden könnte. Vergessen ist Matth. 25. Vergessen sind auch die sieben Sendschreiben der Offenbarung, wo doch gar nicht etwa nur irgendwelche zufällig fehlbaren christlichen Menschen, sondern gerade die Engel der Gemeinden der Endzeit von dem, der da kommt, so bestimmt wie nur möglich zur Rede gestellt werden. Und vergessen ist natürlich auch das prophetische Wort des Alten Testamentes, das sich doch gerade als solches, gerade in seinem Hinweis auf den zum Gericht kommenden Herrn mit einer Schärfe sondergleichen nicht an die Welt, sondern in exemplarischer Weise an das auserwählte Volk Gottes mit seinem Tempel, seinen Priestern, seinen höchst legitimen Opfern richtet. Das ist die «Enteschatologisierung» des Christentums, die die Verhärtung gegenüber der kritischen Kraft der Herrschaft Jesu in der Gestalt des Heiligen Geistes. Die römische Kirche ist die exemplarische Gestalt dieses enteschatologisierten Christentums. Es gibt aber wirklich auch protestantische, anglikanische und andere Gestalten der sich selbst überschätzenden Gemeinde. Wo sie das tut, da wirkt derselbe Irrtum wie jener erste nun in seiner entgegengesetzten Form. Denn der eigentlich Abwesende ist dort wie hier Jesus selber, der Herr seiner Gemeinde, der als solcher der Herr der Zeit ist. Ist er dort abwesend, weil die tröstende Kraft seiner Auferstehung nach vorwärts, für die Gegenwart der Gemeinde verkannt wird, so ist er es hier, weil seine Zukunft und deren rückwärts auf die Gegenwart der Gemeinde wirkende kritische Kraft nicht ernst genommen ist. Aber eben dort wird ja auch seine Zukunft nicht ernst genommen, sondern geleugnet, und eben hier wird ja auch seine Gegenwart verkannt, nämlich damit, daß sie mit der Gegenwart der Gemeinde identifiziert wird. Einer dieser Irrtümer ruft dem anderen: Wo sich die Gemeinde der Endzeit auf den Stuhl Christi gesetzt hat, da ist es wohl an der Zeit festzustellen, daß seine Wiederkunft nicht länger zu erwarten sei. Und wo seine Wiederkunft nicht länger erwartet wird ,da ist es wohl am Platz, sich nach einer Kirche umzuschauen, die sich selbst genügt und also dieser Erwartung zu entbehren vermag. Will man mit dem Neuen Testament denken, so wird man diesen beiden Irrtümern mit gleicher Entschlossenheit den Rücken kehren müssen.

2. DIE GEGEBENE ZEIT

Wir fragen nach dem Sein des Menschen in seiner Zeit. Um den Menschen in seiner Zeit richtig zu sehen, haben wir nach dem Sein des Menschen Jesus in seiner Zeit gefragt. Wir gewannen unsere Anschauung und unseren Begriff davon aus der Offenbarung des Seins dieses Menschen in der besonderen Zeit seiner Auferstehung von den Toten. Wir erkannten es von da aus als das Sein des Herrn der Zeit — und seine Zeit als die erfüllte Zeit, die, indem sie seine eigene Zeit ist, auch die Zeit vor ihm übergreift und in sich schließt, ja selber deren Anfang, der Anfang aller Zeit ist — und wiederum auch die Zeit nach ihm übergreift und in sich schließt, ja selber deren Ende, das Ende aller Zeit ist.

Wir dürfen nicht erwarten, vom Menschen — vom Menschen an sich und im Allgemeinen — in seiner Zeit dasselbe sagen zu können. Sein Sein in der Zeit ist bestimmt nicht das Sein eines solchen Herrn der Zeit und seine Zeit ist bestimmt nicht solche erfüllte Zeit. Weder von der Menschheit im Ganzen noch von einer ihrer Gruppen und Gemeinschaften, noch von irgend einem einzelnen Menschen könnte das behauptet werden. Die Anthropologie kann und muß an der Christologie orientiert, sie kann und darf aber nicht aus der Christologie abgeschrieben werden. Was vom Sein des Menschen Jesus in der Zeit zu sagen ist, gilt darum, weil dieser Mensch zugleich Gott selbst war: uns anderen Menschen, der ganzen Schöpfung zugute, aber er ganz allein. Weil das Wort Gottes Fleisch, weil Gottes Ewigkeit Zeit wurde, darum ist der Mensch Jesus der Herr der Zeit, darum ist seine Zeit die erfüllte, die alles Vorher und Nachher umfassende, die erste und letzte, die in jeder Gegenwart gleich sehr ihm eigene Zeit. Weil eine Wiederholung dieses menschlichen Seins nicht in Frage kommt, darum auch nicht eine Wiederholung dieses menschlichen Seins in der Zeit.

Die Andersheit, in der der Mensch an sich und im Allgemeinen, der Mensch, der nun eben nicht der Mensch Jesus ist, in der Zeit ist, Zeit hat, zeitlich ist, springt in die Augen. Was heißt das, wenn wir aus der Vergangenheit durch die Gegenwart in die Zukunft schreiten,

2. Die gegebene Zeit

wenn wir gestern waren, heute sind und morgen sein werden? Wir umreißen das Phänomen vorläufig in seiner Gegebenheit, d. h. in seinen Kontrasten zu dem Bild des Herrn der Zeit, von dessen Entfaltung wir nun herkommen.

Uns ist die Vergangenheit die Zeit, aus der wir herkommen, um jetzt nicht mehr in ihr zu sein. Sie ist die Zeit, die einst die unsere war, in der wir — das war vor Jahren, gestern, heute morgen — unser Leben hatten — in der wir Geschichte mitmachten, in der wir damals wir selbst waren — waren und jetzt nicht mehr sind, weil sie uns jetzt mit Allem, was sie erfüllte (und nicht erfüllte!) entflohen und genommen, hinter uns zurück geblieben und in keiner Weise wieder zu bringen ist. Sie und was sie damals erfüllte, wir selbst in unserem damaligen, heute nicht mehr zu verändernden Sein — das kann teilweise oder auch ganz vergessen werden, seiner kann jetzt nicht mehr gedacht sein, als wäre es nie gewesen, und eben das ist es, was unserer Vergangenheit, die doch auch einmal unsere Zeit war, zum allergrößten Teil zu widerfahren scheint. Es ist die Vergangenheit jedes einzelnen Menschen, aber so auch die der Menschheit, so auch die der Völker und der sonstigen menschlichen Gemeinschaften ein Meer von schlicht vergessener Wirklichkeit, die doch einst auch ihre Zeit hatte, die sie aber jetzt nicht mehr hat, die nun dahin ist, als wenn sie sie nie gehabt hätte. Inmitten dieses Meeres freilich einige kleine Inseln von erinnerter Wirklichkeit, ein paar Namen, Gestalten, Ereignisse und Verhältnisse, vielleicht kahl und schattenhaft, vielleicht mit einigen Spuren von Umriß und Farbe, von einstigem Leben und Geschehen, vielleicht, wo die Mittel und die Kunst dazu vorhanden, in ihrer Plastik ein Stück weit zu rekonstruieren und so wieder auf den Plan zu führen. Es gibt ja nicht nur das Vergessen. Es gibt ja tatsächlich auch die — dauernde oder plötzliche, direkte oder indirekte, blasse oder lebhafte, natürliche oder künstliche — Erinnerung, das unwillkürliche oder willkürliche Rufen nach der vergangenen Zeit und ihren Inhalten. Der Mensch lebt tatsächlich weithin in der Erinnerung. Aber es scheint merkwürdigerweise gerade zu den Symptomen des zu Ende gehenden Lebens, des Alterns und Zerfalls der Individuen, der Völker und der geschichtlichen Gemeinschaften zu gehören, wenn sie anfangen, vorwiegend zurückzublicken, vorwiegend in jenem Ruf nach der vergangenen Zeit zu leben, vorwiegend «historisch-antiquarisch» interessiert zu sein. Und alle Erinnerung ist auch im besten Fall beschränkt: es werden im besten Fall immer nur Fetzen der vergessenen, der vergangenen Zeit und ihrer Inhalte, ihres Lebens und Geschehens sein, die sie mit einigem Erfolg und dann wahrscheinlich doch nur zu neuem Vergessen aufs neue auf den Plan rufen kann. Und Erinnerung ist auch in ihrem beschränkten Raum nicht Gegenwart, sondern der subjektive Zufall oder die subjektive Kunst der Heraufbringung eines Schattens dessen, was einst

Gegenwart war, nun aber nicht mehr ist. So zeigt uns das Erinnern ebenso wie das Vergessen schließlich doch nur die Kluft zwischen dem, was war, und dem, was ist. Wir haben die vergangene Zeit nun einmal nicht mehr. Wir haben uns selbst nicht mehr als die, die wir vor Jahren, gestern, heute Morgen waren. Wir möchten wohl festhalten, was war, aber schon ruft die Gegenwart, ruft die Zukunft. Schon müssen wir weiter. Schon entgleitet uns das Gewesene, um faktisch nie wieder zu kommen. Es ist eine Vermutung, und zwar eine von allen Seiten bedrohte Vermutung, daß wir noch sind, was wir waren, noch haben, was wir hatten.

Und so ist uns die Zukunft auf alle Fälle die Zeit, die wir jetzt nicht haben, sondern erst — und auch das nur vielleicht — einmal haben werden. Unserem versinkenden Sein, der ganzen versinkenden Welt von gestern können wir wenigstens als solcher noch nachschauen. Es könnte aber eine reine Illusion sein, wenn wir unserem vor uns aufsteigenden Sein, der ganzen aufsteigenden Welt von morgen heute entgegenschauen zu können meinen. Hier ist sogar das ungewiß, ob wir Zukunft überhaupt haben werden, ob sie unsere Zeit überhaupt noch sein wird. Aber auch wenn sie das noch sein wird, so ist sie es doch jetzt noch nicht, so gehen wir ihr doch jetzt erst entgegen. Ihre Inhalte, ihr allgemeines und besonderes Wesen und Geschehen sind uns unbekannt und ungreifbar. Sie kann wohl in der Erwartung, aber eben nur in der Erwartung vorweggenommen, mit bestimmten Vorstellungen, mit bestimmten Hoffnungen oder auch Befürchtungen, mit bestimmten Wünschen, Absichten und Plänen im voraus gefüllt werden. Aber schon dieses vorwegnehmende Füllen der Zukunft hat seine sehr engen Grenzen, weil im Ganzen erst die kommende Zeit selbst uns lehren wird, was dann wirklich und konkret wünschenswert oder gefährlich, notwendig oder überflüssig, möglich oder unmöglich sein wird. Es kann die vorwegnehmende Erwartung die Gegenwart des Erwarteten in keiner Weise ersetzen. Und es kann uns die Zukunft, wenn sie Gegenwart geworden sein wird, die Füllung, die wir ihr vorwegnehmend gegeben hatten, nicht nur teilweise, sondern auch gänzlich aus den Händen schlagen. Es ist sogar die Regel, daß alles ganz anders kommt, als man gedacht hat. Es ist die Regel, daß wir schon hinsichtlich der wirklichen Füllung auch nur der nächsten Stunde, geschweige denn der nächsten Jahre oder gar Jahrhunderte, reichlich schlechte Propheten sind. So liegt die Zukunft — ob wir sie überhaupt haben und in welcher Gestalt wir sie dann haben werden? — für uns noch ganz anders im Dunkeln als die Vergangenheit. So ist unsere Identität mit uns selbst auch im Blick nach vorne im besten Fall eine Vermutung, und zwar eine sehr bedrohte Vermutung.

Und wie es mit der Wirklichkeit unseres Seins in der Zeit steht, das wird gerade da am dunkelsten, wo es uns am klarsten sein sollte, nämlich in der Zeit, die wir für unsere Gegenwart halten. Denn gerade da, wo wir — in der Mitte zwischen der schon entflohenen, in der Hauptsache vergessenen und kaum noch erinnerten Vergangenheit und der erst unbekannt kommenden (vielleicht für uns nicht einmal kommenden!) Zukunft, ruhen und uns unseres Seins und Habens, unserer Identität mit uns selbst, endlich einwandfrei versichern und erfreuen möchten — gerade da sehen wir uns gänzlich in die Luft gestellt. Denn was ist unsere Gegenwart als der Schritt aus dem Dunklen ins Dunkle, aus dem Nichtmehr ins Noch-nicht und also ein ständiges Beraubtwerden von dem, was wir waren und hatten, zugunsten eines ständigen Ergreifenwollens dessen, was wir (vielleicht!) sein und haben werden? Haben unsere Vergangenheit und unsere Zukunft wenigstens eine beschränkte, eine nach beiden Seiten wenigstens zu vermutende Erfüllung, so ist die Füllung unserer Gegenwart offenbar allein der merkwürdige Akt unserer Existenz selber, in welchem jenes Beraubtsein schon Ereignis ist, jenes neue Ergreifen aber noch nicht Ereignis sein kann, in welchem wir fortwährend Alles gänzlich hinter uns und Alles (oder auch das Nichts!) gänzlich vor uns haben. Was aber sind und haben wir jetzt? Die Vergangenheit hatte wenigstens Dauer: die bestimmte Dauer unserer eigenen und der menschheitlichen Tage und Jahre, die, ob vergessen oder erinnert, in ihrer Folge einmal gewesen sind. Und auch die Zukunft kann, wenn es eine solche gibt, wenigstens Dauer haben, in einer weiteren Folge von Stunden und Tagen bestehen. Was aber ist jetzt? Was ist die Gegenwart? Die Zeit zwischen den Zeiten, d. h. aber, streng genommen und wirklich erlebt, so wie sie wirklich ist, ist gerade keine Zeit, keine Dauer, keine Folge von Augenblicken, sondern gerade nur die nie stillstehende, immer weiterrückende Grenze zwischen Vergangenheit und Zukunft: der Augenblick, zu dem niemand mit keiner Macht der Welt sagen kann, daß er verweilen möchte, weil gerade er immer nicht mehr, immer noch nicht da ist. Gerade die Gegenwart kann man faktisch nur in Form von bestimmten Erinnerungen und Erwartungen erleben. Gerade sie kann man, ob es um unsere persönliche Gegenwart geht oder um die gegenwärtige Weltgeschichte oder Kirchengeschichte, nur in historischen Rückblicken, in retrospektiven Darstellungen einer entstandenen Lage oder in bestimmten Prognosen, Hoffnungen und Befürchtungen und in den entsprechenden Postulaten und Programmen festhalten und beschreiben. Wir sind und leben je nur das, was wir, teils vergessen, teils erinnert, waren und (vielleicht! unbekannt, in welcher Gestalt!) sein werden: in der ganzen Fragwürdigkeit unseres Seins in der vergangenen und künftigen Zeit. Wir haben gerade in der Gegenwart, wo wir sie am sichersten zu haben meinen — keine Zeit.

Das ist unser Sein in der Zeit. «So leben wir alle Tage.» Man kann es unterlassen, sich darüber Rechenschaft zu geben, daß unser Sein in der Zeit so beschaffen ist. Man kann aber dieser seiner Beschaffenheit nicht ausweichen. Man kann als Mensch — wir reden jetzt vom Menschen an sich und im Allgemeinen — nicht anders als so, in diesem Rätsel der Zeit sein. Wer des Menschen Sein in der Zeit anders interpretiert, wer ihm — dem einzelnen Menschen und dann auch dem Menschen in der Gestalt der Menschheit — zuschreibt, daß er Zeit hat und nicht bloß nicht mehr und noch nicht hat, in der Zeit ist und nicht bloß war und (vielleicht!) sein wird, wer des Menschen Zeitlichkeit in deren drei Dimensionen positiv zu interpretieren wagt, der nährt sich entweder von gutgemeinten Illusionen oder aber von einem heimlich gemachten theologischen Anleihen. Ein wirklich am allgemeinen Menschenbild orientiertes menschliches Selbstverständnis wird vor dem Rätsel der Zeitlichkeit des Menschen halt machen und uns mit der Feststellung entlassen müssen, daß wir unser Leben in der mit diesem Rätsel gegebenen schlechthinigen Ungewißheit nun einmal zu leben haben, weil wir nicht danach gefragt sind, ob wir ihm eine andere Lebensmöglichkeit vorziehen würden.

Und eben, daß es sich hier um eine (uns bewußt oder unbewußt, von uns bedacht oder nicht bedacht) unausweichliche, undiskutierbare, letzte Beschaffenheit des menschlichen Seins in der Zeit handelt, mag dann wohl in der metaphysischen Vorstellung von der Unendlichkeit der Zeit ihren angemessenen Ausdruck finden: Unendlich der Abgrund, in den die Vergangenheit mit allen ihren Inhalten, in den unser ganzes gewesenes Sein vor unseren Augen sinkt und sinkt und schließlich versinkt: in eine Tiefe, neben der die, in der die Urwälder der Vorzeit mit allem ihrem Getier einmal versunken sind, bescheiden ist. Unendlich die Zukunft (vielleicht auch die Zukunft des Nichts), der Alles entgegenzueilen nicht unterlassen kann, wenn es schon wollte. Unendlich vor allem die Flucht, die zugleich Jagd, die Jagd, die zugleich Flucht ist: genannt Gegenwart — unendlich die Folge jener Augenblicke oder vielmehr jener ständigen Grenzverrückungen zwischen dem Dunkel dort und dem Dunkel hier. Unendlich die Unmöglichkeit, die Zeit nicht hinzunehmen, nicht in der Zeit zu sein, und unendlich auch die Unmöglichkeit, sie anders denn eben als Rätsel hinzunehmen: als das Rätsel des Menschen selbst, der doch ist und also in der Zeit sein, Zeit haben möchte, der tatsächlich zeitlich ist und dessen Sein in der Zeit nun eben so beschaffen ist.

Und wenn dann auch der Metaphysiker schweigt und uns schweigend zur Resignation ermahnt, dann mag als Letzter der Schauer und Dichter das Wort ergreifen und uns im Blick auf das erträumte oder ersonnene Gegenbild ganz anderer Wesen mit einem ganz anderen, ewigen Sein sagen, daß dies, unser nun einmal so beschaffenes, Sein in der Zeit in seiner ganzen Unendlichkeit des Menschen unendlich zu beklagendes Schicksal sei, das festlich, aber auch unter Unterlassung alles billigen Trostes zu besingen dann dem, dem die Götter die

Mittel dazu gaben, als letzte Aufgabe bleiben mag. F r i e d r i c h H ö l d e r l i n mag dann vortreten und «Hyperions Schicksalslied» anstimmen:

> Ihr wandelt droben im Licht
> Auf weichem Boden, selige Genien!
> Glänzende Götterlüfte
> Rühren euch leicht,
> Wie die Finger der Künstlerin
> Heilige Saiten.
>
> Schicksallos, wie der schlafende
> Säugling, atmen die Himmlischen;
> Keusch bewahrt
> In bescheidener Knospe
> Blühet ewig
> Ihnen der Geist,
> Und die seligen Augen
> Blicken in stiller
> Ewiger Klarheit.
>
> Doch uns ist gegeben,
> Auf keiner Stätte zu ruh'n,
> Es schwinden, es fallen
> Die leidenden Menschen
> Blindlings von einer
> Stunde zur andern,
> Wie Wasser von Klippe
> Zu Klippe geworfen,
> Jahrlang ins Ungewisse hinab.

Das sind w i r. So sind wir in der Zeit. Und nun erinnern wir uns des Ausgangs- und Endpunktes unserer christologischen Untersuchung: «Ich bin, der da ist, der da war, der da kommt, der Allherrscher.» Das ist der Mensch J e s u s. So ist er in der Zeit.

Aber bei dieser Entgegenstellung kann es schon darum nicht sein Bewenden haben, weil ja auch Jesus nicht nur Gott und also anders, sondern auch Mensch und also gleich ist wie wir, nicht nur Schöpfer, sondern auch Geschöpf unter Geschöpfen, weil auch er nicht nur ewig, sondern — wenn auch in seiner besonderen Weise — mit uns in der Zeit ist. Wer es im Gegenüber zu uns Menschen mit «seligen Genien» mit irgendwelchen ganz anderen, rein ewigen Wesen zu tun hat, der kann es sich, wie düster auch sein Schicksalslied klingen mag, im Grunde leicht machen, sich damit abzufinden, daß wir in der Zeit seienden Menschen nun einmal so ganz, ganz anders dran sind. Wir aber haben es mit dem Menschen Jesus zu tun, der uns zwar als Gottes Sohn ganz ungleich, als Menschensohn aber auch ganz gleich ist — mit einem solchen Gegenüber also, dem wir uns nicht durch einen Verweis auf seine bloße Ungleichheit entziehen können.

Und irgendwie kann mit dieser Entgegenstellung doch auch auf unserer Seite kein letztes Wort gesprochen sein. Was soll das heißen, wenn wir den Satz, daß wir Zeit **haben**, schließlich doch nur in der Form des entgegengesetzten Satzes entfalten können: daß wir **nicht**, daß wir faktisch **nie** Zeit haben, Vergangenheit nicht mehr, Zukunft noch nicht und Gegenwart erst recht nicht, weil sie nur der Schritt aus jenem in dieses Dunkel ist. Das **Ungeheuerliche** dieser Situation läßt sich vielleicht übersehen und vergessen, aber, wenn einmal gesehen und bedacht, nicht leugnen. Und aus dem Gegensatz von Mensch und Gott, Geschöpf und Schöpfer, Zeit und Ewigkeit, läßt sich dieses Ungeheuerliche nicht erklären. Es wäre denn, man verlegte das eigentlich Ungeheuerliche in die Gottheit, die dem Menschen das zugedacht, in den Willen des Schöpfers, der sein Geschöpf so geschaffen hätte, in die Ewigkeit, deren Widerspiel eine solche Zeitlichkeit wäre. Es wäre denn, der Mensch ginge dazu über, seinem Schicksal, statt es zu besingen, mit der Faust zu drohen, wie es zwar nicht Hyperion, aber Prometheus bekanntlich getan haben soll. Ungeheuerlich bleibt die Sache auch dann und wird sie dann sogar erst recht. Daß dem so ist: daß die Frage, die Klage und der Protest in dieser Richtung gar nicht unterdrückt werden kann, zeigen schon die zahlreichen **theoretischen** Versuche, das beunruhigende Bild des menschlichen Seins in der Zeit so oder so **umzudeuten**. Man kann sich eine Fülle der Zeit und eine Dauer des menschlichen Seins in der Zeit in der Weise einreden, daß man die Erinnerung an die Vergangenheit vertieft zu des Menschen Beziehung zu seinem Ursprung in einer Welt des unveränderlich Seienden. Man kann unter Verwendung der Vorstellung eines unendlichen Fortschritts auch die Erwartung der Zukunft in einer entsprechenden Weise verstehen. Man kann endlich die Gegenwart als den Schritt aus der Vergangenheit in die Zukunft als ein schöpferisches, rettendes, erlösendes und befreiendes Tun, als ein im Akt unserer Existenz zu vollbringendes göttliches oder doch gottähnliches Werk interpretieren: ein Werk, in welchem der Mensch dann je im «Augenblick» auch ewig wäre. Daß diese Interpretation Umdeutungen der Wirklichkeit sind, steht ihnen doch wohl auf der Stirne geschrieben. Und die Wirklichkeit in ihrer Ungeheuerlichkeit ist kräftig genug, um sich diesen Interpretationen gegenüber wie die von einem schlechten Überstrich bedeckte Urgestalt eines Gemäldes immer wieder zur Geltung zu bringen. Es ist aber interessant genug, daß solche Überstreichungen doch immer wieder unternommen werden müssen. In ihnen verrät es sich nämlich, wie besorgt, wie fragend, in welchem Protest der Mensch dieser Wirklichkeit tatsächlich gegenübersteht, wie wenig er in der Lage ist, dieses sein Sein in der Zeit als normal gelten zu lassen und hinzunehmen. Wir fliehen alle vor jenem Bild. Wir möchten es durchaus anders haben. Und dasselbe verrät sich doch wohl noch drastischer in der allgemeinen praktischen Gewohnheit, uns vor der Problematik unseres Seins in der Zeit einfach die Augen zu verschließen, die Sache nicht sehen, nicht bedenken zu wollen, zu leben, als ob uns unsere Vergangenheit und Zukunft zu eigen wäre, als ob wir eben doch Zeit hätten. Wo man lieber nicht hinsehen, sich lieber keine Gedanken machen will, wo man sich rasch entschlossen mit einem «als ob» helfen zu können meint, da verbirgt sich bestimmt etwas Abnormales, nicht Natur, sondern Unnatur, nicht eine Notwendigkeit, die man in Ruhe anerkennen und hinnehmen könnte, sondern ein Widerspruch, dem gegenüber man zwar ohnmächtig ist, den man aber mit allen Mitteln — und wäre es das des Vergessens — ausweichen möchte. Also: ein ursprünglicher, ein natürlich gegebener Gegensatz scheint das nun gerade nicht zu sein, was in dem Gegensatz zwischen unserem allgemeinen menschlichen Sein in der Zeit und dem des Menschen Jesus sichtbar wird.

Sondern wo man diesen Vergleich gelten läßt — und wir arbeiten hier mit der Voraussetzung, daß wir den Menschen eben in diesem Vergleich zu sehen und zu verstehen haben — da bedeutet der Gegensatz zwischen Jesus und uns über die Entgegenstellung von Gott und Mensch, Schöpfer und Geschöpf, Ewigkeit und Zeit hinaus Gottes Gericht über den Menschen — nicht einfach göttliche und menschliche Natur und Ordnung also, sondern Gottes Anklage gegen den Menschen, Gottes Urteil und Strafe, des Menschen Existenz unter dem Zorne Gottes. So wie beschrieben, ist der sündige Mensch in der Zeit. In solcher Ungeheuerlichkeit, in solchem nicht zu leugnenden, nicht umzudeutenden und schließlich doch auch nicht zu vergessenden Zeitverlust lebt der Mensch, der sich Gott seinem Schöpfer, eben damit aber auch sich selbst, seinem geschöpflichen Wesen entfremdet hat, der den Widerspruch gegen Gott, dessen er sich schuldig macht, damit bezahlen muß, daß er auch zu seiner eigenen, ihm von Gott gegebenen Natur in Widerspruch gerät. Die rätselhafte Wirklichkeit unseres Seins in der Zeit ist die durch diesen doppelten Widerspruch bestimmte verkehrte und zerstörte Wirklichkeit. Und das eigentliche Hindernis, uns ihr gegenüber zu beruhigen, sie mit Erfolg umzudeuten, sie wirklich zu vergessen, sie effektiv zu leugnen, besteht darin, daß der Mensch in diesem Widerspruch nun gerade nicht sich selbst überlassen, daß eben in der Existenz des Menschen Jesus mit seinem so ganz anderen Sein in der Zeit gegen seine so bestimmte, so verkehrte und zerstörte Wirklichkeit Einspruch — göttlicher Einspruch — erhoben ist. Ob der Mensch ihn hört und annimmt, ist eine Frage für sich. Er ist aber ein für allemal erhoben. Er ist auf dem Plan und steht in Kraft: die entscheidende Störung unserer sämtlichen Versuche, Schwarz Weiß zu nennen. So gewiß inmitten der Menschheit und der Menschen insgemein, deren Sein in der Zeit in jenem dauernden Zeitverlust besteht, auch der Mensch Jesus existiert als Herr der Zeit — so gewiß kann nämlich davon keine Rede sein, daß Gott sich darauf eingelassen hätte, unser ungeheuerliches Sein in der Zeit seinerseits zu anerkennen und gelten zu lassen. In der Existenz des Menschen Jesus ist vielmehr darüber entschieden und ist es auch offenbar, daß Gott den Menschen keineswegs im Stande jenes Stürzens «von Klippe zu Klippe» geschaffen hat, daß es sein Wille nicht ist, der darin zur Darstellung kommt, daß unser Sein in der Zeit als die uns von ihm gegebene geschöpfliche Natur vielmehr ein ganz anderes ist und daß Gott entschlossen ist, sein Recht als Schöpfer und unser Lebensrecht als seine Geschöpfe der ungeheuerlichen Verkehrung und Verderbnis, in der wir existieren, gegenüber, auch in dieser Hinsicht wahrzunehmen und zu verteidigen. Weil dieser göttliche Einspruch erhoben ist, darum sind wir wohl in der Lage, unserer Situation ins Gesicht zu sehen, sie vielleicht metaphysisch zu vertiefen oder auch als unser Schicksal zu besingen — sind wir auch wohl in der Lage, ihr nicht ins Gesicht zu sehen, indem wir es unternehmen, sie umzudeuten oder einfach über sie hinwegzuleben — sind wir aber nicht in der Lage, uns ihrer Ungeheuerlichkeit, ihrer Abnormalität durch das Alles wirklich zu entziehen, nicht in der Lage, uns wirklich mit ihr abzufinden. Es kann immer nur Selbsttäuschung sein, wenn wir meinen, uns wirklich mit ihr abgefunden zu haben. Sie steht nun einmal unter jenem Einspruch. Sie ist nun einmal nicht unsere von Gott geschaffene, gewollte und anerkannte Lage. Sie ist nun einmal einer von den Exponenten des göttlichen Gerichts, der Anklage, des Urteils, der Strafe Gottes, unter der wir stehen, indem wir uns als Sünder gegen ihn selber in diese Lage, in den Bereich seines Zornes begeben haben. Und es ist nun einmal so, daß Gott sich zur Behauptung seines und unseres Rechtes, zu unserer Errettung und also zur Verteidigung unserer wirklichen geschöpflichen Natur gegen die Unnatur, in die sie verfallen ist, schon aufgemacht hat. Dieser in der Existenz des Menschen Jesus wirksame und offenbare Einspruch Gottes macht es dem Menschen objektiv unmöglich, sich mit seinem Sein in der Zeit wirklich zufrieden zu geben, das Abnormale normal, das Ungeheuerliche in guter Ordnung zu finden. Der Mensch ist in dieser Sache darum so unruhig, weil zuerst Gott hier unruhig ist. Und Gott ist hier darum unruhig, weil der Mensch — auch der sündige Mensch — sein Geschöpf und sogar sein Bundesgenosse ist, den niemand aus seiner Hand reißen, dem weder der Teufel noch er selbst eine andere Natur, ein anderes Sein in der Zeit geben kann als das, das er, Gott, ihm gegeben hat. Gott ist hier darum so unruhig, weil seine Gnade gegen den Menschen als sein Geschöpf durch dessen Sünde und dadurch, daß der Mensch sich in den Bereich seines Zornes begeben hat, nicht gebrochen, nicht begrenzt ist, weil er den verlorenen, auch den im Verlust seiner Zeit existierenden Menschen zu suchen und zu finden nicht aufgehört hat. Es ist diese Realität Gottes des gnädigen Schöpfers, die gegen unsere direkten und indirekten Fluchtversuche streitet, und zwar, wie wir uns auch drehen und wenden mögen, siegreich streitet. Und auf die Frage: ob und wie und inwiefern sie das wirklich tue? ist zu antworten, daß eben dies in der Existenz des Menschen Jesus als des Herrn der Zeit Ereignis und Offenbarung ist.

Das Sein des Menschen Jesus in der Zeit hat aber diese aufdeckende, diese entlarvende, diese ernüchternde, diese den Menschen aus allen Höhen und Tiefen, aus allen Umdeutungen und aus allem Vergessen schlicht zur Wahrheit rufende Kraft darum, weil die Ungeheuerlichkeit des allgemeinen menschlichen Seins in der Zeit in ihm überwunden ist. Es hat also gar nicht zuerst jene kritische Bedeutung. Es hat auch diese nur, indem es positiv das wirkliche Sein des Menschen in der wirklich von Gott geschaffenen und dem Menschen gegebenen Zeit wahr und offenbar macht. Es bezeichnet jenes unser allgemeines menschliches Sein in der Zeit darum als unseren Absturz in die Lüge, gegen den Gott Einspruch erhebt, es erlaubt uns darum keine Beruhigung bei dieser Lüge, weil es ihr gegenüber selbst die Wahrheit ist: die Wahrheit der von Gott geschaffenen Menschennatur, die Wahrheit unseres Seins in unserer Zeit. Wir stellten ja vorhin fest, daß die Existenz des Menschen Jesus nun gerade nicht nur das bedeutet, daß Gott dem Menschen, der Schöpfer dem Geschöpf, die Ewigkeit der Zeit irgendwie gegenübertritt. Dann gäbe es wohl allerlei billige oder auch köstliche Beruhigung bei diesem Gegenüber. Dann könnte und müßte man sich wohl irgendwie damit abfinden. Die Existenz des Menschen Jesus bedeutet aber dies, daß Gott Mensch, der Schöpfer Geschöpf, die Ewigkeit Zeit wurde. Sie bedeutet also, daß Gott sich für uns Zeit nimmt und Zeit hat, daß er selbst in unserer Mitte, gleich wie wir selbst, zeitlich ist. Aber nun eben so zeitlich, wie es ihm, Gott, dem Schöpfer angemessen und entsprechend ist: zeitlich in der Einheit und in Entsprechung zu seiner Ewigkeit. Was kann das aber heißen, wenn nicht: so zeitlich, wie es auch dem Menschen als seinem Geschöpf entspricht — zeitlich in der ursprünglichen, in der durch die Sünde nicht verkehrten und verwüsteten, in der natürlichen Gestalt des Seins des Menschen in der Zeit. Daß Jesus der Herr der Zeit ist: der da ist, war und kommt, das hat und behält er freilich für sich. Das bleibt sein Einziges und Unvergleichbares, das ist die göttliche Bestimmung seines und nur seines Menschseins. Es ist aber unter dieser einzigartigen Bestimmung auch ein echtes und rechtes — und nun eben gerade im Gegensatz zu des Menschen Absturz in die Lüge echtes und rechtes Sein in der Zeit. Gegenwart heißt in der Existenz Jesu nicht Flucht und Jagd aus dem Dunkel ins Dunkel, sondern selbständig erfülltes und darum auch in sich ruhendes und dauerndes Sein. Vergangenheit heißt hier nicht «vergangenes», d. h. gewesenes, verlorenes, nicht mehr seiendes, zum bloßen Schatten gewordenes, sondern in der Gegenwart mitgegenwärtiges, von ihr her schon damals erfülltes und sie wiederum erfüllendes Sein. Und so heißt Zukunft hier wohl kommendes, aber darum nicht dunkles, nicht leeres, nicht erst künstlich zu füllendes, nicht noch nicht seiendes, sondern wiederum das in sich selbst erfüllte und darum schon die Gegenwart, ja schon die Vergangenheit erfüllendes Sein. Indem Jesus so in der Zeit ist, ist er der Gegenstand von Gottes Wohlgefallen: als sein eigener, einziger, ewiger Sohn nicht nur, sondern auch als Mensch wie wir, in seiner Gleichheit mit uns — und ist er, sein Leben und sein Sterben, seine Existenz der Grund, um deswillen Gott sich auch von uns Anderen, deren Sein in der Zeit dem seinigen doch so widersprechend ist, nicht abwendet, sondern vielmehr zuwendet.

Gott ist gerecht. Daß unser Sein in der Zeit jenes zerfallende, und in seinem Zerfall der Nichtigkeit entgegeneilende Sein ist, ist wohl vor seinen Augen, und eben das macht er uns ja, indem er uns in diesem Einen barmherzig ist, auch offenbar genug. Es ist aber zuerst und vor allem dieser Eine, der vor seinen Augen ist. Und nun richtet er sein Urteil über uns nach seinem Urteil über diesen Einen, in welchem er das in Fülle findet, was er bei uns allerdings vergeblich sucht. Er sieht diesen Einen und in ihm — nicht neben ihm, nicht an ihm vorbei, sondern in ihm — uns Anderen Alle. Und so findet er bei uns Allen, was er bei ihm findet und also in unserem zerfallenden Sein in einer verlorenen Zeit sein echtes und rechtes Sein in der von ihm geschaffenen und dem Menschen gegebenen Zeit. Weil wir Menschen die sind, die Gott in diesem Einen von Ewigkeit her geliebt hat, darum stellt Gott unser Sein in der Zeit in das Licht und unter die Verheißung des in diesem Einen verwirklichten echten und rechten Seins in der Zeit. Das ist Gottes Gerechtigkeit in dem Erbarmen, in welchem er uns in dem Menschen Jesus begegnet. Denn es ist sein Wille in des Menschen E r s c h a f f u n g und also des Menschen wahre, geschaffene N a t u r, es ist also das Recht des Schöpfers auf sein Geschöpf und nun doch auch das Recht seines Geschöpfs, was gerade durch Gottes Erbarmen in diesem Einen ans Licht gebracht ist. Was in ihm wirklich und wahr und offenbar ist, das ist nicht mehr und nicht weniger als unsere eigene natürliche, von Gott unserem Schöpfer gewollte und gesetzte, ihm wohlgefällige Beschaffenheit. Erkennen wir diesen Menschen, der vor Gott an unser aller Stelle steht, dann erkennen wir eben in ihm uns selbst in der Natur, von der wir abgefallen sind, indem wir von Gott abfielen, in der uns zu kennen Gott aber trotz unseres Abfalls von ihm nicht aufgehört hat. Die Existenz des Menschen Jesus bedeutet, daß Gott sich durch den doppelten Widerspruch, in den wir uns verwickelt haben, darin nicht irre machen läßt, sich zu uns als zu seinen Geschöpfen und Bundesgenossen zu bekennen, daß unsere Art

2. Die gegebene Zeit 627

durch unsere Unart vor ihm — und also in Wahrheit — nicht vernichtet und aufgehoben ist, daß die von Gott gewollte und geschaffene Menschennatur auch hinsichtlich unseres Seins in der Zeit nicht aufgehört hat, wahr und wirklich zu sein. Sie ist und bleibt unsere wahre und wirkliche Natur in der Wahrheit und Wirklichkeit der Gerechtigkeit, in welcher sich Gott in diesem Einen uns Allen von Ewigkeit her zuwenden wollte und wirklich zugewendet hat. Wir können und werden sie also gewiß nicht in uns selbst finden. Wir haben sie auch nicht in uns selbst. Was wir in uns selbst finden und haben, ist unsere verkehrte und zerstörte Natur, ist ein Sein in der Zeit, das ein einziger Zeitverlust ist. Wir finden und haben aber unsere wahre und wirkliche Natur in dem Einen, in welchem Gott uns geliebt hat, liebt und lieben wird und so in ihm auch unser echtes und rechtes Sein in der Zeit. Wie er der Garant der Treue des Schöpfers ist, so ist er auch der Garant der Kontinuität seines Geschöpfs: der Garant seiner Erhaltung und Bewahrung. Es ist also merkwürdigerweise so, daß wir gerade der freien Gnade Gottes in Jesus Christus auch dies zu verdanken haben, daß uns die Natur, in der wir geschaffen und von der wir abgefallen sind, indem wir von Gott abfielen, nicht genommen, sondern erhalten und bewahrt ist: daß wir der Lüge, in die wir uns verstrickt, zum Trotz echt und recht in der Zeit sein, echt und recht Zeit haben dürfen.

Man muß es, um das als Wahrheit zu erkennen, nur unterlassen, an Gottes freier Gnade in Jesus Christus vorbei sehen zu wollen. Man muß es nur auch hier unterlassen, mit irgend einer «natürlichen» Theologie und dann auch Anthropologie arbeiten zu wollen. Man trägt immer nur Illusionen davon, wenn man sich über des Menschen Natur anderswie als im Blick auf den Menschen Jesus unterrichten will. Man ist dann genötigt, mit der Erkenntnis der Sünde nur halben Ernst zu machen. Man gräbt sich dann löcherige Brunnen. Man verwickelt sich dann in Vermutungen und Umdeutungen. Man muß dann seine Zuflucht schließlich doch wieder zum Vergessen nehmen. Die tiefe Unruhe über unsere verkehrte und zerstörte Natur, über unser Sein im Verlust der Zeit bleibt dann. Es gibt nur einen wirksamen Streit gegen diese Unruhe, und das ist der, den der gerechte und gerade in seiner Gerechtigkeit barmherzige Gott in dem Menschen Jesus für uns gestritten hat, noch streitet und bis zum Ende aller Tage streiten wird. Wahrhaftig überwindend ist hier nur sein Einspruch gegen unseren Widerspruch, der auch sein Einspruch gegen dessen Folgen und also gegen unser Verlorengehen ist und also auch sein Einspruch gegen die Möglichkeit, daß sein Geschöpf aufhören könnte, sein Geschöpf zu sein. Dieser göttliche Einspruch ist der Felsengrund, auf den wir uns stellen, wenn wir damit rechnen: es gibt eine dem Menschen trotz seines Sündenfalls erhaltene und bewahrte menschliche Natur und also auch ein echtes und rechtes Sein des Menschen in der Zeit. Es gibt keinen anderen Grund, von dem aus man das ernstlich sagen kann. Auf diesem Grunde kann und muß man das ernstlich sagen.

Wir können die anthropologische Wahrheit, auf die es uns jetzt ankommt, zusammen mit ihrer christologischen Begründung in einem ersten

Satz, dessen Entfaltung uns in diesem Abschnitt beschäftigen soll, so aussprechen: Die Existenz des Menschen Jesus in der Zeit verbürgt uns, daß die Zeit als Existenzform jedenfalls des Menschen von Gott gewollt und geschaffen, von Gott dem Menschen gegeben und also wirklich ist.

Sie ist wirklich. Wir sind also in der Zeit. Die Zeit ist also, wie verkehrt und korrupt wir auch in ihr sein mögen, nicht etwa der Abgrund unseres Nichtseins. Wir haben sie also. Wir sind also, wie bedroht wir immer sein mögen, nicht so in der Zeit, daß sie uns dauernd und wohl gar ins Unendliche hinein verloren geht. Die Zeit ist: nämlich als Existenzform des Menschen, als unsere Existenzform. Menschsein heißt in der Zeit sein. Menschheit ist in der Zeit. Das ist damit gegeben, daß des Menschen Sein sein Leben, sein Leben aber ein Vernehmen und ein Tun, ein Regieren und ein Dienen ist. Ist dieses sein Leben wirklich, dann auch seine Zeit als der Raum, in dem sich dieses Sein abspielt.

Wir können auch hier streng genommen nur vom Menschen reden. Wir wissen nämlich nicht, was die Zeit für die Tiere, die Pflanzen, den ganzen übrigen Kosmos bedeutet. Wir leben in ständiger Beziehung zu diesem übrigen Kosmos. Und weil wir selbst in der Zeit sind, so schließen oder vermuten wir, daß die Zeit auch seine Existenzform, die Existenzform alles Geschaffenen sei. Die uns anschauliche und begreifliche Existenzweise jedenfalls des irdischen Kosmos spricht tatsächlich in unzähligen Analogien zu unserer eigenen Existenzweise dafür, daß dem so sein könnte. Es können uns auch die scheinbar zeitlosen Wahrheiten der Mathematik jedenfalls nur in Form von zeitlichen Bewußtseinsakten, Analysen und Synthesen, Demonstrationen und Definitionen anschaulich und begreiflich werden. Auch die biblischen Schöpfungsgeschichten, insbesondere die erste, scheinen deutlich zu sagen: mit der Schöpfung des irdischen Kosmos wurde als dessen Existenzform auch die Zeit geschaffen. Der ganze Kosmos ist wie der Mensch in der Zeit, indem er von Gott geschaffen und also wirklich ist. Aber zum Kosmos gehört als der obere Kosmos auch der Himmel: die uns unbegreifliche und unzugängliche Seite der geschaffenen Wirklichkeit. Wir wagen viel, wenn wir auch ihm die Existenzform der Zeit zuschreiben. Und wir wissen auch von den Wesen des irdischen Kosmos jedenfalls nicht, was es für sie bedeutet, in der Zeit zu sein. Wir haben keine Anschauung und keinen Begriff von ihrer Zeitlichkeit. — Wir haben aber eine Anschauung und einen Begriff von unserer eigenen Zeitlichkeit. Wir können und müssen nämlich anschauen und begreifen, daß wir selbst in der Zeit und nur in der Zeit sind, nur — was das auch bedeuten möge — in jener Bewegung aus der Vergangenheit zur Gegenwart in Zukunft. Zeit ist keine bloße «Voraussetzung» der menschlichen Wirklichkeit: als ob deren Setzung, sie selbst als solche, vielleicht doch zeitlos sein könnte. Der

2. Die gegebene Zeit

Mensch ist nur, indem er in seiner Zeit ist. Er wird auch im ewigen Leben in seiner Zeit sein: er wird nämlich der sein, der er dann, wenn keine Zeit, sondern nur noch Gottes Ewigkeit sein wird, endgültig geborgen in Gott, in seiner Zeit gewesen sein wird. Wie er die Seele seines Leibes ist, so ist er in seiner Zeit. Man könnte geradezu sagen: seine Zeit ist er selber in der Folge seiner Lebensakte, und er selbst ist seine in der Folge seiner Lebensakte sich erfüllende Zeit. So eng ist die Beziehung zwischen dem wirklichen Sein des Menschen und der wirklichen Zeit, in der er ist.

Sie ist so eng, daß die Frage gestellt werden kann und dann auch ohne sichere Antwort offen gelassen werden muß: wie es sich mit jener Bewegung aus Vergangenheit durch Gegenwart in Zukunft nun eigentlich und im Grunde verhalten möchte. «Geht» eigentlich die Zeit? So pflegt man es sich ja vorzustellen und auch zu sagen, weil der Zeiger der Uhr geht, weil wir in einer sich fortwährend verändernden und also da draußen kommenden und gehenden Umgebung leben. Aber «geht» die Zeit wirklich an uns vorbei wie eine Serie von Bildern, wie die Wagen eines Eisenbahnzuges oder wie die einzelnen Aufnahmen eines Filmstreifens an uns vorbeiziehen, sodaß wir unsererseits nur ihre stehenden oder sitzenden, jedenfalls unbewegten Zuschauer sind? Oder «gehen» wir? Ist vielmehr die Zeit der unbewegte Raum, in welchem wir uns als Wanderer, Reiter, Fahrer oder Flieger unsererseits bewegen? Ist sie eine Landschaft, die von der Menschheit sozusagen in einer breiten Front, von den Völkern und anderen geschichtlichen Gemeinschaften in schmäleren Formationen, von jedem einzelnen Menschen auf irgend einer linearen Spur, die man dann seinen «Lebensweg» nennt, durchschritten wird? Sind die Zeiten nur «Stadien» auf diesem Lebensweg: Stationen, die auf uns gewartet haben, um irgend einmal von uns erreicht und dann wieder verlassen zu werden? Oder liegt die Wahrheit in der Mitte: Sind wir selbst und ist eben in und mit uns selbst — nur in umgekehrter Richtung — auch die Zeit in Bewegung? Reden wir von etwas Anderem als von uns selbst, wenn wir von Gestern, Heute und Morgen reden? Und können wir anders von uns selbst reden, als indem wir eben von Gestern, Heute und Morgen reden? Das ist sicher, daß wir die Zeit als unsere Existenzform so wenig von uns selbst, wie uns selbst von der Zeit als unserer Existenzform trennen können. Jede Abstraktion wäre hier so nichtig wie die zwischen Seele und Leib.

Menschlichkeit ist Zeitlichkeit. Zeitlichkeit ist, soweit wir sehen und verstehen, Menschlichkeit. Das Erste ist das Gewisse: menschliches Leben ist, so oder so gedeutet, jene Bewegung aus Vergangenheit durch Gegenwart in Zukunft; menschliches Leben heißt: Gewesensein, Sein und Seinwerden. Menschliches Leben heißt zeitlich sein. Das Zweite ist das Ungewisse: Wir wissen jedenfalls nicht, was wir sagen, wenn wir dem Begriff der Zeitlichkeit einen anderen Inhalt geben als eben den der Menschlichkeit. Wir können freilich auch den negativen Satz nicht sicher vertreten: daß der Begriff der Zeitlichkeit nicht auch noch andere Inhalte haben könnte.

Wie unveräußerlich die Beziehung zwischen Mensch und Zeit ist, sieht man doch erst, wenn man sich vor Augen hält, daß vor allem die für das menschliche Sein so entscheidenden Beziehungen zwischen Gott und Mensch auf der einen, Mensch und Mitmensch auf der anderen Seite schlechterdings zeitliche, nämlich geschichtliche Beziehungen sind: Aktionen, deren Wirklichkeit schlechterdings in ihrem Vollzug und also in der Folge ihres Anhebens, Fortgehens und zum Ziel Kommens besteht. Was Gott und was der Mitmensch für mich sind, das sind sie mir in der Geschichte ihres Seins und Tuns und also in der Zeit, die sie auch für mich haben. Und was ich für Gott und für den Mitmenschen bin, das bin ich ihnen meinerseits in der Geschichte meines Seins und Tuns und also in meiner Zeit, sofern ich in meiner Zeit so oder so für sie da bin.

Gott wäre mir nicht Gott, wenn er nur ewig in sich selbst wäre, wenn er keine Zeit für mich hätte. Daß er mich liebt und erwählt, meint und will, aufruft, richtet, straft, annimmt, befreit, bewahrt und regiert, daß er mein Licht, mein Gebieter, meine Hilfe, mein Trost, meine Hoffnung ist, das Alles ist Geschichte, das Alles hat seine Zeit — schon in Gottes Ewigkeit, bevor ich war und wieder in Gottes Ewigkeit, wenn ich längst gewesen sein werde — das Alles bezieht sich doch auf mich, der ich in dieser meiner Zeit lebe. Und daß ich das Alles erkenne oder verkenne, annehme oder nicht annehme, daß ich an Gott schuldig werde oder daß ich Gott dankbar bin, daß ich sein Wort höre und mich so oder so vor ihm verantworte, daß ich vor ihm sündige, aber auch an ihn glaube, ihn liebe, auf ihn hoffe — das muß doch Alles geschehen, und das geschieht, indem ich der in meiner Zeit vor ihm Lebende bin.

Und dasselbe gilt vom Mitmenschen, der mir nun einmal nicht als Idee, sondern im Guten wie im Bösen in seiner geschichtlichen Wirklichkeit begegnet: in der Totalität dessen, was er war, ist und sein wird und eben in dieser Totalität das Du, ohne das mein Ich kein menschliches sein kann. Daß ich ihn sehe oder nicht sehe, verstehe oder nicht verstehe, ihm beistehe oder ihn fallen lasse, das und alles, was meine Beziehung zu ihm sonst bedeutet ,bezieht sich auf sein Sein in der Zeit. Wie denn auch ich meinerseits für ihn nicht nur als Idee da sein kann, sondern in meiner geschichtlichen Wirklichkeit auf seinen Weg gestellt bin: ihm zur Freude oder auch zur Last, ihm zur Förderung oder auch zur Versuchung, aber immer ich in meiner Zeitlichkeit, auch ich für ihn in der Totalität dessen, was ich war, bin und sein werde.

Weil wir von einem Analogon unseres eigenen Verhältnisses zu Gott und zum Mitmenschen im Sein der Pflanzen, der Tiere, des ganzen übrigen Kosmos nichts wissen, sondern nur dies und das erschließen und vermuten können, darum wissen wir nicht, ob ihnen das Sein in ihrer Zeit ebeno wesentlich und unveräußerlich eigentümlich ist wie uns Menschen, darum wissen wir im Grunde nicht, was wir sagen, wenn wir die Zeit auch ihre Existenzform nennen. Vielleicht wird darin etwas von dem Unterschied des Menschen vom übrigen Kosmos sichtbar. Vielleicht ist auch darin kein Unterschied zwischen ihm und uns. Wir brauchen es nicht zu wissen. Was wir aber wissen müssen, ist dies, daß es uns wesentlich ist, daß es —

wie die Erinnerung an unser Verhältnis zu Gott und zum Mitmenschen entscheidend beweist, zu unserer Natur gehört, in der Zeit zu sein.

Es hängt damit zusammen, daß die Botschaft des Alten und des Neuen Testamentes — in einer Weise, wie man das von keiner anderen religiösen Überlieferung und erst recht von keiner Philosophie sagen kann — die konkrete Botschaft von einer in der Zeit geschehenen Geschichte ist. Das Verhältnis Gottes zur Kreatur, von dem uns die Heilige Schrift Zeugnis gibt, ist — in scharfem Gegensatz zu dem, was der Mythus darüber sagen zu können meint — keine immer und überall vorhandene Relation (etwa die des Unendlichen zum Endlichen, des Geistes zur Materie, des Guten zum Bösen, des Vollkommenen zum Unvollkommenen, des Souveränen zum Abhängigen und dergleichen), die sich dann nur in ihren jeweiligen Erscheinungen entfalten und differenzieren würde, die nur mehr oder weniger zufällig jetzt hier, jetzt dort, jetzt so, jetzt anders, jetzt in diesen, jetzt in jenen Menschen mehr oder weniger transparent würde, ohne daß das notwendig gerade hier, gerade so, gerade in diesen Menschen geschehen müßte. Das Verhalten Gottes zur Kreatur ist laut der Bibel vielmehr ein je gerade in seiner konkreten Besonderheit notwendiges Tun: hier und nicht dort, so und nicht anders, in seinem Verhältnis zu diesen und nicht zu anderen Menschen — zu Trägern bestimmter Namen in je ihrer bestimmten Umgebung, mit je ihrer eigentümlichen Herkunft, Bedingtheit, Belastung und Befähigung, Gefahr und Verheißung, mit je ihren eigentümlichen Charakteren, Einstellungen, Erfahrungen und Funktionen, die alle so nur die ihrigen sind. In diesem seinem konkreten Sichverhalten, in seinen Taten ist der Gott der Heiligen Schrift je er selbst und immer der lebendige Gott. Er ist es in der durch diese seine Taten inaugurierten, fortgesetzten, ihren besonderen Zielen und schließlich ihrem Endziel entgegengeführten Geschichte. Und diese Geschichte seiner Taten in deren Einzelheit und Zusammenhang, die den Inhalt und das Thema der Heiligen Schrift bildet, ist nicht etwa nur subjektiv, nur von unten gesehen (nicht etwa nur als Erscheinung eines ganz andersartigen Wesens, das irgendwo darüber stünde), sondern gerade auch von oben gesehen, gerade wesentlich und objektiv die einzelne und zusammenhängende Geschichte dieser bestimmten Menschen: ihre Geschichte vor und mit ihm und vor und mit ihren Mitmenschen — die Geschichte, in welcher kein Mensch in seiner Zeit nur ein «Fall», eine Figur, ein Repräsentant, in der keiner mit dem anderen zu verwechseln und zu vertauschen ist, in deren Ganzem er gewiß nur von Gottes wegen seine besondere Gabe und Aufgabe hat, die aber auch nur so dieses Ganze ist, daß gerade er darin von Gottes wegen seine besondere Gabe und Aufgabe hat. Der Gott der Heiligen Schrift schwebt gerade nicht unbeweglich über der Zeit der Menschheit und der Menschen, über den Zeiten in ihrer Besonderheit und Mannigfaltigkeit, über der ganzen und über der von jedem einzelnen Menschen zu vollziehenden Bewegung vom Gestern ins Heute ins Morgen. Er selbst geht mit. «Er schämt sich nicht, ihr Gott genannt zu werden», heißt es Hebr. 11, 16 von den im Glauben aus ihrem Vaterland Aufgebrochenen, nunmehr Wandernden, ihr neues Vaterland Suchenden. Er nennt sich selbst den «Gott Abrahams, Isaaks und Jakobs» (Ex. 3, 6). Er heißt im Neuen Testament der «Vater unseres Herrn Jesus Christus». Sein ewiger Wille ist konkret das, was je im Leben dieser Menschen, je in ihrem Sein in der Zeit wirklich wird. Seine großen Taten sind identisch mit den im Verhältnis zu seiner Ewigkeit so kleinen Ereignissen der Geschichte des Volkes Israel und der christlichen Gemeinde mit ihrer Mitte in der Jesusgeschichte, auf die sie voraus und auf die sie zurückblicken. «Alles hat seine bestimmte Stunde, jedes Ding unter dem Himmel hat seine Zeit» (Koh. 3, 1). Das besagt nicht nur einschränkend, daß jedes Ding nur seine Zeit und in ihr seine Grenze hat. Das ist freilich auch wahr. Es ist ja gewiß auch wahr, daß der Mensch — je der einzelne Mensch in seiner Zeit und erst recht in einer der Zeiten, aus denen sich seine Lebenszeit zusammensetzt — «das Werk, das Gott gemacht, nicht von Anfang bis zu Ende fassen kann» (Koh. 3, 11). Er hat seinen Ort und seine Funktion in der Geschichte der Taten Gottes, aber diese erschöpft sich nicht in seiner Geschichte, geschweige denn in diesem oder jenem noch so bedeutsamen Teilgeschehen seiner Geschichte. Es gibt — vor ihm, neben ihm, nach ihm — immer noch andere Zeiten als die seinigen und auch in seinem eigenen Leben immer noch andere als gerade diese und jene, so gehaltvoll sie auch sein mögen. Den Anfang und das Ende und also das Ganze des göttlichen Werkes zu fassen kann des Menschen Beruf nicht sein. Es ist aber nach dem, was Koh. 3, 11 vorangeht, auch und zuerst wahr, daß Gott «Alles sehr schön gemacht hat zu seiner Zeit». Er hat — im Zusammenhang seines Werkes — jeder besonderen Stunde ihre besondere Vollkommenheit gegeben. Er hat — immer im Zusammenhang seines Werkes — auch je dem einzelnen Menschen in seiner Zeit und in seinen verschiedenen Zeiten «die Ewigkeit ins Herz gegeben». Er hat ihm die Teilnahme an dem Sinn und Inhalt der geschaffenen Zeit überhaupt und also aller Zeiten — also auch derer, die nicht die seinen sind — nicht versagt, sondern *in nuce,* als *pars pro toto,* auch seine Geschichte zur Geschichte seiner eigenen großen Taten gemacht. «Ich erkannte, daß Alles, was Gott tut, ewig gilt; man kann nichts dazu tun und nichts davon tun; und Gott hat es so gemacht, daß man sich vor ihm fürchte» (Koh. 3, 14). Je zu seiner Zeit ist Gott ganz und gar m i t dem Menschen, f ü r ihn und auch g e g e n ihn. Und dementsprechend ist der Bund Gottes mit dem Menschen keine Idee, sondern zusammenhängende Geschichte in einer zusammenhängenden Zeit, in der die einzelnen Menschen an seiner Aufrichtung und Durchführung, an seiner Gnade und seinem Gericht beteiligt sind, in der sie je mit ihrer Geschichte zu ihrer Zeit ihren besonderen Anteil an ihm haben. So kann dieser Bund nicht anders verkündigt und geglaubt werden, als indem er als der Sinn und das Geheimnis der ganzen menschlichen Geschichte und Zeit und zugleich als der Sinn und das Geheimnis aller menschlichen Geschichten und Zeiten verkündigt und geglaubt wird. — Das bedeutet aber für die Anthropologie, für das Verständnis der menschlichen Natur notwendig die Weisung, ihre Zeitlichkeit des menschlichen Seins nicht als zufällig, sondern als notwendig, nicht als unwesentlich, sondern als wesentlich zu verstehen.

Es ist nun aber über die bloße Feststellung der unveräußerlichen Zusammengehörigkeit von Mensch und Zeit hinaus wichtig, ausdrücklich zu erinnern: Der Mensch ist in der ihm g e g e b e n e n Zeit. Die Gewißheit, daß die Zeit unsere w i r k l i c h e Existenzform ist, hängt an dieser Erinnerung. Wir haben nämlich keine Macht über die Zeit und über unser Sein in ihr. Wir können sie immer nur *de facto* haben, und es fragt sich, welches dieses Faktum ist: auf Grund welches Faktums wir sie w i r k l i c h haben? Wir haben sie aber nicht in der Kraft unseres Seins. Wir können sie uns nicht schaffen. Wir können sie uns auch nicht nehmen oder erhalten. Haben wir sie? Heißt das nicht vielmehr, daß sie uns hat? Sicher ist, daß wir sie ungefragt haben m ü s s e n, daß wir ihr nicht entfliehen können. Wir haben ihrer an uns vorbei oder über uns hinweggehenden Bewegung gegenüber keine andere Wahl als die, mitzugehen. Und wenn sie in Wirklichkeit in unserer eigenen Bewegung bestehen sollte, so haben wir keine andere Wahl, als die, diese Bewegung zu vollziehen. Man kann aus der Zeit nicht heraustreten. Man kann sie nicht aufhalten. Man kann in ihr keine Sprünge machen. Man kann sie weder beschleunigen noch verlangsamen. Man kann ihre Bewegung vor allem nicht umkehren, ihre Richtung von der Vergangenheit durch die Gegenwart hindurch in die Zukunft nicht in die entgegengesetzte verwandeln.

Man kann wohl einen Film, nicht aber die menschliche Wirklichkeit rückwärts laufen lassen. Das merkwürdige Phänomen mag erwähnt sein, daß man in den **Bewußtseinsäußerungen** von unmittelbar ihrem **Sterben** entgegengehenden Menschen tatsächlich schon eine **Rückwärtsbewegung** in der Sicht ihrer Lebenszeit festgestellt hat, vielleicht ein akutes Überhandnehmen der Retrospektive, zu der der alternde Mensch meist ohnehin eine Neigung hat: ein in der Phantasie des Sterbenden sich abspielendes kontinuierliches Jünger- und Jüngerwerden bis hinauf in seine frühesten Jahre. Die Frage kann sich aufdrängen, ob der Augenblick der in der Vorstellung wieder erreichten Geburt nicht mit dem des wirklichen Sterbens des Menschen zusammenfallen möchte. Wenn das Phänomen einer Deutung überhaupt zugänglich ist, so möchte man sagen: es ist der im Tode stattfindende Aufprall des menschlichen Lebensvorgangs und der menschlichen Zeitbewegung auf ihren *terminus ad quem,* der sich in diesem Bewußtseinsvorgang mit seinem Rückgang in der Richtung auf den *terminus a quo* gewissermaßen prophetisch ankündigt. Er würde dann in seinem seltsamen Gegensatz zur Wirklichkeit doch nur bestätigen, daß mit dem menschlichen Lebensvorgang auch die menschliche Zeitbewegung, solange sie nicht als solche abgebrochen ist, tatsächlich stetig in einer und derselben Richtung verläuft.

Das Alles spricht dafür, daß wir es in der Zeit als unserer Existenzform nicht weniger als in unserer Existenz selbst und als solcher mit einer **überlegenen Setzung** zu tun haben. Wir können und müssen sie in engster Verbindung mit uns selbst und unserem Sein und Tun sehen; denn wir sind und wirken nicht anders als in dieser Verbindung. Wir können uns aber unmöglich einreden, daß wir selbst es sind, die diese Existenzform schaffen oder irgendwoher uns nehmen oder daß wir selbst uns auch nur in diese enge Verbindung mit ihr versetzen und uns in ihr erhalten könnten. Wir können nur erkennen, daß wir tatsächlich in dieser Verbindung sind, was wir sind. Wir haben es offenbar mit einer genauen Parallele zu der anderen anthropologischen Tatsache zu tun: daß der Mensch ist, indem er den Geist hat, d. h. indem er als **Seele seines Leibes** von Gott begründet, konstituiert und erhalten wird. Man wird sogar sagen müssen: wir haben es hier — in der Tatsache, daß wir in der Zeit sind und Zeit haben — nur mit einem **anderen Aspekt derselben Tatsache** zu tun. Was auch hier sichtbar wird, ist dies, daß der Mensch nicht Gott, sondern ein Gottes bedürftiges Geschöpf ist, daß er sein Dasein und Sosein nicht zugleich haben und sich selber geben, sondern nur als ihm **gegebenes** haben kann. Er hat seine Zeit nicht als sein Eigentum, nicht als sein Werk, nicht als seinen Erwerb, nicht als Gegenstand seiner Wahl. Er hat sie, indem er sie **bekommt**. Und er bekommt sie — so müssen wir auch hier fortfahren — weil und indem er, der nicht selbst Gott ist, doch **nicht ohne Gott** ist. Er wäre nicht in der Zeit, wenn er ohne Gott wäre. Nun ist er in der Zeit. So ist er nicht ohne Gott. Wer «Mensch» sagt, sagt «Zeit» und hat eben damit, ob er es weiß und will oder nicht, zuerst grundlegend «Gott» gesagt: Gott, der für den Menschen da ist, indem er Zeit für ihn hat — Gott, der dem Menschen seine Zeit gibt.

Gottes **Gegenwart** und Gottes **Gabe** kann also auch in dieser Sache gar nicht weggedacht werden, wenn man den Gedanken der menschlichen Natur denken will. Kraft der Gegenwart und Gabe Gottes ist es so, daß zur menschlichen Natur auch die Zeitlichkeit gehört. Der Unglaube, Irrglaube, Aberglaube des Menschen ändert nichts an diesem ursprünglichen Verhältnis Gottes zu ihm und an dieser seiner Tragweite. Der Mensch kann ja nicht einmal ungläubig, irrgläubig, abergläubisch sein, ohne auch damit die durch Gottes Gegenwart und Gabe ihm verschaffte Zeit — zu mißbrauchen. Damit kann er sich selber problematisieren und kompromittieren. Dadurch bekommt sein Sein in der Zeit den Charakter von Verspieltheit, Verkehrtheit und Korruptheit. Dadurch kann es aber nicht aufgehoben und beseitigt werden, so gewiß dadurch Gott selber, seine Gegenwart und Gabe, nicht aufgehoben und beseitigt werden kann. Die Existenzform der Zeit, in der der Mensch lebt, ist tatsächlich unter allen Umständen an sich und als solche ein stummer aber beharrlicher Lobpreis **Gottes**. Nicht etwa darum, weil sie uns so gewaltig auferlegt ist, weil wir uns ihr so gar nicht entziehen, an den uns durch sie gegebenen Bedingungen so gar nichts ändern und weil wir sie von uns aus so gar nicht nehmen oder erhalten können. Das Alles kann uns nur darauf aufmerksam machen, daß die Zeit selbst und als solche das Lob Gottes verkündigt. Sie tut das aber nicht damit, daß sie solche Gewalt und Überlegenheit uns gegenüber hat, sondern damit, daß sie der Raum ist für die Geschichte des Bundes zwischen Gott und Mensch, die es ihrerseits möglich macht, daß es auch eine Geschichte zwischen dem Menschen und seinem Mitmenschen, eine Geschichte der Menschlichkeit geben kann. Wäre der Mensch nicht in der Zeit, so gäbe es keinen Raum für diese Geschichte: für die Geschichte des göttlichen Bundes und seines eigenen Heils nicht und so auch nicht für eine Geschichte der Menschlichkeit. Es ist aber die Zeit, die er hat — es sind die ihm gegebenen Stunden, Tage und Jahre schon als solche die Ankündigung der Taten der göttlichen Gerechtigkeit und Barmherzigkeit, der göttlichen Weisheit und Geduld, deren Zeuge und Gegenstand er, indem er in der Zeit ist, werden und sein darf. Es redet die ihm gegebene Zeit als solche davon, daß er Gottes Geschöpf nicht nur, sondern Gottes **Bundesgenosse** ist. Sie redet von Gottes Treue gegen sich selbst und gegen sein Geschöpf. Darum ist sie so unzertrennlich von uns selbst, darum so unaufhaltsam und unveränderlich in ihrer Art, darum ist sie eine so gewaltige, eine von uns so gar nicht zu vollziehende, sondern einfach nur hinzunehmende Setzung. Es ist in aller Verborgenheit schon das Brausen des Heiligen Geistes, von dem wir, wie taub wir dafür sein mögen, einfach damit umgeben sind, daß wir uns mitten in der Bewegung der Zeit befinden oder in und mit unserem Leben, solange wir es haben, auch diese Bewegung selbst vollziehen müssen. Und es ist im bescheidenen Gewand der Zeit, dieser bloßen Form unserer Existenz, indem sie uns so frei, so souverän geschenkt ist, schon die Gegenwart und Gabe der Gnade Gottes, vor die wir tatsächlich gestellt sind. Wollte man von einer *gratia praeveniens* reden, so ist nicht abzusehen, in welcher Gestalt man sie besser anschauen und begreifen sollte, als schlicht eben darin, daß uns Menschen Z e i t gegeben ist.

Die als Existenzform jedenfalls des Menschen von Gott g e w o l l t e und g e s c h a f f e n e Zeit! Dazu einige Worte besonderer Erläuterung: Zeit ist n i c h t E w i g k e i t. Ewigkeit ist freilich nicht zeitlos, denn sie ist das Miteinander und Ineinander von Vergangenheit, Gegenwart und Zukunft. So ist sie der Raum des eigenen Lebens Gottes: des Lebens, mit welchem er als Vater, Sohn und Heiliger Geist sich selber setzt, durch sich selber ist und sich selber genügt. So wie die Zeit der Raum unseres, des menschlichen Lebens ist: der Raum, in welchem Vergangenheit, Gegenwart und Zukunft eine Folge bilden. Die Ewigkeit ist nicht geschaffen. Die Ewigkeit ist Gott selber, denn wie Gott durch sich selber lebt, so ist er auch sich selber Lebensraum. Die Zeit aber ist von Gott g e w o l l t und g e s c h a f f e n als eine von ihm verschiedene Wirklichkeit: mitgewollt und mitgeschaffen, indem er den Kosmos und im Kosmos den Menschen gewollt und geschaffen hat, als unseren Lebensraum, entsprechend dem seinigen. Das muß aber offenbar bedeuten: er hat sie gewollt und geschaffen als Raum d e s L e b e n s, zu dem e r uns bestimmt hat, indem er unser Leben gewollt und geschaffen hat. Und also als Raum für ein Leben in der Beziehung zu ihm als dem ewig Lebendigen und auch in der Beziehung zu dem Mitmenschen, dem er denselben Raum für dasselbe Leben in Beziehung zu ihm selbst gegeben hat. Gott hat die Zeit tatsächlich dazu mitgewollt und mitgeschaffen, damit das Geschehen in seinem Bunde mit dem Menschen, der dann in dessen Verhältnis zum Mitmenschen sein Gegenbild hat, stattfinden könne. Dazu und in diesem Sinn ist sie unsere Existenzform. Wie unsere Existenz selber und als solche nicht Selbstzweck ist, so auch nicht die Zeit als ihre Form. Sie ist nur insofern u n s e r e Zeit, wir h a b e n sie nur insofern, als wir G o t t — nämlich dem uns schon in seiner Ewigkeit zugewendeten Gott — gehören, nur insofern also, als auch unsere Zeit in s e i n e n Händen steht, mit denen er freilich von ihrem Anfang bis zu ihrem Ende gerade für uns am Werke ist. So und insofern ist sie uns dann auch g e g e b e n : ist die ganze mächtige Setzung der Zeit, die wir als solche nur hinnehmen können, indem wir sie hinnehmen und haben, das Lob Gottes, die Ankündigung seiner Taten, das verborgene Brausen des Heiligen Geistes, das Gewand und die Gestalt der Gnade, in der Gott uns begegnen will. Es hängt Alles daran, daß die Zeit eben **dazu** von Gott gewollt und geschaffen ist.

Eben insofern ist sie nun aber auch **wirklich, sind wir in der Zeit, haben wir sie.** Gottes Wille und Tat ist ihr Geheimnis: der Schöpfer, der sich durch unsere Sünde nicht zum Narren halten, nicht irre machen läßt, der sich selbst und der damit auch uns vielmehr treu bleibt im Trotz und Streit gegen unsere Sünde und deren Folgen. Die ganze Bedrohung und Gefährdung der Wirklichkeit unserer Zeit mag und muß uns verwirren und erschrecken. Sie reicht aber an die Wahrheit seiner Gegenwart und Gabe nicht heran. Sie kann seinen Schöpferwillen nicht durchkreuzen und seine Schöpfertat nicht rückgängig machen. — Indem wir uns erinnern, von welchem Grunde her dies allein möglich ist, wagen wir nun eine zweite, jener ersten, mit der wir begonnen haben, entgegengesetzte Analyse des menschlichen Seins in der Zeit.

1. Wir betrachten es zunächst in dem Modus, in welchem uns seine Wirklichkeit einerseits am eindrücklichsten und greifbarsten, anderseits aber auch am bedrohtesten erscheint: als unser Sein in der **Gegenwart.** Daß der Mensch in der Zeit ist, heißt ja zunächst einfach, daß er je **jetzt** ist, d. h. daß er immer aufs neue die jetzt noch vor ihm, jetzt schon hinter ihm liegende Grenze zwischen seiner Vergangenheit und Zukunft überschreitet, um sie alsbald wieder vor sich zu haben, wieder überschreiten zu müssen, wieder hinter sich zu haben. Wenn er wirklich in seiner Zeit **ist,** wenn er wirklich Zeit **hat,** dann jedenfalls je jetzt, dann je im Überschreiten dieser Grenze. Alle Begriffe menschlichen Seins, menschlicher Tätigkeit, menschlichen Lebens zielen (auch in ihren Vergangenheits- und Zukunftsformen) in ihrem konkreten Gehalt je auf einen solchen Schritt vom Gewesenen zum Künftigen. Je jetzt bin ich oder bin ich nicht, habe ich oder habe ich nicht, weiß ich oder weiß ich nicht, tue oder lasse, genieße oder entbehre, liebe oder hasse ich, bin ich froh oder traurig. Je jetzt stehe ich zu dem mich umgebenden menschlichen und sonstigen Kosmos in diesen oder jenen positiven, negativen, kritischen oder neutralen Beziehungen. Je jetzt ist über mich entschieden, indem ich mich selbst entscheide. Und die Wirklichkeit von dem Allem — das Alles könnte ja auch Traum und Schein sein, in dem Allem könnte ich ja auch in der Lüge leben! — meine eigene in dem Allem aktuelle Wirklichkeit also hängt daran, daß ich zu dem Allem wirklich Zeit habe, daß ich in diesem meinem ganzen Sein, Tun und Leben wirklich in der Zeit bin. Es hängt also zunächst daran, daß eben dieses Jetzt, das ich zu dem Allem brauche, wirklich ist. Ist es wirklich? Ich bin. Bin ich wirk-

2. Die gegebene Zeit

lich? Die Frage geht aufs Ganze. Je in diesem Schritt vom Gewesenen zum Künftigen unterscheide ich ja auch zwischen beiden. Je in diesem Schritt erinnere ich mich und erwarte ich, lebe ich jetzt mein ganzes Leben. Und ich tue das in der Weise, daß ich mich von hier aus auch des Gewesenen erinnere als eines Jetzt wie das, in welchem ich jetzt über jene Grenze gehe — und daß ich von hier aus auch das Künftige erwarte als ein Jetzt wie dieses mein jetziges Jetzt. Sage ich: ich war, so meine ich damit jedenfalls prinzipiell und in gewissen erinnerten Umrissen allerlei gewesene Gegenwart. Und sage ich: ich werde sein, so meine ich damit jedenfalls prinzipiell und in einigen erwarteten Umrissen kommende Gegenwart. Also: je von meiner Gegenwart her sehe und verstehe ich mein Sein in der Zeit als das Ganze des von mir eben jetzt unterschiedenen, in meinem Jetzt sich eben berührenden Vorher und Nachher — und je als Gegenwart wie diese meine jetzige sehe ich und verstehe ich von da aus mein Vorher und Nachher und also das Ganze meines Seins in der Zeit. Aber ist gerade meine jetzige Gegenwart wirklich? Und ist sie es nicht: wie steht es dann mit der Wirklichkeit meines ganzen Seins in der Zeit?

Es ist wohl wahr: nichts scheint eindrucksvoller, nichts greifbarer als unser Sein in der Gegenwart. Wieviel Skepsis hat doch zu allen Zeiten in dem glorreichen «Ich bin» ihre Zuflucht suchen zu sollen und finden zu können gemeint! Und was für Gebäude von Gewißheit sind dann zu allen Zeiten gerade über diesem «Ich bin» errichtet worden! Aber was heißt: «Ich bin» im Munde des Menschen und als Ausdruck seiner Überzeugung, wirklich in der Gegenwart und also wirklich in der Zeit zu sein? Die Bedrohung unseres Seins gerade in der Gegenwart ist eben auch eindrucksvoll und greifbar. Gerade Gegenwart ist ja nur die Grenze zwischen Gewesenem und Künftigem, und gerade unser Sein in ihr kann nur in unserem Schreiten über diese Grenze bestehen. Gerade Gegenwart hat ja keine Dauer, keine Ausdehnung. Was heißt dann aber Sein in der Gegenwart? Wo und wie bin ich dann, indem ich jetzt bin? Inwiefern bin ich dann gerade jetzt in der Zeit? Und nun heißt es doch wohl, aus der Not eine Tugend machen, wenn man uns versichert, daß ausgerechnet unser Sein in der Gegenwart unser eigentliches, unmittelbares, absolutes Sein in der Zeit sei. In der Zeit? Ist es nicht offenkundig, daß wir gerade in der Gegenwart keine Zeit haben? S c h l e i e r - m a c h e r s Satz scheint dann wirklich gehaltvoller: daß wir e w i g seien in jedem Augenblick. Der übliche Ruhm gerade des Seins in der Gegenwart meint wohl im Grunde immer diesen Satz — der nun freilich den Nachteil hat, daß er nicht nur, indem er von ewigem Sein redet, das Problem des menschlichen Seins i n d e r Z e i t , sondern, indem er vom Menschen eine Aussage macht, die so nur von Gott gemacht werden kann, das Problem des m e n s c h l i c h e n Seins überhaupt fallen läßt. Inwiefern ist der M e n s c h wirklich i n d e r Z e i t ? das ist die Frage, die mit allem beteuernden «Ich bin» nicht aus der Welt geschafft werden kann. Denn wenn man mit dem Wörtlein «Ich» ehrlich den M e n s c h e n und mit dem Wörtlein «bin» ehrlich s e i n Sein in der Zeit, und zwar in der Gegenwart, versteht, dann kann das «Ich bin» die gestellte Frage nur wiederholen. Wenn man aber Schliche macht und unter dem «Ich» eigentlich Gott und unter «bin» eigentlich Gottes ewiges Sein versteht, dann hat man mit dem «Ich bin» eine Antwort gegeben, die mit der gestellten Frage nichts zu tun haben kann.

Wären wir darauf angewiesen, uns unseres Seins in der Zeit selber vergewissern und versichern zu müssen, dann hätten wir gerade an diesem entscheidenden Punkt, vor das Problem der Gegenwart gestellt, keine Wahl als entweder auf eine Lösung zu verzichten oder uns irgend einer der auf Grund des glorreichen «Ich bin» möglichen und versuchten Scheinlösungen anzuschließen. Wir sind aber nicht darauf angewiesen. Dann nämlich nicht, wenn wir Grund haben, damit zu rechnen, daß der Wille und die Tat Gottes das Geheimnis unserer Zeit, unseres Seins in unserer Zeit und nun gerade unseres Seins je in unserer Gegenwart, je in unserem jetzigen Jetzt ist.

Es ist klar: unter den Propheten des «Ich bin» ist der christliche Theologe Schleiermacher der Wahrheit immerhin am nächsten gekommen. Hätte er doch, statt so überheblich und schließlich doch nur Alles verwirrend von unserer eigenen, von Gottes Ewigkeit, und zwar von der Ewigkeit seiner Gerechtigkeit und Barmherzigkeit, seiner Weisheit und Geduld in jedem unserer Augenblicke, in jedem Jetzt, in welchem wir über jene Grenze gehen, gesprochen! Und dürfte man doch auch die anderen Verherrlicher der Gegenwart in diesem Sinn interpretieren! Da dies nun nicht möglich ist, müssen wir unseren eigenen Weg an ihnen vorbei wie folgt fortsetzen:

Es ist wahr: wir sind zunächst je jetzt, im Schritt über jene Grenze, von da aus unterscheidend zwischen Gewesenem und Künftigem, von da aus gewiß, daß auch unser Gewesenes immer wieder ein solches Jetzt war und daß auch unser Künftiges immer wieder ein solches Jetzt sein wird. Es ist auch wahr: die Gegenwart scheint so etwas wie die Grundform unserer Zeit überhaupt zu sein. Und nun ist es wiederum wahr: gerade die Wirklichkeit dieser Grundform und damit die Wirklichkeit unserer ganzen Zeit als solche scheint dadurch hoffnungslos in Frage gestellt zu sein, daß gerade unsere Gegenwart so gar keine Dauer und Ausdehnung hat, immer nur daher kommt, um dahin zu gehen. Aber nicht zuerst wir sind jetzt, sondern zuerst Gott ist jetzt: Gott, der uns geschaffen hat und der uns zu erretten und zu erhalten im Begriff steht — Gott, der sich durch unsere Sünde nicht abschrecken und nicht abhalten läßt, für uns zu sein, und der unsere Bestimmung, daß wir für ihn und daß wir miteinander da sein dürfen, um unserer Sünde willen nicht rückgängig gemacht hat — Gott in dem ganzen Trotz und Streit seiner Treue gegen unsere Untreue. Er ist zuerst jetzt — dann sind es auch wir. Er ist es in der Höhe seiner Majestät — wir sind es in der Tiefe unserer Geschöpflichkeit und auch unserer Sünde: die doch, beide zusammen genommen, seicht sind verglichen mit der Tiefe seiner Barmherzigkeit. Er ist es in seiner Weisheit und Geduld — wir also in unserer Torheit und Lebensangst, in jener Flucht und Jagd. Er ist es, indem er bei sich selbst ist und in sich selbst ruht — wir — «gehen dahin und wandern von einem Jahr zum andern». Er ist eigentlich jetzt — wir sind es im Verhältnis zu ihm immer nur uneigentlich. Aber nicht diese Unterschiede sind jetzt wichtig, sondern die Beziehung. Er ist in seiner Weise auch jetzt, wie wir es in unserer Weise sind. Er ist es als Schöpfer. Das bedeutet aber: es gibt zuerst ein göttliches Gehen und Schreiten vom Gewesenen zum Künftigen. Das ist Gottes Gegenwart. Wir reden jetzt wohl von seiner Ewigkeit, in der das Gewesene nicht «nicht mehr» und das Künftige nicht «noch nicht» ist, in der darum auch das Jetzt Dauer und Ausdehnung hat. In dieser seiner Ewigkeit ist Gott jetzt. Aber wir reden nicht von Gottes abstrakter Ewigkeit, sondern von der Ewigkeit seiner freien Liebe, von der Ewigkeit, in der Gott sich Zeit genommen hat, nimmt und nehmen wird zu unseren Gunsten — von der Ewigkeit, in der er für uns sein will und in der er auch will, daß wir für ihn und daß wir darum miteinander seien. Daß Gott jetzt ist, das bedeutet, daß eben das Alles gerade jetzt der Sinn eines göttlichen Gehens und Schreitens vom Gewesenen zum Künftigen, der Sinn eines eben jetzt gesprochenen göttlichen Wortes, einer eben jetzt geschehenden göttlichen Handlung ist. Und nun fahren wir fort: es gibt dann und daraufhin — also zum vornherein in Beziehung zu dem, was Gott ist und tut — auch unser menschliches Gehen und Schreiten vom Gewesenen zum Künftigen. Das ist unsere Gegenwart in unserer Zeit, in der das Gewesene «nicht mehr», das Künftige «noch nicht» und darum das Jetzt jene dauer- und ausdehnungslose Mitte zwischen beiden ist. Aber wie wir nicht von Gottes abstrakter Ewigkeit reden dürfen, so nun auch nicht von unserer abstrakten Zeit. In der Zeit sein, jetzt sein, heißt für uns: unter und mit Gott sein, unter und mit dem ewigen Gott, der doch nicht nur für sich, sondern für uns, nicht nur in der Höhe, sondern in der Tiefe mit uns sein will und tatsächlich ist. Daß wir in der Gegenwart sind, das bedeutet: wir sind in der Gegenwart seines gnädigen, richtenden, gebietenden Willens und Tuns, in welchem er uns ganz zugewendet ist — uns aber auch ganz für sich, für die Gemeinschaft mit ihm und doch auch für die menschliche Gemeinschaft in Anspruch nimmt. Eben damit gibt er uns Zeit, und zwar zunächst Gegenwart, und zwar gerade das, was Gegenwart in unserer Zeit nun einmal ist: jenen dauer- und ausdehnungslosen Moment zwischen den Zeiten. Sie ist unsere Gegenwart auf Grund der seinigen, in der seinigen, für die seinige. Gerade darum ist sie so beschaffen wie sie ist. Gerade darum ist sie auch ein Gehen und Schreiten vom Gewesenen zum Zukünftigen. Gerade darum bedeutet sie uns ein Loslassen des Gewesenen, das «nicht mehr» ist — und gerade darum erst ein Greifen nach dem Künftigen, das jetzt «noch nicht» ist — gerade darum endlich in sich selbst bloß jene Grenze und unseren Schritt über jene Grenze und also scheinbar gar nichts Eigenes. Daß Gott uns gegenwärtig ist, das ist es eben, was unsere Gegenwart füllt: von der Vergangenheit her, denn er ist ja nicht «nicht mehr» — und in die Zukunft hinein, weil er ja nicht «noch nicht» ist — und so auch in der Mitte, weil sein Gehen und Schreiten vom Gewesenen ins Künftige die Dauer und Ausdehnung hat, die unserem Jetzt abgeht. Daß ich jetzt bin — in der ganzen nicht wegzudisputierenden Problematik dieses Jetzt! — das bedeutet, daß ich, je indem ich von meinem Vorher aus in mein Nachher hinein wieder einmal da bin, ganz auf Gott angewiesen und geworfen bin: ganz auf sein mir zugewendetes Sein in der Zeit. Ohne ihn — ohne dies, daß er für mich ist — hätte ich keine Zeit und würde ich, da ich nur in der Zeit sein kann, überhaupt nicht sein. Gerade daß ich jetzt bin, könnte darum — ferne davon, mir jene glorreiche Gewißheit meines wirklichen Seins zu vermitteln — nur anzeigen, daß ich im Begriff bin, ins Nichts zu versinken. Ich bin jetzt aber wirklich, weil Gott ist, und zwar zuerst ist und nicht nur für sich, sondern auch für mich ist. Weil Gott mich grundlos und unverdientermaßen liebt, darum und darauf hin bin ich jetzt. Aber nun ist getrost — und mit einer Bestimmtheit, von der die Propheten des «Ich bin» keine Ahnung haben — fortzufahren: Weil Gott mich liebt, darum und darauf hin bin ich jetzt wirklich, habe ich eben so, wie ich sie habe, wirklich Zeit. Ich falle nicht ins Leere, obwohl und indem ich doch das große «nicht mehr» hinter mir und das große «noch nicht» vor mir, obwohl und indem ich nur jenen schwanken Moment, jene weichende Eisscholle meiner Gegenwart unter den Füßen habe. Ich brauche nicht mehr, indem ich Gott habe, vielmehr: indem Gott mich hat. Ich habe gerade so Raum zum Leben und also Zeit. Sie ist mir gerade so gegeben: so solid und sicher als ich es nur verlangen kann, weil sie mir gerade so direkt von ihm, meinem Schöpfer, gegeben ist, weil ich es, gerade indem ich so in der Zeit bin, mit ihm und also mit der Ewigkeit als der Quelle, dem Inbegriff und Grund aller Zeit zu tun habe. Seine Gegenwart als solche ist die Gabe meiner Zeit. Er selbst steht ein für deren Wirklichkeit und damit auch für ihre Güte. Ich bin ja Geschöpf. Ich brauche ja, um als solches da zu sein, nichts Anderes, nicht mehr als Zeit. Nur wenn ich selber Gott sein wollte, könnte ich dagegen aufbegehren, könnte ich darunter leiden, darüber seufzen und jammern, daß ich bloß Zeit habe, daß gerade mein Jetzt die merkwürdige Beschaffenheit jenes Übergangs hat. Nur wenn ich Geschöpf sein und ohne Gott sein müßte, müßte ich in diesem Übergang meinen Untergang erblicken. Nun bin ich aber Geschöpf unter Gott und mit Gott. Nun habe ich die Zeit, mein Jetzt genau in der Beschaffenheit, in der ich es brauche. Nun bin ich, von keinem Schein bedroht, in keine Lüge verstrickt, genau da, wo ich leben darf und kann: in der wirklichen Zeit, d. h. in der Gegenwart Gottes. Tersteegen hat im Ergebnis schon recht: «Wer dich hat, ist still und satt, wer dir kann im Geist anhangen, darf nichts mehr verlangen.»

Und nun fragen wir von da aus: Was bedeutet es, daß der Mensch je jetzt ist? Wir sahen, wie alles menschliche Sein, Tun und Erfahren entweder jetzt oder gar nicht wirklich ist, wie es auch als Gewesenes und Künftiges nur vom Jetzt her als Ganzes und wie auch das Gewesene und Künftige nur als gewesenes und künftiges Jetzt verstanden werden kann. Wir sind je in diesem Übergang. Daß dieser Übergang wirklich ist, daran hängt es, daß wir selbst wirklich sind. Und nun ist dieser Übergang und also das Jetzt, in welchem wir sind, darum wirklich, weil und indem die Gegenwart des ewigen Gottes als des Schöpfers auch der Zeit das Geheimnis unserer Gegenwart ist. Was kann dieser Übergang dann für uns bedeuten als je und je das A n g e b o t, den A u f r u f, die E i n - l a d u n g, mit Gott jetzt, mit Gott gegenwärtig zu sein, mit Gott den Übergang zu vollziehen? Mit Gott, d. h. im Blick darauf, daß immer er uns vorangeht und vorausschreitet: nicht ohne uns, sondern für uns, uns zugute. Auch er tut es je jetzt. Das ist es, was unserer Gegenwart eigentümliche Schwere, aber auch eigentümliche Leichtigkeit, eigentümlichen Ernst, aber auch eigentümliches Licht gibt. Auch Gott, er zuerst, ist immer wieder neu und anders für uns da, in jedem Jetzt derselbe und doch nie gleich, sondern mit je einem besonderen Angebot und Aufruf, mit je einer besonderen Einladung. Und so, in dieser B e s o n d e r h e i t, ist seine Gegenwart das Geheimnis der unsrigen. Sie ist nicht etwa mit dem beherrschenden Unterton eines Gemäldes, sie ist nicht etwa mit jener durchhaltenden Grundnote am Anfang der Matthäuspassion zu vergleichen. Sie hat vielmehr je eigenen Klang, Charakter und Glanz. Sie ist die Gegenwart des l e b e n d i g e n Gottes und nicht die eines noch so erhabenen, aber unbewegten Gottesbildes. Und das bedeutet nun für unsere Gegenwart: sie ist wahrlich nicht gleich einem der Millionen von gleichförmigen Pendelschlägen der Uhr, mit der wir sie messen. Ihnen wäre sie wohl gleich, wenn wir sie ohne statt unter und mit Gott zu leben hätten, wenn uns die Gegenwart unsere verlorene Zeit, wenn sie nicht wirklich, sondern nichtig wäre. Daß der lebendige Gott uns gegenwärtig ist, das macht unsere Gegenwart nicht nur wirklich, sondern gewichtig und darum wichtig. Sie enthält das Geheimnis dessen, was Gott gerade jetzt für uns vor hat, uns zu sagen, zu erlauben, zu gebieten, zu geben hat, die Möglichkeit, die er gerade jetzt in uns und durch uns verwirklicht haben will — und also das Geheimnis des Dankes und der Verantwortung, die wir ihm und die wir infolgedessen dann auch unserem Mitmenschen gerade jetzt schuldig sind.

Erst von hier aus wird es bedeutungsvoll, daß jedes Jetzt in seinem besonderen Verhältnis zum Vorher und Nachher eine Gelegenheit bedeutet, die so nur einmal kommt, um dann, ob erkannt oder nicht erkannt, ob benützt oder unbenützt, wieder zu gehen und so bestimmt nicht wiederzukehren. Erst von hier aus wird es ernst, daß jedes Jetzt auch ein «jetzt oder nie!» bedeutet und daß Schiller wohl recht hat: «Was du von der Minute ausgeschlagen, bringt keine Ewigkeit zurück». Was wissen wir, ob das, was wir wissentlich oder unwissentlich eben jetzt ausschlagen, nur ein Kleines und Entbehrliches ist und nicht die Wendung, in der nach rückwärts und vorwärts über unser ganzes Sein in der Zeit entschieden wird? Es gibt solche Minuten, und streng genommen ist vielleicht zu sagen, daß es überhaupt nur solche Minuten gibt. Wir haben jedenfalls gerade mit der Minute darum zu rechnen, weil auch und zuerst Gott selber bestimmte Minuten, καιροί, seines Seins, Redens und Handelns in seinem Verhältnis zu uns hat: Minuten, die so je nur als diese kommen und gehen. Jetzt, jetzt, darf nicht geträumt werden: weder vom Vergangenen noch vom Künftigen. Jetzt gilt es zu wachen, gilt es zu empfangen oder zu handeln, zu reden oder zu schweigen, Ja oder Nein zu sagen. Jetzt darf ich weder ein erinnertes noch ein irgendwie erwartetes Bild, weder ein Gespenst noch ein Ideal meiner selbst als meinen Stellvertreter auf den Plan schicken und unter meiner Maske agieren lassen. Jetzt muß ich selbst heraustreten und zur Stelle sein als der, der ich bin. In höchster Dringlichkeit ist eben jetzt meine höchste Aufrichtigkeit und Bereitschaft verlangt. Aus einem allgemeinen und in seiner Allgemeinheit sicher gottlosen Zeit- und Gegenwartsbegriff ergibt es sich nun gewiß nicht, daß gerade unser Sein im Jetzt so gewaltig geladen, so verheißungsvoll und anspruchsvoll ist. Aber aus dem Begriff, der uns von Gott gegebenen und darum wirklichen Zeit und Gegenwart ergibt sich das Alles in größter Klarheit und Notwendigkeit. Weil wir unter und vor Gott sind, indem wir jetzt sind, darum gibt es vor der Wichtigkeit des Jetzt kein Ausweichen, darum für das Versäumnis oder den Mißbrauch des Jetzt keine Entschuldigung. Darum freilich auch in unserem Jetzt keine Abwesenheit seiner Gnade und Barmherzigkeit. Das ist in allem Ernst das Freudige unserer Gegenwart: daß wir in ihr, weil Gott der zuerst und eigentlich Gegenwärtige ist, auch in unserem Schwachsinn und Stumpfsinn, auch in unserem Versäumen und Mißbrauch des uns Gebotenen von ihm nicht verlassen, nicht uns selbst, nicht der Weisheit und Kraft unserer Entscheidungen überlassen sind, sondern je jetzt auch damit rechnen dürfen, daß die erste und letzte Verantwortlichkeit für uns in seinen Händen ist, daß er Sünden vergibt, irrende Kinder behütet, müde Wanderer ihre kleinen, stolpernden Schritte dennoch tun läßt, daß er weise ist auch über unserer Torheit, gut auch über unserer Bosheit, wach, auch wenn wir wirklich schlafen und vom Vergangenen und Künftigen träumen, wo wir unser Jetzt, das so nicht wiederkommen wird, auskaufen sollten. Er wird uns dann auch in der von uns nicht erkannten und nicht benützten oder mißbrauchten Besonderheit seiner Gegenwart doch nicht umsonst gegenwärtig gewesen sein. Er wird dann unser Jetzt ohne uns, ja gegen uns, aber letztlich doch auch für uns gefüllt haben nach seinem Willen, auch wenn wir seinem Angebot, seinem Aufruf, seiner Einladung nicht von ferne gerecht geworden sind. Wann wären wir ihm wohl je gewachsen gewesen und also gerecht geworden? An welches vergangene Jetzt könnten wir zurückdenken, ohne nachträglich zu seiner Gnade und Barmherzigkeit fliehen zu müssen, und welches künftige Jetzt könnten wir uns ausmalen, in welchem das nicht unser einziger Trost sein wird, daß er mit seiner Gegenwart und Gabe immer viel größer sein wird als unsere größte Kunst und Anstrengung, der uns dann vielleicht gebotenen Gelegenheit gerecht zu werden? — So also füllt sich unsere Gegenwart. Sie ist wirklich. Und so verstehen wir von hier aus, daß unsere Zeit als Ganzes wirklich ist, daß wir wirklich in der Zeit sind, wirklich Zeit haben. Gottes Gegenwart und Gabe schafft, rettet und erhält diese Wirklichkeit. Das bedeutet Gericht und Gnade. Das ist das Geheimnis des ganzen Evangeliums und des ganzen Gesetzes. Das bedeutet aber jedenfalls, daß wir als die Sünder, die wir sind (dem Verlust der Zeit, dem Verlust unserer selbst zweifellos verfallen!), nun dennoch nicht im Verlust unserer Zeit sind, nun dennoch selber nicht verloren, sondern wie geschaffen so auch erhalten und gerettet sind.

2. Wir betrachten unser Sein in der Zeit unter dem Modus der **Vergangenheit**: «**Ich bin gewesen.**» In der Zusammenstellung dieses Praesens und dieses Perfektums haben wir sofort das ganze Problem vor uns, das hier auf Antwort wartet. — Sie bedeutet zunächst positiv sehr klar: Ich bin **jetzt** der, der ich **gewesen** bin. Indem ich an meine Grenze komme, über die ich in die Zukunft schreite, bin ich keine Null, kein unbeschriebenes Blatt, sondern beschenkt und belastet, befreit und gefangen, bereichert und verarmt, verschuldet und verpflichtet, gestärkt und geschwächt, so oder so geneigt, gewöhnt und bestimmt durch die vielen früheren Übergänge, die ich vorher, die ich bis zu diesem Zeitpunkt hin vollzogen habe. Ich bin der, der ich in dieser meiner ganzen Vorzeit geworden bin. Ob ich mich ihrer auch noch so dumpf, nur in einzelnen hellen Bildern erinnere, tut nichts davon noch dazu: wenn die Stunde schlägt und mein jetziges Jetzt anzeigt, wenn ich je den neuen Übergang antrete, dann bin ich jedenfalls der Mensch dieser **Vorzeit** — der Mensch, der in all jenen früheren Übergängen geformt und gebildet wurde, sich selbst geformt und gebildet hat. Was ich auch jetzt sei, tue und erfahre und nach diesem Jetzt sein, tun und erfahren werde: die Vorschüsse und die Hypotheken, die ich von der Vergangenheit her mitgebracht habe, sind für dieses Jetzt so oder so bedeutungsvoll und werden es auch bleiben für meine Zukunft.

Gewiß wird jetzt eben eine ganz neue Seite aufgeschlagen, eine neue Gelegenheit mir geboten, die ganze Lebensfrage noch einmal mir gestellt. Nicht nur Einiges, nicht nur Vieles, sondern Alles kann jetzt auch ganz anders werden, unter ein neues Vorzeichen, in ein neues Licht treten. Wer kann wissen, ob ich nicht eben jetzt mitten in der wichtigsten, für das Ganze meines Seins in der Zeit entscheidenden Erfahrung und Aktion stehe? Wer kann wissen, ob nicht mit eben dem, was ich jetzt zu vernehmen, zu sagen, zu tun im Begriff stehe, meinem ganzen, auch meinem künftigen Leben das Siegel aufgedrückt wird, unter dem ich es einmal in seiner Gesamtheit zu verantworten haben werde? Immerhin: auch die neue Seite steht in demselben Buch meines Lebens, in dem auch die früheren Seiten sich finden. Und irgendwie hängt bestimmt auch das, was auf der neuen Seite stehen soll, mit dem zusammen, was auf den früheren gestanden hat. Einfach versunken ist weder das Gute noch das Böse, weder das Hilfreiche noch das Hemmende meiner Vergangenheit, sondern sie gehört zu mir, auch wenn jetzt Einiges, Vieles oder Alles ganz anders werden sollte. Ich bin, der ich war, obwohl und indem ich vielleicht ganz anders bin als ich war. Ich bin, der ich **gewesen bin**.

Aber ist dem tatsächlich so? Wer bürgt dafür, daß ich wirklich der, der ich **gewesen bin**, noch heute **bin** — daß also auch mein **gewesenes Sein** wirklich **ist**? «**Ich bin gewesen!**» Dieselbe Zusammenstellung von Praesens und Perfektum kann doch auch bedeuten (und was wird aus jener ersten Bedeutung im Lichte oder vielmehr im Schatten dieser zweiten?): Ich **war** einmal — in einer gewesenen Gegenwart nämlich — aber dann geschah etwas Unwiderrufliches: auf jene Gegenwart folgte neue, **andere** Gegenwart, auf mein damaliges Sein in der Zeit ein anderes, neues, das jenes erste und mit ihm jene erste Gegenwart gewissermaßen zudeckte. Es ereignete sich, daß jenes mein Sein in der Zeit sich wandelte und zur Vergangenheit wurde. Diese Wandlung meinen wir doch, wenn wir sagen, daß wir «gewesen» sind. Was wir waren, ist vorbei, *passé, past:* unter das, was ich war, ist jetzt ein Strich gezogen, der es von meinem jetzigen Sein **scheidet**. So bin ich, was ich war, nun doch nur noch unterhalb dieses Striches, nur noch jetzt in der Gegenwart: sofern diese gewissermaßen in komprimierter Gestalt, im Ertrag und Extrakt auch mein damaliges Sein enthält, sofern ich heute und in der anderen neuen Gestalt, in der ich heute bin, noch derselbe bin, der ich gestern war. **Daß** ich aber damals und **was** und **wie** ich damals war, das an und für sich, mein Sein oberhalb des gezogenen Strichs als solches, das ist nun eben — das Wort ist grausam deutlich — **vergangen** — gewesen im Sinn von «verwest», wesenlos geworden. Es überlebt gerade nur noch, indem ich selbst, der damals lebte, jetzt noch lebe und jetzt noch als der lebe, der damals gelebt hat. Ich habe aber als der, der **damals** lebte, **kein** Leben mehr, weil jener mein Lebensraum, jene meine Zeit dahin ist. Was durch jenes abschließende Ereignis von der Gegenwart abgegrenzt, hinter mich gebracht ist, das ist zum *Plusquamperfectum* («Vorvergangenheit») geworden. Die ihm widerfahrene Wandlung war in Wahrheit insofern eine Absorption, als ihm gerade sein eigenes damaliges Sein in seiner Dauer und Ausdehnung,

2. Die gegebene Zeit

d. h. aber eben seine Zeit jetzt genommen, und zwar unwiederbringlich genommen ist. Was damals war, ist gerade nur noch, indem es auch noch heute ist. Es ist also **nicht** mehr, sofern es **damals** war.

Der Aspekt ist tief beunruhigend. Wir wissen ja, wie es gerade dort steht, wo das Gewesene wenigstens in jener komprimierten Form noch immer sein sollte: in unserem Sein heute, jetzt, in der Gegenwart. Wir wissen ja, daß ihm Dauer und Ausdehnung und also ein echtes Überleben auch hier nicht beschieden sein kann. Und wir werden nicht umhin können, zu bedenken, daß auch unsere Gegenwart, auch unsere Zukunft, der Vergangenheit entgegeneilen, daß der fatale Strich immer wieder gezogen werden wird, daß unser gegenwärtiges und auch unser ganzes zukünftiges Sein unwidersprechlich dazu verurteilt ist, einmal durch jene Wandlung hindurchzugehen und damit im beschriebenen Sinn zu einem gewesenen Sein zu werden, als unser damaliges Sein nicht mehr zu sein. Es scheint also auch unter diesem Aspekt so zu sein, daß wir in Wirklichkeit keine Zeit haben. — Und nun gibt es zwei Mittel, sich gegen diesen beunruhigenden Aspekt zur Wehr zu setzen. Das eine ist die **Erinnerung**, das andere ist das **Vergessen**. Sie sind also in ihrer Art gerade entgegengesetzt. Sie führen aber beide zu demselben Ergebnis. Sie können nämlich jenen Aspekt beide nicht aus der Welt schaffen. Wir können uns weder mit dem einen noch mit dem anderen dessen vergewissern, daß unser gewesenes Sein als solches **auch ist**. Sie können uns also beide die Beruhigung, daß wir wirklich Zeit haben, **nicht** verschaffen. Und so sind sie beide gleich untaugliche Mittel.

In der **Erinnerung** gehen wir davon aus, daß wir wohl wissen, wie problematisch unser Sein in der Gegenwart und dann auch in der Zukunft ist. Eins aber scheint uns dann gewiß: wir waren einmal, «ich besaß es doch einmal, was so köstlich ist». Und nun fliehen wir, von der Gegenwart und Zukunft in dieses «Es war einmal». Und es besteht der Akt der Erinnerung in dem Unternehmen, diesem unserem gewesenen Sein die Dauer und Ausdehnung, die es jetzt offenbar nicht mehr hat, wieder zu geben und also unser damaliges Sein in der Zeit als solches wieder hervorzurufen. Wenn man das könnte, dann wäre das gewiß eine zwar begrenzte, aber immerhin in sich solide Bewahrheitung unseres Seins in der Zeit, eine wenigstens teilweise Vergewisserung über die Wirklichkeit der Zeit und damit über unsere eigene Wirklichkeit. Wenn einem Menschen sein Heute leid geworden und wenn er für sein Morgen ohne Hoffnung ist, dann beginnt er in der Erinnerung zu kramen. Und wenn eine ganze Generation an ihrer Gegenwart und heimlich wohl auch in ihrem Glauben an die Zukunft irre geworden ist, dann wendet sie sich dem Historismus zu, dann beginnt sie romantisch oder exakt zu fragen nach dem, was und wie Alles gewesen ist. Das mag dann auch ein gutes Stück weit gelingen. Mehr oder weniger konturierte, farbige und bewegte Bilder steigen auf und melden: Ja, das war, und so war es — und das gewiß nicht, ohne mancherlei Licht und Schatten auf das zu werfen, was jetzt ist, weil doch in dem, was jetzt ist, auch das, was war, fortlebt, sodaß es — *historia vitae magistra* — zur Erkenntnis des Jetzigen gewiß dienlich sein kann, das Gewesene wieder sichtbar zu machen. Aber die eigentliche Absicht des Unternehmens ist undurchführbar. Die Bilder des gewesenen Seins und dieses selber sind zweierlei. Das Sein des Gewesenen kehrt auch in seinen noch so lebendig, noch so genau geschauten und entworfenen Bildern nicht wieder. Im Gegenteil: der Strich, der darunter gezogen ist, die Absorption ins gegenwärtige Sein, die ihm widerfahren ist, wird durch die Erinnerung, je lebendiger und genauer sie ist, nur umso sichtbarer. Gerade in seinem eigenen Sein war es nun einmal und kommt es nicht wieder. Gerade in seinem eigenen Sein ist es nicht mehr. Seine Zeit ist um. Sie ist, wenn sie je einmal wirklich war, jetzt nicht mehr wirklich. Und es ist klar, daß die Absicht dieses Unternehmens schon in ihrem Ansatzpunkt: als Flucht vor der Gegenwart und Zukunft nicht durchführbar ist, weil die Zeit in ihrer ganzen Problematik, auch während wir uns der Erinnerung hingeben, weitergeht, weil wir auch diesen Fluchtversuch nur wiederum mitten in unserer so problematischen Zeit unternehmen können und also dem, wovor wir fliehen möchten, doch verfallen sind.

Im Vergessen gehen wir umgekehrt davon aus, daß wir wohl wissen, wie problematisch unser Sein in der Vergangenheit ist. Sein Dahinsein und die Unmöglichkeit, es durch Erinnerung festzuhalten oder aufs neue auf den Plan zu rufen, steht uns dann vor Augen. Eins aber scheint uns dann gewiß zu sein: wir sind jetzt, und: wir werden sein — wir wollen jedenfalls auch künftig sein. Und nun fliehen wir gerade in der umgekehrten Richtung: aus den Domen, Kerkern, Wirtshäusern und Katakomben unseres gestrigen in das Licht des heutigen mit seiner Verheißung des noch größeren Lichtes des morgigen Tages. Und es besteht das bewußt oder unbewußt durchgeführte Unternehmen des Vergessens darin, das Vergangene, soweit es nicht im Gegenwärtigen absorbiert ist, vergangen sein zu lassen, um uns umso unbeschwerter derjenigen, wieder begrenzten, aber in sich soliden Bewahrheitung unseres Seins in der Zeit zuzuwenden, die uns jetzt eben und von da aus dann auch in allerlei weiterem noch ausstehendem Jetzt möglich erscheint. Wenn ein Mensch seiner Vergangenheit nicht mehr froh zu sein vermag, dann wird er eben gegenwartsfroh und zukunftsfroh. Und wenn eine ganze Generation mit ihrer Vorzeit nichts mehr anzufangen weiß, dann preist sie umso lauter den «Geist der Zeit», nämlich ihrer eigenen, nämlich der jetzigen Zeit, und dann wird sie «fortschrittsgläubig». Auch das kann bekanntlich ein Stück weit gelingen. Man kann verdrießlich gewordene alte Briefe und Tagebücher zerreißen oder verbrennen. Man kann, was man einmal war, erlebte, sagte und tat, «verdrängen», d. h. ersetzen durch ein Bild, das man jetzt — und jetzt dann auch für die Zukunft — meint stellen zu können. Durch das Bild dessen, was man jetzt und dann auch in der Zukunft zu sein und zu erleben, sagen und tun zu können und zu sollen gedenkt und in dessen Verehrung und Dienst man nun frei zu sein, gewissermaßen als Neugeborener sein Leben noch einmal und jetzt wirklich anfangen zu können meint! Aber die eigentliche Absicht des Unternehmens ist auch hier undurchführbar. Unser Sein in der Gegenwart und Zukunft ist nun einmal der sichere Ort nicht, in den man sich aus der Problematik der Vergangenheit flüchten könnte. Weiter als bis zur Erstellung von allerhand Bildern reicht es auch hier nicht. Es ist aber ein Bild unseres Seins in unserer Gegenwart nicht identisch mit diesem selbst. Und dieses selbst ist so problematisch, wie unser Sein in der Vergangenheit. Wer von der Skylla zur Charybdis flieht, ist so unweise wie der, der das Gegenteil tut. Man läßt, indem man vergißt, das Problem nur in seiner einen Gestalt fallen, um es in der anderen erst recht aufnehmen zu müssen. Und man kann es faktisch nicht einmal in der einen wirklich fallen lassen. Die Skylla der Vergangenheit folgt uns, ob uns das Vergessen gelingt oder nicht gelingt, faktisch auch bei unserer Flucht zu der Charybdis der Gegenwart. Nicht nur darum, weil ein Jeder ja doch nur sein kann, was er war, was er in seinem Gewesensein geworden ist — nicht nur darum also, weil er ja, wie munter er auch seine Schritte lenke, doch nur *omnia sua secum portans* in die Gegenwart und Zukunft hineinschreiten kann — sondern vor allem darum, weil er die große Lücke seines gewesenen, seines nicht mehr seienden und nicht mehr wiederkehrenden Seins doch hinter sich hat, weil sein Sein in der Zeit, selbst wenn es (was aber nicht der Fall ist) in die Gegenwart und Zukunft als in einen sicheren Hafen einlaufen könnte, ja doch jene Schlagseite, jenes Leck hätte und also auch mitten im Hafen nur untergehen könnte. Er kommt ja doch von dorther. Er ist ja, ob vergessen oder nicht, doch auch der, der er damals war. Und was ist er jetzt, was ist sein ganzes Sein in der Zeit, wenn es mit seinem damaligen Sein in der Zeit — wie er es durch sein Vergessen törichterweise zu bestätigen scheint — nichts mehr ist, wenn es in seiner Damaligkeit, in seinem Gewesensein ohne Wirklichkeit ist?

Wir könnten aber doch nur wählen zwischen der Erinnerung und dem Vergessen und allenfalls einer Mischung von beidem, wenn wir darauf angewiesen wären, uns unseres Seins in der Zeit und also auch unseres wirklichen Seins in seiner Damaligkeit, in seinem Gewesensein selber zu versichern. Wir sind dann nicht darauf angewiesen, wenn wir auch hier damit rechnen dürfen, daß der Wille und die Tat Gottes der Sinn und Grund unseres Seins in der Zeit und so auch unseres Seins in der hinter uns liegenden Zeit ist. Wenn wir damit rechnen, dann stellt sich die Lage so dar: Jawohl, wir waren. Jener Strich wurde gezogen und wird immer wieder gezogen, wird sogar einmal endgültig gezogen werden, der unser ganzes Sein in der Zeit als ein gewesenes zu bezeichnen, der ihm die Wirklichkeit kategorisch genug abzusprechen scheint. Aber nicht wir waren zuerst. Sondern zuerst war Gott: er schon damals unser Schöpfer, Erretter und Erhalter — er, der sich schon damals durch unsere Feindschaft gegen ihn nicht abhalten ließ, für uns zu sein — er, der schon damals gegen unsere Untreue seine Treue setzte. Er war zuerst, in der Höhe — dann, in der Tiefe, waren wir. Und hier war schon damals nicht nur Gegensatz, sondern auch Beziehung. Über uns, für uns, mit uns ist auch Gott gewesen. Denn es gibt ein Damals, ein Gewesensein, ein echtes Vorher auch in Gottes Ewigkeit, so gewiß sie die Ewigkeit des lebendigen Gottes ist. Striche werden dort allerdings nicht gezogen. Ein Zurückbleiben und Vergehen des Gewesenen gibt es dort nicht. Eben der, der Gott war, ist er auch und wird er auch sein. Aber eben in diesem Ineinander von Damals, Jetzt und Dann ist Gottes Ewigkeit die ursprüngliche, die eigentliche, die schöpferische Zeit. Und eben der ewige Gott war auch der Garant und Bürge der Wirklichkeit unserer, der geschaffenen Zeit und unseres wirklichen Seins in ihr: damals, in unserer Vergangenheit. Wieder haben wir es ja nicht mit einer abstrakten Ewigkeit zu tun, sondern mit der Ewigkeit, in der Gott wollte, will und wollen wird, daß wir als seine Geschöpfe seien und also nicht nicht seien, nicht verloren gingen. Wir heben jetzt hervor: Gottes Ewigkeit ist die Ewigkeit, in der Gott eben das wollte. In diesem «Er wollte» — für das es keinen Abschlußstrich, kein «Nicht mehr» gibt, das vielmehr auch sein Wollen und Wollenwerden in sich schließt, war er über uns, für uns, mit uns, als wir waren, wir in jener unserer damaligen, jetzt scheinbar versunkenen, nur noch zu erinnernden oder zu vergessenden Wirklichkeit. Mehr noch: Gottes Ewigkeit ist die Ewigkeit, in der Gott das für unser Sein, unsere Errettung und Erhaltung, für unser Nichtverlorengehen Notwendige tat: er war ja unser Schöpfer, unser Vater und Erlöser von alters her, er war ja der in sich selbst für uns Bewegte schon bevor er diese Bewegung vollzog und erst recht, indem er sie vollzog und indem er sie zu vollziehen nicht aufhört. In diesem «Er tat» — das kein Ende hat, keinen Abschluß in einem «Nicht mehr» war er über uns, für uns, mit uns, als wir waren: wir in der ganzen Problematik unseres Seins als unseres Gewesenseins.

Und nun fahren wir wieder fort: Es gab — in Beziehung zu dem, was Gott war, wollte und tat — damals auch unser Sein, Erleben, Wollen, Tun und Nichttun, jenes Ganze, das wir waren und wie wir es waren. Wir sind eingeladen, uns auch in diesem unserem Sein im Modus des Gewesenseins, auch unsere Zeit in dieser Dimension nicht abstrakt zu sehen und zu verstehen: sie so wenig wie Gottes Ewigkeit. Was waren wir? Was wir unter und mit Gott waren, was wir auf Grund seines Gewesenseins sein konnten, durften und mußten. Und wie waren wir? Als die schon damals von ihm Geliebten — als die, denen er zum Leben schon damals Zeit geben wollte und tatsächlich gegeben hat. Aber eben: zum Leben und also auch zum Weiterleben: hinein in das Jetzt, in dem wir jetzt leben und darüber hinaus unserer Zukunft entgegen. Daß wir damals waren und heute noch sein dürfen, das ist der Erweis der Geduld Gottes, die damals schon über uns war. Eben darum konnte unsere damalige Zeit keine bleibende, keine stillstehende, sondern nur eine kommende und wieder gehende Zeit sein. Sie war Zeit, die, indem wir sie hatten, zur Ablösung durch andere, neue Zeit bestimmt war. Gerade als unsere damalige Lebenszeit mußte sie zu dem werden, was sie uns jetzt, von der Gegenwart her gesehen, ist: vergangene Zeit. Das ändert aber nichts daran, daß sie, weil Gott auch damals war, wirkliche, gefüllte Zeit gewesen ist. Und eben weil Gott schon damals war, kann ihre Wirklichkeit und Fülle dadurch, daß sie nun gewesen, vergangen, vorüber ist, nicht genommen sein. Gott tut nichts umsonst. Was er gewollt und geschaffen hat, das kann sich nicht in Nichts auflösen. Vergangen ist nur ihr Charakter als unsere Gegenwart, den sie einst hatte, jetzt nicht mehr hat. Aber nicht vergangen ist sie selbst als Modus unserer Zeit. «Deine Augen sahen alle meine Tage, in deinem Buch standen sie alle; sie wurden geschrieben und gebildet, als noch keiner von ihnen da war» (Ps. 139, 16). Sie waren also in Gottes Buch, Plan und

Absicht, schon **bevor** sie waren! Und da sollten sie, **nachdem** sie waren, nicht mehr sein? Es gibt ein **Sein** auch im Modus des **Gewesenseins**, ein vergangenes und nun doch gerade so **wirkliches** Sein. Unser Sein in der Zeit ist wirklich auch in diesem Modus. Man kann das nur im Blick auf Gott so von ihm sagen. Davon kann ja keine Rede sein, daß wir seine Wirklichkeit damals hätten festhalten können oder daß wir sie heute wieder hervorrufen könnten. Anders als im Blick auf Gott gesagt wäre es nicht nur eine leere, sondern auch eine ganz und gar unbegreifliche Behauptung, daß unser Sein in der Zeit auch in diesem Modus: unser damaliges Sein heute und morgen eben so wirklich ist, wie es damals war. Ohne Gott wäre die Tatsache, daß es als unwiderrufliche Vergangenheit hinter uns liegt, wäre die Tatsache, daß auch die neue Stunde gerade jetzt, auch unsere kommenden Tage und Jahre so unaufhaltsam dem Vergangensein entgegeneilen, wirklich nur jenes Leck, dank dessen wir unser ganzes Sein nur als ein untergehendes, ein ins Nichts versinkendes Sein verstehen könnten. Aber wir sind nicht ohne Gott. Wir dürfen diese Tatsachen vielmehr im Blick auf Gott verstehen. Und Gott — der ewige Gott, dessen Gestern auch heute, auch morgen ist — er liebte uns schon damals. Und das bedeutet, daß unser damaliges Sein als Gegenstand seiner Liebe, den er sich nicht entreißen ließ, in seinen Augen und also in Wahrheit nicht aufgehört hat, wirklich zu sein. Was er einmal gegeben hat, das nimmt er nicht zurück. Was durch ihn und vor ihm war, das ist. Und das gilt nicht nur in dem Sinn, daß in unserem jetzigen Sein ja auch unser vergangenes eingeschlossen und mit ihm gegenwärtig ist. Das gilt vielmehr auch in dem weniger naheliegenden, aber nun gerade entscheidenden Sinn: daß unser Sein in der Zeit auch in seiner ganzen **rückwärtigen** Dauer und Ausdehnung nicht nur wirklich **war**, sondern **wirklich ist** — nicht verloren, nicht versunken, nicht zum Nichts geworden, uns nicht abhanden gekommen, sondern genau so echt wie unser Sein in der Gegenwart und Zukunft **unser** ist. Wir **sind** in unserer **ganzen** Zeit, in der ganzen Folge ihrer Teile und nicht nur in der einen, die wir die Gegenwart nennen. Denn unsere Zeit ist der Raum unseres ganzen Lebens. Ist unser Leben in seiner Ganzheit Gottes Gabe, dann ist es auch unsere **ganze** Zeit. Und ist auch unsere ganze Zeit Gottes Gabe, dann bürgt Gott auch für die Erhaltung ihrer Wirklichkeit in dieser ihrer Gesamtheit. Sie ist nur Zeit. Sie kann und muß vergangen sein, fortwährend vergehen, auch künftig dem Vergehen entgegeneilen. Aber dagegen wäre doch wieder nur dann Beschwerde zu erheben, wenn der Mensch durchaus Gott und also ewig sein wollte, statt unter Gott und mit Gott fröhlich und bescheiden nun eben Mensch und also zeitlich zu sein. Untergang würde das Vergehen unserer Zeit doch nur dann sein, wenn wir Menschen sein und dabei ohne Gott, außerhalb des von ihm begründeten Bundes sein müßten.

Aber eben das entspricht nicht der von Gott geschaffenen menschlichen Wirklichkeit. Es besteht ja vielmehr Gottes Bund mit dem Menschen von der Erschaffung des ersten Menschen, ja der ganzen Welt, ja von Gottes Ewigkeit her. Es ist ja vielmehr so, daß wir unsere Zeit als von Gott gegeben wirklich haben dürfen: unsere ga nze Zeit — auch in ihrer Beschaffenheit als vergangene und fort und fort vergehende Zeit.

Und nun fragen wir wieder von hier aus: Was bedeutet das, daß wir waren? Daß wir waren, ist wirklich, weil zuerst, weil über uns und für uns Gott war, er in seiner allmächtigen Gnade und Barmherzigkeit, Heiligkeit und Gerechtigkeit. Er liebte uns in unserer Damaligkeit, und weil er nicht aufgehört hat, das zu tun, sind wir wirklich auch in unserer Damaligkeit. Das bedeutet nun aber, daß dieses unser vergangenes Sein, das ja hinter uns wächst mit jedem Tag und jeder Stunde, die wir hinter uns bringen, ganz und gar unter dem Urteil und im Gerichte Gottes ist. In diesem ganzen Bereich hinter uns gibt es für uns kein göttliches Angebot mehr, keinen Aufruf, keine Einladung und keine Gelegenheit. Dort sind die Würfel gefallen. Was wir dort waren, das waren wir: samt allem, was wir dort taten und nicht taten, fanden und nicht fanden, samt allem Recht und Unrecht, das wir dort vollbrachten und auch erlitten, samt allem Schönen, das wir dort als solches entdeckten oder auch dumpf übersahen, samt aller Freude, die uns dort zuteil wurde oder auch entging, weil wir sie nicht zu genießen vermochten. Es war nun alles so wie es war. Da ist nun nichts mehr wegzunehmen, nichts mehr hinzu zu tun, nichts mehr zu verbessern und nichts mehr schlechter zu machen. Es war Alles vor Gott; es ist in seiner ganzen Wirklichkeit noch vor ihm. Es bedarf keiner Erinnerung, es kann aber auch kein Vergessen etwas daran ändern, daß es noch vor Gott und also jetzt so wirklich ist wie damals. Es bedarf dazu nicht einmal unserer jetzigen Gegenwart, dieser merkwürdigen Resultante unserer Vergangenheit. Wir sind wirklich die, die wir waren in der ganzen Dauer und Ausdehnung dieser unserer Vorzeit, weil wir in dieser ganzen Dauer und Ausdehnung vor Gott waren: weil er es war, dem wir schon damals alles zu verdanken, vor dem wir uns aber auch schon damals in allem und jedem zu verantworten hatten, der uns schon damals gab, vorenthielt und nahm, der uns schon damals half und in den Weg trat, schon damals belohnte und bestrafte nach seiner Weisheit und Gerechtigkeit, der uns schon damals, wie wir uns auch verstellen und verstecken mochten, kannte bis auf den Grund, der aber auch schon damals größer war als unser Herz, der uns schon damals brauchen konnte oder unbrauchbar fand und anders, als wir es dachten, dann doch zu brauchen wußte. Es ist alles dieses Gewesene unter seinem Urteil und Gericht. Wir sind als die, die wir gewesen sind — in der Unveränderlichkeit, in der wir nun wirklich diese gewesen sind! — ganz und gar, auf Gnade und Ungnade ihm ausgeliefert. Daß dem so ist: daß wir einfach in den Händen, in der Macht und Verfügung Gottes sind, ohne etwas davon oder dazu tun zu können, das bedeutet es, daß wir waren. Im Modus der Gegenwart und erst recht in dem der Zukunft könnte uns das vielleicht zweifelhaft sein. Eigenes Wollen, Entscheiden und Tun könnte uns hier wie eine zweite mitwirkende Bedingung unserer Existenz erscheinen. Aber nun hat unser Sein in der Zeit auch diesen Modus: den Modus der Vergangenheit. Es wird sogar einmal nur noch diesen Modus haben. Das bedeutet nicht, daß es dem Untergang geweiht ist. Weil Gott ist, darum ist es auch in diesem Modus wirklich. Wohl aber müßte es hier auch der Blinde sehen: es ist ganz in Gottes Händen. Wollte er es annehmen, dann ist es angenommen. Wollte er es verwerfen, dann ist es verworfen. Und er war uns gar nichts — wir waren ihm alles schuldig. Was war es also? Genau das, was es auf Grund seiner Entscheidung, seines Urteils und Richterspruchs war — genau das, als was es, wenn das Buch, in dem es stand — das Buch Gottes — einmal geöffnet werden wird, auch uns offenbar sein wird. Genau das: nicht mehr, nicht weniger, nichts Anderes! «Gott ist's, der regiert.»

Von hier aus dürfte aber schließlich auch das ganze Problem des Rückblicks auf die vergangene Zeit noch einmal in ein neues Licht treten. Ist sie in ihrer ganzen unveränderlichen Wirklichkeit vor Gott und unter seinem Urteil, dann bekommt die Möglichkeit der Erinnerung wie die des Vergessens einen anderen Charakter.

Von der Erinnerung wird dann einmal zu sagen sein, daß es eine merkwürdige Undankbarkeit oder eine merkwürdige Angst sein müßte, durch die wir es uns verbieten ließen, je auch in unserer Vergangenheit, auch in der hinter uns liegenden Geschichte zu leben. Warum denn nicht? Da sie doch genau so wirklich zu unserem Sein in der Zeit gehört, wie unsere Gegenwart und Zukunft, da doch Gott allein ihr Richter ist? Was könnten wir da für einen Grund haben, uns vor ihr die Augen zu verschließen? Wieso nicht gerade von da aus allen Grund, unsere Augen auch in dieser Richtung so weit wie nur möglich aufzutun? Können wir dort, gerade wenn wir ganz genau hinsehen, etwas Anderes entdecken als die Spuren des göttlichen Gerichtes? Sind sie für uns erhebend, warum sollen wir uns dann nicht freuen daran? Sind sie niederdrückend, warum sollen wir uns dann nicht von dorther zur Demut und zur Bescheidung rufen lassen? Gott braucht sich nicht zu erinnern, wir aber können ohne Erinnerung auch heute und für morgen nicht leben. Ein Mensch ohne Geschichtsbewußtsein, ohne irgendwelche ganz deutlichen Bilder von dem, was war, und ohne die Ruhe, diese Bilder zu sich reden zu lassen, wäre ein Ausreißer vor der Wirklichkeit und vor Gott, den man gewiß auch im Verkehr von Mensch und Mitmensch nicht zuverlässig und vertrauenswürdig finden würde. Es besteht kein Anlaß zu solchem Ausreißen:

schon weil es doch nicht gelingen kann, aber vor allem darum, weil im Rückblick auf das Gewesene so viel Anlaß zur Dankbarkeit und zur Beschämung liegt, daß zu jenem Ausreißen eigentlich gar kein Raum da sein sollte.

Eben von der Erinnerung wird dann freilich mit gleichem Ernst zu sagen sein, daß man natürlich nicht in der vergangenen Zeit leben kann in dem Sinn, als ob man dort zu Hause, jetzt, in der Gegenwart und Zukunft aber in der Fremde wäre. Man kann also nicht etwa dort, in den Bildern des Gewesenen, ein Leben suchen, das man in der Gegenwart und Zukunft zu finden aufgegeben hat. Diese Flucht in entgegengesetzter Richtung tut natürlich auch nicht gut. Sie kann die Form einer *laudatio* oder auch die eines *contemptus temporis acti* haben und ist in beiden Formen gleich unmöglich. Es geht ja nicht um unser damaliges Sein an sich und als solches, sondern darum, daß es schon damals unser Sein unter und mit Gott war. War es damals unter und mit Gott, dann ist es das auch heute und morgen. Dann kann man zwar, so weit das durch das Mittel der Erinnerung möglich ist, a u c h, man kann dann aber nicht n u r im Damals leben. Man kann dann zwar i m, aber nicht v o m Damals leben. Man kann dann zwar auch konservativ, man kann dann aber auf keinen Fall restaurativ und reaktionär denken — und das auch nicht in der Form, daß man dauernd gegen eine durch die eigene Abneigung künstlich restaurierte Vergangenheit reagiert! Man denkt dann in klarer und bewegter Erinnerung heute für morgen. Man wird dann auch frei sein von der Neigung, die Vergangenheit zu verfälschen, sie zu seinen eigenen Gunsten, d. h. zu seiner eigenen Rechtfertigung durchaus schwarz oder durchaus weiß malen zu wollen. Man weiß dann vor allem um die Grenze der Erinnerung: daß sie ja doch nur Bilder — erschreckende oder erfreuliche Bilder — aber nicht die Wirklichkeit des vergangenen Seins auf den Plan führen kann. Wie sie wirklich war und ist, ist sie vor Gottes, nicht vor unseren Augen: als unsere eigene, aber als unsere verborgene Wirklichkeit. Daß sie in Gottes Händen geborgen ist, das bedeutet die Befreiung von jedem positiven oder negativen Krampf ihr gegenüber, die Befreiung vom Zwang aller (positiven oder negativen!) historischen Ideologien — nicht die Befreiung von der lebendigen, wohl aber die von der toten und tötenden Erinnerung: die Befreiung für ein in ruhigem Rückblick jetzt für die Zukunft zu lebendes Leben.

Und auch vom V e r g e s s e n wird dann — wenn man bedenkt, daß das Gewesene in Gottes Händen und so wirklich ist — noch Anderes zu sagen sein als vorhin. Zuerst dies: daß man auch vergessen d a r f. Bei Gott gibt es kein Vergessen, wie er auch keiner Erinnerung bedarf. Wir aber bedürfen tatsächlich auch des Vergessens. Und uns ist tatsächlich auch diese Möglichkeit gegeben. Es wäre fürchterlich, wenn es anders wäre. Wir würden dem Anblick unseres ganzen Seins in der Zeit auch nur in den Bildern seiner Wirklichkeit auf keinen Fall gewachsen sein. Das ergibt sich gerade daraus, daß Gott sein Richter ist. Uns rechtfertigt und rettet ja keines von diesen Bildern. Und der Anblick ihrer Gesamtheit müßte uns geradezu erdrücken. Wohl uns, daß es für uns auch ein Vergessen gibt, daß man auch darum beten darf: *quod vixi tege!* Und daß Gott dieses Zudecken für uns vollzieht, auch ohne daß wir ihn darum bitten. Er erlaubt uns dadurch, mit ein paar Bildern des Gewesenen, die für uns gerade genug sind, heute für morgen zu leben. Der tiefe hilfreiche Sinn des Vergessens besteht dann darin, daß wir auf weiteste Strecken nicht genötigt sind, unser gewesenes Sein in der Zeit auch nur in seinen Bildern immer wieder anzuschauen, nicht genötigt, uns auch nur mit seinen Bildern immer wieder auseinanderzusetzen. Es ist genug an denen, die tatsächlich vor uns stehen. Und es ist vor allem genug daran, daß unser Sein in der Zeit in seiner Wirklichkeit vor Gottes Augen ist und seinem Urteil und Gericht untersteht.

Wir werden dann freilich fortfahren müssen: An dem ist es a u c h n i c h t, daß man vergessen m u ß, um leben zu können. Dieses Müssen wäre wieder der Krampf des Menschen, der durchaus geschichtslos sein möchte. Ist Gott der Richter unseres ganzen Seins in der Zeit, dann können uns keine von dessen Bildern ein wirkliches Leid antun. Es gibt freilich nicht wenige Fragmente unseres gewesenen Seins, die wir gerne vergessen würden und nun doch nicht vergessen können. Da dem so ist, werden sie uns wohl verordnet sein. Warum sollte es nicht so sein, daß sie zu uns selbst in unserer Gegenwart und Zukunft nun einmal nach Gottes gutem Willen und Plan gehören, daß es uns gar nicht heilsam wäre, wenn wir sie vergessen könnten? Was wäre dann verderblicher, als wenn wir sie vergessen wollten? Nein, da ist nichts, was durchaus zerrissen, durchaus verbrannt werden m ü ß t e! Wieviel Unheil stammt schlicht aus solchen gewaltsam, nämlich gegen Gottes Willen «verdrängten» Erinnerungen: aus Erinnerungen, die wir haben sollten, aus irgend einem Grund nicht haben wollen, mit irgend einem Gegenwarts- oder Zukunftsbild zudecken wollen, wo ein göttliches Zudecken nun einmal aus guten Gründen nicht stattgefunden hat — um sie dann, nun eben in diesem willkürlich zugedeckten Zustand — vergessen und doch nicht wirklich vergessen — dennoch und dann gewiß als einen richtigen Krankheitsherd haben müssen. Der Zwang zum Vergessen ist so böse wie der Zwang zur Erinnerung, das Lebenwollen im Vergessen so schlimm wie ein Lebenwollen von der Erinnerung. Aus der Erkenntnis, daß Gott war, als wir waren, ergibt sich Freiheit auch in dieser Hinsicht: Man muß und wird in dieser Erkenntnis nicht vergessen wollen — auch was man vielleicht in der Tat l i e b e r vergessen würde!

3. Wir betrachten unser Sein in der Zeit schließlich unter dem Modus der Zukunft. «Ich werde sein.» Auch hier ist zunächst von der Gegenwart und von einer eigentümlichen Füllung unseres Seins in der Gegenwart die Rede. Daß ich «sein werde», das hebt mindestens in der Gegenwart an, um sich dann freilich sofort über die Gegenwart hinaus auch in die Zukunft zu erstrecken. Wir wissen, daß der Schritt aus der Vergangenheit und der in die Zukunft in Wirklichkeit nicht zwei, sondern ein einziger sind. Aber man darf es einmal naiv so beschreiben: ich verlasse jetzt das vorhin betretene Jetzt, ich überschreite, ich transzendiere jetzt seine Grenze nach vorwärts. Wie ein Wanderer, der in der Herberge keinen Raum fand, wieder herauskommt, um weiter zu gehen, weiter zu suchen. Die Zukunft ist das Jenseits der Gegenwart, wie die Vergangenheit ihr Diesseits ist. In der Gegenwart berühren sie sich. Wie die Vergangenheit zu ihr hin war, so ist die Zukunft von ihr her. Ich erwarte jetzt neue Gegenwart. Ihr schreite ich jetzt entgegen. Nach ihr greife ich jetzt. Dieses Erwarten, Schreiten, Greifen hebt eben jetzt an, um dann freilich alsbald nicht mehr jetzt zu sein. Aber die Feststellung lohnt sich: es hebt schon jetzt an. Und infolgedessen ist immer schon unser Jetzt als solches wie voll Vergangenheit, so auch voll Zukunft. Indem wir sind, antizipieren wir uns selbst in der Zukunft, projizieren wir uns selbst in die Zukunft hinein, sehen und wollen wir uns schon als die, die wir sein werden, verhalten und benehmen wir uns faktisch, als wäre unser künftiges Sein schon auf dem Plane. Wir sind insofern schon ganz von ihm bestimmt, als wir schon ganz im Blick auf bestimmte Hoffnungen und Befürchtungen denken, empfinden und handeln, agieren und reagieren. Alle menschliche Tätigkeit, aber auch alles menschliche Erfahren und Leiden eilt je einem Telos entgegen. Was der Bauer im Frühling schafft, das ist Aussaat für den Sommer. Was er im Sommer schafft, ist Ernte für den Winter. Was er im Herbst und Winter schafft, ist Zubereitung für die neue Saat des neuen Frühlings, für die neue Ernte des neuen Sommers. Ist nicht auch jede jetzt empfundene Freude im entscheidenden Punkt immer Vorfreude in der Erwartung kommender weiterer, vielleicht dann erst eigentlicher Freude und so auch jeder jetzt uns treffende Schmerz genau genommen ein Vorbote befürchteter weiterer, vielleicht größerer Schmerzen? Und gibt es hier nicht auch die bekannte merkwürdige Umkehrung, daß die gegenwärtige Freude auch die Ahnung kommenden Leides, das gegenwärtige Leid auch die Ahnung kommender Freude in sich hat? Till Eulenspiegel hatte vielleicht gar nicht so Unrecht, wenn er so bekümmert bergab, so vergnügt bergauf ging. Das ist sicher und nicht zu verkennen: daß unsere Gegenwart unter allen Umständen, heimlich oder offen, uns bewußt oder unbewußt, voll Zukunft ist, daß sich in unseren heutigen Erfahrungen und Entscheidungen die Entwicklungen vorbereiten und ankündigen, die wir morgen

zu durchleben und zu verantworten haben werden. Ich bin nicht nur, der ich war. Ich bin auch schon, wenn auch erst *in nuce,* der ich sein werde.

Aber bin ich das wirklich: der ich sein werde? Werde ich denn — in diesem Jenseits meiner Gegenwart — auch nur einen Schritt weit sein, derselbe sein, der ich jetzt bin? Habe ich eine Kontinuität meines Seins nach vorwärts? Gibt es dort weiteren Raum für mein Leben? «Ich werde sein», sage ich — ja, wenn ich sein werde! Aber ich bin jetzt jedenfalls noch nicht dort, wohin ich laut dieses «Ich werde sein» hinstrebe. Eben der ich sein werde, bin ich jetzt jedenfalls noch nicht. Und es könnte doch sein, daß dieses unleugbare «noch nicht» mein künfttiges Sein eben so unerbittlich mit dem Nichts bedroht, wie das «nicht mehr» nach rückwärts mein gewesenes Sein. «Noch nicht» ist keine sichere Verheißung eines kommenden «dann« oder «irgendeinmal». «Noch nicht» kann auch Drohung sein: die Drohung des «nie». Denn der Schritt, in welchem ich das Jetzt transzendiere, setzt voraus, daß ich meinen Fuß da draußen, da vorne irgendwo niedersetzen kann. Es ist aber von ferne nicht gewiß, daß ich das tun kann. Ich könnte da draußen, da vorne auch ins Leere treten und ins Bodenlose fallen. Es könnte demnächst nur noch für Andere, nicht mehr für mich Zeit sein. Ich könnte demnächst keine Zeit mehr haben. Die Zukunft, von der ich voll bin, könnte eine Vorbereitung sein, die zu nichts führt, ein Hinweis, der nirgendwohin zeigt, eine Ahnung, die auf Illusion beruht, eine Weissagung, die nicht in Erfüllung geht. Die Zukunft, von der ich voll bin, ist nicht meine wirkliche Zukunft. Sie ist nicht einmal ihre Verbürgung. Sie beweist nur, daß ich jetzt so lebe, als ob ich eine wirkliche Zukunft, Sein in der Zeit, auch in diesem dritten Modus hätte. Indem ich war und jetzt bin, nehme ich als selbstverständlich an, daß ich auch sein werde. Aber gerade das ist durchaus nicht selbstverständlich. Ein Jetzt wird einmal da sein, in welchem dieses «als ob» nicht verfangen, in welchem ich mich in dieser so selbstverständlichen Annahme täuschen werde. Und ich weiß durchaus nicht, ob nicht schon mein nächstes Jetzt das Jetzt dieser großen Illusion sein wird, der dann nur noch die Desillusionierung durch die Tatsache, daß ich keine weitere Zeit mehr haben werde, folgen kann. Das Jenseits meiner Gegenwart kann auch das Jenseits meines Seins in der Zeit überhaupt sein. Das ist die Möglichkeit seiner akuten Bedrohung von vorne und also gerade von dorther, wohin es doch, indem es mein Leben ist, zielt. Leben bedeutet Zeit, aber meine Zeit könnte demnächst, statt weitere Dauer und Ausdehnung zu haben, um zu sein, gewesen sein, womit dann auch mein Leben zu einem gewesenen würde: nur noch Vergangenheit, keine Zukunft mehr hätte. Wollen wir uns damit trösten, daß diese Bedrohung schließlich nur ein einziges Mal akut, zur wirklich über uns hereinbrechenden Katastrophe werden, in allen übrigen

Fällen aber an uns vorbeigehen werde? Damit also, daß wir praktisch getrost damit rechnen dürften: der nächste Moment wird noch nicht der der großen Illusion und der übernächste noch nicht der der großen Desillusionierung sein, sondern wir werden mindestens noch etwas und, wer weiß, vielleicht noch sehr viel Zeit haben? Das wäre offenbar doch nur dann ein Trost, wenn wir von der Nähe oder Ferne der wirklichen Katastrophe eine einigermaßen sichere Ansicht hätten — und wenn nicht dieser eine, einmal sicher eintretende Ernstfall nun doch die Grenze unseres ganzen, möglicherweise tatsächlich noch vor uns liegenden Seins in der Zeit bilden und damit diesem Ganzen seinen Charakter aufprägen würde. Es ist aber so, daß der ganze weitere Lebensraum, den ich da vorne, jenseits meiner Gegenwart, tatsächlich noch haben mag, ein durch diese Katastrophe unter allen Umständen chronisch bedrohter Raum sein wird. Chronisch, also dauernd bedroht! Das Ende mit Schrecken kommt in der Tat nur einmal und mag uns noch ferne sein: aber da es kommt, was kann dann die ihm vorangehende Zukunft anderes sein als Schrecken ohne Ende! Man kann diesen Prospekt nun doch nicht eben tröstlich nennen. Und eben dies ist der Prospekt unseres Seins in der Zeit in diesem dritten Modus.

Und nun eröffnen sich wieder zwei Wege der Selbsthilfe oder doch des Selbsttrostes diesem Prospekt gegenüber. Man kann sich die Augen vor ihm verschließen oder man kann ihm offen ins Gesicht sehen und man kann sich dementsprechend so oder so einstellen und einrichten. Man kann angesichts der unser Sein in der Zeit von vorne erwartenden Bedrohung **unbedenklich** oder **bedenklich** sein. Man kann auch sagen: leichtfertig oder besorgt — optimistisch oder pessimistisch, aktivistisch oder quietistisch. Das ist offenbar zweierlei. Immerhin: beides sind in sich klare und einfache Möglichkeiten. Beide verkörpern je eine gewissermaßen klassische Lebensauffassung. Und in der Wahl zwischen beiden haben sich von jeher die Geister geschieden und pflegen sie sich immer wieder zu scheiden. Beide Wege haben aber auch das gemeinsam, daß sie je in einer Sackgasse endigen.

Der Weg der **Unbedenklichkeit** ist dieser: Ich stelle mich in dem Sinn resolut auf den Boden des «als ob», daß ich annehme, daß dieser Boden tragfähig sei. Ich will dann nichts davon wissen, nicht daran denken, nicht damit rechnen, daß mein künftiges Sein in der Zeit in der großen Klammer steht: irgend einmal — und ich weiß nicht, wann — mein Schritt und Fall ins Leere, Gegenwart ohne Zukunft, Begegnung mit dem Jenseits meiner Gegenwart nicht nur, sondern meines Seins in der Zeit überhaupt mir bevorsteht und daß es bei jedem weiteren, schon beim nächsten Schritt, den ich tue, ein von dieser Katastrophe mindestens bedrohtes Sein, ein Sein im Schrecken ohne Ende ist. Man kann das Alles ignorieren, d. h. man kann so denken, reden und handeln, als ob man diese Klammer auflösen könnte. Man kann sich und Anderen einreden, daß jener Schrecken so schrecklich nicht sei und daß man tatsächlich nicht erschrocken sei. Man setzt dann jene Zukunft, von der notorisch schon unsere Gegenwart voll genug ist, absolut. Man rechnet dann mit ihr, als wäre sie schon unser wirklich vor uns liegendes Sein. Man spekuliert dann, wie es in Jak. 4, 13 beschrieben ist: «Heute oder morgen wollen wir in die und die Stadt ziehen und wollen daselbst ein Jahr zubringen und Handel treiben und Gewinne machen». Man lebt dann, indem man plant, disponiert, verfügt. Man lebt dann seinem Programm in der Vorbereitung seiner Ausführung. Man lebt dann seinen theoretischen und praktischen Prinzipien und Ideen, den Bildern, die man sich von seinem künftigen Sein, vielleicht auch von dem künftigen Sein eines kleineren oder größeren, wohl gar des ganzen Kreises der menschlichen Gesellschaft entworfen und gemacht hat und in denen man mindestens samenhaft die wirkliche Zukunft schon vor sich zu haben, in deren Anblick und anhebender Verwirklichung man selber schon in dieser wirklichen Zukunft zu sein meint. Über die Hemmung der Frage: ob nicht Alles anders (und vielleicht ganz anders!) kommen könnte, indem einmal gar keine wirkliche Zukunft mehr sein könnte, und indem auch alle wirkliche Zukunft nur eine von daher bedrohte Zukunft sein möchte? triumphiert die Feststellung, daß es jedenfalls jetzt so weit noch nicht, daß der Fall der Zukunftslosigkeit noch nicht eingetreten sei, triumphiert die Gewißheit, daß, wo ein Wille ist, da auch ein Weg sich wohl auch fernerhin finden werde, triumphiert der bisher noch nie versagende Griff in die Zukunft, mit dem man sich die Zeit für sein Leben bisher noch immer zu nehmen gewußt hat und auch jetzt, auch fernerhin, zu nehmen gedenkt. Es ist die Luft einer vielleicht nicht sehr tiefsinnigen, aber dafür gesunden und tüchtigen, frohen und froh machenden, dem erreichbaren Erwerb und Genuß jeder Art, der möglichen Tat in jeder Form zugewendeten Lebensauffassung, die wir hier zu atmen bekommen. Um den Preis des Entschlusses, unbedenklich zu sein, kann man sie wohl haben. Aber man kann diesen Entschluß nicht wirklich ausführen. Das ist die Sackgasse, in der diese Lebensauffassung endigt. Man kann letztlich und im Grunde doch nicht nur unbedenklich sein. Niemand kann das. Man kann sich und Anderen immer nur einreden, daß man es sei. Man kann immer nur so tun, als ob man es ganz und gar wäre. Die Tatsachen sind stärker als alle noch so gesunden Feststellungen und Gewißheiten, mit denen diese Lebensauffassung arbeitet, als das ganze fröhliche Greifen nach der Zukunft, in welchem man hier das Leben nicht nur aufzufassen, sondern zu leben versucht. Es ist ja schon das eine Selbsttäuschung, wenn wir die Zukunft auch nur in der Gegenwart meinen absolut setzen zu können. Uns fehlen die Mittel schon dazu, und wir wissen wohl, daß sie uns fehlen. Keine Absicht, kein Vorsatz, kein Plan, kein Programm — es müßten denn die eines Wahnsinnigen sein — die nicht eingestandener oder uneingestandener Weise auch mit noch unbekannten Faktoren rechnen müßten und die nicht schon durch die Bedingungen, Bedürfnisse und Forderungen der Gegenwart selbst beschränkt wären. Niemand lebt jemals nur seiner Zukunft. Und sofern wir ihr leben, ist gerade der Triumph, in welchem wir das tun zu können meinen, mehr die Wirkung einer von uns selbst administrierten Morphiumspritze zu vergleichen, ist er mit echter, wirklich gesunder Sieghaftigkeit gerade nicht zu verwechseln. Wir sind unserer wirklich kommenden, unter allen Umständen so bedrohten Zukunft auf gar keinen Fall gewachsen. Es sind ihre von uns selbst entworfenen und gemachten Bilder, die jetzt schon in uns sind, nicht sie selber, auch nicht ihr Same. Wir greifen nicht nach ihr, sondern sie greift übermächtig nach uns. Und im Grunde kommt immer alles anders, als wir es vorsehen, bis es endlich und zuletzt sogar ganz anders kommt: ein Schatten von Unsicherheit, der breit auch auf der ganzen Zeit liegt, die wir tatsächlich noch haben werden. Und irgendwo wissen wir das und bedenken wir das auch. Wir können das Bedenken wohl zurückdrängen, übertäuben, unterdrücken. Wir können es aber nicht aufheben. Wir sind erschrocken, auch wenn wir behaupten, daß es mit dem

Schrecken ohne Ende, dem wir entgegengehen, so gefährlich nicht sei. Wir wären nicht Menschen, wir lebten nicht in der Zeit, wenn wir nicht auch bedenklich wären: bedenklich im Blick auf die Gefährdung unseres Seins in der Zeit, die uns gerade von dorther bedroht, wohin wir jetzt und wohin wir dann immer wieder aufbrechen möchten.

So bleibt uns der Weg der Bedenklichkeit, d. h. der eingestandenen, der anerkannten, der von uns zur Herrschaft zugelassenen Bedenklichkeit. Da sich des Menschen Erschrecken vor seiner Zukunft nun einmal nicht einfach unterdrücken läßt, kann es sich ebenso gut erheben und in den Vordergrund drängen, für seine Haltung zum Leben maßgebend und bestimmend werden. Daß an irgend einer fernen oder nahen Stelle des vor mir liegenden Weges der Schritt und Fall ins Leere, eine Gegenwart ohne Zukunft, die Begegnung mit dem Jenseits meines Seins in der Zeit auf mich wartet, das ist eine Sache von solcher Bedrohlichkeit, daß sie wie ein gewappneter Mann über mich kommen und mir allen Trost, mit dem ich mich ihr gegenüber trösten könnte, mehr oder weniger verleiden und aus der Hand schlagen kann — eine Erkenntnis, in deren Licht mir nun doch niederdrückend klar werden kann, daß es etwas Anderes als Schrecken ohne Ende faktisch schon vor dem Eintritt jenes Erwarteten nicht vor mir und daß ich mich dementsprechend einzurichten habe. Mein Blick und mein Schritt aus der Gegenwart in die Zukunft wird jetzt dadurch bestimmt, daß ich den ganzen vor mir liegenden Weg in diesem Schatten liegen sehe. Im Grunde immer scheu und ungewiß, gehemmt und unbekümmert, sehe und gehe ich jetzt nach da vorne; nur wie mit gebrochenen Flügeln wage ich mich jetzt aus der Gegenwart heraus dem Kommenden entgegen. Schon die Gegenwart selbst wird mir jetzt, sofern sie doch unvermeidlich selbst schon voller Zukunft — voll der so gesehenen Zukunft — ist, zur Sorge, zur gerade noch zu tragenden, aber eben nur zu ertragenden Last. Es geht auch hier um einen Triumph: um einen triumphierenden Aspekt meiner Zukunft, nur daß es nun eben dieser negative Aspekt ist, dem ich aus irgendwelchen Gründen den Vorzug gebe, die Herrschaft über mich einräume. Spannung einem kommenden Besseren entgegen, Zuversicht zu irgendwelchen Ideen und Plänen, Entschlossenheit zu ihrer Verwirklichung würden mir, wenn dieser Aspekt wirklich, gänzlich und endgültig triumphieren könnte, nicht mehr möglich sein. Ich würde dann wohl nur noch das Allernötigste denken und tun mögen und im übrigen warten, mich fürchten und resignieren. Wir atmen auch hier die Luft einer bestimmten, nun nicht eben gesunden, nicht eben lebenstüchtigen, nicht eben fröhlichen und erfreulichen Lebensauffassung, die sich aber wegen ihrer scheinbaren Wahrhaftigkeit und Illusionslosigkeit der entgegengesetzten in nicht geringer Überlegenheit gegenüberzustellen pflegt. Ist sie nicht die Lebensauffassung des reifen, den Dingen auf den Grund gegangenen und gekommenen Menschen? Ist es nicht wirklich besser, bedenklich als unbedenklich zu sein? — Ja, wenn nur irgend Jemand es fertig brächte, bloß und gänzlich und endgültig bedenklich zu sein! aber eben das ist die Sackgasse, in die wir auch hier geraten. Es gibt keine reinen Pessimisten. Auch Schopenhauer war es nur auf dem Papier. Auch der Selbstmörder ist kein reiner Pessimist, denn indem er dazu schreitet, «Schluß zu machen», meint er immerhin, ein besseres Teil zu ergreifen. Der Mensch kann immer nur so tun, als ob er ganz und gar bedenklich wäre. Ihn ruft und lockt dort vorne, solange er lebt, immer aufs neue irgend eine Möglichkeit, irgend etwas Erreichbares, noch zu Bewältigendes. Ihm bleibt es faktisch doch nicht erspart, damit zu rechnen, daß das Ende mit Schrecken noch nicht gleich da sein, daß also mindestens die nächste Zukunft doch nicht ausschließlich Schrecken ohne Ende, sondern aller Befürchtung und Sorge zum Trotz auch positive Lebensgelegenheit sein möchte. Kein Mensch, der es sich leisten könnte, ganz ohne irgend welche kleine oder kleinste Ideen, Pläne und Entschlüsse, wie bescheiden und schüchtern er sie auch ergreifen mag, zu existieren. Kein Mensch, der nicht irgendwo und irgendwie seiner bedenklichen Lebensauffassung zum Trotz, in aller Kindlichkeit auch unbedenklich wäre. Auch die Bedenklichkeit des Bedenklichsten nährt sich ja schließlich nur von Bildern — von den durch seinen Blick auf die letzte Grenze seines Seins in die Zeit genährten Bildern seiner Zukunft — nicht von seiner wirklichen Zukunft selbst, so wie sie tatsächlich auf ihn zukommt und übermächtig nach ihm greift. Auch er vergißt, daß diesseits jener letzten Grenze Alles noch ganz anders kommen könnte, als es seinem negativen Aspekt entsprechend kommen müßte. Aber er vergißt es nur. Es ist seinem Vergessen zum Trotz nun doch so, daß seine Zukunft offen ist und daß er gar nicht anders kann als ihr faktisch in einer gewissen Offenheit, und das heißt dann eben: in einer gewissen unbedenklichen Unerschrockenheit, entgegenzugehen. Die mit dem Sein des Menschen in der Zeit gegebenen Tatsachen sind auch hier stärker als die Sicht, in der er sie meint sehen zu sollen. Sie erlauben es auch dem Bedenklichsten gerade nicht, seine Zukunft in der Gestalt, in der er sie in der Gegenwart zu kennen meint, absolut zu setzen. Man wird also doch nicht sagen können, daß den Bedenklichen den Unbedenklichen gegenüber durchaus und unter allen Umständen die Krone zu reichen sei.

Wir sind aber auch hier nicht auf die Wahl in diesem Dilemma, zwischen diesen beiden gleich undurchführbaren Fluchtversuchen vor unserem wirklichen Sein in der Zeit angewiesen. Wir dürfen vielmehr damit rechnen, daß der Wille und die Tat Gottes wie der Sinn und Grund unseres Seins in der Zeit überhaupt so auch der unseres Seins in unserer Zukunft ist. Jawohl, sie steht schon vom nächsten Augenblick jenseits unserer Gegenwart an unter der Frage, ob sie unsere Zukunft, unsere Zeit überhaupt noch sein wird. Aber nicht wir sind es, die im nächsten Augenblick, die morgen oder übers Jahr zuerst sein werden. Sondern zuerst wird jetzt gleich und wird morgen und wird übers Jahr Gott sein: er, der auch dann unser Schöpfer, Erretter und Erhalter, er, der auch dann für uns, der uns auch dann treu sein wird. Zuerst er in der Höhe, dann wir in der Tiefe! Aber zwischen ihm und uns wird auch dann Beziehung sein, so gewiß es in seiner Ewigkeit — sie ist die Ewigkeit des lebendigen Gottes! — auch ein echtes Dann gibt. Kein durch ein Ende bedrohtes Dann freilich! Für Gott gibt es kein «Noch nicht», das dann auch ein drohendes «Nie» enthalten könnte. Sondern indem er war und ist, wird er auch sein. Indem er ohne Grenze und Zertrennung zugleich war, ist und sein wird, ist seine Ewigkeit die ursprüngliche, die eigentliche, die schöpferische Zeit. Eben dieser ewige Gott wird die Wirklichkeit auch unserer Zukunft, wie kurz oder lang sie die unsrige noch sein wird, garantieren, so wie er sie jetzt schon garantiert und von jeher garantiert hat. Er wird sie uns geben zum Raum des uns von ihm bestimmten Lebens. Er wird das darum tun, weil seine Ewigkeit die Ewigkeit seines Willens ist, dessen Ziel darin besteht, daß wir als seine Geschöpfe sein dürfen und nicht verloren gehen müssen und also auch unsere Zeit haben dürfen. Das ist es, was Gott auch in unserer langen oder kurzen

Zukunft mit uns und für uns **wollen wird**: in der Bestimmtheit, die damit gegeben ist, daß er dasselbe jetzt schon will, immer schon wollte, nie noch nicht wollte. Nie noch nicht tat! müssen wir noch stärker sagen. Er war ja nie noch nicht unser Schöpfer, Vater und Erlöser. Er tat nie noch nicht, was geschehen mußte, damit wir zum Leben Raum hätten. Er tat es, indem unsere besondere Zeit anhob und bevor sie anhob, indem alle Zeit anhob und bevor sie anhob in seinem ewigen Ratschluß. Eben das ist die Bestimmtheit, in der er es auch **tun wird**: in unserer besonderen Zukunft, in aller Zukunft und wieder jenseits des Endes aller Zeit in seiner Ewigkeit. So wird er über uns, für uns, mit uns sein, indem wir unsererseits sein werden: wir in der ganzen Problematik unseres künftigen Seins!

Und nun fahren wir noch einmal fort: In Beziehung zu dem, was Gott sein, wollen und tun wird, **werden auch wir sein**: wir in der kurzen oder langen Zeit, die jetzt noch unsere Zukunft ist. Und wir sind eingeladen, wie Gottes Ewigkeit nicht abstrakt, sondern als seine Ewigkeit für unsere Zukunft zu sehen, so auch unsere Zukunft, unser Sein im Modus unseres Seinwerdens wieder nicht abstrakt, sondern in seiner Beziehung zu der Ewigkeit, in der Gott auch uns zukünftig ist. Was werden wir sein? Unter allen Umständen das, was wir unter und mit Gott sein werden, auf Grund seiner ewigen Zukunft sein können, dürfen und müssen: die von ihm Geliebten, denen er als solchen Zeit zum Leben geben wird. Weil sie uns zum Leben gegeben wird, als Raum unseres Lebens und als nichts sonst, darum ist sie im Modus der Zukunft die Zeit, die wir noch nicht haben und von der wir nicht einmal wissen, wie lange wir sie noch haben werden. Wir haben sie jetzt noch nicht, weil wir sie jetzt auch noch nicht brauchen. Und wir wissen nicht, wie lange wir sie noch haben werden, weil wir nicht wissen, wie lange wir sie noch brauchen werden. Aber eben als die Zeit, die wir zu dem uns von Gott gegebenen Leben brauchen werden, wird sie uns auch gegeben werden, wird sie auch wirklich unsere Zeit sein. Daß dem so sein wird, das ist uns dadurch verbürgt, daß es bei Gott kein «Noch nicht» gibt, daß er immer schon ist, auch wenn wir allerdings noch nicht sind: er als der Schöpfer und Geber der Zeit, die wir zu dem Leben, das er uns ebenfalls geben will, brauchen werden. Eben darum ist es nichts damit, daß ihr kommendes Ende so etwas wie eine Katastrophe und daß sie dadurch, daß sie einmal um und zu Ende sein wird, auch in ihrem Lauf diesem Ende entgegen eine bedrohte Zeit sein müßte. Im Blick auf Gott ist zu sagen, daß sie auch im Modus der Zukunft gesicherte und unser Leben sichernde Wirklichkeit ist: der Rahmen unseres Seins, dessen Ende nicht Schrecken sein und darum auch keinen Schrecken verbreiten kann. Gewiß, ohne Gott wäre das nicht zu sagen, könnte das Ende unserer Zeit nur als Katastrophe und unser ganzes Sein diesem Ende entgegen nur als ein bedrohtes Sein verstanden werden. Aber wir sind nicht ohne Gott. Eben der Gott, der uns liebte und liebt, wird uns, so wahr er ewig ist, wieder lieben. Und dieses Letztere bedeutet, daß auch unser künftiges Sein als Gegenstand seiner Liebe, den er sich nicht entreißen lassen wird, vor seinen Augen und also in Wahrheit genau in dem ihm zugedachten und heilsamen Umfang bis hin zu der ihm gesetzten Grenze wirklich sein wird: unter allen Umständen echter und rechter Lebensraum. *Amabar, amor* und darum: *amabor*. Wir lebten und wir leben nicht nur; wir werden auch leben. Wir können nicht dafür einstehen, aber Gott tut es. Daß unsere Zeit ihrem Ende entgegeneilt, das wäre nur dann beschwerlich, wenn der Mensch durchaus Gott und also ewig, statt unter Gott und mit Gott ehrlich Mensch und also zeitlich sein wollte. Und erschrecken könnte uns der besondere Modus unserer Zeitlichkeit als Zukunft doch nur dann, wenn wir Menschen sein und dabei ohne Gott, dem von ihm begründeten Bunde fremd sein müßten. Es gibt aber keinen Naturzwang, der uns zur Gottlosigkeit, der uns zu dieser Bundesfremdheit nötigen müßte. Die von Gott geschaffene menschliche Wirklichkeit ist vielmehr von Ewigkeit her von Gott und seinem Bunde umschlossen. Es ist also vielmehr so, daß wir unsere Zeit — unsere **ganze** Zeit und also unsere Zeit auch im Modus der **Zukunft** als von Gott gegebene haben dürfen: ihr Ende nicht als ein Ende mit Schrecken, sondern als das Ziel, das er uns gesteckt hat und darum auch ihren Verlauf nicht als Schrecken ohne Ende, sondern als den Weg, auf dem er jeden Augenblick wie hinter uns so auch vor uns und so oder so über uns ist.

Und nun fragen wir uns wieder von hier aus — wie wir uns im Blick auf unsere Gegenwart und Vergangenheit von derselben Stelle aus gefragt haben: Was bedeutet es für uns, daß wir **sein werden**? Weil Gott auch dann — in allem «Dann», das uns noch beschieden sein mag, mit Einschluß der Gegenwart, in der wir keine Zukunft mehr haben werden — über uns und für uns sein wird, darum muß das offenbar noch einmal bedeuten, daß wir auch dann — in allem unserem langen oder kurzen künftigen Sein diesseits jenes Ziels — unter allen Umständen unter seinem Urteil und in seinem Gericht gehen und stehen werden. Noch wissen wir nicht — das ist das Besondere unseres künftigen Seins — auf was sich dieses Urteil und Gericht Gottes dann beziehen wird. Und noch weniger sind wir in der Lage, das, was dann im Urteil und Gericht Gottes stehen wird, unsererseits zu meistern. Indem wir vom Heute ins Morgen hinüberzublicken und hineinzugreifen versuchen, kommt dieses Morgen tatsächlich dunkel und übermächtig auf uns zu: dunkel, weil wir es wohl ahnen, erwarten und befürchten, aber nicht wirklich voraussehen können, übermächtig, weil wir uns wohl darauf rüsten und vorbereiten können, weil es aber quer durch alle unsere Rüstungen und Vorbereitungen hindurch kommt, so wie es will, nicht wie wir es wollen. Fehler, unzählige alte und neue Fehler werden wir da trotz aller guten Vorsätze wieder und wieder begehen. Hemmungen von außen, geahnte und ungeahnte werden da auftreten und unsere Voraussichten und Pläne durchkreuzen. Aber warum sollten wir nicht auch positive Möglichkeiten realisieren, die jetzt noch in uns zu schlummern scheinen, deren wir uns jetzt noch gar nicht bewußt sind? Erwartete und unerwartete Lichter werden uns leuchten. Längst ersehnte oder auch ganz überraschende Hilfen werden sich uns anbieten. Und das alles wird sich konkret so verwickeln und überkreuzen, daß wir je, wenn es Gegenwart werden wird, staunender davor stehen werden als je ein Kind vor den neuen Seiten seines neuen Bilderbuches. Es wird Alles so sein, wie es sein wird. Aber es wird wieder Alles vor Gott sein. Es wird keine Unbedenklichkeit, aber auch keine Bedenklichkeit etwas daran ändern, daß es wieder vor Gott sein und vor seinen Augen und also in Wahrheit wirklich sein wird. Wir werden wieder Alles ihm zu verdanken und Alles vor ihm zu verantworten haben. Und wenn nun unsere Zukunft schon in Gestalt der Bilder, die wir uns von ihr machen, schon in unserer Gegenwart sich ankündigt, wenn wir ja tatsächlich eben jetzt schon anheben die zu sein, die wir sein werden, so ist zu bedenken und zu sagen, daß eben von daher auch unsere Gegenwart aufs neue vor Gott und unter Gott gestellt wird. Kein fremdes Schicksal legt sich da auf uns als eine Last, die wir uns entweder leicht zu machen oder auf uns zu nehmen oder von uns zu werfen hätten. Nicht wir haben mit unserem Schreiten in die Zukunft zu verfügen darüber, was und wie sie sein wird. Denn eben darüber ist schon von Gott verfügt und immer dieser Verfügung Gottes entgegenzusehen ist der Sinn unseres Schreitens in die Zukunft und also immer schon unsere Gegenwart, in der dieses Schreiten anhebt.

Von hier aus können und müssen wir nun auch noch einmal auf jenes Dilemma zurückkommen: auf die Frage, ob es ratsamer und besser sei, sich im Blick auf die Zukunft auf den Weg der Unbedenklichen oder auf den der Bedenklichen zu begeben.

Warum sollten die Unbedenklichen nicht recht haben, warum sollte es nicht ratsam und gut sein, wirklich unbedenklich vom Heute ins Morgen zu schreiten, wenn es ja so ist, daß wir eben damit keinem Anderen als Gott entgegensehen? Auch indem wir eben damit dem uns in irgend einer Ferne oder Nähe gesetzten Ende unserer Zeit entgegen und also unter allen Umständen in eine diesem Ende entgegenlaufende Zeit hinein gehen! Die Sorge, die uns das allerdings bereiten könnte, ist nicht unsere, sondern Gottes Sorge. Was bleibt uns, wenn wir sie haben mögen, schon übrig, als sie auf ihn zu werfen, d. h. aber uns von dem Bedenken, das sie uns verursachen mag, immer wieder loszusagen und zu befreien, indem wir uns klar machen, daß sie wirklich seine Sorge ist, daß er für uns sorgt, indem er uns unsere Zeit gibt, samt ihrem Ende und also als die diesem Ende entgegenlaufende Zeit? Was gibt es da, was uns erschrecken könnte? Wie sollten wir da nicht festen Boden vor uns haben, auf den wir unsere Füße, solange wir noch schreiten können, getrost und also wirklich unbedenklich setzen könnten? Da wir da vorne unter allen Umständen unter Gott und mit Gott sein werden, ist da vorne bestimmt fester Boden, der uns gewiß tragen wird: Lebensraum, in welchem wir so oder so gewiß atmen und sein können werden. Warum sollten wir nicht vertrauend vorwärts gehen? Und warum sollte es uns, da eben das kommende Gericht Gottes schon in der Gegenwart über und mit uns ist, nicht erlaubt und geboten sein, uns in demselben Vertrauen und also in aller Ruhe auch heute schon für morgen ein wenig zu interessieren, für morgen ein wenig zu planen, zu disponieren, zu verfügen, und uns so zum Weitergehen, in welchem wir nun einmal jetzt schon begriffen sind, instand zu setzen, ohne die Meinung, die Zukunft damit zu meistern, sie in der von uns vorgestellten Gestalt absolut zu setzen, aber doch auch in der Freiheit, heute verantwortlich für morgen zu leben? Sie wird ja dann schlicht in der Freiheit bestehen, die vierte Bitte des Unservaters so zu beten, wie sie offenbar lautet: «Gib uns heute unser Brot für morgen!» Da wir morgen, und wenn es unser letzter Tag wäre, bestimmt wieder unter und mit Gott sein werden, kann es bestimmt nicht abwegig sein, bestimmt keine Illusion sein, wenn wir heute — da wir heute nun einmal unvermeidlich auch schon für morgen leben — in aller Unbedenklichkeit die Voraussetzung machen, daß wir das tun dürfen und sollen, daß das nun gerade keine Überheblichkeit und Willkür ist.

Eben Überheblichkeit und Willkür wird diese Unbedenklichkeit nun freilich nicht bedeuten dürfen. Keine Flucht vor Gott in die Vorstellung von der Güte des Schicksals oder Zufalls, kraft derer es uns ja gewiß wieder und wieder gelingen werde, weiter zu leben! Und keine Flucht vor Gott in die Vorstellung von unserer eigenen Meisterschaft, kraft derer wir ja das Leben schon wieder und wieder in unsere Hand bekommen und uns erhalten werden! Das Recht des unbedenklichen Blicks und Griffs in die Zukunft — das Recht zu einer nun nicht doch wieder durch allerlei Bedenklichkeit relativierten und beschränkten Unbedenklichkeit! — ist die Zuversicht darauf, daß sie die Zukunft ist, die Gott uns geben wird: keine andere Zuversicht! Es steht und fällt dieses Recht mit dem Wissen darum, daß wir in unserer Zukunft von Gott gerichtet und begrenzt sein werden: nicht beschattet von unserem Ende, aber belichtet von dem Ziel her, das er uns schon gesteckt hat. Mit jener optimistischen und aktivistischen Lebensauffassung wird also die uns erlaubte und gebotene, nun wirklich gesunde und fröhliche Unbedenklichkeit schon nichts zu tun haben können; etwas Anderes werden wir mit unserer Sorge auf den nächsten Tag schon nicht anfangen dürfen, als daß wir sie entschlossen auf Gott werfen. Sonst ist nämlich Alles, was gegen jene allzu heitere Lebensauffassung spricht, in seinem ganzen Ernst und Gewicht doch wieder da. Sonst bedeutet es doch bloß Leichtsinn oder auch Krampf, bedeutet es doch nur Einbildung oder auch untragbare Mühsal und so oder so ein eitles, ein nichtiges «Als ob», wenn wir erwarten, daß es uns auch demnächst, auch morgen, gelingen werde zu leben. Man kann diesem Gelingen nur entgegengehen als einer Sache, die uns geschenkt werden wird. Aber eben als einer Sache, die uns geschenkt werden wird, kann und darf man ihr im Wissen, daß Gott über und mit unserem künftigen Sein sein wird, zuversichtlich entgegengehen. Das ist es, was für das Recht der Unbedenklichkeit und als Aufforderung dazu zweifellos zu sagen ist.

Aber die Bedenklichen haben ja, von derselben Stelle aus gesehen, auch ihr Recht, und es ist schon am Platz, sich klar zu machen, daß von derselben Stelle her auch die Aufforderung zur Bedenklichkeit wahrhaftig begründet ist. Es ist ja nicht irgend ein Sein, sondern aufs neue unser Sein unter Gott und mit Gott, dem wir als unserem künftigen Sein entgegengehen. Es ist ja sein Gericht, das an dessen Ende an uns verkündigt werden wird und unter dem wir, schon indem wir diesem Ende entgegenlaufen, dauernd stehen werden. Daß er uns das Leben und die zum Leben nötige Zeit wieder und noch einmal geben wird, das wird ja bedeuten, daß wir noch und noch einmal und schließlich ein für allemal zur Dankbarkeit gegen ihn und zur Verantwortung vor ihm aufgerufen sein werden. Das heißt ja Mensch sein: vor Gott sein und also in dieser Dankbarkeit und Verantwortung. Das Erschrecken davor, vor dieser Zukunft, ist wahrhaftig nicht gegenstandslos. Im Gegenteil: Muß das Wissen um Gott, der über und mit uns sein wird, das törichte Erschrecken vor unserer Zukunft vertreiben, uns ganz und gar unbedenklich machen, so muß eben dieses Wissen das nötige, das ernsthafte Erschrecken vor Gott selbst eigentlich erst hervorrufen und brennend machen. Wie sollen wir denn eigentlich, wenn wir nun in den uns gesetzten Grenzen fernerhin leben sollen, bestehen, wenn es dabei ganz und gar darum gehen soll, daß wir vor ihm bestehen? Was sind alle anderen Sorgen neben der Sorge, die uns von daher übermannen muß? Sind uns jene nicht bloß dazu abgenommen, damit wir diese nun erst recht zu tragen haben? Es ist schon so, ohne alle Widerreden und Vorbehalte: daß wir dazu und nur dazu weiterhin Zeit haben werden, um unter Gott und mit ihm zu leben, daß wir zuletzt gefragt sein werden, ob und inwiefern wir das nun wirklich getan haben und daß die Frage, ob wir das tun, uns auf dem ganzen Wege dorthin unablässig begleiten wird. Und da stehen wir nun heute, von unserer Vergangenheit herkommend, in unserer Gegenwart, um als die, die wir jetzt sind, in unsere Zukunft und also dieser an uns gerichtete Frage entgegenzugehen. Dem sollte nun also unsere ganze heutige Vorbereitung und Zurüstung für das Morgen entsprechen, daß wir morgen auf alle Fälle auf diese Frage, die Frage unserer Dankbarkeit und Verantwortung im Verhältnis zu Gott zu antworten haben werden und daß schließlich die Totalität unseres Seins in der Zeit eine angemessene Antwort auf diese Frage zu bilden haben wird. Wir, die wir im Blick auf unsere Vergangenheit schließlich nur zu dem Gebet: *quod vixi tege!* greifen konnten. Wer sind wir, daß wir erwarten dürften, bestehen zu können? Wie bedenklich es faktisch (und nicht bloß in irgend einer pessimistischen Einbildung!) um uns steht, wie komisch bis zur Nichtigkeit aller Optimismus und Aktivismus tatsächlich ist, das wird doch wohl gerade von hier aus, von da aus, von wo wir so dringlich zur Unbedenklichkeit aufgerufen sind! — in unüberhörbarer Furchtbarkeit vernehmbar. Das ist der eine Aspekt der Sache, dem wir als solchem ohne Widerrede standhalten müssen.

Aber das Blatt muß auch hier gewendet werden, wenn bei der uns offenbar auch und streng genug gebotenen Bedenklichkeit nun wirklich das Entscheidende bedacht sein soll. Das grenzenlose Erschrecken, ohne das wir in der Tat nicht in unsere Zukunft gehen können, wird das Erschrecken vor Gott selbst sein müssen und nicht das vor einer von uns ersonnenen und konstruierten Idee Gottes und wäre es die eines höchsten, heiligsten und strengsten Richtergottes. Es könnte sonst nicht echt und nachhaltig sein. Wir könnten uns sonst — seinen Ideen gegenüber ist der Mensch nämlich erstaunlich wendig und mächtig — allzu leicht wieder davon lossprechen und befreien wollen. Es ist dann und nur dann das Erschrecken vor Gott selbst, wenn uns vor Augen steht, daß er, in dessen Gericht wir mit jedem neuen Tag und an unserem letzten Tag endgültig hineinlaufen, als unser Richter auch der ist, der sich in seiner allmächtigen Barmherzigkeit zum vornherein für uns eingesetzt und verantwortlich gemacht hat. Wir werden in den Händen des Herrn sein, der von Ewigkeit her unser Verbündeter und Freund gewesen ist. Eben das wird uns das Entweichen vor dem Erschrecken vor ihm unmöglich machen, eben das wird uns jede Rückzugslinie abschneiden, die uns gegenüber der bloßen Idee eines höchsten Richtergottes, die wir uns allenfalls bilden könnten, bestimmt nicht abgeschnitten sein würde. Eben das wird uns unter dem ganzen Gewicht der an uns gerichteten Frage festhalten. Und das hält uns jetzt schon darunter fest. Das ist es auch, was diese Frage ernsthaft macht. Es ist der von Ewigkeit her gnädige Gott, der uns als solcher heute schon zur Dankbarkeit und zur Verantwortung ruft und der das bestimmt auch morgen und alle Tage tun wird. Er ist es, der seiner nicht spotten läßt. Er ist der wirkliche — der wirklich zu fürchtende Gott. Ihm, den wir im Blick auf unsere Vergangenheit nur um die Vergebung bitten können, die er uns nicht schuldig ist und die er uns nun doch nicht verweigert, ihm sind wir Rechenschaft schuldig und mit ihm haben wir es zu tun in der wahrhaftig begründeten, der wahrhaftig unendlichen Sorge um diese unsere künftige Rechenschaft. Daß wir gerade seiner Gnade unsererseits so ganz und gar nicht gewachsen sein möchten, darum geht es in dieser allein gewichtigen Zukunftssorge. Und im Blick auf diese Sorge — und also jenseits aller religiös noch so vertieften Schopenhauerei, jenseits alles noch so ernsthaften Pessimismus — ist es gar sehr am Platze, im Blick auf unser künftiges Sein bedenklich zu sein. Und nun wird sich die so begründete echte Bedenklichkeit dadurch von aller unechten und schließlich doch irgendwie bloß relativen Bedenklichkeit unterscheiden, daß sie keine unfruchtbare, sondern eine fruchtbare, eine praktische Bedenklichkeit ist. Ist gerade der gnädige Gott der Richter, dem wir entgegengehen, dann kann es doch nicht so sein, daß wir ihm gewissermaßen ohnmächtig gebannt entgegenstarren wie das Kaninchen der Riesenschlange oder wie ein Verurteilter den auf ihn gerichteten Gewehrläufen. Mit der Idee des Richtergottes könnten wir es so halten, um dann doch im letzten Augenblick oder schon vorher die Entdeckung zu machen, daß Alles nicht so gefährlich ist. Mit dem wirklichen Gott, der uns in seiner Gnade richten wird, können wir es nicht so halten. Ihm werden wir nämlich einerseits nicht ausweichen können, weil alle unsere Ausweichversuche daran nichts werden ändern können, daß er uns liebt, daß wir ihm angehören und daß wir ihm verbunden, verpflichtet und Rechenschaft schuldig sind. Und wenn wir vor ihm erschrecken, dann kann das wiederum nicht in einem bloßen Erstarren geschehen, sondern nur in einer Bewegung, in der wir zwar bedingungslos anerkennen, daß er uns gegenüber immer im Recht sein wird, wir ihm gegenüber im Unrecht, in der wir aber auch danach verlangen, daß sein göttliches Recht gegenüber unserem menschlichen Unrecht, seine Gnade gegenüber unserer Undankbarkeit, sein Wort gegenüber unserer schlechten Verantwortung immer wieder größer und stärker sei, immer wieder das Feld behaupte, daß wir, wenn auch als sündige Menschen, die solche Ehre nicht verdient haben, die dazu auch von sich aus nicht fähig sind, doch immer wieder in seinen Dienst genommen werden möchten. Wir werden also vor diesem wirklichen Gott wirklich erschrocken sein. Wir werden uns keine Illusionen darüber machen, daß wir vor ihm nie werden bestehen können und daß wir endlich zuletzt ganz allein darauf angewiesen sein werden, daß er eben dieser, der gnädige Gott und Richter ist und bleiben wird, obwohl und indem wir vor ihm nicht bestehen. Wir werden uns dem Erschrecken vor ihm auch nicht dadurch entziehen, daß wir es uns zu verbergen versuchen, daß jeder Schritt in unsere Zukunft dies bedeutet, daß wir wieder und wieder vor ihn zu stehen kommen. Es wird aber die Bedenklichkeit, in der wir diesen Schritt je und je wagen, praktisch immer wieder darin bestehen, daß wir uns Gott, so wie wir sind, und in dem ganzen Ungenügen und Versagen, aus dem heraus zu kommen wir wirklich keine Aussicht haben, nun dennoch zur Verfügung stellen, daß wir uns als die Sünder, die wir sind, nun dennoch für ihn bereit halten. An das Gebet im Blick auf unsere Vergangenheit: *quod vixi tege!* wird sich im Blick auf unsere Zukunft das Andere reihen: *quod vivam rege!* Anders als in dieser Bewegung würden wir ja vor diesem wirklichen Gott nicht wirklich erschrocken sein. Es wäre eine noch so ernste Bedenklichkeit vor dem uns erwartenden Gericht, wenn sie nicht in dieser Bewegung geschähe, doch nur eine neue Form der alten üblen Unbedenklichkeit, die wir uns, wenn wir wirklich erwarten, auch in unserer Zukunft unter und mit Gott zu sein, nun einmal nicht leisten können. Eben in dieser Bewegung lassen wir ihn ja dann auch ernstlich unseren uns treuen, unseren uns von Ewigkeit her liebenden und also zuverlässig für uns eintretenden, für uns sorgenden — auch für unsere Dankbarkeit und Verantwortung wahrhaft sorgenden — Gott sein, treten wir also ein in das Recht und in die Kraft jener wohlbegründeten echten Unbedenklichkeit. «Lehre mich tun nach deinem Wohlgefallen!» — in diesem Lob Gottes im Herzen und auf den Lippen des vor seiner Zukunft unter und mit Gott echt und recht erschreckenden Menschen vollzieht sich dann auch das Bekenntnis zu der echten und rechten Unerschrockenheit, in der er sich seinem ihm wohlbewußten auch künftigen Ungenügen und Versagen zum Trotz im Blick auf seine Zukunft nicht nur trösten, sondern — und nun wirklich in jeder Hinsicht! — freuen darf.

So also ist der Mensch in der ihm von Gott gegebenen Zeit: so vor Gott in seiner Gegenwart, so vor Gott von seiner Vergangenheit her, so vor Gott seiner Zukunft entgegen. Es ist die von Gott geschaffene Zeit, die wir nun in allen ihren drei Gestalten betrachtet haben. Nicht von Gottes Ewigkeit, sondern von unserer, von der von Gott geschaffenen und uns gegebenen Zeit war die Rede. Aber allerdings auch nicht von dem, was uns die Zeit unter Voraussetzung unserer Entfremdung Gott gegenüber werden, sein und bleiben muß, sondern von der Zeit, wie Gott sie dem Menschen mit seiner Erschaffung gegeben hat und indem er ihn leben läßt, immer wieder gibt: von der Zeit, die als die Form der Existenz des Menschen ebenso zu seiner natürlichen Wirklichkeit gehört wie dies, daß er die Seele seines Leibes ist. Immer im Blick auf Gottes Ewigkeit haben wir das, was des Menschen Zeit — die von Gott für ihn geschaffene und ihm gegebene Zeit — ist, Schritt für Schritt aus jener ihrer verzerrten und verdunkelten Erscheinung herauszuheben und für sich zu sehen und darzustellen versucht. Wir begannen mit einer Analyse der Zeit in jener uns nur zu bekannten verdrehten und finsteren Erscheinung, bei der wir zuletzt nur noch Hölderlin zitieren konnten. Wir schritten von da zu der Analyse der Zeit in der

Wirklichkeit, in der sie uns als die uns von Gott gegebene Zeit sichtbar werden kann.

Es wird aber heilsam sein, wenn wir uns zum Schluß noch einmal vor Augen halten, unter welcher Voraussetzung diese unsere zweite Analyse allein sinnvoll, ihr Ergebnis: der Blick auf die wirkliche Zeit allein greifbar und haltbar sein kann. Wir kamen in der Weise dazu, diese wirkliche Zeit zu erblicken, daß wir auf jeder Stufe unserer Überlegung — von unserer Gegenwart ausgehend, von ihr aus zurückblickend auf unsere Vergangenheit, von ihr aus vorausblickend auf unsere Zukunft — den Faktor in Rechnung stellten, der auf der zu Hölderlin führenden Linie nun eben nicht in Rechnung zu stellen war. Wir verstanden die Zeit und unser Sein in der Zeit als wirklich, indem wir sie als die von Gott gewollte und geschaffene Existenzform des Menschen verstanden. Wir säuberten also den Zeitbegriff von allen den Abstraktionen, durch die er da notwendig verwirrt und verdunkelt ist, wo mit Gottes Willen und Schaffen nicht gerechnet, wo die Zeit nicht als sein Geschöpf verstanden wird. Wir rechneten auf der ganzen Linie ausdrücklich mit Gottes Gegenwart und Gabe als dem offenbaren Geheimnis der Zeit. Wir verstanden den Menschen und also auch seine Zeit als Gottes Geschöpf. So und nur so können wir sie als wirklich verstehen. Wir haben aber wohl zu bedenken, wie wir dazu kamen, diesen neuen Faktor einzuschalten und also mit jenen Abstraktionen aufzuräumen und also von Gegenwart, Vergangenheit und Zukunft so zu denken und zu reden, wie es nun geschehen ist. Mit der Einführung der Vokabel «Gott» ist es natürlich in dieser Sache wie sonst nicht getan und auch damit nicht, daß man diese Vokabel zum systematischen Prinzip erhebt, mit dessen Hilfe sich dann alle Schlösser öffnen lassen. Wäre uns Gott hier bloße Vokabel und als solche systematisches Prinzip, hätten wir uns hier überhaupt bloß angemaßt, Gott «einzuschalten» und «in Rechnung zu stellen», ihn denkerisch in Gebrauch zu nehmen, dann wäre auch unsere zweite, verbesserte Analyse des Zeitbegriffs ein spekulatives Gespinste, das beim ersten Anhauch als solches offenbar werden, d. h. aber zerreißen müßte. Der so naheliegende erste Zeitbegriff mit seiner absurden Unendlichkeit (die doch nur die Unendlichkeit seiner Widersprüche, die Unendlichkeit seiner Undurchführbarkeit und Unfruchtbarkeit anzeigt!), müßte und würde sich dann doch wieder melden und durchsetzen und in seiner ganzen Leere und Trostlosigkeit einleuchtender erscheinen als die ganze Konstruktion, die wir ihm nun mit Hilfe des Gottesbegriffs entgegengestellt haben. Der Gottesbegriff für sich tut es nicht — auch nicht der Begriff des lebendigen Gottes, dem wir ja möglichst nahe und treu zu bleiben versucht haben. Kein bloßer Begriff ist genügend, um die Umkehrung, die wir nun dargestellt haben, wirklich zu vollziehen oder auch nur einleuchtend anzuzeigen.

Um uns der einleuchtenden Anzeige, des faktischen Vollzuges dieser Umkehrung zu erinnern, müssen wir auf den Ausgangspunkt unserer ganzen Darlegung zurückgehen, wo wir festgestellt haben: Die Existenz des Menschen Jesus in der Zeit verbürgt uns, daß die Zeit als Existenzform des Menschen von Gott gewollt und geschaffen, von Gott dem Menschen gegeben und also wirklich ist. Unsere ganze Darstellung ist letztlich nicht in sich selbst, sondern auf diese Bürgschaft begründet. Wir kommen vom Namen Jesu her, wenn wir jenen neuen Faktor einschalten und in seinem Lichte die Zeit so ganz anders, die wirkliche Zeit sehen können und müssen. Daß dieser Faktor einzuschalten ist, ist darum notwendig, weil er in Jesus wirklich und auf dem Plan — auch auf dem Plan unseres Nachdenkens über diese Sache — ist. Man denke ihn auch nur einen Augenblick weg von diesem Plan, so könnte uns alles Nachdenken über diese Sache nur zu irgendwelchen anderen Ergebnissen führen: zum Sehen der wirklichen Zeit auf gar keinen Fall. In Jesus ist Gott keine bloße Vokabel, nicht bloß systematisches Prinzip, sondern Wirklichkeit und *prima veritas,* die sich als solche von selbst als erster Gedanke an die Spitze aller anderen stellt und eben damit allen unseren anderen Gedanken eine bestimmte Richtung, einen bestimmten Inhalt gibt. **In Jesus ist Gott ewig** — nämlich in der Weise ewig, auf die in dieser Sache Alles ankommt: **ewig für uns** — und das in dem doppelten Sinn, daß Gott uns in seiner Ewigkeit nicht fern, sondern nah, nicht abgewendet, sondern zugewendet, nicht gleichgültig oder feindlich, sondern gnädig, in seiner Ewigkeit der uns Liebende ist — und daß er uns in seiner Ewigkeit auch nicht einfach verborgen, sondern auch offenbar ist. Der «Herr der Zeit», als den wir den Menschen Jesus im ersten Abschnitt dieses Paragraphen kennen gelernt haben — der da ist, war und kommt — ist doch zugleich der ewige Gott, der **für uns ist** und **uns offenbar ist.**

Dieser Herr der Zeit also steht regierend und begründend, erleuchtend und beweisend am Anfang des Nachdenkens über unsere Zeit, wie wir es nun versucht haben. In ihm **ist** es so, und in ihm kann es auch uns **bekannt** werden, daß die Zeit wirklich ist, daß wir sie haben. In ihm ist nämlich Gottes gnädiger und errettender Widerspruch eingelegt gegen den Menschen ohne Gott und damit auch gegen einen Zeitbegriff ohne Gott, der Widerspruch, der als solcher auch dem sich selbst verkehrenden und verkennenden Menschen und eben damit auch der Entwicklung aller falschen, trostlosen Zeitbegriffe Einhalt gebietet. In ihm, der als Gottes ewiger Sohn der Herr der Zeit ist, wird uns, die wir nicht Gottes ewige Kinder und also nicht Herren der Zeit sind, gezeigt, daß und wie die Zeit wirklich und daß und wie wir in dieser wirklichen Zeit sind. Als seine Zeit ist sie ja die von Gott geschaffene, beherrschte, dem Menschen gegebene Zeit. Und nun leben wir von dieser seiner Wirklichkeit, nun denken wir von der uns damit gegebenen Verheißung her. Nun sehen wir ja in ihm uns selbst, wie Gott uns gewollt und geschaffen: in der Natur, in der Gott uns zu sehen nicht aufgehört hat, die also aller sündigen Zerstörung und allem sündigen Irrtum zum Trotz nicht aufgehört hat, unsere wahre Natur zu sein. Nun folgt also aus der Christologie auch hinsichtlich des Zeitbegriffs eine ganz bestimmte Anthropologie: die Anthropologie des Menschen, der unter Gott und mit Gott in seiner Zeit ist — kein zweiter Jesus, aber der mit dem einen Jesus (als Empfänger der in dem einen Jesus ausgesprochenen göttlichen Verheißung) in der von Gott geschaffenen und ihm gegebenen Zeit existierende Mensch. Er ist der Mensch, der von da aus gesehen und verstanden ist, daß Gott in dem Menschen Jesus jenen Widerspruch nicht umsonst eingelegt, daß der Mensch Jesus nicht umsonst für alle Menschen gelitten, gestritten und gesiegt hat. Der von daher gesehene und verstandene Mensch ist der natürliche Mensch. Er ist nicht nur das, er ist mehr als das. Der von Jesus errettete und bewahrte, in die ewige Gemeinschaft mit Gott versetzte Mensch, der einmal jenseits aller Zeit offenbar sein wird, ist ja gewiß viel mehr als der natürliche Mensch, der als solcher den Gefahren der Sünde, der Zerstörung und des Irrtums ausgesetzt ist. Aber ein Anderes wäre der Mensch, für den Jesus nicht gelitten, gestritten und gesiegt hätte, ein Anderes ist der Mensch, für den er das getan hat und der auch als natürlicher Mensch von daher, im Lichte seiner Auferstehung, zu sehen und zu verstehen ist. Ihm ist wie keine ontologische Gottlosigkeit so auch keine ontologische Unmenschlichkeit zuzuschreiben. Auch nicht hinsichtlich der Zeitlichkeit seiner Existenz! Von ihm darf also nicht gesagt werden, daß er in sich und als solcher nichtig sei, in einer nichtigen Zeit existiere und also keine wirkliche Zeit habe. Von ihm ist nur zu sagen, daß er von dieser Gefahr allerdings — er ist ja als der, der er sein wird, noch nicht erschienen — bedroht ist und daß er ohne den göttlichen Widerspruch dieser Gefahr zweifellos verfallen wäre. Nun ist aber dieser Widerspruch eingelegt. Nun ist aber Jesus auferstanden und der Herr der Zeit. Nun ist also vom Menschen positiv zu sagen, daß er in seiner wahren Natur, in der Gott ihn sieht, nicht aufgehoben ist und also wirkliche Zeit hat und in ihr leben darf.

Diese Aussage, die wir in unserer zweiten Analyse entwickelt haben, hängt an der uns in Jesus gegebenen Verheißung, an seiner Auferstehung, an seiner Herrschaft über die Zeit. Denn an ihr hängt es, daß wir des Menschen Zeit mit Gottes Ewigkeit in Beziehung setzen und Gottes Ewigkeit als seine Ewigkeit für uns, Gott als Schöpfer und Geber unserer Zeit und so unser Sein in der Zeit als wirkliches Sein sehen und verstehen können und müssen. Es hängt alles an der Wirklichkeit dieses in Jesus geschehenen göttlichen Seins, Aufbruchs und Werks zu unseren Gunsten. Alle Spekulation auf Grund eines noch so vollkommenen Gottesbegriffs, geschweige denn eine andere, könnte und würde uns hier nur im Kreis herumführen. Wir haben aber in der Theologie keine Freiheit, an der Wirklichkeit dieses göttlichen Seins, Aufbruchs und Werks vorbeizusehen, unserem Denken einen anderen Einsatz und Anfang als eben diesen zu gestatten. Von diesem Einsatz und Anfang her wird ein Durchbruch und eine Umkehrung des Zeitbegriffs in der Richtung, in der wir es nun versucht haben, möglich und notwendig, zwingend und einleuchtend. Wir werden dabei nicht vergessen, daß eben dieser Einsatz und Anfang nun eben keine Formel ist, die irgend Jemand aufstellen und irgend Jemand übernehmen und nach Hause tragen kann, sondern das Ereignis der Begegnung mit jener Wirklichkeit, auf die alle theologische Darstellung immer wieder bloß hinweisen kann!

3. DIE BEFRISTETE ZEIT

Wir haben die Zeit im vorangehenden Abschnitt gewissermaßen von innen betrachtet: in dem Aufbau, in dem Weg, in der Bewegung, in welcher der Mensch war, ist und sein wird. Uns beschäftigte die Problematik, das Rätsel dieser drei Gestalten der Zeit, die an allen drei Stellen und in ihrer Beziehung zueinander sich erhebende Frage nach der Wirklichkeit der Zeit. Auf diese Frage haben wir geantwortet, indem wir sie in allen ihren drei Gestalten als die von Gott geschaffene Zeit, als den dem Menschen von Gott gegebenen Lebensraum verstanden haben.

Aber das ist doch nur ein Aspekt der Sache. Wir setzen ihn jetzt voraus. Wir setzen jetzt also voraus, daß der Mensch Zeit hat, daß er in dieser Bewegung befindlich wirklich ist. Als Mensch leben heiße uns nun also: in der Zeit, selber zeitlich sein — in der Beziehung zu Gottes Ewigkeit nämlich — daraufhin, daß Gott ewig, aber nicht nur für sich und in sich selbst, sondern als Schöpfer auch für sein Geschöpf, den Menschen, ewig, daß er als der Ewige, der Geber und Garant seiner Zeit ist.

Seiner Zeit, der Zeit des Geschöpfs, der Zeit des Menschen: hier eröffnet sich ein neuer Aspekt. Wir betrachten die Zeit jetzt gewissermaßen von außen: als das Ganze jener Bewegung, als die Folge jener Momente des Übergangs, in welchem wir immer wieder herüberkommen und hinübergehen, uns selbst immer wieder hinter uns lassen, um uns selbst immer wieder vor uns zu haben. Wir betrachten sie jetzt als die Reihe der Augenblicke und der sie erfüllenden Akte, in denen wir «zwischen den Zeiten» immer wieder gegenwärtig sind. In dieser Ganzheit, Folge und Reihe ist sie ja unsere, die geschöpfliche, die menschliche Zeit. Denn in dieser Ganzheit, Folge und Reihe, in diesem ihrem Zusammenhang, ist sie der Raum des menschlichen Lebens: des Lebens des Menschen und der Menschen. Gott gibt uns Zeit, und wir haben Zeit, indem wir sie zum Leben brauchen und indem wir sie eben dazu tatsächlich haben dürfen: nicht mehr und nicht weniger. Und so ist jener Raum kein unbegrenzter, sondern ein begrenzter Raum. So ist jene Ganzheit, Folge und Reihe nicht anfangslos und endlos, sondern anfänglich und endlich. So ist sie die in sich geschlossene Form der menschlichen Wirklichkeit, die sich tatsächlich — wenn auch nur in geistiger Anschauung — von außen betrachten läßt: *mutatis mutandis* ebenso wie sich der Mensch, sofern er die Seele seines Leibes ist, auch im körperlichen Raum von außen — und hier sogar in leiblicher Anschauung — betrachten läßt. Genau so wie er hier keinen unbegrenzten, sondern einen höchst begrenzten Raum hat, genau so auch hinsichtlich des Vollzugs seines Lebens. Seine Zeit ist die Frist, d. h. der beschränkte Raum, den er zu diesem Vollzug braucht und der ihm zu diesem Vollzug gegeben wird. Diese Frist hebt einmal an, um dann zu währen, einmal aber abzulaufen. Er ist also in dieser Frist, nicht vorher und nicht nachher. So und nicht anders ist die Zeit seine Zeit: als befristete Zeit. Einmal begann jenes Herüber und Hinüber, um dann fortzugehen, sich stetig zu wiederholen, um dann endlich und zuletzt zu seinem Ziel und Abschluß zu kommen und also aufzuhören. Einmal hatten wir uns selbst nur vor uns und gar nicht hinter uns. Nun haben wir uns zunächst fortwährend wie hinter uns so auch vor uns. Einmal werden wir uns nur noch hinter uns und gar nicht mehr vor uns haben. Denn einmal hob unser Leben an. Nun stehen wir irgendwo in der Mitte oder vor oder jenseits der Mitte seines Vollzugs. Einmal wird es abgeschlossen sein. So haben wir Zeit. So sind wir in der Zeit. Sie ist unsere befristete Zeit, keine andere.

Hier setzt das neue Problem ein, dem wir uns nun zuwenden. Es versteht sich nicht von selbst, daß das menschliche Leben zu seiner Entfaltung nur dieses beschränkten Raumes bedarf und also nur diesen beschränkten Raum bekommt und hat. Menschliches Leben verlangt nach Bestand oder vielmehr: nach Dauer. Menschliches Leben möchte sich selbst als eine sowohl unergründliche als auch unerschöpfliche Wirklichkeit verstehen. Menschliches Leben als solches wird sich immer dagegen auflehnen, daß es einmal noch nicht war, einmal nicht mehr sein wird, daß es wirklich nur in diesem einmal anhebenden, einmal abschließenden und nur zwischen diesen zwei Punkten dauernden Vollzug bestehen soll. Menschliches Leben protestiert gegen dieses «nur». Es protestiert also dagegen, daß der Raum seiner Entfaltung jene befristete Zeit sein soll. Und es ist — alle nötige Klärung vorbehalten — sicher nicht nur Irrtum und Übermut, wenn es nach Dauer verlangt und also in dieser Auflehnung gegen die ihm durch die Befristung seiner Zeit gesetzte

3. Die befristete Zeit

Schranke begriffen ist. Man wird sogar sagen müssen, daß es sich selber verkennen würde, wenn es von jenem Verlangen und also von dieser Auflehnung gar nichts wüßte, wenn es hier keine Frage hätte, wenn es sich hier mit der Befristung der ihm gegebenen Zeit ohne weiteres abfinden, sie womöglich ohne weiteres als solche gutheißen und sich darüber freuen könnte.

Wir werden freilich alsbald sehen, daß es sich in der Tat darum handelt, die Befristung unserer Zeit nicht nur hinzunehmen, sondern dankbar und freudig gut zu heißen. Aber davon können und dürfen wir nicht ausgehen. Das wird die Konsequenz aus einer Antwort sein, die uns auf jene Frage gegeben ist. Das darf jene Frage als solche nicht auslöschen, weil uns sonst auch das Gewicht der uns tatsächlich gegebenen Antwort verborgen bleiben müßte. Ist es nicht die Konsequenz aus dieser uns gegebenen Antwort, wenn jener Protest zum Schweigen kommt und sich in sein Gegenteil verwandelt, dann ist das sicher keine gute Sache. Es gehört zu der Verwirrung des menschlichen Sündenfalls, wenn das menschliche Leben von jenem Verlangen nach Dauer nichts weiß, wenn es die Befristung seiner Zeit nicht als Bedrohung dieser seiner Dauer empfindet, wenn es sich also ohne weiteres darein finden kann, nur befristete Zeit zu haben. Es versteht sich selbst bei solcher Resignation gewiß nicht so, wie es sich als von Gott geschaffenes Leben verstehen müßte. Es nimmt dann die Sünde und die ihr unvermeidlich folgende Strafe hin, als wäre sie seine ursprüngliche und eigentliche Bestimmung. Es findet sich dann mit einem Zustand ab, mit dem es sich nicht abfinden dürfte und von Haus aus auch nicht abfinden kann. Indem es das tut, wird ihm die Unergründlichkeit und Unerschöpflichkeit seiner eigenen Wirklichkeit allerdings zweifelhaft und gleichgültig — mehr noch: schrecklich und unerwünscht erscheinen müssen, wird ihm also die Befristung seiner Zeit keine Frage sein können, auf die es nach Antwort schreit, wird es vielmehr in der Lage sein, sich mehr oder weniger erleichtert und befriedigt darauf einzustellen. Aber das menschliche Leben verkennt sich selber, wenn es den Sündenfall für seine ursprüngliche und eigentliche Bestimmung hält. Und so verkennt es sich selber, wenn sein Verlangen nach Dauer verkümmert, wenn ihm also die Befristung seiner Zeit kein Problem mehr ist.

Das menschliche Leben muß sich nämlich darum als eine **unergründliche und unerschöpfliche Wirklichkeit** verstehen, weil es einerseits (vertikal gesehen) von Gott und für Gott und andererseits (horizontal gesehen) in der Beziehung zum Mitmenschen geschaffen ist. In diesen beiden Richtungen ist es menschliches Leben und bleibt es das auch dann, wenn es sich in diesen beiden Richtungen verfehlt und verleugnet. Der Mensch gehört doch Gott. Und er gehört doch zu seinem Mitmenschen. Divinität und Humanität sind doch seine ursprüngliche und eigentliche Bestimmung. In diesen beiden Richtungen des menschlichen Lebens gibt es aber kein «genug», das nicht die Vollkommenheit meinte. In diesen beiden Richtungen verlangt es nach Dauer: so gewiß eben seine Bestimmung auf seiner Erschaffung durch Gott beruht und also dauernd ist. Dauernd heißt: ohne Beschränkung und also ohne Mangel. Dauernd heißt: in sich beständig ohne jede Anfechtung. Es scheint aber eine sehr ernste Anfechtung, eine deutliche Beschränkung, einen klaren Mangel der Dauer des menschlichen Lebens zu bedeuten, wenn die befristete Zeit sein einziger Raum ist. Als ob es in seinem Vollzug in jenen beiden Richtungen nun doch ein «genug» geben könnte und dürfte, das von der Vollkommenheit verschieden wäre! Als ob es sich seiner Bestimmung gemäß auch nur in einer von diesen beiden Richtungen, geschweige denn in beiden, entfalten, sich selber genug tun könnte, wenn es dieser Beschränkung unterliegt! Als ob es gerade von seiner Bestimmung her erträglich wäre, daß es einmal noch nicht war, einmal nicht mehr sein wird! Warum nicht immer? Was anders als eine unbegrenzte, eine immerwährende Zeit könnte zur Erfüllung dieser Bestimmung genug sein?

Ginge es nur um die Erfüllung einer abstrakten Lebenslust, ginge es nur darum, daß Leben nun einmal nach Leben hungert, sich selbst als Leben nun einmal nicht genug tun kann und nun zornig gegen die Schranke rennt, die ihm damit gesetzt ist, daß seine Zeit befristet ist, daß es einmal angefangen hat und einmal endigen muß — ginge es nur darum, dann wäre es leicht, diese Frage als töricht und diesen Protest als illegitim abzuweisen. Ihm gegenüber wäre dann einfach festzustellen, daß der Mensch auf eine Dauer seines Lebens dazu — damit er sich selbst ausleben könne — kein Recht und also auf eine unbefristete Zeit keinen Anspruch hat.

Ihm wäre dann mit Leichtigkeit zu zeigen, daß es im ganzen Kosmos, so weit es da so etwas wie Leben gibt, kein immerwährendes, sondern nur lauter befristetes Leben gibt, daß hier alles Ding seine Zeit hat und daß auch er, der Mensch, statt nach einem unbeschränkten Raum für sein Leben als solches zu verlangen, besser täte, sich klar zu machen, daß sein Leben als solches mit allen seinen Möglichkeiten, es auszuleben, nun einmal weder unergründlich noch unerschöpflich ist, zur Dauer gar nicht bestimmt ist — wenn er sich also bescheiden und auf das Schreien nach einer unbefristeten Zeit verzichten würde, weil dieses Schreien in sich sinnlos ist. Das Schreien des sündigen, d. h. des sein Leben, seine Lebenslust, seinen Lebenshunger von seiner Bestimmung, von seiner Divinität und Humanität abstrahierenden Menschen ist in der Tat sinnlos. Es kann darum auch relativ einfach zum Schweigen gebracht werden, was freilich wieder nicht bedeutet, daß es damit erledigt werden kann — nicht ausschließt, daß es sich nicht in irgend einer neuen Form, nachdem es in einer alten zum Schweigen gebracht ist, doch wieder zum Wort melden wird.

Es geht aber im menschlichen Leben nie bloß um die Erfüllung jenes abstrakten Lebensverlangens. Der Mensch kann sich wohl vormachen und einreden, daß er in dieser Abstraktion lebe. Er tut das allerdings in der fürchterlichsten Weise. Es geht aber im menschlichen Leben auch da, wo es scheinbar ganz in dieser Abstraktion vollzogen wird, ursprünglich und endlich um die Erfüllung der Bestimmung, die ihm mit seiner Erschaffung durch Gott gegeben ist. Es geht darum, daß es auch in seinen wüstesten Verkehrungen und Verzerrungen das menschliche Leben ist, das als solches die Bestimmung hat, für Gott und mit dem Mitmenschen gelebt zu werden. Es geht um die Unergründlichkeit und Unerschöpflichkeit, die ihm von daher eigen ist und um die Dauer, nach der es von daher verlangt. Es geht um den Protest gegen die Befristung seiner Zeit, der von daher kommt, daß der Mensch, um diese Bestimmung zu erfüllen, eine immerwährende Zeit nötig zu haben scheint. Und so mag es wohl oft so sein, daß der Schrei nach einem unbegrenzten Lebensraum gerade da am lautesten ertönt, wo der Mensch seiner Bestimmung in jenen beiden Richtungen am fremdesten ist, am stärksten zuwider lebt, weil er sich damit auch der Zeit, die er tatsächlich hat, selbst fortwährend beraubt und sich selbst damit nur umso deutlicher vor Augen führt, daß er zum Vollzug seines wirklichen Lebens zu wenig, viel zu wenig Zeit hat. Aber wie dem auch sei: die von **daher** kommende Frage ist nicht so einfach niederzuschlagen und abzuweisen. Von einem dem menschlichen Leben von seiner ursprünglichen und eigentlichen Bestimmung her zukommenden **Recht** und **Anspruch** auf die Dauer kann zwar keine Rede sein. Wo der Mensch darauf pochen wollte, daß eben diese Dauer ihm auf Grund seiner Bestimmung zukomme und wo sich sein Protest gegen die Befristung seiner Zeit gegen seinen Schöpfer wenden würde, da würde bestimmt bereits der Irrtum und der Übermut das Wort führen. Das Geschöpf hat seinem Schöpfer gegenüber auf gar nichts zu pochen. Aber wie, wenn der Mensch in jenem Verlangen und dann auch in jener Frage und in jenem Protest auf gar nichts pochen, wohl aber sich auf die ihm mit seiner Erschaffung in der Beziehung zu Gott gegebene **Verheißung** und auf die ihm mit seiner Erschaffung in der Beziehung zum Mitmenschen gegebene **Gabe** und **Aufgabe** berufen würde? Wie, wenn er Gott nicht sein eigenes Recht und einen von ihm her anzumeldenden Anspruch, aber einfach sein, Gottes **Wort** vorhalten würde? Ist nicht Gottes Wort — sowohl in der Gestalt, in der es den Menschen zu Gott selbst ruft, als auch in der anderen, in der es ihn auf den Mitmenschen verweist — der wahre Grund dessen, daß das menschliche Leben sich selbst für eine unergründliche und unerschöpfliche Wirklichkeit halten, der wahre Grund, weshalb es nach Dauer verlangen muß, weshalb es scheinbar gar nicht genug Zeit haben kann, weshalb ihm darum die Befristung seiner Zeit zur Frage werden muß? Hat das Problem, vor dem wir jetzt stehen, seinen Grund nicht darin, daß uns unsere doppelte Bestimmung durch Gottes Wort offenbart ist, daß wir ihm gegenüber taub oder ungehorsam sein müßten, wenn es uns nicht zum Problem würde, daß wir so wenig Zeit, nur diese unsere beschränkte Lebenszeit haben? **Lebenszeit?** Leben unter dem Wort Gottes verlangt Dauer und darum scheinbar unbefristete Zeit: unbefristet darum, weil es als solches, zur Erfüllung der ihm unter dem

Worte Gottes zukommenden Bestimmung scheinbar nie genug Zeit haben könnte, weil jedes «nur», jede Grenze hier einen Mangel, eine Nichterfüllung bedeuten müßte. Sofern die Frage von daher kommt — und sie kommt im Grunde doch wohl immer von daher — werden wir uns auf keinen Fall damit begnügen dürfen, sie als eine Frage zu bezeichnen, die nicht gestellt werden dürfte. Wir werden sie dann vielmehr gerade von da aus zu beantworten versuchen müssen.

Sie hat darin zweifellos recht, daß sie voraussetzt, daß das menschliche Leben im Lichte seiner Bestimmung, die ihm in und mit seiner Erschaffung gegeben ist, nach D a u e r verlangt. Es verlangt damit nichts Ungebührliches. Es wäre vielmehr ungebührlich, es würde sich selbst verleugnen, wenn es nicht danach verlangte. Im Lichte seiner Bestimmung erscheint es nun einmal als ein unergründliches und unerschöpfliches Leben und ist es das auch. Keine Tiefe, aus der es kommt, kann da tief genug, keine Höhe, in die es strebt, kann ihm hoch genug, kein Raum, in dem es sich entfaltet, kann ihm groß genug sein. Wie könnte es sich je genug tun daran, nach der ihm gegebenen Verheißung Leben für Gott und nach der ihm gegebenen Gabe und Aufgabe Leben mit dem Mitmenschen zu sein? In diesen beiden Richtungen möchte und will und muß es dauern, ist es voll Unruhe nach Vollkommenheit, strebt es über alle Schranken hinaus, stürmt es an gegen alle Hindernisse, ist es von Natur die Verneinung aller Verneinungen. Das wäre nicht der wirkliche Mensch, der unter Gott ist und mit dem Mitmenschen, der sich damit abfinden könnte, irgend einmal n o c h n i c h t unter und also für Gott und mit und darum doch auch für den Mitmenschen gewesen zu sein und irgendeinmal das Alles n i c h t m e h r zu sein. Der wirkliche Mensch, wie Gott ihn geschaffen, steht fragend vor diesen Felswänden, in dieser Schlucht seines Daseins, die ihm von beiden Seiten nur dies zuzurufen scheint: Du warst einmal noch nicht! Du wirst einmal nicht mehr sein! Was ist es dann mit seiner Bestimmung? Und da sein Leben ganz unter seiner Bestimmung steht: was ist es dann mit seinem Leben? Wie soll es dann, wenn ihm Dauer versagt, wenn die Entfaltung zum Vollkommenen ihm abgeschnitten, wenn es nun doch nur ein ergründliches und erschöpfliches Leben ist — wie soll es dann gelebt werden? Wie soll es sich selbst genügen, wenn es nun seiner Bestimmung zum Trotz doch nur dieser kurze — aus anderen Gründen auch noch so vielfältig gestörte und unterbrochene — Anlauf zu Gott und zum Mitmenschen hin sein soll? Die Frage hat recht, wenn sie hier mit einem dem menschlichen Leben — gerade dem theologisch verstandenen menschlichen Leben — notwendig innewohnenden und eigenen V e r l a n g e n rechnet.

Sie hat aber zweifellos auch darin recht, daß sie voraussetzt, daß es der Zeit als seines Raumes bedürftig ist und daß diese seine Zeit b e f r i s t e t ist. Sie hat Ränder. Sie hat ein bestimmtes Maß, das wir wohl abschätzen mögen, das in Wirklichkeit wohl auch ganz anders bemessen sein kann, als wir es abschätzen, das aber auf alle Fälle ein bestimmtes, ein beschränktes, ein grundsätzlich übersichtliches Maß ist.

1. Gott lebt auch in seiner Zeit. Aber seine Zeit ist die Ewigkeit, die keine Frist hat, keine Ränder, kein anderes Maß als das, das er sich selber ist. Ewigkeit ist nicht anfangs- und endlose Zeit. Zeit ist ja die Daseinsform des Geschöpfs. Würden wir die Ewigkeit einer anfangs- und endlosen Zeit gleichsetzen, so würde das bedeuten, daß wir ihr eine idealisierte Daseinsform des Geschöpfs zuschreiben. Das darf man darum nicht tun, weil, wer Ewigkeit sagt, Gott sagt. Gott lebt aber nicht in einer idealisierten Daseinsform des Geschöpfs. Gott ist sich selber wie Daseinsgrund und Daseinsinhalt, so auch Daseinsform. Sofern er sich selber Daseinsform ist, ist er ewig, ist er in der Ewigkeit als seiner Zeit. Wir sagen damit nichts Anderes, als daß er in sich selber ist. So ist er in seiner Ewigkeit wohl der Schöpfer der Zeit, aber eben als ihr Schöpfer ist er der, der war und als solcher auch ist und sein wird — der ist, aber als solcher auch war und sein wird — der sein wird, aber als solcher auch war und ist. In seiner Ewigkeit ist er Anfang und Mitte und Ende. Er ist also nicht ohne das Alles. Das wäre die andere falsche Definition der Ewigkeit. Sie ist nicht Zeitlosigkeit. Sie ist vielmehr Anfang, Mitte und Ende in Fülle, indem sie das Alles zugleich ist. Immer das Erste und Zweite, indem sie auch das Dritte ist. So ist Gott sich selbst Lebensraum: der Lebensraum, der den Lebensraum seines Geschöpfs begründet, bedingt und umschließt, sodaß der Lebensraum seines Geschöpfs immer auch sein eigener Lebensraum ist, sodaß wo sein Geschöpf ist, immer auch er ist. Sein eigener Lebensraum aber ist unbefristet, ohne Ränder, ohne ein anderes Maß als das, das er sich selber ist.

Der Mensch dagegen lebt in der von dem ewigen Gott geschaffenen und ihm gegebenen Zeit. Wäre er Gott und nicht Mensch, dann könnte die Befristung seiner Zeit ihm nicht zur Frage werden. Sie wäre dann eben gar nicht befristet. Der Mensch wäre dann auch ewig. Aber das sind Träumereien und keine guten Träumereien. Indem der Mensch Mensch und nicht Gott und also nicht ewig ist, bleibt ihm als sein Lebensraum, über den er nicht verfügt wie Gott über den seinen — weil Gottes Lebensraum ja Gott selber ist — die geschaffene Zeit, die im Unterschied zu der Ewigkeit des Schöpfers wohl auch Anfang, Mitte und Ende hat, in der aber das Alles getrennt und geschieden ist, in der das Alles ein Nacheinander bildet, sodaß sie in ihrem Anfang und Ende tatsächlich ihre Ränder, ihr Maß hat, sodaß sie tatsächlich befristete Zeit, die Zeit der Mitte zwischen ihrem Anfang und ihrem Ende ist.

Diese ihre Grenzen sind aber notwendig auch die Grenzen des menschlichen Lebens. Jene Schlucht mit den beidseitigen Felswänden wird jetzt sichtbar. Woher kommt unser Leben? Von seinem Anfang, d. h. vom Anfang seiner Zeit her, vor dem es noch nicht war. Wohin geht es? Seinem Ende, d. h. dem Ende seiner Zeit entgegen, nach welchem es nicht mehr sein wird. Warum nicht? Weil es geschöpfliches Leben in diesem seinem geschöpflichen Raum ist. Weil es, indem es geschaffene Zeit bekommt, als seine Zeit den Raum bekommt, der ihm, als einem geschöpflichen Leben, zukommt. Das Leben Gottes bedarf eines anderen Raumes, und es hat ihn auch. Das Leben Gottes ist ja nicht nur unergründliches, sondern sich selbst begründendes, nicht nur unerschöpfliches, sondern sich selbst aus sich selber schöpfendes und verströmendes Leben. Darum ist es ewiges Leben, ist die Ewigkeit sein Raum. Im klaren Unterschied zum seinigen bekommt unser Leben eben den Raum, dessen es bedarf: den ihm angemessenen — wirklich wie ein Kleid angemessenen und passenden Raum. «Einem Jeden das Seine!» Dem nicht in sich selbst begründeten, sich nicht aus sich selbst schöpfenden und verströmenden, dem durch das Leben Gottes begründeten Leben des Geschöpfs die Zeit, in der Anfang und Ende zweierlei sind, sodaß sie seine Ränder bilden!

> Dem von dem ewigen Gott geschaffenen menschlichen Leben eignen die Grenzen, im Blick auf die es dann allerdings so zu charakterisieren ist, wie es in der Bibel geschieht, wenn von den Menschen die Rede ist: «Sie sind wie das sprossende Gras: am Morgen erblüht es und sproßt, am Abend verwelkt es und verdorrt» (Ps. 90, 5; vgl. Jes. 40, 6; Ps. 102, 12; Hiob 14, 2). «Siehe, nur handbreit hast du meine Tage gemacht, und meine Lebenszeit ist wie nichts vor dir. Ja, ein Hauch nur ist Alles, was Mensch heißt. Nur wie ein Schatten geht der Mensch einher» (Ps. 39, 6 f.). «Unsere Jahre gehen dahin wie ein Seufzer» (Ps. 90, 9, Luther: «Wir bringen unsere Jahre zu wie ein Geschwätz»). Und: «Es fähret schnell dahin, als flögen wir davon» (Ps. 90, 10). «Ein Rauch seid ihr, der eine kleine Zeit sichtbar ist und dann verschwindet» (Jak. 4, 14).

Sollte die Frage damit nicht schon beantwortet sein: Gott sein Raum, die unbefristete Ewigkeit — uns der unsrige, die befristete Zeit? Aber das ist es ja eben, daß der Mensch mit Gott, sein Leben mit dem Gott kraft der Bestimmung, die ihm in und mit seiner Erschaffung durch Gott gegeben ist, nun einmal in Beziehung steht und daß er eben von daher jenes Verlangens, in welchem er dauern und dann wohl auch die Schranken seiner Zeitlichkeit sprengen möchte, sich nicht entschlagen kann. Das ist es ja eben, daß wir uns mit einem schiedlich-friedlichen *Suum cuique* hier auf keinen Fall abspeisen lassen können. Daß der Mensch mit seinem Leben in der Zeit von dem ewigen Gott her jene Verheißung, jene Gabe und Aufgabe hat, das ist doch der Grund der Unruhe, um die es hier geht, und das macht sie zu einer Unruhe, die sich durch den Verweis, darauf, daß Gott Gott und der Mensch der Mensch ist, nicht stillen läßt. Noch können wir also in dem Hinweis darauf doch erst eine Vorbereitung der Antwort erblicken, die hier notwendig ist.

2. Wir kommen aber doch wohl einen Schritt weiter, wenn wir uns nun Folgendes klar machen: Ist es denn ausgemacht, daß jenem berechtigten Verlangen des menschlichen Lebens nach schrankenloser Dauer, seinem Charakter als einem Streben nach Vollkommenheit, das jede Verneinung verneinen muß — damit wirklich gedient wäre, daß ihm ein unbegrenzter Raum und also keine befristete, sondern eine immerwährende Zeit zur Verfügung gestellt wäre? Wir nehmen jetzt an, das menschliche Leben bescheide sich dabei, geschöpfliches und also nicht das ewige Leben Gottes zu sein, es wolle also diese Grenze nicht überspringen, es wolle das nur schon darum nicht, weil es ja als göttliches, als ewiges Leben jenes Verlangen gar nicht haben könnte, weil es sich eben damit, daß es sich zu diesem Verlangen bekennt, dabei bescheidet, vom Leben Gottes verschiedenes Leben zu sein. Was ihm unter dieser Voraussetzung übrig bleibt, könnte — wenn es sich mit der befristeten Zeit als seinem Raum nicht zufrieden geben will — nur dies sein, daß es jenen idealisierten Geschöpfraum, d. h. aber eine anfangs- und endlose, eine immerwährende Zeit haben möchte. Wir sind diesem Gedankengebilde der **unendlichen Zeit** bereits einmal begegnet: es ist der Ausdruck der grenzenlosen Verlegenheit, in die sich der Mensch ohne Gott durch die Frage nach der Wirklichkeit seines Seins in der Gegenwart, in der Vergangenheit, in der Zukunft gestürzt sieht. Wir müßten diesem Gedankengebilde schon von daher ohne großes Vertrauen gegenüberstehen. Aber versuchen wir es, einen Augenblick damit zu rechnen, daß es der Wirklichkeit entspräche. Die Zeit wäre also ein unbegrenzter Raum, in welchem sich das menschliche Leben als ein unendliches Quantum, in Gestalt eines anfangs- und endlosen Prozesses entfalten könnte, in welchem es also scheinbar die Gelegenheit hätte, seiner Bestimmung für Gott und für den Mitmenschen zu genügen.

Würde es ihr in dieser Gestalt wirklich genügen? Würde seinem berechtigten Verlangen nach Dauer und Erfüllung unter dieser Bedingung wirklich entsprochen? Das wäre doch offenbar nur dann der Fall, wenn ein unendliches Quantum menschlichen Lebens die Garantie dafür wäre, daß es die seiner Bestimmung entsprechende Dauer, daß es die Vollkommenheit bekommt, auf die es zielt, daß es in seinem Verhältnis zu Gott und zum Mitmenschen, auf seine Divinität und Humanität gesehen, das Leben **wird**, das es seiner Bestimmung entsprechend werden soll. Daß es dazu Zeit braucht und nach Zeit verlangt, ist in Ordnung, und solche bekommt es ja auch. Es ist auch das verständlich, daß es dazu nicht wenig, sondern **viel** Zeit haben, daß es lieber ein **langes** als ein kurzes Leben sein, daß es jedenfalls ein zu seiner Entfaltung als zur Erfüllung seiner Bestimmung genügendes Maß an Tagen und Jahren haben möchte.

In diesem Sinn wird dem Israeliten Deut. 4, 40; 25, 15 ein «langes» Leben verheißen: nämlich in dem ihm versprochenen Lande und unter der Voraussetzung seiner Treue im Bunde mit Gott, der ihn in dieses Land führen will. In diesem Sinn wird den Blutgierigen und Falschen Ps. 55, 24 gedroht, daß sie ihre Tage nicht auf die Hälfte bringen werden, seufzt aber auch der Gerechte: «Er hat meine Kraft auf dem Wege gebrochen und meine Tage verkürzt» (Ps. 102, 24) und betet er: «Mein Gott, nimm mich nicht hinweg in der Hälfte meiner Tage!» (Ps. 102, 25.) In diesem Sinn gilt das fröhliche Wort Koh. 11, 7 f.: «Süß ist dem Auge das Licht und köstlich ist es, die Sonne zu schauen. Ja, wenn der Mensch viele Jahre lebt, so freue er sich in ihnen allen!» In diesem Sinn kommt insbesondere dem König langes Leben zu (z. B. Ps. 21, 5), wird ihm in der bekannten, im Hofstil übertreibenden und darum nicht wörtlich zu nehmenden Grußformel (z. B. 1. Kön. 1, 31) sogar ewiges Leben gewünscht. Und wieder in diesem Sinn gedenkt das Alte Testament Gen. 5, 4 f. der exemplarisch langen Lebenszeit der Patriarchen von Adam bis Noah, unter denen es Methusalah nach v 27 zu der erstaunlichen Zahl von 969 Jahren gebracht hätte.

Aber wenn schon der Begriff eines «langen» menschlichen Lebens gerade im Verhältnis zu seiner Bestimmung ein problematischer Begriff ist — «Deine Gnade ist besser als Leben» (Ps. 63, 4) — so ist «langes Leben» jedenfalls nicht anfangs- und endloses Leben, sind noch soviele Jahre jedenfalls nicht dasselbe wie immerwährende Zeit. Und wie ausgerechnet eine immerwährende Zeit dem Leben seine Dauer und Erfüllung im Verhältnis zu seiner Bestimmung garantieren sollte, das ist nicht einsichtig zu machen. Zeit — ob kurz oder lang — garantiert diese Dauer und Erfüllung ja überhaupt nicht. Zeit ist nur *conditio sine qua non,* nur unentbehrliche **Gelegenheit**: wie zum Leben als solchem, so auch dazu, daß sein berechtigtes Verlangen nach Dauer und Erfüllung seiner Verwirklichung entgegengehe. Und eben für dieses Letztere und Entscheidende, für die Verwirklichung dieses Verlangens könnte auch ein unendliches Quantum menschlichen Lebens in einer ihm entsprechenden immerwährenden Zeit keineswegs garantieren. Ist das Leben als solches im Licht seiner Bestimmung eine gute — die grundlegend gute — Gabe Gottes, ist es also gewiß nicht nur wünschenswert, sondern, vom normalen Menschen her gesehen, des ernstlichsten Gebetes würdig, daß diese Gabe nicht klein, sondern groß, unsere Lebenszeit also nicht kurz, sondern lang sei, so bürgt doch keine Lebenslänge und also keine, auch keine unendliche Zahl menschlicher Tage und Jahre dafür, daß diesem Leben Dauer und Erfüllung wirklich beschieden sei. Es kann langes Leben und also viel Zeit nur die Vermehrung der uns dazu gegebenen Gelegenheiten bedeuten und also ein unendliches Quantum menschlichen Lebens in einer immerwährenden Zeit doch nur dies, daß wir dazu eine unendliche Reihe von Gelegenheiten hätten. Das ist es nun aber nicht, wonach in jenem Verlangen des menschlichen Lebens, wenn es sich selbst recht versteht, gefragt sein kann. Nicht danach verlangt es doch, daß ihm Dauer und Erfüllung, daß ihm Vollkommenheit entsprechend seiner Bestimmung oft,

3. Die befristete Zeit

immer wieder und schließlich unendlich oft zuteil werden könnte — nicht danach, daß es immer neuen und schließlich unendlich viel Raum haben möchte — obwohl es solchen Raum braucht, obwohl es die Gelegenheit, sich nach Dauer und Erfüllung auszustrecken, zweifellos haben muß! Es verlangt aber danach, daß ihm Dauer und Erfüllung zuteil werde, es verlangt nach der Zerbrechung der Schranken, die diesem Geschehen im Wege stehen, es verlangt nach dieser Verwirklichung, nach der Verneinung alles dessen, was diese Verwirklichung verneinen könnte. Keine Anfangs- und Endlosigkeit seines Raumes, keine immerwährende Zeit würde diese Verneinung, würde das Zerbrechen dieser Schranken bedeuten, würde ihm die Verwirklichung verschaffen oder auch nur verbürgen, die darin bestünde, daß sein Verhältnis zu Gott und zum Mitmenschen die Vollkommenheit bekäme, nach der es sich ausstreckt. Auch wenn es in einem unbeschränkten Zeitraum wäre, könnte das doch nur bedeuten, daß es sich immer wieder nach dieser Verwirklichung ausstrecken kann. Es würde also der Mensch im Blick auf das, wonach er eigentlich fragt, weil er es eigentlich entbehrt, auch unter Voraussetzung der Wirklichkeit jenes Gedankengebildes von der unendlichen Zeit genau so dastehen, wie in der befristeten Zeit, in der er faktisch zu leben hat. Wir können also zunächst als sicheres Ergebnis feststellen, daß es jedenfalls keinen ernstlichen Verzicht, keine Resignation gegenüber dem von ihm mit Recht erfragten und gesuchten Gut bedeutet, wenn er sich dabei bescheidet, daß er nicht in einer — ohnehin nur illusionären und nur in der Illusion seiner Verlegenheit erdachten — immerwährenden, sondern in der wirklichen, in der von Gott geschaffenen und ihm als Gottes Geschöpf zukommenden befristeten Zeit zu leben hat. Er verliert jedenfalls nichts dabei. Er hat in seinem zeitlich beschränkten Leben nur Gelegenheiten, seiner Bestimmung Genüge zu tun. Er würde auch in einem zeitlich unbeschränkten Leben doch nur Gelegenheiten dazu haben.

3. Wir müssen aber noch weitergehen. Er würde in jenem unbeschränkten Lebensraum nicht nur nicht besser, sondern schlechter dran sein. Lebt er anfangs- und endlos, dann würde das doch bedeuten, daß er sich nach Dauer und Erfüllung seines Lebens nicht nur immerwährend ausstrecken könnte, sondern auch müßte. Von einer unendlichen Reihe von Gelegenheiten käme er dann her. Einer ebenso unendlichen Reihe von Gelegenheiten würde er dann entgegengehen. Immer wieder sich ausstrecken nach dem Vollkommenen des ihm bestimmten Verhältnisses zu Gott und zum Mitmenschen — das wäre dann die, wie hinter, so auch vor ihm liegende Wirklichkeit seines Lebens. Er könnte und dürfte dann immer nur auf dem Wege gewesen sein und für alle Zukunft nur auf dem Wege bleiben. Er wäre dann nie am Ziel, in der Verwirklichung ge-

wesen und würde es dann auch nie sein können und dürfen. Unendlicher Lebensraum wäre dann freilich hinter ihm und vor ihm, aber doch nur Raum für sein, für ein geschöpfliches, menschliches Leben, das sich selbst genug tun möchte, weil ihm volles Genügen, Dauer, Erfüllung, Vollkommenheit von seiner Erschaffung her bestimmt und zugesagt ist und das dessen nun doch nicht fähig ist, weil es nun einmal nichtgöttliches Leben ist. Ohne Anfang und Ende wäre es dieses Genügens bedürftig und nach diesem Genügen gefragt, so gewiß es ja seiner Bestimmung nicht entlaufen, so gewiß ja der Mensch weder seine Divinität noch seine Humanität wirklich loslassen und abschütteln kann. Mehr noch: Es würde dann von keinem Anfang dieses Bedürfens und Gefragtseins herkommen, keinem Ende dieses Bedürfens und Gefragtseins entgegengehen, es würde dann selbst anfangs- und endlos sein, seinem Bedürfen und Gefragtsein und seinem eigenen Ungenügen ihm gegenüber anfangs- und endlos standhalten müssen. Darf man nicht fragen, ob man sich das Leben in der Hölle schlimmer vorstellen könnte als ein Leben, das, in einer immerwährenden Zeit sich abspielend, selber immerwährend sein müßte? Darf man nicht mindestens feststellen, daß eben ein menschliches Leben unter dieser Bedingung — unter der Voraussetzung der Wirklichkeit jenes Gedankengebildes — ein wahrhaft elendes Leben wäre, daß die Zumutung nun einfach sinnlos wäre, ein solches Leben als eine gute Schöpfung und Gabe Gottes zu verstehen? Wenn man das feststellen darf, dann dürfte es aber doch so sein, daß die nach unserer ersten Überlegung scheinbar gleichstehende Waage sich zu ungunsten jenes Gedankengebildes von der unendlichen Zeit und zugunsten der uns wirklich beschiedenen, der befristeten Zeit, zu senken beginnt. Es wird dann wenigstens das sichtbar, daß wir uns nicht nur nichts wirklich Gutes, sondern geradezu Schlimmes wünschen würden, wenn wir uns bei dem uns beschiedenen Leben in einem beschränkten Lebensraum nicht unsererseits bescheiden, sondern nach jenem unbeschränkten Lebensraum verlangen wollten. Wir würden uns gerade damit zu der Kontinuität der Unruhe verurteilen, aus der heraus ja die Frage stammt, von der wir in dieser Sache bewegt sind. Ist sie unsere Unruhe nach dem Vollkommenen in unserem Verhältnis zu Gott und zum Mitmenschen, dann kann sie nicht Unruhe sein und bleiben, dann kann sie sich nicht als solche absolut setzen und also an ihrer eigenen Kontinuität Gefallen haben. Ist sie echte Unruhe, dann strebt sie über sich selbst hinaus nach Verwirklichung und also nach der Ruhe eines dauernden Seins unter Gott und mit dem Mitmenschen. Ein Leben als immerwährender Prozeß und der entsprechende Raum dazu ist also das Letzte, nach dem der der Menschlichkeit seines Lebens sich bewußte Mensch begehren kann. Er wird vielmehr Verständnis dafür haben, daß das Gegenteil: ein beschränktes Leben in einer befristeten Zeit jener Möglichkeit gegenüber nicht nur das ihm nun einmal faktisch beschiedene und nicht nur ein gleich gutes, sondern jedenfalls im Verhältnis zu jener Möglichkeit das bessere Teil ist.

4. Aber die eigentliche Antwort auf unsere Frage kann auch damit noch nicht gegeben sein. Was wir bis jetzt festgestellt haben, war, 1. daß das Leben in einer befristeten Zeit dem Menschen als solchem in seiner Verschiedenheit Gott gegenüber angemessen ist, 2. daß es dem Menschen bestimmt nicht zum Nachteil gereicht, in der befristeten, statt in einer unbefristeten Zeit zu leben und 3., daß es für ihn geradezu verhängnisvoll sein müßte, wenn er in einer unbefristeten statt in der befristeten Zeit zu leben hätte. Die eigentliche Antwort auf unsere Frage kann doch erst damit gegeben werden, daß wir jetzt aufzuzeigen versuchen, daß es dem Menschen nicht nur im Verhältnis zu jener anderen Möglichkeit, sondern **positiv gut** und **heilsam** ist, in der befristeten Zeit leben zu dürfen.

Geben wir uns zunächst Rechenschaft darüber, was das bedeuten müßte: dem Menschen positiv gut und heilsam. Es müßte offenbar vor allem bedeuten, daß die Befristung der Zeit, ihre Anfänglichkeit und Endlichkeit den Charakter einer Hemmung und Bedrohung des menschlichen Lebens in der seiner Bestimmung entsprechenden Entfaltung gänzlich verlieren müßte. Das Bild von der Schlucht und den beiden Felswänden vorne und hinten hätte dann außer Geltung zu treten. Die Angst und Sorge, daß das dem menschlichen Leben natürliche Verlangen nach Dauer und Vollkommenheit nicht auf seine Rechnung kommen möchte, würde dann gegenstandslos. Das Schreien und Protestieren gegen eine unserem Leben gesetzte Schranke wäre dann überholt, würde dann überflüssig. Denn wo Bedrohung und Hemmung zu sehen war, da wäre jetzt kräftige, hilfreiche Verheißung auf den Plan getreten. Aus den Felswänden wären jetzt die schützenden und bergenden Mauern eines Wohnraumes und Arbeitsraumes geworden, aus Angst und Sorge vertrauende Zuversicht, aus dem Schreien und Protestieren ein Loben und Danken. Und das Alles nicht, obwohl die dem Menschen gegebene Zeit befristet ist, sondern gerade weil und indem sie das ist. Es würde alles mit rechten Dingen zugehen, die Antwort der gestellten Frage aufs genaueste entsprechen und nun doch alles ganz anders sein, sodaß auch die gestellte Frage durch ihre positive Antwort erst sinnvoll und fruchtbar würde. Aber wir müssen noch mehr sagen: gerade das Leben in der uns beschiedenen befristeten Zeit würde dann nicht bloß eine Reihe von Gelegenheiten sein, bei denen immer wieder sein Bedürfnis und Gefragtsein nach Dauer und Vollkommenheit aktuell werden, bei denen es dann wohl zu Verwirklichungen seines Verlangens allenfalls kommen **könnte**. Ihm würde vielmehr gerade damit, daß es das Leben in der befristeten Zeit ist, ein Angebot gemacht sein, das größer und mächtiger wäre als sein tiefstes Bedürfnis und als die dringendste Frage, auf die es sich Antwort geben möchte. Gerade von seinem Anfang und von seinem Ende und also gerade von seinen Grenzen her müßte ihm das, wonach es verlangt und kraft seiner Bestimmung verlangen muß, nun wirklich garantiert sein, ja dargeboten werden. Gerade die Befristung seiner Zeit müßte ihm das praktisch und faktisch gewähren, was ihm seine Zeit an sich — ob kurz oder lang oder unendlich — weder gewährleisten noch gewähren kann: es müßte gerade von seinen zeitlichen Grenzen he. ein gehaltenes und getragenes, ein geborgenes und versorgtes, ein in seiner ganzen Unruhe letztlich beruhigtes Leben sein dürfen, es müßte gerade in dieser seiner Beschränkung in der Verwirklichung seiner Bestimmung begriffen sein und in dieser Bewegung sein volles Genüge haben dürfen.

Das Alles ist nun dann der Fall, wenn wir wie bei der Fragestellung des vorangehenden Abschnittes so auch hier Grund und Anlaß haben, die Zeit, in der der Mensch ist, mit Gott zusammen zu sehen und in Beziehung zu setzen: mit dem Gott, von dem her und auf den hin er als sein Geschöpf sein und leben darf. Wir werden also die Frage nach dem Sein des Menschen in der Zeit auch hier der gewissen Abstraktheit zu entkleiden haben, in der wir sie, um sie als Frage zu verstehen, zunächst anzufassen hatten. Es ist offenbar zweierlei, ob wir unser Leben abstrakt als ein beschränktes oder ob wir es als ein durch Gott beschränktes Leben zu verstehen haben — und zweierlei, ob wir uns im Allgemeinen damit abfinden müssen, daß unsere Zeit befristet ist oder ob wir uns darein finden dürfen, daß sie eben in ihrer Befristung die uns durch Gott gegebene Zeit ist. Sehen wir die Sache in jener Abstraktion und Allgemeinheit, dann ragt die Frage nach der Dauer und Vollkommenheit unseres Lebens gewissermaßen ins Leere, ins Dunkel hinaus: sie ist und bleibt dann Frage, die den Charakter der Klage und Anklage wohl kaum ganz los werden kann, auch dann nicht, wenn wir uns deutlich machen, daß wegen des Unterschiedes zwischen Schöpfer und Geschöpf alles so sein muß wie es ist — auch dann nicht, wenn wir uns belehren lassen, daß wir nicht besser dran wären, wenn wir statt in der begrenzten in einer unbegrenzten Zeit leben würden — und sogar dann nicht, wenn wir uns auch davon überzeugten, daß es uns nur mißlich und verhängnisvoll sein könnte, statt in der begrenzten in einer unbegrenzten Zeit zu existieren. Daß eben diese unsere begrenzte Zeit unsere rechte Zeit ist, das wäre ja mit dem allem noch nicht — oder jedenfalls noch nicht so positiv gesagt, daß wir uns fröhlich, freudig und dankbar darein finden könnten. Die Wahrscheinlichkeit wäre vielmehr groß, ja, es wäre gewiß, daß wir uns schließlich und im Grunde doch nur kopfschüttelnd und mit zusammengebissenen Zähnen damit abfinden würden, keine andere Wahl zu haben, als anzunehmen, was uns faktisch beschieden ist: ein beschränktes Leben in einer befristeten Zeit. Eine Rückkehr zum Ausgangspunkt, eine Wiederkehr der Frage: ob es denn wirklich so sein könne, dürfe und müsse? ein neues Rütteln an dem, was uns doch noch wie Gefängnisstäbe zu umgeben scheint, eine Wiederaufnahme des zornigen oder doch betrübten Vergleiches zwischen unserer Bestimmung und den uns gesetzten Bedingungen wäre dann sicher nicht ausgeschlossen. Unser Fragen selbst und als solches: Warum so und nicht anders? wäre dann noch immer ein **unerlöstes Fragen**. Es verhält sich aber anders, wenn wir es nicht abstrakt und allgemein mit der Beschränkung unseres Lebens an sich, sondern mit dem unser Leben beschränkenden Gott und also nicht abstrakt und allgemein mit unserer befristeten Zeit, sondern mit der Wirklichkeit des unsere Zeit befristenden Gottes zu tun haben. Es geht wohl dort und hier um dasselbe. Aber dasselbe ist dort und hier nun doch auch nicht dasselbe, sondern auch ein ganz Anderes, so anders, daß wir hier — wenn wir hier mit der Wirklichkeit Gottes rechnen — nicht nur vor die durchschlagende und endgültige Beantwortung unserer Frage, sondern auch vor die Erlösung unserer Frage selbst und als solcher zu stehen kommen.

Nehmen wir an, daß wir tatsächlich Grund und Anlaß haben, einzusehen, daß die Zeit, in der wir sind, mit **Gott** in direkter **Beziehung** steht. Die Beziehung bestehe schlicht darin, daß Er uns von allen Seiten umgibt, daß Er unser Nachbar ist, mit dem wir es an der Schranke unseres Lebens, an den Grenzen unserer Zeit zu tun haben. Bleiben wir einen Augenblick dabei stehen: Er! wie es auch mit unserem «Noch nicht» und «Nicht mehr», wie es auch mit unserem Sein oder Nicht-Sein vorher und nachher stehe: Er vorher und nachher! Auf alle Fälle keine Leere also, auf alle Fälle kein Dunkel, in das unsere Frage nach unserem Woher? und Wohin?, die Frage nach der Dauer und Vollkommenheit unseres Lebens hinausragen müßte wie eine unvollendete Brücke in ein Nebelmeer, sondern Er steht uns dort gegenüber. Nicht im Verhältnis zu einem unbestimmten Etwas sind wir beschränkt und begrenzt, sind wir mitsamt unserem berechtigten Lebensverlangen in Frage gestellt durch die Befristung unserer Zeit, sind wir nach jenen biblischen Worten ein Hauch, ein Schatten, ein Seufzer, ein Rauch, blühendes und welkendes Gras. Er ist es, im Verhältnis zu dem wir das Alles sind. Was ist es mit dem **Jenseits**: diesem uns auch in unserem tiefsten, legitimsten Anliegen zweifellos problematisierenden und bedrohenden Jenseits? Es gibt nur ein Jenseits hinter uns und vor uns, vor unserem Anfang und nach unserem Ende. Er, **Gott**, ist dieses Jenseits. Und Er ist kein «Das», eben gerade kein «Etwas» und auch kein negiertes «Etwas». Er ist schlechterdings Er, nämlich Er, der sich uns in seinem Wort offenbart, Er, der laut seines Wortes der Schöpfer und Herr aller von ihm verschiedenen Wirklichkeit ist, der aber auch über das Chaos gebietet, dem er keine Wirklichkeit geben wollte, das er von der Wirklichkeit vielmehr ausgeschlossen hat — Er, der wieder laut seines Wortes sich selbst für sein Geschöpf einsetzt und haftbar macht, weil er es lieb hat — Er, dessen Handeln mit seinem Geschöpf wieder laut seines Wortes darauf zielt, die Gemeinschaft, die Er ihm gewähren wollte und fort und fort gewährt, als seine auch das Geschöpf umspannende Herrlichkeit offenbar werden zu lassen. Er steht dort, da drüben, wo wir mit unserer Frage hinblicken: wie uns die Dauer und Vollkommenheit unseres Lebens in unserem so bemessenen, so kurzen, so kleinen, so vorübergehenden Hüben in dieser unserer befristeten Zeit erreichbar sein könne? Wir fragen nach Ihm, wenn wir nach diesem unserem Können fragen. Uns bewegt dabei die Sorge, die immer seine Sorge war, immer seine Sorge sein wird. Wir können und werden da drüben, wenn wir nicht blind sind oder verblendet durch unsere Illusionen, immer nur Ihn zu sehen bekommen.

Und nun also ihn in der Tat als den, im Verhältnis zu dem unser Leben seine Schranke hat, unsere Zeit befristet ist: Ihn in der Tat als den, der uns in dieser Schranke und Frist geschaffen hat und haben will. Die letzte Sehnsucht nach einem schrankenlosen Leben in einer unbefristeten Zeit muß offenbar dahinfallen, wenn wir uns jetzt klar machen, daß ja eben die Schranke und Frist unserer Existenz die Bedingung ist, die dazu erfüllt sein muß, daß Er, der Ewige, in der beschriebenen Weise unser Gegenüber, unser Nachbar sein kann und so wir sein Gegenüber, seine Nachbarn sein können. Eben Schranke heißt doch im geschöpflichen Raum Umriß; eben Grenze heißt doch hier Bestimmtheit. Der Mensch wäre nicht Dieser, jetzt und hier, so und so beschaffen, das konkrete Subjekt dieser und dieser Geschichte, wenn sein Leben nicht Umriß und Bestimmtheit hätte, wenn ihm also nicht Schranken und Grenzen gegeben wären. Ein Sein in einer immerwährenden Zeit wäre ein nach allen Seiten zerfließendes Sein, nicht das eines konkreten Subjektes, dem Gott als ebenso konkretes Subjekt Gegenüber und Nachbar sein, zu dem er reden und mit dem er handeln kann.

Man sieht von hier aus noch einmal, daß man sich auch das Sein Gottes nicht als das Sein in einer grenzenlosen immerwährenden Zeit vorstellen darf. Wäre es das, dann wäre auch es ein nach allen Seiten zerfließendes Sein. Daß Gott war, ist und sein wird, daß er Anfang, Mitte und Ende ist, das wäre dann eine unsinnige Aussage, weil in ihm dann in keinem Sinn Anfang oder Ende sein könnte. Nun ist Gott aber ewig, d. h. aber Anfang, Mitte und Ende zugleich und in Fülle: darin ganz anders als wir, aber eben darin und in diesem Anderssein seinerseits konkretes Subjekt, das uns als solches von allen Seiten gegenübertreten, auf allen Seiten unser Nachbar sein kann.

Das hängt aber wieder unsererseits daran, daß wir als seine Geschöpfe nicht schranken- und grenzenlos, sondern in unserem Leben und darum auch in unserer Zeit definiert sind: nicht abstrakt und im Allgemeinen definiert (im Gegensatz zu undefiniert), sondern definiert durch ihn und definiert für ihn (im Gegensatz zu einer Undefiniertheit, in der wir weder durch ihn noch für ihn konkrete Subjekte sein könnten) — aber eben so **wirklich** definiert! Daß wir in einer befristeten Zeit sind, das ist also nur schon darum Wohltat, Ausdruck der göttlichen Bejahung, unter der wir stehen, weil eben sie — und sie allein — es uns möglich macht, die zu sein, denen Gott redend und handelnd gegenübersteht und die, erfüllt und getrieben von ihrem berechtigten, in ihrer Bestimmung wohl begründeten Verlangen, zu ihm hinübersehen, vor ihm stehen, ihn hören, an seinem Handeln teilnehmen dürfen, denen er der ist, bei dem ihre Sorge wohl aufgehoben ist. Er sorgt wirklich schon darin und gerade darin für uns, daß er uns keine immerwährende, sondern die **befristete** Zeit gibt. Er sorgt eben damit dafür, daß es zwischen ihm und uns überhaupt eine Beziehung und Gemeinschaft geben kann. Auflehnung gegen diese Befristung oder bloße (zornige oder betrübte) Resignation gegenüber ihrer Gegebenheit kann also schon aus diesem, wenn man will, formalen Grund keine gute Sache sein. **Dankbarkeit** ist schon aus diesem formalen Grund das **Einzige**, was hier am Platze sein kann.

5. Und nun müssen wir, um weiter zu verstehen, zunächst darauf zurückgreifen, daß es ja die unserem Leben von demselben Gott gegebene **Bestimmung** ist, die unser Verlangen nach Dauer und Vollkommenheit im Unterschied zu aller bloßen Lebenslust zu einem ernsten, berechtigten, ponderablen Verlangen macht. Von hier aus kommen wir mit Grund dazu, zu fragen, ob unser Lebensraum nicht viel zu klein und also unsere Zeit nicht viel zu kurz sein möchte: zu klein und zu kurz, um jenem Verlangen Genüge zu tun. Von hier aus, im Lichte seiner Bestimmung, müssen wir ja unser Leben als unergründlich und unerschöpflich verstehen. Von hier aus, d. h. aber eben von Gott aus: als von dem, mit dem wir gerade in unserer befristeten Zeit in Beziehung stehen! Was kann das aber heißen als dies, daß die Sache, in der wir da fragen, in der wir da unbesonnener Weise klagen und anklagen möchten, gar nicht uns überlassen ist, daß wir wohl an ihr beteiligt sind, daß sie wohl auch in unsere Hand und Verantwortung gelegt, daß es aber durchaus nicht uns aufgetragen ist, sie durchzuführen und zum Sieg zu führen. Gerade indem unser Leben unter der ihm gegebenen Bestimmung ein zeitlich befristetes Leben ist, wird uns vielmehr unüberhörbar gesagt, daß wir

mit Inbegriff des uns von Gott gewordenen Auftrags in Gottes Hand und unter seiner Verantwortung stehen. Wir haben wohl recht, nach Dauer und Vollkommenheit unseres Lebens zu fragen und in dieser Frage zu existieren. Das zu tun ist der Auftrag, der uns mit unserer Bestimmung zweifellos gegeben ist. Und unser Leben wäre nicht menschlich, es wäre nicht das Leben, das Gott geschaffen und uns gegeben hat, wenn es nicht in der Erfüllung dieses Auftrages zugebracht würde. Wir hätten aber nicht recht, wenn wir meinen wollten, daß wir uns die Dauer und Vollkommenheit aus einer unserem Leben selbst und als solchem innewohnenden Kraft verschaffen müßten und könnten, daß also die Erfüllung unserer Bestimmung in dieser Kraftanstrengung und Kraftleistung bestehen werde. Die Befristung unserer Zeit ist die greifbare negative Widerlegung dieser Meinung. Ihre positive Widerlegung aber besteht darin, daß wir eben dort, wo uns am Anfang und am Ende unseres Lebens die uns gesetzte Schranke sichtbar wird, keinen Ausblick auf irgendwelche unendliche Prozesse haben, in denen wir Weiteres zu schaffen und zu leisten hätten, sondern daß wir dort ganz allein, aber real mit dem ewigen Gott konfrontiert sind: mit eben demselben, der unserem Leben seine Bestimmung gegeben hat, der gehorsam zu sein wir in unserer befristeten Zeit aufgerufen sind und der uns nun doch als der ewige Gott in einer Überlegenheit gegenübersteht, vor der wir uns entweder nur völlig verloren geben oder um deretwillen wir uns ihm nur völlig anvertrauen können. In Ihm, der uns so bestimmt, aber auch so begrenzt, ist offenbar die Dauer und Vollkommenheit, nach der wir mit Recht verlangen. In Ihm, in seinem Ratschluß und Werk, sind ja Gott und Mensch, und sind Mensch und Mitmensch so beieinander, miteinander und füreinander, wie es uns als Sinn und Ziel unseres Lebens notwendig, aber auch beunruhigend genug vor Augen steht. Wie müßten wir uns selbst mißverstehen, wenn wir das, wonach wir mit Recht verlangen, anderswo als in Ihm suchen zu sollen und finden zu können meinen würden! Mehr noch: wie sollten wir mit Recht danach verlangen, wenn wir dabei nicht über jedes hohe und höchste Gut hinaus nach Ihm selbst verlangen würden! Wie müßten wir dabei, von allem Anderen abgesehen, schon das Fundamentale übersehen: wo wir uns befinden — wir mit unserem beschränkten Leben in unserer befristeten Zeit im Gegenüber, in der Nachbarschaft des ewigen Gottes! Haben wir es in unserem Sein in der Zeit so konkret mit Ihm zu tun, wie sollten wir es dann, wenn es um die Erfüllung unserer Bestimmung geht, mit Jemand, mit etwas Anderem, als eben wieder konkret mit Ihm zu tun haben? Läßt uns unsere Bestimmung durch Ihn nicht los, sodaß wir unruhig nach ihrer Erfüllung fragen müssen, sodaß wir uns im Verhältnis zu ihm wie im Verhältnis zum Mitmenschen gewiß nie genug tun können, so läßt uns auch unsere Begrenzung durch Ihn nicht los, sodaß wir uns, indem wir Alles tun, was wir zu tun schuldig sind, doch nur an Ihm genügen lassen können, doch nur als vor Ihm verloren oder eben als durch Ihn gerettet und bewahrt, erkennen und bekennen müssen. Es ist derselbe Gott, der uns, indem er unserem Leben seine Bestimmung gibt, dazu aufruft, mit ihm gemeinsame Sache zu machen und wieder, indem er unserem Leben seine Schranken setzt, uns unmißverständlich zu erkennen gibt, daß sie, indem wir ihr dienen, seine und nicht unsere Sache ist. Daß unsere Zeit befristet ist, das geht also gerade von hier aus in Ordnung. Und es wäre gerade von hier aus gesehen nicht nur rebellisch, sondern im höchsten Maß unweise, wenn wir diese Ordnung in Frage stellen wollten. Was könnte aus unserem berechtigten Verlangen nach Dauer und Vollkommenheit werden, wenn unsere Unruhe danach nicht immer wieder münden dürfte in der tiefen Ruhe der Erkenntnis, daß Gott selbst für die Erfüllung dieses Verlangens einsteht? Immer indem wir das erkennen, steht uns ja dann auch von seiner Verwirklichung so viel vor Augen, daß wir es bis zur endgültigen Offenbarung dieser Verwirklichung wagen dürfen, wieder eine Stunde, wieder einen Tag zu leben: unter der Bestimmung, die unserem Leben gegeben ist und um die wir uns in keiner Weise drücken können, aber eben darum auch in der Zeit, in unserer befristeten Zeit, die wir gerade als solche als Gottes gute Gabe entgegennehmen und haben dürfen.

6. Aber wir müssen noch einen letzten Vorstoß machen, um zur vollen Klarheit vorzudringen. Die Vokabel «Gott» tut es auch hier nicht. Sie darf auch hier keinen hohlen Klang haben. Es muß die Antwort, daß es gut und heilsam ist, durch Gott beschränkt und begrenzt zu sein, als begründet nachgewiesen werden. Warum darf und muß es uns willkommen sein, daß wir es eben dort, wo unser Sein und unser Nicht-Sein hart und für unser Sein höchst bedrohlich aufeinander zu stoßen scheinen, mit Gott zu tun zu haben: mit demselben Gott, unter dessen Bestimmung unser Leben menschliches und also von jenem Verlangen nach Dauer und Erfüllung bewegtes Leben ist? Wir müssen jetzt das bisher beiläufig Gesagte in die Mitte rücken und so hervorheben, daß jeder andere Gedanke, der sich für uns mit dem Begriff «Gott» verbinden mag, daneben insofern verblaßt, als es eben daran als an dem Element des göttlichen Seins gemessen ist, von ihm aus allein hell und kräftig ist: Gott ist der **gnädige** Gott. Alles, was wir von dem uns beschränkenden und begrenzenden Gott gesagt haben, lief ja diesem Ziel entgegen. Wir redeten von dem, der nicht ohne, nicht gegen, sondern für den Menschen Gott ist. Er ist der Gott, dem es nicht zu gering war, der vielmehr eben darin groß sein wollte, sich selbst in Ewigkeit für den Menschen und den Menschen in Ewigkeit für sich selbst zu erwählen. Er ist die ewige, sich selbst begründende und genügende Majestät, die doch in ihrer

ganzen Freiheit und Souveränität Liebe, in ihrem Werk **als** Schöpfer, Versöhner und Erlöser ganz und gar einem Anderen zugewendet ist: dem Menschen, der dafür so gar nichts tun, der sich diese Zuwendung so gar nicht verdienen, ihr so gar nicht entsprechen, dem sie nur als freies Geschenk, und zwar als das Geschenk, dem er Alles zu verdanken hat, zufallen kann. Das ist Gottes freie Gnade. Sie ist nicht nur eine dem Menschen freundlich zugewendete Gesinnung, sondern die ihm zugewendete Person Gottes: Gott selbst, der sich ihm — in umgekehrtem Verhältnis zu der gänzlich inadäquaten Gegenleistung, mit der ihm der Mensch gegenübersteht — solidarisch macht und also sich selbst für ihn einsetzt, des Menschen Leben zu seiner Sorge, des Menschen Heil zu seiner Not, des Menschen Frieden zur Sache seines Kampfes und Sieges macht, sodaß es keine große oder kleine menschliche Sache, keine Sache der Menschheit und keine auch nur eines einzigen einzelnen Menschen geben kann, die nicht zuerst und zuletzt seine Sache, von ihm bedacht, von ihm her geordnet und bei ihm aufgehoben wäre. Daß er selbst sich unser annimmt, das ist Gottes freie Gnade. Und eben dieser uns in Freiheit gnädige Gott ist der, der unser Leben b e s c h r ä n k t und unsere Zeit b e g r e n z t. Er tut nicht nur das. Er trägt und erhält unser Leben ja auch innerhalb der ihm gewährten Frist. Indem er es so haben will, fügt und schafft er es, daß es immer wieder Leben sein darf, solange er es ihm gewähren will, Leben zu sein. Er schützt und bewahrt es vor dem Verderben, vor dem es sich selbst nicht behüten könnte, dem es in seinem Lauf ohne ihn unfehlbar entgegenstürzen müßte. Er regiert es entsprechend der Bestimmung, die er ihm gegeben hat: und das auch gegen die Intentionen, in denen wir es selbst regieren möchten. Er führt es seiner Offenbarung entgegen: der Offenbarung seiner Herrlichkeit nämlich, die darin besteht, daß wir es unter und mit ihm leben dürfen. Aber eben: indem er das Alles tut, b e s c h r ä n k t er es auch. Und so ist er uns wohl auch gegenwärtig, während wir unsere Zeit haben und indem wir in dieser unserer Zeit als erkennende und handelnde Subjekte dankbare Empfänger seiner Gaben und verantwortliche Vollstrecker seines Auftrags sein dürfen. Kein Teil unserer Zeit, der nicht als solcher auch in seiner Zeit wäre. Gewissermaßen eingebettet in seine Ewigkeit. Aber eben: indem wir so in der Zeit Gottes sind, b e g r e n z t er die unserige. Er setzt ihr ihren Anfang, vor dem wir noch nicht waren und setzt ihr das Ende, nach dem wir nicht mehr sein werden. Und er ist uns gerade darin in besonderer Weise der gnädige Gott. Es ist ja offenbar so, daß wir gerade an der Stelle, wo wir von unserem Nicht-Sein herkommen und an der anderen, wo wir unserem Nicht-Sein entgegengehen, in b e s o n d e r e r Weise dem gnädigen Gott gegenübergestellt sind. Darum in besonderer Weise, weil wir dort s c h l e c h t e r d i n g s und a l l e i n eben darauf angewiesen sind, daß er unser gnädiger Gott ist.

3. Die befristete Zeit

Denn was sind wir dort, was waren wir dort, was werden wir dort sein, wenn er nicht dort, und zwar als unser gnädiger Gott auch dort, schon dort, noch dort ist, wo es mit unserem Sein und Leben noch nichts oder nichts mehr sein kann? Wenn er dort nicht für uns ist, wer ist es dann? Wenn er dort nicht für uns ist — schon bevor wir waren und auch wenn wir nicht mehr sein werden — dann stehen wir dort unserem Nichts gegenüber. Und wenn wir auch dort nicht unserem Nichts gegenüberstehen, nicht ins Leere fallen, wenn unser Sein und Leben vielmehr auch von dorther gehalten ist, dann darum — aber wirklich nur darum! — weil eben er auch dort für uns ist. Wohlverstanden: Wir sind auch während unseres Lebens, auch in der uns zugemessenen Zeit ganz und allein auf Gottes Gnade geworfen und angewiesen, aber im Blick auf diesen unsern Weg zwischen Anfang und Ende kann uns das verborgen sein. Während unseres Lebens und in der uns zugemessenen Zeit haben wir es ja scheinbar — nur scheinbar, aber immerhin in sehr kräftiger Scheinbarkeit! — neben Gott auch mit allerhand anderen uns tragenden, erhaltenden, schützenden, bewahrenden, belebenden und regierenden Elementen und Faktoren und unter ihnen vor Allem und in Allem mit uns selbst zu tun und ist mindestens die Frage möglich, ob der Mensch sich nicht auch selbst ein gnädiger Herrgott sein könnte. Im Blick auf unseren Anfang und unser Ende in der Zeit aber fällt auch dieser Schein und diese Frage einfach dahin. Dort gibt es nur das Entweder-Oder: entweder der gnädige Gott (er ganz allein!) für uns — oder eben das Nichts als der Grund, aus dem wir aufsteigen und als das Ziel, in das wir wieder zurück sinken! Ist es nun nicht das Nichts, sondern der gnädige Gott, dem wir dort — und das ausschließlich, unzweideutig, von Grund aus und endgültig — konfrontiert sind, dann sind wir diesem gnädigen Gott offenbar gerade dort in einer Weise von Natur nahe, wie man das von unserem Sein in der Zeit zwischen Anfang und Ende, so gewiß er uns auch da nahe ist, so nicht sagen kann. Daß er als der Gott, der ganz und gar für uns ist, ganz und gar außer uns — nämlich außerhalb aller unserer anderen Möglichkeiten — ist, das charakterisiert nämlich des Menschen Natur an jener Grenze seines Seins. Wahr ist das zwar immer und überall, indem er uns nahe ist, aber seinsmäßig, von Natur klar ist das nur dort, wo wir uns neben ihm, der außer uns für uns ist, an niemand und nichts, nicht an die Welt und nicht an das Chaos, an keinen Engel und keinen Teufel und vor allem auch nicht an uns selbst halten können.

Daß unsere Zeit befristet ist, und zwar durch Gott befristet ist, das bedeutet also schlicht die natürliche Nähe seiner freien Gnade in dieser ihrer Klarheit. So, in der Klarheit seiner freien Gnade: er ganz allein Hilfe, Trost, Zuversicht und Hoffnung, seine freie Wahl allein Grund und Verheißung, so steht Gott dem Menschen von Haus aus gegenüber, indem er ihm ein beschränktes Leben in einer befristeten Zeit gibt. So würde er ihm offenbar nicht gegenüberstehen, wenn er ihm ein unbeschränktes Leben in einer unbefristeten Zeit geben würde. Es wäre freilich — wenn man die Ungeheuerlichkeit der Vorstellung vom Menschen als einem unendlichen Subjekt für einmal in Kauf nehmen wollte — auch dann wahr, daß er faktisch allein von Gottes freier Gnade lebt. In dieser ihrer Klarheit aber wäre er ihr dann nicht schon von Natur gegenübergestellt. Von Natur wäre er dann vielmehr sehr kräftig von dem trügerischen Schein umgeben, als ob er sich außer auf Gott auch noch auf sehr viel Anderes und vor allem auf sich selbst stützen und verlassen könne. Von Natur wäre ihm dann — in der vermeintlichen Unangefochtenheit eines unbeschränkten Lebens in einer unbefristeten Zeit, in der er von jeher und immer, in der er unendlich bei sich selbst wäre — die tolle Frage sehr nahe gelegt, ob er sich nicht selbst Gott sein möchte und könnte. Von Natur wäre ihm ja dann die freie Gnade Gottes — nicht in ihrer Wahrheit, aber in ihrer zwingenden ausschließlichen unzweideutigen Klarheit — in unendliche Ferne gerückt. Sie wäre dann, auch wenn er irgendwoher um sie wüßte, für ihn eine Idee ohne jede Konkretion, ohne jede praktische Bedeutung. Er wäre dann gewissermaßen von Natur — und das eigentlich in fast unwiderstehlicher Weise — eingeladen und verlockt, zu sündigen, sich Abgötter zu machen, sich selbst zu rechtfertigen und retten zu wollen. Dazu ist er nicht eingeladen und verlockt, davor ist er vielmehr von Natur aufs Dringlichste gewarnt, indem er durch die Begrenzung seines kurzen oder langen, aber jedenfalls beschränkten Lebens konkret und praktisch, in höchst unerwünschter, aber höchst heilsamer Nähe in aller Klarheit darauf verwiesen ist, daß er außer Gott keinen Halt, keinen Grund und kein Ziel hat, daß sein Dasein ohne Gott nur ein Weg aus dem Nichts in das Nichts sein könnte. Seine Natur erlaubt es ihm auch unter diesem Gesichtspunkt nicht, zu sündigen. Er wird sich auf sie nicht berufen können, wenn er es dennoch tut. Seine Natur als die eines zeitlich beschränkten Wesens ist vielmehr eine einzige kräftige Einladung und Anweisung, sich der freien Gnade Gottes in die Arme zu werfen, ihr allein sein Vertrauen und ihr seinen ganzen Gehorsam zu schenken, eben darin seine Bestimmung zu erfüllen, eben darin seinem Verlangen nach Dauer und Vollkommenheit nun wirklich Genüge zu tun. Wenn er das nicht tut und also sündigt, dann entspricht er nicht, sondern widerspricht er seiner Natur. Durch seine Natur ist er gerade kraft der ihr eigentümlichen Zeitlichkeit als Befristung auf den gnädigen Gott gewiesen, an ihn gebunden, der ganz und gar außer ihm, ganz und gar für ihn ist. Ist es jetzt deutlich, wieviel daran liegt, daß unser Sein in der Zeit genau so geordnet ist, wie wir es geordnet finden? Es besteht doch tatsächlich gerade vom gründlichsten Verständnis des Menschen — von seinem Verständnis in seiner Konfrontierung mit dem ihm gnädigen Gott her — kein Anlaß, sich gegen diese Ordnung aufzulehnen, aller Anlaß vielmehr, sie in ihrer ganzen Strenge als gut und heilsam zu erkennen, sie als Wohltat sondergleichen anzunehmen und ihren Urheber gerade um ihretwillen zu lieben und zu loben. In was sollte er liebens- und lobenswerter sein, als eben darin, daß er unser Sein als Menschen in der Zeit von Natur auf seine freie Gnade und auf diese in ihrer schlechthinigen Klarheit hingeordnet hat?

Das ist die grundsätzliche Antwort auf die Frage nach der Befristung der uns gegebenen Zeit. Wir mußten alle diese Stufen der Überlegung durchlaufen, um zu zeigen, wie sie in zunehmender Bestimmtheit und Schärfe zu geben ist. Wir werden sie nachher im Einzelnen zu entfalten haben: kürzer im Blick auf die Anfänglichkeit, ausführlicher dann im Blick auf das besonders bedrängende Problem der Endlichkeit unserer Existenz und der uns gegebenen Zeit. Aber bevor wir dazu übergehen, muß auch hier daran erinnert werden, woher wir kommen, wenn wir uns in dieser Sache gerade diese Antwort geben. Die Beschränktheit unseres Lebens und die Begrenztheit unserer Zeit ist ja gewiß eine zu ernste Tatsache, als daß wir uns die positive Beantwortung der uns durch sie gestellten Frage gewissermaßen aus den Fingern saugen könnten, als daß es uns nicht voll bewußt sein müßte, von woher wir sie haben und aus welchem Grund wir uns an sie halten können, dürfen und müssen. Vergegenwärtigen wir uns also die ganze Reihe von Voraussetzungen, die wir gemacht haben, um von ihnen aus Schritt für Schritt dazu zu kommen, zu dem, wozu man beim ersten Überlegen ohnmächtig, aber grimmig Nein sagen möchte, nun dennoch, und das freudig und dankbar, Ja zu sagen. Wir rechneten mit der Bestimmung des menschlichen Lebens für Gott und für den Mitmenschen als mit dem Grund des Verlangens, das uns die Befristung unseres Lebens fürs erste so schmerzlich erscheinen läßt. Wir rechneten mit dem notwendigen Unterschied zwischen der ewigen Existenz Gottes und unserer zeitlichen Existenz. Wir rechneten allgemein damit, daß es zwischen Gott und dem Menschen nun doch eine Begegnung und Gemeinschaft gibt. Und nun rechneten wir zuletzt und entscheidend damit, daß der Gott, mit dem wir es zu tun haben, der sich uns in seiner Gnade zuwendete, der nicht nur für sich selbst, sondern auch wahrhaft für uns seiende Gott ist. Die abschließende Form unserer positiven Antwort auf unsere Frage ruhte gänzlich gerade auf dieser letzten Voraussetzung. Es ist an der Zeit, uns ins Bewußtsein zu rufen, daß man gerade diese letzte Voraussetzung (aber mit ihr dann auch alle jene anderen) nicht nur so machen, sondern daß man von ihr, die uns keineswegs zur Verfügung steht, nur als von einer uns gegebenen tatsächlich ausgehen kann. Wir sind mit unserer ganzen Voraussetzung, daß Gott, und zwar der gnädige Gott, die Grenze unserer

Zeit und bei unserer ganzen Folgerung, daß es uns darum gut und heilsam ist, in der so begrenzten Zeit zu sein, davon ausgegangen, daß wir den Menschen Jesus in seiner Zeit, diesen aber als den Herrn der Zeit, vor Augen haben und von ihm aus über den Menschen überhaupt und im Allgemeinen und so nun auch über seine Zeitlichkeit, nachdenken dürfen. War nicht auch das Leben des Menschen Jesus ein beschränktes Leben in einer begrenzten Zeit? Und nun war es, wie wir sahen gerade in dieser seiner Beschränkung das Leben des ewigen Sohnes und Wortes Gottes, nun war gerade seine begrenzte Zeit als solche die erfüllte, durch das Kommen des Reiches erfüllte Zeit. Nun ist, wie wir sahen, in seiner Auferstehung die vollkommene, in Gott selbst begründete Verwirklichung des Verhältnisses zwischen Mensch und Gott, Mensch und Mitmensch als die Vollkommenheit gerade dieses seines beschränkten, zeitlich begrenzten Lebens offenbar geworden und damit er, dieser Mensch, als in Gott seiend, schon bevor er war und auch als er nicht mehr war und darüber hinaus der Mensch, der kommen und die Absicht und das Ziel Gottes im Blick auf alle Menschen offenbar machen wird. Wir sehen auf diesen Menschen, der als solcher wie wir ein beschränktes Leben in seiner begrenzten Zeit gelebt hat, wenn wir die Natur des Menschen hinsichtlich ihrer Zeitlichkeit so verstehen, wie wir es nun zunächst grundsätzlich getan haben. Wir halten uns an die in diesem Menschen sichtbare Bestimmung des Menschen, wenn wir dem menschlichen Lebensverlangen als solchem recht geben. Wir halten uns aber auch an die gerade in ihm — in seiner Verschiedenheit uns gegenüber — sichtbare Unterscheidung von Gott und Mensch, wenn wir uns darein fügen, als Menschen zeitlich und nicht wie Gott ewig zu sein. Wir halten uns aber wiederum an die Gegenwart des Reiches in seinem Leben zu seiner Zeit, wenn wir den ewigen Gott und den zeitlichen Menschen in Beziehung zueinander sehen. Und wir halten uns noch einmal und vor allem an die Tragweite seines Seins in Gott in seiner Zeit, aber auch vor und nach seiner Zeit, an die in seiner Auferstehung angehobene und in seiner Wiederkunft zu vollendende Offenbarung seiner Herrschaft über die Zeit, wenn wir die Grenze unserer Zeit als die klare Nähe der freien Gnade Gottes für uns verstehen. Der gnädige Gott, von dem wir sprachen, ist ja kein abstrakter Begriff, sondern die konkrete Wirklichkeit «Gott im Fleische», der Mensch Jesus, der in der Zeit und der Herr der Zeit war. Wir formulieren kühn, aber nicht unzutreffend: Er ist es, von dem wir von allen Seiten umgeben sind. Denn welche Zeit vor oder nach unserer Zeit wäre nicht auch seine Zeit: die Zeit, in der und über die er, indem er in Gott und Gott in ihm ist, Herr ist? Eben er, «Gott im Fleische», der Mensch Jesus selber ist Gott für uns in der ganzen Majestät und Erniedrigung des göttlichen Seins und Tuns. Eben er selber ist Gottes freie Gnade. Und eben er ist es in der Klarheit, die uns so nur von unseren Grenzen her aufleuchten kann. Man kann die Natur des Menschen nicht im Lichte der Existenz dieses Menschen sehen, ohne dessen gewahr zu werden, daß es uns, weil darin die freie Gnade Gottes nahe und klar ist, nur gut und heilsam ist, ein beschränktes Leben in einer begrenzten Zeit zu haben. Man kann dessen aber auch bestimmt nicht anders gewahr werden, als indem man die Natur des Menschen im Lichte der Existenz dieses einen Menschen sieht. Aus der Christologie ergibt sich auch hier eine bestimmte Anthropologie. Man wird aber diese bestimmte Anthropologie bestimmt nur von der Christologie her begründen können. Sie ist die Voraussetzung der Voraussetzungen, die wir in dieser Sache gemacht haben, und es dürfte klar sein, daß man sie nur als die für uns schon gemachte anerkennen und hinnehmen, nur so mit ihr rechnen und von ihr aus denken kann. Wo man dazu aus irgend einem Grunde nicht in der Lage wäre, da würde die Antwort, die wir nun gegeben haben, das spezifische Gewicht niemals haben, das sie überzeugend macht, da würde die Frage, auf die sie geantwortet hat, letztlich doch ungelöst auf dem Plan bleiben müssen.

4. DIE ANFANGENDE ZEIT

Das Problem der Befristung der uns gegebenen Zeit hat zwei Aspekte, unter denen wir es nun noch im Einzelnen zu betrachten haben: unsere Zeit ist **anfangend** und sie ist **endend**. Die Aufmerksamkeit und die Frage pflegt sich auf das Zweite zu konzentrieren: daß sie endend ist. Dort, irgendwo vor uns, liegt sie ja, die Schranke unseres Lebens, die Grenze unserer Zeit, unbekannt an welcher Stelle, aber irgend einmal sicher gezogen, der wir mit jedem Tag und mit jeder Stunde näher kommen. Dort werden wir einmal nicht mehr sein. Aber **das Erste** ist genau so wahr und wirklich: die Schranke und Grenze, von der wir **herkommen**, das andere Dort, **wo wir noch nicht waren**. Nur daß wir uns ja von dort mit jedem Tag und mit jeder Stunde weiter entfernen, sodaß die von dorther gestellte Frage an Aktualität im gleichen Maße zu verlieren scheint, wie sie im Blick auf vorwärts zunimmt. Daß unser Sein in der Zeit einmal zu einem Ziel kommen wird, wo seiner Gegenwart keine Zukunft mehr folgen wird, dieses Zweite scheint uns sehr viel beunruhigender als das Erste, daß es einmal anhob in einer Gegenwart ohne Vergangenheit. Es ist auch in der Tat beunruhigender, weil unser Leben und mit ihm unsere Zeit nun einmal unumkehrbar diese **Richtung** hat, sodaß, was ansehnlich und bedenklich vor uns ist, das nahende Ende ist und nicht der immer ferner rückende Anfang, dessen zu gedenken kein dringender, kein konkreter Anlaß besteht, der vielmehr als selbstverständlich gegeben unansehnlich, erledigt und keine Sorge erregend hinter uns liegt. Ein alter deutscher Spruch hat Beides nebeneinander gestellt: «Ich komme und weiß nicht, woher... Ich gehe, und weiß nicht, wohin. Mich wundert, daß ich noch fröhlich bin.» Es ist aber verständlich, daß man das gewöhnlich nicht in dieser Weise zusammenstellt. Das Gewicht der beiden Fragen ist in der Tat ungleich. Man sollte nur nicht übersehen, daß das auch ein Gewicht und sogar dasselbe spezifische Gewicht hat: «Ich komme und weiß nicht, woher.» Daß wir uns nicht darum zu bekümmern brauchen, ist schließlich kein Beweis dafür, daß es nicht an sich auch bekümmernd ist. Und wenn uns das Zweite wirklich bekümmert: «Ich gehe und weiß nicht, wohin», wenn es im Blick darauf besonders verwunderlich sein mag, daß ich noch fröhlich bin, so dürfte das damit doch zusammenhängen, daß es schon dort ein Rätsel gibt, wo wir, da unser Sein in der Zeit nun einmal die andere Richtung hat, in der Regel nicht hinblicken: dort, wo wir faktisch ebenso unwissend wie hinsichtlich unseres Wohin? herkommen. Mag denn unser Anfang irgendwo und das immer weiter zurück hinter uns liegen, sei es denn: an sich unansehnlich erledigt und keine Sorge erregend, so ist es doch faktisch nicht minder merkwürdig wie unser Ende, so ist doch das Problem als solches hier wie dort dasselbe: die Begrenzung unseres Seins durch unser Nichtsein, die Frage, ob dieses unser Nichtsein — vor uns und hinter uns — nicht die fürchterlichste Gefährdung unseres Seins, nämlich unsere Bedrohung durch das Nichts — durch unser eigenes, auf uns zukommendes Nichts — bedeuten möchte, dessen übermächtigem Zugriff gegenüber unser Sein dann ein bloßer Schein, unser Leben ein schlechthin verfallenes Leben wäre. Warum erschrecken wir vor unserem Ende? Doch wohl darum, weil wir, ob wir es bedenken oder nicht bedenken, so etwas wie ein Erschrecken von unserem Anfang her in uns tragen, gewissermaßen mitbringen, das dann vermöge der unumkehrbaren Richtung unseres Lebens und unserer Zeit jene andere Gestalt annimmt, zum Erschrecken vor unserem Ende wird, das aber in jener verborgenen wie in dieser offenen Gestalt wesentlich eines und dasselbe ist: das Erschrecken vor der unserem Leben gesetzten Schranke, vor der Befristung unserer Zeit. Weil dem so ist, darum lohnt es sich wohl, einen Augenblick im Besonderen auch vor jener ersten Gestalt unseres Problems stehen zu bleiben, um uns die Tragweite seiner bisher gewonnenen grundsätzlichen Beantwortung auch nach dieser besonderen Richtung klar zu machen.

Unser Leben hob einmal an. Es kommt nicht viel darauf an, welches der Moment ist, in welchem man dieses Anheben des menschlichen Lebens verlegen will.

Die ältere Theologie hat sich hier in der Lehre von der Seele und ihrem Ursprung Sorgen gemacht, die wir uns darum ersparen dürfen, weil sie an die eigentliche Sorge, die hier aufzulösen ist, doch nicht heranreichen. Ein klares

4. Die anfangende Zeit

theologisches Recht hatte sie nur darin, daß sie dem alten und allem neuen Gnostizismus gegenüber die Lehre des sog. Emanatismus *a limine* ablehnte, laut dessen die menschliche Seele ein Ausfluß oder eine Ausstrahlung der göttlichen Substanz und also gar kein Geschöpf, sondern göttlichen Wesens wäre. Es ist deutlich, daß unser Problem von dieser Lehre her gar kein Problem sein könnte. Die Sorge wegen des Vorhers des menschlichen Seins wäre ja dann ebenso gegenstandslos wie die nach einem Vorher des göttlichen Seins. Es ist aber ebenso deutlich, daß dieser Vorteil hier damit erkauft ist, daß diese Lehre den Unterschied und Gegensatz zwischen dem göttlichen und dem menschlichen Sein und damit eine der Grundvoraussetzungen aller christlichen Erkenntnis aufhebt und sich damit auf einen Boden begibt, auf dem keine theologische Belehrung und also auch keine theologische Diskussion möglich ist. Die ältere Kirche und Theologie meinte dann aber, indem sie den Unterschied zwischen Schöpfer und Geschöpf mit Recht stehen und gelten ließ, dem Problem des Ursprungs der Seele und also des menschlichen Lebens in einer Reihe von Variationen beikommen zu sollen und zu können, zwischen denen zu wählen wir nun gerade keinen Anlaß haben. Man redete, angeregt durch Plato und innerhalb der Kirche in den Spuren des Origenes von einer Präexistenz der geschaffenen Seelen, die man sich dann entweder als ein Reich von Geistern vorstellte, die nach und nach die ihnen zugewiesenen materiellen Leiber zu beziehen hätten — die in der Neuzeit von Julius Müller vertretene Anschauung von einem vorzeitlichen oder doch vorgeschichtlichen Sündenfall konnte daran unter Umständen angeknüpft werden — oder von denen man annahm, daß sie, als Gott den ersten Menschen erschuf, diesem in ihrer Gesamtheit eingehaucht, also mit Adam erschaffen und ursprünglich in ihn eingeschlossen gewesen wären, um sich dann von ihm aus auf seine Nachkommen zu verteilen — nach beiden Vorstellungsweisen unter Umständen nach der besonderen Lehre von der Seelenwanderung (Metempsychose, Reinkarnation) auch so, daß dieselbe Seele sich nicht nur einmal, sondern wieder und wieder mit verschiedenen Leibern verbinden könnte. Teilweise im Gegensatz, aber doch auch in einem unvermeidlichen Anschluß an diese präexistentianische Lehre behauptete die (im Altertum besonders durch Tertullian, später merkwürdigerweise durch Luther und die lutherische Theologie vertretene) traduzianische Lehre den Ursprung der Seele im Akte der Zeugung. Man dachte sich das in der Weise, daß in diesem Geschehen ein vom leiblichen Samen wesentlich verschiedener seelischer Same sich von der Seele der Eltern löse und zur selbständigen Seele des Kindes werde. Die in der römischen Kirche herrschende Lehre, der sich aber — wieder merkwürdigerweise — auch die alte reformierte Lehrüberlieferung angeschlossen hat, ist die des Kreatianismus, nach welchem der Ursprung jeder einzelnen Seele auf einem unmittelbaren göttlichen Schöpfungsakt, einer *creatio ex nihilo*, beruhen soll. Der Moment dieses Ursprunges wäre (vgl. F. Diekamp, Kath. Dogmatik, 2. Bd. 1930, S. 119 f.) der Moment der Empfängnis, in welchem die Eltern die erforderliche leibliche Bedingung zur Existenz des Menschen schaffen — natürlich nur in der Funktion von *causae secundae* (wobei Gott auch darin die *causa prima* ist), während gleichzeitig Gott im Himmel, jetzt aber als *causa unica* die Seele schafft und dem entstehenden neuen Menschenleib beigesellt. Dabei wird freilich noch diskutiert, wie es sich dabei mit der Verschiedenheit und Einheit zwischen der vegetativen, der sensitiven und der eigentlich menschlichen, der geistig vernünftigen Seele verhalte, ob ihre Herangestaltung zu dieser letzteren nicht doch die Sache einer fortschreitenden Entwicklung in der Zeit der Schwangerschaft sein möchte. Noch Thomas von Aquino (S. th. I qu. 118 art. 2 ad 2) scheint die eigentliche Erschaffung der eigentlich menschlichen *anima intellectualis* erst in ein bestimmtes Stadium der Schwangerschaft verlegt zu haben, während die heute herrschende Ansicht offenbar dahin geht, daß diese, das geistige Lebensprinzip, sofort bei der Empfängnis geschaffen werde und in Funktion trete, da ja auch der menschliche Leib zum vornherein auf die Aufnahme eben dieses Lebensprinzips hingeordnet sei.

Man kann verschiedene Gründe haben, um sich auf die seltsame Diskussion über das Datum des Anfangs des menschlichen Lebens überhaupt nicht einzulassen. Das ist sicher, daß keiner der verschiedenen, an Abstrusität sich gegenseitig übertreffenden Lösungsversuche uns da auch nur einen Schritt weiterführt, wo wir hier stehen: vor der Tatsache, daß wir, wenn wir die pantheistische Lösung ausschließen, auf alle Fälle mit einem Anfang des menschlichen Lebens zu rechnen haben und also mit einer Zeit, in der wir noch nicht waren, die noch nicht die unsrige war. Vor dem Sein des menschlichen Individuums wie vor dem Sein des Menschengeschlechts ist auf alle Fälle irgendwo sein Nichtsein. Und es ist auf alle Fälle dieses sein Nichtsein, von dem wir als Einzelne und im Ganzen herkommen: eben das Nichtsein, welchem wir auch entgegengehen. In der für uns dunkel und unannehmbar gewordenen Sprache der alten Theologie ausgedrückt: Meine Seele war einmal noch nicht. Im Sinn einer biblisch besser begründeten Anschauung vom Menschen ausgedrückt: Ich selbst als Seele meines Leibes — ich selbst als die Einheit und Totalität meines seelisch-leiblichen Daseins war einmal noch nicht, fing einmal erst an zu sein. Daß dem so ist, das ist Gegenstand ernster theologischer Sorge, auf die dann auch ernsthafte theologische Antwort gegeben werden kann. Denn das — und darüber hilft uns keine der versuchten Theorien hinweg — bedeutet, daß ich schon von meinem Ursprung her vom Nichts bedroht, gewissermaßen gezeichnet bin als ein Wesen, das auch nur dem Nichts entgegenzugehen vermag. Daß ich von einem bestimmten Punkt ab keine Vergangenheit habe, daß die Zeit vor diesem Punkt nicht meine Zeit war, daß ich dort keinen Lebensraum hatte — und wenn ich mich mit dem ganzen Menschengeschlecht zusammenschlöße, meine Seele als ein Individuum jenes Geisterreichs oder als eingeschlossen in die Seele Adams vorstellen wollte: daß vor Adams Zeit schon für ihn und vor der Erschaffung jenes Geisterreichs auch für dessen einzelne Glieder und so auch für mich keine Zeit war, kein Lebensraum — das ist der Schatten, der von seinem Anfang her auf meinem Sein in der Zeit liegt, der Mangel, mit dem belastet ich jetzt unterwegs bin: der Schatten und der Mangel, mit dem ich jetzt auch meiner Zukunft entgegengehe. Dementsprechend wird sie einmal nicht mehr meine Zukunft sein, werde ich, nachdem ich zum letzten Mal Gegenwart gehabt haben werde, keine mehr haben, sondern nur noch vergangen, nur noch gewesen sein. Ich kann jenes Erste vergessen: leichter als ich dieses Zweite vergessen kann. Das ändert aber nichts daran, daß ich unter dem Schatten und mit dem Mangel auch jenes Ersten lebe, daß ich der sein muß,

4. Die anfangende Zeit 699

der einmal, bedrohlich für alles Weitere, noch nicht war — der **sein muß**, der bestimmt von hinten her seinem eigenen Nichtsein konfrontiert ist. Was diesem Schatten und Mangel an Aktualität fehlen mag, weil wir ihn nicht vor uns haben, das hat er dem anderen, dem künftig erst zu realisierenden Schatten und Mangel an Faktizität voraus. Denn diese Entscheidung, daß wir einst noch nicht waren, ist schon gefallen, während die andere, daß wir einst nicht mehr sein werden, bei aller Gewißheit, in der sie uns erwartet, immerhin erst fallen muß. Noch haben wir ja Gegenwart mit ein bißchen Zukunft. Noch leben wir ja. Noch ist die Türe da vorne, die in unser Nichtsein führt, nicht aufgerissen. Die Türe steht aber weit offen, aus der wir **aus dem Nichtsein** ins Sein traten. Darüber ist schon entschieden, daß wir damals, jenseits jener Türe, **keine Zeit hatten**. Und eben als die, die von dieser gefallenen Entscheidung herkommen, müssen wir nun leben: als die, die jedenfalls von dorther mit Allem, was wir nachher waren, jetzt sind und noch sein werden, wie über einem Abgrund in der Luft hängen. Es ist doch wohl angebracht, uns dieser so leicht vergessenen, so wenig aktuellen, aber faktisch nur umso dringlicher gestellten Frage jedenfalls **auch** zuzuwenden: Was sind wir, da wir unweigerlich so dran sind, daß wir von **dorther kommen**?

Das Symptom dafür, daß diese Frage, beachtet oder nicht beachtet, gestellt und auf dem Plan ist, ist das bereits in früherem Zusammenhang berührte Phänomen des allgemeinen menschlichen Interesses an einem möglichst umfassenden Ahnen und Wissen um die Vergangenheit — das Phänomen, das wir als das menschliche Interesse an der **Geschichte** im engeren Sinn des Begriffes, nämlich der hinter uns liegenden Geschichte zu nennen pflegen. Daß den Menschen seine persönliche Vergangenheit beschäftigen kann, ist verständlich; denn da geht es, wie wir sahen, um ihn selbst, auch um seine Gegenwart und Zukunft. Es ist aber nicht ebenso verständlich, sondern es ist, wenn man jene latente Frage nicht bedenkt, im Grunde unverständlich, daß der Mensch zu allen Zeiten und in allen Zonen, gewiß mit Unterschieden des Eifers und der Kunst, aber in der Sache doch einhellig, immer auch damit beschäftigt ist, über seine persönliche Erinnerung und ihre Möglichkeiten, über sein eigenes Leben und seine Zeit **hinauszugreifen** und in Erfahrung zu bringen, sich möglichst lebendig vor Augen zu führen, was vorher und wie es vorher war: in jenen Räumen, die nun gerade noch nicht seine eigenen waren. Warum kann er Gewesenes, das nun doch nicht sein Gewesenes war, und mit dem er heute und morgen im Unterschied zu seinen persönlichen Erinnerungen doch nichts anzufangen weiß, nicht gewesen sein lassen? Woher das merkwürdige Bedürfnis nach Sage und Legende, nach geschichtlicher Dichtung oder auch nach gesicherter Überlieferung von Geschlecht zu Geschlecht und schließlich nach möglichst exakter historischer Forschung und Darstellung? Was erwartet er davon, jenen fernen Gestalten und Verhältnissen, dem Denken, Reden und Handeln jener längst dahingegangenen Menschen, den Verhältnissen, in denen sie lebten, den Leidenschaften und Erfahrungen, von denen sie — diese Anderen! — bewegt waren, ihren Leistungen, Erfolgen und Mißerfolgen in den Bildern seiner Anschauung jenes seltsame zweite Leben zu geben? Es wäre oberflächlich, das mit dem Spiel- oder auch Arbeitstrieb unserer

Phantasie und unseres Verstandes zu erklären, der sich u. U. nun eben auch an diesem Gegenstand ausleben möchte. Und es genügt auch das nicht einfach, zu sagen, daß der Mensch sich durch den Anblick der Menschen, die vor ihm waren, über sich selbst und über seine Gegenwart und Zukunft belehren lassen will, daß er dort, in jenen Bereichen, die noch nicht die seinigen waren, die Anregungen, Motive, Maßstäbe, Anleitungen, Ermunterungen und auch Warnungen sucht, deren er bedarf, um in seinem eigenen Bereich sinnvoll leben zu können. Und es würde sogar damit noch nicht Alles gesagt sein, wenn man auf das wohlbegründete und ernste Bedürfnis des Menschen nach menschlicher Gemeinschaft hinwiese, das ihn über den Umkreis der mit ihm Lebenden hinaus auch zu den längst Dahingegangenen, zur Begegnung mit ihren Nöten und Hoffnungen, Gaben und Aufgaben, mit ihrer besonderen Gestalt des großen allgemeinen menschlichen Lebensversuchs führen könne und dann wohl führen müsse, wenn er in seiner Gegenwart die wirklichen Zeitgenossen, mit denen er leben kann, vielleicht nicht zu finden vermag. Das Alles kann freilich auch gesagt werden. Aber in dem Allem ist das noch Tiefere und Mächtigere wirksam, daß der Mensch über sein Leben und seine Zeit in einem mächtigen Drang hinausgreifen, daß er sich gerade dort, wo er noch nicht war, nun dennoch Lebensraum und also Zeit verschaffen möchte. Er möchte den Schatten, der von dorther auf ihm liegt, zerstreuen; den Mangel, an dem er von dorther leidet, beheben. Er möchte auch dort Licht sehen. Er möchte dort auch die Fülle haben. Er möchte dort auch schon dabei gewesen sein, dort auch schon gelebt haben. Er möchte sich — das ist doch das Ziel alles freien und alles strengen Strebens nach der Geschichte der Vergangenheit — dorthin «versetzen». Er möchte also eben: nicht nur jetzt, sondern auch schon damals sein, möchte Bismarck und seine Gegenspieler reden hören und handeln sehen, möchte Zeitgenosse des seltsamen ersten Napoleon sein, möchte empfinden und denken, sehen und hören und riechen, was und wie man das im 18. Jahrhundert getan hat, möchte Leibniz und Kant, Luther und Calvin — und wem noch allem! — über die Schulter blicken und womöglich aus ihrem eigenen Kopf heraus denken und dessen unmittelbar gewahr sein, wie sie es eigentlich gemeint haben. Er kann es eben nicht ertragen, daß das alles nur damals — nämlich ohne ihn, lange, lange vor ihm gewesen sein soll, als ob ihn das nichts anginge. Er kann es nicht ertragen, daß jener Lebensraum nun einmal nicht der seinige war. Darum kann er die Geschichte nicht geschehen sein lassen. Er kann es dabei nicht sein Bewenden haben lassen, von seinem eigenen Nichtsein herzukommen. Darum füllt er die Lücke, die da klafft, indem er sich selbst, nach der Geschichte fragend, die Geschichte entdeckend, in sie hineinstürzt. Darum muß er sie träumen und dichten, darum ihre Monumente und Dokumente pflegen, darum, wenn er das Zeug dazu hat, sich wissenschaftlich darum bemühen, in Erfahrung zu bringen, wie Alles gewesen ist. «Flucht in die Geschichte» — so pflegt man diesen Vorgang kritisch zu beurteilen. Er hat in der Tat Aspekte, unter denen gesehen er dieses Urteil rechtfertigt. Es gibt aber auch diesen anderen Aspekt, unter dem er vielmehr als eine massive Offensive, als ein höchst vitaler Eroberungsfeldzug zu beschreiben wäre: als ein leidenschaftlicher Ansturm gegen die Befristung der Zeit, in welchem der Mensch sich selbst ausdehnen will: auf dem Felde da hinter ihm, das ja zugleich so sichtbar und so weit ist, daß die Ausdehnung, die er sich etwa auch nach vorwärts, in allerhand der Zukunft zugewendeten Taten und Unternehmungen verschaffen könnte, daneben kümmerlich dunkel und eng erscheinen mag. Wir brauchen freilich kaum erst festzustellen, daß dieses, wenn man es recht versteht, wahrhaft gigantische Unternehmen in allen seinen Gestalten von einer letzten Ohnmacht umwittert ist und nicht zu dem erwünschten Ziele führen kann. Wie wir uns schon in unserer persönlichen

Erinnerung schließlich nur mit der Herstellung und Erhaltung gewisser mehr oder weniger scharfer und reicher Bilder beschäftigen können, so erst recht bei diesem Griff über unsere eigene Zeit hinaus in die anderer, gewesener Menschen. Wir werden faktisch auch auf Grund hellster Erleuchtung und strengsten Forschens nie selber dort, nie in dem erstrebten Raum sein, wo wir noch nicht waren. Wir können zwar unser eigenes Leben mit Bildern jenes Raumes bereichern. Zu unserem Leben gehören dann auch sie. Aber unser Leben als solches bleibt in seinen Schranken. Eine Verlängerung unseres Seins in der Zeit nach rückwärts wird damit nicht geschaffen. Das wäre ein merkwürdiger Kenner und Freund vergangener Geschichte, der die besondere Wehmut nicht kennte, die sie, je lebendiger sie uns vermeintlich wird, umsomehr in uns erweckt, weil gerade ihre lebendigsten Bilder als solche uns doch nur bezeugen können, daß eine Wiederkehr der einstigen Wirklichkeit oder eben: unsere eigene Einkehr in jene einstige Wirklichkeit und ihre Zeit, jene gewünschte Ausdehnung unseres Lebensraums nach rückwärts faktisch doch Illusion bleiben muß. Die Macht des in so mannigfachen Formen sich auslebenden historischen Triebes zeigt aber, daß der Mensch um den Abgrund des Nichtseins, der auch hinter ihm liegt, sehr wohl weiß und daß er durch die Frage und Sorge seiner Existenz auch nach dieser Richtung im Grunde viel mehr beschäftigt ist, als es den Anschein haben und als es ihm praktisch nahe gelegt scheinen könnte.

Daß die Frage nach dem Woher? unseres Lebens, nach dem Anfang unseres Seins in der Zeit beachtlich ist, ergibt sich aber für uns vor allem aus der Tatsache, daß die theologische Beantwortung des Problems der befristeten Zeit, von der wir herkommen, zweifellos nicht nur die mehr beachtete Frage nach unserem Ausgang, sondern eben auch diese weniger beachtete Frage nach unserem **Eingang** betrifft und umfaßt. Es besagt das Ergebnis unserer grundsätzlichen Überlegung — daß es uns gut und heilsam ist, begrenzt zu sein, weil es der ewige, gnädige Gott ist, der uns begrenzt — auch dies, daß wir von diesem Gott **herkommen**. Wohl von unserem Nichtsein her, aber darum nicht aus dem Nichts: eben nicht aus einem Abgrund, der uns nur dazu ausgespieen hätte, um uns wieder zu verschlingen. Gott ist nicht das Nichts, nicht das Chaos, sondern als der Schöpfer des Himmels, der Erde und des Menschen vielmehr der Besieger des Chaos, vielmehr der, der das Nichts allmächtig verneint hat und immer wieder verneint, der ihm gegenüber für sein Geschöpf, das dem Nichts allerdings nicht gewachsen wäre, einsteht, der es vor dessen Ansturm schützt und bewahrt, der es mitten aus dessen fürchterlichstem Triumph heraus errettet, der sich selbst in der ganzen Unerschütterlichkeit seines in sich selbst begründeten Seins zum Bürgen und Helfer seines Geschöpfs gemacht, der sich als solcher von jeher bewährt hat und immer wieder bewähren wird. Wir waren einmal nicht. Daran ist nichts zu ändern. Wir müßten nicht Geschöpfe, sondern selbst Gott sein, wenn wir ewig gewesen wären. Und wir müßten nicht konkret, als umrissene Subjekte existierende Geschöpfe sein, wenn wir von einer unendlichen Vorzeit herkämen. Der ewige Gott aber war, ehe wir waren. Er war in eben der Vergangenheit **vor** unserer ersten Gegenwart, deren unser Sein in der Zeit so völlig und so schmerzlich entbehren muß. Er war in dem Damals, das noch nicht das unsrige war. Er war in dem uns unerreichbaren Lebensraum vor dem unsrigen. Er kann uns kein Vergangener sein, wie uns alles das, was vor uns war, ein Vergangenes, Verlorenes nicht wieder zu Bringendes ist, weil vor uns nur unser Nichtsein war. Er ist uns vielmehr in der Zeit, in allen Zeiten unseres eigenen Nichtseins — er ist ja dem Nichtsein der ganzen Kreatur, er ist dem Anfang aller Zeit als deren Lebensraum vorangegangen. Woher wir kommen? Vom Sein, Reden und Tun des uns vorangegangenen ewigen Gottes — das ist die besondere Antwort auf diese besondere Frage. Und dieser ewige Gott war, ehe wir waren, unser gnädiger Gott: der Gott, der auch, da wir noch nicht waren, schon nicht ohne uns, vielmehr in Allem, was er selbst war, für uns war: also für uns Gott, für uns Weisheit und Allmacht, heilig und gerecht, barmherzig und geduldig, für uns auch ewig und unaussprechlich herrlich, für uns der Ursprung und die Fülle aller Vollkommenheit. Sein inneres Leben als Vater, Sohn und Heiliger Geist, sein Wille und Ratschluß über Himmel und Erde und über uns selbst, sein schon geschehenes und nie abgebrochenes Werk zu dessen Ausführung — das war der Inhalt der Vorzeit vor unserer Zeit, der Sinn der Vorgeschichte vor unserer Geschichte. Und eben weil dem so ist, ist dort vor uns kein Unheimliches, bedeutet dies, daß wir dort noch nicht waren, keinen Mangel und Schatten. Weil dem so ist, wird unser Begehren, unser Sein auch nach dorthin auszubreiten, gegenstandslos, sind wir ja, wie es auch mit unserem Ende stehen möge, jedenfalls von dorther nicht gefährdet, ist jedenfalls von dorther kein Fluch auf uns gelegt. Unser Leben in unserer befristeten Zeit ist jedenfalls von dorther gesehen tragbar, weil es jedenfalls von dorther nicht ohnmächtig und verloren über einem Abgrund hängt, sondern gehalten und getragen, in höchster Zuverlässigkeit garantiert und gesichert ist. Mehr noch: es steht gerade von dorther unter einer Verheißung. Es steht sein Fortgang, es steht aber auch sein Ende im Lichte dieses seines Anfangs. Man kann von da aus, wo wir herkommen, weiter, man kann den Weg, der dort anhebt, zu Ende gehen. Man hat von dorther keinen Anlaß zu dem Mißtrauen, er möchte ungangbar sein und schließlich einer Katastrophe entgegenführen. Man hat von dorther vielmehr Anlaß zu dem Vertrauen, daß der Weg, auf dem wir uns befinden und das Ziel, dem wir entgegengehen, uns gut und heilsam sein möchten. Denn wie sollte der ewige, der gnädige Gott, der die Grenze unseres Anfangs ist, nicht für das Ganze unseres Lebens einstehen: für die uns gewährte Frist sowohl wie endlich und zuletzt auch für deren Ablauf? — Die theologische Beantwortung des Problems der befristeten Zeit würde offenbar unvollständig verstanden, wenn sie nicht tatsächlich auch diese Dimension hätte, auch der Frage nach unserem Woher? ernsthaft, erleuch-

4. Die anfangende Zeit

tend und tröstend gegenüber stünde. Eben darum kann man an dieser Frage nicht einfach vorübergehen.

Auch die Heilige Schrift ist nun einmal nach dieser Seite nicht stumm. Daß die Frage nach dem menschlichen Woher? in Israel gesehen wurde, zeigt Hiob. 8, 9: «Von gestern sind wir und wissen nichts». Und wie sie beantwortet wurde, zeigt klassisch das Mose, dem Manne Gottes, in den Mund gelegte Gebet Ps. 90, 1 f.: «O Herr, du warst unsere Zuflucht von Geschlecht zu Geschlecht. Ehe die Berge geboren waren und die Erde und die Welt geschaffen, bist du, Gott, von Ewigkeit zu Ewigkeit». Man wird dem Texte keine Gewalt antun, wenn man v 3 mit Betonung weiterliest: «Du (der du von Geschlecht zu Geschlecht unsere Zuflucht warst und Gott warst, bevor die Welt war) — du lässest die Menschen zum Staube zurückkehren, sprichst zu ihnen: Kehret zurück, ihr Menschenkinder!» Man wird aber zum konkreten Verständnis vor allem die erste Aussage wichtig nehmen müssen: «Du warst unsere Zuflucht von Geschlecht zu Geschlecht». Der Zeuge der alttestamentlichen Offenbarung blickt, wenn er über die Grenze seines einzelnen Daseins zurück und also auf Gott blickt, auf die Geschichte des Volkes, dessen Glied er ist. Er denkt dann also — unter sehr bestimmtem Vorzeichen allerdings — in der Tat historisch. Ihm ist ja Gott kein Prinzip und keine Idee. Es ist ja bezeichnend, daß Stellen wie Ps. 90, 1 f., die zur Not auch dem Philosophen Freude machen, zur Not auch als Ausdruck einer physisch-metaphysischen Weltanschauung verstanden werden könnten, im Alten Testament sehr selten sind. Und auch Ps. 90, 1 f. will ja offenbar doch nicht so verstanden sein. Sondern daß Jahve von Geschlecht zu Geschlecht Israels und aller Israeliten Zuflucht gewesen ist, diese massiv geschichtliche Wirklichkeit ist die Gestalt des Gottes, der war, ehe der Mensch war, ehe die Erde und die Welt geschaffen wurden. Und daß er, ehe der Mensch war, Israels Zuflucht war, das ist dem Anderen: daß er war, ehe die Erde und die Welt geschaffen wurden, nicht etwa untergeordnet als ein Besonderes dem Allgemeinen, sondern gerade in diesem Besonderen ist das Allgemeine beschlossen, nur von diesem Besonderen her kann jenes Allgemeine gesagt werden. Man muß es wohl so ausdrücken: Jahve ist zuerst Israels Zuflucht von jeher, dann und als solcher der Gott, der vor aller Welt war. Denn Jahve, der Gott Israels, ist schlechterdings der Begründer und Stifter, der Herr, der Gesetzgeber und Garant des Bundes, in welchem Israel allein seine geschichtliche Existenz als Volk haben kann und hat. Und daß er dieser Herr des Bundes von jeher war, als solcher von Geschlecht zu Geschlecht dieses Volkes sich erwiesen und gehandelt hat, das ist seine Gestalt, auf die der einzelne Mensch in Israel zurückblickt, wenn er der Zeit vor seiner Zeit gedenkt. Er hört von dorther die Aufforderung (Deut. 32, 7 f.: wieder in einem dem Mose zugeschriebenen Texte!): «Gedenket der Tage der Vorzeit, achtet der Jahre der vergangenen Geschlechter! Frage deinen Vater, er wird es dir kundtun, deine Betagten, sie werden dirs sagen: Als der Höchste den Völkern ihr Erbe gab, als er die Menschenkinder schied, da setzte er fest die Gebiete der Völker nach der Zahl der Engel (der Söhne Israels?). Aber der Anteil des Herrn ist sein Volk, Jakob das Los seines Eigentums. Er fand es in wüstem Lande, in der Öde, im Geheul der Wildnis; er schützte es, nahm es in Acht, hütete es wie seinen Augapfel. Wie ein Adler, der seine Brut zum Flug aufstört und über seinen Jungen schwebt, so breitete er seine Flügel aus, nahm es und trug es auf seinem Fittich. Der Herr allein leitete es, kein fremder Gott war mit ihm». Man findet dieselbe Aufforderung zum Gedenken an die früheren Tage oder Jahre, da solches geschehen ist auch Deut. 4, 32, auch Hiob 8, 8, Jes. 45, 21 f., 46, 9, auch Jer. 6, 16: «Tretet an die Wege und forschet nach den Pfaden der Vorzeit, welches der Weg des Heils sei! Den geht, so werdet ihr Ruhe finden für eure Seelen!» Und wie man dieser Aufforderung in Frage und Antwort nachlebte, mag etwa Ps. 77, 6 f. zeigen: «Ich sinne über den Tagen der Vorzeit, urlängst vergangener Tage gedenke ich. Ich flüstere des Nachts für mich hin; ich sinne nach und es forscht mein Geist: Will denn der Herr auf ewig verstoßen? Will er nimmermehr gnädig sein? Hat seine Güte für immer ein Ende? Ist es aus mit seiner Treue für alle Zeiten? Hat Gott des Erbarmens vergessen? Oder hat er im Zorn sein Mitleid verschlossen? Und ich sprach: das ist mein Schmerz, daß so anders geworden das Walten des Höchsten. Ich will gedenken der Werke des Herrn, ja gedenken seiner Wunder von Uranfang an, will nachsinnen über all dein Tun, will reden von deinen mächtigen Taten» (vgl. auch Ps. 44, 2 f., 78, 2 f., 143, 5). Das ist das bestimmte Vorzeichen, unter welchem im Alten Testament «historisch» gedacht wird. Das Historische ist Jahves Erwählung Israels, Jahves Bund mit ihm, Jahves Taten und Wunder als des Bundes Erfüllung, Jahves Gebote und Weisungen, Jahves durch Israels Schuld oft verdunkelte und doch dauernde Treue. D a s ist die Vorgeschichte, die Vorzeit seiner eigenen Geschichte und Zeit, auf die der Israelit zurückblickt. Er sieht und versteht sein Leben als eingeordnet in diesen mächtigen Zusammenhang von rückwärts her. Er gehört zu dem Volk, das Jahve aus Ägypten und das er durch das Rote Meer geführt hat. D a s geschah, d a s war, bevor er selbst war. Darin also sucht und findet er mit Allen, die von Geschlecht zu Geschlecht vor ihm waren, seine Zuflucht. Von daher ist er, wieviel und wie schmerzlich er auch in der Gegenwart und im Blick auf die Zukunft zu fragen und zu klagen haben möge, gehalten, geführt und getragen. Von daher ist er von Gott auf einen Felsen gehoben (Ps. 27, 5). Dieser Felsen hat sein Volk und mit ihm auch ihn «gezeugt», kann es Deut. 32, 18 sogar heißen. Dieses Felsens gedenkt er, wenn er — ob dankbar und jubelnd oder ob reuig, zerknirscht, verlassen und verzweifelt — seines Gottes gedenkt. Und dieses so lebendigen Felsengottes gedenkt er, wenn er seines eigenen Lebens und seines Ursprungs gedenkt. Er kommt wirklich von daher.

Man muß es in diesem Zusammenhang verstehen, daß im israelitischen Denken die «V ä t e r» und Vorväter bis hinauf zu den Patriarchen und von diesen herunter bis zu seinen eigenen besonderen Stammes- und Sippenvätern eine so hervorgehobene Rolle spielen. Mit natürlicher Pietät, mit Familiensinn und Neigung zu genealogischer Liebhaberei mag das vordergründlich viel zu tun haben, hat das aber im entscheidenden, im theologischen Zusammenhang des Alten Testamentes gerade nichts zu tun. Die Väter, ihre Namen, ihre Folge, ihre wenigstens vereinzelt und fragmentarisch bekannte Geschichte sind dem Israeliten darum wichtig, aller Aufmerksamkeit und Ehrerbietung würdig, weil sie z. T. die unmittelbaren Zeugen, z. T. die sicheren Überlieferer eben jenes Geschehens sind, an das er denkt, wenn er des heiligen Namens Gottes gedenkt. Sein Vater und der Vater seines Vaters und weiter hinauf alle, die im direkten Sinn vor ihm waren, von denen er in direkten Sinn her ist, verbürgen ihm, indem schon sie «Kinder Israels» waren, unter Jakobs Verheißung und Gebot standen, das unvergleichliche Vorher Jahves, des Bundesherrn, der als solcher war, ehe die Erde und die Welt geschaffen wurden. Daß Jahve der Gott seiner Väter — zuletzt und zuhöchst der «Gott Abrahams, Isaaks und Jakobs» ist, das verbindet und verpflichtet den Israeliten seinen Vorfahren. Darum steht auch das fünfte Gebot so hervorgehoben unmittelbar hinter dem Sabbatgebot und vor allen anderen, den moralischen Geboten: dem Sinn nach, wenn man so unterscheiden will, sicher zur ersten und nicht zur zweiten «Tafel» gehörig. Darum ist es auch mit der Mahnung verknüpft: «auf daß du lange lebest in dem Lande, das der Herr, dein Gott, dir geben will» (Ex. 20, 12). Das Leben im Lande hängt an Gott, d. h. aber konkret: an dem göttlichen Vorher der Ewählung, des Bundes, der geschehenen Taten

4. Die anfangende Zeit

und Wunder, der ergangenen Gebote und Weisungen. Und die konkrete, die sichtbare Gestalt dieses göttlichen Vorher sind eben Vater und Mutter. Sie zu ehren ist darum geboten, weil sie den lebendigen Gott Israels und damit den ewigen Trost des Israeliten am Anfang seiner Existenz repräsentieren. Darum sind «ihr und eure Väter» im Alten Testament so oft eine Einheit: nicht nur im Guten, sondern auch im Bösen. Darum hatten die Kinder ja auch unter dem auf sie gelegten Fluch wegen der «Missetaten der Väter» zu leiden, die sich doch alle auf den von Jahve mit den noch älteren, den ersten Vätern beschworenen Bund beziehen, auf den man darum sowohl angesichts der eigenen Sünden wie angesichts derer der späteren Väter zurückgreifen darf, wie es etwa in den letzten Worten des Micha-Buches (7, 18 f.) geschieht: «Wo ist ein Gott wie du, der die Schuld verzeiht und die Sünde vergibt dem Rest seines Eigentums, der seinen Zorn nicht ewig festhält, sondern Freude daran hat, gnädig zu sein? Er wird sich wiederum unser erbarmen, unsere Schuld unter die Füße treten. Du wirst alle unsere Sünden in die Tiefe des Meeres versenken. Du wirst Jakob Treue erweisen und Abraham Güte, wie du unseren Vätern geschworen hast in den Tagen der Vorzeit». Darum nennen sich ja die Israeliten nach dem Mann Israel-Jakob, dem Jüngsten der Patriarchen, in dessen wechselvoller Geschichte sie die ganze Geschichte ihres Volkes schon vorgezeichnet fanden und von dessen Söhnen sie ihre zwölf Stämme herleiteten — oder dann höher hinauf: Same, Geschlecht, Kinder Abrahams nach dem Ersten, den Jahve aus den Völkern herausgenommen und weggeführt, dem er das Land gezeigt und gegeben hatte.

Darum im Alten Testament der Segen als der Inbegriff des Guten, das der Vater seinem Sohn zuwenden, der Sohn von seinem Vater empfangen kann. Ein Segen ist ein Wort, das göttliche Kraft hat, einem Anderen Gutes zuzuwenden. Es ist also klar, daß ursprünglich und eigentlich nur das Wort Gottes selbst ein Segen sein, daß alles menschliche Segnen, wie Num. 6, 24 zeigt, sich nur auf das Segnen Gottes beziehen kann: «Der Herr segne dich und behüte dich!» «Er segne dich mit Segensfülle vom Himmel droben!» (Gen. 49, 25). «Segen» ist nach der Definition von Rud. Kittel (vgl. ThWBzNT, II. 153) eine «übernatürliche, von der Gottheit ausgehende Förderung menschlichen Tuns und Ergehens». Aber eben in dieser Beziehung auf das göttliche Segnen gibt es nun auch ein menschliches Segnen, wird der Name des Menschen Abraham zu einem Segenswort (Gen. 12, 2; 22, 18; 26, 4), dem sogar verheißen ist, daß es noch zu einem Segenswort über «alle Geschlechter der Erde» werden soll. Es bedeutet die Existenz dieses Segenswortes fürs Erste jedenfalls dies, daß an dem Anfang, auf den jeder Israelit als solcher zurückblicken darf als auf seinen eigenen Anfang, das als Gottes eigenes Wort in Kraft gesprochene Wort der Erwählung, des Bundes, des Heils und der Hoffnung steht — das Alles verkörpert in der Person und also im Namen jenes einen Abraham und gültig für alle, die von ihm herkommen. Es ist dieses Wort, das dem Volke bezeugt wird, wenn der Hohepriester das Volk — und dem Sohne bezeugt wird, wenn der Vater den Sohn segnet. Das Zeugnis an Alle und an jeden Einzelnen lautet dann dahin, daß sie Alle und jeder Einzelne — und das ist der Segen, den sie empfangen — von dorther kommen, von dorther kommend leben dürfen. Man bemerke, daß dies nie (etwa mit der abstammungsmäßigen Zugehörigkeit zu Israel) eine selbstverständliche Gegebenheit, ein Naturzustand ist, sondern lebendiges Wort, das z. B. von Jakob (Gen. 49, 28 f.), von Mose (Deut. 33, 1 f.), von Josua (Jos. 14, 13), von David (2. Sam. 6, 18), von Salomo (1. Kön. 8, 14) wiederholt und nach Zeit und Gelegenheit spezifiziert werden muß, das von Geschlecht zu Geschlecht immer wieder auszusprechen ist, wie ja auch die Beschneidung an jedem neuen männlichen Nachkommen neu vollzogen werden muß. Und man vergesse keinen Augenblick, daß das Gute, die Wohltat, die Gabe, die der Segnende dem Gesegneten zuwendet, wohl eine ganze Fülle auch äußerlichen Heils in sich schließt, in seinem Kern und Gehalt aber immer darin besteht, daß die Gesegneten von Jahve herkommen, im Lichte seines Angesichts und unter seiner Gnade leben dürfen (Num. 6, 25): «Der Herr behütet dich vor allem Übel, er behütet dein Leben. Der Herr behütet deinen Ausgang und Eingang jetzt und immerdar» (Ps. 121, 7 f.). Aber daß er das tut, vom Anfang der Existenz Israels her schon getan hat, von Geschlecht zu Geschlecht immer wieder tut und so, in diesem seinem geschichtlichen Handeln auch des jeweils jetzt lebenden Israeliten Zuflucht ist, daß das den Jungen von den Alten immer wieder bezeugt, daß also das Segenswort, der gesegnete und segnende Name Abrahams immer wieder ausgesprochen und damit in höchster Realität weitergegeben werden darf von den Vätern den Kindern, von den Kindern den Kindeskindern — diese Freiheit zu segnen und Segen zu empfangen, ist die alttestamentliche Antwort auf die Frage nach dem Woher? des natürlichen menschlichen Lebens. Nur Israel hat nach dem Alten Testament diese Freiheit. Aber gerade jene Verheißung, von der einmal zu realisierenden Tragweite jenes Segenswortes auf «alle Geschlechter der Erde» zeigt, daß wir es hier verhüllt in der soteriologischen auch mit einer anthropologischen Bestimmung zu tun haben: daß es mit dem Woher des natürlichen menschlichen Lebens wirklich so bestellt ist, daß wir Menschen von Gott, und zwar von dem Gott herkommen, der schon als unser Schöpfer auch der Herr des Gnadenbundes, der Herr der Geschichte seiner Gnade und unseres Heils ist. Von Gott Gesegnete sind ja nach Gen. 1, 28 schon die ersten Menschen. Das weiß man nach dem Alten Testament in Israel und nur in Israel. Es kann darum auch das Segenswort als solches nur in Israel ausgesprochen werden und auch das nur in jener merkwürdigen Konkurrenz mit dem Fluch, d. h. dem seine ganze Geschichte ja ebenso kontinuierlich durchziehenden prophetischen Droh- und Gerichtswort. Aber wie das Gericht Gottes, obwohl man auch das nur in Israel sieht und aussprechen kann, faktisch über alle Völker ergeht, wie darum die prophetische Drohung indirekt und doch auch direkt sie alle angeht, so ist auch die größere, die auch das Gericht in sich schließende Gnade Gottes, die Israel mit dem Segenswort des Namens Abrahams sich selbst in allen seinen Gliedern bezeugen darf, faktisch seine Gnade für alle Völker, ja für die ganze Schöpfung und geht darum auch Israels Verheißung implizit, aber auch explizit alle Menschen an. Sie wissen es noch nicht, es ist ihnen noch nicht bezeugt, sie haben es noch nicht vernommen oder vernehmen wollen, aber sie sind als Menschen das, als was der Mensch in Israel angeredet wird. Sie kommen faktisch alle von dort her, wo der Israelit seine Zuflucht suchen und finden darf: so gewiß der, der Israels Zuflucht tatsächlich war «von Geschlecht zu Geschlecht», von der Begründung seiner ganzen besonderen Geschichte her, derselbe ist und Ps. 90, 1 f. mit Recht als derselbe bezeugt wird, der ist «ehe die Berge geboren und die Erde und die Welt geschaffen wurden»: von Ewigkeit zu Ewigkeit. Er läßt die Menschen «zum Staube zurückkehren». Er ist ihr Anfang, indem sie diesem ihrem Ende entgegengehen.

Im Neuen Testament tritt das Problem dieses Rückblicks, die Frage des menschlichen Woher? und ihre Beantwortung unter einen neuen Aspekt. Ihre alttestamentliche Beantwortung ist freilich nicht obsolet geworden. Sie lebt jetzt vielmehr in einer Intensität und Konkretion auf, die sie so im alten Israel praktisch vielleicht nie gehabt hat. Ist doch jetzt erst, in der Erscheinung des Heilands der Welt, auf die die Gemeinde zurückblickt, die allgemeine, die anthropologische Bedeutsamkeit der zunächst nur dem Volk Israel gegebenen Antwort

4. Die anfangende Zeit

ersichtlich geworden. Eben dieser Heiland der Welt ist aber für die neutestamentliche Gemeinde in unzerreißbarer Einheit auch der Messias Israels. Er war die Erfüllung der dem Volk Israel und jedem einzelnen Israeliten von Uranfang her mitgegebenen Verheißung: er der Herr des Bundes, von dem schon jene herkamen. Sein Leben als die Gegenwart des Reiches, sein Sterben und Auferstehen als die Tat aller Taten, das Wunder aller Wunder, auf die jene zurückblickten, seine Weisung als der Sinn der Gebote, die jenen überliefert und vorgeschrieben waren, seine Person als die Gnade Gottes, bei der jene von Geschlecht zu Geschlecht ihre Zuflucht suchten und fanden. So konnte und mußte die neutestamentliche Gemeinde sich mit Jenen aufs Intimste verbunden wissen. So konnte sie sich als Kirche nur als das neue Israel verstehen, das nun in der Erfüllung aller dem alten gewordenen Verheißung lebt. Sie verstand die hinzu gekommenen Heiden als wildes Reis auf den alten edlen Ölbaum versetzt (Röm. 11, 24), die Glaubenden aus Juden und Heiden — die Heiden freilich nach Matth. 3, 9 wie aus den Steinen erweckt, aber mit den glaubenden Juden zusammen als Abrahams Kinder, Nachfolger und Genossen seines Glaubens, mit ihm nun auch sie zum gesegneten und segnenden Wort jetzt für die ganze Welt geworden (Gal. 3, 6 f.; Röm. 4, 1 f.). Sie verstand umgekehrt Abraham, Isaak und Jakob, aber auch Mose, das aus Ägypten ausziehende und in Kanaan einziehende Volk, die Richter, Samuel und David und alle Anderen als Vorgänger und Genossen ihres eigenen Glaubens, eine einzige «Wolke von Zeugen» (Hebr. 11, 8 f.) und wieder nach dem Hebräerbrief die Sendung Melchisedeks an Abraham, den Sabbat, die Stiftshütte, den Hohepriester, die Opfer des Alten Testamentes, als lauter vorlaufende Schatten des jetzt erschienenen Lichtes. Indem die neutestamentliche Gemeinde auf den in den evangelischen Berichten bezeugten Jesus zurückblickte, blickte sie mit allen Geschlechtern Israels auf eben den Gott zurück, der den Menschen in Israel der Anfang und Sinn aller Dinge und Wege gewesen war. Und sie brauchte umgekehrt nur wirklich mit den Vätergeschichten, mit den Propheten und Psalmen umzugehen und also auf jenen uranfänglichen Gott zurückzublicken, wie es ja in den frühchristlichen Gottesdiensten geschehen ist, um eben so auch mit dem umzugehen, von dem man durch die evangelischen Berichte wußte. Es ergab sich aber auch formal ganz von selbst eine gewisse Parallelität und Ähnlichkeit der Probleme. Wieder war ja jetzt, indem die Zeit weiter zu gehen schien, nach einer Vorzeit und Vorgeschichte, nämlich nach den Ursprüngen und Anfängen des christlichen Zeugnisses, nach der ursprünglichen evangelischen Geschichte und nach derer unmittelbarer erster Bezeugung zu fragen. Wieder gab es ja jetzt anfänglich dabei Gewesene und Hinzugekommene, unmittelbare und mittelbare Zeugen, eine Urgemeinde in Jerusalem und einen Heidenapostolat, die Apostel, Paulus und deren Schüler. Wieder wurde jetzt der Kontakt und die Kontinuität mit den «alten Tagen», die Treue, d. h. aber die sachgemäße Überlieferung, ihre Erhaltung, aber auch ihre Erneuerung zur Frage und Aufgabe. Wieder mußte jetzt die Aufforderung ergehen und gehört werden, beim Alten, d. h. beim Ersten, d. h. beim Eigentlichen, Wesentlichen und Entscheidenden zu verharren und im Fall des Vergessens, des Mißverständnisses oder gar der Verderbnis dazu zurückzukehren. Wieder gab es jetzt auch in der Gemeinde im Rahmen der das Ganze bestimmenden Christlichkeit und Apostolizität πατέρες und πρεσβύτεροι mit ihren entsprechenden Würden und Bürden. Eines ist freilich auffällig: daß der Begriff und die Anschauung des alttestamentlichen Segens in der neutestamentlichen Sprache und Darstellung zwar durchaus erhalten und lebendig geblieben ist, daß aber offenbar die Aktion des Segnens und Gesegnetwerdens von Mensch zu Mensch, die für die alttestamentliche Situation so bezeichnend ist, in der neutestamentlichen Gemeinde nicht aufgenommen und fortgesetzt worden ist. Daß die Christen ihre Verfolger, statt ihnen zu fluchen, segnen sollen (Matth. 5, 44 Par., 1. Kor. 4, 12, Röm. 12, 14, 1. Petr. 3, 9) ist der einzige allenfalls in diesem Sinn geltend zu machende Gebrauch von εὐλογεῖν. Denn Elisabeth segnet die Maria nicht, sondern erkennt und bezeichnet sie als eine Gesegnete (Lc. 1, 42). Sonst ist es nur Jesus, der (etwa Matth. 21, 9) als «Gesegneter» begrüßt wird und selber segnet: Mr. 10, 16 die Kinder, Luk. 24, 50 seine Jünger beim Abschied. Wir hören: Gott «hat uns gesegnet mit jedem geistlichen Segen in der Himmelswelt durch Christus» (Eph. 1, 3). Wir hören: Gott «hat seinen Knecht Jesus erstehen lassen und ihn gesandt, euch zu segnen» (Act. 3, 26). Paulus hofft nach Rom zu kommen «in der Fülle des Segens Christi» (Röm. 15, 29). Das ist Alles. Und das ist eben etwas Anderes als das im Alten Testament auch von Mensch zu Mensch gesprochene Segenswort. Man sucht im Neuen Testament vergeblich nach einer Parallele zu jenem aaronitischen Segen Num. 6, 22 f. oder nach dessen Wiederaufnahme oder überhaupt nach Stellen, nach denen ein Christ den oder die Anderen gesegnet hätte. Die doch nur in bestimmten Situationen geübte Handauflegung mag teilweise an die hier offen gewordene Stelle getreten sein. Aber vielleicht ist es besser, den wirklichen Ersatz in ganz anderer Richtung zu suchen. Die auffallende Erscheinung dürfte sich daraus erklären, daß das göttliche Segenswort in der Fleischwerdung von Gottes Wort nach neutestamentlicher Erkenntnis (anders als in der Erwählung und Berufung Abrahams) **ein für allemal** gesprochen ist und darum (anders als in Israel) **nicht wiederholt** werden kann, wie die ganze Kontinuität «von Geschlecht zu Geschlecht», die ja auf das Kommen des Reiches im Messias zielte, mit der Beschneidung durch dieses Kommen hinfällig geworden ist.

Das wird man sich bei aller Ähnlichkeit der Phänomene überhaupt nicht verbergen dürfen: daß es ein Anderes ist, wenn der Israelit auf den Uranfang seines Lebens in der Erwählung und Berufung seines Volkes — ein Anderes, wenn der neutestamentliche Christ auf das Anheben seines Lebens in dem als Ziel der Geschichte Israels gekommenen Jesus Christus zurückblickte. Was in Jesus Christus als Anfang der Kirche und auch seines persönlichen Lebens hinter dem Christen steht, ist genau genommen nicht eine zweite längere oder kürzere Geschichte, die nun eben die Kirchengeschichte wäre, sondern der in Jesus Christus vollzogene **Abschluß** nicht nur der israelitischen, sondern **aller menschlichen Geschichte**, das Vergehen dieses Äons, der Ablauf der Zeit, deren Pendel jetzt gewissermaßen nur noch im Ausschwingen ist, so daß es nur noch offenbar werden muß, daß sie schon abgelaufen ist. Was die Christen als Nachfolger und Genossen der alttestamentlichen Väter angesichts der Erfüllung von der diesen geworden Verheißung **hoffen**, das ist die allgemeine und umfassende Offenbarung dessen, daß in Jesus Christus alles schon vollbracht ist: keine zweite Geschichte mit weiteren Vollbringungen, keine Kirchengeschichte als weitere Heilsgeschichte, keine «christliche Aera». Und was sie in ihrer Gegenwart auf Grund der evangelischen Berichte und der apostolischen Botschaft glauben, ist schlicht dies, daß sie das **Ende und Ziel** aller Geschichte und Zeit im Tod und in der Auferstehung Jesu Christi schon **hinter** sich haben. Von dorther kommen sie. Von dorther leben sie. Dort suchen, finden und haben sie ihre Zuflucht. Die konkrete Gestalt, in der Gott ihnen Zuflucht, Vorgeschichte und Vorzeit ist, ist in ihrer Sicht der ans Kreuz geschlagene und von den Toten auferstandene Mensch Jesus, in welchem damals, bevor sie waren, für ihre Gegenwart und Zukunft Alles **geschehen** und auch Alles **sichtbar** ist, dessen sie, um ihr eigenes Leben weiter und zu Ende zu leben, bedürfen. Sie brauchen dazu nur seinen Geist, d. h. aber noch einmal: nur ihn selbst, der da war, sein Wort, seine Gegenwart heute wie gestern, nur den Glauben, die Liebe und die Hoff-

4. Die anfangende Zeit

nung, in welchen Er mit ihnen Einer ist. Er als der, der vor ihnen war, der war, ehe sie waren, hält und trägt sie. Er ist der gnädige Gott, der sie schon gerettet hat und nicht fallen lassen wird: nicht im weiteren Verlauf ihres Weges und auch nicht an dessen Ende.

Man muß das verstehen, um einzusehen, daß sich das ganze Problem des Zusammenhangs unserer Existenz nach rückwärts im neutestamentlichen Bereich, obwohl es dasselbe ist, anders stellen muß als im alttestamentlichen. Als man das nicht mehr verstand, konnte man mit dem Zentrum des neutestamentlichen Glaubens und Lebens auch dessen Peripherie nicht mehr richtig sehen. Im alttestamentlichen Bereich darf und muß der einzelne Mensch auf jene lange Geschichte seines Volkes zurückblicken und eben so seines eigenen Ursprungs und Anfangs in Gottes Gnade und Erwählung gedenken und gewiß sein. Diese Geschichte und die in ihr sich vollziehende Vermittlung der göttlichen Verheißung und des göttlichen Gebotes hat dort prinzipielle Bedeutung. Besteht doch auch der Sinn jedes einzelnen Menschenlebens in Israel darin, daß es an seinem Teil an dieser Geschichte und an der sich in ihr vollziehenden Vermittlung der Verheißung und des Gebotes von Geschlecht zu Geschlecht teilnehme, bis das Ganze zu dem in seinem Anfang vorgesehenen und bezeichneten Ziel gekommen, das erwartete Heil erschienen, der Messias geboren und sein Reich aufgerichtet ist. Diese prinzipielle Bedeutung der zwischen der Erwählung und Berufung Abrahams und der jeweiligen Gegenwart geschehenen Geschichte ist die Vollkommenheit, aber auch die Schranke der Vollkommenheit, in der der alttestamentliche Mensch im Blick auf seinen Ursprung ein getrösteter Mensch ist. Von einer solchen prinzipiellen Bedeutung der mit der Begründung der Kirche anhebenden Geschichte kann im neutestamentlichen Bereich nicht die Rede sein. Die Begründung der Kirche, auf die der einzelne Christenmensch als auf den Ursprung und Anfang seiner eigenen Existenz zurückblickt, ist wohl das Werk desselben gnädigen und treuen Gottes, bei dem schon der Israelit seine Zuflucht suchte, fand und hatte. Aber «Gott» heißt nun: Gottes erschienenes Heil, der geborene, gekreuzigte und auferstandene Messias, das gekommene Reich, nun nicht nur das Segenswort des Namens Abrahams und die Folge der unter diesem Namen erfolgten Segnungen, nun der den Abraham erwählende und berufende Gott selber in menschlicher Person. Jener Simeon (Luk. 2, 25 f.) und jene Hanna (Luk. 2, 36 f.), die auf den Trost Israels, auf die Erlösung Jerusalems warteten, sind nun wie treue Schildwachen, deren Zeit um ist, abgelöst: «Jetzt lässest du deinen Knecht, o Herr, nach deinem Wort in Frieden dahingehen; denn meine Augen haben dein Heil gesehen» (Luk. 2, 29 f.). Eben dieses letzte Wort diesseits der Wende der Zeit wird nun, nachdem diese vollzogen ist, das erste und nun für die Zukunft allein maßgebliche Wort: «Den, von welchem Mose im Gesetz geschrieben hat und die Propheten, haben wir gefunden: Jesus, den Sohn Josephs aus Nazareth» (Joh. 1, 45). Die Apostel können nur dieses Sehen und Finden bezeugen und dieses als abschließend, endgültig, unüberbietbar. Wer diesem Sehen und Finden die Verheißung und das Gebot Israels nochmals an die Seite stellen würde, als ob sie nicht eben in diesem Sehen und Finden zu ihrem Ziel gekommen wären, der wäre ein falscher Apostel und so erst recht der, der das Zeugnis von diesem Sehen und Finden durch neue Verheißungen und Gebote ergänzen und bereichern wollte. Der christliche Mensch blickt auf dieses Sehen und Finden zurück, auf nichts sonst. Er lebt unmittelbar von dem damit gesetzten Anfang her. Der evangelische Bericht und die apostolische Botschaft vermitteln ihm nichts als eben diesen Anfang. Und so kann ihm auch die vom evangelischen Bericht und von der apostolischen Botschaft sich nährende Kirche nur diesen Anfang vermitteln: ihm bezeugen, daß eben dieser Anfang, Jesus Christus, der Anfang auch seines Lebens ist. Sie hat ihm also nichts Anderes, nichts Eigenes, sei es Altes oder Neues, zu bieten. Die geschichtliche Existenz der Kirche ist nur insofern legitim, als sie es unterläßt, ihren eigenen Möglichkeiten, Entwicklungen und Errungenschaften, spezifisches Gewicht zu geben, die Christen mit ihnen und also mit sich selbst zu beschäftigen, statt sie schlicht auf jenen Anfang zu verweisen, statt ihnen direkt und ausschließlich Jesus Christus zu verkündigen. Da und nur da ist die christliche Kirche, wo sie ihren Gliedern und der sie umgebenden Welt diesen Anfang bezeugt und nichts sonst. Indem sie es so hält, ist sie «Säule und Grundfeste der Wahrheit» (1. Tim. 3, 15), nicht anders. Sie kann sich also weder auf ihr eigenes Altertum, noch auf ihre eigenen Neuerungen auferbauen. Sie kann sich weder um ihre Ämter noch um ihre Dogmen, noch um ihren Kultus, noch um ihre Ordnungen versammeln. Sie kann ihr Vertrauen weder auf die Sukzession ihrer Amtsträger, noch auf den religiösen, moralischen, wissenschaftlichen oder politischen Glanz der ihr geschenkten Väter und Heiligen, Lehrer und Führer, noch auf die Gesichertheit ihrer Lehr- und Verfassungstradition, noch auf die fortschrittliche Entwicklung ihrer Verkündigung, ihrer Einrichtungen und ihrer Tätigkeit setzen. Und sie kann das Alles nicht zwischen jenen Anfang und die jeweilige Gegenwart, zwischen Jesus Christus und die Menschen nach seiner Zeit hineinschieben, als hätte es eine besondere, eine selbständige Würde, Autorität und Bedeutung neben der seinigen. Sie kann sich selbst und ihre Geschichte in allen ihren Gestalten nur als den Zusammenhang eines Dienstes verstehen, den sie zu leisten hat, in welchem sie aber über sich selber beständig hinausweist, in welchem sie mit Allem, was sie ist, hat und kann, auch beständig auf die Waage gelegt ist und also sofort zurückzutreten bereit sein muß, wenn das schlechthin höhere Interesse jenes Anfangs, dem sie ihre Existenz verdankt, es so erfordert. So und nur so ist sie der Leib, die Braut, das Volk ihres Herrn. Sie darf ja nicht vergessen, was sie selbst zu verkündigen hat: daß die Geschichte Israels und die Menschheitsgeschichte in Jesus Christus zu ihrem Ziel und Ende gekommen ist und daß eben dieses Ziel und Ende das Vorher ist, das nun jedem Menschenleben gesetzt ist. Gerade sie muß doch damit ernst machen, daß die Zeit, in der wir *post Christum* leben, die Endzeit ist, die Zeit jenes ausschwingenden Pendels, in der zur Entstehung und Erhaltung selbständiger menschlicher Reiche neben und in Konkurrenz mit dem gekommenen Reich Gottes gar kein Raum mehr ist, in der alle solche Reiche sich nur noch als fliehende Schatten erweisen können. Wie könnte sie da — und nun auch noch unter Berufung auf Jesus Christus! — selber ein solches Reich begründen, als solches sich darstellen und erhalten wollen können! Es konnte auch von daher immer nur Mißverständnis und Irrtum sein, wenn sie das wollte und versucht hat. Sie konnte dabei immer nur Schiffbruch leiden. Sie mußte sich dann immer von ihrem Anfang her zur Ordnung — zur wirklichen Ordnung ihres Dienstes — rufen lassen und mußte froh und dankbar sein, wenn ihr das je und je tatsächlich widerfahren ist. Sie mußte dann immer wieder klein (und darin groß), demütig (und darin herrlich) werden. Und immer dann, aber auch nur dann, hat sie den Menschen jenes Sehen und Finden vermittelt und eben damit den Trost hinsichtlich des Woher? ihrer Existenz, die Antwort: daß sie im Leben und im Sterben von dem gnädigen Gott herkommen dürfen. Sie machte sich nicht nur Gott, sondern gerade auch den Menschen gegenüber immer schuldig, wenn sie sich selbst zwischen die Menschen und diesen ihren heilvollen Lebensanfang hineinschieben wollte, als ob sie es sei, die sie trösten könne und solle.

Und nun darf sie, um sich dieser Schuld nicht teilhaftig zu machen, vor allem Eines nicht vergessen: Sie ist wohl ein Volk. Sie ist wohl das neue Israel. Sie ist aber dem alten Israel darin ungleich, daß sie keine «Nation», nicht ein natür-

4. Die anfangende Zeit

liches, nicht ein durch den Zusammenhang von Zeugung und Geburt, nicht ein durch die Folge der Generationen, sondern ein allein durch die Predigt des Wortes und durch die freie Erwählung und Berufung des Geistes versammeltes Volk ist. Es hat das alte Israel in seiner Konstituierung als das natürliche Volk der Nachkommen Abrahams nach dem Fleisch, nachdem der Heiland der Welt aus seiner Mitte hervorgegangen und als sein Messias erschienen ist, seine Mission erfüllt und es bleibt seinen Gliedern nur übrig, das dankbar zu anerkennen und sich in Bestätigung ihrer eigensten Erwählung und Berufung dem Volk dieses Heilands, ihres eigenen Königs, dessen Glieder zu sein nun auch die Heiden berufen sind, zuzugesellen. Seine Mission als natürliches Volk aber ist abgelaufen, hat keine Fortsetzung, findet auch in anderer Gestalt keine Wiederholung. Was mit der Entstehung der christlichen Gemeinde anfängt, ist nämlich nicht wiederum ein natürliches Volk, ein Blutzusammenhang, eine Folge von Generationen, ein Komplex von Stämmen, von Familien, von Vätern und Söhnen, die als solche die Überlieferer und Empfänger der Verheißung sind. Auch der israelitische Mensch ist jetzt vor eine Frage gestellt, die damit noch nicht beantwortet ist, daß er israelitischen Ursprungs ist. Auch dadurch nicht, daß er beschnitten ist! Auch dadurch nicht, daß er den Segen seines Vaters und den Segen des Hohepriesters empfangen hat! Und der aus den Heiden zu Israel hinzukommene «Proselyt» natürlich auch nicht durch die ihm bei diesem Anlaß administrierte Proselytentaufe! Auch innerhalb von Israel vollzieht sich nun neue Wahl und Entscheidung, stellt sich nun die Frage neuer Berufung und neuen, je eigenen Glaubens. «Er kam in das Seine und die Seinen nahmen ihn nicht auf. So viele ihn aber aufnahmen, denen gab er die Macht, Kinder Gottes zu werden, denen nämlich, die an seinen Namen glauben, welche nicht aus Blut noch aus fleischlichem noch aus männlichem Willen, sondern aus Gott gezeugt werden» (Joh. 1, 11 f.). So konstituiert, so versammelt sich die Kirche, so stellt sich nun die Frage an alle Menschen. Schon daß die Frau an diesem Geschehen einen selbständigen Anteil bekommt, zeigt die neue Situation. Schon darum hätte man die Taufe niemals im gleichen Atemzug mit der Beschneidung nennen, hätte man sie ihr nur (wie es Kol. 2, 11—12 geschieht) radikal gegenüberstellen dürfen. Der christliche Mensch hat wohl auch Vater und Mutter; er ist wohl auch Glied einer Familie, irgend eines Stammes und Volkes. Und es mag wohl praktisch so sein — es kann aber bekanntlich auch ganz anders sein — daß er durch diese natürliche Vermittlung zur Gemeinde geführt und damit dann auch auf seinen eigenen Ursprung und Anfang in Gottes Gnade aufmerksam gemacht wird. Aber daß er von diesem Ursprung und Anfang her im Glauben leben und daß er dieses seines Glaubens gewiß sein, daß er ein «Kind Gottes» werden darf, das verschaffen ihm weder seine Eltern noch seine Familie, noch sein Volk. Das hat er nicht durch seine Erzeugung und Geburt, wie er es auch nicht durch die Kirche, sondern nur, vermittelt durch den Dienst der Kirche, von Gott selber hat. Darin kann kein Anderer für ihn einstehen. Das gibt und das verbürgt ihm kein geschichtlicher Zusammenhang. Darin ist er vielmehr unmittelbar zu Jesus Christus selber. Daß er ein «Kind Gottes» werden darf, das verdankt er dem Heiligen Geist, und daß er sich als solches erkennen und dieser Erkenntnis gewiß sein darf, das verdankt er seiner Taufe. Denn durch den Heiligen Geist, in welchem primär Jesus Christus an ihm handelt, kommt er zum Glauben, und durch die Taufe, in der primär wieder Jesus Christus an ihm handelt, wird ihm bestätigt und versiegelt, daß sein Glaube keine Eigenmächtigkeit, sondern Gottes Gnadengabe ist und darum gegenüber allem Unglauben, Aberglauben und Irrglauben, der ihn anfechten möchte, keiner Erschütterung fähig ist, daß er seines Glaubens leben und Allem und Jedem zum Trotz unter allen Umständen froh sein darf. Die

Vermutung ist zu wagen, daß es in Wahrheit die Taufe ist, die in der neutestamentlichen Gemeinde sinngemäß an die Stelle des alttestamentlichen Segens getreten ist. Sie verhält sich jedenfalls als durch menschlichen Dienst vollzogene Aktion zum Werk Jesu Christi selber eben so, wie sich dort der menschliche Segnungsakt zu dem eigentlichen Segenswort verhält, dessen Kraft doch nur die Kraft Gottes, das also auch nur durch Gott selber gesprochen sein kann. Es bedeutet aber diese Geburt des christlichen Lebens «aus Wasser und Geist» (Joh. 3, 5) auf alle Fälle eben dies, daß der christliche Mensch unmittelbar zu Jesus Christus ist. Er folgt nicht Vater und Mutter, er folgt nicht der Reihe seiner Vorväter, sondern, herausgenommen und jedenfalls unabhängig von seiner natürlichen Herkunft, Jesus nach. Er glaubt, daß eine heilige, allgemeine Kirche ist und daß er ihr lebendiges Glied sein und bleiben darf, aber er glaubt nicht an die Kirche, sondern an den Heiligen Geist, der mit dem Vater und dem Sohne eines Wesens ist. Er ehrt und akzeptiert also nicht ihre Überlieferung und Ordnung, indem er Christ wird und sich als solcher bekennt, sondern er stellt sich hinter den Anfang, und er bekennt sich zu dem Anfang, dem alle kirchliche Überlieferung und Ordnung nur dienen kann, und in dem er nun auch seinen Lebensanfang empfangen und erkennen darf. Er glaubt, denkt, redet und handelt also erst recht nicht als Glied eines sogenannten «christlichen Volkes», sondern indem er dem Herrn dafür dankt, daß er auch in seinem — gewiß nicht christlichen! — Volk seine Gemeinde hat, durch deren Dienst und zur Teilnahme an deren Dienst inmitten seines Volkes nun auch er berufen ist.

Die verhängnisvolle Verwechslung, die hier wohl schon sehr früh und dann immer wieder stattgefunden hat, bestand darin, daß die christliche Kirche sich nun doch als eine Art Fortsetzung oder Erneuerung oder Wiederholung des vorchristlichen Israel zu verstehen und zu verhalten begann. Sie verstand nicht mehr, daß sie als die Gemeinde der mit dem Tod und der Auferstehung ihres Herrn angebrochenen Endzeit vom Ziel aller Geschichte herkam, sondern sie verstand Jesus Christus und also ihre eigene Begründung als den Anfang einer neuen Geschichtsepoche, in der sie sich nun doch als ein Reich unter anderen einrichten, befestigen, behaupten und ausbreiten wollte. Sie konnte und wollte darum ihrem Herrn nicht mehr in jener Einfalt dienen, die alles eigentliche Reden und Tun ihm überläßt, alles Streben nach eigener Ehre und Autorität unterläßt und also für sich selber gar nichts sucht. Und so konnte und wollte sie die Menschen auch nicht mehr in jener Unmittelbarkeit sehen, sie nicht mehr schlicht dazu aufrufen, diese Unmittelbarkeit zu realisieren: «Ihr aber seid Christi. Christus aber ist Gottes» (1. Kor. 3, 23). Statt dessen verhielt sie sich nun doch wieder, als wäre sie ein natürliches Volk mit Generationen und Familienzusammenhängen. Sie identifizierte sich (auf Grund dessen, was man später euphemistisch «Christianisierung» genannt hat) mit diesen und jenen wirklich natürlichen Völkern und schließlich mit dem ganzen Abendland, das man nun als «christliches» Abendland verstehen zu können meinte. Die Freiheit des Heiligen Geistes, die Freiheit der göttlichen Wahl und Berufung, die Freiheit, in der Christus den Glauben an ihn erweckt und in der die christliche Gemeinde doch allein konstituiert werden kann, wurde nicht mehr respektiert und so auch nicht mehr die Verantwortlichkeit des Hinzutrittes zur Gemeinde, des Begehrens nach der Taufe als eines Begehrens des Glaubens nach seiner göttlichen Bestätigung und Versiegelung. Man meinte nun im voraus zu wissen, wer ein Christ, ein Glied der Gemeinde, ein Glied am Leibe Christi sein werde: die sämtlichen im Bereich der Kirche befindlichen und von angeblich «christlichen» Eltern abstammenden Kinder! Waren nicht auch die israelitischen Knäblein 8 Tage nach ihrer Geburt beschnitten und damit als Genossen des Bundes ausgesondert worden? Sollten die

4. Die anfangende Zeit

Kinder im christlichen Bereich diesen israelitischen Knäblein gegenüber benachteiligt sein? So argumentierte man und vergaß die Kleinigkeit, daß es eben hinsichtlich der göttlichen Aussonderung der Genossen des Bundes, seitdem dieser von Jesus Christus erfüllt ist, kein menschliches Voraussehen, Verfügen und Vorwegnehmen mehr geben kann. So hielt man jetzt die Kinder (großmütigerweise nun doch auch gleich die kleinen Mädchen!) im christlichen Bereich — als wäre dieser wieder ein natürlich-geschichtlicher Komplex wie das alte Israel — für potentielle Christen. So taufte man sie, da man sie nach dem Begehren und Bekenntnis ihres Glaubens nicht fragen konnte, ohne diese Frage und also ohne ihre Taufe der Freiheit des Heiligen Geistes entsprechend nun auch zu einer Sache ihrer eigenen Verantwortung zu machen und ließ sie so gewissermaßen im Schlaf, über ihren Kopf hinweg, millionenweise zu Christen werden. Diese Millionen von Getauften konnten und können sich ihrer Taufe jetzt nicht mehr erinnern als eines Geschehens, bei dem sie in der Verantwortung ihres eigenen, ihnen von Jesus Christus geschenkten und nun auch bestätigten und versiegelten Glaubens dabei gewesen sind. Gerade so sind sie vielmehr nicht dabei gewesen. Das ist in unserem Zusammenhang das Belastende dieser Sache. Es klang und klingt jetzt mindestens wunderlich, es erfordert jetzt jedenfalls eine ziemlich komplizierte Reflexion, wenn man den Menschen mit seiner Frage nach dem Woher? seines Lebens schlicht darauf verweisen will, daß er ja eben getauft und eben damit versichert ist, daß er den Heiligen Geist empfangen hat und also unmittelbar von Jesus Christus, von seiner Geburt, von seiner Taufe am Jordan, von seiner Kreuzigung und Auferstehung herkommt und also, als Glied an seinem Leibe, mit freiem Rücken seines wohl anfechtbaren, aber unter gar keinen Umständen zu erschütternden Glaubens ruhig und fröhlich leben darf. Das sagt dem Menschen *post Christum* seine Taufe. Und es gibt *post Christum* tatsächlich keine andere Antwort auf jene Frage als den Verweis darauf, daß ihm in seiner Taufe eben das schon gesagt ist. Umso schmerzlicher, daß der Verweis darauf durch die herrschende Taufpraxis zwar nicht unmöglich, aber so schwer gemacht, daß durch sie auch das, was die Taufe dem Menschen tatsächlich sagt, so merkwürdig abgeschwächt und verdunkelt worden ist. Aber eben: diese besondere Sache, die Problematik der Kindertaufe, ist doch nur der Exponent einer in viel größerer Tiefe eingerissenen Unwissenheit darum, daß die endzeitliche Gemeinde Jesu Christi sich im Unterschied zu dem vorchristlichen Israel allein unter dem Gesetz des Geistes auferbauen, gestalten und erhalten kann: nicht so direkt sichtbar und greifbar wie der Natur- und Geschichtszusammenhang des alten Israel, dafür direkt in Gott, nämlich in Gott im Fleische begründet, sodaß der Trost, den der christliche Mensch im Rückblick auf den ihm in seiner Taufe gezeigten Anfang seiner Existenz empfangen und haben darf, nun doch unvergleichlich viel größer, tiefer und gewisser ist, als es der des israelitischen Menschen, obwohl er in der Sache derselbe war, je sein konnte. Aber nur unter dem Gesetz des Geistes gedeiht dieser Trost, während er unter der Herrschaft eines mit dem Gesetz des Geistes konkurrierenden angeblich christlichen Geschichtsnomos nur verkümmern kann. Es hängt mit jener tiefen Unwissenheit zusammen, daß wir diesen Trost heute fast nur in verkümmerter Gestalt kennen, daß der christliche Glaube jedenfalls gerade im sogenannten christlichen Abendland so selten eine schlechthin gewisse, fröhliche und sieghafte Angelegenheit ist. Es hängt also wieder mit der Hoffnung auf eine Durchbrechung und Überwindung jener tiefen Unwissenheit zusammen, ob die Durchschlagskraft gerade der neutestamentlichen Antwort auf die Frage nach des Menschen Woher? noch einmal besser erkannt und gewürdigt werden wird, als es uns *rebus sic stantibus* heute im Allgemeinen möglich ist.

5. DIE ENDENDE ZEIT

Wir wenden uns nun dem anderen Aspekt unseres Problems zu. Die uns gegebene Zeit ist **endend**. Das ist das **Zweite**, worüber mit ihrer Befristung entschieden ist: wir **gehen einem Dort entgegen, wo wir nicht mehr sein werden**. «Ich gehe, und weiß nicht, wohin.» Wir haben den einen Grund bereits genannt, weshalb die mit der Befristung unserer Zeit gestellte Frage nach unserem Sein oder Nichtsein unter diesem zweiten Aspekt, als Frage nach unserem **Wohin?** praktisch so viel beunruhigender ist als unter jenem ersten: Unser Leben hat nun einmal die Richtung vom Anfang zum Ende und nicht umgekehrt, sodaß, was ansehnlich und bedenklich **vor** uns ist, unser **Ende**, und zwar unser **nahendes** Ende ist, während unser Anfang in immer größer werdender Ferne hinter uns liegt und also im gleichen Maß, als unser Ende naht, unansehnlicher und unbedenklicher zu werden scheint.

Es gibt hier aber noch einen tiefer liegenden Grund, der freilich gerade damit zusammenhängt, daß wir (vielleicht nicht notwendig praktisch, aber doch faktisch) auch von unserem Anfang her beunruhigt sind. Leben begehrt, hungert und dürstet, Leben strebt und ruft nach weiterem Leben. Leben erschrickt vor jeder Lebenshemmung und möchte sie möglichst schnell und gründlich überwinden, sich ihr gegenüber noch und noch einmal behaupten, sich ihr zum Trotz erneuern. Leben ist eben auf der **Flucht vor dem Nichtsein**, von dem es **herkommt**, und an das es durch jede ihm widerfahrende Hemmung erinnert wird. Es kommt herüber aus dem Nichtsein vor seinem Anfang; nun will und nun geht es tatsächlich hinüber, hat in diesem Hinüber seine Gegenwart und kann sich doch in keiner Gegenwart genügen und sättigen: weil sie ihm ja nicht bleibt, weil es sie ja nur eben durchschreiten, nicht aber in ihr verharren kann. Leben muß also immer aufs neue nach jenem Hinüber, muß als Sein in der Zeit immer aufs neue nach Zukunft verlangen. Und das ist unsere aktuelle Beunruhigung durch die **Endlichkeit** der uns gegebenen Zeit: sie bedeutet, daß wir einmal, noch lebend und also noch in jener Flucht begriffen, noch hungernd und dürstend nach weiterem Leben, **nicht mehr ferner werden leben können**. Denn wir werden dann nur noch in der Weise Zeit haben, daß wir wohl noch Gegenwart (und hinter uns unsere ganze Vergangenheit), aber nun gerade **keine Zukunft** mehr haben werden. Wir werden dann wohl gewesen sein und sogar gerade noch sein. Aber dieses Hinüber wird dann, entsprechend dem Herüber unseres Anfangs, bedeuten: **Vorüber**. Die letzte der schwimmenden Eisschollen, auf denen wir immer wieder Fuß faßten, wird uns dann nicht mehr tragen. Unser Fortgang und Übergang wird dann unser Untergang sein. Indem wir noch sein werden, werden wir **nicht mehr** sein, oder eben: **nun nur noch gewesen sein**. Wieder werden wir —

5. Die endende Zeit

ganz anders jetzt: nicht bevor, sondern nachdem wir waren — dem schlechthinigen Rande unseres Seins konfrontiert sein. Die Frage — eben die Frage, von der wir herkommen — wird dann wieder da sein: ob das der Rand des Abgrunds ist, der Abgrund unseres Nichts? Unser Leben von unserem Anfang her hatte sie nicht beantwortet. Unser Leben war ja nur eine lange Flucht vor dieser Frage. Und nun wird sie wieder dastehen. Daß sie durch unser Leben unbeantwortet und auch gar nicht beantwortbar war, das wird dann — und das wird dann das Letzte sein, was wir so oder so gerade noch sehen und begreifen können — unwiderleglich manifest sein. Wir werden sterben. Das wird das Ende sein und eben dieses Ende ist vor uns — nah oder fern, aber sicher immer näher vor uns. «Hin geht die Zeit, her kommt der Tod.» Und weil der Tod herkommt, während die Zeit hingeht, darum wird jene Flucht, wie lange sie auch noch dauern mag, immer aussichtsloser, nehmen doch die uns noch verbleibenden Lebensmöglichkeiten immer ab, werden doch die uns widerfahrenden Lebenshemmungen immer bedeutsamer, unsere Hoffnungen, Erwartungen und Pläne immer relativer, immer eingeschränkter, immer deutlicher abgebaut. Sie eilen, wir eilen — ob wir daran denken oder nicht, tut nichts zur Sache — dem Nullpunkt entgegen: demselben, von dem sie alle, von dem wir selber herkommen. Wenn wir sterben werden, wird Alles, werden wir selbst vorüber sein. Das ist es, was die Endlichkeit der uns gegebenen Zeit praktisch zur kritischeren, zur einschneidenderen Gestalt ihrer Befristung macht. Weil unsere Zeit endlich ist, darum ist unser Leben in der Zeit — unabhängig davon, ob und in welcher Weise uns das bewußt ist — faktisch ein besorgliches und besorgtes Leben. Darum ist es vom Tode beschattet, darum erhebt sich die Frage nach dem Verhältnis unseres Seins als eines Seins in der Zeit zu unserem Nichtsein, die Frage, ob unser Nichtsein in der Zeit nicht unser Nichts oder in welchem Sinn es etwas Anderes bedeuten möchte, an dieser Stelle noch einmal und in besonderer Dringlichkeit.

Wenn wir die heilige Schrift zunächst einfach zu der Endlichkeit des menschlichen Seins in der Zeit an sich und also über das Wesen und die Wirklichkeit unseres Todes hören wollen, so werden wir (vgl. z. Folgenden Christoph Barth, Die Errettung vom Tode, 1947) am Sichersten von der allgemeinsten Form der uns in dieser Sache vermittelten biblischen Erkenntnis ausgehen. Wenn es z. B. Deut. 30, 19 heißt: «Leben und Tod habe ich euch vorgelegt, Segen und Fluch», so ist es zwar deutlich, daß zwischen Segen und Leben, Fluch und Tod bestimmte Zusammenhänge bestehen, so ist aber doch noch nicht ausgemacht, daß Tod an sich und als solcher Fluch bedeutet: so gewiß ja auch Leben an sich und als solches noch nicht Segen ist. Der Tod an sich und als solcher ist des menschlichen Lebens Ende und Grenze. Er stellt es mit unausweichlichem Ernst und in seiner Totalität in Frage. Er steht dem Menschen damit unerreichbar, unerklärbar, unangreifbar, aber real gegenüber. Er hat darin etwas von der Art dessen, was die Bibel unter dem «Himmel» versteht. Er erinnert jedenfalls den Menschen sehr konkret daran, daß die Erde und er selbst als irdisches Wesen unter dem

Himmel ist, überhöht und umgeben von einem Bereich des ihm Unerreichbaren, Unbegreiflichen und Unverfügbaren. Darum erscheint er in der Bibel immer als eine dem Menschen mindestens ganz fremde, im konkretesten Sinn des Wortes: unheimliche Realität. Ist er nicht als solcher das dem Menschen Böse, so erhebt sich doch notwendig die Frage, ob er das nicht aus irgend einem faktischen Grund faktisch sein möchte, während das Leben zwar auch nicht als solches das dem Menschen Gute ist, wohl aber generell unter der Verheißung und unter dem Gebot steht, daß es das sein oder werden könnte.

Das Wort Ps. 90, 12: «Lehre uns bedenken, daß wir sterben müssen, auf daß wir klug werden» lautet nach genauer Übersetzung: «Lehre uns unsere Tage zählen, auf daß wir ein weises Herz gewinnen.» Das Klugwerden oder die zu gewinnende Herzensweisheit bezieht sich also, in was sie auch im übrigen bestehen möge, darauf, daß wir mit der Zahl unserer Tage umgehen müssen als mit einer endlichen, nicht mit einer unendlichen Zahl. Und das eben heißt dann: «bedenken, daß wir sterben müssen». «Was immer das Dasein im Tode bedeuten mag — in einer zeitlichen Fortsetzung des Lebens kann es nicht bestehen.» Wir werden unsere Lebenszeit einmal gehabt haben — das kann auch der Tod nicht in Frage stellen. Wir werden einmal gewesen sein: Daß wir gewesen sind, daran kann auch der Tod nichts mehr ändern. Wir werden unsere Lebenszeit dann aber nur noch gehabt haben — was wir dann, jenseits unserer Lebenszeit, haben und sein werden, das ist es, was durch den Tod in Frage gestellt ist. Wir werden dann eben nur noch gewesen sein: Was es mit unserm Sein als solchem, da es einmal ein nur noch gewesenes sein wird, auf sich hat, das ist die im Blick auf den Tod uns bedrängende Frage. Der Mensch begehrt nach jener Fortsetzung. Darum wehrt er sich gegen den Gedanken eines frühen Todes «im Mittag seines Lebens», gegen einen Tod, von dem aus gesehen sein Leben nur ein unvollendetes Bruchstück wäre. Darum betet er um Abwendung eines solchen Todes (Jes. 38, 10, Ps. 102, 24 f.). Aber ist nicht auch ein langes Leben an sich und als solches nur ein Bruchstück, das nach Fortsetzung ruft? Tod heißt auf alle Fälle Zukunfts- und Aussichtslosigkeit, Sein ohne die Fähigkeit zu weiterem Sein, Tod ist darum der Schatten, der auch auf ein langes und erfülltes Leben fällt. Daß wir sterben müssen, bedeutet nach 2. Sam. 14, 14, daß wir «sind wie Wasser, das auf die Erde geschüttet wird und das man nicht mehr fassen kann». «Die Wolke entschwindet und geht dahin; so kommt nicht herauf, wer ins Totenreich stieg. Er kehrt nicht wieder zu seinem Haus und seine Stätte erkennt ihn nicht mehr» (Hiob 7, 9 f.). «Nur noch wenige Jahre und ich wandle den Pfad, den ich nicht wiederkehre» (Hiob 16, 22). Totsein heißt nicht mehr leben können. Totsein bedeutet Mangel an jeder eigentlichen und sinnvollen Handlungs- und Bewegungsfreiheit. Daß Tote den Lebenden unter gewissen Umständen wieder erscheinen können, wird gerade im Alten Testament nicht bestritten, sondern gelegentlich (z. B. 1. Sam. 28, 7 f.) vorausgesetzt. Das bedeutet aber auf keinen Fall, daß sie nun doch noch und weiter leben, ändert nichts daran, daß ihnen eben das Wesentliche des Lebens, d. h. aber die Fähigkeit, sich selbst zu bewegen, selbst zu handeln, selbst an der Gemeinschaft der Lebenden teilzunehmen, abgeht. Eben aus dieser Gemeinschaft ist der Tote vielmehr herausgerissen. Eben im «Land der Lebendigen» ist er nicht mehr zu finden (Hiob 28, 13). Eben in dem Lande, das jetzt das seinige ist, wird er «den Herrn nicht mehr sehen, keinen Menschen mehr schauen bei den Bewohnern der Welt» (Jes. 38, 11). Ganz allein ist er freilich auch an diesem andern Ort nicht. Er hat sich ja, indem er starb und begraben wurde, nach den im Alten Testament häufig vorkommenden Wendungen «zu seinen Vätern gelegt», er ist durch seinen Tod «zu seinem Volk» oder «zu seinen Vätern versammelt» worden und insofern nun doch noch in einer gewissen indirekten Beziehung wenigstens zu seinen noch lebenden Nachkommen desselben Stammes. Aber eine lebendige Gemeinschaft, an der er aktiven Anteil hätte, ist auch das nicht: weder eine solche der Toten untereinander, noch eine solche der Toten mit den noch Lebenden. Geschichte gibt es weder zwischen den Toten und Gott, noch zwischen den Toten untereinander, noch zwischen den Toten und den Lebendigen. «In der Unterwelt, wohin du gehst, gibt's nicht Schaffen, noch Planen, nicht Erkenntnis noch Weisheit mehr» (Koh. 9, 10). Der Tote existiert nur in einem Inbegriff von Schwäche und Ohnmacht, gewissermaßen ein dauernd Sterbender (Jes. 14, 10): darauf scheint sich die Bezeichnung der Toten als *refaim* (Kraftlose) zu beziehen. Was an Lebendigem in und an ihm war, ist dahin, durch den Tod der Zerstörung verfallen. Dahin seine Eigenschaft als lebendige Person, sein Sein als Seele seines Leibes! Denn daß er starb, das bedeutet, daß ihm der Geist, die Kraft des lebendigen Odems Gottes, der ihn als seiendes Subjekt konstituierte, entzogen ist. So existiert er nur noch als Gewesener und, eben des Geistes beraubt, als Zerfallender und kann als solcher an den Gütern des Lebens: Heil, Glück, Sicherheit, Gedeihen, Ehre keinen Anteil mehr haben, und mindestens die Befürchtung liegt nahe, daß an ihre Stelle geradezu das Gegenteil: Unglück und Verderben, Armut und Entbehrung, Schmach und Schande getreten sein möchten. Daß der Tod dem Menschen in irgend einem Sinn zum Heil dienen könnte, liegt jedenfalls nicht in seinem Wesen. Auch mitnehmen, gewissermaßen hinüberretten, kann ja der Mensch von allem, was er als Lebender errungen hatte, gar nichts: «Nackt bin ich aus meiner Mutter Schoß gekommen und nackt werde ich wieder dahingehen» (Hiob 1, 21; vgl. Koh. 5, 14). Der Sitte der Grabbeigaben wird im Alten Testament, obwohl es sie kennt (z. B. Hes. 32, 27), jedenfalls kein Wert zugemessen, nicht das Wort geredet. Um dieser ganzen Entäußerung willen sind die Toten traurig. Und sie sind es entscheidend darum, weil sie von der den Lebenden, nämlich dem lebenden Volk Israel, verheißenen und widerfahrenden Hilfe Jahves «geschieden» sind (Ps. 88, 6), am ganzen, von Jahve regierten und gesegneten, besonders auch am ganzen gottesdienstlichen Leben Israels keinen Anteil mehr haben. «Im Tode gedenkt man deiner nicht; wer wird in der Unterwelt dich preisen?» (Ps. 6, 6). «Kann der Staub dich preisen, daß er deine Treue verkündige?» (Ps. 30, 10). Nein, «die Toten preisen den Herrn nicht, keiner von Allen, die zur Stille hinabgefahren» (Ps. 115, 17). «Nicht lobt dich die Unterwelt, der Tod preist dich nicht; die zur Grube hinabfahren, bauen nicht auf deine Treue. Der Lebende, nur der Lebende, der lobt dich, wie ich es heute tue» (Jes. 38, 18 f.). Und umgekehrt: «Wirst du an den Toten Wunder tun? Können Schatten aufstehen und dich preisen? Wird deine Gnade im Grab verkündet, deine Treue im Abgrund? Werden deine Wunder in der Finsternis kund, dein Heil im Lande des Vergessens?» (Ps. 88, 11 f.). Man muß, um das Gewicht all jener Fragen zu ermessen, bedenken, daß die Lebenswelt im Alten Testament eben der Raum ist, in welchem Jahve zu seinem Volk redet und mit ihm handelt. Es ist das von Israel nach der Verheißung eingenommene und bewohnte Land (im Gegensatz zur Wüste, aber auch zu Ägypten und Babylon) und es ist im Besonderen Jerusalem und im Besondersten der Tempel der Ort, wo Gott das tut, wo also der Israelit sich an der Quelle des Lebens befindet und also leben kann. Der Tod hat für ihn darum etwas von der Art der Wüste, Ägyptens und Babylons, er ist ihm darum die Fremde, weil er durch ihn von dort entfernt und also eben von jener Quelle abgeschnitten ist. Das ist die Tiefe des Todesrätsels, das ist die Frage aller Fragen, die dem Israeliten durch den Tod gestellt wird: Wie kann das möglich und tragbar sein? Was soll daraus werden? Daraus, daß auch die große Gewißheit «Bei dir ist die Quelle des Lebens» (Ps. 36, 10) zwar nicht Lügen gestraft, aber für den Menschen gegenstandslos wird?! Aber eben das — darum geht es im Sterben — ist wirklich und ist zu tragen, und eben das ist die Bitterkeit des Todes, daß, was daraus werden soll, schlechterdings **unerfindlich** ist.

Denn im Tode hat der Mensch es nicht wie bei den ihm vorangehenden Lebenshemmungen mit einem wenigstens teilweise übersichtlichen und behandlungsfähigen Partner zu tun oder vielmehr: das ist das Unheimliche schon in allen vorangehenden Lebenshemmungen, daß sie bereits diesen schlechthin Verborgenen und Stärkeren ankündigen: den Tod als die **Macht**, die dem Menschen ganz unübersichtlich ist und ganz überlegen. Dér Mensch ist im Tode nicht nur an einem Ort, sondern in einer **Gewalt** (Ps. 49, 16), in einem **Reich** (Ps. 89, 49). Es ist im Zusammenhang mit bestimmten Varianten des antiken Weltbildes allerdings auch **topographisch** bezeichnet und beschrieben worden. Man muß dabei beachten — das scheint nicht nur für das Alte Testament, sondern auch für die entsprechenden metaphysischen Dichtungen aller anderen Völker zu gelten — daß doch nicht eine bestimmte allgemeine kosmologisch-topographische Anschauung, sondern die Anschauung von der Wirklichkeit und vom Wesen des **Todes selbst** das Prius der hier in Frage kommenden **Vorstellungen** bildet: Schon daß der Ort des Todes als ein Stadtwesen oder als ein Haus vorgestellt wird, das mit Riegeln (Jona 2, 7) oder auch mit einem Schlüssel (Apok. 1, 18); 9, 1; 20, 1) verschlossen und in dem der Mensch mit Stricken gebunden ist (Ps. 18, 6; 116, 3), schon daß er Ps. 94, 17 und 115, 17 als das Land der «Stille» beschrieben wird oder Jes. 26, 19 als das Haus des «Staubes» oder Ps. 88, 7 u. ö. als Bereich der «Finsternis», zeigt: es geht um Bilder, die nur als Reflexe der Anschauung des Todes selber verstanden werden können. Und das gilt nun erst recht zur Erklärung seiner Lokalisierungen, vor Allem dessen, daß man den Ort des Todes und der Toten auf alle Fälle irgendwo da drunten, in der **Tiefe**, sucht, ihn als «Unterwelt» *(scheol)* beschreibt. Er erscheint öfters in merkwürdiger Kontrasteinheit mit dem **Himmel** als dem Inbegriff dessen, was «droben» und mit diesem «Drunten» zusammen doch im Machtbereich Gottes ist (Amos 9, 2, Jes. 7, 11, Hiob 11, 8, Ps. 139, 8). Eigentlich und primär ist er aber nicht im Verhältnis zum Himmel, sondern zur irdischen **Lebenswelt** bezw. zur Oberfläche der Erde als dem Ort der Lebenden gerade die **Unterwelt**. Er hat alle Eigenschaften der «Grube», in die der Tote «hintersteigt» oder «hinterfährt», um von da nicht mehr heraufzukommen. Er kann darum auch einfach als das **Grab** bezeichnet werden (Ps. 28, 1, Jes. 38, 18 u. ö.) «Indem der Tote den sichtbaren Raum des Grabes betritt, wird er auch Bewohner des Totenreichs und ist er dessen Existenzbedingungen unterworfen.» Die Unterwelt ist insofern das Grab schlechthin, das «Urgrab» (J. **Pedersen**), das sich in jedem Einzelgrab manifestiert, etwa so, wie «Israel» oder «Moab» der Ur-Israelit oder Ur-Moabiter ist, der in jedem einzelnen Israeliten oder Moabiter konkrete Gestalt hat. Die Bezeichnungen **Grab** und **Unterwelt** meinen offenbar den **individuellen** und den **universalen** Aspekt der einen Todeswirklichkeit. Aber der Tod hat nicht nur die Gestalt des Grabes. Er steht als Ende und Grenze des Lebens in bedenklicher Beziehung zum Chaos. Und weil das Chaos innerhalb der geschaffenen und also von ihm geschiedenen Welt nach dem Schöpfungsbericht Gen. 1 repräsentiert ist durch den oberen und unteren **Ozean**, darum konnte — weil der obere Ozean nach Gen. 1, 6 f. vom unteren und so von unserem ganzen Bereich noch einmal geschieden ist und also nicht in Frage kommen kann — der Ort des Todes auch als eine Stätte unterhalb des unteren Ozeans gesucht werden. Daher die Wasserfluten, die von allen Seiten hereinbrechenden Wellen und Wogen, die grundlose Tiefe, der Schlamm, die den Aufenthalt in der Unterwelt nach vielen alttestamentlichen Stellen so peinlich machen. Daher eine weitere Affinität zwischen dem Tode und Ägypten, dem Meerungeheuer Rahab (Jes. 30, 7 u. ö.). Es konnte ferner die trostlose Ausdehnung des Todes, die Einsamkeit, Verlassenheit und Ohnmacht des Menschen in seinem Bereich auch Anlaß geben, seinen Ort mit der nicht nur Kanaan, sondern auch Babylon und Ägypten umgebenden Wüste in Beziehung zu bringen. Grab, Ozean, Wüste — ein Versuch, diese drei wichtigsten Angaben über den Ort des Todes und der Toten unter sich zu harmonisieren, wäre undurchführbar. Und es braucht hier gewiß auch nicht an verschiedene Stufen einer Geschichte der ganzen Vorstellung gedacht zu werden. Sie sind eben «die drei Nicht-Welten» (J. Pedersen). Sie manifestieren und repräsentieren, sie bezeugen den Tod und so den Raum des Todes als den den menschlichen Lebensraum schlechthin begrenzenden und abschließenden Raum. Daß er diesem unserem Lebensraum peinlich fern, fremd und entgegengesetzt ist, das bezeugen das Grab, der Ozean, die Wüste. Und weil sie das tun, darum gelten sie schon dem lebenden Israeliten als Todesräume, deren Betreten für ihn schlechthin Gefahr, Verunreinigung, Todesdrohung bedeutet und vor denen er sich darum in Acht nimmt.

Das Alte Testament weiß aber noch mehr von diesem Todesreich als das, was in diesen Lokalisierungen zum Ausdruck kommt. Der Tod hat und behält nämlich nicht nur seinen eigenen, den ihm zugewiesenen Raum, sondern er hat seine eigentümliche Dynamik, in der er auch auf Räume, die eigentlich der Lebenswelt angehören, übergreift. Daß der Tod nicht nur unübersichtlich und überlegen ist, sondern in dieser Unübersichtlichkeit und Überlegenheit kommt, das ist der biblischen Anschauung unheimlich geläufig. Sein Reich ist in der Offensive begriffen. Er hat eine ausgreifende «Hand» (Ps. 89, 49). Dasselbe kann von der Unterwelt gesagt werden (Ps. 49, 16). Die Unterwelt hat aber sogar «ihren gierigen Schlund und sperrt auf ihren Rachen über die Maßen, und es fährt hinunter Jerusalems Pracht, sein Gelärm und Getümmel und wer darin frohlockt» (Jes. 5, 14). «Der Tod ist unersättlich, sammelt zu sich alle Völker und vereinigt um sich alle Nationen» (Habak. 2, 5; vgl. Spr. 27, 20). Wie kein Land davor sicher ist, eines Tages vom Ozean überschwemmt oder zur Wüste zu werden, wie die Natur in regelmäßigem Turnus dem Vergehen verfallen muß, so ist der Mensch, sein Haus und sein Volk, so er selber bedroht vom Überhandnehmen des Totenreiches. Dessen Dunkel kann sich also auch «unter der Sonne» (Koh. 1, 3 f.) ausbreiten. Es kann der Mensch schon zu seinen Lebzeiten in seine Gewalt, auf die absteigende Bahn geraten, ein als Kranker, Verfluchter, Gefangener, Einsamer jetzt schon Sterbender werden: das drastische Bild eines Bewohners der Unterwelt, der unmittelbare Nachbar ihrer wirklichen und endgültigen Bewohner. Es sind also gerade nicht nur poetisch-bildliche Übertreibungen, sondern Beschreibungen realer Zustände, was wir in den alttestamentlichen Klageliedern und Klagepsalmen und vor allem im Buch Hiob an Beschreibungen äußersten, qualitativ und quantitativ eigentlich nicht zu übertreffenden Elends sowohl des unter das Gericht Gottes und damit in den Bereich jener Offensive des Totenreiches geratenen Volkes als auch der entsprechend betroffenen einzelnen Menschen zu hören bekommen. «Mitten wir im Leben sind von dem Tod umfangen.» Gerade die häufige Zusammenstellung und auch Überschneidung in der Beschreibung der verschiedenen Nöte, aus denen heraus da zu Gott gerufen wird, gerade die Art, wie etwa Ps. 107 die Bedrängnis der in der Wüste Irrenden, der Kranken, der Gefangenen, der in Seenot Geratenen auf den gleichen Nenner und dann auch in das gleiche Licht gerückt werden, zeigt, daß es sich bei dem Gegenstand aller ernsten menschlichen Klage letztlich um die eine, höchst reale, gar nicht stark genug zu bezeichnende, weil den Menschen in seiner Totalität in Frage stellende Anfechtung und Bedrängnis handelt. Sie besteht darin, daß der Mensch schon jetzt und hier unter dem Angriff des auf ihn zukommenden Todesreiches sich befinden kann: einem Angriff, dem er von sich aus nicht gewachsen ist. Das ganze Buch Hiob ist eine Beschreibung eines solchen auf den Mann gezielten, nicht ohne ausdrückliche göttliche Erlaubnis und Fügung erfolgenden Angriffs. Es ist wirklich der Tod selbst, mit dem der noch lebende Mensch es da zu tun bekommt. Denn Alles, was der Tod selbst ist an Entmachtung, Zerstörung, Einschließung, Vereinsamung, kurz, an Lebensverlust, alles, was das Grab, der Ozean, die Wüste zu Todesräumen macht, ist in solchem Angriff, ist für den Kranken, den Ausgestoßenen, den von seinen menschlichen Feinden Verfolgten, Besiegten und Unterdrückten, für den Gefangenen in seinem Kerker, den Wanderer in der Wüste, den Seefahrer im Sturm, obwohl er noch nicht gestorben ist, jetzt und hier schon in voller Realität und Aktualität auf dem Plane. Hierher gehört der der Jugend vorgehaltene, wegen seiner freimütigen Drastik nicht genug zu preisende Spiegel des A l t e r n s und schließlichen S t e r b e n s Koh. 12, 1—8: «Sei deines Schöpfers eingedenk in der Blüte deines Lebens, e h e die bösen Tage kommen und die Jahre sich einstellen, von denen du sagen wirst: ‚Sie gefallen mir nicht', e h e die Sonne sich verfinstert und das Licht und der Mond und die Sterne, und nach dem Regen immer wieder die Wolken kommen — wenn die Wächter des Hauses zittern und die starken Männer sich krümmen; wenn die Müllerinnen feiern, weil ihrer wenig geworden sind; wenn dunkel werden, die durch die Fenster sehen; wenn die Tore auf die Gasse geschlossen werden, wenn der Ton der Mühle leise wird, wenn das Zwitschern des Vögleins erstirbt und alle Töchter des Gesanges verstummen; wenn man sich auch vor der Anhöhe fürchtet und Schrecknisse auf dem Wege sind; wenn der Mandelbaum blüht und die Heuschrecke sich mühsam hebt, und wenn die Kaper versagt — e h e denn die silberne Schnur zerreißt und die goldene Ampel zerspringt, e h e das Rad bricht und in den Brunnen stürzt und der Eimer an der Quelle zerschellt. Denn der Mensch geht in sein ewiges Haus, und die um ihn klagen, ziehen auf der Gasse umher, und der Staub wird wieder zu Erde, wie er gewesen, der Odem aber kehrt wieder zu Gott, der ihn gegeben. Wie ist alles so nichtig! spricht der Prediger. Es ist alles umsonst.» Und nicht zuletzt auch dies ist dann jetzt und hier schon wahr und wirklich, was im Tode das Schlimmste, das eigentlich Tödliche ist: daß der Mensch G o t t nicht mehr sehen, ihn nicht mehr anbeten, loben und preisen kann, daß der Mensch gerade vor Gott und für Gott nicht mehr da, daß er also ein gerade von Gott als seinem Tröster, Helfer, Rächer und Erretter V e r l a s s e n e r ist und nur ohnmächtig schreien oder eigentlich nur schluchzen kann: wo er denn sei und bleibe? was denn nun für ihn, diesen Menschen, oder auch für das ganze Volk in dieser seiner jetzigen Lage aus Gottes Verheißungen geworden sei? Es erscheint in diesem Zusammenhang nicht eben sinnvoll, sich über die Existenz der sog. Rachepsalmen im Alten Testament zu beschweren. Was ist denn der menschliche F e i n d Anderes als eben der menschliche Zeuge des den Menschen angreifenden Todes? Und was soll der Mensch unter seinem Ansturm tun, als zu Gott schreien, daß er diesen Zeugen des Todes niederschlage, vernichte, ausrotte? Und irgendwo in merkwürdiger Nähe von des Menschen Feinden befinden sich ja auch nach dem Hiobbuch und doch auch überraschend viel anderen Stellen seine ihn verkennenden, verlassenden, sich gegen ihn wendenden F r e u n d e. Man höre die ganze Bitterkeit seiner Klage über den ihm gerade in dieser Form widerfahrenden Abbau Ps. 55, 13 f.: «Nicht mein Feind schmäht mich, das wollte ich tragen; nicht mein Hasser tut groß wider mich, vor ihm wollte ich mich beugen. Nein, du, ein Mensch meinesgleichen, mein Freund und Vertrauter, die wir zusammen süße Gemeinschaft pflogen, zum Hause Gottes wallten im lauten Gedränge.» Im Blick auf solche Freunde fährt der Psalmist dann unmittelbar fort: «Der Tod soll sie überfallen, sie mögen lebend ins Totenreich fahren! denn Bosheit ist in ihrer Wohnung, in ihrem Herzen. Ich will zu Gott rufen, und der Herr wird mir helfen.» Aber eben: wird Gott ihn hören? «Wo ist

5. Die endende Zeit

nun dein Gott?» (Ps. 42, 11). Man darf es in all den hier in Frage kommenden alttestamentlichen Stellen bestimmt nicht als eine Art letzter, tiefster menschlicher Errungenschaft verstehen, wenn es dann auf einmal — manchmal ergreifend stark, aber manchmal doch auch bemerkenswert schwach und wie am Rande — doch zur Anbetung, zum Lob und Preis Gottes aus dieser Tiefe heraus kommen kann. Das bedeutet dann wirklich nicht, daß der Mensch kontinuierlich weiter gedacht und nach allen seinen Klagen und Anklagen schließlich doch zum entgegengesetzten Ergebnis gekommen sei: Gott ist gegenwärtig, ist treu und gnädig, wird mir helfen und hilft mir schon usw. Wie sollte er, im Bereich des Todes befindlich, zu diesem entgegengesetzten Ergebnis kommen? «Harre auf Gott, denn ich werde ihm noch danken!» ist ja auch Ps. 42, 6, 12; 43, 5 das letzte Wort, das der Psalmist an seine «Seele» (sich selbst) zu richten weiß. Was darüber ist, ist schon das schlechthinige Wunder der Errettung mitten aus dem Tode und dessen Verkündigung. Im Tode selbst und als solchem hat der Mensch gerade dazu die Fähigkeit nicht, so zu reden, nicht die Einsicht und nicht die Kraft zu jenem: «Dennoch bleibe ich stets bei Dir!» (Ps. 73, 23). Totsein an sich heißt: nicht leben, auch nicht mit Gott leben können. Und das ist der Sinn der im Alten Testament beschriebenen Bedrängnis des Volkes und seiner einzelnen Menschen: sie ist Todesbedrängnis, sie versetzt den Menschen in eine Tiefe, aus der es für ihn kein Heraufsteigen gibt, weil der Weg dahinunter eine Einbahnstraße ist. Noch kann freilich ein Wunder an ihm geschehen; noch kann er ja wenigstens zu Gott klagen, nach Gott fragen: das ist es, was ihn von Einem, der schon gestorben ist, unterscheidet. Noch ist er nur in jenem durch Angriff und Eroberung erweiterten Bereich des Todes, noch bloß in höchster Nähe des Totenreiches. Noch mag mit Koh. 9, 4 von ihm gesagt werden: «Ein lebendiger Hund ist besser als ein toter Löwe.» Noch steht er gewissermaßen erst am äußersten Rande des Abgrunds. Noch gibt es ja auch verschiedene Arten und Grade der Bedrängnis, ein Mehr oder Weniger jener Nähe, größere oder kleinere Nöte. Und noch ist die letzte und eigentliche Überwältigung des Menschen durch den Tod nicht eingetreten. Noch ist ein so Bedrängter nur indirekt ein Toter. Das Alles ist vorzubehalten. Es ist aber nicht zu übersehen und nicht zu bestreiten, daß er schon jetzt und hier real vom Tode selbst angefochten und also in tödlicher Bedrängnis ist. Indirekt ist er doch schon ein Toter! Denn nicht, daß er dem Totenreich noch nicht definitiv verfallen, sondern daß er ihm schon so nahe ist, ist das Entscheidende und Bezeichnende seiner Situation. Denn das bedeutet, daß dessen Gewalt schon nach ihm gegriffen hat, daß sein Fuß «auf schlüpfrigen Grund» gestellt ist (Ps. 73, 18): auf eine Rutschbahn, auf der es nach menschlichem Ermessen kein Aufhalten geben kann, auf der er, auf das unvermeidliche Ende gesehen, jetzt und hier schon ein verlorener Mann und insofern «partiell» doch schon wirklich im Totenreich ist.

So also wird im Alten Testament das Wesen und die Wirklichkeit des Todes gesehen. Namhafte neutestamentliche Stellen, die das Bild erweitern würden, sind hier nicht anzuführen. Der Tod steht im Neuen Testament ganz im Zeichen des in ihm vollzogenen göttlichen Gerichtes über den sündigen Menschen und dann vor allem ganz im Zeichen der Aufhebung dieses Gerichtes und also des Sieges über den Tod. Wir werden auf diese besonderen Gesichtspunkte, unter denen der Tod auch zu sehen ist, zu reden kommen. Man darf, was sein Wesen und seine Wirklichkeit, was die Endlichkeit unserer Zeit, die Beschränktheit unseres Lebens als solche betrifft, ohne weiteres annehmen, daß das umrissene alttestamentliche Bild jedenfalls für die evangelischen und apostolischen Schriftsteller, die ja sämtlich Israeliten gewesen sind, im Ganzen maßgebend gewesen und also bei dem, was sie sonst zur Sache zu sagen haben, vorauszusetzen ist.

Die ungemein schwierige Frage, auf die wir in diesem Zusammenhang zu antworten haben, wird die sein: ob und inwiefern wir wirklich auch die Endlichkeit der uns gegebenen Zeit und also den Tod als den Abschluß des menschlichen Lebens als eine Bestimmung der von Gott geschaffenen und also guten Natur des Menschen zu verstehen haben? Wo stehen wir jetzt? Wir sprachen zunächst umfassend von der Befristung unserer Zeit als solcher und im Ganzen. Wir sahen dort allgemein, daß und inwiefern es in der Tat so recht ist, daß unsere Zeit eine begrenzte und also unser Leben ein beschränktes Leben ist. Wir nahmen dann die Frage neu auf im besonderen Blick darauf, daß unsere Zeit anfangend ist, und unsere Überlegung führte uns zur Bestätigung jenes allgemeinen positiven Ergebnisses. Werden wir es auch hier — im besonderen Blick darauf, daß unsere Zeit endend ist — bestätigt finden? Auch die Frage nach dem Anfang unserer Zeit war gewiß eine ernste Frage; wir sahen aber: sie stellt sich doch weniger bedrängend, und dementsprechend darf man wohl auch sagen, daß uns ihre positive Beantwortung nicht allzu schwer fallen konnte. Anders verhält es sich mit der Frage, vor der wir jetzt stehen. Sollte übrigens nicht eine gewisse Beunruhigung auch hinsichtlich unserer positiven Beantwortung der allgemeinen und umfassenden Frage zurückgeblieben sein: ob es vielleicht mit dem Ja, zu dem wir uns dort durchgearbeitet haben, doch nicht ganz richtig stehen möchte? Was kann dort immer noch beunruhigend sein? Offenbar dies, daß sie neben jener ersten auch diese zweite Frage umfaßt, die positiv zu beantworten nun doch als eine allzu harte Zumutung erscheinen möchte. Das unserer Zeit gesetzte Ende und also jenes unserem Leben bestimmte «Nicht mehr!», unser Tod — und Gott: Gott als der gute Schöpfer der auch in dieser Hinsicht guten Natur des Menschen — ist das nicht unerträglich und vielleicht auch gerade theologisch-biblisch unhaltbar? Wenn dem so wäre, dann müßte offenbar unser zunächst gewonnenes allgemeines Ergebnis nachträglich revidiert, nämlich eingeschränkt werden. Wir müßten dann wohl sagen, daß unsere positive Antwort sich doch nur auf die Begrenzung unserer Zeit nach rückwärts, nur auf das Problem ihrer Anfänglichkeit erstrecken könne. Aber wer weiß, ob sie dann nicht auch in dieser Hinsicht erschüttert werden und durch eine ganz andere Antwort ersetzt werden müßte? So hängt vielleicht das Ganze unserer bisherigen Untersuchung und Darstellung daran, ob es möglich und recht ist, auch hier, auch hinsichtlich des Endes unserer Zeit und also unseres Todes zu einer positiven Antwort vorzustoßen.

Wir können uns aber in der Tat nicht verhehlen, daß dies gerade hier besonders schwierig ist. Wir konnten ja schon bei dem Versuch, das

5. Die endende Zeit

Problem unseres Wohin? als solches ins Auge zu fassen, nicht umhin, gewisse Akzente in einer Schärfe zu setzen, die sich uns bei dem Problem unseres Woher? so nicht aufdrängen konnten. Wir haben unser Sein in der Zeit beschrieben als eine Flucht vor unserem Nichtsein, von dem es herkommt: eine Flucht, die sich dann als vergeblich erweisen wird, wenn wir endlich und zuletzt sterben müssen und also wiederum vor unserem Nichtsein stehen werden. Kann man es anders sehen und sagen? Wir kennen es offenbar nicht anders. Aber wenn Flucht und vergebliche Flucht, wenn also Furcht und Mißlingen dessen, was wir in dieser Furcht unternehmen möchten, wenn also doppeltes Entsetzen — wieso und inwiefern dann gute Schöpfung Gottes? Haben wir nicht schon, indem wir die Sache so beschreiben müssen, mindestens noch von etwas Anderem als von der guten Schöpfung Gottes gesprochen — nicht mindestens auch noch von etwas, das positiv würdigen zu wollen, in der Tat unerträglich und theologisch-biblisch unhaltbar wäre?

Und kann man die alttestamentliche Bezeichnung und Beschreibung des Wesens und der Wirklichkeit des Todes auf sich wirken lassen, ohne gewahr zu werden: da redet über alles das hinaus, was zur Natur des Menschen gehören könnte, noch eine Anschauung von ihm und noch ein Urteil über ihn, die sich auf eine Bestimmung seiner Existenz beziehen, in der er sich wohl immer noch unter dem Willen Gottes befinden mag, die aber keine normale, sondern nur eine abnormale, keine ursprüngliche, sondern nur eine fremd hinzugekommene, keine dem positiven Willen Gottes mit ihm entsprechende, sondern eine ihm widersprechende und nur in ihrem Widerspruch gegenüber Gott ihm nun dennoch unterworfene sein kann. Wie käme der Tod sonst dazu, so unheimlich zu sein? eine solche Bedrohung völliger Beraubung des menschlichen Lebens auch in seinem Verhältnis zu Gott? Und wie dazu, eine solche bloß negativ zu beschreibende Unterwelt zu bilden? Und wie dazu, eine dynamische Macht und Gewalt, ein solches übergreifendes und also das Leben beschattendes und beherrschendes Reich zu sein?

Kann man über die Endlichkeit unseres Seins in der Zeit auch nur einen Satz aussprechen, der nicht diesen negativen Aspekt der Sache mindestens auch sichtbar machen müßte? Und ist nicht letztlich doch alles, was auch die Bibel vom Wesen und von der Wirklichkeit des Todes zu sagen hat, mindestens auch durch diesen negativen Aspekt bestimmt, im Blick auf den es dann keineswegs am Platz sein dürfte, Gott zu loben und zu danken?

Die Frage ist: ob wir nicht besser täten, bei diesem negativen Aspekt der Sache schlicht stehen zu bleiben — aus dem einfachen Grund, weil sie einen anderen als diesen gar nicht hat, weil die Endlichkeit unserer Zeit als solche, unser Tod als solcher nur als ein von Gott aus irgend einem notwendigen Grund zugelassenes, über uns verhängtes und insofern gewolltes Übel zu verstehen ist, das als solches nicht aus der guten Schöpfung Gottes stammt und also auch nicht zur menschlichen Natur gehört, sodaß eine positive Antwort an dieser Stelle in der Tat nicht möglich, sondern mit Bewußtsein zu unterlassen wäre? Ist das Ende unseres Seins in der Zeit nicht als solches ein eindeutiges Nein, das zu unserer geschöpflichen Existenz gesagt und das nur so zu verstehen ist, das also in einer Lehre von Gottes Geschöpf gar keinen Raum finden kann?

Das ist die Frage, die sich **hier** aufdrängt, während sie sich uns hinsichtlich der **Anfänglichkeit** unserer Zeit so **nicht** aufdrängen konnte. Sie könnte dort höchstens von hier aus **nachträglich** Bedeutung bekommen. Daß wir einmal, am Anfang unserer Zeit, aus unserem Nichtsein herüberkamen in unser Sein, das hat an sich nichts Negatives, hat an sich mit einem Übel nichts zu tun. Es bedeutet vielmehr umgekehrt ein höchst Positives, wenn es sich so verhält, wie wir sahen, daß wir dabei in Wahrheit von Gott her kamen. Ein Negatives, ein Übel, könnte das offenbar nur dann bedeuten, wenn unser **Ende** darin bestehen würde, daß wir in unser **Nichtsein** nicht nur, sondern in unser **Nichts** zu gehen hätten. Wäre **das** der Tod, **das** das Ende unserer Zeit, **das** das Vorüber, dem wir entgegengehen, dann wäre damit doch wohl darüber entschieden, daß wir auch aus dem Nichts **gekommen** sind, und es müßte dann allerdings nachträglich auch dieser unser Anfang als ein Negatives, ein Übel verstanden werden. Zunächst und an sich scheint es nicht angebracht, schon unseren Anfang so zu verstehen. Hier aber, im Blick auf unser Ende, steht es offenbar ganz anders.

Gehen wir nämlich in unserem Tode zweifellos wieder unserem **Nichtsein** entgegen und kann auch das nur bedeuten, daß wir **Gott** entgegengehen — demselben Gott, der uns aus dem Nichtsein ins Sein gerufen — so steht diese unsere Zukunft darum in einem **anderen** Licht, vielmehr im Unterschied zu unserem Anfang in einem sehr finsteren **Schatten**, weil zwischen jenem Anfangs- und diesem Endtermin unser schon gelebtes und noch zu lebendes **Leben** steht: unser Leben, das seiner **Bestimmung** gemäß und in der uns gegebenen **Freiheit** im positiven Verhältnis zu Gott und in einem entsprechend positiven Verhältnis zum Mitmenschen geführt werden dürfte und das wir nun gerade **nicht** so, sondern ganz anders geführt haben, führen und endlich geführt haben werden. Zwischen unserem Anfang und unserem Ende und also zwischen unserem Ausgang von Gott her und unserer neuen endgültigen Konfrontierung mit ihm steht das Faktum der bodenlosen und nicht wieder gut zu machenden **Schuld**, die wir vom Anfang unserer Existenz an auf uns genommen haben, fortwährend wieder auf uns nehmen und, bestimmt noch weiter gehäuft, endlich und zuletzt als Ganzes auf uns haben werden: Schuld vor Gott und Schuld vor dem uns von Gott zugeordneten Mitmenschen; vielerlei, große und kleine, massive und feine, grobe und komplizierte, aber lauter qualifizierte Schuld. Schuld heißt Rückstand. Und der Rückstand besteht in dem Nichtgebrauch der uns von Gott gegebenen Freiheit, im Verhältnis zu ihm und zum Mitmenschen wahrhaft Menschen zu sein, in dem unbegreiflichen Verzicht auf diese Freiheit, in unserer unbegreiflichen, unbegründeten, unmöglichen Wahl der Gefangenschaft eines Seins im Versagen nach beiden Richtungen, in unserem unbegreiflichen Abfallen ins Widergöttliche und Unmenschliche. Dies, daß wir darin über die Maßen und ohne alle Möglichkeit, uns zu rechtfertigen, schuldig wurden — dies ist es, was am Ende unserer Zeit, was in unserem Tod gegen uns vorliegen wird. In diesem nicht wieder gut zu machenden Rückstand werden wir nämlich von unserem Sein in unser Nichtsein übergehen und also Gott begegnen, in unserem ganzen bis dahin und dann endgültig, dann nur noch gewesenen Sein vor unserem Schöpfer stehen und ganz von ihm abhängig sein. Daß wir dann «nicht mehr» sein werden, wird konkret das bedeuten, daß unser gewesenes Sein dann das und nur das gewesen sein wird: ein schuldiges, ein auf der ganzen Linie rückständiges Sein, ein einziger Mißerfolg. Kann man daran zweifeln, daß der Aspekt seiner Endlichkeit, der Aspekt unseres Todes von daher ein negativer sein muß, die Begrenzung unserer Zeit schlechterdings nur den Charakter eines Übels haben kann? Was kann das Kommen unseres Endes und also unseres Nichtseins von daher Anderes bedeuten als: das Kommen des göttlichen Urteils und seines Vollzuges? Was dieses Urteil Anderes als Verwerfung? Und was dessen Vollzug Anderes als: Beendigung nicht nur, sondern Verstoßung unseres unwürdigen und verwirkten Lebens von den Augen des Schöpfers, aus denen es sich, indem es schuldig wurde, ja selber schon entfernt hat — seine gänzliche Streichung, Erledigung, Aufhebung als Bestätigung dessen, was es selbst aus sich gemacht hat? Was kann diesem unserem Leben entsprechen, was hat es verdient, was kann sein Ziel sein als eben das Nichts? War es nicht nichtig? Was hat es an seinem Ende zu erwarten, als die göttliche Unterschrift: Nichtig! Eben daß wir, unserem Ende entgegengehend, in Wahrheit Gott entgegengehen, macht uns, da wir an ihm, an unserem Schöpfer, nur schuldig geworden sind, eine andere Aussicht als diese unmöglich. Nicht mehr sein heißt: daran nichts mehr ändern können. Sterben heißt: diesem Unabänderlichen verfallen. Tot sein heißt: eben dort sein, wohin man dann fällt. Und weil wir daran schon jetzt nichts — und je länger wir leben umsoweniger — ändern können, darum steht schon unser Leben unter jenem Schatten von seinem Ende her; darum hat die Heilige Schrift recht, wenn sie das Reich des Todes als jene Unterwelt nicht nur, sondern als jene schon auf des Menschen Lebenszeit übergreifende Offensive beschrieben hat.

Der Tod, wie er uns Menschen faktisch begegnet, ist das Zeichen des Gerichtes Gottes über uns. Weniger als das darf man nicht sagen. Mehr als das sollte man freilich auch nicht sagen wollen.

Daß dieses Gericht, indem wir sterben, an uns vollzogen wird, daß wir also, indem unser Leben zu Ende geht, für das, was es wert bezw. nicht wert war, mit dem Vollzug unserer Verwerfung und unserem Absturz in das Nichts und dann — wenn man es so sagen darf: mit unserem Sein im Nichts, in der äußersten Finsternis, in der ewigen Qual einer verpaßten und nicht wiederkommenden Gelegenheit faktisch zu bezahlen haben werden, das kann man nicht allgemein sagen. Es könnte ja so sein, daß dieses Gericht selbst wirklich zu erleiden, uns in unserem Sterben erspart ist, weil es durch einen Anderen in seinem Sterben für uns erlitten ist. Nach neutestamentlicher Voraussetzung ist dem so.

Man kann und muß aber allgemein sagen, daß der Tod, wie er uns faktisch begegnet, das Zeichen dieses Gerichtes ist. Das will sagen: er ist dessen höchst reale und vollständige Ankündigung und Darstellung. Er hat, indem er unser Leben begrenzt und insofern zu ihm gehört, alle Merkmale dieses Gerichtes, sodaß unser durch ihn begrenztes Leben notwendig zu einem für dieses Gericht (wie ein Baum für den Schlag) bezeichneten, zu einem diesem Gericht geweihten und ausgelieferten Leben wird: wie das Minus vor einer Klammer die Verwandlung alles Plus in der Klammer in lauter Minus anzeigt. Die Klammer ist noch nicht aufgelöst, aber das Vorzeichen des Todes steht davor und erlaubt keine andere Aussicht als die auf diese fatale Verwandlung. Daß wir sterben müssen, bedeutet, daß diese Drohung real und vollständig über uns hängt: unwidersprechlich und unwiderstehlich. Es könnte sehr wohl, es müßte eigentlich so sein, daß das Letzte und dann auch alles Vorangehende Beherrschende, was vom Menschen zu sagen ist, dies ist: daß er unter dieser unwidersprechlichen und unwiderstehlichen Drohung steht. Weniger als das darf man nicht sagen. Anders denn als Zeichen des Gerichtes Gottes kann und darf man den Tod, wie er uns begegnet, nicht verstehen. Denn wenn er uns begegnet — und er begegnet uns zweifellos — so begegnet er dem sündigen und schuldigen Menschen, mit dem Gott am Ende wirklich nur nichts anfangen könnte, den erschaffen zu haben ihn nur gereuen könnte, weil er als sein Geschöpf versagt, weil er die köstliche Freiheit, in der er vor ihm sein durfte, nicht gebraucht, sondern aufs Unbegreiflichste vertan hat. Abhauen und ins Feuer werfen! um etwas Besseres als das kann es da nicht gehen.

Vom Tod, wie er uns faktisch begegnet, kann man also gewiß nicht sagen, daß er zu der von Gott geschaffenen und darum guten Natur des Menschen gehört. Er ist uns vielmehr zweifellos ein Negatives, ein Übel: wobei wir allerdings wissen und sagen müssen: ein als Zeichen des göttlichen Gerichtes von Gott verordnetes Übel — kein Schicksal also, sondern eine von ihm kommende und von ihm anzunehmende Fügung. Und wobei wir, weil es sich um unsere Sünde und Schuld handelt, der Gott mit diesem Zeichen begegnet, weiterhin wissen und sagen müssen, daß wir nicht zu Unrecht, sondern mit **Recht** unter diesem Zeichen stehen, und also zum Maulen und Murren durchaus keinen Grund haben. Aber daß wir unter diesem Zeichen stehen, das gehört allerdings **nicht** zu unserer Natur. Dazu hat uns ja Gott nicht erschaffen, daß wir unter dieser hängenden Drohung: Abhauen und ins Feuer werfen! existieren müßten. Es entspricht **nicht** unserer Bestimmung: etwas Anderes als ein Sein in der äußersten Finsternis und in der ewigen Qual nicht vor uns zu haben.

Man kann es sich **nicht ausreden**, daß wir tatsächlich so dran sind. Es ist so, auch wenn wir es anders haben wollen. Wir wissen es im Grunde, daß es so ist. Es hat noch nie einen Menschen gegeben, der vor dem Tode nicht Angst gehabt hätte. Man kann diese Angst übertäuben. Aber indem man das tut, zeigt man nur, daß man sie doch hat. Der Mensch lebt in Lebensangst. Aber eben die Lebensangst ist in allen ihren Formen — auch in der der stoischen Resignation — im Grunde die Todesangst, die man sich nicht ausreden kann.

Wiederum kann man sich aber auch das **nicht einreden**: daß der Tod als das über uns stehende Zeichen des Gerichtes Gottes, die Todesangst und ein in Todesangst verbrachtes Leben natürlich, normal und gut sei — gut im Sinn von: von Gott positiv so gewollt und angeordnet. Gibt es hier etwas Natürliches, gehört es in irgend einem Sinn zu der von Gott gesetzten Geschöpflichkeit des Menschen, daß seine Zeit endlich ist, ist also Sterben doch nicht an sich und als solches Fluch und Elend, so ist das, was es an sich und als solches ist, für uns jedenfalls tief, und zwar für uns unerreichbar tief verborgen unter der Unnatur, ja Widernatur, in der es jetzt über uns kommt. Wir sind jedenfalls nicht in der Lage, das Gericht, das der Tod uns anzeigt, in irgend etwas Anderes umzudeuten. Wir müßten unsere Sünde und Schuld vergessen, wenn wir uns einreden wollten, daß die Sache nicht so gefährlich oder wohl gar erfreulich und uns willkommen sei. Wer den Tod fürchtet, der ist also, auch wenn er das vielleicht in einer wenig einwandfreien Weise an den Tag legt, auf alle Fälle der Wahrheit näher, als wer ihn nicht fürchtet oder vielmehr: sich gebärdet, als ob er ihn nicht zu fürchten habe. Weil er das Zeichen des göttlichen Gerichtes über die menschliche Sünde und Schuld ist, ist er gar sehr zu fürchten, ist es nichts damit, daß er «des Schlafes Bruder», oder sonstwie unser Freund oder gar ein Erlöser sei. Das sind Redensarten, die in ihrem Unernst vor der Wirklichkeit nur zerplatzen können wie Seifenblasen. Das natürliche menschliche Sein wehrt sich gegen sein Ende — vielleicht nicht notwendig gegen sein Ende an sich, aber jedenfalls gegen das Ende, das wir von unserer Sünde und Schuld her allein vor Augen haben können, und es tut recht daran, auch wenn sein Widerstand ohnmächtig ist, auch wenn der Schnitter nun doch kein Erbarmen hat. Es ist nie das natürliche menschliche Sein, sondern schon das verlogene — und dann sogar das doppelt verlogene — das von diesem erbarmungslosen Schnitter redet, als ob er, in der Sprache Luthers: der «Herr Streckebein», ein freundlicher Engel des Lichtes wäre. Weil er das Zeichen des göttlichen Gerichtes ist, darum kann ihm gerade von der natürlichen, der normalen Kreatur her nur deren S e u f z e n begegnen. Das ist es, was wir, wenn wir unserer Frage nach dem Sinn der Endlichkeit unserer Zeit ehrlich standhalten wollen, als Erstes einsehen und festhalten müssen. Wir sind hier in der Tat sehr anders dran, als wenn wir nach dem Sinn ihres Anfang fragen.

Zur biblischen Begründung des Gesagten können wir zunächst nur auf den durchgehend n e g a t i v e n Charakter jenes alttestamentlichen Bildes vom Wesen und von der Wirklichkeit des Todes hinweisen. «Natürlich» ist in der alttestamentlichen Sicht, daß der Mensch den lebendigmachenden, den ihn als Seele seines Leibes konstituierenden Odem Gottes hat, nicht daß er ihm wieder entzogen wird. «Natürlich» ist, daß der Mensch ist und sein wird, nicht daß er gewesen ist. «Natürlich» ist sein Sein im Lande der Lebendigen, nicht das in der Unterwelt. «Natürlich» ist das Leben und nicht der Tod. Es ist der Tod vielmehr der Inbegriff des Widernatürlichen. Es ist also nicht normal, sondern abnormal, es ist immer eine Art sträflicher Übertreibung, wenn jemand sich wie Elia unter dem Ginsterstrauch (1. Kön. 19, 4) oder wie Jona unter dem Rizinus (Jon. 4, 8) den Tod wünscht. Es ist doch nur hypothetisch geredet, wenn Hiob Gott gegenüber meint, «daß meine Seele lieber ersticken möchte und den Tod vorzöge meinen Qualen». Ich mag nicht, will nicht ewiglich leben! (Hiob 7, 15 f.) Man kann allenfalls in extremen Situationen den Tag seiner Geburt verfluchen (Jer. 15, 10; 20, 14 f.; Hiob 3, 3 f.). Man kann sich aber nicht auf seinen Tod freuen, man kann ihn nicht im Ernst willkommen heißen. Es sind Ausnahmen, die die Regel bestätigen, wenn Hiob 3, 21 f. von solchen die Rede ist, «die des Todes harren und er kommt nicht und die nach ihm mehr als nach Schätzen graben, die sich freuen würden bis zum Jubel, die frohlockten, fänden sie das Grab», oder wenn die Reflexion über die Fülle des unter der Sonne geschehenden Unrechts sich Koh. 4, 2 bis zu dem Satz versteigt: «Da pries ich die Toten, die längst gestorbenen: glücklicher sind sie als die Lebenden, die jetzt noch leben.» Mit einer Naturalisierung, Neutralisierung oder gar Heroisierung des Todes haben auch solche Hyperbeln nichts zu tun. Wenn Saul sich nach 1. Sam. 31, 4 in sein eigenes Schwert stürzt, oder wenn später Judas nach Matth. 27, 5 hingeht und sich erhängt, so sind das Verzweiflungstaten, mit denen sie bestätigen, daß sie von Gott Verworfene sind und mit denen sie den Charakter des Todes als des höchsten dem Menschen widerfahrenden Übels nur erst recht ans Licht stellen.

Aber man wird sich allerdings an das Neue Testament halten müssen, um hier auch direkten und expliziten Bescheid zu bekommen. Daß der Tod das Zeichen des göttlichen G e r i c h t s und d a r u m das größte Übel ist, der Zusammenhang zwischen Sünde, Schuld und Tod also, wird nämlich im Alten Testament nur sozusagen von Fall zu Fall, d. h. im Blick auf das Ende bestimmter Gottloser direkt gesagt oder auch im Blick auf umfassende Ausrottungen, wie sie Israel und anderen Völkern angedroht und dann weithin auch vollzogen werden. Es gibt auch besondere Sünden und Vergehen, deren Täter nach dem Gesetz oder auf Grund besonderer Weisung «des Todes sterben» müssen. Und vor allem ist bemerkenswert, daß eine unmittelbare Begegnung mit Jahve als ein Ereignis verstanden wird, in welchem der Mensch, dem sie widerführe, sofort sterben müßte: «Du kannst mein Angesicht nicht schauen, denn kein Mensch bleibt am Leben, der mich schaut» (Ex. 33, 20; Richt. 13, 22). In die Berufungsgeschichte des Mose ist ja sogar der merkwürdige Bericht Ex. 4, 24 f. aufgenommen worden, laut dessen Jahve ihn töten wollte, sodaß er nur als ein der letzten Krisis gewissermaßen Entronnener dann doch zu seinem Amte kommt. Und daß der Umgang mit Jahves Heiligtum mindestens eine lebensgefährliche, gegebenenfalls aber auch wirklich tötende Sache ist, das erfahren wir 1. Sam. 5—6 anläßlich des Berichtes über die Schicksale der Lade bei den Philistern und bei ihrer Rückbringung und dann wieder 2. Sam. 6, 1 f. bei dem von ihrer Überführung nach Jerusalem. Man könnte aus solchen Stellen vielleicht allgemein folgern: Tod ist die unmittelbare Folge der Konfrontierung des Menschen — des im Verhältnis zu ihm unreinen, unheiligen, vor ihm unmöglichen Menschen — mit dem heiligen Gott; eine Begegnung, die der Mensch darum nicht überleben kann, weil ihm dabei der belebende Odem Gottes, dessen er sich als unwürdig erwiesen hat, nur wieder genommen werden kann. Aber das ist so nirgends allgemein ausgesprochen. Daß das Sterben allgemein als eine Auswirkung göttlichen Fluches, als Strafe zu verstehen ist, ist eigentlich nur in der Drohung im Paradies Gen. 2, 17 und in deren Bestätigung Gen. 3, 19; 6, 3 direkt gesagt. Aus dem übrigen Alten Testament wäre allgemein nur dies zu entnehmen, daß er in seinem Vollzug, aber schon in seiner ganzen Bedeutung für die vorangehenden menschlichen Lebenstage ein Unheil, das große, von Gott über den Menschen verhängte und von diesem in trauriger Ergebung zu tragende Unheil ist. Sein Charakter als solches wird sehr deutlich sichtbar, aber auf die Frage, was ihn zum Unheil macht, bekommt man im Alten Testament nur gelegentliche und andeutende Antwort.

Diese bekommt aber merkwürdiges Relief, wenn wir das Neue Testament zu Rate ziehen. — Hier wird die Linie schon in den Evangelien dadurch unzweideutig klar, daß wir Jesus jedenfalls in seiner galiläischen Wirksamkeit von Anfang an in einem wieder sichtbar gemachten Gegensatz und Kampf gegen die das Leben der Menschen verdüsternden Vorboten des Todes, nämlich gegen das Leid und die Krankheit in allen ihren Formen begriffen sehen. Indem der Messias gekommen ist, kommt es sofort und mit Notwendigkeit zu einer Gegenoffensive gegen jenen Vorstoß des Todesreiches in die Lebenswelt. Man beachte, daß Jesus schon die Krankheit nicht als ein natürliches, sondern als ein widernatürliches Übel angesehen hat: als einen Ausbruch und eine Auswirkung der Dämonenwelt, der dem positiven Willen Gottes widersprechenden und widerstehenden Todesmacht, die gewiß nicht ohne Gott, aber doch nur in dieser Gegensätzlichkeit und also gewiß nur vorläufig unter Gott auf dem Plane sein kann. Es wäre also völlig unsinnig, die hier in Frage kommenden Aussagen etwa in die harmlosere Sprache moderner Medizin übersetzen zu wollen. Daß die Evangelien im Bereich der Krankheit Dämonen am Werk sehen, das ist nicht nur zeitgeschichtlich bedingt, sondern auch theologisch wichtig: der Messias ist nun einmal der Repräsentant des positiven Willens Gottes, der der Unterwelt schon in ihren Vorposten — das sind die Dämonen! — kämpfend und siegend gegenübertritt, in dessen Umgebung es also geschehen muß, daß «Blinde sehend werden, Lahme gehen, Taube hören, Tote werden auferweckt und den Armen (das sind jene Unterdrückten der alttestamentlichen Psalmen!) wird die frohe Botschaft verkündigt» (Matth. 11, 5 f.). Was heißt das Anderes, als daß den Zeichen des göttlichen Gerichts gegenüber vorläufig die Zeichen der göttlichen Gnade und Hilfe aufgerichtet werden? Jedes von Jesu Wundern, zu denen durchaus auch seine Seewunder (wir denken an den Zusammenhang von Ozean und Unterwelt!) und Speisungswunder (Wüste!) gehören, ist ein solches Gegenzeichen. Gott will und wird nicht immer zürnen. Gott will und wird darum der losgelassenen Todesmacht nicht immer ihren Lauf lassen. Und nun ist diese Todesmacht durch die Gegenzeichen der Wunder Jesu schon gekennzeichnet als Macht, die **gegen Gott** wie Gott auch gegen sie steht. Kein Wunder, daß eben die Dämonen Jesus als den, der er ist, zuerst erkennen und anreden (Mr. 1, 23; 5, 7).

In Jerusalem hat er keine Heilungen vollbracht — es war ja nur ein Vorspiel auf einem Vorfeld, was sich in jenen Heilungen in Galiläa und allenfalls auch auf dem Wege nach Jerusalem ereignet hat. In Jerusalem aber ist Jesus selbst gestorben: paradox genug, wie es jene Spötter vor seinem Kreuz (Mr. 15, 29 f.) ganz richtig gesehen und ausgesprochen haben. Eben das, was damit geschieht, daß Jesus selbst stirbt, ist aber der entscheidende, in den Wundern doch erst präludierend angekündigte Akt des ganzen Dramas. Wir heben jetzt von der Bedeutung dieses Ereignisses nur Eines hervor: Indem gerade Jesus den Tod erlitten hat, hat er dessen Charakter total und endgültig **offenbar** gemacht. Er hat ihn nämlich als das **Gericht Gottes** erlitten. Hier wäre es **nicht** am Platz, zu sagen: als das **Zeichen** des Gerichtes Gottes. Hier, in der Person des Messias, ist ja Gott selbst, seine Gnade und Hilfe in Person wirklich und ultimativ auf den menschlichen Plan getreten, er als der Richtende und er auch als der Gerichtete. **Richtend**, indem er zwischen sich und den Menschen Recht schuf und aufrichtete, das nun über den Menschen ergehen mußte, sodaß dieser zu leiden hatte, was ihm von Rechts wegen zukam: den Tod als verzehrendes Feuer, als ewige Qual und äußerste Finsternis. Aber auch **gerichtet**, indem er, der von keiner Sünde und Schuld wußte, an Stelle der vielen Sünder und Schuldigen dieses Recht über sich ergehen ließ, damit es für sie Alle ergangen, damit das Gericht, indem er es erlitt, auch an ihnen allen vollzogen sei, sodaß ihr Sterben **dieses** Sterben, das Erleiden ihrer verdienten **Strafe** nicht mehr sein muß, sondern eben nur noch deren **Zeichen**. Aber eben, was der **Tod**, wie er uns begegnet, unweigerlich **ist**, das ist in dieser Gerichtshandlung offenbar geworden. Daß er als Drohung über uns hängt, und was es ist, von dem wir da bedroht sind, das kann an dieser Stelle unmöglich verkannt werden. Er ist der **Feind**, «der letzte Feind» (1. Kor. 15, 26) des Menschen, den Gott im Tode Jesu auch als seinen Feind erklärt und behandelt hat: behandelt, indem er sich in der dort gefallenen Rechtsentscheidung auf die Seite des Menschen gestellt — behandelt, indem er ihm die Menschen, indem Jesus für sie starb, entrissen hat. Uns bleibt er als **Zeichen** des göttlichen Gerichts. Wir haben dieses Gericht nicht noch einmal zu erleiden.

Es bleibt aber dabei, daß wir es in dem, was wir in unserem Sterben zu erleiden haben, mit **diesem** Zeichen und also mit der Drohung dieses **Feindes** zu tun haben. Das Neue Testament hat mit dieser Erkenntnis gerade von seinem Zentrum aus konsequenten Ernst gemacht. Unser Tod gehört mit unserer **Sünde** und **Schuld** zusammen. Das kann gerade von da aus, wo des Menschen Sünde vergeben, seine Schuld gestrichen, das Gericht Gottes über sie vollzogen und in diesem Vollzug von uns weggenommen ist, nicht mehr übersehen werden. Der Tod gehört als des Menschen ewiges Verderben, er gehört aber auch als dessen Zeichen, **nicht** zu des Menschen Natur, wie Gott sie geschaffen. Sondern er ist durch die Sünde als **Fremdherrscher** in die Welt gekommen (Röm. 5, 12. 14. 17; 1. Kor. 15, 22). Er ist ihr angemessener Sold (Röm. 6, 23), wie die Sünde umgekehrt sein «Stachel», d. h. das ist, was das Erleiden des Todes bitter und giftig, was ihn dem Menschen zum Unheil macht (1. Kor. 15, 56). Die Macht, die über ihm ist und ihn selbst erst mächtig macht, ist nach Hebr. 2, 14 die des διάβολος. Es ist dessen Reich, mit dem man im Tode zu rechnen, nun aber wirklich ganz unmittelbar zu rechnen hat: Er, der Tod, ist das φρόνημα τῆς σαρκός, wie es Röm. 8, 6 in höchster Konzinnität heißt, will sagen: Es ist das, worauf das Dichten und Trachten des fleischlichen (des sündigen und schuldigen und deshalb verlorenen) Menschen zielt, objektiv — er hält es für Leben, es ist aber in Wirklichkeit: — der Tod. Dieses Dichten und Trachten ist nichtig und kann darum nur dem Nichts entgegenstreben. «Die Sünde gebiert den Tod» (Jak. 1, 15). «Wenn ihr nach dem Fleische lebt, so werdet ihr sterben» (Röm. 8, 13). «Wer auf sein Fleisch sät, der wird vom Fleische die φθορά ernten» (Gal. 6, 8). Der alte Mensch ist, indem er seinen trügerischen Lüsten lebt, als solcher der vergehende Mensch (φθειρόμενος Eph. 4, 22). «Die Sünde lebte auf, ich aber starb» (Röm. 7, 9 f.). Und: «Wer nicht liebt, der bleibt im Tode» (1. Joh. 3, 14). Wenn die Menschen des Volkes Israel Luk. 1, 79 beschrieben werden mit den Worten: «die in Finsternis und Todesschatten sitzen» und Hebr. 2, 15 die vorchristlichen Menschen überhaupt mit den Worten: «die durch Furcht vor dem Tode ihr ganzes Leben lang der Knechtschaft verfallen waren», so ist das gewissermaßen noch alttestamentlich geredet: zurückhaltend im Verhältnis zu der eigentlich neutestamentlichen Erkenntnis, laut derer der Mensch vor und abgesehen von dem, was in Jesus Christus für ihn geschehen ist, noch lebend schon ein Toter **ist** (Matth. 8, 22, Luk. 15, 32, Eph. 2, 1, 1. Tim. 5, 6), auch seine Werke «tote» Werke (Hebr. 9, 14). Laut dieser neuen Erkenntnis kann Apok. 3, 1 sogar von einer ganzen christlichen Gemeinde gesagt werden: «Du hast den Namen, du lebest und bist tot.» Man muß auch das als eine Überschneidung der neutestamentlichen durch die alttestamentliche Sicht und Sprache verstehen, wenn Act. 1, 17 f. (Judas) und 5, 1 f. (Ananias und Saphira) bestimmte Sünden besonders mit dem Tode bestraft werden, wenn Röm. 1, 32 ein Lasterkatalog schließt mit dem Hinweis auf das göttliche δικαίωμα, laut dessen «die, welche solches trieben, des Todes würdig sind», oder wenn 1. Kor. 11, 30 bestimmte, in der korinthischen Gemeinde vorgekommene Fälle von Krankheit und Schwachheit mit tödlichem Ausgang mit dem unwürdigen Genuß des Abendmahls in Zusammenhang gebracht werden. Das allgemeine Verständnis des Todes als der Frucht der Sünde schließt solche besondere Anwendung natürlich in sich und kann deren Hervorhebung gelegentlich möglich machen. Nach der für das Neue Testament bezeichnenden Sicht und Sprache, wie sie besonders Röm. 5, 12 f. grundsätzlich sichtbar gemacht wird, ist der **Zusammenhang zwischen Sünde und Tod** doch nicht durch besondere Sünde bedingt, sondern **notwendig und allgemein. Jeder Mensch stirbt** (und lebt schon!) in diesem Zusammenhang, steht, indem er dem Tod verfallen ist und entgegengeht, **unter dem Zeichen des verdienten Gerichtes Gottes**. Daß eine Würdigung des Todes als Naturphänomen oder als ein vielleicht doch freundlich oder wenigstens neutral zu deutendes Schicksal hier nicht nur weltenweit, sondern eben grundsätzlich fern liegt, ist deutlich. Der Tod ist hier **das** große Merkmal der **Unnatur**, in der wir existieren, und zwar nicht kraft irgend eines Verhängnisses, sondern unter der Herrschaft des διάβολος existieren: weil und indem wir sündigen und uns schuldig machen, weil und indem wir das wirken, wodurch unser Leben *eo ipso* ein verwirktes, ein dem Tode ausgeliefertes Leben wird.

Wir sagten: es ist das Zentrum der neutestamentlichen Erkenntnis, von dem aus in dieser Sache gerade diese Sicht und Sprache notwendig wird. Das Zentrum der neutestamentlichen Erkenntnis ist das **Kreuz Jesu Christi**. Nicht weil die Apostel und die erste Christengemeinde vor dem Tode aus irgend einem Grund tiefer erschrocken gewesen wären als ihre israelitische und hellenistische Umgebung, und nicht darum, weil sie die Sünde aus irgend einem Grund ernster genommen hätten als jene, waren sie so einmütig darin, Tod und Sünde in jenem strikten, allgemeinen und notwendigen Zusammenhang zu sehen, so eindeutig in allem, was sie dazu gesagt haben. Sie waren in dieser Sache darum so einmütig und so eindeutig, weil sie sie gerade von dorther nicht anders sehen konnten, wo sie des Menschen **Errettung** vollzogen, wo sie im Leben, Heil und Seligkeit in unbegreiflicher Fülle dargeboten sahen. Sie waren keine Pessimisten: weder im

Blick auf das sündige Leben des Menschen noch im Blick auf das Wesen und die Wirklichkeit seines Sterbens. Sie waren aber Realisten im Blick auf das, was in der Kreuzigung und im Tode Jesu Christi geschehen und in diesem Geschehen hinsichtlich des Todes aller Menschen sichtbar geworden ist. Es sind nämlich drei Entscheidungen, die in diesem Geschehen offenkundig geworden und allgemein giltig gemacht sind:

Zum Ersten: Es gibt keine menschliche Größe und Höhe, die vom Tod nicht überhöht, überschattet und grundsätzlich in Frage gestellt ist — auch nicht die des verheißenen und erschienenen Messias und Menschensohnes, auch nicht die des Mensch gewordenen Gottessohnes, auch nicht die des großen Gottesknechtes! Indem der Logos Gottes Fleisch wurde, ist darüber entschieden, daß er sich, sofern er das tat, ganz und gar der φθορά überlieferte. «Gott verhüte es, Herr, das soll dir nicht widerfahren!» antwortet Petrus auf die erste Leidensweissagung (Matth. 16, 22), und der Evangelist hat diese Antwort geradezu als ein ἐπιτιμᾶν bezeichnet. Es war in der Tat seltsam genug, daß unmittelbar auf das Messiasbekenntnis und auf das Freudige, was Jesus dazu gesagt hatte, diese Weissagung folgt: er, Jesus, müsse nach Jerusalem gehen, um daselbst getötet zu werden. Es war seltsam, daß der, der so viel Anderen vom Tode geholfen, der Lage entgegenging und dann tatsächlich in die Lage kam, sich selber vom Tode nicht helfen zu können (Mr. 15, 31). Es war seltsam, daß dem Tode dieses Meisterstück gelingen durfte, mit dem offenkundig alle jene gegen das vordringende Todesreich aufgerichteten Zeichen und mit ihnen er selbst, der sie aufrichtete, doch wieder gänzlich in Frage gestellt werden sollte. Was war es mit der Matth. 16, 18 in Aussicht gestellten Beständigkeit der Gemeinde gegen die «Pforten des Totenreiches», wenn er, der diese Verheißung ausgesprochen, dem Totenreich selber unterliegen mußte? Das ganze Entsetzen über dieses Paradoxon spiegelt sich in dem Wort der Emmausjünger Luk. 24, 21: «Wir aber hofften, er sei es, der Israel erlösen sollte. Aber bei dem Allem ist es schon der dritte Tag, seit dies geschehen ist.» Aber da hilft kein Schelten und kein Jammern: es hat schon seine Richtigkeit damit, daß eben das geschehen mußte. Gerade das Leben des Menschen Jesus steht in dieser Klammer. Gerade seine Sendung als Messias und Menschensohn vollstreckt sich auf der Linie von Jes. 53 und also nicht auf einer Linie, die an Leiden, Sterben und Grab vorüberführte: gerade darin also, daß er die Linie zu Ende geht, auf der er sich zuletzt vom Tode so wenig helfen kann wie irgend ein anderer Mensch. Er wäre auch nicht Gottes — des menschenfreundlichen Gottes! — Sohn, wenn er ihm nicht «bis zum Tode gehorsam» wäre (Phil. 2, 8). Petrus, der ihm darin widerspricht, muß sich «Satan» und «Fallstrick» heißen lassen. Er denkt gerade nicht, was göttlich, sondern was menschlich ist (Matth. 16, 23). Was der Tod kann, das muß er — in der Tat wie in einem Meisterstück — gerade an ihm beweisen, damit es keine Träumereien gebe, als ob dem Menschen endlich und zuletzt doch etwas Anderes widerfahren könne. Errettung vom Tode kann endlich und zuletzt nicht Errettung vor dem Tode, sondern nur Errettung aus dem Tode heißen. Auch die Kraft und Bedeutung jener Gegenzeichen hängt daran, daß der, der sie aufrichtet, sich nicht weigert, diesen Kelch zu trinken (Matth. 26, 39 f.). Sie wären gar nicht jene Gegenzeichen, nicht die Vorzeichen seiner Auferstehung und damit der Auferstehung aller Toten, sie wären die belanglosen Krafttaten eines Thaumaturgen und Lebenskünstlers gewesen, wie es deren auch Andere gegeben hat, wenn Jesus sich dessen geweigert hätte. Er muß sich als der, der er ist, taufen lassen mit der Taufe, vor der ihm so bange ist wie jedem anderen Menschen — ja (aus einem Grunde, der gleich zu nennen sein wird) bänger als jedem anderen (Luk. 12, 50). Denn es wäre gerade die Wirklichkeit, auf die er mit jenen Gegenzeichen gezeigt, nicht wirklich, es wäre jene gegen das vordringende Todesreich eröffnete

Gegenoffensive doch ohnmächtig gewesen, es wäre das Feuer, das auf Erden zu bringen er gekommen war, unentfacht geblieben (Luk. 12, 49), wenn er sich dieser Taufe entzogen, wenn er dem Tode nicht im Totenreich selber, indem er selbst ihm zum Opfer fiel, Trotz geboten hätte. Damit ist aber besiegelt, daß der Tod nicht nur *de facto,* sondern *de iure* und darum notwendig und allgemein Gewalt über den Menschen hat. Nach dem alttestamentlichen Bild, so erschütternd es ist, hat er sie eigentlich doch nur *de facto:* man sieht und weiß es nicht anders, als daß das Grab und die Unterwelt auf einen Jeden warten. Daß es so sein muß, das sagt erst das Neue Testament, und es sagt es damit, daß es gerade den Herrn des Lebens als den Gekreuzigten, am Kreuz Gestorbenen und dann Begrabenen verkündigt.

Zum Z w e i t e n : Der Tod, dem jeder Mensch entgegengeht, bedeutet die Drohung ewigen Verderbens. Indem gerade Jesus ihn erlitten hat, hat er — und das ist es, was sein Sterben vor allem anderen Sterben auszeichnet — das e w i g e V e r d e r b e n erlitten. «Er ist für uns zum Fluch geworden» (Gal. 3, 13). Das kann man nicht von jedem Gehängten oder sonst Verstorbenen sagen. Von ihm muß man das sagen. Es kann überraschen, daß die Vorstellungen vom Sein des Menschen im Tode im Neuen Testament im Verhältnis zu denen des Alten Testamentes gar nicht etwa, wie man es, da jetzt die «frohe Botschaft» verkündigt wird, erwarten sollte, gemildert oder gar aufgehoben werden. Sondern hier erst haben sie jene Schärfe bekommen, in der sie statt des Bildes jenes eigentlich nur negativ zu charakterisierenden Schattendaseins der gewesenen «Seelen» das Bild des durch allerlei p o s i t i v e S t r a f e gekennzeichneten Seins des Menschen in der «H ö l l e » zeigen. Wer so töricht sein wollte, im Neuen Testament eine im Verhältnis zu der des Alten gehobene «Humanität» suchen zu wollen, müßte gerade an dieser Stelle eine bittere Enttäuschung erleben. Im Neuen Testament erst finden wir ein Bild wie das vom reichen Mann, der im Totenreich «von Qualen geplagt» ist und «Pein» leidet «in dieser Flamme» (Luk. 16, 24 f.), im Neuen Testament erst die Rede von dem Hinausgeworfenwerden in die Finsternis da draußen, wo «Heulen und Zähneknirschen» sein wird (Matth. 22, 13), und von «dem Wurm, der nicht stirbt, und dem Feuer, das nicht verlöscht» (Mr. 9, 46), im Neuen Testament erst Drohungen wie die Apok. 14, 11: «Und der Rauch ihrer Peinigung steigt auf in alle Ewigkeit; und Tag und Nacht haben keine Ruhe, die das Tier und sein Bild anbeten.» Ist das Alles nicht noch schlimmer als die vielgetadelten Rachepsalmen? Aber eben: woher — und was soll das Alles? Daß die Jenseits-Vorstellungen des Spät-Judentums sich nicht ohne parsistische Beeinflussung in dieser Richtung verschärft hatten, ist schon richtig. Nur ist mit dieser Feststellung keine Antwort auf die Frage gegeben: wie die Gemeinde Jesu Christi nun eigentlich dazu kam, sich gerade diese verschärften Vorstellungen zu eigen zu machen? Hatte dieser überraschende Vorgang einen Sinn, dann konnte er eigentlich nur darin bestehen, daß man sich — von allen Einzelheiten der Vorstellungsweise abgesehen — gerade im Bereich der Offenbarung und der Erfahrung des gekommenen Reiches Gottes, seiner Gnade und seines Heils verhindert sah, das Sein im Tode nur als das Sein in einer zwar als solcher peinlichen, aber immerhin erträglichen Neutralität zu verstehen, es vielmehr positiv als u n e r t r ä g l i c h e s Leiden verstehen mußte. Das mußte man aber darum, weil man gerade das Sein Jesu im Tode nur so verstehen konnte. Eben das war ja der einzigartige Kelch, vor dem Jesus zurückschreckte, die einzigartige Taufe, vor der ihm bangte: er unterstellte sich damit nicht nur irgend einer Verfügung, sondern dem G e r i c h t G o t t e s. Er begab sich also, indem er starb, nicht nur in jene Entfernung von Gott, die wir im alttestamentlichen Bild vom Sein der Toten als die Spitze dessen kennen gelernt haben, was der Mensch als gewesener Mensch zu erleiden hat. Das tat er freilich auch, und davon redet jenes «Mein Gott, mein Gott, warum hast du mich verlassen?» (Mr. 15, 34), das ja nicht umsonst aramäisch überliefert und ein direktes Zitat von Ps. 22, 2 ist. Aber der letzte «laute Schrei», mit dem Jesus (Mr. 15, 37) verschied und vor allem: der Charakter der Stellvertretung, der diesem Verscheiden eigen ist, das Eintreten für die Sünde von ganz Israel, ja der ganzen Welt, welches in diesem Sterben stattfindet — zeigt über jene gewiß trostlose, aber allenfalls doch auszuhaltende Situation des alttestamentlichen Frommen in der Gottesferne der *scheol* hinaus. Hier berührt sich das Alte mit dem Neuen Testament nur in jenen Stellen, in welchen es von der tötenden Bedeutung und Wirkung der unmittelbaren Begegnung des Menschen mit dem lebendigen Gott redet. Hier kommt es eben zu dieser dort doch nur als Grenzmöglichkeit ins Auge gefaßten unmittelbaren Begegnung. Und hier erweist es sich in der Tat als etwas Schreckliches, in die Hände des lebendigen Gottes zu fallen (Hebr. 10, 31). Hier hat der Mensch — es ist hier gerade der Mensch, der ganz und gar für Gott ist — Gott gegen sich. Hier ist Gott ganz und gar und in vollem Ernst wider den Menschen. Hier verhält sich Gott zum Menschen so, wie der Mensch es ihm gegenüber verdient hat und wie Gott in seiner Barmherzigkeit — die ja «gerecht» ist, in der er ja Recht: sein eigenes Recht und das der Menschen aufrichten will — sich zum Menschen verhalten muß. Hier verfährt er mit ihm als mit dem Übertreter, dem er etwas Anderes als seinen Zorn nicht zuzuwenden hat. Hier behandelt er ihn gemäß der Feindschaft, in die er selbst sich ihm gegenüber gestellt hat. Hier: nämlich diesem Einen gegenüber, den er zum Haupt Aller, die von Abraham, ja von Adam her sind, bestimmt und eingesetzt hat! Hier verliert das Totenreich den letzten Schein von schöpfungsmäßiger Natürlichkeit, der ihm in seinem alttestamentlichen Bild noch anhaften mag. Hier wird es zur «Hölle». Hier wird die traurige Entfernung von Gott zum vernichtend schmerzlichen Sein im Gegensatz zu ihm. Hier wird das Sein im Tode zur Strafe, zur Qual, zur Finsternis da draußen, zum Wurm, zur Flamme — alles ewig wie Gott selber, ewig, so gewiß Gott in diesem Gegensatz ewig ist — und alles positiv peinlich, weil der Gegensatz, in dem Gott hier handelt, kein neutrales Gegenüber sein kann, sondern darin bestehen muß, daß dem von ihm geschaffenen und für ihn bestimmten Geschöpf, indem Gott auf seine Feindschaft reagiert, wie es ihr entspricht, ein unendliches Leid angetan wird. Es ist wohl wahr, daß dieser Mensch Gottes Sohn ist, daß also in ihm Gott selber erleidet, was der an ihm schuldig gewordene Mensch an ewiger Strafe leiden mußte. Das allein gibt ja dem Leiden dieses Menschen die Kraft der Stellvertretung und also der Versöhnung der Welt mit Gott: daß «Gott war in Christus» (2. Kor. 5, 19). Aber es ist der Sohn Gottes als dieser Mensch, der in seinem Tod — der stellvertretend für alle Menschen, der damit offenbarend, was ihnen Allen zukäme — dieses Leid erlitten, diese Strafe getragen hat. Und es ist dieser Charakter, diese Qualität des menschlichen Todes als ewige Strafe, die die Gemeinde Jesu Christi in dessen Kreuzestod vor Augen hat. Und es geschieht eben von da aus, daß das Neue Testament über das Sein des Menschen im Tode so sehr viel härter denkt und redet als das Alte.

Zum Dritten: Der Tod ist das Ziel, das dem Leben des Menschen, so wie dieses tatsächlich verläuft, auch tatsächlich angemessen und würdig ist. Die Warnung ist schon ausgesprochen: das Neue Testament redet nicht darum so streng vom Menschen und seinen Begierden, so abschätzig auch von seinen besten Möglichkeiten und Werken, so unerbittlich von dem, was es im Verhältnis zu Gott tatsächlich ist und zu erwarten hat, weil die neutestamentlichen Menschen sich aus irgend einem Grund aus einer optimistischen oder doch neutralen zu einer pessimistischen Lebensauffassung durchgerungen hätten. Zwischen diesen Mög-

5. Die endende Zeit

lichkeiten pflegt die Urteilsbildung über den Menschen hin und her zu schwanken, wo sie diesen an irgend einem Normbegriff, Ideal, Standard oder Gesetz mißt und dann einschätzt, je nachdem er diesem vermeintlich gerecht oder nicht gerecht wird. Darum ging aber im apostolischen Zeitalter jedenfalls der große Kampf des Paulus, daß auch das Gesetz des Alten Testamentes gerade diese Rolle in der Gemeinde Jesu Christi und in ihrer Verkündigung n i c h t spielen dürfe. Es gehört freilich zu den schmerzlichsten Rätseln der Kirchengeschichte, daß der Sinn dieses Kampfes schon im zweiten Jahrhundert in Vergessenheit geriet und dann verhältnismäßig so selten wieder entdeckt und fruchtbar gemacht worden ist: wo es doch offenkundig sein mußte, daß es hier nicht um eine paulinische Spezialität, sondern um die allgemein neutestamentliche, die genuin christliche Urteilsbildung als solche geht! Wenn nämlich das neutestamentliche Urteil über die Sündigkeit und Todeswürdigkeit des menschlichen Lebens gerade in den paulinischen Briefen seine höchste Schärfe erreicht — «Alle haben gesündigt und ermangeln der Ehre vor Gott» (Röm. 3, 23) — so kann man das doch nicht dahin erklären, daß ausgerechnet Paulus (und mit ihm dann die übrigen neutestamentlichen Zeugen) dabei vom israelitischen Nomos her auf den Menschen geblickt, ihn an diesem gemessen und dann unter dieses Verdikt gestellt hätten. Als ob es das Gesetz gewesen wäre, das gerade Paulus persönlich, als er noch der Verfolger Saulus war, auf der Straße nach Damaskus zu Boden stürzen ließ und von der Verderblichkeit seines Weges überzeugt hätte! Als ob er mit dem Wort: «Durch das Gesetz kommt es zur Erkenntnis der Sünde» (Röm. 3, 20; vgl. 4, 15; 7, 7) nun doch diesem Instrument als solchem die Kraft habe zuschreiben wollen, den Menschen seiner Verkehrtheit und Verlorenheit (in dem ernstlichen Sinn, in welchem gerade er sie verstanden hat) zu überführen! Als ob die Erkenntnis, daß Christus das Ziel des Gesetzes ist (Röm. 10, 4) gerade dann keine Kraft hätte, wenn es gilt, den Menschen Christus gegenüber an seinen Ort zu stellen! Als ob mit dem Wort, «daß Gott den Erdkreis richten will in Gerechtigkeit durch den von ihm dazu eingesetzten Mann» (Act. 17, 31) oder das Wort, daß Gott das Verborgene der Menschen richten wird durch Jesus Christus (Röm. 2, 16, 1. Kor. 4, 5) oder das Wort, «daß wir alle offenbar werden müssen vor dem Richterstuhl Christi» (2. Kor. 5, 10; vgl. Eph. 6, 8) — als ob auch die Gleichnisse Matth. 25, in denen allen eben J e s u s C h r i s t u s d e r R i c h t e r ist, nur eine eschatologische Partikularität meinten, die vorläufig noch keine Gültigkeit hätte, sodaß das Urteil über den Menschen sich vorläufig nach ganz anderen Maßstäben richten müßte! Nein, von k e i n e m, auch nicht vom mosaischen Nomos her ist dem Menschen das auf den Kopf zuzusagen, was das Neue Testament zu ihm sagt: daß sein Leben v e r k e h r t, und zwar so verkehrt, vor Gott so ehrlos ist, daß es nur des T o d e s würdig ist. Das haben auch die eifrigsten Pharisäer, das hat auch Paulus, als er noch ein Pharisäer war, gerade aus dem Gesetz n i c h t erfahren. Von Jesu Christi Kreuzestod her aber ist gerade das zu erfahren und das gerade intensiv und extensiv so radikal wie es im neutestamentlichen Urteil über den Menschen tatsächlich zum Ausdruck kommt. Darum von Jesu Christi Kreuzestod her, weil es in ihm sichtbar ist, w a s e s g e k o s t e t h a t, das vom Menschen zerstörte Gottes- und Menschenrecht wieder herzustellen, was es also mit dieser Zerstörung auf sich hat: wie groß des Menschen Verfehlung und was deren notwendige Folge ist. Es kostete diese Wiederherstellung, es kostete des Menschen Errettung nicht mehr und nicht weniger als die Dahingabe des Sohnes Gottes ins Fleisch und also in den Tod unter dem Zorne Gottes mit dem Charakter ewiger Strafe. Sie kostete dies, daß auch der Mensch Jesus — er, der Sohn Gottes, gerade er, der das nicht verdient hatte — sterben und unter dieser Bestimmung, als Gottes Feind, sterben mußte. Darin war Gott barmherzig in ihm, daß er sich diese Dahingabe, daß er sich also sein eigenes Erleiden des ewigen Todes nicht reuen ließ. An ihr ist zu ermessen — und nur von ihr aus ist das neutestamentliche Urteil über den Menschen zu verstehen — was vom Menschen zu halten ist: von dem nämlich, was er als Zerstörer des göttlichen und menschlichen Rechtes tut und nicht tut, ist und nicht ist und also als der, dem nur durch das Gericht geholfen werden kann, das in jener Dahingabe vollzogen wird. Das Neue Testament sieht den Menschen wirklich **von dort her, von woher ihm geholfen ist**. Eben **darum** denkt und redet es so radikal von seiner Schuld und Strafe. Es sieht den Menschen gerade nicht abstrakt, im Licht irgend einer Norm, der er zu genügen hätte, sondern in der Person dessen, der für ihn eingetreten und gestorben ist. Und eben dort, eben in diesem Einen erkennt es beide: des Menschen **Sünde**, die Jener auf sich und um derentwillen er an seiner Stelle auch den Zorn Gottes auf sich genommen hat — und des Menschen **Tod**, den Jener als die ewige Strafe, als das gerechte Los der Feinde Gottes an seiner Stelle erlitten hat. Eben indem das Neue Testament den Menschen von dorther sieht und versteht, kann es nun auch nicht schwanken zwischen optimistischen, neutralen unnd pessimistischen Meinungen über ihn. Darum sieht und versteht es seinen Weg und dessen Ziel in jener strengen, harten, konzessionslosen und unsentimentalen Sachlichkeit, in der er faktisch doch auch allein barmherzig zu sehen und zu verstehen ist. Kein von einem Gesetz her gefälltes Urteil über den Menschen ist ja auch barmherzig. Wirkliche Hilfe pflegt ihm ja auch kein solches Urteil, ob es nun strenger oder milder ausfalle, zu bedeuten. Solche Urteile pflegen ihn vielmehr zu verstocken, in Gleichgültigkeit oder Trotz dort zu belassen, wo er schon vorher war. Indem das neutestamentliche Urteil über den Menschen von der ihm schon widerfahrenen Barmherzigkeit und Hilfe herkommt, ist es selber *eo ipso* barmherzig und hilfreich. Es mißt den Menschen an dem, was von Gott für ihn, was von Jesus Christus an seiner Stelle, zu seiner Rechtfertigung und Entlastung, zu seinem Frieden und Heil geschehen ist. Es sagt ihm von der geschehenen Herstellung des Rechtes Gottes und seines eigenen Rechtes her, daß er im Unrecht ist und darum ein von Unheil Bedrohter! Es klagt ihn an, indem es ihm zeigt, daß und inwiefern alle Anklage gegen ihn erledigt ist! Es bedroht ihn, indem es ihm zeigt, daß und inwiefern er außer Gefahr ist! So kann kein Pharisäer und auch kein anderer Moralist den Menschen anklagen: so nüchtern und unverblümt, so total und umfassend, wie er gerade von hier aus angeklagt ist. Und so kann kein Lehrer der Verfallenheit seiner Existenz, so kann kein noch so phantasievoller Dichter des zeitlichen und ewigen Inferno, das er verdient, ihn erschrecken, wie er von hier aus erschreckt wird. Immer fehlt ja aller dieser Buß- und Drohpredigt das tiefe göttliche Ja unter dem Nein, das dessen wirkliche Kraft ausmacht und also gerade das wirklich kräftige Nein, das der Mensch hinsichtlich seines Weges wie hinsichtlich seines Zieles hören müßte. Immer bleibt ja das Nein im Munde aller Gesetzesprediger (zu denen auch ein **Heidegger** und ein **Sartre** gehören!) ein allzu menschliches Nein, dem sich so oder so zu entziehen dann auch wieder allzu menschlich ist. Das neutestamentliche Nein, laut dessen das menschliche Leben den Tod verdient, laut dessen dem menschlichen Leben im Tode widerfährt, was ihm gehört, unterscheidet sich von allen scheinbar ähnlichen und vielleicht viel gewaltigeren menschlichen Nein gerade dadurch, daß man sich ihm, wo es wirklich ausgesprochen und wirklich vernommen wird, **nicht** entziehen kann.

Das also ist es, was es mit der neutestamentlichen Erkenntnis des menschlichen Todes von jenem Zentrum her auf sich hat. Das Zentrum der neutestamentlichen Erkenntnis ist das im Kreuzestod Jesu Christi vollzogene **Gericht Gottes**. Kein anderer Mensch steht in diesem Zentrum, kein anderer also **wirklich** im Gericht Gottes. Die anderen Menschen befinden sich aber irgendwo — die Christen wissend, die Anderen noch unwissend — im Umkreis dieses Zentrums und also — jetzt muß dieser Begriff aufgenommen werden — unter dem Zeichen dieses Gerichtes. Die Drohung von dorther, die unendliche Gefährdung des Menschen durch seinen Tod als seiner Sünde Sold, die Anfechtung durch die unleugbare Tatsache, daß sein Weg ein solcher ist, der ein anderes Ziel als die ewige Strafe nicht haben kann — das Alles kann in diesem Umkreis keinem Einzigen erspart sein. Man bemerke wohl, daß die Evangelisten und Apostel nicht nur von den ungläubigen Juden und Heiden, sondern auch zu den christlichen Gemeinden und zu allen ihren Gliedern durchwegs unter der Voraussetzung geredet haben, daß das Alles — die Bedrohung, die Gefährdung, die Anfechtung, durch das Gericht Gottes — niemandem erspart ist. Im Gegenteil: Wer wird im Neuen Testament dauernd so eindringlich mahnend, warnend, tadelnd und alarmierend aufgerufen, dieses Zeichens zu gedenken, den Tod als das Gericht Gottes zu fürchten, wie gerade die, die es gehört und erkannt, die es im Glauben ergriffen haben, daß dieses Gericht dort, im Zentrum, in Jesus Christus, schon für sie vollzogen ist, daß sie also vor der Ausführung jener Drohung, vor dem tatsächlichen Einbruch jener Gefahr, vor dem Erliegen in der Anfechtung in Gnaden bewahrt sind. Eben die wissen, daß sie bewahrt sind, können offenbar nicht vergessen, müssen vielmehr als Bewahrte und um wirklich Bewahrte zu sein und zu bleiben, beständig vor Augen haben, vor was sie bewahrt sind. Eben der Glaube an die freie Gnade Gottes in Jesus Christus besteht doch darin, daß der Mensch sich an ihn halte als an seinen Stellvertreter, als an den Sohn Gottes, der sich für ihn dahingegeben hat (Gal. 2, 20). Eben dieser Glaube ist also offenbar nicht das Ende, sondern der Anfang der Furcht Gottes, nicht ein Einschlafen auf bequemen Ruhekissen, sondern ein immer neues Aufwachen und Aufstehen. In der Furcht Gottes Aufwachen und Aufstehen heißt aber: dessen immer wieder gewahr werden, daß der Mensch, der sich in jenem Umkreis befindet, dem Gerichte Gottes nur insofern entnommen ist, als jener Umkreis dieses Zentrum hat, als in Jesus Christus für ihn, zu seiner Rechtfertigung und Entlastung schon geschehen ist, was unter allen Umständen geschehen mußte. Wäre dem nicht so, und könnte er sich nicht daran halten, würde er nicht als ein solcher leben, der von dorther gehalten ist — an was sollte er sich dann und was sollte ihn dann halten? Das Gericht Gottes müßte und würde dann an ihm vollzogen werden. Er selbst und für sich ist ja ein Sünder, der Zorn verdient hat und wird nie etwas Anderes sein. Er kann dem Kreuzestod Jesu Christi, was ihn selbst für sich anbetrifft, nur dies entnehmen, daß es keine Höhe gibt, in die er sich versteigen und keine Tiefe, in die er sich verkriechen kann, in der der Tod, und zwar als ewige Strafe, und zwar als verdiente Strafe, nicht auch ihn finden wird. Er selbst und für sich ist dem Gerichte Gottes durchaus nicht entronnen und kann und wird ihm auch niemals entrinnen. Er selbst und für sich ist ihm vielmehr nach neutestamentlicher Einsicht rettungslos verfallen. Er ist in Jesus Christus — aber in ihm ganz allein: in keiner Tiefe seines Seins und in keiner Höhe seiner Lebensleistung, sondern ganz allein durch das, was auf Golgatha für ihn geschehen ist — davor bewahrt, daß das Gericht in derselben Strenge, in der es dort vollzogen ist, an ihm vollzogen werde. Er kann gerade nur dorthin fliehen, um diesem Gericht, das sonst auch in seinem Tode und in seinem seinem Tode entgegenstrebenden Leben auf ihn wartet, zu entgehen. Und dieses Fliehen dorthin, nach Golgatha — wir können nach Röm. 6, 3 f. ruhig auch sagen: dieses Fliehen zu seiner Taufe — ist der Sinn des Aufwachens und Aufstehens in der Furcht Gottes, das den christlichen Glauben vor einem faulen und höchst lebensgefährlichen Selbstvertrauen — von der Maske eines Gottvertrauens, das seinen Namen nicht verdienen würde, ein für allemal unterscheidet.

Von hier aus versteht man doch wohl den eigentümlichen Impetus zur Mission an Juden und Heiden, der dem neutestamentlichen Christentum und hier bezeichnenderweise im besonderen wieder eben dem des Apostels Paulus im Unterschied zu vielen Christentümern späterer Zeiten, eigentümlich gewesen ist. So wie die neutestamentlichen Christen sich selbst gesehen und verstanden haben — **sich selbst** und für sich dem Tode schlechthin verfallen, allein im Kreuzestod Jesu Christi gerechtfertigt und entlastet, an sich und für sich schlechterdings unter der Drohung des Todes, in ihm allein bewahrt vor deren Ausführung, an sich und für sich im Sturm der unwiderstehlichen Anfechtung —. «Mitten in dem Tod anficht uns der Hölle Rachen. Wer will uns aus solcher Not frei und ledig machen?» Antwort: «Das tust du Herr alleine!» — so haben sie selbstverständlich erst recht ihre ahnungslose jüdische und heidnische **Umgebung** verstanden. Sie **wußten** um jenes Zentrum und darum, daß sie in dessen Umkreis existierten. Sie wußten also um Gottes schon vollzogenes Gericht und darum, daß sie selber in dessen Zeichen standen. Sie wußten um die unendliche Gefahr und Anfechtung, in der der Mensch lebt und darum, daß es für ihn genau nur dort, wo diese Gefahr und Anfechtung akut und offenbar geworden ist, auch Errettung und Bewahrung gibt. Jene aber, die Anderen, diese Toren und Verblendeten mit und ohne Gesetz, alle miteinander **wußten** von alledem **nichts**, wußten weder um Jesus Christus noch um sich selbst, sahen weder die Gefahr noch die Hilfe und empfanden weder die Anfechtung noch den Trost, träumten weiter von einem Reiche Israels, das sie durch treues Halten des Sabbats und anderer Observanzen herbeizuführen gedachten oder träumten weiter die doch unaufhaltsam sich auflösenden Träume von den Göttern, Ideen und Weltprinzipien alter und neuer Religionen und Philosophien und ahnten nicht, daß der Richter auf den Plan getreten und **gegen** sie alle — aber zuerst und vor allem **für** sie alle — das Urteil, das Todesurteil gesprochen, die Rechtsentscheidung, in der es um ihr Leben und ihren Tod ging, ein für allemal giltig schon vollzogen hatte. Dieser Kontrast von **Wissen** in der Gemeinde und entsetzlichem **Nichtwissen** in der Welt ist das **Motiv**, seine Überbrückung ist das **Problem** der urchristlichen Mission. Der Moralist und Weltanschauungsmann **kann** Propagandist seiner theoretischen und praktischen Ideen werden, aber er muß es nicht: er kann sie schließlich auch für sich beherzigen und für sich behalten. Der Apostel Jesu Christi kann nicht nur, sondern er **muß** Missionar werden. Ihm ist das kein καύχημα, sondern ἀνάγκη: «Wehe mir, wenn ich das Evangelium **nicht** verkündigte!» (1. Kor. 9, 16). Nicht nur die formale Notwendigkeit, das ihm aufgetragene Wort Gottes auszurichten, und auch nicht nur die Menschenliebe, die den Anderen dieses Wort nicht vorenthalten möchte, zwingt ihn dazu, sondern entscheidend dieser sein konkreter Inhalt. Die ihm bekannte Wahrheit über Jesus Christus und über das Menschenleben drängt gewissermaßen automatisch dahin, wo sie noch nicht bekannt ist, wie die Luft in einen luftleeren Raum, wie das Wasser in die Tiefe, wie ein Brand nach weiterem Brennstoff. Daß der Mensch und sein Leben unter dem Zeichen von Gottes Gericht steht, das ist nun einmal nicht eine religiöse Meinung, nicht eine christliche Privatansicht, sondern universale, allgemeingültige, jeden Menschen angehende, über jeden Menschen als solchen entscheidende Wahrheit, die als solche über alle Grenzen hinausstrebt, dringlicher und verbindlicher als alle noch so klaren und nötigen menschlichen Einsichten, alle noch so enthusiastisch empfundenen Überzeugungen. Diese Wahrheit erzwingt die Mission. Sie wäre noch gar nicht erkannt, wo sie das nicht täte, wo man Mission **treiben** oder auch **nicht** treiben könnte. Wo sie erkannt ist, da sprengt sie alle Dämme. Das Zeichen von Gottes Gericht will erkannt sein, so gewiß es damit, daß alle Menschen sterben müssen, objektiv allen Menschen gegeben ist, so gewiß alle Versuche, es zu übersehen oder umzudeuten, immer wieder fehlschlagen müssen, so gewiß niemand sich ausreden kann, daß er in Todesangst lebt und niemand sich einreden, daß dieses Leben normal und natürlich sei. Aber daß man das nicht kann, ist doch nur das Indizium, gewissermaßen das Zeichen dieses Zeichens. Daß dieses als solches aufgerichtet und offenbar ist und nach sehenden Augen verlangt, diese seine Kraft beruht nach neutestamentlicher Erkenntnis allein darauf, daß das Gericht Gottes in Jesus Christus nicht nur angezeigt, sondern vollzogen und daß damit die Menschheit zu jenem Umkreis gemacht ist, in welchem sie, ob wissend oder unwissend, unter jenes Zeichen gestellt, in welchem ihr Sterben, ob erkannt oder unerkannt, zu diesem Zeichen eingesetzt ist.

Wir sahen: die Endlichkeit des menschlichen Daseins steht faktisch im Schatten seiner Schuldhaftigkeit. Was kann der Tod dem sündigen Menschen Anderes sein als das Zeichen des Gerichtes Gottes und also — wenn der Mensch gewiß nicht zum Sünder und gewiß nicht zum Erleiden des göttlichen Gerichtes erschaffen ist — gewiß **keine** natürliche, **keine** von Gott gewollte und geschaffene, sondern eine fremd hinzugetretene Bestimmung seines Seins? Aber das kann das letzte Wort in dieser Sache nicht sein und noch nicht einmal das vorletzte.

Woher denn das **Recht** dieser negativen Sicht unseres Endes? Woher die tiefe **Notwendigkeit** der menschlichen Furcht vor dem Tode? Von daher offenbar, daß er ein Feind von vernichtender Absicht und Macht ist, dem wir von rechtswegen — nämlich von wegen des Rechts, das **Gott** gegen uns hat, des Unrechts, das wir **Gott** gegenüber haben — verfallen sind. Das bedeutet freilich, daß wir dort, an der vor uns liegenden Grenze unseres Seins, mit dem der Macht und Absicht dieses Feindes entsprechenden **Nichts** bedroht sind. Das bedeutet aber auch, daß wir im Tode nicht nur mit dem Tode, sondern auch mit **Gott** konfrontiert sind: mit eben dem Gott, der gegen uns Recht hat, gegen den wir Unrecht haben. Er bedroht uns im Tode mit der Einforderung dessen, was wir ihm schuldig geblieben sind, mit der Auszahlung dessen, was wir verdient haben. Es ist nicht irgend ein Nichts, von dem wir im Tode bedroht sind, nicht das harmlose, neutrale, am Ende wohl gar erfreuliche Nichts, von dem der Buddhismus und alle seine Geistesverwandten von jeher geträumt haben, sondern das sehr gefährliche, qualifizierte und peinliche Nichts unserer Nichtigkeit vor **Gott**. Wäre es anders, wäre der Tod mit dem, was er als solcher uns antun kann, ein Potentat eigener Macht, dann wäre es möglich und angebracht, ihn in gemächlichem Trotz oder auch in heimlicher Genugtuung zu erwarten. Er ist aber kein Potentat eigener Macht. Er herrscht da — und genau nur da — wo **Gott** gegen sein Geschöpf im Recht, sein Geschöpf gegen ihn im Unrecht ist. Er herrscht in dem leeren Raum, wo **Gott** gegen den Menschen, der Mensch gegen **Gott** im Streite liegt. Er herrscht mit der Autorität und mit der Gewalt des **Gesetzes Gottes**, das nun doch auch in diesem leeren Raume gültig ist. Wir haben es also auch in seiner

Herrschaft mit der Herrschaft **Gottes** zu tun. Es ist wirklich unsere Nichtigkeit vor **ihm**, die im Vernichtungswerk des Todes offenbar wird. Das ist es, was dieses Werk unentrinnbar, bitter, schrecklich macht. Unser Ende ist insofern nicht nur irgend ein erträgliches, sondern das ernste, große, unerträgliche Übel, als wir es, indem wir gegen Gott sind, auf uns ziehen, daß **Gott wiederum gegen uns** sein muß. Unsere Furcht vor dem Tode ist in ihrem uns vielleicht verborgenen, aber realen Grunde die wohlbegründete Furcht, die wir vor **Gott** haben müssen.

Eben damit haben wir aber festgestellt, daß da vorne, wo es mit uns zu Ende sein wird, auf alle Fälle nicht nur der Tod, sondern auch **Gott** auf uns wartet. Im Grunde und eigentlich nicht jener Feind, sondern Gott ist dort zu fürchten: im Tode nicht der Tod selbst, sondern Gott im Tode. Daß das unsere Sache schlimmer macht, ist nur das Eine, was hier zu beachten ist. Das Andere ist dies, daß wir es dort nicht mit dem Tode allein, sondern auch mit Gott zu tun bekommen. Mit dem uns zürnenden, mit dem uns im Tode strafenden Gott, aber auch mit Gott und nicht nur mit dem Tode! Und nun sind diese zwei, Gott und der Tod, nicht zwei ebenbürtige, gleichwertige und gleich mächtige Partner. Was ist schon **der Tod neben Gott**! Es besteht seine Macht doch nur darin, das gegen Gott streitende Geschöpf, den sündigen und schuldigen Menschen, seiner Nichtigkeit gegen Gott zu überführen. Und er kann auch das nicht aus sich selber, sondern nur im Auftrag und Dienste Gottes tun. Er gehört zum Chaos, zu der Welt, die Gott weder gewollt noch geschaffen hat. Er steht unter Gottes Nein und **ist** nur insofern, als er von Gott **verneint** ist, wie die von Gott gewollte und geschaffene Welt nur insofern **ist**, als sie von Gott **bejaht** ist. Daß er in jenem leeren Raum des Unfriedens zwischen Gott und Mensch Gestalt, Kraft und Wirkung bekommen muß, daß wir es in ihm mit einem durch des Menschen Sünde und Schuld bedingten Einbruch des Chaos in die von Gott gewollte und geschaffene Welt zu tun haben, ändert daran nichts, daß er ebenso **unter Gott** ist wie irgend eines von Gottes Geschöpfen und also ebenso wie eines von diesen unter **Gottes Gewalt und zu seiner Verfügung** steht. Ist er unser letzter Feind, so ist es doch nicht in seine Hand gegeben, uns anzutun, was er uns antun will und kann. Gott hat ihn eingesetzt, Gott kann ihn aber auch absetzen. Gott hat ihn bewaffnet, Gott kann ihn aber auch entwaffnen. Gott hat ihm Gewalt gegeben, Gott kann sie ihm auch wieder nehmen. So werden wir im Tode nicht mit dem Tode allein und nicht im Reich eines zweiten Gottes sein, sondern mit dem Tod wird auch der Herr des Todes auf dem **Plane** sein: gewiß als Richter und Rächer, gewiß als der, der uns im Tode ernten läßt, was wir gesät haben, gewiß als der, vor dem wir uns schon jetzt und dann noch viel mehr zu fürchten haben werden — aber er als der Herr auch des Todes. Wenn uns der Tod schrecklich sein wird, dann darum, weil wir im Tod endgültig in die Hände des lebendigen Gottes fallen werden. Wir werden aber in seine und nicht in andere, nicht in fremde Hände fallen. Der Tod wird in diesem Geschehen nicht Herr, sondern nur dienender Sklave sein. Und der Wille dessen, der auch dort allein Herr sein wird, wird dem Tode gegenüber ein freier Wille sein und bleiben. Der Tod wird an ihn, er wird nicht an den Tod gebunden sein. Ohne ihn wird uns der Tod nicht das Geringste zuleide tun können. Will Gott es anders, so wird jede Absicht des Todes mit uns vergeblich, seine ganze Macht über uns Ohnmacht, so werden wir mitten im Tode vor dem Tode geborgen, mitten im Tode selig sein. Und wenn Gott es nicht anders will, wenn er uns verdammen will, wie wir es verdient haben, so würde auf alle Fälle er und nicht der Tod uns verdammen, so würden wir auch die ewige Pein des Todes von ihm und nicht vom Tode zu empfangen haben! So würden wir auch in der Hölle in seinen Händen und auch in ihrer Qual bei ihm geborgen sein. Daß wir im Tode nicht allein sein werden, sondern mit dem Gott, der der Herr des Todes ist, das wäre auch dann wahr und für uns sicher nicht bedeutungslos.

Der Gott, der uns im Tode und als der Herr des Todes erwartet, ist aber der gnädige Gott: der Gott, der für den Menschen ist. Ein Anderer, ein Gott, der nicht gnädig, nicht für den Menschen ist, ist ein Götze, nicht der wahre, nicht der lebendige Gott, nicht der Eine, der in seinem ewigen Wort zu uns spricht, nachdem es in Jesus Christus Fleisch geworden, für uns ans Kreuz geschlagen und in den Tod gegeben ist. Wir nehmen uns nichts, indem wir uns daran halten. Wir nehmen ihn damit nur an, so wie er selbst sich uns gegeben hat. Wir machen damit keinen eigenmächtigen Versuch, unsere Lage zu erleichtern. Wir fügen uns nur in die Situation, die er selbst nun einmal geschaffen und in die er selbst uns nun einmal versetzt hat. Er ist der gnädige Gott, er ist für uns Menschen, auch wenn er uns in unserem Tode unter das Zeichen seines Gerichtes stellt, auch wenn er in diesem Zeichen — aber eben doch nur in diesem Zeichen! — zweifellos gegen uns ist. Ja gerade als der, der im Tode so handgreiflich gegen uns ist, ist er in Wahrheit umso mächtiger für uns. Daß das Feuer seines Zornes uns so brennt, das kommt eben davon, daß es das Feuer seiner zürnenden Liebe und nicht etwa das seines zürnenden Hasses ist. Dem Haß der Götter hat der Mensch noch immer standgehalten. Gott aber ist keiner von diesen hassenden Göttern. Vor seinem Zorne gibt es kein Standhalten, weil er der Zorn seiner Liebe ist. Und daß sein Fluch uns so hart trifft, das hat seinen Grund darin, daß er umspannt ist vom Bogen seines Bundes, daß er die Schattenseite des Segens ist, mit dem er uns gesegnet hat und segnen will. Wen er lieb hat, den züchtigt er. Wen er finden und für sich haben will, den verfolgt er bis in den letzten Schlupfwinkel, wo er ihm, gegen die

Wand gepreßt, nicht mehr entgehen kann. Wem er selbst Alles sein will, dem nimmt er alles Andere, wie es uns im Tode, unter dem Zeichen seines Gerichtes, widerfahren muß. Wir wissen nicht, was und wie wir sein werden, wenn wir kraft unseres Todes nicht mehr sein, zum Sein keine Zeit mehr haben werden. Daß wir dann auch unserer verborgensten Sünde und Schuld und um ihretwillen unserer jetzt immer noch verschleierten und verhüllten Nichtigkeit vor Gott überführt, ganz blöde, ganz schmucklos und wehrlos, ganz nackt vor ihm dastehen werden, ist gewiß. Es ist auch gewiß, daß wir an Gott dann gar keinen, auch nicht den geringsten Anspruch werden stellen können: nicht unter Berufung auf seine Gerechtigkeit, weil wir uns damit nur selbst verdammen könnten, aber auch nicht unter Berufung auf seine Gnade, weil Gnade, auf die man sich berufen, auf die man einen Anspruch zu haben wähnen könnte, offenbar nicht Gnade wäre. Es ist ferner gewiß, daß Gott nicht minder Gott und als Gott nicht minder zu loben und zu preisen wäre und daß uns nur widerführe, was uns zukommt, wenn er den Tod, seinem Sklaven, seinen Lauf und sein Werk mit uns vollenden, uns also in jenes gefährliche, qualifizierte, schlechthin peinliche Nichts, dem wir in unserem Leben entgegeneilen, fallen ließe. Das aber ist auch gewiß: daß er auch in unserem Tode so oder so der gnädige Gott, so oder so für uns sein wird. Wir haben keine Übersicht und keine Verfügung darüber, wie und inwiefern er uns dann gnädig und also für uns sein wird. Wir haben ihm dieserhalb keine Vorschrift, wir haben hinsichtlich unserer Zukunft dann, wenn wir keine Zukunft mehr haben werden, keine Bestellungen zu machen. Wir können uns nur daran — daran aber auch wirklich und gewiß halten, daß er auch dann, auch in unserem Tode und als dessen Herr, unser gnädiger Gott, der Gott, der für uns ist, sein wird. Und daran, daß das die unaussprechliche Summe alles Guten ist, sodaß auch Alles, was uns in unserem Tode widerfahren kann und wird, uns so oder so unweigerlich gut sein wird. Wir könnten das nur dann verkennen, wenn wir Gott für einen Götzen statt für unseren gnädigen Gott halten oder wenn wir nicht begreifen wollten, daß er als unser gnädiger Gott unter allen Umständen mit seiner Existenz dafür einsteht, daß uns nichts Böses, sondern — in welcher unerwarteten und verborgenen Gestalt immer — nur Gutes widerfahren kann. Ist er nicht der Gott, der sich für uns Menschen und uns Menschen für sich erwählt, der sich uns Menschen solidarisch und für uns haftbar gemacht hat? Wir halten uns an diese seine in seinem Wort offenbarte und in der Tat seines Sohnes für uns wirksame Existenz, wenn wir den Tod, indem wir Gott gar sehr fürchten, im Grunde nun doch nicht fürchten. Weil Gott der Herr des Todes ist, können wir eigentlich doch nur ihn fürchten, und wie sollten wir gerade ihn, den gnädigen Gott, fürchten, ohne uns seiner zu trösten — immer umso kräftiger, je deutlicher es uns ist, daß wir außer seiner Existenz keinen anderen Trost haben. Trösten wir uns aber dessen, der der Herr des Todes ist, wie könnten wir dann den länger fürchten, der ja doch nur dieses Herrn Sklave ist?

Und nun ist es wirklich an dem: Wir haben nicht den Tod, sondern Gott zu fürchten. Wir können aber eben Gott nicht fürchten, ohne uns, untröstlich wie wir sonst sind, gerade seiner zu trösten, und zwar gründlich und gänzlich zu trösten. Was heißt das dann aber Anderes, als daß eben Gott mitten im Tod unser Helfer und Erretter ist? Ist er — und er als der Herr des Todes, er als unser gnädiger Gott, er als die unaussprechliche Summe alles dessen, was uns gut ist — uns auch im Tode gegenwärtig, dann sind wir offenbar mitten im Tode nicht nur im Tode, sondern — nicht von uns, aber von Gott her — auch schon aus und über dem Tode. Wir sterben, aber er lebt für uns; so sind wir ihm auch im Sterben nicht verloren und also in Wahrheit gar nicht verloren. Wir werden einmal nicht mehr sein; er aber wird auch dann für uns sein; so kann unser künftiges Nichtsein jedenfalls nicht unser Nichts bedeuten. Das unentrinnbare, das bittere, das schreckliche Werk des Todes wird an uns geschehen; Gott aber wird uns die Fülle alles Guten sein, auch indem uns das geschehen wird; so kann uns im Tode das jedenfalls nicht geschehen, daß wir aufhörten, unter seiner Herrschaft, sein Eigentum, Gegenstand seiner Liebe zu sein. Dahin reicht auch die Gewalt und das Werk des Todes nicht, daß er daran etwas ändern könnte. Wir sind wohl veränderlich, vergänglich, sterblich, verweslich: unser Tod ist das Siegel darauf, daß wir das wirklich sind. Gott aber ist unveränderlich, unvergänglich, unsterblich, unverweslich, und das gerade darin, daß er unser gnädiger Gott und also der ist, den wir wohl zu fürchten haben, dessen wir uns aber auch in unserem Tode gründlich und gänzlich trösten dürfen. Indem er auch in unserem Tode bleibt, der er ist, wird es wirklich und wahr, daß der Tod unter seiner Macht und Verfügung steht, daß er uns als unser letzter Feind nicht mehr antun kann, als ihm befohlen ist, daß er von dem, der ihn einsetzte, auch abgesetzt, von dem, der ihn bewaffnete, auch entwaffnet, von dem, der ihm Macht gab, auch entmachtet werden kann. Unser Tod ist unsere Grenze. Unser Gott aber ist die Grenze auch unseres Todes, indem er nicht mit uns vergeht, stirbt und verwest, sondern als unser Gott bleibt, der er ist. Sind wir im Tode, so ist er doch unser Helfer und Erretter. Ist er aber unser Helfer und Erretter, so sind wir selbst von ihm her, und indem er unsere Hoffnung ist, im Tode auch schon aus und über dem Tode, ist der Tod, indem wir ihn erleiden, auch schon hinter und unter uns. Wir pochen nicht auf eine Unsterblichkeit, die uns nicht zukommt, wenn wir es so sehen und sagen. Wir pochen überhaupt auf nichts, was uns zukäme. Mit unserem Tod als dem Zeichen des Gerichtes Gottes ist ja darüber entschieden, daß uns nichts, gar nichts zukommt, auch nicht Gnade, geschweige denn eine Gerechtigkeit, die uns etwas Anderes als eben Verdammnis bedeuten könnte. Wir pochen auf gar nichts, auch nicht auf die Existenz Gottes als des Herrn des Todes, der unser gnädiger Gott ist. Nur davon können wir — ohne alles Pochen! — nicht lassen, daß er das laut seines eigenen Wortes ist, nur davon nicht, daß er als solcher unser Helfer und Erretter und als solcher unsere Hoffnung ist. Von ihm selber können wir allerdings nicht lassen. Und indem wir von ihm nicht lassen können, müssen wir selbst uns mitten im Tode allerdings auch schon aus und über dem Tode sehen: in seinem Gefängnis als die schon Befreiten, unter seinem übermächtigen Ansturm als die, die schon gesiegt haben, als die, die sterben müssen, als die, die dennoch leben werden — und also den Tod wohl als Herrscher, aber nicht mehr als Allherrscher, sein Werk wohl als unentrinnbar, aber nur in der ihm gesteckten Grenze, wohl als bitter, aber nicht als verderblich, wohl als schrecklich, aber nicht als vernichtend. Er ist wohl unsere Grenze und doch nur unsere selber begrenzte Grenze. Er kann uns Alles nehmen. Er nimmt uns auch Alles, was unser ist. Er bringt es fertig, daß wir nicht mehr sind, weil wir keine Zeit mehr haben. Er bringt aber das nicht fertig, daß Gott nicht Gott, unser Gott, unser Helfer und Retter und als solcher unsere Hoffnung ist. Das kann er nicht. Und da er das nicht kann, ist ernstlich zu fragen: Was kann er dann überhaupt? Was ist Alles, was er kann, neben diesem Einen, was er notorisch nicht kann? Was ist dann die Macht seines Gefängnisses, seines Ansturms, seiner Bitterkeit, seines Schreckens? Was bedeutet dann das, was er uns antun kann und tatsächlich antut? Ist seine große Finsternis, in die wir hineingehen, nun nicht doch schon überstrahlt und durchleuchtet von dem Licht, das, weil es so gar nicht das unsrige ist, weil wir es so gar nicht zu unserer Verfügung haben, weil es so ausschließlich Gottes eigenes Licht ist, als ein kleines, ja kleinstes, ein immer nur entschwindendes Licht erscheinen mag und das nun dennoch — unvergleichlich viel heller als alle Unsterblichkeitslichter, die wir zu unserer Verfügung haben könnten — das eine große, wahre Licht ist: das Licht unseres Lebens im Tode, aus und über dem Tode? Ist der Tod noch groß und stark und nicht doch schon klein und schwach, ist er noch immer vor und über und nicht doch schon hinter und unter uns, indem er in diesem Lichte ist? Ist das Schweigen der Särge und der Urnen und das Schweigen der letzten Erinnerung an die Gewesenen als das Ende des menschlichen Seins in der Zeit noch immer definitiv, oder ist der Jubel der Auferstehung nicht doch schon hörbar über allen Särgen und Urnen und gänzlich verklungenen Erinnerungen, wo immer das Wort, von dem dieses Licht ausgeht, das Wort unseres Gottes, laut und vernommen wird?

5. *Die endende Zeit*

Hat Paul Gerhardt nicht doch recht in seiner Umdichtung des 73. Psalms:

> Wenn ich nur dich, o starker Held,
> Behalt in meinem Leide,
> So acht ich's nicht, wenn gleich zerfällt
> Das große Weltgebäude.
> Du bist mein Himmel, und dein Schoß
> Bleibt allzeit meine Burg und Schloß,
> Wenn diese Erd' entweichet.

Und dann in dem bekannteren Lied:

> Auf den Nebel folgt die Sonn'
> Auf das Trauern Freud und Wonn',
> Auf die schwere, bittre Pein
> Stellt sich Trost und Labsal ein;
> Meine Seele, die zuvor
> Sank bis zu dem Höllentor,
> Steigt nun bis zum Himmelschor.
>
> Der, vor dem die Welt erschrickt,
> Hat mir meinen Geist erquickt,
> Seine hohe, starke Hand
> Reißt mich aus der Höllen Band;
> Alle seine Lieb' und Güt'
> Überschwemmt mir mein Gemüt'
> Und erfrischt mir mein Geblüt.
>
> Ich will gehn in Angst und Not,
> Ich will gehn bis in den Tod,
> Ich will gehn ins Grab hinein
> Und doch allzeit fröhlich sein;
> Wem der Stärkste bei will stehn,
> Wen der Höchste will erhöhn,
> Kann nicht ganz zugrunde gehn. —

Kann man es eigentlich anders sehen und sagen?

Aber wir haben vielleicht schon zu viel gesagt und auch noch zu wenig, wenn wir so fragen. Zu viel, weil wir dabei eine Hoffnung geltend machen, deren Gewißheit wir doch ehrlicherweise nur in der Existenz Gottes als solcher suchen und finden können, sodaß alle auch nur fragenden Folgerungen hinsichtlich ihrer Erfüllung an uns vielleicht doch schon als allzu kühne Vorwegnahmen dessen erscheinen könnten, was uns wirklich zugedacht ist. Und zu wenig, weil wir diese auf Gott gerichtete und darum wahrhaftig wohlbegründete Hoffnung vielleicht doch noch nicht ernstlich genug geltend machen, sodaß unser bloß fragendes Folgern hinsichtlich ihrer Erfüllung an uns ihrem wirklichen Inhalt vielleicht doch noch lange nicht angemessen ist. Dieses «zu viel?» und dieses «zu wenig?» hat seinen guten Grund darin, daß wir uns bis jetzt zwar wohl auf biblischem, aber formell auf alttestamentlichem Boden bewegt haben. Der Gott, von dem wir **nicht zu viel** sagen, wenn wir uns selbst ganz und gar in das Licht seiner Existenz als die unseres Helfers und Erretters stellen, wenn wir also uns selbst ganz und gar schon jenseits des Todes sehen — der Gott, von dem wir umgekehrt auch **nicht zu wenig** sagen, wenn wir unser eigenes Sein aus und über dem Tode nun doch tatsächlich ganz und gar und ausschließlich in ihm selbst suchen und finden — er ist der Gott der neutestamentlichen Offenbarung und Erkenntnis. Er ist kein anderer als der Gott des **Alten Testamentes** — wir haben also von allem Gesagten nichts zurückzunehmen und richtig zu stellen. Er ist aber als derselbe, als Herr des Todes und als unser gnädiger Gott und also als die uns tatsächlich unendlich heilsame, aber auch als die tatsächlich einzige Grenze unseres Todes laut des **Neuen Testamentes** in der Weise offenbar und erkennbar, daß alles Fragen nach ihm voll positiver **Antwort** sein und wiederum gerade die positive Antwort, die wir in ihm schon ergreifen, erst recht zum echten Fragen nach ihm aufrufen muß.

Wir erfahren nichts sachlich Neues, wenn wir uns jetzt formell auf den Boden des Neuen Testamentes begeben. Es handelt sich auch hier um unseren Gott als die Grenze unseres Todes: um ihn, der des Todes Herr und als solcher im Tod allein zu fürchten, als unser gnädiger Gott, aber auch unser Trost und mitten im Tode unser Helfer und Erretter ist, von dem her, in der Hoffnung auf den auch wir den Tod schon hinter uns und unter uns haben. Es handelt sich aber auf dem Boden der neutestamentlichen Offenbarung und Erkenntnis zunächst darum, daß das Alles unzweideutig nicht etwa nur Frage, sondern mächtige, von Gott selbst gegebene positive **Antwort** ist. Das Alles ist ja nach dem Zeugnis des Neuen Testamentes Ereignis in der Einheit Gottes mit dem Menschen Jesus von Nazareth. In ihm ist er unser gnädiger Gott, weil er in seiner Einheit mit diesem einen Menschen seine Liebe zu Allen und seine Solidarität mit Allen bewiesen, weil er in diesem Einen ihrer Aller Sünde und Schuld auf sich genommen und also von ihnen Allen weggenommen und also sie Alle dem Gericht, dem sie mit Recht verfallen waren, mit höherem Recht entzogen hat, sodaß er in ihm wirklich ihrer Aller Trost ist. In ihm ist er uns Helfer und Erretter mitten im Tode, weil es eben mitten im Tode dieses Einen geschehen ist, daß wir Anderen alle, die wir wegen unserer Sünde und Schuld dem Tode verfallen waren, indem er an unserer Stelle Sünder und Schuldner wurde und das Entsprechende empfangen und bezahlt hat, vom Tode freigesprochen wurden. In ihm hat er also schon in diesem Sinn als Herr unseres Todes gehandelt: als der, der ihn auch absetzen, entwaffnen und entmächtigen kann: in ihm hat er eben von dieser Freiheit zu unseren Gunsten Gebrauch gemacht. In ihm hat er aber als Herr des Todes auch das vollbracht, daß er den Tod schon hinter uns und unter uns gebracht hat, indem er es eben dabei, daß dieser dem Tod an unserer Stelle und uns zugute erlitt, nicht bewenden ließ, sondern ihn wieder an unserer Stelle und uns zugute über den Tod triumphieren, ihn nicht nur für uns sterben, sondern auch für uns auferstehen ließ, sodaß wir von ihm her auch auf den uns bevorstehenden Tod faktisch nur noch zurück blicken und hinunter blicken können. In ihm, in diesem Einen, ist Gott also wirklich die Grenze des uns begrenzenden Todes. Was ist der Tod, was kann er uns noch sein? Unsere Verdammnis, unser Verlorengehen an das Nichts bestimmt nicht! Was haben wir von ihm zu fürchten, nachdem Gott ihn in diesem Einen für uns Alle erlitten und überwunden und damit in jenem leeren Raum des Streites zwischen ihm und dem Menschen Ordnung geschaffen, damit dem eingebrochenen Chaos seine Schranke gesetzt hat? In ihm, in diesem Einen, hat Gott selbst unseren Tod zum bloßen Zeichen seines Gerichtes gemacht. In ihm hat Gott darüber entschieden, daß unsere eigene Hoffnung auf ihn, den allein Unsterblichen, unsere auf ihn begründete Hoffnung auf unser eigenes Leben aus und über dem Tode nicht nur möglich, sondern notwendig, uns nicht nur erlaubt, sondern uns geboten ist. Im Blick auf diesen einen Jesus Christus ist nichts zu kühn, nichts zu hoch und umfassend, nichts im Verdacht einer bloßen Folgerung, eines Postulates wohl gar, was wir für uns selbst im Tode und jenseits des Todes erwarten können. In ihm ist ja wirklich Gott selbst, der Ewige, uns zugewendet und zugetan, mehr noch: der Unsrige geworden. In ihm ist uns ja wirklich die Verheißung ewigen Lebens — nicht eines Weiterlebens in irgend einer weiteren Zeit, aber eines Lebens in der Gemeinschaft des ewigen Lebens Gottes selbst gegeben. In ihm ist die Fülle dieses Lebens schon über uns ausgegossen. Das ist es also: dieser Eine, in dem das Alles von Gott konkret, greifbar und undiskutierbar auf den Plan gestellt ist — Er ist das Neue der neutestamentlichen Offenbarung und Erkenntnis des einen Gottes in seinem Verhältnis zum Tode. Wir können vom Alten Testament her genau gesehen nur fragen nach dem Allem. Wir können aber vom Neuen Testament nach dem Allem nicht fragen, ohne dessen gewahr zu sein, daß uns die Antwort so gegeben ist, daß sie sich von einer von uns selbst erfundenen Rätsellösung unterscheidet: so also, daß wir uns wirklich und endgültig an sie halten dürfen.

Es handelt sich aber auf dem Boden neutestamentlicher Offenbarung und Erkenntnis wirklich auch darum, daß uns die von Gott selbst mächtig gegebene positive Antwort notwendig zum Gegenstand echten, sinnvoll und sachgemäß ausgerichteten Fragens wird. Es ist ja nicht allgemeine Wahrheit, daß Gott die Grenze unseres Todes, daß er des Todes Herr ist, daß im Tode er und er allein zu fürchten, er und er allein unser Trost, er unser gnädiger Gott und als solcher im Tod unser Helfer und Erretter, daß er unsere Hoffnung ist, aus dem Tode in das Leben zu gehen. Man kann das Alles ja nicht abstrahieren von der nach dem Zeugnis des Neuen Testamentes Ereignis gewordenen Einheit Gottes mit dem Menschen Jesus von Nazareth. Man darf sich nicht vorstellen, daß das Alles an sich wahr und gültig wäre. Das Alte Testament meint es wahrlich auch nicht so, das Neue Testament aber macht es unzweideutig klar: es hat auch exklusive Bedeutung, daß das Alles in ihm, in diesem Einen, wahr ist. Es hat auch die kritische Bedeutung, daß es eben nur in ihm und nicht anderswie wahr und gültig ist. Es bleibt schon bei der Sicht des Alten Testamentes, ja eben diese Sicht wird noch verstärkt: daß Gott allein im Tode zu fürchten, Gott allein im Tode auch unser Trost ist. Es bleibt schon bei der Konzentration, ja sie wird jetzt erst recht konkret: bei der Konzentration aller Hilfe und Errettung im Tode und aus dem Tode in Gottes eigener Person. Es bleibt schon bei der Notwendigkeit, und sie wird vielleicht jetzt erst ganz zwingend, daß wir von uns selbst ganz wegschauen müssen, um zu sehen, daß der Tod abgesetzt, entwaffnet und entmachtet, daß er schon hinter uns und unter uns ist. Die sachliche Einheit der alttestamentlichen und der neutestamentlichen Offenbarung und Erkenntnis ist gerade an diesem Punkt ganz hell und überzeugend. Gott ist und bleibt der Eine, nach welchem, wenn es um unsere Erhaltung im Tode, um unseren Sieg über den Tod, um unser Leben aus und über dem Tode geht, allein zu fragen ist. Gerade durch die Konkretisierung dieses «Er allein» wird die Frage nach ihm jetzt ein ganz echtes sinnvoll und sachgemäß ausgerichtetes Fragen. Der eine Gott, der allein hilft und errettet, ist ja jetzt offenbar und erkennbar in seiner Einheit in diesem einen Menschen. Wird er nicht in ihm gesucht, so wird er gar nicht gesucht. Ist er nicht in ihm gefunden, so ist er gar nicht gefunden. Daß wir noch vom Tode bedroht sind und also noch unter dem Zeichen von Gottes Gericht stehen, das wird nun bedeutungsvoll. Es ruft uns nämlich zur Sammlung um Jesus Christus, zum Glauben an ihn allein und also zum resoluten Verzicht auf alle anderen Angebote. Ohne ihn würden wir ja im Tode nicht nur im Zeichen von Gottes Gericht, sondern unter Gottes Gericht selber stehen und rettungslos verloren sein. In ihm allein ist Gott unser gnädiger Gott: läge unsere Sünde und Schuld nicht auf ihm, so läge sie noch auf uns, so könnte es uns wirklich kein Trost sein, in unserem Tode unserem Gott zu begegnen. In ihm allein ist Gott unser Helfer und Erretter, weil in seinem Tode allein unser Freispruch von Sünde und Schuld und damit unsere Befreiung vom Tode erfolgt ist. In ihm allein geschah es, daß der Tod nicht nur erlitten, sondern auch überwunden wurde; in ihm allein ist es wahr, daß er auch für uns nur noch als der schon überwundene Feind in Frage kommt. In ihm allein ist es Wirklichkeit, mit der man rechnen darf und muß, daß Gott die Grenze des uns begrenzenden Todes ist.

In ihm allein ist jener bedrohliche leere Raum gerade seiner Bedrohlichkeit entkleidet, ist das hereingebrochene Chaos in seine Schranken gewiesen. In ihm allein beruht unsere Hoffnung, von Gott auch für uns, auch in unserem Tod und jenseits unseres Todes, wenn wir nicht mehr sein werden, Alles erwarten zu dürfen. Können wir unsere Erwartung, wenn sie auf ihn gerichtet ist, nicht zu hoch spannen, so können wir auch nicht zurückhaltend, nicht umsichtig, nicht kritisch genug sein gegenüber allen Erwartungen, die nun eben **nicht** auf ihn oder nicht auf ihn **allein** gerichtet wären. Es kann und darf uns eben nicht zu wenig sein, daß er ganz allein unsere Hoffnung ist, er unsere Zukunft, er unser Sieg, er unsere Auferstehung, er unser Leben. Es kann und darf uns nicht gereuen, uns ganz um ihn zu sammeln, ganz auf ihn zu konzentrieren, ganz und allein an ihn als an die uns von Gott gegebene positive Antwort zu glauben, das hilfreiche und rettende Wort Gottes ganz und ausschließlich in seiner Person, in seinem Sterben und Auferstehen zu uns reden zu lassen. Es ist tatsächlich nicht zu wenig, was uns dann übrig bleibt. Wir haben dann tatsächlich nichts zu bereuen und zu vermissen. Es widerfährt uns bei dieser Sammlung und Konzentration nicht Einengung, sondern Befreiung, nicht Verarmung, sondern Bereicherung. In welche Kämpfe und Krämpfe würden wir verwickelt, wenn wir unsere Hilfe und Errettung in und aus dem Tod **anderswo** oder **auch** anderswo als in Jesus Christus suchen müßten! Und was würde uns mit jedem Versuch, sie anderswo zu suchen, entgehen von der Fülle des Trostes, der bei ihm nicht erst zu suchen, sondern für jeden, der nach ihm fragt, ohne weiteres zu finden ist! — Das also ist die andere Verdeutlichung und Verschärfung der einen biblischen Offenbarung und Erkenntnis auf dem Boden ihrer neutestamentlichen Gestalt.

Wir fassen zusammen: Wir sagen gerade vom Neuen Testament her gesehen durchaus **nicht zu viel**, wenn wir einfach von Gottes Existenz sagen, daß eben sie uns in unserem Tode Trost, Zuversicht und Hoffnung in Fülle ist: darum nicht zu viel, weil Gottes Existenz eben als diese, alles Entbehren ausschließende Fülle in ihrer konkreten Gestalt in Jesus Christus tatsächlich wirklich und sichtbar ist. Wir sagen aber gerade vom Neuen Testament her gesehen auch durchaus **nicht zu wenig**, wenn wir sagen, daß unser Trost, unsere Zuversicht und Hoffnung im Tode auf die Existenz Gottes beschränkt ist: darum nicht zu wenig, weil das Alles gerade in seiner Beschränkung auf Gottes konkrete Existenz in Jesus Christus in seiner Fülle wirklich und sichtbar ist, während es außerhalb dieser Beschränkung doch nur Entbehren geben könnte.

Die biblische Begründung dieses weiteren Schrittes auf unserem Wege ist nun schon in unserer dogmatischen Darstellung in ihren Grundrissen sichtbar geworden. Sie soll aber auch noch selbständig zur Geltung kommen.

Die grundlegende alttestamentliche Einsicht ist an dieser Stelle die von der Überlegenheit, aber auch von der Entschiedenheit, in der Jahve dem Tod und der Unterwelt gegenübersteht. Die ganze Macht und Bedrohlichkeit des Todes gegenüber dem Menschen bedeutet im Alten Testament das nirgends, daß er unabhängig, ein Jahve gegenüber selbständiger Todesgott wäre, mit dem jener um die Herrschaft erst zu streiten hätte, sondern: «Ich bin der Herr, der das Alles wirkt — Licht und Finsternis, Heil und Unheil» (Jes. 45, 7). «Ich bin's, der tötet und lebendig macht» (Deut. 32, 39; vgl. 1. Sam. 2, 6, 2. Kön. 5, 7). Die Macht des Todes ist nach allen ihren Merkmalen wohl Chaos-Macht, wohl — wie die verführende Macht des Satans — von allen von Gott geschaffenen Kräften grundsätzlich getrennte und verschiedene, seiner Schöpfung fremde, in seiner Schöpfung geradezu verneinte und ausgeschlossene und insofern seinem Schöpferwillen entgegengesetzte Macht. Sie kann sich aber, indem sie in die von Gott geschaffene Welt einbricht, so wenig wie die des Satans absolut setzen. Der Tod ist (Röm. 5, 12) in die Welt gekommen und damit dem Menschen gegenüber zu einem Tyrannen — er ist aber Gott gegenüber zu keinem Souverän geworden, sondern alsbald unter Gottes Oberherrschaft geraten, unter die er mit allen anderen in Frage kommenden Chaosgewalten von Haus aus gehört. Ist doch auch das von Gott Verneinte als solches, d. h. in seinem bloß verneinten Sein, von Gott her und also nicht neben der gar über, sondern unter ihm. So kann auch der Tod nicht als Freibeuter wirklich und wirksam sein. So sendet Gott den Todesengel (Ex. 12, 23; 2. Sam. 24, 16; Hiob 33, 22) nach seiner Weisheit und nach seinem Wohlgefallen, wie ja auch der Satan seine dunklen Wege nur unter Gottes zulassendem Willen antreten und gehen kann. Jahve herrscht nach Amos 9, 2, Ps. 95, 4; 139, 8 über die Unterwelt wie über den Himmel und wie über das irdische «Land der Lebendigen». Man höre, wie in der Drohrede Hosea 13, 14 förmlich kommandiert wird: «Her mit deiner Seuche, Tod! Her, Unterwelt, mit deiner Pest!» Über dieses Kommando hinaus hat der Kommandierte keine Gewalt. Sein Vermögen und Vollbringen dem Menschen gegenüber steht unter Jahves ständiger und unbedingter Aufsicht, Kontrolle und Verfügung. Jahve ist wirklich die Grenze des Todes, wie der Tod die Grenze des Menschen ist. Damit ist aber auch die Ansicht ausgeschlossen, als trüge Jahve, was Leben und Tod betrifft, einen Januskopf, als wäre er in geheimnisvoller Ambivalenz und Neutralität Gott des Lebens und Gott des Todes. Daß er auch über den Tod Herr ist, heißt nicht, daß er auch den Tod bejaht. Er bejaht als Schöpfer das Leben und nur das Leben. So bejaht er auch als Herr des Bundes mit Israel sein Leben und dessen Bewahrung und Errettung, nicht aber dessen Vergehen. Es geschieht auch sein Verfügen über den Tod um des Lebens willen und nicht in Parteinahme für den Tod. «Habe ich etwa Wohlgefallen am Tode des Gottlosen, spricht Gott der Herr, und nicht vielmehr daran, daß er sich von seinem Wandel bekehre und am Leben bleibe?» (Hesek. 18, 23; vgl. 33, 11). Mehr noch: «Vernichten wird er den Tod auf ewig!» (Jes. 25, 8). Das sind Stimmen aus der späteren Bezeugung der alttestamentlichen Offenbarung und Erkenntnis. Sie sind aber bezeichnend für deren ganze Richtung. Sie ist explizit oder implizit Bezeugung nicht nur der Überlegenheit, sondern auch der Entschiedenheit Jahves dem Tod und der Unterwelt gegenüber. Indem er für Israel ist, für seinen Bund mit ihm, für sein Heil und für das seiner Menschen, ist er nicht auch für, sondern ist er gegen den Tod, der ja das Alles in Frage stellt, kann auch sein positives Verfügen über den Tod, jenes «Töten» neben dem «Lebendigmachen» nur eine besondere, in ihrer jeweiligen Schmerzlichkeit notwendige, in ihrer jeweiligen Notwendigkeit schmerzliche Etappe seines Weges und Wirkens sein, in welchem es eindeutig um das Lebendigmachen und nicht um das Töten geht.

5. Die endende Zeit

Es ist dieser überlegene und entschiedene Gott, auf den der alttestamentliche Mensch, indem er dem Tod und der Unterwelt — jener schon in sein Leben einbrechenden Offensive des Todes und der Unterwelt — entgegensieht, seine Zuversicht setzt. Er weiß wohl, daß auch in dieser Offensive erstlich und letztlich Gott zu fürchten ist, daß die Macht, die dieser Feind über ihn hat und das Leid, das er ihm antut, erstlich und letztlich von ihm kommt. Er straft in seinem Zorn und züchtigt in seinem Grimm (Ps. 6, 2). Er zermalmt des Menschen Gebeine (Ps. 51, 10). Wenn Er ihn zerreißt, gibt es keine Errettung (Ps. 50, 22). «Hat Er Lust, mit ihm zu rechten, nicht auf Eines von Tausend kann er ihm antworten» (Hiob 9, 3). Es ist bemerkenswert, wieviel zahlreicher die Stellen sind, in denen des Menschen Todesbedrohung und Todesnot direkt auf Gott selbst zurückgeführt werden als die anderen, in denen sie als das Werk jener Gott untergeordneten Fremdmacht bezeichnet und beschrieben werden. Mit Gott und nicht mit jener Fremdmacht wird denn auch im ganzen Hiobbuch so beharrlich gehadert. Nicht der Tod, sondern Gott ist es, der in der Herrschaft und im Werk des Todes so schrecklich ist. Das ist schrecklich im Schrecken des Todes, daß Gott sich vom Menschen abwenden, sein Antlitz vor ihm verbergen, ihn in seinem Zorn abweisen, ihn verstoßen, verlassen und vergessen kann (Ps. 27, 9 u. ö.). Erst in dem durch dieses Verhalten Gottes geschaffenen Hohlraum, erst indem der Mensch in die Hoffnungslosigkeit dieses toten Winkels gerät, kann dann jene Fremdmacht ihre bedrohliche Herrschaft über ihn aufrichten, ihr gefährliches Werk an ihm tun.

Von Gott allein ist darum in der Bedrängnis durch diese Fremdmacht auch Trost, Hilfe und Errettung zu erwarten. Keiner kann des Menschen Zuversicht neu begründen und selber sein als eben der, der der erste und letzte Grund ihrer Erschütterung ist. Was erwartet der Mensch von Gott als dem Helfer und Erretter in dieser Erschütterung, in jenem Hohlraum, wo der Tod tatsächlich nach ihm gegriffen hat und wo er ihm, wenn Gott nicht hilft und errettet, gänzlich und endgültig verfallen ist? Was heißt hier Helfen und Erretten?

Es entspricht dem Bild jenes Hohlraums, in welchem der Tod bedrohlich und gefährlich ist, wenn die Vorstellung, die die alttestamentliche Sprache mit diesem Vorgang verbindet, entscheidend die eines Herausführens, Herausziehens, Heraufholens ist und in diesem Sinn dann die eines Entrückens und Entziehens, einer dem Menschen gegebenen Möglichkeit und Gelegenheit zur Flucht und zum Entkommen, einer ihm damit zuteil werdenden Beschützung und Bergung. Der Raum, aus dem der Mensch da entfernt zu werden hofft, ist natürlich die als Grab, Ozean oder Wüste repräsentierte Todes- und Totenwelt. Und die Meinung ist die, daß Jahve in deren Höhle, in deren Tiefe, in deren Einöde gewissermaßen hineingreife, um den Menschen von da heraus zu holen. Wohin? In das «Land der Lebendigen» natürlich, wenn dazu noch Zeit ist: zurück zu den Gesunden, den Freien, den zum Gebrauch und Genuß ihres Lebens noch oder wieder Befähigten — aber entscheidend doch: dahin, wo dem Menschen Gottes eigenes Antlitz wieder leuchtet, in den Bereich seiner Zuwendung und Gnade. Denn dadurch und dadurch allein wird er so oder so gerettet sein, daß eben Jahve ihm wieder gegenwärtig ist, aufs Neue für ihn eintritt.

Helfen und Erretten kann aber weiter (Ps. 26, 11 u. ö.) den Sinn einer «Erlösung», d. h. einer dem Menschen durch einen Loskauf widerfahrenden Wiederherstellung und Sicherstellung haben, worin dann offenkundig die Bedingtheit des menschlichen Todes durch die menschliche Schuld sichtbar wird: die «Erlösung» besteht darin, daß, indem die Schuld beglichen wird, der Tod hinfällig wird (vgl. Johann Jakob Stamm, Erlösen und Vergeben im Alten Testament 1940). Die Vorstellung kann im alttestamentlichen Zusammenhang nicht durchsichtig werden.

Wer bezahlt wem was? Kommt als Bezahlender ein Anderer in Frage als Jahve selber? Und mit was soll Jahve bezahlen, als wieder mit seiner eigenen Person? Und wer soll als Empfänger dieser Bezahlung in Frage kommen, als noch einmal er selber? Eine andere Antwort ist letztlich auf alle drei Fragen nicht zu geben. Der so zu beschreibende Vorgang der Errettung des Menschen vom Tode ist offenbar damit doch erst angezeigt, aber noch nicht als wirklicher, geschichtlicher Vorgang aufgezeigt. Und Ähnliches gilt von den Stellen, wo die Errettung (wie Ps. 54, 6) als ein Stützen und Halten des Menschen oder (wie Ps. 6, 3) als ein Heilen oder (wie Ps. 71, 20) als eine Belebung des Menschen beschrieben wird. Ähnliches gilt im Grunde natürlich auch von der Errettung in jenem ersten und wichtigsten Sinn: von jenem Herausführen aus dem Tode, sofern darunter mehr zu verstehen sein sollte als die Errettung vor dem vorläufigen, sofern darunter die Errettung vor dem endgültigen Zugriff des Todes und der Unterwelt verstanden sein sollte. Der in diesem letzteren Sinn vom Tode errettete Mensch ist im Bereich der alttestamentlichen Offenbarung und Erkenntnis und darum auch in deren Bezeugung und darum auch in dem alttestamentlichen Zeugnis von der Hoffnung auf Gott aus gutem Grund nicht sichtbar.

Wir haben hier dennoch genug, und recht gesehen sogar Alles zu lernen, was in dieser Sache zu lernen ist. Das ist unzweideutig, daß der alttestamentliche Mensch — und das nicht nur klagend und bittend, sondern auch dankend und lobpreisend — eben den Gott, den er als den Herrn des Todes so sehr zu fürchten hat, auch als radikalen Helfer im Tod und aus dem Tod kennen und bekennen darf. Er weiß sich im Blick auf Tod und Unterwelt nicht allein gelassen. Er weiß weiter, daß er es dort auch nicht nur mit dem Gott zu tun haben wird, der ihn, indem er ihn straft, wie er es verdient hat, dem Tode preisgibt. Er weiß freilich auch, daß es, wenn es einen Helfer und Erretter gibt, schlechthin Gottes bedarf: seines wunderbaren Hineingreifens in jenen an sich unzugänglichen und undurchdringlichen Bereich, seines mächtigen Heraushholens von dort, seiner Befreiungsaktion, seiner Erlösung des Menschen von seiner Schuld als von der Wurzel seines Todes, seines souveränen Werks der Herstellung seines Rechtes auf den Menschen und eben darin auch des Rechtes des Menschen vor ihm. Er weiß, daß es um die Tat geht, die nur Gott tun kann. Er flieht zu Gott als zu dem, der als Täter dieser Tat allein in Frage kommt: außer ihm Keiner, kein anderer Mensch, keine sonstige Kreatur, kein Engel und am allerwenigsten er selbst, der hier ganz und gar nur als Verhafteter und Gefangener auf dem Plane ist: er selbst, der ja durch den Tod eben als er selbst gänzlich in Frage gestellt ist. Aber eben als den Täter dieser Tat kennt der alttestamentliche Mensch seinen Gott, klagt er, warum er sich nicht als solcher erweise, bittet er ihn, daß er das tue, dankt er ihm und lobpreist er ihn deshalb, weil er eben dieser ist und als solcher seine einzige, aber auch ganz gewisse Hoffnung ist! «Ich werde nicht sterben, sondern leben und des Herrn Werke verkündigen» (Ps. 118, 17).

Über diese Linie geht das alttestamentliche Zeugnis nicht hinaus. Es redet von der dem Menschen auch im Tode verbleibenden Existenz und Treue Gottes. Daß er ist und bleibt, der er ist, das ist des Israeliten Hilfe und Trost im Tod und seine Errettung aus dem Tode, das ist seine Hoffnung. Von einer dem Menschen in einer Zeit nach seinem Tode widerfahrenden Erneuerung und Fortsetzung seines Lebens, von Auferstehung in diesem Sinn also und von einem dem Menschen zu verleihenden ewigen Leben in diesem Sinn ist im Alten Testament nicht die Rede. Auch die wenigen, zum Beweis des Gegenteils manchmal angerufenen Stellen reden faktisch nicht davon. Das Wort Ps. 16, 10: «Du gibst mein Leben nicht der Unterwelt preis, du lässest deinen Frommen nicht die Grube schauen» ist schon Act. 2, 29; 13, 36 dahin verstanden worden, daß das Letzte, was

5. Die endende Zeit

von David (im Unterschied zu Jesus Christus!) zu melden war, sein Grab und seine Verwesung gewesen und geblieben sind; es bezieht sich aber auch nach seinem ursprünglichen Zusammenhang deutlich auf eine Errettung aus Todesgefahr v o r der eigentlichen und letzten Todesnot. Ähnlich steht es mit Ps. 17, 15: «Ich aber will in Gerechtigkeit dein Angesicht schauen, will mich sättigen, wenn ich erwache an deinem Bilde» und mit Ps. 27, 13: «Ach, wenn ich nicht die Zuversicht hätte, die Güte des Herrn zu schauen im Lande der Lebenden!» Stärker scheint auf den ersten Blick Ps. 49, 16: «Aber Gott wird meine Seele erlösen aus der Gewalt der Unterwelt; denn er wird mich entrücken.» Aber mehr als das, daß der auf Gott Vertrauende im Gegensatz zu denen, die sich auf Macht und Reichtum verlassen, diese als seine Feinde und die von ihm von ihnen drohende Todesgefahr nicht zu fürchten hat, scheint nach dem Zusammenhang auch diesem Wort schwerlich zu entnehmen zu sein. Und so drückt Ps. 73, 26 zwar sehr schön jenen entscheidenden positiven Gehalt der alttestamentlichen Hoffnung aus: «Mag Leib und Sinn mir schwinden, Gott ist ewiglich mein Fels und mein Heil», sagt aber wieder nichts über eine allfällige Rückgängigmachung jenes Schwindens, sofern es sich dabei um das endgültige Entschwinden des Lebens, um den endgültigen Tod gehandelt haben sollte. Hierher gehört natürlich auch die im Einzelnen dunkle, im Ganzen und Entscheidenden doch klare Stelle Hiob 19, 25 f.: «Ich aber weiß: mein Anwalt lebt und ein Vertreter ersteht mir über dem Staube. Selbst wenn die Haut an mir zerschlagen ist, mein Fleisch geschunden, werde ich Gott schauen, ja ich werde ihn für mich schauen, und meine Augen werden ihn sehen: nicht als Feind.» Von mehr als von Gott als des Menschen Anwalt und Vertreter «über dem Staube» ist doch auch hier nicht die Rede. Denn auch das Schauen und Sehen Gottes, von dem die Rede ist, bezieht sich nach dem Zusammenhang auf das dem Sterben entgegeneilende Leben des Menschen bis hin zum Akt des Sterbens selber, nicht aber auf ein Fortleben nach dem Sterben. Daß Hiob eben im Akt des Sterbens Gott — und diesen nicht als seinen Feind, sondern «für sich», als seinen Anwalt und Vertreter zu sehen erwartet, als seinen «Zeugen im Himmel» und «Mitwisser in der Höhe» (Hiob 16, 19), als seinen vor sich selber für ihn eintretenden Bürgen (Hiob 17, 3) — etwas Anderes scheint auch diese berühmte Stelle nicht zu sagen. In Jes. 26, 19 endlich und in der großen Vision Hes. 37, 1—14 haben wir es deutlich mit Bildern der verheißenen geschichtlichen Erneuerung des Volkes Israel zu tun, deren Wahl zwar zu denken gibt, die aber doch wohl nicht als Dokumente dessen, was man in Israel als Lösung des Todesproblems konkret erhoffte, zu verwerten sind. Und vielleicht gilt das doch auch noch von der in dieser Hinsicht explizitesten alttestamentlichen Stelle: «Viele von denen, die schlafen im Erdenstaub, werden erwachen, die Einen zu ewigem Leben, die Anderen zur Schmach, zu ewigem Abscheu» (Dan. 12, 2), weil auch diese Stelle sich auf das jüdische Volk als solches bezieht und vielleicht keine anthropologische Tragweite hat. Andernfalls müßte man sagen, daß wir es hier, am Rande des alttestamentlichen Kanons mit einer Ausnahme zu tun haben, die als solche die im Allgemeinen gültige Regel bestätigen würde.

Nach dieser Regel ist es so, daß es sein Bewenden hat bei dem strengen G e g e n - ü b e r einerseits des zeitlich abgeschlossenen Seins des Menschen im Tode und andererseits des zeitlich unbeschränkten Seins Gottes als des Herrn über das Leben, aber auch über Tod und Unterwelt. Die Regel ist, daß eine Auflösung dieses harten Gegensatzes, ein Aufweis seiner Heilsamkeit, nicht stattfindet. Den Toten bleibt nur zweierlei, unter sich sehr Ungleiches, nämlich 1. daß sie als einst Lebende einmal gewesen und also nicht einfach zu nichts geworden, sondern immerhin diese G e w e s e n e n sind und 2. daß auch sie in diesem ihrem Gewesensein in G o t t e s Macht und Hand sind: in der Hand, von der Israel weiß, daß sie unbeschränkt Wunder tun, den Lobpreis seiner Geschöpfe entgegennehmen, Gnade erweisen und Treue halten, Heil schaffen und sich offenbaren kann. «Er wird nicht müde noch matt» (Jes. 40, 28), indem die Menschen zu *refaim* werden. Er ist auch für die nur noch Gewesenen kein Gewesener. Er ist auch für sie gegenwärtig und zur Stelle: als derselbe, der er war, da sie waren und bevor sie waren. Er ist nicht nur der Gott und Bundesherr der jeweils lebenden Generation seines Volkes, obwohl er es in seinem geschichtlichen Reden und Handeln je nur mit dieser zu tun hat, obwohl die dahingegangenen Generationen an diesem weitergehenden Vollzug seines Bundes mit Israel keinen Anteil mehr haben, ihn offenbar nicht einmal als Zuschauer weiter begleiten können. Daß auch sie zu ihrer Zeit daran Anteil hatten, zu ihrer Zeit sein Wort hörten, zu ihrer Zeit der Gegenstand seines Handelns waren — das ist damit, daß sie nun dahin sind, nicht dahin. Gewiß: nur diese ihre Beziehung zu Gott ist nicht dahin. Nur insofern sind auch sie selbst für ihn und vor ihm nicht dahin. Aber insofern — und sofern eben Gott selbst auch nach ihrem Sein in ihrer Zeit nicht aufgehört hat, ihr Gott zu sein — sind sie wirklich nicht dahin! Insofern sind und bleiben auch sie Partner des Bundes, bleibt Gott auch ihre Hoffnung. Was das für sie bedeutet, wie die radikale Hilfe und Errettung aussieht, die ihnen damit gewiß ist, daß Gott auch für sie und daß auch sie für Gott nicht dahin sind, das bleibt tatsächlich Frage. Keine leere, keine ohnmächtige Frage, keine Frage ewig ungestillten Hungerns und Dürstens, vielmehr eine Frage voll Trost und Zuversicht, voll heimlicher Antwort, so gewiß sie ja nicht ins Leere greift, sondern an Gott gerichtet ist! Man darf ruhig annehmen, daß die neutestamentliche Erklärung des Wortes von dem «Gott Abrahams, Isaaks und Jakobs»: «Er ist nicht ein Gott von Toten, sondern von Lebendigen» (Mr. 12, 27) und daß auch der lukanische Zusatz: «Denn für ihn sind sie alle lebendig» (Luk. 20, 38) insofern gut alttestamentlich ist, als damit doch nur der positive Gehalt der alttestamentlichen Frage, ihr heimlicher Trost zur Aussprache gebracht ist. Sie bleibt aber eine Frage und ein Wiederaufleben und Weiterleben der Toten in einer Zeit nach ihrem Tode ist bestimmt nicht ihr positiver Gehalt. Dieser besteht und erschöpft sich vielmehr darin, daß die zu ihrer Zeit Gewesenen als solche vor dem Gott sind, der kein Gott von Toten, sondern von Lebendigen ist. Alles dem Menschen zuteil werdende Herausgeführt-, Erlöst-, Gehalten- und Geheiltwerden im Tode und aus dem Tode ist in Gott, in seiner Existenz in Treue beschlossen. Daß das Alles in ihm beschlossen, daß von ihm das Alles zu erwarten ist, das ist hinsichtlich des Todes die Hoffnung des Alten Testamentes.

Die Hoffnung des Neuen Testamentes ist sachlich keine andere, nur daß sie jetzt einen konkreten Grund und damit eine Form gewinnt, in der der positive Gehalt jener alttestamentlichen Frage so zum Leuchten kommt, daß die Antwort, die sie auch als Frage sicher enthält, als Antwort unverkennbar und zwingend wird. Man beachte immerhin, daß sie an wichtigen Stellen gerade bei Paulus auch ihren Charakter als Frage noch immer oder noch einmal unzweideutig sichtbar macht: «Ich elender Mensch! wer wird mich herausreißen aus diesem Todesleibe?» (Röm. 7, 24). Und so auch an den bereits triumphierenden Stellen Röm. 8, 31 f.: «Ist Gott für uns, wer mag wider uns sein... Wer wird Anklage erheben gegen die Erwählten Gottes?... Wer wird verdammen?... Wer wird uns trennen von der Liebe des Christus?» und 1. Kor. 15, 55: «Wo ist, Tod, dein Sieg? Wo ist, Tod, dein Stachel?» Aber so wird jetzt überall in unmittelbarer Entgegenstellung mit der Antwort und eigentlich doch schon von dieser Antwort her gefragt: «Gott sei Dank durch unseren Herrn Jesus Christus (Röm. 7, 25). «Der seines eigenen Sohnes nicht verschont, sondern ihn für uns Alle dahingegeben hat, wie sollte er uns mit ihm nicht Alles schenken?... Christus Jesus ist gestorben, noch mehr: auferstanden, welcher ist zur Rechten Gottes, welcher für uns eintritt... in dem Allem überwinden wir weit durch den, der uns geliebt hat. Denn ich bin gewiß, daß weder Tod noch Leben... uns wird scheiden können von der Liebe Gottes, die in Christus Jesus unserem Herrn ist.» (Röm. 8, 32. 34. 37 f.). «Gott sei Dank, der uns den Sieg gibt durch unseren Herrn Jesus Christus» (1. Kor. 15, 57). Man hört freilich den spezifisch alttestamentlichen Ton auch noch an einer Stelle wie 2. Kor. 1, 8 f., wo Paulus im Rückblick auf seine Bedrängnisse in Kleinasien schreibt, «daß wir im Übermaß und über unser Vermögen belastet waren, so daß wir sogar unser Leben verloren gaben. Ja, wir waren bei uns selbst unseres Todesurteils gewiß — damit wir unser Vertrauen nicht auf uns selbst setzten, sondern auf Gott, der die Toten auferweckt, welcher uns aus solchem Tod herausgerissen hat und herausreißen wird, auf den wir unsere Hoffnung gesetzt haben, daß er uns auch ferner herausreißen werde». Aber eben: diese Hoffnung ist jetzt eine konkret begründete geworden und damit eine bei allem Ernst des drohenden Todes und der angesichts dieser Drohung nötigen Frage nach Gott triumphierende Hoffnung. Auch das vermeintlich schon ausgesprochene Todesurteil dient jetzt nur dazu, den christlichen Menschen erst recht in das Vertrauen und in die Hoffnung auf Gott als den zu treiben, der die Toten erweckt. Eben wo — nicht Gott, sondern der Sieg und die Macht des Todes nun eigentlich geblieben sei, lautet ja jetzt (1. Kor. 15, 55) die Frage. Eben — nicht auf das vom Tod überwältigte gewesene Leben, sondern auf den besiegten Tod wird ja jetzt schon zurück- und heruntergeblickt, sodaß diese beiden: das (unaufhaltsam zu Ende gehende) Leben und der Tod (1. Kor. 3, 22, Röm. 8, 38, Phil. 1, 20) — sie, die sich im Alten Testament so exklusiv gegenüberstehen — wie zwei neutrale Möglichkeiten nebeneinandergestellt, von hoher Warte aus überblickt werden, Röm. 8, 38 f., übrigens in einer Reihe mit anderen problematischen Möglichkeiten — Engel, Gewalten, Gegenwart, Zukunft, Kräfte, Höhe, Tiefe — die mit Leben und Tod das gemeinsam haben, daß sie von der Liebe Gottes nicht zu scheiden vermögen. Man beachte die auch damit vollzogene gewisse Relativierung des Todes! Jedenfalls: «Leben wir, so leben wir dem Herrn. Sterben wir, so sterben wir dem Herrn. Wir leben nun oder wir sterben, so sind wir des Herrn» (Röm. 14, 8).

Es ist weder religiöser Übermut, noch eine Abstumpfung des Sinnes für die Schärfe des Todesproblems, sondern es ist die durch die inzwischen eingetretene konkrete Begründung der alttestamentlichen Hoffnung eingetretene radikale Standortsveränderung, die den Apostel so denken und reden läßt, die ihm erlaubt und gebietet, genau die Hoffnung, in der schon die alttestamentlichen Gerechten lebten und doch nur gewissermaßen von unten, vom Standpunkt des Menschen her in Sicht bekommen und zum Ausdruck bringen konntèn, nun gewissermaßen von oben, vom Standpunkte Gottes selbst her auszusprechen. Paulus denkt und redet nicht von sich her — wenn er das tut, tut er es (Röm. 7, 24!) wie ein Psalmist des Alten Testamentes es auch tun könnte, aber dann nicht ohne sofortige Richtigstellung in der Fortsetzung. Er hat ja, indem er «in Jesus Christus» ist, gerade und zuerst sich selbst hinter sich und unter sich. Er lebt ja (Gal. 2, 20) im Glauben an den Sohn Gottes. Er denkt und redet also von ihm her. Von ihm her darf und muß er es so tun. Das vierte Evangelium gibt hier den entscheidenden Kommentar: «Wer mein Wort hört und dem glaubt, der mich gesandt hat, der hat ewiges Leben und kommt nicht ins Gericht, sondern er ist aus dem Tode ins Leben hinübergegangen» (Joh. 5, 24). «Wenn Jemand mein Wort befolgt, wird er den Tod in Ewigkeit nicht sehen» (Joh. 8, 51, vgl. 11, 26). Und in gedrängter Kürze: «Wer glaubt, hat ewiges Leben» (Joh. 6, 47). Und darum 1. Joh. 3, 14: «Wir wissen, daß wir aus dem Tode in das Leben hinübergegangen sind». Paulus hat es nicht so gesagt, aber das ist die Höhe, von der her er geredet hat. Nicht er hat sie gewonnen. Er steht für sich nicht anderswo als wo Hiob und die Psalmsänger auch standen. Aber «Jesus Christus hat dem Tode die Macht genommen und das Leben und die Unverweslichkeit ans Licht gebracht durch das Evangelium» (2. Tim. 1, 10). Seine, des Menschen Jesus, Worte und nicht allgemeine Wahrheiten, nicht die Sentenzen einer die alttestamentliche Todesweisheit überbietenden Lebensbejahung sind ja auch jene starken Worte des Johannesevangeliums: «Wahrlich, wahrlich, i c h s a g e e u c h» ! Und sie überbieten die alttestamentliche Todesweisheit nicht, sie strafen sie nicht Lügen, sie offenbaren und bestätigen vielmehr, daß diese in ihrer ganzen Strenge darum Weisheit ist, weil sie des Menschen Hoffnung im Tode so ganz und ausschließlich auf die Existenz und Treue Gottes begründet. Was bezeugt das Neue Testament Anderes als die nun konkret und geschichtlich gewordene und so dem Menschen nicht nur b l e i b e n d e, sondern für ihn t r i u m p h i e r e n d e Existenz und Treue Gottes? In dem Menschen Jesus ist sie Fleisch geworden und wo sie in ihm erkannt und geglaubt wird, da tritt eben jene Standortsveränderung ein, kraft derer der Mensch auf den ihn bedrohenden Tod schon zurück- und hinunterblicken darf, um ihm dann so (von diesem seinem neuen Ort aus auch er!) schon als Sieger entgegenzugehen. Jesus ist Sieger! Daraufhin, daß er es für ihn ist, darf und muß es der Mensch auch sein: indem er i h n erkennt, i h m nachfolgt, an i h n glaubt, indem e r seine Hoffnung ist, aber in dem Allem er mit ihm ist, so gewiß jener, sein Mitmensch und Bruder, nicht ohne ihn, sondern für ihn und mit ihm Sieger ist. Die W i r k l i c h k e i t dieses Sieges ist der Tod Jesu, weil es in ihm geschehen ist, daß Gott bei sich selber in diesem Mitmenschen und Bruder jedes Menschen für dessen Sünde und Schuld eingetreten ist, damit den Tod als deren Folge gegenstandslos gemacht und eben so jenes Herausreißen des Menschen aus dem Tode, jene Erlösung vollzogen hat. Und die A n z e i g e dieses Sieges ist die Gotteserscheinung der schlechthin einzigartigen 40 Tage, in denen Jesus nach seinem Tode noch einmal, zum Erweis seiner Herrlichkeit und seines Sieges, lebendig unter seinen Jüngern war. Die neutestamentliche Hoffnung kommt von dieser Wirklichkeit und von dieser Offenbarung her.

Die an Jesus glauben, können ihren Tod nicht mehr vor sich, sondern nur noch hinter sich sehen. Denn indem sie an Jesus glauben, g e h ö r e n s i e z u i h m — sie sind erwählt zur κοινωνία, d. h. zur Teilhabe an seinem Sein (1. Kor. 1, 9) und indem sie zu ihm gehören, haben sie ihren Tod tatsächlich hinter sich: dort, in der Wirklichkeit s e i n e s Todes, ist er für sie erlitten, aber auch a b g e t a n, als Folge ihrer Sünde und Schuld gegenstandslos gemacht worden. Damals, m i t i h m, sind auch sie, ihr «alter», schlechterdings fehlbarer und darum hoffnungslos verlorener Mensch nämlich — der Ausdruck ist der gleiche, der Mr. 15, 32 von jenen beiden Schächern gebraucht wird! — g e k r e u z i g t worden (Gal. 2, 20, Röm. 6, 6) und also m i t i h m g e s t o r b e n (Röm. 6, 8, Kol. 2, 20, 2. Tim. 2, 11). Mit ihm? Ja, mit ihm, so gewiß ihnen eben ihre Z u g e h ö r i g k e i t zu ihm in ihrer T a u f e als der Entsprechung zu Jesu seinen Tod besiegelndem Begräbnis bestätigt worden ist, so gewiß sie in ihrer Taufe auch Jesu Begräbnis (oder: Jesu Begräbnis als das Urbild ihrer Taufe!) hinter sich haben (Röm. 6, 4, Kol. 2, 12). Es fügt sich durchaus in diese Anschauung, daß die, die an Jesus glauben, durch seinen Tod gewissermaßen G e z e i c h n e t e sind: Er trage die στίγματα Jesu an seinem Leib, schreibt Paulus Gal. 6, 17 und noch stärker 2. Kor. 4, 10: die νέκρωσις Jesu, und gleich darauf: er werde um Jesu willen noch lebend dauernd in den Tod gegeben (2. Kor. 4, 11). Er kann Phil. 3, 10 schreiben, daß er dem Tode Jesu «gleichgestaltet» in die κοινωνία seiner Leiden versetzt werde und kann Kol. 1, 24

5. Die endende Zeit

in gewiß gewagtem Ausdruck sagen, daß er mit seinen Leiden das ergänze, was den Drangsalen Christi an Vollständigkeit — nämlich als Entsprechung im Leben seines Leibes, der ἐκκλησία — noch fehle. Es kann nicht anders sein, als daß die, die damals mit ihm gekreuzigt und gestorben sind und nur noch von daher leben können (Gal. 2, 20), die Spuren dieses Ereignisses zu tragen, seine Nachwehen zu erleiden, in seinem Schatten zu existieren haben. Diese Entsprechung streitet nicht gegen den definitiven Charakter jenes Ereignisses, sondern sie bestätigt ihn: gerade das ist ja das Merkwürdige dieser Stellen, daß Paulus seine Leiden nicht als die seinigen, sondern als die Jesu selbst verstanden wissen will, als die Kennzeichen, die ihm dort aufgeprägt worden sind und an denen es erkennbar ist, daß er diesem Herrn gehört.

Und nun ist dieses Ereignis, die damals vollbrachte Erlösung und Versöhnung, die damals geschehene Besiegung und Beseitigung des Todes, von der die, die an Jesus glauben, herkommen, nach neutestamentlicher Anschauung nicht mehr und nicht weniger als das **Ende der Zeit, der letzte Tag** — genauer gesagt: die Mitternachtsstunde der letzten Nacht, in der der letzte Tag **angebrochen** ist: der letzte für jeden Einzelnen, der letzte für alle Menschen. «Das Alte ist vergangen» (παρέλθη 2. Kor. 5, 17). Dem ist so, weil in diesem Ereignis die Zeit **erfüllt** ist, weil, was in der Zeit und als Sinn des in der Zeit existierenden Kosmos geschehen sollte, in diesem Ereignis geschehen ist. Die an Jesus glauben, wissen, daß sie — aber nicht nur sie, sondern noch unwissend auch alle anderen Menschen — an diesem letzten Tage leben, eine andere als die Zeit dieses letzten Tages nicht mehr vor sich haben. Sein Anbruch, sein Sonnenaufgang nach jener Nachtstunde ist die **Auferstehung Jesu**, die Gotteserscheinung der 40 Tage als die Anzeige: daß jenes Ereignis geschehen, der Tod außer Kraft gesetzt, die Zeit zu Ende ist. Was dieser Anzeige noch folgen kann, ist nur noch der **Ablauf** dieses letzten Tages und dann entsprechend seinem Anfang dessen **Ende**: das abschließende, allgemeine und endgültige Offenbarwerden jenes Ereignisses, das Sichtbarwerden des Erretters und Siegers von Golgatha als der, der er ist — als das Haupt seiner Gemeinde nicht nur, sondern der ganzen Schöpfung (Eph. 1, 10). Einen anderen Sinn kann die bis dahin noch laufende Zeit nicht mehr haben als die angesichts des gekommenen Reiches notwendige **Buße** und den **Glauben an das Evangelium** (Mr. 1, 15), beides auf Grund jenes Ereignisses und seiner Anzeige. Und eine andere Aufgabe kann es für die, die an Jesus glauben (und also darum wissen, daß dieser Tag der letzte und was sein Sinn ist), nicht geben als die möglichst eilige und möglichst weite Bekanntmachung jenes Ereignisses und seiner Anzeige. Die unwissenden Menschen, alle Kreaturen müssen es ja wissen, was die Stunde geschlagen hat. Sie selber, die an Jesus Glaubenden, leben nur noch — von was sollten sie sonst leben? — von jener Anzeige und also von Jesu Auferstehung her — auch das nicht willkürlich und nicht aus eigener Kraft, sondern als die, die wie in jener Nacht so an jenem Morgen mit ihm waren: **mit ihm** auferweckt und lebendig gemacht (2. Kor. 4, 14, Kol. 3, 1, Eph. 2, 5) «durch die Kraft des Gottes, der ihn von den Toten erweckt» (Kol. 2, 12 f.), «wiedergeboren zu einer lebendigen Hoffnung durch die Auferstehung Jesu Christi von den Toten» (1. Petr. 1, 3). Und indem sie vorläufig von dieser Anzeige, von Jesu Auferstehung her — ein der Auferstehung Jesu vorläufig entsprechendes Leben (Röm. 6, 4) — leben, leben sie notwendig dem Definitivum jener Offenbarung, der **Wiederkunft Jesu in seiner Herrlichkeit** entgegen. Noch müssen auch sie ihrer **warten** und **harren**, wie der ganze Kosmos in einem einzigen Warten auf dieses letzte Ereignis begriffen ist. Noch **dauert** ja der schon angebrochene letzte Tag. Wohl sind und heißen sie jetzt schon «Kinder Gottes»; es ist aber jetzt noch nicht erschienen, was sie sein werden, sodaß die Welt, die Jesus noch nicht erkennt, auch sie noch nicht zu erkennen vermag (1. Joh. 3, 1 f.). Ihr Leben ist noch mit Christus verborgen in Gott (Kol. 3, 3). Und wieder sind nicht sie es, die das Ende dieses letzten Tages und also die Offenbarung dessen, was sein Anfang angezeigt hatte und damit das Ziel ihres Wartens und Harrens — des Wartens und Harrens des ganzen Kosmos (Röm. 8, 19 f.) — herbeiführen oder auch nur voraussehen könnten. Wiederum wird es ja so sein, daß auch das letzte Ereignis dieser Offenbarung ganz und gar Jesu eigenes Werk sein wird. Sie werden auch dann nur «mit ihm» sein können (1. Thess. 4, 17, Phil. 1, 23). Wenn er offenbar werden wird, wenn sie ihn sehen werden, wie er ist, dann werden mit ihm auch sie offenbar werden (Kol. 3, 4, 1. Joh. 3, 2), was dann freilich auch bedeuten wird: «vor seinem Richterstuhl offenbar werden» (2. Kor. 5, 10). Sein Leben wird es sein, das dann an ihnen offenbar wird (2. Kor. 4, 10), was dann freilich auch bedeuten wird, daß es jener 1. Kor. 3, 12 f. beschriebenen Krisis unterworfen, auf jene Feuerprobe gestellt werden wird, in der, was als Gold, Silber und Edelsteine oder als Holz, Heu und Stroh auf das Fundament Christus gebaut ist, an den Tag kommen wird. Sein, Jesu eigenes, offenbartes Leben werden sie dann mit ihm leben (1. Thess. 5, 10, 2. Kor. 7, 3; 13, 4, Röm. 6, 8 und 2. Tim. 2, 11). Mit ihm werden sie dann verherrlicht sein (Röm. 8, 17), ihm, und zwar jetzt seiner Herrlichkeitsgestalt, werden sie dann «gleichgestaltet» werden (Phil. 3, 21). Mit ihm werden sie dann herrschen (2. Tim. 2, 12). Das ist es, was sie — nach Jak. 1, 18 als «Erstlinge» der Geschöpfe Gottes, nach Röm. 8, 19 f. umgeben von dem erwartungsvollen Seufzen der Kreatur! — vor sich haben, indem sie ihren Tod hinter sich haben. Sie werden in ihrem Angesicht die Herrlichkeit des Herrn wiederspiegeln. Sie werden in dieses, sein Bild verwandelt werden (2. Kor. 3, 18): ἀπὸ δόξης εἰς δόξαν, von der geringeren Herrlichkeit des Glaubens an den Auferstandenen in die größere Herrlichkeit ihres Schauens des Sohnes, der dann das Reich der Schöpfung und sich selbst als dessen König dem Vater zu Füßen legen wird (1. Kor. 15, 24. 28 f.).

Das also ist die neutestamentliche Hoffnung. Man muß zu ihrem Verständnis dreierlei streng ins Auge fassen und im Auge behalten:

1. das Verhältnis zwischen dem Kreuzestod Jesu als dem Ereignis, in welchem mit der menschlichen Sünde und Schuld der Tod als deren Folge und Strafe erledigt und damit die Zeit erfüllt ist und seiner Auferstehung als der vorläufigen, den Glauben an Jesus als den Erretter aus dem Tode begründenden Anzeige dieses Ereignisses,

2. das Verhältnis zwischen der Auferstehung Jesu als der vorläufigen die Endzeit eröffnenden, die Gemeinde und ihre Sendung begründenden Anzeige und seiner Wiederkunft in Herrlichkeit als der abschließenden, allgemeinen und endgültigen Offenbarung dieses Ereignisses,

3. und vor allem: das dem Glauben an Jesus zugesagte und in ihm realisierte Sein des Menschen «mit ihm», kraft dessen er in Jesu Tod auch seinen eigenen Tod, den Anbruch der Endzeit selber schon hinter sich hat, in Jesu Auferstehung selber zu einem jetzt — während der Dauer der Endzeit — freilich noch verborgenen Leben in Gott wiedergeboren ist, in seiner Wiederkunft in Herrlichkeit als dem Ziel der Endzeit selber als dieser in Gott Lebendige in Herrlichkeit offenbar werden wird.

Punkt 1 und 2 zeigen die spezifisch neutestamentliche Form der Hoffnung auf die Errettung vom Tode. Der Name Jahves, der im Alten Testament die alleinige Quelle alles Trostes und Heils ist, ist jetzt konkret gefüllt durch das Heilsgeschehen, dessen Subjekt der Mensch Jesus ist: durch seinen Tod, seine Auferstehung und seine Wiederkunft. Daß und warum die alttestamentliche Frage nach der Errettung vom Tode heimlich voll positiver Antwort ist, das ist jetzt — indem eben der Gott Israels das in dem Menschen Jesus handelnde, in ihm seinen Bund mit den Vätern betätigende Subjekt ist — ganz klar geworden. Die alttestamentlichen Gerechten haben sich nicht geirrt und wurden auch nicht enttäuscht, wenn sie diesen Gott Israels für den Herrn der Lebendigen und der Toten und mitten im Tode für ihren Fels und ihre Zuflucht hielten. Diese Füllung des Namens Jahves durch die Offenbarung, Erkenntnis und Bezeugung jenes Heilsgeschehens ist das Neue des Neuen Testamentes.

Es zeigt aber Punkt 3, daß diese neutestamentliche Form der Hoffnung auch als solche der alttestamentlichen nicht nur nicht fremd, sondern indirekt mit ihr identisch ist. Gerade die schroffe Einseitigkeit, in der das Alte Testament alle Hoffnung allein in jenem Gegenüber zwischen dem mächtigen Gott und dem ohnmächtigen Menschen, alle Hilfe und Rettung für den Menschen allein in der Person Gottes selbst enthalten sieht — ist im Neuen Testament durchaus nicht verschwunden, sondern vielmehr jetzt erst konkret sichtbar gemacht und als sinnvoll erwiesen, indem als Füllung des Namens Jahves, als Subjekt jenes Heilsgeschehens jetzt der eine Mensch Jesus auf den Plan getreten ist. Alles Heil dieses Geschehens und also die ganze neutestamentliche Hoffnung hängt ja schlechterdings an ihm als an dem Subjekt dieses Geschehens. «Mit ihm» und nicht anders hat der Mensch Anteil daran. Keine eschatologische Aussage auch im Neuen Testament, die einen Ausblick an dieser einen Person vorbei erlauben würde. Sein Tod, seine Auferstehung, seine Wiederkunft sind der Boden, auf dem schlechterdings Alles steht, was vom Menschen, von seiner Zukunft, von seinem Ende und Ziel in Gott zu sagen ist — mit dessen Hinfall aber auch das Alles hinfallen würde.

Und nun fragt es sich allen Ernstes, ob die neutestamentliche Hoffnung sich auch nur darin wirklich von der alttestamentlichen unterscheidet, daß ihr Inhalt und ihre Inhalte etwa als Neuanfänge, Entwicklungen und Fortsetzungen des menschlichen Lebens in einer Zeit nach dem menschlichen Sterben zu verstehen wäre. Wo doch im Kreuzestod Jesu eben das Ende der Zeit, der Zeit jedes einzelnen Menschen und aller Zeit schon vollzogen ist! Wo doch seine Auferstehung nur noch jenen letzten Tag einleitet, an welchem auch der an Jesus glaubende Mensch nur sein mit Christus in Gott verborgenes Leben leben kann! Wo doch seine Wiederkunft in Herrlichkeit und damit die Offenbarung dieses verborgenen Lebens das Ende auch dieses letzten Tages, das Ende auch der Endzeit ist — die Übergabe des Reiches des Sohnes an den Vater! Jenseits dieses Endes sieht Paulus auch in jenem so ausdrücklich der Auferstehung der Toten in ihrem Zusammenhang mit der Auferstehung Jesu zugewendeten Kapitel nur noch Eines vor sich: ὁ θεὸς πάντα ἐν πᾶσιν. (1. Kor. 15, 28). Daß mit diesem Ende der Endzeit ein geschichtliches und also zeitliches Ereignis gemeint ist, ist klar. Es ist aber (entsprechend dem Ereignis der Schöpfung in einer Gegenwart ohne Vorher) dieses Ereignis: das Ereignis einer Gegenwart ohne Nachher, in welchem als ἐν ἀτόμῳ, ἐν ῥιπῇ ὀφθαλμοῦ nicht irgend eine weitere Mitteilung oder Verheißung weiteren Geschehens erfolgt, sondern in welchem die «letzte Posaune» geblasen wird (1. Kor. 15, 52). Dann, in diesem Zeitpunkt sondergleichen, in welchem das Geheimnis von Golgatha, wie es im Geschehen der 40 Tage angezeigt war, enthüllt werden wird, — dann, als dieses letzte zeitliche Geschehen, wird, was in Verweslichkeit, Unehre und Schwachheit gesät ist, erweckt werden in Unverweslichkeit, Herrlichkeit und Kraft (1. Kor. 15, 43). Eben dann wird es sein müssen (δεῖ), daß dieses Verwesliche Unverweslichkeit, dieses Sterbliche Unsterblichkeit anziehen wird (1. Kor. 15, 53). In dem «Dann» wird das geschehen, dem ein weiteres nicht folgen wird, weil dann, nachher, «keine Zeit mehr sein wird» (Apok. 10, 6). Nicht ein in irgend eine unendliche Zukunft hinein fortgesetztes und in dieser Zukunft irgendwie verändertes Leben ist das, was die neutestamentliche Hoffnung jenseits des menschlichen Sterbens erwartet, sondern die «Verewigung» gerade dieses unseres endenden Lebens: daß es, dieses verwesliche und sterbliche Leben als solches seines Charakters als «Fleisch und Blut», der Hülle der φθορά entkleidet werde (1. Kor. 15, 50), Unverweslichkeit und Unsterblichkeit «anziehe», daß es, dieses in der Auflösung begriffene irdische Zelthaus «überkleidet» werde durch den Bau, den Gott bereitet hat, durch das nicht mit Händen gemachte Haus in den Himmeln, daß eben das Sterbliche «verschlungen» werde vom Leben (2. Kor. 5, 1 f.). Unser gewesenes, unser in unserer begrenzten Zeit gelebtes, nicht vor seiner Zeit begonnenes und nicht über seine Zeit hinaus fortzusetzendes, eben dieses unser wirkliches, aber auch einziges Leben wird dann jener καινότης ζωῆς (Röm. 6, 4) vollständig, definitiv und offenkundig teilhaftig, ewiges Leben in Gott, in der Gemeinschaft mit ihm sein. In der Gemeinschaft mit Gott, der als der Ewige war, ist und sein wird, hat ja auch jedes Menschen gewesenes Leben in seiner beschränkten Zeit Raum. Es kann nur darum gehen, daß es als dieses gewesene Leben in seiner beschränkten Zeit des Übergangs und der Verwandlung (1. Kor. 15, 51) der Gemeinschaft mit Gottes ewigem Leben teilhaftig werde. Dieser Übergang, diese Verwandlung ist — die Aufdeckung und Verherrlichung des in Christus gewesenen Lebens des Menschen in seiner Zeit — die Auferstehung der Toten, die laut der in der Auferstehung Jesu erfolgten Anzeige unsere Beteiligung an seiner künftigen Offenbarung und also in der Zeit, die wir noch haben, unsere Hoffnung ist.

Das ist es, was das Alte Testament nicht explizit gesagt hat und *ante Christum natum* auch nicht explizit sagen konnte. Das Alte Testament verweist den vergänglichen Menschen auf die bleibende Existenz und Treue Gottes. Es tut das so nachdrücklich, daß an einem positiven Sinn dieses Verweises kein Zweifel bestehen kann. Es spricht diesen Sinn aber nicht aus. Es sagt gerade das nicht, daß der vergängliche Mensch mit seinem Leben in seiner Zeit an Gottes ewigem Leben Anteil bekommen soll. Es redet nicht von Auferstehung, nicht von jenem Übergang, nicht von jener Verwandlung, nicht von jenem Offenbarwerden dieses unseres Lebens in der Herrlichkeit Gottes. Von dem allem redet das Neue Testament, weil und indem es von jenem Heilsgeschehen redet, dessen Subjekt der Mensch Jesus ist. Es bestätigt aber das Alte Testament auch darin, daß es eben den vergänglichen Menschen als solchen, sein Leben in seiner Zeit, sein einmal anhebendes und einmal endigendes Sein in das Licht der ihm im Tod, in der Auferstehung und Wiederkunft des Menschen Jesus gegebenen Verheißung stellt. Es hat den nüchternen Realismus des Alten Testamentes nicht aufgegeben, sondern, indem es seine Heilsamkeit aufgezeigt hat, erst recht zu Ehren gebracht. Wie es die Hoheit Gottes nicht weniger ernst, sondern, weil konkret, noch ernster nimmt als das Alte Testament, so auch die Niedrigkeit des Menschen in seiner Geschöpflichkeit, zu der auch seine Endlichkeit gehört. Es sagt im Einklang mit dem Alten Testament, daß eben dieser niedrige, dieser als Geschöpf endliche Mensch in seiner Zeit als solcher von dem hohen Gott bejaht und daß die Kraft dieser Bejahung wie das Geheimnis seines Anfangs so auch das seines Endes, daß sie des Menschen wirkliche Hilfe und Errettung im Tod und aus dem Tode ist. Wer das Neue Testament in diesem Zusammenhang in der Sache mehr sagen lassen möchte als das Alte, der sehe zu, ob er nicht heidnischen Träumen von allerlei Gütern einer Zeit nach dem menschlichen Sterben nachjagt und ob er das Neue Testament dann nicht weniger sagen läßt als das radikal Gute, das es gerade in dem Realismus, den es mit dem Alten Testament gemeinsam hat, zu sagen hat.

Wir sind nun so weit, daß wir zur Beantwortung der uns in unserem Zusammenhang bewegenden Frage schreiten können: ob wir es in der Endlichkeit unserer Zeit, in der zeitlichen Befristung des menschlichen Seins auch nach vorwärts mit dessen von Gott gewollter und geschaffener Natur und also mit seiner unabänderlichen und guten Bestimmung zu tun haben oder nicht? Die Frage hat uns auf unserem ganzen bisherigen Weg begleitet und auch die Antwort darauf mußte gerade in unseren zuletzt angestellten biblischen Überlegungen bereits anklingen. Aber die Frage soll nun noch einmal als solche herausgehoben und die Antwort darauf soll nun auch noch direkt gegeben werden.

Wir sahen: Endlichkeit heißt Sterblichkeit. Wir versuchten uns deutlich zu machen, was das heißt, daß das das Ende ist: daß wir sterben müssen. Wir konnten darin vom ersten Schritt an keine gute Bestimmung unseres Seins finden und auch keine solche, mit deren Unabänderlichkeit wir uns abfinden konnten. Auch indem wir uns an der biblischen Sicht des Todes orientierten, sahen wir uns wahrhaftig nicht veranlaßt, Schwarz Weiß zu nennen. Im Gegenteil: gerade die biblische Sicht des Todes wurde uns zum entscheidenden Grund, Schwarz eindeutig und ohne alle Illusionen, daß es auch anders sein könnte, Schwarz zu nennen. Sterblichkeit heißt Verfallensein an den Tod, und Tod heißt radikale Negation des Lebens und also des menschlichen Seins. Tod ist des Menschen Nichtsein nicht nur, sondern die Bestätigung und der Vollzug seiner Nichtigkeit. Tod heißt: daß es wirklich und endgültig nichts ist mit uns Menschen. Daß wir sterben müssen, heißt also, daß unser Leben ein von dieser seiner Negation begrenztes und bedrohtes Leben ist, daß es nicht anders als in der sehr notwendigen, sehr berechtigten, in keiner Weise zu verscheuchenden Furcht vor dem Tode gelebt werden kann. Wie sollte das Ende unseres Lebens, da es im Tode besteht, nicht zu fürchten sein? Was sollte da gut zu heißen und wo sollte es irgend einen Grund geben, sich mit diesem Unabänderlichen abzufinden? Wo sollte der Mut herkommen, dazu Ja zu sagen? Daß unser Sein endlich ist, daß die uns gegebene Zeit da vorne eine Grenze hat, jenseits derer wir nicht mehr sein werden, das konnte uns nur als ein Übel, als eine abnormale Bestimmung unseres Seins und also gerade nicht als Natur verständlich werden.

Und darin konnten wir uns nur bestätigt finden, als wir unser Leben und Sterben mit Gott in Beziehung setzten: unser Leben in die Beziehung zu ihm als dem, dem wir, indem wir sind, verpflichtet und verantwortlich sind und unser Sterben in die Beziehung zu ihm als dem, der uns zur Rechenschaft fordert, der auf unser Leben die ihm gebührende Antwort gibt. Eben in dieser Beleuchtung wurde ja sichtbar, inwiefern unser Leben tatsächlich nichtig ist und also nur dem Nichts entgegeneilen kann. Gerade in dieser Beleuchtung wurde es ja sichtbar, daß seine so fatale Sterblichkeit, sein Verfallensein an den Tod nicht irgend ein blindes Schicksal ist, das als solches nun vielleicht doch als Gegebenheit hingenommen und gedeutet, mit dem als solchem nun vielleicht doch eine Art Frieden geschlossen werden könnte. Ist des Menschen Leben mit Gott konfrontiert, dann wird es ja sichtbar als das Leben eines Schuldners, der dem an ihn mit seiner Existenz gestellten Anspruch schlechterdings nicht Genüge tut, vielmehr direkt widerspricht — sichtbar als seine eigene sündige Vollbringung, in der er es als Leben nur verwirken kann. Und ist er am Ende seines Lebens endgültig und abschließend mit Gott konfrontiert, dann kann das nichts Anderes bedeuten, als daß die Nichtigkeit, in der es zugebracht wurde, durch das Nichts bestätigt wird, das er sich selber erwählt hatte und das ihm Gott seinerseits gerechterweise nun nur bestätigen kann. Wir empfangen dann im Tode als jenem letzten und endgültigen Übel, was unsere Taten wert sind. Wir sahen, daß und warum es hier gerade in biblischer Sicht durchaus keine Entlastung gibt, daß und warum das neutestamentliche Urteil in dieser Sache sogar noch schärfer ist als das alttestamentliche. Wir haben den Tod gerade darum zu fürchten, weil wir in ihm Gott zu fürchten haben. Die Beziehung unseres Lebens und Sterbens zu Gott erklärt, warum der Tod ein Übel ist, und sie erklärt das so, daß er gerade als dieses Übel ganz und gar auf des Menschen eigene Rechnung zu stehen kommt. Sie erklärt den Tod als das Zeichen des göttlichen Gerichtes, unter das wir gestellt sind. Man wird aber bestimmt nicht sagen können, daß er damit als eine normale, eine natürliche Bestimmung unseres Seins erklärt sei. Im Gegenteil: Was könnte es Unnatürlicheres geben als dies, daß das Ende unseres Lebens darin besteht, daß gerade Gott es sein wird, der dann Nein zu uns sagen, der uns dann in das von uns selbst erwählte Nichts fallen lassen wird?

Nun sind wir freilich von da aus weiter gegangen. Wir operierten ja, indem wir unser Leben und Sterben gerade mit Gott in Beziehung setzten, nicht mit einem Gottesbegriff, der uns erlaubt hätte, bei der Vorstellung des uns im Tode bevorstehenden verdienten Gerichtes stehen zu bleiben: bei ihr so wenig wie bei der vom Tode als einem nun einmal über uns verhängten Schicksal. Wir hatten ja vor Augen: Gott ist des Menschen gnädiger Schöpfer, der Herr des Bundes, den er, indem er den Menschen geschaffen, mit ihm geschlossen hat und dem er treu bleibt, auch wenn der Mensch ihm untreu wird. Wir hatten vor Augen: er ist der Gott, der auch in seiner Gerechtigkeit barmherzig ist, ja dessen Barmherzigkeit gerade der Sinn und das Werk seiner Gerechtigkeit ist. Wir hatten vor Augen: er ist Gott im Fleische, Gott in dem Menschen Jesus Christus, und daß das bedeutet: es ist doch nur das Zeichen des Gerichtes Gottes, das uns in unserem Tode bedrohen kann, weil Gott uns darin gnädig ist, daß er das Erleiden des Todesgerichtes selbst im Tode dieses Menschen zu seiner eigenen Sache gemacht, uns also davon **frei** gesprochen hat. Wir hatten vor Augen: Gott hat des Menschen Sünde und Schuld damit, daß er in diesem einen Menschen für die Anderen alle eingetreten ist, durchgestrichen und damit ihren Tod erledigt; er ist also in diesem einen Menschen aller Menschen **Erretter vom Tode** geworden. Wir hatten vor Augen: Eben der, der im Tode zu fürchten ist, ist auch des Menschen **Hoffnung** im Tode und in seinem dem Tode entgegeneilenden Leben: die Hoffnung, in der der Mensch den Tod, indem er ihm entgegengeht und erliegen muß, auch schon als überwundenen — nicht von ihm, aber durch die barmherzige und gerechte Allmacht Gottes überwundenen — Feind hinter sich hat. Aber eben: zu einem **Freund**, zu einem normalen, zu einem natürlichen Phänomen ist er uns auch in dieser Sicht **nicht** geworden. Was der Mensch Jesus als Gottes Sohn auf Golgatha für uns erlitten hat, das ist nicht das, was Gott dem Menschen, indem er ihn erschuf, zugedacht hat; das ist nicht Leben oder eine Eigenschaft und Bestimmung des Lebens, sondern der Tod in seiner ganzen nicht umzudeutenden Schrecklichkeit: der Tod, den wir, wenn er ihn nicht für uns erlitten hätte, schlechterdings zu fürchten hätten, der also in sich selbst nur furchtbar ist und nichts sonst. Gerade als die radikale Negation des menschlichen Lebens, gerade als dessen Verdammnis zur Hölle ist er ja doch erst in dem sichtbar, der ihn für uns erlitten hat, und ist er darum gerade und erst im Neuen Testament unzweideutig bezeugt worden. Hier muß er so bezeugt werden. Der kennte den Gott nicht, der des Menschen Erretter vom Tode und als solcher seine Hoffnung ist, der nicht eben in der konkreten Wirklichkeit seiner biblischen Gestalt als **Errettergott** auch der des **Todes** als des großen Phänomens des göttlichen **Zorns** und der göttlichen **Strafe** begegnet wäre, dem der Tod also nicht in seinem der von Gott geschaffenen menschlichen Natur fremden, ja entgegengesetzten Charakter offenbar wäre.

Der **Schluß**, daß wir es in der Endlichkeit des menschlichen Lebens, in seiner zeitlichen Befristung nach vorwärts mit einem, mit dem großen auf den Menschen gelegten **Fluch**, mit einer der menschlichen Natur fremden, ja entgegengesetzten **Bedrohung** zu tun haben, scheint sich von allen Seiten **nahe** zu legen. Wir haben uns ja nicht verhehlt, daß wir an diesem Punkt auf eine außergewöhnliche Schwierigkeit des rechten Verständnisses der menschlichen Natur in ihrer Zeitlichkeit stoßen würden. Würden wir jenen Schluß ziehen müssen, dann stünden wir jetzt wohl vor der Notwendigkeit, Alles, was wir über die befristete Zeit des Menschen gesagt haben, einer Revision zu unterziehen. Auch was wir über die Anfänglichkeit seines Seins festgestellt haben, müßte von da aus nachträglich als sehr problematisch erscheinen. Wer weiß, ob uns die dann nötige Revision nicht zu dem Ergebnis führen müßte, daß man die Befristung der dem Menschen gegebenen Zeit überhaupt und als solche nur als ein ihm zugestoßenes Übel, als einen über ihn verhängten Fluch verstehen könne, während der eigentlichen Natur des Menschen eben doch eine Zeit ohne Anfang und Ende entsprechen würde, sodaß dann folgerichtig auch des Menschen Erlösung und Errettung vom Tode in der neuen Ermöglichung eines jenseits seines Sterbens anhebenden zeitlich unendlichen Lebens bestehen müßte. Oder sollte diese Vorstellung von Erlösung zu absurd sein, um wahr sein zu können? Sollte es eine Erlösung vom Tode gar nicht geben? Sollte Gott den Menschen in seinem **Zorn** zum Leben in einer befristeten Zeit **geschaffen** haben, unser Leben als solches ein unvermeidliches Übel sein? — Es sind offenbar schon nicht geringe Konsequenzen, die da unvermeidlich erscheinen, wo wir uns jetzt von allen Seiten hingewiesen sehen.

Es wäre aber trotz allem unbesonnen, wenn wir hier ohne genaue Prüfung zugreifen wollten. Und eben eine genaue Prüfung wird uns zeigen, daß ein letztes Wort **dagegen**, daß wir es in der Endlichkeit unseres Seins dennoch mit der von Gott geschaffenen **Natur des Menschen** zu tun haben, mit all dem jetzt Vorgebrachten **nicht** gesagt ist.

Wir müssen uns zur Klärung und legitimen Beantwortung unserer Frage vor allem deutlich machen, daß wir in unserer ganzen bisherigen Darlegung und so auch in der soeben vollzogenen Zusammenfassung eine **Gleichsetzung** vollzogen und dann immer wieder vorausgesetzt haben, deren **Begründung** nun doch auch ihre **Begrenzung** bedeutet. Erkennen wir sie in ihrer **Berechtigung**, aber auch in ihrer **Relativität**, dann ist der Weg frei für eine Antwort, die nun doch anders lauten wird als die, die sich uns soeben von allen Seiten aufzudrängen schien.

Wir haben nun nämlich dauernd gleichgesetzt: das zeitliche **Ende** des menschlichen Seins und den **Tod**, oder: den Tod als künftige **Grenze** des menschlichen Lebens und den Tod in dem schweren Sinn des Begriffs, der ihm in der Bibel in der Regel eigentümlich ist — den Tod als **Negation** des menschlichen Seins, als auf dem Menschen liegender Fluch, als des Menschen radikale Bedrohung mit dem Nichts, als Zeichen des göttlichen Gerichtes und im Blick auf Jesus Christus sogar als dieses Gericht selber, als den Vollzug der dem menschlichen Sünder und Schuldner zukommenden Strafe. Und es geschah im Blick auf diese **Gleichsetzung**, daß wir das Ende des menschlichen Seins, das Sterben, den Tod, so gar nicht positiv, so gar nicht als normal und natürlich, sondern nur als eine der geschöpflichen Natur des menschlichen Seins **fremde** Bestimmung, nur als **Übel**, nur als des Menschen **Feind**, verstehen konnten. Wir haben diese Gleichsetzung nicht willkürlich, sondern mit gutem Grund vollzogen und bisher als selbstverständlich vorausgesetzt. Die Identität, mit der da gerechnet wurde, ist eben schlichtes Faktum. Der Mensch ist nun einmal in Gottes Urteil ein Sünder und Schuldner und also in Gottes Gericht dem Tod, d. h. dem Tod in jenem zweiten Sinn, diesem «andern Tod» verfallen. Und Jesus Christus ist nun einmal an unserer Stelle gerade in den Tod, d. h. in den Tod in diesem zweiten schlechthin negativen Sinn des Begriffs gegangen. Es ist nun einmal so, daß wir vom Ende des menschlichen Seins, von dem, was Sterben und Tod für den Menschen bedeutet, keine andere Anschauung und keinen anderen Begriff haben als den dieses «anderen Todes». Wir haben uns, indem wir jene Gleichsetzung vollzogen und dann immer wieder vorausgesetzt haben, an dieses schlichte, in Gottes Urteil und Gericht und dann gerade auch in Gottes Errettungstat im Tode Christi eindeutig sichtbare Faktum gehalten. Wir kennen das Ende unseres Seins in der Zeit, unser Sterben, unsern Tod, nicht anders als in dieser Beschattung. Auch der, der im Blick auf seinen Tod auf Gott hofft, auch der, der ihn im triumphierenden Rückblick des Glaubens auf den von Jesus Christus an unserer Stelle erlittenen Tod als schon erledigt kennt, kennt ihn doch nur in dieser Gestalt: es ist der Tod als Übel, als des Menschen Feind, der da erledigt hinter ihm liegt. Von diesem schlichten Faktum aus gesehen, ist allerdings zwingend und unübersehbar klar: die Unnatur unseres Endes, der «Unfug des Sterbens».

Aber eben dieses schlichte Faktum ruft nach einer Erläuterung. So eindrücklich es für sich selber spricht, es hat nicht den Charakter eines letzten Wortes.

Man kann und muß sich das gerade von dem Zentrum seiner Begründung, nämlich von Jesu Kreuzestod her, deutlich machen. Was geschah dort? Es geschah dort, daß Jesus als Ende seines Lebens den Tod als Sühne für die menschliche Sünde und Schuld erlitten hat. Nicht für seine eigene, sondern für die aller Anderen! So traf an seinem Ende sein Sterben mit seinem Tod in diesem negativen Sinn des Begriffs faktisch zusammen. Es war aber offenbar der Tod in diesem negativen Sinn jedenfalls in seiner Person nicht das notwendige, sondern das von ihm freiwillig auf sich genommene Ende seines menschlichen Seins: eine fremde Last, die gerade zu seinem Leben nicht ursprünglich gehörte. Indem er ein Mensch war wie wir, hatte er dieses Ende nicht verdient. Sein menschliches Leben jedenfalls war nicht ein nichtiges und also dem Tod als dem Vollzug seiner Nichtigkeit verfallenes Leben. Daß er in seinem Ende den Tod als Gottes Gericht auf sich nahm, das tat er als der Erstgeborene unter seinen Brüdern, das tat er als das Haupt und der Erretter einer Welt von todverfallenen Sündern, denen Gott ihrer Untreue zum Trotz Treue halten wollte; das war der Erweis der in seiner Person wirksamen und offenbaren freien Gnade Gottes. Das geschah also gerade nicht aus anthropologischer Notwendigkeit. Er wäre, wenn sein Ende nicht das Erleiden dieses

Gerichtes gewesen wäre, nicht weniger wahrer, natürlicher Mensch gewesen. Die Endlichkeit seines Lebens stand, da er kein Sünder und Schuldner war, nicht zum vornherein und als solche in jenem Schatten. Sein menschliches Leben konnte auch ganz anders endigen. Und es ist ein schwerstes Paradox, daß gerade sein Leben nicht ganz anders geendigt hat. So wird gerade in seiner menschlichen Person ein menschliches Sein sichtbar, dessen Endlichkeit auf keinen Fall an sich und als solche mit dem Verfallensein an jenen anderen Tod identisch ist. So haben wir es gerade in seiner Person, in der uns das schlichte Faktum jener Identität in einer Eindrücklichkeit sondergleichen sichtbar ist, auch deutlich mit der Begrenzung und Relativierung dieses Faktums zu tun.

Und nun kann und muß man wieder von jenem Zentrum aus weiterfragen: Was war und ist die objektive Tragweite jenes Geschehens? Es bedeutete und bedeutet offenbar, daß wir Anderen, für die Jesus dort den Tod als Gottes Gericht auf sich genommen hat, von unserer Sünde und Schuld und damit von deren Sünde und also eben vom Erleiden jenes Todesgerichtes frei gesprochen, aus jenem anderen Tod errettet, davon, daß wir ihn auch erleiden müßten, bewahrt sind. Unser Ende ist durch das Ende Jesu zum bloßen Zeichen des göttlichen Gerichtes geworden. Uns ist die Freiheit gegeben, in unserem Ende und auf dem Weg zu unserem Ende auf das Ende Jesu als auf den für uns erlittenen, den uns errettenden — und gerade vom Tod errettenden — Tod zurückzublicken als auf einen Schrecken, der uns nicht mehr wirklich erschrecken kann. Was heißt das nun aber Anderes, als daß unser Ende und unser Tod in jenem zweiten negativen Sinn des Begriffs, offenbar doch nur faktisch und nicht notwendig identisch sind: nicht so, daß unser Ende nicht auch einen anderen Charakter als diesen bekommen könnte. Die Identität von Sterben und Todesgericht ist offenbar nur abgesehen davon, daß Gott auf Golgatha für uns gehandelt hat, streng zu behaupten. Sie ist durch das, was dort für uns geschehen ist, sie ist durch die Aktion der freien Gnade Gottes mindestens insofern relativiert, als unser Tod, da ja Jesus Christus ihn für uns erlitten hat, unserem Ende gegenüber in eine bestimmte Ferne gerückt ist, sodaß unser Ende gerade nur noch sein Zeichen sein, an Gottes Gericht uns nur noch erinnern darf und das nicht ohne uns gleichzeitig an Gottes Rettertat zu erinnern. Wir werden nicht sagen dürfen, daß jenes schlichte Faktum für uns einfach beseitigt ist. Noch stehen wir ja unter diesem Zeichen, noch können wir ja, indem wir uns Gottes Urteil und Gericht unterwerfen, was uns selbst betrifft, nichts Anderes feststellen, als daß wir Sünder und Schuldner sind und bis in unser Ende hinein sein werden und daß wir darum etwas Anderes als das Ende mit Schrecken, den anderen Tod, wenn es auf uns ankäme, nicht zu erwarten hätten. Wir werden aber sagen

5. Die endende Zeit

müssen, daß unsere Zugehörigkeit zu Jesus Christus die Begrenzung und Relativierung jenes Faktums bedeutet. Indem es auf Grund der freien Gnade Gottes in Jesus Christus, auf Grund der in ihm geschehenen Errettung und Erlösung nicht so sein muß, daß unser Ende unser Todesgericht ist, kann man auch im Blick auf uns andere Menschen nicht von einer anthropologischen Notwendigkeit jener Identität reden. Sie könnte auch fehlen, ohne daß wir deshalb weniger wahre, natürliche Menschen wären. Sie ist doch nur Faktum — und gewiß das Einzige, von dem wir in dieser Sache eine Anschauung und einen Begriff haben — aber doch nicht mehr als das. Daß unser Sein in der Zeit ein endliches ist, das kann doch offenbar auch etwas Anderes bedeuten, als daß wir unter Gottes Zorn stehen.

Und nun darf und muß man, zunächst wieder im Blick auf den Menschen Jesus, weiterfragen: War es nicht so, daß er gerade, um der Erstgeborene unter vielen Brüdern, das Haupt und der Erretter der sündigen und todverfallenen Welt zu sein, des menschlichen Seins unter der Bestimmung der Endlichkeit teilhaftig sein mußte? Er mußte nicht im Gerichte Gottes stehen, nicht den Tod des Verfluchten leiden. Sein Leben mußte nicht dieses Ende haben. Es war Gottes freie Gnade, es war die große Liebe dieses Menschen, der sein Sohn war, daß er dieses Ende für uns auf sich genommen hat. Er mußte aber sterben können, sein Sein in der Zeit mußte ein endliches sein, damit er dieses Ende auf sich nehmen könne. Ein unendliches, ein unsterbliches Sein, wenn das seine menschliche Natur gewesen wäre, würde ihn offenbar dazu unfähig gemacht haben, das für uns zu tun. Sein Leben als Gottes Sohn mußte in seiner menschlichen Gestalt ein Ende haben, in den Tod gegeben werden können, dorthin, wo aller Menschen Leben auf seine zeitliche Grenze stößt, damit eben in seinem Überschreiten dieser Grenze, in der Dahingabe seines göttlich-menschlichen Lebens das für ihn so Schreckliche, für uns so Heilsame sich vollziehe, damit in ihm das schlichte Faktum der Identität von Ende und Todesgericht und damit unsere Errettung von diesem Gericht Ereignis werde. Hat die Endlichkeit des menschlichen Seins in der Zeit nun gerade in seiner Person diese unentbehrliche Funktion, erscheint sie gerade in ihm als anthropologische Notwendigkeit, als die Bestimmung seines wahren, natürlichen Menschseins, wie darf man dann gerade im Blick auf ihn daran festhalten, daß sie mit der von Gott gut geschaffenen Natur des Menschen nichts zu tun habe? Und ist sein Sterben — vermöge dessen, was es als das seinige war! — der Inbegriff des Guten, das Gott der Welt erwiesen hat, wie darf man es dann eigentlich wagen, des Menschen Sterblichkeit an sich und als solche als ein reines Negativum und Übel zu verstehen?

Wir wenden uns jetzt aber wieder zu uns Anderen, zu dem im Ende Jesu, nämlich durch das in seinem Ende erlittene Todesgericht von diesem erretteten Menschen zurück. Es gibt hier nämlich eine genaue Entsprechung. Ist es nicht so, daß auch unser menschliches Sein gerade um Gegenstand, Empfänger und Gefäß der freien Gnade Gottes zu sein, die in Jesus für uns gehandelt hat, ebenfalls unter der Bestimmung seiner Endlichkeit stehen muß? Müssen nicht auch wir sterben und dem Sterben entgegengehen können, wenn das, was Gott in Jesus für uns getan hat, nicht umsonst getan sein soll? Indem uns eine Grenze gesetzt ist, der wir entgegengehen und die wir einmal überschreiten können, eine Grenze, jenseits derer wir nicht mehr sein werden — so und nur so sind wir doch in der Lage, einmal abschließend und endgültig nur noch auf Gott als unseren Erretter und nun also konkret: nur noch und ganz auf Jesus Christus als unseren Erretter vom Zorngericht des anderen Todes hingewiesen und gewissermaßen geworfen zu sein. Was würde aus uns, wenn wir in einem unendlichen Leben die Gelegenheit hätten, unser Verhältnis zu Gott und zum Mitmenschen immer wieder in unserer bekannten Weise vorläufig zu ordnen — oder vielmehr: die Ordnung dieses Verhältnisses immer wieder auf die lange Bank zu schieben — unsere Bekehrung zu Gott und die Ordnung unseres Verhältnisses zum Nächsten im besten Fall immer wieder in jenem täglichen Ersäufen des alten Adam zu vollziehen, das darum eine so fragwürdige Sache ist, weil dieses Subjekt leider schwimmen kann! Wenn wir dann faktisch doch in alle Unendlichkeit hinein weiter sündigen und unsere Schuld auch quantitativ ins Unendliche vermehren würden! Was hieße es dann, daß Jesus Christus uns mit Gott versöhnt und uns das Erleiden der verdienten Strafe abgenommen hat? Und in welchem merkwürdigen Licht würde dann die barmherzige Gerechtigkeit Gottes stehen, wenn unsere Versöhnung mit ihm faktisch gar nie in Kraft treten würde. Wir müssen schon endlich sein, wir müssen schon sterben können, damit das $\dot{\epsilon}\varphi'$ ἅπαξ der in Jesus Christus vollzogenen Erlösung auch für uns einmal in Kraft treten kann. Gerade indem wir endlich und sterblich sind, befinden wir uns auf einem Boden mit ihm, sind wir dazu fähig, ihn in der Gestalt, in der er der Erretter der Welt geworden und gewesen ist, auch unseren Erretter sein zu lassen. Unsere Zugehörigkeit zu ihm hängt daran, daß auch wir nicht unendlich, sondern endlich sind. Und nun sollte das an sich und als solches ein Negativum, ein Übel — nun sollte das nicht anthropologische Notwendigkeit, eine Bestimmtheit des wahren, natürlichen Menschen sein, daß wir einmal sterben und also nur noch gewesen sein werden? Wo es doch zur Offenbarung seiner Herrlichkeit an uns, zur endgültigen Proklamation unserer Rechtfertigung im Gericht, zur Entfernung auch des jetzt noch über uns stehenden Zeichens des göttlichen Gerichtes, zur abgeschlossenen und nicht mehr anfechtbaren Tatsächlichkeit unserer Teilnahme an Gottes ewigem Leben eben dessen bedarf, daß wir einmal nur noch und definitiv gewesen sein werden?

Wir haben rein christologisch-soteriologisch argumentiert, um zu beweisen, was zu beweisen war, daß wir es in jenem schlichten Faktum der Identität unseres Endes mit unserem Todesgericht nicht mit einer absoluten, sondern doch nur mit einer relativen Wirklichkeit zu tun haben. Es bedarf schon dieser Argumentation, um das zu beweisen. Man könnte ja gewiß — auf dem Geleise von scheinbar näherliegenden Erwägungen — auch fragen: ob es nicht im Wesen jedes Lebensprozesses und so auch in dem des menschlichen liege, daß er, wie er einmal angefangen, so sich allmählich erschöpfen und dann auch einmal endigen müsse? oder: ob denn das Sterben als der natürliche Ausklang der menschlichen Existenz durchaus an sich und als solches als ein Unheil und nun gar noch als Strafe gedeutet werden müsse? Man könnte darauf hinweisen, daß der Tod als relatives, aber schließlich doch nur relatives Übel nach Ausweis aller uns zugänglichen Erfahrung zum Wesen aller lebendigen Kreatur gehöre. Alles sehr wahr! Aber das sind Erwägungen, die in dieser Sache doch nur nachträglich und sekundär, nur gewissermaßen illustrierend ins Gewicht fallen können, für sich aber kein Gewicht haben. Jenes Faktum, daß der unter dem Urteil und Gericht Gottes stehende Mensch in seinem Ende als ein verdammtes und verlorenes Wesen sichtbar wird, ist zu massiv, als daß es auf Grund der sehr wahren Beobachtung, daß auch jede unschuldige Fliege am Abend ihres Lebenstages sterben muß, durchsichtig und annehmbar würde. Der Mensch ist nun einmal keine unschuldige Fliege und eben das, daß er wie jede Fliege sterblich ist, ist an sich durchaus kein Beweis dafür, daß es auch für ihn recht und in Ordnung ist, sterblich zu sein. Mit jener Gemeinsamkeit seines Geschicks mit dem aller lebendigen Kreatur mag er sich — wie es Koh. 3, 19—21, nicht ohne erkennbaren Ingrimm geschieht —, dann nachträglich trösten, wenn es ihm eben von jenem Faktum selbst her als recht und notwendig einleuchtet, in welchem es ihm doch zunächst und an sich gar nicht einleuchtend sein kann, daß auch er, gerade er, sterben muß: gerade von dorther, wo ihm sein Tod zunächst ganz und gar nur als Negativum und Übel begegnen kann. Wir haben darum mit Bedacht von dorther argumentiert. Wir haben jenes Faktum selbst, und zwar vom Zentrum seiner Begründung her, für seine Begrenzung und Relativität reden lassen.

Eben von dorther haben wir nun gesehen: eine Unterscheidung zwischen Ende und Fluch, Sterben und Strafe, Tod und Todesgericht ist nicht nur möglich, sondern notwendig, nicht nur erlaubt, sondern geboten. Das Faktum ihrer Identität im Bereich dessen, was uns anschaulich und begreiflich werden kann, bleibt unbestritten. Das aber ist auch nicht zu bestreiten, daß eben Natur und Unnatur, eben das Gute und das Übel, eben Gottes Schöpfung und die Antwort des göttlichen Zornes auf des Menschen Sünde und Schuld in diesem Faktum identisch sind.

Auch die Natur und nicht nur die Unnatur, auch das Gute und nicht nur das Übel, auch Gottes Schöpfung und nicht nur der katastrophale Zusammenstoß zwischen dem heiligen Gott und dem fehlbaren Menschen sind in dessen Ende, in seinem Sterben und Tod auf dem Plane. Es wäre also in der Tat unbesonnen, das Zweite unter der Verleugnung des Ersten zu behaupten. Es ist also in der Tat legitim und geboten, auch dieses Erste zu behaupten, obwohl es uns gerade nur in der christologisch-soteriologischen Sicht des Faktums der Identität beider erkennbar werden kann. Gerade von daher wird uns aber tatsächlich auch dieses Erste erkennbar, fällt also die Entscheidung, daß wir mit der Wirklichkeit auch dieses Ersten zu rechnen haben.

Das bedeutet: Es gehört auch zu des Menschen Natur, es ist auch Gottes Schöpfung, die es so bestimmt und geordnet hat und es ist insofern gut und recht so, daß das Sein des Menschen in der Zeit endlich, daß der Mensch sterblich ist. Daß wir einmal nur noch gewesen sein werden, das entspricht einem Gesetz, das nicht notwendig bedeutet, daß wir durch seine Geltung gefesselt, eingekerkert, zum Nichts verurteilt wären. Der Tod ist nicht an sich das Gericht und auch nicht an sich und als solcher das Zeichen des Gerichtes Gottes; er ist es doch nur faktisch. Und so ist er auch nicht an sich und als solcher, nicht notwendig, sondern nur faktisch zu fürchten. Er hat im Verborgenen auch die gewiß ernste, aber nun doch nicht an sich finstere, gewiß unheimliche, aber nun doch nicht an sich drohende Gestalt der Grenze, auf die der Mensch endlich und zuletzt, sei es im Guten oder im Bösen, seinem Gott zu begegnen hat. Und eben diese seine verborgene Gestalt ist seine eigentliche und wahre Gestalt und eben in dieser seiner eigentlichen und wahren Gestalt gehört er zu des Menschen Natur, gehört das Sterben im gleichen Sinn zum menschlichen Leben, wie das von seiner Erzeugung und Geburt zu sagen ist, ist es neutral sein diesem Anfang entsprechendes Ende. Es ist der Tod des Menschen Schritt aus dem Sein ins Nichtsein, wie jener Anfang sein Schritt aus dem Nichtsein ins Sein gewesen ist. Es ist also dem menschlichen Leben an sich nicht unnatürlich, sondern natürlich, diesem *terminus ad quem* entgegenzulaufen, einst auszuklingen, wie es zuvor aufgeklungen war und also auch nach vorne befristet zu sein.

Der Mensch als solcher hat also kein Jenseits, und er bedarf auch keines solchen; denn Gott ist sein Jenseits. Daß er, Gott, als des Menschen Schöpfer, Bundesgenosse, Richter und Retter sein schon in seinem Leben und endgültig, ausschließlich und total in seinem Tode treues Gegenüber war, ist und sein wird, das ist des Menschen Jenseits. Er, der Mensch als solcher aber ist diesseitig und also endend und sterbend und wird also einmal nur noch gewesen sein, wie er einmal noch nicht war. Daß er auch als dieser Gewesene nicht Nichts, sondern des ewigen

Lebens Gottes teilhaftig sein werde, das ist die ihm in diesem Gegenüber mit Gott gegebene Verheißung, das ist seine Hoffnung und Zuversicht. Ihr Inhalt ist also nicht seine Befreiung von seiner Diesseitigkeit, von seinem Enden und Sterben, sondern positiv: die ihm von dem ewigen Gott her bevorstehende Verherrlichung gerade seines von Natur und von rechtswegen diesseitigen, endenden und sterbenden Seins. Nicht dem sieht und geht er entgegen, daß dieses sein Sein in seiner Zeit irgendeinmal vergessen oder ausgelöscht zurückbleiben und dann gewissermaßen ersetzt sein werde durch ein ihm folgendes jenseitiges, unendliches, unsterbliches Sein nach dieser Zeit, sondern positiv: daß eben dieses sein Sein in seiner Zeit und also mit seinem Anfang und Ende vor den Augen des gnädigen Gottes und so auch vor seinen eigenen und vor aller Anderen Augen — in seiner verdienten Schande, aber auch in seiner unverdienten Ehre offenbar werde und so von Gott her und in Gott ewiges Leben sein möchte. Er hofft nicht auf eine Erlösung aus der Diesseitigkeit, Endlichkeit und Sterblichkeit seiner Existenz, sondern positiv: auf die Offenbarung ihrer in Jesus Christus schon vollendeten Erlösung: der Erlösung gerade seines diesseitigen endlichen und sterblichen Wesens. Eben dieses seelisch-leibliche Wesen in seiner Zeit ist er selbst. Eben er selbst als dieses Wesen macht sich des Gerichtes und des Fluches schuldig. Eben er selbst als dieses Wesen ist durch den Kreuzestod Jesu seiner Schuld entledigt und damit von Gericht und Fluch des Todes frei gesprochen worden. Eben er selbst ist sich jetzt und hier in dieser Freiheit noch verborgen, unanschaulich und unbegreiflich und wartet auf deren Offenbarung. Aber wieder er selbst als dieses Wesen hält sich jetzt und hier schon an Gott als an den, der ihm als Schöpfer seine Grenzen gesetzt, der ihm dieses sein zeitlich befristetes Leben gegeben hat und der nun in der konkreten Gestalt der Erscheinung und des Werkes Jesu Christi seine alleinige, seine ganze und vollkommene Hoffnung ist. Und eben er selbst als dieses Wesen weiß sich gerade in der Totalität seiner eigenen diesseitigen Existenz, neben der und nach der er keine andere hat, jetzt und hier schon dem Gott gehörig und verbunden, dem Gott dankbar und von dem Gott in Anspruch genommen, der als sein gnädiger Richter und also als sein Erretter vom Tode selber sein wahres Jenseits ist.

Eben diese Sicht der menschlichen Natur, die klare Erkenntnis ihrer Endlichkeit (zusammen mit der ihrer Anfänglichkeit) wird für das Verständnis des göttlichen Gebotes und also für den Sinn der christlichen Ethik die Bedeutung haben, dem menschlichen Leben als einem einmalig zu vollziehenden und dann nicht fortzusetzenden Lauf eine Wichtigkeit und dem, was von ihm erwartet ist, eine Dringlichkeit zu geben, die ihm dann offenbar fehlen würde, wenn wir unsere Hoffnung auf eine Befreiung von der Befristung unserer Zeit und also auf ein Jenseits der uns gegebenen Frist, statt auf den ewigen Gott selber zu setzen hätten.

Es liegt in der Natur der Sache, daß wir uns hinsichtlich des biblischen Nachweises bei dieser letzten Wendung unserer Darstellung mit einer schmaleren Linie begnügen müssen. Was in der Bibel als das Ende des menschlichen Lebens bezeichnet wird, das ist in der Regel das Faktum des Endes des sündigen, mit Gott im Streit stehenden und von ihm abgewendeten menschlichen Seins. Der Gott gegenüber fehlbare Mensch kann den Tod nur als Feind, als übermächtiges Gericht, als Bedrohung mit dem Nichts erwarten. Ihm ist er die schon im Paradies (Gen. 2, 17; 3, 4 f.) angekündigte Strafe seines Abfalls. Und indem es Gott ist, der sie verhängt und vollzieht, indem er ihm den Lebensodem, den er ihm gegeben, wieder nimmt, ist es Gott selber, der ihm im Tode als Feind begegnet. «Ich lebte ruhig, da zerbrach er mich, packte mich beim Nacken und zerschmetterte mich; er stellte mich zum Ziele für sich auf: seine Pfeile schwirren um mich her; erbarmungslos durchbohrt er meine Nieren und schüttet meine Galle auf die Erde. Bresche auf Bresche bricht er in mich, rennt wider mich an wie ein Held» (Hiob 16, 12 f.). Der Tod des Gottlosen bedeutet: sein Name wird «vertilgt auf immer und ewiglich» (Ps. 9, 6; vgl. 41, 6; 109, 13 f.). Sein Tod ist der δεύτερος θάνατος, der Apok. 20, 14 dahin beschrieben wird, daß der Tod und das Totenreich in einen Feuersee geworfen werden. Das kann nicht dasselbe bedeuten wie das Triumphwort Apok. 21, 4: «Der Tod wird nicht mehr sein» oder wie das, was 1. Kor. 15, 26 als das καταργεῖσθαι des Todes als des «letzten Feindes» beschrieben wird. Das bezeichnet vielmehr den Gerichtsakt, in welchem der Tod und der ganze Todesbereich den Charakter dieses «letzten Feindes» erst bekommen, denn eben in diesen Feuersee werden ja die geworfen, die nicht im Buch des Lebens aufgezeichnet sind (Apok. 20, 15; vgl. 21, 8). Dieser Tod ist klare Unnatur. Er ist gewissermaßen der Tod im Tode. Man erkennt ihn Jes. 14, 4 f. in dem besonderen Todesfluch, der, von dem allgemeinen Todesgeschick der übrigen Bewohner der *scheol* doch verschieden, auf den da hinunter fahrenden König von Babel gelegt erscheint, sodaß dieser ganze Bereich in Aufruhr gerät, die Schatten aufgejagt werden und in ein schreckliches Geschrei berechtigten Triumphes ausbrechen. «Das Geschlecht des Bösewichts soll in Ewigkeit nicht mehr genannt werden» (Jes. 14, 20). Daß der Mensch sterben muß, das kann für ihn dieses schlechthinige Unheil bedeuten. Und eben nach der Errettung von diesem bösen, feindlichen, drohenden, richtenden und vernichtenden, diesem schlechthin unheilvollen Tode schreit der biblische Mensch. Eben die Errettung von diesem Tode ist ihm durch die Existenz seines Gottes zugesagt und gewiß. Die Bibel des Alten und des Neuen Testamentes sieht den Menschen in seiner Fehlbarkeit Gott gegenüber als Gottlosen und darum seinen Tod in der Regel in dieser zweiten Gestalt. Sie ist seine für das menschliche Anschauen und Begreifen schlechthin maßgebende Gestalt. Es bedeutet immer einen wunderbaren Wandel schon des Gesichtspunktes, es bezieht sich immer auf ein besonderes, außerordentliches Eingreifen Gottes, wenn der Tod in der Bibel nun doch auch in einer anderen Gestalt sichtbar wird.

Man kann aber nicht übersehen, daß dieser Wandel des Gesichtspunktes tatsächlich stattfindet, eine andere Gestalt des Todes auch in der Bibel tatsächlich sichtbar wird. Es ist in der biblischen Darstellung nicht so; daß die klare Unnatur des Todes des Gottlosen die Natürlichkeit des menschlichen Endes an sich und als solche einfach verdrängt hätte oder auch nur schlechthin verhüllte. Es muß nicht so sein, daß der Tod dem Menschen jenes schlechthinige Unheil bedeutet.

5. Die endende Zeit

Wir haben gleich zu Beginn darauf hingewiesen, daß Segen und Leben, Fluch und Tod schon im Alten Testament zwar in deutlicher Beziehung zueinander stehen, aber nun doch nicht absolut identisch sind. Ein «weises Herz» gewinnen die Menschen nach Ps. 90, 12 ja gerade damit, daß sie ihre Tage zählen und also damit, daß sie bedenken, daß sie auf alle Fälle sterben müssen. «Ich gehe jetzt den Weg aller Welt», sagt der sterbende David zu Salomo (1. Kön. 2, 2) — offenbar ohne darin an sich einen Fluch zu sehen und offenbar auch ohne den Gedanken, daß daran etwas zu ändern sein könnte. Es kann sein, daß die Verstorbenen — von den Königen der Völker ist dort die Rede — «alle ruhen in Ehren, ein Jeder in seiner Gruft» (Jes. 14, 18). Es kann schon das Gedächtnis des dahingegangenen Menschen im Gegensatz zu dem Vermodern des Namens der Gottlosen ein gesegnetes bleiben (Spr. 10, 7). Mehr noch: sein Name kann ewiglich bleiben, er kann sprossen solange die Sonne scheint (Ps. 72, 17). Und so kann es sein, daß seine grauen Haare im Frieden ins Totenreich kommen (1. Kön. 2, 6; vgl. Luk. 2, 29). Der Wunsch des Bileam kann sinnvoll sein: «Möchte ich sterben den Tod der Gerechten und mein Ende sein wie das ihre!» (Num. 23, 10). Der Mensch kann, wenn er Abraham (Gen. 25, 8) oder Isaak (Gen. 35, 29) heißt, «alt und lebenssatt» sterben, was dann mit kümmerlicher Resignation gerade nichts zu tun hat, sondern die Angemessenheit des Sterbens in seinem Verhältnis zu einem erfüllten, zu seinem Ziel gekommenen Leben bezeichnet. Er kann aus demselben Grund und im selben Sinn wie Jakob (Gen. 46, 30) «gerne» sterben. Der unheimliche Gast kann unter bestimmter Voraussetzung einen anderen Aspekt bekommen als den jenes zweiten Todes: kaum einen geradezu freundlichen, aber doch einen neutralen, doch eben einen — natürlichen Aspekt. Nicht daß sein Kommen ausbleibt, nicht daß seine Unheimlichkeit verschwindet: aber seine Feindseligkeit, seine Bedrohlichkeit kann tatsächlich dahin fallen. So liest man es ja auch Apok. 2, 11; 20, 6; es gibt solche, über die der «andere Tod» keine Macht hat und denen er darum kein Leid antun kann, obwohl und indem offenbar auch sie einem ersten Tod unterliegen müssen. Es kann ja sein, daß Menschen in ihrer ganzen Endlichkeit und Sterblichkeit und ihrer unbeschadet, so in Gottes Hand und Hut sind, in solcher Lebensgemeinschaft mit ihm stehen, wandeln und verharren, daß ihr Übergang vom Sein ins Nichtsein und dann auch ihr endgültiges Gewesensein nicht ihre Überwältigung durch den «letzten Feind», sondern nach dessen Aufhebung ihre vollkommene und endgültige Begegnung mit Gott, ihr ewiges Konfrontiertsein, ihr höchst positives Zusammensein mit ihm bedeutet. Es kann ja sein, daß das Leben ihres Schöpfers und Herrn sofort für das eintritt, das sofort vollkommen ergänzt und gut macht, was ihnen selbst als seinen Geschöpfen vermöge ihrer Endlichkeit und Sterblichkeit abgehen muß. Es kann ja sein, daß es ihnen darum keine Anfechtung bedeutet, keine Zukunft mehr zu haben, weil Gott sich selber zu ihrer Zukunft, zur Zukunft ihres ganzen gewesenen Lebens macht. Es kann sein, daß die menschliche Natur, die Endlichkeit des menschlichen Seins in der Zeit der sie verhüllenden Unnatur durch Gottes Gnade faktisch entkleidet ist. Und es kann sein, daß es darin erkennbar wird, daß es nicht Gottes Zorn, geschweige denn Gottes Neid, sondern Gottes Güte und Bewahrung war, die den Menschen vom Genuß der nicht für ihn bestimmten Frucht des «Baumes des Lebens» durch die Flamme des zuckenden Schwertes der Cherubim fern hielt und also verhinderte, daß er «ewig lebe» (Gen. 3, 22). Es kann sein, daß eben die ihm damit gezogene Grenze der Ort wird, wo Gott ihn von dem Fluch befreit, der ihn allerdings gerade an dieser Grenze vernichtend treffen könnte und eigentlich treffen müßte.

Von dem Positiven, das an dieser Grenze ebenso Ereignis werden kann wie jener böse Tod, reden einige alttestamentliche Stellen, in denen das Ende und also das Sterben gewisser Menschen in ein merkwürdiges Dunkel gehüllt — man könnte freilich ebenso gut oder besser sagen: in ein höchst bezeichnendes Licht gerückt und damit von dem Los der übrigen Menschen im Tode, von der Verfallenheit des Menschen an jenen bösen Tod unzweideutig und gänzlich unterschieden wird.

Es heißt Deut. 34, 5 f. zwar ausdrücklich, daß auch Mose, der Knecht des Herrn, im Lande Moab nach dem Deut. 32, 50 auch über ihn gesprochenen Urteil gestorben sei. Es heißt aber, daß Gott selbst ihn dort, gegenüber Beth-Peor, begraben habe und daß niemand sein Grab kenne bis auf diesen Tag. Und es heißt: «Seine Augen waren nicht trübe geworden und seine Frische war nicht gewichen.» So wird die Grenze seines Lebens zwar sichtbar und an dieser Grenze auch Gottes Gericht, das Grab und also die Unterwelt. Auch Mose starb. Er starb aber als ein voll Lebendiger, und indem er jene Grenze überschritt und nicht mehr war, wurde Gott selbst sein Totengräber, wurde jener Grenze, indem Gott selbst ins Spiel trat, ihre Natürlichkeit offenbar wiedergegeben, wurde gerade das für die Anderen Anschaulichste und Begreiflichste, das Grab des Mose, unauffindbar. Der Friede zwischen diesem Menschen und seinem Todesgeschick wurde durch Gott selber in einer für ganz Israel bemerkbaren Weise sicher gestellt.

Etwas anders verhält es sich mit dem Gen. 5, 24 kurz charakterisierten Ende des Henoch, der mit Gott wandelte, «und auf einmal war er nicht mehr da; denn Gott hatte ihn hinweggenommen». Dieser Bericht wird Hebr. 11, 5 folgendermaßen kommentiert: «Wegen seines Glaubens wurde Henoch entrückt (μετετέθη), sodaß er den Tod nicht sah, und er wurde nicht mehr gefunden, weil ihn Gott entrückt hatte; denn vor seiner Entrückung hatte er das Zeugnis empfangen, daß er Gott wohlgefallen habe.» Hier scheint der Gerichtscharakter des Todes ganz unsichtbar. Und nach der neutestamentlichen Erklärung hätte Henoch den Tod sogar überhaupt «nicht gesehen», wäre er gewissermaßen ihm selbst unbemerkbar über jene Grenze gegangen. Mit μετάθεσις ist offenbar, höher noch als im Falle des Mose, ein unmittelbar durch Gott gewirkter und nur Gott bekannter Ausgang dieses Lebens gemeint, in welchem, weil Henoch mit Gott wandelte (weil er «glaubte» und Gott wohlgefiel), die ganze Problematik seines Ausgangs vor ihm selbst und Anderen zugedeckt war. Er selbst sieht die Krisis des Todes nicht, und so wird er auch von keinem Anderen in dieser Krisis gesehen. Er war auf einmal nicht mehr da: nicht mehr unter den Lebenden, aber auch nicht da, wo sonst jeder Mensch am Ende seines Lebens zu finden ist, nicht im Ringen mit der mit diesem Ende verbundenen und für den Menschen so ganz unbeantwortbaren Frage nach seinem Nachher. Sie ist durch Gottes Gegenwart und Eingreifen unmittelbar beantwortet. Er ist nicht durch den Tod, sondern durch Gott aus diesem Leben hinweggenommen. Immerhin: daß er nachher nicht mehr da war, der Gemeinschaft der Lebendigen nicht mehr angehörte, daß sein Sein in der Zeit zu Ende war, das ist mit dem Allem auch von ihm gesagt — und damit indirekt aber faktisch doch auch dies, daß er wie Mose gestorben ist. Es geschah in gänzlicher Verborgenheit, sagen beide Texte. Sie leugnen aber nicht, daß sein Leben abgelaufen war, daß also auch seine Zeit sich als eine befristete erwiesen hatte. Sie kennen und nennen ihn als einen Fall, in welchem an dem des Menschen gerade an der Grenze seiner Zeit harrenden Heils kein Zweifel möglich war.

Wieder als eine Sache für sich muß die 2. Kön. 2, 1—18 erzählte Geschichte von der Entrückung des Elia gewürdigt werden. Sie ist unter den in diese Richtung weisenden Andeutungen des Alten Testamentes die ausführlichste, aber auch die schwierigste; sie könnte, wenn sie ganz durchsichtig zu machen wäre, wohl auch die einleuchtendste sein. Es geht — das ist unverkennbar — um das zeitliche Ende des Elia, um die auch ihm gesetzte natürliche Grenze, jenseits derer er

5. Die endende Zeit

nicht mehr da war. Die Frage ist, was das für das Verhältnis zwischen ihm, dem älteren, und Elisa, dem jüngeren Propheten bedeutet und nicht bedeutete. Es ist das Verhältnis von Meister und Schüler: nach der Überlieferung nicht unähnlich dem zwischen Mose und Josua. War das Ende des Elias die Auslöschung seines Lebens? Auf diese Frage antwortet der Text mit einem Bericht, laut dessen das Ende des Elias — unter völliger Verhüllung seines Charakters als eines Sterbens — die Gestalt einer dem Elisa widerfahrenden unmittelbaren Offenbarung der göttlichen Sendung Autorität und Kraft seines Meisters hatte. Diese Antwort bedeutet: was der Prophet Elias vor Gott und mit Gott gelebt hat, das ist nicht ausgelöscht, indem er nun dahin, indem es nun mit ihm zu Ende ist, das lebt er nun vielmehr vor Gott und mit Gott erst recht: so gewiß sein Auftrag und Amt, seine göttliche Sendung, Autorität und Kraft, vor den Augen des Elisa offenbar geworden, eben damit auf ihn, den Zurückbleibenden, gefallen sind. Sein Abschied bestand ja darin, daß sein Sterbliches vor den Augen des Elisa von seinem Leben verschlungen wurde. Diesen positiven Sinn seines Endes meint wohl schon die von den Prophetenschülern von Bethel und Jericho an den Elisa gerichtete Frage: «Weißt du, daß der Herr heute deinen Meister über dein Haupt empor entrücken wird?» Schon sie wußten: Elia wird endigen, aber eben so endigen. Aber sie brauchtes es dem Elisa nicht zu sagen: «Ich weiß es auch, schweigt nur stille!» Was geschehen wird, ist freilich von ferne nicht selbstverständlich. Die zweimalige Aufforderung des Elia an Elisa, er möchte zurück bleiben, zeigt das. Die Notwendigkeit der besonderen Bitte des Elisa um den doppelten Anteil, den Anteil des Erstgeborenen, am Geiste des Elia zeigt es ebenfalls. Und so auch die Antwort des Elia: «Du hast Schweres erbeten. Wenn du siehst, wie ich entrückt werde, so wird es dir zuteil werden, wo nicht, so wird es dir nicht zuteil werden.» Alle diese retardierenden Momente der Erzählung zeigen: es konnte auch anders kommen. Es lag unendlich viel näher, zu vermuten, daß es anders kommen werde. Es ist doch so gar nicht selbstverständlich, daß am Ende eines Menschenlebens der Tod schlechthin unsichtbar wird und sichtbar allein gerade sein doch unzweifelhaft gewesenes Leben. Es ist doch auch für einen Propheten und gerade für einen Propheten so gar nicht selbstverständlich, dahinzugehen und nun doch nicht nur dahin zu sein. Aber die Prophetenschüler und Elisa selbst hatten doch recht. Es konnte und sollte im Ende des Propheten Elia nicht anders kommen. Schon das letzte Wunder des Elia hat das angezeigt: es besteht darin, daß er mit seinem Mantel das Wasser des Jordans — das Abbild der Todesgefahr! — teilt, sodaß Meister und Schüler, Vorgänger und Nachfolger miteinander trockenen Fußes hindurchgehen: in umgekehrter Richtung eine Wiederholung des Durchgangs, der einst das Volk Israel durch denselben Jordan in das Land seiner Väter führte. Und nun, präfiguriert durch dieses Wunder, das Ereignis dieser Offenbarung selbst: «Während sie (der Scheidende und der Zurückbleibende) im Gespräch immer weiter gingen (also *ceteris imparibus* wie Mose mitten in der Aktion ihres Verhältnisses), kam auf einmal eine feuriger Wagen mit feurigen Rossen und trennte die beiden. Da fuhr Elia im Wetter gen Himmel, während Elisa es mit ansah und schrie: «Mein Vater! Mein Vater! Wagen Israels und seine Reiter!» Dann sah er ihn nicht mehr.» Daß er (das bekannte Zeichen der Totentrauer) seine Kleider zerriß und daß die Prophetenjünger, in merkwürdiger Verkennung ihrer eigenen Weissagung, den Dahingegangenen nachher doch wieder durch 50 Männer suchen lassen — und natürlich vergeblich suchen lassen — das zeigt deutlich: es geht schon um den endgültigen Abschied des Menschen Elia, schon um sein zeitliches Ende, schon um das, was eben sonst Sterben heißt. Aber eben, was sonst Sterben heißt: auch die letzte Spur eines mit dem zeitlichen Ende des Menschen verbundenen Gerichtes über ihn ist hier völlig zugedeckt, unsichtbar gemacht, ja annulliert durch die Offenbarung dessen, was das hier abgeschlossene Leben gewesen ist: «Israels Wagen und seine Reiter», d. h. Israels unüberwindliche Streitmacht, d. h. Israels gnädiger Gott selbst in der Gewalt, die er in dem hier vollendeten Menschenleben hatte und ausübte. Zu seinem Ende kommen und also das «Land der Lebendigen» verlassen, heißt hier unter Auslöschung jedes Schattens, der auf diesem Geschehen liegen konnte und eigentlich liegen mußte: auf feurigem Wagen mit feurigen Rossen eingeholt werden und — statt in die Unterwelt — im Wetter gen Himmel fahren. Jahve selbst ist als Inhalt und Ziel und nun auch als Ende dieses Lebens auf den Plan getreten. Und indem Elisa dieser Offenbarung teilhaftig wird, braucht er als Zeichen des auf ihn gefallenen Geistes, der nun ihm gegebenen göttlichen Sendung, Autorität und Kraft des Elia nur noch dessen Mantel aufzunehmen. Dieses Zeichens bedarf Elia ja jetzt nicht mehr. Sein Leben in der Zeit ist ja nun gelebt, sein Werk in der Geschichte getan. Elisas Leben aber ist noch weiter zu leben, und sein Werk hebt jetzt erst an. Und so tritt jetzt Elisa unter dieses Zeichen. Daß es kein leeres Zeichen ist, zeigt sich sofort bei seiner Rückkehr an den Jordan. Nun schlägt auch er mit dem Mantel, der nun der seinige geworden, auf das Wasser. Noch fragt er: «Wo ist denn nun der Herr, der Gott des Elia?» Die Antwort ist das, was geschieht: «Wie Elisa so auf das Wasser schlug, teilte es sich nach beiden Seiten, sodaß er hindurchgehen konnte.» Der Mensch Elia war n i c h t m e h r da. Aber indem Gott sich dem Elisa als der Gott des Elia offenbart hatte, indem Elia selbst dem Elisa in seiner Einholung durch Gott offenbar geworden war, war und blieb er ihm als der, der er g e w e s e n war, lebendig: so gewiß sein Geist, sein Auftrag und Amt durch diese Offenbarung auf ihn selbst gekommen waren.

Henoch, Mose, Elia sind Grenzfälle, Ausnahmen. Alle diese Texte reden von einem a u ß e r o r d e n t l i c h e n E i n g r e i f e n G o t t e s, ohne das das Ende dieser Menschen nicht in das bewußte Dunkel oder Licht gerückt sein konnte. Und alles Andere, was im Alten Testament zu lesen ist davon, daß bestimmte Menschen auch eines friedlichen Todes, des Todes von Gerechten, auch «lebenssatt», auch «gern» sterben können, ist grundsätzlich doch nur im Zusammenhang mit einem a u ß e r o r d e n t l i c h e n E i n g r e i f e n G o t t e s richtig zu verstehen. Daß sie eines solchen Endes von Natur fähig sind, daß ein Mensch auch so endigen kann, heißt ja nicht, daß es in des Menschen Hand gegeben sei, faktisch so zu endigen. Von sich aus kann er sicher nicht so endigen. Von sich aus sind ja alle Menschen Gottes Schuldner und Feinde. Von sich aus können sie nur des bösen Todes sterben. Wenn sie in Frieden und Freude dahingehen, dann können sie das, weil Gott das Können faktisch in ihnen erweckt, dessen sie von Natur allerdings teilhaftig sind, das aber im gottlosen Menschen gewissermaßen suspendiert und sterilisiert ist. Es ist die H e i l u n g der Natur, es ist Gottes freie Gnade, die sie dann f a k t i s c h dazu instand setzt. Aber eben daß es ein natürliches Ende des menschlichen Daseins gibt — ein Ende, das nicht Gericht, sondern Gemeinschaft mit Gott und nun doch E n d e ist, eben das wird gerade durch Gottes außerordentliches Eingreifen, gerade durch das, was im Ende des Henoch, des Mose, des Elia als Errettung vom Tode offenbar wird, erkennbar. Daß der gnädige Gott sich selbst zum Ende des Menschen macht und daß es damit geschieht, daß dessen Ende nicht Finsternis, sondern Herrlichkeit ist, daß es auch so sein kann, das bestätigt offenbar endgültig, daß wir es in diesem Ende als solchem nicht mit einem Symptom der Unordnung, sondern der Ordnung, nicht mit einem Gewaltstreich des Chaos, sondern mit der guten Schöpfung Gottes zu tun haben.

Wir haben zur Feststellung des Sachverhalts im N e u e n T e s t a m e n t den in der Apokalypse verwendeten Begriff des «zweiten Todes» bereits hervorgehoben. Er setzt den Begriff eines «ersten» voraus, dem der böse, verderbliche, unnatürliche Charakter jenes «zweiten» nicht eigentümlich ist. Wenn Hebr. 9, 27 das einmalige Opfer Christi zur Hinwegnahme der Sünden Vieler formal (und auch sachlich) damit in Beziehung gebracht wird, daß es dem Menschen gesetzt ist (ἀπόκειται) einmal zu sterben — «danach aber das Gericht», so scheint es deutlich, daß das ἅπαξ ἀποθανεῖν an sich und als solches noch nicht den Charakter des Gerichtes, sondern den eines allgemeinen und neutralen Geschehens trägt, das dann freilich in seiner Gegenüberstellung mit dem Opfertod Christi und dessen Einmaligkeit auch eine höhere Notwendigkeit zu haben scheint. Auch das ἄχρι θανάτου Apok. 2, 10: «Sei getreu bis in den Tod!» und Apok. 12, 11: «Sie haben ihr Leben nicht geliebt bis in den Tod» kann unter «Tod» nicht den «letzten Feind», sondern nur den mit der Grenze ihres Lebens zusammenfallenden *terminus ad quem* ihrer Treue und selbstlosen Hingabe verstehen. Und es ist ebenfalls klar, daß, wenn 1. Thess. 5, 10, 1. Kor. 3, 22, Röm. 8, 38; 14, 7 f., Phil. 1, 20 Leben und Sterben, Leben und Tod unter dem Gesichtspunkt der beiden überlegenen Herrschaft Jesu Christi nebeneinander gestellt werden, unter «Tod» nicht der als Feind bewaffnete und mächtige Tod, sondern das nahende Ende des menschlichen Lebens als solchen im Gegensatz zu dessen allfälliger weiterer Fortsetzung verstanden ist. Daß es ein Sterben gibt, das die Teilnahme des Menschen an der Auferstehung und am Leben Jesu Christi nicht in Frage stellt, das aber durch des Menschen Hoffnung darauf auch seinerseits nicht ausgeschlossen ist, zeigt ausdrücklich das Wort Joh. 11, 25: «Ich bin die Auferstehung und das Leben; wer an mich glaubt, wird leben, a u c h w e n n e r s t i r b t». Jener Tod im Tode k a n n eben auch nach neutestamentlicher Anschauung und nach ihr erst recht in Wegfall kommen. Natürlich beruht es auch hier und hier erst recht weder auf Zufall noch auf einer dem Menschen disponiblen Möglichkeit, wenn das faktisch geschieht, sondern auf Gottes außerordentlichem Eingreifen. Dessen konkrete Gestalt ist die Erscheinung, der Tod und die Auferstehung Jesu Christi: «Wer m e i n Wort hört und dem glaubt, der m i c h sandte, d e r hat ewiges Leben und kommt nicht ins Gericht, sondern ist aus dem Tode in das Leben hinübergegangen» (Joh. 5, 24). Daß der «zweite Tod» unter diesen Umständen in Wegfall kommt, diese Befreiung v o m u n n a t ü r l i c h e n Sterben bedeutet dann offenbar, indem sie die Befreiung zum ewigen Leben ist, a u c h des Menschen Befreiung z u e i n e m n a t ü r l i c h e n Sterben. Auch das Neue Testament kennt dieses natürliche Sterben.

Es ist bemerkenswert, daß es an nüchternem Realismus hinter dem Alten auch in dieser Sache bestimmt nicht zurückbleibt. Es könnte sogar auffallen, daß die Andeutungen über das Ende des Henoch und des Mose, die Geschichte von der Entrückung des Elia im Neuen Testament keine Parallelen haben, sondern daß die neutestamentlichen Autoren sich damit begnügen, ihrer gelegentlich zu gedenken, ohne ihnen Ähnliches aus ihrem eigenen geschichtlichen Bereich an die Seite zu stellen. Jene merkwürdigen Ausnahmen von der Regel sind offenbar im neutestamentlichen Zeitalter als Typen verstanden worden, die nach ihrer Erfüllung im Ende Jesu Christi, in seiner Auferstehung und Himmelfahrt, keiner Vermehrung bedürftig und fähig waren. Wenn die römische Kirche vermutlich in absehbarer Zeit zur Dogmatisierung der Himmelfahrt der Maria schreiten wird, so wird sie damit — von allem, was sonst dazu zu sagen ist, abgesehen — einen weiteren Beweis für ihr tiefes Unverständnis für den grundsätzlichen Unterschied der neutestamentlichen Situation und Ordnung gegenüber der des Alten Testamentes liefern. In der neutestamentlichen Ordnung gibt es nach der Erhöhung des einen Jesus Christus, in der verborgen die Erhöhung auch all der Seinigen schon vollzogen ist, nur e i n e «Entrückung», von der darum nichts zu erzählen ist, weil sie sich noch nicht ereignet hat; die Entrückung der Gemeinde dem in seiner

Endoffenbarung wiederkommenden Herrn entgegen, in der doch nur ihre in Jesus Christus schon geschehene Erhöhung sichtbar werden wird. Eben dieser Entrückung werden aber die T o t e n mit den dann noch Lebenden (1. Thess. 4, 16 f.) g e m e i n s a m teilhaftig sein. Es gibt jetzt auch — es darf jetzt auch geben: «in Christus» (1. Kor. 15, 18) oder: «durch Jesus» (1. Thess. 4, 14) Entschlafene, ja «Tote in Christus» (1. Thess. 4, 16), die als solche, auch ohne daß sie schon «entrückt» wurden, nicht verloren sind, denen (1. Thess. 4, 15) niemand, auch keine Maria, mit einer gerade ihm zustehenden besonderen Entrückung «zuvorzukommen» die Aussicht hat. Der Tod hat jetzt ein Gesicht, das uns erlaubt, ihm in die Augen zu sehen. Man darf jetzt gerade n a t ü r l i c h sterben und gestorben sein.

«E n t s c h l a f e n» (κοιμᾶσθαι) ist der bezeichnende neutestamentliche Ausdruck für das durch den Tod Jesu vom Gericht des «zweiten Todes» befreite und also natürliche Sterben und Gestorbensein der Christen. «Lazarus, unser Freund, ist entschlafen» (Joh. 11, 11). Einige von den Zeugen der Auferstehung Jesu sind entschlafen (1. Kor. 15, 6). «Die Väter» (d. h. die Angehörigen der ersten christlichen Generation) sind entschlafen, sagen sogar die Irrlehrer des zweiten Petrusbriefes (3, 4). Und so blickt auch die Korinthergemeinde auf offenbar nicht ganz wenige solcher Entschlafener zurück (1. Kor. 11, 30). Es ist beachtbar, daß jetzt auch von David als von einem Entschlafenen geredet wird (Act. 13, 36) und daß auch ein so gewaltsamer Tod wie der des Stephanus (Act. 7, 60) fast euphemistisch mit diesem milden Ausdruck beschrieben wird. Was besagt er? Er bezieht sich auf den Vorgang des Sterbens, oder vielmehr: auf den vom Glauben und von der Liebe bezeichneten, bestimmten und geformten E i n d r u c k, den die Überlebenden von dem haben, was ihnen im Sterben eines Bruders oder einer Schwester das l e t z t e W a h r n e h m b a r e ist: man sieht den Sterbenden einschlafen. Was jenseits dieses Geschehens liegt, ist ja nicht mehr wahrnehmbar. Für die neutestamentlichen Christen greift jenseits dieses Geschehens sofort und schlechterdings Jesus Christus selbst ein: sein Sterben und Auferstehen auch für diesen jetzt eben «entschlafenen» Menschen und für die Überlebenden: die Hoffnung auf ihn als ihre Hoffnung auch für diesen Menschen. Das Letzte, was abgesehen von Jesus Christus selber von diesem Menschen zu sagen ist, ist eben dies, daß er entschlafen ist. Der Ausdruck ist bewußt mild: wenn nicht euphemistisch, so doch ausgesprochen f r i e d l i c h. Er bezeugt eben die Freiheit der neutestamentlichen Christen — die Freiheit ihres Glaubens und ihrer Liebe — sich beim Gedanken an ihre Toten an jenen ausgesprochen friedlichen Eindruck zu halten, ihr Gedächtnis so, in der Gestalt dieses ausgesprochen friedlichen Vorgangs, vor Augen zu haben. Nicht daß jene vielleicht litten, nicht daß sie vielleicht einen Todeskampf zu bestehen hatten, ist entscheidend. Der wirkliche Todeskampf war ja auf alle Fälle auch für sie schon gekämpft. Was ihnen übrig blieb, war dies, daß sie entschlafen durften. Auch Stephanus hat unter dem Hagel der ihn treffenden Steine einfach entschlafen dürfen! Der Ausdruck meint also die im Licht des christlichen Glaubens und der christlichen Liebe sichtbare echte Wirklichkeit dessen, was den Überlebenden im Vorgang des Sterbens der Ihrigen als Letztes wahrnehmbar ist. Ihr Rückblick auf den Toten haftet an diesem Eindruck. Die Konsequenz, daß die Toten jetzt S c h l a f e n d e seien, ist eine alte Ü b e r i n t e r p r e t a t i o n. Κοιμᾶσθαι heißt nicht Schlafen, sondern eben E n t s c h l a f e n. Die «E n t s c h l a f e n e n» bedeutet schlicht: die, die wir damals entschlafen sahen, die uns heute als die damals Entschlafenen und also, als, indem sie starben, vom Tode Erretteten vor Augen und in Erinnerung stehen. Der eigentliche Rückblick auf sie ist ja doch der Rückblick auf Jesus Christus, der damals, als diese Menschen *in extremis* waren, als «Erstling der Entschlafenen» (1. Kor. 15, 20) auch ihrem Tode die Macht schon genommen, das Leben und das unvergängliche Wesen auch für sie schon ans Licht gebracht hatte, sodaß ihr Sterben etwas Anderes als eben ein Entschlafen nicht sein konnte. Die Konsequenz, daß sie jetzt schlafen, ist zwar logisch-pragmatisch naheliegend, aber sachlich unbegründet. Kraft welcher christlichen Erkenntnis sollten die neutestamentlichen Christen das, was diesem Entschlafen der Ihrigen folgte, das Sein dieser Menschen im Tode, gerade für einen Schlaf gehalten haben? Auf diese Konsequenz verfiel man erst, als man seine Wissenschaft (in dieser Sache wie in anderen) wieder aus anderen Quellen als aus der Erkenntnis Jesu Christi zu nähren begann. Der Ausdruck «entschlafen» zeigt, daß die neutestamentlichen Christen die Frage nach dem Sein und Zustand des Menschen im Tode nicht selbständig gestellt und also auch nicht selbständig (mit einer Lehre vom «Zwischenzustand») beantwortet, sondern sich an das «Ich bin die Auferstehung und das Leben» und von da aus, im Licht der damit gegebenen Hoffnung an den ihnen wahrnehmbaren Vorgang des Sterbens als an das vom Frieden Gottes umgebene letzte und abschließende Lebenssymptom gehalten haben.

Daß es gerade und von der Hoffnung auf Christus her eine Befreiung zum natürlichen Sterben gibt, das beruht aber darauf, daß das Sterben des Menschen an sich und als solches nach der Ordnung des Schöpfers zum Leben seines Geschöpfs gehört und diesem also notwendig ist. Der adamitische Mensch ist zur $\psi\upsilon\chi\dot\eta$ $\zeta\tilde\omega\sigma\alpha$ geschaffen (1. Kor. 15, 45) und damit zu einem Wesen, das seine Zeit und nur diese hat. Gerade das definitive Zusammensein des Menschen mit Gott als Sinn und Ziel des menschlichen Lebens erfordert es, daß es selber definit sei, eine Grenze habe. Auf dieser seiner Grenze fällt die göttliche Entscheidung zu seinen Gunsten, die der Inhalt der neutestamentlichen Heilsbotschaft ist. Auf dieser Grenze ist sie ja schon im Leben des Menschen Jesus selber gefallen. Er mußte sterben, um sich dem Gericht Gottes zu unterziehen und damit das Recht Gottes und das Recht des Menschen wiederherzustellen. «Wenn das Weizenkorn nicht in die Erde fällt und stirbt, bleibt es allein; wenn es aber stirbt, trägt es viel Frucht» (Joh. 12, 24). Man kann sein Leben in dieser Zeit nicht letztlich, nicht absolut lieben und erhalten wollen, sonst verliert man es gerade. Man muß es hergeben, um es zu retten (Matth. 16, 25). Man muß sein «Leben in der Welt» nach dem harten Ausdruck Joh. 12, 25 geradezu «hassen», um es zu bewahren ins ewige Leben. Und darum auch Paulus: «Du Tor, was du säest, wird nicht lebendig gemacht, es sterbe denn zuvor!» (1.Kor. 15, 36). Wenn es mit dem definitiven Ende des menschlichen Lebens nichts wäre, dann wäre es eben auch nichts mit seiner Auferstehung, mit seiner definitiven Koexistenz mit dem Leben Gottes. Es könnte also der ängstliche Trotz gegen jenes sein Ende nur die Verwerfung und den Verlust dieser seiner Bestimmung bedeuten. Indem Jesus sein Leben so geliebt und eben damit das unsrige vom Verderben errettet hat, sind wir eingeladen, uns an die Grenze dieses eben von ihm erretteten Lebens zu halten und also es gut zu heißen, daß es ein Ende mit uns haben muß, also unsere Hoffnung ganz auf ihn zu setzen.

Es bleibt aber zum Schluß bemerkenswert, daß es bei jenem Hinweis auf die Notwendigkeit des Sterbens, bei jener negativen Mahnung, sein Leben nicht zu lieben, es nicht erretten zu wollen, usf. im Neuen Testament im Ganzen sein Bewenden hat, daß Töne einer absoluten Sehnsucht und Freudigkeit zum Sterben im neutestamentlichen Zeugnis nun doch nicht zu vernehmen sind, auch nicht, wie es dann später so oft geschehen ist, im Zusammenhang mit dem Martyrium für Christus. Eine Idealisierung und Heroisierung des Todes hat auch hier keinen Raum. Daß man sein Leben um Christi willen verliere, das ist eine Möglichkeit, die der neutestamentliche Christ gewissermaßen in doppelter Willigkeit ins Auge faßt, die er aber weder begehrt noch aufsucht, sondern wie Stephanus auf sich nimmt, wenn und indem sie Wirklichkeit wird. Der Verlust des Lebens an sich ist wie das Leben selbst eine Möglichkeit, die erst dadurch qualifiziert wird, daß sie «im Herrn» Ereignis wird. Paulus hat 2. Kor. 5, 1—10 gegenübergestellt: das diesseitige Leben in seiner einst abzubrechenden Zeltwohnung und seine Überkleidung mit dem von Gott bereiteten ewigen Haus — des Menschen Wanderschaft in der Zeit und sein Daheimsein beim Herrn. Er hat kein Hehl daraus gemacht, daß er nach dem letzteren unter Seufzen begehre. Er hat aber diesem Begehren keinen absoluten, sondern nur einen relativen Raum gegeben; er hat aus der ganzen Erwägung doch nur den Schluß gezogen: «Daher befleißigen wir uns, mögen wir daheim oder mögen wir auf der Wanderung sein, ihm wohlgefällig zu sein. Denn wir müssen Alle offenbar werden vor dem Richterstuhl Christi, damit jeder empfange je nachdem er im Leibe gehandelt, gut oder böse.» Und nicht anders äußert er sich Phil. 1, 20 f.: Daß Christus verherrlicht werde in seinem Leibe, es sei durch Leben oder Tod, darein setzt er seine Freudigkeit (παρρησία). Wieder verhehlt er nicht: er hält Sterben für Gewinn, er hat «Lust, aufzubrechen und mit Christus zu sein», er hält das für das viel Bessere. Aber wiederum tritt die Relativierung sofort in Kraft: gerade Leben ist für ihn Christus, wie es v 22 in schroffstem Ausdruck heißt, nämlich Ernte (καρπὸς ἔργου) in seinem Dienste. Wäre jenes Aufbrechen das Bessere, so ist sein «Bleiben im Fleisch» um seiner Gemeinden willen das Nötigere (v 24). In die schwere Wahl gestellt, von beiden Seiten bedrängt, hat er sich doch gerade in dieser in dieser Hinsicht stärksten Stelle faktisch und praktisch für das Leben und gegen das Sterben entschieden. Der neutestamentliche Christ erwartet den Tod ohne Furcht, aber er hofft nicht auf ihn, sondern auf den, der ihn vom Tode errettet hat. Weil er auf ihn hofft, weil er in seinem Ende mit ihm zu sein erwartet, darum ist er auch willig zu sterben, darum stirbt er, wenn es so weit ist, wie Jakob «gerne», darum begehrt er wohl danach als nach dem Besseren, daß es schon so weit sein möchte; er will aber nicht seinen Tod, sondern sein durch seinen Tod begrenztes Leben als den Raum der Entscheidungen, in welchen er Christus als seinem Richter entgegengeht; er will sein Leben als die Gelegenheit zum Dienste dessen, der in seinem Ende seine einzige Hoffnung sein wird. Und weil er schon in seinem Leben dem dienen darf, der auch im Tode sein Herr sein wird, darum freut er sich auf diese vollkommene Gestalt seiner Herrschaft, freut er sich darauf, definitiv mit ihm zu sein; er freut sich aber nicht darauf, seines Dienstes dann entledigt zu sein, seine Zeit hinter sich zu haben, sondern eben jenes Definitive, auf das er sich freut, ist ihm Erlaubnis und Gebot, ihm in der ihm gegebenen Lebensfrist in der ganzen Vorfreude zu dienen, ohne die seine Freude auf sein Ende und seinen neuen Anfang mit ihm Einbildung wäre. Er bejaht Jesus Christus als sein Jenseits. Und eben darum versteht er sein Diesseits als bejaht von seinem Jenseits her.

I. BIBELSTELLEN

Genesis

1	9, 37, 97, 351, 718
1-2	7, 8, 14, 535, 549
1, 1	184
6 f.	718
20	434
24-31	3
26	434
26 f.	390
27	390
28	706
2	351, 353, 354, 355, 358, 360, 362 365, 372, 373, 375, 377, 380, 384
1-3	548
7	184, 401 f., 433, 434, 448, 455, 475
17	729, 772
18	353
18 f.	381
18-25	351
24	370
24 f.	369
3	475
4 f.	772
19	434, 729
22	773
5, 4 f.	680
24	474
6, 3	434, 729
7, 4	542
15	434
8, 21	29
12, 2	705
5	455
22, 18	705
24, 1 f.	365
25, 8	773
26, 4	705
35, 18	454
29	773
41, 8	438
43, 14	552
45, 27	438
46, 30	773
49, 28 f.	705

Exodus

3, 6	631
14	558
4, 24 f.	729
12, 23	750
20, 12	704
25, 9	563
33, 20	729

Leviticus

4, 2	455
17, 11	455
14	455
25, 1-34	547 f.

Numeri

6, 6	455
22 f.	708
24	705
25	706
11, 17	429
25	429
29	429
13, 25	542
16, 22	433
21, 4	454
23, 10	773
27, 18	429
31, 35	455

Deuteronomium

4, 32	703
40	680
6, 5	523
8, 3	77
5	78
12, 23	455
25, 5	356
15	680
30, 19	715
32, 7 f.	703
18	704
19	73
39	750
50	774
33, 1 f.	705
34, 5 f.	774
9	429

Josua

10, 28	455
14, 13	705

Richter

3, 10	429
13, 22	729
15, 19	438
16, 16	454
30	454

1. Samuel

2, 6	750
5-6	729
10, 6	429, 431
16, 14 f.	430
23	430
28, 7	716
30, 12	438
31, 4	728

2. Samuel

6, 1 f.	729
18	705
14, 14	716
23, 2	429
17	454
24, 16	750

1. Könige

1, 31	680
2, 2	773
6	773
23	454
3, 6 f.	401
8, 14	705
17, 17	437
21	454
19, 3	454
4	728
11 f.	135
21, 5	438
22, 21 f.	430
24	430

2. Könige

2, 1-18	774
9	429
15	429
5, 7	750
19, 7	430

1. Chronik

5, 26	438

2. Chronik

21, 16	438
36, 22	438

Esra

1, 1	438

Nehemia

9, 30	429

Hiob

1, 21	717
3, 3 f.	728
21 f.	728
4, 9	430
6, 4	438
7, 9 f.	716
7, 15 f.	728
8, 8	703
9	703
9, 3	751
11, 8	718
14, 2	678
16, 12 f.	772
19	753
22	716
19, 25	753
20, 3	430
26, 7	182
28, 13	716
30, 27	522
33, 4	434
22	750
34, 14 f.	435

Psalmen

2, 7	563
6, 2	751
3	522, 752
6	717
7, 10	523
8	53
5	21
5 f.	53
6-7	21
10	21
9, 6	772
16, 10	752
17, 15	753
18, 6	718
21, 5	680
22, 2	734
26, 11	751
27, 5	704
9	751
13	753
28, 1	718
30, 10	717
32, 3	522
33, 6	434
36, 10	717
39, 6	435
6 f.	678
41, 6	772
42	494
6	396, 721
11	721
12	396, 721

I. Bibelstellen

43	. . . . . .	494
5	. . . . .	396, 721
44, 2 f.	. . . . . .	704
49, 16	. . . .	718, 719, 753
50, 22	. . . . . .	751
51, 10	. . . . .	522, 751
12	. . . . . .	430
14	. . . . . .	430
19	. . . . . .	430
54, 6	. . . . . .	752
55, 13 f.	. . . . . .	720
24	. . . . . .	680
63, 2	. . . . . .	525
4	. . . . . .	680
69, 11	. . . . . .	454
71, 20	. . . . . .	752
72, 17	. . . . . .	773
73	. . . . . .	745
18	. . . . . .	721
23	. . . . . .	721
26	. . . . . .	753
77, 6 f.	. . . . . .	704
7	. . . . . .	438
78, 2 f.	. . . . . .	704
84, 3	. . . . . .	522
88, 6	. . . . . .	717
7	. . . . . .	718
11 f.	. . . . . .	717
89, 49	. . . . .	718, 719
90, 1 f.	. . . . .	703, 706
3	. . . . . .	434
4	. . . . . .	614
5	. . . . . .	678
9	. . . . . .	678
10	. . . . .	434, 678
12	. . . . .	716, 773
94, 17	. . . . . .	718
95, 4	. . . . . .	750
102, 12	. . . . . .	678
24	. . . . . .	680
24 f.	. . . . . .	716
25	. . . . . .	680
103, 1	. . . . . .	486
1 f.	. . . . . .	205
104, 29	. . . . . .	435
107, 9	. . . . . .	454
109, 13 f.	. . . . . .	772
115, 17	. . . . .	717, 718
116, 3	. . . . . .	718
118, 17	. . . . . .	752
121, 7 f.	. . . . . .	706
139, 5-12	. . . . . .	169
7	. . . . . .	428
8	. . . . .	718, 750
14	. . . . . .	205
16	. . . . . .	648
142, 4	. . . . . .	438
143, 4	. . . . . .	438
5	. . . . . .	704

7	. . . . . .	438
148	. . . . .	205, 206
13	. . . . . .	206
150, 6	. . . . . .	434

Sprüche

10, 7	. . . . . .	773
16, 2	. . . . . .	439
20, 27	. . . . . .	434
23, 16	. . . . . .	523
27, 20	. . . . . .	719

Prediger (Kohelet)

1, 3 f.	. . . . . .	719
3, 1	. . . . . .	631
11	. . . . . .	631
14	. . . . . .	632
19 f.	. . . . . .	434
19-21	. . . . . .	769
4, 2	. . . . . .	728
5	. . . . . .	522
5, 14	. . . . . .	717
7, 8	. . . . . .	439
23	. . . . . .	523
9, 4	. . . . . .	721
10	. . . . . .	717
11, 7 f.	. . . . . .	680
12, 1-8	. . . . . .	720
7	. . . . . .	435

Hoheslied

8, 6 f.	. . . . . .	355

Jesaja

2, 22	. . . . . .	435
4, 4	. . . . . .	430
5, 14	. . . . . .	719
6, 9 f.	. . . . . .	486
7, 11	. . . . . .	718
11, 1 f.	. . . . . .	401
2	. . . . . .	429
14, 4 f.	. . . . . .	772
10	. . . . . .	717
18	. . . . . .	773
20	. . . . . .	772
25, 8	. . . . . .	750
26, 9	. . . . . .	438
19	. . . . .	718, 753
29, 13	. . . . . .	606
24	. . . . . .	430
30, 7	. . . . . .	718
32, 15	. . . . . .	428
34, 16	. . . . . .	428
38, 10	. . . . . .	716
11	. . . . . .	716
16	. . . . . .	438

I. Bibelstellen

18	. . . . . .	718
18 f.	. . . . . .	717
40, 6	. . . . . .	678
7	. . . . . .	430
13 f.	. . . . . .	428
28	. . . . . .	754
41, 4	. . . . . .	556
42, 1	. . . . . .	401, 429
5	. . . . . .	433
44, 6	. . . . . .	556
45, 7	. . . . . .	750
21 f.	. . . . . .	703
46, 9	. . . . . .	703
48, 12	. . . . . .	556
53	. . . . . .	732
57, 15	. . . . . .	438
16	. . . . . .	454
58, 11	. . . . . .	522
59, 21	. . . . . .	429
61, 1	. . . . . .	401
1 f.	. . . . . .	548
66, 2	. . . . . .	430

Jeremia

4, 19	. . . . . .	522
5, 21	. . . . . .	486
6, 16	. . . . . .	703
11, 20	. . . . . .	523
15, 9	. . . . . .	554
10	. . . . . .	728
20, 14 f.	. . . . . .	728
38, 16	. . . . . .	454

Klagelieder

1, 20	. . . . . .	522
2, 11	. . . . . .	522
12	. . . . . .	454

Hesekiel

4, 6	. . . . . .	542
14	. . . . . .	454
11, 5	. . . . . .	429
13, 3	. . . . . .	438
19	. . . . . .	454
16, 30	. . . . . .	524
18, 23	. . . . . .	750
22, 25	. . . . . .	454
31, 19	. . . . . .	454
32, 27	. . . . . .	717
33, 11	. . . . . .	750
37, 1-14	. . . . . .	433, 453

Daniel

5, 12	. . . . . .	438
23	. . . . . .	435
7	. . . . . .	52, 53, 249
13	. . . . . .	52

12, 2	. . . . . .	753
3	. . . . . .	608

Hosea

13, 14	. . . . . .	750

Amos

9, 2	. . . . . .	718, 750

Jona

3, 4	. . . . . .	542
7	. . . . . .	718
4, 8	. . . . . .	728

Micha

3, 8	. . . . . .	429
7, 18 f.	. . . . . .	705

Habakuk

2, 5	. . . . . .	719

Sacharja

13, 2	. . . . . .	430

Matthäus

1, 18	. . . . . .	401
20	. . . . . .	401, 576
25	. . . . . .	397
2, 1	. . . . . .	397
3, 2	. . . . . .	552
4	. . . . . .	707
14	. . . . . .	66
15	. . . . . .	66
16	. . . . . .	575
4, 1 f.	. . . . . .	407
2	. . . . . .	77, 542
3 f.	. . . . . .	406
4	. . . . . .	77
23-25	. . . . . .	398
5, 8	. . . . . .	524
15	. . . . . .	610
17	. . . . . .	70, 552
27	. . . . . .	498
44 Par.	. . . . . .	708
6, 10	. . . . . .	552
16	. . . . . .	566
22	. . . . . .	302
24	. . . . . .	371
8, 15	. . . . . .	430
22	. . . . . .	731
24	. . . . . .	397
9, 13	. . . . . .	70
15	. . . . . .	566
36	. . . . . .	252
39	. . . . . .	70
10	. . . . . .	601
19 f.	. . . . . .	601
22	. . . . . .	601
23	. . . . . .	601

I. Bibelstellen

24-25	601	27, 5	728
28	426, 455	14	409
34 f.	70	34	603
39	426	50	402, 426, 437
11, 2	598	58 f. Par.	398
2 f.	398, 552	62 f.	543
5 f.	729	28, 6	543
12	552	11 f.	543
13 f.	552	16	544
19	397	16 f.	601
12, 18	401	18	375, 539
28	552	19	539, 601
29	552	20	545, 564, 612
34	524		
39	409		
13, 16 f.	552	Markus	
17	495		
43	608	1	553
58	409	9-11 Par.	575
14, 36	397	10	575
16, 16	605	13	3
18	732	14 f.	551
20	552	15	552, 557
21	606	15 Par.	254
22	732	23	730
23	732	24	70, 598
25	779	38	70
26	426	41	252
17, 1	574	2, 7	72
6	574	5, 7	730
9	552	25 f. Par.	397
18, 20	564	8, 2	252
27	252	12	386, 438
19, 28	608	9	601
20, 22 f.	66	1	600
28 Par.	395	2	574
28	70	2-8 Par.	574
34	252	4 f.	578
21, 9	708	6	574
37	554	9	574
22, 13	733	22	252
38	258	46	733
39	258	10, 16	708
24, 6-14	610	21	396
14	601	44	257
30	545	45 Par.	254
43	600	55	257
25	607, 614, 615, 735	12, 18-27	356
1-13	608 f.	27	354
14-30	609 f.	29-31 Par.	258
31-46	610 f.	13, 2	602
26, 29	603	4	602
37 f.	386	24 f. Par.	602
39	406	30	601
39 f.	732	31	564
41	406	32	599
45	555	14, 1	603
63	409	24 Par.	255
64	604	58	602

	62	604
	68 Par.	529
15, 1		529
	25	529
	29 f.	730
	31	732
	32	756
	33 Par.	529
	34	734
	37	734
	42 Par	542
16,	1-8 Par.	542
	2 Par.	549
	6	543

Lukas

1, 1		568
	1-4	567
	35	401
	42	708
	46 f.	427
	47	438
	54 f.	70
	79	731
	80	438
2,	1 f.	397, 529
	8-14	576
	10	70
	11	66, 70, 249, 563
	25 f.	709
	29	773
	29 f.	709
	30 f.	577
	36 f.	709
	41 f.	66
	46	66
	49	66, 406
	50	66
	51	66
	52	66, 396
3,	1 f.	529
	22	575
	23	66
4,	1	401
	2	542
	17 f.	548
	18	401
	21	563, 578
6,	19	397
7,	13	252
	16	72, 598
8,	55	438
9,	28	574
	31	574, 578
	32	574
10,	9	552
	11	552
	18	552

	21	396
	29	250
	33	252
	38 f.	408
11,	27	397
12,	49	70, 733
	50	396, 732
	51 f.	70
15,	2	397
	16	495
	20	252
	24	29
	32	731
16,	8	332
	21	495
	24 f.	733
17,	20 f.	404
	21	552
	22	495, 552
19,	9	563
	10	70
	41	396
20,	19	555
	36	356, 357
	38	357, 754
22,	15	495
	19	395, 564
	44	396, 397
	52 f.	555
	53	555
	67 f.	605
23,	46	402, 426, 438
24,	5	543, 564
	6	543
	13-35	405
	13 f.	566 f.
	21	732
	25	578
	31	598
	35	598
	36 f.	543
	39	404
	41 f.	604
	50	708
	51	543

Johannes

1		163, 199
	1	76, 263, 580, 581
	2	76, 580
	3	183, 187, 580
	4	183, 403
	10	580
	11	580
	11 f.	711
	12 f.	187
	14	73, 81, 397, 403, 529, 533, 574, 580
	18	76
	29	598

I. Bibelstellen

32	401	
32-34	575	
33	66	
45	709	
2, 4	555	
11	73, 575	
19-22	602	
21	398	
3, 3 f.	431	
5	712	
8	432	
14	406	
16	77, 255, 581	
29	365	
34	401, 402	
4, 6	397	
24	428	
27	397	
32	406	
34	77, 406	
48	406	
5, 6	74	
17	66, 73	
19	73	
23	73	
24	755, 777	
26	74, 403	
30	73	
36	73	
39	578	
41	75	
44	75	
46	578	
6, 15	605	
35	403	
38	73	
39	251	
47	755	
51	255, 404	
51 f.	398	
57	74	
63	401, 404, 432	
7, 8	555	
17	73	
18	75	
37	436, 554	
38	436	
39	75	
8, 16	73	
24	73	
26	73	
29	73	
42	73	
50	45	
51	755	
54	75	
56	578	
58	73	
9	73	
4	66, 73, 406	
4 f.	555	
31	78	
33	72	
39	70	
10, 10	70, 403	
11	254, 395	
15	395	
17	75	
17 f.	406	
18	75	
25	73	
29	251, 264	
30	73, 263	
37	73	
38	73, 263	
11, 3	396	
4	75	
5	396	
11	478	
25	403	
26	755	
33	395, 438	
34	396	
38	395	
40	73	
51	605	
51 f.	254	
12, 16	75	
23	75	
24	779	
25	779	
26	251	
27	395, 555	
28	75, 263	
34	406	
41	578	
44	73	
45	73	
46	70	
47	70	
49	73	
13, 1	396, 438	
19	73	
21	396	
23	396	
31	75	
32	75	
14, 3	251	
6	65, 403	
9	73	
10	73, 263	
13	75	
18	564, 598	
19	403	
20	263	
21	263	
26	564	
28	73	

	31	73, 75
15,	9	75, 263, 396
	10	73, 75
	12	386
	13	75, 254, 395
	13—15	396
	23	73
16		73
	7 f.	430
	14	75, 564
	15	73
	23	75
	27	263
17		77, 263
	1	75, 555
	3	263
	4	73
	5	75, 263
	6	73, 251
	8	251, 263
	9 f.	263
	10	73, 251
	11	73, 263
	14	263
	16	263
	18	263, 264
	19	254
	20	538
	20—21	264
	21	263
	22	73, 75, 263
	23	75, 263
	24	74, 75, 251
	26	73, 75, 263
18,	9	251
19,	5	51, 52
	11	51
	14	51
	26	396
	28	397
	30	402, 406, 555
	38 f.	398
20,	2	396
	5	597
	12	398
	17	13, 251
	21—23	565
	24 f.	397, 537
	27 f.	538
	28	72, 539
	29	538
21,	5	604
	5 f.	397
	7	396
	12	604
	15	604
	20	396
	22	74
	23	73

Apostelgeschichte

1,	1—3	567
	3	542
	4	604
	7	600
	9 f.	543
	9—12	542
	11	544, 612
	12	544
	17	731
	22	537
2,	3 f.	430
	20	550
	21	550
	29	752
	46	604
3,	15	403
	19 f.	595
	26	708
5,	1 f.	731
7,	60	778
10,	38	250
	41	604
13,	36	752, 778
17,	22 f.	417
	25	434
	28	417
	30	563
	30 f.	554
	31	430, 735
18,	6	601
	25	439
20,	7	549
	33	495
22,	1—21	565
	2—23	565
	14	577
	22	565
26,	22	578
	24	565

Römer

1,	3 f.	401
	14	341
	32	731
2,	16	735
	29	524
3,	20	735
	23	735
	31	578
4		187, 188
	1 f.	707
	15	735
	17	183, 186
	18	186
	25	255
5,	5	331
	10	403

I. Bibelstellen

12		730
12 f.		731
12—21		53
14		730
17		730
6, 1—11		563
3 f.		367
4		564, 756, 757, 760
6		756
8		756, 758
9 f.		565
10		529
23		367, 730
7, 1 f.		368
1—6		367
4		395
7		495, 735
9 f.		731
24		754, 755
25		754
8		255
1		367
2 f.		367
3		404
6		730
10—11		432
13		731
14		430, 612
15		430
16		439
17		758
19		594, 608
19 f.		758
21		594
23		431, 593
24		593
26		443
29		251, 357
31		254
31 f.		754
32		254, 755
33 f.		255
34		755
37 f.		755
38		755, 777
10, 4		578, 735
11, 24		707
12, 14		708
15		343
13, 9		495
11		607
14, 7 f.		777
8		755
15		266
29		708

1. Korinther

1		289
1, 9		756
30		65
2, 11		438
12		430
3, 12 f.		758
16		439
22		755, 777
23		712
4, 5		735
8		373, 608
12		708
5, 5		438
6, 2 f.		608
9		374
11		371
12—20		368, 372
13		369
14		369
15		369, 371
16		371
17		369
18		371, 372
19		369, 371, 439
20		369, 439
7, 1 f.		370
1—10		372
10—17		372
25—40		372
34		439
8, 6		580
11		266
9, 16		738
10, 4		578
23		369
31		492
11		377
1		377
1—2		373
1—16		372
2		373
3		374 f., 378
3—16		373
4—6		374
7		375
7—9		375
8—9		375
10		374
11—12		372, 373, 375
12—15		374
16		373, 376
20		604
24		255
24 f.		564
26		256, 604
30		731, 778
12, 4 f.		430
29		373
13		342
4—6		343
8		332

12	. . . .	356
14, 33	. . . .	373
33—38	. . . .	372
15, 3	. . . .	254
3 f.	. . . .	577
3—8	. . . .	542
6	. . . .	778
8 f.	. . . .	565
18	. . . .	778
20	. . . .	564
21—22	. . . .	53
22	. . . .	730
24	. . . .	758
26	. . . . . .	730, 772
27	. . . .	53
28	. . . .	759
28 f.	. . . .	758
36	. . . .	779
43	. . . .	759
45	. . . . 401, 402, 436, 779
45—49	. . . .	53
47	. . . .	244
50	. . . . . . 404, 760
51	. . . .	760
52	. . . .	759
53	. . . .	759
53 f.	. . . .	357
55	. . . . . . 754, 755
56	. . . .	730
57	. . . .	755
16, 2	. . . .	549
22	. . . . . . 584, 607

2. Korinther

1, 8 f.	. . . .	755
22	. . . . . . 431, 593
2, 13	. . . .	438
3, 6	. . . .	432
14 f.	. . . .	578
17	. . . . . . 401, 436
17—18	. . . .	565
18	. . . .	436
4, 10	. . . . . 594, 756, 758
14	. . . .	757
16	. . . . . . 244, 403
5, 1	. . . .	760
1—10	. . . .	780
5	. . . .	593
7	. . . .	593
10	. . . . . 611, 735, 758
14—15	. . . .	254
15	. . . .	564
16	. . . . . . 66, 540, 564
17	. . . . . . 363, 564, 757
19	. . . . . . 538, 734
21	. . . . . . 255, 375
6, 2	. . . .	563
16	. . . .	439
7, 1	. . . .	439

3	. . . .	758
8, 9	. . . .	250
11, 2	. . . .	367
2 f.	. . . . . . 364, 368
4	. . . . . . 364, 430
12, 18	. . . .	612
13, 4	. . . .	758

Galater

1, 4	. . . . . . 254, 395
11	. . . .	566
11 f.	. . . .	565
16	. . . .	565
2, 20	. . 254, 395, 403, 492, 564
	737, 755, 756, 757
3, 1	. . . .	408
6 f.	. . . .	707
13	. . . .	733
24	. . . .	578
26 f.	. . . .	356
28	. . . . . . 373, 376
4	. . . . . . 535, 554
1 f.	. . . . . . 550, 553
4	. . . . . . 397, 553
6	. . . .	433
5, 16	. . . . . . 430, 612
17	. . . .	495
18	. . . . . . 430, 612
22 f.	. . . .	430
25	. . . . . . 430, 612
6, 8	. . . .	731
17	. . . .	756
18	. . . .	439

Epheser

1	. . . .	554
3	. . . .	708
4	. . . .	251
9 f.	. . . . . . 551, 553
10	. . . . . . 375, 553, 757
14	. . . .	593
20	. . . .	375
22 f.	. . . .	363
2, 1	. . . .	731
3	. . . .	29
5	. . . .	757
14	. . . .	404
4, 13	. . . .	357
22	. . . .	731
5	. . . . . 376, 383, 384, 389
2	. . . . . . 255, 395
8	. . . .	563
16	. . . .	610
18	. . . . . . 378, 430
18-21	. . . .	377
21	. . . . . . 378, 379, 381
22	. . . .	378
22-33	. . . . . . 374, 377
23	. . . . . 70, 374, 378, 379

I. Bibelstellen

24	. . . . . .	378
25	. . . .	254, 380, 396
25-33	. . . . .	379
26-27	. . . . .	380
28	. . . . . .	396
28-29	. . . . .	380
29-32	. . . . .	380
30	. . . . . .	404
32	. . . . .	380, 381
33	. . . . .	379, 381
6, 8	. . . . . .	735

Philipper

1, 20	. . . . .	755, 777
20 f.	. . . . . .	780
21	. . . . . .	403
23	. . . . .	495, 758
2, 6 f.	. . . . .	250, 375
7	. . . . . .	52
8	. . . . . .	732
9	. . . . .	539, 540
9 f.	. . . . . .	594
3, 10	. . . . . .	756
13	. . . . . .	187
20	. . . . . .	70
21	. . . . .	398, 594
4, 5	. . . . .	343, 607
7-8	. . . . . .	342

Kolosser

1	. . . . .	163, 187
13	. . . . . .	369
15	. . . . .	186, 580
16	. . . . . .	580
17	. . . . . .	580
17 f.	. . . . .	251, 363
18	. . . . . .	564
21 f.	. . . . . .	563
22	. . . . .	395, 404
24	. . . . . .	756
26	. . . . . .	563
2, 10	. . . . .	375, 580
11-12	. . . . . .	711
12	. . . . . .	756
12 f.	. . . . . .	757
17	. . . . . .	398
20	. . . . . .	756
3, 1	. . . . . .	757
2 f.	. . . . . .	187
3	. . . . .	356, 758
3 f.	. . . . .	403, 594
4	. . . . . .	758
9 f.	. . . . . .	244
4, 5	. . . . . .	610

1. Thessalonicher

2, 17	. . . . . .	495
4	. . . . . .	614
13-18	. . . . . .	608
14	. . . . . .	778
15	. . . . . .	778
16 f.	. . . . . .	778
17	. . . . . .	758
5, 2	. . . . . .	600
10	. . . . .	758, 777
23	. . . . .	426, 436

1. Timotheus

1, 17	. . . . . .	532
2, 4	. . . . . .	614
5	. . . . . .	51
6	. . . . . .	254
8-12	. . . . . .	372
3, 1	. . . . . .	495
15	. . . . . .	710
16	. . . . .	404, 542
5, 6	. . . . . .	731

2. Timotheus

1, 10	. . . . . .	756
2, 8	. . . . . .	564
11	. . . . .	756, 758
12	. . . . .	608, 758
4, 3	. . . . . .	495

Titus

1, 3	. . . . . .	547
3, 2	. . . . . .	343
4	. . . . . .	259

1. Petrus

1, 3	. . . . .	539, 757
3-9	. . . . . .	596
5	. . . . . .	595
6-9	. . . . . .	595
10-12	. . . . . .	595
11	. . . . . .	596
12	. . . .	495, 596, 597
13	. . . . . .	597
20	. . . . .	554, 581
2, 9	. . . . . .	608
10	. . . . . .	563
24	. . . . . .	395
3, 9	. . . . . .	708
18	. . . .	254, 401, 529
22	. . . . . .	375
4, 1	. . . . . .	404
7	. . . . . .	597
17	. . . . . .	615

2. Petrus

1, 12-15	. . . . . .	564
16 f.	. . . . . .	574
16-21	. . . . . .	594
3, 1-10	. . . . . .	613 f.
3	. . . . . .	495

4		613, 778
10		600
12		597

1. Johannes

1, 1		397, 533, 537, 580
2		403, 530
2, 2		254
13 f.		580
15-17		495
3, 1 f.		758
2		758
2 f.		594
14		731, 756
16		395
4, 1 f.		404
2		529
9		403
18		576
5, 12		403

2. Johannes

7		404

Hebräer

1		163, 199
1 f.		554
2		580
3		560
4 f.		14
5		563
6		251
10		580
2, 5		53
5 f.		21
9		257
10		539
14		250, 730
15		593, 731
3, 7		563
13		563
4, 1-8		563
1-11		550
9		550
12		427
14		560
15		250
5, 5		563
6		563
7		396
7 f.		406, 555
8		396
6, 11		495
20		255
7, 3		403, 563
16		403
17		563
21		563

25		255
27		529
8, 1		560
9, 12		529
14		731
24		255
26		529
27		777
28		529
10, 10		395
12		560
20		404
31		734
11		188
1		187
3		183, 187, 198
5		744
8 f.		707
13		187
16		631
12, 2		250, 539, 560
13, 7		559
8		556, 559, 560
9		560
20		560

Jakobus

1, 15		731
18		758
24		215
25		215
2, 26		438
4, 14		678
5, 8		607

Offenbarung

1, 4		556
5		396
8		558, 559, 562, 593
8 Par.		560
10		563
17		556, 558
17-18		559
18		542, 718
2, 10		777
11		773, 777
3, 1		731
11		610
14		580
20		607
4, 8		530, 556
9, 1		718
10, 6		759
11, 11		432
13, 8		582
14, 11		733
16, 15		600
17, 5		457
20, 1		718

14	 772	8	 772
15	 772	22, 7	 607
21, 4	. . . . . . 357, 772	13	. . . . . . 556, 558
6	 556	20	 607

II. NAMEN

Anselm v. Canterbury 184 f.
Apollinaris v. Laodicea 426
Aristides 183
Aristoteles 6, 94, 337, 456
Augustin 10, 15, 22, 183 f., 218, 357, 427, 494

Barth, Christoph 715
Barth, Markus 527, 603
Bartmann, Bernhard 456
Bauer, W. 51
Bavinck, H. 4
Bengel, Joh. Albr. 51, 405
Borgia, Cesare 282
Brunner, Emil 153 f.
Buber, Martin 333 f.
Bucan, Wilh. 15
Büchner, Ludwig 461 f.
Bultmann, Rudolf 527, 531 f.
Buri, Fritz 527

Calvin, Joh. 84, 218 f., 254, 356, 427, 460, 494, 496
Constantinopolitanum II 427
Cremer, Hermann 434, 447, 448
Cullmann, Oscar 527, 529, 532, 578 f.
Cyprian 15

Dante 278
Darwin, Charles 93
Demokrit 460
Descartes, René 6, 22
Diekamp, Franz 697
Dionysius Areop. 13
Dorner, Isaak August 15
Driesch, H. 514
Dubois-Reymond 463

Epikur 460
Euripides 337

Fechner, Gust. Theodor 514
Feuerbach, Ludwig 22 f., 287 f., 333 f., 461, 466
Fichte, Joh. Gottlieb 113 f., 286
Flacius, Matthias 29 f., 36
Frank, Franz Hermann Reinhold 4
Fueter, Ed. 6

Gerhard, Joh. 4, 15
Gerhardt, Paul 745
Goethe, Joh. Wolfgang 94, 277 f., 281, 286 f., 350
Gregor v. Nazianz 15

Haeberlin, Paul 468
Haeckel, Ernst 93, 461 f., 466
Hamann, Joh. Georg 51
Harnack, Adolf v. 99, 191
Hegel, Georg Wilh. Friedr. 94, 281, 286, 425
Heidan, Abr. 461
Heidegger, Joh. Heinr. 457
Heidegger, Martin 736
Heim, Karl 5
Herder, Joh. Gottfr. 287
Herrmann, Wilh. 535
Hippolytus 183
Hölderlin, Friedrich 621

Irenäus v. Lyon 183

Jaspers, Karl 133 f., 141 f.
Justin d. Märtyrer 183

Kant, Immanuel 10, 92 f., 281, 286
Keller, Gottfried 133 f.
Kierkegaard, Soeren 22, 133
Kittel, Rudolf 705
Klaas, Walter 532
Klages, Ludwig 104
Konfuzius 333 f.
Konkordienformel 31
Kopernikus 6
Kümmel, Werner Georg 527, 532, 552
Kuyper, Abraham 4

Lamarck, Jean Baptiste 93
Laterankonzil 460
Lavater, Joh. Caspar 286
Leibniz, Gottfr. Wilh. 94, 281
Leiden Syn. pur. Theol. 15, 81, 357
Levy-Brühl, Lucien 519
Lotze, Herm. 99
Luther, Martin 133, 205

Marx, Karl 464 f.
Mastricht, Petrus van 456
Meyer, Konr. Ferd. 133 f.
Michelangelo 179

794

II. Namen

Mill, John Stuart 191
Moleschott, Jakob 461
Müller, Julius 697

Nicaeno-Constantinopolitanum Symb. 250
Nietzsche, Friedr. 276 f., 334, 349 f.

Oepke, Albr. 356
Oettingen, Alex. v. 4
Oken, Lorenz 93
Olshausen, Herm. 51
Origenes 183, 697
Otto, Rudolf 94 f., 99, 102
Overbeck, Franz 277, 284
Ovid 436
Paulsen, Friedrich 514
Pedersen, J. 718 f.
Philo 182, 426
Plato 10, 456, 697
Plotin 10
Plutarch 182
Polanus, Amandus 3, 88, 93, 99, 184, 456 f.
Pomponazzo, Pietro 460
Pope, Alex. 23
Portmann, Adolf 99 f.
Ptolemäus 6

Quenstedt, Joh. Andreas 183 f.

Raffael 338
Rickert, H. 514
Ritschl, Albrecht 535
Romanes, George 463
Sartre, Jean-Paul 736
Schelling, Friedr. Wilh. 10, 94, 286
Schlatter, Adolf 51
Schleiermacher, Friedr. Ernst Daniel 8, 10, 23, 92, 287, 349, 463, 535

Schmidt, H. 52
Schmidt, Karl Ludwig 398 f.
Schopenhauer, Arthur 104, 658
Schweizer, Eduard 65
Shakespeare 278
Sokrates 22
Spangenberg, Cyriakus 29
Spinoza, Baruch 514
Stamm, Joh. Jak. 751
Stein, Heinr. v. 278
Stephan, Horst 4
Stirner, Max 22
Strauß, Dav. Friedr. 287 f., 461, 466

Tatian 183
Tersteegen, Gerhard 640
Tertullian 183, 697
Thales 460
Theophilus v. Antiochien 183
Thomas v. Aquino 13, 697
Titius, Arthur 4, 96 f., 102, 515

Ursinus, Zacharias 461

Viennense, Conc. 456
Virchow, Rudolf 463
Voetius, Gisbert 456
Vogt, Karl 461 f.
Voltaire, Fr. 284
Vulpius, Christiane 350

Wagner, Richard 278
Werner, Martin 133, 287
Wolleb, Joh. 71
Wundt, Wilh. 463, 514

Zahn, Theodor 51
Zöckler, Otto 93 f., 99
Zwingli, Ulrich 31 f.

III. BEGRIFFE

Adam 179
Agape 331 f., 343 vgl. Eros, Freiheit, Gott, Jesus Christus, Menschlichkeit
analogia entis 262, 291 vgl. Natürliche Theologie!
analogia relationis 262 f., 390 f.
Angelologie 3, 13 vgl. Engel!
Anthropologie
  biologische 88 f., 127, 149
  ethische 109 f., 149, 333 f.
  existentialphilosophische 133 f., 149
  idealistische 109 f., 149, 333 f.
  naturalistische 88 f., 127, 149
  philosophische 22 f.
  theistische 240 f.
  wissenschaftliche 25 f.

Anthropologie, theologische 2, 12, 15, 237 f., 273, 333 f., 416, 508 f., 522, 526, 616
  christologische Begründung 64 f., 247 f., 273 f., 349 f., 372, 695, 769 f.
  Kriterien 85 f.
  Vgl. Wort Gottes!
Antichrist 282
Apostel 565 f., 593 f., 707 vgl. Evangelist
Auferstehung 186, 356 f., 365, 432, 455, 460, 749, 760
  im Alten Testament 752 f., vgl. Jesus Christus
Beschneidung 711 f.
Bild 442
  Nachbild 260 f., 380

III. Begriffe

Urbild 355 f., 380, 429
imago Dei 89, 97, 390 f., 417 vgl. Jesus Christus, vgl. Mensch!
Biologie vgl. Anthropologie, biologische! Vgl. Mensch, biologische Phänomene!
biogenetisches Grundgesetz 94
Böse, das 117 f., vgl. Tod, Übel!
   Erkenntnis, des 61
Buddhismus 739
Bund 19, 173 f., 232, 259 f., 266, 290, 331, 339, 355, 358 f., 387 f., 429, 446, 448, 527, 561, 571 f., 634, 661, 703, 750, 759
   Bundespartner siehe Mensch!
   Erkenntnis, des 10 f.
   Grund 58 vgl. Jesus Christus!
   Geschichte siehe Geschichte!
   Vgl. Gemeinde! Gott, Jesus Christus, Israel, Mensch, Schöpfung.
Buße 757

Chaos 60, 171, 253, 691, 701, 740, 749 vgl. Nichts!
Christentum 283, 342, 350
   Christliches Abendland 712 vgl. Griechentum! Vgl. Kirchengeschichte!
Christologie vgl. Anthropologie, theologische! Vgl. Jesus Christus! Vgl. Gott! Vgl. Schöpfung!

Dämonen 729 vgl. Jesus Christus! Vgl. Tod!
Dekret, göttl. 173 f., vgl. Gnadenwahl!
Deszendenztheorie 93 f.
Determinismus
   Indeterminismus 113 f.
Doketismus 63, 67, 395, 529, 537, 545
Dualismus siehe Philosophie!

Elternschaft siehe Mensch!
   Zeugung vgl. Seele!
Emanatismus siehe Mensch, Seele!
Engel 53, 205, 344, 423, 615, 691
«Enthmythologisierung» 531 f.
Erkenntnis, autonome 146 f.
   theonome 146 f.
Erlösung 771
   im A. T. 751 vgl. Jesus Christus!
Eros 336 f., 350, vgl. Agape, Christentum, Griechentum, Humanität!
Erwählung siehe Gnadenwahl!
Eschatologie 356 f., 460, 532 f.
   konsequente? 562, 583 f., 598, 613
   Endgericht 610 f.
   Endzeit 359 f., 610 f., 710, 757 f., vgl. Zeit!
   Enteschatologisierung 615
   Naherwartung 589 f., 607
Ethik 106, 239, 273, 771
Evangelist 568 f. vgl. Apostel!

Gebot 220 f., 258, 704 f.
Gemeinde 251, 254 f., 331, 342, 361 f., 411 f., 492, 513, 559, 571, 588 f., 607 f., 614 f., 708 f., 777 f.
   Leib Jesu Christi 8, 62, 174 vgl. Kirche!
Genie 95
Gericht siehe Gott!
Geschichte
   Begriff 188 f.
   Bundesgeschichte 191 f., 333, 631 f. vgl. Gemeinde, vgl. Israel
   Heilsgeschichte 191 f., 475, 529, 545, 606
   Kirchengeschichte 708 f.
   Offenbarungsgeschichte 191 f.
Geschichtsnomos? 713
Geschöpf u. Schöpfer 1, 7, 10, 17, 62, 166 f., 185 f., 211, 258, 262, 266 f., 296 f., 323, 359, 385, 413, 428, 440 f., 497, 507, 528, 623, 626, 671, 675
   Neutralität? 156 f.
   Vgl. Gott, Schöpfer!
Gesetz 323, 364, 552, 571, 578, 739
   u. Evangelium 367, 377, 643, 735
Glaube 5, 13, 532 f., 609, 711, 737, 748, 757
   Vgl. Weltanschauung!
Gnadenwahl 47 f., 170 f., 188, 195, 362 f., 430 f., 571, 582 vgl. Jesus Christus! Vgl. Israel!
Gott
   Allmacht 177, 196
   Barmherzigkeit 21, 46, 56 f., 191 f., 196, 226, 330 f., 387, 406, 626, 650, 665, 735 f.
   Beständigkeit 339
   Bundesgenosse 524 vgl. Bund und Mensch!
   Ehre 85, 111, 143, 158 f., 218 f., 247, 253, 259, 331, 548 f.
   Erkenntnis 45, 84, 210 f., 231, 247
   Ewigkeit 525, 528, 581, 616, 629, 638 f., 647 f., 663, 671, 677 f., 693
   Freiheit 80, 196, 226, 230, 260, 418 f., 422, 741
   Gebot siehe dort!
   Geduld 614, 638
   Gegenwart 79, 634, 638 f., 668
   Gerechtigkeit 178, 191 f., 196, 626, 650
   Gericht 229, 343, 430, 434, 532, 603, 615, 623 f., 650, 653, 661, 665, 721, 725 f., 746, 762, 765 f.
   Gnade 29, 35 f., 42 f., 165, 170 f., 196 f., 248, 262, 267, 331, 343, 356, 386 f., 413, 419, 442, 524, 606, 636, 650, 666, 689 f., 707, 741 f., 762, 765 f.
   Erkenntnis der 40, 49, 334
   gratia praeveniens 635 vgl. Zeit!
   Gnadenwahl siehe dort!

Gottesbeweis siehe Natürliche Teologie!
Güte 260
Heiligkeit 650, 770
Herrschaft 80, 85, 111, 143, 158 f., 168 f., 740 f., 750 f. Vgl. Tod!
lebendiger 641, 741
Liebe 19, 47 f., 80, 331, 640, 649 f., 661, 746
Majestät 223, 689
u. Mensch 1, 46 f., 80, 111 f., 145 f., 160 f., 194 f., 390, 441 f., 623 f., 694, 704 f., 720 f., 739 f.
Menschwerdung 13 f., 18, 47, 164 f., 269
Odem 433 f., 447 f., 717, 728
Offenbarung siehe dort!
Recht 37, 196, 253 f., 527, 624, 739
Reich Gottes 38 f., 52, 80, 168 f., 254, 395, 527, 552, 570, 583 f., 598 f., 707, 733, 757
Richter vgl. Gericht!
Schöpfer 80, 163 f., 181, 214, 230, 328 f., 339, 524, 541, 624 f., 639, 648, 690, 701 vgl. Geschöpf!
Selbstbeweis 92 f., vgl. Wort Gottes!
Transzendenz 16 f., 240
Treue 339, 359, 397, 606, 756, 760
Urteil 227, 233, 623 f., 650, 661, 725, 765 f. vgl. Gericht!
Verheißung siehe dort!
Verherrlichung 47 f., 218 f., 339, 780
Vorsehung 13
    Fürsorge 78, Weltplan 551
Weisheit 263, 387, 638
Werk 72 f., 159, 214, 330, 418 f.
    Tat 533 f., 647 f., 659 f., 776
Wesen 260 f.
Wille 48, 80, 158, 170 f., 192, 196, 224, 258 f., 266 f., 362, 478, 508, 606, 626
Zeit 525, 546, 555 f., 625, 639, 677 f., 684
Zorn 623, 734, 741, 763 f.
Griechentum 336, 341, 354

Halljahr 547 f.
Heiliger Geist 331 f., 339, 342, 363, 369 f., 400 f., 428, 564, 576, 595, 598, 607 f., 614, 635 f., 711 vgl. Gott, Jesus Christus, Mensch, Zeit!
Heilsgeschichte siehe Geschichte!
Heilszeit vgl. Offenbarungszeit!
Himmel 544, 628, 718 vgl. Kosmos, vgl. Mensch!
Hölle 682, 733, 741, 745
Humanität vgl. Mensch, Menschlichkeit!

Immoralismus 283
Inhumanität 277 f., 295, 317, 350 f.

Israel 179, 256, 343 f., 381 f., 404, 430, 492, 521, 571, 577, 703 f., 728 f., 753 f.
neues 707, 710 f.
Tempel 717
Väter 704

Jesus Christus
Adam 53, 256
assumptio carnis 541, 741
Auferstehung 30, 57, 253, 255, 394, 398, 405, 529 f., 564 f., 575, 586 f., 599 f., 611, 616, 670, 707, 755, 757 f.
leeres Grab 542 f., 567
Bruder 62, 266, 612
Ehre 75
Enhypostasie und Anhypostasie 81
Erkenntnis 84, 334, 531, 546
Erlösung siehe dort!
der Erwählte 47 f., 57, 170 f., 191, 527
Freiheit 406
Gehorsam 48, 255, 258 f.
Gemeinde siehe dort!
Geschichte 64 f., 81, 85, 191, 528 f., 567, 708 f.
Gottheit 30, 48 f., 57, 76, 179, 247 f., 263 f., 314, 400, 410, 527, 537 f., 621, 732
Gottmenschheit 62, 97
Gotteswort vgl. Wort Gottes
Heiland 68 f., 248 f., 259, 266, 272, 331, 706 f.
Herr 255, 540, 607 f.
der Zeit 527 f., 624, 669, 694
«Tag des Herrn» 549 f. vgl. Sabbat
Herrlichkeit 538, 562, 586, 607, 757 f.
Himmelfahrt 529, 542 f.
imago Dei 261, 266, 268 f. vgl. Bild!
Jünger vgl. dort!
Jungfrauengeburt 543
König 51, 257, 401, 532, 605 f.
Kreuz 532, 731 f., 741, 758, 765
«das Leben» 403
Leib vgl. Gemeinde
Leiden 255, 267
Leidensgeschichte 605 f.
Logos 76, 147, 176, 403 f.
Menschheit 1, 21, 47 f., 67 f., 81 f., 143, 153, 158 f., 177 f., 190, 247 f., 267 f., 290 f., 314, 317, 330, 334 f., 369, 382, 394 f., 526 f., 537 f., 621, 625 f., 669 f., 694, 748, 759 vgl. Mensch!
Menschensohn 51, 57, 254, 602, 732
Menschlichkeit 258 f., 270 f., 290 f.
Messias 254, 400, 430, 571, 605, 707, 732
Mitmensch vgl. Mensch! Mitmensch!
munus triplex 57, 66 f., 411
Nächster 285 f., vgl. Bruder!

III. Begriffe

officium 71 f.
Opfer 253 f.
Parusie vgl. Wiederkunft!
persona 71 f.
Praeexistenz 582
Richter 527, 606, 610 f., 735, 780 vgl. Gott!
Seele seines Leibes 395 f., 528, 537
Sieg 253 f., 267, 606, 729 f., 756
Stellvertretung 254 f., 527, 534
Sündlosigkeit 56
Taufe 66, 551, 581
Tod 255 f., 367, 394, 529, 540, 599, 732 f., 746, 758, 765 f.
Transzendenz vgl. Mensch, Jenseits u. Transzendenz!
Urbild 58 f. vgl. Bild!
Verheißung siehe dort!
Verherrlichung 264
Verklärung 574 f.
Versöhnung 385, 570, 757
Wiederkunft 437, 530, 587 f., 600, 608 f., 757 f.
    Ungewißheit der 615 vgl. Katholizismus!
Wunder 729 f. vgl. Dämonen! Krankheit! Mensch!
Zeit 527 f., 625
    Gegenwart 556 f., 560 f.
    Vergangenheit 556 f., 569 f.
    Zukunft 556 f., 582 f. vgl. Praeexistenz!
    Vgl. Gott, Mensch, Schöpfung, Wort Gottes!

Jünger 263, 563 f. vgl. Jesus Christus!
Katholizismus 8, 330, 615, 697
    Mariae Himmelfahrt 615, 677
    Marienverehrung 350
Kirche 335 f., 344, 532 f., vgl. Christentum, Gemeinde, Israel und Staat!
Kirchengeschichte siehe Geschichte!
Kosmos siehe Mensch!
Kosmologie 3 f., 10, 13!
Kreatianismus siehe Mensch/Seele!
Malum substantiale 31 vgl. das Böse
Martyrium 779 vgl. Tod.
Marxismus 464 f.
Materialismus 458 f., 517
    historischer 464 f.
Mensch
    Angst vgl. Bedenklichkeit!
    Altern vgl. Tod!
    Aufgerufensein des 180 f., 191, 196 f., 224, 267
    Bedenklichkeit 658, 664 f., 715
    Begehren 488 f., vgl. Wille!
    Begriff 179
    Bestimmung 121, 179, 218, 244 f., 674 f., 687 f., 693, 724, 761 f.

Bundesgenosse 14, 34 f., 46, 242 f., 267 f., 290, 319, 332, 385 f., 423, 487 f., 512, 624, 634
Dankbarkeit 198 f., 419 f., 641, 652, 664 f., 687
Demut 223 f., 331
«Du» (bist) siehe Mitmensch!
Einsamkeit 279 f., 349
Elternschaft 354, 712 vgl. Mann und Frau!
Endlichkeit 767 f. Vgl. Tod!
Entscheidungsfähigkeit 151 f., 487, 490
Erinnerung 617 f., 645 f., 651 f.
Erkenntnis 84 f., 117 f., 142, 153, 166, 212 f., 247, 474 vgl. Erkenntnis/autonome u. theonome!
Erschaffung 351, 420
Erschrecken vgl. Bedenklichkeit!
Erwartung 618
Erziehung 95
Existenz 107 f., 129 f. Vgl. Transzendenz!
Freiheit 86, 94, 108 f., 142 f., 150 f., 179, 201, 215 f., 229 f., 293, 321 f., 332 f., 348, 369, 498, 663, 724
Furcht 496 f., 576, 727, 740, 761
Gehorsam 10, 155 f., 203, 213 f., 331, 487
Geist 114 f., 414 f., 425 f., 471 f., 502 f., 717 vgl. Leib, vgl. Seele!
    Geistseele 511
Genus «*animal*» 88 f., 105 f.
Geschichte 64, 85 f., 147 f., 179, 188 f., 234, 297 f., 482, 512, 617, 630, 699 f.
Geschichtlichkeit 131 f., 150 f.
Geschlechtlichkeit 345 f., 369 f.
    Physiologie 346 f.
    Psychologie 346 f.
Geschöpflichkeit 20 f., 28, 34, 46 f., 64, 90, 145, 160, 235 f., 244 f., 267 f., 314, 329 f., 345, 414, 432, 440 f., 474, 634 727, 760 Vgl. Menschlichkeit
Gewissen 116
    u. Gott 82 f., 111 f., 143 f., 160 f., 181, 194 f., 331, 338 f., 390 f., 414 f., 427 f., 474 f., 513, 521, 524, 534, 630, 639, 678, 688
Gottesbewußtsein 92
Gottesbezogenheit 146 f.
    aktuelle 149 f., 182, 208
    potentielle 152 f., 182, 208, 238
Gottesfurcht 737, 742 f., 751, 762
der Gottlose 127 f., 772
Grenze 121, 130, 222 f., 463, 524, 638 f., 671 f., 695, 743, 768 f.
Grenzsituationen 131 f.
Handeln vgl. Tat!
Hoffnung 340, 419, 432, 585 f., 744, 755, 760, 763, 771

III. Begriffe

Humanität vgl. Menschlichkeit! Vgl. Mitmensch!
«Ich» (bin) 115, 274 f., 291 f., 350, 380, 630, 636 f.
imago Dei vgl. Bild!
Individuum 95
Intellekt 89
anima intellectualis 697 vgl. Geist!
Jenseits 121 f., 131 f., 685 f., 770 f., 780 Vgl. Gott! Transzendenz!
Jesus Christus 160 f., 191 f., 242 f., 265, 623 f. Vgl. Jesus Christus!
Körper 89, 452 f., vgl. Leib, Materialismus!
Kosmos 14, 19, 64, 78 f., 229 f., 243 f., 259, 299, 345, 422, 442, 628, 630 f., vgl. Zeit!
Krankheit 729 vgl. Tod!
Kultur 96, 298, 464 f.
Leib 440 f., 473 f., 502 f., 519 f.
Leid 729 vgl. Tod!
Lethargie siehe Mitmensch!
Lust (Unlust) 489 f.
Menschlichkeit 243 f., 264 f., 290 f., 331 f., 344 f., 381 f., 629
   Geheimnis 319 f., 381
   Grundform 348 f., 381
   als Kontinuum 342, 349 f., 386
   Vgl. Agape, Eros, Zeit!
Mikrokosmos siehe dort!
Mitkreatur 90 f., 163 f., 202, 205 f. vgl. Tier!
Mitmensch 151, 159 f., 270 f., 290 f., 344 f., 526, 611, 630, 673
   Altruismus 313, 380
   Beistand 312 f., 335, 347
   Bureaukratie? 302
   Ehe 348 f., 378 vgl. Gemeinde!
   Egoismus 313, 380
   Frau 344 f., 372 f.
   Jesus Christus 242, 258, 267 f.
   Klassenkampf 465
   Lethargie 138 f.
   Liebe 495 f., vgl. Agape, Eros!
   Mann 344 f., 372 f.
   Menschenverachtung? 280 f.
   Mißtrauen 311
   Mitmenschlichkeit 318 f., 334, 339 f., 348
   Nächstenliebe 258, 611
   Nostrifizierung 325
   Offenheit 300 f., 335
   Propaganda? 311 f.
   Selbstkundgabe 304 f.
Natur 31 f., 48 f., 69, 329 f., 442 f., 623, 670, 722 f., 728, 761 f., 769
   Güte der 235 f.
   als Kontinuum 50
   Vgl. Menschlichkeit!

Nichtigkeit vgl. Nicht! Vgl. Tod!
Odem 433 f., vgl. Gott/Odem!
Ontologie 5, 158 f.
Person 109, 424, 474, 494, 717
Personhaftigkeit 109, 150 f.
Persönlichkeit 96, 109, 275
   als Phänomen 28, 86 f.
Phänomene des Menschlichen 87 f., 106 f., 113 f., 144 f., 236 f., 522 f.
   biologische 94 f., 100 f., 306
   psychologische 100
   «primitiver» 519 f.
Recht 253, 527, 581, 624. Vgl. Naturrecht! Vgl. Staat!
Schicksal siehe dort!
Schuld 724 f., 730, 740 f.
Seele 16, 89, 440 f., 468 f., 502 f., 519 f., 696 f.
   Emanatismus 697
   Kreatianismus 697
   Traduzianismus 697
Seele seines Leibes 246, 369, 391 f., 414 f., 476, 481, 519 f., 524 f., 633, 698 f., 728
Seelenwanderung? 697
Selbstbewußtsein 94 f., 115, 450 f., 461 f., 479 f. Vgl. «Ich»
Selbstsetzung 211 f., 233, 294
Sorge vgl. Bedenklichkeit!
Sterblichkeit vgl. Tod!
Subjekt 130 vgl. «Ich»!
Sünde 29, 31 f., 155 f., 162 f., 235, 242 f., 254, 265, 271, 329 f., 340, 385, 413, 417 f., 483, 623 f., 673, 730 f., 740, 772
   Erbsünde 29 f. Vgl. Tod!
Tat (Handeln) 116 f., 201 f., 312 f, 487 f., 510, 524 f.
   Vgl. Begehren! Vgl. Wille!
Tod siehe dort!
Transzendenz 131 f., 160 f., 189 f. Vgl. Existenz! Gott! Jenseits!
Trost 742 f., 751 Vgl. Gottesfurcht!
Tugend 342, 349
Übermensch 281 f., 337
Unbedenklichkeit 656, 662 f., 683
Universum siehe dort!
Unnatur 30 f., 727, 731, 765 vgl. Natur! Sünde! Tod! Zeit!
Unruhe 54, 494, 682 vgl. Bedenklichkeit!
Unsterblichkeit 118, 449, 460 f. vgl. Seele!
Verantwortlichkeit 150 f., 208 f.
Verantwortung 64, 208 f., 229 f., 474, 526, 641, 664 f., 712 f.
Vergessen 617, 646 f., 652 f.
Vernunft 148 f., 503 f.
   Denken 479 f.

III. Begriffe

Vernehmen 478 f.
Wahrnehmung 114 f., 479 f.
  praktische 106 f. vgl. Pflichtgebot! Wille!
Verwerfung 725 f.
  Fluch 763 f., 773
  Verderben (ewiges) 733 f.
Wesen vgl. Natur!
Wiedergeburt siehe dort!
Wille 106 f., 118, 214, 488 f.
  liberum arbitrium 30, 32, 43
  servum arbitrium 43 vgl. Begehren!
  Prakt. Vernunft!
Wissen 113 f. vgl. Vernunft!
  wirklicher 87, 148 f., 180, 194, 228, 242 f., 290 f., 317, 388 f., 625 f., 649 vgl. Natur!
Wort Gottes 153 f., 188, 195 f., 247, 332, 475 siehe Wort Gottes!
Würde 267
Zeit 524 f., 616 f., 677, 693
  Gegenwart 619, 636, 714
  Vergangenheit 617 f., 643 f., 714
  Zukunft 618, 654, 714
  siehe Zeit!
Zeitlichkeit 629 f., 763
  Sein in der Zeit 246, 421, 625, 771 vgl. Tod!
Zweifel 113 f.
Mikrokosmos 15, 442
Mission 738
Moral 283 f.
Mythus 9, 531 f., 542
Naturrecht 581 vgl. Mensch! Recht!
Naturwissenschaft siehe Wissenschaft!
Nichts 696, 701, 715, 724, 739, 762, vgl. Zeit!
Nicht-Sein 698 f., 714 f.; 723 f.
Offenbarung 21, 29, 44, 47, 61, 77 f., 145 f., 154, 176 f., 187, 191, 221 f., 238, 331, 363 f., 508, 545 f., 570, 576, 586 f., 599, 607, 669, 694
  Endoffenbarung 607 f., 614, 778
  Offenbarungszeit 534
  «40 Tage» 531 f.
Ozean 718 vgl. Tod!
Pflanze 332, 449, 628, 630 f.
Pflichtgebot 118 siehe Mensch, Vernunft!
Philosophie
  Aristotelismus 5, 8
  Dualismus 185, 455 f., 472 f.
  Existentialphilosophie 133 f., 239, 614
    christliche? 533 f.
  Gnosis 8, 697
  Humanismus 330
  Idealismus 122, 333
  Identitätsphilosophie 124 f.
  Intellektualismus 89
  Metaphysik 142

Monismus 185, 458 f., 471 f. vgl. Materialismus!
Naturalismus 89, 165
Platonismus 5
Psycho-physischer Parallelismus 514 f.
Psycho-physische Wechselwirkung 514 f.
Rationalismus 8
Spiritualismus 468 f., 517
Stoa 5
Praedestination siehe Gnadenwahl!
Prophetie 593 f.
Raum vgl. Zeit!
Rechtfertigung 43 f., 331, 736, 768
Religion 97
Sabbat 548 f., Sabbatjahr 547 f.
Sage 9, 182, 535, 542
Satan vgl. Teufel!
Schicksal 620 f., 663, 726
Schöpfer siehe Gott!
Schöpfung 1, 163 f., 182 f., 243, 354 f., 423, 525, 548, 572, 723, 769
  articulus fidei 187 f.
  creatio ex nihilo 182 f.
  Grund d. 361 f., 580 f.
  «neue» 586
  zweite? 37 f., 268
  Vgl. Jesus Christus! Mensch! Sünde! Tod!
Segen 705 f., 773
Staat 117 f., 465, 614
Taufe 366, 432, 711 f., 737, 756
Schrift, hl. 6, 8
Weltbild? 6 f.
Weltanschauung? 8
Teufel 37, 136 f., 249, 253, 624, 691, 750
Theologie
  natürliche 330, 387, 627
    Apologetik 92 f.
    Gottesbeweis? 92
    summum bonum? 219
Tier 95 f., 219, 332, 345, 351, 431 f., 434, 449, 473 f., 488, 500 f., 628, 630 f.
Tod 119, 132, 151, 249 f., 332, 357, 383, 419, 425, 444 f., 513, 715 f.
  Begrenzung 766 f.
  Dynamik 719
  Entschlafen 778 f.
  Errettung vom 743 f., 751 f., 763, 766 f.
  als Feind 730, 740, 764, 772
  als Gericht vgl. Gott, Gericht!
  als Grenze vgl. Mensch, Grenze!
  zweiter Gott? 740, 750
  Idealisierung? 779
  Macht 729, 750
  natürlicher 779
  als Negation vgl. Nichts!
  als Strafe 729 f., 772
  Todesräume 718 f., 751

als Zeichen 726 f., 747, 761, 765 f., 772, 776 f.
Traduzianismus siehe Mensch, Seele!
Transmutationstheorie 93 f.
Trichotomismus 15, 426 f. vgl. Mensch/Seele!
Übel 723, 725, 761, 764 vgl. das Böse! Tod!
Unglaube 634
Universum 119 f. vgl. Mensch, Kosmos!
Unterwelt vgl. Todesräume!
Verheißung 178, 226, 579, 586 f., 709, 716, 760
Weltanschauung 3 f., 24, 463, 703
Weltbild 5, 533, 536
Wissenschaft
  biologische 102, 518
  exakte 12, 17 f., 25, 520
  Naturwissenschaft 92 f.
  theologische 12
Wort Gottes 1, 5 f., 20, 32 f., 45 f., 81, 153 f., 176 f., 192, 207 f., 238, 292 f., 526, 616, 711 vgl. Gott! Jesus Christus! Mensch!
Zeit 525 f.
  Anfang 616, 619, 695 f., 724
  befristete 671 f., 722, 764
  Ende 616, 690, 714 f., 725, 757 f.
  u. Ewigkeit 635 f.
  als Existenzform 629, 632 f., 668
  gegebene 616 f., 632 f., 667
  geschaffene 525, 625, 628, 635, 667 f.
  Gleichzeitigkeit 578 f.
  «letzte Zeit» 554 f.
  Mitte der 527, 554
  Offenbarungszeit siehe Offenbarung!
  Raum der Bundesgeschichte 634 f.
  Umdeutung der 622
  unbefristete 672 f.
  Unendlichkeit 620, 668, 679
  wirkliche 628 f., 668 f.
  der Erfüllung 529, 550, 660
  der Erinnerung 530 f., 564, 578
  der Erwartung 570 f,- 582 f.

VERBESSERUNGEN

S. 70   Z. 23 v. u. lies κρίμα   statt κρίυια

S. 73   Z. 13 v. u. lies κύριος   statt κνριος

S. 75   Z. 6 v. u. lies 16, 14   statt 14, 16

S. 75   Z. 24 v. u. lies 16, 23   statt 6, 23

S. 123   Z. 5 v. o. lies)   statt —

S. 123   Z. 20 v. u. lies selbst   statt selbt

S. 183   Z. 4 v. u. lies πρόγνωσις   statt πρόγνωσις

S. 186   Z. 4 v. u. lies ἐλπίδι   statt ἐλπίδ

S. 369   Z. 3 v. o. lies involvieren   statt involvieden

S. 406   Z. 24 v. o. lies σάρξ   statt σάρζ

S. 456   Z. 27 v. u. lies Viennense   statt Vienneuse